Einrichten von Internet Firewalls

Einrichten von Internet Firewalls
Zweite Auflage

*Elizabeth D. Zwicky, Simon Cooper &
D. Brent Chapman*

*Deutsche Übersetzung von
Kathrin Lichtenberg & Conny Espig*

Beijing · Cambridge · Farnham · Köln · Paris · Sebastopol · Taipei · Tokyo

Die Informationen in diesem Buch wurden mit größter Sorgfalt erarbeitet. Dennoch können Fehler nicht vollständig ausgeschlossen werden. Verlag, Autoren und Übersetzer übernehmen keine juristische Verantwortung oder irgendeine Haftung für eventuell verbliebene Fehler und deren Folgen.

Alle Warennamen werden ohne Gewährleistung der freien Verwendbarkeit benutzt und sind möglicherweise eingetragene Warenzeichen. Der Verlag richtet sich im wesentlichen nach den Schreibweisen der Hersteller. Das Werk einschließlich aller seiner Teile ist urheberrechtlich geschützt. Alle Rechte vorbehalten einschließlich der Vervielfältigung, Übersetzung, Mikroverfilmung sowie Einspeicherung und Verarbeitung in elektronischen Systemen.

Kommentare und Fragen können Sie gerne an uns richten:
O'Reilly Verlag
Balthasarstr. 81
50670 Köln
Tel.: 0221/9731600
Fax: 0221/9731608
E-Mail: kommentar@oreilly.de

Copyright der deutschen Ausgabe:
© 2001 by O'Reilly Verlag GmbH & Co. KG
1. Auflage 1996
2. Auflage 2001

Die Originalausgabe erschien 2000 unter dem Titel
Building Internet Firewalls, 2nd Edition im Verlag O'Reilly & Associates, Inc.

Die Darstellung eines gotischen Portals im Zusammenhang mit dem Thema Internet-Firewalls ist ein Warenzeichen von O'Reilly & Associates, Inc.

Die Deutsche Bibliothek - CIP - Einheitsaufnahme

Ein Titeldatensatz für diese Publikation ist
bei der Deutschen Bibliothek erhältlich.

Übersetzung und deutsche Bearbeitung: Kathrin Lichtenberg & Conny Espig, Ilmenau
Lektorat: Alexandra Follenius, Köln
Korrektorat: Alexandra Müller, Oer-Erkenschwick
Fachgutachten: Conny Espig, Ilmenau
Satz: Jutta Hirsch, reemers publishing services gmbh, Krefeld; www.reemers.de
Umschlaggestaltung: Edie Freedman, Risa Graziano & Pam Spremulli, Boston
Produktion: Geesche Kieckbusch, Köln
Belichtung, Druck und buchbinderische Verarbeitung:
Druckerei Kösel, Kempten; www.koeselbuch.de

ISBN 3-89721-169-6

Dieses Buch ist auf 100% chlorfrei gebleichtem Papier gedruckt.

Inhalt

Vorwort . . . . *xiii*

I: Sicherheit im Netz *1*

1: Wozu braucht man Internet-Firewalls? *3*
Was wollen Sie schützen? 4
Wovor müssen Sie sich schützen? 7
Wem können Sie vertrauen? 16
Wie können Sie Ihr Firmennetz schützen? 17
Was ist eine Internet-Firewall? 22
Weltanschauliche Fragen 29

2: Internet-Dienste *35*
Gesicherte Dienste und sichere Dienste 37
Das World Wide Web 37
Elektronische Post und News 42
Datenübertragung, File Sharing und Drucken 46
Fernzugriff 51
Echtzeit-Konferenzdienste 54
Namens- und Verzeichnisdienste 56
Authentifizierungs- und Auditingdienste 58
Administrative Dienste 58
Datenbanken 62
Spiele 62

3: Sicherheitsstrategien 63
Minimale Zugriffsrechte 63
Mehrschichtige Verteidigung 65
Passierstelle 66
Das schwächste Glied 67
Fehlersicherheit 68
Umfassende Beteiligung 71
Vielfalt der Verteidigung 72
Einfachheit 74
Sicherheit durch Verschleierung 75

II: Einrichten von Firewalls 79

4: Pakete und Protokolle 81
Wie sieht ein Paket aus? 81
IP 85
Protokolle oberhalb von IP 92
Protokolle unterhalb von IP 100
Protokolle der Anwendungsschicht 101
IP Version 6 101
Nicht-IP-Protokolle 103
Angriffe auf der Grundlage niederer Protokolle 103

5: Firewall-Techniken 109
Einige Definitionen zu Firewalls 109
Paketfilterung 112
Proxy-Dienste 117
Network Address Translation 122
Virtuelle Private Netzwerke 126

6: Firewall-Architekturen 131
Single-Box-Architekturen 131
Architekturen mit überwachten Hosts 136
Architekturen mit überwachtem Teilnetz 138
Architekturen mit mehreren überwachten Teilnetzen 143
Variationen von Firewall-Architekturen 147
Terminal-Server und Modem-Pools 157
Interne Firewalls 159

7: Der Firewall-Entwurf 167
Definieren Sie Ihre Bedürfnisse 167
Bewerten Sie die verfügbaren Produkte 170
Setzen Sie alles zusammen 172

8: Paketfilterung 175
Wozu braucht man Paketfilterung? 176
Konfigurieren eines Routers zur Paketfilterung 182
Was macht der Router mit Paketen? 185
Tips und Tricks zur Paketfilterung 189
Konventionen für Paketfilterregeln 191
Filterung nach Adressen 194
Filterung nach Diensten 196
Wahl eines Routers zur Paketfilterung 200
Paketfilter als Software-Implementierung für normale Computer 214
Wo plaziert man einen Paketfilter? 225
Welche Regeln sollten Sie verwenden? 227
Beispiele für Paketfilterung 228

9: Proxy-Systeme 235
Wozu braucht man Proxy-Dienste? 236
Wie funktionieren Proxies? 237
Verschiedene Arten von Proxy-Servern 242
Proxy-Dienste ohne Proxy-Server 243
Proxy-Dienste mit SOCKS 244
Proxy-Dienste mit dem Internet Firewall Toolkit von TIS ... 248
Einsatz des Microsoft-Proxy-Servers 250
Wenn Sie keinen Proxy einsetzen können 251

10: Bastion-Hosts 253
Grundlagen 254
Besondere Arten von Bastion-Hosts 255
Auswahl des Rechners 256
Wahl eines geeigneten Standorts 261
Plazieren von Bastion-Hosts im Netz 261
Auswahl der Dienste auf einem Bastion-Host 263
Deaktivieren der Benutzerzugänge auf Bastion-Hosts 266

Einrichten eines Bastion-Hosts 268
Absichern des Rechners 269
Deaktivieren überflüssiger Dienste 272
Betrieb des Bastion-Hosts 282
Schutz der Maschine und Anlegen von Sicherungskopien 284

11: Unix- und Linux-Bastion-Hosts 287

Welche Version von Unix? 287
Unix absichern 289
Nicht benötigte Dienste deaktivieren 292
Installieren und Anpassen von Diensten 303
Neukonfiguration für den Dauerbetrieb 306
Eine Sicherheitsüberprüfung durchführen 310

12: Windows NT- und Windows 2000-Bastion-Hosts 313

Ansätze zum Erstellen von Windows NT-Bastion-Hosts 313
Welche Version von Windows NT? 314
Windows NT absichern 315
Nicht benötigte Dienste deaktivieren 317
Installieren und Anpassen von Diensten 330

III: Internet-Dienste 333

13: Internet-Dienste und Firewalls 335

Angriffe auf Internet-Dienste 337
Die Risiken eines Dienstes bewerten 346
Andere Protokolle analysieren 353
Was zeichnet einen guten Dienst in einer Firewall aus? 356
Sicherheitskritische Programme auswählen 359
Unsichere Konfigurationen kontrollieren 367

14: Vermittelnde Protokolle 369

Remote Procedure Call (RPC) 369
Distributed Component Object Model (DCOM) 378
NetBIOS über TCP/IP (NetBT) 379
Common Internet File System (CIFS) und Server Message Block (SMB) 382
Common Object Request Broker Architecture (CORBA) und
Internet Inter-Orb Protocol (IIOP) 386

ToolTalk	388
Transport Layer Security (TLS) und Secure Socket Layer (SSL)	389
Das Generic Security Services API (GSSAPI)	393
IPsec	394
Remote Access Service (RAS)	398
Point-to-Point Tunneling Protocol (PPTP)	399
Layer 2 Transport Protocol (L2TP)	402

15: Das World Wide Web ... 405

HTTP-Server-Sicherheit	406
HTTP-Client-Sicherheit	411
HTTP	419
Mobiler Code und mit dem Web zusammenhängende Sprachen	427
Cache-Kommunikationsprotokolle	434
Push-Techniken	437
RealAudio und RealVideo	439
Gopher und WAIS	441

16: Elektronische Post und News ... 445

Elektronische Post	445
Simple Mail Transfer Protocol (SMTP)	452
Andere Mail-Übertragungsprotokolle	464
Microsoft Exchange	464
Lotus Notes und Domino	466
Post Office Protocol (POP)	468
Internet Message Access Protocol (IMAP)	471
Microsoft Messaging API (MAPI)	473
Network News Transfer Protocol (NNTP)	473

17: Dateiübertragung, Filesharing und Drucken ... 477

File Transfer Protocol (FTP)	478
Trivial File Transfer Protocol (TFTP)	492
Network File System (NFS)	493
Filesharing für Microsoft-Netzwerke	504
Druckprotokolle	507
Verwandte Protokolle	511

18: Der Fernzugriff auf Hosts 513
Terminal-Zugang (Telnet) 514
Entfernte Ausführung von Befehlen 517
Entfernte Grafikschnittstellen 533

19: Echtzeit-Konferenzdienste 547
Internet Relay Chat (IRC) 547
ICQ 550
talk 552
Multimedia-Protokolle 555
NetMeeting 561
Multicast und das Multicast Backbone (MBONE) 563

20: Namens- und Verzeichnisdienste 567
Das Domain Name System (DNS) 567
Network Information Service (NIS) 592
NetBIOS für TCP/IP-Namensdienste und den
Windows Internet Name Service 594
Der Windows-Browser 606
Lightweight Directory Access Protocol (LDAP) 613
Active Directory 615
Suchdienste 616

21: Authentifizierungs- und Auditing-Dienste 621
Was ist Authentifizierung? 622
Paßwörter 627
Verfahren zur Authentifizierung 630
Modulare Authentifizierung für Unix 635
Kerberos 640
NTLM-Domänen 646
Remote Authentication Dial-in User Service (RADIUS) 654
TACACS und Konsorten 656
Auth und identd 658

22: Administrative Dienste 661
Systemverwaltungsprotokolle 661
Routing-Protokolle 668

Protokolle zum Booten und für die Konfiguration beim Booten 675
ICMP und Netzwerk-Diagnose 678
Network Time Protocol (NTP) 685
Dateisynchronisation 689
Überwiegend harmlose Protokolle 692

23: Datenbanken und Spiele 695

Datenbanken 695
Spiele 710

24: Zwei Beispiel-Firewalls 713

Architektur mit überwachtem Teilnetz 713
Zusammengelegte Router und Bastion-Host mit
allgemein verwendbarer Hardware 737

IV: Kontinuierlicher Schutz Ihres Standorts 755

25: Sicherheitspolitik 757

Ihre eigene Sicherheitspolitik 758
Aufstellen einer Sicherheitspolitik 765
Strategische und politische Entscheidungen 768
Was passiert, wenn Sie keine Sicherheitspolitik durchsetzen können? 774

26: Betreuung von Firewalls 777

Allgemeine Wartungsarbeiten 777
Überwachung des Systems 782
Wie Sie sich auf dem laufenden halten 794
Wieviel Zeit kostet die Weiterbildung? 797
Wann sollten Sie Ihre Firewall austauschen? 798

27: Reagieren auf Zwischenfälle 799

Vorgehen bei einem Einbruchsversuch 799
Was nach einem Einbruch zu tun ist 809
Verfolgen und Festsetzen des Eindringlings 809
Planung Ihrer Vorgehensweise 812
Geeignete Vorkehrungen 822

V: Anhänge 829

A: Ressourcen 831

B: Werkzeuge 847

C: Kryptographie 857

Index 885

Vorwort

Dieses Buch ist eine praxisorientierte Anleitung zum Aufbau Ihrer eigenen Firewall. Es erklärt Ihnen Schritt für Schritt, wie Sie eine Firewall entwerfen und an Ihrem Standort einrichten und wie Sie Internet-Dienste wie elektronische Post, FTP, das World Wide Web usw. so konfigurieren, daß sie mit einer Firewall einsetzbar sind. Firewalls sind jedoch ziemlich komplex, so daß sich nicht alles auf einige einfache Regeln reduzieren läßt. Zu viele Faktoren hängen von der Hardware, dem Betriebssystem und dem Netzwerk an Ihrem Standort ab. Relevant ist außerdem, welchen Spielraum Sie Ihren Benutzern gewähren und wo Sie sie einschränken möchten. Wir haben uns darum bemüht, Ihnen mit diesem Buch so viele Regeln, Beispiele und Ressourcen an die Hand zu geben, daß Sie offene Fragen gegebenenfalls selbst klären können.

Was ist eine Firewall und welche Vorteile bringt sie Ihnen? Eine Firewall bietet die Möglichkeit, die Kommunikation zwischen dem Internet und Ihrem internen Netzwerk einzuschränken. Üblicherweise richten Sie eine Firewall an der Stelle ein, an der sie den größten Effekt erzielt, und zwar an dem Punkt, wo Ihr Netz an das Internet angeschlossen ist. Mit einer Firewall läßt sich die Wahrscheinlichkeit erheblich verringern, daß Angreifer von außen in Ihre internen Systeme und Netzwerke eindringen. Außerdem kann die Firewall interne Benutzer davon abhalten, Ihre Systeme zu gefährden, indem sie sicherheitsrelevante Informationen – unverschlüsselte Paßwörter und vertrauliche Daten – nach außen geben.

Die heute zu beobachtenden Angriffe auf mit dem Internet verbundene Systeme sind gravierender und technisch komplexer als früher. Um diese Angriffe abzuwehren, benötigen wir jede erdenkliche Hilfe. Firewalls sind eine äußerst wirksame Methode, um einen Standort vor Angriffen zu schützen. Deshalb halten wir es für unbedingt notwendig, Firewalls in die Planung der Gesamtsicherheit eines Standorts einzubeziehen. Die Firewall ist jedoch nur ein Baustein in dieser Planung. Es ist ebenso wichtig, eine klar definierte Sicherheitspolitik zu verfolgen, starke Rechnersicherheit zu gewährleisten und unter Umständen eigene Geräte zur Authentifizierung und Verschlüsselung einzubeziehen, die mit den einzurichtenden Firewalls kooperieren. Wir werden in diesem Buch all diese Themen ansprechen, konzentrieren uns aber im wesentlichen auf Firewalls.

Übersicht über dieses Buch

Das vorliegende Buch ist in fünf Teile gegliedert.

Teil I, *Sicherheit im Netz*, befaßt sich mit der Sicherheit im Internet und erklärt, auf welche Weise der Einsatz von Firewalls zu einer effektiven Sicherheitslösung beiträgt.

- Kapitel 1, *Wozu braucht man Internet-Firewalls?*, beschäftigt sich mit den Risiken, die heutzutage mit der Nutzung des Internets verbunden sind. Es behandelt, was es zu schützen gilt und wogegen, zeigt verschiedene Sicherheitsmodelle und gibt einen Überblick über Firewalls im Hinblick darauf, was sie für die Sicherheit eines Standorts leisten können und wozu sie nicht geeignet sind.
- Kapitel 2, *Internet-Dienste*, gibt einen Überblick über die Dienste, die die Benutzer im Internet nutzen wollen oder müssen, und faßt die Sicherheitsprobleme zusammen, die durch diese Dienste auftreten.
- Kapitel 3, *Sicherheitsstrategien*, zeigt die grundlegenden Sicherheitsprinzipien, die eine Organisation verstehen muß, bevor sie sich für eine Sicherheitspolitik entscheidet und in spezielle Sicherheitsmaßnahmen investiert.

Teil II, *Einrichten von Firewalls*, beschreibt, wie Sie Firewalls aufbauen.

- Kapitel 4, *Pakete und Protokolle*, beschreibt die grundlegenden Netzwerkkonzepte, mit denen Firewalls arbeiten.
- Kapitel 5, *Firewall-Techniken*, erläutert die Begriffe und Technologien, die beim Aufbau von Firewalls verwendet werden.
- Kapitel 6, *Firewall-Architekturen*, beschreibt die wichtigsten Architekturen, die beim Entwurf von Firewalls benutzt werden, und die Situationen, für die sie am besten geeignet sind.
- Kapitel 7, *Der Firewall-Entwurf*, zeigt den Entwurf einer Firewall.
- Kapitel 8, *Paketfilterung*, beschreibt, wie Paketfiltersysteme funktionieren, und erläutert, welche Aufgaben diese in einer Firewall erfüllen können.
- Kapitel 9, *Proxy-Systeme*, beschreibt, wie Proxy-Clients und -Server funktionieren und wie Sie diese Systeme beim Aufbau von Firewalls einsetzen.
- Kapitel 10, *Bastion-Hosts*, liefert einen allgemeinen Überblick über Entwurf und Aufbau von Bastion-Hosts, die in vielen Firewall-Konfigurationen zum Einsatz kommen.
- Kapitel 11, *Unix- und Linux-Bastion-Hosts*, beschreibt detailliert den Entwurf und Aufbau eines Unix- oder Linux-Bastion-Hosts.
- Kapitel 12, *Windows NT- und Windows 2000-Bastion-Hosts*, beschreibt detailliert den Entwurf und Aufbau eines Windows NT-Bastion-Hosts.

Teil III, *Internet-Dienste*, beschreibt, wie Dienste in einer Firewall-Umgebung zu konfigurieren sind.

- Kapitel 13, *Internet-Dienste und Firewalls*, erörtert die allgemeinen Fragen bei der Auswahl und Konfiguration von Diensten in einer Firewall-Umgebung.
- Kapitel 14, *Vermittelnde Protokolle*, behandelt Protokolle, die mehreren Diensten zugrunde liegen.
- Kapitel 15, *Das World Wide Web*, beschäftigt sich mit dem Web und den damit verwandten Diensten.
- Kapitel 16, *Elektronische Post und News*, erläutert Dienste, die zum Übertragen von elektronischer Post und Usenet-News verwendet werden.
- Kapitel 17, *Dateiübertragung, Filesharing und Drucken*, befaßt sich mit den Diensten, die zum Austausch von Dateien zwischen verschiedenen Orten benutzt werden.
- Kapitel 18, *Der Fernzugriff auf Hosts*, erläutert Dienste, die es Ihnen ermöglichen, einen Computer von einem anderen Computer aus zu benutzen.
- Kapitel 19, *Echtzeit-Konferenzdienste*, stellt Dienste vor, die es Benutzern ermöglichen, online miteinander zu interagieren.
- Kapitel 20, *Namens- und Verzeichnisdienste*, beschreibt Dienste, die zum Verteilen von Informationen über Hosts und Benutzer verwendet werden.
- Kapitel 21, *Authentifizierungs- und Auditing-Dienste*, behandelt Dienste, mit denen Benutzer identifiziert werden, bevor sie auf Ressourcen zugreifen können, und die überwachen, welche Art von Zugriff sie haben dürfen, und kontrollieren, wer wann auf was zugegriffen hat.
- Kapitel 22, *Administrative Dienste*, stellt weitere Dienste zur Administration von Maschinen und Netzwerken vor.
- Kapitel 23, *Datenbanken und Spiele*, beschäftigt sich mit den zwei verbleibenden großen Gruppen beliebter Internet-Dienste, mit Datenbanken und Spielen.
- Kapitel 24, *Zwei Beispiel-Firewalls*, zeigt zwei Beispielkonfigurationen einfacher Firewalls.

Teil IV, *Kontinuierlicher Schutz Ihres Standorts*, beschreibt, wie Sie eine Sicherheitspolitik für Ihren Standort entwerfen und sie umsetzen, Ihre Firewall warten und mit Sicherheitsproblemen umgehen, die selbst bei den besten Firewalls auftreten können.

- Kapitel 25, *Sicherheitspolitik*, erläutert die Bedeutung einer klaren und verständlichen Sicherheitspolitik für Ihren Standort. Sie erfahren, welche Komponenten eine Sicherheitspolitik enthalten sollte und welche nicht. Außerdem erhalten Sie Hinweise, wie Sie Management und Benutzer von einer Sicherheitspolitik überzeugen können.
- Kapitel 26, *Betreuung von Firewalls*, beschreibt, wie Sie die Sicherheit Ihrer Firewall dauerhaft aufrechterhalten. Außerdem erfahren Sie, wie Sie selbst bezüglich neuer Sicherheitsfragen und -Techniken auf dem laufenden bleiben.

- Kapitel 27, *Reagieren auf Zwischenfälle*, beschreibt, was zu tun ist, wenn in Ihren Standort eingebrochen wurde oder wenn Sie glauben, daß Ihre Sicherheit gefährdet ist.

Teil V, *Anhänge*, besteht aus den folgenden Anhängen:

- Anhang A, *Ressourcen*, enthält eine Liste mit Orten, an denen Sie weiterführende Informationen und Hilfe zu Sicherheitsfragen finden: Webseiten, FTP-Sites, Mailinglisten, Newsgroups, Response-Teams, Bücher, Artikel und Konferenzen.
- Anhang B, *Werkzeuge*, faßt die besten frei verfügbaren Firewall-Werkzeuge zusammen und gibt Tips, woher Sie diese beziehen können.
- Anhang C, *Kryptographie*, enthält Hintergrundinformationen über Kryptographie, die denjenigen helfen sollen, die versuchen, die Marketinginformationen über Sicherheitsprodukte zu entschlüsseln.

Leserkreis

Für wen ist dieses Buch gedacht? Obwohl es sich in erster Linie an Personen richtet, die Firewalls einrichten müssen, ist es in weiten Teilen auch für diejenigen interessant, die sich allgemein mit der Sicherheit im Internet befassen. Anhand der folgenden Liste können Sie entscheiden, welche Abschnitte für Sie von Interesse sind:

Systemadministratoren
 Sie sollten das ganze Buch lesen.

Manager
 Sie sollten wenigstens Teil I des Buchs lesen. Die Kapitel in Teil I geben Ihnen eine Übersicht über die verschiedenen Arten von Gefahren im Internet, über Dienste sowie Sicherheitsansätze und -strategien. Diese Kapitel führen Sie außerdem in das Thema Firewalls ein und beschreiben, auf welche Weise Firewalls zur Internet-Sicherheit beitragen. Sie sollten außerdem Kapitel 5 lesen, das einen Überblick über die verschiedenen Firewall-Architekturen bietet. Anhang A beschreibt, wo Sie weitere Informationen und Ressourcen finden können.

IT-Manager und Benutzer
 Sie sollten alle Kapitel lesen, die wir Managern empfohlen haben. Darüber hinaus empfehlen wir Ihnen Teil III, der die an Ihrem Standort möglicherweise auftretenden Fragen beschreibt – zum Beispiel, wie eine Sicherheitspolitik entwickelt wird, wie man sich bezüglich Firewalls weiterbildet und wie man auf Angriffe reagiert.

Dieses Buch stellt zwar allgemeine Firewall-Konzepte vor, die auf jeden Standort zutreffen, allerdings konzentriert es sich auf »durchschnittliche« Standorte: kleinere bis größere Firmen- oder Universitätsstandorte. Wenn Sie eine persönliche Firewall einrichten, sollten Sie Teil I, Kapitel 5 sowie die Kapitel mit den für Sie interessanten Diensten lesen. Falls Sie eine Firewall für einen extrem großen Standort einrichten wollen, werden alle Kapitel für Sie wichtig sein, möglicherweise müssen Sie aber noch weitere Techniken einsetzen.

Plattformen

Zu einem großen Teil sind die Beschreibungen in diesem Buch plattformunabhängig. Da in den meisten Fällen grundlegende Prinzipien im Vordergrund stehen, sollten diese – unabhängig von Ihrer speziellen Hardware-Ausstattung, Software und Vernetzung – auch auf Ihre Umgebung übertragbar sein. Die größte Rolle spielen die speziellen Plattformen bei der Behandlung von Bastion-Hosts. Bastion-Hosts (siehe Kapitel 10) wurden bereits erfolgreich mit den verschiedensten Betriebssystemen eingesetzt, einschließlich Unix, Windows NT, Macintosh, VMS VAX und anderen.

Zugegebenermaßen beziehen sich die Beispiele in diesem Buch meist auf Unix (einschließlich Linux), und Windows NT bildet das zweite große Thema. Für diese Ausrichtung gibt es verschiedene Gründe. Erstens handelt es sich um die dominierenden Betriebssysteme in der Welt des Internet. Bei Internet-Servern ist Unix immer noch vorherrschend, obwohl Windows NT bereits stark aufgeholt hat. Ein anderer Grund ist natürlich, daß unsere Erfahrungen größtenteils auf Unix beruhen; wir haben erst vor recht kurzer Zeit begonnen, uns mit Windows NT zu befassen, als es verstärkt im Internet auftauchte. Wir »sprechen« zwar Windows NT, allerdings mit einem starken Unix-Akzent.

Linux ist ein naher Verwandter von Unix, mit dem wir einen großen Teil unserer beruflichen Zeit verbracht haben. In vielen Aspekten ist es näher an der Unix-Tradition als viele kommerzielle Betriebssysteme, die sich selbst Unix nennen. Obwohl wir Linux an manchen Stellen direkt nennen, sollten Sie immer daran denken, daß alle unsere Aussagen über Unix sich auch auf Linux beziehen, es sei denn, es wird ausdrücklich etwas anderes gesagt.

Auch wenn wir »Windows NT« erwähnen, meinen wir immer sowohl Windows NT 4 als auch Windows 2000, solange wir nicht ausdrücklich darauf hinweisen, daß dem nicht so ist. Windows 2000 ist ein direkter Abkömmling von Windows NT 4 und verhält sich in den wichtigsten Aspekten genauso. Wir weisen an den entsprechenden Stellen auf die Unterschiede hin. (Sie sollten sich aber immer vor Augen führen, daß es Windows 2000 noch nicht sehr lange gab, als dieses Buch [in der englischen Originalausgabe, Anm. d. Verlages] in den Druck gegangen ist; sowohl das Betriebssystem als auch die Erfahrungen damit werden sich schon wieder geändert haben, wenn Sie dieses Buch in Händen halten.)

Produkte

Es ist nicht möglich, in diesem Buch eine vollständige Liste der kommerziellen und frei verfügbaren Produkte anzugeben, da laufend neue Produkte vorgestellt werden und vorhandene Produkte immer wieder um neue Eigenschaften und Funktionen erweitert werden. Statt dessen konzentrieren wir uns darauf, die generischen Funktionen und Möglichkeiten vorzustellen sowie die Folgen des Vorhandenseins – oder Nichtvorhandenseins – bestimmter Eigenschaften, so daß Sie sich selbst ein Bild von der Leistungsfähigkeit der Produkte machen können, die Ihnen gegenwärtig zur Verfügung stehen. Wir werden gelegentlich einzelne Produkte erwähnen, einige kommerzielle und einige frei verfügbare, vor allem, wenn es bemerkenswerte Funktionen bekannter Produkte gibt. Einzelne Lösungen sollen jedoch damit nicht besonders hervorgehoben oder herabgesetzt werden.

Beispiele

Ein Buch dieser Art erfordert viele Beispiele mit Hostnamen und Adressen darin. Um niemanden zu kränken oder in Schwierigkeiten zu bringen, haben wir versucht, nur solche Namen und Adressen zu verwenden, die nicht in Benutzung sind. In den meisten Fällen haben wir Namen und Adressen benutzt, die umgedreht wurden und nicht registriert werden können. Deshalb befinden sich die meisten Beispiel-Hosts in diesem Buch in der Domäne ».beispiel«. Einige Male benötigten wir eine große Anzahl von Hostnamen und waren der Ansicht, daß ».beispiel« hier verwirrend wäre. Daher verwendeten wir dann Namen, die auch registriert sein können. Wir haben versucht, Namen zu benutzen, die momentan nicht registriert sind oder bei denen eine Registrierung unwahrscheinlich erscheint. Wir entschuldigen uns bei jedem, der zufällig einen dieser Namen verwendet und dadurch Unannehmlichkeiten hat.

Wir entschuldigen uns außerdem bei jenen Lesern, die den gesamten reservierten IP-Adreßraum auswendig gelernt haben und es ärgerlich finden, daß in vielen der Abbildungen reservierte IP-Adressen bei der Benutzung im Internet dargestellt werden. In der Praxis ist das natürlich nicht möglich, und wir wollen damit nur erreichen, daß die Aufmerksamkeit nicht auf Adressen gelenkt wird, die über das Internet erreichbar sind.

Konventionen in diesem Buch

Dieses Buch folgt den hier dargestellten Konventionen:

Kursiv
> wird für Datei- und Verzeichnisnamen und URLs benutzt sowie für die erste Erwähnung neuer Begriffe

`Nichtproportionalschrift`
> wird für Code-Beispiele verwendet

`Nichtproportionalschrift kursiv`
> zeigt in einigen Beispielen ein variables Element an (z.B. einen Dateinamen), das Sie angeben

Das folgende Icon wird in diesem Buch benutzt:

 Kennzeichnet einen Hinweis, einen Vorschlag oder eine allgemeine Anmerkung.

Danksagungen für die zweite Auflage

So unwahrscheinlich das auch klingen mag, aber wir hatten, als wir anfingen, keine Ahnung, wieviel Zeit und Aufwand uns die Arbeit an der zweiten Auflage kosten würde; wir erwarteten eine relativ leichte Aufgabe, und daraus wurde ein regelrechter Marathon. Selbst die kleinste Überarbeitung erfordert die Mitarbeit vieler, und bei einer völlig überarbeiteten Auflage scheinen Tausende beteiligt zu sein.

Wir danken denjenigen, die diese zweite Auflage kritisch begleitet und uns viele hilfreiche Hinweise gegeben haben: Steve Beaty, David LeBlanc, Phil Cox, Eric Pearce, Chuck Phillips, Greg Rose und Wietse Venema – sowie Bruce Schneier und Diana Smetters, die in einer vierstündigen Aktion Anhang C gelesen haben! Unser Dank gilt auch dem gesamten Lektorats- und Produktionsteam von O'Reilly, besonders Projektleiterin Madeleine Newell und Producerin Nancy Crumpton.

Danksagung von Elizabeth: Mein Dank geht an meine Freunde, meine Familie und meine Kollegen für ihre Geduld und Hilfe; mein monomanisches Interesse an Netzwerkprotokollen, gepaart mit emotionaler Instabilität und regelmäßiger Überarbeitung, hat mehr als das übliche und angemessene Maß an Toleranz abverlangt. Besonders zu Dank verpflichtet bin ich Arnold Zwicky, Diana Smetters, Jeanne Dusseault und Brent Chapman. Vielen Dank an meinen »Zweitvater«, Jacques Transue, der mich dazu angehalten hat, kürzerzutreten und das Schreiben gelegentlich zu unterbrechen. Danke auch an Debby Russell und Sue Miller bei O'Reilly für ihre ausgezeichnete, geduldige und ruhige Unterstützung; und an Simon, der ein einfaches Buchprojekt erwartete, dessen Leben dann für anderthalb Jahre aus seinen geordneten Bahnen gerissen wurde, und der dennoch weitergearbeitet hat, obwohl wir darauf bestanden haben, alles in amerikanischem Englisch anstatt in »richtigem« Englisch zu schreiben. Danke auch an die vielen Mitarbeiter bei O'Reilly, die an der Produktion dieses Buches mitgewirkt haben.

Danksagung von Simon: Ich möchte meinen Kollegen, meinen Freunden und meiner Familie für ihr Verständnis und ihre Unterstützung während dieses Projektes danken. Ein besonderer Dank geht an Beryl Cooper, Mel Pleasant, Landon Curt Noll, Greg Bossert, James R. Martin II, Alesia Bischoff und Cherry Mill für ihre Unterstützung und ihre Geduld. Ein spezieller Gruß geht an meine Eishockey-Mannschaft – danke für diese gute Alternative zum Schreiben. Einen Riesendank an Elizabeth dafür, daß sie mich gebeten hat, an diesem Buch mitzuschreiben, und dafür, daß sie mich durch diesen Prozeß begleitet hat. Schließlich danke ich noch Debby, Sue und den Mitarbeitern von O'Reilly, daß sie dieses Buch in die Hände unserer Leser legen.

Danksagungen für die erste Auflage

Hinweis: An dieser Stelle stehen noch einmal die Danksagungen aus der ersten Auflage, da wir uns weiterhin denjenigen zu Dank verpflichtet fühlen, die uns bereits bei der ersten Auflage geholfen haben. Beachten Sie jedoch, daß verschiedene Teile der ersten Auflage (z.B. die Vorbemerkung und der Anhang zu TCP/IP) nicht mehr im Buch enthalten sind.

Als wir uns an die Arbeit zu diesem Buch machten, hatten wir keine Vorstellung davon, wieviel Zeit und Energie uns dieses Vorhaben kosten würde. Ohne die Hilfe zahlreicher Personen wäre das Buch nicht zustande gekommen.

Besonderen Dank schulden wir Ed DeHart und Craig Hunt. Ed, der die Vorbemerkung verfaßte, arbeitete in der Anfangsphase des Buches mit Brent zusammen. Wir wissen seine Hilfe sehr zu schätzen. TCP/IP ist grundlegend für das Verständnis der elementaren Konzepte beim Aufbau von Firewalls. Craig Hunt, Autor von *TCP/IP Netzwerk-Administration*, gestattete uns freundlicherweise, die Kapitel 1 und 2 seines Buches hier in Kapitel C zu übernehmen. Damit können wir Lesern, die mit TCP/IP noch nicht vertraut sind, einen schnellen Einstieg bieten.

Dank an alle, die die ersten Entwürfe korrigierten und hilfreiche Vorschläge einbrachten: Fred Avolio, Steve Bellovin, Niels Bjergstrom, Rik Farrow, Simson Garfinkel, Eliot Lear, Evi Nemeth, Steve Simmons, Steve Romig, Gene Spafford, Phil Trubey und Mark Verber. Wir danken außerdem Eric Allman für die Beantwortung zahlreicher Fragen zu Sendmail und Paul Traina für die Beantwortung vieler Fragen zu Cisco.

Dank an alle bei O'Reilly & Associates, die das Manuskript in ein fertiges Buch verwandelten: Mary Anne Weeks Mayo war eine wundervolle und geduldige Projektleiterin und Lektorin; Len Muellner, Ellen Siever und Norm Walsh konvertierten das Buch von Word nach SGML und steuerten ihr Produktions-Know-how bei; Chris Reilley erstellte die vielen ausgezeichneten Abbildungen; Edie Freedman gestaltete den Umschlag, und Nancy Priest entwarf das Innenlayout; John Files und Juliette Muellner waren bei der Produktion behilflich; Seth Maislin erstellte den Index; Sheryl Avruch und Kismet McDonough-Chan nahmen die abschließende Qualitätskontrolle vor.

Danksagung von Brent: Ganz persönlich möchte ich darüberhinaus meinen Freunden und meiner Familie danken, die mir in den anderthalb Jahren während der Arbeit an diesem Buch den Rücken stärkten. Dank auch an meine Mitarbeiter bei Great Circle Associates, die meine Firma am Laufen hielten; Dank an die vielen Hundert Leute, die mein Internet Security Firewalls Tutorial besuchten und mir damit die Motivation für all die Mühen verschafften (und mir ermöglichten, meine Rechnungen zu bezahlen!); Dank auch an Tausende von Abonnenten der Internet-Mailingliste Firewalls, aus deren Anregungen sich viele Ideen zu diesem Buch entwickelten. Auch Debby Russell, unserer Lektorin bei O'Reilly & Associates, bin ich für ihre Unterstützung und Anleitung sehr zu Dank verpflichtet. Unseren Fachkorrektoren danke ich für die wundervollen Kommentare und Anregungen. Vor allem aber möchte ich meiner guten Freundin und Koautorin Elizabeth Zwicky danken, ohne deren Mitarbeit und Unterstützung dieses Buch nie vollendet oder längst nicht so gut geworden wäre.

Danksagung von Elizabeth: Mein Dank richtet sich an meine Freunde, meine Familie und meine Kollegen bei Silicon Graphics, für ihre schier unendliche Geduld mit meiner Neigung, mich abwechselnd entweder wie besessen dem Buch zu widmen oder aber jede Diskussion über ein auch nur entfernt damit zusammenhängendes Thema abzuwehren. Besonders danke ich Arnold Zwicky, Diana Smetters, Greg Rose, Eliot Lear und Jeanne Dusseault für ihre einfühlsame moralische Unterstützung (oft zu einem Zeitpunkt, als sie selbst in ähnlich gearteten Krisen steckten). Vor allem aber möchte ich mich bei Debby und Brent bedanken, die mir unerwartet die Chance gaben, an einem äußerst lohnenswerten Projekt teilzunehmen.

I
Sicherheit im Netz

Dieser Teil des Buches befaßt sich mit dem Problem der Sicherheit im Internet und konzentriert sich dabei auf Firewalls, die eine effektive Schutzmaßnahme darstellen. Er stellt Firewalls vor, erläutert die wichtigsten Dienste, die die Internet-Benutzer benötigen, und faßt die Sicherheitsprobleme zusammen, die diese Dienste mit sich bringen. Außerdem umreißt er die wichtigsten Sicherheitsprinzipien, die Sie verstehen müssen, bevor Sie damit beginnen können, Firewalls aufzubauen.

1

Wozu braucht man Internet-Firewalls?

Es ist heute kaum möglich, eine Buchhandlung zu betreten, eine Zeitung oder Zeitschrift zu lesen oder die Nachrichten zu hören, ohne dabei auf die eine oder andere Weise mit dem Internet konfrontiert zu werden. Es ist so populär geworden, daß praktisch jede Werbung einen Verweis auf eine Webseite enthält. Während die nichttechnischen Veröffentlichungen vom Internet besessen sind, konzentrieren sich die technischen zunehmend auf Sicherheitsaspekte. Dies ist eine logische Konsequenz; wenn die Begeisterung über einen Super-Highway in der Nachbarschaft erst einmal nachgelassen hat, werden Sie feststellen, daß Sie darauf nicht nur selbst reisen können, sondern daß auch sehr viele Fremde auftauchen, die Sie nicht unbedingt alle einladen würden.

Beide Ansichten sind richtig: Das Internet ist eine phantastische technische Errungenschaft, die Ihnen auf revolutionäre Weise den Zugriff auf Informationen sowie die Veröffentlichung von Informationen erlaubt. Es birgt aber auch die Gefahr, Informationen auf nie dagewesene Weise zu verfälschen und zu zerstören. Dieses Buch stellt Ihnen eine Möglichkeit vor, die Vorteile und Risiken abzuwägen – am Internet teilzunehmen und sich trotzdem zu schützen.

Wir werden später in diesem Kapitel verschiedene Sicherheitsmodelle beschreiben, mit deren Hilfe Daten und Ressourcen im Internet geschützt werden können. Der Schwerpunkt in diesem Buch liegt auf dem Aspekt der Netzsicherheit, insbesondere auf dem Einsatz von Internet-Firewalls. Eine Firewall ist eine Art von Schutz, die es ermöglicht, ein Netzwerk an das Internet anzuschließen und dabei ein bestimmtes Maß an Sicherheit zu gewährleisten. Der Abschnitt »Was ist eine Internet-Firewall?« in diesem Kapitel beschreibt die Grundlagen von Firewalls und faßt zusammen, welche Möglichkeiten Sie besitzen – oder auch nicht besitzen –, um Ihren Standort zu schützen. Bevor wir uns allerdings damit befassen, was Sie mit einer Firewall anstellen können, werden wir kurz beschreiben, weshalb Sie überhaupt eine brauchen. Was müssen Sie auf Ihren Systemen schützen? Welche Arten von Angriffen und Angreifern gibt es überhaupt? Mit welchen Sicherheitsvorkehrungen läßt sich Ihr Standort schützen?

Was wollen Sie schützen?

Eine Firewall ist im Prinzip eine Schutzvorrichtung. Wenn Sie eine Firewall aufbauen wollen, müssen Sie sich zuerst überlegen, was Sie eigentlich schützen wollen. Durch die Verbindung mit dem Internet gefährden Sie drei Dinge:

- Ihre Daten: die Informationen auf den Computern
- Ihre Ressourcen: die Computer selbst
- Ihren guten Ruf

Ihre Daten

Ihre Daten müssen in dreierlei Hinsicht geschützt werden:

Vertraulichkeit
    Sie wollen sie vor anderen geheimhalten.

Integrität
    Sie wollen vermutlich nicht, daß andere sie verändern.

Verfügbarkeit
    Sie wollen sie mit ziemlicher Sicherheit selbst benutzen können.

Viele Leute konzentrieren sich auf die Risiken, die mit der Geheimhaltung der Daten verbunden sind, und dabei handelt es sich in der Tat um erhebliche Risiken. Viele Organisationen speichern ihre wichtigsten Informationen – Produktentwürfe, Bilanzen oder Personaldaten – auf ihren Computern. Andererseits werden Sie feststellen, daß es relativ einfach ist, die Rechner mit den wirklich geheimen Daten von jenen zu trennen, die an das Internet angeschlossen sind. (Oder Sie merken, daß dies nicht geht; Sie werden kaum Geschäfte im Internet abschließen können, wenn sich auf den an das Internet angeschlossenen Rechnern keine Informationen über Bestellungen und Zahlungen befinden.)

Nehmen Sie an, Ihre Daten *können* so getrennt werden, daß die vom Internet aus zugänglichen Informationen nicht geheim sind. Weshalb sollten Sie sich in diesem Fall Gedanken über Sicherheit machen? Weil Vertraulichkeit nicht das einzige zu schützende Gut darstellt. Sie müssen sich weiterhin um Integrität und Verfügbarkeit sorgen. Wenn Ihre Daten nicht geheim sind und es Ihnen egal ist, ob sie geändert werden und wer darauf zugreifen darf, dann stellt sich die Frage, wieso Sie überhaupt Festplattenplatz dafür verschwenden?

Sogar wenn Ihre Daten nicht vertraulich sind, müssen Sie die Konsequenzen tragen, falls sie zerstört oder verändert werden. Manche dieser Konsequenzen ziehen absehbare Kosten nach sich: Wenn Ihnen Daten verlorengehen, müssen Sie die Wiederherstellung bezahlen; wollten Sie sie in irgendeiner Form verkaufen, werden Sie Umsatzeinbußen erleiden. Dabei spielt es keine Rolle, ob es sich um die zu verkaufenden Daten selbst, Entwürfe für irgendein Produkt oder um Code für eine Software handelt.

Bei jedem sicherheitsrelevanten Vorfall entstehen zudem schwer abzuschätzende Schäden. Am gravierendsten ist der Verlust an Vertrauen in Ihre Systeme (Vertrauen der Benutzer, Kunden, Investoren, Angestellten sowie der Öffentlichkeit) und Daten und damit in Ihr Unternehmen.

Wurden Ihre Daten verändert?

Sicherheitsvergehen im Computerbereich unterscheiden sich von anderen Verbrechen dadurch, daß sie ungewöhnlich schwer feststellbar sind. Es dauert manchmal sehr lange, bis Sie merken, daß jemand in Ihre Rechner eingedrungen ist. Möglicherweise erfahren Sie es nie. Sogar wenn jemand eindringt und eigentlich nichts an Ihrem System oder Ihren Daten verändert, werden Sie wahrscheinlich Zeit (Stunden oder Tage) damit verlieren herauszufinden, daß nichts manipuliert wurde. In vielerlei Hinsicht ist ein brutaler Angriff, bei dem alles zerstört wird, leichter zu handhaben als ein Einbruch, bei dem auf den ersten Blick kein Schaden entstanden zu sein scheint. Wenn alles zerstört wurde, werden Sie in den sauren Apfel beißen und das System mit Hilfe von Backups wiederherstellen müssen. Scheint dagegen der Angreifer nichts getan zu haben, werden Sie viel Zeit aufwenden, immer wieder zu überprüfen, ob Ihr System nicht doch irgendwo beschädigt wurde. Mit ziemlicher Sicherheit hat der Angreifer etwas getan – die meisten Eindringlinge beginnen zunächst damit, sich ein neues Schlupfloch zu schaffen, bevor sie zu Werke gehen.

Dieses Buch beschäftigt sich zwar in erster Linie mit Sicherheitsvorkehrungen, Kapitel 27, *Reagieren auf Zwischenfälle*, stellt jedoch einige allgemeine Richtlinien zum Erkennen, Untersuchen und Bewältigen sicherheitsrelevanter Vorfälle vor.

Ihre Ressourcen

Vielleicht interessieren Sie sich nicht für Ihre Daten, möglicherweise macht es Ihnen ja Spaß, jede Woche das Betriebssystem neu einzurichten, weil das die Platten in Schwung hält. Wenn jedoch andere Ihre Computer benutzen, dann wollen Sie sicher auch etwas davon haben. Die meisten Leute benutzen ihre Computer selbst oder stellen eine Fremdnutzung der Systeme in Rechnung. Doch sogar Leute, die Rechenzeit und Plattenplatz kostenlos abgeben, versprechen sich einen gewissen Nutzen davon – und von unerwünschten Eindringlingen werden sie ihn nicht bekommen. Sie investieren eine Menge Zeit und Geld in Ihre Computer-Ressourcen und haben daher das Recht zu bestimmen, was damit geschieht.

Eindringlinge behaupten oft, daß sie sich nur ungenutzter Ressourcen bedienten, ihre Einbrüche würden ihre Opfer ja nichts kosten. Diese Argumentation ist in zweierlei Hinsicht fragwürdig.

Erstens ist es für einen Eindringling unmöglich zu entscheiden, welche Ressourcen ungenutzt sind. Es mag vielleicht so aussehen, als verfüge Ihr System über Unmengen leeren Plattenplatzes und Stunden freier Rechenzeit. In Wirklichkeit werden Sie jedoch jeden Moment mit der Berechnung einer aufwendigen Animation beginnen und brauchen jedes Bit und jede Microsekunde. Ein Eindringling kann Ihnen Ihre Ressourcen nicht zurückgeben, wenn Sie sie benötigen. (Ebenso benutze ich auch mein Auto normalerweise zwischen Mitternacht und 6 Uhr morgens nicht, das bedeutet aber auch nicht, daß ich es verleihe, ohne vorher gefragt zu werden. Was ist, wenn ich früh am nächsten Morgen zum Flughafen fahren muß oder wenn ein Notruf eingeht?)

Zweitens ist es Ihr gutes Recht, die Ressourcen so einzusetzen, wie Sie es für richtig halten. Und wenn leere Festplatten Sie mit innerer Ruhe erfüllen oder der Anblick blinkender Lichter an Ihrem untätigen Computer Sie erfreut, so ist das allein Ihre Sache. Computer-Ressourcen sind weder natürliche Ressourcen, die rechtmäßig der ganzen Welt gehören, noch sind sie in irgendeiner Weise so begrenzt, daß sie bei Nichtbenutzung unwiederbringlich verloren wären.

Ihr guter Ruf

Ein Eindringling tritt im Internet mit Ihrer Identität auf. Alles, was er oder sie tut, scheint von Ihnen ausgelöst zu werden. Welche Konsequenzen hat das?

Meist bestehen die Folgen darin, daß andere Standorte – oder Ermittlungsbehörden – sich mit Ihnen in Verbindung setzen, um zu erfahren, weshalb Sie in deren Systeme einbrechen wollen. (Das kommt gar nicht so selten vor. An einem Standort nahm man die Sicherheit erst ernst, als die Systemadministratoren sogar eine neue Spalte in ihren Kontierungsbögen für die Gespräche mit dem FBI über die Einbruchsversuche einrichteten, die von dort ausgingen.)

Manchmal kosten solche Schwindler weit mehr als nur verlorene Zeit. Ein Eindringling, der es speziell auf Sie abgesehen hat oder einfach nur Spaß daran findet, anderen das Leben schwerzumachen, verändert vielleicht Ihre Website oder schickt E-Mails oder News-Postings, die angeblich von Ihnen stammen. Im allgemeinen versteigen sich solche Leute in Haßtiraden und sind dabei wenig glaubwürdig. Doch selbst wenn nur wenige Leute diese Nachrichten ernst nehmen, ist die Schadensbegrenzung langwierig und meist auch peinlich. Alles, was nicht offensichtlich frei erfunden ist, kann Ihren guten Ruf dauerhaft beschädigen.

Vor einigen Jahren verschickte ein Schwindler, der sich als Professor der Texas A&M University ausgab, an Tausende von Empfängern E-Mails mit rassistischen Inhalten. Der Hochstapler wurde nie gefunden, und der Professor hat bis heute mit den Folgen der gefälschten Nachrichten zu kämpfen. In einem anderen Fall verschickte eines Nachts ein Student aus Dartmouth während der Prüfungszeit E-Mails unter der Kennung eines Professors. Er behauptete, wegen eines familiären Unglücksfalls würde die Prüfung am nächsten Tag ausfallen. Daraufhin erschienen wirklich nur wenige Studenten.

Man kann E-Mails oder News-Postings zwar fälschen, ohne Zugang zu einem Standort zu haben, es ist in diesem Fall aber auch relativ einfach, die Fälschung zu entlarven. Die Nachrichten, die ein Schwindler direkt von Ihrem Standort aus verschickt, sehen genau wie Ihre aus, denn es *sind* Ihre. Im Gegensatz zu einem Fälscher von außen hat ein Eindringling auch Zugriff auf alle möglichen Detail-Informationen wie etwa die Mailinglisten oder die Empfänger Ihrer E-Mails.

Zur Zeit sind Angriffe, bei denen ganze Websites ersetzt werden, sehr beliebt. Es gibt eine Liste, auf der 160 erfolgreiche Angriffe auf Websites in 18 Ländern aufgeführt sind, die innerhalb eines einzigen Monats erfolgten. Viele dieser Angriffe ersetzten die Sites einfach durch irgendwelche Prahlereien der Angreifer; ein nicht zu unterschätzender Anteil jedoch hatte es direkt auf den Inhalt der Sites abgesehen. Eine Site, die den Präsidentschaftswahlkampf von Al Gore unterstützen sollte, wurde zum Beispiel durch eine ähnlich aussehende Anti-Gore-Site ausgetauscht; politische Bewegungen in Peru, Mexico und China veröffentlichten ihre Slogans. Es gibt überhaupt keinen Grund, sich sicher zu fühlen, nur weil die eigene Site lediglich leichte Unterhaltung anbietet. Verschiedene Popstars, Pro Wrestling und die Boston Lyric Opera mußten dies bereits schmerzlich erfahren.

Doch auch, wenn ein Eindringling nicht Ihre Identität benutzt, schadet ein Einbruch Ihrem guten Ruf. Er erschüttert das Vertrauen der Leute in Ihre Einrichtung. Außerdem werden die meisten Eindringlinge versuchen, von Ihren Maschinen aus Zugang zu anderen zu bekommen, wodurch die nächsten Opfer Ihren Standort möglicherweise für einen Hort krimineller Aktivitäten halten. Nach einem erfolgreichen Einbruch mißbrauchen viele Eindringlinge die Standorte zur Verteilung von gestohlener Software, Pornographie und/oder gestohlenen Informationen, was Sie bei anderen Leuten nicht beliebter macht. Es ist fast unmöglich, Ihren guten Ruf wiederherzustellen, wenn Ihr Name erst einmal mit Einbrüchen in fremde Computersysteme, Software-Piraterie und Pornographie in Verbindung gebracht worden ist – selbst wenn diese Unterstellungen unberechtigt sind.

Wovor müssen Sie sich schützen?

Was haben Sie zu befürchten? Welche Arten von Angriffen können im Internet auf Sie zukommen und von welchen Angreifern werden sie durchgeführt? Wie steht es mit einfachen Versehen oder purer Dummheit? In den folgenden Abschnitten werden wir diese Themen behandeln, ohne auf die technischen Einzelheiten einzugehen. Spätere Kapitel beschreiben die verschiedenen Angriffe genauer und erläutern, wie Sie sich mit Hilfe von Firewalls davor schützen können.

Verschiedene Angriffsmethoden

Es gibt verschiedene Arten von Angriffen auf Systeme und viele Möglichkeiten, diese Angriffe zu kategorisieren. In diesem Abschnitt erläutern wir drei grundlegende Kategorien: Einbrüche, *Denial of Service* (Lahmlegen eines Dienstes) und Informationsdiebstahl.

Einbrüche

Die am häufigsten auftretenden Angriffe auf Systeme sind *Einbrüche*. Durch Einbrüche können Fremde Ihre Computer benutzen. Die meisten Angreifer wollen Ihre Computer genauso verwenden wie rechtmäßige Benutzer.

Es gibt für die Angreifer viele verschiedene Zugangsmöglichkeiten. Sie reichen vom sogenannten Social Engineering (sie ermitteln den Namen einer relativ hochgestellten Person in einer Firma, rufen einen Systemadministrator an, geben vor, diese Person zu sein, und verlangen, daß ihr Paßwort sofort geändert wird, damit sie eine wichtige Arbeit beenden können) über einfaches Raten (sie probieren so lange verschiedene Kombinationen aus Benutzerkennungen und Paßwörtern aus, bis eine funktioniert) bis hin zu raffinierten Einbrüchen, bei denen die Kenntnis von Benutzerkennungen und Paßwörtern nicht notwendig ist.

In diesem Buch beschreiben wir verschiedene Methoden, mit Hilfe von Firewalls Einbrüche zu verhindern. Im Idealfall werden alle Wege blockiert, die es erlauben, ohne Angabe von Benutzerkennung und Paßwort auf ein System zuzugreifen. Richtig konfiguriert, reduzieren sie die Anzahl der von außen zugänglichen Benutzerkennungen, die ja durch einfaches Erraten oder durch Manipulation von Benutzern gefährdet sind. Um Einbrüche durch Erraten zu verhindern, werden die meisten Firewalls für die Benutzung mit einmalig verwendbaren Paßwörtern konfiguriert. Doch auch, wenn Sie diese in Kapitel 21, *Authentifizierungs- und Auditing-Dienste*, beschriebenen Paßwörter nicht verwenden, liefert Ihnen eine Firewall eine klar definierte Stelle, an der Sie Zugriffsversuche auf Ihr System protokollieren und dadurch Einbrüche durch Erraten leichter aufdecken können.

Lahmlegen eines Dienstes

Ein Angriff durch *Lahmlegen eines Dienstes* (Denial-of-Service-Attacke) ist einzig und allein darauf ausgerichtet, Sie am Benutzen Ihrer Computer zu hindern.

Ende 1994 waren die Autoren Josh Quittner und Michelle Slatalla Ziel einer »E-Mail-Bombe«. Offenbar als Vergeltung für einen Artikel über die Aktivitäten von Crackern, den sie in der Zeitschrift *Wired* veröffentlicht hatten, brach jemand bei IBM, Sprint und dem Netzanbieter der Autoren ein und veränderte Programme so, daß deren E-Mail- und Telefondienst unterbrochen waren. Eine Flut von E-Mail-Nachrichten verstopfte ihren Netzdienst so, daß keine anderen Meldungen mehr durchkamen; schließlich brach ihre Internet-Verbindung endgültig zusammen. Auch ihr Telefondienst fiel den Angreifern zum Opfer. Durch Umprogrammierung des Dienstes wurden Anrufer automatisch mit einer anderen Nummer verbunden, unter der Obszönitäten zu hören waren.

Elektronische Sabotage führt manchmal zur Zerstörung von Daten oder zum Ausfall von Geräten. Meist arbeitet sie mit Informationsüberflutung wie im Fall von Quittner-Slatalla oder beim Internet-Wurm im Jahre 1988. Ein Eindringling überschüttet ein System oder ein Netzwerk derart mit Meldungen, Prozessen oder Netzwerkanfragen, daß an ein Arbeiten nicht mehr zu denken ist. Das System oder Netzwerk vergeudet seine gesamte Zeit mit der Reaktion auf Meldungen und Anfragen, kann aber keine von ihnen ausreichend beantworten.

Das Überfluten mit Informationen ist die einfachste und häufigste Art, eine Denial-of-Service-Attacke auszuführen. Ein cleverer Angreifer kann Dienste aber auch deaktivieren, umleiten oder ersetzen. Im Fall Quittner-Slatalla wurde der Telefondienst beispielsweise durch das Umleiten auf eine andere Nummer unterbrochen; diese Art von Angriff ist auch gegen Internet-Dienste möglich.

Es ist nahezu unmöglich, alle Denial-of-Service-Attacken zu vermeiden. Manchmal ergibt sich für Angreifer eine Situation, in der sie kaum verlieren können. An vielen Standorten gibt es zum Beispiel Zugänge, die nach einer bestimmten Anzahl gescheiterter Login-Versuche ungültig werden. Dies hindert Angreifer daran, Paßwörter so lange durchzuprobieren, bis sie das richtige gefunden haben. Andererseits erhalten sie dadurch aber die Möglichkeit für eine Denial-of-Service-Attacke: Sie setzen alle Benutzerkennungen außer Kraft, indem sie einfach einige Male versuchen, sich einzuloggen.

Das Risiko solcher Angriffe ist meist unvermeidbar. Sobald Sie Informationen von außen akzeptieren – E-Mails, Telefonate oder Software-Pakete – können Sie auch überflutet werden. Der bekannte Studentenscherz zum Beispiel, einer unbeliebten Person aus jeder Pizzeria in der Stadt eine oder zwei Pizzas zu bestellen, ist eine Art Angriff zum Lahmlegen eines Dienstes; während man sich mit 42 Pizzaboten herumstreitet, kann man nicht viel anderes erledigen. Derartige Angriffe können in der Computerwelt versehentlich oder absichtlich passieren. (Haben Sie schon einmal ein Faxgerät erlebt, das hartnäckig versucht hat, ein Fax an Ihre Telefonnummer zu schicken?) Es ist sehr wichtig, Dienste so einzurichten, daß beim Lahmlegen eines einzelnen Dienstes die übrigen weiter funktionieren, während Sie das Problem suchen und beheben.

Glücklicherweise werden Angriffe über das Lahmlegen eines Dienstes von vielen Angreifern als unsportlich angesehen, weil sie so leicht durchzuführen sind. Für die meisten Angreifer sind sie außerdem sinnlos, weil sie nicht die gewünschten Informationen liefern bzw. der Angreifer nicht Ihre Computer benutzen kann (das Ziel der meisten anderen Angriffe). Beabsichtigte Denial-of-Service-Attacken sind oft das Werk von Leuten, denen speziell Ihr Standort ein Dorn im Auge ist. An den meisten Standorten sind solche Leute aber recht selten.

Mit den richtigen Werkzeugen und ein wenig Kooperation lassen sich die Datenpakete leicht bis an ihre Quelle zurückverfolgen, allerdings wissen Sie dann noch nicht, wer hinter den Angriffen steckt. In den meisten Fällen kommen die Angriffe von Maschinen, die selbst Opfer von Einbrüchen geworden sind; nur ein wirklich dämlicher Angreifer erzeugt eine leicht zu verfolgende Informationsflut von seiner eigenen Maschine. Manchmal werden Angriffe durch Informationsüberflutung von einer Art Fernsteuerung ausgelöst. Die Angreifer installieren eine von außen gesteuerte Überflutungssoftware auf Systemen, in die sie während einiger Wochen oder Monate wiederholt einbrechen. Diese Software liegt ruhig und unbemerkt herum, bis zu einem späteren Zeitpunkt viele dieser ferngesteuerten Installationen gleichzeitig gestartet werden, um ihre Opfer mit massiven Datenströmen und einem dadurch flutartig ansteigenden Verkehr aus vielen verschiedenen Richtungen auf einmal zu bombardieren. Diese Methode steckte hinter den bekannten Denial-of-Service-Attacken auf Yahoo!, CNN und andere bekannte Internet-Sites zu Anfang des Jahres 2000.

Sehr viel wahrscheinlicher werden Sie es mit unbeabsichtigten Problemen durch das Lahmlegen von Diensten zu tun haben, wie wir sie im Abschnitt »Dummheit und Unfälle« in diesem Kapitel noch beschreiben werden.

Manche Denial-of-Service-Attacken sind für Angreifer leichter auszuführen und dementsprechend beliebter. Angriffe, bei denen kleine Datenmengen verschickt werden, die dafür sorgen, daß Rechner gebootet werden oder abstürzen, sind vor allem bei solchen Leuten beliebt, die auch in Wohnheimen mitten in der Nacht Feueralarm auslösen. Das heißt, mit relativ wenig Aufwand kann man sehr viele Leute ärgern, die wahrscheinlich nie erfahren werden, wer der Übeltäter war. Das Gute daran ist, daß man die meisten solcher Angriffe vermeiden kann; eine richtig eingerichtete Firewall läßt sich normalerweise von so etwas nicht beeindrucken und sorgt dafür, daß solche Daten die dafür empfänglichen internen Maschinen gar nicht erst erreichen.

Informationsdiebstahl

Bei manchen Angriffsarten kann sich ein Angreifer Daten besorgen, ohne direkt Ihren Computer benutzen zu müssen. Normalerweise werden dabei die für die Verteilung von Informationen vorgesehenen Internet-Dienste veranlaßt, unbeabsichtigt viele Informationen oder Informationen an die falschen Leute herauszugeben. Viele Internet-Dienste sind für die Benutzung in lokalen Netzwerken konzipiert und besitzen weder die richtigen noch ausreichende Sicherheitsvorkehrungen, um sicher über das Internet verwendet werden zu können.

Informationsdiebstahl erfordert nicht zwangsläufig aktive Teilnahme oder besonderes Fachwissen. Jemand, der vertrauliche Informationen in Erfahrung bringen möchte, könnte einfach bei Ihnen anrufen und nachfragen (möglicherweise sogar, indem er vorspiegelt, jemand zu sein, dem die Informationen unbedingt auszuhändigen sind): Dies wäre dann *aktiver* Informationsdiebstahl. Oder aber man hört Ihr Telefon ab: Dabei handelt es sich dann um *passiven* Informationsdiebstahl. Personen, die sich elektronisch gespeicherte Informationen besorgen wollen, könnten ähnlich vorgehen. Entweder fragen sie die Informationen aktiv ab (vielleicht, indem sie einen Rechner oder einen Benutzer mit einer gültigen Zugangsberechtigung vortäuschen) oder sie zapfen das Netzwerk an und warten schlicht auf die interessanten Informationen.

Die meisten Informationsdiebe versuchen, sich Zugang zu Ihren Computern zu verschaffen; sie suchen nach Benutzernamen und Paßwörtern. Dummerweise handelt es sich dabei um die am leichtesten zugängliche Information beim Abhören eines Netzwerks. Bei vielen Netzwerkinteraktionen befinden sich Benutzername und Paßwort am Anfang und können in derselben Form auch mehrfach verwendet werden.

Wie würden Sie vorgehen, wenn Sie herausfinden wollten, wie sich jemand am Telefon meldet? Die Installation einer Wanze wäre ein einfacher und zuverlässiger Weg, an diese Information heranzukommen. Eine Wanze an zentraler Stelle im Telefonsystem würde Ihnen in kürzester Zeit die Grußformeln Hunderter oder Tausender Leute liefern.

Wie aber würden Sie über eine bestimmte Person in Erfahrung bringen, wie sich ihr Nachname schreibt, wie die Kinder heißen und wie alt sie sind? Das Abhören des Telefons ist in diesem Fall langsam und unzuverlässig. Wenn Sie die Wanze an zentraler Stelle anbringen, erhalten Sie sehr wahrscheinlich die Information von einigen Leuten, nebenbei bekommen Sie sicherlich viele vertrauliche Informationen zu hören, die Sie möglicherweise irgendwann einmal gebrauchen können. Allerdings wird die Information in Hunderten Gesprächen untergehen, in denen man sich zum Essen verabredet oder über das Wetter klagt.

Ähnlich verhält es sich bei Wanzen im Netzwerk, sogenannten *Sniffers*. Sie sind sehr effektiv, wenn es darum geht, Paßwort-Informationen herauszufinden, für andere Arten der Informationsbeschaffung setzen Angreifer sie eher selten ein. Speziellere Informationen über einen Standort erhalten Sie nur mit außerordentlicher Aufmerksamkeit und Geduld oder dem Wissen, wann und wo bestimmte Informationen im Netzwerk auftauchen. Wenn Sie zum Beispiel wissen, daß jemand jeden zweiten Freitag um 14 Uhr die Bank anruft, um Geld vom Girokonto auf das Sparbuch zu überweisen, lohnt es sich, das Telefon abzuhören, um Geheim- und Kontonummer ausfindig zu machen. Auf gut Glück dagegen das Telefon einer beliebigen Person abzuhören, ist sicherlich nicht sinnvoll, da die wenigsten Leute überhaupt telefonische Transaktionen vornehmen.

Ein Netzwerk läßt sich leichter abhören (sogenanntes *Network Sniffing*) als eine Telefonleitung. Üblicherweise werden die Anschlüsse, mit denen ein Computer ans Ethernet-Netz angeschlossen ist, als *network taps* bezeichnet, und sie verhalten sich auch wie Zapfhähne. In den meisten Netzwerken können die Computer den Netzwerkverkehr einsehen, der für andere Rechner gedacht ist. Daten, die über das Internet gesendet werden, durchlaufen viele lokale Netzwerke, und jedes dieser Netze kann einen Schwachpunkt darstellen. Service Provider und allgemein zugängliche Systeme sind beliebte Angriffsziele. An diesen Punkten plazierte Sniffer können sehr erfolgreich sein, weil durch diese Netze sehr viele Daten fließen.

Es gibt verschiedene Möglichkeiten, sich gegen Informationsdiebstahl zu schützen. Eine gut konfigurierte Firewall schützt Sie vor Benutzern, die allzu neugierig sind. Haben Sie jedoch erst einmal beschlossen, Informationen über das Internet herauszugeben, ist es sehr schwierig zu verhindern, daß diese Informationen in die falschen Hände gelangen. Dies kann durch Vorspiegelung falscher Tatsachen (jemand behauptet, autorisiert zu sein, ist es aber nicht) oder durch Abhören (jemand liest die Informationen einfach, während sie den richtigen Weg nehmen) geschehen. Haben Sie daher Informationen einmal weitergegeben, können Sie sie nicht mehr vor einem Mißbrauch durch andere schützen. Vor diesen Risiken kann Sie auch eine Firewall nicht schützen (weil sie auftreten, wenn Informationen absichtlich für eine Benutzung außerhalb Ihres Netzwerks freigegeben wurden). Wir werden in diesem Buch trotzdem darauf eingehen, wenn es uns passend erscheint.

Typen von Angreifern

Dieser Abschnitt beschäftigt sich kurz mit den verschiedenen Typen von Angreifern, die sich im Internet tummeln. Diese Angreifer lassen sich unterschiedlich einteilen; wir können kaum alle Varianten berücksichtigen, denen wir in den letzten Jahren begegnet sind. Eine derart knappe Übersicht kann immer nur Stereotypen zeigen. Sie ist natürlich trotzdem nützlich, um einen groben Überblick über die wichtigsten Klassen von Angreifern zu erhalten.

Allen Angreifern sind bestimmte Eigenschaften gemeinsam. Sie wollen nicht erwischt werden, deshalb versuchen sie, sich selbst, ihre Identität und ihren geografischen Standort geheimzuhalten. Wenn sie Zugang zu Ihrem System erhalten, bemühen sie sich sicher darum, diesen Zugang offenzuhalten. Dazu schaffen sie sich besondere Zugriffswege (und hoffen, daß Sie diese Schleichwege auch dann nicht aufspüren, wenn Sie die Angreifer entdeckt haben). Die meisten Angreifer pflegen Kontakte zu Gleichgesinnten, die dieselben Interessen verfolgen (»der Untergrund« ist leicht zu finden). Sie geben die Informationen aus den Angriffen auf Ihr System an andere weiter. Eine andere Gruppe Angreifer ist möglicherweise nicht so großzügig.

Joyrider

Joyrider sind Leute, die sich langweilen und Abwechslung suchen. Sie brechen bei Ihnen ein, weil sie sich interessante Daten erhoffen oder es amüsant finden, Ihre Computer zu benutzen. Oder sie wissen einfach nicht, wie sie ihre Zeit totschlagen sollen. Möglicherweise wollen sie etwas über Ihren Computer oder über Ihre Daten erfahren. Sie sind neugierig, aber nicht wirklich gefährlich; allerdings richten sie trotzdem oft Schäden im System an, weil sie ignorant sind oder ihre Spuren zu beseitigen versuchen. Joyrider finden bekannte Standorte und ungewöhnliche Computer besonders anziehend.

Vandalen

Vandalen sind auf Zerstörung aus, entweder weil es ihnen Spaß macht, Dinge kaputtzumachen, oder weil sie Sie nicht leiden können. Wenn so jemand bei Ihnen eindringt, dann merken Sie das auch.

Vandalen werden für Sie zum Problem, wenn der Internet-Untergrund Sie zum Feind erkoren hat (wie etwa die Telefongesellschaft oder die US-Regierung) oder wenn Sie Personen verärgern, die über Computer und Zeit verfügen (wenn Sie zum Beispiel eine Universität mit durchgefallenen Studenten, eine Computer-Firma mit verärgerten Kunden oder ein kommerzielles Unternehmen mit aufdringlicher Präsenz im Internet sind). Sie können auch einfach deshalb zur Zielscheibe werden, weil Sie groß und sichtbar sind; wenn Sie in bestimmten Stadtvierteln eine weiße Wand errichten, wird diese mit Sicherheit bald voller Graffiti sein, obwohl niemand etwas gegen Sie persönlich hat.

Vandalen sind zum Glück recht selten. Sie erfreuen sich nicht einmal bei Leuten aus dem Untergrund großer Beliebtheit, die ja nicht grundsätzlich etwas gegen Einbrüche in Computer haben. Die Betroffenen scheuen in der Regel keinen Aufwand, um Vandalen aufzuspüren und zu stoppen. Im Vergleich zu unauffälligeren Eindringlingen ist Vandalen oft nur eine kurze, aber schillernde Karriere beschieden. Den meisten geht es um reine Zerstörung, die zwar unangenehm, aber relativ auffällig und leicht zu beheben ist. Vandalen mögen Ihre Daten löschen oder gar Ihre Computerausstattung ruinieren, aber das ist in der Regel nicht das Schlimmste, was Ihnen widerfahren kann. (Subtile, aber wesentliche Änderungen an Programmen oder Finanzdaten wären erheblich schwieriger zu entdecken und zu reparieren.)

Leider ist es praktisch unmöglich, einen entschlossenen Vandalen zu stoppen. Jemand, der Ihnen den Krieg erklärt hat, wird Sie früher oder später auch drankriegen. Manche Angriffe sind nur für Vandalen, aber nicht für andere Angreifer attraktiv. Joyrider interessieren sich zum Beispiel nicht für Denial-of-Service-Attacken; in Ihrem System herumlungernden Joyridern ist genau wie Ihnen daran gelegen, daß Ihre Computer unbeeinträchtigt laufen und im Internet verfügbar sind.

Punktejäger (Scorekeepers)

Viele pflegen die moderne Neufassung einer alten Tradition. Je größer die Zahl und Vielfalt der Systeme, in die sie eingebrochen sind, desto mehr Punkte erzielen sie, mit denen sie angeben können.

Wie Joyrider und Vandalen bevorzugen *Punktejäger* meist ganz bestimmte Standorte. In einen allgemein bekannten, gut geschützten oder anderweitig reizvollen Standort einzubrechen bringt viele Punkte. Da ihnen jedoch nicht nur die Qualität, sondern auch die Quantität wichtig ist, greifen sie alles an, was sie erreichen können. Sie interessieren sich nicht für besondere Eigenschaften Ihres Standorts und erhoffen sich auch keine bestimmten Informationen. Vielleicht beschädigen sie Ihre Systeme, vielleicht aber auch nicht. Ganz sicher werden sie Informationen sammeln, um diese bei Gelegenheit zu verwerten (um sie zum Beispiel mit anderen Angreifern auszutauschen). Sie werden sich wahrscheinlich Wege offenhalten, um zu einem späteren Zeitpunkt zurückzukehren. Und falls es irgendwie möglich ist, werden sie Ihre Computer als Plattformen für Angriffe gegen andere mißbrauchen.

Diese Leute gehören zu der Sorte Einbrecher, die man erst lange nach dem Einbruch in ein System entdeckt. Sie werden vielleicht erst dann allmählich mißtrauisch, wenn Ihr Computer nicht mehr richtig funktioniert. Oder Sie erfahren von dem Einbruch erst, wenn sich andere Standorte oder irgendwelche Ermittlungsbehörden bei Ihnen melden, weil von Ihrem System aus andere Standorte angegriffen wurden. Möglicherweise werden Sie durch eine Kopie Ihrer eigenen vertraulichen Daten aufmerksam, die man am anderen Ende der Welt in einem aufgebrochenen System gefunden und Ihnen geschickt hat.

Viele Punktejäger gehören zu den sogenannten *Script-Kiddies* – Angreifern, die selbst keine technischen Experten sind, sondern Programme oder Skripte anderer benutzen und Anweisungen für deren Einsatz befolgen. Man nennt sie vor allem deshalb »Kiddies« (Kindchen), weil ihnen von erfahreneren Eindringlingen eine gewisse Geringschätzung entgegengebracht wird. Doch auch wenn diese Angreifer nicht besonders innovativ sind, stellen sie eine echte Bedrohung für Standorte dar, die nicht ständig auf dem neuesten Stand der Technik bleiben. Informationen verbreiten sich im Untergrund sehr schnell, und es gibt extrem viele Script-Kiddies. Wenn erst einmal ein Skript existiert, gibt es garantiert jemanden, der Ihren Standort damit angreift.

Heutzutage gibt es sogar Punktejäger, die nicht nur die Maschinen zählen, in die sie eingebrochen sind, sondern auch jene, die sie zum Absturz gebracht haben. Einerseits ist ein Absturz im allgemeinen weniger zerstörerisch als ein Einbruch; gelangt andererseits ein bestimmter Angriff in die Hände der Script-Kiddies und Tausende von Leuten benutzen ihn, um Ihre Maschine zum Absturz zu bringen, ist das auch nicht mehr lustig.

Industrie- und andere Spione

Die meisten Leute brechen in Computer aus dem gleichen Grund ein, aus dem andere auf Berge klettern – sie lieben die Herausforderung. Falls solche Leute sich auch mit Diebstahl abgeben, entwenden sie üblicherweise Dinge, die sich entweder direkt zu Geld machen lassen oder weiteren Zugriff erlauben (z.B. Zugriff auf Kreditkarten, Telefone oder Netze). Wenn sie geheime Informationen finden, die sie verkaufen können, werden sie diese Möglichkeit nutzen. Es ist aber nicht ihre Hauptbeschäftigung.

Soweit man weiß, ist wirkliche Computer-Spionage außerhalb traditioneller Spionagekreise sehr selten. (Das bedeutet, wenn Sie ein professioneller Spion sind, werden andere Spione wahrscheinlich Sie und Ihre Computer beobachten.) Spionage ist jedoch weit schwieriger zu entdecken als gewöhnliche Einbrüche. Informationsdiebstahl muß nicht unbedingt Spuren hinterlassen, und selbst Einbrüche werden relativ selten sofort entdeckt. Jemand, der einbricht, Daten kopiert und ohne etwas zu zerstören wieder verschwindet, hat in den meisten Fällen gute Chancen, unbemerkt zu bleiben.

Die meisten Organisationen können den Erfolg von Spionen praktisch nicht verhindern. Die von Regierungen getroffenen Vorkehrungen zum Schutz vertraulicher elektronischer Daten sind komplex, teuer und umständlich. Sie werden deshalb nur in äußerst sensiblen Bereichen eingesetzt. Zu diesen Vorsichtsmaßnahmen gehören elektromagnetische Abschirmung, sorgfältige Zugangskontrollen und absolut keine Verbindungen zu ungesicherten Netzwerken.

Was kann man gegen solche Angreifer unternehmen? Sie können es Spionen immerhin schwermachen, über Ihren Internet-Anschluß Informationen zu sammeln. Selbstverständlich soll nicht jeder Halbwüchsige in Ihre Computer eindringen können und gleich Informationen finden, die es offensichtlich wert sind, an Spione verkauft zu werden. Ebensowenig darf jeder beliebige Konkurrent gleich an Ihre Daten gelangen. Es sollte ganz im Gegenteil teuer und riskant sein, bei Ihnen zu spionieren. Manche Leute sehen es nicht ein, daß Daten so aufwendig vor Netzzugriffen geschützt werden müssen, wenn man sie sich auch durch körperliche Anwesenheit an Ihrem Standort besorgen kann. Das sehen wir nicht so. Physischer Zugang ist für einen Angreifer im allgemeinen teurer und riskanter als der Zugriff über ein Netzwerk.

Dummheit und Unfälle

Die meisten Katastrophen werden nicht durch Böswilligkeit hervorgerufen, sondern sind die Folge von Unfällen oder dummen Fehlern. In einer Studie wird geschätzt, daß 55 Prozent aller sicherheitsrelevanten Vorfälle durch naive oder schlecht geschulte Benutzer verursacht werden, die Dinge tun, die sie besser nicht tun sollten.[1]

Denial-of-Service-Attacken sind zum Beispiel oft gar keine Angriffe. Bei Apple wurde das E-Mail-System firmenweit für mehrere Tage funktionsunfähig gemacht (und deren Netzanbieter hatte eine schwere Zeit). Ursache war eine einzige E-Mail, die von einem fehlerhaften Mailserver an eine große Mailingliste geschickt wurde. Die Mail löste eine Lawine von Hunderttausenden von Fehlermeldungen aus. Die einzig feindlich gesonnene Person in diesem Zusammenhang war der Systemadministrator – und auch der wurde erst feindselig, als er das Chaos wieder in Ordnung bringen mußte.

Es kommt ebenfalls nicht selten vor, daß Firmen ihre Daten selbst zerstören oder sie versehentlich nach außen geben. Gegen derartige Vorfälle bieten auch Firewalls keinen Schutz. Es gibt kein bekanntes Verfahren, sich gegen Unfälle oder Dummheit zu schützen. Leider unterscheiden sich die Ergebnisse nicht wesentlich, egal, ob Leute Sie absichtlich oder versehentlich angreifen. (Daher der Spruch: »Unterstelle niemals böse Absichten, wenn sich etwas auch durch bloße Dummheit erklären läßt.«) Vorkehrungen gegen Übeltäter helfen meist auch beim Schutz gegen versehentliches Fehlverhalten, das wesentlich häufiger anzutreffen, aber gleichermaßen zerstörerisch ist.

Theoretische Angriffe

Es ist relativ einfach, die Risiken abzuschätzen, die in den momentan auftretenden Angriffen liegen. Was ist jedoch mit den Angriffen, die theoretisch möglich sind, aber noch nie ausgeführt wurden? Es ist sehr verlockend, sie einfach alle zu ignorieren – was Sie interessiert, sind nicht die Dinge, die Ihnen passieren könnten, sondern die, die wirklich passieren. Sie müssen sich wirklich keine Sorgen darum machen, ob es möglich ist, etwas zu tun, solange es niemand tut. Weshalb also sollten Sie sich den Kopf darüber zerbrechen, wenn jemand den Beweis erbringt, daß ein bestimmter Angriff zwar möglich, aber so schwierig ist, daß ihn niemand ausführen wird?

- Weil die Grenzen dessen, was schwierig ist, sich in der Computerwelt rasend schnell ändern.
- Weil Probleme selten allein auftreten, und ein Angriff, der zu schwierig ist, kann Leuten dabei helfen, einen zu finden, der einfacher ist.
- Weil den Leuten irgendwann die leichteren Angriffe ausgehen und sie zu den schwierigeren wechseln werden.
- Und am wichtigsten, weil Angriffe fast immer den Übergang von »noch nie versucht« zu »wird häufig verwendet« schaffen.

---

1   Richard Power, *Current and Future Danger: A CSI Primer on Computer Crime and Information Warfare* (San Francisco: Computer Security Institute, 1995).

Der Augenblick, in dem ein Angriff nicht mehr nur theoretisch ist, sondern gegen Ihren Standort eingesetzt wird, ist der Zeitpunkt, an dem es technisch gesehen »zu spät« ist. Sie wollen sicherlich nicht so lange warten. Ihr Leben wird viel ruhiger und friedlicher verlaufen, wenn Sie nicht warten, bis es ein Angriff auf die erste Seite einer Zeitung geschafft hat, wie das bei vielen theoretischen Angriffen plötzlich der Fall ist.

Ein Computerhändler entschied, daß eine bestimmte Klasse von Angriffen, sogenannte *Stack Attacks*, zu kompliziert auszuführen seien und es sich daher nicht lohnen würde, sich davor zu schützen. Diese Angriffe stellten technisch gesehen auf jeder Hardware eine Herausforderung dar und waren auf den Maschinen des Händlers noch schwieriger auszuführen. Es schien unwahrscheinlich, daß jemand die Mühe auf sich nehmen würde, einen solchen Angriff vorzubereiten. Um ihm dennoch vorzubeugen, hätte man wesentliche Teile des Betriebssystems neu schreiben müssen. So entschied sich der Händler dafür, auf das langwierige und gefährliche Neuprogrammieren zu verzichten, nur um sich auf etwas vorzubereiten, was lediglich als rein theoretisches Risiko existierte. Sechs Monate später entdeckte jemand eine der Schwachstellen und nutzte sie aus. Nach der schwierigen Vorarbeit war der Rest ein Kinderspiel. Erdrutschartig brachen Angriffe über den Händler herein, sein Image in der Öffentlichkeit verschlechterte sich dramatisch.

Wem können Sie vertrauen?

Bei allen Sicherheitsbelangen geht es um Vertrauen. Wem können Sie wobei vertrauen? Ohne Vertrauen würde die Welt nicht funktionieren. Sicherheitsleute scheinen manchmal übermäßig mißtrauisch zu sein und niemandem zu trauen. Weshalb sollten Sie Ihren Benutzern oder reichen, berühmten Softwarehändlern vertrauen?

Wir alle wissen, daß es im täglichen Leben verschiedene Arten von Vertrauen gibt. Es gibt Leute, denen würden Sie tausend Mark borgen, aber kein Geheimnis erzählen; Leute, die Sie bitten würden, auf Ihre Kinder aufzupassen, denen Sie aber kein Buch ausleihen; Leute, die Sie sehr gern haben, denen Sie aber nie erlauben würden, Ihr Meißner Porzellan zu berühren, weil sie es fallen lassen könnten. Dies gilt auch in der Computerwelt. Ihren Angestellten dahingehend zu vertrauen, daß diese keine Daten stehlen und verkaufen, ist nicht das gleiche wie das Vertrauen darauf, daß sie die Daten nicht versehentlich aus der Hand geben. Das Vertrauen darauf, daß Ihr Softwarehändler Ihnen keine Software verkauft, die Ihren Computer zerstört, ist nicht unbedingt das gleiche wie das Vertrauen, daß der gleiche Händler nicht anderen Leuten ermöglicht, Ihren Computer zu zerstören.

Sie müssen nicht glauben, daß auf der Welt nur schreckliche, boshafte Leute herumlaufen, die versuchen, Sie anzugreifen. Sie sollten allerdings davon ausgehen, daß es einige wenige, boshafte Menschen gibt, die versuchen werden, Sie anzugreifen, und daß es ganz viele wirklich nette Leute gibt, denen nicht immer klar ist, was sie tun.

Wenn Sie jemandem vertrauliche Informationen übermitteln, dann vertrauen Sie ihm in zweierlei Hinsicht. Erstens gehen Sie davon aus, daß er damit nichts Schlimmes anstellt. Zweitens vertrauen Sie darauf, daß er sie sich nicht stehlen läßt. Die meisten Leute machen sich vor allem über das erste Problem Gedanken. Wenn es um Computer geht, müssen Sie explizit über das zweite Problem nachdenken. Schreiben Sie jemandem eine Kreditkartennummer auf Papier auf, dann haben Sie eine Vorstellung davon, wie Sie sie schützen können und welchen Einfluß Sie darauf haben. Durchschlagpapier, mit dessen Hilfe Sie möglicherweise Kopien herstellen, können Sie vernichten. Wenn Sie dagegen jemandem eine Kreditkartennummer elektronisch übermitteln, dann vertrauen Sie nicht nur auf seine Ehrlichkeit, sondern auch auf seine Fähigkeiten auf dem Gebiet der Computersicherheit. Es ist unerläßlich, sich um die zweite Eigenschaft Sorgen zu machen, auch wenn die erste untadelig ist.

Handelt es sich bei den Leuten, die Ihre Computer benutzen und die Ihre Software schreiben, um vertrauenswürdige Experten auf dem Gebiet der Computersicherheit, dann sind Sie zu beglückwünschen. Wenn das jedoch nicht der Fall ist, dann sollten Sie die Entscheidung, ob Sie auf deren Ehrlichkeit vertrauen, unabhängig davon fällen, ob Sie auf ihre Kenntnisse vertrauen.

Wie können Sie Ihr Firmennetz schützen?

Welche Maßnahmen können Sie zum Schutz gegen die verschiedenen Angriffsmöglichkeiten ergreifen, die wir in diesem Kapitel dargestellt haben? Es gibt eine große Auswahl an Sicherheitsmodellen und -konzepten, die von null Sicherheit über Sicherheit einzelner Rechner oder »Sicherheit durch Verschleierung« bis zu Netzwerksicherheit reicht.

Keine Sicherheit

Der einfachste Ansatz besteht darin, sich um Schutzmaßnahmen nicht weiter zu kümmern und nur mit den Sicherheitsvorkehrungen zu arbeiten, die ein Hersteller standardmäßig bereitstellt. Da Sie dieses Buch lesen, werden Sie von diesem Modell mit großer Wahrscheinlichkeit bereits Abstand genommen haben.

Sicherheit durch Verschleierung

Ein anderes mögliches Sicherheitsmodell wird häufig als Sicherheit durch Verschleierung (*security through obscurity*) bezeichnet. Bei diesem Modell geht man davon aus, daß ein System geschützt ist, weil (angeblich) niemand von ihm weiß – weder von seiner Existenz noch von seinem Inhalt oder seinen Sicherheitsmaßnahmen. Diese Methode funktioniert selten über einen längeren Zeitraum; es gibt einfach zu viele Möglichkeiten, ein attraktives Ziel auch zu finden. Einer der Autoren hatte ein System, das erst eine knappe Stunde lang an das Internet angeschlossen war, als bereits jemand versuchte, dort einzubrechen. Glücklicherweise entdeckte, verhinderte und protokollierte das Betriebssystem, das gerade installiert wurde, diese Zugriffsversuche.

Viele gehen davon aus, daß es nicht weiter stört, wenn sie von Angreifern entdeckt werden. Sie gehen davon aus, daß ein kleines Unternehmen oder ein Rechner zu Hause für Eindringlinge nicht besonders interessant ist. Es ist durchaus richtig, daß es Eindringlinge oft nicht auf bestimmte Ziele abgesehen haben; sie wollen einfach in möglichst viele Maschinen einbrechen. Kleine Firmen und private Rechner scheinen leichte Beute zu sein. Sie werden sich dort wahrscheinlich nicht lange aufhalten, versuchen aber dennoch einen Einbruch und richten möglicherweise einen Schaden an. Sie könnten die geknackten Maschinen auch als Plattform für Angriffe auf andere Standorte benutzen.

Um in einem Netz einschließlich des Internet arbeiten zu können, muß ein Standort ein gewisses Mindestmaß an Registrierung durchführen. Solche Informationen sind für jedermann durch bloße Abfrage verfügbar. Sobald ein Standort Netzwerkdienste in Anspruch nimmt, wird dies von irgendjemandem – wenigstens vom Dienstanbieter – wahrgenommen. Eindringlinge halten nach neuen Verbindungen Ausschau, in der Hoffnung, daß diese Standorte noch keine Sicherheitsvorkehrungen getroffen haben. Betreiber einiger Netze haben von automatischen Tests berichtet, die offensichtlich aufgrund der Registrierung eines neuen Standorts durchgeführt wurden.

Sie werden vermutlich erstaunt sein, auf wie viele verschiedene Arten man sich sicherheitsrelevante Informationen über Ihren Standort besorgen kann. Wenn zum Beispiel Angreifer die bei Ihnen eingesetzte Hard- und Software sowie die Betriebssystemversion kennen, gibt ihnen das wichtige Anhaltspunkte über mögliche Sicherheitslücken. Sie erhalten diese Informationen oft von der Registrierung Ihrer Rechner oder beim Versuch, eine Verbindung zu Ihrem Computer herzustellen. Viele Computer verraten den Typ ihres Betriebssystems in der Grußformel, die man bereits vor dem Einloggen erhält, so daß ein Eindringling an diese Information auch ohne Zugang herankommt.

Zusätzlich verschicken Sie alle möglichen Informationen, wenn Sie mit anderen Standorten im Internet zu tun haben. Immer wenn Sie eine Website besuchen, teilen Sie mit, welchen Browser Sie benutzen, und oft auch, was für einen Computer Sie haben. Manche E-Mail-Programme setzen diese Informationen in jede E-Mail ein, die Sie verschicken.

Auch wenn es Ihnen gelingt, all diese sichtbaren Informationsquellen zu unterdrücken, besitzen Eindringlinge doch Skripte und Programme, die ihnen ein viel subtileres Vorgehen erlauben. Das Internet arbeitet zwar auf der Grundlage von Standards, es gibt indes immer Schlupflöcher oder fragwürdige Situationen. Unterschiedliche Computer gehen mit Ausnahmesituationen auf unterschiedliche Weise um. Eindringlinge können sehr viel erfahren, wenn sie solche Ausnahmesituationen herbeiführen und abwarten, was passiert. Manchmal ist es möglich, aus der Größe und den zeitlichen Daten der Datenpakete, die Ihr Rechner verwendet, den Computertyp zu ermitteln!

Und auch wenn alle genannten Methoden fehlschlagen, haben Eindringlinge immer noch jede Menge Zeit und können sich geheime Informationen durch Ausprobieren beschaffen. Langfristig gesehen, ist es keine besonders raffinierte Methode, sich durch Verschleierung zu schützen.

Sicherheit einzelner Rechner

Das wahrscheinlich am häufigsten verwendete Sicherheitsmodell ist die *Sicherheit einzelner Rechner*. Dabei gewähren Sie für jede Maschine separat Schutz, wobei Sie sich nach Kräften bemühen, alle bekannten Sicherheitsprobleme auszuschalten oder abzuschwächen, die sich auf die einzelne Maschine auswirken könnten. Welche Nachteile hat die Sicherheit einzelner Rechner? Es ist keineswegs so, daß sie für einzelne Rechner nicht geeignet wäre, sie läßt sich nur schlecht auf eine große Anzahl von Maschinen übertragen.

Die größten Hindernisse für effektive Rechnersicherheit in modernen Rechnerumgebungen sind die Komplexität und die Vielfalt dieser Umgebungen. Zu den meisten modernen Umgebungen gehören Maschinen verschiedener Hersteller, die eigene Betriebssysteme sowie eigene Sicherheitslücken besitzen. Selbst wenn ein Standort nur Rechner eines Herstellers einsetzt, weisen die verschiedenen Versionen des gleichen Betriebssystems oft unterschiedliche Sicherheitsprobleme auf. Auch wenn alle Maschinen von ein und demselben Hersteller stammen und mit der gleichen Version eines Betriebssystems laufen, können durch unterschiedliche Konfigurationen (z. B. die Aktivierung unterschiedlicher Dienste) verschiedene Subsysteme einbezogen und damit verschiedene Sicherheitsrisiken verursacht werden. Sogar wenn die Rechner alle absolut identisch sind, macht allein ihre große Anzahl es an manchen Standorten schwierig, alle gleichermaßen zu schützen. Es stellt einen erheblichen Aufwand dar, die Sicherheit einzelner Rechner erst einmal effektiv einzurichten und dann langfristig aufrechtzuerhalten. Selbst wenn alle dazu notwendigen Maßnahmen korrekt durchgeführt wurden, weist die Rechnersicherheit oft Lücken auf, die auf Fehler in der Software des Herstellers oder einen Mangel an geeigneter Sicherheitssoftware für bestimmte Funktionen zurückzuführen sind.

Die Sicherheit einzelner Rechner stützt sich zudem auf den guten Willen und das Geschick aller Personen, die privilegierten Zugang zu einer Maschine haben. Mit wachsender Anzahl an Rechnern steigt im allgemeinen auch die Anzahl der privilegierten Benutzer. Es ist weitaus schwieriger, einen Computer zu schützen, als ihn an ein Netzwerk anzuschließen, daher können plötzlich unsichere Maschinen in Ihrem Netz auftauchen. Die Tatsache, daß es eigentlich nicht möglich sein sollte, einen Rechner zu kaufen oder anzuschließen, ohne sich von Ihnen zuvor beraten zu lassen, spielt leider nur eine untergeordnete Rolle. Die Leute werden bei Bedarf äußerst erfinderisch, wenn es darum geht, Wege zur Anschaffung und zum Netzanschluß von Rechnern zu ersinnen.

Ein Modell zur Sicherheit einzelner Rechner kann für kleine Standorte oder für Standorte mit extremen Sicherheitsanforderungen genau das richtige sein. Auf jeden Fall sollten alle Standorte irgendeine Art von Rechnersicherheit in ihre allgemeine Sicherheitsplanung aufnehmen. Auch wenn Sie sich für das Modell zur Netzsicherheit entscheiden, das im nächsten Abschnitt beschrieben wird, werden bestimmte Systeme in Ihrer Konfiguration von der strengsten Rechnersicherheit profitieren. Stellen Sie sich zum Beispiel vor, daß Sie eine Firewall um Ihre internen Netzwerke und Systeme errichtet haben. Bestimmte Systeme, die der Außenwelt zugänglich sind, benötigen dann Rechnersicherheit. (Wir werden in Kapitel 10, *Bastion-Hosts*, näher auf dieses Thema eingehen.) Das Problem ist, daß das Modell der Rechnersicherheit allein sich nur auf kleine oder einfach strukturierte Standorte kosteneffektiv anwenden läßt. Die Umsetzung in der Praxis bringt einfach zu viele Einschränkungen mit sich und erfordert zuviel Personal.

Netzsicherheit

Mit steigender Anzahl und Vielfalt von Systemumgebungen wird es zunehmend schwieriger, Sicherheitsmaßnahmen auf einer rechnerorientierten Basis durchzuführen. Viele Organisationen gehen deshalb zu einem auf *Netzsicherheit* beruhenden Modell über. Bei diesem Modell sichern Sie die Computer nicht einzeln, sondern konzentrieren sich darauf, den Netzzugang der verschiedenen Rechner und die darauf angebotenen Dienste zu kontrollieren. Konzepte für Netzsicherheit beinhalten Firewalls, die die internen Systeme und Netze schützen, strenge Authentifizierungsverfahren (wie etwa Einmalpaßwörter) sowie Verschlüsselungsverfahren, mit denen besonders sensible Daten beim Durchlaufen des Netzes geschützt werden sollen.

Die Nutzung eines Modells zur Netzsicherheit kann einen gewaltigen Einfluß auf die Durchsetzung von Sicherheitsvorkehrungen haben. Zum Beispiel kann eine einzige Firewall des in diesem Buch erläuterten Typs Hunderte, Tausende oder sogar Zehntausende von Rechnern gegen Angriffe von außerhalb der Firewall gelegenen Netzwerken schützen, unabhängig vom Grad der Rechnersicherheit auf den einzelnen Maschinen.

Diese Art des Einflusses hängt von der Fähigkeit ab, die Zugangsstellen zum Netzwerk zu kontrollieren. Bei sehr großen oder stark verteilten Standorten mag es für eine Gruppe von Leuten unmöglich sein, alle Zugangsstellen zu ermitteln, geschweige denn, sie zu kontrollieren. An dieser Stelle reicht das Modell der Netzsicherheit nicht mehr aus, und es ist notwendig, sich einer mehrschichtigen Sicherheit zu bedienen, bei der verschiedene Ansätze miteinander kombiniert werden.

Obwohl sich dieses Buch auf Netzsicherheit konzentriert, sind wir nicht der Auffassung, daß die Sicherheit einzelner Rechner vernachlässigt werden sollte. Wie bereits erwähnt, sollten Sie an die wichtigsten Rechner möglichst strenge Sicherheitsmaßstäbe anlegen, besonders an Maschinen, die direkt an das Internet angeschlossen sind. (Dieses Thema wird in Kapitel 10 ausführlicher besprochen.) Sie sollten an genereller Rechnersicherheit für alle Ihre internen Rechner interessiert sein, um Sicherheitsproblemen zu begegnen, die nichts mit Angriffen aus dem Internet zu tun haben.

Es gibt kein universelles Sicherheitsmodell

Kein Sicherheitsmodell kann alle Probleme lösen. Kein Sicherheitsmodell – außer einem »Hochsicherheitstrakt« – kann eine feindliche Person mit Zugangsberechtigung davon abhalten, Ihrem Standort bewußt Schaden zuzufügen oder vertrauliche Informationen zu entwenden. Um wirksame Vorkehrungen auf der Ebene der Rechner- und

Netzsicherheit zu umgehen, kann ein berechtigter Benutzer sich ganz handfester Mittel bedienen. Das Spektrum der Möglichkeiten ist groß: Er kann Cola in Ihre Computer gießen oder vertrauliche Memos mit nach Hause nehmen. Sie können sich zwar vor intern verursachten Unfällen und ignorantem Verhalten sowie vor böswilligen Aktionen von außen schützen. Sie haben jedoch keine Möglichkeit, sich Ihrer legitimen Benutzer zu erwehren, ohne diese drastisch in der Benutzung Ihrer Systeme einzuschränken. Spionen gelingt es mit deprimierender Regelmäßigkeit, staatliche Sicherheitsmaßnahmen zu durchbrechen, und das trotz zahlreicher Vorschriften und Vorkehrungen, die weit über die Mittel und das Verständnis des Normalbürgers hinausgehen.

Kein Sicherheitsmodell kann Managementprobleme bewältigen. Maßnahmen zur Computersicherheit halten niemanden davon ab, Zeit zu vergeuden, einander auf die Nerven zu gehen oder Sie in unangenehme Situationen zu bringen. Standorte erliegen oft der Versuchung, sich gegen solche Dinge schützen zu wollen. Wenn die Leute ihre Zeit beim Surfen im Web verschwenden, einander faule Streiche mit Fenstersystemen spielen oder die Firmenangehörigen mit beleidigenden E-Mails verärgern, wirkt Computersicherheit wie eine vielversprechende technische Lösung, die auch schwierige Angelegenheiten meistert. Leider gibt es für solche Fälle kein Sicherheitsmodell. Es ist teuer und kompliziert, auch nur den Versuch zu unternehmen, diesen Problemen mit Computersicherheit zu begegnen, und Sie wären ein weiteres Mal in der ausweglosen Situation, sich gegen legitime Benutzer schützen zu wollen.

Kein Sicherheitsmodell bietet perfekten Schutz. Sie können hoffen, daß Einbrüche selten, kurz und nicht allzu teuer sind, Sie dürfen jedoch nicht davon ausgehen, daß Sie sie ganz vermeiden können. Auch die sichersten und in dieser Beziehung aufmerksamsten Standorte rechnen in regelmäßigen Abständen mit einem sicherheitsrelevanten Vorfall.[2]

Weshalb sich also Sorgen machen? Sicherheitsmaßnahmen können nicht gegen jeden einzelnen Vorfall schützen, sie verhindern aber, daß daraus ernsthafter Schaden entsteht oder Ihre Geschäfte völlig lahmgelegt werden. Bei einer größeren Firma mit mehreren Rechenzentren beklagte sich einer der Manager darüber, daß nicht nur in andere, sondern auch in sein System eingebrochen worden war, obwohl es als äußerst sicher galt. Der Unterschied bestand darin, daß sein System in diesem Jahr zum ersten Mal einem Angriff zum Opfer gefallen war. Der Angreifer hielt sich dort nur acht Minuten auf, und das System war nur zwölf Stunden lang vom Internet getrennt (von 18 Uhr abends bis 6 Uhr morgens). Nach dem Vorfall setzte es seine Arbeit wie gewohnt fort, ohne daß die Dienste für die Kunden spürbar unterbrochen worden wären. Bei einem der anderen Systeme war es bereits der vierte Einbruch, und der Eindringling war monatelang anwesend, bevor er entdeckt wurde. Die Wiederherstellung des Systems dauerte vier Tage, während denen es nicht einsatzfähig war. Außerdem mußten die

---

2   Sie können einen Sicherheitsexperten damit beeindrucken, daß Sie sagen, bei Ihnen wäre in den letzten fünf Jahren nur einmal eingebrochen worden. Wenn Sie behaupten, daß noch nie eingebrochen worden wäre, wird seine Begeisterung nachlassen, weil er annimmt, daß Sie entweder nicht in der Lage seien, Einbrüche festzustellen, oder noch nicht lange genug im Geschäft sind, um jemandem die Chance für einen ernsthaften Angriffsversuch geboten zu haben!

Kunden vor bereits ausgelieferten Datenträgern gewarnt werden, die unter Umständen infiltrierte Software enthielten. Sorgfältige Sicherheitsvorkehrungen bewirkten also den Unterschied zwischen einem ärgerlichen Zwischenfall und einer Katastrophe.

Was ist eine Internet-Firewall?

Wie bereits erwähnt, stellen Firewalls eine sehr effektive Methode zur Netzsicherheit dar. In diesem Abschnitt fassen wir kurz zusammen, wie Internet-Firewalls zur Sicherheit Ihres gesamten Standorts beitragen können. Kapitel 5, *Firewall-Techniken*, und Kapitel 7, *Der Firewall-Entwurf*, definieren die in diesem Buch verwendeten Begriffe und beschreiben die verschiedenen Arten von Firewalls, die heutzutage im Einsatz sind. In den anderen Kapiteln in Teil II und Teil III wird ausführlich beschrieben, wie diese Firewalls aufgebaut werden können.

In einem Gebäude dient eine Brandmauer (*Firewall*) dazu, im Brandfall das Übergreifen des Feuers von einem Gebäudeteil auf einen anderen zu verhindern. Im Prinzip verfolgt eine Internet-Firewall einen ähnlichen Zweck: Sie verhindert, daß die Gefahren des Internet auf das interne Netzwerk übergreifen. In der Praxis ähnelt eine Internet-Firewall eher einem Burggraben in einer mittelalterlichen Festung als einer Brandmauer in einem modernen Gebäude. Sie hat mehrere Funktionen:

- Sie beschränkt den Zugang von Personen auf einen streng kontrollierten Bereich.
- Sie hält Angreifer davon ab, Ihren anderen Schutzvorrichtungen zu nahe zu kommen.
- Sie sorgt dafür, daß man Ihr System nur an einem streng kontrollierten Punkt verlassen kann.

Eine Internet-Firewall wird meist an der Stelle installiert, an der Ihr geschütztes internes Netzwerk mit dem Internet verbunden ist Abbildung 1-1.

Alle aus dem Internet eintreffenden oder von Ihrem Netzwerk ausgehenden Daten passieren die Firewall. Dadurch kann sie sicherstellen, daß dieser Datenverkehr zulässig ist.

Was bedeutet »zulässig« für die Firewall? Es bedeutet, daß alle Aktionen – E-Mails, Datenübertragungen, Zugriff auf entfernte Rechner oder beliebige andere Arten der Interaktion zwischen bestimmten Systemen – der Sicherheitspolitik des Standorts entsprechen. Jeder Standort definiert seine eigene Sicherheitspolitik, die mehr oder weniger restriktiv sein kann. Wir gehen in Kapitel 25, *Sicherheitspolitik*, näher darauf ein.

Eine Firewall soll also trennen, einschränken und analysieren. Der physische Aufbau einer Firewall ist von Standort zu Standort unterschiedlich. Meist besteht eine Firewall aus einer Reihe von Hardware-Komponenten – einem Router, einem Computer oder einer Kombination aus Routern, Computern und Netzwerken mit der entsprechenden Software. Diese Komponenten können auf verschiedene Weise konfiguriert sein. Die Konfiguration hängt von der jeweiligen Sicherheitspolitik des Standorts, dem Budget und den allgemeinen Rahmenbedingungen ab.

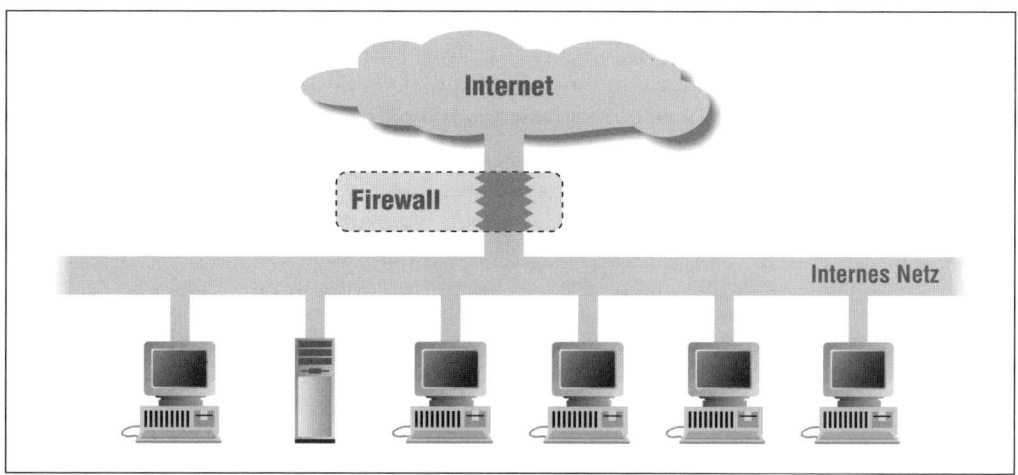

Abbildung 1-1: Eine Firewall trennt normalerweise ein internes Netzwerk vom Internet

Eine Firewall besteht nur sehr selten aus einem einzigen physischen Objekt, obwohl es einige kommerzielle Produkte gibt, die versuchen, alles in einem Gehäuse unterzubringen. Im Normalfall setzt sich eine Firewall aus mehreren Bestandteilen zusammen, die neben ihrer Aufgabe als Teil der Firewall noch andere Aufgaben übernehmen. Die Internet-Verbindung ist fast immer Teil Ihrer Firewall. Selbst wenn Ihre Firewall nur aus einem Gerät besteht, kann man sie nicht getrennt vom Rest des Netzwerks betrachten oder sie einfach irgendwo anschließen.

Wir haben eine Firewall mit dem Burggraben einer mittelalterlichen Festung verglichen. Ebenso wie der Wassergraben hat auch die Firewall Schwachstellen. Sie schützt nicht vor Angreifern, die sich bereits innerhalb des Systems befinden; sie funktioniert am besten zusammen mit internen Verteidigungsanlagen. Selbst wenn Sie in dem Graben Krokodile aussetzen, wird es immer noch Leute geben, die hindurchschwimmen können. Eine Firewall hat auch ihre Nachteile. Ihr Aufbau verursacht beträchtliche Kosten und erfordert einen hohen Aufwand. Die Einschränkungen, die eine Firewall für ihre Benutzer mit sich bringt, können sehr lästig sein.

Weshalb sollte man bei den Einschränkungen und Nachteilen einer Firewall überhaupt eine aufbauen? Weil eine Firewall die effektivste Methode ist, ein Netzwerk an das Internet anzuschließen und es dennoch zu schützen. Das Internet bietet unglaubliche Möglichkeiten. Millionen von Menschen tauschen Informationen darin aus. Die Vorteile liegen auf der Hand: Man kann für sich werben, Kundendienste anbieten und Informationen sammeln. Die wachsende Popularität der Datenautobahn hat zur Folge, daß immer mehr Leute mitmachen wollen. Die Risiken sind ebenso offensichtlich: Wenn Millionen Menschen aufeinandertreffen, schafft das auch Raum für Kriminalität; dies gilt in einer Stadt genauso wie im Internet. Eine Autobahn macht auch nur Spaß, solange man im Auto sitzt. Muß man an der Autobahn wohnen oder arbeiten, merkt man, daß sie gefährlich und laut ist und stinkt.

Wie kann man von den guten Seiten des Internet profitieren, ohne den schlechten zum Opfer zu fallen? Sie müssen die Verbindung zwischen dem eigenen Netz und dem Internet sorgfältig kontrollieren. Mit einer Firewall läßt sich dies erreichen. In den meisten Situationen ist eine Firewall sogar das effektivste Werkzeug dafür.

Es gibt für Firewalls noch andere Einsatzgebiete. Sie können beispielsweise dafür verwendet werden, die Teile eines Standorts voneinander zu trennen, wenn diese Teile unterschiedliche Sicherheitsanforderungen stellen (wir werden solche Anwendungen am Rande besprechen). Der Schwerpunkt dieses Buches liegt jedoch auf der Verwendung von Firewalls zwischen einem Firmennetz und dem Internet.

Firewalls bieten große Vorteile, sie können allerdings nicht alle Sicherheitsprobleme lösen. Die folgenden Abschnitte fassen kurz zusammen, wozu Firewalls beim Schutz Ihrer Systeme und Daten in der Lage sind und was sie andererseits nicht vermögen.

Was können Firewalls?

Firewalls tragen stark zur Sicherheit Ihres Standorts bei. Manche Vorteile von Firewalls gehen sogar über Sicherheitsmaßnahmen hinaus, wie in den folgenden Abschnitten beschrieben wird.

Eine Firewall ist ein Schwerpunkt der Sicherheitsmaßnahmen

Stellen Sie sich eine Firewall als einen Engpaß vor. Der gesamte ein- und ausgehende Verkehr muß diesen engen Kontrollpunkt passieren. Eine Firewall gibt Ihnen gewaltige Gestaltungsmöglichkeiten bezüglich der Netzwerksicherheit, da sie Ihnen erlaubt, Ihre Sicherheitsvorkehrungen auf dieses Nadelöhr zu konzentrieren: die Stelle, an der Ihr Netzwerk mit dem Internet verbunden ist.

Diese Bündelung der Sicherheitsmaßnahmen ist viel effektiver als die Verteilung der sicherheitsrelevanten Entscheidungen und Techniken im gesamten Netz, bei der Sie versuchen, alle Schwachstellen stückchenweise abzudecken. Die Umsetzung einer Firewall kann Sie zwar Zehntausende Mark kosten, allerdings stellen die meisten Standorte fest, daß es billiger und effektiver ist, die beste Sicherheitshard- und -software in der Firewall zu konzentrieren, als andere Sicherheitsmaßnahmen anzuwenden. Und mit ziemlicher Sicherheit ist es billiger als der Einsatz inadäquater Sicherheitsvorkehrungen.

Eine Firewall kann die Sicherheitspolitik durchsetzen

Viele der Dienste, die die Anwender aus dem Internet beziehen, sind von Haus aus unsicher. Die Firewall arbeitet als eine Art Verkehrspolizei für diese Dienste. Sie setzt die Sicherheitspolitik eines Standorts durch und erlaubt es nur »anerkannten« Diensten zu passieren. Und diese müssen sich innerhalb festgelegter Regeln bewegen.

Das Management eines Standorts könnte zum Beispiel entscheiden, daß bestimmte Dienste einfach zu riskant sind, um über die Grenzen der Firewall hinweg benutzt zu werden, unabhängig davon, welches System versucht, sie zu betreiben, oder welche Benutzer sie verwenden wollen. Die Firewall sorgt dafür, daß potentiell gefährliche

Dienste ausschließlich innerhalb der Firewall bleiben. (Dort könnten sie von Benutzern innerhalb des Systems immer noch dazu verwendet werden, sich gegenseitig anzugreifen, allerdings liegt das außerhalb der Kontrolle der Firewall.) Ein anderer Standort könnte beschließen, daß nur noch ein internes System mit der Außenwelt kommunizieren darf. Ein weiterer Standort wiederum könnte den Zugriff von allen Systemen eines bestimmten Typs oder einer bestimmten Gruppe erlauben. Die Sicherheitspolitik eines Standorts kann schier endlos variieren.

Eine Firewall kann auch dazu eingesetzt werden, kompliziertere Richtlinien durchzusetzen. Zum Beispiel dürfen nur bestimmte Systeme innerhalb der Firewall Dateien aus dem und in das Internet übertragen. Wenn man den Zugang der Benutzer zu diesen Systemen mit anderen Mechanismen kontrolliert, hat man die Möglichkeit, genau festzulegen, wem es erlaubt ist, Dateien zu übertragen. Je nachdem, welche Technik Sie für den Aufbau Ihrer Firewall auswählen, können Sie solche Richtlinien mehr oder weniger durchsetzen.

Eine Firewall kann effektiv alle Internet-Aktivitäten protokollieren

Da der gesamte Datenverkehr die Firewall passieren muß, eignet sich diese ganz ausgezeichnet zum Sammeln von Informationen über die System- und Netzwerkbenutzung – und deren Mißbrauch. Als einziger Zugangspunkt kann die Firewall aufzeichnen, was zwischen dem zu schützenden Netzwerk und dem externen Netzwerk geschieht.

Eine Firewall verkleinert Ihre Angriffsfläche

Obwohl dieser Punkt vor allem auf interne Firewalls zutrifft, die wir in Kapitel 6, *Firewall-Architekturen*, beschreiben, soll er hier erwähnt werden. Manchmal wird eine Firewall dazu verwendet, einen Bereich Ihres Firmennetzwerks von einem anderen zu trennen. Dadurch verhindern Sie, daß sich Probleme, die einen Bereich betreffen, im gesamten Netz ausbreiten. In manchen Fällen verfahren Sie so, weil Sie einem Bereich Ihres Netzwerks stärker vertrauen als einem anderen, in anderen Fällen, weil ein Bereich gefährdeter ist als andere. Was auch immer der Grund ist, die Existenz einer Firewall vermindert den Schaden, den ein Netzsicherheitsproblem dem Gesamtnetz zufügen könnte.

Was können Firewalls nicht?

Firewalls bieten exzellenten Schutz gegen Bedrohungen Ihres Netzes, allerdings stellen sie keine komplette Sicherheitslösung dar. Manche Gefahren lassen sich mit Firewalls nicht kontrollieren. Sie müssen andere Möglichkeiten finden, um sich gegen solche Bedrohungen zu schützen. Dazu sollten Sie physischen Schutz, Rechnersicherheit und die Schulung der Benutzer in Ihren Sicherheitsplan aufnehmen. Einige der Schwächen, die Firewalls haben, werden in den folgenden Abschnitten beschrieben.

Eine Firewall kann Sie nicht vor bösartigen Insidern schützen

Eine Firewall kann verhindern, daß ein Benutzer vertrauliche Informationen über die Netzverbindung aus einer Organisation hinausschmuggelt. Den gleichen Effekt erzielt man aber auch durch Abschalten der Netzverbindung. Der gleiche Benutzer könnte die Daten aber auf Diskette, Band oder Papier kopieren und mitnehmen.

Befindet sich der Angreifer bereits innerhalb der Firewall wie der Fuchs im Hühnerstall, nützt eine Firewall überhaupt nichts. Interne Benutzer können Daten stehlen, die Hard- und Software beschädigen und subtile Änderungen an Programmen vornehmen, ohne der Firewall jemals nahe zu kommen. Angriffe durch interne Benutzer muß man durch interne Sicherheitsmaßnahmen bekämpfen. Dazu gehören Rechnersicherheit und Benutzerschulungen. Diese Themen würden jedoch den Rahmen dieses Buches sprengen.

Eine Firewall kann Sie nicht vor Verbindungen schützen, die nicht durch sie hindurchführen

Eine Firewall kann nur den Verkehr kontrollieren, der sie passiert; mit den Datenströmen, die nicht durch sie hindurchlaufen, kann sie nichts anfangen. Was wäre zum Beispiel, wenn ein Standort den Zugriff auf interne Systeme hinter der Firewall per Einwahl erlauben würde? Die Firewall bietet absolut keine Möglichkeit, einen Angreifer am Eindringen durch ein solches Modem zu hindern.

Manchmal richten technisch versierte Benutzer oder Systemadministratoren ihre eigenen temporären oder permanenten »Hintereingänge« in das Netzwerk ein (wie etwa eine Wählverbindung über ein Modem), weil sie sich über die Einschränkungen aufregen, die ihnen die Firewall auferlegt. Die Firewall ist dagegen machtlos. Es handelt sich dabei um ein personelles und kein technisches Problem.

Eine Firewall kann Sie nicht vor vollkommen neuen Gefahren schützen

Eine Firewall dient dazu, vor bekannten Gefahren zu schützen. Wurde sie gut geplant, dann kann sie unter Umständen auch einige neue Gefahren abwehren. (Indem sie zum Beispiel nur einige vertrauenswürdige Dienste erlaubt und alle anderen verbietet, kann eine Firewall daran hindern, neue und unsichere Dienste einzurichten.) Allerdings ist keine Firewall dazu in der Lage, automatisch vor jeder neu auftauchenden Gefahr zu schützen. Die Leute entdecken ständig neue Angriffsmöglichkeiten, dabei benutzen sie Dienste, die ursprünglich vertrauenswürdig waren, oder führen noch nie dagewesene Angriffe aus. Sie können eine Firewall nicht einmal einrichten und dann erwarten, daß sie Sie für immer schützt. (Siehe Kapitel 26, *Betreuung von Firewalls*, für weitere Informationen darüber, wie Sie Ihre Firewall auf dem neuesten Stand halten.)

Eine Firewall bietet keinen vollständigen Schutz vor Viren

Firewalls sind nicht dazu in der Lage, ein Netzwerk virenfrei zu halten. Es stimmt zwar, daß alle Firewalls den eingehenden Verkehr bis zu einem gewissen Grad überprüfen und manche Firewalls sogar Virenschutz anbieten. Allerdings stellen sie keinen besonders guten Schutz vor Viren dar.

Es ist sehr schwierig, in einem zufälligen Datenpaket, das die Firewall passiert, einen Virus zu entdecken. Dazu ist folgendes erforderlich:

- Es muß erkannt werden, daß das Paket Teil eines Programms ist.
- Es muß ermittelt werden, wie das Programm aussehen sollte.
- Es muß festgestellt werden, daß die Veränderung des Programms ihre Ursache in einem Virus hat.

Bereits der erste Punkt ist eine echte Herausforderung. Die meisten Firewalls schützen Maschinen der unterschiedlichsten Typen, deren Programmformate sich voneinander unterscheiden. Ein Programm kann kompiliert sein oder in Skriptform vorliegen (z.B. ein Unix-Shell-Skript oder eine Microsoft-Batch-Datei), viele Maschinen unterstützen mehrere Programmarten. Außerdem werden die meisten Programme als Pakete übertragen und oft sogar noch komprimiert. Software, die per E-Mail oder über die Usenet-News übertragen wird, wird meist auf eine von mehreren Arten in das ASCII-Format umgewandelt.

Aus all diesen Gründen kann es auch bei der sichersten Firewall vorkommen, daß die Benutzer Viren in das Netzwerk einschleppen. Selbst wenn Sie alle Viren an der Firewall abfangen könnten, hätten Sie das Problem damit noch nicht gelöst. Gegen die anderen Virenquellen sind Sie damit noch nicht vorgegangen: Software, die aus Mailboxsystemen heruntergeladen wird, Software, die auf Disketten von zu Hause oder von anderen Firmen mitgebracht wird, und selbst Software, die bereits beim Hersteller infiziert wird, kommt genauso oft vor wie virenverseuchte Software aus dem Internet. Die Maßnahmen, die Sie gegen solche Bedrohungen einsetzen, gehen auch gegen das Problem der durch die Firewall übertragenen Software vor.

Die pragmatischste Lösung des Virenproblems sind Virenschutzprogramme auf den einzelnen Rechnern und die Aufklärung der Benutzer über die Gefahren von Viren und geeignete Vorsichtsmaßnahmen. Die Filterung von Viren an der Firewall mag zwar eine nützliche Ergänzung dieser Art von Vorsorge sein, kann das Problem aber niemals komplett lösen.

Eine Firewall kann sich nicht selbst richtig einrichten

Jede Firewall benötigt ein bestimmtes Ausmaß an Konfigurationsarbeit. Jedes Netzwerk ist ein wenig anders, und Sie können nicht erwarten, daß die Firewall sofort nach dem Auspacken wie von Geisterhand getrieben losarbeitet. Eine korrekte Konfiguration ist absolut unerläßlich. Wird eine Firewall fehlkonfiguriert, bietet sie nur die Illusion von Sicherheit. An Illusionen ist so lange nichts auszusetzen, wie sie nur die Gegenseite verwirren. Eine Alarmanlage, die nur aus eindrucksvollen warnenden Aufklebern und roten Rundumleuchten besteht, kann auch recht effektiv sein, solange Sie nicht glauben, daß dort etwas anderes passiert. Sie würden eine solche Anlage aber nicht für die Netzwerksicherheit einsetzen, wo Aufkleber und Rundumleuchten nicht zu sehen sind. Dummerweise verwenden viele Leute Firewalls, die wirklich nicht effektiv sind, weil sie mit grundlegenden Problemen behaftet sind. Eine Firewall ist kein magischer

Schutzgegenstand, der Ihre Sicherheitsprobleme unabhängig davon löst, was Sie damit anstellen. Wenn Sie sie jedoch so behandeln, werden Sie Ihr Risiko damit lediglich noch vergrößern.

Wo liegt das Problem bei Firewalls?

Es gibt zwei Hauptargumente gegen die Benutzung von Firewalls:

- Firewalls stören die Art und Weise, wie das Internet funktioniert; sie verursachen alle möglichen Probleme, verärgern die Benutzer und verzögern die Einführung neuer Internet-Dienste.
- Die Probleme, mit denen Firewalls nicht umgehen können (interne Bedrohungen und externe Verbindungen, die nicht durch die Firewall verlaufen), sind wichtiger als die Probleme, mit denen sie umgehen können.

Firewalls stören das Internet

Das Internet basiert auf einem Modell der Ende-zu-Ende-Kommunikation, bei dem einzelne Rechner miteinander reden. Firewalls unterbrechen diese Ende-zu-Ende-Kommunikation auf verschiedene Weise. Die meisten der auftretenden Probleme sind von der gleichen Art wie bei jeder neuen Sicherheitsmaßnahme. Der Fortgang der Dinge wird verlangsamt; Sie können nicht alles weiterleiten, was Sie wollen; es ist schwierig, Änderungen einzuführen. Kartenlesegeräte an Türen verursachen ähnliche Probleme (Sie müssen die Karte bei sich führen und warten, bis sich die Tür öffnet; wenn Ihre Freunde Sie besuchen wollen, können sie nicht einfach hereinkommen; neue Angestellte müssen erst mit eigenen Karten ausgestattet werden). Der Unterschied besteht darin, daß im Internet der politische und gefühlsmäßige Ansatz verbreitet ist, daß Informationen sich frei ausbreiten können und Änderungen rasend schnell vollzogen werden. Man ist weniger bereit, diese Art von Einschränkungen zu akzeptieren als in anderen Bereichen.

Außerdem sind die Nebeneffekte sehr ärgerlich. Es gibt eine ganze Reihe von Dingen, die zwar sehr viele Vorteile bringen, in ihrer Verbreitung aber durch Firewalls eingeschränkt werden – und dabei werfen sie keine Sicherheitsprobleme auf. Die Verbreitung von Audio- und Videosignalen über das Internet ist zum Beispiel viel einfacher, wenn Sie mehrere gleichzeitige Verbindungen benutzen können und relativ genaue Informationen über die Möglichkeiten des Zielrechners und die Verbindungen zwischen Ihnen und ihm erhalten. Firewalls jedoch haben Schwierigkeiten damit, die Verbindungen zu verwalten, sie verheimlichen absichtlich bestimmte Informationen über den Zielrechner und zerstören andere Informationen unabsichtlich. Wenn Sie neue Interaktionsmöglichkeiten für das Internet entwickeln wollen, werden Sie Firewalls schrecklich frustrierend finden. Wo Sie auch hinschauen, finden Sie aufregende Dinge, zu denen TCP/IP in der Lage sein soll, die dann in der Realität aber nicht funktionieren. Es ist kein Wunder, daß Anwendungsentwickler Firewalls hassen.

Leider haben sie auch keine besseren Vorschläge dafür, wie man die bösen Buben aussperren kann. Stellen Sie sich vor, wie phantastisch alles laufen würde, wenn man nicht ständig dafür sorgen müßte, daß die Eingangstür geschlossen ist und Fremde draußen bleiben. Sie müßten nicht zu Hause sitzen und darauf warten, daß der Mechaniker oder der Paketdienst kommt. Das Bedürfnis nach Sicherheit läßt sich aber nun mal aus unserer Welt nicht wegdenken. Es beschränkt unsere Möglichkeiten ganz beträchtlich. Die Entwicklung des Internet hat die menschliche Natur nicht verändert.

Firewalls haben nichts mit den wirklichen Problemen zu tun

Man hört auch immer wieder Leute, die behaupten, Firewalls seien ein Relikt aus der Vergangenheit, da sie mit den wirklichen Problemen nichts zu tun hätten. Es stimmt, daß Eindringlinge hinein- und geheime Daten hinausgelangen, unabhängig davon, ob eine Firewall vorhanden ist oder nicht. An Standorten mit wirklich guten Firewalls geschehen solche Dinge, indem die Firewall umgangen wird. An Standorten, die keine so guten Firewalls einsetzen, verlaufen solche Dinge durch die Firewall hindurch. Wie auch immer es passiert, Sie können feststellen, daß eine Firewall nichts an dem Problem ändert.

Und es ist wirklich wahr, Firewalls lösen Ihre Sicherheitsprobleme auf keinen Fall. Doch auch hier ist es so, daß die Firewall-Kritiker keine bessere Lösung zu bieten haben. Einzelne Rechner zu schützen funktioniert an manchen Standorten, und es unterstützt die Firewall fast überall; es hilft auch, Angriffe über Netzwerküberwachung zu entdecken und abzuwehren. Das sind aber auch schon alle verfügbaren Alternativen. Wenn Sie sich die Produkte genauer anschauen, die angeblich »besser als Firewalls« sind, werden Sie feststellen, daß es sich dabei lediglich um leicht abgewandelte Firewalls handelt, die von Leuten mit einer sehr eingeschränkten Definition von Firewalls vermarktet werden.

Weltanschauliche Fragen

Die Welt ist voll von »religiösen Argumenten«, weltanschaulichen Fragen und philosophischen Debatten, in denen Überzeugungen aufeinanderprallen. Firewalls bilden dabei keine Ausnahme.

Kaufen oder bauen?

Bis vor kurzem mußte eine Organisation, die eine Firewall einrichten wollte, diese selbst entwerfen und aufbauen (sei es mit eigenem Personal oder mit einem externen Berater). In den letzten Jahren erschienen jedoch immer mehr kommerzielle Firewalls auf dem Markt. Die Zahl der Produkte und deren Funktionsumfang nimmt mit erstaunlicher Geschwindigkeit zu. Viele Standorte kommen zu dem Schluß, daß eines dieser Produkte ihren Anforderungen genügt. Die meisten Organisationen stellen fest, daß kommerzielle Produkte wenigstens ein wertvoller Bestandteil ihrer Firewall-Lösung sind.

Vor der Entscheidung, ob eine bestimmte kommerzielle Firewall Ihren Ansprüchen genügt, müssen Sie diese erst einmal ermitteln. Selbst wenn Sie sich zum Kauf einer Firewall entschließen, müssen Sie ungefähr wissen, wie sie aufgebaut ist und wie sie funktioniert. Nur so können Sie eine vernünftige Kaufentscheidung treffen. In vielen Organisationen erreicht der Aufwand bei der Bewertung kommerzieller Produkte den Aufwand für den Aufbau einer eigenen Firewall oder übersteigt diesen sogar.

Wir sagen nicht, daß niemand eine Firewall kaufen und jeder seine eigene bauen sollte. Wir behaupten nur, daß es nicht unbedingt einfacher ist, eine zu kaufen, als eine aufzubauen; es hängt von Ihrer speziellen Situation und den Ihnen zur Verfügung stehenden Ressourcen ab. Standorte, denen viel Geld, aber nur wenig Personal oder Fachkenntnisse zur Verfügung stehen, werden den Kauf oft als attraktive Lösung betrachten, während Standorte mit Fachwissen und Zeit, aber ohne Geld es meist vorziehen, alles selbst zu machen.

Wieviel Erfahrung erfordern die Planung und der Aufbau einer eigenen Firewall? Wie überall hängt es davon ab, welche Dienste Sie anbieten wollen, welche Plattformen Sie einsetzen, welche Sicherheitsansprüche Sie haben usw. Um die meisten der in diesem Buch beschriebenen Werkzeuge zu installieren, benötigen Sie einfache Internet-Kenntnisse zum Beschaffen der Werkzeuge und grundlegende Fähigkeiten in der Systemadministration, um sie zu konfigurieren, zu kompilieren und zu installieren. Wenn Sie nicht wissen, um welche Fähigkeiten es sich handelt, dann verfügen Sie wahrscheinlich auch nicht darüber. Sie können sie erwerben, allerdings ginge das über den Rahmen dieses Buches hinaus.

Manche Leute haben beim Einsatz kostenloser Software aus dem Internet ein schlechtes Gefühl, vor allem, wenn es um sicherheitsrelevante Bereiche geht. Wir glauben jedoch, daß die Vorteile die Nachteile aufwiegen. Sie haben vielleicht keine »Garantien« von irgendwelchen Herstellern, erhalten andererseits aber die Möglichkeit, den Quellcode zu untersuchen und Informationen mit den vielen Anwendern auszutauschen, die bei der Pflege der Software helfen. In der Praxis wechseln die Hersteller häufig, doch die Gemeinschaft der Anwender bleibt bestehen. Die in diesem Buch vorgestellten Pakete kommen häufig zum Einsatz. Einige der größten Internetsites haben ihre Firewalls darauf aufgebaut. In diesen Paketen steckt jahrelange Praxiserfahrung mit dem Internet und seinen Risiken.

Andere Leute haben ein Problem damit, kommerzielle Software für sicherheitskritische Anwendungen einzusetzen, weil sie glauben, daß man Software, deren Code man nicht lesen kann, nicht vertrauen sollte. Es hat zwar seine Vorteile, wenn der Code zur Verfügung steht, allerdings ist eine Überprüfung des Codes nicht ganz einfach. Die wenigsten Leute sind in der Lage, diese Arbeit bei einem Softwarepaket von nicht unbeträchtlicher Größe zufriedenstellend durchzuführen. Kommerzielle Software hat wiederum ihre eigenen Vorteile. Wenn Sie Software kaufen, dann schließen Sie einen Vertrag mit jemandem ab, der Ihnen bei Problemen Unterstützung gewähren könnte.

Software, Freiheit und Geld

Es gibt zahlreiche Begriffe für die verschiedenen Arten von Software, die Sie benutzen können, ohne dafür etwas zu bezahlen:

Freie Software

Dieser Begriff ist leider nicht ganz eindeutig; manchmal bezeichnet er Software, für die man nichts bezahlen muß (»freie Software« so wie »Freibier«), und manchmal bezieht er sich auf Software, die von bestimmten Beschränkungen befreit wurde, indem sie sehr sorgfältig mit anderen versehen wurde (»freie Software« so wie »freie Rede«). In der Praxis können Sie nicht sicher sein, daß es überhaupt etwas bedeutet, obwohl mit ziemlicher Sicherheit davon auszugehen ist, daß Sie die Software einsetzen können, ohne etwas dafür zu bezahlen (Sie dürfen sie aber nicht unbedingt weiterverkaufen).

Frei verfügbare Software

Dieser Begriff bezeichnet ganz eindeutig Software, für die Sie nicht bezahlen müssen, obwohl er manchmal für Software eingesetzt wird, für die bestimmte Benutzergruppen bezahlen müssen (zum Beispiel Software, die für Privatpersonen kostenlos ist, für Firmen dagegen nicht).

Public-Domain-Software

Dieser Begriff wird zwar oft sehr gedankenlos verwendet, er besitzt jedoch eine eindeutige Bedeutung. Und zwar bezieht er sich auf Software, die keinerlei urheberrechtlichen Beschränkungen unterliegt und beliebig eingesetzt werden kann. Dazu ist es nicht notwendig, die Erlaubnis des Autors einzuholen. Software ist nur dann Public-Domain, wenn sie eindeutig als solche gekennzeichnet ist. Enthält Software einen Copyright-Vermerk oder gibt es Anwendungsbeschränkungen, dann ist sie nicht Public Domain. Sie dürfen Public-Domain-Software kopieren, ohne etwas zu bezahlen; da es aber keine Anwendungsbeschränkungen gibt, wird niemand daran gehindert, Ihnen trotzdem Geld dafür abzunehmen.

Open Source-Software

Open Source-Software ist Software, die Sie ohne Gebühr als Quellcode bekommen können. In den meisten Fällen dürfen Sie sie auch – zumindest für einige Zwecke – verwenden, ohne etwas dafür zu bezahlen. Allerdings verhindern Lizenzbeschränkungen normalerweise den Weiterverkauf.

Oft wird argumentiert, daß Open Source-Software riskanter sei als kommerzielle Software, weil die Angreifer auf den Quellcode zugreifen können. Es hat sich allerdings herausgestellt, daß Angreifer in der Praxis auf jeden benötigten Quellcode zurückgreifen können, auch auf den Quellcode kommerzieller Software. Wenn sie ihn nicht bereits besitzen, dann stehlen oder knacken sie ihn. Sie haben die Motivation und die Zeit dazu und unterwerfen sich keinen ethischen Zwängen. An dieser Stelle gibt es zwischen den Programmen keinen Unterschied.

Es besteht zwar durchaus die Möglichkeit, eine Firewall ausschließlich aus freier oder kommerzieller Software aufzubauen. Das ist aber noch nicht alles. Frei verfügbare Werkzeuge bilden eine wertvolle Ergänzung zu gekauften Lösungen. Wenn Sie eine Firewall gekauft haben, sollten Sie sich keineswegs davon abhalten lassen, sie um frei verfügbare Werkzeuge zu erweitern und umgekehrt. Klammern Sie kein Produkt nur deshalb aus, weil es kommerziell oder frei verfügbar ist. Es gibt in beiden Gruppen sowohl wirklich ausgezeichnete Produkte mit hervorragendem Support als auch wenig überzeugende Lösungen ohne Support.

Unix oder Windows NT?

Der Aufbau einer Firewall erfordert mindestens einen Internet-fähigen Server (oft sogar mehr als einen). Bis vor kurzem war Unix die einzige weiter verbreitete Plattform mit den notwendigen Mitteln. Heutzutage weist auch Windows NT die nötigen Eigenschaften auf; es bietet ein sicherheitsbewußtes und netzwerkfähiges Mehrbenutzerbetriebssystem und wird häufig eingesetzt.

Viele Leute streiten sich leidenschaftlich darüber, ob Unix oder Windows NT besser ist. Diese Argumente werden vor allem beim Thema Firewalls besonders lautstark vorgetragen. Unix-Verfechter behaupten dann, daß Windows NT-Maschinen einfach nicht dazu geeignet seien, zu Firewalls ausgebaut zu werden, und Windows NT-Fans bestehen darauf, daß dies alles nur Vorurteile seien.

Die Wahrheit liegt wie immer irgendwo in der Mitte. Die Unix-Verfechter, die sich über Windows NT beschweren, agieren üblicherweise auf der Basis von Vorurteilen und Ignoranz. Sie haben die anmaßende Angewohnheit, die Maschinen falsch zu konfigurieren und sich dann zu beschweren, daß sie nicht funktionieren. Ein richtig konfigurierter Windows NT-Rechner ist eine vernünftige Maschine zum Aufbau einer Firewall.

Andererseits sind Windows NT-Maschinen wirklich schwieriger für Firewalls zu konfigurieren. Das hat zwei Gründe. Das am häufigsten angeführte Windows NT-Problem hat mit der Art und Weise zu tun, wie Windows NT die TCP/IP-Netzwerkstandards implementiert. Unix ist eines der Systeme, die am längsten TCP/IP einsetzen. Viele Unix-Implementierungen von TCP/IP teilen ein mehr als zwanzigjähriges gemeinsames Erbe. In dieser Zeit haben sie fast jede Methode kennengelernt, mit der man ein Netzwerkprotokoll quälen kann, und wurden dadurch relativ zuverlässig. Microsoft hat TCP/IP für Windows NT von Grund auf neu implementiert. Der entstandene Code weist Probleme auf, die bei Unix schon lange der Vergangenheit angehören (oder niemals existiert haben – unterschiedliche Programmierer machen unterschiedliche Fehler). Eine instabile TCP/IP-Implementierung stellt in einer Firewall ein echtes Problem dar, das von einer Menge feindlicher oder untauglicher Programme ausgenutzt werden kann, die dann eigenartige Dinge mit TCP/IP anstellen.

Andererseits ist das Problem nicht so schwerwiegend, wie oft behauptet wird. Häufig wird eine Firewall so gestaltet, daß ein Router zur Paketfilterung, der auf einer spezialisierten, robusten und schnell erweiterbaren TCP/IP-Implementierung aufsetzt, vor einen normalen Computer plaziert wird. Bei dieser Konstellation kann der Router einen gewissen Schutz für Windows NT-Maschinen gewährleisten. Die TCP/IP-Implementierung von Windows NT verbessert sich außerdem ebenfalls rapide, da die damit verbundenen Probleme in den meisten Fällen nur allzu deutlich sind (wenn jemand einige Hunderttausend Rechner zum Absturz gebracht hat, dann merkt man das mit Sicherheit). Es ist sehr mühsam, das Betriebssystem auf Ihrer Firewall aktualisieren zu müssen. Das TCP/IP, das auf einer relativ niedrigen Ebene angesiedelt ist, gehört zu den am riskantesten und kompliziertesten zu aktualisierenden Bereichen. Änderungen, die auftreten, nachdem die Installation Ihrer Maschinen abgeschlossen ist, sind deshalb nicht sehr angenehm, es ist aber sehr wahrscheinlich, daß die schlimmsten Probleme bereits entdeckt wurden.

Die zweite Schwierigkeit beim Sichern von Windows NT ist noch entscheidender. Windows NT ist relativ undurchsichtig gestaltet; das System soll funktionieren, ohne daß die Administratoren wissen, wie. Dies vereinfacht das Einrichten einer Maschine, allerdings nur dann, wenn Sie wollen, daß sie etwas Bekanntes tut. Die Beurteilung der Sicherheit der Maschine, die Konfiguration für eine kompliziertere Aufgabe (wie der Betrieb in einer stark abgesicherten Umgebung) oder die Veränderung des Verhaltens werden dadurch stark erschwert.

Eine durchschnittliche Windows NT-Maschine sieht nicht so kompliziert aus wie eine durchschnittliche Unix-Maschine, unterstützt aber viel mehr Protokolle. Unix-Maschinen stellen eine Reihe von einfachen TCP/IP-Diensten zur Verfügung, während Windows NT-Maschinen Server und/oder Clients für die meisten dieser TCP/IP-Dienste sowie weitere Unterstützung für mehrere Generationen von Microsoft-Protokollen und optional auch für NetWare und AppleTalk anbieten. Schauen Sie sich einmal in einem Buchladen die Regale voller Bücher über Windows NT an, und vergleichen Sie diese mit dem entsprechenden Angebot zu Unix. Ein Teil des Unterschieds liegt in der Popularität, ein anderer hat mit den Zertifizierungsmechanismen zu tun. Der größte Unterschied besteht aber darin, daß Windows NT einfach bedeutend komplizierter ist als Unix, und im Bereich der Sicherheit ist Komplexität nicht unbedingt ein Vorteil.

Unix-Administratoren, die sich über die Komplexität von Windows NT beschweren, sind weder einfach nur ignorant (obwohl der Schock darüber, ein neues Betriebssystem erlernen zu müssen, durchaus etwas damit zu tun hat), noch benutzen sie den falschen Ansatz. Windows NT ist in der Tat extrem kompliziert und schwer zu verstehen. Im Sicherheitsbereich müssen Sie es jedoch verstehen. Bei einem Standort einer gewissen Größe reicht es nicht mehr aus, darauf zu vertrauen, daß Ihnen ein Hersteller eine sichere Lösung bereitstellt.

Das alles bedeutet nicht, daß Windows NT vollkommen ungeeignet zum Erstellen von Firewalls ist. Es mag ja kompliziert sein, aber Unix ist auch nicht gerade ein Kinderspiel. Eine Firewall ist kein guter Ausgangspunkt, um ein neues Betriebssystem zu erlernen.

Selbst kommerzielle Firewalls erfordern eine gewisse Vertrautheit mit dem Betriebssystem, auf dem sie laufen, um das zugrundeliegende System sichern und die Software verwalten zu können. Sollten Sie bereits mit Windows NT vertraut sein, dann benutzen Sie lieber dieses System und lernen Sie die zuvor verborgenen Bereiche kennen, anstatt sich von Grund auf in Unix einzuarbeiten. Haben Sie Erfahrungen mit Unix, dann besteht die Gefahr, daß Sie sich bei dem Versuch, Windows NT zu betreiben, in dumme Anfängerfehler verzetteln – selbst wenn es sich um eine vorgefertigte kommerzielle Firewall handelt.

Sollten Sie feststellen, daß Sie auf einmal Maschinen in Ihre Firewall integrieren müssen, von deren Typ Sie überhaupt keine Ahnung haben, dann lassen Sie den Kopf nicht hängen. Sie können dieses Experiment überleben und dennoch die Sicherheit gewährleisten. Es ist sogar möglich, das Ganze mit einer gewissen Eleganz zu erledigen. Erwarten Sie einfach, daß es schwierig und verwirrend wird, und bewahren Sie einen klaren Kopf. Sie brauchen grundlegende Kenntnisse über das Betriebssystem sowie dieses Buch, das davon ausgeht, daß Sie bereits in der Lage sind, normale Administrationsaufgaben auszuführen.

Das ist keine Firewall!

Die Welt ist voll von Leuten, die darauf bedacht sind, Ihnen weiszumachen, daß etwas keine Firewall ist: »Das ist nur ein Paketfilter« oder vielleicht: »Das ist besser als eine bloße Firewall«. Wenn es dazu gedacht ist, die bösen Jungs von Ihrem Netzwerk fernzuhalten, ist es eine Firewall. Wenn es erfolgreich die bösen Jungs fernhält, ist es eine gute, wenn nicht, ist es eine schlechte Firewall. Das ist alles, was es dazu zu sagen gibt.

2
Internet-Dienste

In Kapitel 1, *Wozu braucht man Internet-Firewalls?*, behandelten wir recht allgemein, was Sie zu schützen versuchen, wenn Sie sich an das Internet anschließen: Ihre Daten, Ihre Ressourcen und Ihren guten Ruf. Beim Entwurf einer Firewall werden Ihre Vorstellungen konkreter: Sie müssen die Dienste schützen, die Sie über das Internet verwenden oder anbieten möchten.

Es gibt einige Standarddienste im Internet, die von den Benutzern erwartet und von den meisten Standorten unterstützt werden. Diese Dienste spielen eine wesentliche Rolle. Ohne sie gäbe es kaum einen Grund, überhaupt eine Internet-Verbindung herzustellen. Jeder dieser Dienste bringt aber auch Sicherheitsprobleme mit sich.

Welche Dienste möchten Sie an Ihrem Standort unterstützen? Welche davon können Sie sicher anbieten? Jeder Standort ist anders aufgebaut, verfügt über eine eigene Sicherheitspolitik und seine eigene charakteristische Arbeitsumgebung. Benötigen zum Beispiel alle Ihre Benutzer elektronische Post? Müssen alle Anwender Daten zu anderen Standorten außerhalb Ihrer Organisation übertragen? Wie steht es mit dem Herunterladen von Dateien aus einem Netzwerk außerhalb Ihrer Organisation? Welche Informationen müssen Sie im Web veröffentlichen? Welche Art von Kontrolle wünschen Sie über das Websurfen innerhalb Ihrer Site? Wer darf sich von fremden Standorten über das Internet auf Ihren Systemen anmelden?

Dieses Kapitel faßt die wichtigsten Internet-Dienste, an deren Benutzung Ihre Anwender interessiert sein könnten, kurz zusammen. Diese Übersicht ist relativ oberflächlich (Einzelheiten werden in späteren Kapiteln erläutert). Keiner dieser Dienste ist wirklich sicher; jeder hat seine eigenen Schwachstellen, die auf verschiedene Weise von Angreifern ausgenutzt wurden. Bevor Sie sich für den Einsatz eines Dienstes an Ihrem Standort entscheiden, müssen Sie abwägen, wie wichtig er für Ihre Benutzer ist und ob Sie sie vor seinen Gefahren schützen können. Dafür gibt es verschiedene Möglichkeiten: Führen Sie die Dienste nur auf bestimmten geschützten Maschinen aus, benutzen Sie besonders sichere Varianten der Standarddienste oder sperren Sie in einigen Fällen die Dienste komplett zu oder von einigen oder allen externen Systemen.

Dieses Kapitel führt nicht jeden Internet-Dienst auf – dazu wäre es überhaupt nicht in der Lage. Solch eine Liste wäre bereits nach ihrer Fertigstellung wieder veraltet und unvollständig. Außerdem würde sie Dienste enthalten, die nur für einige Standorte weltweit von Interesse wären. Statt dessen versuchen wir, die wichtigsten Dienste aufzuführen, und wir hoffen, daß dieses Buch Ihnen das benötigte Hintergrundwissen für Entscheidungen über den Einsatz neuer Dienste liefert.

Manager und Systemadministratoren müssen zusammen entscheiden, welche Dienste in welchem Umfang an ihrem Standort unterstützt werden sollen. Dies ist ein stetiger Vorgang; Sie müssen Ihre Entscheidungen anpassen, sobald neue Dienste zur Verfügung stehen und Ihre Bedürfnisse sich ändern. Diese Entscheidungen sind der wichtigste Einflußfaktor bei der Festlegung, wie sicher Ihr Standort sein wird. Sie sind wichtiger als die genaue Technik, die Sie für die Umsetzung verwenden. Eine Firewall kann Sie nicht vor Gefahren schützen, die Sie ausdrücklich erlaubt haben.

Einstieg in die Welt der Internet-Dienste

Schließen Sie sich gerade an das Internet an? Steht Ihre Verbindung bereits, und Sie machen sich Gedanken über Ihre Sicherheit? Wo sollen Sie beginnen? Viele Systemadministratoren haben zu hohe Ansprüche. Es wird Ihnen kaum gelingen, gleich das perfekte Firewall-System zu entwickeln, das alle wunschlos glücklich macht. Das Gebiet ist einfach zu komplex, und die Technik ändert sich rasend schnell. Ein so überambitioniertes Projekt wäre bereits vor seiner »Fertigstellung« wieder überholt.

Fangen Sie klein an. An vielen Standorten beschränkt man sich auf fünf grundlegende Dienste. Wenn Sie diese Dienste sicher anbieten können, sind die meisten Ihrer Benutzer zumindest für eine gewisse Zeit zufrieden.

- Zugang zum World Wide Web (HTTP)
- Elektronische Post (SMTP)
- Übertragung von Dateien (FTP)
- Fernzugriff per Terminal (Telnet oder vorzugsweise SSH)
- Ermittlung von Rechnernamen/Adressen (DNS): Die Benutzer verwenden diesen Dienst im allgemeinen nicht direkt. Er liegt den anderen vier Diensten zugrunde, da er die Internet-Rechnernamen in IP-Adressen übersetzt und umgekehrt.

Alle fünf Dienste können auf verschiedene Weise sicher zur Verfügung gestellt werden, z.B. über Paketfilterung und Proxies – Ansätze, die wir in Teil II dieses Buches behandeln werden. Wenn Sie diese Dienste anbieten, können Ihre Benutzer auf die meisten Ressourcen im Internet zugreifen. Sie werden einige Zeit brauchen, um auch die restlichen Dienste sicher zur Verfügung stellen zu können, nach denen bestimmt bald gefragt wird.

Gesicherte Dienste und sichere Dienste

Gelegentlich werden Sie Leute über »gesicherte Dienste« reden hören. Sie beziehen sich damit auf Dienste, die zweierlei garantieren:

1. Der Dienst kann ausschließlich für seinen vorgesehenen Zweck verwendet werden, und/oder
2. andere können Transaktionen dieses Dienstes nicht lesen oder verfälschen.

Das bedeutet allerdings nicht, daß Sie den Dienst für eine beliebige Aufgabe benutzen und sich damit in Sicherheit wiegen können. Zum Beispiel können Sie Secure HTTP verwenden, um eine Datei herunterzuladen. In diesem Fall können Sie sich darauf verlassen, daß Sie genau die Datei bekommen, die Ihnen die Site zum Download zur Verfügung stellt, und daß niemand sie auf dem Weg gelesen hat. Sie erhalten jedoch keine Garantie dafür, daß die Datei keinen Virus oder ein bösartiges Programm enthält. Vielleicht wird die Site ja von einem Bösewicht betrieben.

Es ist auch möglich, »unsichere« Dienste auf gesicherte Weise zu benutzen – das hat einfach etwas mit erhöhter Vorsicht zu tun. So ist E-Mail über das *Simple Mail Transfer Protocol* (SMTP) ein klassisches Beispiel eines »unsicheren« Dienstes. Wenn Sie jedoch Ihre Mailserver sorgfältig konfigurieren und die Mails selbst verschlüsseln, können Sie die zuvor genannten Ziele erreichen. (Dies wird Sie vor dem Schaden nicht bewahren, wenn Ihnen jemand ein bösartiges Programm schickt und Sie es ausführen!)

Auch Kettensägen sind extrem gefährliche Werkzeuge, und doch gibt es Leute, die sie regelmäßig mit entsprechender Vorsicht benutzen und dabei ein überschaubares Risiko eingehen. Plastetüten sind relativ sichere Gegenstände, aber auch damit kann man sich auf vielfältige Weise verletzen: Man kann sie sich über den Kopf ziehen und daran ersticken, oder man rutscht auf einer Tüte aus, die auf einer Treppe herumliegt, und bricht sich ein Bein. Wenn Sie die Sicherheit eines Dienstes beurteilen, dann müssen Sie von den Sicherheitsanforderungen in Ihrer speziellen Umgebung mit Ihren geplanten Konfigurationen ausgehen – es ist absolut unwichtig, ob ein Dienst in einer abstrakten Situation »gesichert« oder »sicher« ist. Weitere Informationen über die Beurteilung von Diensten und ihrer Sicherheit finden Sie in Kapitel 13, *Internet-Dienste und Firewalls*.

Das World Wide Web

Das World Wide Web ist heutzutage so populär, daß viele Leute es schlicht mit dem Internet gleichsetzen. Scheinbar gelten Sie nichts, wenn Sie nicht im Web sind. Obwohl das Web eigentlich auf einem einzigen Protokoll (HTTP) basiert, benutzen Websites leider häufig eine Vielzahl von Protokollen, ladbarem Code und Plug-Ins, die ein breites Spektrum an Sicherheitsmaßnahmen erfordern. Es ist mittlerweile praktisch unmöglich, einen Browser so zuverlässig zu konfigurieren, daß Sie auf allen Websites alles lesen können; das war auch immer sehr unsicher.

Oft werden die Funktionen und die Ursprünge von Web, Netscape, Microsoft Internet Explorer, HTTP und HTML durcheinandergebracht. Die Begriffe, mit denen diese unterschiedlichen Elemente bezeichnet werden, sind teilweise verworren. Ein Teil dieser Verwirrung entstand absichtlich; Webbrowser versuchen, einen nahtlosen Zugang zu einer Vielzahl von Informationen über ein breites Spektrum an Mechanismen zu ermöglichen. Durch das Verwischen der Unterschiede lassen sie sich leichter benutzen, auch wenn sie dadurch schwerer zu verstehen sind. Hier erhalten Sie eine kurze Zusammenfassung über die Bedeutung der einzelnen Elemente:

Das Web
> Die Menge der HTTP-Server (siehe die folgende Beschreibung von HTTP) im Internet. Das Web ist zu einem großen Teil für den gegenwärtigen starken Anstieg der Internet-Aktivitäten verantwortlich. Es basiert auf Konzepten, die am Europäischen Kernforschungszentrum (CERN) in Genf, Schweiz, von Tim Berners-Lee und anderen entwickelt wurden. Ein Teil der bahnbrechenden Arbeiten an den Web-Client wurde am National Center for Supercomputing Applications (NCSA) der University of Illinois in Urbana-Champaign durchgeführt. Heute gibt es viele Organisationen und Einzelpersonen, die Software für Web-Clients und -server entwickeln, und noch viel mehr Leute setzen diese Software für die unterschiedlichsten Zwecke ein. Die Internet Engineering Task Force (IETF) ist gegenwärtig für die Überwachung des HTTP-Standards verantwortlich, und das World Wide Web Consortium (W3C) entwickelt die Nachfolger von HTML (siehe Anhang A, *Ressourcen*, für weitere Informationen über diese Organisationen). Niemand »kontrolliert« jedoch das Web, so wie niemand das Internet »kontrolliert«.

HTTP
> Das wichtigste Anwendungsprotokoll, das dem Web zugrundeliegt: Es ermöglicht den Benutzern den Zugriff auf die Dateien, die zusammen das Web bilden. Diese Dateien können in vielen unterschiedlichen Formaten vorliegen (Text, Grafiken, Audio, Video usw.), das Format, das die Verknüpfungen (Links) zwischen den Dateien im Web erlaubt, ist die *HyperText Markup Language* (HTML).

HTML
> Eine standardisierte Seitenbeschreibungssprache zum Erstellen von Webseiten. Sie besitzt einfache Möglichkeiten zur Formatierung von Dokumenten (einschließlich der Fähigkeit, Grafiken einzubinden) und erlaubt es, Hypertext-Links zu anderen Servern und Dateien festzulegen.

Netscape Navigator und Microsoft Internet Explorer
> Diese kommerziellen Produkte, die allgemein als »Netscape« und »Explorer« bezeichnet werden, sind Webbrowser (sie erlauben es Ihnen, Dokumente über HTTP und andere Protokolle zu lesen). Es gibt Hunderte anderer Webbrowser, wie etwa Lynx, Opera, Slurp, Go!Zilla und perlWWW, allerdings zeigen die meisten Schätzungen, daß die Mehrzahl der Benutzer des Web entweder Netscape oder den Explorer verwendet. HTTP ist nur ein Protokoll, das von Webbrowsern benutzt wird; üblicherweise erlauben die meisten Webbrowser auch noch den Einsatz der

Protokolle FTP, NNTP, SMTP und POP. Manche können sogar mit WAIS, Gopher und IMAP etwas anfangen. Wenn also die Benutzer sagen »wir wollen den Explorer« oder »wir wollen Netscape«, bedeutet das auf der Protokollebene, daß sie auf die HTTP-Server zugreifen wollen, aus denen das Web besteht, sowie auf die damit verbundenen Server, auf denen weitere Protokolle laufen, die die Webbrowser verstehen (zum Beispiel FTP, SMTP und/oder NNTP).

Sicherheitsbelange von Web-Clients

Webbrowser sind aus gutem Grund außerordentlich beliebt. Sie stellen eine einfache grafische Oberfläche für den Zugriff auf schier unendlich viele Ressourcen im Internet zur Verfügung. Informationen und Dienste, die vorher unerreichbar waren oder nur von Experten benutzt werden konnten, sind nun leicht zugänglich. Im Silicon Valley können Sie Ihr Abendessen über das Web bestellen, und Sie müssen Ihren Computer nur verlassen, um die Tür zu öffnen. Es ist schwer, ein Gefühl für das Web zu bekommen, wenn man es noch nie ausprobiert hat. Im Prinzip gibt es dort alles, was Sie mit einem Computer anstellen können, vom Banalen zum Genialen – gelegentlich mit einem starken Hang zum Lächerlichen.

Leider lassen sich Webbrowser und -server nur schlecht sichern. Die Nützlichkeit des Web beruht zu einem großen Teil auf seiner Flexibilität, diese Flexibilität erschwert jedoch die Kontrolle. Es ist nun einmal einfacher, das richtige Programm mit einem Webbrowser als mit FTP zu übertragen und auszuführen, dies gilt jedoch in gleichem Maße für bösartige Programme. Webbrowser hängen von externen Programmen ab, sogenannten Betrachtern oder *Viewern* (sie werden selbst dann so genannt, wenn sie eigentlich Töne abspielen, anstatt Bilder anzuzeigen), um Datentypen zu verarbeiten, die die Browser selbst nicht verstehen. (Die Browser können im allgemeinen mit grundlegenden Datentypen wie HTML, einfachem Text sowie JPEG- und GIF-Grafiken etwas anfangen.) Netscape und Explorer unterstützen inzwischen einen Mechanismus (mit dem in Zukunft externe Betrachter ersetzt werden sollen), der es Drittherstellern erlaubt, Plug-Ins anzubieten, die nach dem Herunterladen eine integrierte und nahtlos eingepaßte Erweiterung des Webbrowsers bilden. Sie müssen aufpassen, welche Viewer und *Plug-Ins* Sie herunterladen oder konfigurieren. Vermutlich wollen Sie sich nichts einfangen, was gefährlich werden kann, da es ja auf Ihren Computern abläuft. Es wäre dann wie einer Ihrer Benutzer, der Befehle von einer externen Stelle entgegennimmt. Sie sollten außerdem Ihre Benutzer davor warnen, Plug-Ins herunterzuladen, Viewer hinzuzufügen oder die Viewer-Konfigurationen zu verändern, wenn ihnen das ein Außenstehender nahelegt.

Die meisten Browser können zusätzlich noch ein oder mehrere Erweiterungssysteme (zum Beispiel Java™, JavaScript oder ActiveX) verarbeiten. Diese Systeme steigern die Leistungsfähigkeit und Flexibilität der Browser, verursachen aber auch neue Probleme. HTML ist vor allem eine Sprache zur Textformatierung mit einigen Erweiterungen für die Hypertext-Verknüpfungen. Die Erweiterungssysteme dagegen stellen bedeutend mehr Möglichkeiten zur Verfügung. Sie sind ähnlich leistungsfähig wie traditionelle Programmiersprachen. Allerdings sind sie auch für neue Sicherheitsprobleme verantwortlich. Bisher war es so, daß Sie beim Beziehen eines neuen Programms wußten, daß es sich um ein Programm handelt, woher es kam und ob ihm zu trauen war. Wenn Sie ein Programm in einem Computergeschäft kaufen, dann wissen Sie, daß die Herstellerfirma sich die Mühe gemacht hat, die Verpackung zu erstellen und das Geschäft dazu zu bringen, es zu erwerben und weiterzuverkaufen. Für einen Angreifer ist es mit Sicherheit zu aufwendig, sich daran zu versuchen. Außerdem würde er Spuren hinterlassen, die nur schwer zu beseitigen wären. Wenn Sie beschließen, ein Programm herunterzuladen, dann haben Sie nicht so viele Sicherheiten, aber zumindest gibt es sie noch. Kommt ein Programm jedoch unsichtbar auf Ihrer Maschine an, während Sie sich irgendetwas anschauen, dann besitzen Sie überhaupt keine Informationen darüber, woher es stammt und wieviel Vertrauen Sie ihm entgegenbringen können.

Die Entwickler von JavaScript, VBScript, Java und ActiveX wählten verschiedene Ansätze, um dieses Problem zu lösen. Für JavaScript und VBScript wird einfach angenommen, daß sie nichts Gefährliches tun können; in diesen Sprachen gibt es zum Beispiel keine Befehle zum Schreiben von Dateien oder universelle Erweiterungsmechanismen. Java benutzt einen Ansatz, der »Sandbox« oder »Sandkasten« genannt wird. Java enthält Befehle, die gefährlich werden könnten, sowie universelle Erweiterungsmechanismen, allerdings soll der Java-Interpreter ein nicht vertrauenswürdiges Programm davon abhalten, etwas Gefährliches zu tun – oder zumindest soll er Sie vorher fragen. Zum Beispiel darf ein Java-Programm, das innerhalb der Sandbox ausgeführt wird, nicht einfach unbemerkt Dateien schreiben oder lesen. Leider gab es Probleme mit der Implementation von Java, und es wurden verschiedene Wege entdeckt, um Operationen auszuführen, die eigentlich nicht möglich sein sollten.

Auf jeden Fall ist ein Programm, das nichts Gefährliches tut, auch nicht besonders interessant. Kinder werden es irgendwann leid, im Sandkasten zu spielen, und Programmierern geht es ähnlich.

ActiveX versucht im Gegensatz dazu nicht, die Fähigkeiten eines Programms einzuschränken, sondern geht davon aus, daß Sie wissen, woher ein Programm stammt, und es vermeiden, ein Programm auszuführen, das nicht vertrauenswürdig ist. Dies wird mit Hilfe einer digitalen Signatur realisiert. Bevor ein ActiveX-Programm ausgeführt wird, zeigt der Browser Signatur-Informationen an, die Auskunft über den Anbieter des Programms erteilen. Sie können dann entscheiden, ob Sie diesem Anbieter vertrauen oder nicht. Leider ist es gar nicht so einfach, die richtige Entscheidung über Vertrauen oder Mißtrauen zu treffen, wenn man nichts weiter als den Namen des Programmursprungs kennt. Ist »Jochens Softwarebude« vertrauenswürdig? Können Sie sicher sein, daß deren Programm nicht einfach alle Daten Ihrer Festplatte an sie schickt?

Mit der Zeit wurden aber auch neuere, flexiblere Sicherheitsmodelle entwickelt, die es Ihnen erlauben, für unterschiedliche Quellen unterschiedliche Vertrauensstufen anzugeben. In neuen Versionen von Java wurden digitale Signaturen eingeführt. Sie können nun entscheiden, daß Programme mit bestimmten Signaturen bestimmte unsichere Operationen ausführen dürfen. Auch neue Versionen von ActiveX ermöglichen es Ihnen, einzuschränken, welche ActiveX-Operationen Programmen zur Verfügung stehen. Es wird aber noch lange dauern, bis diese beiden Modelle zusammenspielen, und selbst dann wird es noch echte Probleme geben. Auch wenn Sie nicht entscheiden müssen, ob Sie Jochens Softwarebude vollkommen oder überhaupt nicht vertrauen, müssen Sie immer noch eine Entscheidung darüber treffen, welche Vertrauensstufe sie ihr zuerkennen wollen. Ihnen werden nicht viel mehr Daten zur Verfügung stehen als zuvor. Was passiert, wenn Sie jahrelang gut mit Jochens Softwarebude zusammengearbeitet haben und plötzlich jemand von Jochens Softwarepalast auftaucht? Sind das die gleichen Leute, die ihr Image aufpolieren wollen, oder möchte da jemand vom guten Ruf des Konkurrenten profitieren?

Da Programme, die diese Erweiterungssysteme benutzen, im allgemeinen in HTML-Dokumente eingebettet werden, ist es für Firewalls schwer, sie herauszufiltern, ohne damit andere Probleme zu verursachen. Mit Erweiterungssystemen werden wir uns in Kapitel 15, *Das World Wide Web*, weiter beschäftigen.

Da ein HTML-Dokument auf Dokumente auf anderen Servern verweisen kann, kommt leicht Verwirrung darüber auf, wer genau dafür verantwortlich ist. »Frames« (bei denen eine externe Webseite nur einen Teil der Anzeige einnimmt) verursachen dabei besonders große Probleme. Neue Benutzer merken es möglicherweise überhaupt nicht, wenn sie sich von den internen Dokumenten an Ihrem Standort zu externen Dokumenten begeben. Dies hat zwei ungünstige Konsequenzen. Erstens könnten sie externen Dokumenten fälschlicherweise vertrauen (weil sie glauben, daß es sich um interne Dokumente handelt). Zweitens könnten sie die Webmaster der internen Seiten für die Schlechtigkeit der Welt verantwortlich machen. Jemand, der verstanden hat, wie das Web funktioniert, kann das zwar vielleicht nicht glauben, dieses Mißverständnis tritt jedoch häufig auf: Es ist einfach die dunkle Kehrseite eines ansonsten positiven Konzepts, nämlich des einfachen Wechsels zwischen den Sites. Schulen Sie Ihre Benutzer sorgfältig und versuchen Sie ihnen deutlich zu machen, worin der Unterschied zwischen internen und externen Daten besteht.

Sicherheitsbelange von Webservern

Wenn Sie einen Webserver betreiben, dann erlauben Sie es allen, die Ihre Maschine erreichen können, ihr Befehle zu schicken. Sollte der Webserver so konfiguriert sein, daß er nur HTML-Dateien anbieten kann, dann ist der Befehlsumfang, dem er gehorcht, stark eingeschränkt. Es können allerdings immer noch mehr sein, als Sie erwarten; viele Leute nehmen zum Beispiel an, daß Dateien nur dann zu sehen sind, wenn sie mit Links verknüpft sind. Dies trifft im allgemeinen nicht zu. Sie sollten immer davon ausgehen, daß das Webserver-Programm in der Lage ist, eine Datei an einen externen Benutzer weiterzureichen, wenn es sie lesen kann. Dateien, die nicht veröffentlicht werden sollen, müssen wenigstens über die Dateiberechtigungen geschützt werden. Noch besser ist es jedoch, wenn sie außerhalb des Zugriffsbereichs des Webservers abgelegt werden (am besten, sie befinden sich gar nicht auf der betreffenden Maschine).

Die angebotenen Dienste der meisten Webserver gehen allerdings über das einfache Aushändigen von HTML-Dateien hinaus. So verfügen viele Webserver noch über Dienstprogramme zur Administration, die es ermöglichen, den Server selbst mit Hilfe eines Webbrowsers zu verwalten und die Konfiguration zu verändern. Wenn Sie den

Server von einem Webbrowser aus konfigurieren können, dann kann das auch jeder andere, der Zugriff auf ihn besitzt. Achten Sie deshalb darauf, daß Sie die Anfangskonfiguration in einer abgesicherten Umgebung ausführen. Wenn Sie einen Webserver aufbauen oder installieren, dann lesen Sie die Installationsanweisungen gründlich durch. Es lohnt sich, in den in Anhang A, *Ressourcen*, genannten Ressourcen nach Problemen zu forschen.

Webserver besitzen zusätzlich unterschiedliche Methoden für den Aufruf externer Programme. Sie erhalten solche externen Programme von Herstellern entweder in Form von separat ausführbaren Programmen oder als Plug-Ins, die im Webserver ausgeführt werden. Oder Sie schreiben Ihre eigenen Programme. Dazu können Sie beliebige Programmiersprachen und Werkzeuge einsetzen. Diese Programme sind zwar relativ einfach zu schreiben, sie lassen sich aber nur schwer absichern, da sie willkürlich Befehle von externen Personen empfangen könnten. Sie sollten alle Programme, die vom Webserver ausgeführt werden, mit der gleichen Vorsicht behandeln, die Sie jedem beliebigen neuen Server angedeihen lassen würden, unabhängig davon, wer sie geschrieben hat oder wie sie heißen. Der Webserver bietet keinen nennenswerten Schutz vor solchen Programmen. Viele Server-Erweiterungen von Drittherstellern werden bereits mit Sicherheitslücken ausgeliefert. Im allgemeinen liegt das an der fälschlichen Annahme, daß solche Programme immer nur korrekte Eingaben erhalten. Sie müssen jedoch immer damit rechnen, daß es Leute gibt, die über Ihre Formulare und Ihre Webseiten auf Ihren Webserver zugreifen wollen. Niemand kann Ihnen garantieren, daß dies nicht so sein wird. Solche Leute können alle möglichen Daten an den Server schicken.

Es gibt inzwischen eine Reihe von Software- (und Hardware-) Produkten mit eingebetteten Webservern, die eine bequeme grafische Konfigurationsmöglichkeit bieten. Diese Produkte müssen sehr sorgfältig konfiguriert werden, wenn sie auf Systemen laufen, die von außen zugänglich sind. Ihre Standardkonfigurationen sind im allgemeinen unsicher.

Elektronische Post und News

Elektronische Post (E-Mail) und News stellen Möglichkeiten zum gegenseitigen Informationsaustausch zur Verfügung. Sie erfordern keine unmittelbare interaktive Antwort.

Elektronische Post

Elektronische Post gehört zu den beliebtesten Netzwerkdiensten. Sie ist mit relativ geringen Risiken behaftet; allerdings heißt das nicht, daß sie vollkommen sicher ist. Es ist recht einfach, elektronische Post zu fälschen (es ist ja auch recht einfach, normale Post zu fälschen). Solche Fälschungen ermöglichen zwei verschiedene Arten von Angriffen:

- Angriffe auf Ihren guten Ruf
- Angriffe zum Zwecke der Manipulation (zum Beispiel Angriffe, bei denen Benutzer E-Mails erhalten, die vorgeben, von einem Administrator zu kommen, der ihnen rät, ein bestimmtes Paßwort zu benutzen)

Der Empfang elektronischer Post beansprucht Rechenzeit und Festplattenplatz. Außerdem werden Sie anfällig für Denial-of-Service-Attacken, obwohl bei richtiger Konfiguration nur der E-Mail-Dienst ausfällt. Vor allem moderne Multimedia-Mail-Systeme eignen sich dazu, E-Mails zu versenden, die Programme enthalten, die unter ungenügender Überwachung ausgeführt werden und sich als Trojanische Pferde entpuppen (Programme, die scheinbar etwas Interessantes oder Nützliches tun, ihre bösartigen Absichten jedoch verschleiern).

Obwohl sich die Leute am meisten vor absichtlichen Angriffen fürchten, treten in der Praxis am häufigsten Probleme mit unbeabsichtigten Briefsendungen (einschließlich Kettenbriefe) und mit Leuten auf, die die Vertraulichkeit von elektronischer Post überschätzen und vertrauliche Daten per E-Mail über das Internet verschicken. Solange jedoch die Benutzer geschult werden und der E-Mail-Dienst von den anderen Diensten getrennt ist, so daß unbeabsichtigte oder absichtliche Denial-of-Service-Attacken nur relativ wenig Schaden anrichten können, ist die elektronische Post ausreichend sicher.

Das *Simple Mail Transfer Protocol* (SMTP) ist das Internet-Standardprotokoll zum Verschicken und Empfangen von elektronischer Post. E-Mail, die zwischen Servern im Internet ausgetauscht wird, bedient sich fast immer des SMTP. Auch die von Clients an Server ausgehende E-Mail greift oft auf dieses Protokoll zurück. SMTP selbst stellt nicht unbedingt ein Sicherheitsrisiko dar, SMTP-Server dagegen schon. Ein Programm, das Post an Benutzer ausliefert, muß häufig dazu in der Lage sein, unter der Kennung jedes Benutzers zu laufen, der auch Post empfangen kann. Dadurch gewinnt es einen breiten Spielraum und wird für Angreifer zu einem lohnenden Ziel.

Mailserver müssen ebenso wie andere Programme einen Kompromiß zwischen Funktionalität und Sicherheit eingehen. Vermutlich werden Sie nicht den gleichen Server für Ihren internen Mail-Verkehr und den Mail-Versand in das Internet benutzen. Statt dessen werden Sie für den internen Gebrauch einen voll ausgestatteten Server und für den Kontakt mit dem Internet einen stark abgesicherten Server einsetzen. Der interne Server wird mit der bekannten Software betrieben, an die Sie sich gewöhnt haben, während der externe Server mit besonders ausgestatteter Software betrieben wird. Da SMTP dazu gedacht ist, die Post über mehrere Server weiterzuleiten, läßt dies sich einfach konfigurieren.

Der unter Unix am häufigsten eingesetzte SMTP-Server ist Sendmail. Da in Sendmail bereits einige Male erfolgreich eingebrochen wurde, zum Beispiel mit dem Internet-Wurm, haben viele Leute Vorbehalte bezüglich der Benutzung von Sendmail. Viele der verfügbaren Alternativprogramme sind allerdings nicht unbedingt besser als Sendmail; vermutlich wurde nur deshalb nicht so oft in sie eingebrochen, weil sie weniger weit verbreitet, und nicht etwa, weil sie weniger anfällig sind. Ausnahmen bilden dabei Programme, die unter besonderer Berücksichtigung von Sicherheitsaspekten entwickelt wurden, wie etwa Postfix.

Unter Windows NT wird Microsoft Exchange am häufigsten als SMTP-Server verwendet. Auch in ihn wurde bereits auf verschiedenen Wegen eingebrochen. Microsoft Exchange hat weniger Probleme mit eigentlichen Einbrüchen als Sendmail. Allerdings genießt dieser Server wegen Denial-of-Service-Angriffen einen ausgesprochen schlechten Ruf hinsichtlich seiner Stabilität bei SMTP. Ebenso wie Sendmail ist Microsoft Exchange ein nützlicher Mailserver, der besondere Funktionen und Eigenschaften besitzt, die man nicht überall bekommt. Er ist jedoch als sichere Schnittstelle zum Internet nicht besser als Sendmail. Einerseits unterstützt er mehrere Protokolle, wodurch er größer und komplizierter ist, andererseits verfügt er jedoch über eine deutlich aktuellere Implementierung von SMTP.

SMTP wird dazu verwendet, elektronische Post zwischen den Servern auszutauschen. Benutzer, die E-Mails lesen, die bereits an einen Mailserver ausgeliefert wurden, setzen dagegen kein SMTP ein. Manchmal lesen sie ihre E-Mails direkt auf dem Server, allerdings übertragen die meisten Benutzer heutzutage ihre Mails mit Hilfe eines Protokolls vom Server über ein Netzwerk. Im Internet werden für diesen Zweck meist das *Post Office Protocol* (POP) und das *Internet Message Access Protocol* (IMAP) eingesetzt. Microsoft Exchange und Lotus Notes besitzen außerdem ihre eigenen proprietären Protokolle, die mehr Funktionen haben.

POP und IMAP verfügen über ähnliche Sicherheitsprobleme; normalerweise übertragen beide die Authentifizierungsdaten der Benutzer sowie die E-Mails, ohne sie zu verschlüsseln. Dadurch erhalten Angreifer die Möglichkeit, die E-Mails zu lesen und wichtige Benutzerdaten zu sammeln. Es ist relativ einfach, sie so zu konfigurieren, daß sie die Benutzerauthentifizierungsdaten verbergen, und relativ schwer, den Inhalt von E-Mails zu schützen. IMAP besitzt mehr Funktionen als POP und hat entsprechend mehr Sicherheitsprobleme. Andererseits sind bei IMAP auch mehr und bessere Verschlüsselungsmethoden verfügbar als bei POP. Die proprietären Protokolle, die von Microsoft Exchange und Lotus Notes verwendet werden, verfügen über eine noch größere Funktionalität. Es ist schwierig, wenn nicht sogar unmöglich, sie im Internet angemessen zu schützen. (Beachten Sie, daß sowohl Microsoft Exchange als auch Lotus Notes auch nichtproprietäre Protokolle verwenden können; siehe Kapitel 16, *Elektronische Post und News*, für weitere Informationen.)

Usenet-News

Elektronische Post eignet sich am besten, um Nachrichten an eine Person oder einen kleinen Kreis von Personen zu schicken, die an einem bestimmten Thema interessiert sind. Newsgruppen sind das Internet-Pendant zu Schwarzen Brettern und können für die Kommunikation zwischen vielen Leuten eingesetzt werden. Auch Mailinglisten erlauben den Austausch zwischen vielen Personen, allerdings verläuft die Kommunikation dort nicht so offen und effizient, da es nicht leicht ist, alle Mailinglisten zu kennen, und jeder Benutzer seine eigene Kopie aller Nachrichten erhält. Die größten Diskussions-Mailinglisten (das heißt, Listen, in denen Diskussionen zwischen den Abonnenten dieser Listen stattfinden, im Gegensatz zu Listen, die nur zur einfachen Verteilung von Informationen oder Ankündigungen verwendet werden) haben Zehntausende von Mitgliedern; an den beliebtesten Newsgruppen nehmen wenigstens Hunderttausende teil.

Usenet-News besitzen eine gewisse Ähnlichkeit mit dem Fernsehen; es passiert eine ganze Menge, das meiste davon besitzt keine oder nur geringe soziale Relevanz, und manches ist wirklich unterhaltsam oder informativ.

Die Risiken bei News sind ähnlich gelagert wie bei elektronischer Post: Ihre Benutzer könnten törichterweise erhaltenen Informationen vertrauen, sie könnten vertrauliche Daten veröffentlichen, und Sie könnten von Daten überflutet werden. News ähneln schon bei normalem Betrieb einer Flut – die meisten Standorte empfangen jeden Tag alle News, die sie bekommen können, und die Menge steigt stetig an – Sie müssen deshalb bei der Konfiguration des News-Dienstes sicherstellen, daß die Datenmengen keine anderen Dienste beeinträchtigen. Da News kein grundlegend wichtiger Dienst ist, werden Denial-of-Service-Attacken auf einzelne Standorte üblicherweise einfach ignoriert. Die Sicherheitsrisiken sind dementsprechend recht gering. Sie könnten auf den News-Dienst verzichten, weil Sie über keine ausreichende Bandbreite oder nicht genügend Festplattenplatz für diesen Zweck verfügen oder weil Sie sich Sorgen über den Inhalt machen – ein signifikantes Sicherheitsproblem stellt er jedoch nicht dar.

Inzwischen gibt es eine Reihe von Websites, auf denen der Zugriff auf Newsgruppen mittels HTTP über einen Webbrowser ermöglicht wird. Wenn sehr viele Benutzer die News lesen, ist diese Methode nicht besonders effizient, zum Erstellen von News-Nachrichten ist diese Schnittstelle mehr schlecht als recht geeignet. Gibt es dagegen an Ihrem Standort nur wenige Personen, die News lesen müssen, dann ist es am einfachsten, eine dieser Sites zu benutzen.

Zum Übertragen der News über das Internet wird das *Network News Transfer Protocol* (NNTP) verwendet. Wenn Sie einen News-Server an Ihrem Standort einrichten, müssen Sie den Weg festlegen, der für die Übertragung der News auf Ihre internen Systeme am sichersten ist, damit NNTP nicht dazu mißbraucht werden kann, in Ihren Standort einzudringen. Manche Standorte plazieren den News-Server auf einen Bastion-Host (beschrieben in Kapitel 10, *Bastion-Hosts*), andere verwenden ein internes System, wie wir in Kapitel 16, *Elektronische Post und News*, darlegen. NNTP tut nicht viel, und Ihre externen News-Übertragungen werden alle an bestimmte Maschinen gerichtet (es ist nicht wie bei E-Mails, die Sie von überall empfangen wollen). Es ist also nicht besonders schwer abzusichern.

Das größte Problem in bezug auf die Sicherheit von News ist die Frage, wie Sie mit privaten Newsgruppen verfahren. Viele Standorte richten lokale Newsgruppen ein, um Diskussionen unter ihren Benutzern zu ermöglichen; diese privaten Gruppen enthalten oft empfindliche, vertrauliche oder geheime Informationen. Jemand, der Zugriff auf Ihren NNTP-Server besitzt, kann im Prinzip auch auf Ihre privaten Newsgruppen zugreifen, wodurch die Informationen bekannt werden. Falls Sie daher solche privaten Newsgruppen einrichten wollen, müssen Sie NNTP sorgfältig konfigurieren, um den Zugriff auf diese Gruppen kontrollieren zu können. (Die Konfiguration von NNTP zur Benutzung innerhalb einer Firewall wird in Kapitel 16 besprochen.)

Datenübertragung, File Sharing und Drucken

Mittels elektronischer Post lassen sich Daten von Ort zu Ort übertragen. Allerdings ist diese Technik nur für kleine Dateien in lesbarer Form geeignet. Den Übertragungsprotokollen für E-Mails ist es erlaubt, an einer Nachricht Veränderungen vorzunehmen, die für Menschen akzeptabel sind (zum Beispiel ein »>« vor dem Wort »From« am Zeilenanfang einzufügen, damit das Mail-Programm diese Zeile nicht mit einer Header-Zeile verwechselt), für Programme jedoch nicht.[1]

E-Mail-Systeme enthalten zwar neuerdings komplizierte Mechanismen, um diese Probleme zu lösen, so daß beispielsweise große Binärdateien auf der Senderseite in kleinere Teile zerlegt und kodiert und auf der Empfängerseite dekodiert und wieder zusammengesetzt werden können. Allerdings sind diese Mechanismen unhandlich und fehleranfällig. Außerdem wollen die Leute möglicherweise aktiv nach Dateien suchen, anstatt darauf zu warten, daß ihnen irgendjemand welche schickt. Daher ist es gut, wenn es neben der elektronischen Post noch eine Methode gibt, mit der man auf Anfrage Dateien übertragen kann.

Vielleicht wollen Sie nicht nur Dateien zwischen Maschinen übertragen, sondern eine einzelne Kopie einer Datei auf vielen Maschinen benutzen können. Diese Technik nennt sich File Sharing oder Dateifreigabe. File-Sharing-Protokolle können als Datenübertragungsprotokolle verwendet werden (zuerst geben Sie eine Datei zur gemeinsamen Nutzung frei, anschließend erstellen Sie eine lokale Kopie von ihr), sie erlauben es Ihnen aber auch mehr oder weniger, eine Datei so zu benutzen, als wäre es eine lokale Datei. Für die Benutzer ist die Dateifreigabe normalerweise viel bequemer als die Übertragung von Dateien, da sie aber eine größere Funktionalität beinhaltet, ist sie weniger effizient, weniger robust und nicht so sicher.

Das Drucken baut oft auf File-Sharing- oder Datenübertragungsprotokollen auf. Das ist auch relativ sinnvoll, da Sie die Daten ja auch irgendwie zum Drucker übertragen müssen.

Übertragung von Dateien

Das *File Transfer Protocol* (FTP) ist das Internet-Standardprotokoll für die Übertragung von Dateien. Die meisten Webbrowser unterstützen FTP ebenso wie HTTP und verwenden automatisch FTP, um auf Orte zuzugreifen, deren Adressen mit »ftp:« beginnen. Viele Leute benutzen auf diese Weise FTP, ohne sich dessen bewußt zu sein. Theoretisch ist die Dateiübertragung per FTP nicht riskanter als die Benutzung von E-Mail. Es gibt sogar Standorte, die es Ihnen erlauben, per E-Mail auf FTP zuzugreifen. Die Risiken von FTP sind nahezu vergleichbar mit denen von HTTP, das ja auch nur einen anderen

---

[1] »>« vor »From« einzufügen ist so verbreitet, daß in manchen Büchern gelegentlich »>From« im Text steht, wobei das Zeichen »>« eingefügt wurde, als die Autoren ihre Manuskripte per E-Mail austauschten.

Weg darstellt, Dateien zu erhalten. In der Praxis benutzen die Leute jedoch FTP anders als HTTP und E-Mail und bringen in der Regel mehr und/oder größere Dateien in ihren Standort hinein.

Weshalb sind solche Dateien unerwünscht? An den meisten Standorten besteht die Hauptsorge darin, daß die Benutzer sich Trojanische Pferde einfangen. Dies kann zwar passieren, jedoch ist es wahrscheinlicher, daß die Benutzer Computerspiele, Raubkopien von Softwareprogrammen und pornografische Bilder übertragen. Das ist zwar kein ausgesprochenes Sicherheitsrisiko, allerdings werden damit eine Reihe anderer Probleme aufgeworfen (wie etwa die Verschwendung von Zeit und Speicherplatz sowie verschiedene rechtliche Probleme). Oft schleppen die Benutzer mit solchen Daten auch noch Viren ein. Wenn Sie die folgenden Regeln befolgen, können Sie eingehende Datenübertragungen per FTP als ausreichend sicheren Dienst betrachten, der den Zugriff auf wichtige Internet-Ressourcen erleichtert:

- Machen Sie Ihren Benutzern klar, daß sie jeder Software, die sie per FTP in das System holen, mit gesundem Mißtrauen begegnen müssen.
- Teilen Sie Ihren Benutzern die Richtlinien Ihres Standortes bezüglich sexueller Belästigung sowie der Ausnutzung der Unternehmensressourcen mit.

Wie steht es mit der anderen Seite der Medaille: Soll es anderen Personen erlaubt sein, Daten per FTP von Ihren Computern zu beziehen? Das ist deutlich riskanter. Anonymes FTP ist eine beliebte Technik, um externen Benutzern den Zugriff auf Ihre Dateien zu ermöglichen, ohne Ihnen den vollständigen Zugang zu Ihrem Rechner zu gewähren. Wenn Sie einen FTP-Server betreiben, dürfen Benutzer die Dateien erhalten, die Sie in einem separaten, öffentlichen Bereich Ihres Systems abgelegt haben, ohne daß sie sich anmelden müssen und damit potentiell Zugriff auf Ihr ganzes System erhalten. Der anonyme FTP-Bereich Ihres Standortes kann das öffentliche Archiv Ihrer Einrichtung für Artikel, Standards, Software, Bilder und sonstige Informationen sein, die andere von Ihnen benötigen oder die Sie mit anderen teilen wollen. FTP ist eine schöne Ergänzung zu HTTP, da es einem breiteren Publikum einen leichteren Zugriff auf größere Dateien ermöglicht.

Um auf die Dateien zuzugreifen, die Sie zur Verfügung gestellt haben, melden sich die Benutzer über FTP mit einem speziellen Login-Namen auf Ihrem System an (normalerweise »anonymous« oder »ftp«). Bei den meisten Standorten müssen die Benutzer außerdem noch die eigene E-Mail-Adresse anstelle des Paßworts eingeben. Auf diese Weise können die Betreiber des Standorts verfolgen, wer ihren anonymen FTP-Server benutzt. Allerdings wird dieses Erfordernis selten wirklich durchgesetzt (vor allem, weil es nicht so einfach möglich ist, die Gültigkeit einer E-Mail-Adresse zu überprüfen).

Wenn Sie einen anonymen FTP-Server einrichten, müssen Sie sicherstellen, daß diejenigen, die ihn benutzen, nicht auf die anderen Bereiche oder Dateien Ihres Systems zugreifen können und daß sie nicht per FTP einen Shell-Zugang auf das System selbst erhalten. Wie wir in Kapitel 17, *Dateiübertragung, Filesharing und Drucken*, noch sehen werden, sind beschreibbare Verzeichnisse im anonymen FTP-Bereich von besonderer Bedeutung.

47

Sie müssen außerdem sicherstellen, daß Ihre Benutzer den Server nicht falsch verwenden. Es kann sehr verlockend sein, Dateien auf dem Server abzulegen, die bestimmte Leute lesen sollen. Oft denken solche Benutzer nicht daran, daß praktisch jeder im Internet diese Dateien lesen kann, oder sie denken daran und wiegen sich in Sicherheit, weil sie glauben, daß außer ihnen und ihren Partnern niemand davon weiß (Sicherheit durch Verschleierung). Bedauerlicherweise (für diese Unschuldslämmer) gibt es eine Reihe von Werkzeugen, die versuchen, anonyme FTP-Server zu indizieren, und damit die vermeintliche Verschleierung erfolgreich aufheben.

Vielleicht kennen Sie ja noch weitere Protokolle zur Datenübertragung. Das *Trivial File Transport Protocol* (TFTP) ist ein vereinfachtes FTP-Protokoll, mit dem plattenlose Maschinen Informationen übertragen. Es ist extrem einfach, so daß es in die Hardware integriert werden kann. Daher unterstützt es auch keine Authentifizierung. Es gibt keinen Grund, einen TFTP-Zugriff außerhalb Ihres Netzwerkes anzubieten; normale Benutzer übertragen keine Dateien mit TFTP.

Innerhalb eines Unix-Standorts wollen Sie vielleicht *rcp* verwenden, um Dateien zwischen den Systemen zu übertragen. *rcp* (beschrieben in Kapitel 18, *Der Fernzugriff auf Hosts*, zusammen mit den anderen der sogenannten »Berkeley-'r'-Befehle«) ist ein Datenübertragungsprogramm, das wie eine erweiterte Version des Unix-Befehls *cp* funktioniert. Für die Benutzung über das Internet ist es nicht geeignet, da es ein Authentifizierungsmodell mit vertrauenswürdigen Rechnern verwendet. Anstatt vom Benutzer eine Authentifizierung auf der externen Maschine zu verlangen, schaut das Programm sich die IP-Adresse des Rechners an, von dem die Anfrage stammt. Dummerweise können Sie nicht wissen, ob die Pakete wirklich von diesem Rechner kommen. Es gibt eine Alternative zu *rcp* namens *scp*, die deutlich mehr Sicherheit verspricht. Sie umfaßt unter anderem die Benutzer-Authentifizierung und die Verschlüsselung der Daten, die das Netzwerk durchlaufen, und wird in Kapitel 18 zusammen mit dem *ssh*-Befehl besprochen, auf dem sie aufbaut.

Filesharing

Für das Filesharing, das heißt die Freigabe und gemeinsame Benutzung von Dateien, gibt es mehrere Protokolle. Diese Protokolle erlauben es Computern, Dateien zu benutzen, die sich physisch auf Festplatten anderer Computer befinden. Das ist eine sehr hilfreiche Funktion, da sie es ermöglicht, externe Dateien zu verwenden, ohne diese extra über das Netzwerk übertragen zu müssen. Außerdem entfällt so die Notwendigkeit, verschiedene Versionen einer Datei miteinander zu synchronisieren. Allerdings läßt sich Filesharing bedeutend schwieriger umsetzen als die Übertragung von Dateien. Filesharing-Protokolle müssen eine gewisse Transparenz (die Dateien scheinen lokal vorzuliegen, man sieht nicht, daß Filesharing durchgeführt wird) sowie vollständigen Zugriff garantieren (Sie können mit einer externen Datei die gleichen Operationen durchführen wie mit einer lokalen Datei). Diese Eigenschaften machen Filesharing für die Benutzer attraktiv; allerdings wirft die notwendige Transparenz Beschränkungen bezüglich der Sicherheit auf. Durch den zu realisierenden vollständigen Zugriff werden die Protokolle sehr komplex und schwierig zu implementieren. Eine höhere Komplexität führt unweigerlich zu einer stärkeren Verwundbarkeit.

Die am häufigsten verwendeten Filesharing-Protokolle sind das *Network File System* (NFS) unter Unix, das *Common Internet File System* (CIFS) unter Microsoft Windows und *AppleShare* auf dem Macintosh. CIFS gehört zu einer Familie von miteinander verwandten Protokollen und hat ein umfangreiches Erbe, das *Server Message Block* (SMB), *NetBIOS/NetBEUI* und *LanManager* umfaßt. Sie werden alle diese sowie noch weitere Namen wiederfinden, wenn von Filesharing-Protokollen auf Microsoft-Betriebssystemen die Rede ist. Obwohl es Unterschiede zwischen diesen Protokollen gibt – manchmal mit fundamentalen Folgen für die Sicherheit –, sind sie miteinander verwandt und zum größten Teil auch zusammen einsetzbar. Auf der höchsten Ebene sind auch ihre Auswirkungen auf die Sicherheit ähnlich. Im Prinzip besitzen für Firewalls alle Filesharing-Protokolle auf der obersten Ebene ähnliche Auswirkungen auf die Sicherheit; sie sind alle unsicher und über das Internet schwierig einzusetzen.

NFS wurde für den Einsatz in lokalen Netzwerken geschaffen und setzt schnelle Antwortzeiten, hohe Zuverlässigkeit, Zeitsynchronisation und ein hohes Maß an Vertrauen zwischen den Maschinen voraus. Bei NFS gibt es einige ernste Sicherheitsprobleme. Wenn Sie NFS nicht richtig konfigurieren (was relativ kompliziert sein kann), könnte ein Angreifer einfach Ihre NFS-Dateisysteme aufsetzen (mounten). So wie NFS funktioniert, ist es Clientmaschinen erlaubt, Dateien, die auf dem Server gespeichert sind, zu lesen und zu verändern, ohne sich am Server anzumelden oder ein Paßwort einzugeben. Da NFS die Transaktionen nicht protokolliert, erfahren Sie es unter Umständen nicht einmal, daß jemand den vollen Zugriff auf Ihre Dateien hat.

Allerdings bietet NFS eine Möglichkeit festzulegen, welche Maschinen auf Ihre Dateien zugreifen dürfen. In einer Datei namens */etc/exports* können Sie angeben, welche Dateisysteme aufgesetzt werden können und welche Maschinen sie aufsetzen dürfen. Wenn ein Dateisystem nicht in */etc/exports* aufgeführt wird, darf kein Rechner es aufsetzen. Wird es in */etc/exports* erwähnt, geben Sie jedoch nicht an, welche Maschinen es aufsetzen können; dann erlauben Sie es allen Maschinen, das Dateisystem aufzusetzen.

NFS ist aber auch raffinierteren Angriffen ausgesetzt. Es verfügt zum Beispiel über eine sehr schwache Clientauthentifizierung. Ein Angreifer könnte nun den NFS-Server davon überzeugen, daß eine Anfrage von einem Client stammt, der in der *exports*-Datei aufgeführt ist. Es gibt auch Situationen, in denen ein Angreifer ein existierendes, aufgesetztes NFS-Dateisystem entführt.

Diese Probleme sind meist in der Tatsache begründet, daß NFS eine Rechnerauthentifizierung verwendet, die leicht gefälscht werden kann. Da NFS über das Internet sowieso nicht besonders gut funktioniert (es setzt eine bedeutend höhere Geschwindigkeit zwischen den Rechnern voraus), gibt es kaum einen Grund, es zwischen Ihrem Standort und dem Internet zuzulassen. Es schafft nur ein Sicherheitsproblem, ohne die Funktionalität zu erweitern.

CIFS und AppleShare verlassen sich beide auf die Benutzerauthentifizierung anstatt auf Rechnerauthentifizierung. Das bedeutet eine leichte Verbesserung für die Sicherheit. Allerdings unterstützt AppleShare keine flexiblen Methoden der Benutzerauthentifizierung bei normalen Clients. Sie sind auf die Benutzung wiederverwendbarer Paßwörter angewiesen, das heißt, Angreifer können Paßwörter leicht ermitteln. CIFS bietet in neueren Versionen eine gute Authentifizierung und einen guten Schutz. Durch die Rückwärtskompatibilität erhöht sich jedoch die Verwundbarkeit von CIFS. Es wird nämlich versucht, auch ältere Clients zu unterstützen, die eine geringere Sicherheit bieten. Außerdem stellt CIFS eigentlich eine ganze Dienstefamilie zur Verfügung, von denen einige sogar noch verletzlicher sind als Filesharing. (Zum Beispiel stellt es einen allgemeinen Mechanismus für *Remote Procedure Calls* bereit, der benutzt werden kann, um es beliebigen Programmen zu erlauben, miteinander zu kommunizieren.) Eine Firewall kann zwar CIFS durchaus verstehen und auch einige Operationen durchlassen (um CIFS-Filesharing, aber keine anderen CIFS-basierten Protokolle zu erlauben), es ist jedoch relativ kompliziert, und nur wenige Firewalls sind wirklich dazu in der Lage. Es ist auch nicht so richtig klar, wie nützlich das wäre, da Filesharing und andere Dienste miteinander verknüpft sind; die Befehle zum Lesen von Daten aus Dateien und zum Lesen von Daten aus anderen Programmen sind gleich.

Es gibt Filesharing-Protokolle, die für die Benutzung in Netzwerken wie dem Internet entwickelt wurden. Zum Beispiel benutzt das *Andrew File System* (AFS) Kerberos für die Authentifizierung und setzt optional Verschlüsselung ein. Es wurde für den Einsatz in Weitverkehrsnetzen, einschließlich dem Internet, geschaffen. NFS, CIFS und AppleShare werden als Bestandteile verbreiteter Betriebssysteme vertrieben, während AFS ein Produkt einer Drittfirma ist. Dies und die Tatsache, daß AFS und Kerberos ein nicht unerhebliches technisches Verständnis für die Einrichtung und den Betrieb erfordern, sind die Ursachen dafür, daß AFS außerhalb einiger großer Standorte nicht besonders weit verbreitet ist. Wenn Sie Bedarf an einem sicheren Dateisystem für Weitverkehrsnetzwerke haben, sollten Sie möglicherweise AFS in die engere Auswahl ziehen; es wird hier aber nicht ausführlicher behandelt.

Druckdienste

Nahezu jedes Betriebssystem stellt heutzutage ein System zum entfernten Drucken zur Verfügung – per *lp* oder *lpr* auf Unix-Maschinen, über SMB auf Windows-Rechnern oder AppleTalk auf Macintosh-Computern.[2] Damit kann ein Computer auf einem Drucker drucken, der physisch an einen anderen Computer oder direkt an das Netzwerk angeschlossen ist. In einem lokalen Netzwerk ist diese Funktion äußerst nützlich; man sollte dort nicht so viele Drucker bereitstellen, wie Rechner vorhanden sind. Allerdings stellen alle Optionen zum entfernten Drucken unsichere und ineffiziente Wege zum Übertragen von Daten über das Internet dar. Es gibt keinen Grund, sie zu erlauben. Wenn Sie über das Internet an einem anderen Standort drucken müssen oder diesem Standort erlauben

---

2 Sie können die Protokolle und Betriebssysteme auch in beliebigen Kombinationen zusammenstellen, da alle drei Plattformen alle Protokolle unterstützen, wenn Sie genügend zusätzliche Software installieren.

müssen, Ihre Drucker zu verwenden, dann können Sie besondere Mail-Aliase einrichten, die eine Mail beim Empfang drucken. Diese Methode benutzen viele Firmen sogar in ihren internen Weitverkehrsnetzen, da sie bedeutend zuverlässiger ist.

Fernzugriff

Es gibt viele Situationen, in denen Sie ein Programm auf einem anderen als Ihrem eigenen Computer ausführen wollen. Sie könnten zum Beispiel auf einer Reise nur über Ihren langsamen Laptop verfügen. Oder Ihr zweiter Computer ist ein Supercomputer, und Sie benutzen nur »Thin Clients« – relativ dumme Computer –, um die Kosten für die Unterhaltung Ihrer Rechenanlagen zu minimieren. Ursprünglich bedeutete Fernzugriff (*Remote Access*) eine Art externen Terminalzugriff, der Ihnen die Benutzung zeichenbasierter Anwendungen erlaubte. Heutzutage ist ein solcher Zugang kaum noch ausreichend. Statt dessen benötigen Sie wahrscheinlich eine Art von grafischem System.

Unabhängig von der verwendeten Methode sollten Sie sich folgende Fragen stellen:

- Gibt es ausreichende Kontrollen darüber, wer von außen auf die Maschine zugreifen kann? Wie werden externe Benutzer authentifiziert?
- Kann jemand eine gerade bestehende Verbindung übernehmen?
- Können Lauscher wichtige Informationen aufschnappen (vor allem Authentifizierungsinformationen)?

Terminal-Zugang und entfernte Befehlsabarbeitung

Ursprünglich erlaubten Ihnen Programme, die einen Terminal-Zugang zur Verfügung stellen, ein externes System so zu benutzen, als wäre Ihr Computer ein direkt angeschlossenes Terminal – ein altmodisches Terminal, das nur Text erzeugen und anzeigen konnte. Heutzutage gibt es Computer, die einen Terminal-Zugang ermöglichen, ohne wirkliche physische Terminals zu unterstützen, und viele Computer können mit einer textuellen Schnittstelle nicht mehr viel anfangen, unabhängig davon, wie sie angeschlossen wurde.

Im Internet ist Telnet der Standard für den Terminal-Zugriff. Telnet erlaubt es Ihnen, Ihren Benutzern einen textbasierten Zugang von jedem Standort zur Verfügung zu stellen, der an das Internet angeschlossen ist, ohne zuvor besondere Vorkehrungen treffen zu müssen.

Telnet wurde einst als recht sicherer Dienst angesehen, da die Benutzer sich selbst authentifizieren müssen. Leider schickt Telnet alle Informationen unverschlüsselt, wodurch es extrem anfällig für Abhör- und Hijacking-Angriffe wird. Aus diesem Grund wird Telnet inzwischen als einer der gefährlichsten Dienste für den Zugriff von externen Systemen auf Ihren Standort angesehen. (Der Zugriff auf externe Systeme von Ihrem Standort aus ist *deren* Sicherheitsproblem, nicht Ihres.) Telnet ist nur dann sicher, wenn die externe Maschine und alle Netze zwischen dieser und der lokalen Maschine sicher sind. Das bedeutet, daß Telnet im Internet nicht sicher ist, da es unmöglich ist, die dazwischenliegenden Netzwerke zuverlässig zu ermitteln, geschweige denn, ihnen zu trauen.

Es gibt verschiedene Authentifizierungsschemata zum Ausführen von Fernzugriffen, die mit Telnet automatisch funktionieren (beachten Sie besonders die Ausführungen über Einmal-Paßwörter in Kapitel 21, *Authentifizierungs- und Auditing-Dienste*). Doch auch wenn Sie Ihr Paßwort schützen, werden Sie feststellen, daß Ihre Sitzung abgehört oder von jemandem übernommen werden kann. Wenn Sie dem vorbeugen wollen, müssen Sie ein verschlüsselndes Protokoll benutzen.

Zwei Methoden sind dazu besonders verbreitet. Erstens können Sie Telnet einfach durch ein Terminal-Programm ersetzen, das Verschlüsselung verwendet. Ein häufig eingesetzter Internet-Standard ist die *Secure Shell* (SSH), die eine Vielzahl von verschlüsselten Diensten für den Fernzugriff anbietet. Es gibt aber auch eine Reihe anderer Lösungen. Zweitens können Sie eine verschlüsselte Netzwerkverbindung erzeugen (ein virtuelles privates Netzwerk oder VPN) und Telnet darüber betreiben. In Kapitel 5, *Firewall-Techniken*, finden Sie eine Besprechung der VPN-Mechanismen.

Neben Telnet und SSH können noch andere Programme für den Terminal-Zugang und die entfernte Befehlsabarbeitung benutzt werden – vor allem *rlogin*, *rsh* und *on*. Diese Programme werden in einer vertrauenswürdigen Umgebung verwendet und ermöglichen den Benutzern den Fernzugriff, ohne daß diese sich erneut authentifizieren müssen. Der Rechner, zu dem sie eine Verbindung aufbauen, vertraut darauf, daß sich die Benutzer an dem Rechner, von dem die Verbindung stammt, korrekt angemeldet und authentifiziert haben. Für die Benutzung im Internet ist dieses Vertrauensmodell auf Rechnerbasis nicht geeignet, da Sie Rechnern außerhalb Ihres Netzwerks im allgemeinen nicht vertrauen können. Sie können nicht einmal sicher sein, daß die Pakete wirklich von den Rechnern kommen, von denen sie dies vorgeben.

rlogin und *rsh* sind für die Benutzung innerhalb eines Netzwerks, das durch eine Firewall geschützt wird, wahrscheinlich vollkommen ausreichend. Das hängt von Ihrer internen Sicherheitspolitik ab. *on* jedoch plaziert seine gesamten Sicherheitsüberprüfungen in das Clientprogramm. Jeder kann einen modifizierten Client benutzen, um diese Überprüfungen zu umgehen. *on* ist daher sogar innerhalb eines durch eine Firewall geschützten lokalen Netzwerkes vollkommen unsicher (Benutzer können beliebige Befehle unter der Identität anderer Benutzer ausführen). Sie deaktivieren *on*, indem Sie den *rexd*-Server deaktivieren, wie wir in Kapitel 18, *Der Fernzugriff auf Hosts*, beschreiben werden. Glücklicherweise ist *on* heutzutage relativ selten; Windows NT, das *rlogin*- und *rsh*-Clients zur Verfügung stellt, besitzt keinen *on*-Client.

Grafische Schnittstellen für den Fernzugriff unter Microsoft-Betriebssystemen

Obwohl unter Windows NT Clients für die meisten der beschriebenen entfernten Dienste vorhanden sind und Server für viele dieser Dienste als Bestandteile der Resource-Kits oder als Produkte von Drittherstellern zur Verfügung gestellt werden, sind Terminal-Dienste dort im allgemeinen nicht besonders interessant. Es gibt zwar zeichenorientierte Programme, mit denen man viele administrative Aufgaben erledigen kann, die meisten Leute bevorzugen jedoch grafische Programme.

Microsoft hat in Windows 2000-Server im sogenannten Terminaldienste-Paket grafische Schnittstellen für den Fernzugriff integriert. Dieses Paket ist auch für Windows NT 4 als spezielle Terminalserver Edition des Betriebssystems verfügbar. Sowohl Terminaldienste als auch Windows NT Terminalserver Edition benutzen ein von Microsoft entwickeltes Protokoll namens *Remote Desktop Protocol* (RDP), um die Kommunikation zwischen Clients und Servern zu ermöglichen.

Für grafische Schnittstellen in Windows, die einen Fernzugriff erlauben, werden noch eine ganze Reihe anderer proprietärer Protokolle verwendet. Das leistungsfähigste und verbreiteteste ist *Independent Computing Architecture* (ICA) von Citrix. ICA wurde von mehreren Herstellern lizenziert. Es gibt dafür viele verschiedene Clients und Server, unter anderem mehrbenutzerfähige Windows NT-Server und Java-basierte Clients, die auf jedem Rechner mit einem Java-fähigen Webbrowser ausgeführt werden können. ICA-Plug-Ins sind für Terminaldienste und Windows NT Terminalserver Edition verfügbar.

TCP/IP-basierter Fernzugriff ist auch von fast jedem Fernzugriff-Programm aus dem Windows-Bereich möglich, einschließlich LapLink, RemotelyPossible und PcANYWHERE, um nur einige zu nennen. Außerdem gibt es das umstrittene Programm BO2K, ein frei verfügbares Open-Source-Programm für den Fernzugriff. Es ist deshalb umstritten, weil es sich dabei um ein weit verbreitetes Werkzeug für Einbrecher handelt, das Außenstehenden den Zugang zu einem System ermöglicht. Andererseits ist es ein voll ausgestattetes und effektives Werkzeug, mit dem sich natürlich auch ein rechtmäßiger Fernzugriff ausführen läßt.

Diese Programme unterscheiden sich in ihren Sicherheitsanforderungen beträchtlich voneinander. Leider erweisen sich die meisten von ihnen als unsicher. In Kapitel 18, *Der Fernzugriff auf Hosts*, finden Sie eine ausführliche Diskussion der Probleme und Ansätze.

Netzwerk-Fenstersysteme

Die meisten Unix-Maschinen stellen gegenwärtig auf dem X11-System beruhende Fenstersysteme zur Verfügung. X11-Server gibt es auch als Anwendungen von Drittherstellern für fast jedes andere Betriebssystem, einschließlich aller Versionen von Microsoft Windows und vieler Versionen von MacOS. X11-Clients sind seltener, es gibt sie aber auch für Windows NT. Die Netzwerkfähigkeit ist eine wichtige Eigenschaft von X11. Da immer mehr Programme über grafische Oberflächen verfügen, verlieren Terminal-Zugänge immer stärker an Bedeutung; Sie brauchen Grafiken und nicht nur Text. X11 bietet Ihnen grafischen Fernzugang.

X11-Server sind für Eindringlinge verlockende Ziele. Ein Einbrecher mit Zugriff auf einen X11-Server könnte folgende Schäden anrichten:

Beschaffung von Bildschirmabzügen
Das sind Kopien aller Elemente, die auf den Bildschirmen der Benutzer angezeigt werden.

Lesen der Tastatureingaben
Dazu könnten auch die Paßwörter der Benutzer gehören.

Einschmuggeln von Tastatureingaben
Sie sehen aus, als würden sie vom Benutzer stammen. Stellen Sie sich vor, wie gefährlich das in einem Fenster wäre, in dem ein Benutzer eine root-Shell betreibt.

Ursprünglich verwendete X11 standardmäßig eine Authentifizierung, die auf der Adresse beruhte, von der die Verbindung stammte. Diese Methode ist allerdings äußerst schwach und für die Benutzung im Internet nicht geeignet. Heutzutage setzen die meisten X11-Server sicherere Authentifizierungsmechanismen ein. Allerdings ist X11 ebenso wie Telnet trotz einer relativ sicheren Authentifizierung immer noch sehr anfällig gegenüber Abfang- und Lauschangriffen. Wenn Sie dieses generelle Sicherheitsproblem lösen wollen, müssen Sie die Verbindung mittels SSH oder einer VPN-Lösung verschlüsseln.

Echtzeit-Konferenzdienste

Im Internet stehen eine Reihe verschiedener Echtzeit-Konferenzdienste zur Verfügung, einschließlich *talk*, IRC, Chatrooms im Web und unterschiedlicher Dienste, die über das *Multicast Backbone* (MBONE) angeboten werden. Diese Dienste stellen Methoden bereit, über die Leute miteinander interagieren können, im Gegensatz zur Interaktion mit Datenbanken oder Informationsarchiven. Elektronische Post und Usenet-News dienen zur asynchronen Kommunikation; sie funktionieren auch dann, wenn nicht alle Teilnehmer gerade angemeldet sind. Beim nächsten Anmelden warten die E-Mails und die News-Meldungen auf sie. Echtzeit-Konferenzdienste dienen zur interaktiven Nutzung durch wirklich anwesende Teilnehmer.

Internet Relay Chat (IRC) ist eine Art von CB-Funk im Internet. Im IRC ist eine eigene kleine Kultur entstanden, mit Leuten, die sich regelmäßig treffen, um miteinander zu reden. Die Benutzer können entweder mit Hilfe von ausgesprochenen IRC-Clients auf IRC zugreifen oder indem sie per Telnet eine Verbindung zu einer Site aufnehmen, die einen öffentlichen IRC-Client-Dienst anbietet. Auf den IRC-Servern stehen Hunderte (manchmal sogar Tausende) unterschiedlich benannter »Kanäle« (*Channels*) für die Benutzer bereit. Diese Kanäle kommen und gehen (jeder darf einen neuen Kanal erzeugen, und ein Kanal bleibt bestehen, solange jemand auf ihm verweilt), beliebte Kanäle sind sogar mehr oder weniger ständig vorhanden. Im Gegensatz zu *talk*, das auf zwei Benutzer beschränkt ist, können an einem IRC-Kanal beliebig viele Personen gleichzeitig teilnehmen. Manche IRC-Clients erlauben es den Benutzern, sich gleichzeitig auf mehreren Kanälen anzumelden (so als würde man auf einer Party an mehreren Gesprächen gleichzeitig teilnehmen).

Es gibt eine Reihe von Sicherheitsproblemen mit IRC; die meisten haben nichts mit dem Protokoll selbst, sondern mit den Clients, den Benutzern und der Art und Weise der Benutzung zu tun. Viele der Clients geben den Servern einen stärkeren Zugriff auf die lokalen Ressourcen (Dateien, Prozesse, Programme usw.), als klug ist; ein böswilliger Server kann mit einem schwachen Client verheerenden Schaden anrichten. Außerdem gibt es unter den regelmäßigen Benutzern des IRC schwarze Schafe, die im IRC technische Informationen untereinander austauschen und versuchen, die anderen IRC-Benutzer auszutricksen. Sie fordern zum Beispiel irgendwelche IRC-Neulinge auf: »Los, gib Deinem IRC-Programm mal diesen Befehl, damit ich Dir dieses schöne kleine Prográmmchen vorführen kann, das ich gerade geschrieben habe.« Wenn der ahnungslose Benutzer dann diesen Anweisungen folgt, bringen die Befehle das System zum Absturz. Jeder, der IRC benutzt, braucht ein gutes Clientprogramm und eine gesunde Portion Mißtrauen.

Vollständig webbasierte Chatrooms sind nicht so verwundbar, allerdings eignet sich HTTP nicht so gut für diese Aufgabe; sie sind oft lahm und umständlich zu benutzen. Es wurden deshalb eine ganze Reihe hybrider Lösungen entwickelt, die Plug-Ins für HTTP-Clients verwenden (zum Beispiel ICQ von Mirabilis und Messenger von AOL). Diese haben schönere Benutzeroberflächen, bringen aber auch neue Schwachstellen mit sich. Wie im IRC gibt es auch hier viele »dunkle Ecken«, in denen Leute herumhängen, die auf Neulinge warten, die sie austricksen oder angreifen können. Darüber hinaus sind die Protokolle und Plug-Ins oft selbst verwundbar.

Kompliziertere Systeme erlauben bessere Gespräche. Mit der weiteren Verbreitung schnellerer Verbindungen werden ausgewachsene Videokonferenzsysteme immer beliebter, sogar im Internet. Das bekannteste dieser Systeme ist Microsofts NetMeeting. NetMeeting und die meisten anderen benutzten Videokonferenzsysteme basieren auf International Telecommunications Union-Standards und -Protokollen für Videokonferenzen. Diese Protokolle lassen sich nur extrem schlecht sichern. Sie beinhalten fast alle Eigenschaften, die den Schutz eines Protokolls erschweren, wie etwa der Einsatz mehrerer Datenströme, das mögliche Auslösen der Datenübertragung von beiden Enden des Gespräches (anstelle von klar definierten Clients und Servern), die Benutzung verbindungsloser Protokolle und das dynamische Zuweisen von Port-Nummern anstatt des Einsatzes wohlbekannter Port-Nummern. Sie bringen zwar durchaus einen großen Nutzen mit sich, allerdings erfordert ihr Schutz eine extrem spezialisierte Firewall. Da bei Videokonferenzen große Datenmengen übertragen werden, muß eine Firewall außerdem eine gute Leistung bringen.

Das MBONE ist der Ursprung einer neuen Reihe von Diensten im Internet. Der Schwerpunkt liegt jenseits solcher textbasierter Dienste wie *talk* und IRC auf der Ausweitung von Echtzeit-Konferenzdiensten unter Einbeziehung von Audio, Video und elektronischen Tafeln (»Whitboard«). Über das MBONE senden viele technische Konferenzen und Programme Videos in Echtzeit über das Internet (zum Beispiel von Treffen der Internet Engineering Task Force, Hauptversammlungen der USENIX-Konferenzen, Space-Shuttle-Operationen usw.). Im Moment scheinen die benutzten MBONE-Dienste ausreichend sicher zu sein. Es gibt zwar theoretische Probleme, die einzigen Angriffe, von denen berichtet wurde, waren jedoch Überschwemmungen mit Daten, denen man leicht begegnen kann. Theoretische Probleme können irgendwann einmal zu wirklichen Problemen werden, allerdings sind diese hier wirklich ausgesprochen theoretisch (niemand hat bisher getestet, ob sie sich überhaupt ausnutzen lassen) und nicht sehr bedrohlich (wenn sie ausgenutzt werden könnten, wären sie immer noch keine Katastrophe). Das unbeabsichtigte Behindern von Diensten kann dagegen ein Problem darstellen, da Audio und Video so große Bandbreite verbrauchen. Die Methoden, mit denen MBONE im Internet verteilt wird, bergen auch einige interessante Risiken, die in Kapitel 19, *Echtzeit-Konferenzdienste*, näher besprochen werden.

Namens- und Verzeichnisdienste

Ein Namensdienst übersetzt zwischen den Namen, die Menschen benutzen, und den numerischen Adressen, die von den Maschinen verwendet werden. Die verschiedenen Protokolle setzen unterschiedliche Namensdienste ein; das wichtigste Protokoll im Internet ist das *Domain Name System* (DNS), das Host-Namen in IP-Adressen umwandelt und umgekehrt.

In den Anfangszeiten des Internet konnte jeder Standort seine eigene Host-Tabelle pflegen, in der die Namen und Nummern aller Rechner im Internet aufgeführt wurden, die man wissen mußte. Bei Millionen angeschlossener Rechner ist es weder für einen einzelnen Standort noch für alle vorhandenen Standorte besonders praktisch, eine solche Liste zu unterhalten. Statt dessen erlaubt es DNS jedem Standort, Informationen über seine eigenen Rechner sowie über andere Standorte zu ermitteln. DNS ist an sich kein Dienst für Benutzer, er liegt aber SMTP, FTP, Telnet und praktisch jedem anderen Dienst zugrunde. Die Benutzer wollen nämlich lieber »telnet fictional.beispiel« statt »telnet 10.100.242.32« eingeben. Auch viele anonyme FTP-Server lassen keine Verbindungen von Clients zu, wenn sie DNS nicht benutzen können, um deren Namen nachzuschlagen und ihn zu protokollieren.

Im Prinzip müssen Sie den Namensdienst sowohl anbieten als auch benutzen, um am Internet teilnehmen zu können. Das Hauptrisiko beim Anbieten des DNS-Dienstes besteht darin, daß Sie einfach zu viele Informationen preisgeben. Zum Beispiel können Sie bei DNS angeben, welche Hard- und Software Sie verwenden, Informationen, die Sie einem Angreifer nicht unbedingt überlassen sollten. Eigentlich sollte ein Angreifer nicht einmal die Namen aller Ihrer internen Maschinen erfahren können. In Kapitel 20, *Namens- und Verzeichnisdienste*, erfahren Sie, wie Sie den Namensdienst konfigurieren müssen, um Ihren internen Rechnern alle, externen Anfragern jedoch nur ausgewählte Informationen zur Verfügung zu stellen.

Wenn Sie DNS intern benutzen und dann eine Authentifizierung anhand von Host-Namen vornehmen, öffnen Sie Eindringlingen ein Schlupfloch. Diese könnten nämlich einen falschen DNS-Server installieren. Dem begegnen Sie mit einer Kombination folgender Methoden:

- Benutzung von IP-Adressen (anstelle von Host-Namen) zur Authentifizierung bei Diensten, die eine größere Sicherheit erfordern
- Bei den sichersten Diensten Authentifizierung von Benutzern anstelle von Hosts, da IP-Adressen gefälscht werden können

Windows 2000-Netzwerke benutzen DNS in Verbindung mit dem Active Directory-Dienst, um Ressourcen zu finden. Die Clients greifen auf den Active Directory-Dienst über das *Lightweight Directory Access Protocol* (LDAP) zu, bei dem es sich um einen weitverbreiteten Standard für den Zugriff auf Verzeichnisinformationen handelt.

Ältere Microsoft Windows-Netzwerke verwenden den *Windows Internet Name Service* (WINS), um NetBIOS-Host-Namen auf IP-Adressen abzubilden. Leider ist der Name ein wenig irreführend; WINS ist kein Namensdienst im Internet (der im weltweiten Internet funktionieren würde), sondern ein Internet-Namensdienst (der in einem Internet, einer Sammlung lokaler Netzwerke, also eigentlich einem Intranet, funktionieren soll). Der Dienst, den WINS erweitert, der NetBIOS-Namensdienst, funktioniert nur in einem einzigen lokalen Netzwerk. Die bekannte Terminologie hat sich verändert, seit der Dienst benannt wurde, und nun sollte man ihn passender mit Windows Intranet Name Service bezeichnen.

Mit der Weiterentwicklung von WINS wurde seine Beziehung zu DNS immer komplexer und verwirrender. WINS-Server können DNS-Server befragen, und Microsoft-DNS-Server können WINS-Server befragen. Sie müssen sich die folgenden wichtigen Fakten über WINS merken:

- WINS wurde als ein rein internes Protokoll für eine einzelne Organisation entwickelt.
- Es gibt Probleme mit der Skalierung, d.h. mit der Anpassung von WINS an große und komplexe Netzwerke, selbst wenn es nur um eine einzige Organisation geht.
- Microsoft läßt WINS zugunsten von DNS auslaufen.
- WINS ist unsicherer als DNS.

WINS hat die gleichen Sicherheitsprobleme wie DNS und darüber hinaus noch einige mehr. Erstens enthält WINS mehr Informationen als DNS. Während DNS Informationen (wie etwa Host-Namen) beinhaltet, die Angreifern nicht unbedingt in die Hände fallen sollten, besitzt WINS Informationen (zum Beispiel gültige Benutzernamen und Listen mit laufenden Diensten), die Angreifer auf gar keinen Fall erhalten dürfen. Zweitens setzt WINS eine dynamische Registrierung ein; es akzeptiert nicht nur Anfragen von Hosts, sondern sogar neue Daten aus dem Netzwerk. Dadurch ist es viel anfälliger gegenüber bösartigen Clients als DNS. WINS im Internet sichtbar zu machen ist nicht nur gefährlich, sondern auch noch ausgesprochen nutzlos.

Manche Standorte verwenden den *Network Information Service* (NIS) von Sun, der früher unter dem Namen *Yellow Pages* (YP) bekannt war, um intern Informationen über Host-Namen bereitzustellen. Das ist nicht notwendig. Sie können statt dessen auf allen Plattformen, die NIS unterstützen, DNS-Clients einsetzen. Möglicherweise ist NIS jedoch bequemer, um Ihre internen Maschinen zu konfigurieren. Es ist sicher weder notwendig noch anzuraten, NIS für externe Maschinen zur Verfügung zu stellen. NIS wurde entwickelt, um einen einzelnen Standort zu verwalten, nicht um Informationen zwischen Standorten auszutauschen. Es ist sehr unsicher. Zum Beispiel könnten Sie über NIS keine Rechnerinformationen für externe Standorte bereitstellen, ohne gleichzeitig auch Ihre Paßwort-Datei zu veröffentlichen, wenn beide intern verfügbar sind.

Authentifizierungs- und Auditingdienste

Ein weiterer wichtiger (wenngleich oft unsichtbarer) Dienst ist die Authentifizierung. Authentifizierungsdienste sind dafür zuständig, einer eingehenden Verbindung eine bestimmte Identität zuzuweisen. Wenn Sie einen Benutzernamen und ein Paßwort eingeben, werden Sie anhand dieser Daten authentifiziert – das heißt, es wird versucht festzustellen, ob Sie auch der Benutzer sind, der Sie vorgeben zu sein. Die Authentifizierung kann lokal auf Ihrer Maschine stattfinden, oder Sie benutzen einen Dienst im Netzwerk dazu. Netzwerkdienste genießen den Vorteil, daß sie einen zentralen Punkt für die Verwaltung mehrerer Maschinen zur Verfügung stellen und deshalb eine gewisse Vertrauensstellung innehaben.

Es gibt eine ganze Reihe von verschiedenen Diensten, die Authentifizierungsdienste anbieten. Manchmal werden sie auch mit anderen Funktionen kombiniert. Unter Unix sind NIS (das auch verschiedene andere Administrationsdatenbanken enthält) und Kerberos (das ausschließlich auf Authentifizierung spezialisiert ist) die verbreitetsten Authentifizierungsdienste. Windows NT benutzt normalerweise NTLM (das in den CIFS-Dienst integriert ist), während Windows 2000 standardmäßig Kerberos einsetzt und nur für den Zugriff auf ältere Server auf NTLM zurückgreift. Aus verschiedenen Gründen machen diese Dienste manchmal Schwierigkeiten, wenn sie im Internet oder für die Authentifizierung von Verbindungen über Telefonleitungen verwendet werden sollen. Deshalb wurden für diese beiden Situationen zwei Protokolle entwickelt, RADIUS und TACACS. Kapitel 21, *Authentifizierungs- und Auditing-Dienste*, liefert Ihnen weitere Informationen zu diesem Thema.

Administrative Dienste

Um Netzwerke zu verwalten und zu warten, gibt es eine Vielzahl von Diensten; solche Dienste werden von den meisten Benutzern nicht direkt verwendet – vermutlich haben viele Benutzer noch nie von diesen Diensten gehört. Für Netzwerkverwalter sind sie jedoch sehr wichtig. In Kapitel 22, *Administrative Dienste*, werden sie genauer beschrieben.

Systemverwaltung

Das *Simple Network Management Protocol* (SNMP) ist ein Protokoll, das zur Vereinfachung der zentralen Verwaltung von Netzwerkgeräten entwickelt wurde. Ursprünglich konzentrierte sich SNMP ausschließlich auf netzwerkorientierte Geräte (zum Beispiel Router, Bridges, Konzentratoren und Hubs). Heutzutage finden sich SNMP-Agenten auf fast allem, was an ein Netzwerk angeschlossen werden kann, ob es nun zur Infrastruktur des Netzwerks gehört oder nicht. Viele Hosts besitzen SNMP-Agenten; große Software-Pakete, wie etwa Datenbanken, haben oft spezielle SNMP-Agenten; und selbst Telefonanlagen und Stromversorgungssysteme sind mit Netzwerkkarten mit SNMP-Agenten ausgestattet.

SNMP-Verwaltungsstationen können über SNMP Informationen von ihren Agenten abfragen. Diese SNMP-Verwaltungsstationen steuern bestimmte Funktionen des Geräts. Auch die Geräte können über SNMP dringende Informationen (zum Beispiel, daß eine Leitung ausgefallen ist oder daß auf einer bestimmten Leitung übermäßig viele Fehler aufgetreten sind) an die Verwaltungsstationen übermitteln. Die Art der Informationen, die über SNMP ausgegeben, sowie die Parameter, die per SNMP geändert werden können, unterscheiden sich außerordentlich stark zwischen den einzelnen Geräten. Die Netzwerkgeräte, die ursprünglich SNMP verwendeten, benutzten es für weniger vertrauliche Daten, wie etwa die Anzahl der Bytes, die einen bestimmten Port passierten, oder die Routing-Tabelle eines angegebenen Geräts. Einige von ihnen erlaubten es den Verwaltungsstationen, potentiell katastrophale Dinge zu tun (zum Beispiel eine Netzwerkkarte zu deaktivieren), bei den meisten war das jedoch nicht der Fall (und wenn es zum Teil auch nur daran lag, daß in ihnen der Befehl »set« nicht richtig implementiert war, den die Verwaltungsstation benötigte, um wirklich etwas zu verändern).

Moderne SNMP-Agenten enthalten oft äußerst vertrauliche Daten; der Standard-SNMP-Agent für Windows NT verfügt zum Beispiel über die komplette Liste der gültigen Benutzernamen auf der Maschine sowie eine Liste der gerade laufenden Dienste. Viele SNMP-Agenten erlauben Neustarts von Rechnern und andere kritische Veränderungen. Leider sind sie auch sonst sehr unsicher. Die SNMP-Sicherheit hängt gegenwärtig von einem Klartext-Paßwort ab, das *Community String* genannt wird. Dessen Standardeinstellung ist bekannt und wird häufig auch verwendet. Manche SNMP-Agenten besitzen zusätzliche Sicherheitsstufen (zum Beispiel Kontrollen der IP-Adressen, von denen sie Anfragen akzeptieren), doch auch diese reichen nicht für den Umgang mit streng vertraulichen Daten. Es ist äußerst gefährlich, SNMP vom Internet aus zu erlauben.

Mit der Einführung von SNMP v3, das eine bessere Authentifizierung sowie Datenverschlüsselung erlaubt, wird es möglich, SNMP mit größerer Sicherheit zu betreiben. Allerdings ist SNMP v3 noch nicht sehr weit verbreitet.

Routing

Routing-Protokolle wie RIP und OSPF werden verwendet, um Informationen darüber zu verteilen, wohin Pakete gerichtet werden sollen. Zu Transaktionen im Internet gehören Hosts, die in der ganzen Welt verteilt sind und hinzugefügt, verschoben und gelöscht werden, ohne daß eine einzelne, zentrale Autorität sie kontrolliert. Das Domain Name System stellt einen Teil der dazu notwendigen Informationen bereit (die Übersetzung von menschlich-lesbaren Namen in maschinentaugliche Nummern und umgekehrt). Ein weiterer kritischer Teil wird von den Routing-Diensten angeboten, die Informationen darüber zur Verfügung stellen, welche Nummern sich wo befinden und wie man dorthin gelangt.

Wenn Sie sich am Routing eines Rechners zu schaffen machen, dann stören Sie unter Umständen seine Fähigkeit, mit dem Rest der Welt zu kommunizieren. Sie können ihn komplett vom Netz trennen oder zumindest den Verkehr behindern, der an einen bestimmten Ort gehen sollte. Leider stammen die meisten der heutzutage benutzten Routing-Protokolle noch aus einer Zeit, in der es im Internet bei weitem nicht so gefährlich zuging, und gewähren praktisch keinen ausreichenden Schutz.

Die gute Nachricht lautet, daß die Routing-Informationen nur selten an eine große Anzahl von Hosts geleitet werden müssen. Im allgemeinen werden Sie nur wenige Router haben, die mit dem Internet kommunizieren, und das werden die einzigen Rechner sein, die Routing-Protokolle verstehen müssen. Wenn Sie nicht gerade interne Firewalls in Ihrem Standort einsetzen, müssen Sie im Normalfall keine Routing-Protokolle durch Firewalls weitergeben.

Netzwerk-Diagnose

Die am häufigsten eingesetzten Werkzeuge zur Netzwerkverwaltung sind *ping* und *traceroute* (auch unter der Bezeichnung *tracert* bekannt). Beide wurden nach den Unix-Programmen benannt, die ihre ersten Implementierungen waren. Heutzutage sind sie jedoch auf nahezu allen Internet-fähigen Plattformen in irgendeiner Form verfügbar. Sie besitzen keine eigenen Protokolle, sondern verwenden beide das gleiche zugrundeliegende Protokoll, das *Internet Control Message Protocol* (ICMP). Im Gegensatz zu den meisten der besprochenen Programme handelt es sich nicht um Clients richtiger Server. ICMP wurde auf einer niedrigen Ebene als notwendiger Bestandteil der TCP/IP-Protokolle implementiert, die alle Rechner im Internet benutzen.

ping testet einfach die Erreichbarkeit; es teilt Ihnen mit, ob Sie an einen bestimmten Host Pakete schicken und sie von ihm empfangen können. Oft liefert es noch weitere Informationen, wie etwa die Laufzeit des Pakets. *traceroute* sagt Ihnen nicht nur, ob Sie einen angegebenen Rechner erreichen können (und ob er antworten kann), sondern auch, welchen Weg (die »Route«) die Pakete zu diesem Rechner nehmen. Diese Funktion ist sehr nützlich, wenn Sie Probleme mit dem Netzwerk zwischen Ihnen und einem Zielort analysieren und beheben wollen.

Da es für *ping* und *traceroute* keine Server gibt, können Sie nicht einfach beschließen, diese zu deaktivieren. Sie können jedoch Paketfilterung einsetzen, um zu verhindern, daß sie Ihre Maschinen erreichen. Bei einem nach außen gerichteten *ping* oder *traceroute* gibt es nur wenige Risiken. Diese können Sie umgehen, indem Sie sie ohne Host-Namen-Auflösung verwenden. Nach innen gerichtetes *ping* und *traceroute* bergen jedoch deutliche Risiken. Besonders *ping* bildet eine häufig eingesetzte Grundlage für

Denial-of-Service-Angriffe. Sowohl *ping* als auch *traceroute* können benutzt werden, um zu ermitteln, welche Rechner an Ihrem Standort vorhanden sind. Dies wäre ein erster Schritt vor einem Angriff. Aus diesem Grund verhindern oder begrenzen viele Standorte die entsprechenden nach innen gerichteten Pakete.

Zeitdienst

Das *Network Time Protocol* (NTP), ein Internet-Dienst, der die Uhren auf Ihrem System mit größter Genauigkeit stellt, besitzt auf den meisten Betriebssystemen Clients (einschließlich Unix, Windows NT und MacOS). Das Synchronisieren der Zeit zwischen verschiedenen Maschinen ist aus vielerlei Gründen wichtig. Vom Sicherheitsstandpunkt aus hilft Ihnen das Ermitteln der genauen Zeiten, die in den Protokolldateien festgehalten wurden, beim Analysieren von Einbruchsmustern. Der Einsatz genau aufeinander abgestimmter Uhren verhindert auch solche Angriffe, bei denen die Angreifer eine Interaktion aufzeichnen und sie dann wiederholen (ein Playback-Angriff); Zeitstempel, die in der Interaktion kodiert werden, sind beim zweiten Abspielen der Transaktion ungültig. Die Kerberos-Authentifizierung zum Beispiel, mit der wir uns in Kapitel 21, *Authentifizierungs- und Auditing-Dienste*, näher beschäftigen, hängt von der Zeitsynchronisation ab. Synchronisierte Uhren werden auch benötigt, wenn Sie NFS erfolgreich einsetzen wollen.

Sie müssen NTP nicht über das Internet benutzen; wenn Sie es wünschen, synchronisiert es die Rechner innerhalb Ihres Standortes untereinander. Der Grund, weshalb NTP über das Internet eingesetzt wird, besteht darin, daß es Hosts mit äußerst genauen Uhren gibt – Funkuhren, die ihr Zeitsignal von Atomuhren oder aus dem Zeitsystem der GPS- (*Global Positioning System*) Satelliten beziehen. Auf diese Weise stellt der NTP-Dienst sicher, daß Ihre Uhren nicht nur synchron, sondern absolut richtig laufen. Ohne einen externen Zeitdienst weisen Ihre Computer möglicherweise alle die gleiche falsche Zeit auf. Wenn Sie einen externen Dienst akzeptieren, setzen Sie sich der Gefahr durch Fälschungen aus. Da jedoch NTP die Uhren nicht besonders schnell stark verstellt, ist es relativ unwahrscheinlich, daß Sie aufgrund einer verfälschten externen Uhr einer Playback-Attacke zum Opfer fallen. Vermutlich werden Sie sich nur ärgern, daß Ihre Uhren alle zu schnell oder zu langsam laufen. Funk- oder GPS-Uhren, die für den Einsatz als NTP-Zeitquellen geeignet sind, kosten dagegen nicht übermäßig viel Geld. Wenn Sie NTP verwenden, um Uhren für Authentifizierungsprotokolle wie Kerberos zu synchronisieren, sollten Sie sich einfach eine eigene Uhr kaufen und alle Zeitdienste intern selbst anbieten, anstatt sich auf externe Quellen zu verlassen.

Datenbanken

Für eine lange Zeit waren Datenbanken relativ unabhängig; die meisten Zugriffe auf Datenbanksysteme erfolgten von der gleichen Maschine, auf der auch die Software lief. Heutzutage ist dies kaum noch der Fall. Statt dessen sind sie Datenspeicher für größere, verteilte Systeme. Verkaufsinformationssysteme, E-Commerce-Systeme, selbst große E-Mail-Systeme setzen Datenbanken ein und kommunizieren mit ihnen über Netzwerke.

Dadurch wird die sichere Kommunikation mit externen Datenbanken immer wichtiger. Leider sind Kommunikationsprotokolle für Datenbanken oft proprietär und unterscheiden sich von Hersteller zu Hersteller. Außerdem werden sie erst seit kurzem unter Beachtung bestimmter Sicherheitsaspekte entwickelt. Es ist nicht besonders klug, Datenbanktransaktionen ungeschützt über das Internet zu schicken. Kapitel 23, *Datenbanken und Spiele*, beschäftigt sich mit Datenbankprotokollen und den Methoden, mit denen Sie Datenbanken so konfigurieren können, daß sie mit Ihrer Firewall funktionieren.

Spiele

Spiele bringen einige besondere Sicherheitsanforderungen mit sich. Sie verfügen ebenso wie Multimedia-Protokolle über Charakteristika, die eine Sicherung deutlich erschweren; sie versuchen, flexible, leistungsfähige Verbindungen aufzubauen. Spiele ändern sich außerdem häufig, sie werden von Leuten entwickelt, die stärker an Attraktivität als an Sicherheit interessiert sind, und stellen ein beliebtes Ziel für Angreifer dar. Im allgemeinen sollten Sie das Spielen über die Grenzen einer Firewall hinweg unterbinden. Wenn Spiele für mehrere Spieler intern im Netzwerk gespielt werden, gibt es dagegen kaum Sicherheitsrisiken.

3
Sicherheitsstrategien

Bevor wir uns detailliert mit Firewalls befassen, wollen wir einige grundlegende Strategien für den Aufbau von Firewalls und die Durchsetzung von Sicherheitsmaßnahmen an Ihrem Standort verdeutlichen. Dabei handelt es sich nicht um umwerfende Erkenntnisse, sondern um einfache Konzepte. Diese werden hier vorgestellt, damit Sie sie immer vor Augen haben, wenn Sie eine Firewall-Lösung für Ihren Standort entwerfen.

Minimale Zugriffsrechte

Das vielleicht grundlegendste Sicherheitsprinzip (jeder Art von Sicherheit, nicht nur im Computer- und Netzwerkbereich) ist das der *minimalen Zugriffsrechte*. Im Grunde besagt das Prinzip der minimalen Zugriffsrechte, daß jede Einheit (Benutzer, Administrator, Programm, System usw.) nur die Rechte erhält, die sie benötigt, um die ihr zugewiesenen Aufgaben zu erfüllen – und nicht mehr. Das Prinzip der minimalen Zugriffsrechte verkleinert die Angriffsfläche und verringert den Schaden, der bei eventuell auftretenden Angriffen entsteht.

Manche Autohersteller liefern zwei Schlüssel aus, einen für die Türen und das Zündschloß und einen weiteren für das Handschuhfach und den Kofferraum. Auf diese Weise können Sie minimale Zugriffsrechte vergeben, indem z.B. ein Parkplatzwächter die Möglichkeit erhält, das Auto zu parken, ohne Zugang zu den Dingen im Kofferraum zu erhalten. Viele Leute benutzen aus diesem Grund ein aufteilbares Schlüsselbund. So können Sie das Prinzip der minimalen Zugriffsrechte einsetzen: Sie händigen jemandem den Autoschlüssel aus, ohne ihm gleichzeitig den Schlüssel zu Ihrer Haustür mitgeben zu müssen.

Im Bereich des Internet gibt es unendlich viele Beispiele. Wahrscheinlich benötigt nicht jeder Benutzer alle Internet-Dienste. Auch ist es sicher nicht notwendig, daß jeder Benutzer alle Dateien in Ihrem System verändern (oder auch nur lesen) können muß. Und das Administrations-Paßwort muß mit Sicherheit auch nicht jeder Benutzer kennen. Nicht einmal jeder Systemadministrator muß wahrscheinlich die Administrations-Paßwörter aller Systeme kennen. Und schließlich ist es nicht notwendig, daß jedes System auf alle Dateien der anderen Systeme zugreifen muß.

Im Gegensatz zu Autoherstellern richten die meisten Hersteller von Betriebssystemen ihre Betriebssysteme standardmäßig nicht mit minimalen Zugriffsrechten ein. Statt dessen sind üblicherweise bei der ersten Installation »maximale Zugriffsrechte« voreingestellt. Um das Prinzip der minimalen Zugriffsrechte anwenden zu können, müssen Sie Wege finden, um die Rechte entsprechend der verschiedenen Aufgabenstellungen einzuschränken. Zum Beispiel:

- Geben Sie einem Benutzer keine Administratorenrechte, wenn er lediglich das Drucksystem zurücksetzen muß. Stellen Sie statt dessen eine Methode zur Verfügung, mit der sich das Drucksystem auch ohne Administratorenrechte zurücksetzen läßt (unter Unix ist dazu ein besonderes Programm notwendig; unter NT müssen Sie dem Benutzer die erforderlichen Rechte erteilen, normalerweise macht man dessen Zugang dazu zu einem Mitglied der Gruppe Druck-Operatoren).

- Lassen Sie ein Programm nicht als Benutzer mit allen Rechten (*root*) ablaufen, wenn es lediglich eine geschützte Datei verändern soll. Erteilen Sie statt dessen für die Datei Gruppenschreibrechte für eine bestimmte Gruppe, und lassen Sie das Programm als Mitglied dieser Gruppe ablaufen anstatt als privilegierter Benutzer.

- Vertrauen Sie keinem Ihrer Firewall-Rechner die Aufgabe an, Sicherheitskopien Ihrer internen Systeme zu erstellen. Lassen Sie statt dessen die Sicherheitskopien Ihrer Firewall-Maschinen von einem Ihrer internen Systeme anlegen oder, noch besser, geben Sie Ihren Firewall-Rechnern ein eigenes Bandlaufwerk, damit sie ihre eigenen Sicherheitskopien anlegen können.

Viele der allgemeinen Sicherheitsprobleme im Internet lassen sich darauf zurückführen, daß es nicht gelungen ist, das Prinzip der minimalen Zugriffsrechte konsequent durchzusetzen. Beispielsweise gab und gibt es eine Vielzahl von Sicherheitslücken in Sendmail, einem großen, komplexen Programm. Jedes vergleichbare Programm wird fehlerhaft sein. Das Problem ist, daß Sendmail (zumindest manchmal) *setuid* für root verwendet; viele der Angriffe auf Sendmail nutzen dies aus. Da es als root ausgeführt wird, stellt Sendmail ein wertvolles Ziel dar, dem Angreifer eine Menge Aufmerksamkeit widmen; die Tatsache, daß es ein sehr kompliziertes Programm ist, erleichtert ihre Aktivitäten nur noch. Daraus folgt, daß privilegierte Programme so einfach wie möglich sein sollten. Außerdem müssen Sie nach Möglichkeiten suchen, bei einem komplexen Programm, das für einige Teile bestimmte Rechte benötigt, diese Bestandteile auszulagern.[1]

Viele der Lösungen, die Sie zum Schutz Ihres Standorts entwickeln werden, bestehen in Strategien zur Stärkung des Prinzips der minimalen Zugriffsrechte. Zum Beispiel dient ein Paketfiltersystem dazu, nur solche Pakete durchzulassen, die für die von Ihnen gewünschten Dienste notwendig sind. Ein weiteres Beispiel ist die Ausführung unsiche-

---

[1] Sie sollten wissen, daß Sendmail bei weitem nicht das einzige erwähnenswerte Beispiel ist. Sie finden in fast allen großen, komplexen und privilegiert arbeitenden Programmen ähnliche Probleme.

rer Programme in einer Umgebung, in der nur die Rechte verfügbar sind, die für diese Programme absolut unerläßlich sind (zum Beispiel eine Maschine, die in irgendeiner Weise eingeschränkt worden ist). Dies ist die Grundlage eines Bastion-Host.

Bei der Durchsetzung minimaler Zugriffsrechte gibt es zwei Probleme. Zum einen kann sich die Realisierung als sehr aufwendig erweisen, wenn die von Ihnen eingesetzten Programme und Protokolle diese Funktion nicht bereits vorsehen. Der Versuch, diese Ergänzung nachträglich vorzunehmen, dürfte recht schwierig sein. In einigen der Autos, die das Prinzip der minimalen Zugriffsrechte über zwei separate Schlüssel für Kofferraum und Zündung realisieren wollen, gibt es einen Hebel, mit dem der Kofferraum ohne Schlüssel geöffnet werden kann. Auch klappbare Rücksitze ermöglichen den Zugriff auf den Kofferraum auf einem anderen als dem herkömmlichen Weg. Sie müssen sehr sorgfältig vorgehen, wenn Sie minimale Zugriffsrechte wirklich erfolgreich durchsetzen wollen.

Zweitens könnte es Ihnen passieren, daß Sie zum Schluß noch weniger als die minimalen Zugriffsrechte erlaubt haben. Bei manchen Autos befindet sich der Öffnungshebel für den Verschluß des Benzintanks im Handschuhfach. Dies soll Unbefugte davon abhalten, heimlich Benzin aus Ihrem Auto abzulassen. Wenn Sie jedoch einem Freund Ihr Auto leihen, wollen Sie sicher, daß er es auch wieder auftanken kann. Überlassen Sie ihm nur den Zündschlüssel, dann geben Sie ihm weniger als die eigentlich gewünschten minimalen Zugriffsrechte (weil er nun den Tank nicht wieder auffüllen kann). Geben Sie ihm auch den Schlüssel für den Kofferraum und das Handschuhfach, so erhält er möglicherweise mehr Zugriffsrechte als gewünscht.

Ähnliche Effekte finden Sie gelegentlich auch bei der Umsetzung der minimalen Zugriffsrechte auf dem Computer. Der Versuch, minimale Zugriffsrechte Menschen gegenüber durchzusetzen, kann noch gefährlicher sein als in Programmen. Sie können ziemlich genau vorhersagen, welche Rechte ein Mailserver benötigt, um seine Arbeit zu erledigen. Menschen dagegen sind weniger berechenbar und reagieren oft verärgert und gefährlich, wenn sie nicht das tun können, was sie wollen. Passen Sie auf, daß Sie sich Ihre Benutzer nicht zu Feinden machen.

Mehrschichtige Verteidigung

Ein anderes Sicherheitsprinzip (und auch hier, jeder Art von Sicherheit) ist *mehrschichtige Verteidigung*. Verlassen Sie sich nicht nur auf einen einzigen Sicherheitsmechanismus, wie stark er auch immer aussehen mag; installieren Sie statt dessen Mechanismen, die sich gegenseitig sichern. Sie werden nicht wollen, daß das Scheitern eines einzigen Sicherheitsmechanismus Ihre Sicherheit vollständig zum Erliegen bringt. Die Anwendung dieses Prinzips können Sie auch in anderen Bereichen des Lebens beobachten. So hat Ihre Haustür zum Beispiel bestimmt ein Türschloß und einen Riegel, und Ihr Auto verfügt sicherlich sowohl über ein Türschloß als auch über ein Zündschloß usw.

Der Schwerpunkt in diesem Buch liegt zwar auf Firewalls, allerdings behaupten wir keineswegs, daß sich mit Firewalls alle Ihre Sicherheitsprobleme mit dem Internet lösen lassen. Jede Sicherheitsmaßnahme – selbst die scheinbar unüberwindlichste Firewall – kann von Angreifern mit ausreichend Risikobereitschaft und Einsatz überwunden werden. Der Trick besteht darin, die Einbruchsversuche für erwartete Angreifer zu riskant und aufwendig zu gestalten. Dazu sollten Sie verschiedene Mechanismen einsetzen, die sich gegenseitig stärken und schützen: Netzwerksicherheit (eine Firewall), Rechnersicherheit (besonders für Ihren Bastion-Host) und menschliche Sicherheit (Benutzerschulung, sorgsame Systemadministration usw.). All diese Mechanismen sind wichtig und können sehr effektiv sein, Sie sollten sich jedoch nicht auf einen allein verlassen.

Vermutlich wird Ihre Firewall selbst mehrere Schichten aufweisen. Zum Beispiel sieht eine Architektur mehrere Paketfilter vor. Diese beiden Filter decken unterschiedliche Bereiche ab. Es ist aber auch üblich, durch den zweiten Filter die Pakete abweisen zu lassen, die der erste Filter eigentlich bereits abweisen sollte. Wenn der erste Filter richtig funktioniert, kommen solche Pakete nie beim zweiten Filter an; falls es jedoch Probleme mit dem ersten gibt, dann sind Sie mit ein wenig Glück noch durch den zweiten geschützt. Hier kommt ein weiteres Beispiel: Wenn Sie nicht wollen, daß Mails an eine bestimmte Maschine geschickt werden, dann filtern Sie nicht einfach nur die Pakete. Entfernen Sie auch die Mail-Programme von der Maschine. Sofern nur ein geringer Aufwand erforderlich ist, sollten Sie immer redundante Abwehrmaßnahmen einsetzen.

Diese redundanten Maßnahmen dienen nicht allein oder gar ausschließlich dem Schutz vor Angreifern. Vielmehr bieten sie Sicherheit vor dem Fehlschlagen anderer Schutzvorkehrungen. In unserem Beispiel mit dem Auto gibt es ein Türschloß, ein Zündschloß und vielleicht sogar eine Alarmanlage. Ein halbwegs professioneller Autodieb kann jedoch alles überwinden. Sie können nur darauf hoffen, daß die redundanten Maßnahmen den Dieb ein wenig in seinem Eifer bremsen. Haben Sie jedoch einen schlechten Tag und vergessen, die Tür abzuschließen, können gewöhnliche Diebe wegen des Zündschlosses nicht einfach mit dem Auto verschwinden. Ebenso werden redundante Paketfilter einen entschlossenen Angreifer wahrscheinlich nicht ausschließen (wenn er weiß, wie er durch die erste Schicht kommt, wird er es auch durch die zweite Schicht schaffen). Sollte jedoch durch einen Fehler von Mensch oder Maschine die erste Schicht ausfallen, besitzen Sie immer noch etwas Schutz.

Passierstelle

An einer *Passierstelle* werden Angreifer gezwungen, einen schmalen Kanal zu benutzen, den Sie überwachen und kontrollieren können. In Ihrem Leben wird es wahrscheinlich viele Beispiele für Passierstellen geben: die Mautstelle an einem Tunnel, die Kassenschlange im Supermarkt oder im Kino.

In der Netzwerksicherheit bildet die Firewall zwischen Ihrem Standort und dem Internet (vorausgesetzt, dies ist die einzige Verbindung zwischen Ihrem Standort und dem Internet) eine solche Passierstelle; jeder, der Ihr Netz aus dem Internet angreifen will, muß durch diesen Kanal kommen, der gegen solche Angriffe gerüstet sein sollte. Sie sollten nach diesen Angriffen aufmerksam Ausschau halten und darauf angemessen reagieren können.

Eine Passierstelle ist sinnlos, wenn ein Angreifer sie leicht umgehen kann. Wozu sollte man sich die Mühe machen, die verrammelte Eingangstür anzugreifen, wenn die Küchentür auf der Rückseite weit offensteht? Dies gilt auch aus Sicht eines Netzwerks: Warum sollte man eine Firewall angreifen, wenn es Dutzende oder Hunderte von ungesicherten Einwahlpunkten gibt, über die man viel einfacher und erfolgreicher ans Ziel kommen kann?

Eine zweite Internet-Verbindung – selbst eine indirekte, wie etwa eine Verbindung zu einer anderen Firma, die irgendwo ihre eigene Internet-Verbindung besitzt – ist eine noch gefährlichere Lücke. Möglicherweise steht Angreifern aus dem Internet kein Modem zur Verfügung oder sie haben es noch nicht geschafft, sich einen kostenlosen Telefondienst nutzbar zu machen. Mit Sicherheit werden sie – und sei es auf Umwegen – eine Internet-Verbindung zu Ihrem Standort finden.

Bei einer Passierstelle drängt sich vielleicht der Eindruck auf, man setze alles auf eine Karte, und sie sei deshalb keine besonders gute Idee, allerdings sind hier die Aussichten auf einen Trumpf besonders gut. Die Alternative besteht darin, Ihre Aufmerksamkeit auf die verschiedenen möglichen Angriffswege aufzuteilen. Wenn Sie so vorgehen, werden Sie wahrscheinlich keinen dieser Wege angemessen schützen können. Vermutlich schlüpft gerade in dem Moment jemand durch das Netz, in dem Sie versuchen, einen anderen Weg zu schützen (der Angreifer hat vielleicht sogar einen Scheinangriff vorgenommen, um Ihre Aufmerksamkeit von der eigentlichen Attacke abzulenken).

Das schwächste Glied

Ein fundamentaler Sicherheitsgrundsatz lautet, daß eine Kette immer nur so stark ist wie ihr *schwächstes Glied* und eine Mauer nur so stark ist wie ihre dünnste Stelle. Schlaue Angreifer werden diese schwächste Stelle suchen und ihre Aufmerksamkeit darauf konzentrieren. Sie müssen auf die schwächsten Punkte in Ihren Abwehreinrichtungen besonders aufpassen, um sie entweder zu entfernen oder besonders zu überwachen, wenn sie sich nicht entfernen lassen. Sie sollten versuchen, allen Sicherheitsaspekten die gleiche Aufmerksamkeit zuteil werden zu lassen, damit es keine großen Unterschiede im Grad der Sicherheit oder Unsicherheit zwischen den einzelnen Elementen gibt.

Es wird jedoch immer ein schwächstes Glied geben. Der Trick besteht darin, dieses Glied stark genug zu gestalten und die Stärke proportional zur Höhe des Risikos auszubauen. Zum Beispiel ist es durchaus in Ordnung, wenn Sie sich mehr Sorgen um Leute machen, die Sie über das Netz angreifen, als um Leute, die direkt an Ihren Standort kommen, um Sie dann von dort aus anzugreifen. Aus diesem Grund darf die physische Sicherheit Ihrer Anlagen Ihr schwächstes Glied sein. Sie dürfen sie nicht vollkommen außer acht lassen, da eine Restgefahr immer besteht. Wegen der Ähnlichkeiten der Risiken bei solchen Diensten ist es zum Beispiel auch nicht ausreichend, Telnet-Verbindungen sehr sorgfältig zu schützen, FTP-Verbindungen dagegen gar nicht.

Modelle zur Rechnersicherheit leiden besonders unter einem unschönen Zusammenhang zwischen Passierstellen und schwächsten Gliedern; es gibt keine Passierstellen, sondern nur eine große Anzahl von Verbindungen, von denen wiederum viele schwach sein können.

Fehlersicherheit

Ein weiteres grundlegendes Sicherheitsprinzip ist die weitgehende *Fehlersicherheit*. Das bedeutet, daß bei Auftreten eines Fehlers Angreifern der Zugang verweigert werden sollte, anstatt ihn erst recht zu ermöglichen. Der Fehler kann dazu führen, daß auch rechtmäßigen Benutzern der Zugang verwehrt wird, bis die Reparaturen durchgeführt wurden, doch damit läßt sich leben.

Das Prinzip der Fehlersicherheit findet in vielen Bereichen Anwendung. Elektrische Geräte sind zum Beispiel so gestaltet, daß sie sich abschalten, wenn bei ihnen ein Fehler auftritt. Bei Aufzügen blockieren die Seile, wenn die Stromversorgung unterbrochen wird. Automatische Türen bleiben normalerweise offen, wenn kein Strom mehr fließt, damit niemand in irgendwelchen Gebäuden eingesperrt wird.

Die meisten der hier besprochenen Anwendungen reagieren automatisch fehlersicher. Wenn zum Beispiel ein Router mit Paketfilterung ausfällt, dann läßt er keine Pakete mehr durch. Fällt ein Proxy-Programm aus, dann leistet es keine Dienste mehr. Andererseits gibt es rechnerbasierte Paketfiltersysteme, auf denen außerdem noch eine Anwendung ausgeführt wird. Wenn der Paketfilter ausfällt (oder beim Booten nicht gestartet wurde), können die Pakete weiterhin bei der Anwendung ankommen. Das ist auf keinen Fall fehlersicher und sollte vermieden werden.

Die wichtigste Anwendung dieses Prinzips im Bereich der Netzwerksicherheit liegt in der Entscheidung für eine bestimmte Sicherheit, die Sie für Ihren Standort treffen müssen. Ihre Haltung ist im Prinzip Ihre gesamte Einstellung zum Thema Sicherheit. Sind Sie restriktiv oder eher freizügig? Neigen Sie zu Sicherheit (von manchen auch gern als Paranoia bezeichnet) oder zu Freiheit?

Es gibt zwei grundlegende Einstellungen, die Sie in bezug auf Sicherheitsentscheidungen und -regeln vertreten können:

Die einschränkende Grundhaltung
    Sie legen nur fest, was Sie erlauben; alles andere ist verboten.

Die freizügige Grundhaltung
    Sie legen nur fest, was Sie verbieten; alles andere ist erlaubt.

Scheinbar ist es offensichtlich, welches der »richtige« Ansatz ist; vom Sicherheitsstandpunkt her ist dies die einschränkende Grundhaltung. Wahrscheinlich ist für Ihre Benutzer und das Management ebenso offensichtlich, daß die freizügige Grundhaltung richtig ist. Vor allem müssen Sie Ihre Haltung gegenüber den Benutzern und dem Management klar vertreten und ihnen die Gründe darlegen, die zu Ihrer Entscheidung geführt haben. Anderenfalls verschwenden Sie wahrscheinlich eine Menge Zeit mit unnützen Streitereien und sinnlosen Debatten, weil Ihr Sicherheitsstandpunkt nicht verstanden wird.

Die einschränkende Grundhaltung: Alles, was nicht ausdrücklich erlaubt ist, ist verboten

Die *einschränkende Grundhaltung* ist unter Sicherheitsgesichtspunkten sehr sinnvoll, da es sich um einen fehlersicheren Ansatz handelt. Sie geht davon aus, daß alles Unbekannte Ihnen schaden *kann*. Für die meisten Sicherheitsverantwortlichen ist diese Einstellung logisch, allerdings sehen die Benutzer das normalerweise nicht so.

Mit einer einschränkenden Grundhaltung verbieten Sie standardmäßig alles. Anschließend legen Sie fest, was Sie erlauben. Sie

- ermitteln, welche Dienste von den Benutzern gewünscht werden;
- wägen die Folgen dieser Dienste für die Sicherheit ab und überlegen, wie Sie sie dennoch sicher anbieten können;
- erlauben nur solche Dienste, die Sie gut genug kennen, sicher anbieten können und für wirklich notwendig halten.

Dienste werden je nach Einzelfall zur Verfügung gestellt. Sie beginnen damit, die Sicherheit eines speziellen Dienstes zu analysieren und seine Bedeutung für die Sicherheit gegen die Bedürfnisse Ihrer Benutzer abzuwägen. Aufbauend auf dieser Analyse und entsprechend der Verfügbarkeit der verschiedenen Mittel zur Verbesserung der Sicherheit des Dienstes, schließen Sie einen Kompromiß.

Für den einen Dienst könnten Sie zu dem Schluß kommen, daß Sie ihn für alle Benutzer anbieten und die Sicherheit mit Hilfe der verbreiteten Paketfilterung oder über Proxy-Systeme gewährleisten sollten. Bei einem anderen Dienst stellen Sie vielleicht fest, daß er mit den verfügbaren Mitteln nicht angemessen gesichert werden kann und ihn sowieso nur wenige Benutzer oder Systeme benötigen. In diesem Fall könnten Sie seine Benutzung auf diese kleine Anzahl Benutzer (denen Sie die besonderen Risiken durch entsprechende Schulungen verdeutlichen können) oder Systeme (die Sie auf andere Art, zum Beispiel durch Sicherung einzelner Rechner, schützen können) einschränken. Das Problem besteht darin, den für Ihre Situation passenden Kompromiß zu finden.

Die freizügige Grundhaltung: Alles, was nicht ausdrücklich verboten wurde, ist erlaubt

Die meisten Benutzer und Manager bevorzugen die *freizügige Grundhaltung*. Sie neigen dazu anzunehmen, daß alles zunächst erlaubt ist und nur spezielle, besonders gefährliche Aktionen und Dienste bei Bedarf verboten werden. Zum Beispiel:

- NFS darf nicht über die Grenzen einer Firewall hinweg betrieben werden.
- Der Zugriff auf das World Wide Web ist auf solche Benutzer beschränkt, die zuvor über die besonderen Sicherheitsprobleme dieses Dienstes belehrt wurden.
- Den Benutzern ist es nicht erlaubt, eigene Server einzurichten.

Die Benutzer erwarten, daß Sie ihnen mitteilen, was gefährlich ist, und die (vermeintlich wenigen) Dinge benennen, die sie nicht tun können. Den Rest sollen Sie dann erlauben. Das ist mit Sicherheit nicht besonders fehlersicher.

Zum einen geht man vermutlich davon aus, daß Sie bereits vorher genau wissen, wo die besonderen Gefahren liegen, wie Sie sie den Benutzern plausibel machen und die Benutzer davor schützen können. Es ist aber praktisch unmöglich, zu erraten, welche Gefahren in einem System oder draußen im Internet lauern. Es gibt einfach zu viele potentielle Probleme und zu viele Informationen (neue Sicherheitslöcher, erneute Angriffe über alte Löcher usw.), als daß Sie immer auf dem neuesten Stand bleiben könnten. Wenn Sie nicht wissen, daß es sich bei irgendetwas um ein Problem handelt, werden Sie es nicht auf Ihre Verbotsliste setzen. Dennoch besteht es als Problem fort, bis Sie darauf aufmerksam werden. Und vermutlich werden Sie gerade deshalb darauf aufmerksam werden, weil jemand es ausnutzt.

Zum anderen verleitet die freizügige Grundhaltung zu einem »Wettrüsten« zwischen dem Betreiber der Firewall und den Benutzern. Der Betreiber bereitet Schutzmaßnahmen gegen die Handlungen und Unterlassungen der Benutzer vor, die Benutzer entdecken faszinierend neue und unsichere Methoden, Dinge zu tun. Das wird immer weiter und weiter fortgesetzt. Der Firewall-Betreiber wird für immer Fangen spielen. Zwischen dem Zeitpunkt der Einrichtung eines Systems, dem Zeitpunkt der Entdeckung eines Sicherheitsproblems und dem Moment, in dem der Betreiber darauf reagiert, wird es unweigerlich immer Phasen der Verwundbarkeit geben. Unabhängig davon, wie wachsam und kooperativ alle sein werden, irgendetwas wird immer durch das Raster fallen: weil der Betreiber der Firewall davon noch nie etwas gehört hat, die vollen Konsequenzen für die Sicherheit noch nicht erfaßt hat oder einfach noch keine Zeit hatte, das Problem anzugehen.

Die einzigen, die von der freizügigen Grundhaltung profitieren werden, sind potentielle Angreifer. Das liegt daran, daß der Betreiber der Firewall unmöglich alle Löcher stopfen kann, ständig mit »Feuerwehr-Aktionen« zu tun hat und wahrscheinlich zu beschäftigt ist, um die Angriffe überhaupt wahrzunehmen.

Stellen Sie sich zum Beispiel vor, Sie geben Dateien für eine gemeinsame Nutzung mit Kollegen an einem anderen Standort frei. Ihre Benutzer wollen vermutlich am liebsten das gleiche Werkzeug benutzen, mit dem sie auch intern die Dateifreigabe realisieren – zum Beispiel NFS oder Dateidienste unter Windows. Das Problem ist, daß beide Filesharing-Dienste für die Benutzung über die Grenzen einer Firewall hinweg vollkommen ungeeignet sind (die Gründe werden in Kapitel 2, *Internet-Dienste*, und Kapitel 17, *Dateiübertragung, Filesharing und Drucken*, dargelegt). Nehmen Sie einmal an, Sie vertreten eine freizügige Grundhaltung und haben Ihren Benutzern nicht ausdrücklich gesagt, daß es nicht sicher ist, Dateien über die Grenzen der Firewall hinweg freizugeben (oder Sie haben es ihnen gesagt, diese wissen es aber nicht mehr oder kümmern sich nicht darum). In diesem Fall werden Sie wahrscheinlich feststellen, daß trotz der Firewall Filesharing nach außen betrieben wird, weil das jemandem, der den Sicherheitsaspekt nicht verstanden (oder nicht beachtet) hat, als eine gute Idee erscheint. Wenn Sie dagegen eine einschränkende Grundhaltung vertreten, werden Ihre Benutzer keinen Erfolg damit haben, Dateien über die Grenzen der Firewall hinweg freizugeben. Sie werden ihnen die Gründe dafür erklären müssen. Außerdem sollten Sie alternative Methoden vorschlagen, die eine größere Sicherheit versprechen (wie zum Beispiel FTP), und dafür sorgen, daß diese Alternativen leicht zu benutzen sind, ohne die Sicherheit zu beeinträchtigen.

Umfassende Beteiligung

Um effektiv zu funktionieren, brauchen die meisten Sicherheitssysteme die *umfassende Beteiligung* (oder zumindest das Fehlen eines aktiven Widerstands) der Mitarbeiter eines Standorts. Falls jemand Ihre Sicherheitsmechanismen einfach ablehnt, könnte ein Angreifer zuerst das System dieser Person knacken und Ihren Standort dann von innen angreifen. Die beste Firewall der Welt bietet beispielsweise überhaupt keinen Schutz, wenn jemand sie als unnütze Belastung ansieht und sich einfach eine Hintertür zwischen Ihrem Standort und dem Internet einrichtet, um die Firewall auf diese Weise zu umgehen. Dazu müßte diese Person sich lediglich ein Modem kaufen, sich freie PPP- oder SLIP-Software aus dem Internet besorgen und sich bei einem billigen Internet Service Provider anmelden. Dieses Vorgehen liegt sowohl aus finanziellen als auch aus technischen Gesichtspunkten im Rahmen der Möglichkeiten vieler Benutzer und Manager.

Schon wesentlich schlichtere Formen des Widerstands können Ihre Sicherheit untergraben. Jeder muß Ihnen über ungewöhnliche Vorkommnisse berichten, die möglicherweise sicherheitsrelevant sind; Sie können nicht alles sehen. Ihre Leute müssen gute Paßwörter wählen, sie regelmäßig ändern und dürfen sie nicht an Freunde oder Verwandte weitergeben.

Wie erreichen Sie, daß alle mitmachen? Die Beteiligung könnte freiwillig (Sie überzeugen alle, daß es gut ist), unfreiwillig (jemand mit der entsprechenden Autorität und Macht weist alle an zu kooperieren) oder eine Kombination aus beidem sein. Selbstverständlich ist eine freiwillige einer unfreiwilligen Beteiligung vorzuziehen; Sie wollen, daß Ihre Leute Ihnen helfen und nicht nach Wegen suchen, Ihnen zu schaden. Das führt dazu, daß Sie in Ihrer Organisation als Prediger auftreten müssen, der den Leuten die Vorteile der Sicherheit verkündet und sie davon überzeugt, daß der Nutzen den Aufwand rechtfertigt.

Diejenigen, die Ihnen nicht freiwillig helfen, werden erstaunliche Mühen auf sich nehmen, um Ihre Sicherheitsmaßnahmen zu umgehen. Bei einem Voicemail-System, dessen Paßwörter jeden Monat geändert werden mußten, entdeckten mehrere Leute, daß das System nur sechs alte Paßwörter aufzeichnete. Sie änderten ihr Paßwort siebenmal hintereinander (mit sieben aufeinanderfolgenden Anrufen), um ihr altes Paßwort weiterverwenden zu können. Dieses Verhalten führt zu einer Art Wettrüsten (die Programmierer begrenzen die Änderungsmöglichkeiten für das Paßwort), und schon bald sind die Leute in sinnlose interne Streitereien verwickelt. Sie und Ihre Benutzer haben sicherlich Besseres zu tun; es lohnt sich daher, die Energie zu investieren und die Leute davon zu überzeugen, freiwillig mitzuarbeiten, weil Sie ansonsten mindestens genausoviel Kraft aufwenden, um sie zu bekämpfen – mit bedeutend schlimmeren Nebenwirkungen.

Vielfalt der Verteidigung

Die *Vielfalt der Verteidigung* hängt eng mit einer mehrschichtigen Verteidigung zusammen, geht allerdings noch weiter; der Grundgedanke ist, daß Sie nicht nur mehrere Verteidigungsschichten, sondern auch verschiedene Arten der Verteidigung brauchen. Das Vorhandensein eines Türschlosses und eines Zündschlosses an einem Auto bedeutet mehrschichtige Verteidigung, durch eine Alarmanlage wird noch eine weitere Art der Verteidigung hinzugefügt. Sie versuchen nun nicht nur, die Leute von der Benutzung Ihres Fahrzeugs abzuhalten, sondern auch die Aufmerksamkeit anderer Personen zu wecken, falls jemand versuchen sollte, sich unberechtigt daran zu schaffen zu machen.

Bei richtiger Umsetzung hat die vielfältige Verteidigung einen großen Einfluß auf die Sicherheit eines Systems. Allerdings sind viele Versuche, eine Vielfalt der Verteidigung herzustellen, nicht sehr effektiv. Eine beliebte Theorie besagt, daß man verschiedene Arten von Systemen verwenden soll – zum Beispiel können Sie in einer Architektur mit zwei Paketfiltersystemen die Vielfalt der Verteidigung verbessern, wenn Sie Systeme unterschiedlicher Hersteller benutzen. Wenn alle Ihre Systeme zu einem Typ gehören, kann jemand, der weiß, wie er in eines einbrechen kann, wahrscheinlich auch in alle anderen eindringen.

Durch die Benutzung von Sicherheitssystemen verschiedener Hersteller vermindern Sie sicher die Chancen eines gemeinsamen Programmier- oder Konfigurationsfehlers, der sie alle unbrauchbar macht. Allerdings erhöhen sich die Kosten und die Komplexität des Gesamtsystems. Die Beschaffung und Installation mehrerer verschiedener Systeme ist schwieriger, dauert länger und kostet mehr, als dies bei einem einzelnen System (oder mehreren identischen Systemen) der Fall wäre. Sie müssen mehrere Systeme kaufen (und erhalten weniger Rabatt vom Händler) und mehrere Wartungsverträge für sie abschließen. Außerdem kostet es Ihre Angestellten mehr Zeit und Aufwand, den Umgang mit den unterschiedlichen Systemen zu erlernen.

Wenn Sie nicht aufpassen, erzeugen Sie eine Vielfalt der Schwäche anstelle einer Vielfalt der Verteidigung. Bei zwei verschiedenen, hintereinander angeordneten Paketfiltern kann der Einsatz unterschiedlicher Produkte dabei helfen, die jeweiligen Schwächen auszugleichen. Arbeiten diese Paketfilter jedoch getrennt voneinander, dann werden Sie bei der Verwendung unterschiedlicher Produkte anstelle einer zwei unterschiedliche Arten von Problemen haben, mit denen Sie kämpfen müssen.

Und was noch schlimmer ist, all diese aus den Unterschieden resultierenden Probleme bringen Ihnen keine echte Vielfalt. Hüten Sie sich vor scheinbarer Vielfalt. Zwei Systeme mit unterschiedlichen Firmenbezeichnungen auf dem Gehäuse können mehr gemeinsam haben, als Sie annehmen:

- Systeme desselben Typs (zum Beispiel Paketfilter) teilen die gleichen, der Technik innewohnenden Schwächen.
- Systeme, die von denselben Leuten konfiguriert wurden, haben wahrscheinlich bei der Konfiguration die gleichen Schwächen mit auf den Weg bekommen.
- Viele unterschiedliche Systeme leiten ihren Programmcode vom gleichen Ursprung ab – der Code etwa für TCP/IP-Protokoll-Stacks wird selten von Grund auf neu geschrieben.
- Es ist nicht unüblich, daß Firmen von anderen entwickelte Technik unter dem eigenen Namen verkaufen.

Wir werden uns in den folgenden Abschnitten diese Punkte genauer anschauen.

Der Technik innewohnende Schwächen

Wenn ein Angriff Ihre Paketfilter überwindet, weil er es schafft, ein theoretisch sicheres Protokoll zu untergraben, dann wird er beliebige Paketfilter überwinden können, unabhängig davon, von wem sie stammen. In diesem Fall wird eine echte Vielfalt der Verteidigung sich zusätzlich auf ein Proxy-System verlassen, das hoffentlich in der Lage ist, Protokollprobleme zu entdecken.

Gemeinsame Konfiguration

Wenn verschiedene Systeme von der gleichen Person (oder der gleichen Gruppe von Personen) konfiguriert werden, können sie gemeinsame Probleme haben, die ihren Ursprung eher in der Konzeption als in der Technik finden. Handelt es sich bei dem Problem um ein Mißverständnis bezüglich der Funktionsweise bestimmter Protokolle, werden alle Ihre Systeme aufgrund des Mißverständnisses die gleichen Fehlkonfigurationen aufweisen.

Gemeinsame Herkunft

Sie erhalten wahrscheinlich auch keine Vielfalt, wenn Sie einfach Unix-Systeme verschiedener Hersteller einsetzen, da die meisten Unix-Systeme entweder von BSD oder System V abgeleitet wurden. Auch die meisten verbreiteten Unix-Netzwerkanwendungen (wie Sendmail, *telnet/telnetd*, *ftp/ftpd* usw.) stammen von den BSD-Quellen ab, unabhängig von ihrer Plattform. Viele Bugs und Sicherheitsprobleme aus den Original-Veröffentlichungen wurden in die verschiedenen Versionen dieser Betriebssysteme übertragen, viele herstellerspezifische Versionen von Unix besitzen immer noch die Programmier- und Sicherheitsfehler, die bereits vor Jahren in anderen Versionen anderer Hersteller entdeckt und bisher noch nicht behoben wurden. Linux, das einen unabhängig entwickelten Kernel hat, verwendet viele Anwendungen, die den gleichen Unix Ursprung besitzen.

Auch Windows NT-basierte Systeme leiden an Windows NT-Schwächen. Manche Versionen Windows NT-basierter Firewalls ersetzen den IP-Stack von Windows NT, wodurch zwar eine große Quelle verbreiteter Sicherheitslöcher entfernt wird, jedoch auch wieder viele andere eingeführt werden.

»Black-Box«-Systeme bauen ebenfalls auf etwas auf – normalerweise auf einer Version von Unix oder auf einem Microsoft-Betriebssystem – und leiden ebenso wie die anderen Systeme an bestimmten Schwächen.

Oberflächliche Unterschiede

Eine Reihe von Händlern vermarkten fremde Produkte. Dies gilt vor allem im Bereich der Firewalls, wo einige Firmen, die eigentlich Anwendungssoftware schreiben, versuchen, Gesamtlösungen zu verkaufen. Dazu kaufen sie die zugrundeliegenden Computer und Betriebssysteme von anderen und kleben mehr oder weniger offensichtlich ihre eigene Markenbezeichnung auf. Das dient nicht dazu, die Käufer irrezuführen, sondern ist lediglich eine Marketingstrategie: Man erhält einheitlich aussehende Produkte. Außerdem werden solche neu gekennzeichneten Maschinen möglicherweise eher gekauft als die Originale – vielleicht möchte ein Manager keine Unix-Maschine kaufen oder eine Firma hat ein Problem damit, einen Rechner von einem direkten Konkurrenten zu erwerben. In diesen Fällen erscheint eine »Black Box« mit einem unverfänglichen Namen akzeptabel. Wenn Sie nicht aufpassen, reduzieren Sie allerdings durch solche kosmetischen Maßnahmen möglicherweise Ihre Vielfalt der Verteidigung auf eine Vielfalt der Bezeichnungen.

Schlußfolgerung

Auch wenn man an vielen Standorten erkennt, daß der Einsatz verschiedener Arten von Systemen potentiell die Sicherheit erhöht, wird man dennoch oft zu dem Schluß kommen, daß die Vielfalt der Verteidigung mehr Ärger als Nutzen einbringt und daß die potentiellen Vorteile und Sicherheitsverbesserungen den Aufwand nicht rechtfertigen. Wir stellen das nicht in Abrede; jeder Standort muß das selbst einschätzen und zugeschnitten auf seine Anforderungen entscheiden.

Einfachheit

Einfachheit stellt in zweierlei Hinsicht eine Sicherheitsstrategie dar. Erstens sind einfache Dinge leichter verständlich; wenn Sie etwas nicht verstehen, können Sie eigentlich nicht einschätzen, ob es sicher ist oder nicht. Zweitens kann sich in komplexen Dingen in jedem Winkel etwas verbergen; es ist einfacher, eine Zweizimmerwohnung zu sichern als ein Landhaus.

Komplexe Programme weisen mehr Programmierfehler (*Bugs*) auf, von denen sich jeder als Sicherheitsproblem entpuppen könnte. Selbst wenn die Bugs an sich keine Sicherheitsprobleme darstellen – erwarten die Leute erst einmal, daß sich ein bestimmtes System fehlerhaft benimmt, werden sie fast alle Aktionen dieses Programms akzeptieren. Dadurch können Sie die Hoffnung begraben, daß Sicherheitsprobleme erkannt und mitgeteilt werden.

Sie sollten die Dinge deshalb so einfach und elegant wie möglich halten; einfach zu verstehen, einfach zu benutzen, einfach zu administrieren. Aber wie Einstein schon vorschlug: Machen Sie es nicht einfacher als möglich. Effektive Sicherheit ist in sich komplex. Sie wollen ein System haben, das Sie erklären können; es soll aber auch funktionieren. Setzen Sie für die Einfachheit nicht die Sicherheit aufs Spiel.

Sicherheit durch Verschleierung

Sicherheit durch Verschleierung ist ein Prinzip, bei dem Sie Dinge schützen, indem Sie sie verstecken. Dieses Prinzip wird im täglichen Leben ständig benutzt. Schließen Sie sich öfter einmal aus? Verstecken Sie irgendwo einen Schlüssel. Müssen Sie etwas Wertvolles im Auto zurücklassen? Legen Sie es außer Sicht. Wollen Sie die Kekse allein aufessen? Verstecken Sie sie hinter den Erbsendosen. In all diesen Fällen gibt es keinen ernsthaften Schutz; jeder, der den Schlüssel findet, das Autofenster einschlägt oder hinter den Dosen nachschaut, wird die Schätze sofort aufspüren. Solange Sie jedoch keine Dummheit begehen (den Schlüssel an einer allzu beliebten Stelle verstecken, die Autotür offenlassen, jemanden zuschauen lassen, wie Sie hinter die Erbsendosen greifen), haben Sie einen absolut ausreichenden Schutz.

Die folgenden Beispiele zeigen Sicherheit durch Verschleierung im Bereich der Computer:

- Sie bringen eine Maschine ins Internet und rechnen damit, daß niemand versucht, in sie einzubrechen, weil Sie niemandem davon erzählt haben.
- Sie haben einen neuen Verschlüsselungsalgorithmus entwickelt und zeigen ihn niemandem.
- Sie lassen einen Server auf einer anderen Port-Nummer laufen als sonst (zum Beispiel bieten Sie FTP an, aber nicht auf Port 20, sondern auf Port 45).
- Sie richten Ihre Firewall so ein, daß Leute von außerhalb andere Informationen über die Host-Namen sehen als diejenigen innerhalb der Firewall.

Wenn Leute über Sicherheit durch Verschleierung reden, dann tun sie dies mit einer gewissen Geringschätzung. Sie sagen »Es ist nur Sicherheit durch Verschleierung« oder »Weshalb sagen Sie mir nicht, wie es funktioniert? Alle sagen, Sicherheit durch Verschleierung ist sowieso schlecht.« Verschleierung stellt jedoch eine durchaus gültige Sicherheitstaktik dar; sie ist nur nicht besonders stark. Sie können in allen Beispielen aus dem Nicht-Computer-Bereich feststellen, daß sie entweder zusammen mit viel stärkeren Sicherheitsmaßnahmen (ein abgeschlossenes Haus, ein abgeschlossenes Auto) oder für unbedeutende Risiken (es ist nicht wirklich wichtig, ob jemand Ihre Kekse ißt) verwendet wird.

Sicherheit durch Verschleierung ist schlecht, wenn:

- es die einzige Sicherheitsmaßnahme ist;
- die Dinge nicht wirklich verschleiert werden;
- die Leute dadurch davon abgehalten werden, genau festzulegen, welche Sicherheitsstufe ein Produkt zur Verfügung stellt;
- sie unverantwortlich viel Vertrauen einflößt;

Wenn Sie zum Beispiel eine Maschine im Internet erreichbar machen, sie nicht sichern und dann hoffen, daß niemand sie bemerken wird, weil Sie ja keine Werbung dafür machen, handelt es sich nicht um Sicherheit durch Verschleierung. Es ist vollständige Verschleierung durch nahezu keine Verschleierung. Sie schützen etwas Wichtiges durch nichts anderes als Verschleierung, und diese Verschleierung ist nicht einmal besonders gut. Keine Werbung für etwas zu machen, ist nicht das gleiche, wie es zu verbergen. Das ist genauso, als würden Sie sich vor dem Ausschließen schützen, indem Sie die Vordertür abschließen, aber die Hintertür auflassen, weil Sie damit rechnen, daß niemand sich die Mühe macht, um das Haus herumzugehen und nachzuschauen.

Ein Verschlüsselungsalgorithmus, der nicht von Experten überprüft wurde, weil er geheim ist, ist nicht durch Verschleierung geschützt. Statt dessen ist es pure Arroganz des Entwicklers dieses Algorithmus. Auch hier gibt es in den meisten Fällen kaum Schutz durch Verschleierung. Wenn Sie den Algorithmus in Form von Software erhalten, ist es nicht besonders schwer herauszubekommen, wie er funktioniert. (Es hilft, ihn in gesicherte Hardware zu integrieren, aber auch das wird die Angreifer nicht ewig abhalten.) Sie werden den Verschlüsselungsalgorithmus angreifen, sie werden herausbekommen, wie er funktioniert, und falls er unsicher ist, werden sie ihn knacken. Es ist besser, dies von Experten erledigen zu lassen, bevor Sie selbst anfangen, den Algorithmus zu benutzen.

Die Ausführung eines Servers auf einem anderen Port sichert in der Tat eine gewisse Verschleierung, diese ist allerdings gering. Ein Angreifer besitzt genügend Möglichkeiten, die eigentliche Port-Nummer des Servers zu ermitteln, zum Beispiel indem er alle Ports überprüft, um zu sehen, welcher antwortet, oder indem er jemanden an Ihrem Standort fragt, wie er eine Maschine konfigurieren muß, um mit Ihnen zu kommunizieren, und anschließend den Verkehr beobachtet, der zu Ihrem Standort führt. In der Zwischenzeit haben Sie eine Menge Ärger mit anderen Dingen, weil normale Clients erst nach einer erneuten Konfiguration mit Ihnen kommunizieren können oder andere Firewalls aufgrund ihrer Regeln keine Verbindungen mehr zu Ihnen zulassen.

Diese häufig auftretenden Mißbräuche der Sicherheit durch Verschleierung sollten Sie eigentlich davon abhalten, dieses Konzept ernsthaft einzusetzen. Sie müssen niemandem erzählen, welche Art von Firewall Sie einsetzen und wie Sie sie genau konfigurieren. Je weniger Informationen Angreifer haben, desto besser. Ignoranz wird sie nicht abschrecken, aber zumindest ihre Tätigkeit verlangsamen. Je langsamer sie sind, desto besser ist es für Sie. Alles, was dafür sorgt, daß es länger dauert, in Ihren Standort einzudringen, erhöht die Chancen dafür, daß die Angreifer endgültig verschwinden und sich ein anderes Opfer suchen, daß Sie einen Angriff bemerken und ihn abwehren und daß Sie Ihre Verteidigungsmaßnahmen verändern, bevor die Angreifer es schaffen, sie zu überwinden.

Folgendes sollten Sie Angreifer nicht wissen lassen:

- welche Art von Ausrüstung Sie in Ihrer Firewall benutzen (so daß sie die verwundbaren Stellen dieser Geräte auskundschaften können);
- welche Protokolle Sie unter welchen Bedingungen benutzen (so daß sie sich auf diese Protokolle einschießen können);
- gültige interne Host-Namen und Benutzernamen (so daß sie diese Hosts oder Benutzer aufs Korn nehmen können oder diese Informationen einsetzen, um andere Leute zu täuschen und auf diese Weise Zugang zu erhalten);
- welche Art von Einbruchsüberwachung Sie benutzen (so daß sie an Stellen angreifen können, die Sie nicht bemerken).

Sie können nicht alle Informationen geheimhalten, doch je weniger nach außen dringen, desto mehr hat ein Angreifer zu tun. Irgendwann kann ein gewiefter Angreifer Ihre schwachen Stellen ermitteln. Es besteht jedoch kein Grund, es ihm besonders leicht zu machen.

II
Einrichten von Firewalls

Dieser Teil des Buches beschreibt, wie Sie Firewalls aufbauen. Er behandelt die zugrundeliegenden Netzwerkkonzepte, erläutert Firewall-Technologien, -Architekturen und Entwurfsprinzipien und beschreibt, wie Paketfilter- und Proxy-Systeme funktionieren. Außerdem liefert er einen allgemeinen Überblick über den Entwurf und die Einrichtung von Bastion-Hosts für Firewall-Konfigurationen und diskutiert die Eigenarten von Bastion-Hosts in Unix-, Linux-, Windows NT- und Windows 2000-Umgebungen.

4

Pakete und Protokolle

Um die Technik einer Firewall zu verstehen, müssen Sie etwas über die zugrundeliegenden Objekte wissen, mit denen Firewalls arbeiten: Pakete und Protokolle. Wir geben Ihnen hier eine kurze Einführung in die höheren Konzepte der IP-Netzwerke[1] (eine Notwendigkeit, um Firewalls zu verstehen). Sollten Sie mit dem Thema allerdings überhaupt noch nicht vertraut sein, sollten Sie eine allgemeinere Referenz zu TCP/IP zu Rate ziehen (zum Beispiel *TCP/IP Netzwerk-Administration* von Craig Hunt, erschienen beim O'Reilly Verlag, Köln).

Damit Informationen über ein Netzwerk übertragen werden können, werden sie in kleine Teile zerlegt, die einzeln gesendet werden. Durch die Aufteilung der Informationen wird vielen Systemen erlaubt, ein Netzwerk gemeinsam zu benutzen. Die Teile werden abwechselnd gesendet. In IP-Netzwerken nennt man diese kleinen Datenteile *Pakete*. Alle Datenübertragungen über IP-Netzwerke erfolgen in Form von Paketen.

Wie sieht ein Paket aus?

Damit Sie Paketfilterung verstehen können, müssen Sie zuerst die Pakete als solche verstehen. Außerdem sollten Sie wissen, wie der TCP/IP-Protokoll-Stack aufgebaut ist:

- Anwendungsschicht (z.B. FTP, Telnet, HTTP)
- Transportschicht (TCP oder UDP)
- Internet-Schicht oder Vermittlungsschicht (IP)
- Netzzugangsschicht (z.B. Ethernet, FDDI, ATM)

Die Pakete sind so gestaltet, daß die Schichten für die Protokolle einer bestimmten Verbindung um die Pakete herumgelegt werden wie die Häute einer Zwiebel.

---

[1] Soweit nicht anders vermerkt, beziehen wir uns auf IP Version 4. Das ist die Version, die momentan am weitesten verbreitet ist.

In jeder Schicht (mit Ausnahme vielleicht der Anwendungsschicht) besteht ein Paket aus zwei Teilen: dem Kopfbereich (*Header*) und dem Datenbereich (*Body*). Der Header enthält Protokollinformationen, die für diese Schicht relevant sind. Im Datenbereich befinden sich die Daten für diese Schicht, die oft aus dem gesamten Paket der nächsthöheren Schicht im Stack bestehen. Jede Schicht behandelt die Informationen, die sie aus der darüberliegenden Schicht erhält, als Daten und stellt diesen Daten ihren eigenen Header voran. In jeder Schicht beinhaltet das Paket alle Informationen, die aus der höheren Schicht übergeben wurden, nichts geht verloren. Dieser Vorgang des Schützens der Daten und Ergänzens durch einen neuen Header wird *Kapselung* (engl. encapsulation) genannt.

Auf der Anwendungsschicht besteht das Paket einfach aus den zu übertragenden Daten (zum Beispiel dem Teil einer Datei, der während einer FTP-Sitzung übertragen werden soll). Beim Übergang zur Transportschicht schützen das Transmission Control Protocol (TCP) oder das User Datagram Protocol (UDP) die Daten der vorherigen Schicht und ergänzen sie um einen Header. Auf der nächsten Schicht, der Internet-Schicht, sieht das Internet Protocol das gesamte Paket (das nun aus dem TCP- oder UDP-Header und den Daten besteht) als Daten an und schreibt seinen eigenen IP-Header dazu. Auf der Netzzugangsschicht schließlich betrachtet das Ethernet- oder ein anderes Netzwerkprotokoll das gesamte IP-Paket, das zu ihm übertragen wurde, als Daten und erweitert es um seinen eigenen Header. Abbildung 4-1 zeigt, wie dies funktioniert.

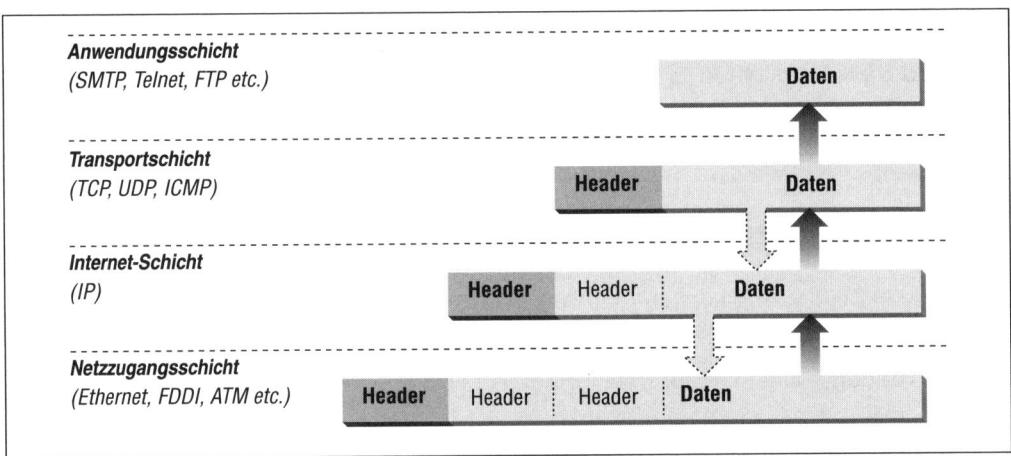

Abbildung 4-1: Datenkapselung

Am anderen Ende der Verbindung wird dieser Vorgang umgekehrt. Beim Weiterreichen der Daten von einer Schicht an die nächsthöhere Schicht wird jeder Header (jedes Zwiebelhäutchen) von seiner entsprechenden Schicht entfernt. Zum Beispiel entfernt die Internet-Schicht den IP-Header, bevor die gekapselten Daten an die Transportschicht (TCP oder UDP) weitergegeben werden.

Zum Verständnis der Paketfilterung müssen Sie wissen, daß sich aus unserer Sicht die wichtigsten Informationen in den Headern der verschiedenen Schichten befinden. Die folgenden Abschnitte betrachten mehrere Beispiele mit verschiedenen Arten von Paketen und zeigen den Inhalt der jeweiligen Header, die von Paketfilter-Routern überprüft werden. Wir setzen eine gewisse Kenntnis der TCP/IP-Grundlagen voraus und konzentrieren uns auf die Darstellung der speziellen Aspekte der Paketfilterung.

Wir beginnen mit einem einfachen Beispiel, das TCP/IP über Ethernet demonstriert. Danach besprechen wir die Charakteristika der IP-Paketfilterung, die Protokolle oberhalb von IP (wie TCP, UDP und ICMP), die Protokolle unter IP (wie Ethernet) und zum Schluß Nicht-IP-Protokolle (wie NetBEUI, AppleTalk und IPX).

TCP/IP-/Ethernet-Beispiel

Wir legen zunächst ein Beispiel eines TCP/IP-Pakets (zum Beispiel eines, das Teil einer Telnet-Verbindung ist) auf einem Ethernet zugrunde.[2] Hier sind wir an vier Schichten interessiert: Ethernet-Schicht, IP-Schicht, TCP-Schicht und Datenschicht. Wir betrachten sie in diesem Abschnitt von unten nach oben und schauen uns die Inhalte der Header an, die von den Paketfilter-Routern untersucht werden.

Ethernet-Schicht

In der Ethernet-Schicht besteht das Paket aus zwei Teilen: dem Ethernet-Header und dem Ethernet-Body. Im allgemeinen können Sie auf der Grundlage der Informationen im Ethernet-Header keine Paketfilterung ausführen. Manchmal werden die Ethernet-Adreß-Informationen für Sie interessant sein. Die Ethernet-Adresse wird auch MAC- (Media Access Control) Adresse genannt. Dem Header können Sie im wesentlichen folgende Informationen entnehmen:

Welche Art von Paket es ist
Wir nehmen in diesem Beispiel an, daß es sich um ein IP-Paket und nicht um ein AppleTalk-, ein Novell-, ein DECNET- oder eine andere Art von Paket handelt.

Die Ethernet-Adresse der Maschine, die das Paket in dieses spezielle Ethernet-Netzwerksegment geschickt hat
Die Ausgangsmaschine, wenn sie an dieses Segment angeschlossen ist; ansonsten der letzte Router auf dem Weg von der Ausgangsmaschine bis hierher.

Die Ethernet-Adresse des Ziels des Pakets auf diesem speziellen Ethernet-Segment
Möglicherweise die Zielmaschine, wenn sie an dieses Segment angeschlossen ist; ansonsten der nächste Router auf dem Weg von hier zur Zielmaschine. Manchmal ist es auch eine Broadcast-Adresse, die besagt, daß alle Maschinen das Paket lesen sollen, oder eine Multicast-Adresse, die anzeigt, daß die Mitglieder einer bestimmten Gruppe von Rechnern das Paket lesen sollen.

---

2 Ethernet ist zur Zeit das verbreitetste Netzwerkprotokoll auf der Netzzugangsschicht; 10-base T- und 100-base T-Netzwerke sind fast immer Ethernet-Netzwerke.

Da wir in diesem Beispiel IP-Pakete voraussetzen, wissen wir, daß der Ethernet-Body ein IP-Paket enthält.

IP-Schicht

In der IP-Schicht hat das IP-Paket zwei Bestandteile: den IP-Header und den IP-Body, wie in Abbildung 4-2 zu sehen ist. Aus Sicht der Paketfilterung enthält der IP-Header vier interessante Informationen:

Die IP-Quelladresse
  Vier Bytes lang und üblicherweise etwa so geschrieben: 172.16.244.34.

Die IP-Zieladresse
  Siehe IP-Quelladresse.

Den IP-Protokolltyp
  Kennzeichnet den IP-Body als TCP-Paket, anstatt als UDP-, ICMP- (Internet Control Message Protocol) oder anderen Pakettyp.

Die IP-Optionen
  Dieses Feld bleibt fast immer leer. Hier werden Optionen wie IP-Source-Routing und IP-Sicherheit festgelegt, wenn sie für ein gegebenes Paket verwendet werden (siehe die Informationen in »IP-Optionen« weiter hinten in diesem Kapitel).

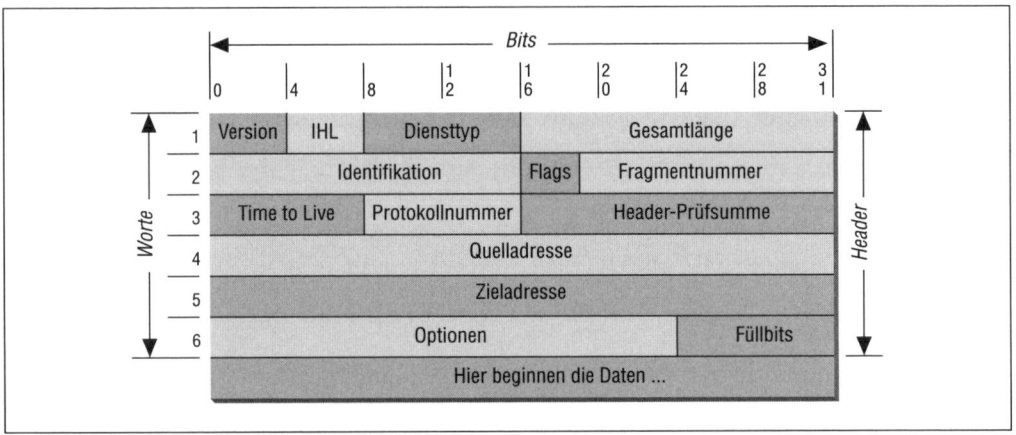

Abbildung 4-2: IP-Header und -Body

In den meisten Netzwerken gibt es für die Pakete eine Längenbegrenzung, die maximale Länge liegt weit unter dem Wert, den IP vorgibt. Um damit klarzukommen, kann IP ein Paket, das zu groß ist, um ein bestimmtes Netzwerk durchqueren zu können, in eine Reihe kleinerer Pakete, sogenannte *Fragmente,* zerlegen. Durch die Fragmentierung eines Pakets ändert sich seine Struktur in der IP-Schicht nicht (die IP-Header werden für die Fragmente dupliziert), es könnte jedoch bedeuten, daß der Body in der nächsten Schicht nur einen Teil des Pakets enthält. (Siehe den Abschnitt »IP-Fragmentierung« weiter unten.)

Der IP-Body in diesem Beispiel enthält ein unfragmentiertes TCP-Paket, es könnte aber genausogut das erste Fragment eines fragmentierten TCP-Pakets enthalten.

TCP-Schicht

Auch in der TCP-Schicht enthält das Paket zwei Teile: den TCP-Header und den TCP-Body. Aus Sicht der Paketfilterung befinden sich im TCP-Header drei interessante Informationen:

Der TCP-Quellport
> Eine zwei Byte lange Zahl, die angibt, von welchem Client- oder Server-Prozeß auf der Quellmaschine das Paket stammt.

Der TCP-Zielport
> Eine zwei Byte lange Zahl, die angibt, an welchen Client- oder Server-Prozeß auf der Zielmaschine das Paket geschickt werden soll.

Die TCP-Flags
> Dieses Feld enthält verschiedene Flags, die verwendet werden, um besondere Paketarten vor allem während der Einrichtung und Beendigung von TCP-Verbindungen zu kennzeichnen. Diese Flags werden in den folgenden Abschnitten näher erläutert.

Der TCP-Body enthält die eigentlichen zu übertragenden »Daten« – zum Beispiel für Telnet die Tastaturbefehle oder Bildschirmausgaben, die Teil einer Telnet-Sitzung sind, oder für FTP die zu übertragenden Daten oder die Befehle, die als Teil einer FTP-Sitzung ausgeführt werden.

IP

IP dient im Internet als gängiges Protokoll. Darunter können sich viele verschiedene Schichten befinden, wie etwa Ethernet, Token Ring, FDDI, PPP oder Brieftaube.[3] Über IP können viele andere Protokolle liegen. TCP, UDP und ICMP sind – zumindest außerhalb von Forschungseinrichtungen – die am weitesten verbreiteten. In diesem Abschnitt werden wir uns mit den besonderen Charakteristika von IP befassen, die für eine Paketfilterung relevant sind.

IP-Multicast und -Broadcast

Die meisten IP-Pakete sind sogenannte *Unicasts*; sie werden an einen einzigen Zielrechner geschickt. IP-Pakete können auch *Multicast* (werden an eine Gruppe von Rechnern geschickt) oder *Broadcast* (sind für alle Rechner gedacht, die sie empfangen können) sein. Multicast-Pakete sind wie Memos, die an eine Gruppe von Leuten geschickt werden (»Angestellte in der Einkaufsabteilung« oder »Leute, die am Ishkabibble-Projekt

---

[3] Siehe RFC 1149 vom 1. April 1990, die das Avian Transport Protocol definiert; es lohnt sich eigentlich immer, die RFCs vom 1. April zu lesen.

arbeiten« oder »Potentielle Mitspieler der Fußballmannschaft«); ihr Ziel ist eine Gruppe von Rechnern, die an der Information interessiert sein müßten. Broadcast-Pakete ähneln Ansagen, die per Lautsprecher gemacht werden; sie werden eingesetzt, wenn alle Leute die Informationen benötigen (»Es brennt, alles raus hier!«) oder wenn der Absender der Nachricht nicht genau weiß, an welches Ziel er die Nachricht schicken soll, aber annimmt, daß der richtige Empfänger das schon merken wird. (»Der graue Ford Mondeo mit dem Kennzeichen B-KL 1489 steht in der Feuerwehreinfahrt und wird abgeschleppt, wenn der Halter sich nicht umgehend um das Fahrzeug kümmert.«)

Das Ziel von Multicasting ist Effektivität. Im Gegensatz zu einem Memo handelt es sich bei einem Multicast-Paket um ein einzelnes Objekt. Egal, ob 7, 17 oder 70 Rechner die gleiche Information erhalten sollen, ein Multicast-Paket erlaubt Ihnen, diese Information mit einem einzigen Paket zu verschicken, anstatt jedem Interessenten einzeln etwas zukommen zu lassen. Mit einem Broadcast-Paket hätten Sie die gleiche Möglichkeit, allerdings würden Sie auf den Maschinen, die an der Information nicht interessiert sind, Rechenzeit verschwenden. Diese müßten das Paket ebenfalls verarbeiten, um zu entscheiden, daß es irrelevant ist und verworfen werden kann.

Beachten Sie, daß Multicast- und Broadcast-Adressen stets als Zieladressen und nicht als Quelladressen gemeint sind. Eine Maschine darf eine Broadcast-Adresse nur dann als Quelladresse benutzen, wenn sie keine rechtmäßige Quelladresse besitzt und versucht, eine zu bekommen (siehe Kapitel 22, *Administrative Dienste*, für weitere Informationen über DHCP, das diesen Mechanismus benutzen kann). Ansonsten sind Multicast- und Broadcast-Quelladressen im allgemeinen Anzeichen für einen Angreifer, der eine Zielmaschine als Verstärker einsetzt. Wenn ein Paket über eine Broadcast-Quelladresse und eine Unicast-Zieladresse verfügt, wird jedes Reply darauf eine Unicast-Quelladresse und ein Broadcast-Ziel besitzen; auf diese Weise kann ein Angreifer, der eine Broadcast-Quelle benutzt, eine andere Maschine veranlassen, das Broadcasting auszuführen.

Für den Angreifer ist das praktisch, da Pakete mit einem Broadcast-Ziel selten eine Firewall (oder überhaupt einen Router) durchqueren dürfen. Ohne diesen schmutzigen Trick würde der Angreifer vermutlich nicht so viele Rechner erreichen können. Sie brauchen keine Broadcast-Informationen aus anderen Netzwerken; es ist für Sie nicht relevant und könnte sogar gefährlich werden (weil es zum einen nicht richtig für Ihr Netzwerk ist und zum anderen Angreifern erlaubt, Informationen über Ihr Netzwerk zu sammeln). Router sind manchmal so konfiguriert, daß sie einige oder alle Broadcast-Informationen zwischen Netzwerken austauschen können, die zur gleichen Organisation gehören, da manche Protokolle von Broadcasts abhängen, um Informationen zu verteilen. Es ist nicht ganz einfach, dies richtig einzurichten, und führt manchmal zu überlasteten Netzwerken und Rechnern. Allerdings ist es im Gegensatz zur Übertragung von Broadcasts aus dem oder in das Internet noch akzeptabel.

Ihre Firewall sollte es deswegen ablehnen, Pakete mit Broadcast-Zielen und Pakete mit Multicast- oder Broadcast-Quelladressen durchzulassen.

IP-Optionen

Wie Sie der vorangegangenen Darstellung der IP-Schicht entnehmen konnten, enthalten IP-Header ein normalerweise leeres Optionsfeld. Bei seiner Entwicklung wurde das IP-Optionsfeld als Ort zum Ablegen von Sonderinformationen oder Handlungsanweisungen vorgesehen, die im Header keinen eigenen Platz haben. Die Entwickler von TCP/IP haben jedoch so gute Arbeit beim Bereitstellen von Feldern für alle notwendigen Informationen geleistet, daß dieses Optionsfeld fast immer leer bleibt. In der Praxis werden IP-Optionen nur selten eingesetzt. Ausnahmen bilden Einbruchsversuche und (sehr selten) die Fehlersuche in Netzwerken.

Die gebräuchlichste IP-Option, mit der eine Firewall konfrontiert werden könnte, ist die Option IP-Source-Routing. Source-Routing erlaubt es der Quelle eines Pakets, festzulegen, welchen Weg (Route) das Paket zum Ziel nehmen soll, anstatt die Router auf dem Weg anhand ihrer Routing-Tabellen entscheiden zu lassen, wohin sie das Paket als nächstes schicken. Beim Source-Routing werden die Angaben in den Routing-Tabellen übergangen. Theoretisch eignet sich die Option Source-Routing für die Arbeit mit Routern, deren Routing-Tabellen zerstört wurden oder falsch sind; wenn Sie die Route kennen, die ein Paket nehmen sollte, die Routing-Tabelle jedoch zerstört ist, können Sie die Falschinformation in der Routing-Tabelle durch die Angabe der passenden IP-Source-Routing-Optionen für alle Ihre Pakete übergehen. In der Praxis wird Source-Routing allerdings vor allem von Angreifern eingesetzt, die Sicherheitsmaßnahmen umgehen wollen, indem Sie die Pakete über ungewöhnliche Pfade schicken.

Das ist ein ziemlich vertracktes Problem; verschiedene Entwickler haben interessante Anwendungen des Source-Routing vorgeschlagen, die jedoch nicht durchführbar sind, da Source-Routing üblicherweise ausgeschaltet ist – weil es sich nur für Angriffe eignet. Diese Situation stört die Verbreitung der meisten Lösungen für mobiles IP (bei dem Maschinen von verschiedenen Stellen aus mit einer festen IP-Adresse arbeiten können) beträchtlich.

Manche Paketfiltersysteme filtern alle Pakete heraus, in denen eine IP-Option gesetzt ist, ohne erst zu ermitteln, um welche Option es sich handelt oder welche Bedeutung sie hat. Meist hat dies keine größeren Probleme zur Folge.

IP-Fragmentierung

Eine weitere, hinsichtlich der Paketfilterung interessante Eigenschaft auf IP-Ebene ist die Fragmentierung. Eine der Funktionen von IP ist die Fähigkeit, große Pakete in kleinere Pakete, sogenannte *Fragmente,* aufzuteilen. Ohne diese Eigenschaft könnten die Pakete bestimmte Netzwerke nicht durchqueren, in denen die Paketgröße beschränkt ist. Die Fragmente werden durch die Zielmaschine wieder zu vollständigen Paketen zusammengesetzt (nicht durch die Maschine am anderen Ende des eingeschränkten Teilstücks; wenn ein Paket erst einmal fragmentiert ist, dann bleibt es normalerweise so, bis es sein Ziel erreicht hat).

Normalerweise kann jeder Router beschließen, ein Paket zu fragmentieren. Über ein Flag im IP-Header können Sie einen Router jedoch davon abhalten. Ursprünglich wurde dieses Flag nicht besonders häufig verwendet, da ein Router, der ein Paket fragmentieren muß, dies jedoch nicht darf, dieses Paket abweisen muß, und die Kommunikation fehlschlägt. Das ist natürlich weniger erstrebenswert als die Fragmentierung eines Pakets. Es gibt jedoch inzwischen ein System mit dem Namen Path Maximum Transmission Unit (MTU) Discovery, das das Flag benutzt, mit dem die Fragmentierung verhindert wird.

Path MTU Discovery bietet Systemen die Möglichkeit anzugeben, wie groß das größte Paket sein darf, das an eine andere Maschine geschickt werden kann, ohne fragmentiert zu werden. Große, unfragmentierte Pakete sind effizienter als kleine Pakete; müssen Pakete jedoch später noch geteilt werden, verlangsamt sich die Datenübertragung deutlich. Die maximale Effizienz hängt deshalb davon ab, ob Sie wissen, wie groß die Pakete sein dürfen. Das wiederum ist von allen Netzwerkteilstücken zwischen den Maschinen abhängig. Es gibt für die Maschinen keinen Weg herauszufinden, wie die Antwort lautet (außerdem könnte sie sich sowieso von Augenblick zu Augenblick ändern). Um die Grenzen zu ermitteln, können Systeme Pakete mit der Einstellung »nicht fragmentieren« aussenden und auf die Fehlermeldung warten, die besagt, daß ein Paket abgewiesen wurde, weil es zu groß war und nicht fragmentiert werden durfte. Tritt ein Fehler auf, verringert die Maschine die Paketgröße; tritt kein Fehler auf, vergrößert sie sie. Dadurch erhöht sich der Aufwand am Anfang der Verbindung. Sollen jedoch größere Datenmengen über ein Netzwerk übertragen werden, das einen eingeschränkten Teilabschnitt enthält, verbessert sich trotz der absichtlich verlorengegangenen Pakete die Gesamtübertragungszeit. Allerdings wird Path MTU Discovery fehlschlagen, wenn die Fehlermeldungen (ICMP-Meldungen, die wir später in diesem Kapitel behandeln) nicht korrekt zurückgeliefert werden (weil zum Beispiel Ihre Firewall sie abfängt).

IP-Fragmentierung wird in Abbildung 4-3 dargestellt.

Das Problem mit der Fragmentierung ist aus Sicht der Paketfilterung, daß nur das erste Fragment die Header-Informationen der Protokolle aus den höheren Schichten, wie TCP, enthält, die das Paketfiltersystem benötigt, um entscheiden zu können, ob es das vollständige Paket zuläßt oder nicht. Ursprünglich sah der allgemeine Ansatz der Paketfilterung für den Umgang mit Fragmentierung vor, alle nicht-ersten Fragmente durchzulassen und nur auf dem ersten Fragment eines Pakets eine Paketfilterung durchzuführen. Dies wurde als sicher angesehen, da das Zielsystem die restlichen Fragmente nicht wieder zum Originalpaket zusammensetzen konnte, wenn bei der Paketfilterung das erste Fragment abgewiesen wurde, unabhängig davon, wie viele Fragmente es ansonsten empfangen hat. Wenn das Originalpaket sich nicht wieder rekonstruieren läßt, wird das teilweise zusammengesetzte Paket nicht akzeptiert.

Es gibt jedoch mit fragmentierten Paketen noch weitere Probleme. Wenn Sie alle nicht-ersten Fragmente durchlassen, behält der Zielrechner die Fragmente noch eine Zeitlang im Speicher und wartet darauf, ob das fehlende Teilstück noch kommt. Dies ermöglicht es Angreifern, fragmentierte Pakete für eine Denial-of-Service-Attacke einzusetzen. Wenn der Zielrechner es aufgibt, das Paket zusammensetzen zu wollen, schickt er die ICMP-Meldung »packet reassembly time expired« (Zeit für Paketrekonstruktion abgelaufen) zurück an den Ursprungsrechner. Ein Angreifer erfährt dadurch, daß der Rechner existiert und weshalb keine Verbindung zustande kam.

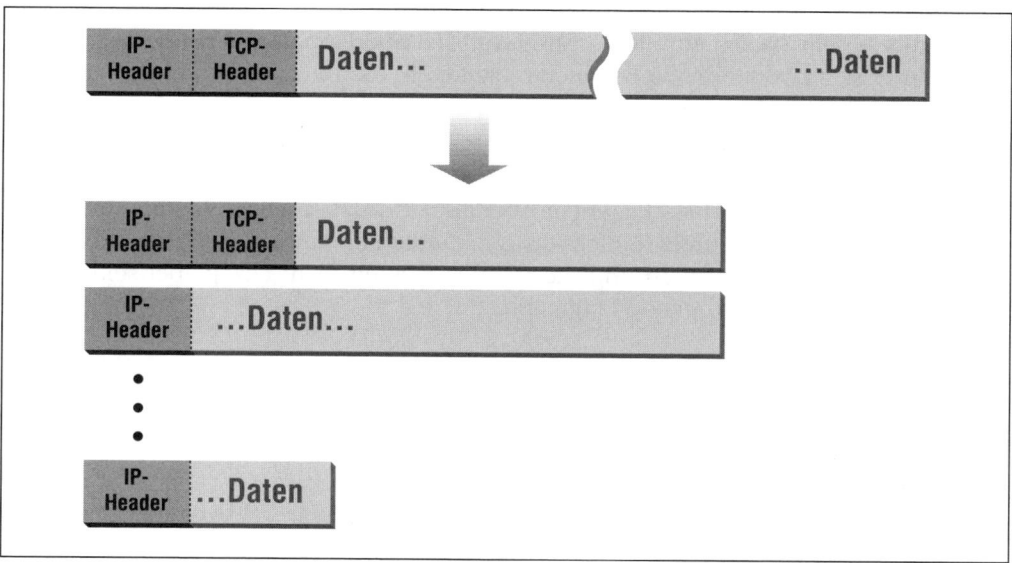

Abbildung 4-3: Datenfragmentierung

Angreifer können außerdem besonders fragmentierte Pakete benutzen, um Daten zu verbergen. Jedes Fragment besitzt Informationen darüber, wo die enthaltenen Daten beginnen und enden. Normalerweise beginnt ein Fragment am Ende des vorherigen Fragments. Ein Angreifer kann jedoch Pakete konstruieren, in denen sich die Fragmente eigentlich überlappen und die gleichen Datenadressen enthalten. Eigentlich kommt so etwas nicht vor; es passiert nur, wenn Programmfehler oder Angreifer im Spiel sind – und Angreifer sind die bei weitem am häufigsten auftretende Ursache.

Die Betriebssysteme reagieren unterschiedlich auf sich überlappende Fragmente. Da es sich um eine unnormale Erscheinung handelt, antworten viele Betriebssysteme fehlerhaft und versuchen, die Fragmente zu ungültigen Paketen zusammenzusetzen. Die Ergebnisse reichen bis hin zu Betriebssystemabstürzen. Beim Zusammensetzen gibt es Unklarheiten darüber, ob die Daten des ersten oder des zweiten Fragments verwendet werden. Diese Unklarheiten können noch verstärkt werden, indem man die Fragmente durcheinander schickt. Manche Maschinen bevorzugen die erste empfangene Version, andere die neueste empfangene Version, wieder andere die zahlenmäßig erste und noch andere die zahlenmäßig letzte. Für Systeme zur Paketfilterung oder zur Aufdeckung von Einbrüchen ist es nahezu unmöglich, zu ermitteln, welche Daten das empfangende System wirklich sieht, falls die Fragmente wieder zusammengefügt werden.

Durch sich überlappende Fragmente lassen sich drei Arten von Angriffen realisieren:

- Einfache Denial-of-Service-Angriffe auf Hosts mit schlechten Reaktionsmöglichkeiten auf sich überlappende Fragmente
- Angriffe, die Informationen verbergen sollen. Wenn ein Angreifer weiß, daß Systeme verwendet werden, die nach Viren scannen, Einbrüche aufspüren oder anderweitig den Inhalt der Pakete überwachen, und er ermitteln kann, welche Methoden ein System zum Rekonstruieren sich überlappender Fragmente einsetzt, kann er sich überlappende Fragmente erzeugen, die ihren Inhalt vor den überwachenden Systemen verbergen.
- Angriffe, die Informationen an ansonsten blockierte Ports übertragen. Ein Angreifer kann ein Paket erzeugen, das im ersten Fragment über akzeptable Header verfügt, dann aber in das nächste Fragment überlappt, so daß auch in diesem Header zu finden sind. Da Paketfilter in nicht-ersten Fragmenten keine TCP-Header erwarten, werden sie sie nicht filtern und die Header müssen nicht akzeptabel sein. Abbildung 4-4 zeigt überlappende Fragmente.

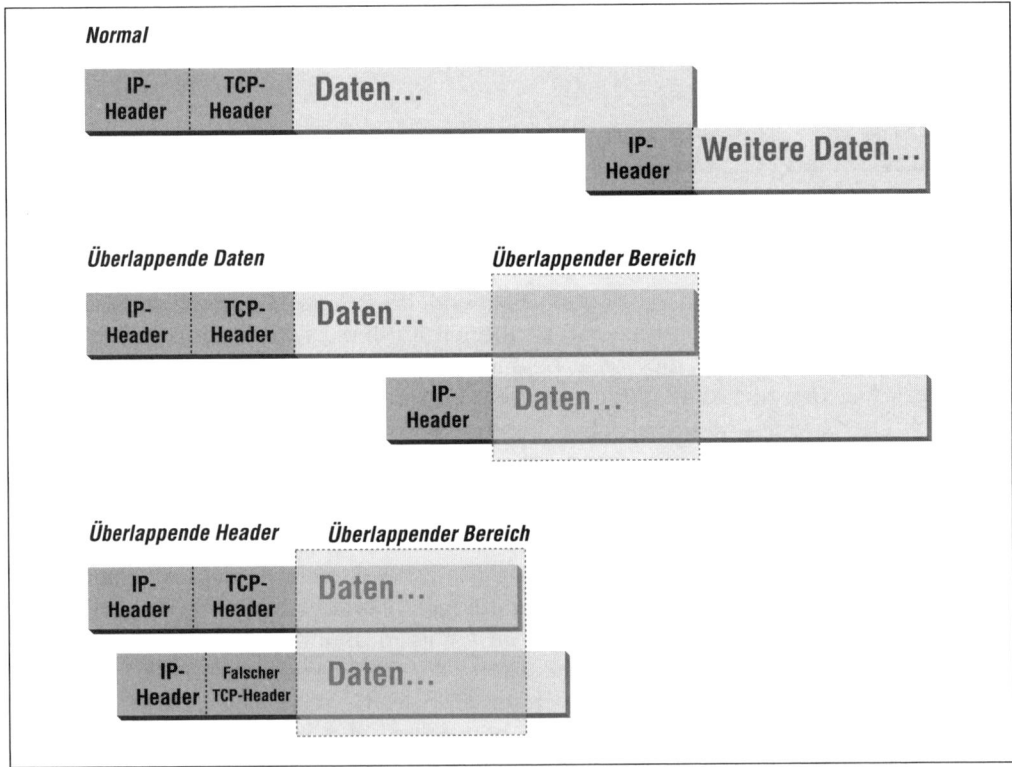

Abbildung 4-4: Überlappende Fragmente

Es gibt noch andere, spezielle Probleme beim Durchlassen von ausgehenden Fragmenten. Ausgehende Fragmente könnten durchaus Daten enthalten, die nicht unbedingt überall veröffentlicht werden sollen. Ein ausgehendes NFS-Paket wäre beispielsweise mit ziemlicher Sicherheit fragmentiert; wäre die Datei vertraulich, würden die Informationen veröffentlicht werden. Geschieht dies versehentlich, ist es vermutlich kein Problem; es wartet im allgemeinen niemand darauf, die Daten in zufällig vorbeikommenden Paketen nach irgendwelchen interessanten Dingen zu durchsuchen. Man müßte schon sehr lange warten, bis jemand versehentlich ein Fragment mit interessanten Daten vorbeischickt.

Schickt allerdings jemand aus Ihrem Netzwerk absichtlich fragmentierte Daten hinaus, dann befindet sich der Bösewicht innerhalb der Firewall. Vor solchen Benutzern kann keine Firewall Sie beschützen. (Wahrscheinlich sind es keine besonders schlauen Bösewichte, da es leichtere Wege gibt, Daten herauszuschmuggeln.)

Es gibt jedoch noch eine andere Situation, in der ausgehende Fragmente Daten enthalten könnten: wenn Sie versuchen, eine verwundbare Stelle dadurch zu schützen, daß Sie Antworten auf irgendetwas blockieren wollen (anstatt zu versuchen, die ursprüngliche Anfrage auf der Eingangsseite abzufangen, was besser wäre), und diese Antwort fragmentiert ist. In diesem Augenblick werden nicht-erste Fragmente der Antwort nach außen gelangen, und der Angreifer kann gezielt nach ihnen suchen. Sie begegnen dem, indem Sie die Anfragen sorgfältig filtern und sich nicht darauf verlassen, die Antworten zu filtern.

Wegen dieser und ähnlicher Probleme mit der Fragmentierung müssen Sie nach einem Paketfilter suchen, der Fragmente rekonstruiert. Anstatt Fragmente entweder zu erlauben oder zu verbieten, sollte der Paketfilter das Paket lokal wieder zusammensetzen (und es notfalls vor dem Senden erneut fragmentieren). Dadurch erhöht sich zwar die Last auf der Firewall, allerdings schützt es vor allen Risiken und Angriffen, die auf der Fragmentierung beruhen, ausgenommen denen, gegen die die Firewall selbst anfällig ist (zum Beispiel Denial-of-Service-Angriffe durch das Senden von nicht-ersten Fragmenten, bis der Firewall der Speicher ausgeht).

Falls es Ihnen nicht möglich ist, die Fragmente wieder zu rekonstruieren, besteht Ihre sicherste Möglichkeit darin, alle nicht-ersten Fragmente abzulehnen. Das zerstört vielleicht Verbindungen, die ansonsten bestehen bleiben würden. Das ist aber das geringere der beiden Übel. Durch das Ablehnen von Fragmenten werden manche Verbindungen auf mysteriöse Weise fehlschlagen, was sich nur sehr schlecht herausfinden und beheben läßt. Erlauben Sie sie andererseits, werden Sie anfällig für eine Reihe verschiedener Angriffsarten, die im Internet weit verbreitet sind. Glücklicherweise kommen durch den verstärkten Einsatz von Path MTU Discovery fragmentierte Pakete immer seltener vor.

Protokolle oberhalb von IP

IP dient als Grundlage für eine Reihe verschiedener Protokolle; die am häufigsten vorkommenden sind TCP, UDP und ICMP. Wir werden uns außerdem kurz mit IP-over-IP befassen (d.h. ein IP-Paket gekapselt in einem anderen IP-Paket), das vor allem zum Tunneln von Protokollen über normale IP-Netzwerke verwendet wird. Diese Technik wurde in der Vergangenheit eingesetzt, um Multicast-IP-Pakete über Nicht-Multicast-IP-Netzwerke zu tunneln, und findet nun Anwendung für eine Vielzahl von VPN-Systemen (virtuelle private Netzwerke), IPv6 und einige Systeme zur Unterstützung mobiler IP. Dies sind die einzigen IP-basierten Protokolle, die Sie wahrscheinlich zwischen Netzwerken außerhalb einer Forschungseinrichtung sehen werden.[4]

TCP

TCP ist das am häufigsten für Dienste im Internet verwendete Protokoll. Telnet, FTP, SMTP, NNTP und HTTP sind zum Beispiel TCP-basierte Dienste. TCP stellt eine zuverlässige, bidirektionale Verbindung zwischen zwei Endpunkten zur Verfügung. Das Öffnen einer TCP-Verbindung ist wie das Ausführen eines Telefonanrufs: Sie wählen die Nummer und nach einer kurzen Aufbauphase besteht zwischen Ihnen und der Person am anderen Ende der Leitung eine zuverlässige Verbindung.

TCP ist insofern *zuverlässig*, als daß es der Anwendungsschicht drei Eigenschaften garantiert:

- Das Ziel erhält die Anwendungsdaten in der Reihenfolge, in der sie abgeschickt wurden.
- Das Ziel erhält alle Anwendungsdaten.
- Das Ziel erhält keine Anwendungsdaten doppelt.

TCP bricht eine Verbindung eher ab, als eine dieser Garantien zu verletzen. Wenn zum Beispiel TCP-Pakete aus dem mittleren Teil einer Sitzung während der Übertragung verlorengehen, sorgt die TCP-Schicht dafür, daß diese Pakete erneut übertragen werden, bevor sie sie an die Anwendungsschicht übergibt. Die folgenden Daten werden erst dann übergeben, wenn die fehlenden Daten übergeben werden konnten. Können Daten trotz wiederholter Versuche nicht wiederhergestellt werden, bricht die TCP-Schicht die Verbindung ab und teilt dies der Anwendungsschicht mit, anstatt die Daten lückenhaft an die Anwendungsschicht auszuhändigen.

Diese Garantien erfordern in zweierlei Hinsicht einen gewissen Aufwand: Die Aufbauphase verlängert sich (die beiden Seiten der Verbindung müssen zuerst Informationen austauschen, bevor sie anfangen können, Daten zu übermitteln) und es ist eine höhere Leistung während der Verbindung nötig (die beiden Seiten der Verbindung müssen den

---

[4] Sie könnten auch die Routing-Protokolle OSPF oder IGMP sehen, die in Kapitel 22 erläutert werden. Sie werden allerdings selten zwischen Netzwerken ausgetauscht und bilden nicht die Grundlage für andere Protokolle.

Status der Verbindung überwachen, um festzustellen, welche Daten möglicherweise erneut gesendet werden müssen, um keine Lücken in der Übertragung zuzulassen).

TCP ist insofern *bidirektional*, als daß ein Server nach dem Aufbau einer Verbindung einem Client über die gleiche Verbindung antworten kann. Sie müssen nicht eine Verbindung vom Client zum Server herstellen, um Anfragen oder Befehle zu übermitteln, und eine weitere Verbindung zurück zum Client für die Antworten.

Wenn Sie versuchen, eine TCP-Verbindung zu blockieren, ist es ausreichend, das erste Paket der Verbindung zu blockieren. Ohne dieses erste Paket (und viel wichtiger, die darin enthaltenen Startinformationen) setzt der Empfänger die folgenden Pakete in dieser Verbindung nicht wieder zu einem Datenstrom zusammen, und die Verbindung kommt nie zustande. Das erste Paket ist erkennbar, weil das ACK-Flag in seinem TCP-Header nicht gesetzt ist; bei allen anderen Paketen der Verbindung ist unabhängig von der Richtung, in die sie sich bewegen, das ACK-Flag gesetzt. (Wie wir später erläutern werden, spielt ein weiteres Flag, das sogenannte SYN-Flag, ebenfalls eine Rolle bei der Aushandlung der Verbindung; es muß sich im ersten Paket befinden, kann allerdings nicht dazu benutzt werden, das erste Paket zu identifizieren, da es auch im zweiten Paket enthalten ist.)

Dadurch, daß die jeweils ersten TCP-Pakete einer Verbindung von den folgenden zu unterscheiden sind, können Sie Anfragen von internen Clients an externe Server erlauben, Anfragen von externen Clients an interne Server jedoch unterbinden. Dies erreicht man, indem man TCP-Startpakete (ohne gesetztes ACK-Flag) nur von innen nach außen, aber nicht von außen nach innen weiterleitet. TCP-Startpakete dürfen nur von internen Clients an externe Server, nicht jedoch von externen Clients an interne Server geschickt werden. Angreifer können diesen Ansatz nicht einfach unterwandern, indem sie in ihren TCP-Startpaketen einfach das ACK-Flag setzen, da das Fehlen des ACK-Flags diese Pakete als Startpakete kennzeichnet.

Paketfiltersysteme unterscheiden sich in der Behandlung und Verarbeitung des ACK-Flags. Manche Paketfiltersysteme ermöglichen einen direkten Zugriff auf das ACK-Flag – zum Beispiel, indem sie Ihnen erlauben, »ack« als Schlüsselwort in eine Paketfilterregel aufzunehmen. Andere ermöglichen einen indirekten Zugriff auf dieses Flag. Das Cisco-Schlüsselwort »established« funktioniert beispielsweise so, daß es dieses Flag überprüft (established ist »true«, falls das ACK-Flag gesetzt ist, und »false«, falls das ACK-Flag nicht gesetzt ist). Bei manchen Implementierungen schließlich können Sie das ACK-Flag überhaupt nicht überprüfen.

TCP-Optionen

Das ACK-Flag ist nur eine der Optionen, die gesetzt werden können; hier sehen Sie die vollständige Liste aller Optionen, in der Reihenfolge, in der sie im Header auftauchen:

- URG (*urgent*; dringend)
- ACK (*acknowledgment*; Empfangsbestätigung)
- PSH (*push*)

Kapitel 4: Pakete und Protokolle

- RST (*reset*; zurücksetzen)
- SYN (*synchronize*; synchronisieren)
- FIN (*finish*; beenden)

URG und PSH sind dafür vorgesehen, besonders kritische Daten zu identifizieren; PSH teilt dem Empfänger mit, daß er das Puffern beenden und die Daten an ein Programm weitergeben soll. URG markiert dagegen allgemeiner die Daten, von denen der Sender annimmt, daß sie besonders wichtig sind (manchmal fälschlicherweise auch mit »out of band« bezeichnet). In der Praxis sind jedoch beide nicht zuverlässig implementiert, und meist müssen Firewalls anhand dieser Flags keine besonderen Aktionen durchführen. Es kann ganz hilfreich sein, wenn Firewalls beim Umgang mit Protokollen, die bekanntermaßen nicht über diese Eigenschaften verfügen, Pakete verwerfen, bei denen URG oder PSH gesetzt sind.

ACK und SYN bilden zusammen den berühmten TCP-Dreiwege-Handshake (dieser wird deshalb so genannt, weil er drei Pakete benötigt, um eine Verbindung aufzubauen). Abbildung 4-5 zeigt, wie ACK und SYN bei Paketen, die Bestandteil einer TCP-Verbindung sind, gesetzt werden.

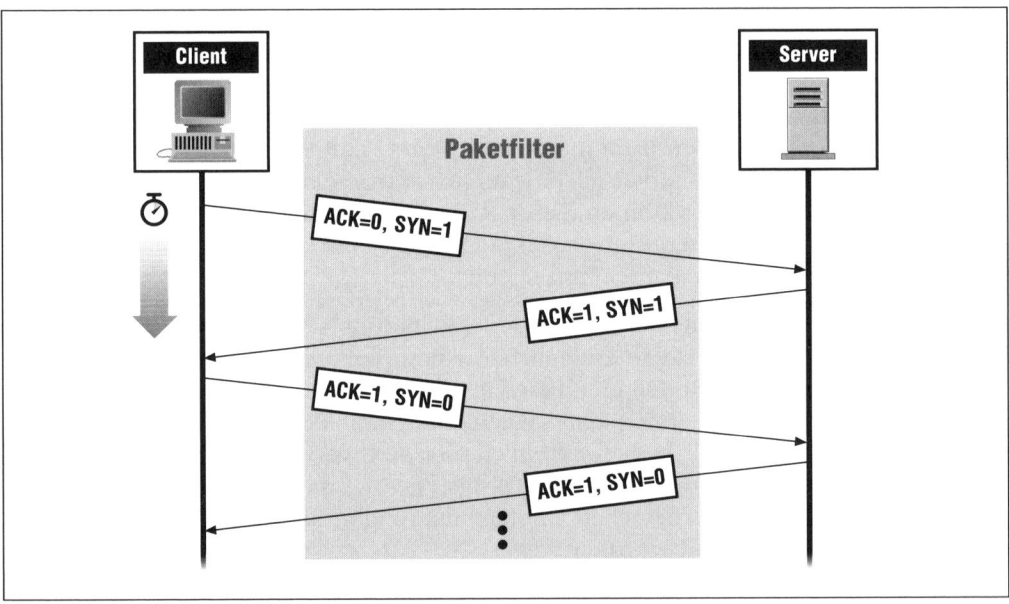

Abbildung 4-5: ACK-Flags in TCP-Paketen

SYN wird bei den ersten beiden Paketen einer Verbindung gesetzt (ein Paket in jede Richtung), um die Sequenznummern zu initialisieren. Beim ersten Paket einer Verbindung muß ACK aus- (da auf nichts geantwortet wird) und SYN eingeschaltet sein (um dem nächsten Paket eine Nummer zur Bestätigung zu übergeben). Sequenznummern werden im folgenden Abschnitt näher erläutert.

Mit RST und FIN läßt sich eine Verbindung beenden. RST ist ein wenig eleganter Abbruch. Damit wird signalisiert, daß etwas schiefgegangen ist (zum Beispiel gibt es keinen Prozeß, der empfangsbereit an dem Port wartet, oder es scheint mit dem eingegangenen Paket etwas nicht zu stimmen). FIN dagegen ist Teil des normalen Beendens einer Verbindung. Beide Enden senden FIN, um einander zu »verabschieden«.

ACK und RST sind die einzigen Elemente dieser Liste, die beim normalen Betrieb für eine Firewall interessant sind (ACK, weil es eine zuverlässige Methode darstellt, das erste Paket einer Verbindung zu identifizieren, und RST, weil es ein nützlicher Weg ist, Angreifer aus der Leitung zu werfen, ohne ihnen eine interpretierbare oder hilfreiche Fehlermeldung zurückzugeben). Es gibt jedoch eine Reihe von Angriffen, bei denen Optionen gesetzt werden, die normalerweise nicht verwendet werden. Viele TCP/IP-Implementierungen reagieren ziemlich heftig auf ausgefallene Kombinationen von Optionen (sie bringen zum Beispiel die Maschine zum Absturz). Andere antworten zwar, protokollieren dies jedoch nicht, so daß Angreifer das Netzwerk erkunden können, ohne entdeckt zu werden. Solche Angriffe werden im folgenden Abschnitt behandelt.

TCP-Sequenznummern

TCP garantiert den Anwendungen, daß sie die Daten immer in der richtigen Reihenfolge erhalten. Allerdings gibt es keine Garantie, daß niedrigere Schichten TCP die Pakete in der richtigen Reihenfolge zustellen. Um die Pakete wieder richtig anzuordnen, benutzt TCP eine Nummer für jedes Paket, die sogenannte *Sequenznummer*. Am Beginn einer Verbindung wählt jede Seite eine Startnummer. Diese Nummer wird übermittelt, wenn SYN gesetzt ist. Es gibt zwei Pakete, bei denen SYN gesetzt ist (eines in jede Richtung), da die beiden Enden getrennte, unabhängig voneinander gewählte Sequenznummern verwenden. Nach dem SYN wird die Nummer bei jedem Paket einfach um die Anzahl der Datenbytes im Paket erhöht. Beträgt die erste Sequenznummer 200 und enthält das erste Datenbyte 80 Bytes Daten, bekommt es die Sequenznummer 280.[5] Das ACK wird von der Nummer des nächsten erwarteten Datenstücks begleitet (Sequenznummer plus 1; in diesem Fall 281).

Damit ein Angreifer eine TCP-Verbindung übernehmen kann, muß er die richtigen Sequenznummern herausfinden. Da die Sequenznummern während einer Verbindung erhöht werden, stellt dies für einen Angreifer, der den Verkehr sehen kann, keine unlösbare Aufgabe dar. Andererseits ist es viel schwieriger, wenn man die anfängliche Aushandlung der Verbindung nicht sehen kann; die Sequenznummern werden nämlich zufällig gewählt. Allerdings sind die Anfangssequenznummern in vielen Betriebssystemen alles andere als zufällige Nummern. In manchen TCP/IP-Implementierungen lassen sich die Ausgangsnummern vorhersagen; wenn Sie die Anfangssequenznummer einer Verbindung kennen, wissen Sie auch, welche Nummer die nächste Verbindung benutzt, da die Nummern einfach erhöht werden. Dies basiert entweder auf der Anzahl

---

5   Im einzelnen ist es tatsächlich etwas komplizierter, die Sequenznummer zu berechnen; das Ergebnis sieht aber so aus wie beschrieben.

der Verbindungen (die Nummer erhöht sich bei jeder Verbindung um einen festen Wert) oder auf der Zeit (die Nummer erhöht sich jede Mikrosekunde um einen festen Wert).

Es scheint vielleicht so, als müsse man sich darum keine Sorgen machen. Um eine Verbindung entführen zu können, braucht ein Angreifer mindestens:

1. Die Möglichkeit, TCP/IP-Pakete zu fälschen
2. Die Anfangssequenznummer einer Verbindung
3. Kenntnis darüber, daß jemand eine attraktive Verbindung gestartet hat (aber nicht die Fähigkeit, diese Verbindung wirklich zu sehen – wenn der Angreifer die Verbindung sehen kann, muß er die Sequenznummer nicht vorhersagen)
4. Genaue Informationen darüber, wann diese attraktive Verbindung gestartet wurde
5. Entweder die Fähigkeit, den Verkehr umzulenken, um die Antworten zu empfangen, oder die Fähigkeit, die Konversation fortzuführen und etwas zu bekommen, ohne jemals die Antworten zu erhalten

Jahrelang wurde dies als rein theoretischer Angriff angesehen, den paranoide Gemüter sich ausmalten, der aber keine Gefahr darstellte. Schließlich wurde er jedoch implementiert, und jetzt gibt es Programme, die den Vorgang vereinfachen. Diese Technik wird zwar momentan noch nicht von Teilzeitbösewichten verwendet, steht aber entschlossenen Angreifern zur Verfügung, auch wenn diese technisch nicht besonders bewandert sein sollten. Sie sollten sicherstellen, daß sicherheitskritische Hosts wirklich zufällige Anfangssequenznummern einsetzen, indem Sie eine entsprechende Betriebssystemversion installieren.

UDP

Der Body eines IP-Pakets könnte anstelle eines TCP-Pakets auch ein UDP-Paket enthalten. UDP ist eine weniger aufwendige Alternative zu TCP.

UDP gibt keine der Zuverlässigkeitsgarantien (Auslieferung, Reihenfolge und Schutz vor Doppelungen) von TCP und benötigt daher auch keine der Mechanismen, um diese Garantien einzuhalten. Jedes UDP-Paket ist unabhängig; UDP-Pakete gehören nicht zu einer »virtuellen Verbindung« wie TCP-Pakete. Das Verschicken von UDP-Paketen ist dem Versenden von Postkarten vergleichbar: Wenn Sie 100 Postkarten mit der gleichen Empfängeradresse in die Post geben, können Sie auch nicht hundertprozentig sicher sein, daß sie alle ankommen bzw. daß sie in der gleichen Reihenfolge ankommen, wie Sie sie weggeschickt haben. (Es ist sogar bedeutend unwahrscheinlicher, daß UDP-Pakete ankommen, als dies bei Postkarten der Fall ist; allerdings liegt die Wahrscheinlichkeit, daß sie in der gleichen Reihenfolge ankommen, höher als bei Postkarten.)

Im Gegensatz zu Postkarten können UDP-Pakete wirklich mehrmals ankommen – und sie sind nicht zerfetzt, was eine Postkarte normalerweise sein müßte, die mehrfach ankommt. Mehrfache Kopien treten beispielsweise auf, weil das Paket vom zugrunde liegenden Netzwerk dupliziert wurde. In einem Ethernet könnte ein Paket zum Beispiel dupliziert werden, weil der Router annimmt, daß das Paket Opfer einer Ethernet-Kollision wurde. Wenn der Router sich geirrt hat und das Paket keiner Kollision zum Opfer gefallen ist, kommen schließlich sowohl das Originalpaket als auch das Duplikat am Ziel an. (Auch eine Anwendung könnte beschließen, die gleichen Daten zweimal abzuschicken, weil sie vielleicht nicht die erwartete Antwort auf die ersten erhalten hat oder weil sie einfach nur durcheinandergeraten ist.)

Dies alles kann auch mit TCP-Paketen geschehen, allerdings werden solche Fehler korrigiert, bevor die Daten an die Anwendung weitergereicht werden. Bei UDP ist die Anwendung dafür verantwortlich, die Daten genau so zu verarbeiten, wie sie in den Paketen ankommen, die nicht vom zugrunde liegenden Protokoll geordnet wurden.

In der Struktur ähneln sich UDP- und TCP-Pakete sehr stark. Ein UDP-Header enthält die UDP-Quell- und Zielportnummern, entsprechend den TCP-Quell- und Zielportnummern. Allerdings gibt es im UDP-Header keine der Flags oder Sequenznummern, die TCP verwendet. Vor allem findet sich dort nichts, was dem ACK-Flag ähnelt. Das ACK-Flag ist Teil des Mechanismus in TCP, der die zuverlässige Auslieferung der Daten garantiert. Da UDP solche Garantien nicht gibt, benötigt es auch kein ACK-Flag. Für einen Paketfilter-Router besteht keine Möglichkeit, anhand der Untersuchung des Headers eines empfangenen UDP-Pakets festzustellen, ob dieses Paket das erste Paket eines externen Client an einen internen Server oder die Antwort eines externen Servers auf eine Anfrage eines internen Client ist.

ICMP

ICMP wird für IP-Status- und Kontrollmeldungen verwendet. ICMP-Pakete werden ebenso wie TCP- und UDP-Pakete im Body von IP-Paketen übertragen. Zu ICMP-Meldungen gehören zum Beispiel:

echo request
    Sendet ein Host, wenn Sie einen *ping* ausführen.

echo response
    Antwort eines Hosts auf eine »echo-Anfrage«.

time exceeded
    Antwort eines Routers, wenn er feststellt, daß ein Paket in einer Schleife festzuhängen scheint. Eine bessere Bezeichnung wäre möglicherweise *maximum hopcount exceeded*, da die Meldung auf der Anzahl der Router beruht, die das Paket bereits passiert hat, und nicht auf einer Zeitspanne.

destination unreachable
    Antwort eines Routers, wenn das Ziel eines Pakets aus irgendeinem Grund nicht erreicht werden kann (z.B. weil ein Teil des Netzwerks ausgefallen ist).

redirect
> Antwort eines Routers an einen Host auf ein Paket, das vom Host eigentlich an einen anderen Router geschickt werden sollte. Der Router verarbeitet das Originalpaket trotzdem (er schickt es weiter an den Router, der das Paket ursprünglich erhalten sollte). Die Meldung redirect teilt dem Host für das nächste Mal einen effektiveren Weg mit.

Anders als TCP oder UDP besitzt ICMP keine Quell- oder Zielports, und es gibt keine anderen Protokolle, die auf ihm aufbauen. Statt dessen gibt es eine Anzahl definierter ICMP-Meldungstypen; diese Typen bestimmen, wie der Rest des ICMP-Pakets interpretiert wird. Manche Typen haben noch eigene Codes, die zusätzliche Informationen enthalten (zum Beispiel enthält der Typ »Destination unreachable« Codes für die verschiedenen Gründe, aus denen das Ziel nicht erreichbar ist. Eine dieser Bedingungen ist der Code »Fragmentation needed and Don't Fragment set«, der für Path MTU Discovery verwendet wird).

Viele Paketfiltersysteme erlauben es Ihnen, ICMP-Pakete auf der Grundlage des ICMP-Meldungstyps zu filtern, so wie sie es Ihnen ermöglichen, TCP- oder UDP-Pakete auf Basis der TCP- oder UDP-Quell- und Zielports zu filtern. Relativ wenige ermöglichen die Filterung anhand der Codes in einem Typ. Das ist ein Problem, weil Sie ja vielleicht »Fragmentation needed and Don't Fragment set« (für Path MTU Discovery), aber keinen der anderen Codes unter »Destination unreachable« erlauben wollen, die zum Durchsuchen von Netzwerken und zum Ausspionieren verwundbarer Hosts benutzt werden können.

Die meisten ICMP-Pakete enthalten keine oder nur wenige sinnvolle Informationen im Body des Pakets und sollten daher relativ klein sein. Allerdings wurden von verschiedenen Leuten Denial-of-Service-Attacken auf der Grundlage übergroßer ICMP-Pakete entdeckt (besonders häufig werden dazu echo-Pakete oder auch »ping«-Pakete – nach dem Unix-Befehl, mit dem sie üblicherweise abgeschickt werden – benutzt). Sie sollten deshalb am besten für alle ICMP-Pakettypen, die Sie durch Ihre Filter durchlassen wollen, eine Größenbeschränkung einführen.

Es gibt auch Angriffe, die ICMP als *verdeckten Kanal*, quasi zum Schmuggeln von Informationen, benutzen. Wie wir gerade erwähnten, enthält der Body der meisten ICMP-Pakete keine oder nur wenige sinnvolle Informationen. Sie können jedoch Füllinformationen enthalten, deren Inhalt unbestimmt ist. Wenn Sie zum Beispiel ICMP-echo zum Bestimmen von Zeiten oder aus Testgründen benutzen wollen, müssen Sie die Länge der Pakete und möglicherweise das Muster der darin enthaltenen Daten ändern können (manche Übertragungsmechanismen reagieren ziemlich empfindlich auf Bitmuster; die Geschwindigkeiten können sich zum Beispiel in Abhängigkeit von der Komprimierbarkeit der Daten unterscheiden). Sie dürfen deshalb beliebige Daten in den Body der ICMP-echo-Pakete legen. Diese Daten werden normalerweise ignoriert; sie werden nicht gefiltert, protokolliert oder anderweitig überprüft. Wenn jemand Daten durch eine Firewall schmuggeln will, die ICMP-echo erlaubt, sind diese Bodys sehr verlockend. Man könnte auf diese Weise sogar Daten in einen Standort hineinschmuggeln, der nur ausgehende echo-Anfragen erlaubt, indem man echo-Antworten hineinschickt, auch wenn gar keine Anfragen gekommen sind. Das ist nur sinnvoll, wenn die Maschine, an die die Antworten gesendet werden, so konfiguriert ist, daß sie sie empfängt; es hilft niemandem, in einen Standort einzubrechen, bietet aber eine Möglichkeit, Verbindungen zu einem Standort aufrechtzuerhalten.

IP-over-IP und GRE

Unter bestimmten Umständen werden IP-Pakete für die Übertragung in andere IP-Pakete eingekapselt, eine Vorgehensweise, die *IP-over-IP* genannt wird. Für IP-over-IP gibt es verschiedene Anwendungen, wie etwa:

- Einkapselung verschlüsselten Netzwerkverkehrs; zum Beispiel Einsatz des IPsec-Standards oder PPTP, die in Kapitel 14, *Vermittelnde Protokolle*, beschrieben werden
- Übertragung von Multicast-IP-Paketen (das heißt, von Paketen mit Multicast-Zieladressen) zwischen Netzwerken, die Multicast unterstützen, über Netzwerke, die Multicast nicht unterstützen
- Mobiles IP (wobei es erlaubt wird, eine Maschine mit einer festen IP-Adresse zwischen verschiedenen Netzwerken zu bewegen)
- Übertragen von IPv6-Verkehr über IPv4-Netzwerke

Für IP-over-IP werden viele verschiedene Protokolle verwendet, einschließlich des Protokolls Generic Routing Encapsulation (GRE), IP-in-IP, IP-within-IP und swIPe. GRE scheint gegenwärtig am weitesten verbreitet zu sein. Die allgemeinen Prinzipien sind in allen Fällen gleich; eine Maschine nimmt irgendwo ein Paket auf, kapselt es in ein neues IP-Paket ein und verschickt es an eine Maschine, die es auspackt und entsprechend weiterverarbeitet.

Manchmal (zum Beispiel bei Multicast- und IPv6-Verkehr) wird das Ein- und Auskapseln von speziellen Routern erledigt. Die sendenden und empfangenden Maschinen schicken ihren Multicast- oder IPv6-Verkehr ab, ohne etwas über das dazwischenliegende Netzwerk zu wissen. Wenn die Daten an einer Stelle ankommen, an der das Netzwerk diese besondere Art von Verkehr nicht verarbeiten kann, führt ein Router die Kapselung durch. In diesem Fall wird das gekapselte Paket an einen anderen Router gerichtet, der es wieder auspackt. Die Kapselung kann auch von der sendenden Maschine oder die Entkapselung von der empfangenden Maschine vorgenommen werden.

IP-over-IP wird auch häufig zum Aufbau virtueller privater Netzwerke eingesetzt, die in Kapitel 5, *Firewall-Techniken*, näher besprochen werden. Es ist die Grundlage für eine Reihe höherer Protokolle wie etwa IPsec und PPTP, mit denen wir uns in Kapitel 14, *Vermittelnde Protokolle*, beschäftigen werden.

IP-over-IP stellt für Firewalls ein Problem dar, da die Firewall zwar die IP-Header-Information des äußeren Pakets, nicht aber die originale Information sieht. In manchen Fällen ist es für die Firewall möglich, wenn auch schwierig, die Original-Header zu lesen; in anderen Fällen ist die originale Paketinformation verschlüsselt, wodurch verhindert wird, daß sie von Schnüfflern gelesen werden kann. Allerdings ist sie dann auch von der Firewall nicht lesbar. Das bedeutet, daß die Firewall keine Entscheidungen über das innere Paket treffen kann. Es besteht das Risiko, daß Daten die Firewall passieren, die eigentlich abgewiesen werden sollten. IP-over-IP sollte nur dann erlaubt werden, wenn das Ziel des äußeren Pakets ein vertrauenswürdiger Host ist, der das entkapselte Paket verwirft, wenn es nicht erwartet und erlaubt ist.

Protokolle unterhalb von IP

Es ist theoretisch möglich, Informationen zu filtern, die von einer Ebene unterhalb von IP stammen – zum Beispiel die Ethernet-Adresse. Das ist jedoch in den meisten Fällen nicht sinnvoll, da alle Pakete, die von außen kommen, von der gleichen Hardware-Adresse stammen (von der Adresse des Routers, der Ihre Internet-Verbindung verwaltet). Außerdem haben viele Router mehrere Verbindungen mit verschiedenen Protokollen der unteren Schichten. Das bedeutet, daß eine Filterung auf einer niedrigen Ebene die Konfiguration verschiedener Schnittstellen mit verschiedenen Arten von Regeln für die einzelnen Protokolle der unteren Schichten erfordert. Es wäre nicht möglich, eine Regel auf alle Schnittstellen eines Routers anzuwenden, der über zwei Ethernet- und zwei FDDI-Verbindungen verfügt, da die Header von Ethernet- und FDDI-Paketen einander zwar ähnlich, aber nicht identisch sind. In der Praxis stellt das IP-Protokoll die niedrigste Ebene dar, auf der man sich noch für die Paketfilterung entscheiden sollte.

Wenn Sie jedoch ein Netzwerk mit einer kleinen, festen Anzahl von Maschinen haben, dann ist die Filterung anhand von Hardware-Adressen eine nützliche Technik zum Entdecken und Deaktivieren von unrechtmäßig hinzugefügten Maschinen. (Mit dieser Technik können Sie sich auch selbst ganz hervorragend zum Gespött der Leute machen, wenn Sie Netzwerkkarten auswechseln und eine wichtige Maschine überraschend und mysteriöserweise die Arbeit einstellt – Sie sollten alles sorgfältig dokumentieren.) Selbst in relativ großen Netzwerken können Sie auf diese Weise Vorkehrungen treffen, damit Sie benachrichtigt werden, wenn Maschinen verändert oder hinzugefügt werden. So etwas kann offensichtlich nicht ausschließlich anhand von IP-Adressen geschehen, da beim Hinzufügen neuer Maschinen oft eine bereits existierende IP-Adresse verwendet wird.

Die Filterung auf der Grundlage der Hardware-Adresse bietet keinen zuverlässigen Schutz gegenüber böswilligen Benutzern innerhalb des Standorts. Bei den meisten Maschinen ist es trivial, die echte Hardware-Adresse zurückzusetzen; ein Angreifer könnte einfach die Hardware-Adresse einer gültigen Maschine benutzen.

Protokolle der Anwendungsschicht

In den meisten Fällen kommt oberhalb der erwähnten Protokolle ein weiteres anwendungsspezifisches Protokoll zum Einsatz. Diese Protokolle unterscheiden sich stark in ihren Eigenschaften. Es gibt Hunderte, wenn nicht sogar Tausende von Protokollen (fast so viele wie netzwerkbasierte Anwendungen). Ein Großteil diese Buches beschäftigt sich mit Netzwerkanwendungen und ihren Protokollen.

IP Version 6

Die aktuelle Version von IP wird offiziell IP Version 4 genannt; immer wenn wir in diesem Buch von IP reden, ohne genauere Angaben dazu zu machen, meinen wir diese Version. Momentan befindet sich jedoch eine neue Version von IP in der Entwicklung. Diese trägt den Namen IP Version 6 (abgekürzt IPv6). Weshalb braucht man eine neue Version von IP, und welchen Einfluß wird IPv6 auf Sie haben?

Der Anstoß für die Entwicklung von IPv6 war ein einfaches Problem: Dem Internet gehen die IP-Adressen aus. Das Internet ist so populär geworden, daß es nicht mehr genügend IP-Netzwerknummern gibt (vor allem Klasse-B-Netzwerkadressen, die am meisten benötigt werden); einige Schätzungen besagen, daß die Adressen bereits 1995 oder 1996 erschöpft gewesen wären, wenn man nichts getan hätte. Glücklicherweise wurde das Problem erkannt. Man leitete zwei Strategien ein – erstens wurde eine Reihe von vorläufigen Maßnahmen und Richtlinien in Kraft gesetzt, um die verbliebenen, noch nicht zugewiesenen Adressen bestmöglich auszunutzen, zweitens begann man mit der Entwicklung und Implementierung einer neuen Version von IP, die das Adreßproblem dauerhaft lösen sollte.

Wenn man beginnt, eine neue Version von IP zu entwickeln, um der Adreßknappheit zu begegnen, kann man diese Gelegenheit ausnutzen, um eine Anzahl weiterer Probleme oder Beschränkungen in IP zu beheben, wie etwa Verschlüsselung, Authentifizierung, Source-Routing und dynamische Konfiguration. (Für viele sind diese Beschränkungen die vorrangige Ursache für IPv6; das Adreßproblem stellt für andere lediglich einen praktischen Grund dar, es zu akzeptieren.) Für Firewalls hat das mehrere Folgen. Steve Bellovin von den AT&T Bell Laboratories, ein bekannter Firewall-Experte und Teilnehmer an der Entwicklung des IPv6, dazu:[6]

> IPv6 basiert auf dem Konzept der geschachtelten Header. Auf diese Weise werden Verschlüsselung und Authentifizierung realisiert; das »next protocol«-Feld nach dem IPv6-Header bestimmt einen Verschlüsselungs- oder Authentifizierungsheader. Deren next protocol-Felder würden im allgemeinen entweder IPv6 oder eines der üblichen Transportprotokolle wie TCP oder UDP kennzeichnen.

---

[6] Steve Bellovin in der Firewalls-Mailing-Liste am 31. Dezember 1994.

Geschachteltes IP-over-IP kann sogar ohne Verschlüsselung oder Authentifizierung erledigt werden; es wirkt wie eine Form von Source-Routing. Effektiver ist jedoch der Einsatz des Source-Routing-Headers – der aussagekräftiger als die entsprechende IPv4-Option ist und vermutlich bedeutend öfter verwendet werden wird, vor allem für mobiles IP.

Einige der Folgen für Firewalls sind bereits deutlich. Ein Paketfilter muß sich die ganze Kette der Header entlanghangeln und jeden einzelnen verstehen und verarbeiten. (Und ja, es stimmt, dadurch kann es aufwendiger werden, Portnummern zu überprüfen.) Eine angemessen vorsichtige Einstellung bestimmt, daß ein Paket mit einem unbekannten Header – ob von innen oder von außen – abgelehnt wird. Auch bringt die Tatsache, daß Source-Routing einfach zu bewerkstelligen und weit verbreitet ist, die zwingende Notwendigkeit einer kryptographischen Authentifizierung mit sich. Es ist beabsichtigt, Authentifizierung zu einem obligatorischen Bestandteil zu machen. Verschlüsselte Pakete sind undurchsichtige Einheiten und können deshalb nicht untersucht werden. Dies gilt zumindest derzeit, wobei es in der Praxis auch nur wenige Verschlüsselungsprogramme gibt. Das wird sich ändern. Bedenken Sie auch, daß die Verschlüsselung von Rechner zu Rechner, von Rechner zu Gateway oder von Gateway zu Gateway erfolgen kann. Dies macht die Analyse noch komplizierter.

Filterung nach Adressen ist von den automatischen Konfigurationsmechanismen ebenfalls teilweise betroffen. Eine Filterregel funktioniert nur dann, wenn ein Rechner, dessen Adresse im Filter erwähnt wird, immer dieselbe Adresse zugewiesen bekommt. Obwohl sich Standardmechanismen daran halten sollten, ist bei Eigenentwicklungen, Einwahl-Servern etc. Vorsicht geboten. Auch können sich die oberen Adreß-Bits ändern, um provider-spezifische Adressierung mit einfachem Leitungswechsel zu kombinieren.

Schließlich unterstützt IPv6 »Flüsse« (*flows*). Flüsse sind im wesentlichen virtuelle Verbindungen auf IP-Ebene. Sie können für Video, für den Wechsel auf zwischenliegende ATM-Verbindungen usw. eingesetzt werden. Auch für Firewalls sind sie von Nutzen, sofern eine geeignete Authentifizierung vorhanden ist: Das Problem mit UDP-Antworten dürfte gelöst sein, wenn die Anfrage eine Flußkennung enthält, auf die sich die Antwort bezieht. Das ist übrigens eine unausgegorene Idee von mir. Bisher gibt es keine allgemeingültigen Vorgaben, wie dies bewerkstelligt werden könnte. Das reguläre Protokoll für die Eröffnung eines Flußdialogs funktioniert nicht, da es zu aufwendig ist. Doch könnte ein Header für die Durchquerung von Firewalls diese Aufgabe erfüllen.

Das macht deutlich, daß IPv6 spürbare Auswirkungen auf Firewalls und vor allem auf die Paketfilterung haben kann. Allerdings wird IPv6 nicht über Nacht eingesetzt werden. Das Adreßproblem scheint nun doch nicht so schlimm zu sein, wie alle Welt befürchtet hat (eine Schätzung ging davon aus, daß der Adreßraum voll sein würde, bevor diese Auflage in den Druck geht). Andererseits hat es sich herausgestellt, daß es nun doch schwieriger als erwartet ist, Netzwerke von IPv4 auf IPv6 umzustellen. Das bedeutet, daß IPv6 zwar eine vielversprechende Technologie ist, die an Boden gewinnt, es aber IPv4 in der unmittelbaren Zukunft noch nicht ablösen wird. Sie brauchen deshalb noch eine geraume Zeit eine IPv4-Firewall.

Nicht-IP-Protokolle

Andere Protokolle auf der gleichen Schicht wie IP (z. B. AppleTalk und IPX) liefern ähnliche Informationen wie IP, obwohl die Header und Operationen für diese Protokolle und daher auch die Eigenschaften für die Paketfilterung sich grundlegend unterscheiden. Die meisten Implementierungen für die Paketfilterung unterstützen nur die IP-Filterung und lehnen Nicht-IP-Pakete einfach ab. Einige Produkte stellen eine begrenzte Paketfilterung für Nicht-IP-Protokolle zur Verfügung. Allerdings sind diese Funktionen bei weitem nicht so flexibel und leistungsfähig wie die Funktionen zur IP-Filterung des Routers.

Momentan stellt Paketfilterung für Nicht-IP-Protokolle kein verbreitetes und gut entwickeltes Werkzeug dar. Vermutlich liegt das daran, daß diese Protokolle selten zur Kommunikation außerhalb einer einzelnen Organisation über das Internet eingesetzt werden. (Das Internet ist per Definition ein Netzwerk aus IP-Netzwerken.) Wenn Sie zwischen Teilen Ihres Netzwerks eine Firewall installieren, werden Sie merken, daß Sie auch Nicht-IP-Pakete durchlassen müssen.

In dieser Situation sollten Sie sorgfältig prüfen, welchen Grad an Sicherheit Sie wirklich durch die Filterung erhalten. Viele Produkte, die behaupten, die Paketfilterung in Nicht-IP-Protokollen zu unterstützen, meinen eigentlich, daß sie in der Lage sind, Nicht-IP-Pakete als legale Pakete zu erkennen, und lassen sie durch – bei minimaler Protokollierung. Um eine ausreichende Unterstützung von Nicht-IP-Protokollen zu bekommen, müssen Sie ein Produkt finden, das von Leuten entwickelt wurde, die sich mit diesen Protokollen auskennen. Außerdem sollten Sie sicherstellen, daß dieses Produkt Eigenschaften aufweist, die zu dem zu filternden Protokoll passen. Produkte, die ursprünglich als IP-Router entwickelt wurden, dann aber von sich behaupten, fünf oder sechs andere Protokolle zu unterstützen, sollte man wahrscheinlich nur als Marketinggag und nicht als ernstzunehmende Alternative ansehen.

Im Internet werden Nicht-IP-Pakete in IP-Pakete eingekapselt. Meist bleibt Ihnen nichts weiter übrig, als gekapselte Pakete in ihrer Gesamtheit zu erlauben oder zu verbieten; Sie können alle AppleTalk-in-UDP-Verbindungen akzeptieren oder alle ablehnen. Einige Produkte, die Nicht-IP-Protokolle unterstützen, sind dazu in der Lage, diese gekapselten Pakete zu erkennen und Felder in ihnen zu filtern.

Angriffe auf der Grundlage niederer Protokolle

Als wir uns mit Protokollen befaßt haben, erwähnten wir bereits einige der gegen sie möglichen Angriffe. Oft bekamen die Angriffe ihre Namen von denjenigen, die das ursprüngliche Einbruchsprogramm geschrieben haben. Solche Namen sind zwar oft spektakulär, aber nicht sehr aussagekräftig. Außerdem werden es fast täglich mehr Angriffe. Wir sehen keine Möglichkeit, sie hier alle zu dokumentieren, allerdings werden wir Sie mit den verbreitetsten bekannt machen. Und im Prinzip ist es so, daß es zwar Dutzende verschiedener Angriffe gibt, diese aber eigentlich immer nur Variationen weniger, bekannter Themen darstellen. Es ist also nicht besonders wichtig, den aktuellen Namen zu kennen.

Port-Scanning

Beim *Port-Scanning* sucht man auf einer Maschine nach offenen Ports, um so zu ermitteln, welche angegriffen werden können. Einfaches Port-Scanning läßt sich relativ einfach entdecken, deshalb setzen Angreifer verschiedene Methoden ein, solche Port-Scans zu verschleiern. Zum Beispiel protokollieren viele Maschinen Verbindungen erst dann, wenn sie vollständig aufgebaut wurden. Ein Angreifer könnte also ein Startpaket mit einem SYN, aber ohne ACK senden, eine Antwort erhalten (ein weiteres SYN, falls der Port offen ist, ein RST, falls nicht) und an dieser Stelle aufhören. (Dies wird oft *SYN Scan* oder *Half Open Scan* genannt.) Es wird zwar nicht protokolliert, könnte aber dennoch einige unerwünschte Nebenwirkungen haben, vor allem, wenn der Angreifer zum Schluß kein RST sendet (zum Beispiel könnte dies zu einer Denial-of-Service-Attacke gegen den Host oder ein dazwischenliegendes Gerät führen, das versucht, offene Verbindungen zu überwachen, wie etwa eine Firewall).

Angreifer könnten auch andere Pakete senden, wobei ein Port als geschlossen gewertet wird, falls sie ein RST registrieren, und als offen, falls sie keine Antwort oder eine andere Fehlermeldung erhalten. Für diesen Zweck kann fast jede Kombination aus Flags bis auf SYN allein verwendet werden, obwohl die verbreitetsten Optionen FIN allein, »alle Optionen« und »keine Optionen« sind. Die beiden letzten Möglichkeiten, die manchmal *Weihnachtsbaum* (manche Netzwerkgeräte zeigen die Optionen durch Aufleuchten von Lichtern an, das heißt, sie leuchten in diesem Fall wie ein Weihnachtsbaum) und *Null* genannt werden, können zu unerwünschten Nebeneffekten auf instabilen TCP/IP-Stacks führen. Viele Geräte stürzen entweder ab oder deaktivieren TCP/IP.

Schwächen in der Implementierung

Viele der Angriffe auf dieser Ebene sind Denial-of-Service-Attacken, die Schwächen in den TCP/IP-Implementierungen ausnutzen, um Maschinen zum Absturz zu bringen. Zum Beispiel versenden *teardrop* und seine Verwandten überlappende Fragmente; es gibt auch Angriffe, bei denen ungültige Kombinationen von Optionen verschickt, ungültige Längenfelder gesetzt oder Daten als *urgent* (dringend) markiert werden, bei denen keine Anwendung dies tun würde (*winnuke*).

IP-Adreßfälschung

Bei einer IP-Adreßfälschung (*IP spoofing*) schickt ein Angreifer Pakete mit einer falschen Quelladresse. Wenn dies passiert, werden Antworten an die angebliche Quelladresse geschickt, nicht an den Angreifer. Dies scheint eigenartig zu sein, in Wirklichkeit jedoch gibt es dafür drei Erklärungen:

- Der Angreifer kann die Antwort abfangen.
- Der Angreifer muß die Antwort nicht sehen.
- Der Angreifer will die Antwort nicht haben; das Ziel des Angriffs ist es, die Antwort woanders hinzuschicken.

Der Angreifer kann die Antwort abfangen

Wenn ein Angreifer sich irgendwo im Netzwerk zwischen dem Ziel und der gefälschten Quelle befindet, kann er die Antwort sehen und die Konversation unbegrenzt lange aufrechterhalten. Dies bildet die Grundlage für »Hijacking«-Angriffe, die später genauer vorgestellt werden. Abbildung 4-6 zeigt einen Angreifer, der eine Fälschung auf diese Weise benutzt.

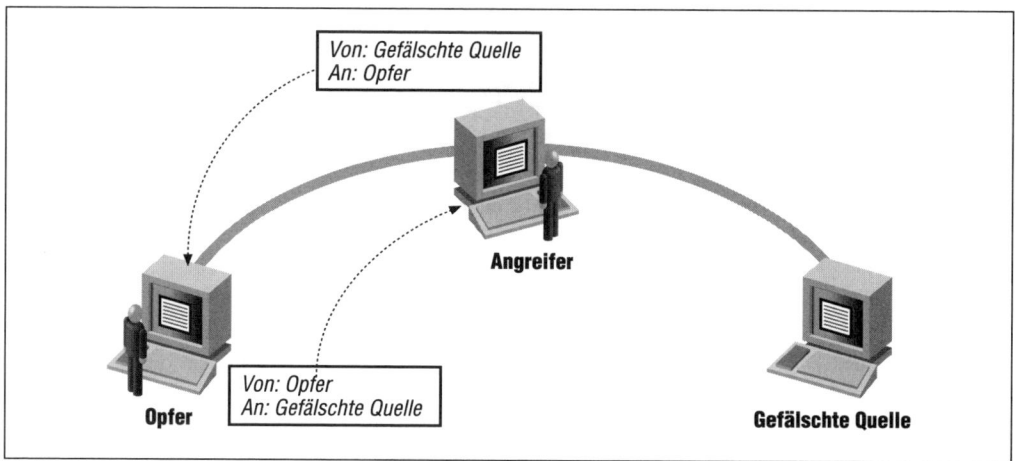

Abbildung 4-6: Ein Angreifer, der Antworten auf gefälschte Pakete abfängt

Der Angreifer muß die Antwort nicht sehen

Angreifer wollen die Antworten manchmal gar nicht wissen. Wenn es sich bei dem Angriff um eine Denial-of-Service-Attacke handelt, ist die angegriffene Maschine möglicherweise gar nicht mehr dazu in der Lage zu antworten. Und auch wenn dies nicht der Fall ist, kann der Angreifer unter Umständen die gewünschten Veränderungen vornehmen, ohne die Antwort sehen zu müssen. Abbildung 4-7 demonstriert diese Art von Angriff.

Der Angreifer will die Antwort nicht haben

Verschiedene Angriffe bauen auf der Tatsache auf, daß die Antwort (oder noch besser: viele Antworten) irgendwohin gelangen. Der *Smurf*-Angriff benutzt gefälschte Quelladressen, um den Rechner anzugreifen, der die angebliche Quelle der Pakete darstellt; ein Angreifer schickt ein gefälschtes Paket an einen Rechner, den er nicht besonders mag (an das »scheinbare Opfer«), und verwendet als Quelladresse einen Rechner, den er wirklich nicht leiden kann (das »echte Opfer«). »Scheinbares Opfer« antwortet dem »echten Opfer«, es werden die Netzwerkressourcen der Standorte beider Opfer beansprucht, nur nicht die des Angreifers. Die Administratoren der beiden Opfer fangen dann an zu streiten, wer jetzt wen und warum angreift. Es gibt zu diesem Angriff eine Reihe von Varianten, die unterschiedliche Protokolle und Methoden zum Vervielfachen der Antworten verwenden. Die am häufigsten verwendeten Protokolle sind ICMP-echo und der UDP-basierte echo-Dienst, die beide in Kapitel 22, *Administrative Dienste*, näher vorgestellt werden. Die verbreitetste Methode zum Vervielfachen der Antworten ist der Einsatz einer Broadcast-Adresse als Quelladresse. Abbildung 4-8 zeigt diese Art von Angriff.

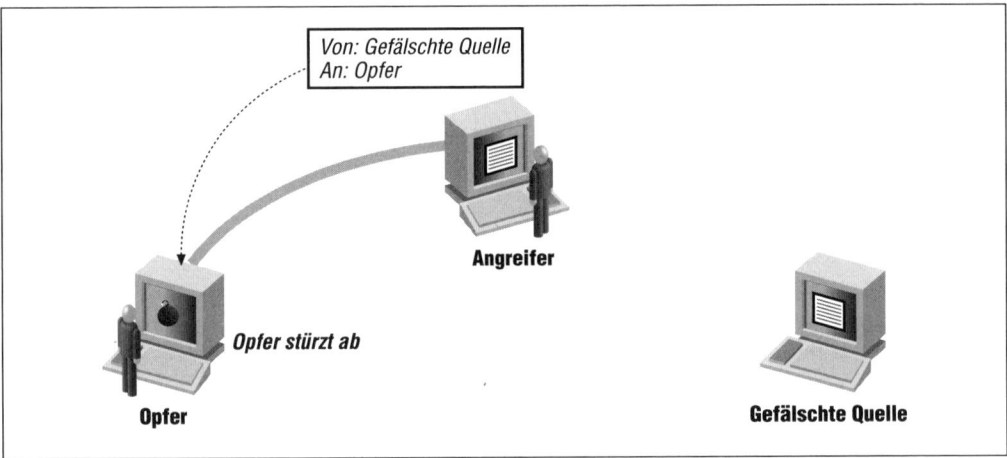

Abbildung 4-7: Ein Angreifer, der gefälschte Pakete für Denial-of-Service-Attacken verwendet

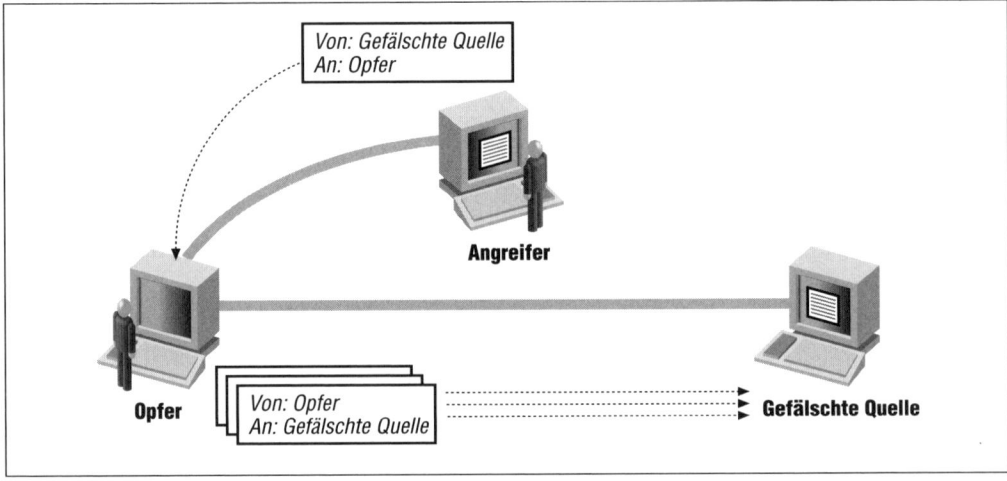

Abbildung 4-8: Ein Angreifer, der gefälschte Pakete verwendet, um eine dritte Partei anzugreifen

Beim *land*-Angriff wird ein Paket versendet, dessen Quelladresse gleich der Zieladresse ist. Viele Maschinen werden dadurch blockiert (sie beschäftigen sich mit sich selbst). In Abbildung 4-9 wird diese Art von Angriff dargestellt.

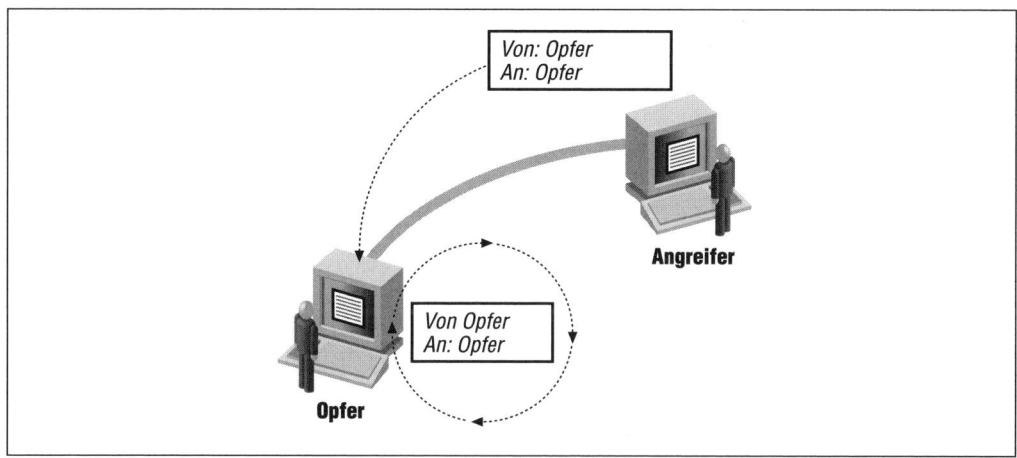

Abbildung 4-9: Ein Angreifer, der gefälschte Pakete verwendet, die in einer Schleife laufen

Das Abfangen von Paketen

Das Lesen eintreffender Pakete, oft auch als *Packet Sniffing* bezeichnet, ist eine häufig eingesetzte Methode, um an Informationen zu gelangen. Wenn Sie wichtige Informationen unverschlüsselt weiterleiten, muß ein Angreifer nichts weiter tun, als zu warten.

Um ein Paket lesen zu können, muß sich ein Angreifer irgendwie dieses Pakets bemächtigen. Am einfachsten ist es, eine Kontrolle über eine Maschine zu haben, die der Datenverkehr auf jeden Fall passieren muß (zum Beispiel einen Router oder eine Firewall). Allerdings werden solche Maschinen üblicherweise stark abgeschirmt und enthalten in der Regel keine Werkzeuge, die ein Angreifer benutzen könnte.

Meist ist es für einen Angreifer praktischer, eine weniger stark geschützte Maschine zu benutzen. Das bedeutet aber, daß er in der Lage sein muß, Pakete zu lesen, die nicht an die Maschine selbst gerichtet sind. In einigen Netzwerken ist das ziemlich einfach. Ein Ethernet-Netzwerk, das eine Bus-Topologie verwendet oder das eine 10-base-T-Verkabelung mit »dummen« Hubs einsetzt, schickt jedes Paket im Netzwerk an alle Maschinen. Token-Ring-Netzwerke, wie etwa FDDI-Ringe, schicken die meisten oder alle Pakete an alle Maschinen. Die Rechner sollen Pakete ignorieren, die nicht an sie selbst gerichtet sind, allerdings kann jeder, der eine Maschine völlig kontrolliert, dies übergehen und alle Pakete lesen, und das unabhängig davon, an welches Ziel sie geschickt wurden.

Wenn Sie einen Netzwerk-Switch zum Verbinden der Maschinen einsetzen, können Sie dieses Problem vermeiden. Ein Netzwerk-Switch ist laut Definition ein Netzwerkgerät, das mehrere Ports besitzt und den Verkehr nur an solche Ports weiterleitet, die ihn auch empfangen sollen. Leider bietet auch ein Switch keine absolute Garantie. Die meisten Switches verfügen über eine administrative Funktion, die es einem Port erlaubt, den kompletten Verkehr zu empfangen. Manchmal gibt es einen einzelnen physischen Port mit dieser Fähigkeit, manchmal aber kann ein Switch diese Funktion an jedem Port aktivieren. Ein Angreifer, der die Software des Switchs ausheben kann, ist in der Lage, den gesamten Verkehr zu empfangen. Switches müssen außerdem aufpassen, welche Adressen zu welchem Port gehören. Für die Speicherung dieser Information steht ihnen nur begrenzter Speicherplatz zur Verfügung. Wenn es keinen freien Platz mehr gibt (zum Beispiel, weil ein Angreifer falsche Pakete von vielen verschiedenen Adressen sendet), wird der Switch anfangen, Fehler zu machen. Einige hören auf, Pakete zu versenden, andere schicken einfach alle Pakete an alle Ports und noch andere stellen einen Konfigurationsparameter zur Verfügung, mit dem Sie Ihr Verhalten im Fehlerfall einstellen können.

Manche Switches stellen mit einer Funktion namens *Virtual Local Area Network* (VLAN; virtuelles lokales Netzwerk) die Möglichkeit zur Verfügung, den Verkehr stärker zu trennen. Bei einem normalen Switch gehören alle Ports zum gleichen Netzwerk. Ein Switch, der VLANs unterstützt, kann verschiedene Ports als Bestandteile unterschiedlicher Netzwerke behandeln. Der Verkehr wird nur dann zwischen den Ports verschiedener VLANs ausgetauscht, wenn ein Router im Spiel ist, so als wären die Ports an vollkommen getrennten Switches. Normale Tricks zum Stören eines Switchs beeinflussen nur ein VLAN. VLANs sind in vielen Situationen bequeme Werkzeuge. In einem einfachen Netzwerk mit Switches bieten sie mit einfachen Mitteln eine höhere Sicherheit. Allerdings verläuft auch hier immer noch der gesamte Verkehr durch ein einzelnes Gerät, das beeinträchtigt werden könnte. Es sind Angriffe bekannt, bei denen in den meisten Implementierungen der Verkehr von einem VLAN in ein anderes umgeleitet wird, fast jeder Fehler bei der Administration beeinträchtigt die Trennung. Sie dürfen sich nicht auf VLANs verlassen, wenn Sie eine strenge, sichere Trennung zwischen Netzwerken erreichen wollen.

5

Firewall-Techniken

In Teil I haben wir Internet-Firewalls vorgestellt und zusammengefaßt, in welcher Weise diese Ihre Netzwerksicherheit verbessern können und wann sie machtlos sind. In diesem Kapitel zeigen wir Ihnen wichtige Firewall-Konzepte. Welche Begriffe werden im Zusammenhang mit Internet-Firewalls gebraucht? Aus welchen Komponenten bestehen gängige Firewall-Architekturen? Wie bewerten Sie das Design einer Firewall? In den verbleibenden Kapiteln dieses Buches beschreiben wir diese Komponenten und Architekturen genauer.

Einige Definitionen zu Firewalls

Mit einigen der folgenden Begriffe zu Firewalls sind Sie vielleicht schon vertraut, andere werden neu für Sie sein. Manche scheinen vertraut zu sein, werden aber unter Umständen etwas anders gebraucht, als Sie es gewohnt sind (obwohl wir versuchen, Begriffe zu benutzen, die soweit wie möglich dem Standard entsprechen). Leider gibt es für Firewall-Architekturen und -Komponenten keine vollständig konsistente Terminologie. Begriffe werden auf unterschiedliche – oder noch schlimmer, auf widersprüchliche – Weise benutzt. Außerdem besitzen manche Begriffe in einem anderen Kontext eine andere Bedeutung. Die folgenden Definitionen gelten für das Gebiet der Firewalls.

Hier finden Sie einige sehr einfache Definitionen; wir werden diese Begriffe an anderer Stelle genauer beschreiben:

Firewall
    Eine oder mehrere Komponenten, die den Zugriff zwischen einem geschützten Netzwerk und dem Internet oder zwischen mehreren Netzwerken beschränken.

Host
    Ein Computersystem, das an ein Netzwerk angeschlossen ist.

Bastion-Host
> Ein Computersystem, das besonders geschützt werden muß, da es für Angriffe prädestiniert ist – in der Regel, weil es dem Internet ausgesetzt ist und eine wichtige Anlaufstelle für Benutzer interner Netze bildet. Der Bastion-Host hat seinen Namen von den stark befestigten Vorsprüngen auf den Außenmauern mittelalterlicher Burgen.[1]

Dual-Homed-Host
> Ein für verschiedene Zwecke ausgelegtes Computersystem, das mindestens zwei Netzwerkschnittstellen besitzt.

Network Address Translation (NAT; Anpassung der Netzwerkadresse)
> Ein Vorgang, bei dem ein Router Daten in Paketen verändert, um die Netzwerkadressen anzupassen. Dies erlaubt es einem Router, die Adressen der Netzwerk-Hosts auf der einen Seite zu verbergen. Mit Hilfe dieser Technik besteht die Möglichkeit, viele Hosts an das Internet anzuschließen, die nur wenige zugewiesene Adressen benutzen. Außerdem kann man so ein Netzwerk mit gültigen Adressen an das Internet anschließen, das mit illegalen Adressen oder Adressen, die nicht geroutet werden können, konfiguriert ist. Es ist keine wirkliche Sicherheitstechnik, obwohl sich dadurch die Sicherheit ein wenig erhöht. Im allgemeinen läuft es jedoch auf den gleichen Routern, die auch einen Teil der Firewall bilden.

Paket
> Die grundlegende Einheit zur Kommunikation im Internet.

Paketfilterung
> Die Aktion, bei der ein Gerät den Datenfluß zu und von einem Netzwerk selektiv steuert. Paketfilter erlauben oder blockieren Pakete; üblicherweise geschieht das während des Routens der Pakete von einem Netzwerk in ein anderes (meist vom Internet in ein internes Netzwerk und umgekehrt). Um eine Paketfilterung durchzuführen, legen Sie eine Reihe von Regeln fest, die bestimmen, welche Arten von Paketen (d.h. zu oder von einer bestimmten IP-Adresse oder einem bestimmten Port) erlaubt sind und welche Arten blockiert werden. Paketfilterung kann in einem Router, einer Bridge oder einem einzelnen Host durchgeführt werden. Manchmal wird sie auch als *Screening* bezeichnet.[2]

---

[1] Marcus Ranum, auf den die Popularität dieses Begriffs unter den Firewall-Profis zurückgeführt wird, sagt, »Bastionen ... überblicken entscheidende Verteidigungsgebiete, besitzen ungewöhnlich starke Mauern, bieten Platz für zusätzliche Truppen und verfügen über den gelegentlich nützlichen Bottich mit siedendem Öl zur Abschreckung der Feinde«.

[2] In der Netzwerk-Literatur (insbesondere beim BSD-Unix aus Berkeley) wird der Ausdruck »Paketfilterung« in völlig anderer Bedeutung gebraucht. Er bezieht sich dort darauf, bestimmte Pakete zu Analysezwecken aus dem Netz auszuwählen, wie es mit den Programmen *etherfind* und *tcpdump* möglich ist.

Grenznetzwerk
Ein Netzwerk, das zwischen einem geschützten und einem externen Netzwerk eingefügt wird, um eine zusätzliche Sicherheitszone zu erzeugen. Ein Grenznetzwerk wird manchmal auch *DMZ* genannt, das heißt *De-Militarized Zone* (nach der Zone, die Nord- und Südkorea trennt).

Proxy
Ein Programm, das stellvertretend für die internen Clients mit den externen Servern kommuniziert. Proxy-Clients unterhalten sich mit Proxy-Servern, die genehmigte Anfragen an die richtigen Server weiterleiten und die Antworten zurück an die Clients liefern.

Virtual Private Network (VPN; Virtuelles privates Netzwerk)
Ein Netzwerk, bei dem die internen Pakete des privaten Netzwerks über ein öffentliches Netzwerk übertragen werden, ohne daß die Hosts im privaten Netzwerk dies merken. Im allgemeinen benutzen VPNs Verschlüsselung, um die Pakete während der Übertragung über das öffentliche Netzwerk zu schützen. VPN-Lösungen sind sehr beliebt, da es oft billiger ist, zwei Netzwerke über öffentliche Netzwerke (zum Beispiel, indem beide Netzwerke einen Internet-Anschluß erhalten) als über private Netzwerke miteinander zu verbinden (wie über herkömmliche Mietleitungen zwischen den Standorten).

Die nächsten Abschnitte beschreiben in aller gebotenen Kürze die wichtigsten Techniken, die Firewalls betreffen: Paketfilterung, Proxy-Dienste, Network Address Translation und Virtual Private Networks.

Es gibt die berechtigte Frage, wie sich Paketfilterung und Proxy-Dienste voneinander unterscheiden lassen, vor allem, wenn es um komplexe Paketfiltersysteme und einfache Proxies geht. Viele Leute glauben, daß Systeme, die sich der Überwachung einzelner Protokolle widmen und/oder Pakete verändern, nicht als Paketfilter angesehen werden sollten, und bezeichnen diese Systeme als *transparente Proxies*. Tatsächlich verhalten sich diese Systeme nicht so sehr wie ältere, einfachere Paketfiltersysteme, und deshalb ist es bei ihnen nicht angebracht, blindlings Verallgemeinerungen in bezug auf die Paketfilterung zu treffen. Andererseits verhalten sie sich auch nicht wie Proxy-Systeme.

Eine Reihe von Proxy-Systemen stellt ebenfalls *generische Proxies* zur Verfügung, die sich im Grunde genommen wie Paketfilter verhalten, das heißt, daß sie den ganzen Verkehr zu einem angegebenen Port akzeptieren, ohne ihn zu analysieren. Sie sollten sehr darauf achten, welche Technik ein Produkt im einzelnen verwendet, ohne sich davon beirren zu lassen, ob es ein Paketfilter oder ein Proxy sein möchte. Viele Systeme sind jedoch ganz eindeutig Paketfilter oder Proxies. Es ist daher wichtig, daß Sie verstehen, was diese Techniken auszeichnet und wie sie funktionieren.

Paketfilterung

*Paketfilter*systeme routen Pakete zwischen internen und externen Hosts. Allerdings arbeiten sie selektiv. Sie erlauben oder blockieren bestimmte Arten von Paketen und spiegeln dadurch die Sicherheitspolitik eines Standorts wider, wie in Abbildung 5-1 dargestellt wird. Der in einer Paketfilter-Firewall verwendete Router wird *Überwachungsrouter* (engl. screening router) genannt.

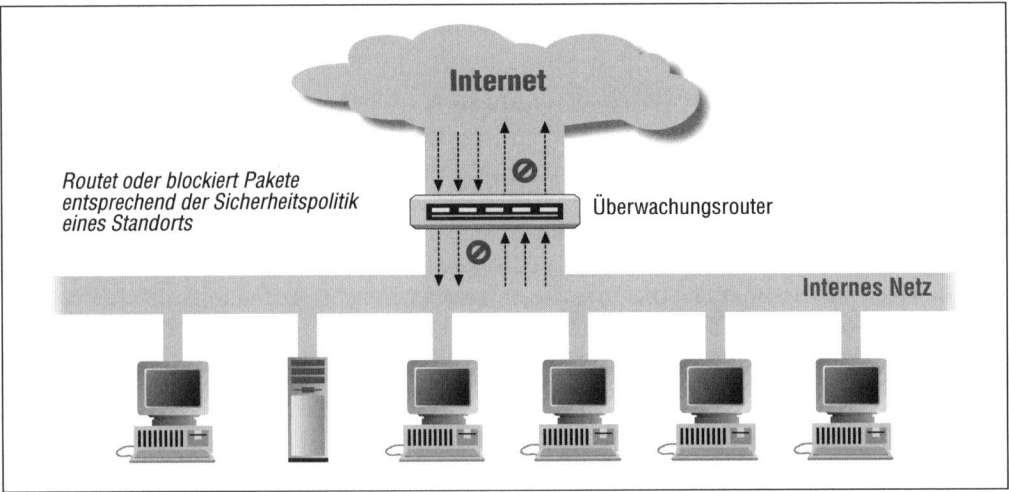

Abbildung 5-1: Einsatz eines Überwachungsrouters für die Paketfilterung

Wie wir in Kapitel 8, *Paketfilterung*, erläutern werden, besitzt jedes Paket eine Reihe von Headern, die bestimmte Informationen enthalten. Die wichtigsten Informationen sind:

- IP-Quelladresse
- IP-Zieladresse
- Protokoll (ob es sich um ein TCP-, UDP- oder ICMP-Paket handelt)
- TCP- oder UDP-Quellport
- TCP- oder UDP-Zielport
- ICMP-Meldungstyp
- Paketgröße

Der Router kann sich auch die dem Header folgenden weiteren Daten in dem Paket anschauen; dies erlaubt zum Beispiel das Filtern von Paketen anhand detaillierterer Informationen (wie etwa des Namens der Webseite, die jemand anfordert) und das Überprüfen, ob die Pakete so formatiert sind, wie sie am Zielport erwartet werden. Der Router kann auch sicherstellen, daß das Paket gültig ist (zum Beispiel, ob es wirklich die Größe hat, die es angibt, und ob es sich um eine gültige Größe handelt). Dadurch lassen sich verschiedene, auf falsch aufgebauten Paketen beruhende Denial-of-Service-Attacken erkennen.

Der Router weiß außerdem Dinge über das Paket, die sich nicht am Paket selbst ablesen lassen, wie etwa:

- die Schnittstelle, an der das Paket empfangen wurde
- die Schnittstelle, an der das Paket weitergeleitet werden soll

Und schließlich kennt ein Router, der die Pakete verfolgt, die er gesehen hat, noch ein paar hilfreiche historische Fakten:

- ob das Paket eine Antwort auf ein anderes Paket war (das heißt, ob seine Quelle das Ziel eines früheren Pakets und sein Ziel die Quelle dieses anderen Pakets war)
- wie viele andere Pakete zuvor zu oder von dem gleichen Host übertragen wurden
- ob dieses Paket identisch mit einem zuvor gesehenen Paket ist
- ob dieses Paket Teil eines größeren Pakets ist, das in einzelne Teile zerlegt (fragmentiert) wurde

Damit Sie verstehen, wie Paketfilterung funktioniert, wollen wir uns den Unterschied zwischen einem normalen Router und einem Überwachungsrouter anschauen.

Ein normaler Router schaut sich einfach die Zieladresse jedes Pakets an und sucht den besten ihm bekannten Weg heraus, auf dem er das Paket an sein Ziel schicken kann. Die Entscheidung darüber, wie das Paket zu behandeln ist, beruht einzig und allein auf dessen Ziel. Es gibt zwei Möglichkeiten: Der Router weiß, wie er das Paket an sein Ziel schicken soll, und verfährt entsprechend; oder der Router weiß nicht, wie er das Paket an sein Ziel weiterschicken soll, vergißt daraufhin das Paket und schickt die ICMP-Meldung »destination unreachable« (Ziel unerreichbar) an die Quelle des Pakets.

Ein Überwachungsrouter schaut sich dagegen die Pakete genauer an. Zusätzlich zur Entscheidung, ob er ein Paket an dessen Ziel weiterleiten *kann*, legt er fest, ob er es tun *sollte*. »Sollte« oder »sollte nicht« werden durch die Sicherheitspolitik des Standorts bestimmt, die der Überwachungsrouter entsprechend seiner Konfiguration durchsetzen muß.

Die Paketfilterung kann auch von Geräten durchgeführt werden, die sich ausschließlich der Frage »sollte« oder »sollte nicht« widmen und keine Möglichkeit haben, das Paket zu routen (d.h. seinen Weg zu bestimmen). Solche Geräte sind *Paketfilter-Bridges*. Sie sind seltener als Paketfilter-Router, vor allem, weil es sich um ausgesprochene Sicherheitsanlagen handelt, die nicht über die Funktionalität von Routern verfügen. Die meisten Standorte würden eher Router um Funktionen erweitern, die sie sowieso benötigen, als ein gesondertes Gerät hinzuzufügen. Es bringt jedoch auch Vorteile mit sich, daß Paketfilter-Bridges solche Spezialgeräte sind; vor allem sind sie schwerer zu entdecken und anzugreifen als Paketfilter-Router. Sie besitzen die gleichen allgemeinen Eigenschaften, die wir bei Paketfilter-Routern diskutieren werden.

Wenn ein einfacher Paketfilter-Router sich alle Informationen angeschaut hat, kann er eine der folgenden Aktionen durchführen:

- das Paket an das Ziel schicken, für das es gedacht war
- das Paket verwerfen – es einfach vergessen, ohne den Absender zu benachrichtigen
- das Paket zurückweisen – es nicht weiterleiten und eine Fehlermeldung an den Absender schicken
- Informationen über das Paket aufzeichnen
- einen Alarm auslösen, um sofort jemanden über das Paket zu informieren

Komplexere Router könnten auch noch eine oder mehrere der folgenden Aktionen durchführen:

- das Paket verändern (um zum Beispiel eine *Network Address Translation*, eine Anpassung der Netzwerkadresse vorzunehmen)
- das Paket an ein anderes als das ursprünglich vorgesehene Ziel schicken (um zum Beispiel Transaktionen durch einen Proxy-Server zu erzwingen oder einen Lastausgleich auszuführen)
- die Filterregeln verändern (um zum Beispiel Antworten auf ein UDP-Paket zu akzeptieren oder den gesamten Verkehr von einem Standort abzulehnen, der bösartige Pakete geschickt hat)

Die Tatsache, daß sich Server für spezielle Internet-Dienste bestimmter Port-Nummern bedienen, ermöglicht es dem Router, bestimmte Verbindungstypen zu blockieren oder zu erlauben, indem einfach in den Regeln für die Paketfilterung die entsprechende Port-Nummer angegeben wird (z.B. TCP-Port 23 für Telnet-Verbindungen). (Kapitel 8, *Paketfilterung*, beschreibt genauer, wie Sie diese Regeln festlegen können.)

Hier sind einige Beispiele dafür, wie Sie Ihren Überwachungsrouter programmieren könnten, damit er selektiv Pakete zu oder von Ihrem Netzwerk routet:

- Blockiere alle ankommenden Verbindungen von Systemen, die sich außerhalb des internen Netzwerks befinden, mit Ausnahme von ankommenden SMTP-Verbindungen (damit Sie E-Mails empfangen können).
- Blockiere alle Verbindungen zu oder von bestimmten Systemen, denen Sie mißtrauen.
- Erlaube E-Mail- und FTP-Dienste, blockiere jedoch gefährliche Dienste wie TFTP, das X Window-System, RPC und die »r«-Dienste (*rlogin*, *rsh*, *rcp* usw.). (Siehe Kapitel 13, *Internet-Dienste und Firewalls*, für weitere Informationen.)

Paketfilter, die Pakete verfolgen, die sie sehen, werden häufig *zustandsgesteuerte Paketfilter* genannt (weil sie Informationen über den Zustand von Transaktionen sammeln). Sie können auch als *dynamische Paketfilter* bezeichnet werden, weil sie die Behandlung der Pakete in Abhängigkeit vom auftretenden Verkehr dynamisch ändern. Geräte, die sich den Inhalt der Pakete und nicht nur deren Header anschauen, werden oft *intelligente Paketfilter* genannt. In der Praxis sind fast alle zustandsgesteuerten Paketfilter auch dazu in der Lage, den Inhalt von Paketen anzuschauen, viele können den Inhalt der Pakete auch verändern. Diese Fähigkeiten faßt man häufig unter dem Begriff »zustandsgesteuerte Paketfilterung« zusammen. Man kann jedoch auch berechtigterweise ein Gerät als »zustandsgesteuerten Paketfilter« bezeichnen, das nicht in der Lage ist, eine solche erweiterte Inhaltsfilterung oder -veränderung auszuführen.

Ein Paketfiltersystem ist auch der logische Ort, um ein virtuelles privates Netzwerk oder Network-Address-Translation-Dienste zur Verfügung zu stellen. Da sich der Paketfilter sowieso alle Pakete anschaut, kann er auch leicht die Pakete herausfinden, die für ein Ziel bestimmt sind, das Teil des virtuellen privaten Netzwerks ist, diese Pakete verschlüsseln und sie in ein anderes Paket einkapseln, das an das richtige Ziel geschickt wird.

Vorteile der Paketfilterung

Die Paketfilterng weist eine Reihe von Vorteilen auf.

Ein Überwachungsrouter kann ein ganzes Netzwerk schützen

Einer der wichtigsten Vorteile der Paketfilterung besteht darin, daß ein einziger, strategisch günstiger Paketfilter-Router ein ganzes Netzwerk schützen kann. Wenn nur ein einziger Router Ihren Standort mit dem Internet verbindet, dann stärken Sie durch die Paketfilterung mit diesem Router die Sicherheit Ihres Netzwerks ungemein, unabhängig davon, wie groß Ihr Netz ist.

Einfache Paketfilterung ist extrem effektiv

Da eine einfache Paketfilterung lediglich die Überwachung einiger Paket-Header erfordert, kann sie mit relativ wenig Aufwand betrieben werden. Das Durchführen von Proxy-Maßnahmen verschlingt mehr Zeit, außerdem bedeutet es, daß Sie die Verbindungen durch ein weiteres Programm leiten müssen, das sich üblicherweise auf einer Maschine befindet, die für den Routing-Vorgang nicht unbedingt notwendig wäre. Die Paketfilterung findet auf einer Maschine statt, die sich bereits auf dem kritischen Weg befand, und zieht eine viel geringere Verzögerung nach sich.

Es hat jedoch alles seine Schattenseiten; je mehr Arbeit Ihre Paketfilter zu erledigen haben, desto langsamer werden sie. Wenn Ihre Paketfilter sich wie Proxies verhalten, komplizierte, datenabhängige Operationen ausführen, die es erfordern, mehrere Pakete zu verfolgen, wird auch die Leistung sich an die von Proxies annähern.

Paketfilterung ist weit verbreitet

Die Fähigkeiten zur Paketfilterung stehen in vielen Hardware- und Software-Routern, sowohl in kommerziellen als auch in frei im Internet erhältlichen Produkten zur Verfügung. An den meisten Standorten werden bereits Router verwendet, die eine Paketfilterung durchführen können.

Die meisten kommerziellen Router besitzen die Fähigkeit zur Paketfilterung. Auch viele »normale« Computer können mit diesen Eigenschaften ausgestattet werden. Weitere Erklärungen dazu finden Sie in Anhang 8, *Paketfilterung*.

Nachteile der Paketfilterung

Die Paketfilterung bietet zwar viele Vorteile, sie bringt aber auch eine Reihe von Nachteilen mit sich.

Die gegenwärtig verfügbaren Filterwerkzeuge sind nicht perfekt

Obwohl Paketfilterung in den verschiedensten Hard- und Software-Produkten zur Verfügung steht, ist sie alles andere als perfekt. Viele dieser Produkte unterliegen bezüglich der Paketfilterung bestimmten, mehr oder weniger starken Beschränkungen:

- Die Paketfilterregeln lassen sich oft schwer konfigurieren. Der Schwierigkeitsgrad reicht meist von leicht verwirrend bis völlig undurchschaubar.
- Einmal zusammengestellt, lassen sich Paketfilterregeln oft nur schwer testen.
- Die Paketfiltereigenschaften vieler dieser Produkte sind unvollständig, wodurch die Implementierung bestimmter Arten von Filtern schwierig, wenn nicht gar unmöglich wird.
- Auch Paketfilter sind nicht vor Programmfehlern gefeit; diese Fehler führen eher zu Sicherheitsproblemen als Fehler in Proxy-Systemen. Normalerweise läßt ein fehlerhafter Proxy keine Daten mehr durch, während eine fehlerhafte Paketfilter-Implementierung Pakete erlauben könnte, die sie eigentlich ablehnen sollte.

Paketfilterung vermindert die Leistungsfähigkeit eines Routers

Die Durchführung einer Paketfilterung führt zu einem deutlichen Lastanstieg auf einem Router. Wie wir bereits dargestellt haben, erhöht sich bei komplexeren Filtern die Last auf dem Router. In manchen Fällen kann schon das einfache Einsetzen eines Paketfilters auf einer Schnittstelle die Leistungsfähigkeit des Routers vermindern, weil das Filtern unter Umständen inkompatibel mit bestimmten Caching-Strategien ist, die üblicherweise zur Verbesserung der Leistung verwendet werden. Ein Beispiel dafür ist Ciscos »Fastpath«-Funktionalität. Normalerweise kann Fastpath grundlegende Routing-Funktionen vollständig auf der Schnittstellenkarte ausführen, ohne die CPU damit zu belasten; manche Formen des Filterns erfordern jedoch den Einsatz der CPU für jedes einzelne Paket, wodurch sich der ganze Vorgang verlangsamt. Es hängt von der Hardware- und Software-Version ab, ob Fastpath möglich ist oder nicht.

Einige Sicherheitsrichtlinien lassen sich durch normale Paketfilter-Router nicht vollständig durchsetzen

Möglicherweise reichen die Informationen, die einem Paketfilter-Router zur Verfügung stehen, nicht aus, um alle gewünschten Regeln anzuwenden. Zum Beispiel teilen Ihnen die Pakete mit, von welchem Host sie kommen; im allgemeinen machen sie aber keine Angaben über den Benutzer. Sie können deshalb keine Einschränkungen über bestimmte Benutzer verhängen. Auch die Pakete geben an, an welchen Port sie gerichtet sind, aber nicht, an welche Anwendung. Wenn Sie Einschränkungen in bezug auf Protokolle höherer Ebenen einrichten wollen, tun Sie dies anhand der Port-Nummer und hoffen dabei, daß nichts anderes auf dem Port läuft, der diesem Protokoll zugewiesen ist. Böswillige Benutzer können diese Art von Kontrolle leicht umgehen.

Dieses Problem wird durch den Einsatz intelligenterer Paketfilter abgeschwächt, allerdings müssen Sie in diesem Fall auf einige der Vorteile der normalen Paketfilterung verzichten. Zum Beispiel kann ein Paketfilter darauf bestehen, daß die Benutzer sich selbst authentifizieren, bevor sie Pakete abschicken, und dann anhand der Benutzernamen filtern. Allerdings verschwindet damit der Vorteil der Transparenz der normalen Paketfilterung. Ein Paketfilter kann auch die Gültigkeit eines Protokolls überprüfen, allerdings funktioniert dies alles andere als perfekt und erhöht nur den Aufwand bei der Filterung.

Proxy-Dienste

Im allgemeinen ist ein *Proxy* eine Einrichtung, die stellvertretend eine Aktion ausführt. Sie könnten zum Beispiel jemandem die Erlaubnis erteilen, bei einer Wahl stellvertretend für Sie eine Stimme abzugeben. Das wäre dann ein Proxy.

Proxy-Dienste sind spezielle Anwendungen oder Server-Programme, die Benutzeranfragen an Internet-Dienste (wie etwa FTP und Telnet) entgegennehmen und sie an den eigentlichen Dienst weiterleiten. Die Proxies stellen Ersatzverbindungen her und fungieren als Gateways zu den Diensten. Deshalb werden Proxies manchmal auch *Application-Level-Gateways* genannt.[3] Wenn wir in diesem Buch über Proxy-Dienste reden, dann meinen wir vor allem Proxies, die aus Sicherheitsgründen betrieben werden und auf einem Firewall-Host laufen: entweder einen Dual-Homed-Host mit einer Schnittstelle zum internen Netzwerk und einer weiteren Schnittstelle zum externen Netzwerk oder einen Bastion-Host, der Zugriff auf das Internet hat und von den internen Maschinen aus erreichbar ist.

Sie werden auch Proxies begegnen, die vor allem einer höheren Effektivität eines Netzwerks anstatt einer stärkeren Sicherheit dienen; dabei handelt es sich um *Caching-Proxies,* die Kopien aller Informationen speichern, die sie weitergegeben haben. Der Vorteil eines Caching-Proxy besteht darin, daß Daten, die von mehreren internen Rechnern angefordert werden, direkt vom Proxy zur Verfügung gestellt werden können. Mit Hilfe von Caching-Proxies kann man die Last auf den Netzwerkverbindungen deutlich senken. Es gibt Proxy-Server, die sowohl Sicherheit als auch Caching gewährleisten; allerdings sind sie im allgemeinen nicht für beide Zwecke gleich gut geeignet.

---

3   Die Firewall-Terminologie ist nicht einheitlich. Den Begriff »Proxy-Dienst« verwenden wir für den gesamte Proxy-Ansatz, während andere Autoren die Bezeichnungen *Application-Level-Gateways* und *Circuit-Level-Gateways* benutzen. Obwohl sich diese Begriffe, auf die wir in Kapitel 9, *Proxy-Systeme*, näher eingehen, in der Bedeutung leicht unterscheiden, beziehen wir uns bei der Behandlung der Proxies auf dieselbe Sorte Techniken, die andere Autoren als Gateway-Systeme bezeichnen.

Proxy-Dienste befinden sich mehr oder weniger transparent zwischen einem Benutzer im Inneren (im internen Netzwerk) und einem Dienst außerhalb (im Internet). Anstatt direkt miteinander zu kommunizieren, reden beide mit dem Proxy. Proxies wickeln hinter den Kulissen die gesamte Kommunikation zwischen den Benutzern und den Internet-Diensten ab.

Der größte Vorteil von Proxy-Diensten ist, daß sie dem Benutzer verborgen bleiben. Dem Benutzer vermittelt ein Proxy-Server die Illusion, er würde direkt mit dem echten Server kommunizieren. Dem echten Server wiederum spiegelt der Proxy-Server vor, er hätte es mit einem Benutzer auf dem Proxy-Host zu tun (anstatt auf dem wirklichen Host des Benutzers).

Wie funktionieren Proxy-Dienste? Schauen wir uns den einfachsten Fall an, bei dem ein Dual-Homed-Host einen Proxy-Dienst erhält. (Wir beschreiben diese Hosts im Abschnitt »Dual-Homed-Host« in Kapitel 6, *Firewall-Architekturen*, genauer.)

> Proxy-Dienste sind nur dann effektiv, wenn sie zusammen mit Mechanismen verwendet werden, die die direkte Kommunikation zwischen den internen und externen Hosts einschränken. Dual-Homed-Hosts und Paketfilterung sind zwei solcher Mechanismen. Wenn die internen Hosts direkt mit den externen Hosts kommunizieren könnten, gäbe es keinen Grund, weshalb die Benutzer Proxies verwenden sollten (und im allgemeinen werden sie es dann auch nicht tun). Eine solche Umgehung Ihrer Proxies wäre nicht im Sinne Ihrer Sicherheitspolitik.

Wie Abbildung 5-2 zeigt, erfordert ein Proxy-Dienst zwei Komponenten: einen Proxy-Server und einen Proxy-Client. In dieser Darstellung läuft der *Proxy-Server* auf dem Dual-Homed-Host (wie Sie in Kapitel 9, *Proxy-Systeme*, erfahren werden, gibt es noch andere Methoden, einen Proxy-Server einzurichten). Ein *Proxy-Client* ist eine besondere Version eines normalen Clientprogramms (z.B. eines Telnet- oder FTP-Client), die mit dem Proxy-Server anstatt mit dem »echten« Server im Internet redet; in manchen Konfigurationen können normale Clientprogramme als Proxy-Clients verwendet werden. Der Proxy-Server wertet die Anfragen des Proxy-Client aus und entscheidet, welche zugelassen werden und welche abzulehnen sind. Wenn eine Anfrage zugelassen wird, dann kontaktiert der Proxy-Server stellvertretend für den Client den echten Server, leitet die Anfragen des Proxy-Client an den echten Server weiter und gibt die Antworten des echten Servers an den Proxy-Client zurück.

In einigen Proxy-Systemen müssen Sie keine eigene Proxy-Client-Software installieren, sondern können in der Standard-Software besondere Prozeduren für die Benutzer einrichten. (Wir beschreiben in Kapitel 9, wie das funktioniert.)

Es gibt auch Systeme, die eine Mischung aus Paketfilter- und Proxy-System bilden. Ein Netzwerkgerät fängt die Verbindung ab und fungiert als Proxy oder leitet die Verbindung an einen Proxy weiter; dadurch erhalten Sie Proxy-Dienste, ohne daß die Clients oder die Vorgehensweisen der Benutzer verändert werden müssen.

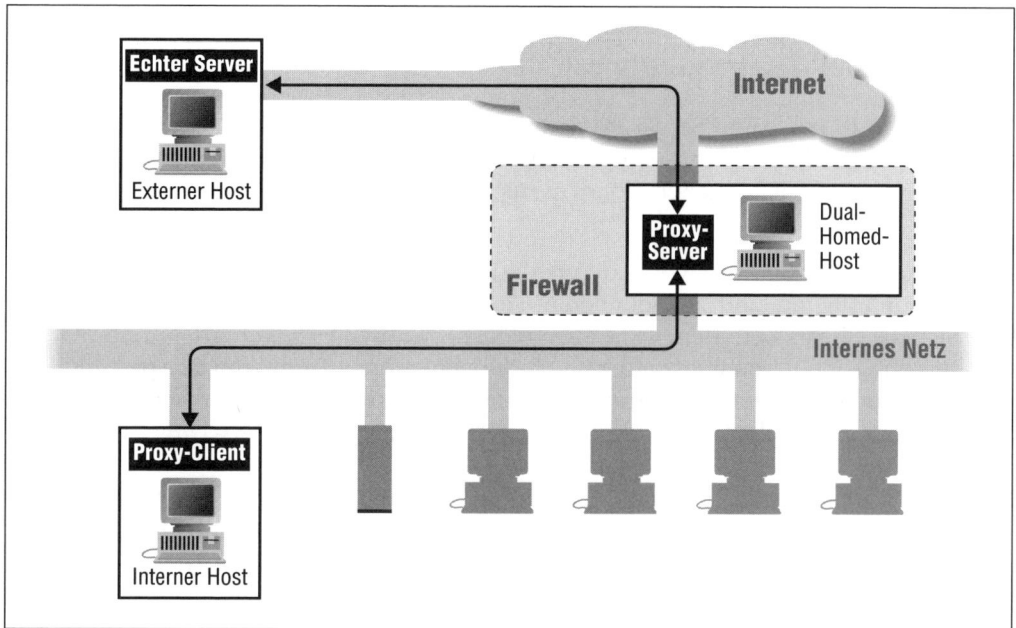

Abbildung 5-2: Der Einsatz von Proxy-Diensten auf einem Dual-Homed-Host

Der Proxy-Server leitet die Anfragen der Benutzer nicht immer nur einfach an die eigentlichen Internet-Dienste weiter. Er kann auch die Aktionen der Benutzer steuern, da er in der Lage ist, Entscheidungen über die Anfragen zu treffen, die er verarbeitet. Je nach der Sicherheitspolitik Ihres Standorts könnten Anfragen zugelassen oder abgelehnt werden. Zum Beispiel könnte es der FTP-Proxy ablehnen, einen Benutzer Dateien versenden zu lassen, oder er könnte einem Benutzer die Übertragung von Dateien nur von bestimmten Standorten erlauben. Aufwendigere Proxy-Dienste könnten verschiedenen Hosts unterschiedliche Fähigkeiten zugestehen, anstatt auf alle Hosts die gleichen Einschränkungen anzuwenden.

Manche Proxy-Server leiten wirklich nur die Anfragen weiter, egal, worum es sich handelt. Man nennt sie *generische Proxies* oder *Port-Forwarders*. Diese Programme bieten prinzipiell den gleichen Schutz, den Sie mit einem Paketfilter erhalten würden, der den Datenverkehr an diesen Port zuläßt. Ihre Sicherheit erhöht sich nicht besonders, wenn Sie Paketfilter durch Proxies ersetzen, die exakt das gleiche tun (Sie gewinnen einen gewissen Schutz vor falsch aufgebauten Paketen, erhalten aber gleichzeitig ein angreifbares Proxy-Programm).

Für Proxy-Dienste ist ausgezeichnete Software verfügbar. SOCKS ist ein Toolkit für den Aufbau von Proxies, das entwickelt wurde, um bestehende Client-/Server-Anwendungen in Proxy-Versionen der gleichen Anwendungen umzuwandeln. Das *Trusted Information Systems Internet Firewall Toolkit* (TIS FWTK) enthält Proxy-Server für eine Reihe verbreiteter Internet Protokolle. Dazu gehören Telnet, FTP, HTTP, *rlogin*, X11 und andere; diese Proxy-Server sind so konzipiert, daß sie zusammen mit angepaßten Vorgehensweisen für die Benutzer verwendet werden können. In Kapitel 9, *Proxy-Systeme*, erfahren Sie mehr über diese Produkte.

Viele Standard-Client- und Server-Programme (kommerzielle und frei erhältliche) besitzen mittlerweile eigene Proxy-Fähigkeiten oder unterstützen generische Proxy-Systeme wie SOCKS. Diese Fähigkeiten können zur Laufzeit oder beim Kompilieren aktiviert werden.

Die meisten Proxy-Systeme werden verwendet, um nach außen gerichtete Verbindungen zu kontrollieren und zu optimieren; sie werden von dem Standort gesteuert, an dem sich die Clients befinden. Es ist auch möglich, Proxy-Systeme für die Kontrolle und Optimierung nach innen gerichteter Verbindungen zu benutzen (zum Beispiel, um Verbindungen unter mehreren Servern aufzuteilen oder zusätzliche Sicherheit zu gewährleisten). Dieses Vorgehen bezeichnet man manchmal als *Reverse Proxying*.

Vorteile von Proxies

Der Einsatz von Proxy-Diensten weist eine Reihe von Vorteilen auf.

Proxy-Dienste eignen sich gut zum Protokollieren

Da Proxy-Server das Anwendungsprotokoll verstehen können, erlauben sie eine besonders effektive Protokollierung. Anstatt zum Beispiel alle übertragenen Daten zu protokollieren, könnte ein FTP-Proxy-Server nur die erteilten Befehle und die empfangenen Antworten des Servers aufzeichnen. Die Protokollaufzeichnung wird dadurch kleiner und besser.

Proxy-Dienste können Caching-Dienste zur Verfügung stellen

Da sowieso alle Anfragen durch den Proxy-Dienst laufen, kann ein Proxy das Caching durchführen, das heißt, lokale Kopien der angeforderten Daten speichern. Wenn sich bestimmte Anfragen oft wiederholen, kann Caching die Leistung deutlich erhöhen und die Last auf den Netzwerkverbindungen vermindern.

Proxy-Dienste können eine intelligente Filterung durchführen

Da ein Proxy-Dienst bestimmte Verbindungen überwacht, kann er die Filterung oft intelligenter gestalten als ein Paketfilter. Proxy-Dienste sind zum Beispiel besser dazu in der Lage, HTTP nach dem Inhalt zu filtern (um etwa Java oder JavaScript zu entfernen) und Viren zu entdecken als Paketfiltersysteme.

Proxy-Systeme ermöglichen eine Authentifizierung auf Benutzerebene

Da ein Proxy-System aktiv an einer Verbindung beteiligt ist, kann es leicht eine Benutzer-Authentifizierung durchführen und Aktionen starten, die vom entsprechenden Benutzer abhängen. Dies geht zwar auch mit Paketfiltersystemen, läßt sich aber viel schwerer realisieren.

Proxy-Systeme bieten automatisch Schutz vor schwachen oder fehlerhaften IP-Implementierungen

Da ein Proxy-System sich zwischen einem Client und dem Internet befindet, erzeugt es vollkommen neue IP-Pakete für den Client. Es kann daher Clients vor absichtlich falsch geformten IP-Paketen schützen. (Sie brauchen nur ein Proxy-System, dem diese schlechten Pakete nichts anhaben können!)

Nachteile von Proxies

Der Einsatz von Proxy-Systemen bringt auch einige Nachteile mit sich.

Proxy-Dienste bleiben hinter Systemen zurück, die nicht über Proxies verfügen

Proxy-Software ist zwar für ältere und einfachere Dienste wie FTP und Telnet weit verbreitet; für neuere oder weniger häufig eingesetzte Dienste ist gute Software jedoch nicht so leicht zu finden. Meist gibt es eine deutliche Verzögerung zwischen der Einführung eines neuen Dienstes und der Verfügbarkeit des entsprechenden Proxy-Dienstes; die Länge der Verzögerung hängt vor allem davon ab, wie gut sich der Dienst für den Proxy-Ansatz eignet. Ein Standort kann deshalb neue Dienste nicht unbedingt sofort nach ihrer Einführung anbieten. Bis die passende Proxy-Software verfügbar ist, müßte ein System, das neue Dienste benötigt, außerhalb der Firewall plaziert werden, wodurch sich potentiell neue Sicherheitslöcher öffnen. (Manche Dienste können durch generische Proxies hindurch betrieben werden, die wenigstens einen minimalen Schutz bieten.)

Proxy-Dienste erfordern unter Umständen unterschiedliche Server für jeden Dienst

Möglicherweise brauchen Sie für jedes Protokoll einen anderen Proxy-Server. Der Proxy-Server muß das Protokoll verstehen, um festlegen zu können, was erlaubt und was verboten ist, und um sich für den echten Server als Client und für den Proxy-Client als echter Server ausgeben zu können. Das Beschaffen, Installieren und Konfigurieren dieser verschiedenen Server bedeutet eine Menge Arbeit. Sie könnten zwar auch hier einen generischen Proxy einsetzen, allerdings bieten generische Proxies nicht mehr Schutz und Funktionalität als Paketfilter.

Die Produkte und Pakete unterscheiden sich stark im Aufwand, den man für ihre Konfiguration aufbringen muß; allerdings kann geringer Aufwand an einer Stelle Probleme an einer anderen Stelle bedeuten. Zum Beispiel könnten Server, die sich besonders leicht konfigurieren lassen, in ihrer Flexibilität eingeschränkt sein; ihre Konfiguration ist deshalb so einfach, weil sie bestimmte Annahmen darüber treffen, wie sie eingesetzt werden, was für Ihren Standort zutreffend sein kann oder nicht.

Proxy-Dienste erfordern normalerweise Veränderungen an Clients, Anwendungen oder Verfahrensweisen

Mit Ausnahme solcher Dienste, die bereits für Proxy-Einsätze vorgesehen sind, müssen Sie Clients, Anwendungen und/oder Verfahrensweisen modifizieren. Diese Veränderungen können Nachteile mit sich bringen; nicht alle fertig verfügbaren Werkzeuge können Ihre Benutzer mit ihren gewohnten Verfahrensweisen nutzen.

Wegen dieser Modifikationen funktionieren Proxy-Anwendungen nicht immer so gut wie »normale« Anwendungen. Manchmal verändern sie Protokoll-Spezifikationen; einige Clients und Server reagieren nicht so flexibel darauf wie andere.

Network Address Translation

Network Address Translation (NAT; Anpassung der Netzwerkadresse) erlaubt es einem Netzwerk, eine bestimmte Gruppe von Netzwerkadressen für den internen Gebrauch und eine andere Gruppe für den Umgang mit externen Netzwerken einzusetzen. Die Network Address Translation bietet an sich keinen Schutz; sie ermöglicht es jedoch, den Aufbau des internen Netzwerks zu verschleiern und Verbindungen durch eine Passierstelle zu führen (weil Verbindungen zu nicht angepaßten Adressen nicht funktionieren und die Passierstelle die Anpassung oder Übersetzung vornimmt).

Wie bei der Paketfilterung muß der Router bei der Network Address Translation zusätzliche Arbeit ausführen. In diesem Fall schickt der Router die Pakete nicht einfach nur weiter, sondern verändert sie auch. Wenn eine interne Maschine ein Paket nach außen schickt, modifiziert das NAT-System die Quelladresse des Systems so, daß sie aussieht, als käme sie von einer gültigen Adresse. Wenn eine externe Maschine ein Paket nach innen sendet, wandelt das NAT-System die Zieladresse von einer extern sichtbaren Adresse in eine korrekte interne Adresse um. Das NAT-System kann auch die Quell- und Ziel-Port-Nummern verändern (dies wird manchmal *Port and Address Translation* oder PAT genannt). Abbildung 5-3 zeigt ein NAT-System, das nur Adressen verändert, während in Abbildung 5-4 die Port and Address Translation dargestellt wird.

NAT-Systeme können verschiedene Schemata für die Anpassung von internen und externen Adressen einsetzen:

- Belege je eine externe Host-Adresse für jede interne Adresse und wende jedesmal die gleiche Anpassung an. Dadurch ergeben sich keine Einsparungen im Adreßraum; außerdem verlangsamen sich die Verbindungen. Normalerweise handelt es sich dabei um eine zeitweilige Maßnahme von Standorten, die illegale Adreßräume benutzt haben, jetzt aber auf gültige Adressen umstellen.

- Ermittle jedesmal dynamisch eine externe Host-Adresse, wenn ein interner Host eine Verbindung aufbaut, ohne die Port-Nummern zu verändern. Dadurch wird die Anzahl der internen Hosts, die gleichzeitig auf das Internet zugreifen können, auf die Zahl der verfügbaren externen Adressen beschränkt.

Network Address Translation

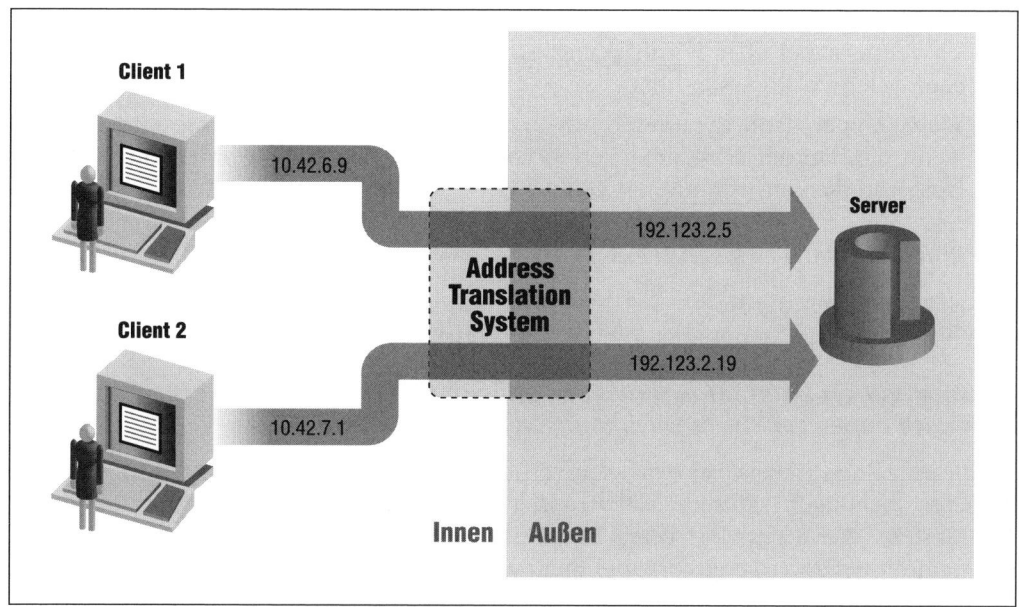

Abbildung 5-3: Network Address Translation

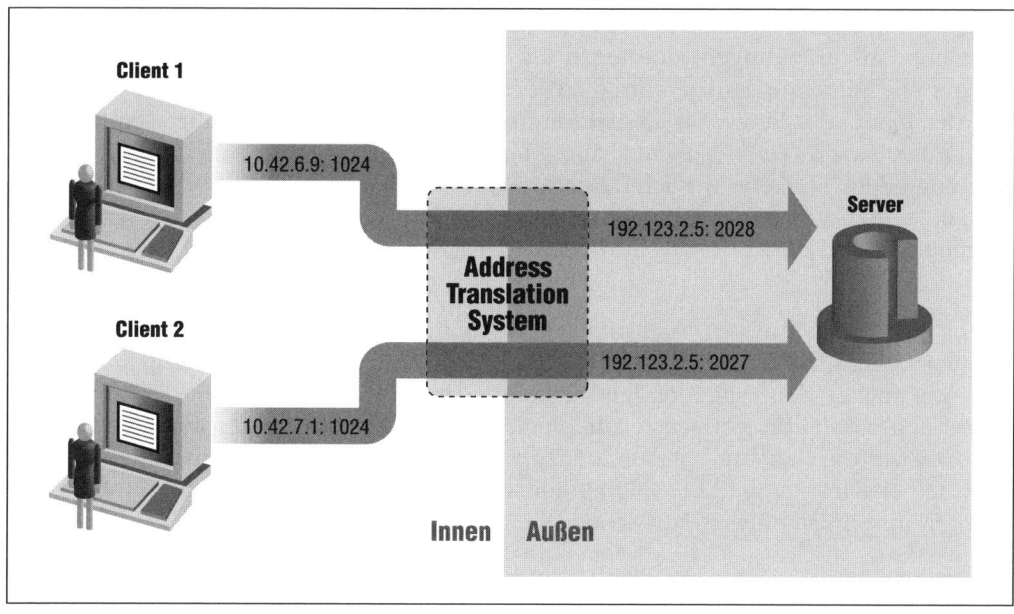

Abbildung 5-4: Port and Address Translation

- Erstelle eine feste Zuordnung von internen Adressen auf extern sichtbare Adressen, verwende dabei aber Portmapping, so daß mehrere interne Maschinen die gleichen externen Adressen benutzen.
- Weise immer dann dynamisch ein Paar aus externer Host-Adresse und Port zu, wenn ein interner Host eine Verbindung aufbaut. Dadurch werden die externen Host-Adressen am effektivsten genutzt.

Vorteile der Network Address Translation

Das Hauptanliegen der Network Address Translation ist ein ökonomischer Umgang mit dem Adreßraum, sie bringt aber auch einige Vorteile für die Sicherheit mit sich.

Network Address Translation unterstützt die Kontrolle der Firewall über nach außen gerichtete Verbindungen

Da die einzelnen Hosts über Adressen verfügen, die im externen Netzwerk nicht funktionieren, benötigen sie zum Aufbau einer Verbindung die Unterstützung durch das NAT-System. Wenn ein Host versucht, eine Verbindung mit dem Internet aufzubauen, ohne eine Adreßanpassung vorzunehmen, wird diese Verbindung nicht funktionieren.

Über die Network Address Translation kann man den eingehenden Verkehr einschränken

Je nachdem, wie Sie ein NAT-System konfigurieren, kann es dem eingehenden Verkehr strengere Einschränkungen auferlegen als ein Paketfilter. Ein NAT-System, das eine dynamische Adreßanpassung vornimmt, erlaubt nur solche Pakete, die zur aktuellen, von der Innenseite initiierten Verbindung gehören. Dies ist dem Schutz vergleichbar, den dynamische Paketfilter bieten, allerdings erlegen die sich verändernden IP-Adressen Angreifern stärkere zeitliche Beschränkungen auf. Sie können jetzt nur noch bestimmte Ports angreifen; wenn sie zu lange warten, wird die Abbildung einer Adresse aufgehoben, und die komplette Adresse ist verschwunden oder wurde einem anderen Host zugewiesen.

Häufig wird angenommen, daß alle NAT-Systeme diese Art von Schutz bieten. Das stimmt jedoch nicht. Wenn Sie ein NAT-System für eine statische Anpassung konfigurieren, schränkt es den eingehenden Verkehr nicht ein. Selbst bei einer dynamischen Anpassung weisen die einfachsten Implementierungen dem internen Host eine extern sichtbare Adresse zu und passen den gesamten Verkehr an, der an diese Adresse gerichtet ist. Dies schränkt die Zeit ein, die einem Angreifer zur Verfügung steht, bietet aber ansonsten keinen weiteren Schutz.

Network Address Translation hilft, die interne Konfiguration des Netzwerks zu verbergen

Je weniger ein Angreifer über Sie weiß, desto besser ist es für Sie. Ein NAT-System erschwert es einem Angreifer festzustellen, wie viele Computer Sie haben, um welche Maschinen es sich handelt und wie sie im Netzwerk angeordnet sind. Beachten Sie jedoch, daß viele Protokolle nützliche Informationen durchlassen (sie fügen beispielsweise die IP-Adresse oder den Namen eines Client an Stellen ein, an denen das NAT-System sie nicht ändern muß). Wenn wir die Eigenschaften der Protokolle bei der Network Address Translation darlegen, versuchen wir, auf solche Lücken hinzuweisen.

Nachteile der Network Address Translation

Network Address Translation ist zwar eine hilfreiche Methode beim sparsamen Umgang mit dem Adreßraum des Netzwerks, sie bringt aber auch einige Probleme mit sich.

Die dynamische Zuweisung erfordert Zustandsinformationen, die nicht immer zur Verfügung stehen

Für ein NAT-System stellt es kein Problem dar, zu ermitteln, ob ein Host aufgehört hat, eine TCP-Verbindung zu benutzen oder nicht, es kann jedoch anhand des Paket-Headers nicht ermitteln, ob ein UDP-Paket Teil eines laufenden »Gesprächs« oder isoliert auftretendes Ereignis ist. Das bedeutet, daß ein NAT-System raten muß, wie lange es eine bestimmte Anpassung aufrechterhalten soll. Wenn es falsch rät, gehen die Antworten verloren oder werden an die falschen Hosts ausgeliefert.

Eingebettete IP-Addressen sind für die Network Address Translation ein Problem

NAT-Systeme passen normalerweise die Adressen in den Paket-Headern an (siehe Kapitel 4, *Pakete und Protokolle*, für weitere Informationen über den Aufbau der Pakete). Manche Protokolle verbergen Adressen auch an anderen Stellen, und um solche Adressen zu finden, muß das NAT-System das Protokoll so gut verstehen, daß es die Adresse finden und anpassen kann, ohne die Gültigkeit des Pakets zu beeinträchtigen. Die meisten NAT-Systeme können dies zumindest für einige Protokolle (zum Beispiel FTP) erledigen, allerdings nicht für alle Protokolle.

Network Address Translation stört manche Verschlüsselungs- und Authentifizierungssysteme

Systeme, mit denen sich Daten verschlüsseln lassen, versuchen oft, die Integrität der Daten sicherzustellen, damit die miteinander kommunizierenden Systeme wissen, daß die Daten während der Übertragung nicht manipuliert wurden. Network Address Translation ist eine Art Manipulation an den Daten während der Übertragung. Wenn das Protokoll, das angepaßt wird, die Daten nicht schützt, die das NAT-System verändert, funktioniert es. Ansonsten schlägt die Integritätsüberprüfung fehl, und die Verbindung kommt nicht zustande. In den meisten Fällen funktioniert es jedoch mit Protokollen, die keine eingebetteten IP-Adressen haben (die Header der Pakete gehören nicht zu den durch das Protokoll geschützten Daten). Die wichtigste Ausnahme zu dieser Regel ist IPsec, bei dem das gesamte Paket, einschließlich der Header, geschützt wird. Network Address Translation schlägt für Protokolle fast immer fehl, die eingebettete IP-Adressen mit dem Schutz der Datenintegrität kombinieren.

Dynamische Adreßzuweisung stört die Protokollierung

Wenn Sie Informationen protokollieren, nachdem die Adreßanpassung stattgefunden hat, zeigt das Protokoll die angepaßte Adresse. Sie müssen die Protokolleinträge mit den Informationen aus dem NAT-System abgleichen, um festzustellen, welches interne System tatsächlich gemeint ist. Wenn Sie zum Beispiel eine überwachte Teilnetz-Architektur (vorgestellt in Kapitel 6, *Firewall-Architekturen*) verwenden und die Network Address Translation auf dem inneren Router durchführen, taucht die angepaßte Adresse in den Protokolleinträgen des externen Routers oder eines Web-Proxy-Servers des überwachten Teilnetzes auf, der für das Caching eingesetzt wird. Die Untersuchung der Protokolle auf einen direkten Zusammenhang ist zwar möglich, kann sich aber als schwierig erweisen. Ein wichtiger Punkt hierbei ist, daß die Uhren der beteiligten Systeme synchron laufen.

Dynamische Zuweisung der Ports kann die Paketfilterung stören

Paketfiltersysteme überwachen die Quell- und Ziel-Port-Nummern, um herauszufinden, welches Protokoll ein Paket benutzen sollte. Die Veränderung des Quell-Ports könnte die Akzeptanz eines Pakets ändern. In den meisten Fällen stellt dies kein Problem dar, da Systeme zur Adreßanpassung für die Clients zur Verfügung stehen, die jeden Port über 1023 benutzen dürfen. Werden jedoch Ports über 1023 in Ports unter 1023 übersetzt, könnten Daten verlorengehen.

Virtuelle Private Netzwerke

Ein *Virtuelles Privates Netzwerk* (VPN; Virtual Private Network) bietet eine Methode für den Einsatz von Verschlüsselung und Schutz der Integrität, die es ermöglicht, ein öffentliches Netzwerk (zum Beispiel das Internet) wie ein privates Netzwerk (über das Sie die Kontrolle besitzen) zu benutzen. Eine private, schnelle und über eine längere Strecke reichende Verbindung zwischen zwei Standorten zu schaffen ist viel teurer, als die beiden Standorte an ein öffentliches Hochgeschwindigkeitsnetzwerk anzuschließen; es ist aber auch viel sicherer. Ein virtuelles privates Netzwerk stellt den Versuch dar, die Vorteile eines öffentlichen Netzwerks (preiswert und weit verbreitet) mit einigen der Vorteile eines privaten Netzwerks (sicher) zu verbinden.

Im Grunde genommen wenden alle virtuellen privaten Netzwerke, die über das Internet betrieben werden, die gleichen Prinzipien an: Der Verkehr wird verschlüsselt, seine Integrität wird geschützt, und die Daten werden in neue Pakete eingekapselt, die über das Internet verschickt werden. Am Ziel werden die Daten entkapselt, ihre Integrität wird überprüft, und sie werden entschlüsselt.

Virtuelle private Netzwerke sind zwar keine echte Firewall-Technik, es gibt jedoch verschiedene Gründe, weshalb wir sie hier vorstellen:

- Sie müssen beim Einsatz virtueller privater Netzwerke darauf achten, wie sie mit der Firewall interagieren. Oft kann eine Firewall den Verkehr, der über ein virtuel-

les privates Netzwerk hereinkommt, nicht kontrollieren. Das würde bedeuten, daß man die Kontrollen der Firewall umgehen und neue Sicherheitslücken öffnen könnte.
- Eine Firewall läßt sich gut um Eigenschaften und Funktionen eines virtuellen privaten Netzwerks erweitern.
- Wir werden virtuelle private Netzwerke oft als Möglichkeit erwähnen, externe Dienste anzubieten, die mit anderen Firewall-Techniken nicht geschützt werden können.

Wo verschlüsseln Sie?

Virtuelle private Netzwerke hängen von der Verschlüsselung ab. Diese Verschlüsselung kann als Transportmethode ausgeführt werden, bei der ein Host den Verkehr gleich bei seiner Erzeugung verschlüsselt, oder als Tunnel, bei dem der Verkehr irgendwo zwischen Quelle und Ziel ver- und entschlüsselt wird. Es ist wichtig zu klären, an welcher Stelle bezüglich der Paketfilterung Sie die Ver- und Entschlüsselung vornehmen. Wenn Sie sie innerhalb der Grenzen Ihrer Paketfilterung durchführen (d.h. in Ihrem internen Netzwerk), müssen Ihre Filter nur verschlüsselte Pakete hinein- und herauslassen. Das ist besonders einfach, wenn Sie eine Tunnelung vornehmen, da sämtliche getunnelten Pakete an die gleiche externe Adresse und Port-Nummer am anderen Ende des Tunnels (an die Entschlüsselungseinheit) gerichtet werden. Andererseits bedeuten Ver- und Entschlüsselung innerhalb des Einflußbereichs Ihres Filters, daß Pakete, die verschlüsselt ankommen, nicht vom Paketfilter untersucht werden. Dies macht Sie anfällig für einen Angriff von der anderen Seite, falls der andere Standort bereits geknackt wurde.

Führen Sie die Ver- und Entschlüsselung außerhalb durch (d.h. in Ihrem Grenznetz oder in Ihrem äußeren Router), können die Pakete, die von einem anderen Standort kommen, von Ihrem Paketfilter vollständig untersucht werden. Allerdings kann auch jeder andere, der in der Lage ist, den Verkehr in Ihrem Grenznetz zu lesen – einschließlich potentieller Eindringlinge –, die Pakete inspizieren.

Schlüsselverteilung und Zertifikate

Wie bei jedem System zur Verschlüsselung und zum Schutz der Integrität ist die Schlüsselverteilung ein heikles Problem. Es gibt eine Reihe von Möglichkeiten, einschließlich gemeinsam genutzter Schlüssel oder des Einsatzes eines Systems mit öffentlichen Schlüsseln; siehe Anhang C, *Kryptographie*, für Beschreibungen dieser Systeme sowie ihrer jeweiligen Vor- und Nachteile.

Vorteile virtueller privater Netzwerke

Die meisten der Vorteile virtueller privater Netzwerke sind wirtschaftlicher Art; es ist billiger, öffentliche Netzwerke zu verwenden, als dedizierte Verbindungen einzurichten, egal, ob es sich um gemietete Leitungen oder Modem-Verbindungen handelt, die einzelne Maschinen mit einer zentralen Stelle verbinden. Außerdem bringen virtuelle private Netzwerke auch einige Sicherheitsvorteile mit sich.

Virtuelle private Netzwerke sichern eine vollständige Verschlüsselung

Ein virtuelles privates Netzwerk verbirgt den gesamten Datenverkehr, den es passieren läßt. Es garantiert nicht nur eine Verschlüsselung der Informationen, sondern hält auch geheim, welche internen Maschinen benutzt werden und welche Protokolle beteiligt sind. Sie können Informationen auch vor Schnüfflern verbergen, indem Sie statt dessen einzelne verschlüsselte Protokolle einsetzen. Angreifer werden aber immer herausbekommen, welche Maschinen miteinander kommunizieren und welche Art von Informationen sie austauschen (wenn Sie zum Beispiel ein verschlüsseltes Mail-Protokoll benutzen, werden sie wissen, daß etwas per E-Mail verschickt wird). Ein virtuelles privates Netzwerk ist da bedeutend verschwiegener.

Virtuelle private Netzwerke erlauben es Ihnen, Protokolle entfernt einzusetzen, bei denen es keine andere sichere Methode gibt

Einige Protokolle lassen sich durch eine Firewall nur sehr schwer realisieren. Zum Beispiel basiert eine Reihe der von Microsoft-Systemen benutzten Protokolle auf SMB, das viele verschiedene Dienste mit unterschiedlichen Folgen für die Sicherheit über die gleichen Ports und Verbindungen zur Verfügung stellt. Sowohl Paketfilter als auch Proxies haben Schwierigkeiten damit, SMB zu sichern. Virtuelle private Netzwerke stellen eine Methode bereit, auf diese Protokolle von außen zuzugreifen, ohne damit gleichzeitig die Möglichkeit zu schaffen, vom Internet aus angegriffen zu werden.

Nachteile virtueller privater Netzwerke

Virtuelle private Netzwerke sind zwar eine wichtige Schutzmaßnahme, sie ziehen in einer Firewall-Umgebung jedoch auch Probleme nach sich.

Virtuelle private Netzwerke verwenden gefährliche Netzwerkverbindungen

Ein virtuelles privates Netzwerk wird über ein wirkliches Netzwerk betrieben, das aller Wahrscheinlichkeit nach kein privates Netzwerk ist. Die Rechner im virtuellen privaten Netzwerk müssen mit dem eigentlichen Netzwerk verbunden werden. Wenn Sie nicht sorgfältig dabei vorgehen, werden sie anfällig für Angriffe aus diesem Netzwerk. Benutzen Sie zum Beispiel ein virtuelles privates Netzwerk, um mobilen Benutzern, die an das Internet angeschlossen sind, den Zugang zu Ihrem internen Netzwerk zu gewähren, könnten deren Maschinen aus dem Internet angegriffen werden.

Im Idealfall läßt ein virtuelles privates Netzwerk keine weitere Benutzung der Netzwerkschnittstelle zu. Es ist wichtig, ein System zu wählen, das Ihnen ein solches Vorgehen auf dem externen System ermöglicht. Es reicht nicht, ein System zu haben, bei dem das externe System andere Anwendungen unterbinden kann, da der Benutzer am externen System das Netzwerk wieder einschalten könnte. Es ist eine sehr verlockende Methode, schnell Zugang zu Internet-Ressourcen zu erhalten.

Virtuelle private Netzwerke vergrößern das Netzwerk, das Sie schützen müssen

Wenn Sie etwas über ein virtuelles privates Netzwerk anschließen, dann machen Sie es zu einem Teil Ihres internen Netzes. Wird in eine Maschine im virtuellen privaten Netzwerk eingebrochen, kann der Angreifer das virtuelle private Netzwerk benutzen, um den Rest Ihres Netzes anzugreifen. Die Stelle, von der er vorgeht, wird so behandelt, als würde sie sich in Ihrem lokalen Netz befinden. Häufig gewährt man über virtuelle private Netzwerke Zugriff auf Maschinen, die viel verwundbarer sind als die Maschinen, die sich wirklich im Netzwerk befinden – zum Beispiel Laptops, die in der Öffentlichkeit herumgereicht werden, Rechner zu Hause, mit denen neugierige Kinder herumspielen können, und Maschinen, die zu anderen Standorten mit anderen Interessen und Sicherheitsvorstellungen gehören.

Selbst wenn ein virtuelles privates Netzwerk die zweckfremde Benutzung der Netzwerkschnittstelle, über die es läuft, verbietet – der Rechner könnte noch andere Netzwerkschnittstellen besitzen. Er würde dadurch zu einem Schlupfloch in Ihr Netzwerk, direkt hinter Ihre Schutzeinrichtungen.

Deswegen müssen Sie sorgfältig darauf achten, wie Sie ein virtuelles privates Netzwerk an Ihr wirkliches privates Netzwerk anschließen und wie Sie das externe Ende sichern. Es ist nicht immer günstig, das virtuelle private Netzwerk zu einem nahtlosen Bestandteil Ihres internen Netzwerks zu machen. Denken Sie darüber nach, eine untergeordnete Firewall einzubauen oder wenigstens besondere Maßnahmen zum Schutz vor Einbrüchen oder anderen Problemen zu ergreifen.

6

Firewall-Architekturen

Dieses Kapitel beschreibt eine Vielzahl von Methoden, Firewall-Komponenten zusammenzusetzen, und befaßt sich mit deren Vor- und Nachteilen. Wir werden Ihnen sagen, welche Architektur sich für welche Anwendung eignet.

Single-Box-Architekturen

Die einfachsten Firewall-Architekturen bestehen aus einem einzigen Gerät, das als Firewall agiert. Im allgemeinen besteht bei *Single-Box-Architekturen* der Sicherheitsvorteil darin, daß es nur eine einzige Stelle gibt, auf die Sie sich konzentrieren und die Sie richtig konfigurieren müssen. Andererseits hängt Ihre Sicherheit völlig von dieser einen Stelle ab. Es ist keine besonders umfassende Verteidigung, aber andererseits wissen Sie genau, wo Ihre schwächste Stelle liegt und wie schwach sie ist. Bei mehreren Schichten läßt sich das nicht so genau feststellen.

In der Praxis liegen die Vorteile von Single-Box-Architekturen nicht in ihrer Sicherheit, sondern in anderen praktischen Überlegungen. Verglichen mit mehrschichtigen Systemen, die in Ihr Netzwerk integriert sind, ist eine Single-Box-Architektur preiswerter, leichter verständlich und dem Management besser zu erklären. Außerdem ist der Einkauf eines solchen Systems problemloser zbu bewerkstelligen. Für kleine Standorte stellt sie daher eine gute Lösung dar. Sie ist auch eine attraktive Alternative für Leute, die nach einer magischen Schutzvorrichtung suchen, die sie einmal einbauen und anschließend vergessen können. Es gibt zwar sehr gute Single-Box-Firewalls, aber keine magischen Firewalls. Single-Box-Lösungen erfordern ebenso schwierige Entscheidungen, sorgfältige Konfiguration und weitere Betreuung wie andere Firewalls.

Überwachungsrouter

Es ist möglich, ein Paketfiltersystem allein als Firewall einzusetzen, wie in Abbildung 6-1 zu sehen ist. Dabei wird nur ein *Überwachungsrouter* eingesetzt, um das gesamte Netzwerk zu schützen. Dies ist ein preiswertes System, da Sie sowieso fast immer einen Router benötigen, um die Verbindung zum Internet herzustellen. Sie konfigurieren einfach die Paketfilterung auf diesem Router. Andererseits ist es nicht besonders flexibel; Sie können Protokolle per Port-Nummer erlauben oder verbieten, es ist aber schwierig, bestimmte Operationen zuzulassen, während Sie andere im gleichen Protokoll verbieten, oder sicherzugehen, daß das, was an einem bestimmten Port ankommt, wirklich das Protokoll ist, das Sie erlauben wollten. Außerdem reicht die Verteidigung nicht besonders weit. Wenn der Router überwunden wird, haben Sie keinen weiteren Schutz.

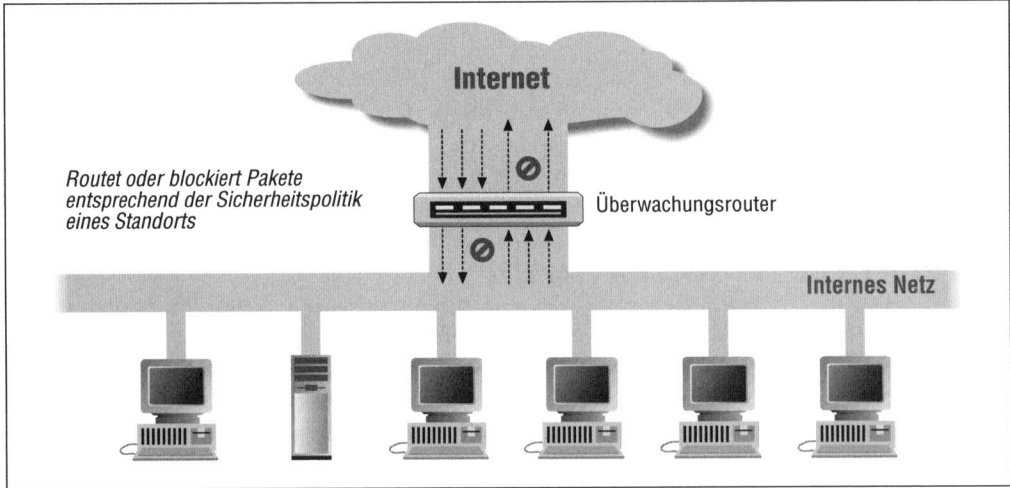

Abbildung 6-1: Einsatz eines Überwachungsrouters zur Durchführung der Paketfilterung

Geeignete Einsatzmöglichkeiten

Ein Überwachungsrouter ist in solchen Situationen eine geeignete Firewall, in denen:

- das zu schützende Netzwerk bereits über einen sehr hohen Grad an Rechnersicherheit verfügt
- die Anzahl der benutzten Protokolle beschränkt ist, und die Protokolle selbst relativ einfach strukturiert sind
- Sie maximale Leistung und Redundanz fordern

Überwachungsrouter eignen sich am besten für interne Firewalls und für Netzwerke, die dazu gedacht sind, Dienste für das Internet zur Verfügung zu stellen. So ist es zum Beispiel nicht unüblich, daß Internet Service Provider nichts weiter als einen Überwachungsrouter zwischen ihren Hosts und dem Internet einsetzen.

Dual-Homed-Host

Eine *Dual-Homed-Host-Architektur* wird um einen Dual-Homed-Host herum aufgebaut, einen Computer, der mindestens zwei Netzwerkschnittstellen besitzt. Solch ein Host könnte als Router zwischen den Netzwerken auftreten, an die diese Schnittstellen angeschlossen sind; er ist in der Lage, IP-Pakete von einem in das andere Netzwerk weiterzuleiten. Wenn Sie jedoch einen Dual-Homed-Host als Firewall einsetzen, deaktivieren Sie diese Routing-Funktion. Auf diese Weise werden IP-Pakete aus dem einen Netzwerk (z.B. dem Internet) nicht direkt in das andere Netzwerk (z.B. das interne, geschützte Netzwerk) geroutet. Die Systeme innerhalb der Firewall können mit dem Dual-Homed-Host kommunizieren und die Systeme außerhalb der Firewall (im Internet) ebenfalls. Es ist diesen Systemen jedoch nicht möglich, direkt miteinander zu kommunizieren. Der IP-Verkehr zwischen ihnen wird vollständig blockiert.

Manche Varianten der Dual-Homed-Host-Architektur benutzen IP im Internet und ein anderes Netzwerkprotokoll (zum Beispiel NetBEUI) im internen Netzwerk. Dies verstärkt die Trennung zwischen den beiden Netzwerken, wodurch es unwahrscheinlicher wird, daß durch Fehlkonfigurationen Verkehr von einer Schnittstelle auf die andere gelangt. Außerdem verringert sich die Gefahr, daß die Clients verwundbar werden, falls dies doch einmal passiert. Diese Variante hat jedoch keinen besonderen Einfluß auf die Gesamtsicherheit der Firewall.

Die Netzwerkarchitektur für eine Dual-Homed-Host-Firewall ist denkbar einfach: Der Dual-Homed-Host befindet sich zwischen dem Internet und dem internen Netzwerk und ist an beide angeschlossen. Abbildung 6-2 stellt diese Architektur dar.

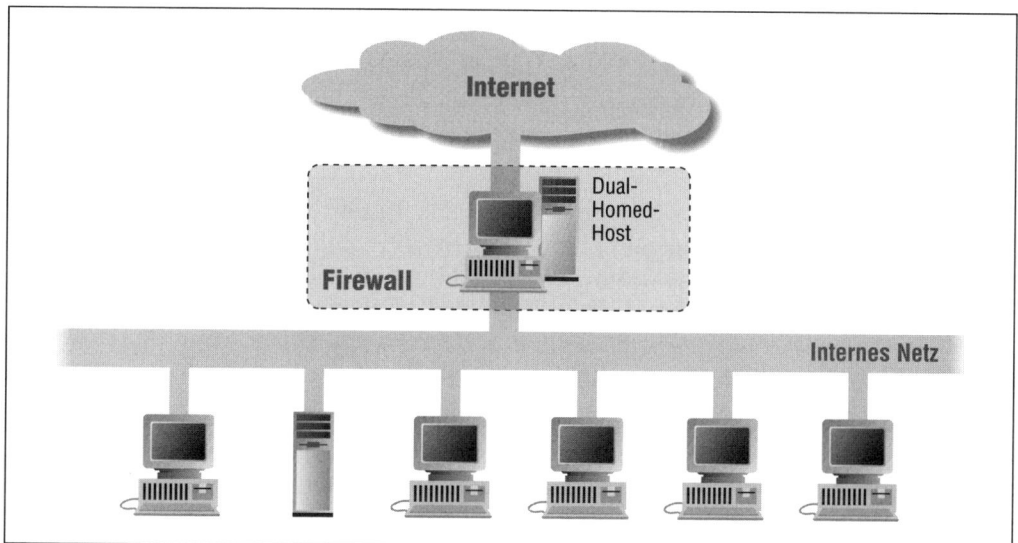

Abbildung 6-2: Dual-Homed-Host-Architektur

Dual-Homed-Hosts ermöglichen einen sehr hohen Grad an Kontrolle. Wenn Sie überhaupt keine Pakete zwischen dem externen und dem internen Netzwerk zulassen, dann wissen Sie ziemlich genau, daß alle Pakete im internen Netzwerk, die eine externe Quelle aufweisen, auf ein Sicherheitsproblem hinweisen.

Andererseits sind Dual-Homed-Hosts nicht besonders leistungsfähig. Ein Dual-Homed-Host muß bei jeder Verbindung mehr Arbeit erledigen als ein Paketfilter und benötigt entsprechend mehr Ressourcen. Außerdem erlaubt er nicht so viel Verkehr wie ein äquivalentes Paketfiltersystem.

Da ein Dual-Homed-Host einen einzigen Schwachpunkt bildet, ist es wichtig, dafür zu sorgen, daß seine Rechnersicherheit absolut tadellos ist. Ein Angreifer, der es schafft, den Dual-Homed-Host zu überwinden, besitzt vollständigen Zugriff auf Ihren Standort (unabhängig davon, welche Protokolle Sie betreiben). Ein Angreifer, der den Dual-Homed-Host zum Absturz bringt, schneidet Sie vom Internet ab. Dual-Homed-Hosts sind deshalb ungeeignet, wenn es für Ihre Firma unerläßlich ist, ins Internet zu gelangen.

Sie sind besonders anfällig für Probleme mit der IP-Implementierung des Rechners, die die Maschine zum Absturz bringen oder Verkehr durchlassen kann. Diese Probleme gibt es auch bei Paketfilter-Routern, allerdings treten sie nicht so häufig auf und sind normalerweise leichter zu beheben. Architekturen mit mehreren Geräten sind meist weniger empfindlich, da mehrere verschiedene IP-Implementierungen im Spiel sind.

Ein Dual-Homed-Host kann entweder Dienste nur in Form eines Proxy anbieten oder indem sich die Benutzer direkt auf dem Dual-Homed-Host anmelden. Sie werden es sicher vermeiden wollen, daß sich die Benutzer direkt auf dem Rechner einloggen. Wie wir in Kapitel 10, *Bastion-Hosts*, ausführen, bringen Benutzer-Zugänge selbst schon deutliche Sicherheitsrisiken mit sich. Auf Dual-Homed-Hosts sind sie besonders problematisch, da Benutzer möglicherweise unerwartet Dienste aktivieren, die Sie als unsicher ansehen. Außerdem empfinden es die meisten Benutzer als unbequem, einen Dual-Homed-Host erst benutzen zu können, nachdem sie sich auf ihm angemeldet haben.

Der Betrieb als Proxy ist weit weniger problematisch, steht aber möglicherweise nicht für alle Dienste zur Verfügung, an denen Sie interessiert sind. Kapitel 9, *Proxy-Systeme*, zeigt Ihnen einige Vorgehensweisen für diese Situation, die sich allerdings nicht für jeden Fall eignen. Wenn Sie einen Dual-Homed-Host als einzige Netzwerkverbindung benutzen, verringern sich einige Probleme mit Proxies ein wenig; wenn der Host vorgibt, ein Router zu sein, kann er Pakete abfangen, die in die Außenwelt gerichtet sind, und sie transparent und ohne fremde Hilfe als Proxy weiterleiten.

Proxies eignen sich besser zur Unterstützung ausgehender (interne Benutzer, die Ressourcen im Internet verwenden) als eingehender Dienste (Benutzer im Internet verwenden Ressourcen im internen Netzwerk). In einer Konfiguration mit einem Dual-Homed-Host müssen Dienste, die Sie für das Internet zur Verfügung stellen wollen, normalerweise auf dem Dual-Homed-Host ausgeführt werden. Das ist nicht immer anzuraten, da es ein gewisses Risiko in sich birgt, Dienste im Internet verfügbar zu machen, und der

Dual-Homed-Host eine sicherheitskritische Maschine darstellt, die Sie nicht unnötig durch riskante Dienste gefährden sollten. Es mag akzeptabel sein, einen minimal ausgestatteten Webserver auf einem Dual-Homed-Host zu betreiben (zum Beispiel einen, der zwar HTML-Seiten zur Verfügung stellen kann, aber keine aktiven Inhalte, zusätzlichen Protokolle oder Verarbeitungsmöglichkeiten für Formulare beinhaltet), das Ausführen eines normalen Webservers dagegen wäre dagegen extrem gefährlich.

Bei der Architektur mit überwachtem Teilnetz, die wir in einem späteren Abschnitt beschreiben, besitzen Sie mehr Möglichkeiten für neue, nicht vertrauenswürdige oder eingehende Dienste (zum Beispiel können Sie eine weniger wertvolle Maschine in das überwachte Teilnetz einbinden, auf der Sie nur einen nicht vertrauenswürdigen Dienst zur Verfügung stellen).

Geeignete Einsatzmöglichkeiten

Ein Dual-Homed-Host ist in Situationen eine geeignete Firewall, in denen:

- es nur wenig Verkehr ins Internet gibt
- der Verkehr ins Internet nicht ausschlaggebend für die geschäftliche Tätigkeit ist
- benutzern im Internet keine Dienste zur Verfügung gestellt werden
- das zu schützende Netzwerk keine übermäßig wertvollen Daten enthält

Mehrzweck-Maschinen

Viele Single-Box-Firewalls sind in Wirklichkeit eine Kombination aus Proxy und Paketfilterung. Dadurch ziehen Sie einen Nutzen aus den Vorteilen beider Systeme; Sie können einige Protokolle mit hoher Geschwindigkeit zur Verfügung stellen und behalten dennoch weitgehende Kontrolle. Sie bekommen aber auch die Nachteile beider Systeme zu spüren; Sie werden anfällig gegenüber Problemen, bei denen Protokolle, von denen Sie angenommen haben, daß sie durch die Proxies aufgefangen werden, einfach durch die Paketfilter hindurchgelassen werden. Zusätzlich gehen Sie all die normalen Risiken ein, die daraus resultieren, daß nur ein einziges Element zwischen Ihnen und der großen weiten Welt liegt.

Geeignete Einsatzmöglichkeiten

Eine einzelne Maschine, die sowohl Proxy als auch Paketfilter ist, bietet sich in Situationen an, in denen:

- das zu schützende Netzwerk klein ist
- keine Dienste für das Internet zur Verfügung gestellt werden

Architekturen mit überwachten Hosts

Während eine Dual-Homed-Host-Architektur Dienste auf einem Rechner zur Verfügung stellt, der an mehrere Netzwerke angeschlossen ist (aber mit deaktiviertem Routing), bietet eine *Architektur mit einem überwachten Host* (engl. screened host architecture) Dienste auf einem Rechner an, der nur an das interne Netzwerk angeschlossen ist und einen separaten Router verwendet. In dieser Architektur wird ein Großteil des Schutzes durch Paketfilterung gewährleistet. (Zum Beispiel ermöglicht Paketfilterung es nicht, die Proxy-Server zu umgehen und direkte Verbindungen aufzubauen.)

Abbildung 6-3 zeigt eine einfache Version einer Architektur mit überwachtem Host. Der Bastion-Host befindet sich im internen Netzwerk. Die Paketfilterung auf dem Überwachungsrouter ist so eingerichtet, daß der Bastion-Host das einzige System im internen Netzwerk ist, zu dem Hosts aus dem Internet Verbindungen aufbauen können (zum Beispiel, um eingehende E-Mails abzuliefern). Selbst in diesem Fall sind nur bestimmte Arten von Verbindungen erlaubt. Jedes externe System, das versucht, auf interne Systeme zuzugreifen, muß eine Verbindung zu diesem Host herstellen. Der Bastion-Host muß daher einen gewissen Grad an Sicherheit gewährleisten.

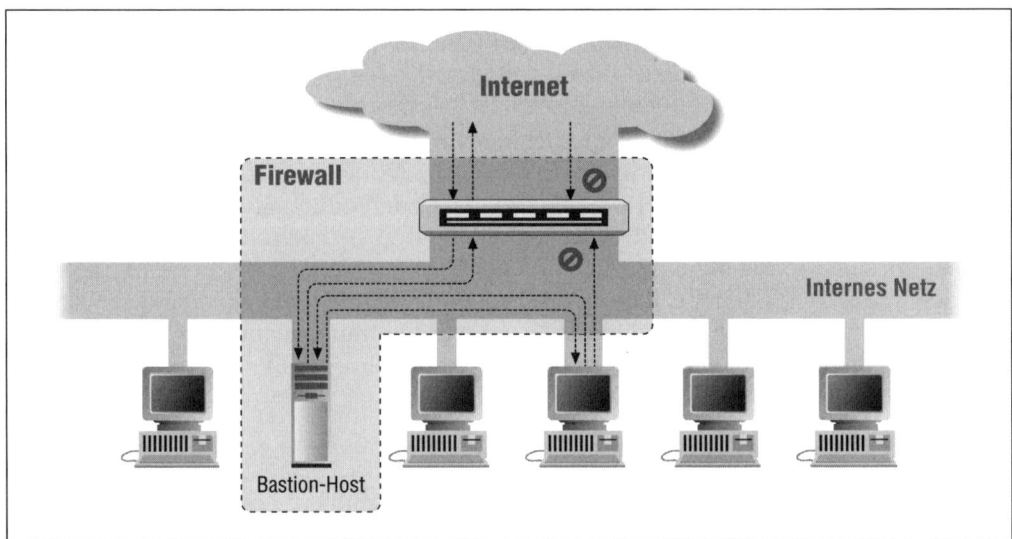

Abbildung 6-3: Eine Architektur mit überwachtem Host

Die Paketfilterung erlaubt es dem Bastion-Host außerdem, zulässige Verbindungen (was »zulässig« ist, wird durch die Sicherheitspolitik Ihres Standorts bestimmt) in die Außenwelt zu öffnen. Der Abschnitt »Bastion-Host« in der Besprechung der »Architekturen mit überwachtem Teilnetz« weiter hinten in diesem Kapitel enthält mehr Informationen über die Funktionsweise von Bastion-Hosts. Kapitel 10, *Bastion-Hosts*, beschreibt genau, wie Sie einen Bastion-Host aufbauen können.

Über die Konfiguration der Paketfilterung im Überwachungsrouter kann folgendes erreicht werden:

- Es wird anderen internen Hosts erlaubt, Verbindungen zu Rechnern im Internet zu öffnen, um auf bestimmte Dienste zuzugreifen (wie diese Dienste über Paketfilterung zugelassen werden, erfahren Sie in *Kapitel 8, Paketfilterung*).
- Es werden alle Verbindungen von internen Hosts verboten (wodurch die Hosts gezwungen werden, die Proxy-Dienste über den Bastion-Host in Anspruch zu nehmen, wie in Kapitel 9, *Proxy-Systeme*, beschrieben).

Sie können diese Ansätze für verschiedene Dienste mischen; einige könnten direkt über Paketfilter erlaubt sein, während andere nur indirekt über einen Proxy möglich sind. Das hängt allein von der Sicherheitspolitik ab, die Sie an Ihrem Standort etablieren wollen.

Da diese Architektur es Paketen erlaubt, vom Internet aus in die internen Netzwerke zu gelangen, scheint sie riskanter zu sein als eine Dual-Homed-Host-Architektur, die so gestaltet ist, daß externe Pakete nicht in das interne Netzwerk gelangen können. In der Praxis neigt jedoch die Dual-Homed-Host-Architektur dazu, fehlerhaft zu arbeiten und Pakete aus dem externen in ein internes Netzwerk durchzulassen. (Da diese Sorte Fehler vollkommen unerwartet auftritt, gibt es kaum Schutz vor Angriffen dieser Art.) Es ist außerdem einfacher, einen Router zu verteidigen als einen Host. Für die meisten Anwendungsfälle bietet die Architektur mit überwachtem Host sowohl einen besseren Schutz als auch eine bessere Benutzbarkeit als die Architektur mit Dual-Homed-Host.

Verglichen mit anderen Architekturen wie etwa der Architektur mit überwachtem Teilnetz, bringt die Architektur mit überwachtem Host einige Nachteile mit sich. Der Hauptnachteil besteht darin, daß kein Schutz mehr zwischen dem Bastion-Host und den restlichen internen Hosts vorhanden ist, wenn es ein Angreifer schafft, in den Bastion-Host einzubrechen. Der Router bildet ebenfalls eine Schwachstelle. Wenn er überwunden wird, steht einem Angreifer das gesamte Netzwerk offen. Aus diesem Grund hat die Architektur mit überwachtem Teilnetz, der wir uns als nächstes zuwenden, an Popularität gewonnen.

Da der Bastion-Host den entscheidenden Schwachpunkt darstellt, ist er nicht für den Betrieb stark risikobehafteter Dienste, wie Webserver, geeignet. Sie müssen den gleichen Grad an Sicherheit zur Verfügung stellen, den Sie auch für einen Dual-Homed-Host aufbringen würden, der die einzige Firewall für Ihren Standort wäre.

Geeignete Einsatzmöglichkeiten

Eine Architektur mit überwachtem Host ist geeignet, wenn:

- nur wenige Verbindungen aus dem Internet ankommen (daher ist diese Architektur vor allem dann nicht geeignet, wenn der überwachte Host ein öffentlicher Webserver ist)
- das zu überwachende Netzwerk einen relativ hohen Grad an Rechnersicherheit bietet

Architekturen mit überwachtem Teilnetz

Die *Architektur mit überwachtem Teilnetz* (engl. screened subnet architecture) erweitert die Architektur mit überwachtem Host um eine weitere Schutzschicht, indem sie ein Grenznetzwerk hinzufügt, durch welches das interne Netzwerk weiter vom Internet isoliert wird.

Wozu? Entsprechend ihrer Natur sind die Bastion-Hosts die verwundbarsten Maschinen in Ihrem Netzwerk. Egal, wie sehr Sie sich anstrengen, bei diesen Maschinen ist die Wahrscheinlichkeit, daß sie angegriffen werden, am größten, da es die Maschinen sind, die angegriffen werden *können*. Wenn Ihr Netzwerk, wie dies in einer Architektur mit überwachtem Host der Fall ist, für einen Angriff von Ihrem Bastion-Host aus weit offensteht, dann ist Ihr Bastion-Host ein ausgesprochen lohnendes Ziel. Zwischen diesem Rechner und Ihren internen Maschinen gibt es keine weiteren Verteidigungsanlagen (neben den Maßnahmen zur Rechnersicherheit, die normalerweise relativ gering ausfallen). Ein Einbrecher, der erfolgreich in den Bastion-Host einer Architektur mit überwachtem Host einbricht, hat quasi den Hauptgewinn gezogen. Durch die Isolierung des Bastion-Hosts in einem Grenznetzwerk können Sie die Auswirkungen eines Einbruchs in den Bastion-Host abschwächen. Er bildet nicht mehr den sofortigen Hauptgewinn; der Eindringling kann zwar immer noch bis zu einem gewissen Grad auf Ihre Technik zugreifen, er besitzt aber keinen völligen Zugang mehr.

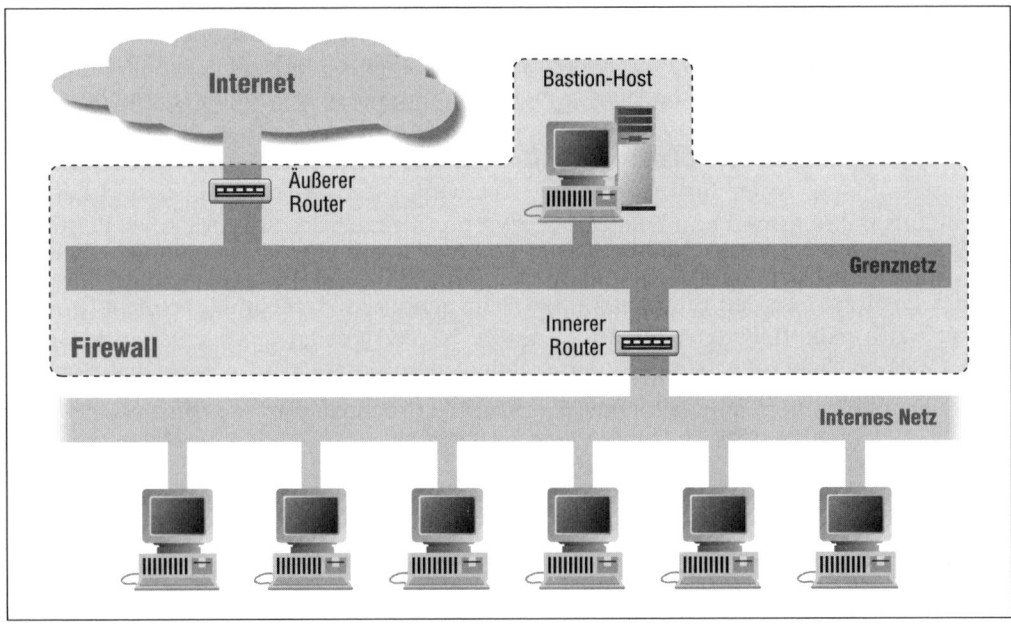

Abbildung 6-4: Architektur mit überwachtem Teilnetz (mit zwei Routern)

Bei der einfachsten Variante der Architektur mit überwachtem Teilnetz gibt es zwei Überwachungsrouter, die jeweils an das Grenznetz angeschlossen sind. Einer befindet sich zwischen dem Grenznetz und dem internen Netzwerk, der andere sitzt zwischen dem Grenznetz und dem externen Netz (üblicherweise ist dies das Internet). Um bei dieser Architektur in das interne Netzwerk eindringen zu können, muß der Angreifer erst *beide* Router überwinden. Selbst wenn es ein Angreifer irgendwie in den Bastion-Host schafft, muß er dann noch den inneren Router knacken. Es gibt jetzt nicht mehr die eine verwundbare Stelle, die das interne Netzwerk gefährdet.

Abbildung 6-4 zeigt eine mögliche Firewall-Konfiguration, die eine Architektur mit überwachtem Teilnetz einsetzt. Die nächsten Abschnitte beschreiben die Bestandteile dieser Art von Architektur.

Das Grenznetzwerk

Das Grenznetz ist eine weitere Schutzschicht, ein zusätzliches Netzwerk zwischen dem externen Netz und Ihrem geschützten internen Netz. Wenn ein Angreifer erfolgreich in den äußeren Bereich Ihrer Firewall eindringt, stellt das Grenznetz ein weiteres Hindernis zwischen dem Angreifer und Ihren internen Systemen dar.

Das folgende Beispiel verdeutlicht, weshalb ein Grenznetzwerk hilfreich sein kann. In vielen Netzwerken ist es möglich, daß eine Maschine den Verkehr aller anderen Maschinen im gleichen Netzwerk sehen kann. Dies gilt für die meisten Ethernet-basierten Netze (und die Ethernet-Technik ist heutzutage im Bereich der lokalen Netzwerke mit Abstand am weitesten verbreitet); dies gilt aber auch für verschiedene andere beliebte Techniken wie Token-Ring und FDDI. Schnüffler könnten durchaus Paßwörter aufschnappen, indem sie in laufenden Telnet-, FTP- und *rlogin*-Sitzungen danach suchen. Doch selbst wenn keine Paßwörter bekanntwerden, könnten sie den Inhalt geheimer Dateien, interessanter E-Mails oder ähnlicher Dinge mitbekommen, auf die zugegriffen wird. Der Schnüffler könnte praktisch jeder Person im Netzwerk »über die Schulter blicken«. Es gibt eine Menge Werkzeuge, die Angreifer für diese Art von Schnüffelei sowie für das Verwischen ihrer Spuren einsetzen können.

Bei einem Grenznetzwerk stellt sich die Lage etwas anders dar: Wenn jemand in einen Bastion-Host in einem Grenznetz einbricht, kann er nur den Verkehr in diesem Netz abhören. Der ganze Verkehr im Grenznetz muß entweder zum oder vom Bastion-Host oder zum oder vom Internet verlaufen. Da kein rein interner Verkehr (das ist Verkehr zwischen zwei internen Hosts, der wahrscheinlich geheim oder zumindest nicht für die Außenwelt bestimmt ist) das Grenznetz passiert, ist dieser interne Verkehr vor neugierigen Augen geschützt, falls in den Bastion-Host eingebrochen wird.

Augenscheinlich wird der Verkehr zum oder vom Bastion-Host oder mit der äußeren Welt immer noch sichtbar sein. Beim Aufbau einer Firewall gilt es sicherzustellen, daß dieser Verkehr selbst nicht so vertraulich ist, daß sofort Ihr ganzer Standort gefährdet ist, wenn er gelesen wird.

Bastion-Host

Bei der Architektur mit überwachtem Teilnetz verbinden Sie einen Bastion-Host (oder mehrere Hosts) mit dem Grenznetz. Dieser Host bildet die Hauptkontaktstelle für eingehende Verbindungen aus der Außenwelt, zum Beispiel:

- für eingehende E-Mail- (SMTP) Sitzungen zum Ausliefern elektronischer Post an diesen Standort
- für eingehende FTP-Verbindungen an den anonymen FTP-Server des Standorts
- für eingehende Anfragen Ihres Standortes an das Domain Name System (DNS)

und so weiter.

Für die Behandlung nach außen gerichteter Dienste (von internen Clients an Server im Internet) gibt es folgende Möglichkeiten:

- Einrichtung von Paketfiltern sowohl auf den inneren als auch auf den äußeren Routern, um es den internen Clients zu erlauben, direkt auf externe Server zuzugreifen.
- Einrichtung von Proxy-Servern auf dem Bastion-Host (falls Ihre Firewall Proxy-Software einsetzt), um es den internen Clients zu erlauben, indirekt auf externe Server zuzugreifen. Sie sollten auch Paketfilter einrichten, um es den internen Clients zu ermöglichen, mit den Proxy-Servern auf dem Bastion-Host zu kommunizieren und umgekehrt, direkte Kommunikation zwischen den internen Clients und der Außenwelt jedoch zu verbieten.

In jedem Fall erlaubt es die Paketfilterung dem Bastion-Host, Verbindungen zu Rechnern im Internet aufzubauen und von ihnen kommende Verbindungen zu akzeptieren; um welche Hosts und Dienste es sich handelt, hängt von der Sicherheitspolitik des Standorts ab.

Ein Großteil der Arbeit des Bastion-Host besteht darin, als Proxy-Server für verschiedene Dienste zu fungieren. Dazu wird entweder besondere Proxy-Server-Software für bestimmte Protokolle ausgeführt (wie etwa HTTP oder FTP), oder es werden Standard-Server für Protokolle eingesetzt, die selbst Proxy-Dienste beinhalten (wie SMTP).

Kapitel 10, *Bastion-Hosts*, beschreibt, wie Sie einen Bastion-Host sichern, und die Kapitel in Teil III, *Internet-Dienste*, zeigen, wie Sie einzelne Dienste für den Betrieb mit einer Firewall konfigurieren.

Der innere Router

Der *innere Router* (in der Firewall-Literatur manchmal auch als *Choke-Router* bezeichnet) schützt das interne Netzwerk sowohl vor dem Internet als auch vor dem Grenznetzwerk.

Dieser innere Router erledigt für Ihre Firewall den größten Teil der Paketfilterung. Er erlaubt es ausgewählten Diensten, vom internen Netz ins Internet zu gelangen. Dabei handelt es sich um die Dienste, die Ihr Standort sicher unterstützen und unter Zuhilfenahme von Paketfiltern anstelle von Proxies sicher anbieten kann. (Sie müssen für Ihren Standort selbst definieren, was »sicher« ist. Dazu müssen Sie Ihre eigenen Ansprüche, Fähigkeiten und Beschränkungen berücksichtigen; es gibt keine allgemeingültige Antwort.) Zu den Diensten, die Sie erlauben, können ausgehende HTTP-, Telnet-, FTP-sowie weitere Dienste gehören, je nachdem, welche Bedürfnisse und Umstände Sie leiten. (Ausführliche Informationen darüber, wie Sie die Paketfilterung einsetzen können, um diese Dienste zu kontrollieren, finden Sie in *Kapitel 8, Paketfilterung*.)

Die Dienste, die der innere Router zwischen Ihrem Bastion-Host (im Grenznetz) und Ihrem internen Netzwerk zuläßt, sind nicht unbedingt die gleichen Dienste, die er zwischen dem Internet und Ihrem internen Netz erlaubt. Die Ursache für die Beschränkung der Dienste zwischen dem Bastion-Host und dem internen Netz besteht in der Reduzierung der Anzahl der Maschinen (und der Anzahl der Dienste auf diesen Maschinen), die von dem Bastion-Host angegriffen werden können, falls er eingenommen wird.

Sie sollten sich zwischen dem Bastion-Host und dem internen Netzwerk auf die Dienste beschränken, die wirklich benötigt werden, wie etwa SMTP (damit der Bastion-Host ankommende E-Mails weiterleiten kann), DNS (damit der Bastion-Host je nach Art Ihrer Konfiguration Anfragen von internen Maschinen beantworten oder welche an sie weiterleiten kann) und so weiter. Sie sollten die Dienste außerdem so weit wie möglich einschränken, indem Sie sie nur von oder zu bestimmten internen Hosts zulassen; zum Beispiel könnte sich SMTP auf Verbindungen zwischen dem Bastion-Host und Ihrem (bzw. Ihren) internen Mailserver (bzw. -servern) beschränken. Richten Sie Ihre Aufmerksamkeit besonders auf die Sicherheit dieser verbleibenden internen Hosts und Dienste, die durch den Bastion-Host kontaktiert werden können, da es genau solche Hosts und Dienste sind, nach denen Angreifer suchen, wenn sie es schaffen, in Ihren Bastion-Host einzubrechen.

Der äußere Router

Theoretisch schützt der *äußere Router* (in der Firewall-Literatur manchmal auch *Access- oder Zugangs-Router* genannt) sowohl das Grenznetz als auch das interne Netz vor dem Internet. In der Praxis neigen jedoch äußere Router dazu, fast alles, was aus dem Grenznetz nach außen gerichtet ist, hindurchzulassen. Außerdem führen sie im allgemeinen kaum eine Paketfilterung durch. Die Paketfilterregeln zum Schutz der internen Maschinen müßten im Prinzip auf dem inneren und dem äußeren Router gleich sein; wenn in den Regeln ein Fehler auftreten würde, der einem Angreifer den Zugriff ermöglichte, wäre der Fehler wahrscheinlich auf beiden Routern vorhanden.

Häufig wird der äußere Router von einer externen Einrichtung (zum Beispiel Ihrem Internet Provider) bereitgestellt, und Ihr Zugriff darauf ist beschränkt. Eine externe Einrichtung, die den Router betreut, wird möglicherweise einige allgemeine Paketfilterregeln einstellen, aber keine komplizierte oder sich häufig ändernde Regelmenge verwenden wollen. Sie vertrauen ihnen vielleicht auch nicht so stark, wie Sie Ihren eigenen Routern vertrauen. Werden sie daran denken, alle Filter wieder zu installieren, wenn der Router kaputtgeht und sie einen neuen installieren müssen? Würde man sich die Mühe machen, Ihnen mitzuteilen, daß sich der Router geändert hat, damit Sie wieder alles überprüfen können?

Die einzigen wirklich eigenen Paketfilterregeln auf einem äußeren Router sind die Regeln, die die Maschinen im Grenznetzwerk schützen (also den Bastion-Host und den internen Router). Im allgemeinen ist jedoch kein besonderer Schutz notwendig, da die Hosts im Grenznetz vor allem durch die Rechnersicherheit geschützt werden (obwohl Redundanz nie schadet).

Die restlichen Regeln, die Sie auf dem äußeren Router einstellen, sind Kopien der Regeln auf dem inneren Router. Sie sollen verhindern, daß unsicherer Verkehr von den internen Hosts zum Internet verläuft. Zur Unterstützung von Proxy-Diensten, bei denen der innere Router es den internen Hosts erlaubt, Protokolle unter der Bedingung zu verschicken, daß sie *mit* dem Bastion-Host kommunizieren, könnte der äußere Router diese Protokolle hindurchlassen, solange sie *vom* Bastion-Host kommen. Diese Regeln liefern zusätzliche Sicherheit, allerdings blockieren sie theoretisch nur Pakete, die eigentlich gar nicht existieren können, da sie bereits vom inneren Router blockiert wurden. Wenn sie existieren, hat entweder der innere Router versagt oder jemand einen nicht vorgesehenen Host an das Grenznetz angeschlossen.

Was muß also der äußere Router wirklich tun? Eine der Sicherheitsaufgaben, die der äußere Router gut ausführen kann – eine Aufgabe, die normalerweise von niemandem sonst erledigt werden kann – ist das Blockieren aller aus dem Internet eingehenden Pakete, die gefälschte Quelladressen haben. Solche Pakete geben vor, aus dem internen Netzwerk zu stammen, kommen aber in Wirklichkeit aus dem Internet.

Der innere Router könnte diese Aufgabe übernehmen. Allerdings ist er nicht in der Lage festzustellen, ob Pakete, die vorgeben, aus dem Grenznetz zu kommen, gefälscht sind. Im Grenznetz befindet sich zwar nichts, dem man vollständig vertrauen kann, allerdings ist es immer noch vertrauenswürdiger als der Rest der Außenwelt; wenn ein Angreifer in der Lage ist, Pakete aus dem Grenznetz zu fälschen, ist er fast genauso weit, als hätte er den Bastion-Host in seiner Gewalt. Der äußere Router befindet sich an einer deutlicheren Grenze. Der innere Router kann die Systeme im Grenznetz auch nicht vor gefälschten Paketen schützen. (Wir befassen uns in Kapitel 4*, Pakete und Protokolle*, näher mit gefälschten Paketen.)

Eine weitere Aufgabe, die der äußere Router ausführen kann, besteht darin, IP-Pakete am Verlassen des Netzwerks zu hindern, die keine passenden Quelladressen besitzen. Der gesamte Verkehr, der Ihr Netzwerk verläßt, muß von einer Ihrer Quelladressen stammen. Ist dies nicht der Fall, haben Sie entweder ein ernsthaftes Konfigurationsproblem, oder jemand fälscht Quelladressen.

Die Filterung falscher ausgehender Quelladressen erhöht zwar nicht den Schutz und die Sicherheit Ihres Netzwerks; sie verhindert jedoch, daß ein Eindringling Ihre Systeme benutzt, um bestimmte Arten von Angriffen auf andere Standorte zu starten. Wenn der äußere Router Sie alarmiert, sobald gefälschte Quelladressen bemerkt werden, sollten

Sie dies gleichzeitig als Hinweis auffassen, nach ernsten Netzwerkproblemen zu suchen. Es reicht vermutlich schon, einen Ruf als gutes Mitglied der Netzgemeinde zu genießen, um den Namen Ihres Standorts aus negativen Schlagzeilen herauszuhalten.

Geeignete Einsatzmöglichkeiten

Eine Architektur mit überwachtem Teilnetz eignet sich für fast alle Anwendungen.

Architekturen mit mehreren überwachten Teilnetzen

Manche Netzwerke benötigen mehr als ein überwachtes Teilnetz. Dieser Fall tritt ein, wenn mehrere Dinge in einem überwachten Teilnetz geschehen sollen, die unterschiedliche Sicherheitsanforderungen stellen.

Geteiltes überwachtes Teilnetz

In einem *geteilten überwachten Teilnetz* (engl. split-screened subnet) gibt es ebenfalls einen inneren und einen äußeren Router, zwischen den beiden Routern befinden sich jedoch mehrere Netzwerke. Im allgemeinen werden die überwachten Netzwerke miteinander über einen oder mehrere Dual-Homed-Hosts und nicht über einen weiteren Router verbunden.

An einigen Standorten wird diese Architektur hauptsächlich dazu verwendet, eine tiefergehende Verteidigung zu realisieren, bei der ein Proxy-Host durch die Router geschützt wird. Die Router bieten Schutz vor Fälschungen sowie vor Fehlern, bei denen der Dual-Homed-Host beginnt, den Verkehr zu routen. Der Dual-Homed-Host ermöglicht eine feinere Kontrolle über die Verbindungen als die Paketfilterung. Er ist praktisch eine Firewall mit Netz und doppeltem Boden, die ausgezeichneten mehrschichtigen Schutz bietet. Sie erfordert allerdings eine sorgfältige Konfiguration des Dual-Homed-Host, um sicherzugehen, daß Sie wirklich alle Möglichkeiten ausnutzen. (Es hat keinen Zweck, einfache Proxies zu verwenden, die die Anfragen einfach nur weiterleiten.) Abbildung 6-5 zeigt diese Konfiguration.

Andere setzen diese Architektur ein, um den administrativen Zugang zu Maschinen zu gewährleisten, auf denen außerdem Dienste für das Internet ausgeführt werden. Auf diese Weise können die Administratoren Protokolle verwenden, die zu gefährlich sind, um sie auf einer empfindlichen Maschine im Internet zu erlauben (zum Beispiel die NT-eigenen Protokolle für die entfernte Benutzung des Benutzer-Managers und des Systemmonitors), ohne völlig vom Schutz durch den äußeren Router abzuhängen. Diese Architektur kann auch aus Performance-Gründen für Maschinen nützlich sein, die intensiv das Netzwerk benutzen; so belegt der administrative Verkehr keine Bandbreite, die für die Beantwortung von Benutzeranfragen eingesetzt werden könnte. Abbildung 6-6 zeigt diese Art von Architektur.

Kapitel 6: Firewall-Architekturen

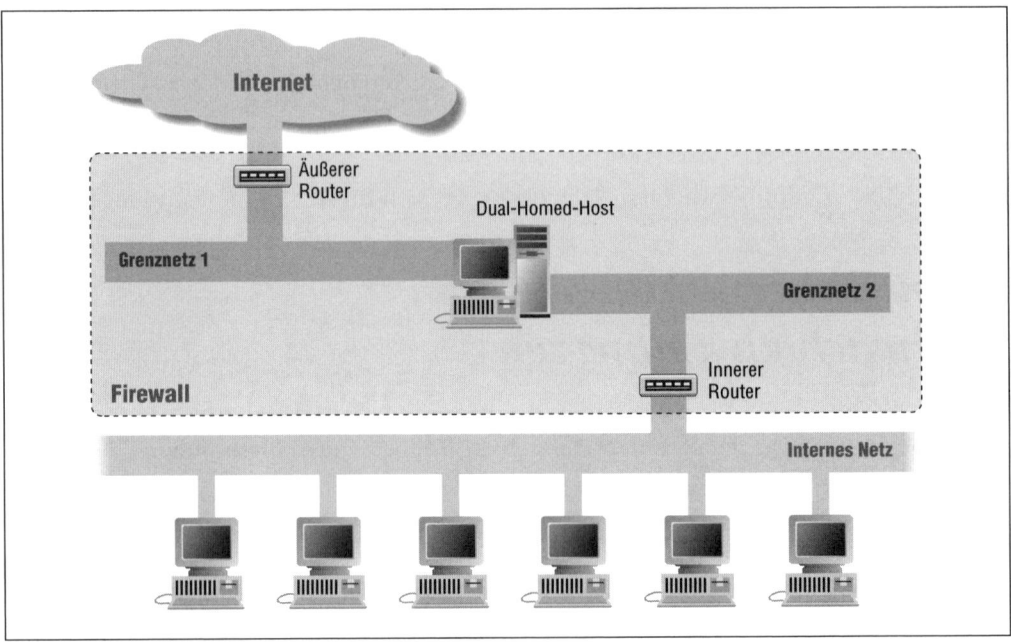

Abbildung 6-5: Geteiltes überwachtes Teilnetz mit Dual-Homed-Host

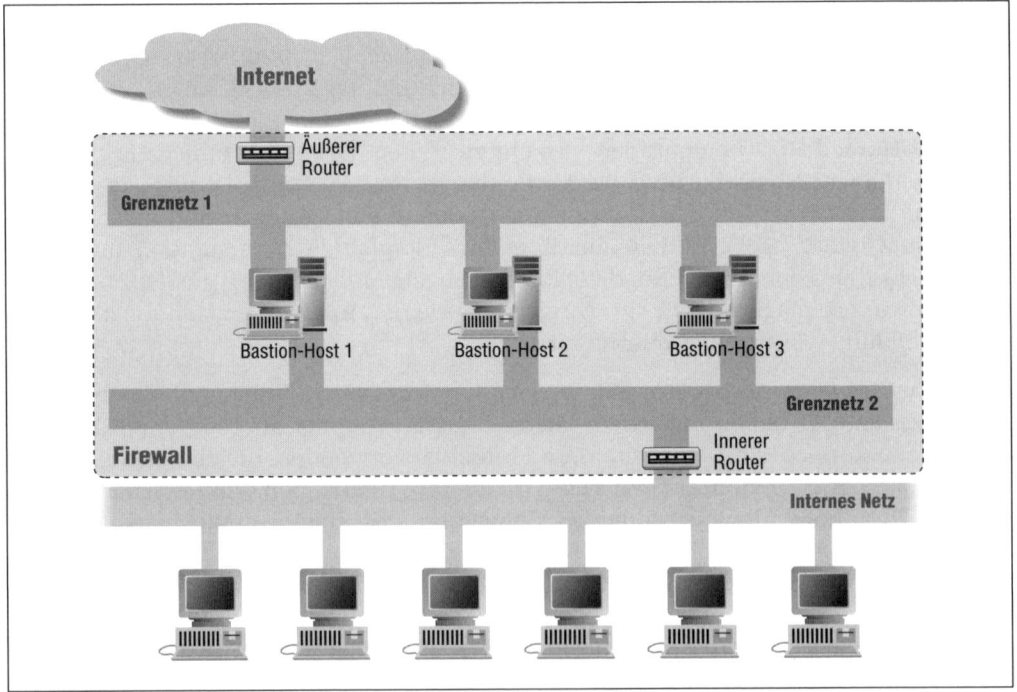

Abbildung 6-6: Geteiltes überwachtes Teilnetz ohne Durchgangsverkehr

Maschinen, die in der Lage sind, schnelle Netzwerkschnittstellen mit maximaler Geschwindigkeit zu bedienen, können sogar einen Vorteil aus dem Vorhandensein dreier Netzwerkschnittstellen ziehen; die erste dient zur Kommunikation mit externen Benutzern, die zweite zur Kommunikation mit den internen Administratoren und die dritte, die keine Verbindungen zu anderen Netzwerken besitzt, für Backups und/oder zur Kommunikation zwischen den Bastion-Hosts. In Abbildung 6-8 wird eine solche Architektur dargestellt.

Geeignete Einsatzmöglichkeiten

Geteilte überwachte Teilnetze eignen sich für Netzwerke, die eine hohe Sicherheit erfordern, vor allem, wenn sie Dienste für das Internet zur Verfügung stellen.

Unabhängige überwachte Teilnetze

In manchen Fällen werden Sie mehrere *unabhängige überwachte Teilnetze* (engl. independent screened subnets) mit getrennten äußeren Routern benötigen. Abbildung 6-7 zeigt diese Konfiguration.

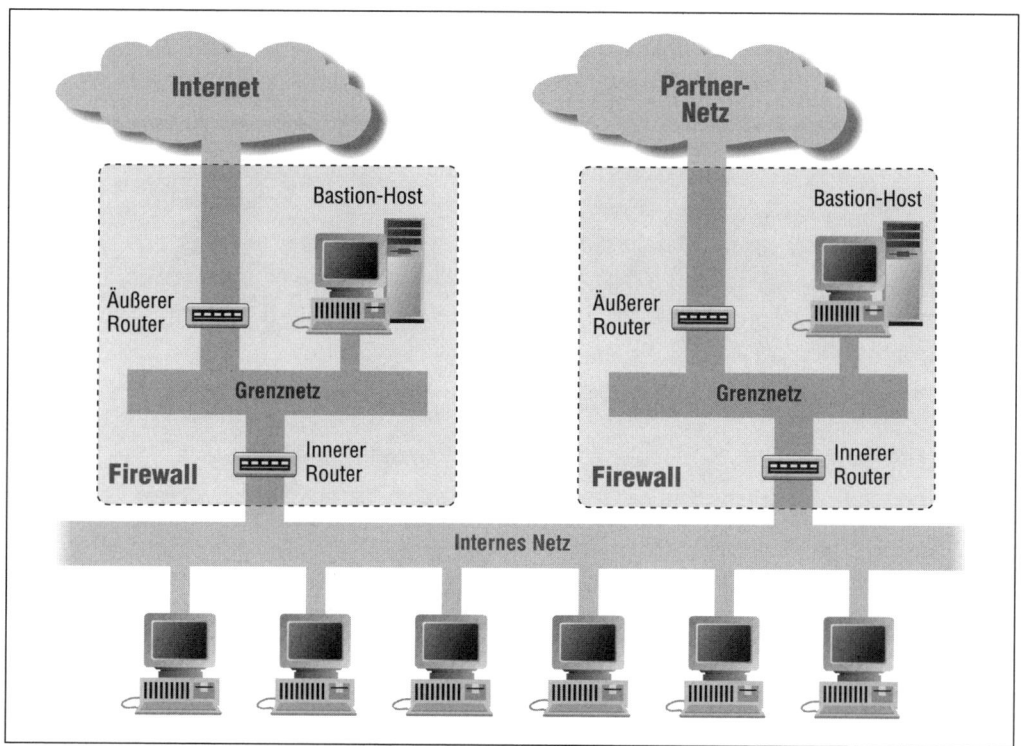

Abbildung 6-7: Architektur mit mehreren Grenznetzen (mehrere Firewalls)

Sie könnten mehrere Grenznetze einsetzen, um eine gewisse Redundanz zu erzielen. Es ist nicht sehr sinnvoll, für zwei Internet-Verbindungen zu bezahlen und sie dann beide durch den oder die gleichen Router zu betreiben. Wenn Sie zwei äußere Router, zwei Grenznetze und zwei innere Router verwenden, können Sie sicher sein, daß keine einzelne entscheidende Schwachstelle zwischen Ihnen und dem Internet existiert.[1]

Auch aus Gründen der Geheimhaltung könnten Sie mehrere Grenznetze verwenden. Auf diese Weise sind Sie in der Lage, Daten, die »ein bißchen« vertraulich sind, über das eine Netzwerk zu schicken und über das andere Netzwerk eine Internet-Verbindung zu betreiben. In diesem Fall könnten Sie sogar beide Grenznetze an den gleichen inneren Router anschließen.

Möglicherweise wollen Sie ja mehrere Grenznetze einsetzen, um die nach innen gerichteten Dienste (Dienste, die Sie im Internet zur Verfügung stellen, wie öffentliche Webserver) von den nach außen gerichteten Diensten (Dienste, die es Ihren Benutzern erlauben, ins Internet zu gelangen, wie etwa ein Web-Proxy) zu trennen. Es ist bedeutend einfacher, für diese Funktionen einen starken Schutz zu gewährleisten, wenn Sie sie trennen und ein getrenntes Grenznetz für die eingehenden Dienste verwenden.

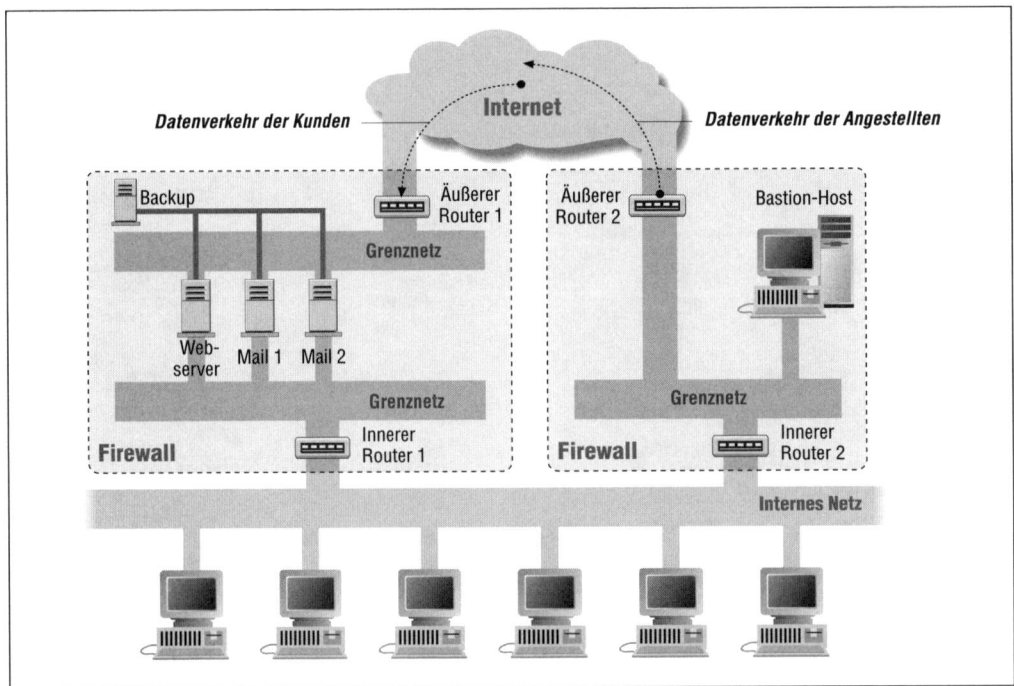

Abbildung 6-8: Eine komplexe Firewall-Struktur

---

1 Vorausgesetzt natürlich, daß Ihre beiden Internet-Provider auch wirklich über zwei unterschiedliche Kabel in zwei verschiedenen Kabelschächten angebunden sind. Unterschätzen Sie niemals die zerstörerische Wirkung einer Spitzhacke oder eines Bohrhammers.

Der Betrieb mehrerer Grenznetze ist weniger riskant als der Betrieb mehrerer Router, die sich das gleiche interne Netzwerk teilen. Allerdings bleibt die Wartung eine schwierige Aufgabe. Sie werden wahrscheinlich mehrere innere Router haben, die mehrere mögliche Angriffspunkte repräsentieren. Diese Router müssen sehr sorgfältig überwacht werden, damit sie die passenden Sicherheitsrichtlinien verfolgen; werden beide an das Internet angeschlossen, müssen sie die gleiche Sicherheitspolitik geltend machen. Abbildung 6-8 zeigt die Art von Firewall, die ein Internet Service Provider benutzen könnte, mit vielen Grenznetzen und mehreren Verbindungen ins Internet.

Geeignete Einsatzmöglichkeiten

Unabhängige überwachte Teilnetze eignen sich für Netzwerke, die einen besonders hohen Grad an Redundanz benötigen oder die hohe Sicherheitsanforderungen stellen und verschiedene unabhängige Internet-Zugänge brauchen.

Variationen von Firewall-Architekturen

In den Abbildungen 6-2 bis 6-8 haben wir die gebräuchlichsten Firewall-Architekturen dargestellt. Es gibt jedoch eine Vielzahl von Variationen dieser Architekturen. Sie haben viele Möglichkeiten, die Komponenten der Firewall entsprechend Ihrer Hardware, Ihres Budgets und Ihrer Sicherheitspolitik zu konfigurieren und zu kombinieren. Dieser Abschnitt beschreibt einige verbreitete Varianten und deren Vor- und Nachteile.

Es ist O.K., mehrere Bastion-Hosts zu verwenden

Auch wenn wir in diesem Buch immer nur über einen einzelnen Bastion-Host reden, kann es doch manchmal sinnvoll sein, mehrere Bastion-Hosts in Ihrer Firewall-Konfiguration einzusetzen, wenn Sie zum Beispiel die Leistung steigern, Redundanz schaffen oder Daten bzw. Server trennen wollen. Abbildung 6-9 zeigt eine solche Architektur.

Einer der Bastion-Hosts könnte die Dienste verwalten, die für Ihre eigenen Benutzer wichtig sind (wie SMTP-Server, Proxy-Server usw.), während der andere die Dienste verwaltet, die Sie im Internet bereitstellen, die aber Ihre Benutzer nicht kümmern (zum Beispiel Ihr öffentlicher Webserver). Auf diese Weise verschlechtert sich durch die Aktivitäten der externen Anwender nicht die Leistung für Ihre eigenen Benutzer.

Leistungsanforderungen können auch dann der Grund für den Einsatz mehrerer Bastion-Hosts sein, wenn Sie keine Dienste im Internet zur Verfügung stellen. Manche Dienste, wie etwa Usenet-News, benötigen viele Ressourcen, lassen sich aber auch leicht von anderen trennen. Sie können aus Leistungsgründen auch mehrere Bastion-Hosts mit den gleichen Diensten ausstatten, allerdings bereitet der Lastausgleich möglicherweise Probleme. Die meisten Dienste müssen für bestimmte Server konfiguriert werden. Die Einrichtung mehrerer Hosts für einzelne Dienste funktioniert daher am besten, wenn Sie die Benutzung bereits vorher abschätzen können.

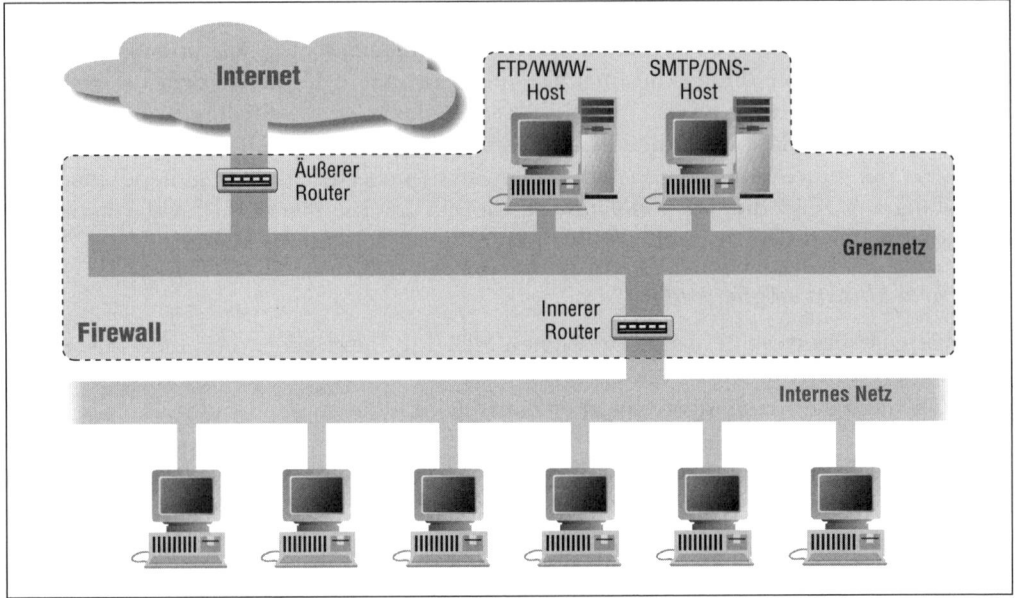

Abbildung 6-9: Architektur mit zwei Bastion-Hosts

Wie steht es mit der Redundanz? Wenn Ihre Firewall-Konfiguration mehrere Bastion-Hosts enthält, könnten Sie sie redundant einrichten. Fällt also einer aus, können die Dienste von einem anderen übernommen und angeboten werden. Allerdings unterstützen nur einige Dienste diesen Ansatz. Sie können zum Beispiel mehrere Bastion-Hosts als DNS-Server für Ihre Domain (über DNS NS- [Name Server] Einträge, welche die Name-Server einer Domain kennzeichnen) oder als SMTP-Server (über DNS MX- [Mail Exchange] Einträge, die angeben, welche Server die E-Mail für einen bestimmten Host oder eine bestimmte Domain annehmen) oder beides konfigurieren und bereitstellen. Steht einer der Bastion-Hosts nicht zur Verfügung oder ist überlastet, verlagern sich die DNS- und SMTP-Aktivitäten auf den anderen.

Mehrere Bastion-Hosts lassen sich auch einsetzen, um die von Diensten verwendeten Daten voneinander zu trennen. Neben den bereits erwähnten Leistungsaspekten sprechen Sicherheitsgründe für eine Trennung. Vielleicht entscheiden Sie sich, einen HTTP-Server für die Benutzung durch Ihre Kunden über das Internet zur Verfügung zu stellen und einen anderen für die allgemeine Öffentlichkeit. Durch den Einsatz zweier Server haben Sie die Möglichkeit, den Kunden bestimmte Daten mit höherer Geschwindigkeit anzubieten, indem Sie eine weniger belastete bzw. leistungsfähigere Maschine verwenden.

Oder Sie betreiben Ihren HTTP-Server und Ihren anonymen FTP-Server auf getrennten Maschinen, wodurch sich die Wahrscheinlichkeit verringert, daß ein Server benutzt wird, um in den anderen einzudringen. (Um zu erfahren, wie dies vor sich gehen könnte, schauen Sie sich die Beschreibung der Schwachstellen von HTTP-Servern in Kapitel 15, *Das World Wide Web*, an.)

Es ist O.K., den inneren und den äußeren Router zusammenzulegen

Sie können den inneren und den äußeren Router zu einem einzigen Router zusammenfassen. Sie benötigen dazu allerdings einen Router, der entsprechend leistungsfähig und flexibel ist. Im allgemeinen muß der Router es Ihnen erlauben, an jeder Schnittstelle Filter sowohl für eingehende als auch für ausgehende Daten festzulegen. In *Kapitel 8, Paketfilterung*, diskutieren wir, was das bedeutet. Wir beschreiben die möglichen Probleme bei der Paketfilterung, die bei Routern auftreten, die über mehr als zwei Schnittstellen verfügen und diese Fähigkeit nicht haben.

Wenn Sie den inneren und den äußeren Router zusammenlegen, wie in Abbildung 6-10 dargestellt wird, haben Sie weiterhin ein Grenznetz (an der einen Schnittstelle des Routers) und eine Verbindung in das interne Netzwerk (an der anderen Schnittstelle des Routers). Ein Teil des Verkehrs würde direkt zwischen dem internen Netz und dem Internet verlaufen (der Verkehr, der durch die Paketfilterregeln des Routers erlaubt wird), ein anderer Teil des Verkehrs bewegt sich zwischen dem Grenznetz und dem Internet oder dem Grenznetz und dem internen Netz (der Verkehr, der durch die Proxies verwaltet wird).

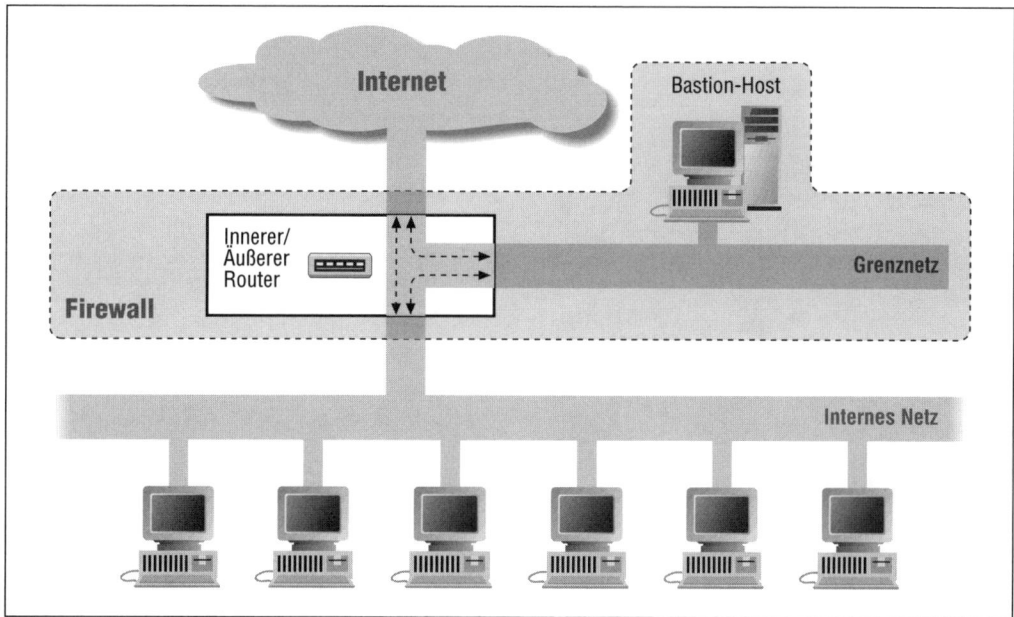

Abbildung 6-10: Architektur mit zusammengelegtem inneren und äußeren Router

Diese Architektur erzeugt – ebenso wie die Architektur mit überwachtem Host – eine einzelne entscheidende Schwachstelle. Da sich jetzt nur noch ein Router zwischen der Innen- und der Außenseite befindet, wird durch die potentielle Gefährdung dieses Routers der gesamte Standort verwundbar. Router sind zwar im allgemeinen leichter zu schützen als Hosts, doch auch sie sind nicht undurchdringlich.

Es ist O.K., den Bastion-Host und den äußeren Router zusammenzulegen

Es könnten Situationen auftreten, in denen Sie eine einzige Dual-Homed-Maschine sowohl als Bastion-Host als auch als externen Router benutzen. Hier ist ein Beispiel: Nehmen Sie einmal an, Sie haben nur eine Wählverbindung über SLIP oder PPP ins Internet. In diesem Fall würden Sie vermutlich PPP auf Ihrem Bastion-Host betreiben und ihn gleichzeitig als Bastion-Host und als äußeren Router arbeiten lassen. Dies ist funktional äquivalent zur Konfiguration mit drei Maschinen (Bastion-Host, innerer Router, äußerer Router), die im Abschnitt über die Architektur mit überwachtem Teilnetz bereits beschrieben wurde.

Mit einem Dual-Homed-Host zum Routen des Verkehrs werden Sie nicht die gleiche Leistung oder Flexibilität erzielen wie mit einem eigentlichen Router, allerdings sind bei einer einzelnen Verbindung mit geringer Bandbreite weder hohe Leistung noch hohe Flexibilität nötig. Je nach verwendetem Betriebssystem und eingesetzter Software steht Ihnen Paketfilterung zur Verfügung oder auch nicht. Verschiedene verfügbare Schnittstellen-Treiber besitzen ganz gute Fähigkeiten zur Paketfilterung. Da jedoch der äußere Router nicht viel Paketfilterung durchführen muß, stellt es kein besonders großes Problem dar, wenn Sie Schnittstellen-Software verwenden, deren Paketfilterung nicht so gut funktioniert.

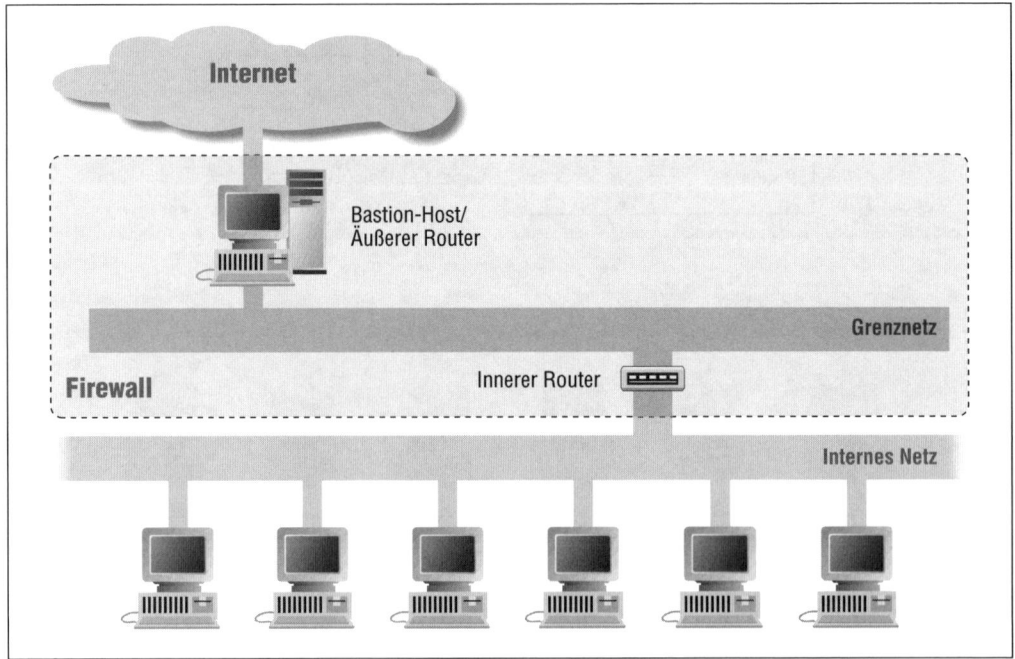

Abbildung 6-11: Architektur mit zusammengelegtem Bastion-Host und äußerem Router

Im Gegensatz zum Zusammenlegen des inneren und äußeren Routers erhöht sich die Verwundbarkeit beim Zusammenlegen des Bastion-Hosts mit dem äußeren Router nicht merklich. (Die Konfiguration ist in Abbildung 6-11 zu sehen). Die exponierte Stellung des Bastion-Host wird weiter ausgebaut. In dieser Architektur steht der Bastion-Host dem Internet in höherem Maße offen und wird nur durch die Paketfilterung (falls vorhanden) seiner eigenen Schnittstellen-Treiber geschützt. Sie müssen sich daher verstärkt seinem Schutz zuwenden.

Es ist gefährlich, den Bastion-Host und den inneren Router zusammenzulegen

Oftmals ist es durchaus akzeptabel, den Bastion-Host und den äußeren Router zusammenzulegen, wie wir im vorangegangenen Abschnitt besprochen haben. Es wäre allerdings keine gute Idee, den Bastion-Host und den inneren Router zusammenzulegen, wie in Abbildung 6-12 dargestellt. Damit würden Sie Ihre Gesamtsicherheit gefährden.

Der Bastion-Host und der äußere Router führen jeweils unterschiedliche Schutzmaßnahmen durch; sie ergänzen einander, unterstützen sich jedoch nicht direkt. Der innere Router funktioniert teilweise als Absicherung für beide.

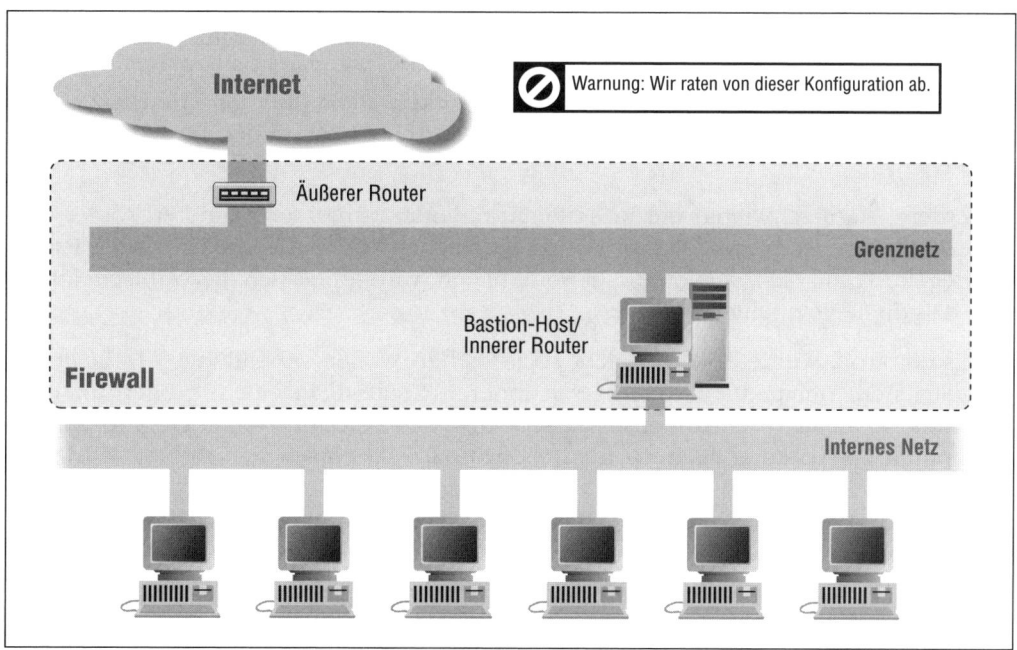

Abbildung 6-12: Architektur mit zusammengelegtem Bastion-Host und innerem Router

Wenn Sie den Bastion-Host und den inneren Router zusammenlegen, verändern Sie die Konfiguration der Firewall auf fundamentale Weise. Im ersten Fall (Bastion-Host und innerer Router sind getrennt) haben Sie eine Architektur mit überwachtem Teilnetz. Bei dieser Konfiguration überträgt das Grenznetz für den Bastion-Host keinen rein internen Verkehr. Dieser Verkehr ist deshalb selbst dann vor dem Ausspähen geschützt, wenn in den Bastion-Host erfolgreich eingebrochen wurde; um in das interne Netzwerk zu gelangen, muß der Angreifer noch den inneren Router überwinden. Im zweiten Fall (Bastion-Host und innerer Router werden zusammengelegt) haben Sie eine Firewall-Architektur mit überwachtem Host. Wird bei dieser Art von Konfiguration in den Bastion-Host eingebrochen, besteht überhaupt kein Schutz mehr zwischen dem Bastion-Host und dem internen Netzwerk.

Eine der Hauptaufgaben des Grenznetzwerks besteht darin, den Bastion-Host am Ausspähen des internen Verkehrs zu hindern. Wenn Sie den Bastion-Host auf den inneren Router verschieben, kann er den gesamten internen Verkehr sehen.

Es ist gefährlich, mehrere innere Router zu benutzen

Der Einsatz mehrerer innerer Router zum Anschluß Ihres Grenznetzes an mehrere Teile Ihres internen Netzwerks kann eine Menge Probleme mit sich bringen und ist im allgemeinen keine gute Idee.

Das Grundproblem ist, daß die Routing-Software in einem internen System beschließen könnte, daß der schnellste Weg zu einem anderen internen System über das Grenznetz führt. Wenn Sie Glück haben, funktioniert dieser Ansatz einfach nicht, weil die Daten durch die Paketfilterung eines der Router blockiert werden. Falls Sie kein Glück haben, funktioniert es, und vertraulicher, rein interner Verkehr fließt über Ihr Grenznetz, wo er von jemandem ausgespäht werden kann, der es geschafft hat, in den Bastion-Host einzubrechen.

Außerdem ist es schwierig, die korrekte Konfiguration mehrerer innerer Router aufrechtzuerhalten. Der innere Router besitzt die wichtigsten und kompliziertesten Paketfilterregeln. Wenn Sie zwei von dieser Sorte haben, verdoppelt sich die Wahrscheinlichkeit, daß die Regeln fehlerhaft sind.

Nichtsdestotrotz werden Sie vielleicht so vorgehen wollen. Abbildung 6-13 zeigt die grundlegende Architektur mit mehreren inneren Routern. In einem großen internen Netzwerk kann das Vorhandensein nur eines einzigen inneren Routers Probleme sowohl mit der Leistung als auch mit der Zuverlässigkeit nach sich ziehen. Wenn Sie versuchen, Redundanz zu erreichen, verursacht dieser einzelne Angriffspunkt eigentlich nur Ärger. In diesem Fall ist es die sicherste Sache (mit der größten Redundanz), alle inneren Router an getrennte Grenznetze und äußere Router anzuschließen; diese Konfiguration wurde in diesem Kapitel bereits vorgestellt. Das ist zwar komplizierter und teurer, erhöht jedoch die Leistung und die Redundanz. Außerdem wird es recht unwahrscheinlich, daß der Verkehr versucht, zwischen den inneren Routern zu verlaufen (wenn das Internet die kürzeste Route zwischen zwei Teilen Ihres internen Netzwerks ist, haben Sie viel schlimmere Probleme als die meisten Standorte), und fast unmöglich, daß er damit Erfolg hat (vier Sätze von Paketfiltern bemühen sich darum, ihn fernzuhalten).

Variationen von Firewall-Architekturen

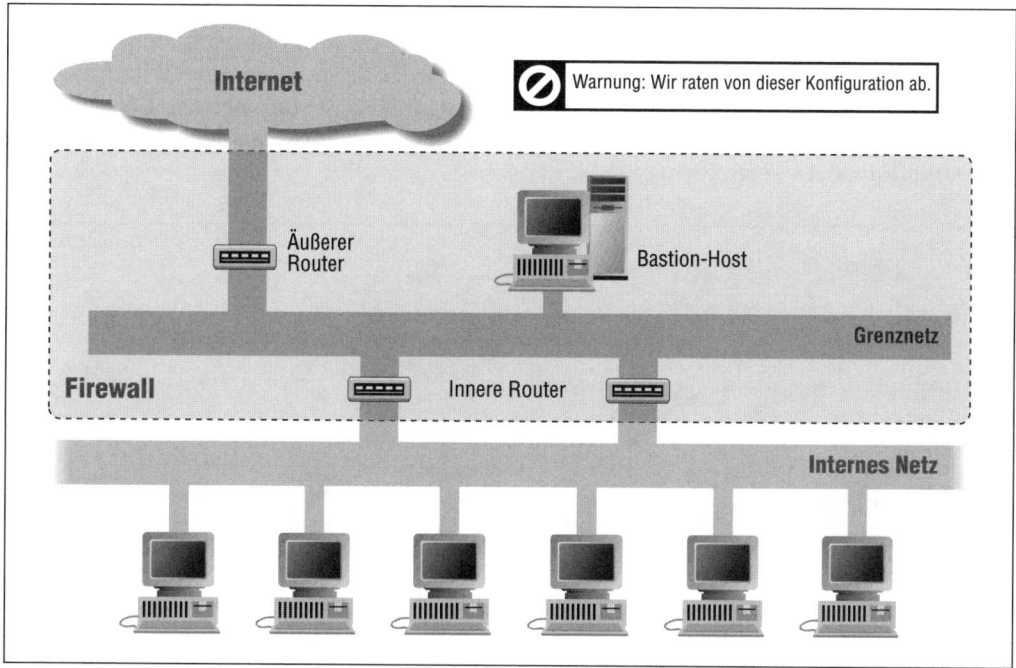

Abbildung 6-13: Architektur mit mehreren inneren Routern

Wenn Sie sich allein durch Leistungsprobleme dazu veranlaßt sehen, mehrere innere Router einzusetzen, ist es schwer, die Kosten für getrennte Grenznetze und äußere Router zu rechtfertigen. In den meisten Fällen bildet jedoch nicht der innere Router den Leistungsengpaß. Falls doch, liegt das an einem der folgenden Gründe:

- Es fließt viel Verkehr zum Grenznetz, der dann nicht weiter zum externen Netzwerk führt.
- Ihr äußerer Router ist viel schneller als Ihr innerer Router.

Im ersten Fall haben Sie möglicherweise etwas fehlkonfiguriert; das Grenznetz nimmt in manchen Konfigurationen gelegentlich Verkehr auf, der nicht für die Außenwelt bestimmt ist (zum Beispiel DNS-Anfragen über externe Hosts, wenn die Informationen bereits in einem Cache-Speicher vorliegt), dieser Verkehr sollte aber keine größeren Ausmaße annehmen. Im zweiten Fall müssen Sie ernsthaft darüber nachdenken, den inneren Router gegen ein anderes Modell auszutauschen, das eher dem äußeren Router entspricht, anstatt einen zweiten inneren Router hinzuzufügen.

Ein anderer Grund für den Einsatz mehrerer innerer Router könnte das Vorhandensein mehrerer interner Netzwerke sein, die aus technischen, organisatorischen oder politischen Gründen keinen gemeinsamen inneren Router benutzen können. Die einfachste Möglichkeit, diese Netzwerke anzuschließen, besteht darin, ihnen getrennte Schnittstellen an einem Router zuzuweisen, wie in Abbildung 6-14 gezeigt wird. Das verkompliziert die Konfiguration des Routers zwar beträchtlich (wie beträchtlich, hängt stark von dem fraglichen Router ab, wie Sie in *Kapitel 8, Paketfilterung*, erfahren), zieht aber nicht die Risiken einer Architektur mit mehreren inneren Routern nach sich. Wenn es für einen einzigen Router zu viele Netzwerke gibt oder die gemeinsame Nutzung eines Routers aus anderen Gründen nicht akzeptabel ist, sollten Sie ein internes Backbone in Betracht ziehen, das mit einem einzigen Router an das Grenznetz angeschlossen wird, wie Abbildung 6-15 zeigt.

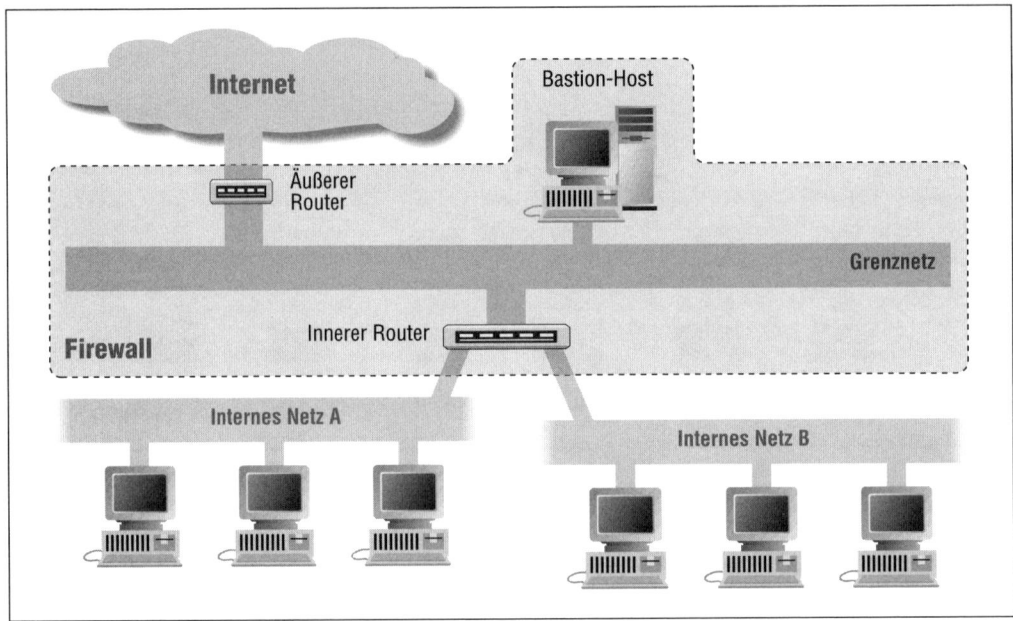

Abbildung 6-14: Mehrere interne Netzwerke (getrennte Schnittstellen an einem Router)

Sie werden vielleicht feststellen, daß sich verschiedene Sicherheitsmaßnahmen in den unterschiedlichen internen Netzen am effektivsten durchsetzen lassen, wenn diese über getrennte Router an das Grenznetz angeschlossen sind (wenn z.B. ein Netzwerk Verbindungen erlaubt, die ein anderes als unsicher betrachtet). In diesem Fall sollte das Grenznetz die *einzige* Verbindungsstelle zwischen den internen Netzwerken darstellen; zwischen ihnen darf kein vertraulicher Verkehr ausgetauscht werden; jedes interne Netzwerk sollte die anderen als nicht vertrauenswürdige externe Netzwerke behandeln. Das ist wahrscheinlich für einige Benutzer in diesen Netzwerken extrem unbequem, aber alles andere würde entweder die Sicherheit des gesamten Standorts gefährden oder die Trennung aufheben, die Sie mit der Einrichtung der zwei Router ursprünglich bezweckt hatten.

Wenn Sie sich dazu entschließen, die Risiken beim Einsatz mehrerer innerer Router in Kauf zu nehmen, können Sie sie minimieren, indem Sie alle inneren Router von der gleichen Gruppe verwalten lassen (damit keine sich widersprechenden Sicherheitsricht-

Variationen von Firewall-Architekturen

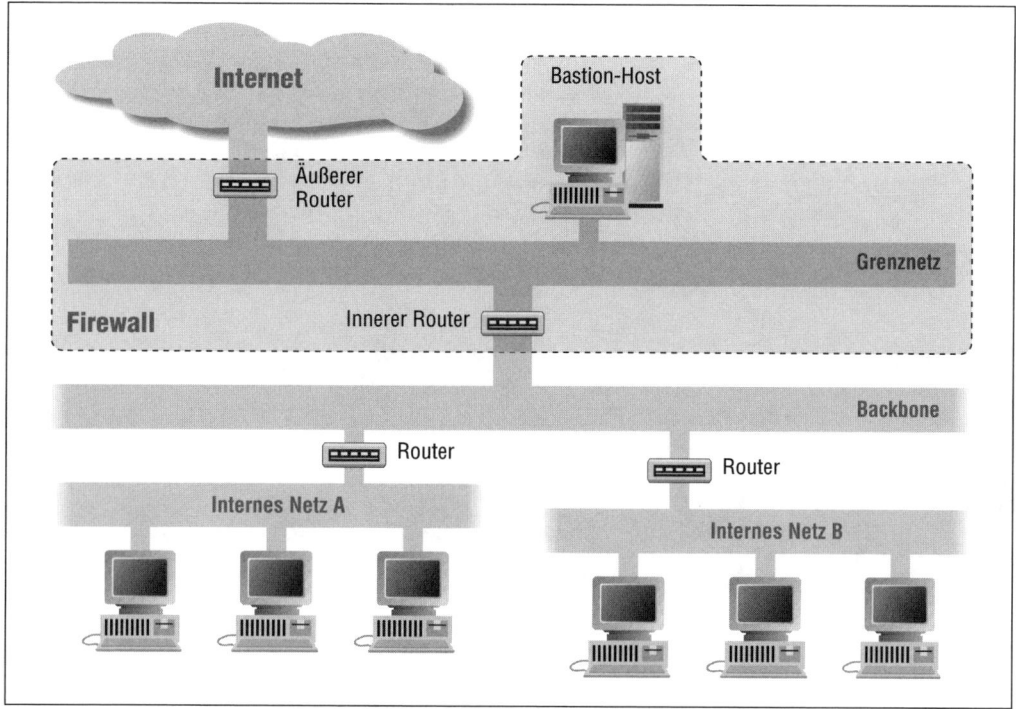

Abbildung 6-15: Mehrere interne Netzwerke (Backbone-Architektur)

linien auftreten). Sie sollten außerdem sorgfältig nach internem Verkehr Ausschau halten, der das Grenznetz passiert, und bei seinem Auftreten sofort die Ursachen beseitigen.

Es ist O.K., mehrere äußere Router zu benutzen

In manchen Fällen ist es sinnvoll, mehrere äußere Router an das gleiche Grenznetz anzuschließen, wie wir in Abbildung 6-16 demonstrieren. Beispiele:

- Sie haben mehrere Internet-Verbindungen (zum Beispiel über mehrere verschiedene Service Provider – aus Gründen der Redundanz).
- Sie verfügen über eine Verbindung ins Internet sowie weitere Verbindungen zu anderen Standorten.

In diesen Situationen könnten Sie statt dessen einen äußeren Router mit mehreren Netzwerkschnittstellen einsetzen.

Mehrere äußere Router, die in dasselbe externe Netzwerk führen (z.B. zwei verschiedene Internet-Provider), stellen kein signifikantes Sicherheitsproblem dar. Sie können sogar unterschiedliche Filterregeln aufweisen, ohne daß sich dadurch Probleme ergeben. Die Gefahr eines Einbruchs verdoppelt sich zwar, das Eindringen in einen äußeren Router stellt aber keine besondere Bedrohung dar.

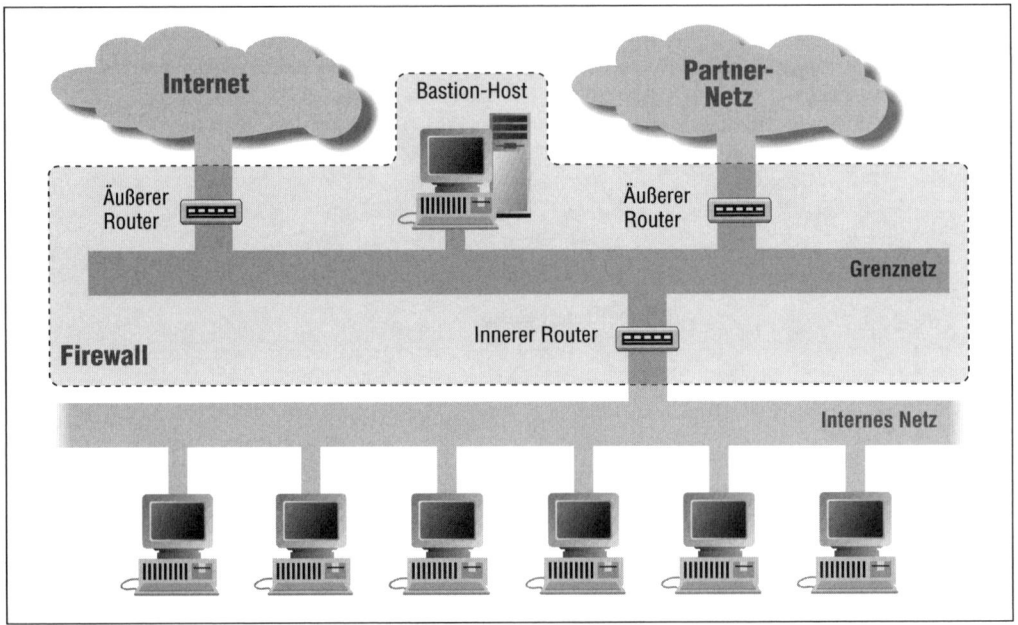

Abbildung 6-16: Architektur mit mehreren äußeren Routern

Dagegen wird es komplizierter, wenn die Verbindungen zu unterschiedlichen Stellen führen (zum Beispiel eine in das Internet und eine zu einem Standort, mit dem Sie zusammenarbeiten und für dessen Verbindung Sie eine größere Bandbreite benötigen). Stellen Sie sich folgende Fragen, um zu ermitteln, ob eine solche Architektur in diesen Situationen sinnvoll ist: Welchen Verkehr könnte man sehen, wenn man in einen Bastion-Host im Grenznetz einbricht? Könnte zum Beispiel ein Angreifer nach einem erfolgreichen Einbruch den geheimen Datenverkehr zwischen Ihrem Standort und einer angeschlossenen Filiale ausspähen? Falls dies der Fall ist, sollten Sie in Erwägung ziehen, mehrere Grenznetze einzurichten, anstatt mehrere äußere Router in einem einzigen Grenznetz zu installieren. (Dieser Fall wird im nächsten Abschnitt erläutert.)

Beim Einrichten von Verbindungen zu externen Netzwerken, mit denen Sie besondere Beziehungen pflegen, treten andere bedeutende Probleme auf. Wir werden uns im Abschnitt »Interne Firewalls« näher damit befassen.

Es ist gefährlich, überwachte Teilnetze und überwachte Hosts zusammen zu verwenden

Wenn Sie ein überwachtes Teilnetz haben, sollten Sie keine direkten Verbindungen aus dem Internet an Ihre internen Netzwerke zulassen. Das scheint zwar offensichtlich zu sein (was nützt einem ein überwachtes Teilnetz, wenn man es dann nicht benutzt?), Sie wären aber überrascht, wenn Sie wüßten, wie viele Leute dabei Ausnahmen machen. Solche Ausnahmen sind extrem gefährlich. Wenn Sie einmal ein überwachtes Teilnetz eingerichtet haben, werden Sie sich auf den Schutz und die Sicherheit in diesem Netz konzentrieren. Es ist fast unmöglich, sowohl ein überwachtes Teilnetz als auch einen überwachten Host in einem internen Netzwerk zu schützen.

Es gibt zwei Situationen, in denen auf die Ausnahmen zurückgegriffen wird. Erstens, Leute, die Internet-Benutzern Dienste anbieten, stellen fest, daß der innere Router entweder die Administration der Dienste oder die Kommunikation zwischen Komponenten behindert (zum Beispiel einen Webserver, der mit einem internen Datenbank-Server kommunizieren muß). Zweitens, Leute mit Werkzeugen für den Zugriff auf neue Protokolle (Proxy-Server für das neueste Multimedia-3D-Universal-Überlebenswerkzeug zum Beispiel) wollen sich nicht den Streß machen, sie in den sorgfältig geschützten Bereich anderer Leute zu integrieren, und sind vollkommen davon überzeugt, daß sie so sicher sind, daß man ruhig den Verkehr zu ihnen durchlassen kann.

Kapitel 23, *Datenbanken und Spiele*, befaßt sich genauer mit der Positionierung von Webservern und der mit ihnen verbundenen Komponenten. An dieser Stelle sei nur kurz zusammengefaßt, daß es extrem riskant ist, den Webserver selbst im internen Netzwerk anzuordnen, selbst wenn Sie sich sicher sind, daß nur Verkehr aus dem Web bei ihm ankommt. Wenn Sie Probleme damit haben, administrative Protokolle zu erlauben, dann wenden Sie sich Kapitel 11, *Unix- und Linux-Bastion-Hosts*, und Kapitel 12, *Windows NT- und Windows 2000-Bastion-Hosts*, zu. Dort werden Methoden zur sicheren Administration von Bastion-Hosts vorgestellt.

Was die theoretisch sicheren, brandneuen Protokolle betrifft – es gibt eine Menge zu bedenken, bevor Sie die Kontrolle über einen experimentellen Bastion-Host übergeben. Sorgen Sie dafür, daß:

- kein anderer Bastion-Host dem experimentellen Bastion-Host vertraut
- der experimentelle Bastion-Host wichtigen Netzwerkverkehr nicht ausspähen kann
- die Maschine in einer sicheren Konfiguration startet
- Sie in der Lage sind, Einbrüche auf dem experimentellen Bastion-Host zu erkennen

Übergeben Sie ihn dann, und lassen Sie die Leute damit spielen. Es ist besser, wenn sie unter kontrollierten Bedingungen damit herumexperimentieren können, wo Sie sie im Auge behalten können, anstatt die Firewall komplett zu umgehen. Wenn Sie die dazu notwendigen Mittel besitzen, können Sie ein separates überwachtes Teilnetz einrichten, das ganz allein für die Experimente zur Verfügung steht.

Terminal-Server und Modem-Pools

Es gibt noch eine weitere Frage, die nur entfernt mit Firewalls zu tun hat, mit deren Beantwortung sich jedoch die Leute, die die Firewall einrichten, nur zu oft befassen müssen. Sie lautet: An welcher Stelle im Netzwerk eines Standorts sollen die Terminal-Server und Modem-Pools plaziert werden? Sie müssen der Sicherheit Ihres Einwahlzugangs auf jeden Fall genausoviel Aufmerksamkeit widmen wie der Sicherheit Ihrer

Internet-Verbindung. Allerdings ist die Einwahlsicherheit (Authentifizierungssysteme, Callback-Systeme usw.) ein ganz eigenes Thema, unabhängig von Firewalls. Wir werden uns daher an dieser Stelle auf Kommentare beschränken, die in irgendeiner Weise etwas mit Firewalls zu tun haben.

Die große Firewall-Frage im Zusammenhang mit Terminal-Servern und Modem-Pools ist, wohin sie gehören: Plaziert man sie innerhalb des Sicherheitsbereichs oder außerhalb? (Dies ist vergleichbar der bereits behandelten Frage, an welcher Stelle in einem virtuellen privaten Netzwerk die Verschlüsselungsendpunkte plaziert werden sollen.) Wir empfehlen Ihnen, sie im Inneren zu plazieren und sorgfältig zu schützen. Sie tun sich nicht nur selbst einen Gefallen, sondern erweisen sich auch noch als guter Nachbar. Offene Terminal-Server in das Internet zu bringen ist nicht nur für Ihren, sondern auch für andere Standorte eine Gefahr.

Wenn die Modem-Ports vor allem für den Zugriff auf interne Systeme und Daten verwendet werden (das heißt, wenn Angestellte von zu Hause aus oder unterwegs arbeiten), ist es sinnvoll, sie innerhalb des Sicherheitsbereichs zu plazieren. Installieren Sie sie außerhalb, müssen Sie Löcher in Ihrem Schutzwall vorsehen, um den Zugriff auf die internen Systeme und Daten zu ermöglichen – Löcher, die ein Angreifer ausnutzen könnte. Außerdem könnte ein Angreifer, der Ihre Grenze überwunden hat (der zum Beispiel in Ihren Bastion-Host eingebrochen ist), potentiell die Arbeit Ihrer Benutzer überwachen, ihnen sozusagen beim Zugriff auf private, geheime Daten über die Schultern schauen. Wenn Sie die Modems nach innen legen, müssen Sie sie sorgfältig schützen, damit sie kein einfacheres Angriffsziel werden als Ihre Firewall. Es ist ziemlich peinlich, wenn Sie eine erstklassige Firewall bauen, die man umgehen kann, indem man sich einfach über ein ungeschütztes Modem in Ihr internes Netzwerk einwählt.

Wenn die Modem-Ports andererseits vor allem dazu benutzt werden, auf externe Systeme zuzugreifen (das heißt durch Angestellte oder Gäste, die Ihren Standort hauptsächlich als Zugangspunkt in das Internet benutzen), ist es sinnvoll, sie auf die Außenseite zu legen. Sie sollten niemandem Zugriff auf Ihre internen Systeme gewähren, der dies nicht benötigt. Dieser externe Modem-Pool muß mit dem gleichen Mißtrauen bedacht werden wie Ihr Bastion-Host und die anderen Komponenten Ihrer Firewall.

Falls Sie feststellen, daß Sie beide Zugangsarten brauchen, dann sollten Sie die Einrichtung zweier Modem-Pools in Betracht ziehen: einen innerhalb, der sorgfältig geschützt wird, zum Zugriff auf die internen Systeme, und einen weiteren außerhalb als Zugang zum Internet.

Wenn Ihre Terminal-Server und Modem-Pools für Einwahl-Netzwerkverbindungen von zu Hause oder von anderen Standorten aus benutzt werden sollen, müssen Sie versuchen, die richtigen Annahmen über die künftige Nutzung zu treffen und die Technik entsprechend einzurichten. Zum Beispiel gehen Leute, die PPP-Zugänge auf Terminal-Servern einrichten, im allgemeinen davon aus, daß der PPP-Zugang von einer einzelnen externen Maschine benutzt wird. Allerdings gehören immer mehr Maschinen zu lokalen Netzwerken, und das selbst in privaten Haushalten (Papis PC ist im Arbeitszimmer, Mamis PC steht im Wohnzimmer). Diese PPP-Verbindung könnte nicht nur von der

Maschine aus benutzt werden, für die Sie sie eingerichtet haben, sondern auch von jeder anderen Maschine, die an diese eine angeschlossen ist, usw. Die Maschine, die den PPP-Zugang benutzt, könnte an ein lokales Netzwerk mit einer beliebigen Anzahl Rechner angeschlossen sein, von denen wiederum beliebige mit anderen Standorten oder Internet Service Providern verbunden sind (zum Beispiel über weitere PPP-Verbindungen). Wenn Sie es nicht verhindern, könnte der Verkehr vom Internet zum zweiten PC zum »rechtmäßigen« PC und schließlich in Ihr eigenes Netz gelangen und Ihre Firewall dabei vollständig umgehen.

Sie beugen diesem Problem vor, indem Sie für die PPP-Verbindung Paketfilter aktivieren, mit denen Sie das, was diese Verbindung tun *kann*, auf das beschränken, was Sie von ihr *erwarten* (d.h., Sie beschränken die Pakete in der Verbindung auf solche Pakete zur oder von der Maschine, die Sie am anderen Ende der Verbindung vermuten).

Manche Standorte mit vielen Einwahlverbindungen bauen für diese Aktivitäten sogar eine eigene Firewall. Hinweise finden Sie im Abschnitt über die Netzwerke mit mehreren Grenznetzen.

Wir werden uns in Kapitel 14, *Vermittelnde Protokolle*, näher mit Protokollen für den Fernzugriff befassen. In Kapitel 21, *Authentifizierungs- und Auditing-Dienste*, besprechen wir die Authentifizierungsprotokolle, die im allgemeinen verwendet werden, um Modem-Pools und Terminal-Server zu schützen.

Interne Firewalls

In diesem Buch wird zunächst einmal davon ausgegangen, daß Sie eine Firewall aufbauen, um Ihr internes Netzwerk vor dem Internet zu schützen. In manchen Situationen jedoch wollen Sie vielleicht auch Teile Ihres internen Netzwerks vor anderen Teilen schützen. Dafür gibt es eine Reihe von Gründen:

- Sie verfügen über Test- oder Labornetzwerke, in denen seltsame Dinge vor sich gehen.
- Sie verfügen über Netzwerke, die weniger sicher sind als der Rest Ihres Standorts – zum Beispiel Demonstrations- oder Lehrnetzwerke, in denen häufig Außenstehende arbeiten.
- Sie verfügen über Netzwerke, die sicherer sind als der restliche Standort – zum Beispiel geheime Entwicklungsnetzwerke oder Netzwerke, in denen Finanz- oder Personaldaten kursieren.

Auch in anderen Situationen erweisen sich Firewalls als nützlich. Manchmal ist es angebracht, *interne Firewalls* aufzubauen; das heißt Firewalls, die sich zwischen zwei Teilen der gleichen Organisation befinden oder zwischen zwei Organisationen, die sich ein Netzwerk teilen, anstatt zwischen einer einzelnen Organisation und dem Internet.

Es ist oft sinnvoll, einen Teil Ihrer Organisation von den anderen zu trennen. Nicht jeder benötigt die gleichen Dienste oder Informationen, und in manchen Bereichen Ihrer Organisation spielt Sicherheit möglicherweise eine größere Rolle als in anderen (im Rechnungswesen zum Beispiel).

Viele der Werkzeuge und Techniken zum Aufbau von Internet-Firewalls eignen sich auch zur Erstellung dieser internen Firewalls. Es gibt jedoch einige Besonderheiten, die Sie beim Aufbau einer internen Firewall beachten müssen. Abbildung 6-17 zeigt diese Architektur.

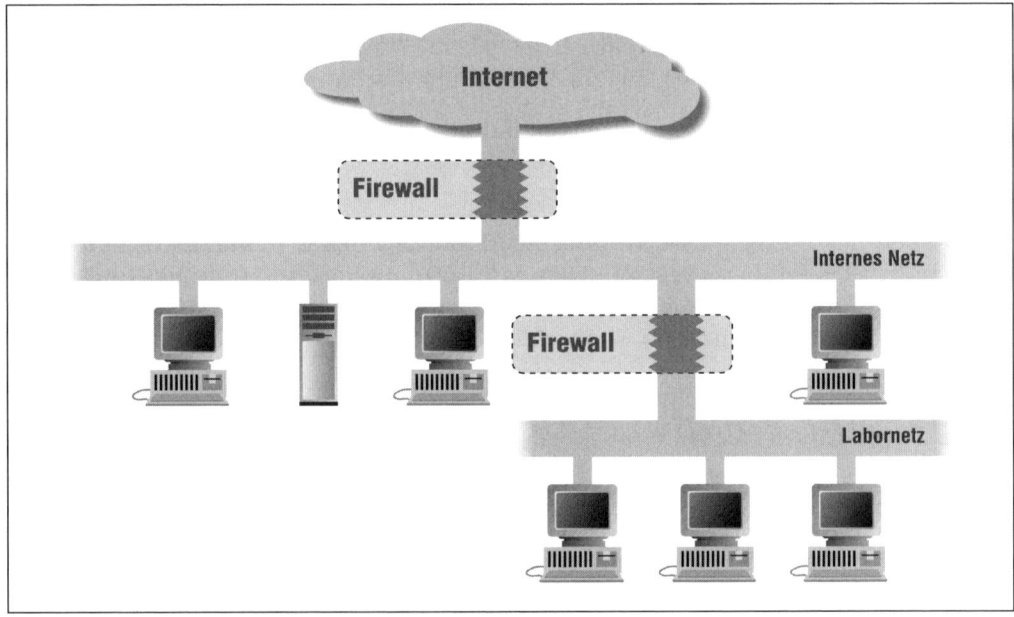

Abbildung 6-17: Firewall-Architektur mit einer internen Firewall

Labornetzwerke

Labor- und Testnetzwerke gehören oft zu den ersten Netzwerken, die mit Hilfe einer Firewall abgetrennt werden sollen (üblicherweise als Ergebnis der schrecklichen Erfahrungen, wenn irgendetwas aus der Laborumgebung entflieht und verrückt spielt). Wenn nicht auf Routern gearbeitet wird, kann diese Art von Firewall recht einfach sein. Es wird weder ein Grenznetz noch ein Bastion-Host benötigt, noch muß man sich Gedanken über Schnüffler machen (alle Benutzer sind sowieso intern). Sie müssen auch nicht viele Dienste anbieten (es handelt sich schließlich nicht um die normalen Arbeitsplatzrechner der dort arbeitenden Benutzer). In den meisten Fällen werden Sie einen Paketfilter-Router einsetzen, der Verbindungen zum Testnetz uneingeschränkt zuläßt, aber nur bekanntermaßen sichere Verbindungen aus dem Testnetz heraus erlaubt. (Was unter »sicher« zu verstehen ist, hängt nicht von den üblichen Sicherheitsüberlegungen, sondern von der speziellen Verwendung des Testnetzes ab.)

In einigen wenigen Fällen (wenn Sie zum Beispiel die Bandbreite im Netzwerk testen) müssen Sie das Netzwerk vor dem außerhalb verlaufenden Verkehr schützen, der die Tests verfälschen würde. Dazu verbieten Sie eingehende Verbindungen und lassen nur ausgehende Verbindungen zu.

Wenn Sie Router testen, ist es vermutlich das beste, das Netzwerk komplett abzutrennen; ist das nicht möglich, verhindern Sie wenigstens, daß der Firewall-Router die Routing-Informationen aus dem Testnetzwerk mithört. Zum Testen Ihrer Router gibt es verschiedene Möglichkeiten, die von Ihrem Netzwerkaufbau, den Testbedingungen und den vorhandenen Routern abhängen. Sie könnten einen der folgenden Wege wählen:

- Verwenden Sie ein anderes als das zu testende Routing-Protokoll, und deaktivieren Sie das zu testende Protokoll vollständig.
- Lassen Sie den Router keine Routing-Daten von der zu testenden Schnittstelle empfangen und Pakete aus dem Routing-Protokoll filtern.
- Legen Sie fest, von welchen Hosts der Router aktualisierte Daten akzeptieren soll.

Wenn Sie über mehrere Testnetzwerke verfügen, sollten Sie vielleicht ein Grenznetz einrichten und jedem einen eigenen Router im Grenznetz zuweisen. Lassen Sie den Hauptteil der Paketfilterung im Router zwischen dem Grenznetz und dem Hauptnetz erledigen. Bringt eines der Testnetzwerke jetzt seinen Router zum Absturz, bleiben die Verbindungen der anderen Netze erhalten.

Gehören zu Ihren Tests externe Verbindungen, muß das Testnetzwerk selbst wie ein externes Netzwerk behandelt werden. Beachten Sie dazu den Abschnitt »Firewalls für Gemeinschaftsunternehmen« weiter hinten in diesem Kapitel.

Unsichere Netze

Testnetze sind zwar gefährlicher, aber nicht unbedingt unsicherer als andere Netzwerke. Viele Organisationen haben aber auch Netze, die an sich weniger sicher sind als andere. Zum Beispiel könnte eine Universität die Netzwerke, die in den Studentenwohnheimen verlegt worden sind, als besonders unsicher ansehen; in einem Unternehmen dürften Demonstrationsnetzwerke, Labornetze und Schulungsnetze als unsicher gelten. Dennoch sind diese unsicheren Netzwerke enger an den Rest der Einrichtung angebunden als rein externe Netzwerke.

Wohnheim- oder Labornetze, zu denen verstärkt externe Personen Zugang haben, die ihre eigenen Werkzeuge mitbringen können, sind wirklich so unsicher wie vollkommen externe Netzwerke und sollten auch so behandelt werden. Richten Sie sie entweder als zweite externe Verbindung ein (eine neue Verbindung an Ihrem äußeren Router oder ein neuer äußerer Router), oder installieren Sie ein getrenntes Grenznetz für sie. Der einzige Vorteil, den diese Netzwerke gegenüber echten externen Netzwerken besitzen, ist der, daß Sie die Software festlegen können, die in ihnen ausgeführt werden darf, und damit effektiv Verschlüsselung benutzen können.

Externe Personen könnten auch über drahtlose Netzwerke Zugang zu Ihrem internen Netzwerk erlangen. Solche Netzwerkeinrichtungen stellen eine bessere Zugänglichkeit und geringere Sicherheit zur Verfügung als traditionelle fest verkabelte Netzwerke. Vor allem haben Sie häufig eine Reichweite, die über Ihr Gebäude hinausgeht, und verlangen kaum oder keine Authentifizierung. Dadurch kann sich praktisch jeder, der über ein kompatibles Gerät verfügt, mit Ihrem Netzwerk verbinden, wobei er auf dem Parkplatz vor Ihrem Haus oder in einem Nachbargebäude sitzt. Selbst wenn die Reichweite der drahtlosen Anlage nicht über Ihre Einrichtungen hinausgeht, erschwert sie das Aufspüren eines Besuchers, der versucht, sich Zugang zu Ihrem Netz zu verschaffen. Manche drahtlosen Netzwerkeinrichtungen unterstützen eine stärkere Authentifizierung und Verschlüsselungsmöglichkeiten, die das Lauschen und den nichtautorisierten Zugang verhindern. In den meisten Fällen sollten Sie jedoch ein drahtloses Netzwerk wie ein nicht vertrauenswürdiges Netzwerk behandeln und eine Firewall zwischen diese Anlage und den Rest Ihres Netzes plazieren.

Demonstrations- und Schulungsnetze, zu denen externe Personen nur relativ kurzen, überwachten Zugang haben und in denen sie keine eigenen Tools einsetzen können, sind zuverlässiger (zumindest solange Sie garantieren können, daß der Zugang kurz und unter Aufsicht erfolgt und keine eigenen Tools im Spiel sind!). Sie müssen auch hier einen Paketfilter-Router oder einen Dual-Homed-Host einsetzen, um zu verhindern, daß vertrauliche Daten in diese Netzwerke gelangen. Außerdem sollten Sie diese Netze nur an Server anschließen, die Sie für sicher halten. Allerdings könnten Sie von bestimmten Servern NFS-Dienste anbieten. Bei einem Netzwerk, das nicht vertrauenswürdig wäre, würden Sie das unterlassen. Sie müssen vor allem dafür sorgen, daß Ihre vertrauenswürdigen Benutzer keine unsicheren Dinge tun, während sie in diesen Netzwerken arbeiten (zum Beispiel, sich auf ihren Arbeitsplatzrechnern anmelden und dann vergessen, sich wieder abzumelden, oder vertrauliche E-Mails lesen). Setzen Sie dies mit einer Mischung aus Schulung und Druck durch (stellen Sie sicher, daß die unsichersten Anwendungen fehlschlagen).

An dieser Stelle kann sich ein Dual-Homed-Host selbst ohne Proxies als äußerst nützlich erweisen; die Anzahl der Benutzer des Hosts ist wahrscheinlich relativ klein. Durch den Zwang, sich auf dem Host anzumelden, können Sie sicher sein, daß die Benutzer die Warnmeldungen sehen. Der Host wird auch keine verlockenden, aber hochgradig unsicheren Dienste anbieten können. Zum Beispiel könnten Sie NFS nur vom Dual-Homed-Host aus anbieten, und die Leute können die Dateisysteme ihrer Arbeitsplatzrechner nicht aufsetzen (mounten).

Besonders sichere Netzwerke

In den meisten Organisationen gibt es einerseits Orte, die besonders unsicher sind, und andererseits Stellen, an denen man besonderen Wert auf Sicherheit legt, wie etwa:

- besonders wichtige Forschungsprojekte
- neue, in der Entwicklung befindliche Produkte
- Rechner aus der Buchhaltung, der Personal- und der Finanzabteilung

- das Kanzlerbüro einer Universität
- Regierungsarbeit, die zwar nicht geheim, aber in gewisser Weise vertraulich ist
- Zusammenarbeit mit anderen Organisationen

In vielen Ländern existieren gesetzliche Anforderungen für den Schutz von persönlichen Daten, die wahrscheinlich überall dort zutreffen, wo Angestellten-, Studenten-, Kunden- oder Patientendaten aufbewahrt werden. Auch bestimmte Regierungstätigkeiten, die nicht sowieso geheim sind, unterliegen einem besonderen Schutz.

Netzwerke für geheime Tätigkeiten müssen – auf jeder Geheimhaltungsstufe – nicht nur sicherer sein, sondern sollten allen relevanten gesetzlichen Vorschriften entsprechen. Das heißt im allgemeinen, daß sie von den nicht geheimen Netzwerken getrennt werden müssen. Auf jeden Fall geht dieses Thema über das Themenspektrum dieses Buchs hinaus. Falls Sie ein solches supergeheimes Netzwerk einrichten müssen, dann fragen Sie Ihren Sicherheitsbeauftragten; traditionelle Firewalls entsprechen diesen Anforderungen nicht.[2]

Die zusätzlich erforderliche Sicherheit können Sie erreichen, indem Sie den Verkehr verschlüsseln, der über Ihre normalen internen Netzwerke verläuft, oder getrennte Netze für den sicheren Verkehr einrichten. Getrennte Netzwerke lassen sich technisch leichter umsetzen, solange in ihnen getrennte Maschinen vorliegen. Das heißt, wenn bei Ihnen ein sicheres Forschungsprojekt läuft, das auf seinen eigenen Computern realisiert wird, auf denen sich die Leute anmelden, um an diesem Projekt zu arbeiten, läßt sich leicht eine einfache Firewall installieren (vermutlich eine Lösung mit einem Paketfilter-Router). Diese Firewall behandelt Ihr normales Netzwerk als unsichere Außenwelt. Da die Labormaschinen wahrscheinlich nicht viele Dienste benötigen, ist ein Bastion-Host unnötig, und ein Grenznetz wird nur für die allersichersten Aufgaben gebraucht.

Wenn Sie es mit Leuten zu tun haben, deren tägliche Arbeit zu sichern ist, die für diesen Zweck aber keine getrennten Maschinen besitzen, erschwert sich die Umsetzung eines getrennten Netzwerks. Plazieren Sie deren Maschinen in ein stärker abgesichertes Netzwerk, können sie nicht mehr so leicht mit den anderen Leuten an diesem Standort zusammenarbeiten und brauchen zahlreiche Dienste. In diesem Fall benötigen Sie einen kompletten Bastion-Host und wahrscheinlich auch ein Grenznetz, in dem Sie diesen postieren. Es ist zwar verlockend, die Maschinen sowohl an das sichere als auch an das unsichere Netzwerk anzuschließen, damit sie über das eine Netz die vertraulichen Daten übertragen und über das andere Netz mit dem Rest des Standorts kommunizieren können, vom Standpunkt der Konfiguration aus ist es jedoch ein Alptraum. Jeder Rechner, der gleichzeitig an beide Netze angeschlossen wird, bildet im Prinzip eine Dual-Homed-Firewall, mit allen damit zusammenhängenden Wartungsproblemen. Es ist

---

2 Wenn es bei Ihnen keinen Sicherheitsbeauftragten gibt, dann werden Sie auch kein geheimes Netzwerk aufbauen können.

sicherer, eine Maschine immer nur an ein Netz anzuschließen. Die Konfiguration stellt jedoch für Sie weiterhin eine undankbare Aufgabe dar, während die ständige Umstellung für die Benutzer denkbar unbequem ist.

An einer Universität, an der es deutliche Unterscheidungen zwischen den verschiedenen Einrichtungen gibt, ist es vermutlich möglich, das Kanzlerbüro und die Finanzabteilung in sicheren Netzwerken zu betreiben, die vom Rest der Uni durch eine Firewall getrennt sind. In Unternehmen oder Behörden, in denen die meisten Leute in der gleichen Umgebung arbeiten, sollten Sie statt dessen besser auf Verschlüsselungstechniken zurückgreifen.

Firewalls für Gemeinschaftsunternehmen

Manchmal schließen sich Organisationen nur für einen bestimmten Zweck, wie etwa ein Gemeinschaftsprojekt, zusammen; sie müssen daher in der Lage sein, für die Dauer des Projekts auf die gleichen Maschinen, Daten und andere Ressourcen zuzugreifen. Schauen Sie sich zum Beispiel die Zusammenarbeit von IBM und Apple am PowerPC-Projekt an; nur weil sie ein Gemeinschaftsprojekt auf die Beine gestellt haben, werden IBM und Apple noch nicht ihre gesamte Organisation zusammenlegen oder sich gegenseitig alle Geschäftsvorgänge offenlegen.

Die beiden Parteien haben zwar beschlossen, einander im Rahmen dieses Projekts zu vertrauen, stehen aber immer noch im Wettbewerb miteinander. Sie wollen daher die meisten ihrer Systeme und Informationen vor dem anderen schützen; außerdem ist nicht klar, wie gut die Sicherheit der anderen Seite ist. Sie möchten nicht riskieren, daß ein Eindringling in das System des anderen durch dieses Gemeinschaftsunternehmen einen Weg in das eigene Netzwerk findet. Solche Sicherheitsprobleme treten selbst dann auf, wenn die Partner nicht in Konkurrenz miteinander stehen.

Vielleicht möchten Sie auch eine Verbindung zu einem externen Geschäftspartner herstellen. Eine ganze Reihe von Dienstleistungen ist auf Datenübermittlung angewiesen, von Versandfirmen (Sie teilen mit, was zu vertreiben ist, und man informiert Sie über die durchgeführten Aufträge) über Architekturbüros (Sie liefern die Spezifikationen und erhalten die Entwürfe) bis zu Chip-Herstellern (Sie senden das Chip-Design und beziehen Informationen über das Stadium des Fertigungsprozesses). Diese externen Geschäftspartner stellen keine Konkurrenz dar, arbeiten jedoch häufig auch für diese. Sie sind sich der Vertraulichkeit der Informationen bewußt und versuchen, sie nach bestem Wissen zu schützen. Wenn es jedoch Routing-Probleme gibt, können Daten durch die Netze der Geschäftspartner wandern, die Sie gar nicht dorthin gesendet haben. Die Geschäftspartner sind sich dessen vielleicht gar nicht bewußt, Ihre Daten allerdings sind stark gefährdet.

Das scheint vielleicht weit hergeholt, tritt aber öfter auf, als man denkt. In einem Unternehmen stellte man verblüfft fest, daß durch das eigene Netzwerk Routen für das interne Netzwerk des Konkurrenten verliefen. Noch erstaunter war man dann, als man Verkehr entdeckte, der über diese Routen verlief. Es stellt sich heraus, daß der kürzeste Weg zwischen ihnen und dem Netzwerk der Konkurrenz durch das Netz eines gemeinsamen Geschäftspartners verlief. Der Verkehr war nicht vertraulich, da es sich um Verkehr handelte, der sowieso über das Internet geführt worden wäre. Andererseits wurde die Verbindung zum externen Geschäftspartner nicht wie eine Internet-Verbindung behandelt (der Geschäftspartner selbst war nicht mit dem Internet verbunden, und niemand hätte die Möglichkeit dieser Querverbindungen angenommen). Beide Unternehmen entdeckten plötzlich unerwartete und ungeschützte Schwachstellen.

Eine interne Firewall begrenzt den Schaden in einer solchen Situation. Sie stellt einen Mechanismus zum gemeinsamen Nutzen einiger Ressourcen bereit, während die anderen Ressourcen geschützt werden. Bevor Sie damit beginnen, eine interne Firewall zu bauen, müssen Sie sich darüber klarwerden, was Sie teilen, was Sie schützen und was Sie erreichen wollen. Stellen Sie sich folgende Fragen:

- Was genau wollen Sie durch das Verbinden Ihres Netzwerks mit dem Netzwerk einer anderen Einrichtung erreichen? Die Antwort auf diese Frage legt fest, welche Dienste Sie bereitstellen müssen (und implizit, welche Dienste blockiert werden müssen).
- Versuchen Sie, eine vollständige Arbeitsumgebung für ein Gemeinschaftsprojekt auf die Beine zu stellen, in der Mitglieder beider Organisationen zusammenarbeiten und weiterhin Zugriff auf ihre »Heimat«-Systeme haben können (die vor der anderen Organisation geschützt werden müssen)? In diesem Fall brauchen Sie möglicherweise zwei Firewalls: jeweils eine zwischen dem Gemeinschaftsprojekt und den beiden Heimatorganisationen.

Die Art der zu verwendenden Firewall-Technik wird durch Ihre Ziele und Ihre Sicherheitsanforderungen bestimmt.

Ein gemeinsam genutztes Grenznetz für distanzierte Beziehungen

Gemeinsam genutzte Grenznetze bilden eine gute Möglichkeit für den Aufbau von Gemeinschaftsnetzwerken. Jede Partei kann auf dem Grenznetz zwischen den beiden Organisationen ihren eigenen Router unter ihrer eigenen Kontrolle installieren. In manchen Konfigurationen sind diese beiden Router die einzigen Maschinen im Grenznetz, es gibt keinen Bastion-Host. Wenn das der Fall ist, dann wird das »Netz« einfach durch eine schnelle serielle Leitung (z.B. eine 56 Kbps- oder T1/E1-Leitung) zwischen den Routern anstatt durch ein Ethernet oder eine andere Art lokales Netzwerk gebildet.

Bei einem externen Geschäftspartner ist diese Vorgehensweise sehr zu empfehlen. Die meisten sind keine Netzwerkexperten und versuchen zu sparen, indem sie mehrere Clients an das gleiche Grenznetz anschließen. Wenn das Grenznetz ein Ethernet-Netz oder etwas ähnliches ist, kann jeder Client, der dessen Router im Grenznetz erreicht, den gesamten Verkehr für alle Clients im Grenznetz sehen – wobei es sich bei manchen Providern mit ziemlicher Sicherheit um vertrauliche Informationen der Konkurrenz handelt. Durch den Einsatz einer Punkt-zu-Punkt-Verbindung als »Grenznetz« zwischen dem externen Geschäftspartner und jedem Client anstelle eines gemeinsam genutzten Grenznetzes mit mehreren Clients wird dieses Verhalten unterbunden – auch dann, wenn es zufällig auftritt.

Eine interne Firewall mit oder ohne Bastion-Hosts

Sie brauchen vielleicht wirklich keinen Bastion-Host im Grenznetz zwischen zwei Organisationen. Die Entscheidung darüber hängt von den Diensten ab, die für Ihre Firewall notwendig sind, sowie vom Vertrauen der Organisationen zueinander. Bastion-Hosts im Grenznetz werden für die Beziehungen zu einem externen Geschäftspartner selten benötigt; normalerweise senden Sie die Daten über ein bestimmtes Protokoll und können dies auf einem überwachten Host angemessen schützen.

Wenn die Organisationen ausreichend Vertrauen zueinander (und auch in die jeweilige Sicherheit) aufbringen, scheint es vernünftig zu sein, die Paketfilter so zu konfigurieren, daß die Clients auf der anderen Seite direkte Verbindungen zu den internen Servern (wie etwa SMTP- und DNS-Servern) herstellen können.

Haben die Organisationen andererseits kein Vertrauen zueinander, wollen Sie vermutlich ihren eigenen Bastion-Host unter eigener Kontrolle und Verwaltung im Grenznetz plazieren. Der Verkehr bewegt sich von den internen Systemen der einen Partei zu ihrem Bastion-Host, von dort zum Bastion-Host der anderen Partei und schließlich zu deren internen Systemen.

7

Der Firewall-Entwurf

In den vorangegangenen Kapiteln haben wir die Techniken und Architekturen vorgestellt, mit deren Hilfe Firewalls normalerweise gebaut werden. Jetzt können wir versuchen, die passende Lösung für Ihren Standort zu erstellen. Die »passende Lösung« besteht nur in den seltensten Fällen aus einer einzigen Technik. Statt dessen sorgt üblicherweise eine sorgfältig ausgewählte Kombination von Techniken dafür, daß verschiedene Probleme gelöst werden können. Dieses Kapitel stellt dar, wie Sie die für Sie richtige Kombination ermitteln. Welche Probleme Sie lösen können, hängt davon ab, welche Dienste Sie Ihren Benutzern zur Verfügung stellen wollen und wie hoch das Risiko sein darf, das Sie gewillt sind einzugehen. Mit welcher Technik Sie die Probleme dann lösen, hängt in starkem Maße von Ihrer Zeit, Ihrem Geld und Ihrem Wissen ab.

Wenn Sie eine Firewall entwerfen, werden Sie einen Vorgang durchlaufen, der sich im Laufe der Zeit immer dann wiederholt, wenn sich Ihre Bedürfnisse ändern. Der grundlegende Ablauf sieht folgendermaßen aus:

1. Definieren Sie Ihre Bedürfnisse.
2. Bewerten Sie die verfügbaren Produkte.
3. Stellen Sie fest, wie Sie die Produkte zu einer funktionierenden Firewall zusammensetzen können.

Definieren Sie Ihre Bedürfnisse

Der erste Schritt beim Erstellen einer Firewall besteht darin, zu ermitteln, was Sie eigentlich genau brauchen. Sie sollten diesen Schritt tun, bevor Sie anfangen, sich Firewall-Produkte anzuschauen. Ansonsten riskieren Sie es, sich zu stark an der Werbung anstatt an Ihrer eigenen Situation zu orientieren. Das ist unvermeidlich und hat nichts mit Leichtgläubigkeit zu tun. Wenn Sie nicht genau wissen, was Sie brauchen, werden die Produkte, die Sie sehen, Ihre Entscheidungen beeinflussen, egal, wie kritisch Sie sind.

Wenn Sie merken, daß es auf dem Markt keine Produkte gibt, die Ihren Ansprüchen gerecht werden, müssen Sie diese selbstverständlich neu bewerten. Aber zumindest haben Sie schon eine Idee, was Sie suchen.

Was soll die Firewall eigentlich tun?

Zuerst müssen Sie detailliert festlegen, was die Firewall tun soll. Ja, Sie versuchen, Ihren Standort zu schützen, aber wie sicher muß er wirklich sein?

Ihr Ausgangspunkt ist Ihre Sicherheitspolitik. Wenn Sie keine Sicherheitspolitik haben, dann werfen Sie einen Blick in Kapitel 25, *Sicherheitspolitik*, um sich einige Anregungen zu diesem Thema zu holen. Sie können ohne Sicherheitspolitik nicht anfangen, da die Firewall ja ein Instrument zur Durchsetzung von Sicherheitsrichtlinien ist. Sie haben sich spätestens dann auf eine Sicherheitspolitik festgelegt, wenn die Firewall eingerichtet ist – und diese entspricht dann möglicherweise nicht Ihren Erfordernissen.

Welche Dienste müssen Sie zur Verfügung stellen?

Sie müssen wissen, welche Dienste zwischen Ihrem Standort und dem Internet eingerichtet werden sollen. Was werden Ihre Benutzer im Internet tun? Werden Sie Dienste für Benutzer im Internet zur Verfügung stellen (werden Sie zum Beispiel eine Website aufbauen)? Werden Sie es Ihren Benutzern erlauben, aus dem Internet in Ihren Standort hineinzugelangen (falls nicht, wie werden Sie für Ihre Benutzer den Fernzugriff realisieren)? Unterhalten Sie besondere Beziehungen zu anderen Unternehmen, für die Sie Dienste anbieten werden?

Wie sicher muß Ihr Standort sein?

Viele Entscheidungen werden von der gewünschten relativen Sicherheit beeinflußt. Versuchen Sie, die Welt vor der Zerstörung zu schützen, indem Sie nukleare Geheimnisse hüten, oder wollen Sie einfach nur nicht albern aussehen? Albern auszusehen ist übrigens nicht unbedingt eine Trivialität; wenn Sie auf der Titelseite einer großen Tageszeitung albern aussehen, kann das für Ihre Organisation eine echte Katastrophe sein. Viele Banken und Finanzinstitute finden es bedeutend schlimmer, »über dem Knick« (in der oberen Hälfte der Titelseite einer Zeitung) aufzutauchen, als Geld zu verlieren. Eine große Organisation in einem kleinen Land stellte einmal fest, daß die Währung des Landes jedesmal an Wert verlor, wenn sie auf der Titelseite der Zeitung als albern oder dumm dargestellt wurde. Sie müssen wissen, welche Sicherheitsstufe Sie erreichen wollen.

Wie stark wird die Benutzung sein?

Über welche Arten von Netzwerkleitungen verfügen Sie? Wie viele Benutzer haben Sie, und was werden diese tun?

Wie groß muß die Verläßlichkeit sein?

Was passiert, wenn Sie einmal vom Netzwerk abgeschnitten werden? Wird es eine leichte Unannehmlichkeit oder eine Katastrophe sein?

Wo liegen Ihre Beschränkungen?

Wenn Sie festgelegt haben, was die Firewall tun soll, müssen Sie als nächstes die Grenzen bestimmen.

Wie hoch ist das verfügbare Budget?

Wie viel Geld können Sie ausgeben, und wofür können Sie es ausgeben? Zählt die Arbeitszeit in Ihrem Budget? Wie steht es mit der Zeit für Beratung? Welche Auswirkungen hat es auf Ihr Budget, wenn Sie eine Maschine benutzen, die Sie bereits besitzen? (Können Sie eine Maschine benutzen, die einem anderen gehört, und aus dessen Budget eine neue als Ersatz kaufen?) Das Budget ist oft die auffälligste Einschränkung, allerdings kann es häufig auch sehr flexibel gehandhabt werden (solange die Organisation, für die Sie die Firewall bauen, überhaupt Geld hat).

Welches Personal steht Ihnen zur Verfügung?

Wie viele Leute haben Sie, und was wissen diese? Änderungen des Personals sind viel komplexer als Änderungen des Budgets – selbst wenn Sie noch Leute einstellen dürfen, müssen Sie diese erst einmal finden und einarbeiten. Ihre erste Anstrengung sollte es daher immer sein, die Firewall an die vorhandenen Ressourcen anzupassen. Wenn Sie 47 Windows NT-Administratoren und einen Unix-Benutzer haben, dann suchen Sie zuerst nach Windows NT-basierten Firewalls. Wenn es bei Ihnen nur eine Person gibt, die die Firewall – neben ihrer normalen Vollzeitbeschäftigung – betreuen soll, dann erwerben Sie eine kommerzielle Firewall und lassen sie von einem Angestellten des Verkäufers (oder der Herstellerfirma) installieren.

Wie sieht Ihre Umgebung aus?

Unterliegen Sie politischen Zwängen? Gibt es verbotene oder bevorzugte Betriebssysteme bzw. Geschäftspartner? Lassen sich diese Zwänge manchmal, aber nicht immer umgehen? Wenn Sie zum Beispiel für eine Firma arbeiten, die Firewalls verkauft, sollten Sie vermutlich niemals die Firewall eines Konkurrenten an einer Stelle einsetzen, an der es jeder sehen könnte.

In welchem Land oder in welchen Ländern müssen Sie die Firewall installieren? Firewalls beinhalten oft Verschlüsselungstechnologien; die Gesetze über Verschlüsselung sowie deren Im- und Export unterscheiden sich von Land zu Land. Wenn Sie mehrere Firewalls in verschiedenen Ländern installieren müssen, sind Sie entweder gezwungen, den kleinsten gemeinsamen Nenner zu finden oder eine Strategie zu entwickeln, um mit der Situation klarzukommen.

Bewerten Sie die verfügbaren Produkte

Wenn Sie wissen, was Sie tun müssen und welchen Beschränkungen Sie unterliegen, können Sie beginnen, sich die verfügbaren Produkte anzuschauen. In diesem Stadium fragen sich die Leute oft »Welches ist die beste Firewall?« Die Antwort kann eigentlich nur lauten: »Es kommt darauf an.« Hier sind einige Hinweise, die Sie beachten sollten, wenn Sie festlegen, was für Ihre Situation das Beste ist.

Skalierbarkeit

Wie werden Sie Ihre Firewall-Lösung anpassen, wenn Ihr Standort sich vergrößert oder Ihre Internet-Benutzung zunimmt? Können Sie die Kapazität erhöhen, ohne etwas Grundlegendes zu ändern (zum Beispiel den Speicher zu erweitern, mehr CPUs zu verwenden, eine schnellere oder zusätzliche Schnittstelle einzusetzen)? Können Sie einfach Teile der Konfiguration duplizieren, um die Kapazität zu vergrößern, oder wäre damit eine Rekonfiguration vieler Clientmaschinen bzw. eine Einschränkung der Funktionalität verbunden?

Wenn Sie zum Beispiel Proxy-Dienste einsetzen, könnte es schwierig sein, einen zweiten Proxy-Server hinzuzufügen, da dazu die Clients rekonfiguriert werden müssen. Bei einer zustandsgesteuerten Paketfilterung könnte es unmöglich sein, einen zweiten Paketfilter hinzuzufügen. Die zustandsgesteuerte Paketfilterung geht davon aus, daß der Paketfilter alle Pakete einer Verbindung sieht; wenn ein Teil der Pakete einen Filter passiert, ein anderer Teil jedoch nicht, treten in den beiden Filtern unterschiedliche Zustände ein, und sie treffen demzufolge unterschiedliche Entscheidungen. Entweder müssen die Paketfilter ihre Zustände austauschen oder Sie setzen einen größeren einzelnen Paketfilter ein.

Zuverlässigkeit und Redundanz

In vielen Situationen ist eine Firewall ein kritischer Punkt im Netzwerk; wenn sie keinen Verkehr mehr passieren läßt, werden unter Umständen wichtige Teile Ihrer Organisation nicht mehr funktionieren. Sie müssen entscheiden, wie wichtig die Firewall werden soll. Falls sie eine hohe Verfügbarkeit gewährleisten soll, müssen Sie Lösungen auf ihre Zuverlässigkeit und/oder Redundanz hin überprüfen. Können Sie Teile duplizieren? Können Sie Hardware einsetzen, die eine hohe Zuverlässigkeit garantiert?

Überprüfbarkeit

Wie können Sie feststellen, ob die Firewall das tut, was Sie wollen? Gibt es eine Möglichkeit, eine genaue Protokollierung einzurichten? Können Sie Einzelheiten der Konfiguration sehen oder besteht Ihre einzige Zugriffsmöglichkeit in einer grafischen Oberfläche, die Ihnen nur einen Überblick bietet? Können Sie von einer zentralen Stelle aus sehen, was vor sich geht, wenn Sie Teile an mehreren Stellen plazieren?

Preis

Der Preis der Spezialkomponenten ist das, was am Preis einer Firewall am meisten auffällt. Deshalb wird er oft als das wichtigste Kriterium der Bewertung angesehen. Doch auch, wenn dieser Preis entsetzlich hoch erscheint, ist es nicht der Gesamtpreis. Wie jedes andere Computer-System zieht eine Firewall neben dem ursprünglichen Kaufpreis weitere, nicht unbeträchtliche Kosten nach sich:

Hardware-Preis
Welche Hardware benötigen Sie zum Betrieb einer gekauften Software-Lösung? Wird zusätzliche Hardware benötigt, wenn der ursprüngliche Preis bereits Hardware umfaßt? Brauchen Sie ein USV-System, ein Backup-System, zusätzliche Energieversorgung, eine Klimaanlage oder neue Netzwerk-Hardware?

Software-Preis
Brauchen Sie neben der eigentlichen Firewall-Software noch etwas? Benötigen Sie Backup-Software oder eine Betriebssystemlizenz? Wie sieht das Lizenzschema der Software aus? Gibt es einen Festpreis, einen Preis pro ausgehender Verbindung oder einen Preis pro an das Netzwerk angeschlossener Maschine?

Support und Upgrades
Welche Support-Verträge brauchen Sie und wieviel kosten diese? Werden Extrakosten für die Upgrades auf Sie zukommen? Denken Sie daran, daß Sie möglicherweise getrennte Verträge für Software, Hardware und Betriebssystem benötigen – und das für jede Komponente.

Administration und Installation
Wieviel Zeit werden Installation und Inbetriebnahme in Anspruch nehmen, und wessen Zeit wird es kosten? Können diese Tätigkeiten im Hause durchgeführt werden oder müssen Sie auf externe Fachkräfte zurückgreifen (und diese bezahlen)? Ist die Installationszeit im Kaufpreis enthalten? Müssen Sie die Leute schulen lassen, die das System administrieren sollen? Wieviel wird eine Schulung kosten?

Verwaltung und Konfiguration

Damit eine Firewall Ihnen etwas nützt, müssen Sie sie an Ihre Bedürfnisse anpassen können. Wenn sich Ihre Anforderungen ändern, sollten Sie auch die Konfiguration ohne großen Aufwand ändern können. Die Firewall sollte sich im täglichen Betrieb angemessen einfach verwalten lassen. Wer wird die Konfiguration vornehmen? Welche Verwaltungs- und Konfigurationswerkzeuge stehen zur Verfügung? Lassen sie sich in Ihre bestehende Umgebung integrieren?

Anpaßbarkeit

Ihre Anforderungen werden sich während der Lebensdauer der Firewall ändern, und die Firewall muß sich anpassen, um den geänderten Anforderungen gerecht zu werden. Was passiert, wenn Sie neue Protokolle hinzufügen müssen? Was passiert, wenn neuartige Angriffe auftreten, die auf falsch aufgebauten Paketen beruhen? Besitzen Sie die

Fachkenntnisse, um die Änderungen vorzunehmen – vorausgesetzt, die Firewall ist zu Anpassungen in der Lage – oder müssen Sie auf die Hilfe des Händlers oder eines Fachmanns zurückgreifen?

Eignung

Es gibt keine Größe, die jedem paßt; selbst Kleiderfabrikanten haben das heutzutage schon erkannt. Selbstverständlich gilt diese Weisheit auch für Firewalls. Eine Lösung für eine kleine Firma, die einen Teil ihrer Geschäfte über das Internet abwickelt, eignet sich nicht für eine kleine Firma, die ihre gesamten Geschäfte im Internet tätigt. Und Lösungen für kleine Firmen sind kaum für mittlere oder große Unternehmen geeignet. Eine Universität beliebiger Größe erfordert wiederum eine andere Lösung als eine Firma.

Sie suchen keine perfekte Firewall, sondern Sie suchen eine Firewall, die Ihr spezielles Problem am besten löst. (Das ist gut, da es nämlich keine perfekte Firewall gibt, lohnt sich die Suche danach nicht.) Sie sollten nicht auf solch absolute Aussagen hören wie »Paketfilterung bietet nicht genügend Sicherheit« oder »Proxies bringen keine besonders gute Leistung«. In einem großen Netzwerk wird die beste Lösung immer aus einer Kombination mehrerer Techniken bestehen. In einem kleinen Netzwerk könnte die beste Lösung auch etwas enthalten, das als »unsicher«, »leistungsschwach« oder »unhandlich« verschrien ist – vielleicht benötigen Sie gar keine so hohe Sicherheit, Leistung oder einfache Wartbarkeit?

Es gibt eigentlich zwei Möglichkeiten. Entweder es gibt keine schlechten Firewalls, sondern nur gute Firewalls, die falsch eingesetzt werden, oder es gibt keine guten Firewalls, sondern nur schlechte Firewalls, die an Stellen eingesetzt werden, an denen ihre Schwächen nicht so sehr ins Gewicht fallen. Wie auch immer, der Trick besteht darin, die Firewall an den eigenen Bedarf anzupassen.

Setzen Sie alles zusammen

Wenn Sie die Grundbestandteile Ihrer Firewall ermittelt haben, müssen immer noch sehr, sehr viele Einzelheiten festgelegt werden. Sie müssen herausfinden, wie Sie die Teile nun eigentlich zusammensetzen sollen und wie Sie die unterstützenden Dienste zur Verfügung stellen, die dafür sorgen, daß die Firewall dann auch funktioniert.

Wohin werden Protokollaufzeichnungen geschrieben und wie geschieht dies?

Für eine Firewall ist die Protokollierung extrem wichtig. Die Aufzeichnungen sind das beste Mittel, um Angriffe auf Ihren Standort zu entdecken und herauszufinden, was geschehen ist, falls ein Angriff erfolgreich war. Sie sollten die Protokolle getrennt von Ihrer Firewall aufbewahren, damit ein Angreifer sie nicht zerstören kann, wenn die Firewall überwunden wird. Wenn Sie eine Firewall haben, die aus mehreren Bestandteilen zusammengesetzt ist, sollten Sie die Protokolle zusammenfassen, damit sie sich leichter benutzen lassen. Die Protokollierung wird in Kapitel 10, *Bastion-Hosts*, und Kapitel 26, *Betreuung von Firewalls*, näher besprochen.

Wie werden Sie Sicherheitskopien Ihres System anlegen?

Sie müssen von allen Teilen Ihrer Firewall Sicherheitskopien (Backups) anlegen. Diese erlauben es Ihnen, die Systeme im Notfall wieder aufzubauen. Außerdem liefern sie Ihnen Anhaltspunkte im Falle eines Angriffs; Sie können nämlich die Zustände vor und nach dem vermeintlichen Angriff vergleichen.

Leider erhöht sich die Verwundbarkeit der Maschinen, wenn Sie sie für gegenseitige Backups verwenden. Die Maschine, die Sie zum Sichern Ihrer Firewall einsetzen, ist ein Bestandteil der Firewall und muß entsprechend behandelt werden. Sie werden es vielleicht besser finden, mit einem Gerät, das direkt an jeden Computer der Firewall angeschlossen wird, lokale Sicherheitskopien anzufertigen (benutzen Sie Wechselmedien, und entfernen Sie sie auch, ansonsten gehen bei einem Angriff oder einer anderen Katastrophe die Kopien zusammen mit den Originalen verloren). Wenn Sie eine große und komplizierte Firewall betreiben, sollten Sie die Firewall vielleicht um ein entsprechendes Backup-System ergänzen. Dieses System gehört zum Firewall-System und wird wie jeder andere Bastion-Host auch behandelt. Es darf nicht auf die internen Netzwerke oder Daten zugreifen und muß wie die anderen Bastion-Hosts abgesichert werden.

Welche unterstützenden Dienste erfordert das System?

Sie müssen sorgfältig alle Fälle ermitteln, in denen die Firewall Informationen von externen Maschinen erhält. Eliminieren Sie so viele Abhängigkeiten wie möglich und verschieben Sie die restlichen Dienste auf die Firewall, wenn das geht.

Muß die Firewall zum Beispiel für Namensdienste auf andere Maschinen zugreifen? In diesem Fall könnten Überschneidungen im Namensdienst Probleme mit der Firewall zur Folge haben (selbst wenn die Firewall den Namensdienst nur benutzt, um Hostnamen in die Protokolle zu schreiben, können Probleme mit dem Namensdienst sie ungewöhnlich verlangsamen). Konfigurieren Sie die Firewall-Maschinen nach Möglichkeit so, daß sie niemals auf Namensdienste zugreifen müssen; wenn das nicht möglich ist, schützen Sie Ihren Name-Server als Teil Ihrer Firewall (trotzdem bleibt der Server weiterhin durch gefälschte Pakete gefährdet).

Auch wenn Sie einen Zeitdienst einsetzen, um die Uhren auf den Firewall-Maschinen zu synchronisieren, sollte dieser eine Authentifizierung ausführen und von einer geschützten Quelle stammen. Firewall-Maschinen sollten auch Routing-Updates nur dann erfordern oder akzeptieren, wenn diese authentifiziert werden können und deren Quellen geschützt sind.

Wie werden Sie auf die Maschinen zugreifen?

Sie werden auf den Maschinen routinemäßig Wartungsarbeiten ausführen müssen (sie aufrüsten, die Konfigurationen ändern, Benutzerzugänge hinzufügen oder entfernen, sie neu starten). Werden Sie diese Arbeiten direkt an den Maschinen durchführen oder benutzen Sie eine Art von Fernzugriff? Wie können Sie einen sicheren Fernzugriff ausführen? Kapitel 11, *Unix- und Linux-Bastion-Hosts*, und Kapitel 12, *Windows NT- und Windows 2000-Bastion-Hosts*, befassen sich mit den Möglichkeiten der externen Administration für Unix und Windows NT.

Wohin werden Routineberichte gehen und wie werden sie übermittelt?

Sie benötigen auf allen Maschinen eine Art Berichterstattung, damit Sie wissen, daß alles normal funktioniert. Was genau Sie brauchen, hängt von der Administrationsinfrastruktur ab, die bei Ihnen vorhanden ist. Sie benötigen auf jeden Fall regelmäßige Zusammenfassungen der Protokolle und Berichte der Sicherheitssysteme. Sie können auch ein Überwachungssystem einsetzen, das Ihnen regelmäßig Statusinformationen liefert.

Wo und wie werden Alarmierungen ausgelöst?

Wenn etwas schiefgeht, muß die Firewall einen Notruf auslösen. Der Mechanismus sollte so beschaffen sein, daß er von Angreifern nicht gestört werden kann. Wenn die Firewall-Maschine zum Beispiel ein Notsignal über das Netzwerk schicken muß, kann ein Angreifer einfach die Netzwerkschnittstelle aus dem Verkehr ziehen. (In manchen Konfigurationen wird dem Angreifer dadurch auch der Zugriff entzogen, bei einer Denial-of-Service-Attacke ist das aber nicht wichtig.) Alle Maschinen sollten über Möglichkeiten verfügen, mit deren Hilfe Sie unabhängig vom Netzwerk einen Alarm auslösen können (zum Beispiel über ein Modem). Oder die Alarmsignale werden von unabhängigen Überwachungsmaschinen ausgelöst, die sich nicht im gleichen Netzwerk befinden und den Alarm aktivieren, wenn sie die Verbindung verlieren.

8
Paketfilterung

Paketfilterung ist ein Netzwerk-Sicherheitsmechanismus, der überprüft, welche Daten an ein Netz und aus einem Netz weitergereicht werden dürfen. Das Gerät, das IP-basierte Netzwerke verbindet, wird *Router* genannt. Ein Router kann entweder in Hardware realisiert werden, die keine weiteren Aufgaben zu erfüllen hat, oder als Softwarelösung, die auf einem normalen Computer installiert wird, der unter Unix, Windows NT oder einem anderen Betriebssystem (MS-DOS, Windows 95/98, MacOS o. ä.) läuft. Pakete, die ein Inter-Netz – ein Netz aus Netzwerken – durchlaufen, werden so lange von einem Router zum nächsten geschickt, bis sie ihr Ziel erreicht haben. Das Internet selbst ist so etwas wie der Urvater aller Inter-Netze, das »Netz der Netze« schlechthin.

Ein Router muß für jedes Paket, das ihn erreicht, entscheiden, wohin seine Reise als nächstes geht. Er muß festlegen, auf welchem Weg das Paket seinem endgültigen Ziel näher gebracht werden kann. Im allgemeinen enthält ein Paket neben der IP-Adresse seiner Zielstation keine weiteren Informationen, die dem Router bei dieser Entscheidung helfen. Das Paket teilt dem Router nur mit, wohin es will, aber nicht, wie es dorthin gelangt. Die Router verständigen sich untereinander über »*Routing-Protokolle*«, wie das *Routing Information Protocol* (RIP) und das *Open Shortest Path First* (OSPF). Mit Hilfe dieser Protokolle bauen die Router *Routing-Tabellen* im Speicher auf, die ihnen die Entscheidung über den weiteren Weg eines Paketes bis zu dessen Ziel ermöglichen. Um ein Paket weiterzuleiten, vergleicht der Router dessen Zieladresse mit den Einträgen in seinen Routing-Tabellen und verschickt das Paket entsprechend den dortigen Angaben. Häufig gibt es zu einem bestimmten Ziel keine spezielle Route, so daß der Router eine »Standardroute« benutzt. Im allgemeinen leitet eine solche Standardroute das Paket zu leitungsfähigeren, besser angebundenen Routern weiter. In den meisten Unternehmen verweisen Standardrouten ins Internet.

Um herauszufinden, wie ein Paket weitergeleitet werden muß, damit es sein Ziel erreicht, betrachtet ein normaler Router lediglich die Zieladresse dieses Pakets. Er stellt sich nur die Frage: »Wie kann ich dieses Paket weiterleiten?« Ein Router mit Paketfilterung fragt sich außerdem: »Soll ich dieses Paket weiterleiten?« Der filternde Router beantwortet diese Frage anhand der Sicherheitsrichtlinien, die in Form von Paketfilterregeln im Router festgelegt werden.

Einige Maschinen führen eine Paketfilterung durch, ohne das mit Routing zu verbinden. Das heißt, sie entscheiden vor einer Weiterverarbeitung empfangener Pakete darüber, ob sie sie überhaupt entgegennehmen.

Einige untypische Pakete enthalten Routing-Informationen, die darüber Auskunft geben, wie sie ihr Ziel erreichen können. Sie verwenden die IP-Option »source route«. Diese Pakete mit *Source-Routing* werden im Abschnitt »IP-Optionen« in Kapitel 4, *Pakete und Protokolle*, behandelt.

Wozu braucht man Paketfilterung?

Wenn Sie sich lange genug damit beschäftigen, können Sie mit Paketfilterung alles anstellen, was Sie wollen. Jede Information, die das Internet durchquert, muß irgendwann einmal in ein Paket verpackt werden. Natürlich lassen sich einige Aufgaben viel leichter lösen als andere. Zum Beispiel ist bei Problemen, die detaillierte Kenntnisse des eingesetzten Kommunikationsprotokolls oder die langfristige Beobachtung vergangener Ereignisse erfordern, der Einsatz von Proxy-Systemen einfacher. Simple Aufgaben, die schnell erledigt und für jedes einzelne Paket ausgeführt werden müssen, lassen sich dagegen besser mit Paketfiltersystemen bewältigen.

Der wesentliche Vorteil der Paketfilterung ist ihre Effizienz: Sie versetzt Sie in die Lage, an einem Ort besondere Schutzmaßnahmen für ein komplettes Netzwerk zu ergreifen. Betrachten Sie z. B. den Telnet-Dienst. Sie können die Benutzung des Telnet-Dienstes unterbinden, indem Sie auf jedem Host den Telnet-Server deaktivieren. Das schützt Sie jedoch nicht davor, daß bei der Installation eines neuen Rechners (oder der Aktualisierung eines alten Systems) in Ihrer Organisation jemand diesen Dienst startet. Demgegenüber ist jeder neue Rechner von Anfang an geschützt, wenn Telnet durch einen Router mit Paketfilterung abgewiesen wird, und zwar unabhängig davon, ob der Telnet-Server aktiviert ist oder nicht. Dies ist ein Beispiel für das Prinzip der »Fehlersicherheit«, das wir in Kapitel 3, *Sicherheitsstrategien*, erörtert haben.

Router stellen außerdem eine nützliche Passierstelle für alle Daten dar, die von außen in ein Netzwerk hereinkommen oder die ein Netzwerk verlassen. Diese »Passierstellen« haben wir ebenfalls in Kapitel 3 behandelt. Selbst wenn Sie aus Gründen der Redundanz mehrere Router einsetzen, sind es sicher bei weitem weniger als normale Rechner. Außerdem werden Sie sie sicher viel strenger überwachen als normale Rechner.

Gewisse Schutzmechanismen lassen sich ausschließlich durch Router mit Paketfilterung realisieren und das auch nur, wenn sie an bestimmten Stellen in Ihrem Netzwerk eingesetzt werden. Beispielsweise ist es sinnvoll, alle externen Pakete abzuweisen, deren Quelladressen aus dem internen Netzwerk stammen. Damit sind alle Pakete gemeint, die vorgeben, von einem Ihrer Rechner zu stammen, obwohl sie tatsächlich von außen kommen. Solche Pakete gehören für gewöhnlich zu Angriffen, die auf Adreßfälschung beruhen. Bei dieser Art von Attacken erweckt der Angreifer den Anschein, er agiere von einem Rechner aus, der zum internen Netzwerk gehört. Außerdem sollten Sie alle Pakete abweisen, die aus dem internen Netzwerk stammen, aber eine externe Absenderadresse aufweisen, da sie wahrscheinlich ebenfalls Teil eines solchen Angriffs sind. Die Entscheidungen darüber, welche Pakete verworfen werden müssen, kann nur ein Router mit Paketfilterung treffen, der an der äußeren Grenze Ihres Netzwerks eingesetzt wird. Nur dort – per Definition an der Grenze zwischen »innen« und »außen« – ist der Router in der Lage, ein solches Paket zu identifizieren, indem er seine Quelladresse überprüft und feststellt, ob er es von innen (einer Netzwerkschnittstelle zum lokalen Netz) oder von außen (einer Netzwerkschnittstelle zum externen Netz) entgegengenommen hat. Abbildung 8-1 veranschaulicht diese Art von Fälschung der Quelladresse.

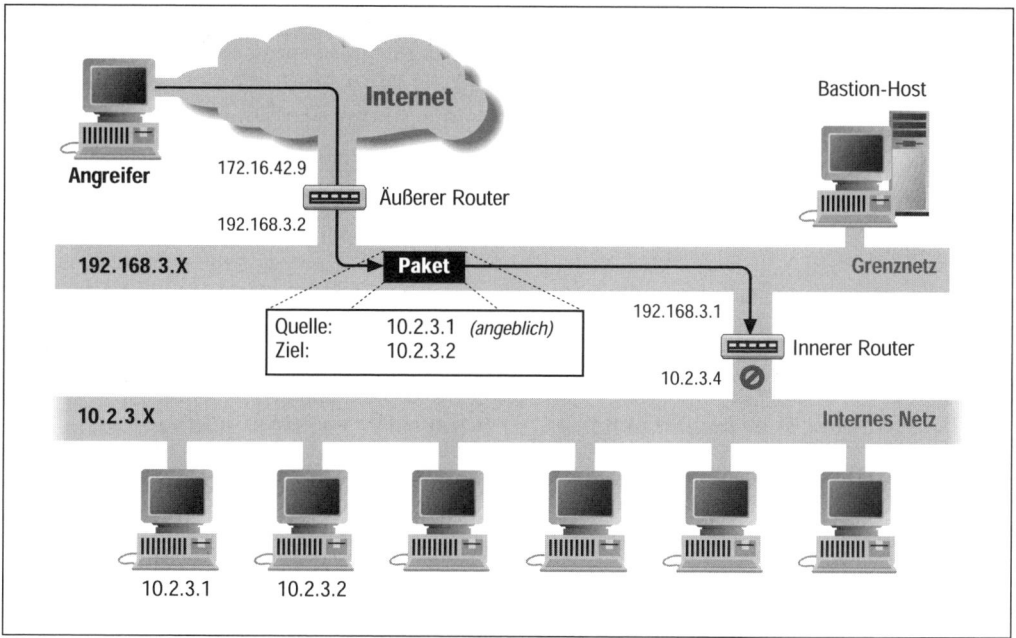

Abbildung 8-1: Fälschung der Quelladresse

Router mit Paketfilterung können auch dazu benutzt werden, ungültige Pakete aufzuspüren und zu verwerfen, die für viele Denial-of-Service-Attacken verwendet werden. Da in Routern normalerweise sehr zuverlässige TCP/IP-Implementierungen eingesetzt werden (so daß sie durch diese Art von Angriffen nicht gefährdet sind), können sie gut zum Schutz gegen solche Attacken eingesetzt werden. Werden normale Rechner als Paketfilter eingesetzt, ist die Wahrscheinlichkeit höher, daß sie durch diese Angriffe beeinträchtigt werden. Es ist jedoch immer noch einfacher, sie wieder in Ordnung zu bringen, als alle Rechner des lokalen Netzwerks zu reparieren.

Einfache Paketfilterung

Die einfachste Art der Paketfilterung ermöglicht es Ihnen, die Datenübertragung anhand folgender Informationen zu steuern (sie zuzulassen oder zu unterbinden):

- die Adresse, von der die Daten (angeblich) kommen
- die Adresse, an die die Daten gesandt werden
- die verwendeten Sitzungs- und Anwendungsports, die für die Datenübertragung benutzt werden

Einfache Paketfiltersysteme werten die eigentlichen Daten in den Paketen nicht aus. Das heißt, sie treffen keine Entscheidungen über den Umgang mit einem Paket anhand seines Inhalts. Einfache Paketfilterung gestattet folgende Festlegungen:

> Lasse nicht zu, daß sich jemand über den Port, den Telnet (ein Anwendungsprotokoll) benutzt, von außen anmeldet.

Oder:

> Ermögliche jedem, uns Daten über den Port zu senden, der für E-Mail via SMTP (ein weiteres Anwendungsprotokoll) benutzt wird.

Oder sogar:

> Jener Rechner darf uns Daten über den Port senden, der für Nachrichten via NNTP (noch einem Anwendungsprotokoll) benutzt wird, alle anderen nicht.

Sie können allerdings nicht festlegen:

> Ein bestimmter Benutzer darf sich über Telnet von außen anmelden, aber kein anderer.

Denn der »Benutzer« kann nicht mit einem einfachen Paketfiltersystem identifiziert werden. Ebenso können Sie nicht sagen:

> Du kannst diese Dateien übertragen, jene aber nicht.

Denn »Datei« ist ebenfalls keine unterscheidbare Größe für ein einfaches Paketfiltersystem. Das gleiche gilt für:

> Es darf nur E-Mail an den Port weitergeleitet werden, den SMTP benutzt.

Denn ein einfaches Paketfiltersystem beachtet nur den verwendeten Port. Es überprüft nicht, ob es sich um gültige Daten handelt, die mit dem Protokoll des Dienstes übereinstimmen, der normalerweise auf diesem Port angeboten wird, oder ob jemand einen Port für andere Zwecke benutzt.

Leistungsfähigere Paketfiltersysteme erlauben Ihnen auch die nähere Betrachtung der Daten eines Pakets. Anstatt nur die Header-Informationen der niedrigeren Protokolle auszuwerten, verstehen sie auch die Datenstrukturen der höheren Protokolle, anhand derer sie differenziertere Entscheidungen treffen können.

Zustandsgesteuerte oder dynamische Paketfilterung

Etwas leistungsfähigere Paketfiltersysteme erlauben eine Zustandsüberwachung und/oder die Prüfung der verwendeten Kommunikationsprotokolle (für bekannte Protokolle). Mit Hilfe der Zustandsüberwachung können Sie Regeln wie die folgende formulieren:

> Lasse nur UDP-Pakete herein, die Antworten zu versendeten UDP-Paketen sind, die du gesehen hast.

Oder:

> Lasse TCP-Pakete mit gesetztem SYN-Flag nur während der Aufbauphase einer TCP-Verbindung passieren.

Dieses Vorgehen wird *zustandsgesteuerte Paketfilterung* genannt, weil sich der Paketfilter die Zustände von Transaktionen merken muß. Es wird auch *dynamische Paketfilterung* genannt, weil sich das Verhalten des Systems in Abhängigkeit vom beobachteten Datenverkehr verändert. Wird z.B. die vorangegangene Regel verwendet, können Sie nicht allgemein für jedes ankommende UDP-Paket vorhersagen, ob es angenommen oder zurückgewiesen wird.

Verschiedene Systeme verwalten unterschiedliche Arten von Zustandsinformationen. Einige Leute würden ein Paketfiltersystem zustandsgesteuert nennen, wenn es die Zustandsregeln von TCP beachtet (die die Benutzung der Flags während der Verbindungsaufbau- und Verbindungsabbauphase einer TCP-Sitzung festlegen), selbst wenn das Paketfiltersystem keine weiteren Zustandsinformationen berücksichtigt. Auch wenn das eine nette Eigenschaft ist (es hilft, einige Arten von Port-Scans und Denial-of-Service-Angriffen zu verhindern), erlaubt es Ihnen nicht, weitere Protokolle zu unterstützen. Deshalb betrachten wir es nicht als zustandsgesteuerte Paketfilterung.

Abbildung 8-2 zeigt die dynamische Paketfilterung auf der UDP-Ebene.

Die Zustandsüberwachung ermöglicht Ihnen Dinge, die Sie anders nicht bewältigen können, sie verursacht aber auch neue Schwierigkeiten. Erstens muß der Router die Zustandsinformationen verwalten, was seine Auslastung erhöht. Das macht ihn anfällig für eine Reihe von Denial-of-Service-Angriffen. Außerdem kann es sein, daß ein Router, nachdem er neu gestartet wurde, möglicherweise Pakete zurückweist, die er hätte annehmen müssen. Kann ein Paket durch einen von mehreren redundanten Routern weitergeleitet werden, müssen alle die gleichen Zustandsinformationen enthalten. Es gibt zwar Protokolle, die den Austausch solcher Informationen regeln, aber es ist immer noch ein schwieriges Unterfangen. Wenn Sie nur deshalb mehrere Router einsetzen, um im Notfall auszuweichen zu können, aber normalerweise der gesamte Datenverkehr immer über denselben Router transportiert wird, stellt das kein Problem dar. Benutzen Sie jedoch mehrere Router gleichzeitig, müssen die Zustandsinformationen zwischen ihnen fast ständig ausgetauscht werden, da sonst die Antwort auf ein Paket ankommen kann, bevor die Zustände abgeglichen wurden.

Kapitel 8: Paketfilterung

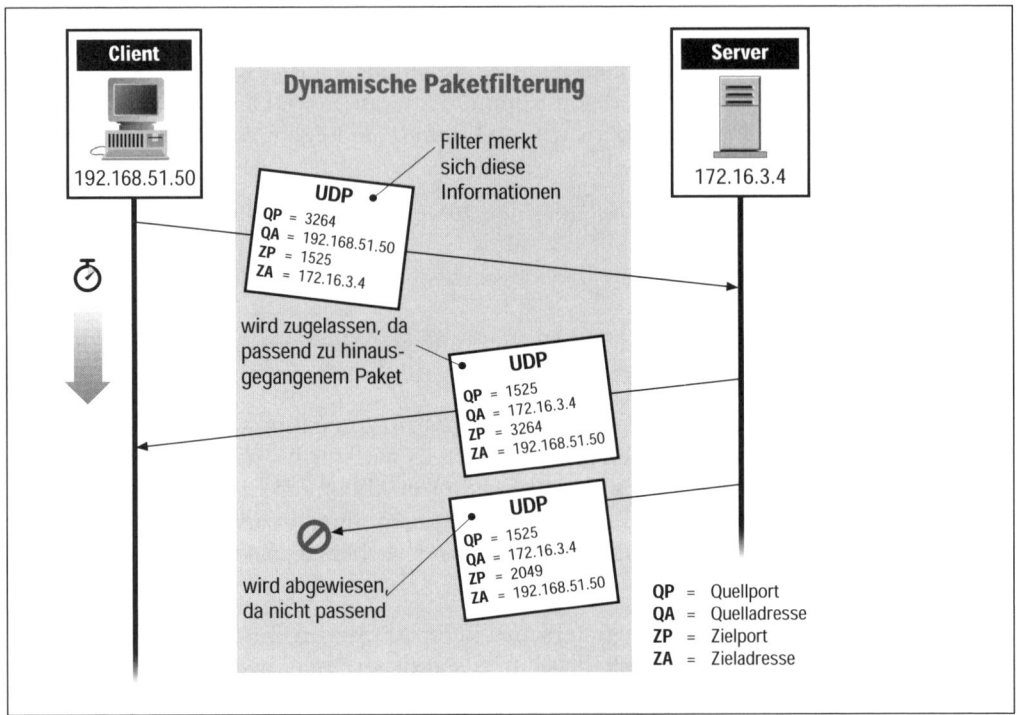

Abbildung 8-2: Dynamische Paketfilterung auf der UDP-Ebene

Zweitens muß der Router Zustandsinformationen für Verbindungen verwalten, ohne daß sicher ist, ob jemals ein Antwortpaket eintreffen wird. Nicht für alle UDP-Pakete gibt es Antworten. Irgendwann muß der Router aufgeben und die Regel verwerfen, die eine Antwort erlaubt. Gibt der Router zu früh auf, weist er Pakete zurück, die eigentlich hätten angenommen werden müssen. Das verursacht Verzögerungen und unnötige Netzbelastung. Behält der Router eine Regel zu lange, steigt seine Auslastung unnötig an, und die Wahrscheinlichkeit erhöht sich, daß ein Paket angenommen wird, das eigentlich hätte zurückgewiesen werden müssen. Einige Protokollbeschreibungen enthalten Richtlinien, die aber nicht unbedingt brauchbar sind. Zum Beispiel sollen Antworten auf DNS-Anfragen innerhalb von fünf Sekunden eintreffen. Die Antwortzeiten des DNS-Dienstes über das Internet können jedoch bis zu 15 Sekunden betragen. Wenn Sie die Protokollbeschreibung genau umsetzen, würden fast alle Antworten zurückgewiesen werden, die eigentlich angenommen werden müßten.

Diese Art der Filterung ist außerdem anfällig für Adreßfälschung, da sie Antwortpakete anhand ihrer Absenderadresse überprüft. Fängt ein Angreifer ein ausgehendes Paket ab, kann er eine gültige »Antwort« erzeugen, indem er die Absenderadresse seines Pakets (oder einer ganzen Reihe von Paketen, je nach Implementierung) verfälscht. Nichtsdestotrotz bietet diese Filterungsart einen gewissen Grad an Sicherheit für einige Dienste, die das UDP-Protokoll benutzen, die sonst sehr schwierig zu schützen wären.

Protokollprüfung

Protokollprüfung erlaubt Ihnen Regeln wie die folgende:

> Lasse Pakete durch, die an den DNS-Port gerichtet sind, aber nur, wenn sie den Aufbau eines DNS-Pakets haben.

Die Protokollprüfung hilft Ihnen daher in Situationen, in denen jemand einen unsicheren Dienst auf einem normalerweise sicheren Port anbietet. Es kann auch bei der Verhinderung verschiedener Angriffe helfen, die darauf beruhen, daß einem ansonsten perfekt eingerichteten Server fehlformatierte Pakete gesandt werden. Eine Protokollprüfung ist im allgemeinen ziemlich primitiv und kann durch jemanden, der entschlossen ist und über das nötige Wissen verfügt, umgangen werden. Sie garantiert auch nicht, daß die Daten in Ordnung sind, so daß sie nur vor wenigen Angriffen schützt, in denen feindliche Daten an einen Dienst gesandt werden. Sie ist aber trotzdem ein nützlicher Sicherheitstest.

Moderne Paketfiltersysteme erlauben es Ihnen, alle möglichen datenbezogenen Regeln für verbreitete Protokolle zu formulieren. Zum Beispiel die folgende:

> Beende alle FTP-Verbindungen, die auf dem externen System »anonymous« als Benutzernamen verwenden.

Oder:

> Erlaube keine HTTP-Übertragungen zu diesen Standorten.

Um das zu erreichen, müssen die verwendeten Paketfilter über ein weitreichendes Verständnis der benutzten Anwendungsprotokolle verfügen. Im allgemeinen kann diese Stufe der Kontrolle nur für ein paar verbreitete Protokolle bereitgestellt werden. Sie ist ziemlich aufwendig, da größere Datenmengen verarbeitet werden müssen. Außerdem ist es häufig möglich, diese Kontrollen zu umgehen. Zum Beispiel gibt es viele Wege, einen Standort per HTTP zu erreichen, ohne daß der Name dieses Standorts in der HTTP-Anfrage auftaucht. Sie können die IP-Adresse anstelle des Hostnamens verwenden oder die Anfrage über einen Anbieter leiten, der diese Anfrage anonymisiert.

Zustandsgesteuerte Paketfilter können Protokolleigenschaften benutzen, um ihr Verhalten anzupassen. Einige Protokolle enthalten Informationen darüber, welche Ports für bestimmte Transaktionen benutzen werden. Das FTP-Protokoll benutzt zum Beispiel häufig eine Verbindung, die der Server zum Client aufbaut, nachdem beide Seiten sich darüber verständigt haben, welche Portnummern für diese Verbindung verwendet werden. Ein zustandsgesteuerter Paketfilter versteht das FTP-Protokoll und kann den Aufbau dieser neuen Verbindung zulassen, nachdem er die Verhandlung beobachtet hat. Anderen wird dadurch diese Art von Verbindungen nicht erlaubt.

Konfigurieren eines Routers zur Paketfilterung

Um einen Router mit Paketfilterung einzurichten, müssen Sie zunächst festlegen, welche Dienste Sie zulassen und welche Sie zurückweisen wollen. Danach müssen Sie Ihre Entscheidungen in Regeln übersetzen, die auf Pakete angewendet werden können. Im richtigen Leben kümmern Sie sich wahrscheinlich gar nicht um die Einzelheiten der Pakete. Sie wollen lediglich Ihre Arbeit erledigen. Wollen Sie zum Beispiel E-Mails aus dem Internet empfangen, ist es Ihnen egal, ob das durch Pakete oder schwarze Magie ermöglicht wird. Ein Router andererseits kümmert sich nur um ganz bestimmte Teile von Paketen. Um eine Regel für Ihre Router zu formulieren, müssen Sie die allgemeine Aussage »Empfange E-Mail aus dem Internet« in die Beschreibung bestimmter Pakete übersetzen, die der Router passieren lassen soll.

Die folgenden Abschnitte zeigen allgemeine Konzepte, die Sie sich einprägen sollten, um Entscheidungen über Dienste in Regeln für Pakete zu übersetzen. Die Einzelheiten jedes Dienstes sind im Teil III dieses Buchs beschrieben.

Protokolle sind gewöhnlich bidirektional

Protokolle arbeiten üblicherweise bidirektional. Sie beruhen fast immer darauf, daß eine Seite eine Anfrage oder einen Befehl sendet und die andere Seite irgendwie antwortet. Beim Entwurf Ihrer Filterregeln müssen Sie darauf achten, daß sich die Pakete in beide Richtungen bewegen. Es ist z.B. nutzlos, nach außen gerichtete Telnet-Pakete zuzulassen, die Ihre Tastatureingaben zum externen Rechner transportieren, wenn Sie nicht auch die Antwortpakete dieser Verbindung zulassen, die die Bildschirmausgaben enthalten.

Umgekehrt bringt es nichts, nur eine Richtung einer Verbindung zu unterbinden. Viele Angriffe können schon durchgeführt werden, wenn Pakete des Angreifers in Ihr Netzwerk gelangen, auch wenn dieser keine Antworten zurückbekommt. Das hat verschiedene Gründe. Zum Beispiel könnte der Angreifer nur daran interessiert sein, einen bestimmten Befehl auszuführen, für den er keine Antwort benötigt (für eine Denial-of-Service-Attacke z.B. »Fahre die Netzwerkschnittstelle herunter« über den SNMP-set-Befehl). Die Antworten könnten auch vorhersehbar sein, so daß Angreifer ihren Anteil an der Kommunikation durchführen können, ohne die eigentlichen Antworten des angegriffenen Systems überhaupt zu Gesicht zu bekommen. Sind die Antworten vorhersehbar, muß sie ein Angreifer nicht sehen. Angreifer werden zwar nicht in der Lage sein, Informationen direkt zu beziehen, wenn sie die Ausgaben nicht angezeigt bekommen, aber sie können dafür sorgen, daß sie die Daten indirekt erhalten. Selbst wenn sie Ihre Datei */etc/passwd* nicht direkt sehen, können sie wahrscheinlich einen Befehl absetzen, der ihnen eine Kopie dieser Datei per E-Mail schickt.

Gehen Sie vorsichtig mit den Bedeutungen von »nach innen gerichtet« und »nach außen gerichtet« um

Während der Planung ihrer Paketfilterstrategie sollten Sie sorgfältig mit den Begriffen »nach innen gerichtet« und »nach außen gerichtet« umgehen. Es empfiehlt sich, eindeutig zwischen ausgehenden und eingehenden *Paketen* und nach innen und nach außen gerichteten *Diensten* zu unterscheiden. Ein nach außen gerichteter Dienst, z. B. der weiter oben erwähnte Telnet-Dienst, setzt sich sowohl aus ausgehenden Paketen (Ihren Tastatureingaben) als auch aus eingehenden Paketen (den Ergebnissen, die auf dem Bildschirm ausgegeben werden sollen) zusammen. Die meisten Menschen denken aus Gewohnheit an *Dienste*. Beachten Sie deshalb, daß es bei der Paketfilterung um *Pakete* geht. Stellen Sie in Gesprächen über Filterung klar, ob Sie über ein- und ausgehende Pakete oder über nach innen oder nach außen gerichtete Dienste sprechen.

Einschränkende versus freizügige Grundhaltung

In Kapitel 3, *Sicherheitsstrategien*, haben wir zwischen zwei grundlegenden Vorgehensweisen unterschieden, die Sie in bezug auf Ihre Sicherheitsstrategie verfolgen können: die einschränkende Grundhaltung (alles, was nicht ausdrücklich erlaubt ist, ist verboten) und die freizügige Grundhaltung (alles, was nicht ausdrücklich verboten ist, ist erlaubt). Aus sicherheitstechnischer Sicht betrachtet, ist es viel sicherer, standardmäßig alles einzuschränken. Ihre Filterregeln sollten diese Grundhaltung widerspiegeln. Beginnen Sie, wie weiter oben erläutert, damit, grundsätzlich alles zu unterbinden. Formulieren Sie anschließend Regeln, die nur die Protokolle zulassen, die Sie benötigen, deren Auswirkungen auf die Sicherheit Sie verstehen und von denen Sie glauben, daß Sie sie mit ausreichender Sicherheit anbieten können. Den Begriff »ausreichende Sicherheit« müssen Sie entsprechend Ihren eigenen Vorstellungen selbst definieren.

Die einschränkende Grundhaltung ist viel sicherer und effektiver als die freizügige Grundhaltung. Letztere beruht darauf, daß Sie zunächst alles erlauben, um dann zu versuchen, Bereiche zu blockieren, von denen Sie wissen, daß sie Probleme bereiten. In Wirklichkeit werden Sie nie von allen Problemen erfahren, so daß Sie mit dieser Herangehensweise Ihre Aufgabe nie vollständig erfüllen können.

In der Praxis bestehen die Filterregeln einer einschränkenden Grundhaltung aus einer kurzen Liste der zugelassenen Bereiche, die Sie im Interesse des logisch korrekten Ablaufs wiederum gezielt einschränken. Dieser Liste folgt dann die generelle Einschränkung, die auf alle anderen Fälle angewandt wird. Im Verlauf dieses Kapitels erklären wir im einzelnen, wie diese Regeln sich auswirken.

Filtern in Abhängigkeit von der Schnittstelle

Es gibt eine Schlüsselinformation, die Ihnen hilft, Entscheidungen über die Filterung von Paketen zu treffen, sie ist jedoch nicht im Header des Pakets zu finden. Es handelt sich um die Schnittstelle, auf der ein Paket einen Router erreicht hat oder ihn verlassen will. Anhand dieser wichtigen Information kann der Router gefälschte Pakete erkennen.

Wenn der einzige Router zwischen Ihrem internen Netzwerk und der Außenwelt ein Paket auf einer internen Schnittstelle empfängt, dessen Absenderadresse aus dem internen Netz stammt, stellt das kein Problem dar. Alle Pakete aus dem internen Netzwerk enthalten Absenderadressen aus diesem Netz. Sollte der Router allerdings ein Paket auf einer externen Schnittstelle empfangen, dessen Absenderadresse aus dem internen Netzwerk stammt, heißt das, daß entweder jemand Pakete fälscht (wahrscheinlich als Versuch, die Sicherheitsvorkehrungen zu umgehen) oder ein ernsthafter Fehler in Ihrer Netzwerkkonfiguration vorliegt.

Diese Pakete können auch ohne Fälschung auftreten. Zum Beispiel könnte jemand eine zweite Verbindung zwischen Ihrem Netz und dem Rest der Welt aufgebaut haben (etwa über PPP vom Schreibtisch aus), wahrscheinlich ohne größeren Wert auf Sicherheit gelegt zu haben. Das Ergebnis ist, daß Teile des internen Datenverkehrs durch diese zweite Verbindung nach außen »sickern«, durch das Internet fließen und versuchen, durch die »Vordertür« zurück in das interne Netzwerk zu gelangen. Sie können nur wenig unternehmen, um solche verbotenen »Hintertür«-Verbindungen aufzuspüren, außer wenn Ihnen interne Pakete auffallen, die über eine externe Verbindung empfangen werden. Die beste Methode ist, wirksame Richtlinien dagegen aufzustellen, diese bekanntzumachen und so viele benötigte Dienste wie möglich über Ihren Vordereingang – Ihre Firewall – zur Verfügung zu stellen. Auf diese Weise fühlen sich Ihre Benutzer nicht gezwungen, sich einen eigenen Hintereingang zu schaffen.

Diese Pakete sollten protokolliert und gewissenhaft untersucht werden. Falls jemand sie gefälscht hat, werden Sie von dieser Person ernsthaft angegriffen. Ist eine Hintertür für die Pakete verantwortlich, stellt diese zweite Internetverbindung ein Sicherheitsproblem dar. Es kann auch sein, daß Sie ein Routing-Problem haben: Ein Host, der so tut, als gehöre er zum internen Netz und selbst Routing-Informationen verbreitet, läuft Gefahr, den gesamten internen Netzverkehr auf sich zu ziehen. Das ist schlecht, wenn es sich um eine PPP-Verbindung handelt, da sie wahrscheinlich die anfallende Datenmenge nicht bewältigen kann. Noch verheerender sind die Folgen, wenn es sich um eine Maschine handelt, die überhaupt nicht an Ihr Netzwerk angeschlossen ist, da dann einige oder alle übertragenen Daten verschwinden.

Was macht der Router mit Paketen?

Was geschieht mit einem bestimmten Paket, nachdem es von einem Router mit Paketfilterung überprüft worden ist? Der Router hat zwei Möglichkeiten:

Er leitet das Paket weiter
: Hat das Paket die Bedingungen der Paketfilterregeln erfüllt, wird es normalerweise durch den Router in Richtung seines Ziels weitergeleitet, genau wie es ein einfacher Router (ein Router ohne Paketfilterung) auch tun würde.

Er verwirft das Paket
: Genügt das Paket den Kriterien der Paketfilterregeln nicht, geschieht das Offensichtliche: Der Router verwirft das Paket.

Protokollierung

Egal, ob ein Paket weitergeleitet oder verworfen wird (»permitted« oder »denied«, wie es in einigen Paketfiltersystemen genannt wird), möchten Sie vielleicht das jeweilige Vorgehen des Routers protokollieren. Das trifft vor allem dann zu, wenn ein Paket verworfen wird, das Ihren Paketfilterregeln nicht entspricht. In diesem Fall könnten Sie daran interessiert sein zu erfahren, was versucht wurde, aber nicht erlaubt war.

Wahrscheinlich werden Sie nicht jedes erlaubte Paket protokollieren wollen, aber vielleicht ein paar von ihnen. Zum Beispiel könnten Sie TCP-Pakete mitprotokollieren, die zum Aufbau einer Verbindung gehören, um sich einen Überblick über ein- und ausgehende TCP-Verbindungen zu verschaffen. Nicht alle Paketfiltersysteme können ein Protokoll zugelassener Pakete führen.

Was aufgezeichnet werden kann, hängt vom jeweiligen Paketfiltersystem ab. Einige können nur bestimmte Paketinformationen aufzeichnen, während andere das verworfene Paket komplett aufzeichnen. Im allgemeinen muß das Paketfiltersystem so eingerichtet werden, daß es das Protokoll über den *syslog*-Dienst irgendeines Rechners generiert. Sie werden sicher nicht wollen, daß sich das einzige Exemplar des Protokolls auf dem Paketfiltersystem befindet, falls es kompromittiert wird. Außerdem wird die Paketfilterung hauptsächlich auf speziellen Routern durchgeführt, in denen selten viel Festplattenspeicherplatz für ein Protokoll vorgesehen ist. (Weitere Informationen zur Protokollierung finden Sie in Kapitel 10, *Bastion-Hosts*, und Kapitel 26, *Betreuung von Firewalls*.)

Fehlermeldungen zurückgeben

Wird ein Paket verworfen, kann der Router eine ICMP-Fehlermeldung zurückschicken, um anzuzeigen, was passiert ist (viele Softwarepakete nennen ein Paket »zurückgewiesen« anstatt nur verworfen). Die ICMP-Fehlermeldung warnt den sendenden Rechner davor, das Paket erneut zu schicken. Dadurch soll der Netzverkehr minimiert und dem Benutzer des externen Rechners Wartezeit erspart werden. Durch die ICMP-Fehlermeldung gilt der Verbindungsaufbauwunsch des Benutzers sofort als gescheitert und die

Wartezeit, die unter Umständen mehrere Minuten betragen kann, bis eine Zeitüberschreitung erkannt wird, entfällt.

Es stehen zwei Gruppen von ICMP-Meldungen zur Auswahl:

- Die allgemeine Meldung »destination unreachable« besagt, daß das gewünschte Ziel nicht erreichbar ist. Sie läßt sich unterteilen in »host unreachable« – der Rechner ist nicht erreichbar – und »network unreachable« – das Netzwerk ist nicht erreichbar.

- Die Meldung »destination administratively unreachable« besagt, daß das Ziel aus administrativen Gründen nicht erreicht werden kann. Sie läßt sich unterteilen in »host administratively unreachable« und »network administratively unreachable«.

Die Spezifikation sieht vor, daß die beiden ersten ICMP-Fehlermeldungen – »host unreachable« und »network unreachable« – von einem Router zurückgesandt werden, um schwerwiegende Netzwerkprobleme anzuzeigen. Entweder ist der Zielrechner nicht in Betrieb, oder der einzige Weg zum Zielrechner ist unterbrochen. Diese Fehlermeldungen stammen aus der Zeit, als noch keine Firewalls und Paketfiltersysteme eingesetzt wurden. Die Rückgabe einer dieser Fehlermeldungen erweist sich für einige Hosts als problematisch, besonders wenn auf ihnen ältere Versionen von Unix eingesetzt werden. Diese Hosts nehmen die Meldungen ziemlich wörtlich und reagieren, als sei überhaupt keine Verbindung mehr zum Ziel möglich. Sie schließen alle zur Zeit bestehenden Verbindungen zum Zielhost, auch die, die fehlerfrei funktionieren.

Die zweite Gruppe von ICMP-Fehlermeldungen – »host administratively unreachable« und »network administratively unreachable« –, die ein Router zurückgeben kann, wurden dem offiziellen Verzeichnis möglicher ICMP-Meldungen später hinzugefügt, vor allem um es Paketfiltersystemen zu ermöglichen, über verworfene Pakete zu informieren. Sie sind jedoch noch nicht überall verfügbar, was theoretisch nicht zu Problemen führen sollte, da unbekannte ICMP-Pakete dem Standard zufolge ignoriert werden können. In der Praxis halten sich jedoch nicht alle Systeme daran. Das einzige, was der Standard für Sie bringt, ist, daß er bestätigt, daß Sie offiziell nicht für den Ausfall eines Systems verantwortlich gemacht werden können, dem Ihre Router ein ICMP-Paket gesandt haben, das es nicht verstanden hat.

Es gibt mehrere Punkte, die Sie während der Entscheidung beachten sollten, ob Ihr Paketfiltersystem ICMP-Fehlermeldungen zurückgeben soll oder nicht:

- Welche Meldung schicken Sie zurück?
- Können Sie sich den Mehraufwand leisten, den die Erzeugung und der Versand von Fehlermeldungen verursacht?
- Erhalten Angreifer durch diese Meldungen zu viele Informationen über Ihre Paketfilter?

Welche Gruppe von Fehlermeldungen ist für Ihren Standort sinnvoll? Die Rückgabe der alten Meldungen – »host unreachable« und »network unreachable« – ist technisch nicht korrekt. Bedenken Sie, daß ein Host in Abhängigkeit von Ihren Paketfilterregeln erreichbar sein kann oder nicht, je nachdem, welcher Host welchen Dienst in Anspruch nehmen möchte. Zudem lösen diese Fehlermeldungen bei manchen Systemen extreme Reaktionen wie den Abbruch sämtlicher Verbindungen zu Ihrem Rechner bzw. zu Ihrem Netzwerk aus.

Die Rückgabe der neuen Meldungen – »host administratively unreachable« oder »network administratively unreachable« – macht klar, daß Ihr Unternehmen einen Paketfilter einsetzt. Ob Sie das wünschen oder nicht, müssen Sie entscheiden. Auch diese Meldungen können zu extremen Reaktionen bei fehlerhaften IP-Implementierungen führen.

Es gilt noch einen weiteren Aspekt zu beachten: Der filternde Router muß zusätzlichen Aufwand betreiben, um die Fehlermeldungen zu erzeugen und zurückzuschicken. Es wäre denkbar, daß eine Denial-of-Service-Attacke durchgeführt wird, indem der Router mit Paketen überschwemmt wird, die er zurückweist und für die er versucht, ICMP-Fehlermeldungen zu erzeugen. Das Problem ist nicht der verursachte Netzverkehr, sondern die Auslastung der CPU des Routers. Solange der Router damit beschäftigt ist, ICMP-Meldungen zu erzeugen, kann er z.B. Filterentscheidungen nicht so schnell treffen. Andererseits verursacht es unnötigen Netzverkehr, wenn keine ICMP-Fehlermeldungen erzeugt werden, weil ein sendendes System wieder und wieder versucht, ein bereits verworfenes Paket zu senden. Dieses Datenaufkommen sollte jedoch nicht besonders hoch ausfallen, da die Anzahl zurückgewiesener Pakete eigentlich nur einen Bruchteil der insgesamt verarbeiteten Pakete ausmacht. Handelt es sich um eine größere Zahl, haben Sie ernsthafte Probleme. In diesem Fall versucht offensichtlich jemand, eine Menge »verbotener« Dinge zu tun.

Wenn Ihr Router für jedes Paket, das Ihrer Filterstrategie zuwiderläuft, eine ICMP-Fehlermeldung zurückliefert, geben Sie einem Angreifer die Möglichkeit, Ihr Filtersystem auszutesten. Er kann beobachten, welche Pakete ICMP-Fehlermeldungen verursachen, um herauszufinden, welche Art von Paketen Ihre Sicherheitsstrategie verletzen und welche nicht, und damit, welche Pakete in Ihr Netzwerk gelangen können und welche nicht. Sie sollten diese Informationen nicht preisgeben, weil sie einem Angreifer die Arbeit deutlich erleichtern. Der Angreifer weiß, daß Pakete, die keine ICMP-Fehlermeldung verursachen, irgendwohin gelangen, und kann sich so auf die Protokolle konzentrieren, die Ihre Schwachstellen darstellen. Für Sie wäre es besser, wenn der Angreifer viel Zeit damit verbringen würde, Ihnen Pakete zuzuschicken, die Sie gelassen verwerfen können. ICMP-Fehlermeldungen erhöhen auch die Ausführungsgeschwindigkeit von Angriffsprogrammen, da sie nicht warten müssen, bis eine Zeitüberschreitung auftritt.

Insgesamt betrachtet, ist es am sichersten, Pakete zu verwerfen, ohne eine ICMP-Fehlermeldung zurückzugeben. Falls Ihr Router es unterstützt, ist es sinnvoll, ICMP-Fehlermeldungen an Systeme im internen Netzwerk zurückzugeben, damit diese sofort erfahren, wenn etwas fehlschlägt, anstatt auf eine Zeitüberschreitung warten zu müssen. Dagegen sollten Sie externen Systemen diese Informationen nicht zur Verfügung stellen, da Sie einem Angreifer die Möglichkeit geben, die Filterregeln in Ihrer Firewall auszukundschaften. Auch wenn Ihr Router dieses Vorgehen nicht unterstützt, können Sie das gleiche Ziel erreichen, indem Sie Filterregeln festlegen, die eingehende ICMP-Pakete zulassen und ausgehende ICMP-Pakete unterbinden.

Einige Filtersysteme gestatten Ihnen, TCP-Verbindungen zu unterbrechen, ohne ICMP benutzen zu müssen. Sie antworten mit einem TCP-Reset, der die Verbindung beendet. Diese Antwort erzeugen Systeme normalerweise, wenn ein eingehendes TCP-Paket an einen Port gerichtet ist, für den keine Pakete erwartet wurden. Auch wenn dieses Verfahren weniger Informationen preisgibt als ICMP-Fehlermeldungen, beschleunigt es doch Angriffsprogramme.

In einem Fall sollten Sie Pakete nicht ohne Fehlermeldung verwerfen. Einige Systeme benutzen den Autorisierung-Dienst, den *identd* implementiert, um die Benutzer eingehender Verbindungen (normalerweise E-Mail- und IRC-Verbindungen) zu überprüfen. Sollten Sie weder den *identd*-Dienst noch einen anderen Dienst anbieten, der Informationen über das Auth-Protokoll zur Verfügung stellt, ist es ratsam, Fehlermeldungen zurückzugeben, um das Ausliefern von E-Mail an Systeme, die diese Art der Autorisierung einsetzen, zu beschleunigen. Verwerfen Sie diese Pakete ohne Fehlermeldung, muß das andere System auf eine Zeitüberschreitung warten, bevor es fortfährt, die E-Mail entgegenzunehmen. Das kann zu einer spürbaren Erhöhung der Last auf Ihrem E-Mail-System führen, wenn Sie große Mengen E-Mail ausliefern müssen. Auth und *identd* werden in Kapitel 21, *Authentifizierungs- und Auditing-Dienste*, eingehend betrachtet.

Veränderungen vornehmen

Kompliziertere Paketfiltersysteme können ausgefeiltere Aktionen ausführen. Neben der Entscheidung, ob ein Paket weitergeleitet werden soll oder nicht, können sie festlegen, das Paket an eine andere als die ursprüngliche Zieladresse zu senden, ihr eigenes Verhalten anzupassen oder den Inhalt des Pakets zu verändern.

Ein Paketfilter kann das Ziel eines Pakets verändern, indem er die Adreßinformationen im Header entsprechend anpaßt (z.B. als Teil von NAT oder der Lastverteilung zwischen Servern) oder indem er das Original-Paket in einem anderen kapselt. Das ermöglicht transparente Proxies durch die Zusammenarbeit des Routers mit einer anderen Maschine.

Empfängt ein zustandsgesteuerter Paketfilter ein Paket, entscheidet er nicht nur, ob das Paket weitergeleitet oder verworfen wird, sondern verändert auch seine Konfiguration anhand dieses Pakets. Handelt es sich z.B. um ein ausgehendes UDP-Paket, kann die Konfiguration dahingehend angepaßt werden, daß auch eingehende UDP-Pakete als Antworten zugelassen werden. Ist das Paket das erste einer TCP-Verbindung (gekennzeichnet durch ein gesetztes SYN-Flag und ein gelöschtes ACK-Flag, weitere Details siehe Kapitel 4, *Pakete und Protokolle*), ändert der Paketfilter seinen Zustand und erwartet nun ein Paket, in dem beide Flags, sowohl das SYN-Flag als auch das ACK-Flag, gesetzt sind. Erreicht das zweite Paket den Filter, ändert er erneut seinen Zustand und erwartet nun Pakete mit gelöschtem SYN-Flag und gesetztem ACK-Flag. Das stellt sicher, daß der von TCP benutzte Handshake eingehalten wird, und verhindert so einige Angriffe, die seltsame Einstellungen der Flags im Header benutzen.

Einige Paketfiltersysteme verändern neben der Zieladresse auch andere Teile von Paketen. Diese Veränderungen bilden die Grundlage für NAT. Dabei müssen zusätzlich zur Zieladresse auch die Quelladresse und, falls notwendig, eingebettete IP-Adressen innerhalb der Pakete angepaßt werden.

Tips und Tricks zur Paketfilterung

Paketfiltersysteme sind kompliziert, und ihre Verwaltung hat ihre Tücken. Die folgenden Hinweise stellen Ihnen einige Techniken vor, um effektiver und sicherer mit diesen Systemen zu arbeiten.

Bearbeiten Sie Ihre Regeln nicht auf den Filtersystemen

Auf den meisten Systemen bieten die vorhandenen Werkzeuge nur eingeschränkte Möglichkeiten zur Bearbeitung von Filterregeln. Außerdem ist nicht immer abzusehen, welchen Einfluß neue auf bereits bestehende Regeln haben. Besonders schwierig ist es, Regeln zu löschen oder neue in einen bestehenden Regelsatz einzufügen.

Es dürfte bequemer sein, Ihre Filterregeln als Textdatei auf einem Ihrer Unix- oder PC-Systeme abzulegen. Dort können Sie diese Datei mit einem Texteditor Ihrer Wahl bearbeiten und anschließend auf das Filtersystem übertragen, als ob sie Anweisungen enthielte, wie Sie sie über die Konsole eingeben würden. Wie dies zu erreichen ist, hängt vom verwendeten System ab. Cisco-Produkte erlauben z. B. die Übertragung von Kommandodateien vom Server über TFTP. Achten Sie darauf, auf welchen Systemen Sie TFTP-Server starten. Weitere Hinweise zum Thema TFTP finden Sie im Kapitel 17, *Dateiübertragung, Filesharing und Drucken*. Sie sollten die Verwendung des TCP-Wrapper o. ä. in Betracht ziehen, um die Kontrolle darüber zu behalten, welche Hosts diesen TFTP-Server in Anspruch nehmen dürfen.

Die Verwaltung der Filterregeln in einer externen Datei hat außerdem den Vorteil, daß Sie alle Einträge kommentieren können. Sollte es notwendig sein, können Sie dafür sorgen, daß die Kommentare nicht mit auf den Router übertragen werden. Die meisten Filtersysteme entfernen Kommentare zwischen den Befehlen selbständig. Wenn Sie später die aktiven Filterregeln durchsehen, werden Sie feststellen, daß die Kommentare verschwunden sind.

Laden Sie alle Regelsätze jedesmal neu

Als erste Aktion in der Kommandodatei sollten Sie alle bisher gültigen Regeln löschen, damit jedes Mal, wenn Sie die Datei laden, der jeweilige Regelsatz von Grund auf neu aufgebaut wird. So müssen Sie sich keine Gedanken darüber machen, welchen Einfluß die neuen Regeln auf die alten haben. Danach legen Sie die gewünschten Regeln fest und fügen die Befehle hinzu, die die Regeln den entsprechenden Schnittstellen zuordnen.

Nachdem Sie die bestehenden Filterregeln gelöscht haben, lassen viele Filtersysteme standardmäßig sämtliche Datenpakete zu. Treten während des Ladens der neuen Regeln Probleme auf, könnte es sein, daß Ihr Filtersystem alle Datenpakete passieren läßt, während Sie die aufgetretenen Fehler beseitigen. Es ist deshalb eine gute Idee, die externe Schnittstelle während des Einspielens der neuen Regeln zu deaktivieren oder herunterzufahren und sie anschließend wieder zu aktivieren. Dabei müssen Sie darauf achten, daß Sie nicht über diese externe Schnittstelle mit dem Filtersystem verbunden sind, während Sie das Update durchführen. Anderenfalls kappen Sie sich selbst die Leitung.

Ersetzen Sie Filterregeln einzeln

Manchmal kommt es vor, daß Sie Filterregeln erneuern wollen, ohne den Zugang zeitweise völlig zum Erliegen zu bringen, wie eben erklärt. Das funktioniert, wenn:

- Ihr Paketfiltersystem Ihnen erlaubt, einen einzelnen Regelsatz anzusprechen und diesen einer Schnittstelle zuzuweisen, so daß der vorher zugewiesene Regelsatz ersetzt wird. (In einigen Systemen können Sie keine Regelsätze ansprechen, in anderen ist es nicht möglich, einen Regelsatz einer Schnittstelle zuzuweisen, für die bereits ein anderer Regelsatz gilt.)
- Ihr Paketfiltersystem bei Fehlern während des Ladens neuer Regeln die vorher gültigen Regeln wieder aktiviert. (Einige Systeme löschen in so einem Fall alle Regeln, was unsicher ist.)

Sollte Ihr System beiden Forderungen genügen, können Sie neue Regeln nach folgendem Schema einspielen:

1. Laden Sie die neuen Regeln unter einer ungenutzten Bezeichnung.
2. Weisen Sie die neuen Regeln einer Schnittstelle zu.
3. Überprüfen Sie, ob die neuen Regeln vorhanden sind und korrekt funktionieren.
4. Löschen Sie die alten Regeln.
5. Um Ihre Konfiguration einheitlich zu halten, laden Sie die neuen Regeln unter der ursprünglichen Bezeichnung erneut und weisen sie der Schnittstelle wieder zu. (Dadurch wird der Regelsatz nicht verändert, aber es wird wieder der gewohnte Name verwendet.)
6. Gleichen Sie alle externen Kopien der Konfiguration mit den neuen Regeln ab.

Sie können diesen Vorgang auch automatisieren und skriptgesteuert durchführen; dabei sollten Sie jedoch auf umfangreiche und sehr strenge Fehlerüberprüfungen achten.

Verwenden Sie statt Rechnernamen immer IP-Adressen

Adressieren Sie Hosts und Netzwerke in Ihren Filterregeln immer über IP-Adressen und niemals über Rechner- oder Netzwerknamen, falls Ihr Filtersystem das überhaupt unterstützt. Enthalten die Filterregeln Rechnernamen, kann Ihre Filterung umgangen werden, wenn jemand versehentlich oder absichtlich die Übersetzung von Rechnernamen in IP-Adressen verfälscht, z.B. indem falsche Daten in Ihren DNS-Server eingespeist werden.

Schützen Sie Ihre Paketfilter durch Paßworte

Da Paketfiltersysteme irgendwie eingerichtet werden müssen, bieten sie Möglichkeiten, dies interaktiv über ein Netzwerk zu tun, wahrscheinlich über Telnet oder SNMP. Basiert das Paketfiltersystem auf einem normalen Computer, sollten Sie externe Zugriffe auf die gleiche Art absichern, wie Sie es bei der Konfiguration eines Bastion-Hosts tun würden. Für spezielle Paketfiltersysteme sollten Sie ähnliche Vorkehrungen treffen. Vor allem, wenn das System ein Master-Paßwort – sei es auch nur als Hash-Wert – in einer Konfigurationsdatei ablegt und es Angreifern gelingt, auf diese zuzugreifen, kann dieses Paßwort mit Hilfe von Paßwort-Cracking-Tools erraten oder berechnet werden. Einige Paketfiltersysteme erlauben verschiedene Einstellungen für Paßworte. Lesen Sie die Beschreibung des jeweiligen Herstellers, und wählen Sie eine Paßwort-Einstellung, die nicht zu leicht zu überwinden ist.

Geben Sie Ihren Filterregeln Namen, wenn dies möglich ist

Einige Filtersysteme erlauben die Zuweisung von Namen an Regelsätze. Diese Bezeichnungen können in Protokollnachrichten einfließen. Die Wahl von aussagekräftigen Bezeichnungen ist deshalb nicht nur zur Fehlersuche, sondern auch zur Auswertung der Protokolldateien sehr sinnvoll.

Konventionen für Paketfilterregeln

Der Rest dieses Kapitels und die Kapitel des Teils III behandeln die verschiedenen Arten von Regeln, die Sie in Ihrem Router mit Paketfilterung angeben können, um zu steuern, welche Pakete in Ihr Netz hinein- und aus Ihrem Netz herausübertragen werden dürfen. Zu diesen Regeln gibt es einiges zu bemerken.

Um Verwirrung zu vermeiden, enthalten die Beispielregeln nach Möglichkeit abstrakte Beschreibungen anstelle von konkreten Adressen. Anstelle echter Quell- und Zieladressen wie z. B. 172.16.51.50 verwenden wir die Begriffe »intern« und »extern« für die jeweiligen Netze. Echte Paketfiltersysteme verlangen üblicherweise die Angabe von Adreßbereichen. Die Syntax unterscheidet sich von Router zu Router.

Alle Beispiele gehen davon aus, daß der Router für jedes Paket die Regeln der Reihe nach durchläuft. Findet er eine passende, führt er die angegebene Aktion aus. Wird keine passende Regel gefunden, nehmen wir eine implizite »Ablehnung« an. Es empfiehlt sich jedoch, das Standardverhalten explizit anzugeben (was wir im allgemeinen auch tun).

Wir benutzen in unseren Beispielen eine Syntax, in der die Anzahl der signifikanten Bits bei Adreßvergleichen nach einem Schrägstrich (/) angegeben wird. Damit umfaßt 10.0.0.0/8 alle Adressen, die mit 10 beginnen. Dies entspricht unter Unix 10.0.0.0 zusammen mit der Netzmaske 255.0.0.0 oder 10.0.0.0 zusammen mit der Platzhaltermaske 0.255.255.255 für Cisco oder 10.*.*.* in Dateinamen Schreibweise. Bitte beachten Sie, daß auch 10.255.255.255/8 oder 10.1.27.32/8 den gleichen Adreßbereich kennzeichnen. Die letzten drei Bytes werden einfach nicht berücksichtigt. Auch wenn in allen Beispielen dieses Buchs eine »0« für die zu ignorierenden Stellen benutzt wird oder diese Stellen ganz weggelassen werden, können Sie sich nicht darauf verlassen, daß das in der Praxis ebenso ist. Dies stellt eine häufige Fehlerquelle dar.

Wir versuchen zwar, unsere Beispiele so genau wie möglich zu halten. Es ist jedoch unmöglich, Ihnen exakt vorzugeben, was Sie für Ihr spezielles Paketfilterprodukt angeben müssen. Die genaue Vorgehensweise beim Eintragen von Paketfilterregeln unterscheidet sich deutlich zwischen den einzelnen Produkten. Einige Produkte erlauben nur einen einzigen Satz Regeln, der auf alle Pakete angewandt wird, die das System durchlaufen. Bei anderen können Sie unterschiedliche Regeln für einzelne Schnittstellen angeben. Wieder andere ermöglichen es Ihnen, Regelsätze festzulegen und diese über Namen bestimmten Schnittstellen zuzuweisen. Auf diese Weise können Sie z.B. einen gemeinsamen Regelsatz für mehrere Schnittstellen zusammenstellen und Regeln, die nur für eine bestimmte Schnittstelle gelten, in einem anderen Satz festlegen.

Folgendes Beispiel verdeutlicht die Unterschiede. Wir haben diese drei Systeme nicht wegen spezieller Vorlieben gewählt, sondern weil sie verschiedene Vorgehensweisen bei der Erstellung von Filtern wiedergeben. Andere Systeme funktionieren im allgemeinen ähnlich.

Nehmen wir an, Sie möchten jeglichen IP-Verkehr zwischen einem vertrauenswürdigen externen Rechner (Host 172.16.51.50) und den Rechnern Ihres internen Netzwerks (Klasse-C-Netz 192.168.10.0) zulassen. In unseren Beispielen würden wir diesen Fall wie folgt darstellen:

Regel	Richtung	Quelladresse	Zieladresse	ACK gesetzt	Aktion
A	eingehend	vertrauenswürdiger externer Rechner	intern	beliebig	zulassen
B	ausgehend	intern	vertrauenswürdiger externer Rechner	beliebig	zulassen
C	beliebig	beliebig	beliebig	beliebig	verbieten

Auf einem Cisco-Router fassen Sie Regeln in Sätzen zusammen und weisen diese den verschiedenen Richtungen der gewünschten Schnittstelle zu. Für die externe Schnittstelle mit der Bezeichnung »serial1« lauten die Regeln:

```
access-list 101 permit ip 172.16.51.50 0.0.0.0 192.168.10.0 0.0.0.255
access-list 101 deny ip 0.0.0.0 255.255.255.255 0.0.0.0 255.255.255.255
interface serial 1
access-group 101 in

access-list 102 permit ip 192.168.10.0 0.0.0.255 172.16.51.50 0.0.0.0
access-list 102 deny ip 0.0.0.0 255.255.255.255 0.0.0.0 255.255.255.255
interface serial 1
access-group 102 out
```

Konventionen für Paketfilterregeln

Für das unter Linux benutzte *ipchains* lauten die Regeln (eth0 ist die interne Schnittstelle und eth1 die externe):

```
ipchains -P input DENY
ipchains -P output DENY
ipchains -P forward DENY
ipchains -A input -i eth0 -s 192.168.10.0/24 -d 172.16.51.50 -j ACCEPT
ipchains -A input -i eth1 -s 172.16.51.50 -d 192.168.10.0/24 -j ACCEPT
ipchains -A input -l -j DENY
ipchains -A output -i eth1 -s 192.168.10.0/24 -d 172.16.51.50 -j ACCEPT
ipchains -A output -i eth0 -s 172.16.51.50 -d 192.168.10.0/24 -j ACCEPT
ipchains -A output -l -j DENY
ipchains -A forward -b -s 172.16.51.50 -d 192.168.10.0/24 -j ACCEPT
ipchains -A forward -l -j DENY
```

Benutzen Sie *ipfilter*, sehen die Regeln, die Sie in die *ipf*-Konfigurationsdatei schreiben würden, folgendermaßen aus (le0 ist die interne Schnittstelle und le1 die externe):

```
pass in quick on le0 from 192.168.10.0/24 to 172.16.51.50
pass in quick on le1 from 172.16.51.50 to 192.168.10.0/24
pass out quick on le1 from 192.168.10.0/24 to 172.16.51.50
pass out quick on le0 from 172.16.51.50 to 192.168.10.0/24
block in all
block out all
```

Wird die *Routing and Remote Access Service*-Filterung von Windows NT verwendet, werden diese zwei Regeln hinzugefügt:

- Source Address 192.168.10.0, Source Mask 255.255.255.0, Destination Address 172.16.51.50, Destination Mask 255.255.255.255, Protocol any
- Source Address 172.16.51.50, Source Mask 255.255.255.255, Destination Address 192.168.10.0, Destination Mask 255.255.255.0, Protocol any

zum Schluß müssen Sie noch »Drop all except listed below« markieren.

Ausführliche Informationen zur Syntax eines speziellen Produkts finden Sie in der zugehörigen Dokumentation. Haben Sie erst einmal die Syntax Ihres eingesetzten Systems verstanden, sollten Sie keine großen Schwierigkeiten haben, unsere Tabellen in dessen Schreibweise zu übersetzen.

Achten Sie auf implizite Standardaktionen. Die einzelnen Filtersysteme gehen unterschiedlich vor, wenn sie keine der festgelegten Regeln auf das Paket anwenden können. Einige Systeme verwerfen solche Pakete. Andere verwenden standardmäßig das Gegenteil der letzten angegebenen Regel. Lautet die letzte Regel z.B. »zulassen«, werden alle Pakete, auf die keine Regel paßt, verboten. War die letzte Regel hingegen »verbieten«, läßt die Standardaktion alle sonstigen Pakete passieren. Auf jeden Fall ist es eine gute Idee, am Ende Ihrer Regelliste explizit eine Standardaktion festzulegen. Dadurch brauchen Sie sich keine Gedanken über das implizite Standardverhalten Ihres Systems zu machen.

Filterung nach Adressen

Pakete anhand Ihrer Adresse zu filtern ist zwar nicht die gängigste, aber die einfachste Methode. Auf diese Weise können Sie den Paketfluß anhand der Quell- und/oder Zieladresse einschränken, ohne die beteiligten Protokolle berücksichtigen zu müssen. Sie können so z.B. einem bestimmten externen Rechner erlauben, Daten mit bestimmten internen Rechnern auszutauschen, oder verhindern, daß ein Angreifer gefälschte Pakete in Ihr Netz einschleust, Pakete, die manuell so verändert wurden, daß sie aussehen, als kämen sie von einer anderen als ihrer ursprünglichen Quelladresse.

Nehmen wir an, Sie möchten eingehende Pakete mit gefälschter Quelladresse abblokken. Dann müßten Sie folgende Regel angeben:

Regel	Richtung	Quelladresse	Zieladresse	Aktion
A	eingehend	intern	beliebig	verbieten

Beachten Sie, daß die Richtung in bezug auf Ihr internes Netzwerk angegeben ist. Auf dem Router zwischen diesem und dem Internet bewirken Regeln für Pakete, die auf der Internet-Schnittstelle eingehen, und Regeln für Pakete, die auf der internen Schnittstelle ausgehen, das gleiche: Sie betreffen eingehende Pakete und erzielen so das gleiche Ergebnis für die zu schützenden Rechner. Diese Regeln unterscheiden sich nur in bezug auf den Router. Wenn Sie ausgehende Pakete filtern, bleibt der Router selbst ungeschützt.

Risiken bei der Filterung nach der Quelladresse

Quelladressen sind nicht unbedingt zuverlässig, da sie verfälscht werden können. Solange Sie keine kryptographische Authentifizierung verwenden, um sicherzugehen, daß Sie mit dem gewünschten Rechner kommunizieren, bekommen Sie nicht heraus, ob sie nicht mit einem Rechner verbunden sind, der nur behauptet, dieser Rechner zu sein. Die oben beschriebenen Filter helfen nur, wenn ein externer Host vorgibt, ein interner zu sein. Sie können jedoch nichts gegen einen externen Rechner ausrichten, der sich als ein anderer externer Rechner ausgibt.

Es gibt zwei Angriffsarten, die auf Fälschung beruhen: Fälschung der Quelladresse und »man in the middle«-Attacken.

Bei einem einfachen Angriff mittels Fälschung der *Quelladresse* (wie in Abbildung 8-1 gezeigt) schickt Ihnen der Angreifer Pakete, die vorgeben, von einem irgendwie vertrauenswürdigen Rechner zu kommen. Er hofft, aufgrund dieses Vertrauens Handlungen ausführen zu können, für die er keine Antwortpakete benötigt. Da ihn die Antwortpakete nicht interessieren, kann er von einem beliebigen Ort aus agieren. Tatsächlich werden die Antworten an denjenigen gesandt, der der Angreifer vorgibt, zu sein, und nicht zu ihm selbst. Kann der Angreifer die Antworten vorhersagen, ist es unerheblich, daß sie einem anderen zugestellt werden. Die meisten Protokolle sind für einen geübten Angreifer hinreichend vorhersagbar. Es gibt viele Angriffe, die durchgeführt werden können, ohne daß der Angreifer die Ergebnisse direkt zu sehen bekommt. Stellen Sie sich z. B. vor, daß der Angreifer Ihrem System einen Befehl gibt, der bewirkt, daß ihm Ihre Paßwortdatei per E-Mail zugesandt wird. Gelingt das, muß er während des Angriffs die Paßwortdatei nicht zu sehen bekommen.

Häufig – besonders bei TCP-Verbindungen – reagiert der echte Rechner, für den sich der Angreifer ausgibt, auf die Pakete, die versuchen, die Kommunikation weiterzuführen, über die er nicht Bescheid weiß. Er versucht, die gefälschte Verbindung zurückzusetzen. Das kommt dem Angreifer natürlich ungelegen. Er muß sicherstellen, daß der Angriff abgeschlossen ist, bevor der echte Rechner Ihre Pakete erhält bzw. bevor Sie die Reset-Pakete von der echten Maschine zurückbekommen. Es gibt mehrere Wege, das sicherzustellen, z. B.:

- Der Angriff wird durchgeführt, während der echte Rechner nicht einsatzbereit ist.
- Der echte Rechner wird vor dem Angriff zum Absturz gebracht.
- Der echte Rechner wird während des Angriffs mit Informationen überflutet.
- Das Routing zwischen dem echten Rechner und dem angegriffenen System wird beeinträchtigt.
- Es wird ein Angriff gewählt, bei dem nur das erste Antwortpaket entscheidend ist, so daß ein Zurücksetzen der Verbindung keinen Einfluß mehr hat.

Lange galten Angriffe dieser Art als theoretische Probleme mit geringem praktischem Einfluß. Inzwischen kommen sie häufig genug vor, daß sie als ernste Bedrohung angesehen werden.[1]

Der *man-in-the-middle*-Angriff beruht darauf, daß man einen kompletten Dialog ausführen kann, indem man sich als vertrauenswürdiges System ausgibt. Dazu muß der angreifende Rechner Ihnen nicht nur Pakete zuschicken, sondern auch die Antwortpakete abfangen. Zu diesem Zweck muß der Angreifer eine der folgenden Aktivitäten durchführen:

- Der angreifende Rechner wird in den Pfad zwischen Ihnen und dem echten Rechner eingeschmuggelt. In der Nähe der Kommunikationsendpunkte ist das am einfachsten zu bewerkstelligen, während es äußerst schwierig ist, sich irgendwo in der »Mitte« einzuklinken. Der Natur moderner IP-Netzwerke ist es nämlich zu verdanken, daß sich diese »Mitte« jederzeit verändern kann.
- Der Pfad zwischen den ursprünglich beteiligten Rechnern wird so angepaßt, daß er über das angreifende System führt. Der Schwierigkeitsgrad dieses Vorgehens hängt von der Netzwerktopologie, dem von Ihnen eingesetzten Routing-System, dem Routing-System des externen Netzwerks und denen der Internet Provider zwischen diesen beiden Netzen ab.

---

1 Generell sollten theoretisch mögliche Angriffe nie völlig ignoriert werden, da sie praktisch umgesetzt werden können. Die Theorie für den genannten Angriff war Jahre vor seinem ersten Einsatz bekannt. Dennoch machte sich kaum jemand die Mühe, sich dagegen zu schützen.

Obwohl dieser Angriff »man in the middle« heißt, wird er in Wirklichkeit selten von einem Rechner außerhalb (in der Mitte) der beiden Netzwerke ausgeführt, da nur Netzanbieter dazu in der Lage wären. Netzanbieter werden selten so weit unterwandert. Jemand, der sich bei einem Netzanbieter »einschleicht«, ist eher auf Masse aus. Der Einsatz von Packet-Sniffing-Programmen legt Ihnen in kurzer Zeit Informationen über viele Rechner offen, während ein »man in the middle«-Angriff jeweils nur auf ein Ziel gerichtet ist. Problematisch wird es, wenn böswillige Benutzer mit direktem Zugang zu einem der beiden Netze diese Angriffe durchführen. Das trifft z.B. zu, wenn einer der beiden Standorte eine Universität ist.

Wem können Sie also vertrauen? Im Extremfall niemandem, es sei denn, Sie vertrauen allen beteiligten Rechnern und dem dazwischenliegenden Pfad. Vertrauen Sie nur den eingesetzten Rechnern, aber nicht dem Pfad, können Sie mit Hilfe von Verschlüsselung und Integritätsschutz eine geschützte Verbindung über einen unsicheren Pfad betreiben.

Filterung nach Diensten

Wie bereits erläutert, ist die Abwehr gefälschter eingehender Pakete der so gut wie einzige Fall, bei dem ausschließlich nach Adressen gefiltert wird. Die meisten anderen Anwendungen stützen sich zusätzlich auf die etwas kompliziertere Filterung nach Diensten.

Welche Eigenschaften kennzeichnen Pakete in Bezug auf bestimmte Dienste, wenn man sie aus Sicht eines Paketfiltersystems betrachtet? Als Beispiel wollen wir uns Telnet genauer anschauen. Mit Telnet kann sich ein Benutzer auf einem anderen System anmelden, wie er es über ein direkt angeschlossenes Terminal tun würde. Wir benutzen Telnet, weil es ziemlich verbreitet, relativ einfach und hinsichtlich der Paketfilterung repräsentativ für einige andere Protokolle wie SMTP und NNTP ist. Wir betrachten sowohl den nach innen gerichteten als auch nach den außen gerichteten Telnet-Dienst.

Eine ausführliche Beschreibung der Paketfiltereigenschaften anderer Protokolle finden Sie in Teil III, *Internet-Dienste*.

Nach außen gerichteter Telnet-Dienst

Betrachten wir zunächst nach außen gerichtetes Telnet, über das ein lokaler Client bzw. Benutzer mit einem externen Server kommunizieren kann. Wir müssen hier sowohl ausgehende als auch eingehende Pakete berücksichtigen. Abbildung 8-3 zeigt eine vereinfachte Darstellung für nach außen gerichtetes Telnet.

Die ausgehenden Pakete dieses nach außen gerichteten Dienstes enthalten die Tastatureingaben des Benutzers und haben folgende Eigenschaften:

- Die Quelladresse ist die IP-Adresse des lokalen Rechners.
- Die Zieladresse ist die IP-Adresse des externen Rechners.

Filterung nach Diensten

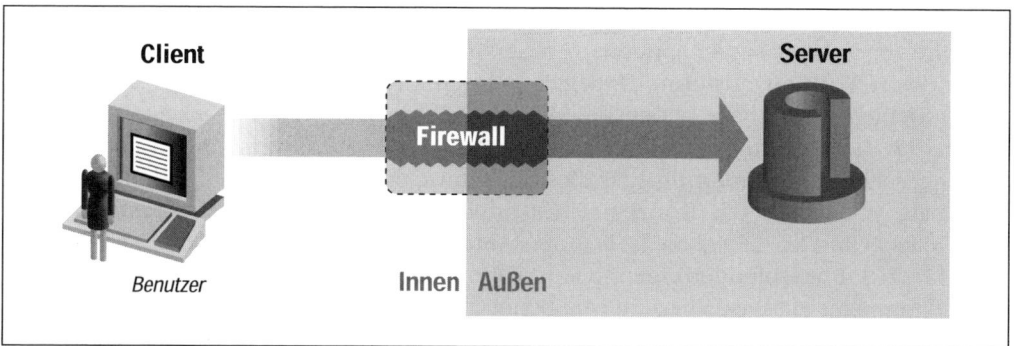

Abbildung 8-3: Nach außen gerichtetes Telnet

- Da Telnet auf TCP basiert, ist der Typ der IP-Pakete TCP.
- Die Nummer des TCP-Zielports ist 23, die von Telnet-Servern verwendete Standardnummer.
- Die Nummer des TCP-Quellports, die wir im Beispiel »Y« nennen, ist eine scheinbar zufällige Zahl über 1023.
- Im ersten ausgehenden Paket, das die Verbindung herstellt, ist das ACK-Flag gelöscht. In allen folgenden Paketen ist das ACK-Flag gesetzt.

Die eingehenden Pakete dieses nach außen gerichteten Dienstes enthalten die Daten, die auf dem Bildschirm des Benutzers dargestellt werden sollen, z. B. die Eingabeaufforderung »login:«. Sie haben die folgenden Eigenschaften:

- Die Quelladresse ist die IP-Adresse des externen Rechners.
- Die Zieladresse ist die IP-Adresse des lokalen Rechners.
- Der Typ der IP-Pakete ist TCP.
- Die Nummer des TCP-Quellports ist 23, der Port, den der Server benutzt.
- Die Nummer des TCP-Zielports ist »Y«, die Nummer, die auch als Nummer des Quellports für ausgehende Pakete benutzt wurde.
- In allen eingehenden Paketen ist das ACK-Flag gesetzt. (Wie bereits erwähnt, ist nur im ersten Paket, das die Verbindung herstellt, das ACK-Flag gelöscht. In diesem Beispiel ist dieses erste Paket ein ausgehendes Paket und kein eingehendes.)

Beachten Sie die Gemeinsamkeiten in den Header-Feldern der ausgehenden und eingehenden Pakete einer Telnet-Verbindung. Es werden dieselben Adressen und Portnummern verwendet, nur daß sie einmal die Quelle und sonst das Ziel angeben. Wenn Sie aus- und eingehende Pakete vergleichen, werden Sie feststellen, daß sowohl Quell- und Zieladresse als auch Quell- und Zielportnummern vertauscht sind.

Warum muß der Client-Port – der Quellport ausgehender und der Zielport eingehender Pakete – größer als 1023 sein? Dies ist eine Hinterlassenschaft der BSD-Version von Unix, auf die fast der gesamte Unix-Netzwerkcode zurückgeht. Unter BSD-Unix sind die

197

Portnummern zwischen 0 und 1023 lokal für root reserviert. Diese Ports werden normalerweise nicht von Clients, sondern von Servern benutzt, die das Betriebssystem mit besonderen Rechten ausführt. Dagegen werden Clients von Benutzern ausgeführt. (Eine wichtige Ausnahme bilden die BSD-»r«-Befehle wie *rcp* und *rlogin*, die wir in Kapitel 18, *Der Fernzugriff auf Hosts*, behandeln.) Da TCP/IP zuerst unter Unix verbreitet eingesetzt wurde, übertrug sich diese Regelung auch auf andere Betriebssysteme, selbst auf solche, die das Konzept eines privilegierten root-Benutzers nicht kannten (z.B. MacOS und MS-DOS). Sie ist in keinem Standard festgelegt, dennoch ist sie in fast allen TCP/IP-Implementierungen wiederzufinden. Wenn ein Client-Programm eine Portnummer zur eigenen Verwendung benötigt, bekommt es eine über 1023 zugewiesen. Unterschiedliche Systeme verfolgen unterschiedliche Strategien zur Verteilung freier Portnummern. Die meisten vergeben sie jedoch quasi-zufällig oder der Reihe nach.

Nach innen gerichtetes Telnet

Betrachten wir als nächstes den nach innen gerichteten Telnet-Dienst. Dieser ermöglicht es einem externen Client bzw. Benutzer, mit einem lokalen Telnet-Server zu kommunizieren. Auch hier müssen wir eingehende und ausgehende Pakete berücksichtigen.

Die eingehenden Pakete des nach innen gerichteten Telnet-Dienstes enthalten die Tastatureingaben des externen Benutzers und haben folgende Eigenschaften:

- Die Quelladresse ist die IP-Adresse des externen Rechners.
- Die Zieladresse ist die IP-Adresse des lokalen Rechners.
- Der Typ der IP-Pakete ist TCP.
- Die Nummer des TCP-Quellports ist eine zufällige Zahl über 1023, die wir in unserem Beispiel »Z« nennen.
- Die Nummer des TCP-Zielports ist 23.
- Im allerersten eingehenden Paket, das die Verbindung herstellt, ist das ACK-Flag gelöscht. In allen folgenden Paketen ist dieses Flag gesetzt.

Ausgehende Pakete dieses nach innen gerichteten Telnet-Diensts enthalten die Antworten des Servers, die dem Benutzer anzuzeigenden Daten, und haben folgende Eigenschaften:

- Die Quelladresse ist die IP-Adresse des lokalen Rechners.
- Die Zieladresse ist die IP-Adresse des externen Rechners.
- Der Typ der IP-Pakete ist TCP.
- Die Nummer des TCP-Quellports ist 23, da die Pakete vom Telnet-Server stammen.
- Die Nummer des TCP-Zielports ist »Z«, die gleiche zufällige Zahl, die bereits als Nummer des TCP-Quellports für eingehende Pakete verwendet wurde.
- In allen ausgehenden Paketen ist das ACK-Flag gesetzt.

Beachten Sie auch hier die Gemeinsamkeiten in den Header-Feldern der eingehenden und ausgehenden Pakete. Sowohl Quell- und Zieladressen als auch Quell- und Zielportnummern sind vertauscht.

Zusammenfassung zu Telnet

Die folgende Tabelle zeigt die verschiedenen Pakettypen, die am nach innen und nach außen gerichtetem Telnet-Dienst beteiligt sind:

Dienst-richtung	Paket-richtung	Quell-adresse	Ziel-adresse	Paket-typ	Quell-port	Ziel-port	ACK gesetzt
nach außen	ausgehend	intern	extern	TCP	Y	23	[a]
nach außen	eingehend	extern	intern	TCP	23	Y	ja
nach innen	eingehend	extern	intern	TCP	Z	23	[a]
nach innen	ausgehend	intern	extern	TCP	23	Z	ja

a. Außer in den jeweils ersten Paketen, die die Verbindung herstellen, ist das ACK-Flag stets gesetzt.

Beachten Sie, daß Y und Z aus Sicht des Paketfiltersystems zufällig ausgewählte Portnummern über 1023 sind.

Um ausschließlich nach außen gerichtetes Telnet zuzulassen, würden Sie Ihren Paketfilter folgendermaßen konfigurieren:

Regel	Richtung	Quell-adresse	Ziel-adresse	Protokoll	Quell-port	Ziel-port	ACK gesetzt	Aktion
A	ausgehend	intern	beliebig	TCP	>1023	23	beliebig	zulassen
B	eingehend	beliebig	intern	TCP	23	>1023	ja	zulassen
C	beliebig	beliebig	beliebig	beliebig	beliebig	beliebig	beliebig	verbieten

- Regel A erlaubt Pakete zu externen Telnet-Servern.
- Regel B läßt zurückkehrende Antwortpakete passieren. Da überprüft wird, ob das ACK-Flag gesetzt ist, kann ein Angreifer Regel B nicht dazu mißbrauchen, um Verbindungen zwischen dem Port 23 seines Rechners und einem Port über 1023 Ihres Rechners aufzubauen (z.B. zu einem X11-Server auf Port 6000).
- Regel C ist die Standardregel. Trifft keine der anderen Regeln zu, wird das Paket blockiert. Wie bereits erläutert, sollte jedes abgewiesene Paket protokolliert werden. Außerdem kann eine Ablehnung eine ICMP-Meldung verursachen, die an den Absender des Pakets zurückgeschickt wird, falls das gewünscht ist.

Risiken beim Filtern nach dem Quellport

Filterentscheidungen anhand des Quellports zu treffen ist nicht ungefährlich. Das grundlegende Problem dieser Art der Filterung ist, daß Sie der Angabe des Quellports nur so weit vertrauen können, wie Sie dem Quellrechner vertrauen.

Angenommen, Sie schließen fälschlicherweise von einem Quellport auf den darüber angebotenen Dienst. Derjenige, der den Quellrechner unter seiner Kontrolle hat, z.B. jemand mit root-Berechtigung auf einem Unix-System oder jeder mit einem vernetzten PC, kann jeden beliebigen Client oder Server auf diesem Quellport, dessen Datenverkehr Ihr Paketfiltersystem passieren läßt, betreiben. Außerdem haben wir gezeigt, daß Sie sich nicht darauf verlassen können, daß Ihnen die Quelladresse zuverlässige Rückschlüsse auf den eigentlichen Quellrechner ermöglicht. Sie können nicht sicher sein, daß Sie wirklich mit dem richtigen Rechner kommunizieren, dessen Quelladresse sie ist, oder mit einem Angreifer, der nur vortäuscht, dieser Rechner zu sein.

Wie verhalten Sie sich in einem solchen Fall? Sie sollten die lokalen Portnummern weitestgehend einschränken, und zwar unabhängig davon, wie viele externe Ports darauf zugreifen dürfen. Wenn Sie nur eingehende Verbindungen zum Port 23 zulassen und auf Port 23 ein vertrauenswürdiger Telnet-Server arbeitet, ein Serverprogramm, das nur die Aufgaben ausführt, die ein echter Telnet-Client auslösen darf, ist es egal, ob dieser Server von einem echten Telnet-Client angesprochen wird oder nicht. Ihre Aufgabe besteht darin, eingehende Verbindungen nur zu Ports zuzulassen, auf denen vertrauenswürdige Server arbeiten, und sicherzustellen, daß diese Server auch tatsächlich vertrauenswürdig sind. Teil III behandelt, wie Sie diese Forderung für die verschiedenen Dienste erfüllen können.

Besonders dramatisch ist dieses Problem, wenn Server Portnummern über 1023 benutzen, weil Sie eingehende Pakete zu diesen Ports zulassen müssen, um Antwortpakete an mögliche Clients weiterzuleiten. Im vorhergehenden Beispiel lassen wir eingehende Pakete mit einem Zielport über 1023 und dem Quellport 23 passieren. Dieses Vorgehen erlaubt einem Angreifer, irgendetwas auf Port 23 auszuführen (z.B. einen X Window-Client) und damit einem Server mit einer Portnummer über 1023 (z.B. einem X Window-Server) Pakete zu schicken. Wir haben dieses Problem in unserem Beispiel vermieden, indem wir nur eingehende Pakete passieren lassen, deren ACK-Flag gesetzt ist. Bei UDP haben Sie diese Möglichkeit nicht, da UPD-Pakete keine Entsprechung des ACK-Flags enthalten. Glücklicherweise basieren nur wenige wichtige Protokolle im Internet auf UDP. (Die zu berücksichtigende Ausnahme ist der DNS-Dienst, der in Kapitel 20, *Namens- und Verzeichnisdienste*, behandelt wird.)

Wahl eines Routers zur Paketfilterung

Es gibt eine Reihe mehr oder weniger guter Router mit Paketfilterung. Fast alle Hardware-Router unterstützen Paketfilterung in irgendeiner Weise. Außerdem wird Paketfilter-Software für viele verbreitete Unix- und PC-Systeme angeboten, die Sie als Router verwenden können.

Nach welchen Kriterien können Sie den geeignetsten Router für Ihren Standort auswählen? Dieser Abschnitt beschreibt die wichtigsten Fähigkeiten, die ein Paketfilter-Router besitzen sollte. Sie sollten herausfinden, welche dieser Merkmale für Sie maßgeblich sind, und ein Filtersystem wählen, das zumindest über diese Funktionalität verfügt.

Welche Geschwindigkeit ist zur Paketfilterung erforderlich?

Viele Leute machen sich unnötige Sorgen über die Geschwindigkeit der Paketfilterung. In den meisten Internet-Firewalls wird die Leistung von der Geschwindigkeit der Internet-Verbindung und nicht von der des Paketfiltersystems begrenzt. Deshalb sollten Sie nicht fragen: »Wie schnell ist das Paketfiltersystem?«, sondern: »Ist es schnell genug für meine Zwecke?«

Internet-Verbindungen können Daten meist entweder mit 56 kBit/s oder 1,544 MBit/s (T-1) übertragen. Paketfilterung wird paketweise durchgeführt. Deshalb gilt: Je kleiner die Pakete sind, desto mehr Entscheidungen muß ein Paketfiltersystem pro Sekunde treffen. Das kleinste zulässige IP-Paket, ein leeres Paket, das neben dem IP-Header keine weiteren Daten enthält, hat eine Größe von 20 Bytes (160 Bits). Eine 56 kBit/s-Leitung kann also höchstens 350 Pakete pro Sekunde transportieren, und eine 1,544 MBit/s-Leitung (z.B. eine T1-Leitung) überträgt maximal 9.650 Pakete in einer Sekunde. Die folgende Tabelle enthält eine Übersicht: (Kabelmodems und DSL sind Technologien, die eine variable Bandbreite ermöglichen. Abhängig vom Netzbetreiber, dem Preis, den Sie bereit sind zu zahlen, Ihrem Standort und der Anzahl gleichzeitig verbundener Benutzer variiert die Bandbreite zwischen einigen hundert kBit/s bis zu zig MBit/s. Im allgemeinen kann man davon ausgehen, daß beide nicht mehr als eine 10Base-T-Ethernet-Verbindung übertragen.)

Verbindungstyp	Bits pro Sekunde (ungefähr)	Pakete pro Sekunde (20-Byte-Pakete)	Pakete pro Sekunde (40-Byte-Pakete)
Modem V.32bis	14.400	90	45
Modem V.90 oder 56 kBit/s-Standleitung	56.000	350	175
ISDN	128.000	800	400
T1-Standleitung	1.544.000	9.650	4.825
10Base-T Ethernet (Praxis)	3.000.000	18.750	9.375
10Base-T Ethernet (Theorie)	10.000.000	62.500	31.250
T3-Standleitung	45.000.000	281.250	140.625
FDDI oder 100Base-T	100.000.000	625.000	312.500

Leere IP-Pakete kommen in der Praxis allerdings selten vor, es wird immer etwas im Datenbereich der Pakete übertragen (z.B. ein TCP-, ein UDP- oder ein ICMP-Paket). In der Regel passieren TCP/IP-Pakete eine Firewall, da die meisten Internet-Dienste auf TCP basieren. Die minimale Größe eines TCP/IP-Pakets, das nur den IP-Header, den TCP-Header und keine wirklichen Daten enthält, beträgt 40 Bytes. Dies halbiert die maximale Paketrate, so daß pro Sekunde nur noch 175 Pakete über eine 56 kBit/s-Verbindung und 4.825 Pakete über eine 1,544 MBit/s-Verbindung übertragen werden können. Echte Pakete sind noch größer, da sie zusätzlich auch zu übertragende Daten enthalten, was die Paketrate noch einmal verringert.

Die angegebenen Paketübertragungsraten liegen innerhalb der Leistungsfähigkeit vieler Paketfiltersysteme, sowohl kommerziell verfügbarer als auch kostenlos aus dem Internet erhältlicher Softwarelösungen. Manche erzielen wesentlich höhere Geschwindigkeiten.

Einige Firewall-Hersteller geben die Geschwindigkeit ihrer Produkte in MBit/s an, um sie mit der eines Netzwerks vergleichen zu können. Diese Angaben können ziemlich irreführend sein, da die Leistungsfähigkeit einer Firewall von der Anzahl verarbeiteter Pakete pro Sekunde abhängt und nicht von einer Datenrate in Bit/s. Geben die Hersteller zweier Firewall-Produkte die gleiche Paketrate an, können sich die Datenübertragungsraten also deutlich unterscheiden, je nachdem, von welcher mittleren Paketgröße bei der Angabe der Paketrate ausgegangen wurde. Fragen Sie nach Paketraten und vergleichen Sie diese mit der Rate Ihrer eingehenden Pakete. Ist diese Information nicht direkt verfügbar, bestehen Sie darauf zu erfahren, welche Annahmen über die mittlere Paketgröße getroffen wurden, um aussagekräftige Vergleiche durchführen zu können.

Zusätzlich hängt die Leistungsfähigkeit einer Firewall von der Komplexität der Filterregeln ab. Stellen Sie sicher, daß die angegebenen Geschwindigkeiten unter Verwendung geeigneter Filterregeln ermittelt wurden. Die Geschwindigkeitsangaben einiger Hersteller beziehen sich z.B. auf Systeme mit eingeschalteter Filterung, aber ohne eingetragene Filterregeln. Zustandsgesteuerte und intelligente Paketfilterung verringert die Geschwindigkeit ebenso wie die Zusammensetzung fragmentierter Pakete.

Glauben Sie nicht, daß die Leistungsfähigkeit einer Firewall von der Prozessorgeschwindigkeit abhängt. Die Geschwindigkeit eines Routers – ein Paketfiltersystem ist nur ein spezieller Router – hängt von vielen anderen Faktoren ab, z.B. vom verfügbaren Hauptspeicher, von der Geschwindigkeit der Netzwerkschnittstellen und von den Bandbreiten und Geschwindigkeiten der Verbindungen im Inneren des Systems. Der Einbau eines leistungsfähigeren Prozessors hat dagegen meist nur wenig oder keinen Einfluß auf die Verarbeitungsgeschwindigkeit.

Setzen Sie eine Firewall innerhalb eines Firmennetzes ein, spielt die Geschwindigkeit eine größere Rolle. Eine solche Firewall muß den Datenverkehr eines LAN verarbeiten, dessen theoretische Geschwindigkeit mindestens 10 MBit/s beträgt, aber auch deutlich höher sein kann. Firewalls können zur Zeit noch nicht in Netzwerken mit Übertragungsraten im Gigabit-Bereich eingesetzt werde. Aus firewall-technischer Sicht sind solche Netze im Moment zum Glück noch recht selten. Interne Firewalls erfordern häufig kompliziertere Filterregeln und Unterstützung für eine größere Anzahl von Protokollen, so daß ihre Geschwindigkeit weiter reduziert wird.

Besitzt eine Firewall mehr als zwei Schnittstellen, benötigt sie unter Umständen auch eine höhere Verarbeitungsgeschwindigkeit. Bei zwei Schnittstellen richtet sich die maximal erforderliche Verarbeitungsgeschwindigkeit nach der langsamsten Schnittstelle. Sind drei Schnittstellen vorhanden, kann die erforderliche Geschwindigkeit steigen. Wenn Sie z.B. auf einem externen Router eine zweite Internet-Verbindung einrichten, muß er beide Verbindungen mit voller Geschwindigkeit bedienen können, um nicht zum begrenzenden Faktor zu werden. Wenn sie ihn an zwei interne Netze anschließen, muß er die höhere der Geschwindigkeiten der beiden Netze erreichen, um zwischen ihnen routen zu können.

Wenn Sie eine echte Hochgeschwindigkeitsverbindung ins Internet betreiben – vielleicht, weil viele Benutzer Ihres internen Netzes mit dem Internet arbeiten oder weil Sie viele Dienste Ihres internen Netzes im Internet anbieten oder beides – kann die Leistungsfähigkeit Ihres Routers tatsächlich entscheidend sein. Viele große Standorte benötigen höhere Geschwindigkeit und größere Zuverlässigkeit, als ein einzelner Router erreichen kann. In diesen Fällen muß man sich wirklich Gedanken über die Leistungsfähigkeit machen. Je weniger Router Sie als Verbindung ins Internet einsetzen, desto besser. Jede einzelne Internet-Verbindung kann ein weiteres Sicherheitsrisiko darstellen. Wenn Sie mehrere Router einsetzen müssen, sollten das die leitungsfähigsten Maschinen sein, die Sie bekommen können, damit Sie so wenig wie möglich davon benötigen. In einigen Fällen ist eine sorgfältige Planung Ihres Netzwerkes erforderlich, um die Filterregeln auf Routern zu vereinfachen, die große Datenaufkommen bewältigen müssen.

Ein spezieller Router oder ein normaler Rechner?

Rechnen Sie nicht damit, daß Sie ein einziges Gerät sowohl als Paketfilter-Router als auch für andere Aufgaben einsetzen können. Sie könnten ein Gerät als Paketfilter und für Proxy-Dienste oder als Paketfilter und für ausgewählte Bastion-Host-Dienste oder auch für alles zusammen einsetzen. In der Praxis sollten Sie einen speziellen Paketfilter-Router nur zu seinem eigentlichen Zweck einsetzen. Das soll nicht bedeuten, daß Sie einen speziellen Router kaufen müssen. Sie können entscheiden, ob Sie einen herkömmlichen Hardware-Router einsetzen oder einen normalen Rechner, der nur die Aufgabe des Routings erfüllt. Welche Vor- und Nachteile hat Ihre Wahl?

Verfügen Sie über zahlreiche Netzwerke oder setzen Sie viele verschiedene Protokolle ein, benötigen Sie wahrscheinlich einen speziellen Router. Router als Software-Lösungen für normale Rechner verfügen häufig nicht über die gleiche Leistungsfähigkeit und Flexibilität wie spezielle Router. Außerdem brauchen Sie unter Umständen einen unangemessen großen Rechner, um alle erforderlichen Schnittstellenkarten unterzubringen.

Wenn Sie jedoch nur einen einzigen Internet-Anschluß filtern, müssen Sie möglicherweise nichts weiter tun, als IP-Pakete zwischen zwei Ethernet-Segmenten zu routen. Das liegt durchaus in den Möglichkeiten eines 486er-Computers oder eines damit vergleichbaren Rechners, der wesentlich preiswerter ist als ein spezieller Router. Wenn ein solcher Rechner in Ihrer Organisation bereits vorhanden ist, kostet es Sie überhaupt nichts. Software für Routing und Paketfilterung ist für Windows NT und viele andere Microsoft-Betriebssysteme sowie für die meisten Unix-Varianten erhältlich. Im Anhang B finden Sie Informationen über verfügbare Software-Pakete.

Unabhängig davon, welche Hardware Sie als Paketfilter-Router einsetzen, sollte dieser Router ausschließlich Firewall-Aufgaben wahrnehmen. Sie sollten z.B. vermeiden, einen Router als Firewall und als Backbone-Router einzusetzen, der mehrere getrennte interne Netze miteinander verbindet. Benutzen Sie statt dessen ein Gerät, das die internen Netzwerke verbindet, und ein anderes, wesentlich kleineres als Router zur Paketfilterung. Je komplexer der Filterrouter und dessen Konfiguration sind, desto höher ist die Wahrscheinlichkeit von Konfigurationsfehlern, die erhebliche Auswirkungen auf die Sicherheit haben können. Durch die Filterung wird die Geschwindigkeit eines Routers womöglich so beeinträchtigt, daß er die für interne Netze erforderliche Leistung nicht mehr erbringen kann.

Einige kommerzielle Firewall-Produkte kombinieren Paketfilterung mit Proxy-Diensten auf einer Maschine, die nach außen aussieht wie ein spezieller Router. Andere verbinden die Paketfilterung mit Proxy-Diensten oder Bastion-Host-Diensten und sind für leistungsstarke Rechner gedacht. Letzteres ist durchaus interessant, stellt jedoch hohe Anforderungen an die Geschwindigkeit, so daß Sie dazu keinen leistungsschwachen Rechner einsetzen können. Abhängig von Ihren vorhandenen Rechnern ist diese Lösung für Sie von Vorteil (Sie kaufen eine einzige große Maschine anstatt mehrerer Rechner mittlerer Größe) oder von Nachteil (Sie kaufen eine einzige große Maschine, anstatt Ihre bestehende Konfiguration um eine kleine Maschine zu erweitern). Wie in Kapitel 6, *Firewall-Architekturen*, erläutert, ist es aus Sicherheitsgründen sinnvoll, den Bastion-Host mit einem externen Paketfilter zu kombinieren.

Regeln sollten leicht aufzustellen sein

Es sollte Ihnen möglich sein, die Regeln für die Paketfilterung so einfach wie möglich anzugeben. Berücksichtigen Sie diesen Aspekt bei der Auswahl eines geeigneten Geräts. Das Konzept der Paketfilterung ist schwierig zu verstehen und wird durch die Einzelheiten und Eigenheiten der verschiedenen Protokolle noch komplizierter. Das eingesetzte Paketfiltersystem sollte Ihnen Ihre Aufgabe nicht zusätzlich erschweren.

Insbesondere sollte es möglich sein, Regeln auf einem hohen Abstraktionsniveau zu formulieren. Vermeiden Sie Paketfiltersysteme, in denen Pakete als einfache strukturlose Bitfolgen behandelt werden, so daß Sie gezwungen sind, Ihre Regeln anhand von Offset und Status bestimmter Bits in den Paket-Headern festzulegen.

Andererseits sollte ein Paketfilter die Einzelheiten nicht völlig verbergen. Vermeiden Sie auch Paketfiltersysteme, in denen Sie Protokolle nur anhand ihres Namens freigeben können, ohne daß Sie die Möglichkeit haben, genau anzugeben, welcher Port in welche Richtung freigegeben werden soll.

Wie bereits erläutert, sollte beim Einsatz eines speziellen Routers eine Möglichkeit vorgesehen sein, die Regeln von einem anderen Rechner zu übertragen. Sie benötigen trotzdem eine Benutzeroberfläche, über die Sie die Regeln ohne große Umstände aufstellen und bearbeiten können, da dies wohl immer wieder erforderlich sein wird.

Regeln sollten zu beliebigen Headern und Metainformationen aufstellbar sein

Regeln müssen zu allen Header- und Metainformationen aufgestellt werden können. Header-Informationen sind unter anderem:

- IP-Quell- und IP-Zieladresse
- IP-Optionen
- Protokoll, z.B. TCP, UDP oder ICMP
- Quell- und Zielport von TCP- oder UDP-Paketen
- ICMP-Nachrichtentyp
- Informationen über einen Verbindungsaufbau in TCP-Paketen (ACK-Flag)

Ähnliche Informationen gibt es auch für andere Protokolle, die Sie vielleicht filtern möchten. Die Metainformationen umfassen alle Informationen, die ein Router über ein Paket kennt, die aber nicht in den Paket-Headern selbst enthalten sind. Dazu gehört z.B. die Schnittstelle, auf der das Paket empfangen wurde oder auf der es ausgegeben werden soll. Sie sollten die Möglichkeit haben, Regeln anhand einer Kombination aus Header- und Metainformationen aufzustellen.

Bei vielen Produkten können Sie aus verschiedenen Gründen keine Paketfilterung anhand des TCP- oder UDP-Quellports vornehmen. Sie können nur den Zielport benutzen. Damit wird die Angabe bestimmter Filterarten unmöglich. Einige Hersteller, die die TCP- und UDP-Quellports als Filterkriterium ausschließen, behaupten, daß diese Sorte Filterung sowieso nicht sinnvoll oder daß eine fehlerhafte Anwendung »zu gefährlich« für die Kunden sei. Wie wir beschrieben haben, sind die Angaben des Quellports zwar unzuverlässig, wir halten dieses Vorgehen jedoch für einen Trugschluß und denken, daß man eine solche Entscheidung besser den gut informierten Kunden überlassen sollte.

Regeln sollten in der vorgegebenen Reihenfolge angewandt werden

Achten Sie darauf, daß Ihr Filtersystem die Regeln, die Sie angeben, in einer definierten Reihenfolge anwendet. Das einfachste ist, wenn die Regeln in der Reihenfolge abgearbeitet werden, in der Sie, als für die Konfiguration des Routers zuständige Person, sie angeben. Leider wählen manche Produkte nicht diesen Weg, sondern ordnen Regeln neu oder vermischen sie, um sie effizienter anwenden zu können. Ein innovativer Hersteller preist dieses Vorgehen sogar als Vorteil der Benutzungsschnittstelle an, weil Sie sich keine Gedanken mehr über die Reihenfolge machen müssen, in der Sie die Regeln angeben! Das führt jedoch zu einer Reihe von Problemen:

- Die Umordnung der Regeln erschwert es Ihnen nachzuvollziehen, wie sich der Router bei einem bestimmten Regelsatz verhält. Die Konfiguration eines Paketfiltersystems ist schon kompliziert genug und wird durch die Vermischung oder Neuordnung von Regeln zusätzlich erschwert.

- Wenn das Vermischen und Neuordnen der Regelsätze irgendwelche Ungereimtheiten oder Fehler verursacht, was häufig vorkommt, da diese Funktionalität durch die Hersteller nur äußerst schwierig zu testen ist, wird es unmöglich herauszufinden, wie das System einen bestimmten Satz von Filtern abarbeitet.

- Am gravierendsten ist, daß durch Neuordnung einzelner Regeln Regelsätze unbrauchbar werden können, die ohne diese Neuordnung einwandfrei funktioniert hätten.

Stellen Sie sich beispielsweise vor, Ihr Unternehmen führt ein Projekt mit einer örtlichen Universität durch. Das Klasse-B-Netz Ihrer Firma hat die Adresse 172.16, d.h. IP-Adressen von 172.16.0.0 bis 172.16.255.255. Die Universität besitzt das Klasse-A-Netz 10, d.h. IP-Adressen von 10.0.0.0 bis 10.255.255.255. [2]

Für die Zusammenarbeit schließen Sie Ihr Netzwerk über einen Router mit Paketfilterung an das Netzwerk der Universität an. Über diese Verbindung soll keinerlei Internet-Zugriff möglich sein. Dieser erfolgt statt dessen über Ihre Internet-Firewall. Für das Projekt mit der Universität wird das Teilnetz 172.16.6 Ihres Klasse-B-Netzes verwendet, also IP-Adressen von 172.16.6.0 bis 172.16.6.255. Sie möchten, daß alle Teilnetze der Universität auf dieses projektbezogene Teilnetz zugreifen können. In dem Acht-Bit-Teilnetz 10.1.99 der Universität gehen bekanntermaßen viele feindselige Aktivitäten vor sich. Ihnen ist daher daran gelegen, daß dieses Teilnetz nur Ihr Projekt-Teilnetz erreichen kann.

Wie können Sie all diese Vorgaben erfüllen? Versuchen Sie es mit den drei folgenden Filterregeln. (Wir befassen uns in diesem Beispiel nur mit Regeln für den eingehenden Datenverkehr Ihres Standorts. Sie müssen zusätzlich entsprechende Regeln für den ausgehenden Datenverkehr aufstellen.)

Regel	Quelladresse	Zieladresse	Aktion
A	10.0.0.0/8	172.16.6.0/24	zulassen
B	10.1.99.0/24	172.16.0.0/16	verbieten
C	beliebig	beliebig	verbieten

- Regel A erlaubt der Universität, auf das projektbezogene Teilnetz zuzugreifen.
- Regel B sperrt das feindliche Teilnetz der Universität aus allen anderen Bereichen Ihres Netzes aus.
- Regel C unterbindet den Internet-Zugriff auf Ihr Netz.

Betrachten wir nun, was geschieht, wenn die Regeln in unterschiedlicher Weise angewandt werden.

---

2 172.16 und 10 sind reservierte Netzwerknummern, die nicht in Unternehmen oder Universitäten eingesetzt werden dürfen. Sie werden nur zu Beispielzwecken verwendet. Außerdem stellen nicht alle IP-Adressen eines Netzbereichs gültige Rechneradressen dar: IP-Adressen, deren Hostanteil nur aus Einsen oder Nullen besteht, sind reserviert und können Rechnern nicht zugeordnet werden. Damit reduziert sich der Bereich gültiger Rechneradressen des Netzes 172.16 auf 172.16.0.1 bis 172.16.255.254.

Anwendung der Regeln in der Reihenfolge ABC

Für den Fall, daß die Regeln in der Reihenfolge ABC, in der von uns angegebenen Reihenfolge, angewandt werden, zeigt die folgende Tabelle anhand verschiedener Beispiele, wie Pakete behandelt werden.

Paket	Quelladresse	Zieladresse	Beabsichtigte Aktion	Tatsächliche Aktion
1	10.1.99.1	172.16.1.1	verbieten	verbieten (B)
2	10.1.99.1	172.16.6.1	zulassen	zulassen (A)
3	10.1.1.1	172.16.6.1	zulassen	zulassen (A)
4	10.1.1.1	172.16.1.1	verbieten	verbieten (C)
5	192.168.3.4	172.16.1.1	verbieten	verbieten (C)
6	192.168.3.4	172.16.6.1	verbieten	verbieten (C)

- Paket 1 ist auf dem Weg von einem Rechner im feindseligen Teilnetz der Universität zu einem zufällig gewählten Rechner in Ihrem Netz, der nicht zum Teilnetz des Projekts gehört. Es soll zurückgewiesen werden, was durch Regel B geschieht.

- Paket 2 ist auf dem Weg von einem Rechner im feindseligen Teilnetz der Universität zu einem Rechner in Ihrem projektbezogenen Teilnetz. Es soll zugelassen werden, was durch Regel A geschieht.

- Paket 3 ist auf dem Weg von einem zufällig gewählten Rechner der Universität zu einem Rechner in Ihrem projektbezogenen Teilnetz. Es soll zugelassen werden, was durch Regel A geschieht.

- Paket 4 ist auf dem Weg von einem zufällig gewählten Rechner der Universität zu einem Rechner in Ihrem Netz, der nicht zum Teilnetz des Projekts gehört. Es soll zurückgewiesen werden, was durch Regel C geschieht.

- Paket 5 ist auf dem Weg von einem beliebigen Rechner aus dem Internet zu einem Rechner in Ihrem Netz, der nicht zum Teilnetz des Projekts gehört. Es soll zurückgewiesen werden, was durch Regel C geschieht.

- Paket 6 ist auf dem Weg von einem beliebigen Rechner aus dem Internet zu einem Rechner in Ihrem projektbezogenen Teilnetz. Es soll zurückgewiesen werden, was durch Regel C geschieht.

Wenn die Regeln in der Reihenfolge ABC angewandt werden, haben sie genau den von Ihnen gewünschten Effekt.

Anwendung der Regeln in der Reihenfolge BAC

Was passiert, wenn der Router die Regeln anhand der Anzahl der signifikanten Bits der Quelladresse neu ordnen würde, so daß speziellere Angaben zuerst berücksichtigt würden? Anders formuliert, Regeln, die genauere IP-Quelladressen betreffen, d.h. Regeln für einen kleineren Adreßbereich, würden vor Regeln angewandt, die sich auf weniger genaue IP-Quelladressen beziehen. In diesem Fall würden die Regeln in der Reihenfolge BAC angewandt.

Regel	Quelladresse	Zieladresse	Aktion
B	10.1.99.0/24	172.16.0.0/16	verbieten
A	10.0.0.0/8	172.16.6.0/24	zulassen
C	beliebig	beliebig	verbieten

Die folgende Tabelle zeigt, welche Auswirkungen es auf unsere sechs Beispielpakete hat, wenn die Regeln in der Reihenfolge BAC angewandt werden. Die Aktionen, die sich vom vorigen Fall unterscheiden, in denen die Regeln in der vom Benutzer festgelegten Reihenfolge abgearbeitet wurden, sind fett gedruckt.

Paket	Quelladresse	Zieladresse	Beabsichtigte Aktion	Tatsächliche Aktion
1	10.1.99.1	172.16.1.1	verbieten	verbieten (B)
2	10.1.99.1	172.16.6.1	zulassen	**verbieten (B)**
3	10.1.1.1	172.16.6.1	zulassen	zulassen (A)
4	10.1.1.1	172.16.1.1	verbieten	verbieten (C)
5	192.168.3.4	172.16.1.1	verbieten	verbieten (C)
6	192.168.3.4	172.16.6.1	verbieten	verbieten (C)

Werden die Regeln in der Reihenfolge BAC angewandt, wird das Paket 2 durch Regel B fälschlicherweise zurückgewiesen, obwohl es eigentlich zugelassen werden sollte. Natürlich ist es sicherer, zuviel zu verbieten, als zuviel zu erlauben, aber es wäre besser, wenn das Filtersystem sich einfach wie beabsichtigt verhalten würde.

Ein ähnliches Beispiel ließe sich auch für Systeme konstruieren, die Regeln anhand der signifikanten Bits der Zieladresse umordnen. Dies ist neben der hier gezeigten die verbreitetste Methode zur Neuordnung von Regeln.

Regel B ist eigentlich überflüssig

Wenn Sie das Beispiel aufmerksam betrachten, werden Sie feststellen, daß Regel B, die das feindselige Teilnetz behandelt, überflüssig ist und nicht für das gewünschte Ergebnis benötigt wird. Regel B soll bewirken, daß das feindselige Teilnetz ausschließlich auf das Projektteilnetz zugreifen kann. Die Regel A beschränkt jedoch den Zugriff der gesamten Universität und damit auch den des feindseligen Teilnetzes auf Ihr Projektteilnetz. Lassen Sie Regel B weg, werden die Regeln immer in der Reihenfolge AC abgearbeitet, egal, ob das System die Regeln anhand der Anzahl der signifikanten Bits der IP-Quelladresse umordnet oder nicht. Die folgenden Tabellen zeigen, was in den beiden Fällen geschieht:

Regel	Quelladresse	Zieladresse	Aktion
A	10.0.0.0/8	172.16.6.0/24	zulassen
C	beliebig	beliebig	verbieten

Paket	Quelladresse	Zieladresse	Beabsichtigte Aktion	Tatsächliche Aktion
1	10.1.99.1	172.16.1.1	verbieten	verbieten (C)
2	10.1.99.1	172.16.6.1	zulassen	zulassen (A)
3	10.1.1.1	172.16.6.1	zulassen	zulassen (A)
4	10.1.1.1	172.16.1.1	verbieten	verbieten (C)
5	192.168.3.4	172.16.1.1	verbieten	verbieten (C)
6	192.168.3.4	172.16.6.1	verbieten	verbieten (C)

Paketfilterregeln sind schwierig aufzustellen

Es ist eine knifflige Angelegenheit, Filterregeln korrekt aufzustellen. Unser Beispiel zeigte eine relativ einfache Situation, und selbst hier haben wir es geschafft, einen Regelsatz aufzustellen, der einen kleinen Fehler enthielt. In der Realität sind Regelsätze wesentlich komplizierter als die hier gezeigten und bestehen häufig aus Dutzenden oder Hunderten von Regeln. Es ist fast unmöglich, sämtliche Folgen und Wechselwirkungen aller Regeln zu berücksichtigen, wenn sie nicht einfach in der festgelegten Reihenfolge angewandt werden. Die sogenannte »Hilfe« eines Routers, Regeln umzuordnen, kann leicht einen überspezifizierten aber funktionierenden Regelsatz unbrauchbar machen. Achten Sie darauf, daß der von Ihnen ausgewählte Paketfilter-Router Regelsätze nicht umordnet.

Es ist durchaus in Ordnung, wenn der Router die Regeln optimiert, solange diese Optimierung das Ergebnis der Regeln nicht verändert. Sehen Sie sich sehr genau an, welche Arten der Optimierung die von Ihnen eingesetzte Paketfilter-Implementierung durchzuführen versucht. Kann oder will ein Hersteller Ihnen nicht verraten, in welcher Reihenfolge Regeln angewandt werden, kaufen Sie das Produkt dieses Anbieters nicht.

Regeln sollten getrennt für jede Schnittstelle und für ein- und ausgehende Pakete aufgestellt werden können

Um maximale Flexibilität, Funktionalität und Geschwindigkeit zu erzielen, sollten Sie für jede Schnittstelle getrennte Regeln für ein- und ausgehende Pakete festlegen können. Wir zeigen in diesem Abschnitt anhand eines Beispiels, welche Schwierigkeiten auftreten, wenn Router dieses Vorgehen nicht unterstützen.

Eine Einschränkung, die Sie leider bei vielen Paketfiltersystemen finden, ist, daß Sie Pakete nur beim Verlassen des Systems überprüfen können. Daraus resultieren folgende drei Probleme:

- Das System befindet sich immer »außerhalb« seiner eigenen Filter.
- Gefälschte Pakete sind schwierig oder gar nicht zu entdecken.
- Die Konfiguration dieser Systeme ist äußerst schwierig, wenn sie mehr als zwei Schnittstellen haben.

Betrachten wir zunächst das erste Problem. Wenn Sie nur Pakete untersuchen können, die den Router verlassen, werden die Pakete, die an den Router selbst gerichtet sind, niemals einer Filterung unterzogen. Die Filter schützen also den Router selbst nicht. Das stellt in der Regel kein zu ernstes Problem dar, da auf dem Router normalerweise nur wenige Dienste zur Verfügung stehen, die angegriffen werden könnten. Außerdem lassen sich diese Dienste anderweitig schützen. Telnet ist zum Beispiel ein Dienst, der auf diese Weise angegriffen werden kann. Dieses Problem können Sie jedoch vermeiden, indem Sie den Telnet-Server entweder deaktivieren oder so konfigurieren, daß er nur bestimmte eingehende Verbindungen entgegennimmt. SNMP ist ein weiterer sehr verbreiteter und daher gefährdeter Dienst.

Nun zum zweiten Problem: Wenn ein Router Pakete nur beim Verlassen des Systems filtern kann, wird es schwierig oder unmöglich, gefälschte Pakete zu entdecken, die von außen eingeschmuggelt werden, d.h. Pakete, die zwar Quelladressen aus dem internen Netz vortäuschen, aber aus dem äußeren Netz stammen (wie in Abbildung 8-1 dargestellt). Fälschungen lassen sich am einfachsten auf der Schnittstelle entdecken, auf der Pakete den Router erreichen. Das Erkennen von Fälschungen auf der Schnittstelle, auf der die Pakete den Router verlassen, wird durch Pakete erschwert, die der Router selbst erzeugt (diese enthalten interne Quelladressen, wenn der Router selbst eine interne IP-Adresse hat) oder die rechtmäßig interne Quelladressen haben, weil sie nur versehentlich an den Router gesandt wurden, obwohl sie direkt zwischen ihrer internen Quelle und ihrem internen Ziel ausgetauscht werden könnten. Die zweite Art von Paketen könnte zum Beispiel zum Paketfilter-Router gelangen, weil Systeme eine Standardroute zum Paketfilter-Router benutzen.

Das dritte Problem der rein nach außen gerichteten Filterung besteht darin, daß besonders die Konfiguration der Paketfilterung auf einem Router mit mehr als zwei Schnittstellen schwierig ist. Wenn der Router lediglich über zwei Schnittstellen verfügt, stellt die Filterung von Paketen, die den Router verlassen, keine große Herausforderung dar. Es führen dann nur zwei Wege durch den Router, einer von der ersten zur zweiten Schnittstelle und einer entgegengesetzt. Pakete, die in die eine Richtung fließen, werden als ausgehende Pakete der einen Schnittstelle gefiltert, während Pakete, die in die andere Richtung fließen, als ausgehende Pakete der anderen Schnittstelle gefiltert werden. Betrachten Sie demgegenüber einen Router mit vier Schnittstellen: eine für den Internetanschluß des Standorts, eine zu einem Netz für finanzielle und zwei zu Netzen für technische Angelegenheiten. In einer solchen Umgebung wäre die folgende Strategie denkbar:

- Die beiden technischen Netze können uneingeschränkt miteinander kommunizieren.
- Die beiden technischen Netze können mit gewissen Einschränkungen mit dem Internet kommunizieren.
- Die beiden technischen Netze können mit gewissen Einschränkungen mit dem Finanznetz kommunizieren. Diese Einschränkungen unterscheiden sich von denen, die die Kommunikation zwischen den technischen Netzen und dem Internet betreffen.
- Das Finanznetz darf unter keinen Umständen mit dem Internet kommunizieren.

Abbildung 8-4 zeigt diese Konstellation.

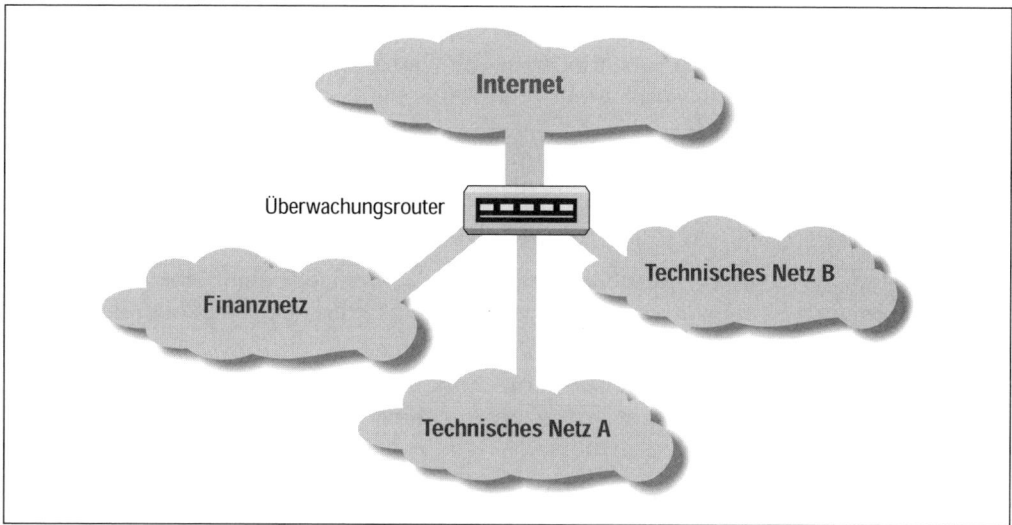

Abbildung 8-4: Einschränkungen durch Paketfilterung für verschiedene Schnittstellen

Zwölf Wege führen durch den Router: von jeder der vier Schnittstellen zu jeder der drei verbleibenden. Allgemein führen durch einen Router mit N Schnittstellen N * (N–1) Wege. Beim Einsatz eines Systems, das nur Pakete filtern kann, die den Router verlassen, müssen Sie für jede Schnittstelle folgende Filter festlegen:

Technisches Netz A
    Filter für das Internet, Filter für das Finanznetz und Filter für das technische Netz B

Technisches Netz B
    Filter für das Internet, Filter für das Finanznetz und Filter für das technische Netz A

Finanznetz
    Filter für das Internet, Filter für das technische Netz A und Filter für das technische Netz B

Internet
    Filter für das technische Netz A, Filter für das technische Netz B und Filter für das Finanznetz

Es kann sehr schwierig sein, an einer Schnittstelle gleichzeitig verschiedene Filteranforderungen, wie in diesem Beispiel, zu erfüllen. Je nach Komplexität der Filter und der Flexibilität des Paketfiltersystems ist es in einigen Situationen sogar ganz und gar unmöglich.

Ein weniger offensichtliches Problem an einer solchen Konstellation ist, daß zusätzlich überflüssige Paketfilterung zwischen den beiden technischen Netzen durchgeführt wird, denn der Router muß zwar alle Pakete überprüfen, die aus einem technischen Netz in das jeweils andere übertragen werden sollen, wird dann aber alle passieren lassen. Das kann zu spürbaren Geschwindigkeitseinbußen führen.

Betrachten wir nun dasselbe Szenario unter der Annahme, daß das Paketfiltersystem sowohl eintreffende als auch das System verlassende Pakete filtern kann. In diesem Fall können Sie:

- alle Filter, die das Internet betreffen, auf der Schnittstelle zum Internet konfigurieren, unabhängig davon, ob sie sich auf die technischen Netze oder das Finanznetz beziehen
- alle Filter, die das Finanznetz betreffen, auf der Schnittstelle zum Finanznetz konfigurieren, unabhängig davon, ob sie sich auf die technischen Netze oder das Internet beziehen
- keine Filter auf den Schnittstellen der technischen Netze konfigurieren, damit der Datenverkehr zwischen diesen Netzen mit maximaler Geschwindigkeit fließen kann, ohne Filter passieren zu müssen

Wie sieht die Situation aus, wenn ein Paketfiltersystem nur eintreffende, nicht aber das System verlassende Pakete filtern kann? Ein solches System würde die beiden ersten oben angesprochenen Probleme lösen: Ein Router, der nur eingehende Pakete filtert, *kann* sowohl durch seine eigenen Filter geschützt werden als auch gefälschte Pakete erkennen. Das dritte und gravierendste Problem kann jedoch auch ein solches System nicht lösen: Es ist auch hier schwierig, Filterregeln für Router mit mehr als zwei Schnittstellen zusammenzustellen.

Was ist mit einem Filtersystem, das zwar beide Arten der Filterung unterstützt, Ihnen aber nicht erlaubt, einzelne Schnittstellen anzusprechen? Es besitzt die gleichen Probleme wie ein System, das nur das System verlassende Pakete filtern kann. Sie müssen alle Regeln zu einem einzigen Satz zusammenfassen und sorgen so für überflüssige Filterung auf Schnittstellen, die eigentlich nicht gefiltert werden müßten. Zusätzlich wird die Erkennung gefälschter Pakete erschwert. Die meisten solcher Systeme besitzen zwar spezielle Konfigurationsmöglichkeiten, um gefälschte Quelladressen aufzuspüren. Diese sind jedoch weniger flexibel als die Einstellungen, die Sie direkt über Regeln angeben. Es kann vorkommen, daß sie zwar Fälschungen aus dem externen Netz erkennen, aber nicht solche aus dem internen Netz.

Zugelassene und zurückgewiesene Pakete sollten protokolliert werden können

Vergewissern Sie sich, daß Ihr Paketfilter-Router die Möglichkeit bietet, abgewiesene Pakete zu protokollieren. Sie sollten einen Überblick über alle Pakete haben, die aufgrund Ihrer Filterregeln abgewiesen wurden. Diese Regeln stellen Ihre Sicherheitsstrategie dar, und Sie wollen bestimmt wissen, wenn irgendjemand diese Richtlinien verletzt. Die Protokollierung stellt den einfachsten Weg dar, um von diesen versuchten Übertretungen zu erfahren.

Sie sollten in der Lage sein, auch ausgewählte Pakete zu protokollieren, die Ihren Router passiert haben. Vielleicht möchten Sie z. B. den Beginn jeder TCP-Verbindung festhalten. Die Aufzeichnung aller zugelassenen Pakete erzeugt während des normalen Betriebs zu viele Daten, ist aber manchmal für die Fehlersuche und zur Verfolgung laufender Angriffe sinnvoll. Sie werden sicher am Bestimmungsort eines Pakets irgendeine Protokollierung vornehmen. Diese Protokollierung wird Ihnen jedoch nicht helfen, wenn in den Zielrechner eingebrochen wurde. Sie wird auch keine Pakete enthalten, die den Paketfilter zwar überwunden haben, aber nicht an ein gültiges Ziel gerichtet waren. Diese Pakete sind interessant, weil sie einem Angreifer zum Ausspionieren Ihrer Sicherheitsstrategie dienen könnten. Ohne Informationen vom Router bekommen Sie kein vollständiges Bild von der Vorgehensweise des Angreifers.

Es kommt auch darauf an, welche Art von Informationen protokolliert werden. Dabei unterscheiden sich die Fähigkeiten der einzelnen Paketfilter-Router deutlich. Sie benötigen Informationen darüber, welche Regel und welches Paket einen bestimmten Protokolleintrag verursacht hat. Das Beste wäre, wenn Sie die genaue Definition einer Regel erfahren würden, aber ein Name oder ein festgelegter Identifikator sind ebenfalls ausreichend. Die Nummer einer Regel, die sich bei jeder Veränderung Ihrer Regelsätze verschieben kann, ist die am wenigsten aussagekräftige Information, wenn auch besser als gar keine.

Sie benötigen auch Informationen über das Paket selbst. Zumindest sollten Sie die IP-Adressen der Quelle und des Ziels sowie das Protokoll erkennen können. Handelt es sich um TCP- oder UDP-Pakete, sollten auch die Quell- und Zielportnummern und bei TCP-Paketen zusätzlich die Flags aufgeführt sein. Bei ICMP-Paketen sind der Meldungstyp und die Kodierung entscheidend. Ohne diese Informationen kann es sehr schwierig werden, Fehler in Regelsätzen zu finden oder während eines Angriffs Pakete zu verfolgen oder abzublocken. In einigen Fällen ist es besser, statt einer Zusammenfassung das komplette Paket zu protokollieren.

Die Protokollierung sollte flexibel sein. Es sollten Aufzeichnungen über *syslog* und auf die Konsole oder in eine lokale Datei möglich sein. Es ist zudem hilfreich, wenn die Protokollierung die Möglichkeit bietet, auf bestimmte Ereignisse hin SNMP-Traps zu generieren. Einige Paketfilter besitzen außerdem verschiedene Alarmierungsfunktionen. Sie können einen Administrator zum Beispiel »anpiepen« oder ihm eine E-Mail senden. Obwohl das nützlich ist, ist es dennoch weniger flexibel als eine allgemeine Alarmierungsfunktion auf SNMP-Basis. Wenn Sie ein Modem direkt an Ihre Paketfiltermaschine angeschlossen haben und diese Maschine dafür vorgesehen ist, eine Alarmierung völlig unabhängig durchzuführen, kann sie Sie auch in ansonsten aussichtslosen Fällen über einen Pager alarmieren, z. B. wenn sie nicht mehr in der Lage ist, irgendwelche Netzwerkübertragungen vorzunehmen. Im allgemeinen ist es jedoch besser, wenn eine Alarmmeldung an einen normalen Rechner weitergeleitet wird.

Sie sollten gute Test- und Validierungsmöglichkeiten haben

Ein wichtiger Bestandteil der Einrichtung einer Firewall besteht darin, sich selbst und andere in Ihrer Organisation davon zu überzeugen, daß Sie gute Arbeit geleistet und nichts übersehen haben. Dazu müssen Sie Ihre Konfiguration testen und validieren. Die meisten derzeit verfügbaren Paketfilterprodukte verfügen über geringe oder keine diesbezüglichen Möglichkeiten.

Das Testen und Validieren läßt sich auf zwei verwandte Fragen reduzieren:

- Haben Sie den Router richtig konfiguriert?
- Verhält sich der Router so, wie Sie es vorgesehen haben?

Leider lassen sich diese Fragen für viele der heutzutage erhältlichen Produkte nur schwer beantworten. Bei den wenigen Produkten, die überhaupt über Testmöglichkeiten verfügen, ist nicht garantiert, daß das Ergebnis eines anhand eines bestimmten Pakets vorgenommenen Tests mit dem übereinstimmt, was im realen Betrieb mit diesem Paket geschieht. Das liegt oft an versteckten Fehlern im Caching oder an Fehlern in der Optimierung. Einige Unternehmen (und hoffentlich auch einige Hersteller!) haben Testumgebungen für Paketfilter entwickelt, mit denen Sie auf einer Seite des Paketfilter-Routers Testpakete erzeugen können, um zu beobachten, was auf der anderen Seite ankommt. Dies liegt jedoch jenseits der Möglichkeiten und Ressourcen der meisten Standorte. Am besten wählen Sie ein Produkt, das den Ruf genießt, nicht zu viele Probleme zu bereiten, und für das es auch Support gibt, für den Fall, daß doch einmal ein Problem auftreten sollte.

Paketfilter als Software-Implementierung für normale Computer

Heutzutage sind Paketfilter-Mechanismen Bestandteil verschiedener Betriebssysteme, die unabhängig von speziellen Firewall-Routern genutzt werden können. Viele Unix-Varianten enthalten Paketfilter, ebenso Windows NT.

Hauptsächlich zwei Gründe können Sie zum Einsatz von Paketfilter-Software auf normalen Rechnern bewegen. Erstens wollen Sie vielleicht einen normalen Computer als Router einsetzen – entweder ausschließlich als Paketfilter oder als Paketfilter, der auch Proxy-Dienste anbietet. In diesem Falle erfüllt der Rechner den gleichen Zweck wie ein spezieller Router. Zweitens können Sie einen normalen Rechner als Bastion-Host einsetzen und aus Sicherheitsgründen auf ihm einen Paketfilter installieren, der diesen Rechner schützt.

Linux ipchains und Masquerading

Der Linux-Kern enthält ein Paketfiltersystem namens *ipchains*, das mächtige Paketfiltermöglichkeiten bietet. Es offeriert die gleichen Möglichkeiten wie ein moderner Router mit Paketfilterung und kann anstelle eines speziellen Routers eingesetzt werden. Es sollte in allen aktuellen Linux-Distributionen enthalten sein, da es standardmäßig zum Linux-Kernel gehört, ist aber vielleicht nicht automatisch aktiv.

Frühere Linux-Kernel enthielten ein Paketfiltersystem namens *ipfw*, das eine Portierung eines BSD-Filtersystems war. Konfiguriert wurde dieses System über das Programm *ipfwadm*. *ipchains* ist ein neueres Filtersystem, das größere Funktionalität bietet als *ipfw*. Sie können Ihre alten *ipfwadm*-Konfigurationsdateien in Konfigurationen für *ipchains* umwandeln.

Die komplette Filterung von *ipchains* findet im Kernel statt. Sie benötigen nur ein einziges externes Programm zur Einstellung der Filterregeln. Das heißt, daß es möglich ist, ein vollständiges Linux-Filtersystem auf lediglich einer 1,44 MB-Diskette unterzubringen. Das ist genau das, was das »Linux-Router-Projekt« anstrebt (weitere Informationen dazu finden Sie in Anhang A, *Ressourcen*).

Linux unterstützt auch sogenanntes *Masquerading*. Dies wird zusammen mit *ipchains* benutzt, um eine Anpassung von IP-Adressen (*Network Address Translation*) sowohl für TCP- als auch für UDP-Verbindungen zu ermöglichen. Masquerading überwacht den Zustand von TCP-Verbindungen und unterstützt zeitlich begrenzte UDP-»Verbindungen«. Da es nur zusammen mit Paketfilterung funktioniert, könnte man es auch als dynamische Paketfilterung bezeichnen. Neben der einfachen Anpassung von IP-Adressen für TCP- und UDP-Protokolle erlaubt Linux-Masquerading das Einbinden zusätzlicher Module für den Umgang mit komplizierteren Protokollen wie z.B. FTP oder RealAudio, die eine rückwärtige TCP-Verbindung aufbauen bzw. weitere UDP-Ports benötigen.

ipchains

Das Konzept von *ipchains* ist eine Kette von Regeln. Jede Regel enthält eine Bedingung und eine Aktion, die ausgeführt wird, wenn die Bedingung erfüllt wurde. Diese Bedingung wird *target* (Ziel) genannt. Die Regeln werden in der Reihenfolge abgearbeitet, in der sie in der Kette angegeben sind, d.h. jede Regel wird auf jedes Paket angewandt, und sobald eine angegebene Bedingung erfüllt ist, wird die mit ihr verknüpfte Aktion ausgeführt.

Es gibt drei vordefinierte Ketten. Sie werden als *Input-* (Eingangs-), *Output-* (Ausgangs-) und *Forward-Chain* (Weiterleitungskette) bezeichnet. Auf alle Pakete, die einen Rechner erreichen, werden die Regeln der Input-Chain angewandt, auf alle, die einen Rechner verlassen, die der Output-Chain. Die Forward-Chain wird für Pakete verwendet, die auf einer Schnittstelle empfangen werden und auf einer anderen weitergeleitet werden sollen. Das heißt, daß Pakete, die von einem Rechner empfangen werden, mit den Bedingungen der Input-Chain und Pakete, die der Rechner selbst erzeugt, mit den

Bedingungen der Output-Chain verglichen werden. Wird ein Rechner als Router eingesetzt und empfängt ein Paket, das an einen anderen Rechner adressiert ist, werden die Regeln aller drei Ketten angewandt.

Den drei vordefinierten Ketten wird ein Standardverhalten zugewiesen, das bestimmt, welche Aktionen ausgeführt werden, wenn keine Regel angewandt werden kann. Es können zusätzlich benutzerspezifische Ketten definiert werden. Kann während der Verarbeitung selbstdefinierter Ketten keine Regel angewandt werden, wird die Verarbeitung an der Stelle fortgesetzt, an der diese Kette aufgerufen wurde.

Die Bedingungen der Regeln können folgendes enthalten:

- Die Nummer des IP-Protokolls (z.B. TCP, UDP, ICMP oder IGMP).
- Die IP-Adressen von Quelle und Ziel. Adressen können als Teilnetzadressen mit der Anzahl signifikanter Bits (z.B. 192.168.8.0/22) oder als Netzwerkadresse mit einer Teilnetzmaske angegeben werden. Außerdem ist die Negation erlaubt, so daß Sie z.B. folgendes formulieren können: »Alle Adressen außer den hier angegebenen Adressen und Masken«.
- Die Nummer des Quell- und Zielports für TCP und UDP. Portnummern können als Bereiche oder mit Masken angegeben werden. Auch hier ist die Negation erlaubt.
- Der Nachrichtentyp und die Kodierung von ICMP-Paketen.
- Ob das Paket ein IP-Fragment ist.
- Ob das Paket das erste einer TCP-Verbindung ist und damit eine Verbindung herstellt.
- Die Netzwerkschnittstelle. Diese Schnittstelle ist im Fall der Input-Chain die Schnittstelle, auf der das Paket empfangen wurde. Im Fall der Output- und Forward-Chain wird die Schnittstelle betrachtet, auf der ein Paket das System verläßt.

Jeder Regel einer Kette ist eine Target-Aktion zugeordnet, die ausgeführt wird, wenn die entsprechende Bedingung erfüllt wurde. Diese Aktion entscheidet, was als nächstes mit dem Paket geschieht. Folgende Aktionen sind möglich:

- DENY: Das Paket wird verworfen, ohne eine ICMP-Meldung zurückzuliefern.
- REJECT: Das Paket wird verworfen, es wird jedoch eine ICMP-Meldung erzeugt, die das System durch die Output-Chain verläßt.
- ACCEPT: Das Paket wird weiterverarbeitet.
- MASQ: Masquerading wird durchgeführt. Diese Aktion ist nur in der Forward-Chain zulässig.
- REDIRECT: Das Paket wird an einen anderen Port der Filtermaschine weitergeleitet.
- RETURN: Die Standardaktion einer vordefinierten Kette wird ausgeführt oder die Verarbeitung einer selbstdefinierten Kette wird abgebrochen und an der Stelle fortgesetzt, an der diese Kette aufgerufen wurde.
- Aufruf einer benutzerdefinierten Kette.

Da selbstdefinierte Ketten als Aktion einer Regel angegeben werden können, ist es möglich, komplexe Filter aufzubauen oder das Verhalten von *ipchains* an das anderer Paketfiltersysteme anzupassen.

Jede Regel kann einen Protokolleintrag erzeugen, der neben Informationen darüber, welche Aktionen zu welchen Zeitpunkten ausgeführt wurden, auch Zusammenfassungen der Paket-Header enthält. Diese Protokollierung geschieht über *syslog*.

Test von ipchains-Regeln

Eine sehr sinnvolle Eigenschaft von *ipchains* ist, daß die kernelbasierten Regeln getestet werden können. Der Befehl *ipchains* erlaubt es Ihnen, verschiedene Felder des IP-Headers mit Werten zu belegen, um die zu diesem Zeitpunkt aktiven Filterregeln zu testen. Als Ergebnis gibt dieser Befehl die Namen der Aktionen aus, die der Filter ausgeführt hätte, wenn das Paket tatsächlich an die Firewall gesandt worden wäre. Als dieses Buch entstand, war es noch nicht möglich, beliebige Pakete zu generieren und zu testen.

Masquerading

Linux-Masquerading ist ein System zur Anpassung von IP-Adressen (NAT – *Network Address Translation*). Da es auch auf höhere Protokolle anwendbar ist und komplizierte Veränderungen an Paketen vornehmen kann als die einfache Anpassung von IP-Adressen, wird es auch *transparentes Proxy-System* genannt. Seine Funktionsweise liegt irgendwo zwischen der eines Proxy- und der eines Paketfiltersystems.

Für die Kommunikation mit Diensten auf externen Systemen wird die IP-Adresse der Firewall verwendet. Für einfache Protokolle ändert Masquerading lediglich Informationen im IP-Header wie IP-Adressen, Portnummern und TCP-Sequenz- und Bestätigungsnummern. Dabei wird als IP-Adresse, die nach außen sichtbar ist, die IP-Adresse des Rechners eingesetzt, der das Masquerading durchführt. Die Portnummern werden auf einen Bereich von 4096 Ports oberhalb von 61000 abgebildet. Durch diese Festlegung ist Masquerading unter Linux auf maximal 4096 TCP- und 4096 UDP-Verbindungen begrenzt. Als dieses Buch entstand, belegte der Linux-Kernel nur Ports mit Nummern kleiner als 32768, so daß sich Ports, die für Masquerading benutzt werden, und normale Ports niemals in die Quere kommen.

Linux-Masquerading arbeitet auch mit komplizierteren Protokollen, wie z.B. FTP oder RealAudio zusammen, die neue TCP-Verbindungen vom Server zum Client aufbauen oder zusätzliche UDP-Ports benötigen. Unterstützung für weitere Protokolle kann durch das Laden dynamischer Kernel-Module hinzugefügt werden.

Wie funktioniert Masquerading?

Die Arbeitsweise von Masquerading beruht darauf, daß Pakete abgefangen werden, die der Linux-Kernel weiterleiten soll. Auf einfache Protokolle angewandt, funktioniert Masquerading wie die normale IP-Adreß-Übersetzung, die in Kapitel 5 *, Firewall-Techniken*, beschrieben wurde. Die IP-Adressen und Portnummern ausgehender Pakete werden verändert. Zusätzlich werden für TCP-Verbindungen neue Sequenznummern erzeugt. Dieser Vorgang wird bei eingehenden Paketen umgekehrt. Abbildung 8-5 zeigt dieses Verfahren beispielhaft anhand der Verbindung eines Client zu einem externen HTTP-Server. Es sind die IP-Adressen und die Portnummern beider Seiten der Verbindung dargestellt. Solange der Client Daten über die Verbindung sendet, reicht die Masquerading-Firewall auch Antwortpakete an ihn weiter. Im Falle von UDP reicht die Firewall nur für eine konfigurierbare Zeitspanne, üblicherweise 15-30 Sekunden, Antwortpakete an den Client weiter.

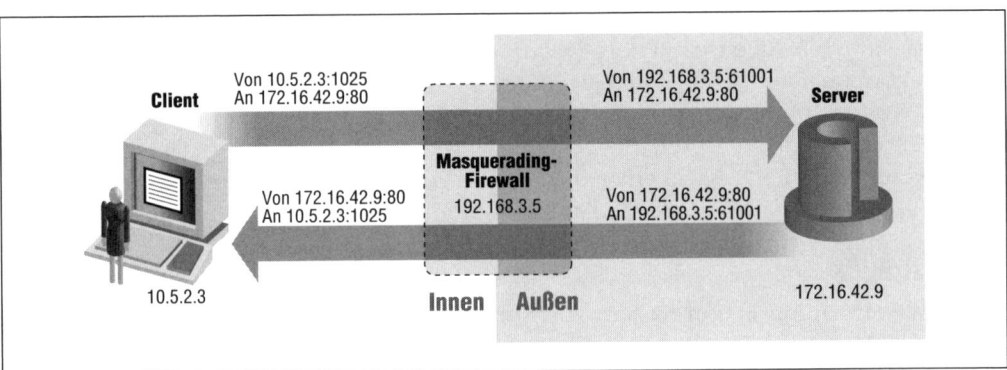

Abbildung 8-5: Masquerading für einfache Protokolle

Neben der Verarbeitung des ausgehenden Datenverkehrs kann Masquerading auch zum Umleiten eingehender Daten auf interne Dienste, d.h. Dienste, die im internen Netz angeboten werden, benutzt werden. Diese Fähigkeit, eingehende Ports umzulenken, wird für jeden Port, der umgelenkt werden soll, statisch konfiguriert. Nachdem ein Port wie gewünscht umgeleitet wurde, ist es nicht mehr möglich, über diesen Port einen Dienst auf der Firewall zu erreichen. Abbildung 8-6 zeigt eine Masquerading-Firewall, die SSH auf einen internen Rechner umlenkt. Es sind die IP-Adressen und Portnummern beider Seiten der Verbindung dargestellt. Wenn die Firewall mehrere IP-Adressen bedient, ist es auch möglich, ein und denselben Port zu mehreren Zielen umzuleiten.

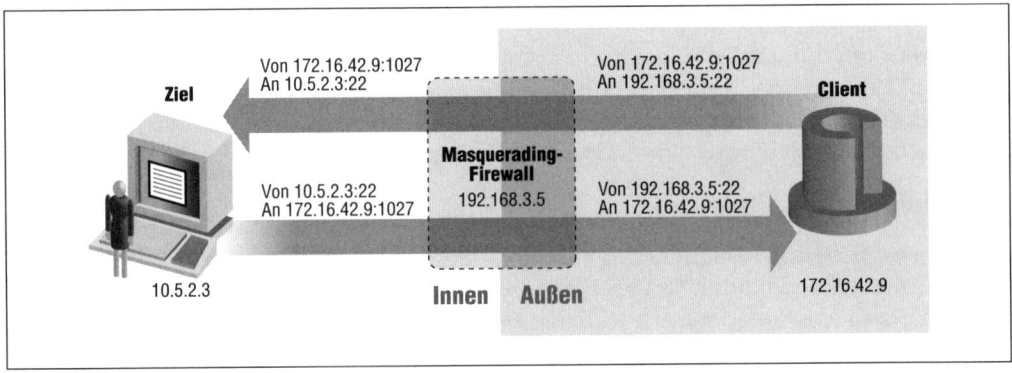

Abbildung 8-6: Masquerading zum Umlenken eingehender Dienste

Für kompliziertere Protokolle kann Masquerading weitere TCP- und UDP-Ports einrichten und überwachen, je nach den Inhalten der bereits beobachteten Pakete. Masquerading kann sogar Inhalte aus Paketen verändern, wenn dort IP-Adressen oder Portnummern ausgetauscht werden müssen.

Am besten läßt sich dieses Vorgehen anhand der Arbeitsweise des FTP-Moduls erklären. Wie in Kapitel 17, *Dateiübertragung, Filesharing und Drucken*, beschrieben, ist es schwierig, das FTP-Protokoll über eine Firewall hinweg anzubieten, da es üblicherweise einen Verbindungsaufbau vom Server zum Client erfordert. Ein FTP-Client öffnet einen Steuerkanal zum gewünschten FTP-Server. Sollen Daten übertragen werden, erteilt der Client ein PORT-Kommando, das die IP-Adresse des Client und die Portnummer enthält, auf der der Client auf den Empfang der Daten wartet. Der FTP-Server benutzt diese Informationen, um eine neue TCP-Verbindung zum Client zu öffnen, auf der dann Daten übermittelt werden können.

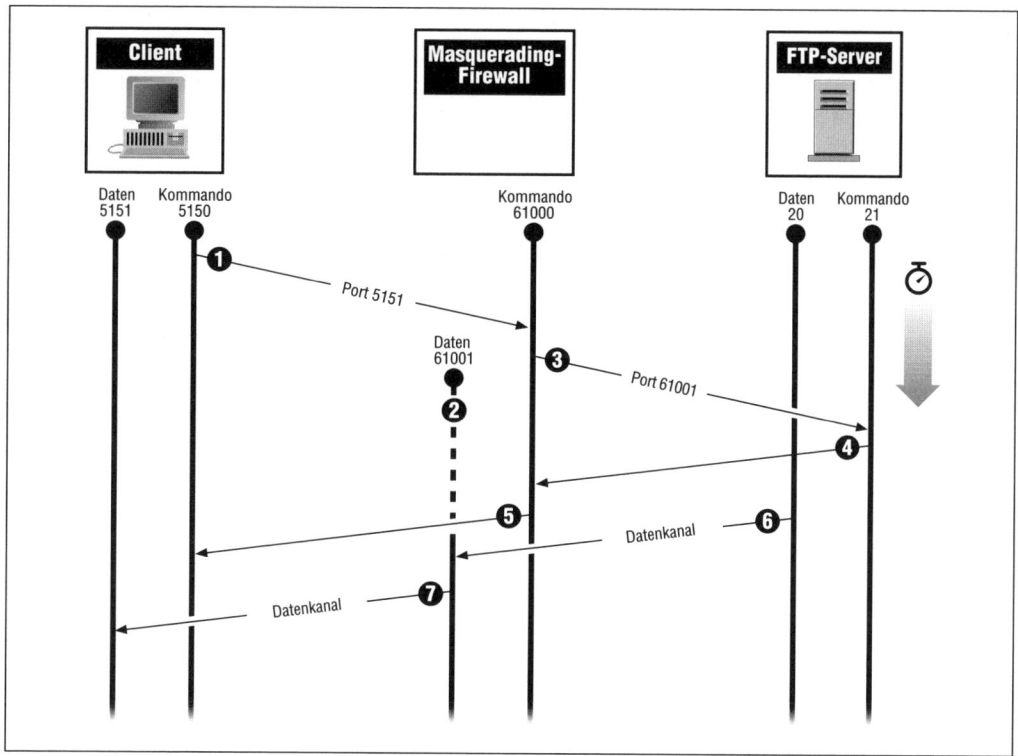

Abbildung 8-7: Masquerading einer FTP-Daten-Verbindung

Damit Masquerading funktioniert, muß dieses PORT-Kommando des Client abgefangen werden. Das FTP-Masquerading-Modul tut genau das, indem es die Kommandos aller FTP-Steuerkanäle abhört. Erkennt es ein PORT-Kommando, führt es zwei Aktionen aus. Zuerst wird ein temporärer Port auf dem Masquerading-Host erzeugt, der an den entsprechenden Client umgeleitet wird. Als zweites wird das IP-Paket, das das PORT-Kommando enthält, angepaßt: Die IP-Adresse wird auf die der Firewall und die Portnummer wird auf die Nummer des temporären Ports gesetzt. Wird eine Verbindung zum temporären Port auf der Firewall geöffnet, wird diese an den Client weitergeleitet. Abbildung 8-7 zeigt diesen Prozeß.

Für spezielle Zwecke verfügbare Masquerading-Module

Es gibt eine Reihe spezieller Masquerading-Module. Als dieses Buch entstand, konnte man sie in drei Kategorien einordnen: Multimedia, Spiele und Zugriff auf interne Dienste. Eine Liste aktuell verfügbarer Module und Informationen über deren Verfügbarkeit finden Sie in der Linux-Masquerading-HOWTO. Anhang A, *Ressourcen*, beschreibt, wie Sie Linux-HOWTO-Dokumente bekommen können.

Verwendung von ipchains (inklusive Masquerading)

Um *ipchains* verwenden zu können, müssen Sie den Kernel, den Sie benutzen wollen, mit *ipchains*-Unterstützung übersetzen. Die benötigten Flags zur Übersetzung des Kernels sind in verschiedenen Linux-Versionen unterschiedlich. Für genauere Informationen schauen Sie in der Hilfe des von Ihnen verwendeten Werkzeugs zur Konfiguration der Übersetzung oder in der Linux-IPCHAINS-HOWTO nach. Anhang A beschreibt, wie Sie Linux-HOWTO-Dokumente bekommen können.

Wir empfehlen Ihnen auch, die Option zu aktivieren, die dafür sorgt, daß IP-Fragmente wieder zusammengesetzt werden. Informationen über IP-Fragmentierung und warum sie benötigt wird, finden Sie in Kapitel 4, *Pakete und Protokolle*.

Masquerading ist standardmäßig im Kernel-Quellcode von Linux 2.1 und 2.2 enthalten. Es muß während der Übersetzung aktiviert sein und baut auf dem Linux-Firewalling-Code auf, der ebenfalls aktiviert sein muß. Die Option, mit der Masquerading während der Übersetzung des Kernels aktiviert wird, ist CONFIG_IP_MASQUERADE=Y.

Damit Sie alle Möglichkeiten von *ipchains* und Masquerading nutzen können, benötigen Sie außerdem die Programme *ipchains* und *ipmasqadm*, um die Filter- und Masquerading-Regeln konfigurieren zu können.

ipchains-Regeln werden inkrementell aufgebaut, d.h. wenn der Rechner hochgefahren wird, werden alle Regeln der Reihe nach hinzugefügt. Während dieser Initialisierung gibt es eine kurze Zeitspanne, in der die Regel-Kette noch nicht vollständig ist, so daß die Standardregel angewandt wird, bevor das Ende der Kette konfiguriert ist. Wenn diese Regel dazu führt, daß alle Pakete angenommen werden, könnte es vorkommen, daß Sie Pakete entgegennehmen, die Sie sonst abgelehnt hätten. Deshalb sollten Sie immer zuerst eine Standardregel festlegen, die Pakete zurückweist.

Ein verführerischer Weg, dieses Problem zu umgehen, ist, die Regel-Ketten aufzubauen, bevor die Netzwerkschnittstellen eingerichtet werden. Wenn Sie keine Pakete empfangen können, müssen Sie sich auch keine Gedanken über deren Behandlung zu machen. In den meisten Fällen funktioniert dieses Vorgehen jedoch nicht, weil Regeln nicht an Netzwerkschnittstellen zugewiesen werden können, die nicht eingerichtet sind. Wenn das bei Ihnen zutrifft, müssen Sie zuerst die Netzwerkschnittstellen konfigurieren, bevor Sie die Regel-Ketten, die Sie benutzen wollen, aufbauen können. Sie benötigen also zwei Boot-Skripte für die *ipchains*-Konfiguration. Das erste Skript initialisiert als Standardregel für jede Kette eine, die alle Pakete zurückweist. Die zweite lädt alle Regeln, die Sie anwenden wollen. Zusammen mit den Skripten, die die Netzwerkschnittstellen einrichten, erhalten Sie ein dreistufiges Vorgehen:

1. Laden der Standardregeln, die alle Pakete zurückweisen, ohne Schnittstellen anzugeben
2. Einrichten der Netzwerkschnittstellen
3. Laden der eigentlichen *ipchains*-Regeln, die benutzt werden sollen

Da die Standardregeln keine Protokollierung durchführen, ist es meist sinnvoll, die Standardregel noch einmal als letzte normale Regel aufzunehmen, damit auch der durch sie abgelehnte Datenverkehr protokolliert wird. In anderen Fällen empfehlen wir dieses Vorgehen zu Zwecken der Dokumentation. In diesem Fall haben Sie das Standardverhalten bereits mit der zuerst festgelegten Standardregel dokumentiert. Um die Sicherheit und die Protokollierung sicherzustellen, benötigen Sie sowohl die Standardregel als auch die gleiche Regel als letzte normale Regel.

Während Masquerading aktiv ist, zeigt das Unix-Werkzeug *netstat* die umgeleiteten Ports nicht mit an. Das bedeutet, daß ein Rechner Pakete auf Ports annehmen kann, die nicht in der durch *netstat* erzeugten Liste enthalten sind. Das wird vor allem erfahrene Netzwerk-Administratoren beunruhigen.

ipfilter

ipfilter ist ein weiteres Paketfiltersystem für Unix. Es kann unter den freien Versionen von BSD (FreeBSD, OpenBSD und NetBSD) eingesetzt werden. Das Programm wurde auch an andere Unix-Versionen angepaßt, z. B. Solaris und ältere Versionen von SunOS, IRIX und Linux.

ipfilter wird durch eine einzige Datei konfiguriert, die alle Regeln enthält. Im Gegensatz zu *ipchains* prüft *ipfilter* alle vorhandenen Regeln nacheinander. Die letzte Regel, deren Bedingung mit dem betrachteten Paket übereinstimmt, bestimmt das Schicksal des Pakets. Das kann für große Verwirrung sorgen. Stellen Sie sich eine Filterkonfiguration vor, die nur die folgenden Regeln enthält:

```
block in all
pass in all
```

Diese Einstellung läßt alle Pakete passieren, da die zweite Regel die letzte Regel ist, die auf alle Pakete angewandt wird. Glücklicherweise kann in einer *ipfilter*-Regel das Schlüsselwort »quick« angegeben werden, das dafür sorgt, daß keine weiteren Regeln überprüft werden. Die folgenden Regeln weisen den gesamten Datenverkehr ab:

```
block in quick all
pass in all
```

Regeln können gruppiert werden, was Ihnen das Aufstellen komplizierterer Konfigurationen recht einfach ermöglicht. Eine Regelgruppe enthält eine »Head«-Regel, die prüft, ob der Rest der Regeln in dieser Gruppe berücksichtigt werden soll. Wird eine Gruppe von Regeln angewandt, geschieht das auf die normale Art. Am Ende einer Regelgruppe wird die Verarbeitung mit der Regel auf der folgenden Zeile fortgesetzt.

Die Bedingungen der Regeln können folgendes enthalten:

- Die Nummer des IP-Protokolls (z.B. TCP, UDP, ICMP oder IGMP).
- Die IP-Optionen, die gesetzt sind.
- Die IP-Adressen von Quelle und Ziel. Adressen können als Teilnetzadressen mit der Anzahl signifikanter Bits (z.B. 192.168.8.0/22) oder als Netzwerkadresse mit einer Teilnetzmaske angegeben werden. Außerdem ist die Negation erlaubt, so daß Sie z.B. folgendes formulieren können: »Alle Adressen außer den hier angegebenen Adressen und Masken«.
- Die Nummer des Quell- und Zielports für TCP und UDP. Portnummern können als Bereiche oder mit Masken angegeben werden. Auch hier ist die Negation erlaubt.
- Der Nachrichtentyp und die Kodierung von ICMP-Paketen.
- Ob das Paket ein IP-Fragment ist. Fragmente, die zu kurz sind, um Portnummern zu enthalten, wodurch es nicht möglich ist, Portregeln anzuwenden, können gesondert behandelt werden.
- Gesetzte TCP-Flags (z.B. ACK- und SYN-Flags, die ein Paket identifizieren, mit dem eine Verbindung aufgebaut wird).
- Die Netzwerkschnittstelle, auf der das Paket empfangen wurde.

Folgende Aktionen kann *ipfilter* ausführen:

- Das Paket wird verworfen, ohne eine ICMP-Meldung zurückzuliefern.
- Das Paket wird nicht verarbeitet, es wird jedoch eine ICMP-Meldung zurückgeliefert (Sie können angeben, welche ICMP-Meldung zurückgeliefert wird).
- Das Paket wird nicht verarbeitet, es wird jedoch ein TCP-Reset zurückgesandt.
- Das Paket wird verarbeitet.
- Das Paket wird verarbeitet, und es werden Zustandsinformationen gespeichert, die sicherstellen, daß in allen TCP-Paketen, die Teil einer gültigen TCP-Verbindung sind, sowohl die SYN- und ACK-Flags als auch die Sequenznummern richtig gesetzt sind.
- Die IP-Adressen und/oder Portnummern des Pakets werden anhand einer statischen Übersetzungstabelle angepaßt. Es handelt sich hierbei um eine einfache Form der Network Address Translation.
- Das Paket oder eine Kopie davon wird zu Protokollzwecken an eine anzugebende Netzwerkschnittstelle oder Adresse gesandt.
- Informationen über das Paket werden durch *syslog* protokolliert.

ipfilter besitzt außerdem die Fähigkeit, komplizierte Paketanpassungen vorzunehmen. Diese wird benötigt, um Protokolle benutzen zu können, die nicht durch einfache Network Address Translation unterstützt werden. Es werden jedoch nur wenige Protokolle unterstützt. Das Anpassungssystem in *ipfilter* läßt sich nicht dynamisch erweitern und muß zur Übersetzungszeit eingestellt werden. Weitere Fähigkeiten lassen sich später nicht hinzufügen.

Vergleich zwischen ipfilter und ipchains

ipfilter und *ipchains* bieten in etwa die gleiche Funktionalität. In vielen Fällen wird das einzusetzende Produkt anhand des Betriebssystems ausgewählt. *ipchains* wird unter Linux benutzt und *ipfilter* unter anderen Betriebssystemen. Andererseits haben beide bestimmte Stärken und Schwächen.

Das Network-Address-Translation-System von *ipchains* ist viel mächtiger als das von *ipfilter*, das nur minimale und keine dynamisch erweiterbaren Fähigkeiten bietet. Außerdem ist *ipchains* bereits in Linux enthalten, so daß es nicht extra integriert werden muß.

ipfilter umfaßt dagegen Filtermöglichkeiten, die *ipchains* nicht bieten kann. Sie können mit *ipfilter* z. B. anhand von IP-Optionen filtern. Sie haben auch mehr Möglichkeiten, nach TCP-Optionen zu filtern. Außerdem ist es flexibler im Umgang mit Antworten, die es auf abgewiesene Pakete erzeugt. Seine Fähigkeiten, Pakete zu duplizieren, sind nützlich, um die so gesicherten Pakete mit Hilfe von Intrusion-Detection-Systemen auszuwerten.

Die Architektur von *ipchains* vereinfacht seine Erweiterung im Vergleich zu *ipfilter*. Es ist also möglich, daß die zusätzlichen Fähigkeiten von *ipfilter* auch in *ipchains* umgesetzt werden. *ipchains* ist jedoch ziemlich stark in den Linux-Kernel integriert, was seiner schnellen Verbreitung auf andere Betriebssysteme im Wege stehen wird.

Linux netfilter

Als dieses Buch entstand, wurden die Paketfilter- und Network-Address-Translation-Systeme für Linux überarbeitet. Das neue Filtersystem heißt *netfilter* und hat verschiedene Ziele. Eines ist, die Anzahl der Stellen im Kernel zu verringern, an denen gefiltert werden muß. Ein weiteres ist, die Paketfilterung klar von der Network Address Translation zu trennen. Das Ergebnis dieser Trennung wird sein, daß *netfilter* nicht mehr in der Lage ist, Pakete zu verändern. Einige Konzepte von *ipchains* werden auch in *netfilter* umgesetzt. Z. B. werden Listen von Filterregeln als benannte Ketten aufgebaut. Die wichtigsten Eigenschaften, die *netfilter* hinzugefügt werden, sind:

- die Fähigkeit, während der Verarbeitung der Forward-Kette sowohl auf der Schnittstelle zu filtern, auf der Pakete empfangen werden, als auch auf der, auf der die Pakete das System verlassen
- die Fähigkeit, Pakete zur weiteren Verarbeitung an Benutzer-Prozesse weiterzureichen

Wenn Sie *ipchains* nur zur Paketfilterung einsetzen, können Sie *netfilter* mit den gleichen Regeln verwenden. Benutzen Sie jedoch die Masquerading-Kette, müssen Sie auch neue Network-Address-Translation-Werkzeuge einsetzen, wenn Sie *netfilter* verwenden wollen.

Windows NT-Paketfilterung

Windows NT 4 bietet sehr begrenzte Fähigkeiten zur Paketfilterung, mit denen nur die Maschine selbst geschützt werden kann. Das funktioniert auch nur unter bestimmten Bedingungen. Wählen Sie unter Eigenschaften der Netzwerkumgebung die Eigenschaften des TCP/IP-Protokolls, den Karteireiter IP-Adresse, und klicken Sie schließlich auf Optionen. Sie haben zwei verschiedene Möglichkeiten, Filterung zu benutzen:

- Die Schaltfläche PPTP-Filterung aktivieren schränkt die Oberfläche auf die Benutzung von PPTP ein. [3]
- Die Schaltfläche Konfigurieren im Kasten Sicherheit aktivieren erlaubt die Einstellung der Filterung nach TCP-Ports, UDP-Ports oder dem entsprechenden IP-Protokoll.

Windows 2000 beherrscht die letztgenannten Filtermöglichkeiten als Teil des Dialogs Erweiterte Eigenschaften des Internetprotokolls (TCP/IP). Sie finden es unter Optionen als TCP/IP-Filter. Sie können festlegen, daß Sie alles zulassen wollen, oder Sie geben eine Liste an, in der Sie alle Portnummern, die Sie zulassen wollen, einzeln aufzählen. Das heißt, wenn Sie alle Ports über 1023 zulassen wollen, müssen Sie jede Portnummer von 1024 bis 65536 einzeln angeben.

Diese Paketfilterung ist außerordentlich beschränkt und kann nur in sehr wenigen Situationen eingesetzt werden. Sie ist nur für Maschinen nützlich, die PPTP verwenden oder die als Bastion-Host benutzt werden und nur einen einzigen Dienst, z.B. HTTP, anbieten. Einige Probleme mit dieser Art Paketfilterung sind nicht offensichtlich und erweisen sich für jemanden, der diese Filterung einsetzen will, als unangenehme Überraschung:

- Sie überprüft nur eingehende Pakete mit gelöschtem ACK-Flag. Ausgehende Verbindungen werden nicht eingeschränkt.
- Der Punkt »IP-Protokolle« bezieht sich nicht auf UDP und TCP. Wenn Sie UDP und TCP verbieten wollen, müssen Sie die Einträge TCP-Ports und UDP-Ports benutzen und dürfen keine Ports angeben.
- Sie verhindert keine ICMP-Pakete, auch wenn Sie IP-Protokolle dazu benutzt haben, nur angegebene Ports zuzulassen und ICMP nicht mit einbezogen ist.

Wenn Sie den *Routing and Remote Access Service* für Windows NT 4 oder Windows 2000 installieren, was keine Mehrkosten verursacht, stehen Ihnen weitaus mehr Möglichkeiten zur Paketfilterung zur Verfügung. Sie können in Abhängigkeit vom Protokoll,

---

3   Informationen über PPTP finden Sie in Kapitel 14 , *Vermittelnde Protokolle*.

von der Quell- und Zieladresse und von der Quell- und Zielportnummer verschiedene Filter für ein- und ausgehende Pakete angeben. Aber auch diese Filterung kann noch nicht mit der eines ausgereiften Paketfiltersystems konkurrieren. Es können keine Bereiche für Portnummern angegeben werden, und Sie können nicht beeinflussen, was mit abgewiesenen Paketen geschieht. Außerdem können Sie zulassende und abweisende Regeln nicht kombinieren.

Windows 2000 enthält noch eine dritte Stelle, an der Sie Paketfilterung konfigurieren können. Diese ist Teil seiner IPsec-Implementierung (IPsec ist eingehend in Kapitel 14, *Vermittelnde Protokolle*, beschrieben). Diese Paketfilterung ist mit der Routing and Remote Access Service-Filterung von Windows NT 4 vergleichbar, darüber hinaus ist es möglich, Filter in Sätzen zusammenzufassen, so daß Sie zulassende und abweisende Regeln kombinieren können. Eine Regel kann eine von vier möglichen Aktionen enthalten:

- Alle Pakete, die der Regel entsprechen, werden zugelassen, unabhängig von ihrem IPsec-Status.
- Alle Pakete, die der Regel entsprechen, werden abgewiesen, unabhängig von ihrem IPsec-Status.
- Erbitte IPsec-Schutz für alle Pakete, die der Regel entsprechen, aber lasse sie zu, wenn IPsec nicht verfügbar ist.
- Fordere IPsec-Schutz für alle Pakete, die der Regel entsprechen, und weise sie ab, wenn IPsec nicht verfügbar ist.

Wenn Sie Paketfilterung als Teil von IPsec benutzen, empfehlen wir Ihnen dringend, keine weiteren Paketfiltermechanismen zu konfigurieren. Sie sollten jeweils nur ein Paketfiltersystem einsetzen, da Sie sonst Konflikte riskieren. Außerdem würde es sicher unabhängig von den Auswirkungen auf den Computer den Administrator verwirren.

Ironischerweise ist das mächtigste Paketfiltersystem, das Microsoft für Windows NT anbietet, Bestandteil des Microsoft Proxy-Servers. Obwohl es immer noch nicht alle Eigenschaften unterstützt, die ein moderner Router mit Paketfilterung enthalten würde, sind Möglichkeiten zur Alarmierung und Protokollierung vorhanden. Sie können auch Bereiche für Portnummern angeben und IP-Fragmente filtern. Als dieses Buch entstand, stand die Auslieferung einer neuen Version des Proxy-Servers kurz bevor, von der erwartet wird, daß sie über noch umfangreichere Möglichkeiten zur Paketfilterung verfügt.

Wo plaziert man einen Paketfilter?

Wenn Sie die in Kapitel 6, *Firewall-Architekturen*, besprochenen Firewall-Architekturen betrachten, werden Sie feststellen, daß Sie Paketfilterung an verschiedenen Stellen durchführen können. Welches ist die geeignetste Stelle dafür? Die Antwort ist einfach: Überall, wo es möglich ist.

Viele Architekturen, z. B. die Architektur mit überwachtem Host oder die Architektur mit überwachtem Teilnetz und einem Router, sehen nur einen einzigen Router vor. In diesen Fällen ist dieser Router die einzige Stelle, an der Sie Paketfilterung durchführen können, so daß es nicht viel zu entscheiden gibt.

Andere Architekturen, z.B. die mit überwachtem Teilnetz und zwei Routern und einige Abwandlungen davon, umfassen mehrere Router. Sie können die Paketfilterung auf irgendeinem oder allen Routern vornehmen.

Unsere Empfehlung ist, überall, wo es möglich ist, Paketfilterung durchzuführen. Damit wird das Prinzip der minimalen Zugriffsrechte verwirklicht, wie in Kapitel 3 , *Sicherheitsstrategien*, beschrieben. Legen Sie für jeden Router Ihrer Firewall fest, welche Arten von Paketen ihn legal passieren dürfen, und richten Sie Filter ein, die außer diesen keine weiteren Pakete durchlassen. Sie können zusätzlich die weiter oben besprochenen Paketfiltersysteme für normale Computer einsetzen, um auch auf Zielrechnern Paketfilterung vorzunehmen. Dieses Vorgehen ist vor allem für Bastion-Hosts sehr zu empfehlen. Die Kapitel 10, 11 und 12 gehen näher auf Bastion-Hosts ein und betrachten Paketfiltersysteme für Zielrechner.

Unter Umständen gibt es dann auf mehreren Routern dieselben Filter, d.h., Sie filtern an mehreren Stellen nach denselben Kriterien. Das ist in Ordnung. Diese Redundanz schützt Sie eines Tages vielleicht, wenn Sie Probleme mit einem Ihrer Router haben, wenn z.B. etwas wegen fehlerhafter Konfiguration, Softwarefehler, feindlicher Angriffe oder aus einem anderen Grund nicht wie vorgesehen funktioniert. Sie bietet mehrschichtige Verteidigung und Fehlersicherheit, jene anderen Strategien, mit denen wir uns in Kapitel 3 , *Sicherheitsstrategien*, befaßt haben.

Wenn Filterung so eine gute Idee ist, warum wird Sie nur auf den Routern der Firewall und nicht auf allen Routern vorgenommen? Einfach aus Geschwindigkeits- und Wartungsgründen. Wir haben uns bereits früher in diesem Kapitel damit auseinandergesetzt, was »schnell genug« an der Außengrenze Ihres Netzwerks bedeutet. Die am Rand Ihres Netzes erforderliche Geschwindigkeit, wo der eigentliche Engpaß vermutlich die Geschwindigkeit Ihres Internet-Anschlusses ist, reicht in Ihrem interen Netzwerk kaum aus, das wahrscheinlich aus einer Reihe geschäftiger LANs besteht, die auf Ethernet, FDDI oder etwas noch schnellerem aufbauen. Wenn Sie auf all Ihren Routern Filter einrichten, wird es außerdem sehr aufwendig, die entsprechenden Filterlisten zu betreuen. Die Verwaltung der Filterlisten bleibt überschaubar, wenn es sich um einen oder einige wenige Router handelt, die zur Firewall gehören. Mit wachsender Anzahl an Routern verlieren Sie jedoch schnell den Überblick. Es wird noch problematischer, wenn einige Router ausschließlich interne Router sind. Warum? Weil Sie sicher mehr Dienste innerhalb Ihres Netzes zulassen, als zwischen Ihrem Netz und dem Internet. Das verlängert entweder Ihre Filtersätze und macht sie schwerer wartbar oder läßt Sie auf diesen internen Routern von einer »einschränkenden Grundhaltung« zu einer »freizügigen Grundhaltung« übergehen, was die Sicherheit, die sie bieten, erheblich einschränkt. Sie erreichen ziemlich schnell einen Punkt, an dem der Nutzen den Aufwand nicht mehr rechtfertigt, wenn Sie außer an den Außengrenzen Ihres Netzes an vielen Stellen im Inneren filtern.

Router mit Paketfilterung sind an bestimmten Grenzen innerhalb Ihres LANs manchmal sinnvoll, z.B. zwischen Netzen mit unterschiedlicher Sicherheitsstrategie oder Netzen, die zu verschiedenen Organisationen gehören. Solange sie sich an klar definierten Grenzen befinden und nicht zu Laufzeitproblemen führen, stellt das kein Problem dar. Ob Sie die externen Regeln für die internen Paketfilter übernehmen, hängt davon ab, wie stark Sie den externen Paketfiltern vertrauen. Außerdem sollten Sie darauf achten, wieviel komplexer die Regeln der internen Systeme würden und ob möglicherweise unnötiger Ballast übernommen würde.

In einigen Fällen werden Sie Paketfiltersysteme auf Bastion-Hosts einsetzen wollen. Achten Sie darauf, daß das nicht zu Geschwindigkeitsproblemen führt. Dieses Vorgehen bietet zusätzliche Sicherheit für den Fall, daß einer Ihrer Router mit Paketfilterung fehlerhaft arbeitet oder von Angreifern übernommen wird.

Es gibt Stimmen, die davor warnen, Paketfilter auf Routern zu konfigurieren, die eine eingebaute Firewall besitzen. Sie begründen das damit, daß Pakete, die die Firewall erreichen, an einer Stelle protokolliert und so zum Aufspüren von Angriffen benutzt werden können. Werden einige Pakete eines Angriffs herausgefiltert und andere von der internen Firewall abgewiesen, könnte die Firewall den Angriff nicht mehr erfolgreich erkennen. Das ist jedoch kein überzeugendes Argument. Die interne Firewall kann weiterhin Angriffe erkennen, die eine Chance auf Erfolg gegen sie haben. Wenn die Protokollierung richtig konfiguriert ist, können Sie die Einträge der Paketfilter und der internen Firewall auf Zusammenhänge überprüfen und anhand dieser auf jeden Fall einen Angriff aufspüren. Der Vorteil, Angriffe erkennen zu können, wenn alle Pakete passieren dürfen, wird von den Nachteilen der verringerten Sicherheit mehr als aufgewogen. [4]

Welche Regeln sollten Sie verwenden?

Natürlich werden die meisten Regeln Ihres Paketfilters vom Datenverkehr abhängen, den Sie zulassen wollen. Bestimmte Regeln werden Sie jedoch immer wieder benötigen.

Wir haben diese Regeln bereits an einigen Stellen behandelt. Hier noch einmal die Zusammenfassung einiger Standardschutzeinstellungen, die Sie immer verwenden können, es sei denn, Sie haben sehr gute Gründe, es anders zu machen:

- Stellen Sie die Standardregel explizit auf »Ablehnen«. Protokollieren Sie diese abgelehnten Pakete. So stellen Sie sicher, daß standardmäßig alle Pakete zurückgewiesen werden.

- Verbieten Sie Pakete mit internen Quelladressen, die von außerhalb Ihres Netzes stammen. Sie sind ein gutes Zeichen für Adreßfälschung oder schlechte Netzwerkkonfiguration.

---

[4] Wir haben auch das folgende Argument gehört: »Eine Firewall ist sicherer als ein Paketfilter, daher sollte statt eines Paketfilters eine Firewall eingesetzt werden.« Das stimmt nur, wenn Sie nicht beide zur selben Zeit einsetzen können. Natürlich ist eine Firewall nicht sicherer als eine Kombination aus Firewall und Paketfilter!

- Verbieten Sie Pakete mit externen Quelladressen, die von innerhalb Ihres Netzes stammen. Wie im letzten Punkt stellen solche Pakete Fälschungen dar oder sind ein Zeichen für Fehler in der Netzwerkkonfiguration.
- Verbieten Sie Pakete mit ungültigen Quelladressen (auch Pakete, deren Quelladressen Broadcast- und Multicast-Adressen sind, für weitere Informationen darüber siehe Kapitel 4, *Pakete und Protokolle*).
- Verbieten Sie Pakete mit Source-Routes oder gesetzten IP-Optionen.
- Verbieten Sie ICMP-Pakete ab einer bestimmten Größe (über einigen Kilobytes). ICMP-Filterregeln werden in Kapitel 22, *Administrative Dienste*, ausgiebig behandelt.
- Fügen Sie fragmentierte Pakete wieder zu vollständigen Paketen zusammen.

Beispiele für Paketfilterung

Dieser Abschnitt zeigt anhand weiterer Beispiele, wie viele der in diesem Kapitel erläuterten Konzepte sich in der Realität wiederfinden. Ausführliche Beschreibungen zu Paketfiltereigenschaften bestimmter Protokolle finden Sie in den Kapiteln des Teils III.

In diesem Abschnitt möchten wir darstellen, wie ein Regelsatz entsteht. Die Filter werden schrittweise entwickelt und nicht gleich in ihrer endgültigen Fassung gezeigt. Es ist nicht unsere Absicht, einen vollständigen Regelsatz aufzubauen, der für jeden Standort eingesetzt werden kann. Jeder Standort ist verschieden, und Sie können sich mit der Paketfilterung ganz schön in die Nesseln setzen, wenn Sie nicht alle Einzelheiten und Auswirkungen ihres Einsatzes auf Ihre spezielle Umgebung verstehen. Wir wollen erreichen, daß Sie genau überlegen und verstehen, was sie tun, und nicht blind irgendwelche Passagen aus einem Buch – nicht einmal aus unserem! – übernehmen, ohne sorgfältig abzuwägen, inwieweit das Übernommene für die eigene Situation anwendbar oder angebracht ist. Um eine Komplettlösung für einen Standort zu entwickeln, muß man sich auf jeden Fall mit Paketfilterung, Proxy-Diensten und Konfigurationsfragen auseinandersetzen. Dieses Vorgehen ist in Kapitel 24, *Zwei Beispiel-Firewalls*, illustriert.

Beginnen wir mit einem einfachen Beispiel: Angenommen, Sie erlauben ausschließlich nach innen und nach außen gerichtetes SMTP, um elektronische Post versenden und empfangen zu können. Dazu beginnen Sie mit folgendem Regelsatz:

Regel	Richtung	Quelladresse	Zieladresse	Protokoll	Zielport	Aktion
A	eingehend	extern	intern	TCP	25	zulassen
B	ausgehend	intern	extern	TCP	>1023	zulassen
C	ausgehend	intern	extern	TCP	25	zulassen
D	eingehend	extern	intern	TCP	>1023	zulassen
E	beliebig	beliebig	beliebig	beliebig	beliebig	verbieten

Beispiele für Paketfilterung

- Die Regeln A und B erlauben eingehende SMTP-Verbindungen (eintreffene E-Mail).
- Die Regeln C und D erlauben ausgehende SMTP-Verbindungen (hinausgehende E-Mail).
- Regel E ist die Standardregel, die angewandt wird, wenn alle anderen fehlschlagen.

In diesem Beispiel gehen wir davon aus, daß für jedes Paket die Regeln der Reihe nach ausgeführt werden, das Paketfiltersystem betrachtet die Regeln in der angegebenen Reihenfolge. Es sucht vom Beginn der Liste nach einer Regel, die zutrifft, bis es eine Übereinstimmung findet, und führt die angegebene Aktion aus.

Betrachten wir nun anhand einiger Beispiele, wie Pakete behandelt werden. Angenommen, Ihr Rechner hat die IP-Adresse 172.16.1.1 und jemand möchte Ihnen E-Mail von einem externen Rechner mit der IP-Adresse 192.168.3.4 schicken. Ferner benutzt der SMTP-Client des Absenders den Port 1234, um mit dem SMTP-Server auf Port 25 zu kommunizieren. Wie in Kapitel 16 , *Elektronische Post und News*, beschrieben, benutzen SMTP-Server die Standardportnummer 25.

Paket	Richtung	Quelladresse	Zieladresse	Protokoll	Zielport	Aktion (Regel)
1	eingehend	192.168.3.4	172.16.1.1	TCP	25	zulassen (A)
2	ausgehend	172.16.1.1	192.168.3.4	TCP	1234	zulassen (B)

Abbildung 8-8 zeigt diesen Fall.

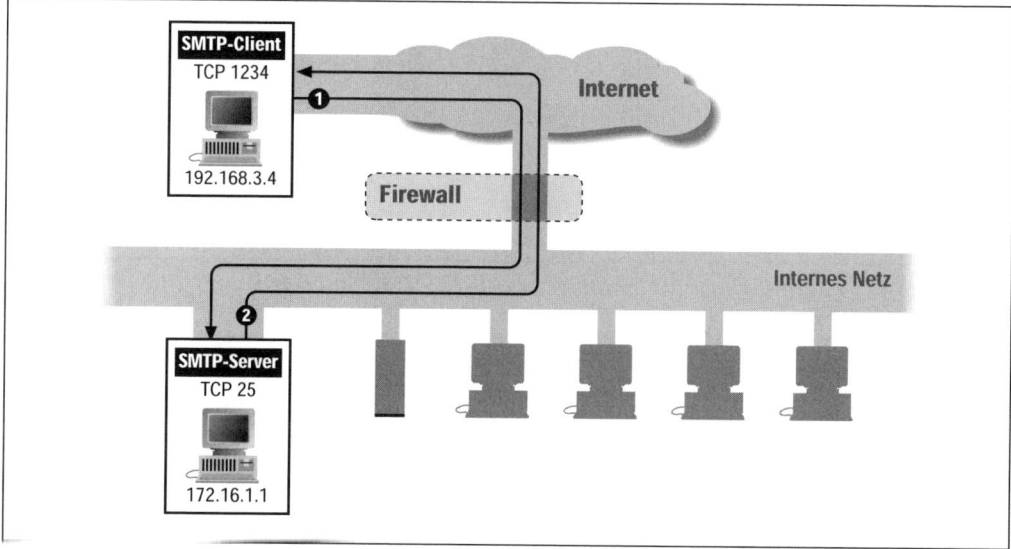

Abbildung 8-8: Paketfilterung: nach innen gerichtetes SMTP (Beispielpakete 1 und 2)

Kapitel 8: Paketfilterung

In diesem Fall erlauben die Paketfilterregeln eingehende E-Mail:

- Regel A läßt eingehende Pakete zu, die vom Absender, dem SMTP-Client, zum SMTP-Server fließen (siehe Paket Nummer 1).
- Regel B läßt Antworten passieren, die Ihr Server zum Absender-Client zurücksendet (siehe Paket Nummer 2).

Wie sieht es mit ausgehender E-Mail aus? Angenommen, Ihr SMTP-Client kommuniziert über den Port 1357 mit seinem SMTP-Server wie folgt.

Paket	Richtung	Quelladresse	Zieladresse	Protokoll	Zielport	Aktion (Regel)
3	ausgehend	172.16.1.1	192.168.3.4	TCP	25	zulassen (C)
4	eingehend	192.168.3.4	172.16.1.1	TCP	1357	zulassen (D)

Abbildung 8-9 zeigt diesen Fall.

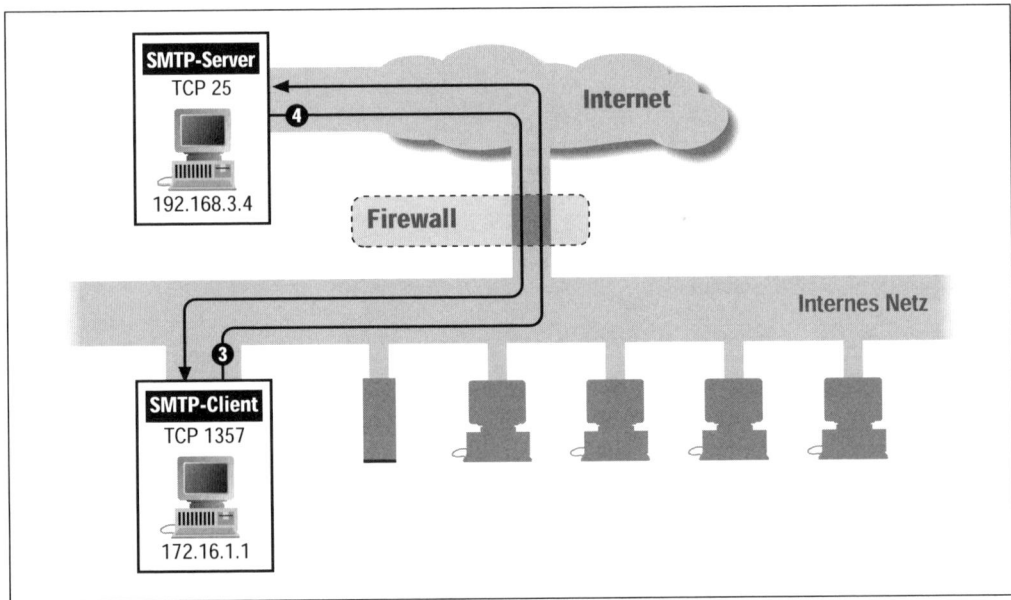

Abbildung 8-9: Paketfilterung: nach außen gerichtetes SMTP (Beispielpakete 3 und 4)

In diesem Fall erlauben die Paketfilterregeln von Ihnen ausgehende E-Mail:

- Regel C läßt ausgehende Pakete von unserem SMTP-Client zum SMTP-Server zu (siehe Paket Nummer 3).
- Regel D läßt Antworten passieren, die der Server an unseren Client zurückschickt (siehe Paket Nummer 4).

Gestalten wir die Sache nun etwas interessanter. Was passiert, wenn jemand von außen z. B. von Rechner 10.1.2.3 versucht, zu Angriffszwecken eine Verbindung von Port 5150 auf seiner Seite zum Web-Proxy-Server eines Ihrer internen Systeme auf Port 8080 aufzubauen? (Siehe Kapitel 15, *Das World Wide Web*, zum Thema Web-Proxy-Server und ihren Schwachstellen.)

Paket	Richtung	Quelladresse	Zieladresse	Protokoll	Zielport	Aktion (Regel)
5	eingehend	10.1.2.3	172.16.3.4	TCP	8080	zulassen (D)
6	ausgehend	172.16.3.4	10.1.2.3	TCP	5150	zulassen (B)

Abbildung 8-10 zeigt diesen Fall.

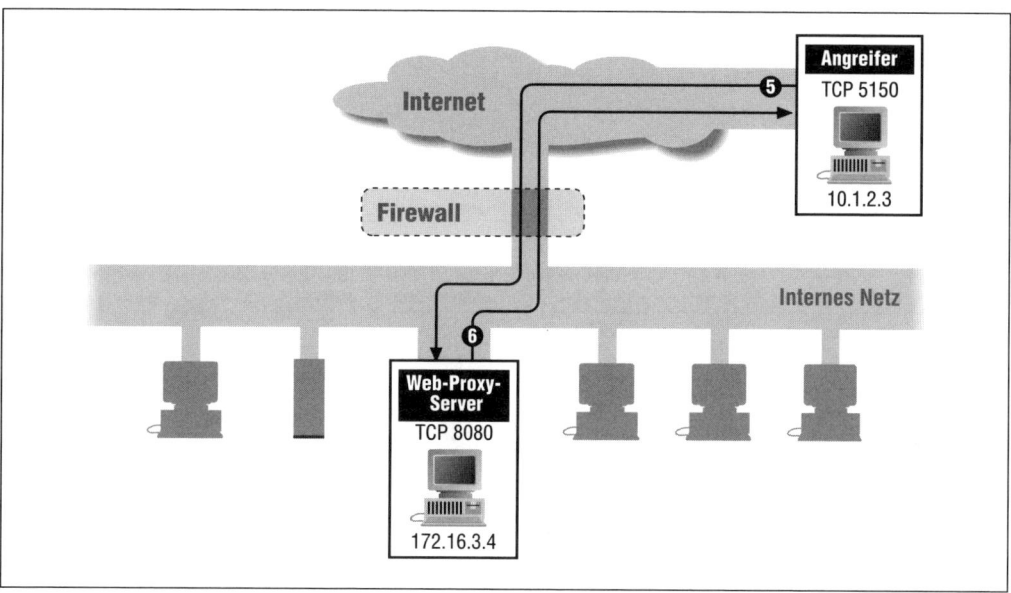

Abbildung 8-10: Paketfilterung: nach innen gerichtetes SMTP (Beispielpakete 5 und 6)

Der angegebene Regelsatz läßt diese Verbindung zu! Tatsächlich erlaubt diese Konfiguration sogar alle Verbindungen, sofern beide Enden Ports über 1023 benutzen. Woran liegt das?

- Die Regeln A und B tun zusammengenommen genau das Gewünschte, um eingehende SMTP-Verbindungen zuzulassen.
- Die Regeln C und D tun zusammengenommen genau das Gewünschte, um ausgehende SMTP-Verbindungen zuzulassen.
- Die Regeln B und D erlauben zusammengenommen *alle* Verbindungen, bei denen beide Enden Portnummern über 1023 verwenden. Das ist sicher nicht das, was Sie erreichen wollten.

Kapitel 8: Paketfilterung

An Ihrem Standort gibt es vermutlich zahlreiche verwundbare Server, die Ports über 1023 abhören. Beispiele hierfür sind Web-Proxy-Server (Port 8080) und X11 (Port 6000). Auch Datenbankserver wie Sybase, Oracle, Informix und andere benutzen häufig Ports oberhalb von 1023. Das zeigt, daß Sie Regelsätze komplett betrachten müssen und nicht davon ausgehen können, daß ein Regelsatz das Gewünschte tut, wenn einzelne Regeln oder Teilmengen aus dem Regelsatz funktionieren.

Was können Sie also tun? Was wäre, wenn Sie den Quellport in Ihre Filterentscheidung einfließen lassen würden? Die folgende Tabelle zeigt die fünf Ausgangsregeln unter Berücksichtigung des Quellports:

Regel	Richtung	Quell-adresse	Ziel-adresse	Protokoll	Quell-port	Ziel-port	Aktion
A	eingehend	extern	intern	TCP	>1023	25	zulassen
B	ausgehend	intern	extern	TCP	25	>1023	zulassen
C	ausgehend	intern	extern	TCP	>1023	25	zulassen
D	eingehend	extern	intern	TCP	25	>1023	zulassen
E	beliebig	beliebig	beliebig	beliebig	beliebig	beliebig	verbieten

Und nun dieselben sechs Beispielpakete, gefiltert nach den neuen Regeln:

Paket	Richtung	Quell-adresse	Ziel-adresse	Protokoll	Quell-port	Ziel-port	Aktion (Regel)
1	eingehend	192.168.3.4	172.16.1.1	TCP	1234	25	zulassen (A)
2	ausgehend	172.16.1.1	192.168.3.4	TCP	25	1234	zulassen (B)
3	ausgehend	172.16.1.1	192.168.3.4	TCP	1357	25	zulassen (C)
4	eingehend	192.168.3.4	172.16.1.1	TCP	25	1357	zulassen (D)
5	eingehend	10.1.2.3	172.16.3.4	TCP	5150	8080	verbieten (E)
6	ausgehend	172.16.3.4	10.1.2.3	TCP	8080	5150	verbieten (E)

Wie Sie sehen, entsprechen die Problempakete Nummer 5 und 6 unter Berücksichtigung der Quellportnummer keiner der Regeln A bis D mehr, die Pakete passieren lassen. Sie werden nun durch die Standardregel abgewiesen.

Was passiert, wenn Sie es mit einem etwas raffinierteren Angreifer zu tun haben, der den Port 25 als Quellport auf seiner Seite der Verbindung benutzt? Er könnte dies erreichen, indem er den SMTP-Server auf einer von ihm kontrollierten Maschine beendet oder indem er eine Maschine für den Angriff benutzt, auf der nicht standardmäßig ein SMTP-Server ausgeführt wird, z.B. einen PC. Vor dort aus könnte er versuchen, eine Verbindung zu Ihrem Web-Proxy-Server aufzubauen. Sie bekämen die folgenden Pakete zu sehen:

Paket	Richtung	Quell-adresse	Ziel-adresse	Protokoll	Quell-port	Ziel-port	Aktion (Regel)
7	eingehend	10.1.2.3	172.16.3.4	TCP	25	8080	**zulassen (D)**
8	ausgehend	172.16.3.4	10.1.2.3	TCP	8080	25	**zulassen (C)**

Abbildung 8-11 zeigt diesen Fall.

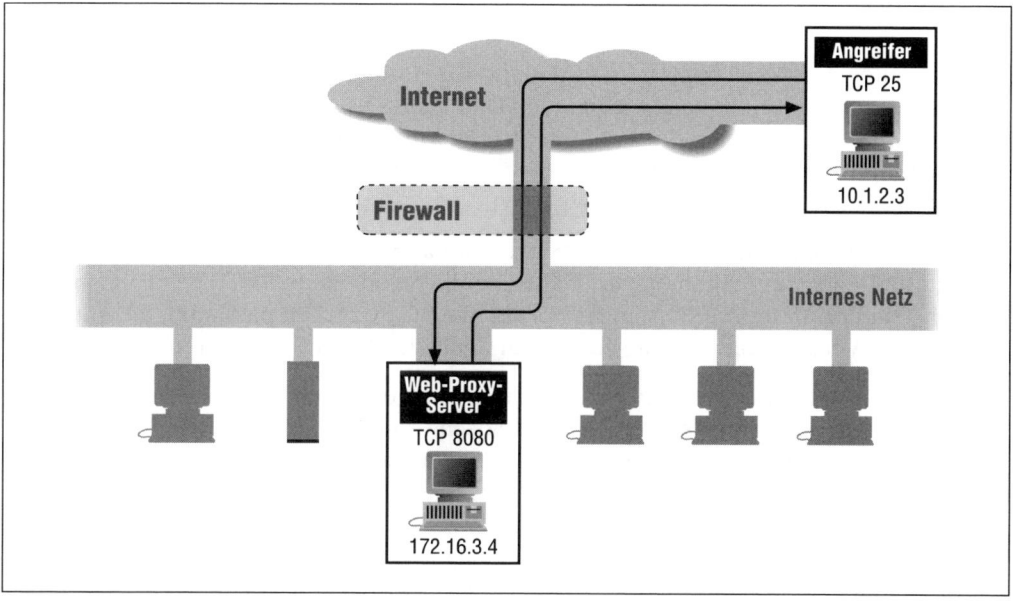

Abbildung 8-11: Paketfilterung: nach innen gerichtetes SMTP (Beispielpakete 7 und 8)

Sie können sehen, daß die Pakete passieren dürften. Der Angreifer wäre in der Lage, Verbindungen durch Ihren Web-Proxy-Server hindurch aufzubauen (wie in Kapitel 15, *Das World Wide Web*, beschrieben, wäre das ärgerlich und könnte katastrophale Folgen haben).

Was können Sie dagegen unternehmen? Die Lösung ist, auch das ACK-Flag als Filterkriterium zu betrachten. Ein weiteres Mal also unsere fünf Regeln, diesmal unter Berücksichtigung des ACK-Flags:

Regel	Richtung	Quelladresse	Zieladresse	Protokoll	Quellport	Zielport	ACK gesetzt	Aktion
A	eingehend	extern	intern	TCP	>1023	25	beliebig	zulassen
B	ausgehend	intern	extern	TCP	25	>1023	ja	zulassen
C	ausgehend	intern	extern	TCP	>1023	25	beliebig	zulassen
D	eingehend	extern	intern	TCP	25	>1023	ja	zulassen
E	beliebig	beliebig	beliebig	beliebig	beliebig	beliebig	beliebig	verbieten

Jetzt wird Paket 7, mit dem der Angreifer eine Verbindung zu Ihrem Web-Proxy-Server herstellen wollte, abgewiesen, wie nachfolgend dargestellt.

Paket	Richtung	Quell-adresse	Ziel-adresse	Protokoll	Quell-port	Ziel-port	ACK gesetzt	Aktion (Regel)
7	eingehend	10.1.2.3	172.16.3.4	TCP	25	8080	nein	verbieten (E)

Im letzten Regelsatz sind nur die Regeln B und D verändert. Von diesen beiden Regeln ist D die wichtigere, da sie den eingehenden Datenverkehr steuert. Regel B wird nur auf Verbindungen angewandt, die von Ihrem Standort ausgehen. Im allgemeinen sind Unternehmen stärker an der Kontrolle eingehender als ausgehender Verbindungen interessiert.

Regel D besagt jetzt, daß eintreffende Pakete nur dann akzeptiert werden, wenn sie ein gesetztes ACK-Flag enthalten und sie wahrscheinlich von einem SMTP-Server stammen, weil die Quellportnummer 25 ist. d.h., nur solche Pakete dürfen passieren, die Anwortpakete einer Verbindung sind, die von Ihrem Client zu einem Server aufgebaut wurden.

Sollte jemand versuchen, eine TCP-Verbindung von außerhalb aufzubauen, enthält das allererste Paket, das er oder sie sendet, ein gelöschtes ACK-Flag. Dieses Merkmal gehört zum Aufbau einer TCP-Verbindung. Weitere Informationen zur Verwendung des ACK-Flags finden Sie im Abschnitt »TCP« unter »Protokolle oberhalb von IP« in Kapitel 4, *Pakete und Protokolle*. Wenn Sie das Paket abweisen, das eine Verbindung aufbauen soll, Paket 7 in unserem Beispiel, verhindern Sie die komplette TCP-Verbindung. Ohne die Informationen im Header dieses ersten Pakets, speziell den TCP-Sequenznummern, ist es nicht möglich, die Verbindung aufzubauen.

Warum kann ein Angreifer dieses Hindernis nicht einfach überwinden, indem er das ACK-Flag im ersten Paket setzt? Das Paket würde die Filter zwar passieren, aber die Zielmaschine würde annehmen, daß das Paket zu einer bereits bestehenden Verbindung gehört und nicht zu einer neuen Verbindung, die das Paket versucht aufzubauen. Der Zielrechner versucht, das Paket einer existierenden Verbindung zuzuordnen. Das gelingt jedoch nicht, weil keine derartige Verbindung vorhanden ist, und das Paket wird verworfen.

Grundsätzlich gilt, daß jede Filterregel, die eintreffende TCP-Antwort-Pakete einer von innen aufgebauten Verbindung akzeptiert, auf ein gesetztes ACK-lag achten sollte.

An dieser Stelle haben Sie einen Satz einfacher Regeln, die nur den Datenverkehr passieren lassen, den Sie zulassen. Es ist kein vollständiger und kein sonderlich interessanter Regelsatz. Er enthält keine der zuvor besprochenen Standardregeln und behandelt nur ein einziges Protokoll. Sicher wollen Sie in der Realität auch andere Protokolle zulassen und nicht nur SMTP. Dieser Regelsatz funktioniert, Sie sollten ihn verstanden haben und können – aufbauend auf ihm und dem Rest dieses Buchs – Konfigurationen erstellen, die Ihren Ansprüchen gerecht werden.

9
Proxy-Systeme

Proxy-Systeme erlauben es Ihnen, es so aussehen zu lassen, als hätten alle Ihre Rechner Zugang zum Internet, obwohl nur einer oder einige wenige Rechner tatsächlich einen solchen Zugang besitzen. Die Rechner mit Internet-Zugang dienen dabei als Stellvertreter (Proxies) für die Rechner ohne Zugang, für die sie die gewünschten Aufgaben erfüllen.

Ein Proxy-Server für ein oder mehrere Protokolle läuft auf einem Dual-Homed-Host oder einem Bastion-Host, also einem Rechner, den ein Benutzer ansprechen kann und der im Gegenzug mit der Außenwelt kommuniziert. Das Clientprogramm des Benutzers wendet sich an den Proxy-Server und nicht direkt an den »echten« Server draußen im Internet. Der Proxy-Server bewertet die Anfragen der Clients und entscheidet, welche er weiterreicht und welche er unberücksichtigt läßt. Wird eine Anfrage zugelassen, kontaktiert der Proxy-Server stellvertretend für den Client den eigentlichen Server (daher der Name Stellvertreter bzw. Proxy) und leitet die Clientanfragen an den echten Server und dessen Antworten zurück zum Client.

Soweit es die Benutzer betrifft, können sie nicht unterscheiden, ob sie ihre Anfragen an den Proxy-Server oder einen echten Server richten. Der echte Server hat den Eindruck, mit einem Benutzer auf dem Rechner zu kommunizieren, auf dem der Proxy-Server ausgeführt wird. Er weiß nicht, daß sich dieser Benutzer tatsächlich irgendwo anders befindet.

Da der Proxy-Server der einzige Rechner ist, der mit der Außenwelt kommuniziert, ist er auch der einzige, der eine gültige IP-Adresse benötigt. Damit stellt der Proxy-Dienst eine einfache Möglichkeit dar, sparsam mit IP-Adressen umzugehen. Zu diesem Zweck können Sie auch Network Address Translation einsetzen, entweder ausschließlich oder in Verbindung mit Proxy-Diensten.

Der Einsatz von Proxies setzt keine besondere Hardware voraus. Es muß jedoch sichergestellt sein, daß die Clients ihre Verbindungen zum Proxy-Server aufbauen. Das kann zum einen auf den Client geschehen, indem sie entsprechend konfiguriert werden. Zum anderen ist es möglich, die Verbindungen der Clients »abzufangen« und sie ohne Kenntnis der Clients auf den Proxy-Server umzuleiten.

Proxy-Systeme arbeiten nur zusammen mit Methoden zur Einschränkung des IP-Verkehrs zwischen den Clients und den Servern effektiv. Dazu können Sie zum Beispiel Überwachungsrouter oder einen Dual-Homed-Host verwenden, der keine Pakete routet. Besteht zwischen den Clients und den echten Servern die Möglichkeit einer Verbindung auf IP-Ebene, können die Clients, und damit wahrscheinlich auch jemand von außen, das Proxy-System umgehen.

Wozu braucht man Proxy-Dienste?

Ein Internet-Anschluß hat wenig Sinn, wenn Ihre Anwender ihn nicht nutzen können. Andererseits stellt der Internet-Anschluß ein Sicherheitsrisiko dar, wenn zwischen dem Internet und allen Rechnern Ihres Firmennetzes ungehinderte Kommunikation möglich ist. Es gilt also, einen geeigneten Kompromiß zu finden.

Das Naheliegendste wäre, den Internet-Zugang auf einem einzelnen Host einzurichten, von dem aus Ihre Benutzer auf das Internet zugreifen können. Diese Lösung ist unbefriedigend, da diese Art von Rechnern für die Benutzer nicht transparent sind. Es ist Benutzern nicht möglich, direkt auf Netzdienste zuzugreifen. Sie müssen sich erst auf dem Dual-Homed-Host anmelden, ihre Arbeit erledigen und die Ergebnisse dann irgendwie auf ihre eigenen Workstations übertragen. Bestenfalls sind die Benutzer über dieses mehrstufige Vorgehen nur verärgert, für das sie mehrere Datenübertragungen durchführen und ihre Arbeit außerhalb ihrer gewohnten Umgebung erledigen müssen.

Das Problem verschärft sich an Standorten, die verschiedene Betriebssysteme einsetzen. Wenn Sie normalerweise mit einem Macintosh arbeiten, aber der Dual-Homed-Host ein Unix-System ist, wird Ihnen das Unix-System wahrscheinlich völlig fremd vorkommen. Sie sind auf die Werkzeuge beschränkt, die auf dem Dual-Homed-Host zu Verfügung stehen. Diese können einen anderen Funktionsumfang bieten oder sich völlig von denen unterscheiden, mit denen Sie es gewohnt sind zu arbeiten.

Dual-Homed-Hosts, die ohne Proxies konfiguriert sind, neigen dazu, ihre Benutzer zu verärgern und verringern damit deutlich die Vorteile, die eine Internet-Verbindung bringt. Gravierender jedoch ist, daß sie im allgemeinen keine angemessene Sicherheit bieten. Es ist fast unmöglich, eine Maschine abzusichern, auf der viele Benutzer verkehren, besonders, wenn diese auf jeden Fall mit der Außenwelt kommunizieren wollen. Sie können die Auswahl verfügbarer Werkzeuge nicht wirksam begrenzen, da Ihre Benutzer jederzeit die gewünschten Werkzeuge auf diese Maschine übertragen können, wenn die internen Maschinen vom gleichen Typ sind. Sie können z.B. nicht dafür garantieren, daß alle Dateiübertragungen protokolliert werden, weil jeder seine eigenen Übertragungsprogramme benutzen kann, die vielleicht keine Protokollfunktion besitzen.

Durch Proxy-Systeme ersparen Sie sich frustrierte Benutzer und die Sicherheitsprobleme eines Dual-Homed-Hosts, da sie die Interaktion mit dem Dual-Homed-Host automatisieren. Sie befreien die Benutzer von der direkten Kommunikation mit diesem

Rechner und sorgen dafür, daß die komplette Interaktion hinter den Kulissen stattfindet. Die Benutzer gewinnen den Eindruck, direkt oder wenigstens fast direkt auf den eigentlichen Server im Internet zugreifen zu können. Es ist nur noch eine minimale direkte Kommunikation mit dem Dual-Homed-Host erforderlich. Abbildung 9-1 zeigt den Unterschied zwischen Wirklichkeit und Illusion bei der Verwendung von Proxy-Systemen.

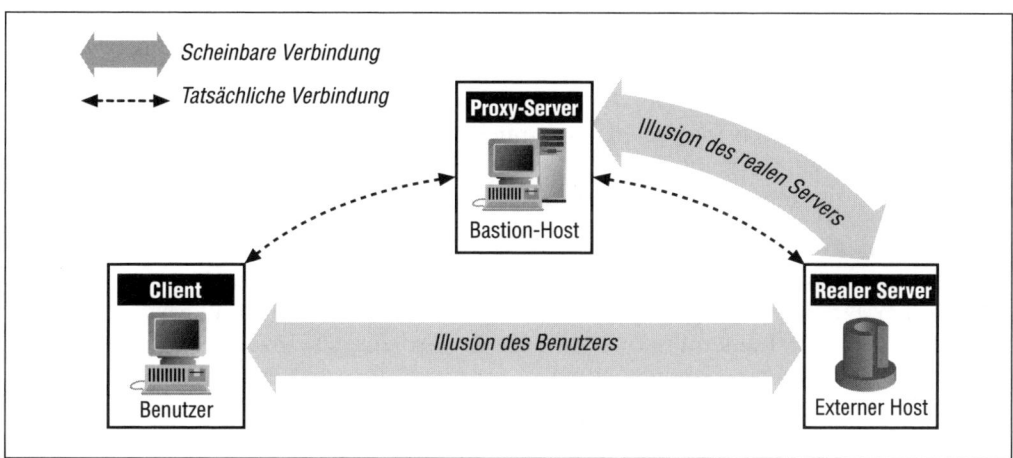

Abbildung 9-1: Proxies – Wirklichkeit und Illusion

Proxy-Systeme beugen Sicherheitsproblemen vor, indem sie keine Benutzeranmeldungen auf dem Dual-Homed-Host und Verbindungen nur durch kontrollierte Software zulassen. Da die Funktion der Proxy-Software keine Benutzeranmeldungen erfordert, ist der Host vor Problemen geschützt, die durch die Anmeldungen verschiedener Benutzer verursacht werden können. Es kann auch niemand Software installieren, die einen unkontrollierten Internet-Zugang ermöglicht. Der Proxy fungiert also als Kontrollstelle.

Wie funktionieren Proxies?

Die Arbeitsweise eines Proxys unterscheidet sich von Dienst zu Dienst. Einige Dienste ermöglichen einen Proxy-Betrieb einfach oder automatisch. Sie müssen nur die Konfiguration der normalen Serversoftware anpassen. In den meisten Fällen benötigen Sie jedoch spezielle Serversoftware für den Betrieb eines Dienstes im Proxy-Modus. Auf der Clientseite benötigen Sie eine der folgenden Komponenten:

Proxy-taugliche Anwendungssoftware
    Dieser Ansatz erfordert, daß die Software weiß, wie sie statt des eigentlichen Servers den Proxy-Server erreicht, sobald ein Benutzer eine Anfrage startet, z.B. FTP oder Telnet. Sie muß auch wissen, wie sie dem Proxy-Server mitteilt, zu welchem Server die eigentliche Verbindung aufgebaut werden soll.

Proxy-taugliche Betriebssystemsoftware
> Dieser Ansatz erfordert, daß das Betriebssystem, auf dem die Clientsoftware ausgeführt wird, so verändert wurde, daß es prüft, ob eine IP-Verbindung zu einem Proxy-Server umgeleitet werden soll. Dieser Mechanismus baut auf der Fähigkeit des Betriebssystems zum dynamischen Laden von Programmbibliotheken auf. Er funktioniert nicht immer und kann aus Gründen fehlschlagen, die für Benutzer unklar bleiben.

Proxy-taugliche Verfahren für Benutzer
> Dieser Ansatz funktioniert mit Clientsoftware, die die Benutzung von Proxies nicht automatisch unterstützt. Der Benutzer baut mit ihr eine Verbindung zum Proxy-System auf. Danach interagiert er manuell mit dem Proxy und weist ihn an, eine Verbindung zum eigentlichen Zielhost herzustellen, anstatt die Clientsoftware zu benutzen, um eine direkte Verbindung zum Zielhost herzustellen.

Proxy-taugliche Router
> Bei diesem Ansatz müssen keine Veränderungen auf der Clientseite vorgenommen werden. Ein Router fängt alle Verbindungen ab und leitet sie zum Proxy-System um oder bietet selbst einen Proxy-Dienst an. Es wird zusätzlich zur Proxy-Software ein intelligenter Router benötigt (Routing und der Proxy-Dienst können auf einer Maschine zusammen untergebracht werden).

Proxy-taugliche Anwendungssoftware

Der erste Ansatz benutzt Proxy-taugliche Anwendungssoftware für den Proxy-Einsatz. Es gibt einige Probleme mit ihm, aber es sind bereits weniger geworden.

Geeignete Anwendungssoftware ist häufig nur für bestimmte Plattformen erhältlich. Wenn sie für eine Ihrer Plattformen nicht verfügbar ist, haben Ihre Benutzer einfach Pech gehabt. Das Produkt *Igateway* von Sun (geschrieben von Jim Thompson) ist z.B. ein Proxy-Paket für FTP und Telnet, Sie können es jedoch nur auf Sun-Rechnern benutzen, da es nur vorkompilierte Sun-Binaries gibt. Wenn Sie Proxy-Software einsetzen wollen, müssen Sie Produkte wählen, die für die jeweilige Plattform verfügbar sind.

Selbst wenn die Software für Ihre Plattform angeboten wird, wollen Ihre Benutzer sie vielleicht nicht anwenden. Es gibt beispielsweise Dutzende FTP-Clientprogramme für den Macintosh. Einige von Ihnen haben eindrucksvolle grafische Benutzeroberflächen. Andere verfügen über nützliche Zusatz-Funktionen, z.B. zum automatischen Dateitransfer. Wenn Sie Pech haben, unterstützt die von Ihnen gewählte Clientsoftware aus irgendeinem Grund Ihren speziellen Proxy-Server-Mechanismus nicht. Manchmal können Sie den Client entsprechend abändern, so daß er mit Ihrem Proxy-Server kooperiert. Voraussetzung dafür ist jedoch, daß Sie den Quellcode des Programms und die nötigen Werkzeuge haben, um den Client neu zu übersetzen. Nur wenige Clientprogramme unterstützen jede Art von Proxy-Systemen.

Positive Ausnahmen dieser Regel sind WWW-Clientprogramme wie Netscape, Internet Explorer und Lynx. Viele dieser Programme unterstützen Proxies verschiedener Art (in der Regel SOCKS und HTTP-Proxying). Die meisten wurden entwickelt, nachdem Firewalls und Proxy-Systeme im Internet Verbreitung fanden. Die Entwickler waren sich der neuen Umgebung bewußt und berücksichtigten den Proxy-Einsatz bereits beim Programmentwurf.

Veränderungen an Anwendungen, damit diese Proxies unterstützen, schaffen keine vollständige Transparenz für die Benutzer. Damit diese Anwendungen die richtigen Proxy-Server nutzen, müssen sie entsprechend konfiguriert werden. Außerdem dürfen sie nur für Verbindungen benutzt werden, die tatsächlich über Proxy-Server erfolgen sollen. Die meisten Anwendungen bieten irgendwelche Mechanismen, die die Benutzer bei diesen Problemen unterstützen und das Vorgehen teilweise automatisieren. Fehlkonfiguration dieser Anwendungssoftware stellt jedoch die häufigste Ursache für Probleme im Umgang mit Proxy-Lösungen dar.

In einigen Fällen werden mehrere Versionen einer Software eingesetzt, eine für interne Verbindungen und eine modifizierte für externe Verbindungen über Proxies. Die Benutzer müssen selbst darauf achten, für externe Verbindungen die Proxy-taugliche Version einzusetzen. Halten sich Ihre Benutzer an Vorgehensweisen, die sie aus anderen Umfeldern gewohnt sind oder die in Büchern beschrieben werden, werden sie durch den immer wiederkehrenden Effekt verwirrt, daß interne Verbindungen funktionieren und externe scheitern. Es ist möglich, Proxy-taugliche Varianten der Clientsoftware auch intern einzusetzen. Das wird an den meisten Standorten jedoch vermieden, da damit unnötige Abhängigkeiten vom Proxy-Server verbunden sind.

Proxy-taugliche Betriebssystemsoftware

Anstatt die Anwendungen zu verändern, können Sie auch deren Umgebung so anpassen, daß die Anwendungen weiterhin ganz normal versuchen können, Verbindungen aufzubauen. Die dazu verwendeten Funktionsaufrufe werden auf Funktionen abgebildet, die automatisch eine Verbindung zum entsprechenden Proxy-Server aufbauen. So können Sie unveränderte Anwendungssoftware einsetzen, um mit Proxy-Servern zu kommunizieren.

Die genaue Vorgehensweise ist von Betriebssystem zu Betriebssystem verschieden. Auf Systemen, die dynamische Bibliotheken unterstützen, binden Sie einfach eine spezielle Bibliothek ein. Auf anderen Systemen müssen Sie die Netzwerktreiber austauschen, die grundlegende Bestandteile des Betriebssystems sind.

In beiden Fällen kann es Probleme geben. Wenn das Verhalten von Anwendungen nicht bekannt ist, kann es vorkommen, daß sie die Proxy-Benutzung umgehen oder durch die Proxy-Benutzung gestört werden. Die folgenden Punkte bereiten Probleme:

- statisch gelinkte Software
- Software, die für Netzwerkfunktionen eigene dynamische Bibliotheken mitbringt
- Protokolle, die eingebettete Portnummern oder IP-Adressen verwenden
- Software, die versucht, Veränderungen auf tiefer liegenden Schichten von Verbindungen vorzunehmen

Da diese Art des Einsatzes von Proxies relativ transparent für Benutzer ist, bleiben Probleme für sie normalerweise undurchschaubar. Die Benutzeroberflächen, mit denen die Einstellungen erfolgen, sind meist für erfahrene Administratoren und nicht für normale Benutzer gedacht, was diese Situation noch verschlimmert.

Proxy-taugliche Verfahren für Benutzer

Bei diesem Ansatz sind die Proxy-Server so ausgelegt, daß sie mit Standard-Clientsoftware zusammenarbeiten. Die Benutzer dieser Software müssen sich jedoch an spezielle Vorgehensweisen halten. Sie stellen mit der Clientsoftware eine Verbindung zum Proxy-Server her und weisen diesen an, eine Verbindung zum Zielrechner aufzubauen. Da nur wenige Protokolle entwickelt wurden, die diese Art von Informationen übermitteln können, müssen sich Ihre Benutzer nicht nur den Namen des Proxy-Servers merken, sondern auch, auf welche Weise der Name des anderen Rechners übermittelt wird.

Wie funktioniert das? Sie müssen Ihren Benutzern für jedes Protokoll eine andere Vorgehensweise erklären. Betrachten wir FTP. Angenommen, Lieschen Müller möchte eine Datei von einem Anonymous-FTP-Server herunterladen (z. B. *ftp.greatcircle.com*). Dazu geht sie folgendermaßen vor:

1. Anstatt eine direkte Verbindung zum Anonymous-FTP-Server herzustellen, baut sie mit einem FTP-Client ihrer Wahl eine Verbindung zu Ihrem Proxy-Server auf. Dieser läuft wahrscheinlich auf einem Bastion-Host, Ihrem Gateway zum Internet.

2. An der Eingabeaufforderung für den Benutzernamen gibt Lieschen neben der Benutzerkennung auch den Namen des eigentlichen Servers an, zu dem sie eine Verbindung aufbauen möchte. Wenn sie z. B. den Anonymous-FTP-Server *ftp.greatcircle.com* erreichen wollte, müßte sie statt »anonymous« an der Eingabeaufforderung des Proxy-Servers »anonymous@ftp.greatcircle.com« eingeben.

Genau wie Proxy-taugliche Anwendungssoftware Veränderungen im Vorgehen ihrer Benutzer erfordert, begrenzt der Einsatz Proxy-tauglicher Verfahren die Auswahl an benutzbaren Client. Einige Clients versuchen, automatisch Anonymous-FTP-Verbindungen aufzubauen, und können daher nicht für Verbindungen über Proxy-Server eingesetzt werden. Andere sind vielleicht ganz einfach deshalb nicht zu gebrauchen, weil das Eingabefeld für den Benutzer in ihrer grafischen Benutzeroberfläche nicht lang genug ist, um sowohl den Benutzernamen als auch den Rechnernamen aufzunehmen.

Das Hauptproblem mit Proxy-tauglichen Verfahrensweisen besteht jedoch darin, daß Sie sie Ihren Benutzern beibringen müssen. Wenn der Benutzerkreis klein und technisch versiert ist, dürfte das kein Problem darstellen. Bei 10.000 Benutzern, die über vier Kontinente verteilt arbeiten, wird es wohl schwierig. Auf der einen Seite gibt es Hunderte von Büchern, Tausende von Zeitschriftenartikeln und Zehntausende von Usenet-Postings, in denen der normale Ablauf zur Nutzung einfacher Internet-Dienste wie FTP dargestellt wird, ganz zu schweigen von der Ausbildung und den Erfahrungen der Benutzer. Auf der anderen Seite stehen Sie und versuchen Ihren Benutzern das Vorgehen zu erklären und das im Widerspruch zu allen verfügbaren Informationen. Noch dazu müssen sich Ihre Benutzer den Namen Ihres Gateways und die Einzelheiten über dessen Gebrauch merken. Ab einer bestimmten Organisationsgröße ist diese Methode daher nicht mehr praktikabel.

Proxy-taugliche Router

Beim Einsatz eines Proxy-tauglichen Routers können die Clients ganz normal versuchen, eine Verbindung zum Zielsystem aufzubauen. Die Pakete werden jedoch abgefangen und zum entsprechenden Proxy-Server umgeleitet. In einigen Fällen geschieht das, indem der Proxy-Server wie ein Router behandelt wird. In anderen ist ein zusätzlicher Router erforderlich, der die Pakete begutachtet und entscheidet, ob er sie an die gewünschten Zielrechner sendet, sie verwirft oder sie zu einem Proxy-Server weiterleitet. Dieses Verfahren wird oft als *Hybrid-Proxying* bezeichnet, weil seine Arbeitsweise mit der eines Paketfilters vergleichbar ist. Es wird auch *Transparent-Proxying* genannt, da es für die Clients unsichtbar bleibt.

Eine solche Router-basierte Lösung wie die in Abbildung 9-2 dargestellte ist die einfachste für Benutzer. Sie müssen nichts konfigurieren und nicht umlernen. Die gesamte Arbeit wird von irgendeinem Gerät erledigt, das die Pakete abfängt, und dem Administrator, der es einrichtet.

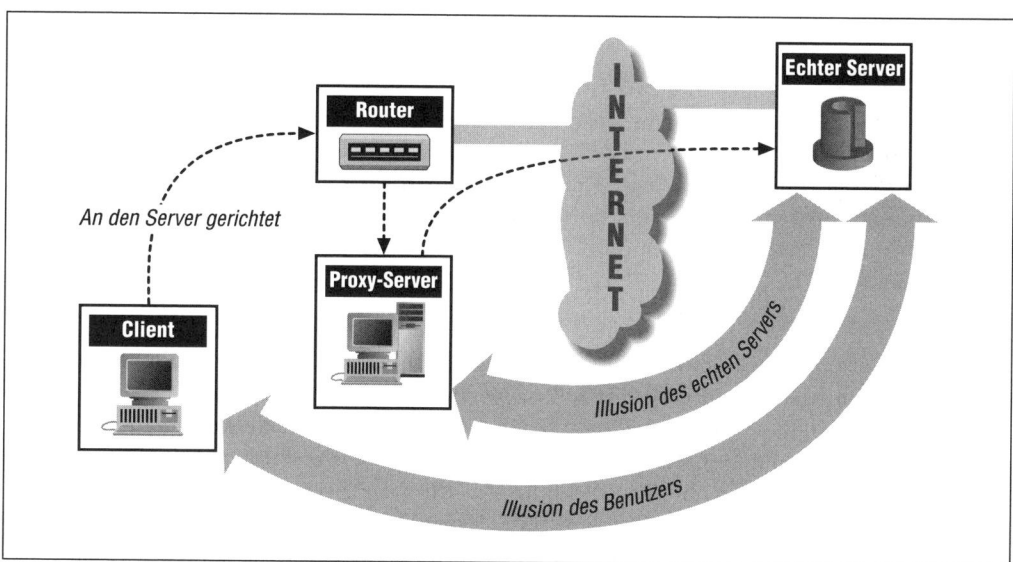

Abbildung 9-2: Ein Proxy-tauglicher Router leitet Verbindungen weiter

Die positive Seite daran ist, daß es die größte Transparenz bietet. Ihren Benutzern fällt diese Proxy-Lösung normalerweise nur dann auf, wenn sie nicht funktioniert oder eine Benutzeraktion nicht zuläßt. Vom Standpunkt Ihrer Benutzer aus betrachtet, kombiniert diese Lösung die Vorteile der Paketfilterung, um die sie sich nicht kümmern müssen, weil sie automatisch funktioniert, und des Proxy-Dienstes, der z.B. Dokumente zwischenspeichern kann.

Für Administratoren kombiniert sie die Nachteile der Paketfilterung mit denen des Proxy-Dienstes:

- Es ist einfach, versehentlich oder in feindlicher Absicht, Verbindungen am System vorbei aufzubauen.
- Das benutzte Protokoll muß aus den Paketen bestimmbar sein, um diese weiterleiten zu können. Alle Protokolle, die keine Paketfilterung unterstützen, können deshalb nicht angeboten werden. Außerdem müssen Sie die eigentliche Verbindung zum Proxy-Server herstellen können, so daß auch Protokolle, die nicht für den Einsatz in einer Proxy-Umgebung vorgesehen sind, nicht unterstützt werden.
- Alle internen Rechner müssen in der Lage sein, externe Hostnamen in die entsprechenden IP-Adressen zu übersetzen, um einen Verbindungsaufbau zu initiieren.

Verschiedene Arten von Proxy-Servern

Dieser Abschnitt beschreibt verschiedene Arten von Proxy-Servern.

Application-Level- und Circuit-Level-Proxies

Ein *Application-Level-Proxy* kennt eine bestimmte Anwendung, für die er Proxy-Dienste anbietet. Er versteht und interpretiert die Befehle des Anwendungsprotokolls. Ein *Circuit-Level-Proxy* schließt den Kreis zwischen dem Client und dem Server, ohne das Anwendungsprotokoll zu interpretieren. Die extremste Variante eines Application-Level-Proxy sind Anwendungen wie Sendmail, die ein »Store-and-Forward«-Protokoll implementieren. Die extremste Variante eines Circuit-Level-Proxy sind Anwendungen wie *plug-gw*, die alle Daten, die sie empfangen, zu einem anderen Ziel weiterleiten.

Der Vorteil eines Circuit-Level-Proxy ist, daß seine Dienste für eine Vielzahl unterschiedlicher Protokolle genutzt werden können. Die meisten Server für Circuit-Level-Proxies sind zugleich generische Proxy-Server, die an fast alle Protokolle angepaßt werden können. Nicht alle Protokolle können jedoch problemlos durch einen Circuit-Level-Proxy verarbeitet werden. Bei Protokollen wie FTP, die Portinformationen vom Client zum Server übertragen, muß auf der Protokollebene eingegriffen werden, was Kenntnisse auf der Anwendungsebene erfordert. Server für Circuit-Level-Proxies haben den Nachteil, daß sie kaum Einflußmöglichkeiten darauf bieten, was während der Weiterleitung durch den Proxy geschieht. Wie bei einem Paketfilter werden die Verbindungen anhand der Quell- und Zieladresse gesteuert. Es kann nicht einfach festgestellt werden, ob die übertragenen Befehle sicher sind oder überhaupt dem jeweiligen Protokoll entsprechen. Circuit-Level-Proxies werden leicht durch Server getäuscht, denen Portnummern zugewiesen wurden, unter denen normalerweise andere Dienste erreichbar sind.

Im allgemeinen ist die Funktionalität von Circuit-Level-Proxies die gleiche wie die von Paketfiltern. Sie bieten höhere Sicherheit in bezug auf Fehler in Paket-Headern, nicht aber in bezug auf die Daten, die in einem Paket übertragen werden. Gleichzeitig werden selbst durch den Einsatz einfachster Circuit-Level-Proxies automatisch verschiedene Sicherheitprobleme, z.B. mit der Fragmentierung von Paketen, gelöst, die sonst nur mit High-End-Paketfiltern zu lösen wären.

Generische und dedizierte Proxies

Obwohl »Application-Level« und »Circuit-Level« in anderen Dokumenten häufig genutzte Begriffe sind, unterscheiden wir eher zwischen »dedizierten« und »generischen« Proxy-Servern. Ein *dedizierter Proxy-Server* bedient ein einziges Protokoll, während ein *generischer Proxy-Server* mehrere Protokolle bedient. In der Praxis entsprechen dedizierte Proxy-Server den Application-Level-Proxies und die generischen Proxy-Server den Circuit-Level-Proxies. Je nach Auslegung der Begriffe ist ein generischer Application-Level-Proxy-Server vorstellbar, der eine Vielzahl unterschiedlicher Protokolle versteht, oder ein dedizierter Circuit-Level-Proxy-Server, der nur einen Dienst anbietet, aber das dafür eingesetzte Protokoll nicht versteht. Diese beiden Fälle treten in der Praxis jedoch nicht auf. Wir verwenden die Begriffe »dediziert« und »generisch« einfach deshalb, weil sie uns verständlicher erscheinen als »Application-Level« und »Circuit-Level«.

Intelligente Proxy-Server

Einige Proxy-Server können wesentlich mehr, als lediglich Anfragen weiterzureichen. Sie werden *intelligente Proxy-Server* genannt. Fast alle HTTP-Proxy-Server speichern z.B. Daten zwischen, so daß Anfragen nach denselben Daten nicht jedesmal ins Internet gestellt werden müssen. Proxy-Server, insbesondere Application-Level-Server, bieten bessere Protokollmöglichkeiten und Zugriffskontrollen, als mit anderen Mitteln erreicht werden können, obwohl dieses Potential nur von wenigen der verfügbaren Server voll ausgeschöpft wird. Aber mit fortschreitender Entwicklung der Proxy-Server werden ihre Fähigkeiten rasant erweitert. Seitdem verschiedene Proxy-Systeme mit grundlegender Funktionalität verfügbar sind, existiert ein Wettbewerb, durch den ständig neue Funktionen integriert werden. Ein dedizierter Application-Level-Proxy ist eher ein intelligenter Proxy als ein in seinen Fähigkeiten beschränkter Circuit-Level-Proxy.

Proxy-Dienste ohne Proxy-Server

Einige Dienste wie SMTP, NNTP und NTP unterstützen standardmäßig den Proxy-Betrieb. Sie sind alle so ausgelegt, daß Daten (E-Mail-Nachrichten für SMTP, Usenet-Postings für NNTP und Zeiteinstellungen für NTP) zwischen Servern, anstatt direkt zwischen einem Client und dem endgültigen Zielserver ausgetauscht werden. SMTP leitet die Nachrichten schrittweise zum Zielsystem des Empfängers. NNTP verteilt Nachrichten unter allen Nachbarservern. NTP erzeugt auf Anfrage Nachrichten zur Zeitaktualisierung, es unterstützt jedoch auch Server-Hierarchien. Bei diesem Ansatz arbeiten alle Server auf dem Pfad zum Ziel eigentlich als Proxies für das Ausgangssystem oder den Originalserver.

Wenn Sie das Header-Feld »Received:« einer empfangenen E-Mail betrachten, in dem der Weg dieser Nachricht vom Sender zum Empfänger gespeichert wird, werden Sie feststellen, daß nur sehr wenige Nachrichten direkt zwischen dem Rechner des Absenders und dem Rechner des Empfängers ausgetauscht werden. Heutzutage wird eine Nachricht normalerweise von mindestens vier Maschinen transportiert:

- von der Maschine des Absenders
- dem Mail-Gateway für ausgehende Post am Standort oder dem Internet-Service-Provider des Absenders
- dem Mail-Gateway für eingehende Post am Standort des Empfängers
- zum Schluß noch von der Maschine des Empfängers

Alle Server auf dem Pfad, die Mail-Gateways, arbeiten als Proxy-Server für den Absender, auch wenn er nicht direkt mit ihnen zu tun hat. Abbildung 9-3 zeigt diese Situation.

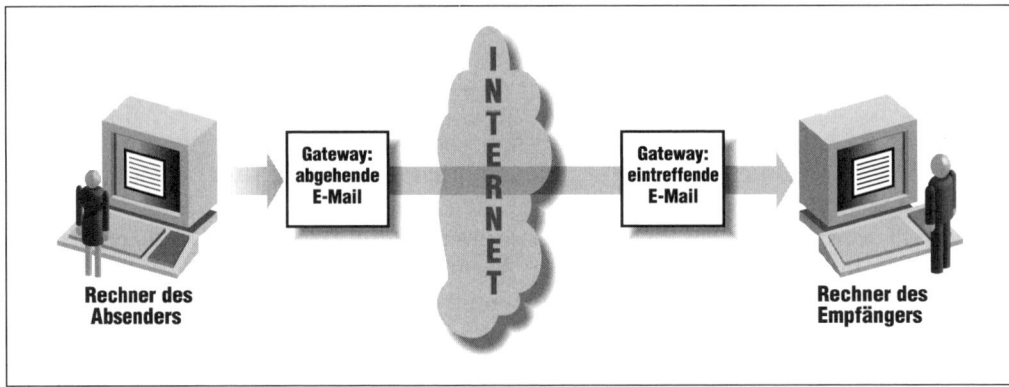

Abbildung 9-3: Store-and-Forward-Dienste (z.B. SMTP) als »natürliche« Proxies

Proxy-Dienste mit SOCKS

Das SOCKS-Paket wurde ursprünglich von David Koblas und Michelle Koblas entwickelt und wird gegenwärtig von Ying-Da Lee betreut. Es ist ein Beispiel eines Proxy-Systems, das sowohl Proxy-taugliche Anwendungen als auch Proxy-taugliche Clients unterstützt. Eine Referenz-Implementierung von SOCKS ist frei erhältlich und wurde zum De-facto-Standard für Proxy-Dienste im Internet. Es ist ein angemeldeter Internet-Standard, der in RFC 1928 dokumentiert ist. In Anhang B, erfahren Sie, wie Sie eine frei erhältliche Version von SOCKS bekommen können. Außerdem gibt es mehrere kommerzielle Varianten der Software.

SOCKS-Versionen

Zur Zeit sind zwei Versionen des SOCKS-Protokolls im Gebrauch, SOCKS4 und SOCKS5. Die beiden Protokolle sind nicht kompatibel, doch die meisten SOCKS5-Server erkennen SOCKS4-Anfragen und bedienen sie entsprechend. Die wichtigsten Neuerungen in SOCKS5 sind:

- Benutzer-Authentifizierung
- Unterstützung für UDP und ICMP
- Auflösung von Hostnamen auf dem SOCKS-Server

SOCKS4 erlaubt keine richtige Benutzer-Authentifizierung. Es trifft die Entscheidungen, ob Verbindungen zugelassen oder abgewiesen werden, anhand der gleichen Informationen, die auch ein Paketfilter benutzt (Quell- und Zielportnummern und IP-Adressen). SOCKS5 benutzt verschiedene Wege, um Benutzer zu authentifizieren, was eine genauere Steuerung und Protokollierung ermöglicht.

SOCKS4 unterstützt nur Clients auf TCP-Basis und funktioniert nicht mit UDP- oder ICMP-basierten Clients wie *ping* und *traceroute*. Wollen Sie UDP-basierte Clients einsetzen, benötigen Sie eine andere Software. Entweder setzen Sie SOCKS5 oder den UDP-Packet-Relayer ein. Dieses Programm bietet für UDP-Clients im wesentlichen den gleichen Funktionsumfang wie SOCKS für TCP-basierte Clients. Wie SOCKS ist auch der UDP-Packet-Relayer im Internet frei erhältlich. SOCKS5 ist der einzige frei verfügbare Proxy für ICMP, der verbreitet eingesetzt wird.

Für den Einsatz von SOCKS4 ist es erforderlich, daß der Client die Übersetzung von Hostnamen in IP-Adressen vornehmen kann. In SOCKS5 ist es möglich, daß der Client den Hostnamen anstelle der IP-Adresse übergibt. Die Auflösung des Hostnamens wird dann vom SOCKS-Server vorgenommen. Dieses Vorgehen ist für Standorte günstig, die sogenanntes »fake root«-DNS einsetzen, wobei alle internen Rechner auf einen ebenfalls internen DNS-Server zugreifen, der keine Daten mit dem Internet austauscht. Diese Konfiguration wird in Kapitel 20, *Namens- und Verzeichnisdienste*, beschrieben.

Eigenschaften von SOCKS

Damit leicht neue Clients unterstützt werden können, ist SOCKS äußerst generisch. Das schränkt die Funktionen ein, die es bieten kann. Mit SOCKS können Sie weder Zugriffskontrollen noch Protokollierungen anhand des Protokolls durchführen.

SOCKS protokolliert Verbindungsaufbauwünsche auf dem Server und bietet Zugriffskontrollen anhand des Benutzers, der Quellportnummer und der Quelladresse oder anhand der Zieladresse und der Zielportnummer. Sie können auch die Antworten anpassen, die erzeugt werden, wenn eine Verbindung abgelehnt wird. Zum Beispiel kann festgelegt werden, daß der Administrator über eingehende Verbindungen informiert wird und die Benutzer eine Benachrichtigung erhalten, warum ihre ausgehenden Verbindungen fehlschlagen.

Der Hauptvorteil von SOCKS liegt in seiner Beliebtheit. Durch die weite Verbreitung von SOCKS sind Server-Implementierungen und SOCKS-fähige Clients (z.B. gibt es Versionen von Programmen wie FTP und Telnet, die SOCKS unterstützen) allgemein verfügbar und ist Hilfe einfach zu finden. Das hat auch seine Schattenseiten. Es wurde von Fällen berichtet, in denen Eindringlinge in Standorten mit Firewalls ihre eigenen SOCKS-fähigen Clients installiert haben.

Bestandteile von SOCKS

Das SOCKS-Paket umfaßt folgende Bestandteile:

- Den SOCKS-Server. Dieser Server läuft nur auf Unix-Systemen. Er wurde bereits auf viele verschiedene Varianten von Unix portiert.
- Die SOCKS-Client-Bibliothek für Unix-Systeme.
- SOCKS-fähige Versionen verschiedener Unix-Standardprogramme wie FTP und Telnet.
- SOCKS-Wrapper für *ping* und *traceroute*.
- Das Programm *runsocks*, das es erlaubt, dynamisch gebundene Programme ohne Neuübersetzung zur Laufzeit SOCKS-fähig zu machen.

Zusätzlich sind auch Client-Bibliotheken für MacOS- und Windows-Systeme als Extra-Pakete erhältlich.

Abbildung 9-4 zeigt den Einsatz von SOCKS als Proxy.

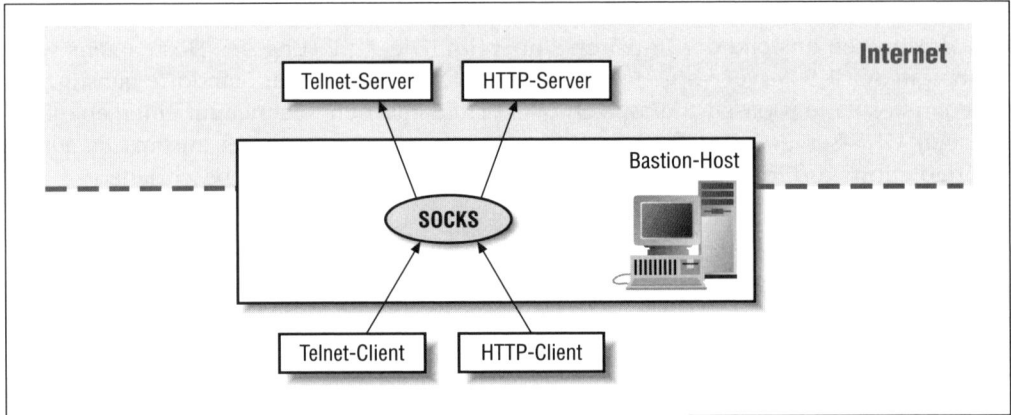

Abbildung 9-4: Die Benutzung von SOCKS als Proxy

Clients zur Benutzung von SOCKS anpassen

Viele sowohl kommerzielle als auch frei erhältliche Internet-Clientprogramme können SOCKS nutzen, indem entweder die entsprechende Unterstützung bei der Übersetzung integriert wird oder als Laufzeit-Option zur Verfügung steht.

Wie können Sie ein Clientprogramm so umwandeln, daß es SOCKS benutzt? Sie müssen das Programm so verändern, daß es nicht direkt mit der Außenwelt, sondern mit dem SOCKS-Server kommuniziert. Um das zu erreichen, müssen Sie das Programm unter Verwendung der SOCKS-Bibliothek neu übersetzen.

Diese Umwandlung verläuft normalerweise recht einfach. Das SOCKS-Paket geht von ein paar Annahmen über die Funktionsweise der Clientprogramme aus, die auf die meisten zutreffen. Eine vollständige Aufstellung dieser Annahmen finden Sie in der Datei *What_SOCKS_expects*, die im SOCKS-Paket enthalten ist.

Bei der Anpassung eines Clientprogramms müssen alle Aufrufe von Standard-Netzfunktionen durch die entsprechenden SOCKS-Äquivalente ersetzt werden. Dabei sind die folgenden Funktionen betroffen:

Standard-Netzfunktion	SOCKS-Variante
connect()	Rconnect()
getsockname()	Rgetsockname()
bind()	Rbind()
accept()	Raccept()
listen()	Rlisten()
select()	Rselect()

Diese Ersetzung erledigen Sie normalerweise, indem Sie einfach die Datei *socks.h* der SOCKS-Distribution einbeziehen (durch `#include`). Sollte das nicht funktionieren, können Sie auf eine ältere Methode zurückgreifen und die folgende CFLAGS=-Zeile dem Makefile des Programms hinzufügen:

```
-Dconnect=Rconnect
    -Dgetsockname=Rgetsockname
    -Dbind=Rbind
    -Daccept=Raccept
    -Dlisten=Rlisten
    -Dselect=Rselect
```

Danach übersetzen Sie das Programm neu und binden es mit der SOCKS-Clientbibliothek.

Der Clientrechner benötigt nicht nur die an SOCKS angepaßten Clients, sondern auch Informationen darüber, welcher SOCKS-Server welche Dienste zur Verfügung stellt. Auf Unix-Systemen befinden sich diese Daten in der Datei */etc/socks.conf*. Wenn Sie den Zugriff durch Auth kontrollieren wollen, muß die Clientmaschine einen Auth-Server ausführen, z. B. das *identd*-Programm, das es einem SOCKS-Server ermöglicht, zu überprüfen, welcher Benutzer den Quellport einer Verbindung steuert. Wir empfehlen jedoch, SOCKS5 mit Benutzer-Authentifizierung einzusetzen, da der SOCKS-Server keine Möglichkeit hat, die Zuverlässigkeit eines Auth-Servers zu prüfen, und jemand ihn absichtlich umgehen konnte. Weitere Informationen über Auth finden Sie in Kapitel 21, *Authentifizierungs- und Auditing-Dienste*.

Proxy-Dienste mit dem Internet Firewall Toolkit von TIS

Das frei erhältliche TIS FWTK von Trusted Information Systems enthält verschiedene Arten von Proxy-Servern. Es bietet darüber hinaus weitere Werkzeuge zur Authentifizierung und für andere Zwecke, die an den entsprechenden Stellen dieses Buchs genauer beschrieben werden. In Anhang B, *Werkzeuge*, erfahren Sie, woher Sie TIS FWTK beziehen können.

Während mit SOCKS der Versuch unternommen wurde, einen einzigen allgemein verwendbaren Proxy anzubieten, besteht TIS FWTK aus getrennten Proxies für die gebräuchlichsten Internet-Dienste (siehe Abbildung 9-5). Dahinter verbirgt sich die Idee, einzelne kleine Programme mit einer zentralen Konfigurationsdatei einzusetzen. So können intelligente Proxies angeboten werden, die nachweislich sicher sind und sich trotzdem zentral steuern lassen. Das Ergebnis ist ein äußerst flexibles Toolkit mit einer ziemlich großen Konfigurationsdatei.

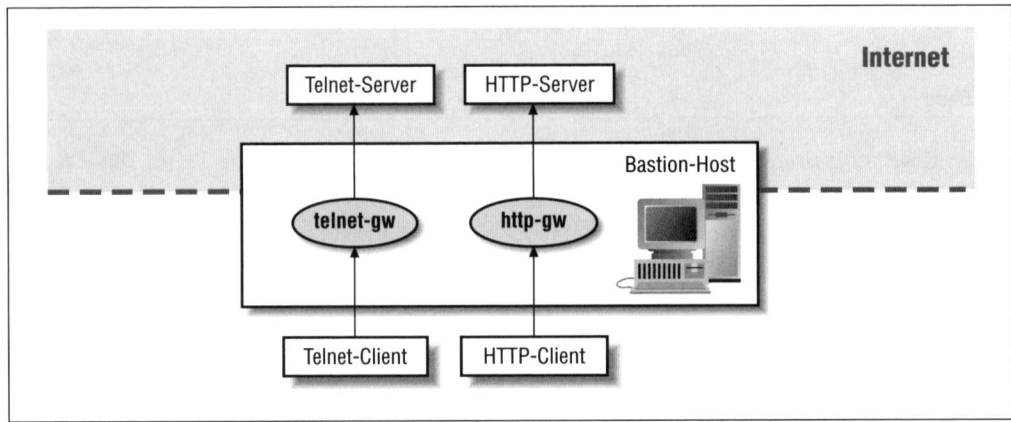

Abbildung 9-5: Einsatz von TIS FWTK als Proxy

TIS FWTK als FTP Proxy

TIS FWTK ermöglicht FTP-Proxies entweder mit Proxy-tauglichen Clientprogrammen oder mit angepaßten Verfahren für Benutzer (*ftp-gw*). Wenn Sie ein und dieselbe Maschine als FTP-Proxy und gleichzeitig als normalen FTP-Server verwenden wollen, z.B. um gleichzeitig externen Benutzern aus dem Internet das Abrufen von Dateien auf Ihrem Server und Ihren eigenen Benutzern den Zugang zu externen FTP-Servern zu ermöglichen, so können Sie das mit diesem Toolkit realisieren, aber nur, wenn Sie mit modifizierten Verfahren für Benutzer arbeiten.

TIS FWTK wird meist für entsprechend angepaßte Benutzerprozeduren konfiguriert. Es unterstützt Proxy-taugliche Clients nur halbherzig; es werden z.B. keine Proxy-tauglichen Clients oder Bibliotheken mitgeliefert. Da es sich hier um einen dedizierten FTP-Proxy handelt, werden Protokollierung, Zugangsbeschränkung und zusätzliche Benutzerauthentifizierung für bestimmte FTP-Befehle unterstützt.

Telnet- und rlogin-Proxies mit dem TIS FWTK

Die Proxies für Telnet (*telnet-gw*) und *rlogin* (*rlogin-gw*) aus dem TIS FWTK funktionieren nur mit Proxy-tauglichen Verfahren für Benutzer. Diese stellen über Telnet oder *rlogin* eine Verbindung zum Proxy-Rechner her und bekommen statt einer »login«-Eingabeaufforderung für diesen Rechner eine Eingabeaufforderung des Proxy-Programms angezeigt. Dort geben sie den Rechner an, zu dem die eigentliche Verbindung aufgebaut werden soll. Wenn die Software *x-gw* installiert ist, können die Benutzer auch angeben, daß eine X-Verbindung hergestellt werden soll. Wir befassen uns damit im Abschnitt »Andere Proxies aus dem TIS FWTK«.

Generische Proxies mit TIS FWTK

Das TIS FWTK enthält auch den rein generischen Proxy *plug-gw*, der zwar keine Veränderungen an Clients erfordert, aber dennoch eine begrenzte Anzahl von Protokollen und Einsatzmöglichkeiten unterstützt. Er wertet die Quelladresse der Verbindung und den Port, auf dem er die Verbindung entgegengenommen hat, aus und baut eine Verbindung zu einem bestimmten Port eines anderen Rechners auf. Sie können diesen Zielrechner während des Verbindungsaufbaus nicht angeben, da er durch den Quellrechner bestimmt wird. *plug-gw* eignet sich daher nicht für Dienste, die von Benutzern eingesetzt werden, da diese selten immer denselben Zielrechner verwenden wollen. Außer Protokollierung unterstützt dieser Proxy keine weiteren Sicherheitsmechanismen. Deshalb sollte er auch in eigentlich passenden Situationen wie z.B. bei NNTP-Verbindungen nur unter Vorbehalt eingesetzt werden.

Andere Proxies aus dem TIS FWTK

Das Programm *http-gw* aus dem TIS FWTK stellt Proxies für HTTP und Gopher zur Verfügung. Es unterstützt sowohl Proxy-taugliche Clients als auch Proxy-taugliche Verfahren für Benutzer. Die meisten HTTP-Clients sind mit Proxies einsetzbar. Sie müssen lediglich die Adresse des Proxy-Servers konfigurieren. Soll *http-gw* von einem HTTP-Client verwendet werden, der nicht Proxy-tauglich ist, stellen Sie der entsprechenden URL einfach ein *http://firewall/* voran. Der Einsatz eines nicht-Proxy-tauglichen Gopher-Client ist etwas aufwendiger, da alle Server- und Portangaben in die Pfadangabe aufgenommen werden müssen.

x-gw ist ein X-Gateway. Es bietet minimale Zugriffsschutz, indem es vom Benutzer eine Bestätigung verlangt, bevor es eine Verbindung von einem externen Client zuläßt. Zum Starten des X-Gateways öffnen Sie eine Verbindung zum Telnet- oder *rlogin*-Proxy und geben »x« ein. Daraufhin wird ein Kontrollfenster geöffnet.

Einsatz des Microsoft-Proxy-Servers

Logischerweise ist der Microsoft-Proxy-Server in Microsofts Proxy-Paket enthalten. Es ist Teil der Microsoft-Back-Office-Software und wird von Microsoft für den Aufbau kleinerer Firewalls unter Windows NT empfohlen. Der Proxy-Server enthält neben den eigentlichen Proxies auch Werkzeuge zur Paketfilterung, um eine große Anzahl verschiedener Protokolle zu unterstützen.

Der Proxy-Server enthält drei verschiedene Proxies: einen HTTP-Proxy, einen SOCKS-Proxy und einen WinSock-Proxy. Der HTTP-Proxy, der auch eine Reihe anderer verbreiteter Protokolle, wie z.B. HTTPS, Gopher und FTP, unterstützt, wird in Kapitel 15, *Das World Wide Web*, behandelt.

Der Microsoft-Proxy-Server und SOCKS

Der Proxy-Server von Microsoft enthält einen SOCKS-Server der Version 4.3a. Da es sich um einen SOCKS4-Server handelt, können nur TCP-Verbindungen und die Benutzerauthentifizierung über Auth genutzt werden. Zusätzlich enthält der SOCKS-Server jedoch einen DNS-Dienst, den die meisten anderen SOCKS4-Implementierungen nicht bieten. Der SOCKS-Server kann nicht nur für Microsoft-Anwendungen eingesetzt werden, sondern für alle SOCKS4-Clients.

Der Microsoft-Proxy-Server und WinSock

Der WinSock-Proxy ist speziell an die Microsoft-Umgebung angepaßt. Er fängt auf dem Client alle Windows-Systemaufrufe, die TCP/IP-Sockets öffnen, ab und unterstützt TCP und UDP. Aufgrund der Implementierung der Netzwerkfunktionen kann der WinSock-Proxy nur für wirkliche TCP/IP-Anwendungen wie Telnet und FTP genutzt werden. Er unterstützt Microsoft-eigene Anwendungen wie Datei- und Druckerfreigabe nicht, die TCP/IP zum Transport höherer Protokolle (z.B. NetBT, das in Kapitel 14, *Vermittelnde Protokolle*, beschrieben wird) einsetzen. Andererseits kann der WinSock-Proxy verwendet werden, um echten TCP/IP-Anwendungen einen Internet-Zugang zu gewähren, auch wenn die Maschinen den Proxy über ein anderes Protokoll als TCP/IP erreichen. Eine Maschine, die NetBEUI oder IPX benutzt, kann z.B. einen WinSock-Proxy benutzen, um FTP-Verbindungen zu Rechnern im Internet aufzubauen, die das TCP/IP-Protokoll verwenden.

Der Einsatz des WinSock-Proxy erfordert den Austausch der WinSock-Bibliotheken auf allen Clients, die auf ihn zugreifen wollen. Daher kann er nur auf Rechnern mit Microsoft-Betriebssystemen benutzt werden. Er verursacht damit allerdings administrativen Mehraufwand, da die Bibliotheken nach jeder Neuinstallation, jeder Aktualisierung und jeder kleineren Veränderung (durch Patches) am Betriebssystem neu installiert werden müssen. Für Verwirrung sorgt auch der gleichzeitige Einsatz des WinSock- und des SOCKS-Proxies auf derselben Clientmaschine, da beide Proxies versuchen, die gleichen Verbindungen zu verarbeiten.

Wenn Sie keinen Proxy einsetzen können

Es gibt drei Gründe, aus denen Sie einen Dienst nicht über Proxies anbieten könnten:

- Es ist kein Proxy-Server verfügbar.
- Der Proxy sichert den Dienst nicht ausreichend.
- Sie können den Client nicht modifizieren, und das Protokoll gestattet Ihnen nicht, Proxy-taugliche Verfahren für Benutzer einzusetzen.

Wir beschreiben diese drei Fälle in den folgenden Abschnitten.

Kein Proxy-Server verfügbar

Wenn ein Dienst über Proxies angeboten werden könnte, für Ihre Plattform aber kein Server zum Einsatz mit Proxy-tauglichen Benutzerverfahren oder Proxy-tauglichen Clients zur Verfügung steht, können Sie die Arbeit immer noch selbst erledigen. In den meisten Fällen ist es relativ einfach, angepaßte dynamischen Bibliotheken zusammen mit ausführbaren Programmen einzusetzen.

Wenn Sie keine dynamischen Bibliotheken benutzen, können Sie ein normales TCP-Clientprogramm relativ leicht für die Verwendung von SOCKS vorbereiten. Sofern die SOCKS-Bibliotheken für die betreffende Plattform verfügbar sind, müssen lediglich ein paar Funktionsaufrufe geändert und das Programm neu übersetzt werden. Sie brauchen dazu aber den Quellcode der Anwendung.

Einen eigenen Server mit Proxy-tauglichen Verfahren zu entwickeln ist erheblich schwieriger, da der Server völlig neu geschrieben werden muß.

Mangelhafter Schutz durch den Proxy

Wenn Sie einen Dienst einsetzen müssen, der an sich unsicher ist, hilft Ihnen ein Proxy nicht weiter. Sie müssen dann einen Rechner als »potentielles Opfer« einrichten (wie in Kapitel 10, *Bastion-Hosts*, beschrieben) und den Dienst dort anbieten. Das könnte schwierig werden, wenn Sie einen Dual-Homed-Host ohne Routing als Firewall einrichten, der alle Verbindungen über Proxies realisiert. Das »potentielle Opfer« muß auf der Internet-Seite des Dual-Homed-Host plaziert werden.

Vielleicht schafft ein intelligenter Application-Level-Server Abhilfe, der unsichere Befehle herausfiltert. Dieser muß jedoch äußerst vorsichtig eingerichtet werden und macht unter Umständen große Teile des Dienstes unbrauchbar.

Clients oder Verfahren nicht modifizierbar

Es gibt Dienste, die eine Anpassung des Benutzervorgehens einfach nicht zulassen, z.B. *ping* und *traceroute*. Zum Glück sind Dienste, die dem Benutzer nicht erlauben, irgendwelche Daten an den Server zu übertragen, klein, primitiv und sicher. Es ist möglich, daß Sie sie auf dem Bastion-Host ohne Sicherheitsrisiko anbieten können. Die Benutzer melden sich auf diesem Bastion-Host an und erhalten eine Shell, unter der sie ausschließlich die Dienste verwenden können, die zwar benötigt werden, aber nicht über Proxies angeboten werden können. Wenn Sie auf dem Bastion-Host einen Webserver betreiben, können diese Dienste auch über ein Web-Frontend angeboten werden. Das ist teilweise einfacher zu realisieren und besser zu kontrollieren, als würden Sie Ihren Benutzern gestatten, sich auf dem Bastion-Host anzumelden.

10
Bastion-Hosts

Der *Bastion-Host* ist Ihr Tor zum Internet. Er ist mit dem Foyer eines Gebäudes vergleichbar: Besucher dürfen weder die Treppen noch den Fahrstuhl benutzen, können das Foyer aber ungehindert betreten und ihre Wünsche vortragen. Ob diese Wünsche erfüllt werden, hängt von den Sicherheitsvorkehrungen im Gebäude ab. Ebenso wie das Foyer in Ihrem Gebäude ist auch ein Bastion-Host potentiell feindlichen Elementen ausgeliefert. Jeder Außenstehende – ob Freund oder möglicher Feind – muß normalerweise eine Verbindung zum Bastion-Host herstellen, um Ihre Systeme oder angebotenen Dienste nutzen zu können.

Ein Bastion-Host ist bereits durch die bloße Tatsache gefährdet, daß seine Existenz im Internet bekannt ist. Aus diesem Grund müssen bei Aufbau und Betrieb einer Firewall die Sicherheitsvorkehrungen auf den Bastion-Host konzentriert werden. Sie sollten sowohl während der Aufbauphase als auch während des Betriebs besonders auf seine Sicherheit achten. Da der Bastion-Host besonders exponiert ist, benötigt er intensivsten Schutz.

Beachten Sie, daß in einer Firewall-Konfiguration mehrere Bastion-Hosts zum Einsatz kommen können, auch wenn wir in diesem Kapitel oder auch an anderen Stellen im Buch machmal nur von einen einzelnen Bastion-Host sprechen. Die genaue Anzahl hängt von den Anforderungen und Ressourcen eines Standorts ab, wie in Kapitel 7, *Der Firewall-Entwurf*, dargelegt. Alle Bastion-Hosts werden im Prinzip auf dieselbe Weise eingerichtet – nach den gleichen Grundkonzepten und mit denselben Techniken.

Bastion-Hosts können mit einer Vielzahl verschiedener Firewall-Strategien eingesetzt werden. Die meisten der in diesem Kapitel enthaltenen Informationen gelten unabhängig davon, ob Sie einen Bastion-Host in eine Firewall-Lösung integrieren wollen, die auf Paketfilterung, Proxy-Techniken oder einer Mischung aus beiden Verfahren beruht. Die Prinzipien und Vorgehensweisen bei der Einrichtung eines Bastion-Hosts sind lediglich Erweiterungen derer, die zur Sicherung beliebiger Rechner genutzt werden. Sie können diese oder Abwandlungen davon auch für Maschinen verwenden, die besonders geschützt werden müssen oder in anderer Weise gefährdet sind, z.B. große Server in Ihrem internen Netzwerk.

Dieses Kapitel beschreibt Bastion-Hosts recht allgemein. Die beiden folgenden Kapitel enthalten spezielle Hinweise für Bastion-Hosts auf Unix- und Windows NT-Basis. Wenn Sie einen Bastion-Host aufbauen, sollten Sie sowohl dieses als auch eines der folgenden Kapitel lesen, das sich mit dem von Ihnen eingesetzen Betriebssystem beschäftigt.

Grundlagen

Es gibt zwei grundlegende Prinzipien für den Entwurf und den Aufbau eines Bastion-Hosts:

Gestalten Sie den Bastion-Host so einfach wie möglich
    Je einfacher ein Bastion-Host aufgebaut ist, desto leichter ist er zu schützen.

    Jeder auf dem Bastion-Host angebotene Dienst kann Software- und Konfigurationsfehler enthalten, die zu Sicherheitsproblemen führen können. Deshalb sollte der Bastion-Host möglichst wenige Aufgaben erfüllen. Er sollte nur die Dienste anbieten, die zur Erfüllung seiner Aufgaben benötigt werden. Diese Dienste sollten mit den geringsten Zugriffsrechten angeboten werden, die möglich sind.

Treffen Sie Vorbereitungen für den Fall, daß in einen Bastion-Host eingebrochen wird
    Auch wenn Sie alles tun, um die Sicherheit eines Bastion-Hosts zu gewährleisten, kann es zu Einbrüchen kommen. Machen Sie sich darüber keine Illusionen. Nur wenn Sie das Schlimmste erwarten und dementsprechend planen, haben Sie eine Chance, es abzuwenden. Während Sie die einzelnen Schritte zur Sicherung des Bastion-Hosts und des übrigen Netzes durchführen, sollten Sie die Frage »Was passiert, wenn in diesen Bastion-Host eingebrochen wird?« immer im Hinterkopf behalten.

    Warum betonen wir gerade diesen Punkt? Ganz einfach: Bastion-Hosts werden am wahrscheinlichsten angegriffen, weil auf sie von außen am besten zugegriffen werden kann. Außerdem sind sie die Maschinen, von denen am wahrscheinlichsten Angriffe auf Rechner in Ihrem internen Netzwerk ausgehen, weil Außenstehende sicher nicht direkt mit Ihren internen Systemen kommunizieren können. Tun Sie Ihr Bestes, um sicherzustellen, daß in einen Bastion-Host nicht eingebrochen werden *kann*, aber fragen Sie sich gleichzeitig »Was, wenn es doch passiert?«

    Wird tatsächlich einmal in den Bastion-Host eingebrochen, müssen Sie verhindern, daß dadurch die gesamte Firewall bloßgestellt wird. Um das zu erreichen, sollten Sie Ihre internen Maschinen so konfigurieren, daß sie dem Bastion-Host nicht mehr vertrauen, als unbedingt zur Aufrechterhaltung seiner Funktionsfähigkeit notwendig ist. Dazu müssen Sie sich jeden einzelnen Dienst, den der Bastion-Host internen Rechnern zur Verfügung stellt, genau ansehen und feststellen, wie stark den einzelnen Diensten vertraut werden soll und welche Berechtigungen sie benötigen.

    Nachdem Sie diese Entscheidungen getroffen haben, stehen Ihnen verschiedene Methoden zur Verfügung, um sie umzusetzen. Sie können z.B. Standardverfahren zur Zugangskontrolle wie Paßworte oder Geräte zur Authentifizierung auf den internen Rechnern installieren. Sie können aber auch einen Paketfilter zwischen dem Bastion-Host und den internen Rechnern einrichten.

Besondere Arten von Bastion-Hosts

Dieses Kapitel behandelt hauptsächlich Bastion-Hosts, die als überwachte Rechner (*screened host*) oder als Rechner, die ihre Dienste in einem überwachten Teilnetz (*screened network*) anbieten, realisiert werden. Es gibt aber auch andere Arten von Bastion-Hosts, die zwar ähnlich konfiguriert werden, aber besondere Anforderungen stellen.

Dual-Homed-Hosts ohne Routing

Ein *Dual-Homed-Host ohne Routing* ist zwar an mehrere Netze angeschlossen, leitet aber keinen Verkehr zwischen diesen Netzen weiter. Ein solcher Host alleine kann schon eine Firewall bilden, er kann aber auch Bestandteil einer komplexeren Firewall sein. Dual-Homed-Hosts werden im wesentlichen wie andere Bastion-Hosts konfiguriert, erfordern aber zusätzliche Maßnahmen, die sicherstellen, daß auch wirklich kein Routing stattfindet. Solche Maßnahmen werden in diesem Abschnitt beschrieben. Wenn Ihre Firewall lediglich aus einem Dual-Homed-Host ohne Routing besteht, müssen Sie bei seiner Konfiguration besonderes vorsichtig sein und die Anleitung zum Einrichten eines normalen Bastion-Hosts peinlich genau beachten.

Rechner als potentielles Opfer

Vielleicht wollen Sie Dienste ausführen, die sich nur schwer über Proxies oder mit Paketfiltern realisieren lassen. Oder die Dienste sind so neu, daß Sie noch nicht über Erkenntnisse ihrer Auswirkungen auf Ihre Sicherheit verfügen. In solchen Fällen ist der Einsatz einer *Opfermaschine* nützlich. Es handelt sich dabei um einen Rechner, auf dem sich nichts von Bedeutung befindet und von dem aus ein potentieller Eindringling keinen Zugriff auf weitere Rechner erlangen kann. Dieser Rechner bietet nur das Allernotwendigste, um den Dienst bereitstellen zu können, für den er gedacht ist. Wenn möglich, sollte ein solcher Rechner nur einen einzigen unsicheren oder ungetesteten Dienst anbieten, damit unvorhergesehene Wechselwirkungen ausgeschlossen werden können.

Opfermaschinen werden wie normale Bastion-Hosts konfiguriert, mit dem Unterschied, daß sie meistens das Anmelden von Benutzern zulassen müssen. Die Benutzer verlangen meist mehr Dienste oder Programme, als Sie auf einem normalen Bastion-Host einsetzen würden. Versuchen Sie eventuellem Drängen zu widerstehen. Schließlich wollen Sie nicht, daß sich Ihre Benutzer auf der Opfermaschine wohl fühlen, da sie sich sonst dauerhaft auf sie verlassen, was dem Konzept einer Opfermaschine widerspricht. Der Hauptgrund für den Einsatz einer solchen Maschine ist, daß sie entbehrlich ist und es niemanden stört, wenn sie bloßgestellt wird. Lassen Sie sich hier nicht auf Kompromisse ein!

Interne Bastion-Hosts

Bei den meisten Konfigurationen muß der wichtigste Bastion-Host Aufgaben zusammen mit internen Rechnern erledigen. Er könnte z.B. elektronische Post an einen internen Mailserver weiterleiten, Daten mit einem internen Namensdienst abgleichen oder Usenet-News an einen internen News-Server durchreichen. Diese Maschinen sind damit eigentlich sekundäre Bastion-Hosts und sollten eher wie Bastion-Hosts und nicht wie normale interne Rechner eingerichtet und geschützt werden. Wahrscheinlich benötigen Sie auf diesen Maschinen mehr aktivierte Dienste, aber Sie sollten den gleichen Konfigurationsprozeß durchlaufen.

Rechner für externe Dienste

Bastion-Hosts, die ausschließlich Dienste im Internet anbieten, z.B. Webserver für Ihre Kunden, stellen besondere Ansprüche. Da sie gut »sichtbar« sind, bieten sie die größte Angriffsfläche, und ein erfolgreicher Angriff erzielt die größtmögliche öffentliche Wirkung. Wird in einen Rechner eingebrochen, der internen Benutzern als Mailserver dient, ist das für Außenstehende nicht sofort sichtbar. Ein solcher Einbruch findet wahrscheinlich keine Erwähnung in der Zeitung. Wenn ein Angriff jedoch Ihre Web-Präsentation durch die Seiten eines anderen oder durch eine geschickte Satire ersetzt, wird das auch nach außen sichtbar und sorgt für Gesprächsstoff.

Auch wenn diese Maschinen höhere Sicherheitsanforderungen stellen, haben sie einige Eigenschaften, die diese Sicherung vereinfachen. Sie benötigen nur begrenzt Zugriff zum internen Netz und bieten nur wenige Dienste mit klar definierten Sicherheitsmerkmalen an. Außerdem müssen sich keine Benutzer aus dem internen Netz und häufig überhaupt keine Benutzer auf ihnen anmelden können.

Komplette Firewalls auf einer Maschine

Wenn Sie eine komplette Firewall auf einem einzigen Rechner einrichten, anstatt diesen Rechner als Bestandteil einer Firewall-Lösung einzusetzen, ist er noch verwundbarer. Diese Maschine stellt den einzigen Schutz für Ihr gesamtes internes Netzwerk dar. Das sollte Ihnen fast jede Unannehmlichkeit und jeden Ärger wert sein, um absolut sicherzugehen, daß es sich um eine sichere Maschine handelt. Sie sollten sogar darüber nachdenken, ob Sie zu Testzwecken eine zweite identische Maschine verwenden, um neue Konfigurationen testen zu können, ohne Ihre Internet-Verbindung aufs Spiel zu setzen.

Auswahl des Rechners

Wenn Sie einen Bastion-Host aufbauen, sollten Sie zuerst überlegen, welche Art von Rechner Sie verwenden wollen. Er muß zuverlässig, leicht zu warten und zu konfigurieren sein. Fällt ein Bastion-Host aus, profitieren Sie nur noch sehr eingeschränkt von Ihrer Internet-Verbindung. Dieser Abschnitt betrachtet die Auswahl des zu verwendenden Betriebssystems, die Geschwindigkeit, die ein Bastion-Host benötigt, und die erforderliche Hardware.

Welches Betriebssystem ist geeignet?

Sie sollten mit dem Bastion-Host vertraut sein. Schließlich werden Sie den Rechner und das Betriebssystem umfassend anpassen müssen. Es hat keinen Sinn, sich jetzt mit einem völlig neuen System auseinanderzusetzen. Da ein fertig konfigurierter Bastion-Host eine sehr eingeschränkte Umgebung darstellt, erledigen Sie die Entwicklungsarbeit besser auf einem anderen Rechner. Besonders nützlich ist es, wenn Sie periphere Geräte zwischen dem Bastion-Host und Ihren anderen Maschinen austauschen können. Beachten Sie jedoch nicht nur mögliche Hardwareprobleme. Es ist nicht sonderlich hilfreich, eine SCSI-Festplatte zwar physisch an einen Macintosh anschließen, aber das darauf enthaltene Unix-Dateisystem nicht lesen zu können.

Sie benötigen einen Computer, der zuverlässig und über mehrere Verbindungen gleichzeitig sämtliche Internet-Dienste anbieten kann, die Sie Ihren Benutzern zur Verfügung stellen wollen. Wenn Sie an Ihrem Standort ausschließlich MS-DOS-, Windows- oder Macintosh-Systeme einsetzen, müssen Sie für Ihren Bastion-Host wahrscheinlich eine andere Plattform wie z.B. Unix oder Windows NT wählen. Es ist möglich, daß Sie auf Ihrer bisherigen Plattform nicht alle gewünschten Dienste anbieten oder auf sie zugreifen können, da die entsprechenden Werkzeuge wie z.B. Proxy-Server, Paketfiltersysteme oder auch normale Serverprogramme für SMTP oder DNS für diese Plattform nicht verfügbar sind.

Unix ist das Betriebssystem, das bisher am häufigsten für Internet-Dienste eingesetzt wurde. Daher gibt es zahlreiche Hilfsprogramme zum Aufbau eines Bastion-Hosts unter Unix. Wenn Sie bereits Unix-Systeme einsetzen, sollten Sie die Verwendung von Unix für Ihren Bastion-Host ernsthaft erwägen. Auch wenn Sie im Moment noch keine passende Plattform zum Aufbau eines Bastion-Hosts haben und sich deshalb sowieso mit einem neuen Betriebssystem beschäftigen müssen, empfehlen wir Ihnen, es mit Unix zu versuchen. Für Unix finden Sie die meisten und leistungsfähigsten Werkzeuge zum Aufbau von Bastion-Hosts.

Windows NT ist das andere System, das häufig für diesen Zweck verwendet wird. Wenn Sie Windows NT bereits im Server-Bereich einsetzen, ist es sinnvoll, auch Ihre Bastion-Hosts unter Windows NT zu betreiben. Sie sollten jedoch bedenken, daß Windows NT-Rechner komplexer sind als Unix-Rechner. Wenn Sie sich mit beiden Systemen auskennen, empfehlen wir Ihnen den Einsatz von Unix als Betriebssystem für einen Bastion-Host. Kennen Sie sich jedoch nur mit Windows NT aus, sollten Sie es auch auf dem Bastion-Host einsetzen, da es viel wahrscheinlicher ist, Fehler bei der Absicherung eines neuen Betriebssystems zu machen.

Falls Ihre Multiuser- und IP-fähigen Rechner nicht auf Unix oder Windows NT, sondern auf anderen Systemen wie z.B. auf VMS basieren, wird die Entscheidung schwierig. Sicherlich könnten Sie auch eine solche Maschine als Bastion-Host einsetzen, was den Vorteil hätte, daß Sie mit ihr vertraut sind und die Austauschbarkeit mit anderen Maschinen gewährleistet wäre. Andererseits gibt es für diese Plattform wahrscheinlich keine stabilen und umfangreichen Werkzeuge zum Aufbau eines Bastion-Hosts, so daß Sie improvisieren müßten. Wenn Sie Glück haben, gewinnen Sie einiges an Sicherheit durch Undurchsichtigkeit der Konfiguration (*security through obscurity*). Sie sollten sich darauf aber nicht verlassen, weil Ihr Betriebssystem vielleicht gar nicht so undurchsichtig ist, wie Sie glauben. Im Gegenzug verlieren Sie unter Umständen genausoviel oder mehr an Sicherheit, da Sie nicht von der Entwicklung profitieren können, die Unix-basierte Bastion-Hosts bereits durchlaufen haben. Der Einsatz von Unix oder Windows NT hat den Vorteil, daß Sie sowohl durch die Fehler anderer als auch durch Ihre eigenen lernen können.

Wir gehen in diesem Buch davon aus, daß Sie entweder Unix- oder Windows NT-Rechner als Bastion-Hosts einsetzen. Das liegt einfach daran, daß die meisten Bastion-Hosts *tatsächlich* unter Unix oder Windows NT betrieben werden und einige Details sehr stark vom Betriebssystem abhängen. Diese Einzelheiten finden Sie in Kapitel 11, *Unix- und Linux-Bastion-Hosts*, und Kapitel 12, *Windows NT- und Windows 2000-Bastion-Hosts*. Auch wenn sich die Details deutlich unterscheiden, gelten die grundlegenden Prinzipien auch für andere Betriebssysteme.

Welche Rechengeschwindigkeit ist angemessen?

Die meisten Bastion-Hosts müssen nicht besonders schnell sein. Es ist es sogar besser, wenn sie nicht so leistungsfähig sind. Neben den Kosten gibt es einige gute Gründe, warum es völlig ausreicht, wenn Ihr Bastion-Host gerade kräftig genug ist, um seine Aufgaben zu erfüllen. Die Dienste, die auf den meisten Bastion-Hosts angeboten werden, erfordern keine außerordentlich große Leistungsfähigkeit.

Es ist durchaus üblich, als Bastion-Hosts Rechner der mittleren Desktop-Klasse einzusetzen, die für die meisten Anwendungen ausreichend Leistung bieten. Der Bastion-Host muß nicht besonders viel Arbeit verrichten. Sein Arbeitstempo wird von der Geschwindigkeit der Anbindung an die Außenwelt gebremst und nicht von seiner CPU-Leistung. Ein Prozessor wird bei der Verarbeitung von E-Mail, DNS, FTP und Proxy-Diensten über eine 56 KBit/s- oder gar eine T1-Leitung mit 1,544 MBit/s nicht allzu sehr gefordert. Mehr Leistung ist notwendig, wenn Sie Programme zur Kompression und Dekompression (z.B. NNTP-Server) oder für Suchläufe (z.B. voll ausgestattete WWW-Server) einsetzen oder wenn Sie Proxy-Dienste für viele Benutzer gleichzeitig anbieten.

Sollte sich Ihr Standort zu einem Renner entwickeln, ist mehr Leistung notwendig, um all die Anfragen aus dem Internet beantworten zu können. Vielleicht haben Sie ja etwas anzubieten, auf das jeder unbedingt zugreifen möchte, z.B. die interessanteste Website oder ein reichhaltig ausgestattetes Anonymous-FTP-Archiv. Sollte es soweit sein, können Sie auch anfangen, mehrere Bastion-Hosts einzusetzen, wie wir das in Kapitel 6, *Firewall-Architekturen*, beschrieben haben. Ein großes Unternehmen mit mehreren Internet-Anschlüssen und stark frequentierten Diensten braucht häufig mehrere Bastion-Hosts *und* leistungsstarke Rechner.

Das Bastion-Host sollte aus mehreren Gründen nicht überdimensioniert werden:

- Ein langsamer Computer ist kein besonders reizvolles Ziel. Es ist wenig ruhmreich, mit der Aussage zu prahlen, in eine Sun 3/60 oder eine ähnlich langsame (zumindest für den Eindringling) Maschine eingebrochen zu sein. Es bringt wesentlich mehr Punkte, sich Zugang zur neuesten und größten Hardware zu verschaffen. Machen Sie aus Ihrem Bastion-Host kein zu verlockendes Ziel – ein Supercomputer wäre z.B. eine schlechte Wahl.

- Nach einem erfolgreichem Einbruch ist ein langsamer Rechner weniger nützlich, um interne Systeme oder andere externe Rechner anzugreifen. Dieser benötigt mehr Zeit, um Quelltexte zu übersetzen, und ist nicht sehr hilfreich beim Brechen von Paßworten anderer Maschinen über Wörterbuch- oder Brute-Force-Angriffe usw. All diese Faktoren vermindern die Attraktivität des Rechners für potentielle Angreifer – und genau das sollte Ihr Ziel sein.

- Auch für interne Benutzer ist es nicht besonders reizvoll, in eine langsame Maschine einzudringen. Eine schnelle Maschine, die die meiste Zeit damit verbringt, auf langsame Netzwerkverbindungen zu warten, ist reine Verschwendung. Sie müssen damit rechnen, von Ihren eigenen Benutzern beträchtlich unter Druck gesetzt zu werden, die ungenutzte Rechenleistung für andere Dinge einzusetzen, z.B. als Compile-, Rendering- oder Datenbank-Server. Die Sicherheit des Bastion-Hosts kann jedoch nur sichergestellt werden, wenn er nicht für andere Zwecke »mißbraucht« wird. Ungenutzte Kapazitäten auf dem Bastion-Host sind immer eine potentielle Gefahr.

Webserver bilden eine Ausnahme von diesen Regeln. Sie sollten Ihren Webserver großzügig auslegen, da Websites dazu neigen, binnen kürzester Zeit dramatisch anzuwachsen. Das betrifft sowohl den von ihnen benötigten Speicherplatz als auch die von ihnen benötigte CPU-Leistung. Erweitern sich die Fähigkeiten der Clients, erhöht das meist die erforderliche Rechenleistung auf den Webservern, z.B. können viele Web-Clients mehrere Verbindungen aufbauen, um verschiedene Bilder gleichzeitig zu übertragen. Damit erhöht sich zwar die Geschwindigkeit für die Benutzer, aber auch die Belastung des Servers.

Welche Hardware-Konfiguration?

Da Sie zuverlässige Hardware benötigen, sollten Sie auf keinen Fall den neuesten Computer oder die neueste Peripherie auswählen, die gerade auf den Markt gekommen ist. Die Hardware muß jedoch auch wartbar sein, deshalb sollten Sie auch nichts wählen, was so alt ist, daß Sie keine Ersatzteile mehr dafür beschaffen können. Die Mittelklasserechner Ihres bevorzugten Herstellers dürften gerade richtig sein.

Ein Desktop-Gerät bringt zwar sicherlich die von Ihnen benötigte Rechenleistung, es ist aber besser, ein Gerät zu verwenden, das als Server angeboten wird. Diese Rechner haben im allgemeinen den Vorteil, daß Ihre Festplatten leichter austauschbar sind und die Geräte selbst wahrscheinlich im Einbauschrank untergebracht werden können. Dies spart Platz, wenn Sie mehrere davon besitzen. Solche Server lassen sich schwerer stehlen und laufen seltener Gefahr, daß sie jemand versehentlich außer Betrieb nimmt, um die frei gewordene Steckdose für den Staubsauger zu benutzen.

Während die CPU-Geschwindigkeit nicht so entscheidend ist, brauchen Sie einen Computer, der mehrere Verbindungen gleichzeitig bedienen kann. Dafür wird vor allem Speicher benötigt, so daß Sie viel Arbeitsspeicher und zusätzlichen einen großen Swap-Bereich einplanen sollten. Proxy-Dienste, die zwischenspeichern, erfordern außerdem viel freien Festplattenspeicher für das Caching.

Hier einige Hinweise, welche Bandlaufwerke und Festplatten benötigt werden:

- Ein Bastion-Host kann seine Backups aus Gründen, die wir im Verlauf dieses Kapitels näher erläutern, nicht auf das Bandlaufwerk eines anderen Rechners speichern. Deshalb sollte Ihr Bastion-Host für die Sicherung seiner eigenen Daten über ein Bandlaufwerk ausreichender Größe verfügen.
- Ein CD-ROM-Laufwerk ist praktisch, um das Betriebssystem zu installieren und Prüfsummen abzulegen. Sie können auch die Dateien in Ihrem System mit den Originalfassungen auf der CD-ROM vergleichen. Vielleicht brauchen Sie das CD-ROM-Laufwerk nur am Anfang für die Erstinstallation und -konfiguration des Rechners. Ein zeitweilig von einem anderen Rechner »geborgtes« Laufwerk könnte ausreichen. Auf jeden Fall sollte es ein CD-ROM-Laufwerk oder ein CD-R-Laufwerk (CD-Recorder) sein, das keine Multisession-CDs und keine wiederbeschreibbaren CDRWs unterstützt. Auf dem Laufwerk sollen Daten gespeichert werden, die der Bastion-Host nicht ändern kann, auch nicht durch Hinzufügen von Daten.
- Es sollte einfach möglich sein, die Konfiguration zu Wartungszwecken um eine weitere Festplatte zu ergänzen.
- Die Boot-Platte sollte – wieder zu Wartungszwecken – einfach zu entfernen und an einen anderen Rechner anzuschließen sein.

Aus den obigen Überlegungen geht hervor, daß Sie auf dem Bastion-Host die gleichen Festplattentypen wie auf Ihren anderen Rechnern verwenden sollten. Der Bastion-Host sollte z.B. nicht der einzige Rechner in Ihrem Unternehmen sein, der mit IDE-Festplatten arbeitet.

Der Bastion-Host benötigt keine aufwendige Grafik und sollte deswegen darauf verzichten. Er ist schließlich ein Rechner für Netzwerkdienste. Schließen Sie ein einfaches Terminal – je einfacher, desto besser – als Konsole an. Grafik verlockt die Leute nur dazu, den Computer für andere Zwecke einzusetzen, und Sie erliegen möglicherweise der Versuchung, unsichere Benutzeroberflächen wie das X Window-System oder dessen Verwandte zu installieren. Wenn Sie Windows NT einsetzen, benötigen Sie eine grafikfähige Konsole. Benutzen Sie dafür einen billigen und unansehnlichen VGA-Bildschirm oder einen Konsolen-Umschalter.

Die meisten Bastion-Hosts sind wichtige Maschinen. Sie sollten aus hochverfügbarer Hardware bestehen, die redundante Festplatten und unterbrechungsfreie Stromversorgungen umfaßt.

Wahl eines geeigneten Standorts

Der Standort für den Bastion-Host muß physisch sicher sein.[1] Dafür gibt es zwei Gründe:

- Es ist unmöglich, einen Computer angemessen gegen Angreifer zu schützen, wenn diese physischen Zugang zu ihm haben. Es gibt dann einfach zu viele Einbruchsmöglichkeiten.
- Der Bastion-Host übernimmt einen Großteil der eigentlichen Funktionalität Ihres Internet-Anschlusses. Wenn er verlorengeht, beschädigt oder gestohlen wird, hat Ihr Netz keinen Kontakt mehr zur Außenwelt. Sie verlieren wenigstens den Zugang zu einigen Diensten.

Unterschätzen Sie niemals die Macht menschlicher Dummheit. Auch wenn Sie davon ausgehen, daß jeder den Aufwand und Ärger scheut, sich für einen Einbruchsversuch physischen Zugang zum Rechner zu verschaffen, sollten Sie ihn trotzdem schützen, um zu verhindern, daß grundsätzlich wohlgesonnene Leute aus Ihrer Einrichtung die Sicherheit des Bastion-Hosts versehentlich beeinträchtigen oder ihn außer Betrieb setzen.

Bringen Sie Ihren Bastion-Host in einem verschlossenen Raum unter, der angemessen klimatisiert und belüftet wird. Wenn Sie Ihren Internet-Anschluß an eine unterbrechungsfreie Stromversorgung anschließen, sollten Sie das auch mit allen wichtigen Bastion-Hosts tun.

Plazieren von Bastion-Hosts im Netz

Die Bastion-Hosts sollten in einem Netz untergebracht werden, das keine vertraulichen Daten übermittelt, am besten in einem separaten Netz.

Die meisten Ethernet- und Token Ring-Netzadapter können *alle* Pakete aus dem Netz abfangen, an das sie angeschlossen sind (*promiscuous mode*). In diesem Modus empfangen sie auch Pakete, die nicht direkt an sie adressiert sind. Andere Arten von Netzwerkadaptern wie z. B. FDDI können zwar nicht alle Pakete mithören, aber abhängig von der jeweiligen Netzarchitektur zumindest einige der nicht an sie gerichteten Pakete.

Diese Eigenschaft hat einen nützlichen Hintergrund. Sie wird zu Zwecken der Netzwerkanalyse, zum Testen und zur Fehlersuche z. B. durch Programme für die Netzverwaltung, wie *etherfind* und *tcpdump*, verwendet. Leider kann sie auch von einem Eindringling dazu mißbraucht werden, den gesamten Datenverkehr in einem Netzsegment zu beobachten. Dieser Datenverkehr könnte sowohl Telnet-, FTP- oder *rlogin*-Sitzungen umfassen, aus denen z. B. Benutzerkennungen und Paßworte ersichtlich werden, als auch vertrauliche E-Mail, NFS-Zugriffe auf sensitive Dateien usw. Sie müssen mit

---

[1] Das bei O'Reilly & Associates 1996 in zweiter Auflage erschienene Buch *Practical UNIX & Internet Security* von Simson Garfinkel und Gene Spafford enthält eine ausgezeichnete und ausführliche Beschreibung physischer Sicherheit.

dem Schlimmsten rechnen: In einen Bastion-Host kann eingebrochen werden. Wenn sich ein Eindringling Zugang zu einem Bastion-Host verschafft hat, wollen Sie sicher nicht, daß er von dort aus Ihren Datenverkehr abhören kann.

Eine Lösung für dieses Problem besteht darin, den Bastion-Host nicht in ein internes Netz, sondern in ein Grenznetz einzubinden. Wie wir in früheren Kapiteln bereits erläutert haben, bildet ein Grenznetz eine zusätzliche Schutzzone zwischen Ihrem internen Netz und dem Internet. Das Grenznetz wird vom internen Netz durch einen Router oder eine Bridge getrennt. Der interne Datenverkehr bleibt auf der internen Seite und ist im Grenznetz nicht zu sehen. Alles, was ein Bastion-Host im Grenznetz zu sehen bekommt, sind Pakete an ihn oder von ihm bzw. ins oder aus dem Internet. Obwohl auch dieser Datenverkehr sensitive Daten enthalten kann, wird er in der Regel jedoch weit weniger vertraulich sein als der normale Datenverkehr in ihrem internen Netz. Außerdem gibt es andere Orte, z.B. bei Ihrem Internet Service Provider, wo bereits viel von diesem Verkehr sichtbar ist.

Es hat zusätzliche Vorteile, ein Grenznetz einzusetzen, das durch einen Router mit Paketfilterung vom internen Netz getrennt ist: Es verringert Ihre Angriffsfläche. Für den Fall, daß in den Bastion-Host eingedrungen wird, ist die Anzahl der Rechner und Dienste geringer, auf die der Bastion-Host zugreifen kann.

Falls Sie den Bastion-Host nicht in einem Grenznetz betreiben können, sollten Sie erwägen, ihn in einem Netz unterzubringen, das nicht abhörgefährdet ist. Sie könnten ihn z.B. an einen intelligenten 10Base-T-Hub, einen Ethernetswitch oder ein ATM-Netzwerk anschließen. Wenn Sie sich für diese Lösung entscheiden, müssen Sie darüber hinaus einige Sorgfalt darauf verwenden, sicherzustellen, daß nichts und niemand diesem Bastion-Host vertraut, da es in diesem Fall keine weitere Schutzzone zwischen ihm und dem internen Netz gibt. Wenn Sie eine der hier genannten oder vergleichbare Netztechnologien in einem Grenznetz verwenden, haben Sie die Vorteile beider Welten: Der Bastion-Host ist wie bei einem herkömmlichen Grenznetz vom internen Netz getrennt und kann auch den Verkehr im Grenznetz nicht mehr ausspionieren.

Geben Sie acht, daß Sie sich nicht zu sehr darauf verlassen, daß ein Rechner ein bestimmtes Netzwerk nicht abhören kann. Selbst ein intelligenter Hub oder ein Switch reichen den Broadcast-Verkehr an alle angeschlossenen Maschinen weiter. Auch diese Daten können Informationen enthalten, die für einen Angreifer nützlich sind. In Netzen, in denen z.B. Microsofts Directory Services eingesetzt werden, werden viele nützliche Informationen über Rechner und Freigabenamen im Broadcast-Verkehr übermittelt. Auch im Multicast-Verkehr, den jede angeschlossene Station anfordern kann, können sensitive Daten enthalten sein. Häufig können auch Switches über administrative Einstellungen dazu veranlaßt werden, den gesamten Datenverkehr zu empfangen. Diese Eigenschaft läßt sich zwar auf bestimmte Ports begrenzen, sie kann aber auch für alle Anschlüsse zur Verfügung stehen. Sie sollten dafür sorgen, daß diese Möglichkeiten auf allen Switches, an die Bastion-Hosts angeschlossen sind, ausreichend abgesichert sind. Ansonsten könnte ein Angreifer einfach den gesamten Datenverkehr anfordern und zugestellt bekommen, was die theoretischen Vorteile des Einsatzes von Switches zunichte machen würde.

Egal, welche Netzwerkgeräte Sie einsetzen, achten Sie darauf, daß sie ebenso geschützt werden, wie Sie Computer schützen. Viele Netzwerkgeräte lassen sich über das Netzwerk konfigurieren. Einige enthalten z.B. Telnet-Server, SNMP-Fähigkeiten oder Web-Schnittstellen. Ein Eindringling, der diese Geräte umkonfigurieren kann, ist sicher auch in der Lage, Ihr Netzwerk lahmzulegen oder in andere Maschinen einzudringen. Sie sollten erwägen, alle Möglichkeiten der Fernwartung abzustellen (bis auf die Fähigkeit, Protokolldateien auf anderen Rechnern zu führen) und Ihre Netzwerkgeräte auf die altmodische Art über eine serielle Verbindung und ein Terminal zu konfigurieren.

Auswahl der Dienste auf einem Bastion-Host

Ein Bastion-Host stellt alle Dienste zur Verfügung, die Ihr Unternehmen für den Internet-Zugang benötigt oder die es im Internet anbieten möchte. Also Dienste, von denen Sie glauben, daß sie nicht sicher genug sind, um sie direkt über Paketfilter zu betreiben. Abbildung 10-1 zeigt einen typischen Aufbau. Sie sollten auf einem Bastion-Host keine Dienste einrichten, die nicht zur Arbeit mit dem Internet benötigt werden. Er sollte z.B. keine Dienste zum Booten interner Rechner bereitstellen, es sei denn, Sie wollen solche Dienste für Rechner im Internet anbieten. Sie müssen immer damit rechnen, daß in einen Bastion-Host eingebrochen wird und daß auf alle seine Dienste über das Internet zugegriffen werden kann.

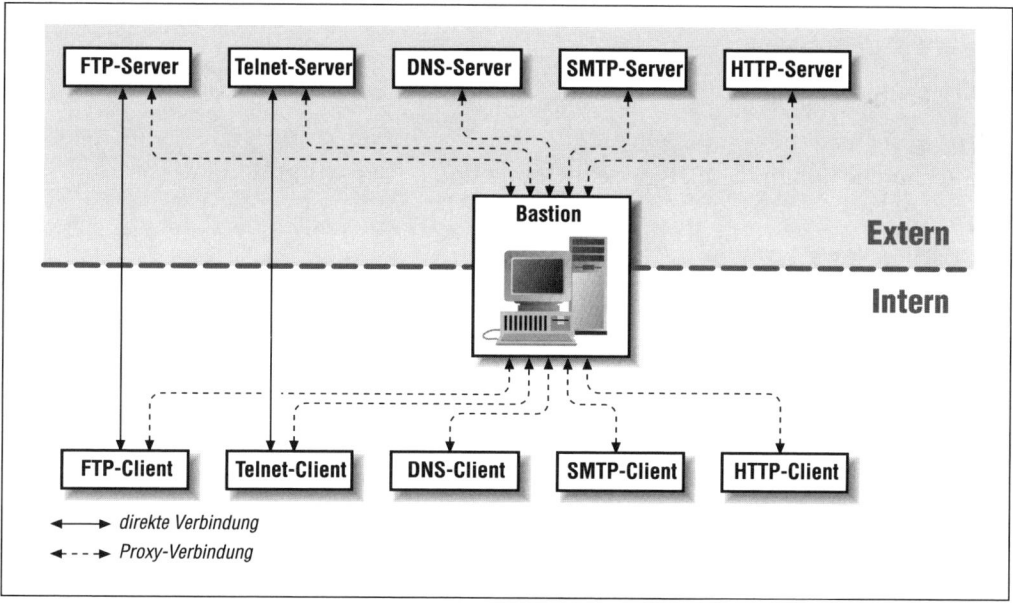

Abbildung 10-1: Ein Bastion-Host kann die verschiedensten Internet-Dienste anbieten

Sie können Dienste in vier Kategorien unterteilen:

Sichere Dienste
> Dienste dieser Kategorie können über Paketfilter angeboten werden, falls Sie dieses Konzept nutzen. In einer Firewall-Lösung, die ausschließlich mit Proxies arbeitet, muß *jeder* Dienst entweder auf dem Bastion-Host angeboten werden, oder man muß auf ihn verzichten.

Normalerweise unsichere Dienste, die abgesichert werden können
> Dienste dieser Kategorie können auf dem Bastion-Host angeboten werden.

Normalerweise unsichere Dienste, die nicht abgesichert werden können
> Diese Dienste müssen auf dem Bastion-Host deaktiviert werden. Wenn sie unbedingt benötigt werden, können sie auf einem Rechner angeboten werden, der als potentielles Opfer eingesetzt wird (siehe weiter oben).

Dienste, die Sie überhaupt nicht oder nicht in Verbindung mit dem Internet benutzen
> Dienste dieser Kategorie müssen Sie deaktivieren.

An dieser Stelle gehen wir auf die Dienste ein, die auf Bastion-Hosts am häufigsten angeboten werden bzw. normalerweise nicht erlaubt sind. Die Einzelheiten konkreter Dienste besprechen wir in späteren Kapiteln.

Elektronische Post (SMTP) ist einer der Basisdienste, die Bastion-Hosts normalerweise bereitstellen. Zudem möchten Sie vielleicht weitere Informationsdienste anbieten oder auf sie zugreifen, z.B.:

FTP
> Dateiübertragung

HTTP
> Recherche anhand von Hypertext-Dokumenten (das World Wide Web)

NNTP
> Usenet-News

Um diese Dienste einschließlich SMTP bereitstellen zu können, benötigen Sie Zugriff auf den DNS-Dienst und müssen diesen selbst anbieten. DNS wird selten direkt benutzt, stellt aber eine Grundlage für alle anderen Dienste dar, indem er Rechnernamen in IP-Adressen und umgekehrt übersetzt. Außerdem liefert er weitere verteilte Informationen über Standorte und Rechner.

Viele Dienste, die für die Benutzung in LANs entwickelt wurden, haben Schwächen, die Angreifer von außen nutzen können. Außerdem bieten alle Dienste Angreifern, die erfolgreich in den Bastion-Host eingedrungen sind, Gelegenheiten für weitere Aktionen. Kurz, Sie sollten alles deaktivieren, was Sie nicht benötigen, und sehr sorgfältig abwägen, was wirklich erforderlich ist.

Bastion-Hosts sind seltsame Maschinen. Sie verhalten sich zu einem Computer, der bei jemanden auf dem Schreibtisch steht, wie ein Traktor zu einem PKW. Ein Traktor ist wie ein PKW ein Fahrzeug, und bis zu einem gewissen Grad haben sie beide den gleichen

Zweck. Wie ein Traktor ist auch der Bastion-Host dazu gedacht, eine Aufgabe zu erfüllen. Er muß nicht komfortabel eingerichtet sein. Als Ergebnis ist er zwar funktionell, aber nicht einfach zu bedienen.

Wir werden hauptsächlich die Vorgehensweisen beschreiben, die notwendig sind, um einen Bastion-Host aufzubauen, der die maximal mögliche Sicherheit bietet, um Dienste für das Internet zur Verfügung zu stellen. Wenn Sie einen normalen Computer in einen solchen Bastion-Host umwandeln wollen, bedeutet das, daß Sie Teile entfernen müssen, an die Sie gewöhnt sind. Sie werden Leute sagen hören »Ich glaube nicht, daß Sie das abstellen können!« und »Was meinen Sie mit: Es lassen sich keine der normalen Werkzeuge mehr einsetzen?«, ganz zu schweigen von »Warum kann ich mich nicht einfach anmelden?« und »Können Sie nicht die Software, die ich benötige, wenigstens kurz aktivieren?« Es bedeutet auch, daß Sie für die Administration völlig neue Techniken verwenden müssen, von denen viele mehr Probleme bereiten als Ihre normalen Vorgehensweisen.

Mehrere Dienste auf einem oder auf unterschiedlichen Bastion-Hosts?

In einer perfekten Welt könnten Sie alle Dienste auf separaten Bastion-Hosts laufen lassen. Sie brauchen einen Webserver? Installieren Sie ihn auf einem Bastion-Host. Einen DNS-Server? Installieren Sie ihn auf einem anderen Bastion-Host. Sie wollen auf das Web über einen Proxy zugreifen, der Dokumente zwischenspeichert? Benutzen Sie einen dritten Bastion-Host. In diesem Fall hätte jeder Bastion-Host seine klar abgegrenzte Aufgabe. Probleme könnten nicht von einem Dienst auf einen anderen übergreifen. Alle Dienste würden unabhängig voneinander verwaltet.

Im richtigen Leben liegen die Dinge nicht so einfach. Erstens ergeben sich aus dem »Ein Dienst pro Server«-Modell finanzielle Probleme, da die Anschaffung mehrerer Server schnell teuer wird und die meisten Dienste die Computer nicht auslasten. Zweitens bekommen Sie schnell Probleme bei der Administration. Wozu soll eine Firewall gut sein, die aus 400 Einzelmaschinen besteht?

Deshalb müssen Sie Kompromisse zwischen dem Ansatz der zentralen und dem der verteilten Dienste machen. Die folgenden grundlegenden Prinzipien zeigen Ihnen, wie Sie Dienste in sinnvollen Gruppen zusammenfassen können:

Gruppierung nach Wichtigkeit
    Dienste, von denen Ihr Unternehmen abhängt, z.B. eine nach außen sichtbare Website, sollten Sie nicht auf dem gleichen Server betreiben wie Dienste, die nicht so wichtig sind und ohne die Sie eine Zeitlang leben können, z.B. einen IRC-Server.

Gruppierung nach Publikum
    Installieren Sie Dienste für interne Benutzer (z.B. Angestellte) auf einem Rechner, Dienste für externe Benutzer (z.B. Kunden) auf einem anderen und Verwaltungsdienste (z.B. DNS) auf einem dritten Rechner. Oder bieten Sie Dienste für die Fakultät auf einem und Dienste für Studenten auf einem anderen Computer an.

Gruppierung nach Sicherheit
Alle Dienste, denen vertraut wird, werden auf einer Maschine zusammengefaßt, alle, denen nicht vertraut wird, kommen auf eine andere Maschine. Noch besser wäre es, eine Maschine für alle vertrauenswürdige Dienste vorzusehen, und jeden Dienst, dem nicht vertraut wird, jeweils auf einer eigenen Maschine anzubieten, da diese Dienste am wahrscheinlichsten andere beeinflussen.

Gruppierung nach Zugriffsberechtigung
Dienste, die nur mit öffentlich zugänglichen Daten arbeiten, werden auf einem Server installiert, während ein anderer Server Dienste aufnimmt, die vertrauliche Daten verarbeiten.

Manchmal überschneiden sich die Ansätze, z.B. wenn nicht so wichtige Dienste nur von einer bestimmten Anwendergruppe genutzt werden, unsicher sind und nur auf öffentlich zugänglichen Daten operieren. Unglücklicherweise können aber auch Konflikte auftreten, so daß Sie möglicherweise keine allgemeingültige Lösung finden.

Deaktivieren der Benutzerzugänge auf Bastion-Hosts

Falls es irgendwie möglich ist, sollten Sie auf dem Bastion-Host keine Benutzerzugänge zulassen. Aus verschiedenen Gründen kann es zwar nötig sein, daß Bastion-Hosts Benutzer kennen, diese sollten aber keine Möglichkeit haben, sich tatsächlich am System anzumelden. Benutzerzugänge von Bastion-Hosts fernzuhalten bietet Ihnen den besten Schutz. Dafür sprechen unter anderem folgende Gründe:

- Schwächen in den Benutzerzugängen selbst
- Schwächen in den Systemdiensten, die Benutzerzugänge ermöglichen
- Verminderte Stabilität und Zuverlässigkeit des Rechners
- Versehentliche Untergrabung der Sicherheit des Bastion-Hosts durch Benutzer
- Erschwerte Bedingungen beim Aufdecken von Angriffen

Benutzerzugänge stellen für jemanden, der in einen Bastion-Host einbrechen will, eine Art offenes Scheunentor dar, durch das er sein Ziel relativ leicht erreichen kann. Zu jeder Benutzerkennung gehört normalerweise ein wiederverwendbares Paßwort[2], das auf die verschiedensten Arten geknackt werden kann, wie z.B. über Wörterbuchangriffe, durch Brute-Force oder indem das Netzwerk abgehört wird. Stellen Sie sich das mit vielen Benutzern vor, und Sie können mit einer Katastrophe rechnen.

Um Benutzerzugänge in irgendeiner sinnvollen Form nutzen zu können, müßten auf einem Bastion-Host weitere Dienste zur Verfügung stehen, z.B. Druckdienste und

---

[2] Weitere Informationen über Einmal-Paßworte finden Sie in Kapitel 21, *Authentifizierungs- und Auditing-Dienste*.

Dienste für die lokale Postverteilung. Diese Dienste können ohne Benutzerkennungen deaktiviert werden. Jeder zusätzliche Dienst birgt die Gefahr weiterer Angriffsmöglichkeiten, sei es durch Softwarefehler oder Fehlkonfiguration.

Durch die Unterstützung von Benutzerzugängen werden auch die Stabilität und die Zuverlässigkeit der Maschine selbst vermindert. Das Verhalten von Rechnern, die keine Benutzerzugänge anbieten, ist meist vorhersagbar, und die Systeme sind stabil. Es hat sich vielfach gezeigt, daß Rechner ohne Benutzer fast unbegrenzt ohne Ausfall arbeiten, es sei denn, der Strom fällt aus.

Auch die Benutzer selbst können auf dem Bastion-Host Sicherheitsprobleme verursachen. Das geschieht (meist) nicht absichtlich, kann das System aber auf vielerlei Arten gefährden. Diese reichen von einfachen Fällen, z.B. der Wahl eines schwachen Paßworts bis zu komplizierten Fällen, in denen ein Benutzer z.B. unerlaubt einen Informationsserver installiert, dessen Auswirkungen auf die Sicherheit unbekannt sind. Benutzer haben selten böse Absichten. Meistens versuchen sie nur, ihre eigenen Aufgaben schneller und effektiver zu erledigen.

Normalerweise ist es auf den Rechnern leichter zu entscheiden, ob »alles normal läuft«, auf denen man nicht auf Benutzeraktivitäten achten muß. Das Verhalten von Benutzern ist nicht vorhersehbar. Sie wollen aber, daß Ihr Bastion-Host einem vorhersehbaren Verhaltensmuster entspricht, um anhand von Abweichungen Einbrüche aufdecken zu können.

Wenn Sie auf einem Bastion-Host Benutzerkennungen zulassen müssen, dann beschränken Sie deren Anzahl auf ein Minimum. Sie sollten Benutzerkennungen einzeln hinzufügen, aufmerksam beobachten und in regelmäßigen Abständen prüfen, ob sie noch benötigt werden.

Es gibt einen Fall, für den Sie Benutzerzugänge einrichten sollten. Jeder, der sich aus administrativen Gründen an einem Bastion-Host anmelden muß, sollte eine eigene Benutzerkennung zugewiesen bekommen und ausschließlich diese zum Anmelden benutzen. Niemand sollte sich direkt als »Administrator« oder »root« anmelden, wenn es noch eine andere Möglichkeit gibt, Aufgaben zu erledigen. Die Anzahl dieser Zugänge muß so gering wie möglich gehalten werden, und die Zugänge selbst müssen streng überwacht werden. Es darf nicht möglich sein, diese Zugänge aus dem Internet mit wiederverwendbaren Paßworten zu erreichen (sollte diese Möglichkeit vorhanden sein, wird sie irgendein Administrator aus Bequemlichkeit nutzen). Noch besser ist es natürlich, wenn der Zugriff auf diese Benutzerzugänge aus dem Internet ganz und gar unmöglich ist. Ziehen Sie es in Betracht, Netzwerkanmeldungen vollständig zu unterbinden. Beachten Sie, daß es nur möglich war, in *whitehouse.gov* einzubrechen, weil die Administratoren – die es eigentlich hätten besser wissen müssen – der Versuchung erlegen sind, sich zu Wartungsarbeiten aus dem Internet einzuloggen. In den folgenden Kapiteln über konkrete Betriebssysteme beschreiben wir geeignete Vorgehensweisen zur Fernwartung.

Einrichten eines Bastion-Hosts

Nachdem Sie herausgefunden haben, welche Aufgaben Ihr Bastion-Host erfüllen soll, müssen Sie ihn aufbauen. Der Vorgang, eine Maschine so zu konfigurieren, daß sie besonders gesichert ist und Angriffen widerstehen kann, wird allgemein *Härten* (engl. hardening) genannt. Das grundlegende Vorgehen des Härtens umfaßt folgende Punkte:

1. Sichern Sie die Rechner.
2. Deaktivieren Sie alle nicht benötigten Dienste.
3. Installieren oder modifizieren Sie die Dienste, die Sie anbieten möchten.
4. Ändern Sie die Konfiguration des Rechners von einer Entwicklermaschine zur Konfiguration für den endgültigen Betrieb.
5. Führen Sie eine Sicherheitsüberprüfung durch, um eine Ausgangsbasis für Vergleiche zu schaffen.
6. Schließen Sie den Rechner an das Netzwerk an, in dem er eingesetzt werden soll.

Sie sollten unbedingt darauf achten, daß der Rechner bis zum letzten Schritt nicht vom Internet aus zugänglich ist. Wenn Ihr Firmennetz noch nicht an das Internet angeschlossen ist, verhindern Sie einfach den Aufbau einer Internetverbindung, bis der Bastion-Host vollständig eingerichtet ist. Wenn Sie ein bereits an das Internet angeschlossenes Firmennetz durch eine neue Firewall absichern wollen, müssen Sie den Bastion-Host konfigurieren, während dieser als eigenständiger Rechner nicht mit dem Netzwerk verbunden ist.

Wenn Ihr Bastion-Host schon während des Einrichtens vom Internet aus angreifbar ist, könnte er sich zu einem Angriffs- statt zu einem Verteidigungssystem entwickeln. Ein Eindringling, der sich vor der ersten Sicherheitsprüfung (zur Erstellung einer Ausgangsbasis für Vergleiche) erfolgreich Zugang verschafft, ist nur schwer zu entdecken und befindet sich in einer hervorragenden Position, um den gesamten Verkehr zwischen Ihnen und dem Internet abzuhören. Es sind Fälle bekannt, in denen in Rechner eingebrochen wurde, nur wenige Minuten, nachdem sie zum ersten Mal mit dem Internet verbunden worden sind. Das passiert zwar selten, aber es kann vorkommen.

Schreiben Sie soviel wie möglich über jeden Schritt der Konfiguration des Systems auf. Stellen Sie sich vor, daß irgendwann in der Zukunft in den Rechner eingebrochen wird, was dafür sorgt, daß er in Flammen aufgeht und zerstört wird. Damit Sie Ihr System wieder aufbauen können, müssen Sie alle Schritte nachvollziehen können, die Sie auch zuvor angewandt haben.

Sie benötigen auch sämtliche Software, die Sie eingesetzt haben. Deshalb müssen Sie sicherstellen, daß Sie alle Dinge, die Sie zur Installation brauchen, an einem sicheren Ort aufbewahren. Das umfaßt unter anderem:

- Disketten, CDs oder Bänder, von denen Sie Software installiert haben
- Quellcode jeder Software, die Sie aus ihren Quellen selbst übersetzt haben

- Die Umgebung, in der Sie die Software übersetzt haben, wenn sie sich von der zu installierenden unterscheidet; dazu gehören das Betriebssystem, die Compiler und Header-Dateien (und die Maschine, auf der das alles ausgeführt wird)
- Die Anleitungen und Dokumente, mit denen Sie gearbeitet haben

Die folgenden Abschnitte gehen kurz auf die wichtigsten Schritte zum Einrichten eines Bastion-Hosts ein. Diese Schritte werden in den nächsten Kapiteln über Unix und Windows NT genauer besprochen. Wir erläutern außerdem kurz Maßnahmen zur längerfristigen Wartung und zur Sicherung des Bastion-Hosts. Auf die Wartung wird ausführlich in Kapitel 26, *Betreuung von Firewalls*, eingegangen.

Absichern des Rechners

Richten Sie einen Rechner mit einem Standard-Betriebssystem möglichst sicher ein. Beginnen Sie mit einem »sauberen« Betriebssystem, und befolgen Sie die Anleitung in diesem Abschnitt.

1. Beginnen Sie mit einer Minimalinstallation Ihres Betriebssystems.
2. Beheben Sie alle bekannten Systemfehler.
3. Benutzen Sie eine Checkliste.
4. Schützen Sie die Systemprotokolle.

Beginnen Sie mit einer Minimalinstallation Ihres Betriebssystems

Beginnen Sie mit einer »sauberen« Minimalinstallation Ihres Betriebssystems direkt vom Datenträger des Anbieters. Sie wissen dann genau, womit Sie es zu tun haben, und brauchen nicht etwas anzupassen, das bereits Fehler haben könnte. Ein so installiertes System erleichtert zudem die weitere Arbeit. Die meisten Anbieter gehen in ihren Sicherheits-Patches, Konfigurationsanleitungen und anderen Dokumentationen davon aus, daß Sie mit einer unveränderten Installation beginnen.

Installieren Sie das Betriebssytem mit so wenigen Komponenten wie irgend möglich. Es ist wesentlich einfacher, die Installation von Bestandteilen zu verhindern, als diese später rückstandslos zu entfernen. Wenn das Betriebssystem erst einmal funktioniert, ist es leicht, Teile hinzuzufügen, wenn Sie feststellen, daß Sie sie benötigen. Installieren Sie optionale Komponenten nur, wenn Sie sie auch wirklich brauchen.

Wollen Sie einen Rechner wiederverwenden, auf dem bereits ein Betriebssystem installiert war, löschen Sie alle Daten von den Platten, bevor Sie mit der Neuinstallation beginnen. Sonst können Sie nicht sicher sein, daß alle Spuren des früheren Betriebssystems verschwunden sind.

Kapitel 10: Bastion-Hosts

Beheben Sie alle bekannten Systemfehler

Besorgen Sie sich eine Liste aller bekannten Patches und Hinweise zur Sicherheit Ihres Betriebssystems. Gehen Sie sie durch und entscheiden Sie, welche auf Ihr spezielles System zutreffen. Beheben Sie alle Probleme, die in den Patches und Hinweisen beschrieben werden. Diese Informationen erhalten Sie beim Vertrieb oder beim technischen Support Ihres Anbieters oder aus den User-Gruppen, News-Gruppen und den Mailing-Listen, die sich mit Ihrer Plattform beschäftigen.

Zusätzlich sollten Sie sich alle Hinweise des *Computer Emergency Response Team Coordination Center* (CERT-CC) organisieren, die Ihre Plattform betreffen, und diese durchgehen. Wo Sie das CERT-CC finden und wie Sie die Informationen beschaffen, erfahren Sie in der Übersicht im Anhang A, *Ressourcen*.

Für viele Betriebssysteme gibt es entweder empfohlene und optionale Patches oder von Zeit zu Zeit größere Patches (Patchsets, unter Windows NT *Service Packs* genannt) und dazwischen einzelne kleinere Patches (Microsoft nennt diese *Hot Fixes*). Installieren Sie die zum Zeitpunkt der Installation empfohlenen Patches und alle Patches, die die Sicherheit Ihrer Installation betreffen.

Benutzen Sie eine Checkliste

Damit Sie beim Sichern Ihres Bastion-Hosts nichts übersehen, sollten Sie eine Sicherheits-Checkliste verwenden. Es gibt einige hervorragende Checklisten. Wählen Sie eine Checkliste, die zu Ihrer Plattform und Betriebssystemversion paßt.

Schützen Sie die Systemprotokolle

Als sicherheitsrelevanter Rechner muß der Bastion-Host ausführliche Protokolle anlegen. Der nächste Schritt beim Aufbau des Bastion-Hosts besteht darin, durch geeignete Maßnahmen sicherzustellen, daß seine Systemprotokolle an einem sicheren Ort abgelegt werden. Diese Systemprotokolle sind aus zwei Gründen wichtig:

- Es gibt kaum eine bessere Methode, um festzustellen, ob sich der Bastion-Host wie gewünscht verhält. Wenn alle Aktionen des Bastion-Hosts aufgezeichnet werden (und das sollten sie), können Sie durch Überprüfung dieser Protokolle genau feststellen, ob sich der Bastion-Host wie erwartet verhält. Kapitel 26, *Betreuung von Firewalls*, beschreibt, wie Sie die Systemprotokolle in die Wartung der Firewall einbeziehen.
- Wenn (nicht falls!) eines Tages jemand erfolgreich in den Bastion-Host einbricht, sind die Systemprotokolle eines der wichtigsten Hilfsmittel, um herauszufinden, was genau passiert ist. Sie können die Aufzeichnungen durchsehen und herausfinden, was schiefgegangen ist, um zu verhindern, daß ähnliche Angriffe ebenfalls erfolgreich sind.

Wo sollten Sie die Systemprotokolle ablegen? Einerseits sollen sie sich an einem bequem zugänglichen Ort befinden, an dem Sie sie einfach durchsehen können, um das Verhalten des Bastion-Hosts zu überprüfen. Andererseits sollen die Systemprotokolle sicher untergebracht werden, damit Sie sie unverfälscht zur Rekonstruktion eines sicherheitsrelevanten Vorfalls benutzen können.

Diese scheinbar widersprüchlichen Anforderungen können sie erfüllen, indem Sie zwei Kopien der Protokolldateien anlegen – eine für den Normalfall und eine für Katastrophen. Die Einzelheiten der Protokolldienste sind abhängig vom Betriebssystem. Sie werden in den Kapiteln über konkrete Betriebssysteme erklärt.

Systemprotokolle für den Normalfall

Die erste Fassung verwenden Sie regelmäßig, um laufende Aktivitäten auf dem Rechner zu überwachen. Die hier aufgezeichneten Daten bilden die Grundlage Ihrer täglichen oder wöchentlichen automatisch erstellten Analyseberichte. Sie können diese Protokolle entweder auf dem Bastion-Host oder einem internen Rechner ablegen.

Die Aufzeichnungen auf dem Bastion-Host zu halten hat den Vorteil, daß es einfach ist. Sie müssen weder die Protokollierung extra auf ein anderes System umleiten, noch müssen Sie dafür sorgen, daß die Paketfilter das zulassen. Das Ablegen der Protokolle auf einem internen Rechner ist dagegen bequemer. Sie müssen sich nicht extra auf dem Bastion-Host anmelden, auf dem sowieso keine geeigneten Werkzeuge zur Auswertung der Protokolle zu finden sind. Außerdem sollten Sie es auf jeden Fall vermeiden, sich auf dem Bastion-Host anzumelden.

Systemprotokolle für Katastrophen

Die zweite Fassung der Systemprotokolle verwenden Sie nur nach einer Katastrophe. Nach einem solchen Ereignis sollten Sie die für den Normalfall vorgesehenen Protokolle nicht verwenden. Entweder können Sie überhaupt nicht mehr auf diese zugreifen, oder Sie können nicht mehr sicher sein, daß es sich um unverfälschte Aufzeichnungen handelt.

Diese Protokolle müssen außerhalb des Bastion-Hosts für eine längere Zeit aufbewahrt werden. Manchmal entdecken Sie einen Eindringling erst lange Zeit, nachdem er zum ersten Mal erfolgreich in Ihre Maschine eingedrungen ist. Es ist auch nicht ungewöhnlich, daß ein Angreifer in eine ganze Reihe von Maschinen einbricht, eine Hintertür installiert und diese Maschinen dann monatelang nicht mehr benutzt.

Wenn Sie über ein Laufwerk verfügen, auf das nur ein einziges Mal geschrieben werden kann, benutzen Sie es. Das ist wahrscheinlich der technisch einfachste Weg, vor allem, falls dieses Laufwerk ein Dateisystem emulieren kann. Stellen Sie sicher, daß man die Medien tatsächlich nur ein einziges Mal beschreiben kann. Einige magneto-optische Laufwerke unterstützen sowohl einen Modus, in dem sie mehrfach überschreiben können, als auch einen Modus, in dem sie nur ein einziges Mal schreiben können. Den jeweils aktiven Modus speichern sie in ihrer Software. Wird in das System erfolgreich eingebrochen, ist es möglich, Teile des vorhandenen Protokolls auf dem angeblich nur einmal beschreibbaren Medium zu überschreiben oder zu vernichten.

Andere Methoden zur Protokollierung hängen von dem von Ihnen verwendeten Betriebssystem ab. Sie werden in Kapitel 11, *Unix- und Linux-Bastion-Hosts*, und Kapitel 12, *Windows NT- und Windows 2000-Bastion-Hosts*, besprochen.

Protokollierung und Zeiten

Es ist sehr nützlich, die exakte Zeit eines Vorfalls (die genaue Minute und manchmal auch die Sekunde) zu kennen, wenn man es mit Einbrüchen in Rechnersysteme zu tun hat. Deshalb benötigen Sie Datums- und Zeitangaben, wenn Sie (oder Ermittlungsbehörden) weitere Informationen anderer Unternehmen einholen müssen. Stellen Sie sicher, daß die Zeitangaben in den Protokollen Ihres Bastion-Hosts genau und mit anderen Systemen abgestimmt sind. Weitere Informationen über Protokolle zur Zeitsynchronisation finden Sie in Kapitel 22, *Administrative Dienste*.

Auswahl zu protokollierender Informationen

Festzulegen, welche Informationen Sie protokollieren wollen, ist eine heikle Angelegenheit. Sie brauchen keine riesigen Protokolldateien, die jede Menge alltägliche Ereignisse enthalten. Das wäre nur Platz- und Zeitverschwendung und würde es erschweren, wichtige Informationen zu entdecken. Andererseits brauchen Sie Protokolle, die so allgemein sind, daß Sie sie zur Fehlersuche nutzen können, oder um herauszufinden, welche Aktionen ein Eindringling ausgeführt hat.

Sie sollten alles protokollieren, außer Ereignissen, die häufig auftreten und ungefährlich sind. Versuchen Sie nicht, Ihre Protokolle auf gefährliche oder interessante Ereignisse zu beschränken, weil es schwierig ist, erfolgreich vorherzusagen, welche das sind. Statt dessen sollten Sie alles protokollieren und nur bekannte Informationen weglassen.

Windows NT bietet zum Beispiel die Möglichkeit, alle Dateizugriffe zu protokollieren. Sie sollten diese Fähigkeit auf einem Bastion-Host nicht zur Überwachung sämtlicher Dateien benutzen, sonst verlieren Sie schnell die Übersicht bei all den Routinezugriffen auf Dateien, die von regulären Diensten verwendet werden. Andererseits wollen Sie sicher alle Zugriffe auf Systemdateien protokollieren, auf die kein normaler Dienst zugreift. Solche Dateien werden nicht so häufig benutzt. Die Menge an Protokolleinträgen, die entsteht, wenn Sie das System warten, wird durch die Anzahl möglicher Angriffe wettgemacht, die Sie durch die Protokollierung aufdecken könnten.

Deaktivieren überflüssiger Dienste

Nachdem Sie die grundlegenden Schritte zur Sicherung Ihres Bastion-Hosts abgeschlossen haben, folgt als nächster Schritt die Abschaltung sämtlicher Dienste, die auf dem Bastion-Host nicht unbedingt erforderlich sind. Deaktivieren Sie alle Dienste, außer denen, die Sie anbieten wollen, und denen, die zum Betrieb dieser Dienste vorausgesetzt werden. Sie bekommen vielleicht nicht immer heraus, auf welchen Diensten andere Dienste aufbauen, weil die Namen häufig kryptisch und wenig informativ sind.

Wie erfahren Sie also, welche Dienste Sie deaktivieren können? Folgen Sie diesen drei einfachen Regeln:

- Was Sie nicht benötigen, können Sie abschalten.
- Wenn Sie nicht wissen, was ein Dienst tut, schalten Sie ihn ab. Wahrscheinlich war er sowieso überflüssig.
- Sollte die Deaktivierung Probleme verursachen, wissen Sie, was die Aufgabe des Dienstes war. Falls er tatsächlich benötigt wird, können Sie ihn wieder aktivieren oder versuchen herauszufinden, wie Sie ohne ihn auskommen.

Jeder vom Bastion-Host angebotene Dienst kann Softwarefehler oder Konfigurationsschwächen enthalten, die zu Sicherheitsproblemen führen können. Natürlich werden Sie einige Dienste anbieten müssen, die Ihre Benutzer benötigen, solange sie sich mit Ihrer Sicherheitsstrategie vereinbaren lassen. Ersparen Sie sich jedoch jeden unnötigen Ärger mit Diensten, die nicht wirklich wichtig sind. Stellt ein Bastion-Host einen Dienst nicht zur Verfügung, müssen Sie sich auch keine Gedanken über etwaige Fehler oder Konfigurationprobleme machen.

Wenn Sie ohne einen bestimmten Dienst leben können, sollte er deaktiviert werden. Nehmen Sie dabei ruhig ein paar Unbequemlichkeiten in Kauf. Das bedeutet, daß Sie jeden einzelnen Dienst sehr genau betrachten müssen. Schalten Sie nicht nur Dienste ab, von denen Sie noch nie etwas gehört und die Sie noch nie benutzt haben, sondern auch Dienste, die Sie auf anderen Rechnern sinnvoll einsetzen, und auch solche, die Ihnen völlig unbekannt sind, weil sie viel zu einfach sind. Fragen Sie sich bei jedem Dienst: »Kann ich diesen Dienst entbehren? Was geht mir verloren, wenn ich ihn abschalte?«

Wie Dienste deaktiviert werden

Stellen Sie als erstes sicher, daß Sie eine Möglichkeit haben, eine Maschine auch dann noch hochzufahren, wenn Sie versehentlich einen kritischen Dienst deaktiviert haben. Das könnte eine zweite Festplatte mit einer vollständigen Root-Partition oder die Installations-CD in einem CD-ROM-Laufwerk sein. Es kann sich dabei sogar um eine zweite Installation des Betriebssystems auf der gleichen Festplatte handeln. Finden Sie auf jeden Fall eine solche Möglichkeit! Denn wenn Sie Ihren Computer nicht mehr normal hochfahren können, nachdem Sie etwas Falsches gelöscht haben, haben Sie auf diese Weise Glück und sind beim nächsten Mal etwas vorsichtiger. Falls Sie jedoch keine zweite Möglichkeit finden, Ihr System hochzufahren, können Sie auch Pech haben und einem gänzlich unbenutzbaren Computer gegenüberstehen. (Diese Reserveversionen des Betriebssystems sind gleichzeitig nützlich, um Originaldateien aufzubewahren, mit denen Dateien des eigentlichen Systems im Notfall verglichen werden können.)

Zweitens müssen Sie eine Originalversion jeder Datei sichern, bevor Sie sie verändern. Auch wenn Sie nur Dinge auskommentieren wollen, können Sie sich vertippen und versehentlich etwas löschen oder ein entscheidendes Zeichen verändern. Wenn Sie Einstellungen über eine Benutzungsschnittstelle verändern, anstatt direkt Dateien anzupassen, wissen Sie vielleicht nicht, welche Dateien tatsächlich geändert werden. Dann hilft es nur, das gesamte System zu sichern. Sie sollten nach Möglichkeit die Dateien auf eine andere Festplatte sichern, anstatt ein Backup mit den üblichen Programmen zu erzeugen. Falls Sie nämlich eine Änderung rückgängig machen wollen, können Sie einfach die veränderten Dateien durch ihre Originale ersetzen, nachdem Sie beide Dateien auf der Festplatte miteinander verglichen haben. Beachten Sie, daß die Registry von Windows NT-Systemen normalerweise von Backup-Programmen oder beim Kopieren nicht berücksichtigt wird. Sie müssen sie explizit in eine Sicherung einbeziehen. Erstellen Sie auch eine neue Startdiskette, bevor Sie mit der Rekonfiguration der Maschine beginnen. Diese enthält die wichtigsten Teile der Registry.

Wenn Sie einen Dienst deaktivieren, müssen Sie auch alle Dienste deaktivieren, die von diesem abhängig sind. Dieses Vorgehen verhindert lästige Warnmeldungen und böse Überraschungen, wenn durch die Aktivierung eines grundlegenden Dienstes gleichzeitig auch alle anderen wieder zugänglich sind.

Zum Schluß möchten wir wie bereits einige Male zuvor noch einmal betonen, daß Sie eine Maschine nicht an ein gefährliches Netz anschließen dürfen, solange sie nicht vollständig eingerichtet ist. Das bedeutet, daß Sie alle Arbeiten, die notwendig sind, um Dienste zu deaktivieren, entweder ohne jeden Netzzugang oder in einem sicheren Testnetz durchführen sollten. Der Grund, warum Sie Dienste abschalten, ist schließlich deren Gefährlichkeit. Wenn Sie Ihren Bastion-Host während der Konfiguration an ein gefährdetes Netz anschließen, könnten diese Sicherheitslücken ausgenutzt werden, bevor Sie alle unnötigen Dienste deaktiviert haben.

Schritte, nachdem Sie Dienste deaktiviert haben

Normalerweise müssen Sie den Computer neu starten, nachdem Sie Konfigurationsdateien verändert haben, da sonst die Veränderungen nicht in Kraft treten.

Nachdem Sie die Maschine neu gestartet und getestet haben und überzeugt sind, daß sie auch ohne die deaktivierten Dienste funktioniert, können Sie auch die Programmdateien dieser Dienste löschen, wenn sie nicht von anderen Diensten benötigt werden. Wenn sich die Dateien noch auf dem Rechner befinden, könnten Sie von jemandem gestartet werden; wenn nicht von Ihnen, dann von einem anderen Systemadministrator oder einem Eindringling. Einige Dienste lassen sich sogar von Benutzern ohne besondere Berechtigungen ausführen, solange nicht die Standardports genutzt werden.

Wenn Sie sich nicht sicher sind, ob Sie irgendwelche Dateien löschen sollten, können Sie sie statt dessen auch verschlüsseln. Benutzen Sie dazu ein Programm, das wirklich starke Verschlüsselung unterstützt. Sie sollten weder das *crypt*-Programm unter Unix noch irgendein beliebiges Produkt, das für Mircosoft-Systeme angeboten wird, einsetzen, da die meisten diese Forderung nicht erfüllen. Statt dessen können Sie *snuffle* oder ein Programm verwenden, das den DES- oder den IDEA-Algorithmus nutzt. Wählen Sie einen sicheren Schlüssel. Sollten Sie ihn vergessen, ist das nicht schlimmer, als hätten Sie das Programm gleich gelöscht. Falls jedoch ein Eindringling den Schlüssel kennt, haben Sie ein Problem.

Dienste nur für bestimmte Netze anbieten

Manchmal wollen Sie Dienste anbieten, die nur auf Anfragen aus einem bestimmten Netz reagieren, auch wenn Ihr Computer über mehrere Netzwerkschnittstellen verfügt. Sie können diese Dienste möglicherweise auf die Netze beschränken, in denen Sie sie verwenden wollen. Unter Unix müssen Sie dazu meist die IP-Adresse und/oder die Netzwerkschnittstelle, auf denen die Dienste Anfragen beantworten sollen, in den Startoptionen des jeweiligen Dienstes angeben. Die Aufrufkonventionen unterschciden sich von Dienst zu Dienst, und nicht jeder Dienst bietet überhaupt eine solche Möglichkeit. Unter Windows NT können Sie nur wenige grundlegende Dienste auf diese Weise beeinflussen. Gehen Sie dazu in die Systemsteuerung Netzwerk, wählen Sie »Bindungen«, und lassen Sie sich die Bindungen für alle Netzwerkkarten anzeigen. Wählen Sie aus, was Sie abschalten wollen, und betätigen Sie die Schaltfläche »Deaktivieren«.

Abschalten des Routings

Wenn Sie einen Dual-Homed-Host nicht als Router einsetzen wollen, müssen Sie das Routing deaktivieren. Als IP-Router muß ein Dual-Homed-Host Pakete akzeptieren, die an die IP-Adressen anderer Rechner gerichtet sind, und diese Pakete korrekt weiterleiten. Dieses Vorgehen nennt sich *IP-Forwarding* und wird normalerweise auf niedriger Ebene im Kernel des Betriebssystems durchgeführt. Ein IP-fähiger Rechner mit mehreren Netzwerkschnittstellen führt diese Aktion häufig ohne spezielle Konfiguration automatisch durch.

Andere Rechner müssen wissen, daß der Dual-Homed-Host ein Router ist, damit sie ihn als solchen benutzen können. Manchmal kann man das einfach erreichen, indem man diese Rechner so konfiguriert, daß sie Pakete für bestimmte Netze immer an den Dual-Homed-Host senden. Das wird *statisches Routing* genannt. Es ist jedoch üblicher, den Dual-Homed-Host so zu konfigurieren, daß er seine Routing-Informationen über ein Routing-Protokoll wie das *Routing Information Protocol* (RIP) verbreitet. Andere Maschinen empfangen diese Routing-Rundrufe und passen ihre eigenen Routing-Tabellen entsprechend an. Dies heißt *dynamisches Routing*. Der Dual-Homed-Host sendet diese Routing-Informationen normalerweise mit Hilfe eines zusätzlichen Programms, das häufig explizit gestartet werden muß. Unix verwendet z.B. *routed* oder *gated*.

Um einen Dual-Homed-Host als Firewall zu benutzen, müssen Sie ihn in einen nichtroutenden Dual-Homed-Host verwandeln. Nehmen Sie einen Rechner mit zwei Netzwerkschnittstellen, und stellen Sie ihn so ein, daß er *nicht* als Router zwischen den Schnittstellen fungieren kann. Dazu sind zwei Schritte notwendig:

1. Deaktivieren Sie jedes Programm, das dem Routing dienen könnte. Das ist meist relativ einfach.
2. Deaktivieren Sie das IP-Forwarding. Das kann ebenso einfach oder erheblich schwieriger sein und erfordert möglicherweise Änderungen am Kernel.

Leider läßt sich durch Deaktivieren des IP-Forwardings nicht immer das gesamte Routing abstellen. Auf einigen Systemen können Sie zwar das IP-Forwarding abschalten, aber das Source-Routing stellt immer noch ein Sicherheitsrisiko dar.

Was ist *Source-Routing*? Normale IP-Pakete enthalten im Header nur die Quell- und die Zieladresse ohne Informationen darüber, auf welcher Route das Paket von der Quelle zum Ziel gelangen soll. Es ist die Aufgabe der dazwischenliegenden Router, den günstigsten Weg zu bestimmen. Beim Source-Routing dagegen enthalten IP-Pakete weitere Informationen im IP-Header, die angeben, welchen Weg das Paket durchlaufen soll. Diese zusätzlichen Routing-Daten werden vom Quellrechner festgelegt; daher der Begriff »Source-Routing«.

Wenn ein Router ein Paket mit Source-Routing empfängt, hält er sich an die im Paket angegebene Route, anstatt selbst die günstigste Route von der Quelle zum Ziel zu bestimmen. Source-Routing hat immer Vorrang vor dem normalen Routing. Der Routing-Code der meisten Systeme ist auf eine Weise implementiert, die *nicht* dafür sorgt, daß ein Abschalten des IP-Forwardings gleichzeitig das Forwarding von Paketen mit Source-Routing unterbindet. Source-Routing ist völlig unabhängig vom normalen Forwarding und muß getrennt abgeschaltet werden, was oft anders funktioniert und schwieriger ist.

Pakete mit Source-Routing können von modernen Anwendungen problemlos erzeugt werden, wie z.B. dem Telnet-Client, der im Internet als Teil der BSD-Unix-Version 4.4 frei erhältlich ist. Wenn Sie solche Pakete nicht an irgendeiner anderen Stelle blockieren, z.B. in einem Router zwischen dem Dual-Homed-Host und dem Internet, können sie am Dual-Homed-Host vorbei direkt in Ihr internes Netzwerk gelangen.

Schlimmer noch ist, daß Source-Routing in beide Richtungen funktioniert. Nachdem Pakete mit Source-Routing zu einem internen System vorgedrungen sind, wird dieses System mit entsprechenden Paketen antworten, die alle Maschinen der Original-Route in umgekehrter Reihenfolge durchlaufen. Auch diese Antworten können den Dual-Homed-Host auf dem Weg zurück zum Angreifer ohne Probleme passieren, wodurch eine Verbindung in beide Richtungen durch die Firewall entsteht, die eigentlich diese Art von Kommunikation verhindern sollte.

Zum Glück ist es heutzutage Standard, daß Firewalls Source-Routing ignorieren, indem sie entweder die jeweiligen Pakete verwerfen oder die betreffenden Informationen aus dem Header der Pakete entfernen. Außerdem fügen Systeme, die Pakete mit Source-Routing unterstützen, selten die vorgegebene Route auch in die Header der Antwortpakete ein.

Wenn Sie Ihren Dual-Homed-Router nicht anderweitig schützen, müssen Sie dessen Betriebssystem so anpassen, daß es Pakete mit Source-Routing zurückweist. Besorgen Sie sich die für Ihre Plattform notwendigen Informationen bei Ihrem Händler und/oder aus geeigneten Mailinglisten, die sich mit Sicherheitsaspekten befassen (siehe Anhang A, *Ressourcen*).

Kontrolle des eingehenden Datenverkehrs

Wie wir in *Kapitel 8, Paketfilterung*, bereits erläutert haben, werden für viele normale Computer Paketfilterprodukte angeboten. Auch wenn diese Produkte nicht geeignet sind, um Router mit Paketfilterung aufzubauen, können sie auf Bastion-Hosts für zusätzlichen Schutz sorgen. Wenn Sie Paketfilterung einsetzen können, sollten Sie sie so konfigurieren, daß sie nur den Datenverkehr zuläßt, den Sie unterstützen wollen. In den meisten Fällen erhöht das die Redundanz deutlich. Es überträgt den Schutz, der von den Routern geboten wird, auf die Rechner, so daß viele Regeln den Zugriff auf nicht vorhandene Dienste verhindern. Diese Art der Redundanz ist nützlich, weil sie Sie vor Konfigurationsfehlern schützt.

Paketfilter bewahren Sie auch davor, daß auf einem Rechner erfolgreich neue Dienste installiert werden. Dokumentieren Sie die Filterregeln sorgfältig, damit auftretende Fehler Ihnen kein Kopfzerbrechen bereiten.

Installieren und Anpassen von Diensten

Wahrscheinlich sind nicht alle Dienste, die Sie anbieten wollen, Bestandteil Ihres Betriebssystems. Andere sind zwar vorhanden, die Versionen eignen sich aber nicht für eine sichere Umgebung oder verfügen nicht über den gewünschten Funktionsumfang (z.B. die Standardversionen von *fingerd* und *ftpd*). Und selbst die wenigen Dienste, die Ihr Hersteller mitliefert, die sicher und auf dem aktuellsten Stand sind, müssen noch für die speziellen Erfordernisse Ihrer Sicherheitsrichtlinien konfiguriert werden.

Informationen über generelle Vorgehensweisen zum Schutz von Diensten im von Ihnen eingesetzten Betriebssystem finden Sie in Kapitel 11, *Unix- und Linux-Bastion-Hosts*, und Kapitel 12, *Windows NT- und Windows 2000-Bastion-Hosts*. Weiterführende Informationen über bestimmte Dienste und Hinweise zur Auswahl von HTTP-, NNTP- und FTP-Servern finden Sie in den jeweiligen Kapiteln über die Dienste, die Sie anbieten wollen (z.B. Kapitel 15, *Das World Wide Web* für HTTP, Kapitel 16, *Elektronische Post und News*, für NNTP und Kapitel 17, *Dateiübertragung, Filesharing und Drucken*, für FTP).

Neukonfiguration für den Dauerbetrieb

Jetzt ist es Zeit, die in der Aufbauphase zweckmäßige Konfiguration aufzugeben und den Rechner auf den endgültigen Betrieb vorzubereiten. Dazu sind folgende Maßnahmen erforderlich:

1. Schließen Sie die Konfiguration des Betriebssystems ab.
2. Entfernen Sie alle nicht benötigten Programme.
3. Setzen Sie so viele Dateisysteme wie möglich schreibgeschützt auf.

Abschließen der Konfiguration des Betriebssystems

Nachdem Sie alle Dienste gelöscht haben, die Sie nicht täglich benötigen, werden Sie feststellen, daß man auf dem Bastion-Host nur unter großen Schwierigkeiten arbeiten kann, z.B. wenn Sie neue Softwarepakete einspielen oder bereits vorhandene aktualisieren wollen. Deshalb hier einige Vorschläge, was Sie tun können, falls noch umfangreichere Arbeiten auf dem Bastion-Host anstehen:

- Sichern Sie die Programme aller Werkzeuge auf Band, bevor Sie sie löschen, und spielen Sie sie bei Bedarf wieder ein. Vergessen Sie aber nicht, sie nach jedem Einsatz wieder zu entfernen.
- Richten Sie eine kleine, externe, alternative Boot-Platte ein, auf der alle Werkzeuge abgelegt sind. Immer wenn Sie die Werkzeuge benötigen, schließen Sie diese Festplatte an. Lassen Sie sie aber während Routinearbeiten nicht im Rechner. Ein Angreifer darf nicht die Chance bekommen, die Platte aufzusetzen und die Dienstprogramme gegen Sie zu verwenden.

Außerdem wollen Sie sicher nicht, daß der Rechner angegriffen wird, während Sie daran arbeiten. Um das zu verhindern, gehen Sie folgendermaßen vor:

1. Trennen Sie entweder den Bastion-Host vom Netz oder Ihr Netzwerk vom Internet, bevor Sie mit der Arbeit beginnen.
2. Spielen Sie alle erforderlichen Dienstprogramme auf den Bastion-Host, wie wir es oben erläutert haben.
3. Nachdem Sie die Arbeit am Rechner abgeschlossen haben, stellen Sie den normalen Zustand (ohne die nicht mehr benötigten Werkzeuge) wieder her.
4. Schließen Sie den Bastion-Host wieder ans Netz oder Ihr Netzwerk wieder ans Internet an.

Vielleicht finden Sie es auch einfacher, die Systemfestplatte aus dem Bastion-Host zu entfernen und sie an einen Ihrer internen Computer als Datenfestplatte anzuschließen. Sie können dann die Werkzeuge dieses Rechners verwenden, ohne befürchten zu müssen, daß sie noch vorhanden sind, wenn der Bastion-Host wieder in Betrieb geht. Dieses Vorgehen garantiert auch, daß der Bastion-Host während Ihrer Arbeit Angriffen von außen nicht wehrlos ausgesetzt ist. Denn ohne seine Systemfestplatte ist er komplett funktionsuntüchtig, so daß er auch bei einem versehentlichen Anschluß an das Netz nicht gefährdet ist.

Schreibgeschütztes Aufsetzen von Dateisystemen

Nachdem Sie den Bastion-Host konfiguriert haben, sollte die Konfiguration von niemandem, besonders von keinem Eindringling, verändert werden können. Soweit es möglich ist, setzen Sie die Dateisysteme auf dem Bastion-Host schreibgeschützt auf, um sie vor unerwünschten Manipulationen zu schützen. Dies betrifft insbesondere die Dateisysteme mit den Binärdateien von Programmen.

Viel besser ist es, wenn Sie einen hardwareseitigen Schreibschutz einsetzen können. Ein Angreifer kann zwar Dateisysteme mit Schreibberechtigung neu aufsetzen, ohne physischen Zugriff auf den Rechner zu haben, aber das nützt nichts, wenn auch der Schreibschutz der Festplatte aktiviert ist. Viele SCSI-Laufwerke haben einen »write-disable«-Jumper oder -Schalter, den Sie dafür benutzen können. Wenn Sie es für unzumutbar halten, die Festplatte herunterzufahren und aus dem Gehäuse zu entfernen, nur um Schreibzugriff zu erhalten, können Sie ein Kabel vom Jumper zu einem Schalter am Laufwerksgehäuse verlegen.

Programme zur Sicherheitsüberprüfung

Nachdem Sie den Bastion-Host neu konfiguriert haben, folgt eine Sicherheitsüberprüfung (*Security Audit*). Dafür gibt es zwei Gründe: Zum einen stellt sie sicher, daß Sie beim Einrichten des Systems nichts übersehen haben. Zweitens erhalten Sie dadurch eine sogenannte »Baseline«, eine Art Protokoll, mit dem Sie spätere Prüfprotokolle vergleichen und auf diese Weise Manipulationen am Rechner aufdecken können.

Produkte für die Sicherheitsüberprüfung

Die meisten Produkte zur Sicherheitsüberprüfung verfolgen zwei Absichten:

Testen auf bekannte Sicherheitslücken
    Dabei handelt es sich um Probleme, die von Systemadministratoren bereits aufgedeckt, von Angreifern zu Systemeinbrüchen ausgenutzt oder in Büchern und anderen Dokumenten über Computersicherheit beschrieben wurden.

Erstellen einer Datenbank mit Prüfsummen aller Dateien eines Systems
    Anhand dieser Datenbank können Systemadministratoren spätere Veränderungen, besonders unerlaubte, erkennen.

Einige sehr gute Produkte zur automatischen Sicherheitsüberprüfung sind im Internet frei erhältlich.

Wie setzen Sie die verschiedenen Werkzeuge zur Überprüfung Ihres Systems ein? Die Einzelheiten sind vom jeweiligen Produkt abhängig, das Sie einsetzen. Für genauere Anweisungen lesen Sie die Dokumentationen, die den Softwarepaketen beiliegen. Dieser Abschnitt enthält einige grundlegende Hinweise.

Sie werden einiges konfigurieren müssen. Erwarten Sie keine brauchbaren Ergebnisse, wenn Sie einfach ein Programm installieren und ausführen. Gehen Sie davon aus, daß Sie mehrere Testläufe benötigen werden, in denen Sie die Prüfsoftware starten, Warnmeldungen bekommen und Ihre Maschine oder die Prüfsoftware umkonfigurieren, um diese Warnungen loszuwerden. Wenn Sie Warnungen erhalten, müssen Sie entscheiden, ob die Prüfsoftware oder Sie selbst sich geirrt haben. In einigen Fällen ist es das beste, bestimmte Überprüfungen einfach auszulassen. Dies sollte aber nicht Ihre Standardreaktion sein.

Wenn Sie mit den im letzten Abschnitt beschriebenen Werkzeugen eine erste Baseline erzeugt haben, legen Sie eine Kopie der eingesetzten Programme und die Ergebnisse dieser Sicherheitsüberprüfung an einem sicheren Ort ab. Auf keinen Fall sollten Sie die einzige Kopie Ihrer Baseline oder der Prüfprogramme auf dem Bastion-Host aufbewahren. Rechnen Sie mit dem Schlimmsten: Falls jemand erfolgreich in den Bastion-Host einbricht und die einzige Kopie Ihrer Baseline manipuliert, haben Sie keine Möglichkeit mehr, diese später dazu einzusetzen, um unerlaubte Veränderungen am System aufzudecken. Können Eindringlinge die Prüfsoftware verändern, spielt es keine Rolle, ob sie auch Ihre Baseline manipulieren können. Sie veranlassen einfach die Prüfsoftware, eine neue Baseline zu erzeugen. Um sich dagegen zu schützen, legen Sie die Baseline auf einer Diskette oder einem Magnetband ab und schließen sie an einem sicheren Ort ein. Am besten sollten Sie verhindern, daß ein Eindringling die Prüfergebnisse überhaupt zu lesen bekommt. Warum sollten Sie ihnen mitteilen, von welchem Zustand des Systems Sie ausgehen und welche Dateien Sie nicht überwachen?

Überprüfen Sie den Rechner in regelmäßigen Abständen (z.B. täglich oder wöchentlich, je nach Bedarf und Möglichkeiten an Ihrem Standort), und vergleichen Sie die Ergebnisse mit der Baseline. Stellen Sie sicher, daß Sie alle Veränderungen erklären können. Ideal wäre es, wenn Sie die Erstellung neuer Prüfprotokolle automatisieren könnten, damit sie regelmäßig und zuverlässig erfolgt. Leider ist das leichter gesagt als getan. Es kann recht kompliziert sein, automatische Systemprüfungen vorzunehmen, die nicht von »Replay«-Angriffen zunichte gemacht werden können. Beim Replay-Angriff schickt Ihnen ein Angreifer, der erfolgreich Ihr Prüfsystem überwunden hat, immer dann einfach die Version eines früheren Prüfprotokolls, wenn Ihr System die automatische Überprüfung vornimmt. Der einfachste Schutz gegen diese Angriffe ist, die automatischen Prüfprotokolle in so kurzen Abständen zu erstellen, daß es unwahrscheinlich ist, daß ein Angreifer einbrechen, das Prüfsystem entdecken, es sabotieren und so alle seine Spuren verwischen kann, bevor die nächste Systemüberprüfung stattfindet. Das heißt, Sie sollten Ihren Rechner mindestens täglich überprüfen. Es kann ebenso hilfreich sein, die Überprüfung in unregelmäßigen Abständen vorzunehmen, obwohl es schwieriger ist, das zu automatisieren. Es ist besser, die Prüfungen häufig und in vorhersehbaren Abständen durchzuführen, als sich darauf zu verlassen, daß jemand daran denkt, diesen Vorgang von Hand zu starten.

Sobald Sie Warnmeldungen Ihrer Prüfsoftware bekommen und Sie entscheiden, daß es sich um falsche Meldungen handelt, sollten Sie sofort das Prüfsystem oder das Betriebssystem so umkonfigurieren, daß diese Warnmeldungen ausbleiben. Denn wenn Sie sich erst einmal an diese Warnmeldungen gewöhnt haben, ignorieren Sie vielleicht auch wichtige neue Meldungen. Und wenn Sie Urlaub machen und Ihre Vertretung nicht weiß, daß es sich um harmlose Meldungen handelt, kann es vorkommen, daß sie falsche Schritte unternimmt, um nicht vorhandene Probleme zu beheben.

Benutzen Sie kryptographische Prüfsummen

Prüfsummen sind für die Systemüberwachung sehr hilfreich. Ein Eindringling, der ein Programm oder eine Konfigurationsdatei verändert, wird mit großer Wahrscheinlichkeit auch das Änderungsdatum zurücksetzen, so daß Sie es nicht als verläßliches Merkmal benutzen können. Sie umgehen dieses Problem, indem Sie alle Dateien mit ihren Originalen aus der Baseline vergleichen. Das erfordert jedoch viel Zeit, und außerdem benötigen Sie eine Kopie jeder einzelnen Datei, was Ihren Speicherbedarf verdoppelt. Das Speichern von Prüfsummen ist hier die beste Methode.

Eine Prüfsumme ist eine Zahl, die aus bestimmten Daten ermittelt wird, um Veränderungen dieser Daten aufzudecken. Das ist z.B. bei der Datenübertragung nützlich. Der Sender berechnet eine Prüfsumme über die zu übertragenden Daten. Der Empfänger berechnet eine Prüfsumme über die von ihm empfangenen Daten. Nun können beide einfach die Prüfsummen vergleichen, um herauszufinden, ob die Daten während der Übertragung verändert worden sind. Auch auf Dateien können Sie dieses Vorgehen anwenden, nur daß hier die Dateien nicht übertragen, sondern zu einem späteren Zeitpunkt die Prüfsummen erneut berechnet und mit den Originalversionen verglichen werden. Die Berechnung von Prüfsummen kann recht zeitaufwendig sein, da der Inhalt jeder Datei eingelesen werden muß. Es kostet aber nicht soviel Zeit wie das Einlesen zweier Dateien und der anschließende bitweise Vergleich. Außerdem benötigt die Speicherung einer Prüfsumme weitaus weniger Platz als das Abspeichern einer vollständigen Datei. Die Prüfsummen von Dateien sind jedoch nicht eindeutig, d.h. für jeden Algorithmus zur Ermittlung von Prüfsummen gibt es Fälle, in denen zwei verschiedenen Dateien die gleiche Prüfsumme zugeordnet wird. Das wird *Kollision* genannt. Die Berechnungsalgorithmen werden so entworfen, daß die Wahrscheinlichkeit gering ist, daß eine Kollision bei Veränderungen auftritt, die sie eigentlich erkennen sollen.

Damit eine Prüfsumme genutzt werden kann, um illegale Veränderungen an Dateien zu erkennen, muß sie verschiedene Eigenschaften aufweisen:

- Es muß praktisch unmöglich sein, bewußt eine Datei zu erzeugen, deren Prüfsumme mit der einer anderen Datei übereinstimmt. Das kann erreicht werden, indem der Algorithmus so entworfen wird, daß er nicht umgekehrt und rückwärts ausgeführt werden kann. Das bedeutet, es gibt keine bekannte Methode, mit der Sie anhand einer gegebenen Prüfsumme eine Datei mit eben dieser Prüfsumme erzeugen können.

- Die Prüfsumme muß lang genug sein, damit es nicht möglich ist, eine Liste zu erzeugen, in der jedem möglichen Wert der Prüfsumme eine Datei mit dieser Prüfsumme zugeordnet ist. Praktisch bedeutet das, daß sie länger als 128 Bit sein muß.

- Wenn Sie eine Datei nur wenig verändern, muß sich die Prüfsumme um einen großen Wert verändern.

Prüfsummenalgorithmen, die diese Forderungen erfüllen, werden *Kryptographische Prüfsummen* genannt. Sie werden eingehend in Anhang C, *Kryptographie*, beschrieben.

Manchmal hört man Gerüchte, daß diese Algorithmen anfällig für bestimmte Tricksereien sind, die auch auf einfache Prüfsummen angewandt werden können. Das stimmt jedoch nicht. Es gibt keine bekannten Vorfälle, in denen es jemand geschafft hat, kryptographische Prüfsummen zu sabotieren. Diese Gerüchte können auf die drei folgenden Gründe zurückgeführt werden:

1. Auf Verwechslungen mit CRC-Prüfsummen, die tatsächlich häufig sabotiert werden.
2. Auf Vorfälle, in denen Leute Veränderungen nicht aufdecken konnten, da die Eindringlinge es geschafft haben, die Prüfsummendatenbank oder das Prüfprogramm zu manipulieren.
3. Auf mißverstandene technische Argumente über die Sicherheit früherer kryptographischer Prüfsummen. Diese Algorithmen werden wegen ihrer theoretischen Schwächen jedoch nicht mehr eingesetzt. Diese Schwächen sind in aktuellen kryptographischen Prüfsummen nicht mehr vorhanden und konnten daher noch nie ausgenutzt werden.

Es ist wichtig, daß Sie für Dateien keine Prüfsummen nutzen, von denen Sie wissen, daß sie sich verändern, und daß Sie die Prüfsummen nach absichtlichen Veränderungen sofort anpassen. Bekommen Sie häufig falsche Warnungen, bemerken Sie echte Probleme vielleicht nicht.

Anschließen des Rechners ans Netzwerk

Nun, da Sie den Rechner vollständig abgesichert haben, können Sie ihn endlich an das gewünschte Netzwerk anschließen und in Betrieb nehmen. Wählen Sie dafür einen Zeitpunkt, zu dem Sie die Möglichkeit haben zu beobachten, was geschieht. Nehmen Sie den Rechner nicht kurz vor Ihrem längst überfälligen Urlaub in Betrieb.

Betrieb des Bastion-Hosts

Mit der Inbetriebnahme des Bastion-Hosts hat Ihre Arbeit gerade erst begonnen. Sie müssen den Bastion-Host sehr genau im Auge behalten. In Kapitel 26, *Betreuung von Firewalls* finden Sie weitere Informationen über Ihre Aufgaben. Dieser Abschnitt beschäftigt sich mit den Angelegenheiten, die speziell den Bastion-Host betreffen.

Stellen Sie fest, wie sich der Rechner im normalen Betrieb verhält

Beim Überwachen des Bastion-Hosts sollten Sie auf ungewöhnliche Begebenheiten achten, die auf mögliche Einbrüche oder anderweitige Gefahren für das System hindeuten. Sie müssen aber zuerst ein gewisses Verständnis dafür entwickeln, wie der Bastion-Host »normalerweise« genutzt wird. Beantworten Sie sich dazu die folgenden und ähnliche Fragen:

- Wie viele Aufträge (Jobs) sind normalerweise gleichzeitig aktiv?
- Wieviel CPU-Zeit beanspruchen diese Aufträge relativ zueinander?
- Wie hoch ist die Auslastung des Systems zu verschiedenen Tageszeiten?

Ihr Ziel sollte sein, ein fast intuitives Verständnis dafür zu entwickeln, wie sich Ihr System im Normalbetrieb verhält. Dadurch werden Sie ungewöhnliche Abweichungen sehr schnell erkennen und untersuchen können.

Spezielle Software zur automatischen Überwachung

Es ist ziemlich anstrengend, das System gründlich zu überwachen. Die Systemprotokolle enthalten zwar jede Menge nützlicher Informationen, das Datenvolumen ist aber oft so groß, daß man überfordert wird und wichtige Informationen darin untergehen. Die Protokolle werden oft erst *nach* einem Einbruch durchgesehen, obwohl sie auch genutzt werden könnten, um einen Einbruch im Entstehen zu entdecken und ihn zu verhindern.

Da sich alle Betriebssysteme und Firmennetze unterscheiden, ist jeder Bastion-Host anders konfiguriert und jedes Unternehmen hat seine eigene Vorstellung davon, wie ein Überwachungssystem reagieren sollte. Es könnte z.B. E-Mails verschicken, seine Ausgaben an ein existierendes SNMP-basiertes Managementsystem weiterreichen, die Pager der Systemadministratoren aktivieren und vieles mehr. Die Einzelheiten dieser Überwachung hängen meist stark vom Standort und den eingesetzten Maschinen ab.

Unter Unix sind bereits viele sowohl frei verfügbare als auch kommerzielle Produkte vorhanden und es kommen ständig weitere hinzu. Unter den kostenlos erhältlichen finden Sie NOCOL und NetSaint, die weit verbreitet und erweiterbar sind. Sie können Protokolldateien überwachen, sicherstellen, daß bestimmte Maschinen verfügbar und die Dienste auf ihnen noch funktionsfähig sind, und im Fehlerfall die Verantwortlichen informieren. In Anhang B, *Werkzeuge*, finden Sie Informationen darüber, wie Sie sie bekommen können.

MRTG ist eine besondere Art eines Überwachungsprogramms, das zwar grafische Ausgaben, aber keine Alarmierungsfunktionen unterstützt. Es ist besonders zur Beobachtung von Trends nützlich. Außerdem liefert MRTG ohne viel Aufwand sehr eindrucksvolle Webseiten. Damit bekommen Sei nicht nur heraus, was im System vorgeht, sondern Sie haben gleichzeitig ein Präsentationswerkzeug, das auch andere davon überzeugt, daß Sie genau wissen, was vor sich geht. Informationen über MRTG finden Sie ebenfalls in Anhang B, *Werkzeuge*.

Die Überwachung von Windows NT-Systemen erfolgt normalerweise über den Systemmonitor. Leider basiert auch der Systemmonitor wie viele andere Werkzeuge auf SMB-Transaktionen, die ohne die vollständige Unterstützung von SMB nicht funktionieren. Außerdem ist der Systemmonitor nur sehr eingeschränkt zur Überwachung kritischer Systeme einsetzbar. Er wird wahrscheinlich nicht alle Eigenschaften umfassen, die Sie von einem Alarmierungs- und Prozeßüberwachungssystem erwarten.

Sicherlich wollen Sie lieber ein Werkzeug einsetzen, das SNMP-basierte Überwachung ermöglicht. Windows NT enthält bereits einen SNMP-Server, daher müssen Sie nur noch ein passendes Überwachungswerkzeug installieren. Einige frei verfügbare Überwachungsprogramme gibt es inzwischen für Windows NT, allerdings weniger als für Unix-Systeme. Verschiedene Versionen ursprünglich für Unix entwickelter Werkzeuge finden Sie auch für Windows NT (z.B. MRTG). Sie können auch problemlos Windows NT-Rechner von Unix-Systemen aus überwachen. Außerdem existiert eine große Zahl kommerzieller SNMP-basierter Programme, die Sie benutzen können.

Schutz der Maschine und Anlegen von Sicherungskopien

Nach abgeschlossener Konfiguration und Inbetriebnahme des Bastion-Hosts müssen Sie den Rechner vor physischem Zugriff schützen und dafür sorgen, daß Backups nicht gestohlen oder anderweitig beeinträchtigt werden können.

Verfolgen Sie Neustarts aufmerksam

Wie können Sie herausfinden, ob jemand Ihre Sicherheitsvorkehrungen durchbrochen hat? Manchmal ist ein Einbruch einfach nicht zu übersehen, in anderen Fällen müssen Sie Rückschlüsse aus dem Verhalten Ihres Systems ziehen. Unerklärliches Booten oder Ausfälle des Systems können Hinweise sein. Viele Angriffe, z.B. das Modifizieren des Kernels, bleiben erfolglos, wenn das System nicht neu gestartet wird.

Ein Bastion-Host sollte selten abstürzen oder neu starten. Nachdem er fertig eingerichtet ist und in Betrieb genommen wurde, ist ein Bastion-Host normalerweise ein sehr stabiles System, das oft über Wochen und Monate ohne Abstürze oder Neustarts läuft. Falls der Rechner doch einmal abstürzt oder neu hochgefahren wird, sollten Sie sofort damit beginnen, herauszufinden, ob die Ursache dafür ein eher harmloses Problem oder irgendeine Art von Angriff war.

Manchmal ist es angebracht, den Bastion-Host so zu konfigurieren, daß er nach einem Reboot-Versuch nicht selbständig wieder hochfährt. Auf diese Weise bekommen Sie heraus, wenn jemand die Maschine zum Absturz gebracht oder einen Neustart erzwungen hat: Der Rechner wartet so lange untätig, bis Sie ihn wieder hochfahren. Ohne Ihre Hilfe ist er nicht in der Lage, seine Arbeit fortzusetzen. Viele Maschinen behandeln Abstürze und bewußte Neustarts unterschiedlich. Während Sie die meisten Rechner so einstellen können, daß Sie nach einem Absturz nicht automatisch neu starten, ist es schwieriger, einen Neustart nach einem gezielten Herunterfahren mit anschließendem Reboot zu verhindern. Selbst wenn es nicht so aussieht, als könnten Sie das automatische Neustarten abschalten, haben Sie aber trotzdem eine Möglichkeit, unter Unix einen Neustart fehlschlagen zu lassen. Stellen Sie dazu den Rechner so ein, daß er versucht, von einer nicht existierenden Festplatte zu booten. Sie sollten jedoch eine Anleitung hinterlassen, die beschreibt, wie das System wieder in Betrieb genommen werden kann. Unter Windows NT ändern Sie einfach die Datei *boot.ini* und setzen den Wert für den timeout auf -1. Dieser Eintrag sorgt dafür, daß beim Starten immer auf die Auswahl des zu startenden Betriebssystems gewartet wird. Der Vorteil dieses Vorgehens ist, daß es für jemanden, der an der Konsole sitzt, selbsterklärend ist.

Legen Sie sichere Backups an

Das Anlegen von Backups des Bastion-Hosts ist wegen der Vertrauensbeziehungen zwischen den Rechnern relativ schwierig. Wer vertraut wem?

Auf keinen Fall dürfen die internen Rechner dem Bastion-Host so sehr vertrauen, daß Sie Backups des Bastion-Hosts auf die Bandlaufwerke dieser Rechner schreiben können. Wird in den Bastion-Host eingebrochen, könnte das zu einer Katastrophe führen. Auch der Bastion-Host darf den internen Maschinen nicht zu stark vertrauen, sonst könnte er von internen Benutzern – denen keine böse Absichten unterstellt werden sollen – sabotiert werden. Oder er wäre von Maschinen angreifbar, die nur vorgeben, interne Maschinen zu sein.

Der Einsatz gebräuchlicher Backup-Werkzeuge, wie z.B. der BSD-Programme *dump* und *rdump*, würde wahrscheinlich sowieso am Paketfilter scheitern, der zwischen den internen Systemen und dem Bastion-Host installiert ist. Sie werden Backups daher normalerweise auf einem Bandlaufwerk erstellen, das direkt an den Bastion-Host angeschlossen ist. Auf keinen Fall dürfen Sie auf Sicherungskopien vertrauen, die auf einer Festplatte abgelegt wurden, die ständig an den Bastion-Host angeschlossen ist. Entfernen Sie Ihre Backups und entziehen Sie damit einem Angreifer jede Zugriffsmöglichkeit.

Glücklicherweise müssen Sie nicht so häufig Backups erstellen, da ein Bastion-Host nur selten verändert wird. Nach abgeschlossener Konfiguration und Inbetriebnahme sollte er sehr stabil laufen. Deshalb sollten wöchentlich oder monatlich manuell vorgenommene Backups ausreichen.

Backups des Bastion-Hosts haben nicht nur den Zweck, sich gegen bekannte Katastrophen wie Festplattenausfälle zu schützen. Sie können auch zur späteren Untersuchung von Einbrüchen und anderen sicherheitsrelevanten Vorfällen eingesetzt werden. Anhand dieser Sicherungskopien können Sie den aktuellen Inhalt der Festplatte des Bastion-Hosts mit seinem Zustand vergleichen, den er vor dem Ereignis hatte.

Wenn Sie den Bastion-Host nur wöchentlich oder monatlich sichern, bekommt die Protokollierung eine stärkere Bedeutung. Wird der Bastion-Host nicht täglich gesichert, *müssen* Sie Ihre Protokolldateien auf einem anderem System ablegen. Für die Aufklärung eines Vorfalls spielen diese Protokolle eine entscheidende Rolle. Wenn sich nach einem erfolgreichen Angriff herausstellt, daß die einzige Kopie der Protokolldateien auf dem Bastion-Host abgelegt war und seit drei Wochen keine Sicherungkopien mehr angelegt wurden, behindert das Ihre Aufklärungsbemühungen nachhaltig.

Wie für Backups allgemein gilt auch für die von Bastion-Hosts, daß Sie sie ebenso schützen müssen, wie Sie die Maschine selbst schützen. Diese Sicherungskopien beinhalten Informationen über sämtliche Einstellungen Ihres Bastion-Hosts. Ein Angreifer, der Zugriff auf diese Backups bekommt, wäre in der Lage, Ihre Sicherheitsvorkehrungen zu analysieren, ohne jemals an den Bastion-Host herangekommen zu sein. Die Informationen in diesen Backups könnten ihm ermöglichen, in den Bastion-Host einzudringen, ohne Alarm auszulösen.

Weitere Dinge, die Sie absichern müssen

Neben den Backups müssen Sie alles andere physisch absichern, was wichtige Informationen über den Rechner enthält. Dazu gehören:

- die Protokolldateien
- jedes alternative Bootmedium, das Sie zur Wartung benutzen
- die Notfalldisketten von Windows NT-Bastion-Hosts inklusive der Zugangsdaten
- die genaue Beschreibung der Konfiguration des Bastion-Hosts

Auch wenn Geheimhaltung allein nicht ausreicht, um Ihnen genügend Sicherheit zu bieten, trägt sie doch entscheidend dazu bei. Behandeln Sie die Einzelheiten der Konfiguration Ihres Bastion-Hosts als Geschäftsgeheimnis, das nur für Leute Ihres Vertrauens verfügbar ist. Jeder, der diese Informationen besitzt, kann Ihre Firewall überwinden.

11

Unix- und Linux- Bastion-Hosts

Dieses Kapitel befaßt sich mit den Einzelheiten der Konfiguration von Unix für den Einsatz in einer Firewall-Umgebung. Dabei wird auf den Prinzipien aus Kapitel 10, *Bastion-Hosts*, aufgebaut. Sie sollten zuerst beide Kapitel lesen, bevor Sie versuchen, einen Bastion-Host aufzubauen. Sofern nicht explizit etwas anderes angegeben ist, werden wir das Wort »Unix« sowohl für Unix als auch für Linux verwenden.

Es ist praktisch unmöglich, vollständige Anweisungen für die Konfiguration jeder möglichen Maschine zu geben; die Einzelheiten hängen in großem Maße von der verwendeten Unix-Version und dem genauen Einsatzzweck der Maschine ab. Dieses Kapitel soll Ihnen einen Eindruck davon vermitteln, was getan werden muß und wie Sie es tun können. Die genauen Details der Konfiguration können Sie den Ressourcen entnehmen, die für Ihre spezielle Plattform existieren.

Welche Version von Unix?

Für welche Version von Unix sollten Sie sich entscheiden? Sie können zwischen dem wählen, womit Sie vertraut sind, und dem, wozu die benötigten Werkzeuge vorhanden sind. Wenn Ihr Standort bereits eine Unix-Version einsetzt, werden Sie vermutlich auch bei dieser Version bleiben wollen. Ist man an Ihrem Standort mit mehreren Versionen von Unix vertraut und sind für alle die wesentlichen Werkzeuge (die Sie in diesem Kapitel kennenlernen) und ausreichend Unterstützung verfügbar, dann entscheiden Sie sich für die am wenigsten verbreitete Version, mit der Sie gerade noch leben können. Auf diese Weise maximieren Sie Ihr Erfolgserlebnis und minimieren die Wahrscheinlichkeit, daß Angreifer bereits vorgefertigte Angriffsmethoden auf Ihren Bastion-Host besitzen. Wenn Sie mit Unix überhaupt nicht vertraut sind, dann wählen Sie eine beliebige Version, vorausgesetzt, sie ist einigermaßen verbreitet. (Benutzen Sie z.B. nicht Joe's Wald- und Wiesen-Unix im Sonderangebot für 19,95 DM.) Merken Sie sich als Faustregel: Wenn die von Ihnen gewählte Unix-Version über eine eigene Benutzergruppe verfügt, ist sie wahrscheinlich bekannt genug, um sich auf sie verlassen zu können.

Nützliche Unix-Fähigkeiten

Jedes Betriebssystem besitzt einige besondere Fähigkeiten oder Eigenschaften, die sich beim Aufbau eines Bastion-Hosts als nützlich erweisen können. Wir können zwar nicht für alle Systeme alle Fähigkeiten beschreiben, wollen Ihnen aber einige Sonderfunktionen von Unix darstellen, da es sich um eine verbreitete Plattform für Bastion-Hosts handelt:

setuid/setgid

    Jeder Unix-Benutzer besitzt neben seinem Login-Namen eine numerische Benutzerkennung (*uid*) und gehört zu einer oder mehreren Gruppe(n), die ebenfalls durch Nummern (*gid*s) gekennzeichnet sind. Der Unix-Kernel verwendet die *uid* und die verschiedenen *gid*s eines bestimmten Benutzers, um festzustellen, auf welche Dateien dieser Benutzer zugreifen darf. Normalerweise laufen Unix-Programme mit den Dateiberechtigungen des Benutzers, der das Programm ausführt. Die Funktion *setuid* erlaubt es, ein Programm so zu installieren, daß es immer mit den Berechtigungen des Eigners des Programms ausgeführt wird, unabhängig davon, welcher Benutzer das Programm startet. Die Funktion *setgid* funktioniert ähnlich; sie ermöglicht es dem Programm, Benutzern zeitweise (während der Ausführung des Programms) die Mitgliedschaft in einer Gruppe zu gewähren, in der sie normalerweise nicht Mitglied sind.

chroot

    Der *chroot*-Mechanismus erlaubt es einem Programm, seine Sicht auf das Dateisystem unumkehrbar zu verändern. Dazu wird die Ansicht des Dateisystems darüber geändert, wo sich die Wurzel des Dateisystems (das Root-Verzeichnis) befindet. Wenn ein Programm mittels *chroot* auf einen bestimmten Bereich des Dateisystems umgestellt wird, erscheint dieser Bereich – zumindest aus Sicht des Programms – als das komplette Dateisystem; der Rest des Dateisystems hört für dieses Programm auf zu existieren. Das kann zwar ein hohes Maß an Schutz mit sich bringen, ist aber alles andere als perfekt. Programme brauchen nicht unbedingt Zugang zum Dateisystem, um etwas Schlimmes anzustellen, vor allem, wenn sie viele andere Berechtigungen haben.

Modifikationen an der Umgebung, wie die von *setuid/setgid* und *chroot* ausgeführten, werden von allen nachfolgenden Prozessen geerbt, die ein Programm startet. Um einzuschränken, was ein Programm auf einem Bastion-Host tun kann, werden Programme häufig unter »Wrapper«-Programmen ausgeführt; die Wrapper-Programme führen die Änderungen aus, die von *setuid/setgid*, *chroot* oder anderen Funktionen vorgenommen werden müssen, und starten dann das echte Programm. *chrootuid* ist ein Wrapper-Programm für diesen Zweck; Anhang B, *Werkzeuge*, sagt Ihnen, wie Sie es bekommen können.

Obwohl sich die Unix-Hersteller in bezug auf die Veröffentlichung von Sicherheitsinformationen stark unterscheiden, sind die tatsächlichen Unterschiede in der Sicherheit viel geringer. Gehen Sie nicht davon aus, daß das öffentliche Geschrei um Sicherheitslücken einen Rückschluß auf die Anzahl solcher Lücken zuläßt. Es spiegelt vielmehr recht genau die Beliebtheit des Betriebssystems sowie die Bereitschaft des Herstellers, Sicherheitsprobleme zuzugeben und zu beheben, wider. Glauben Sie nicht, daß die proprietären Versionen von Unix sicherer sind als die Open-Source-Versionen; daß Sie Geld an einen Hersteller bezahlen, garantiert Ihnen nicht, daß dieser sich um die Sicherheit, sondern eher, daß er sich um Gewinn sorgt. Ironischerweise sind die Betriebssysteme mit den beunruhigendsten Geschichten oft am sichersten, da bei ihnen die Fehler beseitigt werden.

Manche Unix-Versionen wurden vor allem mit Blick auf die Sicherheit entwickelt, sie eignen sich deshalb besonders für den Einsatz in Bastion-Hosts. »Entwickelt mit Blick auf die Sicherheit« hat bei den verschiedenen Herstellern unterschiedliche Bedeutungen. Es reicht von relativ kleinen Änderungen an den Paketen, die installiert werden (zum Beispiel versucht die Debian-Linux-Distribution, eine sichere Installation durchzuführen, und die SuSE-Linux-Distribution stellt ein Sicherheitsskript für den Einsatz nach der Installation zur Verfügung), bis hin zu größeren Veränderungen an den Interna (zum Beispiel wurden bei OpenBSD wesentliche Änderungen an allen Teilen des Betriebssystems durchgeführt).

Verschiedene kommerzielle Hersteller bieten sichere Versionen ihrer Betriebssysteme an, die gesetzliche Sicherheitsanforderungen erfüllen sollen. Diese Versionen hinken den Hauptversionen in der Regel hinterher (die gesetzliche Zulassung bzw. Anerkennung erfolgt relativ langsam) und unterstützen möglicherweise nicht alle Zusatzprodukte, die für ihre Hauptversionen verfügbar sind. Andererseits sind ihre Überwachungsfunktionen für Bastion-Hosts nützlich. Wenn Sie die zusätzlichen Kosten aufbringen und die Verzögerung bei der Veröffentlichung ausgleichen können, stellen diese Betriebssysteme eine gute Wahl für Bastion-Hosts dar.

Unix absichern

Wenn Sie sich für eine Maschine entschieden haben, müssen Sie sicherstellen, daß diese über eine ausreichend sichere Betriebssysteminstallation verfügt. Die ersten Schritte in diesem Prozeß sind die gleichen wie für alle anderen Betriebssysteme und werden in Kapitel 10, *Bastion-Hosts*, besprochen.

1. Beginnen Sie mit einer minimalen, sauberen Betriebssysteminstallation. Installieren Sie das Betriebssystem komplett neu auf leere Festplatten, wählen Sie dabei nur die Systemteile aus, die Sie wirklich benötigen.
2. Beheben Sie bekannte Fehler. Konsultieren Sie CERT-CC, Ihren Händler und andere verfügbare Quellen für Sicherheitsinformationen, um sicherzustellen, daß Sie alle entsprechenden Patches – und nur die entsprechenden Patches – installiert haben.

3. Benutzen Sie eine Checkliste, um das System zu konfigurieren. Das Buch *Practical UNIX & Internet Security* von Simson Garfinkel und Gene Spafford (O'Reilly & Associates, 1996) enthält eine ausführliche Checkliste für die meisten Unix-Plattformen. Speziellere Checklisten für bestimmte Betriebssystemversionen gibt es oft über die offiziellen oder inoffiziellen Informationsstellen für diese Plattformen; wenden Sie sich an den technischen Support Ihres Händlers, an Benutzergruppen, Newsgroups oder Mailinglisten, die sich dieser Plattform widmen.

Die Systemprotokolle unter Unix einrichten

Auf einem Unix-System wird die Protokollierung durch *syslog* erledigt. Der *syslog*-Dämon zeichnet die Protokolleinträge der verschiedenen lokalen und externen Clients (die Meldungen dieser Programme, die protokolliert werden sollen) auf. Jede Meldung wird mit Codes für Ursprung und Priorität versehen: Der Ursprungs-Code gibt an, aus welcher Systemkomponente die Meldung stammt (zum Beispiel aus dem Mail-System, dem Kernel, dem Drucksystem, dem Usenet-News-System usw.), und der Prioritäts-Code sagt *syslog*, wie wichtig die Meldung ist (der Bereich geht von Debugging-Informationen und routinemäßigen, informierenden Meldungen über mehrere Stufen bis hin zu Notsignalen). Die Datei */etc/syslog.conf* kontrolliert, was *syslog* auf der Grundlage ihres Ursprungs und ihrer Priorität mit den Meldungen tut. Eine eingegangene Meldung könnte ignoriert, in einer oder mehreren Dateien aufgezeichnet, an den *syslog*-Dämon eines anderen Systems weitergeleitet, auf die Bildschirme bestimmter oder aller gegenwärtig eingeloggten Benutzer ausgegeben oder in einer Kombination der beschriebenen Aktionen verarbeitet werden.

Bei der Konfiguration von *syslog* könnten Sie festlegen, daß es alle Meldungen in eine einzige Datei schreibt oder die Meldungen entsprechend ihrer Ursprungs- und Prioritäts-Codes auf mehrere Dateien verteilt. Wenn Sie die Meldungen aufteilen lassen, werden zwar die einzelnen Protokolldateien einheitlicher, Sie müssen aber auch mehrere Dateien überwachen. Leiten Sie andererseits alles in eine einzige Datei um, müssen Sie zwar auch nur diese Datei überprüfen, sie wird jedoch viel größer.

Viele Nicht-Unix-Systeme, vor allem Netzwerkgeräte wie Router, lassen sich so konfigurieren, daß sie Meldungen per *syslog* protokollieren. Wenn Ihre Systeme über diese Fähigkeit verfügen, können Sie alle Meldungen auf bequeme Weise an einer einzigen Stelle sammeln.

Bedenken Sie allerdings, daß eine externe Protokollierung über *syslog* (z.B. von einem Router an Ihren Bastion-Host oder von Ihrem Bastion-Host an einen internen Host) nicht 100prozentig zuverlässig ist. Erst einmal ist *syslog* ein Dienst, der auf UDP aufbaut, und der Absender eines UDP-Pakets besitzt keine Möglichkeit zu erfahren, ob der Empfänger das Paket erhalten hat, wenn dieser es ihm nicht mitteilt (*syslog*-Dämonen schikken den Absendern keine Empfangsbestätigungen). Manche *syslog*-Varianten können dazu gebracht werden, die externe Protokollierung per TCP durchzuführen. Leider können Sie sich auch in diesem Fall nicht darauf verlassen, keine Meldungen zu verlieren; was passiert, wenn das empfangende System gerade außer Betrieb oder aus anderen

Gründen unerreichbar war? Eine Lösung besteht darin, eine lokale Methode zum zuverlässigen Einsammeln aller *syslog*-Meldungen einzusetzen. (Siehe den Abschnitt »Systemprotokolle für Katastrophenfälle« weiter hinten in diesem Kapitel.)

syslog akzeptiert Meldungen von überallher und führt keine Überprüfung der empfangenen Daten durch. Das bedeutet, daß Angreifer *syslog* für Denial-of-Service-Attacken mißbrauchen oder wichtige *syslog*-Meldungen in einem Schwall gefälschter Meldungen verbergen können. Einige *syslog*-Dämonen lassen sich so konfigurieren, daß sie keine Meldungen annehmen, die über das Netzwerk kommen. Wenn Ihnen diese Option zur Verfügung steht, sollten Sie sie auf allen Systemen einsetzen, bis auf denjenigen, die Sie als Protokoll-Server verwenden wollen.

Trotz seiner Schwächen ist *syslog* jedoch ein nützlicher Dienst; Sie sollten ihn häufig benutzen.

syslog-Beispiel für Linux

Die meisten Versionen von *syslog* wurden aus der ursprünglichen BSD-Version abgeleitet. Beispiel 11-1 ist Linux entnommen, das einige Verbesserungen enthält. Es erlaubt Wildcards für den Ursprung oder die Priorität und ermöglicht es außerdem, einen Ursprung zu ignorieren, indem die Syntax *Ursprung.none* verwendet wird. Eine eigenartige Eigenschaft fast aller *syslog*-Dämonen ist, daß sie ein Tabulatorzeichen zum Trennen der Felder erfordern. Werden Leerzeichen verwendet, wird die entsprechende *syslog*-Zeile möglicherweise stillschweigend ignoriert.

Beispiel 11-1: syslog.conf-Beispiel für Linux

```
# Protokolliert alles (bis auf mail) der Priorität info oder höher.
# Protokolliert keine privaten Authentifizierungsmeldungen!
*.info;mail.none;authpriv.none   /var/log/messages

# Die Datei authpriv hat eingeschränkte Rechte.
authpriv.*   /var/log/secure

# Schreibt alle mail-Protokollmeldungen an eine Stelle.
mail.debug   /var/log/maillog

# Jeder erhält Warnmeldungen, sie werden außerdem auf einer anderen
# Maschine abgelegt.
*.emerg   *
*.emerg   @logger.greatcircle.com
```

Systemprotokolle für Katastrophenfälle

Eine der einfachsten Möglichkeiten, ein Protokoll für den Katastrophenfall zu erstellen, besteht darin, einen Zeilendrucker an einen der seriellen Anschlüsse des Bastion-Hosts anzuschließen und einfach eine Kopie aller Einträge an diesen Anschluß zu schicken. Allerdings bringt dieser Ansatz auch Probleme mit sich. Erstens müssen Sie dafür sorgen, daß sich in dem Drucker immer genügend Papier und ein frisches Farbband befinden. Zweitens, wenn die Protokolle gedruckt sind, können Sie nicht mehr viel damit anfangen, außer sie anzuschauen. Da sie nicht in elektronischer Form vorliegen, haben Sie keine Möglichkeit, sie automatisch durchsuchen oder analysieren zu lassen.

Wenn Ihnen ein einmal beschreibbares Gerät zur Verfügung steht, leiten Sie die Protokolleinträge auf dessen Medium. So erhalten Sie einigermaßen vertrauenswürdige Protokolle in elektronischer Form. Überprüfen Sie, ob Sie der Einmal-Schreib-Funktion wirklich trauen können. Manche magneto-optischen Laufwerke sind auch in der Lage, sowohl Einmal- als auch Mehrfach-Schreib-Vorgänge auszuführen. Achten Sie darauf, welcher Modus durch die Software realisiert wird. Wenn das System überwunden wird, ist es möglich, zuvor beschriebene Teile von angeblich nur einmal beschreibbaren Medien zu überschreiben oder zu zerstören.

Manche Betriebssysteme (vor allem BSD 4.4-Lite und Systeme, die von ihm abgeleitet sind, wie aktuelle Ausgaben von BSDI, FreeBSD und NetBSD) unterstützen Dateien, an die nur Daten angehängt werden können. Diese stellen keine empfehlenswerte Alternative zu einmal beschreibbaren Medien dar. Selbst wenn Sie der Implementierung dieser Art von Dateien trauen können, ist doch die Platte, auf der sie sich befinden, beschreibbar. Ein Eindringling, der die Protokolle zerstören möchte, könnte Wege finden, auf diese Platte von außerhalb des Dateisystems zuzugreifen.

Nicht benötigte Dienste deaktivieren

Wenn Sie eine sichere Maschine haben, können Sie damit beginnen, auf ihr Dienste einzurichten. Der erste Schritt besteht darin, alle Dienste zu entfernen, die Sie nicht benutzen wollen. In Kapitel 10, *Bastion-Hosts*, finden Sie weitere Informationen darüber, wie Sie entscheiden können, welche Dienste nicht ausgeführt werden sollen. Der Grundgedanke ist, alle Dienste zu entfernen, die nicht wirklich für den eigentlichen Einsatzzweck der Maschine benötigt werden, selbst wenn sie bequem sind oder harmlos erscheinen.

Wie werden Dienste unter Unix verwaltet?

Auf Unix-Maschinen werden die meisten der Dienste mit Hilfe einer dieser beiden Methoden verwaltet:

- indem festgelegt wird, wann sie starten und wer sie benutzen kann
- durch dienstspezifische Konfigurationsdateien

Es gibt zwei Möglichkeiten, wie Dienste unter Unix gestartet werden:

- zum Boot-Zeitpunkt durch die Konfigurationsdateien einer Maschine (zum Beispiel in den */etc/inittab-* und */etc/rc*-Dateien oder -Verzeichnissen)
- auf Anforderung durch den *inetd*-Dämon (der selbst zum Boot-Zeitpunkt gestartet wird)

Einige Dienste – zum Beispiel Sendmail – können so konfiguriert werden, daß sie mit einem oder beiden Mechanismen laufen, die meisten ziehen jedoch eine der anderen Möglichkeiten vor.

Dienste, die durch die /etc/rc-Dateien oder -Verzeichnisse gestartet werden

Die Dienste der ersten Kategorie sind so gestaltet, daß sie unbegrenzt laufen. Sie werden einmal gestartet (beim Booten der Maschine) und sollen dann nicht mehr beendet werden. (Selbstverständlich enden sie manchmal auch, entweder, weil sie von einem Systemadministrator »gekillt« werden oder weil sie auf einen Bug oder einen anderen Fehler treffen.) Server werden so geschrieben, falls sie schnell kleine Transaktionen ausführen sollen oder sich Informationen »merken« müssen. Dadurch werden die Verzögerungen vermieden, die mit jedem Start einer neuen Kopie eines Servers verbunden sind, der ausgeführt werden muß, um die Anfragen zu bearbeiten.

Server dieser Art werden von den */etc/rc*-Dateien eines Unix-Systems gestartet. Dabei handelt es sich um Shell-Skripte, die beim Booten einer Maschine ausgeführt werden. Typische Beispiele für Server, die über */etc/rc*-Dateien gestartet werden, sind die, die NFS, SMTP und DNS verwalten. In BSD-basierten Unix-Versionen gibt es üblicherweise einige Dateien in */etc*, deren Namen mit »rc« beginnen (zum Beispiel */etc/rc.boot*). In anderen Versionen von Unix gibt es Verzeichnisse in */etc* anstelle von Dateien (zum Beispiel */etc/rc0.d*); die Verzeichnisse enthalten die verschiedenen Start-Befehle jeweils in eigenen kleinen Dateien.

In jedem Fall müssen Sie sich die Startskripte und alle wiederum von diesen Skripten aufgerufenen Skripte sorgfältig anschauen. Normalerweise wird beim Starten eines Systems mehr als ein Skript ausgeführt. In modernen Unix-Systemen rufen diese Skripte andere Skripte auf, dies geschieht oft auf verschlungenen Umwegen. Zum Beispiel könnten Sie feststellen, daß ein Startskript ein anderes Skript aufruft, um den Netzwerkbetrieb zu starten, während der Dateidienst wiederum durch ein Skript gestartet wird, das von einem weiteren Skript aufgerufen wurde. Außerdem werden Sie vermutlich merken, daß Startskripte mysteriöse Optionen bekannter Befehle verwenden (z.B. führen sie häufig *ifconfig* mit kaum verwendeten Optionen auf, die dafür sorgen, daß *ifconfig* Konfigurationsinformationen an obskuren Stellen sucht). Versuchen Sie, diese Optionen zu verstehen, und ersetzen Sie alle Optionen, die die Maschine anweisen, Informationen über sich selbst im Netzwerk zu suchen (oder von Diensten, die sie normalerweise selbst zur Verfügung stellt, die Sie aber deaktivieren wollen).

Linux und einige Unix-Versionen verfügen über ein Hilfsmittel namens *chkconfig*. Dies wird verwendet, um festzulegen, ob Dienste gestartet werden oder nicht. Wenn ein Dienst auf einem System installiert wird, das *chkconfig* einsetzt, wird außerdem ein Startskript installiert und immer ausgeführt. Das Startskript benutzt jedoch den Befehl *chkconfig*, um zu ermitteln, ob es den Dienst wirklich starten soll. Administratoren benutzen ebenfalls den Befehl *chkconfig*, um den Status von Diensten zu verändern oder zu überprüfen. Verschiedene Versionen des *chkconfig*-Systems verwenden unterschiedliche Methoden, um den Konfigurationsstatus zu speichern, einige von ihnen erzeugen Dateien, während andere den Status in den Startskripten selbst ablegen.

Manche Versionen von Unix und Linux besitzen eine Datei namens */etc/inittab*. Auf diesen Systemen benutzt der `init`-Prozeß die Informationen aus dieser Datei, um zu kontrollieren, wie der Boot-Vorgang ausgeführt wird, und um eine Anzahl von Systemprozessen am Laufen zu halten. Normalerweise erlauben die Prozesse, die so konfiguriert sind, daß sie von */etc/inittab* gestartet werden können, interaktive Logins von Terminals und Workstation-Konsolen. Der `init`-Prozeß startet und überwacht diese Prozesse und startet sie bei entsprechender Konfiguration neu, wenn sie beendet werden oder sterben. Die Deaktivierung dieser Prozesse kann üblicherweise über das Auskommentieren der jeweiligen Zeilen in der Konfiguration geschehen oder indem *init* angewiesen wird, sie gar nicht erst zu starten. Wenn Sie den Inhalt von */etc/inittab ändern*, gibt es eigentlich immer einen besonderen und betriebssystemabhängigen Weg, dem `init`-Prozeß mitzuteilen, daß er die Datei erneut einlesen soll.

In einigen Unix-Versionen ist einer der Server, die durch die Startdatei ausgeführt werden, so gestaltet, daß er andere Dienste neu startet, falls sie ausfallen. Falls solch ein Programm auf Ihrem System existiert, wird es versuchen, die anderen Server zu starten, wenn sie zwar aus den Startdateien, aber nicht aus dessen Konfigurationsdatei entfernt wurden. Deaktivieren Sie entweder dieses Programm, oder entfernen Sie aus der Konfigurationsdatei des Programms alle Server, die Sie auch aus den Startdateien entfernt haben. Das Programm wird Ihnen auffallen, wenn Sie die Startdateien durcharbeiten.

Dienste, die durch den inetd gestartet werden

Manche Server werden »bei Bedarf« gestartet und beenden sich, nachdem sie den angeforderten Dienst zur Verfügung gestellt haben. Solche Server setzt man in der Regel für Dienste ein, die nur selten angefordert werden, für Dienste, die nicht sehr empfindlich auf die Verzögerungen beim Starten eines neuen Servers reagieren, und für Dienste, die für jede Anfrage einen neuen Prozeß benötigen (zum Beispiel Telnet- oder FTP-Sitzungen, bei denen ein eigener Server für jede aktive Sitzung gebraucht wird).

Server dieser Art werden normalerweise durch den *inetd*-Server aufgerufen. (Der *inetd*-Server selbst, der ja unbegrenzt läuft, wird durch die */etc/rc*-Dateien gestartet, wie im vorherigen Abschnitt beschrieben wurde.) Der *inetd*-Server wartet auf Anfragen für Dienste, die in der Konfigurationsdatei */etc/inetd.conf* angegeben sind. Wenn er eine solche Anfrage registriert, startet er den richtigen Server, um die Anfrage zu bearbeiten.

Dienste unter Unix deaktivieren

Wie wir bereits in Kapitel 10, *Bastion-Hosts*, dargestellt haben, gibt es vier allgemeine Vorsichtsmaßnahmen, die beim Deaktivieren von Diensten beachtet werden müssen:

- Sorgen Sie dafür, daß Sie noch eine Möglichkeit haben, die Maschine zu booten, wenn Sie einen kritischen Dienst deaktivieren (zum Beispiel eine zweite Festplatte mit einem vollständigen Betriebssystem oder eine bootfähige CD-ROM).
- Sichern Sie eine saubere Kopie aller Komponenten, die Sie modifizieren, damit Sie wissen, wie Sie sie wieder rückgängig machen können, falls etwas schiefgeht.

- Wenn Sie einen Dienst deaktivieren, sollten Sie auch alles deaktivieren, was von diesem Dienst abhängt.
- Schließen Sie die Maschine, die Sie schützen wollen, erst dann an ein feindseliges Netzwerk an, wenn Sie die Deaktivierung der Dienste abgeschlossen haben. Es ist sonst möglich, daß die Maschine angegriffen und überwunden wird, während Sie sie noch vorbereiten.

Nach dem Einrichten des alternativen Boot-Vorgangs sollten Sie die Startdateien und Verzeichnisse Ihres Systems überprüfen. Gehen Sie zeilenweise vor, und achten Sie darauf, daß Sie genau wissen, wozu die einzelnen Zeilen dienen – einschließlich aller Kommandozeilen-Optionen.

In einer perfekten Welt würden Sie einfach alles deaktivieren und dann nur die benötigten Dienste wieder aktivieren. Wenn Sie so vorgehen, werden Sie allerdings feststellen, daß sich die Maschine nicht mehr booten läßt. Es ist etwas einfacher, sich der Angelegenheit von der anderen Seite zu nähern: Deaktivieren Sie die Dienste, die Sie definitiv nicht benötigen, und überprüfen Sie dann den Rest des Boot-Vorgangs. Verändern Sie ihn langsam und schrittweise, damit die Maschine weiterhin bootfähig bleibt.

Eine Möglichkeit, diesen Vorgang zu starten, besteht darin, daß Sie mit Hilfe von *netstat* eine Momentaufnahme aller auf Ihrer Maschine laufenden Dienste erstellen. *netstat* erlaubt es Ihnen, eine Liste aller offenen Netzwerkverbindungen und – über weitere Optionen – der TCP- und UDP-Netzwerk-Ports zu erstellen, die über einen Dienst verfügen, der auf Anfragen wartet oder Datagramme akzeptiert. Das Linux-*netstat* besitzt eine sehr nützliche Funktion, die es Ihnen ermöglicht, direkt die Prozeßnummern (pid) und die Namen auszugeben, die mit den Netzwerk-Ports verbunden sind. Andere Versionen von Unix enthalten Werkzeuge, wie etwa *fuser*, die die Netzwerk-Ports auf die Prozeßnummern abbilden. Sie können auch das Hilfsprogramm *lsof* verwenden (siehe Anhang B für weitere Informationen darüber, wo Sie *lsof* bekommen können). Wenn der Prozeßname bekannt ist, kann er benutzt werden, um die Konfigurationsdateien zu durchsuchen und zu ermitteln, wo der Prozeß gestartet wird.

Wie bereits erwähnt, beinhalten einige Versionen von Unix und Linux das Programm *chkconfig*, das administrativ Dienste aktivieren und deaktivieren kann. Der Befehl kann eingesetzt werden, um zu testen, ob ein Dienst eingeschaltet ist, um die Dienste aufzulisten, die gesteuert werden können, und um Dienste zu aktivieren und zu deaktivieren. Diese Systeme funktionieren, weil die Startdatei überprüft, ob der Dienst ausgeführt werden sollte. Mit Hilfe von *chkconfig* läßt sich ein Dienst ganz einfach ausschalten. Das ist sehr bequem und wird auch häufig so gemacht, allerdings gibt es in diesem Fall keinen Hinweis, weshalb der Dienst deaktiviert wurde, und es ist sehr leicht, einen Dienst wieder zu reaktivieren, der so ausgeschaltet wurde.

Obwohl es mehr Arbeit bedeutet, sollten Sie den Code auskommentieren, der den Dienst startet, oder ihn komplett aus der Startdatei entfernen. Dies verhindert, daß andere ihn einfach mit *chkconfig* wieder einschalten, und gibt Ihnen die Möglichkeit, einen Kommentar über Ihre Gründe abzugeben. Wenn Sie Dienste mit Hilfe von *chkconfig* deaktivieren, sollten Sie an einer bekannten Stelle eine Liste bereithalten, die

Informationen darüber enthält, welche Dienste deaktiviert wurden und weshalb dies der Fall ist. Sie verhindern auf diese Weise, daß andere die Dienste versehentlich wieder aktivieren. Außerdem können Sie die Liste leicht bestätigen, wenn Sie Software aktualisieren, neu installieren oder Patches einspielen, wodurch sich der *chkconfig*-Status der Dienste ändern könnte.

Bei anderen Versionen von Unix haben Sie keine Wahl. Sie müssen die Zeilen auskommentieren oder löschen, in denen Dienste gestartet werden, die Sie nicht brauchen. Häufig werden Ihnen Dienste auffallen, die gestartet werden, wenn eine Konfigurationsdatei für sie vorhanden ist. Wenn Sie nicht wollen, daß der Dienst ausgeführt wird, kommentieren Sie den gesamten Code-Block aus. Lassen Sie den Code nicht aktiv, nur weil die Konfigurationsdatei im Moment nicht vorhanden ist und der Dienst deshalb nicht gestartet werden kann. Irgendjemand oder irgendetwas könnte später die Konfigurationsdatei wieder erstellen. Es ist sicherer und weniger riskant, alles auszukommentieren.

Es ist besser, Zeilen auszukommentieren, als sie zu löschen, weil Sie dadurch Hinweise auf Ihr Tun hinterlassen können. Fügen Sie beim Auskommentieren einen Kommentar hinzu, in dem Sie darlegen, weshalb Sie etwas auskommentiert haben. Wenn Sie etwas löschen, sollten Sie einen Kommentar einfügen, der angibt, weshalb Sie es gelöscht haben. Sorgen Sie dafür, daß die nächste Person, die sich die Dateien anschaut, merkt, warum bestimmte Dinge fehlen, und nicht anfängt, sie zu »reparieren«. Wenn Sie einen Aufruf auf ein anderes Skript auskommentieren, dann setzen Sie in diesem Skript ebenfalls einen Kommentar ein, der erläutert, daß und weshalb es nicht gestartet werden soll. Das Umbenennen des Skripts oder das Auskommentieren seines Inhalts stellen ebenfalls gute Möglichkeiten dar, um es nicht unerwartet wieder auftauchen zu lassen.

Wenden Sie für jeden Dienst, der aktiviert bleiben soll, das gleiche zeilenweise Vorgehen für die Konfigurationsdateien an. Der Konfigurationsdatei des *inetd* sollten Sie Ihre besondere Aufmerksamkeit schenken. Auf den meisten Systemen heißt diese Datei */etc/inetd.conf*. (Auf anderen Systemen könnte sie den Namen */etc/servers* oder so ähnlich tragen; im Handbuch finden Sie genauere Informationen über *inetd*). Wenn Sie ein Programm haben, das Dämonen überwacht, und dieses aktiviert bleiben soll, sind dessen Konfigurationsdateien natürlich ebenfalls sehr wichtig.

Dieser Vorgang muß wiederholt werden, wenn Sie neue Software installieren oder einen Patch einspielen, da manchmal die Startskripte verändert oder ersetzt werden. Die Installationsskripte gehen oft davon aus, daß Sie die ganze Software, die Sie installieren, auch einsetzen wollen. Sie aktivieren die Startdateien daher, selbst wenn Sie nur eine alte Installation aktualisieren wollen, in der sie ausgeschaltet waren. Sie brauchen eine gute Dokumentation Ihrer gewünschten Konfiguration, auf die Sie zurückgreifen können, wenn Sie Upgrades, Patches oder neue Software installieren. In jedem Fall müssen Sie Ihr System von allen gefährlichen Netzwerken trennen, bevor Sie Software-Installationen oder andere Veränderungen vornehmen können.

Welche Dienste sollten aktiviert bleiben?

Bestimmte Dienste sind für den Betrieb der Maschine unerläßlich. Wahrscheinlich müssen Sie diese Dienste unabhängig davon, für welchen Zweck die Maschine konfiguriert ist, aktiviert lassen. Auf einem Unix-System gehören dazu:

init, swap und page
: Die drei Pseudo-Prozesse des Kernels dienen dazu, alle anderen Prozesse zu verwalten.

cron
: Führt zu festen Zeitpunkten andere Jobs aus (zum Beispiel zur Verwaltung oder Überwachung).

syslogd
: Sammelt und speichert Protokollmeldungen des Kernels und anderer Dämonen. Wenn der *syslog*-Dämon nur Meldungen verschickt, prüfen Sie nach, ob sich die Fähigkeit, externe *syslog*-Ereignisse zu protokollieren, deaktivieren läßt.

inetd
: Startet Netzwerk-Server (wie etwa *telnetd* und *ftpd*), wenn diese Dienste von anderen Maschinen angefordert werden.

Zusätzlich benötigen Sie sicherlich die Server-Prozesse für die Dienste, die Sie auf Ihrem Bastion-Host zur Verfügung stellen wollen (z.B. die eigentlichen Server oder die Proxy-Varianten für Telnet-, FTP-, SMTP- und DNS-Server). Sie benötigen außerdem Server für alle Protokolle, die Sie für die Fernadministration der Maschine einsetzen wollen (normalerweise *sshd*).

Sie müssen die Konfigurationsdateien der Dienste überwachen, die Sie aktiviert lassen wollen, damit Sie sicher sein können, daß sie richtig konfiguriert sind. In der Manpage eines Dienstes können Sie feststellen, welche Konfigurationsdateien benutzt werden. In der vorhergehenden Liste haben wir bereits die Konfigurationsdateien für *syslogd* und *inetd* vorgestellt. Die Überprüfung der Konfigurationsdateien für den *cron*-Dienst wird häufig vergessen. Die Hersteller stellen oft eine Vielzahl von Verwaltungsfunktionen bereit, die auf einem Bastion-Host nichts zu suchen haben. Vor allem müssen Sie nach Stellen suchen, an denen die Protokolldateien des Systems gewechselt oder rotiert werden sollen. Sie werden wahrscheinlich herausfinden, daß *cron* versucht, die Protokolldateien wöchentlich zu rotieren, und dadurch Informationen verwirft, die älter als zwei Wochen sind. Wir empfehlen Ihnen, diese Verwaltungsregeln zu überprüfen und sie in Einklang mit Ihren Richtlinien zur Aufbewahrung der Protokolldateien zu bringen.

Besondere Unix-Dienste, die deaktiviert werden sollten

Sie werden sicher alle unnötigen Dienste deaktivieren wollen. Einige Dienste sind besonders gefährlich, und es ist auch äußerst unwahrscheinlich, daß sie auf einer Firewall gebraucht werden.

NFS und damit zusammenhängende Dienste

Beginnen Sie mit NFS und damit zusammenhängenden Netzwerkdiensten. Sie werden sie nicht brauchen. Keine interne Maschine darf Ihrem Bastion-Host so weit vertrauen, daß dieser die Platten der internen Maschine per NFS aufsetzen könnte. Außerdem gibt es vermutlich auf dem Bastion-Host nichts, das Sie via NFS exportieren wollen. NFS ist zwar sehr bequem, aber auch hochgradig unsicher.

NFS-Dienste werden von einer ganzen Reihe von Servern bereitgestellt; die speziellen Server-Gruppen und die Namen der einzelnen Server unterscheiden sich zwischen den einzelnen Unix-Versionen. Suchen Sie nach diesen oder ähnlichen Namen:

- *nfsd*
- *biod*
- *mountd*
- *statd*
- *lockd*
- *automount*
- *keyserv*
- *rquotad*
- *amd*

Die meisten dieser Dienste werden während des Bootens durch die */etc/rc*-Dateien gestartet, einige von ihnen auch bei Bedarf durch den *inetd*. *mountd* ist dabei ein wenig seltsam, es wird oft während des Bootens gestartet und taucht dann in der *inetd*-Konfigurationsdatei auf, offensichtlich, damit es neu gestartet werden kann, falls die ursprünglich beim Booten aufgerufene Kopie aus irgendwelchen Gründen abstürzt.

Andere RPC-Dienste

Sie sollten auch andere Dienste deaktivieren, die auf dem Remote-Procedure-Call-(RPC) System aufbauen. Am kritischsten ist NIS, ein Dienst, der durch die folgenden Server zur Verfügung gestellt wird:

- *ypserv*
- *ypbind*
- *ypupdated*

Diese Server werden im allgemeinen während des Bootens durch die */etc/rc*-Dateien gestartet.

Deaktivieren Sie außerdem diese RPC-basierten Dienste:

- *rexd* (der »remote execution«-Dienst – Dienst zur entfernten Ausführung –, wird durch *inetd* gestartet)
- *walld* (der »write all« oder *wall*-Dämon, wird durch *inetd* gestartet)

Alle RPC-basierten Dienste hängen von einem einzigen Dienst ab, der üblicherweise *portmap* genannt wird (auf einigen Maschinen auch bekannt als *rpcbind*). Wenn Sie alle RPC-basierten Dienste deaktiviert haben, können (und sollten) Sie auch den *portmap*-Dienst ausschalten. Woher wissen Sie jedoch, ob Sie alle RPC-basierten Dienste deaktiviert haben? Starten Sie die Maschine neu, und führen Sie den Befehl *rpcinfo -p* aus, bevor Sie *portmap* deaktivieren und nachdem Sie alles ausgeschaltet haben, was Sie für den Rest der RPC-basierten Dienste halten. Zeigt die Ausgabe dieses Befehls nur noch Einträge für *portmap* selbst an, bedeutet das, daß keine anderen RPC-Dienste mehr laufen. Werden durch die Ausgabe jedoch noch andere RPC-Dienste angezeigt, müssen Sie weitersuchen. Wenn Sie beschließen, RPC-basierte Dienste bereitzustellen, müssen Sie ebenfalls den *portmap*-Dienst anbieten. Sie sollten es in diesem Fall in Betracht ziehen, die *portmap*-Ersetzung von Wietse Venema zu verwenden, die sicherer ist als die Versionen, die mit den meisten Unix-Systemen ausgeliefert werden (siehe Anhang B für Informationen darüber, wo Sie es finden können).

Dienste, die das Booten unterstützen

Ihr Bastion-Host sollte wahrscheinlich keine Dienste zur Verfügung stellen, die das Booten unterstützen; dem Host sollte nicht so weit vertraut werden, daß von ihm gebootet wird. Sie müssen daher in den meisten Fällen die folgenden Dienste deaktivieren:

- *tftpd*
- *bootd*
- *bootpd*
- *dhcpd*

BSD-»r«-Befehle

Diese müssen alle deaktiviert werden. Die Server für diese Dienste heißen üblicherweise *rshd*, *rlogind* und *rexecd* und werden in der Regel durch *inetd* gestartet. Die verbleibenden »r«-Dienste bauen auf diesen auf und werden ohne sie nicht funktionieren.

routed

Ein weiterer Server, den Ihr Bastion-Host vermutlich nicht benötigt, ist *routed*. Dieser Server wird während des Bootens durch die */etc/rc*-Dateien gestartet, er wartet auf weitergeleitete Routing-Informationen und aktualisiert die Routing-Tabelle des Kernels auf der Basis dessen, was er empfangen hat.

Sie benötigen *routed* wahrscheinlich auf Ihrem Bastion-Host nicht, da sich der Bastion-Host vermutlich im Grenznetz Ihres Netzwerks befindet, wo das Routen relativ einfach sein sollte. Es ist sicherer, statische Routen zu erzeugen, die auf Ihre internen Netzwerke verweisen, sowie eine Default-Route, die auf den Internet-Gateway-Router zeigt. Sie erledigen das beim Booten, indem entsprechende »route add«-Befehle in die */etc/rc*-Dateien eingefügt werden.

Wenn Sie auf Ihrem Bastion-Host dynamisches Routen benötigen, dann besorgen Sie sich einen Routing-Dämon, der Routing-Informationen nur von Quellen entgegennimmt, nachdem sich diese erfolgreich authentifiziert haben. Entweder filtert er die Routen entsprechend ihren Quelladressen oder er unterstützt ein authentifiziertes Routing-Protokoll wie RIP v2. Wenn Sie ein solches Routing-Protokoll benutzen wollen, müssen Sie darauf achten, daß Ihre Router dies unterstützen; wollen Sie dagegen nach Quelladressen filtern, sollten Sie den Dämon auch wirklich entsprechend konfigurieren. Traditionell war GateD der beliebteste Routing-Dämon dieser Art, inzwischen gibt es aber auch andere, wie etwa Zebra. In Anhang B, *Werkzeuge*, finden Sie Informationen darüber, wie Sie diese Dämonen bekommen können.

fingerd

Der *finger*-Server stellt Informationen über existierende Zugänge auf Unix-Systemen bereit. Dieser Server wird bei Bedarf durch *inetd* gestartet. Die Informationen, die *fingerd* liefert, können für Angreifer wertvoll sein. Sie geben Auskunft über potentielle Ziele, wie etwa:

Welche Zugänge *existieren*
: Dadurch erfahren sie, für welche Zugänge sie versuchen sollten, die Paßworte zu erraten.

Persönliche Informationen über die Benutzer mit den Zugängen
: Sie erfahren, mit welchen Paßworten sie anfangen können zu raten.

Welche Zugänge *in Benutzung sind*
: Sie wissen dann, welche Zugänge sie auslassen sollten, bis sie nicht mehr in Benutzung sind.

Welche Zugänge *lange nicht mehr benutzt wurden*
: Dadurch erfahren sie, welche Zugänge gute Angriffsziele darstellen, weil die Besitzer dieser Zugänge es vermutlich nicht merken würden, daß sie benutzt werden.

Andererseits verwenden Internet-Benutzer *finger* (das Programm, das mit dem *fingerd*-Dämon kommuniziert) oft mit Berechtigung. *finger* ist hilfreich beim Ermitteln von E-Mail-Adressen und Telefonnummern. Anstatt *fingerd* einfach auszuschalten, sollten Sie es durch ein Programm ersetzen, das die Informationen aus einer anderen Quelle für Kontaktinformationen in Ihrem Standort bezieht. Zu den Informationen könnten gehören:

- Ihre zentrale Telefonnummer
- Angaben darüber, wer angesprochen werden kann, wenn es Fragen zu den Produkten oder Dienstleistungen Ihrer Einrichtung gibt
- Beispiel-E-Mail-Adressen, wenn es für die Benutzer an Ihrem Standort einheitliche Adressen der Form *Vorname_Nachname* gibt
- Angaben darüber, wer angesprochen werden kann, wenn es Netzwerk- oder Sicherheitsprobleme im Zusammenhang mit Ihrem Standort gibt

Sie können jedem diese vereinheitlichten Informationen zur Verfügung stellen, der *finger* benutzt, um Informationen über Ihre Einrichtung zu bekommen, unabhängig davon, welche Informationen angefordert wurden. Am einfachsten ist es, wenn Sie die Informationen in eine Datei schreiben (zum Beispiel */etc/finger_info*) und dann den Teil des */etc/inetd.conf*-Eintrags für *fingerd* ändern, der festlegt, daß das Programm mit so etwas wie */bin/cat /etc/finger_info* ausgeführt wird. Auf diese Weise wird der Inhalt der Datei */etc/finger_info* an jeden zurückgegeben, der Ihren *fingerd*-Server anspricht.

Hier sehen Sie zum Beispiel die alte */etc/inetd.conf*-Zeile aus dem System von Great Circle Associates:

```
finger stream tcp nowait nobody /usr/libexec/fingerd fingerd
```

Und hier ist die neue */etc/inetd.conf*-Zeile:

```
finger stream tcp nowait nobody /bin/cat cat /etc/finger_info
```

Und dies ist der Inhalt der Datei */etc/finger_info*:

```
Great Circle Associates
Phone: +1 415 555 0841
Email: Info@GreatCircle.COM

For more information, or to report system problems, please
send email or call.
```

ftpd

Wenn Sie auf Ihrem Bastion-Host einen Anonymous-FTP-Dienst zur Verfügung stellen wollen, müssen Sie den FTP-Server entsprechend konfigurieren. Sie sollten *ftpd* durch ein anderes Programm ersetzen, das besser dazu in der Lage ist, Anonymous FTP bereitzustellen als die Standard-*ftpd*-Programme der meisten Unix-Systeme. (Siehe Kapitel 17, *Dateiübertragung, Filesharing und Drucken*, für Informationen über Anonymous FTP.)

Falls Sie jedoch *nicht* vorhaben, Anonymous FTP anzubieten, können Sie Ihren FTP-Server vermutlich ganz deaktivieren; er wird bei Bedarf durch *inetd* gestartet.

Selbst wenn Sie den FTP-Server auf Ihrem Bastion-Host ausgeschaltet haben, können Sie auf dem Bastion-Host noch den FTP-Client benutzen (typischerweise einfach *ftp* genannt), um Dateien von und zu anderen Systemen zu übertragen. Sie müssen diese Arbeit einfach vom Bastion-Host anstatt von den anderen Systemen aus erledigen.

Andere Dienste

Es gibt noch eine Menge anderer Dienste, die Sie vermutlich nicht benötigen und daher einfach ausschalten sollten. Die genaue Liste hängt zwar von Ihrer eigenen Sicherheitspolitik, Ihren Anforderungen sowie der verwendeten Plattform ab, sie sollte jedoch folgende Dienste enthalten:

uucpd
   UUCP über TCP/IP

rwhod
   ähnlich wie *fingerd*, teilt Ihnen mit, wer gerade auf dem System angemeldet ist

lpd
   der BSD-Drucker-Dämon oder andere Druckdienste

Dienste in bestimmten Netzwerken ausführen

In manchen Fällen wollen Sie Dienste ausführen, die nur auf Anforderungen aus einem Netzwerk an einer Maschine mit mehreren Netzwerkschnittstellen reagieren müssen. Sie könnten diese Dienste auf die Netzwerke beschränken, in denen Sie sie einsetzen wollen. Unter Unix bedeutet das normalerweise, daß Sie in den Startoptionen des Dienstes angeben müssen, auf welche IP-Adressen und/oder Netzwerkschnittstellen der Dienst antworten soll. Dies unterscheidet sich von Dienst zu Dienst, außerdem besitzen nicht alle Dienste diese Möglichkeit.

Routing ausschalten

Wie wir in Kapitel 10, *Bastion-Hosts*, erläutert haben, versuchen die meisten Maschinen, die über mehr als eine Netzwerkschnittstelle verfügen, automatisch den Verkehr zwischen den Schnittstellen zu routen. Normalerweise wollen Sie jedoch nicht, daß der Bastion-Host dies tut. Wenn Sie nicht versuchen, einen Bastion-Host gleichzeitig als Router zu konfigurieren, sollten Sie das Routing ausschalten. Dieser Vorgang erfolgt in drei Teilschritten:

1. Schalten Sie die Dienste aus, die das System als Router bekanntmachen.
2. Schalten Sie IP-Forwarding aus, das das eigentliche Routing erledigt.
3. Schalten Sie das Source-Routing getrennt aus, falls das notwendig sein sollte.

Wir haben das Deaktivieren von Routing-Diensten in Kapitel 10 besprochen. Wenn Sie beschlossen haben sollten, diese Dienste aktiv zu lassen (vielleicht betreiben Sie ja *routed* oder GateD, weil sich der Bastion-Host in einer komplizierten und sich verändernden Routing-Umgebung befindet), müssen Sie diese Dienste explizit so konfigurieren, daß sie die Maschine nicht als Router bekanntmachen.

Sie müssen außerdem das IP-Forwarding ausschalten. Durch das Ausschalten der Routing-Dienste verhindern Sie lediglich, daß die Maschine sich selbst als Router anbietet; es hält die Maschine nicht vom Routen der Pakete ab. Um auch das Routen der Pakete zu unterbinden, sind Veränderungen am Kernel erforderlich. Glücklicherweise stellen heutzutage die meisten Unix-Hersteller Parameter zum Ausschalten des IP-Forwarding bereit. Und selbst wenn das nicht der Fall ist, ist die Kernel-Veränderung auf den meisten Maschinen relativ einfach: um das IP-Forwarding auszuschalten, muß nur ein Wert einer einzigen Kernel-Variablen geändert werden. Fragen Sie den Hersteller oder Ihren Händler, um zu ermitteln, wie Sie IP-Forwarding auf Ihren Maschinen ausschalten.

Auf einigen Maschinen wird beim Deaktivieren des normalen IP-Forwarding nicht gleichzeitig das Source-Routing ausgeschaltet; es ist also für einen Angreifer weiterhin möglich, Pakete durch die Maschine zu schicken. (Source-Routing wird in Kapitel 10, *Bastion-Hosts*, näher erläutert.) Wenn Sie nicht alle Source-Routing-Pakete abfangen, bevor Sie den Bastion-Host erreichen, sollten Sie sich an Ihren Händler wenden, um zu erfahren, wie sich das Source-Routing zusätzlich zum normalen IP-Forwarding deaktivieren läßt.

Installieren und Anpassen von Diensten

Wahrscheinlich sind nicht alle Dienste, die Sie anbieten wollen, Bestandteil Ihres Betriebssystems (zum Beispiel gehören Webserver im allgemeinen nicht dazu). Andere sind zwar vorhanden, die Versionen eignen sich aber nicht für eine sichere Umgebung oder verfügen nicht über den gewünschten Funktionsumfang (zum Beispiel die Standardversionen von *fingerd* und *ftpd*). Und selbst die wenigen Dienste, die Ihr Hersteller mitliefert, die sicher und auf dem aktuellen Stand sind, sollten durch das TCP Wrapper-Paket oder das Programm *netacl* von TIS FWTK geschützt werden, um die Sicherheit zu erhöhen und eine Protokollierung zu ermöglichen. (TCP Wrapper und *netacl* erhöhen zwar die Sicherheit, sind aber nicht perfekt; sie verwenden die Quell-IP-Adresse, um Hosts zu identifizieren, und IP-Adressen können gefälscht werden.)

Ausführlichere Informationen über die einzelnen Dienste sowie Hinweise zum Auswählen der HTTP-, NNTP- und FTP-Server finden Sie in den Kapiteln in Teil III, *Internet-Dienste*.

Alle Dienste, die aktiviert bleiben, sollten ebenfalls so gut wie möglich durch das TCP Wrapper-Paket oder das Programm *netacl* geschützt werden, wie wir in den folgenden Abschnitten beschreiben. Sie könnten zum Beispiel Ihren Bastion-Host so einrichten, daß er nur Telnet-Verbindungen von einer bestimmten Maschine akzeptiert, wie etwa von der Workstation, die Sie normalerweise verwenden.

Dienste mit dem TCP Wrapper-Paket schützen

Das TCP Wrapper-Paket, das von Wietse Venema geschrieben wurde, überwacht den eingehenden Netzwerkverkehr und kontrolliert die Netzwerkaktivität. Es handelt sich um eine einfache, aber sehr effektive, frei verfügbare Software, die so eingerichtet werden kann, daß sie immer dann ausgeführt wird, wenn bestimmte Ports (die bestimmten Diensten entsprechen) angesprochen werden. TCP Wrapper stellt für Dienste, die durch *inetd* gestartet werden, einen einfachen Mechanismus, in dem Verbindungen über eine spezielle Liste (eine sogenannte Access Control List oder acl) geschützt werden, sowie verbesserte Protokollierung bereit.

Die Benutzung des TCP Wrapper-Pakets ist einfach. Sie gehen folgendermaßen vor:

1. Installieren Sie das Paket, und richten Sie einige einfache Zugriffskontrolldateien ein, die definieren, welche Hosts und Netzwerke auf welche Dienste zugreifen dürfen.
2. Konfigurieren Sie den *inetd* so, daß er das TCP Wrapper-Programm (namens *tcpd*) anstelle des »echten« Servers ausführt.
3. Wenn eine Anfrage für einen Dienst ankommt, startet *inetd tcpd*, der die Anfrage mit den Konfigurationsdateien des TCP Wrapper vergleicht. Dieses Programm entscheidet, ob eine Anfrage protokolliert und ob sie verarbeitet wird.
4. Wenn *tcpd* entscheidet, daß die Anfrage akzeptabel ist, startet er den »echten« Server, um die Anfrage zu verarbeiten.

TCP Wrapper-Beispiel

Sie wollen zum Beispiel Telnet-Verbindungen von einem bestimmten Host (z.B. 172.16.1.2) an Ihre Maschine zulassen, Telnet-Verbindungen von allen anderen Hosts jedoch verbieten. Dazu müßten Sie die Zeile für *telnetd* in Ihrer */etc/inetd.conf*-Datei folgendermaßen ändern:

```
telnet stream tcp nowait root /usr/local/libexec/tcpd telnetd
```

Außerdem müßten Sie eine Datei namens */etc/hosts.allow* erstellen, die dem TCP Wrapper-Paket (dem *tcpd*-Programm) mitteilt, von welchen Hosts Verbindungen erlaubt sind:

```
telnetd : 172.16.1.2
```

Zum Schluß müßten Sie eine */etc/hosts.deny*-Datei erzeugen, um dem TCP Wrapper-Paket mitzuteilen, daß es Verbindungen von allen Hosts standardmäßig verbieten und bei jedem Versuch eine E-Mail an root schicken soll:

```
ALL : ALL : (/usr/local/etc/safe_finger -l @%h | \
    /usr/ucb/Mail -s "PROBE %d from %c" root)&
```

Beachten Sie, daß die Datei */etc/hosts.deny* nur für Dienste gilt, die durch das TCP Wrapper-Paket geschützt werden (das heißt, Dienste, für die Sie *inetd* so konfiguriert haben, daß er *tcpd* anstelle des eigentlichen Servers ausführt). Wenn Sie *inetd* nicht anweisen, für einen bestimmten Dienst das TCP Wrapper-Paket (das *tcpd*-Programm) auszuführen, wird das TCP Wrapper-Paket bezüglich dieses Dienstes nichts unternehmen.

Trotz seines Namens unterstützt das TCP Wrapper-Paket neben TCP-basierten Diensten auch UDP-basierte Dienste. Allerdings kann das TCP Wrapper-Paket es nur steuern, wenn UDP-basierte Server zu starten sind; es ist nicht in der Lage, den Zugriff auf solche Server zu kontrollieren, wenn diese bereits gestartet wurden. Viele UDP-basierte Server sind außerdem so gestaltet, daß sie Anfragen noch eine Weile nach der ersten Anforderung bearbeiten können. Viele beenden sich, wenn überhaupt, erst nach einer bestimmten Zeit (timeout); wurden sie jedoch durch eine rechtmäßige Anfrage gestartet, nehmen sie auch unrechtmäßige Anfragen entgegen.

Außerdem verläßt sich TCP Wrapper für die Authentifizierung auf die Quell-IP-Adresse. Es ist relativ schwierig, bei Benutzung von TCP Quell-IP-Adressen zu fälschen, da beim Verbindungsaufbau ein direkter Dialog zwischen der Quelle und dem Ziel geführt wird. Wird UDP verwendet, können Quell-IP-Adressen viel einfacher gefälscht werden, wodurch der TCP Wrapper dafür also weniger Schutz bietet.

netacl zum Schutz der Dienste einsetzen

Die *netacl*-Komponente des TIS FWTK (detailliert in Kapitel 9, *Proxy-Systeme*, beschrieben) stellt nahezu die gleichen Fähigkeiten zur Verfügung wie das TCP Wrapper-Paket. Um mit Hilfe von *netacl* das gleiche Beispiel wie im vorherigen Abschnitt umzusetzen (bis auf die Möglichkeit, Verbindungsversuche von nichtautorisierten Systemen zu verfolgen), müßten Sie die Zeile für *telnetd* in der Datei */etc/inetd.conf* folgendermaßen ändern:

```
telnet stream tcp nowait root /usr/local/lib/netacl telnetd
```

Anschließend würden Sie die folgenden Zeilen in Ihre FWTK-*netperm*-Konfigurationsdatei einfügen (wo immer sich diese auf Ihrem System auch befindet):

```
netacl-telnetd: permit-hosts 172.16.1.2 -exec /usr/libexec/telnetd
```

Unix-Dienste bewerten und konfigurieren

Wenn Sie auf einem Bastion-Host einen neuen Dienst installieren müssen, dann soll dieser vermutlich so sicher wie möglich sein. Sie dürfen nicht davon ausgehen, daß Dienste sicher sind; selbst angesehene Software-Firmen liefern oft unsichere Pakete aus, und in vielen Fällen sind die schlimmsten Probleme leicht zu finden und zu reparieren.

Installieren Sie eine Testversion des Dienstes auf einer Maschine, die ansonsten stabil läuft und sich während der Installation nicht verändert. Ermitteln Sie mit Hilfe des Befehls *find* alle Dateien, die während der Installation verändert wurden, und überprüfen Sie sie, um sicherzugehen, daß diese Dateien akzeptabel sind. Das heißt vor allem:

- Stellen Sie sicher, daß die Zugriffsberechtigungen so restriktiv wie möglich sind; Programme, Konfigurationsdateien oder temporäre Verzeichnisse dürfen nicht einfach durch beliebige Benutzer geändert werden können. Beschränken Sie – falls möglich – auch die Lese- und Ausführungsrechte.
- Überprüfen Sie alle Programme genau, bei denen das *setuid*-Flag gesetzt ist, vor allem wenn sie die Benutzerkennung auf root setzen. Wenn sie ohne *setuid* ausgeführt werden können oder wenn es möglich ist, ihre Ausführung ganz und gar zu vermeiden, entfernen Sie die *setuid*-Berechtigungen.
- Wenn das Programm einen Benutzer-Account einrichtet, müssen Sie dafür sorgen, daß das Paßwort sich vom Standardpaßwort des Programms unterscheidet. Ändern Sie nach Möglichkeit auch den Account-Namen; Angreifer konzentrieren sich oft auf bekannte Account-Namen.

- Sorgen Sie dafür, daß alle Programme von den Benutzern mit den richtigen Berechtigungen ausgeführt werden. Führen Sie keine Dienste als root aus, es sei denn, es läßt sich nicht vermeiden (um zum Beispiel auf Ports unterhalb von 1024 zuzugreifen). Wenn Sie Dienste als root ausführen müssen, dann versuchen Sie, dies unter *chroot* zu erledigen, um zu kontrollieren, worauf sie zugreifen können.
- Wenn Sie für Dienste besondere Benutzer-Accounts einrichten, dann sorgen Sie dafür, daß diese nicht als normale Logins benutzt werden können; sowohl das Paßwort als auch die Shell-Einträge sollten ungültig sein, damit Angreifer diese nicht als Ausgangspunkte benutzen können.
- Überprüfen Sie alle Zusätze, die von Programmen in die Startdateien oder die *crontab*-Dateien geschrieben wurden.

Neukonfiguration für den Dauerbetrieb

Nun ist es an der Zeit, die Aufbauphase der Maschine zu beenden und die beste Konfiguration für den täglichen Betrieb einzurichten. Dazu sind mehrere Schritte notwendig:

1. Schließen Sie die Konfiguration des Kernels ab.
2. Entfernen Sie alle Programme, die nicht unbedingt notwendig sind.
3. Setzen Sie so viele Dateisysteme wie möglich schreibgeschützt auf.

Schließen Sie die Konfiguration des Kernels ab

Der erste Schritt in dieser Phase der Erstellung Ihres Bastion-Hosts besteht darin, den Betriebssystem-Kernel neu zu konfigurieren, um Kernel-Funktionen zu entfernen, die Sie nicht brauchen. Das klingt vielleicht einschüchternd, ist aber im allgemeinen eine relativ einfache Angelegenheit, denn Sie benutzen die gleichen Funktionen, die Sie benötigen, um ein neues Gerät in Ihr System einzubinden. Jedes Unix-System enthält bei seiner Auslieferung eine Form von Konfigurationsunterstützung (sie unterscheiden sich in der Art, wie die Kernel-Neukonfiguration unterstützt wird und was Sie damit tun können). Durch den Umbau des Kernels verringert sich nicht nur dessen Größe (wodurch mehr Speicher für andere Zwecke zur Verfügung gestellt wird), sondern Angreifern wird auch die Möglichkeit genommen, die Fähigkeiten der entfernten Funktionen auszunutzen.

Manche Eigenschaften sind besonders gefährlich. Sie sollten vor allem die folgenden Fähigkeiten oder Gerätetreiber entfernen:

- NFS und damit zusammenhängende Funktionen
- alles, was das Abhören des Netzwerkes erlaubt – zum Beispiel Network Interface Tap (NIT) oder Berkeley Packet Filter (BPF)

NIT und BPF dienen eigentlich zum Testen und Debuggen, häufig jedoch werden sie von Angreifern eingesetzt. NIT und BPF sind gefährlich, weil sie es der Maschine erlauben, alle Pakete aus dem Ethernet zu holen, an das sie angeschlossen ist, anstatt sich auf die Pakete zu beschränken, die an die Maschine adressiert sind. Wenn Sie diese Funktionen deaktivieren, können Sie möglicherweise die Maschine nicht mehr als Paketfilter verwenden. Deshalb können Sie nicht in allen Architekturen auf sie verzichten.

Wenn Ihr Bastion-Host ein Dual-Homed-Host ist, sollten Sie jetzt IP-Forwarding deaktivieren.

Sie müssen beim Deaktivieren von Kernel-Funktionen vorsichtiger vorgehen als beim Deaktivieren von Diensten, die durch *inetd* oder zum Boot-Zeitpunkt durch die */etc/rc*-Dateien gestartet werden (wie bereits beschrieben). Es gibt zwischen den Kernel-Funktionen eine Menge Abhängigkeiten. Aus diesem Grund läßt es sich manchmal schwer feststellen, wozu eine bestimmte Funktion verwendet wird. Das Deaktivieren einer Funktion, die eigentlich noch gebraucht wird, kann schwerwiegende Konsequenzen nach sich ziehen – zum Beispiel könnte der Kernel sich weigern zu booten.

Befolgen Sie die Anweisungen des Herstellers zum Zusammenstellen und Installieren neuer Kernel. Heben Sie immer eine Sicherheitskopie Ihres alten Kernels auf. Wenn Sie über ein Backup verfügen, können Sie von ihm booten, falls mit dem neuen Kernel etwas nicht stimmt. Bei manchen Boot-Systemen müssen sich alle Kernel auf der gleichen Partition befinden, oder sie müssen mit den Namen aller Kernel konfiguriert sein, die Sie booten wollen. Achten Sie auf jeden Fall darauf, daß Sie wirklich einen Backup-Kernel haben, daß es möglich ist, diesen Kernel zu booten, und daß Sie wissen, wie Sie dazu vorgehen müssen, bevor Sie den aktuellen, funktionierenden Kernel verändern.

Wenn Sie wissen, daß Sie die Maschine sicher neu starten können, arbeiten Sie die Kernel-Konfigurationsdateien auf die gleiche Weise durch, wie Sie das schon mit den Startdateien getan haben. Überprüfen Sie bei jeder Zeile, ob Sie sie wirklich benötigen. Suchen Sie auch hier Stellen, an denen eine Konfigurationsdatei eine andere enthält, und ziehen Sie Ihre Dokumentation zu Rate, um sicherzugehen, daß Sie alle Konfigurationsdateien gefunden haben. Oft gibt es eine Datei für den Einsatz von Gerätetreibern und eine weitere für die Parameter; IP-Forwarding wird sich in der letzteren befinden.

Haben Sie dann einen funktionierenden Kernel zusammengestellt, wollen Sie vermutlich Ihren alten, voll funktionstüchtigen Kernel löschen oder verschlüsseln. Ersetzen Sie ihn durch eine Sicherheitskopie des funktionierenden Minimal-Kernels. So können Sie Angreifer, die es geschafft haben einzubrechen, davon abhalten, den alten Kernel einfach für einen Neustart zu verwenden und auf diese Weise alle Dienste wieder in Betrieb zu nehmen, die Sie so sorgfältig deaktiviert haben. Aus den gleichen Gründen sollten Sie vermutlich auch alle Dateien und Programme löschen, mit deren Hilfe Sie den neuen Kernel zusammengestellt haben.

Wenn Ihr Kernel ladbare Module enthält, läßt sich vermutlich nur schwer feststellen, wann sie benutzt werden. Sie sollten alle löschen oder verschlüsseln, die Sie nicht verwenden wollen; da sie jedoch nicht immer explizit geladen werden, wissen Sie möglicherweise nicht, um welche es sich handelt. Halten Sie ein alternatives Boot-Medium bereit, und versuchen Sie dann, die ladbaren Module aus ihrem Verzeichnis zu entfernen (verschieben Sie sie zunächst in ein anderes Verzeichnis). Testen Sie die Maschine anschließend ausführlich, bevor Sie die Module endgültig entfernen oder verschlüsseln.

Achtung! Der Hersteller hat möglicherweise Kopien des »generischen« Kernels (in denen üblicherweise alle möglichen Funktionen aktiviert sind) an unerwarteten Stellen versteckt, um sie während der Installation der Maschine und ihrer (nicht existierenden) Clientmaschinen zu benutzen. Durchsuchen Sie alle Verzeichnisse, in denen sich Installationsdateien befinden, sowie alle Verzeichnisse für Clients. Die Dokumentation verrät Ihnen zwar in der Regel, wo sich die Client-Kernel befinden, allerdings verrät sie kaum etwas über die Interna der Installation. Schauen Sie nach, was die Dokumentation über Hilfe in Notfallsituationen weiß, oft steht in solchen Abschnitten, wo sich die zusätzlichen Kernel befinden.

Programme entfernen, die nicht zwingend notwendig sind

Der nächste Schritt besteht darin, alle Programme zu entfernen, die für den täglichen Betrieb nicht zwingend notwendig sind. Wenn es ein Programm nicht gibt, kann ein Angreifer auch nicht versuchen, dessen Schwächen und Fehler auszunutzen. Das gilt vor allem für *setuid/setgid*-Programme, die für Angreifer lohnende Ziele darstellen. Sie sollten Programme entfernen, die Sie normalerweise für unentbehrlich halten. Denken Sie daran, daß der Bastion-Host lediglich Internet-Dienste anbieten soll; er braucht keine komfortable Arbeitsumgebung.

Fenstersysteme und Compiler sind beispielsweise Programme, auf die Sie verzichten können. Angreifer finden diese Programme sehr nützlich: Fenstersysteme bilden immer einen fruchtbaren Boden für Sicherheitsprobleme, und Compiler können dazu verwendet werden, die Werkzeuge des Angreifers zu erstellen. Grafische Werkzeuge zur Systemadministration sind normalerweise ebenso leistungsfähig wie verletzlich und häufig unnötig; allerdings lassen sie sich auf einigen Plattformen nicht entfernen. Dokumentations- und Hilfesysteme (einschließlich der Manpages) sind im besten Fall eine Weiterbildungsmöglichkeit für die Angreifer und im schlechtesten Fall eine weitere Quelle für Angriffspunkte. Es gab bereits Angreifer, die ihre Programme und Dateien zwischen den Manpages versteckt haben. Sorgen Sie dafür, daß die Informationen Ihnen intern zur Verfügung stehen, entfernen Sie sie jedoch von allen Bastion-Hosts.

Bevor Sie damit beginnen, Programme wie etwa Compiler zu löschen, sollten Sie sichergehen, daß Sie sie selbst nicht mehr benötigen; überprüfen Sie, ob Sie alles zusammengestellt, installiert und getestet haben, was Sie auf dieser Maschine brauchen, wie etwa die Überwachungswerkzeuge (siehe den Abschnitt »Eine Sicherheitsüberprüfung durchführen« weiter hinten in diesem Kapitel).

Anstatt einfach die Schlüsselwerkzeuge zu löschen, von denen Sie annehmen, daß ein Angreifer sie benutzen könnte, wie etwa Compiler, sollten Sie sie durch Programme ersetzen, die einen Alarm auslösen (zum Beispiel eine E-Mail verschicken oder eine SMS auf Ihr Mobiltelefon senden), wenn jemand versucht, sie zu benutzen. Sie könnten die Programme sogar dazu veranlassen, das System anzuhalten, nachdem sie den Alarm ausgelöst haben, wenn Sie glauben, daß es für die Maschine besser ist, stillzustehen, als angegriffen zu werden. Allerdings können Sie sich mit dieser Methode ganz mächtig blamieren, vielleicht sind Sie ja derjenige, der vergißt, wo er ist, wenn er versucht, einen der verbotenen Befehle auszuführen. Es ist jedoch auch ein guter Weg, selbst Denial-of-Service-Attacken auszulösen.

Führen Sie zwei Inspektionen durch, bei denen Sie nach Dingen suchen, die Sie löschen können:

1. Durchsuchen Sie alle Standardprogrammverzeichnisse in Ihrem System (alles, was sich im Pfad von root oder im Standardbenutzerpfad befindet). Wenn Sie sich nicht sicher sind, ob ein Programm benötigt wird, deaktivieren Sie seine Ausführungsberechtigungen für eine Weile (für einige Tage), bevor Sie es löschen oder verschlüsseln, und warten Sie ab, was passiert. Sie könnten die Maschine vor der Untersuchung auch eine Weile laufen lassen und anschließend die Zugriffszeiten der Dateien überprüfen, um zu sehen, ob sie benutzt wurden.

2. Suchen Sie mit Hilfe des Befehls *find* alle Dateien im System, bei denen das *setuid*- oder *setgid*-Flag gesetzt ist. Die Argumente für *find* unterscheiden sich auf den einzelnen Systemen deutlich, Sie werden aber vermutlich etwas in der Art benutzen:

   ```
   find / -type f \( -perm -04000 -o -perm -02000 \) -ls
   ```

   Manche Versionen von *find* besitzen besondere Optionen zum Identifizieren von *setuid*- und *setgid*-Dateien.

Wenn Ihr Betriebssystem eine Liste der installierten Pakete enthält, sollten Sie sich diese anschauen. Sie könnte Dinge beinhalten, die an interessanten Stellen abgelegt wurden.

Schreibgeschütztes Aufsetzen von Dateisystemen

Wenn Sie einen Bastion-Host fertig konfiguriert haben, werden Sie ihn erst einmal nicht mehr verändern wollen. Daher sollten Sie so viele Dateisysteme wie möglich schreibgeschützt aufsetzen. Wie groß der Anteil auf Ihrer Maschine ist, den Sie auf diese Weise schützen können, hängt von der Unix-Version ab, die Sie benutzen, und den Diensten, die Sie anbieten. Bei einer Maschine, die als Paketfilter-Router benutzt wird, könnte man den kompletten Plattenplatz schützen; eine Maschine, die einen E-Mail-Dienst bereitstellt, benötigt zumindest Platz, um die temporären Dateien abzulegen.

Auf einem Server müssen Sie eine gewisse Menge an beschreibbarem Platz im Dateisystem für Dinge wie Temporärdateien, Systemprotokolle und den Spool-Bereich für E-Mail bereitstellen. Sie könnten für diesen Zweck eine RAM-Disk einsetzen; allerdings müssen Sie sicherstellen, daß Ihr Betriebssystem dies unterstützt, daß Sie über genügend RAM verfügen und es sich leisten können, den Inhalt der RAM-Disk zu verlieren (zum Beispiel E-Mails auf der Strecke zwischen den internen Hosts und dem Internet), wenn Ihre Maschine neu gestartet wird.

Bei den meisten Versionen von Unix müssen Sie außerdem entweder beschreibbaren Plattenplatz für die Speicherauslagerung (Swapping) zur Verfügung stellen oder das Auslagern deaktivieren. Allerdings ist in vielen Unix-Versionen das Deaktivieren der Auslagerung nicht erlaubt; Sie können aber normalerweise eine separate Platte für den

Swap-Speicher verwenden, die dann guten Gewissens schreibbar bleiben kann. Wenn Sie eine RAM-Disk benutzen, wird sich die Beanspruchung des Speichers erhöhen, so daß Sie schließlich vermutlich Swap-Speicher benötigen.

Systeme, die auf BSD 4.4-Lite aufbauen (zum Beispiel aktuelle Ausgaben von NetBSD, FreeBSD und dem BSDI-Produkt), besitzen das neue Attribut immutable, das auf Dateibasis gesetzt werden kann. Wenn eine Datei als »immutable« (unveränderlich) markiert ist, kann sie nicht einmal von root geändert werden, es sei denn, das System läuft im Ein-Benutzer-Modus. Wenn Ihr Betriebssystem diese Funktionalität bietet, dann setzen Sie sie ein, um Ihre Programme und Konfigurationsdateien vor Veränderungen durch Angreifer zu schützen. (Wir empfehlen diesen Ansatz nur, wenn Sie keinen hardwaremäßigen Schreibschutz benutzen können bzw. als zusätzliche Sicherung neben dem Hardware-Schreibschutz. Da diese Funktion als Software realisiert ist, ist die Wahrscheinlichkeit größer, daß sie überwunden wird.)

Eine Sicherheitsüberprüfung durchführen

Im Internet stehen mehrere leistungsfähige Produkte zur automatischen Sicherheitsüberprüfung frei zur Verfügung. Die vier am häufigsten eingesetzten sind:

COPS
> Das Computer Oracle and Password System, entwickelt von Dan Farmer und Gene Spafford

SATAN
> Security Administrator's Tool for Analyzing Networks (auch unter dem Namen SANTA bekannt), entwickelt von Dan Farmer und Wietse Venema

Tiger
> Entwickelt als Teil des TAMU-Pakets durch die Texas A&M University

Tripwire
> Entwickelt von Gene H. Kim und Gene Spafford

COPS und Tiger suchen auf dem Host, auf dem sie ausgeführt werden, nach bekannten Sicherheitslücken. Es gibt deutliche Überschneidungen in dem, was COPS und Tiger überprüfen; da sie jedoch beide frei sind, bietet es sich an, sie beide zu beschaffen und auszuführen, um das bestmögliche Ergebnis zu erzielen. Tripwire überprüft die Integrität eines Dateisystems. Dabei arbeitet es ausschließlich mit Datenbanken für Prüfsummen; es ist an dieser Stelle bedeutend besser als COPS oder Tiger (die beide ebenfalls über die Grundlagen dieser Funktionalität verfügen), es ist aber nicht in der Lage, auf bekannte Sicherheitslücken zu testen. SATAN ist eine netzwerkbasierte Anwendung, die Hosts prüft (nicht den, auf dem es läuft). Diese Produkte sind unabhängig voneinander; Sie sollten sich nicht davon abhalten lassen, eine Kombination aus ihnen auf Ihrem Bastion-Host einzusetzen. In Anhang B, *Werkzeuge*, finden Sie Informationen darüber, wo Sie die vier Pakete beziehen können.

Da die bekannten Sicherheitslücken in gewisser Weise dazu neigen, betriebssystemspezifisch zu sein, hängt die Wirksamkeit der Prüfsoftware, die nach diesen Sicherheitslücken sucht, stark von dem von Ihnen verwendeten Betriebssystem sowie der Version dieses Systems ab. Wenn es sich um ein Betriebssystem und eine Version handelt, die das Paket kennt, ist alles klar. Wenn nicht, muß das Paket blind herumstochern und versuchen zu raten, welche Löcher im System existieren. (Glücklicherweise werden Angreifer im Normalfall vor dem gleichen Problem stehen, wenn auch nicht in diesem Ausmaß.) In manchen Fällen werden diese Produkte vor Sicherheitslücken warnen, die gar nicht existieren, wenn sie auf (für sie) unbekannten Systemen ausgeführt werden.

Es gibt inzwischen auch kommerzielle Produkte, die ähnliche Funktionen aufweisen. Im allgemeinen lassen sich solche Sicherheitsprüfprogramme dahingehend mit den Virenscannern aus der PC-Welt vergleichen, daß auch sie regelmäßige Updates benötigen, um über die neuesten Schwächen auf dem laufenden zu bleiben.

Wenn Sie Sicherheitsüberprüfungen durchführen, sollten Sie darauf achten, daß Sie ein entsprechendes Prüfsummenprogramm verwenden. Die Standardprogramme für Prüfsummen unter Unix (*/bin/sum* zum Beispiel) benutzen einen 16-Bit-CRC-Algorithmus (*Cyclic Redundancy Check*), der eine Folge von zufälligen Bit-Fehlern während Datenübertragungen erkennen kann. Dies funktioniert nicht beim Aufspüren von nichtautorisierten Veränderungen an Dateien, weil es möglich ist, den CRC-Algorithmus umzukehren. Die Angreifer wissen das und verfügen über Programme, mit denen sich die nichtbenutzten Bytes in einer Datei manipulieren lassen (vor allem in Programmdateien), damit bei der Prüfsumme für diese Datei immer das gewünschte Ergebnis herauskommt. Sie können eine modifizierte Kopie von */bin/login* herstellen, die die gleiche Prüfsumme erzeugt. *sum* wird nicht in der Lage sein, einen Unterschied zu entdecken.

Für wirkliche Sicherheit benötigen Sie einen »kryptographischen« Prüfsummenalgorithmus wie MD5 oder Snefru; diese Algorithmen erzeugen größere und schlechter vorhersagbare Prüfsummen, die sich schwerer fälschen lassen. Die Prüfprogramme COPS, Tiger und Tripwire beinhalten und benutzen solche Algorithmen anstelle der normalen Unix-Prüfsummenprogramme.

Das Betriebssystem IRIX von Silicon Graphics verwendet einen Vorgang namens *ReQuickstarting* (RQS), um die Daten vorauszuberechnen, die für das Laden von Binärdaten und zum Beschleunigen der Startzeit benötigt werden. RQS wird automatisch als Teil der meisten Installationen ausgeführt und kann jede Systemprogrammdatei aktualisieren. Auf Bastion-Hosts sollte dies kein Problem darstellen, da auf diesen normalerweise keine Software installiert wird. Sie sollten jedoch darauf gefaßt sein, daß kleine Installationen weitreichende Effekte nach sich ziehen und die Neuberechnung aller Prüfsummen erfordern können.

12

Windows NT- und Windows 2000-Bastion-Hosts

Dieses Kapitel behandelt, aufbauend auf den Prinzipien aus Kapitel 10, *Bastion-Hosts*, die Einzelheiten der Konfiguration von Windows NT für den Einsatz in einer Firewall-Umgebung. Sie sollten zuerst beide Kapitel lesen, bevor Sie versuchen, einen Bastion-Host zusammenzubauen. Dieses Kapitel ist keine vollständige Einführung in die Windows NT-Sicherheit; das wäre zu komplex. Statt dessen versuchen wir, die Themen abzudecken, die vor allem mit Bastion-Hosts zu tun haben und in den meisten Texten über Windows NT-Sicherheit nicht angesprochen werden. Wenn wir keine weiteren Erläuterungen geben, werden wir den Begriff »Windows NT« sowohl für Windows NT als auch für Windows 2000 benutzen.

Ebenso wie im Kapitel über Unix ist es auch hier unmöglich, vollständig zu beschreiben, wie eine beliebige Maschine zu konfigurieren ist; die Einzelheiten hängen in starkem Maße von der verwendeten Windows NT-Version sowie vom gewünschten Einsatzzweck der Maschine ab. Dieses Kapitel soll Ihnen einen Überblick darüber verschaffen, was getan werden muß und wie Sie es tun können.

Ansätze zum Erstellen von Windows NT-Bastion-Hosts

Es gibt im wesentlichen zwei Ansätze zum Einrichten von Bastion-Hosts unter Windows NT. Wie üblich gehen die Meinungen darüber auseinander, welches der richtige Ansatz ist.

Bei der ersten Methode wird der gleiche Ansatz verwendet, der auch schon für Unix-Maschinen empfohlen wurde: Sie deaktivieren alle normalen Administrationswerkzeuge, entfernen alle Arten von Ressourcen- und Informationsfreigaben und betreiben die Maschine wie eine einsame Insel im Meer des Netzwerks, auf der nichts so ist wie auf dem bevölkerten Festland (Was für Bilder! A. d. Ü.). Dieser Ansatz ist zwar sehr sicher, allerdings wird dadurch die Administration der Maschinen erschwert.

Die andere Methode zum Aufbau eines Windows NT-Bastion-Hosts besteht darin, ein abgetrenntes administratives Netzwerk einzurichten, wie in Kapitel 6, *Firewall-Architekturen*, beschrieben, und die Maschinen als relativ normale Windows-Rechner einzurichten. Diese können in die Domänen integriert werden, benutzen standardisierte Administrationswerkzeuge und verhalten sich auch sonst so, wie jedermann es erwartet. In dieser Konfiguration besitzt die Maschine zwei Netzwerkschnittstellen, und die administrativen Dienste sind für die extern sichtbare Schnittstelle deaktiviert. Die Maschine ist damit zwar sicherer als normale Maschinen. Diese Veränderungen sind jedoch nicht so extrem, daß eine normale Administration nicht mehr möglich wäre.

Kritiker beschreiben die erste Konfiguration als »unmöglich zu benutzen« und die zweite als »unmöglich abzusichern«. Die Wahrheit liegt wie immer irgendwo dazwischen. Die erste Konfiguration kann benutzt und administriert werden, sie ist jedoch kompliziert und etwas eigenwillig. Sie eignet sich nicht für Maschinen, die oft verändert werden müssen und viele Dienste anbieten. Die zweite Konfiguration kann abgesichert werden, sie ist aber relativ empfindlich; schon durch kleine Mißgeschicke können Dienste auf der externen Schnittstelle auftauchen. Sie eignet sich nicht für Hochsicherheitsumgebungen oder Umgebungen, in denen es keinen anderen Schutz für die Maschinen gibt.

Dieses Kapitel widmet sich vor allem der ersten Art der Konfiguration. Es ist die extremere Konfiguration, die in anderen Informationsquellen in der Regel nicht ausreichend behandelt wird. Wenn Sie die zweite Art der Konfiguration einsetzen wollen, können Sie den gleichen Prinzipien folgen, die wir hier beschreiben, allerdings bleiben viel mehr Dienste aktiviert.

Welche Version von Windows NT?

Wenn Sie sich einmal dafür entschieden haben, Windows NT einzusetzen, müssen Sie festlegen, welche Version Sie benutzen wollen. In den meisten Fällen werden Sie eine Version verwenden, die als Server ausgelegt ist: Windows NT 4 Server anstelle von Windows NT 4 Workstation, Windows 2000 Server anstelle von Windows 2000 Professional. Die Unterschiede sind zwar nicht unbedingt gewaltig, allerdings unterstützen die Server-Versionen mehr Netzwerkverbindungen und leistungsfähigere Hardware, und oft beinhalten sie auch mehr Software. Außerdem sind Maschinen in einer Firewall wirklich Server. Microsoft wird darüber hinaus versuchen, Ihnen vom Einsatz der Windows NT Workstation-Versionen auf Server-Systemen abzuraten. Die Mittel dazu variieren von Release zu Release. Glauben Sie nicht, daß Software, die für Workstations gedacht ist, auf lange Sicht eine Lösung darstellt, nur weil sie es heute ist; wenn Sie neue Software installieren, Ihre Hardware aufrüsten oder das Betriebssystem aktualisieren wollen, werden Sie schließlich gezwungen sein, auf Versionen umzusteigen, die für Server gedacht sind.

Sie sollten sich für die aktuelle, stabile Vollversion von Windows NT entscheiden. Da Microsoft in der Regel sehr lange Prerelease-Phasen hat (Beta-Versionen des Betriebssystems, das nun unter dem Namen Windows 2000 auf dem Markt ist, kursierten schon wenigstens zwei Jahre vor der endgültigen Veröffentlichung), ist es verlockend, künftige Upgrades zu vermeiden und einfach die vorab veröffentlichte Betriebssystemversion einzusetzen. Wir raten davon ab! Die Upgrade-Situation wird sich nicht verbessern. Außerdem betreiben Sie in einem solchen Fall kritische Systeme mit nicht unterstützter Software.

Neben der eigentlichen Windows NT-Software sollten Sie sich die neueste Version des entsprechenden Resource-Kits besorgen, das nützliche Dokumentationen und Werkzeuge liefert. Diese Ressourcen sind für alle Windows NT-Administratoren absolut unverzichtbar; wenn Sie eher aus dem Unix-Bereich kommen, werden Sie es sehr beruhigend finden, da es eine Menge kommandozeilenorientierter Werkzeuge enthält, die einem Unix-Benutzer vertraut sein dürften.

Windows NT absichern

Haben Sie sich für eine Maschine entschieden, müssen Sie sicherstellen, daß diese über eine ausreichend sichere Betriebssysteminstallation verfügt. Die ersten Schritte in diesem Prozeß sind die gleichen wie für jedes andere Betriebssystem und wurden in Kapitel 10, *Bastion-Hosts*, erläutert. Es sind folgende:

1. Beginnen Sie mit einer minimalen, sauberen Betriebssysteminstallation. Installieren Sie das Betriebssystem komplett neu auf leere Festplatten, wählen Sie dabei nur die Subsysteme aus, die Sie wirklich benötigen.
2. Beheben Sie bekannte Fehler. Konsultieren Sie CERT-CC, Microsoft, Ihren Hardware-Händler und andere verfügbare Quellen für Sicherheitsinformationen, um sicherzustellen, daß Sie alle notwendigen Hot Fixes und Service Packs installiert haben. (Beachten Sie auch, daß Sie die Hot Fixes und Service Packs nach der Installation von Software eventuell erneut einspielen müssen.)
3. Benutzen Sie eine Checkliste, um das System zu konfigurieren. Auf Microsofts Sicherheits-Website unter *http://www.microsoft.com/security* finden Sie Links für Checklisten.

Die Systemprotokolle unter Windows NT einrichten

Unter Windows NT wird die Protokollierung vom Ereignisprotokollierdienst erledigt. Die Protokolle werden mit der Ereignisanzeige betrachtet. Dies wirft eine Reihe von Problemen auf:

- Der Ereignisprotokollierdienst bewahrt Informationen nur lokal auf und erlaubt keine Protokollierung auf anderen Systemen.
- Es gibt keine Möglichkeit, die Menge an Informationen im aktiven Protokoll automatisch zu reduzieren, ohne Informationen zu zerstören.

- Die Ereignisanzeige bietet keine flexible oder leistungsfähige Methode, um sich Ereignisse anschauen zu können.

Windows NT legt standardmäßig Protokolle fester Größe an; wenn das Protokoll voll ist, werden alte Einträge gelöscht, um Platz für neue zu schaffen. Das ist keine besonders sichere Konfiguration; ein Angreifer könnte eine Menge unwichtiger Ereignisse erzeugen, damit wichtige aus dem Protokoll verschwinden. Sie merken zwar, daß etwas nicht stimmt, wissen aber nicht, was.

Sie können Windows NT so einstellen, daß es die alten Einträge nicht löscht, wenn das Protokoll voll ist. Allerdings wird es in diesem Fall einfach mit der Protokollierung aufhören. Das wäre für die Sicherheit sogar noch schlimmer. Wenn Sie dafür sorgen wollen, daß das Protokoll klein bleibt, dann richten Sie die Maschine so ein, daß sie nicht nur mit der Protokollierung aufhört, sondern sich sogar herunterfährt, wenn die Protokolldatei voll ist. Dieser Ansatz ist sehr radikal; dabei wird der Rechner nicht sanft heruntergefahren, sondern er stürzt einfach ab, wobei möglicherweise Informationen in offenen Dateien verlorengehen. Solange jedoch andererseits die Maschine nicht automatisch wieder hochfährt, können Sie sicher sein, daß keine Protokollinformationen verlorengehen.

Wenn Sie sehr sorgfältig vorgehen, können Sie den Ereignisprotokollierdienst so einstellen, daß er relativ sicher ist; das erfordert allerdings ziemlich viel Aufwand. Sie müssen dazu den Ereignisprotokollierdienst für ein großes Protokoll einrichten, das keine alten Einträge überschreibt, den Rechner herunterfährt, wenn das Protokoll voll ist, automatisches Booten deaktiviert und dann das Protokoll regelmäßig auf ein Wechselmedium sichert und es anschließend auf dem Rechner wieder löscht. Sie bleiben dadurch immer noch anfällig für Denial-of-Service-Attacken sowie für Angreifer, die die Protokolle verändern, bevor Sie sie kopieren können. Sie können die Sicherheit ein wenig erhöhen, indem Sie den Ort verändern, auf den der Ereignisprotokollierdienst schreibt, und das Protokoll auf ein einmal beschreibbares Medium legen.

Um zu verhindern, daß Einträge nicht überschrieben werden, öffnen Sie die Ereignisanzeige, gehen Sie in das Protokoll-Menü, wählen »Protokolleinstellungen« und anschließend »Ereignisse nie überschreiben (Protokoll manuell löschen)«. Um die Maschine herunterzufahren, wenn das Protokoll voll ist, setzen Sie den Registry-Schlüssel

\HKEY_LOCAL_MACHINE\System\CurrentControlSet\Control\Lsa\CrashOnAuditFail

auf 1. Um den Ort zu verändern, an dem die Dateien gespeichert werden, werfen Sie einen Blick in:

\HKEY_LOCAL_MACHINE\System\CurrentControlSet\Services\EventLog

Sie werden Einträge für die drei Windows NT-Protokolle (Application, System und Sicherheit) finden, die jeweils einen Schlüssel namens »File« besitzen. Ändern Sie den Wert dieses Schlüssels, um die Dateinamen zu ändern, in denen die Ereignisse gespeichert werden.

Es ist besser, wenn Sie ein Zusatzprodukt einsetzen, das die Ereignisse während der Protokollierung aus dem Ereignisprotokollierdienst kopiert. Die alten Ereignisse können daraufhin gelöscht werden, da Sie nun mit den Kopien arbeiten können. Microsoft vertreibt ein Programm, das Ereignisse in SNMP-Traps umwandelt, während sie als Teil des System Management Servers protokolliert werden; Sie können auch mit Programmen arbeiten, die *syslog*-Einträge für Ereignisse erstellen (siehe Kapitel 11, *Unix- und Linux-Bastion-Hosts*, für weitere Informationen über *syslog*). Das Windows NT Resource Kit enthält ein Hilfsprogramm namens *dumpel*, das das Ereignisprotokoll in eine Textdatei überträgt, was sich auch gut zum Speichern von Ereignisprotokollen eignet. Keines dieser Systeme ist perfekt; sie bringen alle die Gefahr mit sich, Ereignisse zu verlieren oder zu duplizieren. Sie müssen deshalb die originalen Ereignisprotokolle ebenfalls schützen.

Microsoft bietet zwar keine Werkzeuge an, um Ereignisprotokolle zu rotieren, es gibt jedoch eine Programmierschnittstelle zum Ereignisprotokollierdienst, die es Ihnen erlaubt, sich diese Funktion selbst zu schreiben. Sie sollten in diesem Fall die Maschine weiterhin abstürzen lassen, wenn das Protokoll voll ist, um sich vor Problemen bei der Rotation zu schützen.

Sie müssen auch darauf achten, wieviel Sie protokollieren lassen. Die Protokollierung erfordert unter Windows NT einen beträchtlichen Aufwand. Bei der Protokollierung sehr vieler Ereignisse kann ein Server sich merklich verlangsamen, vor allem wenn Sie Zusatz-Software ausführen, die erfordert, daß jedes Ereignis zweimal protokolliert wird. Das Überwachungssystem könnte immense Datenmengen protokollieren, falls Sie nicht aufpassen.

Nicht benötigte Dienste deaktivieren

Wenn Sie eine sichere Maschine haben, können Sie damit beginnen, auf ihr Dienste einzurichten. Der erste Schritt besteht darin, alle Dienste zu entfernen, die Sie nicht benutzen wollen. In Kapitel 10, *Bastion-Hosts*, finden Sie weitere Informationen darüber, wie Sie entscheiden können, welche Dienste nicht ausgeführt werden sollen. Der Grundgedanke ist, alle Dienste zu entfernen, die nicht wirklich für den eigentlichen Einsatzzweck der Maschine benötigt werden, selbst wenn sie bequem sind oder harmlos erscheinen.

Wie werden Dienste unter Windows NT verwaltet?

Die Diensteverwaltung besteht aus zwei Teilen. Erstens aus den administrativen Schnittstellen, die Sie benutzen, um Dienste zu installieren, zu entfernen und zu konfigurieren sowie um sie manuell zu starten und zu stoppen. Zweitens aus den zugrundeliegenden Mechanismen, die automatisch die Dienste verarbeiten und sie kontinuierlich verfügbar machen. Normalerweise müssen Sie diese Mechanismen nicht kennen, um eine Maschine zu administrieren. Wir werden diese hier aus zwei Gründen besprechen:

- Falls Sie einmal einen besonders spezialisierten Bastion-Host aufbauen müssen, benötigen Sie möglicherweise ein höheres Verständnis und eine stärkere Kontrolle über die Dienste. In diesem Fall brauchen Sie diese Informationen.
- Leute, die es gewohnt sind, Unix-Hosts zu administrieren, erwarten einfach, über diesen Grad an Informationen zu verfügen, und versuchen, Dienste auf dieser Ebene zu steuern; oft verwirrt es sie, wenn ihnen einige der seltsameren Nebeneffekte der Unterschiede zwischen den beiden Betriebssystemen begegnen.

Unter Windows NT installieren Sie Dienste, die von Microsoft angeboten werden, Netzwerk-Systemsteuerung (d.h., Sie benutzen das Icon »Netzwerk« in der Systemsteuerung). Dienste anderer Hersteller bringen meist ihre eigenen Installationsprogramme mit. Einige Dienste werden über die Netzwerk-Systemsteuerung konfiguriert, andere besitzen eigene Konfigurations- und Verwaltungsprogramme.

Mit Hilfe der Systemsteuerung »Dienste« kann man Dienste manuell starten und stoppen. Die Dienste-Systemsteuerung kann generische Konfigurationsinformationen für Dienste einstellen, alle dienstspezifischen Parameter müssen jedoch separat verwaltet werden. Windows 2000 bietet in der Dienste-Systemsteuerung mehr Informationen und eine größere Kontrolle als Windows NT 4; eine ganze Reihe von Funktionen sind in Windows NT 4 nur über die Registry erreichbar, in Windows 2000 dagegen werden sie über eine hübsche Benutzungsschnittstelle präsentiert (zum Beispiel Informationen darüber, welche Dienste voneinander abhängen).

Der Rest dieses Abschnitts erläutert die zugrundeliegenden Mechanismen; Sie können ihn auch ignorieren, wenn Sie kein Bedürfnis verspüren, mehr Kontrolle über Dienste auszuüben, als die Benutzungsschnittstelle erlaubt.

Dienste unter Windows NT werden immer über den *Service Control Manager* (SCM) gestartet. (Der SCM unterscheidet sich leider vollkommen von der Dienste-Systemsteuerung, die für den Benutzer sichtbar ist.) Dienste können als Teil des Boot-Vorgangs oder bei Bedarf gestartet werden. Dienste, die während des Bootens gestartet werden, können jederzeit beginnen – vom eigentlichen Anfang (Dienste der Startart »Automatisch«) bis zu dem Moment, in dem sich bereits Benutzer anmelden können (Dienste der Startart »Neustart«). Unix-Boot-Mechanismen legen eine explizite Reihenfolge für das Starten von Diensten fest, während Windows NT-Dienste ihre Abhängigkeiten und Arten festlegen und das Betriebssystem herausfindet, in welcher Reihenfolge sie zu starten sind. Dieses Vorgehen erweist sich im allgemeinen als effektiver beim Hinzufügen und korrekten Starten neuer Dienste, erschwert allerdings die Abschätzung der Reihenfolge, in der die Dienste tatsächlich starten.

»Bei Bedarf« kann ebenfalls eine ganze Reihe von Situationen bezeichnen. Meist bedeutet es, daß der Dienst gestartet wird, wenn ein Benutzer eine Anwendung startet, die diesen Dienst erfordert.[1] »Bei Bedarf«-Dienste können auch explizit aus der Dienste-Systemsteuerung oder einer anderen Anwendung gestartet werden, die mit dem Service

---

1 Beachten Sie, daß eine Anwendung explizit versuchen muß, einen Dienst zu starten; trotz ihres Namens werden »Bedarfs«-Dienste nicht einfach gestartet, weil eine Anwendung sie anfordert.

Control Manager kommuniziert (zum Beispiel dem SQL Service Manager). Dienste, die entfernte Proceduraufrufe (*Remote Procedure Calls*; RPC) zur Verfügung stellen (direkt oder durch DCOM) werden gestartet, wenn eine Anforderung für sie vorliegt. Schließlich können Dienste Abhängigkeitsinformationen enthalten, so daß ein Dienst gestartet wird, wenn ein anderer Dienst, der diesen benötigt, zu starten versucht. Dies kann eine Situation hervorrufen, in der ein Dienst als »bei Bedarf« markiert ist, aber eigentlich zum Boot-Zeitpunkt startet, weil ein Dienst, der von ihm abhängt, als »Autostart« markiert ist.

Übrigens tauchen nicht alle Dienste in der Dienste-Systemsteuerung auf. Einige Komponenten, die sich wie Dienste verhalten, sind vollständig oder teilweise in Treibern implementiert, die in das Betriebssystem geladen und überhaupt nicht als separate Prozesse ausgeführt werden. Aus Sicht des Betriebssystems handelt es sich dabei eigentlich nicht um Dienste, und sie werden in der Systemsteuerung »Geräte« anstatt in der Systemsteuerung »Dienste« aufgeführt. In der Registry jedoch werden sie als Dienste behandelt; die Registry-Einträge sehen so aus:

```
HKEY_LOCAL_MACHINE\System\CurrentControlSet\Services
```

Hier werden alle Dienste in alphabetischer Reihenfolge aufgelistet. Sie müssen den Wert für »Start« überprüfen, um herauszufinden, ob sie aktiviert sind und wann sie starten.

Nicht jeder Eintrag im Services-Abschnitt der Registry ist ein Netzwerk-Server; dort stehen auch normale Gerätetreiber und Dateisystemtreiber, und einige Programme, die in bezug auf die lokale Maschine als Server funktionieren, arbeiten im Internet-Umfeld als Clients. Das heißt, sie bieten einen zentralisierten Dienst für Programme, die auf der lokalen Maschine laufen, akzeptieren aber keine Anfragen von anderen Hosts. Zum Beispiel wird standardmäßig ein DHCP-Dienst installiert; er agiert als Client, das heißt, er fordert Informationen von einem DHCP-Server an. Dann jedoch verteilt er diese Informationen an andere Prozesse auf dieser Maschine, wodurch er aus Sicht des Betriebssystems zu einem Dienst wird. Es läßt sich nicht einfach feststellen, ob etwas ein rein lokaler Dienst oder ein Netzwerkdienst ist oder ob etwas, das als Dateisystemtreiber gekennzeichnet ist, wirklich ein Dateisystemtreiber ist oder vielleicht Teil eines Netzwerkdienstes.

Um die Verwirrung noch etwas zu vergrößern, hier noch eine letzte Bemerkung. Es gibt keinen Grund, weshalb ein Windows NT-Dienst nur in einem Programm implementiert sein muß. Aus Performance-Gründen können mehrere Windows NT-Dienste im gleichen Programm untergebracht werden (zum Beispiel befinden sich die einfachen TCP/IP-Dienste, DHCP und der Berkeley LPD-Druckdienst im gleichen Programm). Was das Programm im Einzelfall tut, wird durch die Registry-Einträge der jeweiligen Dienste festgelegt. Ein Dienst kann auch aus mehr als einer Datei bestehen, wobei eine dabei als Kernel-Treiber mit maximaler Geschwindigkeit läuft, während die anderen als normale Dienste ausgeführt werden, damit der Kernel nicht zu sehr belastet wird. Und es ist in der Tat nicht unüblich, daß beide Varianten gleichzeitig zum Einsatz kommen, das heißt, daß ein Dienst in einen Kernel-Treiber und einen Standarddienst aufgeteilt ist und der Standarddienst sich ein Programm mit mehreren anderen teilt.

Beachten Sie, daß die Kernel-Treiber selbst keine Dienste anbieten. Sie stellen einfach eine effiziente Methode dar, den eigentlichen Servern Daten zur Verfügung zu stellen. Unix-Benutzer, die versuchen, Dienste unter Windows NT zu deaktivieren, schalten oft den eigentlichen Dienst aus, stellen anschließend fest, daß der Port in *netstat* nicht als offen gelistet ist, und sind dann ziemlich erschüttert, wenn Port-Scans zeigen, daß auf diesem Port trotzdem Anfragen entgegengenommen werden. Dies ist ein Anzeichen für einen aufgeteilten Dienst, der einen Kernel-Treiber benutzt, und nicht etwa eine schrecklich geheime Methode, mit der das Betriebssystem zu verhindern versucht, daß Sie den Server ausschalten, und Sie anschließend darüber belügt. Der Server ist ausgeschaltet; der Port ist nicht gebunden; doch der Kernel-Treiber nimmt weiterhin Daten entgegen und verwirft sie. Das stellt kein Sicherheitsproblem dar. Wenn Sie das eigentliche Problem loswerden wollen, sollten Sie das entsprechende Gerät mit der Systemsteuerung »Geräte« deaktivieren.

Das Resource-Kit enthält einen Befehl namens *sc*, der Informationen über die laufenden Dienste und Treiber ausgibt; dieser Befehl bietet Ihnen eine brauchbarere Schnittstelle als die Registry und entfernt große Mengen an Informationen über Dienste und Treiber, die nicht benutzt werden.

Neben den wenigen Parametern, die mit der Startreihenfolge und den Abhängigkeiten zu tun haben und sich an wohldefinierten Orten in der Registry befinden, gibt es unter Windows NT keine Standardmethode, mit der Optionen an einzelne Dienste übergeben werden können. Sie müssen jeden Server einzeln erforschen. Im allgemeinen werden die Parameter eines Dienstes irgendwo in der Registry gespeichert – die von Microsoft empfohlenen Ablageorte sind in:

    HKEY_LOCAL_MACHINE\System\CurrentControlSet\Services*Dienstname*\Parameters

oder

    HKEY_LOCAL_MACHINE\Software*Firmenname**Dienstname*

allerdings können die Server sie an beliebige Stellen innerhalb oder außerhalb der Registry schreiben. Normalerweise müssen die Autoren der Dienste eine Verwaltungsschnittstelle in Form einer Systemsteuerung oder eines Plug-Ins für die Microsoft Management Konsole liefern, die einige oder alle Parameter verändern kann.

Registry-Schlüssel

Hier ist eine Übersicht der Registry-Schlüssel für Dienste und ihre Funktionen beim Festlegen dessen, was die Dienste tun, um einen Bastion-Host zu sichern:

DependOnGroup
    Eine Liste der Dienstgruppen, von denen dieser Dienst abhängt. Dies wird relativ selten gesetzt. Die interessanteste Gruppe für Netzwerkzwecke ist »TDI«, das ist die Gruppe, in der die grundlegenden Treiber für die Netzwerkschnittstellen enthalten sind.

DependOnService
  Eine Liste mit Diensten, von denen dieser Dienst abhängt. Ein Dienst, der von LanmanServer abhängt, ist fast immer ein Netzwerk-Server. Dienste, die von Lanman-Workstation abhängen, sind wahrscheinlich keine Netzwerk-Server, sondern Clients. Dienste, die von einer der anderen Netzwerkgruppen abhängen (zum Beispiel NetDDE, TCPIP, NetBT oder AppleTalk), können entweder Server oder Clients sein, aber Ihr Mißtrauen sollte geweckt sein.

DisplayName
  Dies ist der Name, der in der Dienste- oder Geräte-Systemsteuerung angezeigt wird.

ErrorControl
  Dies gibt an, was getan werden soll, wenn der Dienst nicht läuft. Schauen Sie hier nach, bevor Sie den Dienst deaktivieren! Wenn dies auf 0x02 oder 0x03 gesetzt ist und Sie den Dienst deaktivieren, wird die Maschine ihn wieder aktivieren, indem sie die vorherige Konfiguration wiederherstellt. Falls das – bei 0x03 – nicht funktioniert, wird sie nicht booten. Dies sind mögliche Werte.

Wert	Bedeutung
0x00	Ignoriere den Fehler; fahre fort, ohne etwas zu tun.
0x01	Erzeuge eine Dialogbox mit einer Warnung.
0x02	Schalte zur letzten bekannten, funktionstüchtigen Konfiguration um, falls eine verfügbar ist; boote ansonsten.
0x03	Zähle dieses Booten als Fehler, schalte zur letzten bekannten funktionstüchtigen Konfiguration um, falls eine verfügbar ist; boote nicht, falls keine verfügbar ist.

Group
  Dies ist der Gruppenname, der in DependOnGroup verwendet wird. Alles, was in TDI oder Network steht, hat etwas mit dem Netzwerk zu tun.

ImagePath
  Dies ist der Ort, an dem sich das Programm befindet, es sagt Ihnen, was Sie entfernen oder umbenennen müssen, damit Sie sicher sein können, daß der Dienst nicht einfach wieder aktiviert werden kann.

ObjectName
  Dies ist eigentlich der Name der Zugangskennung, unter der der Dienst ausgeführt wird, wenn er als unabhängiger Prozeß läuft. Fast alle Dienste laufen als LocalSystem (das ist der Zugang mit den meisten Rechten auf dem System). Um als ein anderer Benutzer ausgeführt zu werden, muß der Dienst ein Paßwort für den Benutzer bereitstellen, das getrennt im Secrets-Abschnitt der Registry abgelegt wird. Wenn es sich bei dem Dienst um einen Kernel-Treiber handelt, gibt dies an, welches Kernel-Objekt es laden wird.

PlugPlayServiceType
  Dies gibt an, ob es sich um einen Plug-and-Play-Dienst handelt und von welcher Art dieser ist (falls es einer ist). Netzwerkdienste sind normalerweise Plug-and-Play-Dienste.

Start

Dieser Schlüssel gibt an, wann der Dienst gestartet werden soll. Mögliche Werte können sein:

Wert	Bedeutung
0x00	Booten
0x01	System
0x02	Autoload
0x03	Bei Bedarf
0x04	Deaktiviert (Dateisystemtreiber werden trotzdem geladen)

Tag

Dies legt fest, in welcher Reihenfolge Dienste aus der gleichen Gruppe gestartet werden; der niedrigste Wert wird zuerst gestartet.

Type

Die Art des Dienstes. 0x100 wird addiert, wenn der Dienst in der Lage ist, direkt mit dem Benutzer zu interagieren. Mögliche Werte sind:

Wert	Bedeutung
0x01	Kernel-Modus-Gerätetreiber
0x02	Dateisystemtreiber
0x04	Argumente für den Netzwerk-Adapter
0x10	Server, Standalone-Prozeß
0x20	Server, kann Adreßraum gemeinsam benutzen

Subkeys

Der einzige nützliche Unterschlüssel ist »Parameters«, der Parameter für den Dienst enthalten kann. Viele Dienste besitzen Parameter, die hier festgelegt werden können und die nirgendwo sonst dokumentiert sind.

Andere Möglichkeiten, Programme unter Windows NT zu starten

Alle Beschreibungen im vorangegangenen Abschnitt handeln von offiziellen Windows NT-Diensten. Es gibt verschiedene andere Methoden, um automatisch Programme unter Windows NT zu starten, und Sie könnten es mit »Diensten« zu tun haben, die eine dieser Methoden einsetzen. Im allgemeinen ist das ein schlechtes Zeichen. Es handelt sich in diesem Fall nicht um echte Windows NT-Dienste; mit ziemlicher Sicherheit wurden sie ursprünglich für andere Betriebssysteme geschrieben. Wahrscheinlich sind diese Dienste nicht sicher oder zuverlässig. Wenn es sich einrichten läßt, sollten Sie darauf verzichten, solche Programme auf Bastion-Hosts oder anderen sicherheitskritischen Hosts auszuführen.

Der folgende Registry-Schlüssel:

> HKEY_LOCAL_MACHINE\System\CurrentControlSet\Control\SessionManager\BootExecute

enthält eine Kommandozeile, die beim Booten ausgeführt wird. Dies dient normalerweise dazu, einen Selbsttest zur Überprüfung des Dateisystems durchzuführen, und wird – soweit wir dies wissen – nie für legitime Dienste eingesetzt. Da sie bereits sehr früh während des Bootens ausgeführt wird, wäre sie ausgezeichnet geeignet, um einen Virus zu verstecken.

Der folgende Registry-Schlüssel:

> HKEY_LOCAL_MACHINE\Software\Microsoft\Windows\CurrentVersion

enthält drei Schlüssel, die benutzt werden, um Programme beim Anmelden eines Benutzers zu starten: Run, RunOnce und RunServices. Dies sind die normalen Methoden, um persistente Programme unter Windows 95/98 zu starten. Sie können von berechtigten Programmen benutzt werden, die für diese Umgebung ausgelegt sind. Manche Programme könnten auch ein Modell einsetzen, bei denen sie ein persistentes Programm so konfigurieren, daß es automatisch startet, wenn sich ein bestimmter Benutzer anmeldet, unter der Voraussetzung, daß die Maschine diesen Benutzer beim Start automatisch anmeldet.

Für Benutzer verhalten sich Programme, die auf diese Weise gestartet wurden, wie Dienste, aus Sicht des Betriebssystems sind es jedoch keine Dienste. Sie werden nicht durch den Service Control Manager verwaltet. Dadurch verfolgen sie sehr verschiedene Sicherheitsmodelle. Ist der SCM nicht anders konfiguriert, startet er die Dienste unter der Benutzerkennung System, die die unangenehme Eigenschaft hat, zwar alle Rechte auf der lokalen Maschine zu besitzen, aber nicht auf das Netzwerk zugreifen zu können. Programme, die beim Anmelden eines Benutzers gestartet werden, werden auch unter der Kennung des Benutzers ausgeführt, der sich gerade angemeldet hat. Dies hat deutliche Auswirkungen auf die Berechtigungen, über die sie verfügen. Ein regulärer Benutzer wird einen stärkeren Zugriff auf das Netzwerk und die Benutzerdateien haben als der System-Zugang, jedoch weniger Zugriff auf die Dateien und Eigenschaften des Betriebssystems (das bedeutet, daß ein Programm, das beim Anmelden automatisch gestartet wird und kein Dienst ist, mehr Möglichkeiten besitzt, um feindselig, und weniger, um nützlich zu sein).

Ausführungsmodelle, die es erfordern, daß sich ein Benutzer anmeldet, stellen unter Windows NT ein signifikantes Sicherheitsproblem dar, da sich durch den angemeldeten Benutzer die Anzahl der Schwachstellen erhöht. Wenn Sie solche Server nicht umgehen können, dann versuchen Sie, sie in Dienste umzuwandeln. Benutzen Sie dazu *srvany.exe* des Resource-Kits.

Dienste unter Windows NT deaktivieren

Wie wir bereits in Kapitel 10, *Bastion-Hosts*, beschrieben haben, gibt es vier allgemeine Vorsichtsmaßnahmen, die beim Deaktivieren von Diensten beachtet werden müssen:

- Sorgen Sie dafür, daß Sie eine Möglichkeit haben, die Maschine zu booten, wenn Sie einen kritischen Dienst deaktivieren (zum Beispiel eine zweite Festplatte mit einem vollständigen Betriebssystem oder eine bootfähige CD-ROM).
- Sichern Sie eine saubere Kopie aller Komponenten, die Sie modifizieren, damit Sie wissen, wie Sie sie wieder rückgängig machen können, falls etwas schiefgeht. Da es recht schwierig ist, unter Windows NT modifizierte Dateien genau zu identifizieren, sollten Sie ein komplettes Backup des Systems erstellen, einschließlich einer Kopie der Registry.
- Wenn Sie einen Dienst deaktivieren, sollten Sie auch alles deaktivieren, was von diesem Dienst abhängt.
- Schließen Sie die Maschine, die Sie schützen wollen, erst dann an ein feindseliges Netzwerk an, wenn Sie die Deaktivierung der Dienste abgeschlossen haben. Es ist sonst möglich, daß die Maschine angegriffen und überwunden wird, während Sie sie noch vorbereiten.

Wenn Sie den alternativen Boot-Vorgang vorbereitet haben, begeben Sie sich in die Netzwerk-Systemsteuerung und dort in die Registerkarte »Dienste«. Entfernen Sie die Komponenten, die Sie nicht benötigen, also wahrscheinlich die meisten, wenn nicht sogar alle. Der Abschnitt »Besondere Windows NT-Dienste, die deaktiviert werden sollen« weiter hinten in diesem Kapitel liefert Ihnen weitere Informationen darüber, welche Dienste Sie entfernen sollten. Der Vorteil dieser Vorgehensweise, also des Entfernens der Dienste aus der Registerkarte »Dienste«, besteht darin, daß die Dienste vollständig entfernt werden. Um sie wieder zu aktivieren, müssen Sie sie erst neu installieren.

Sie können Dienste auch deaktivieren, indem Sie die Startart »Deaktiviert« in der Dienste-Systemsteuerung einstellen. Dies läßt sich später sehr leicht wieder beheben, was möglicherweise nicht erwünscht ist. Andererseits erfordert alles, was dauerhafter ist, riskantere Schritte. Sie können zum Beispiel die Registry-Schlüssel für Dienste entfernen, die Sie deaktiviert haben. Ohne Registry-Schlüssel kann der Service Control Manager sie nicht starten. Sie müssen außerdem wissen, welche Schlüssel vorhanden sein müssen, um sie wieder in Betrieb zu nehmen. Das Entfernen der entsprechenden Programmdateien ist eine weitere Lösung. Wie allerdings bereits angemerkt, ist es durchaus üblich, daß mehrere Windows NT-Dienste als Teil des gleichen Programms ausgeführt werden. Wenn Sie einen der Dienste weiterhin betreiben wollen, der von dem Programm angeboten wird, müssen Sie es an seinem Ort belassen.

Einige Microsoft-Dokumentationen behaupten, daß manche Dienste deaktiviert werden können, indem Sie sie anhalten (mit Hilfe der Dienste-Systemsteuerung oder des Befehls »net stop«). Das stimmt nicht, ein gestoppter Dienst wird beim Booten neu gestartet, es sei denn, dies wurde ebenfalls deaktiviert.

Nach dem Deaktivieren der Dienste

Wenn Sie die Dienstekonfiguration geändert haben, müssen Sie die Maschine neu starten. Nach dem Neustart sollten Sie überprüfen, ob wirklich alle Dienste ausgeschaltet wurden und die Maschine immer noch funktioniert. Sie können zum Beispiel das Hilfsprogramm *netstat* verwenden, um zu prüfen, ob ein Dienst ausgeschaltet ist. Damit listen Sie die Netzwerk-Ports auf, die die Maschine überwacht.

Wenn Sie die Maschine neu gestartet und getestet haben und davon überzeugt sind, daß sie ohne die deaktivierten Dienste funktioniert, könnten Sie beginnen, die Programmdateien dieser Dienste zu entfernen (solange sie nicht von anderen Diensten benutzt werden). Noch vorhandene Programmdateien könnten von jemandem gestartet werden – wenn nicht von Ihnen, dann von einem anderen Systemadministrator oder einem Eindringling.

Falls Sie sich nicht sicher sind, ob Sie die Programmdateien wirklich entfernen sollen, verschlüsseln Sie sie statt dessen. Benutzen Sie ein Verschlüsselungsprogramm, das eine stabile Implementierung eines Standardalgorithmus beinhaltet, wie etwa die PGP-Version von Network Associates (siehe Anhang B, *Werkzeuge*, für Informationen darüber, wie Sie dieses Paket bekommen können).

Welche Dienste sollten aktiviert bleiben?

Bestimmte Dienste sind für den Betrieb der Maschine unerläßlich. Wahrscheinlich müssen Sie diese Dienste, unabhängig davon, für welchen Zweck die Maschine konfiguriert ist, aktiviert lassen. Auf einem Windows NT-System wird nichts aus der Registerkarte »Dienste« der Netzwerk-Systemsteuerung wirklich für die grundlegenden Funktionen benötigt. In der Dienste-Systemsteuerung gehören zu den kritischen Diensten:

EventLog
   Diese Funktion schreibt Informationen in das Ereignisprotokoll, selbst bei lokalen Programmen.

NT LM Security Support Provider
   Dies wird benötigt, falls die Maschine Dienste ausführt, bei denen sich die Benutzer authentifizieren müssen (zum Beispiel FTP- oder HTTP-Server).

Protected Storage
   Dies ist Teil der Unterstützung des verschlüsselten Dateisystems und sollte aktiviert bleiben.

Remote Procedure Call (RPC)
   Viele Server benutzen Loopback-RPC-Aufrufe und funktionieren nicht, wenn RPC nicht zur Verfügung steht.

Unter bestimmten Bedingungen brauchen Sie außerdem diese Dienste:

IPSEC Policy Agent (Windows 2000)
   Dies wird benötigt, falls Sie IPsec benutzen, um Netzwerkverbindungen zu sichern.

Net Logon
   Dies wird benötigt, falls die Maschine Zugänge für andere Maschinen oder von anderen Maschinen authentifizieren soll (wenn es sich zum Beispiel um das Mitglied einer Domäne oder um den primären Domänenserver für eine Domäne handelt, in der andere Server enthalten sind). Ein Bastion-Host sollte nur lokale Zugänge zulassen. In diesem Fall ist dieser Dienst nicht erforderlich.

Plug and Play
   Je nach Ihrer Hardware-Konfiguration ist dies entweder sinnlos oder kritisch. In jedem Fall ist es nicht über das Netzwerk zugänglich. Beachten Sie, daß dies sogar für die korrekte Funktionsweise von Peripheriegeräten an einigen Server-Konfigurationen benötigt wird, die keine Hot-Plug-Komponenten haben.

Smart Card (Windows 2000)
   Dies wird benötigt, wenn Sie einen Chipkartenleser haben und diesen für die Authentifizierung benutzen wollen; dieser Dienst hängt von Plug and Play ab.

Spooler
   Dies wird gebraucht, damit das Drucken (selbst lokal) funktioniert. Sie können es entfernen, falls Sie nicht drucken wollen.

Zusätzlich benötigen Sie offensichtlich Server-Prozesse für die Dienste, die Sie auf Ihrem Bastion-Host anbieten wollen (z.B. echte oder Proxy-Telnet-, FTP-, SMTP- und DNS-Server).

Besondere Windows NT-Dienste, die deaktiviert werden sollen

Wie bereits dargelegt, gibt es drei verschiedene Stellen, an denen Sie Dienste für Windows NT deaktivieren können:

- Registerkarte »Dienste« in der Netzwerk-Systemsteuerung
- Dienste-Systemsteuerung
- Registry

Sie müssen nur in Ausnahmefällen Dienste in der Registry deaktivieren; alles, was Sie wollen, sollte auch in den Systemsteuerungen Netzwerk und Dienste möglich sein.

Die Netzwerk-Systemsteuerung
   Im allgemeinen wird nichts aus der Registerkarte »Dienste« der Netzwerk-Systemsteuerung wirklich benötigt. Sie sollten deshalb nach Möglichkeit alle Dienste deaktivieren. Wir beschreiben Ihnen hier Dienste mit besonderen Anforderungen:

Microsoft DNS-Server (Server)
   Normalerweise werden Sie nur dann einen DNS-Server auf einem Bastion-Host betreiben, wenn dieser Bastion-Host speziell auf den Namensdienst ausgerichtet ist. Auf den meisten Bastion-Hosts sollten Sie dies daher ausschalten.
   Wenn Sie einen Bastion-Host als Nameserver einrichten, dann stellt der Microsoft DNS Server eine ganz gute Wahl für einen DNS-Server dar, allerdings sollten Sie bei

einer Bastion-Host-Konfiguration immer zwei Dinge bedenken. Erstens wollen Sie nicht, daß ein Bastion-Host von Daten abhängt, die von einem WINS-Server auf einer anderen Maschine stammen, das heißt, der DNS-Server sollte nicht so konfiguriert werden, daß er auf WINS zurückgreifen muß, es sei denn, der WINS-Server befindet sich auf dem gleichen Bastion-Host. Zweitens beruht der DNS Manager (der oft verwendet wird, um den DNS-Server zu konfigurieren) auf NetBT, das auf einem Bastion-Host möglicherweise nicht zur Verfügung steht, so daß Sie es nicht verwenden können, außer an der Konsole.

Microsoft TCP/IP-Druckdienst (Server und Workstation)
Microsofts Implementierung von *lpr*. *lpr* ist zwar kein sicheres Protokoll, es ist aber oftmals sicherer als das Drucken über SMB, das nicht aktiviert werden kann, ohne gleichzeitig noch gefährlichere Dienste zu aktivieren. Wenn Sie daher von einem Windows NT-Bastion-Host drucken wollen, aber keinen gesonderten Drucker dafür abstellen können, sollten Sie am besten das Microsoft TCP/IP-Druckdienst-Subsystem auf dem Bastion-Host und dem Druckserver installieren und dann den *lpd*-Server auf dem Bastion-Host deaktivieren. (Setzen Sie einen Bastion-Host niemals als Druckserver ein; falls Sie einen Drucker direkt an den Bastion-Host anschließen, müssen Sie sich damit abfinden, daß dieser Drucker nur für diesen einen Host zur Verfügung steht.)

NetBIOS-Schnittstelle (Standardmäßig Server und Workstation)
Die Grundlage für viele der Microsoft-eigenen Dienste. Sie benötigen sie, wenn Sie die normalen Microsoft-Netzwerkfunktionen benutzen wollen. Idealerweise sollten Sie auf Bastion-Hosts auf diesen Dienst verzichten.

Remote Access Service (Server und Workstation)
Damit können Sie entweder über Telefonleitungen oder über PPTP (siehe Kapitel 14, *Vermittelnde Protokolle*) ein Netzwerk zur Verfügung stellen. Es sollte nicht installiert werden, es sei denn, die Maschine stellt ein Einwahlnetzwerk oder VPN-Dienste (virtuelles privates Netzwerk) zur Verfügung bzw. benutzt diese.

Server-Dienst (Default Server und Workstation)
Dies ist der Server für nach innen gerichtete NetBIOS-Verbindungen, einschließlich SMB-Verbindungen. Dazu gehören Dateidienste, Druckerdienste und die entfernte Ausführung von Registrierungseditor, Ereignisanzeige und Benutzermanager. Wahrscheinlich ist es besser, es zu entfernen, obwohl die Maschine dann über normale Windows NT-Netzwerke nicht mehr erreicht werden kann. Wenn Sie normale Windows NT-Netzwerkfunktionen benutzen müssen (das sind praktisch alle Dienste außer FTP, HTTP und SMTP), sollten Sie dafür sorgen, daß der NetBT-Zugang an einer anderen Stelle blockiert ist und/oder daß der Server von den riskanten und gefährlichen Netzwerkschnittstellen entkoppelt ist (siehe die Erläuterungen über das Konfigurieren von Diensten zur Ausführung auf speziellen Netzwerkschnittstellen).

Wegen der Art und Weise, wie der NetBT-Namensdienst funktioniert, registriert eine Maschine, die keinen eigenen Server-Dienst ausführt, ihren Namen korrekt beim Booten, sie kann sich jedoch nicht wehren, falls eine andere Maschine versucht, den Namen für sich zu beanspruchen. Dies scheint unwichtig zu sein (wer kümmert sich darum, was mit dem NetBT-Namen passiert, wenn die Maschine sowieso kein NetBT versteht?), jedoch suchen die meisten Microsoft-Maschinen zuerst nach einem NetBT-Namen, bevor sie den DNS-Namen suchen. Wird versucht, die Maschine von lokalen Clients aus per HTTP oder FTP zu erreichen, wird eine NetBT-Namensauflösung benutzt. Wenn es wichtig ist, daß die Maschine von internen Microsoft-Maschinen erreicht werden kann, müssen Sie sie vor Maskierungen schützen. Dazu gibt es zwei Möglichkeiten. Wenn Sie eine zuverlässige WINS-Konfiguration mit einer begrenzten Anzahl von WINS-Servern haben, können Sie in jedem WINS-Server eine statische Zuweisung jedes Namens einrichten. Falls das nicht praktikabel ist, geben Sie der Maschine einen Namen, der wenigstens 16 Zeichen lang ist. Eine NetBT-Namensauflösung ist nun nicht mehr möglich, die Clients werden gezwungen, auf DNS zurückzugreifen, das für diese Art von einfacher und/oder versehentlicher Maskierung nicht anfällig ist.

Einfache TCP/IP-Dienste (Server und Workstation)

Dieses Paket besteht aus *echo*, *chargen*, *discard*, *daytime* und *quotd*, die in Kapitel 22, *Administrative Dienste*, näher erläutert werden. Der Standardratschlag lautet, sie zu vermeiden, es sei denn, Sie brauchen einen dieser Dienste, was allerdings nur schwer vorstellbar ist. Installieren Sie sie nicht.

SNMP-Dienste (Server und Workstation)

SNMP ist ein gefährlicher Dienst, der viele Informationen und eine starke Kontrolle, aber nur sehr wenig Sicherheit bietet. Normalerweise sollten Sie ihn vermeiden. In vielen Referenzen wird Ihnen empfohlen, SNMP zu installieren, um Informationen über die TCP/IP-Leistungsfähigkeit im Systemmonitor zu erhalten. Wenn Sie SNMP nur aus diesem Grund installieren, benötigen Sie den zustzlich installierten SNMP-Agent-Dienst nicht und müssen ihn nicht starten. Er sollte deshalb in der Dienste-Systemsteuerung deaktiviert werden.

Wenn Sie den SNMP-Agenten ausführen wollen, brauchen Sie eine Windows NT 4.0-Version nach Service Pack 4; frühere Versionen können mit den Einstellungen nicht richtig umgehen und erlauben Schreib- und Lesezugriff für die Community »public«. Sie sollten auch darauf achten, daß Sie die SNMP-Sicherheitseigenschaften konfiguriert haben (verfügbar in der Netzwerk-Systemsteuerung über Dienste → SNMP-Dienst → Sicherheit):

1. Wenn Sie über eine SNMP-Überwachungsstation verfügen, dann lassen Sie »Echtheitsbestätigungs-Trap senden« eingeschaltet und stellen die richtige Adresse für diese Station in der Registerkarte »Traps« ein. Dies veranlaßt die Maschine, eine Warnung zu schicken, falls sie eine Anforderung mit einem ungültigen Community-Namen empfängt. (Das ist alles, was die Option tut; sie aktiviert keine weitergehende Authentifizierung neben der SNMP-Standardmethode, die den Community-Namen als eine Art Klartext-Paßwort verwendet.)

2. Bearbeiten Sie die angenommenen Community-Namen, damit »Public« nicht länger akzeptiert wird, der einzige akzeptierte Wert sollte ein Name sein, der an Ihrem Standort einmalig ist und nicht erraten werden kann. *Lassen Sie dieses Feld auf keinen Fall leer!* Wenn dieses Feld leer ist, wird jeder Community-Name akzeptiert, und alle SNMP-Anfragen sind gültig.

3. Lassen Sie SNMP-Pakete von diesen Hosts annehmen. Sie müssen hier einen Host angeben; setzen Sie die Adresse Ihrer SNMP-Überwachungsstation ein, falls Sie eine verwenden wollen, oder benutzen Sie 127.0.0.1 (die loopback-Adresse). Beachten Sie, daß hierbei eine Authentifizierung anhand der Quelladresse ausgeführt wird. Falls Angreifer eine akzeptierte Adresse in einem ankommenden Paket fälschen können, sind sie in der Lage, wichtige Netzwerkparameter zurückzusetzen. Das ist vor allem deshalb gefährlich, weil dieser Angriff keine Antwortpakete erfordert, um erfolgreich zu sein. Benutzen Sie eine SNMP-Überwachungsstation nur dann, wenn Sie verhindern können, daß gefälschte Pakete mit deren Adresse die Maschine erreichen können.

Die Dienste-Systemsteuerung

Wenn Sie die Dienste entfernt haben, die Sie nicht benötigen, sollte in der Dienste-Systemsteuerung relativ wenig zurückgeblieben sein. Sie werden wahrscheinlich alle bis auf die zuvor besprochenen notwendigen Dienste sowie die Dienste, die Sie anbieten wollen, deaktivieren. Vor allem sollten Sie aber darauf achten, daß Sie auch wirklich den UPS-Dienst sowie den Schedule-Dienst deaktivieren, wenn diese nicht nötig sind. Falls Sie sie aktiviert lassen, schützen Sie sie sorgfältig vor Mißbrauch. Beide Dienste verfügen über bekannte Schwachstellen.

Routing ausschalten

Wie wir in Kapitel 10, *Bastion-Hosts*, erläutert haben, versuchen die meisten Maschinen, die über mehr als eine Netzwerkschnittstelle verfügen, automatisch den Verkehr zwischen den Schnittstellen zu routen. Normalerweise wollen Sie jedoch nicht, daß der Bastion-Host dies tut. Wenn Sie nicht versuchen, einen Bastion-Host gleichzeitig als Router zu konfigurieren, sollten Sie das Routing ausschalten. Dieser Vorgang erfolgt in drei Teilschritten:

1. Schalten Sie die Dienste aus, die das System als Router bekanntmachen.
2. Schalten Sie IP-Forwarding aus, das das eigentliche Routing erledigt.
3. Schalten Sie das Source-Routing getrennt aus, falls das notwendig sein sollte.

Unter Windows NT kann das Ausschalten von IP-Forwarding entweder in der Netzwerk-Systemsteuerung (unter Protokolle → TCP/IP → Routing) durch Deaktivieren der Checkbox »IP-Forwarding aktivieren« oder in der Registry erledigt werden, indem der folgende Schlüssel auf 0 gesetzt wird:

```
HKEY_LOCAL_MACHINE\SYSTEM\CurrentControlSet\Services\Tcpip\Parameters\
IPEnableRouter
```

Es wird automatisch ausgeschaltet sein, falls Sie nur über eine Netzwerkschnittstelle verfügen. Wenn Sie später eine zweite Schnittstelle hinzufügen, schaltet Windows NT es dankenswerterweise für Sie ein. Schalten Sie es auf jeden Fall aus, nachdem Sie alle Netzwerkschnittstellen installiert haben, die die Maschine bekommen soll. Außerdem zeigt es der TCP/IP-Eigenschaften-Dialog nicht an, wenn die Veränderung der Registry, die es auszuführen versucht, fehlschlägt; Sie sollten den Dialog beenden und erneut öffnen, um zu überprüfen, daß Ihre Änderung weiterhin angezeigt wird. Am besten wird es sein, Sie überprüfen einfach den Wert in der Registry.

Wie Microsoft klarstellt, ist es vor allem vom Standpunkt der Sicherheit her nicht besonders günstig, daß dies so leicht geändert werden kann:

> Ein wichtiger Aspekt [bei der Benutzung einer Windows NT-Maschine mit zwei Schnittstellen, die als Firewall dient und bei der Routing ausgeschaltet ist] besteht darin, daß die Trennung zwischen dem Internet und Ihrem Intranet von einer einzigen Option in der TCP/IP-Konfiguration (oder in dem entsprechenden Registry-Eintrag) abhängt ... Eine Person, die mit den Konfigurationswerkzeugen von Windows NT vertraut ist und über Administrationsrechte verfügt, kann die Router-Checkbox in wenigen Minuten finden und ändern.
>
> –*Microsoft Windows NT Resource Kit Internet Guide*, Kapitel 3

Das ist eine relativ starke Untertreibung; eine Person, die weiß, wo sie suchen muß, kann den Wert in weniger als einer Minute ändern. Um einen Angreifer zu behindern und Ihre eigenen Chancen zu verringern, das IP-Forwarding versehentlich wieder zu aktivieren, setzen Sie die Rechte für den Parameters-Schlüssel so, daß der Administrator die gleichen Zugriffsrechte wie »Andere« (Wert einsehen, Teilschlüssel erstellen, Teilschlüssel auflisten, Benachrichtigungen und Lesekontrolle) und zusätzlich DAC schreiben (damit Sie auch später noch in der Lage sind, etwas zu verändern)[2] erhält. Beachten Sie, daß dadurch eine Situation entsteht, in der TCP/IP-Eigenschaften zu funktionieren scheinen, Ihre Veränderungen dann aber stillschweigend verschwinden; das ist an dieser Stelle nicht weiter schlimm.

Installieren und Anpassen von Diensten

Wahrscheinlich sind nicht alle Dienste, die Sie anbieten wollen, Bestandteil Ihres Betriebssystems. Andere sind zwar vorhanden, die Versionen eignen sich aber nicht für eine sichere Umgebung oder verfügen nicht über den gewünschten Funktionsumfang. Sie müssen Server auswählen und installieren, um diese Dienste zur Verfügung stellen zu können.

---

[2] Wenn »Andere« vollständige Zugriffsrechte besitzt, haben Sie es versäumt, aktuelle Service Packs auf der Maschine zu installieren. Mit großer Wahrscheinlichkeit haben Sie schwere Sicherheitsprobleme.

Windows NT besitzt kein Äquivalent zum Unix TCP-Wrapper (der globale Kontrollfunktionen bietet, die bei den meisten Diensten eingesetzt werden können). Statt dessen müssen Sie jeden Dienst separat sichern. Sie dürfen nicht davon ausgehen, daß Dienste sicher sind; selbst angesehene Software-Firmen liefern oft unsichere Pakete aus, und in vielen Fällen sind die schlimmsten Probleme leicht zu finden und zu reparieren.

Installieren Sie eine Testversion des Dienstes auf einer Maschine, die ansonsten stabil läuft und sich während der Installation nicht verändert. Ermitteln Sie mit Hilfe des Befehls »Finden« alle Dateien, die während der Installation verändert wurden, und überprüfen Sie sie, um sicherzugehen, daß diese Dateien akzeptabel sind. Das heißt vor allem:

- Stellen Sie sicher, daß die Zugriffsberechtigungen so restriktiv wie möglich sind; Programme, Konfigurationsdateien oder temporäre Verzeichnisse dürfen nicht einfach durch beliebige Benutzer geändert werden. Beschränken Sie – falls möglich – auch die Lese- und Ausführungsrechte.

- Überprüfen Sie die Rechte aller Registry-Einträge, um sicherzustellen, daß sie nicht von beliebigen Benutzern verändert werden können. Auch hier sollten Sie die Leserechte einschränken. Viele Dienste speichern überdies Paßwörter in den Registry-Schlüsseln, oft sogar mit nur geringen Schutzmaßnahmen. Diese Schlüssel dürfen auf keinen Fall lesbar sein!

- Wenn das Programm einen Benutzer-Zugang einrichtet, müssen Sie dafür sorgen, daß das Paßwort sich vom Standardpaßwort des Programms unterscheidet. Ändern Sie nach Möglichkeit auch den Namen des Zugangs.

- Sorgen Sie dafür, daß alle Programme von den Benutzern mit den richtigen Berechtigungen ausgeführt werden. Führen Sie keine Dienste als Administrator aus, wenn es sich vermeiden läßt. Wenn Sie für Dienste besondere Benutzer-Zugänge einrichten, dann sorgen Sie dafür, daß diese nicht als normale Logins benutzt werden können.

Beachten Sie, daß viele Dienste interessante Allianzen mit Hot Fixes und Service Packs eingehen. Dienste, Hot Fixes und Service Packs neigen dazu, Systemdateien zu verändern. Sie müssen sie in der richtigen Reihenfolge installieren, damit Sie wirklich die gewünschte Version der Systemdateien erhalten. Im allgemeinen bedeutet dies, daß Sie zuerst die Dienste installieren, anschließend die benötigten Hot Fixes oder Service Packs. In einigen Fällen müssen Sie Hot Fixes oder Service Packs sowohl vor als auch nach der Installation eines Dienstes installieren (wenn zum Beispiel der Dienst ein bestimmtes Service Pack erfordert, müssen Sie dieses Service Pack installieren, danach den Dienst und zum Schluß das Service Pack, das Sie ausführen wollen). Sehr selten müssen Sie den Dienst nach dem Hot Fix oder Service Pack installieren (das bedeutet, daß Sie den Dienst erneut installieren müssen, wenn Sie ein neues Hot Fix oder Service Pack installiert haben).

III

Internet-Dienste

Dieser Teil des Buches beschreibt die Einzelheiten der Konfiguration von Internet-Diensten in einer Firewall-Umgebung. Er stellt allgemeine Prinzipien vor und beschreibt anschließend die Details für fast 100 spezielle Dienste. Am Ende dieses Teils finden Sie zwei ausführlich dargestellte Beispiel-Firewalls.

13

Internet-Dienste und Firewalls

Dieses Kapitel verschafft Ihnen einen Überblick über die Aspekte, die mit der Benutzung von Internet-Diensten durch eine Firewall hindurch verbunden sind. Dazu gehören auch die Risiken, die das Anbieten von Diensten mit sich bringt, und die potentiellen Angriffe auf diese Dienste, die Möglichkeiten der Bewertung von Implementierungen sowie der Analyse von Diensten, die in diesem Buch nicht näher beschrieben werden.

Die restlichen Kapitel in Teil III beschreiben die wichtigen Internet-Dienste: wie sie funktionieren, worin ihre Paketfilter- und Proxy-Eigenschaften bestehen, welche Auswirkungen auf die Sicherheit sie mit Blick auf Firewalls mit sich bringen und wie man sie mit einer Firewall zum Laufen bringen kann. Der Zweck dieser Kapitel besteht darin, Ihnen Informationen zu verschaffen, mit deren Hilfe Sie entscheiden können, welche Dienste Sie an Ihrem Standort anbieten sollten und wie Sie diese Dienste in Ihrer Firewall-Umgebung so sicher und funktional wie möglich konfigurieren. Gelegentlich erwähnen wir Dinge, die eigentlich keine Internet-Dienste sind. Allerdings handelt es sich dabei um damit zusammenhängende Protokolle, Sprachen oder APIs, die oft im Internet-Kontext verwendet oder mit den wirklichen Internet-Diensten verwechselt werden.

Diese Kapitel sind vor allem als Referenz gedacht; Sie sollen sie nicht von Anfang bis Ende durchlesen, obwohl Sie bestimmt eine Menge interessanter Fakten lernen können, wenn Sie diesen Teil des Buches komplett überfliegen.

An dieser Stelle gehen wir davon aus, daß Sie damit vertraut sind, wofür die verschiedenen Internet-Dienste verwendet werden. Wir werden uns daher darauf konzentrieren zu erläutern, wie Sie diese Dienste durch eine Firewall zur Verfügung stellen können. Einführende Informationen über den Einsatzzweck der einzelnen Dienste finden Sie in Kapitel 2, *Internet-Dienste*.

Wenn wir die Paketfiltereigenschaften der einzelnen Dienste besprechen, verwenden wir die gleiche abstrakte Tabellenform, die wir in *Kapitel 8, Paketfilterung*, für die Paketfilterregeln benutzt haben. Sie müssen die verschiedenen Abstraktionen wie »intern«, »extern« usw. in die entsprechenden Werte für Ihre eigene Konfiguration übersetzen. In Kapitel 8 finden Sie Erklärungen, wie Sie abstrakte Regeln in Regeln für bestimmte Produkte und Pakete umsetzen können, sowie weitere Informationen über die Paketfilterung im allgemeinen.

Wenn wir die Proxy-Eigenschaften bestimmter Dienste besprechen, beziehen wir uns auf Konzepte und Begriffe aus Kapitel 9, *Proxy-Systeme*.

Im Laufe der Kapitel in Teil III zeigen wir, wie die Pakete der Dienste durch eine Firewall fließen. Die folgenden Abbildungen zeigen den prinzipiellen Paketfluß: wenn ein Dienst direkt in Anspruch genommen wird (Abbildung 13-1) und wenn ein Proxy verwendet wird (Abbildung 13-2). Die anderen Abbildungen in diesen Kapiteln zeigen Variationen dieser Abbildungen für die einzelnen Dienste. Wenn es für einen bestimmten Dienst keine besonderen Abbildungen gibt, können Sie davon ausgehen, daß diese generischen Abbildungen für diesen Dienst zutreffen.

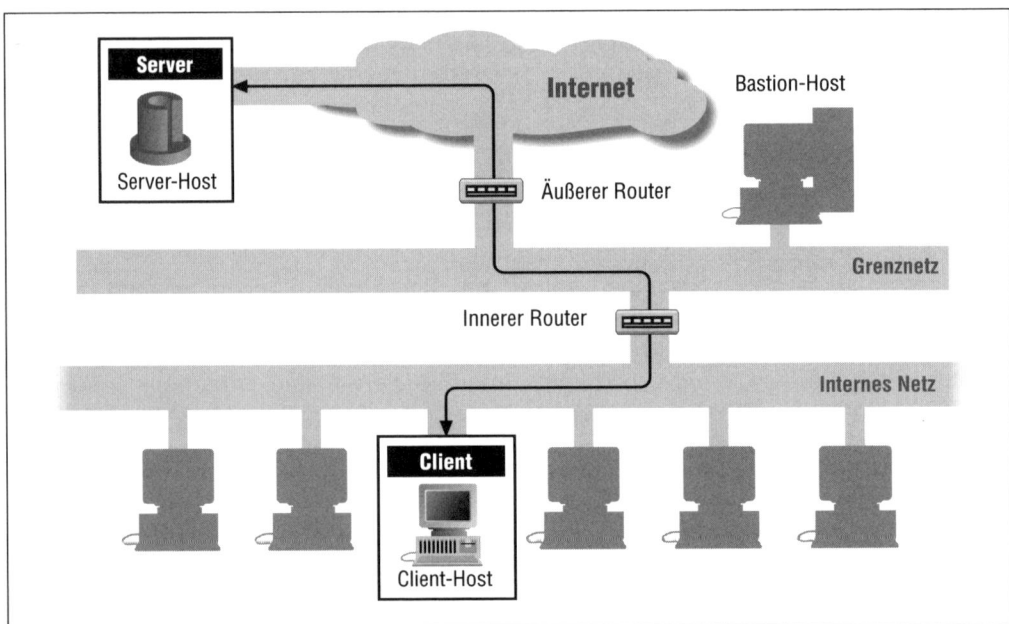

Abbildung 13-1: Ein generischer direkter Dienst

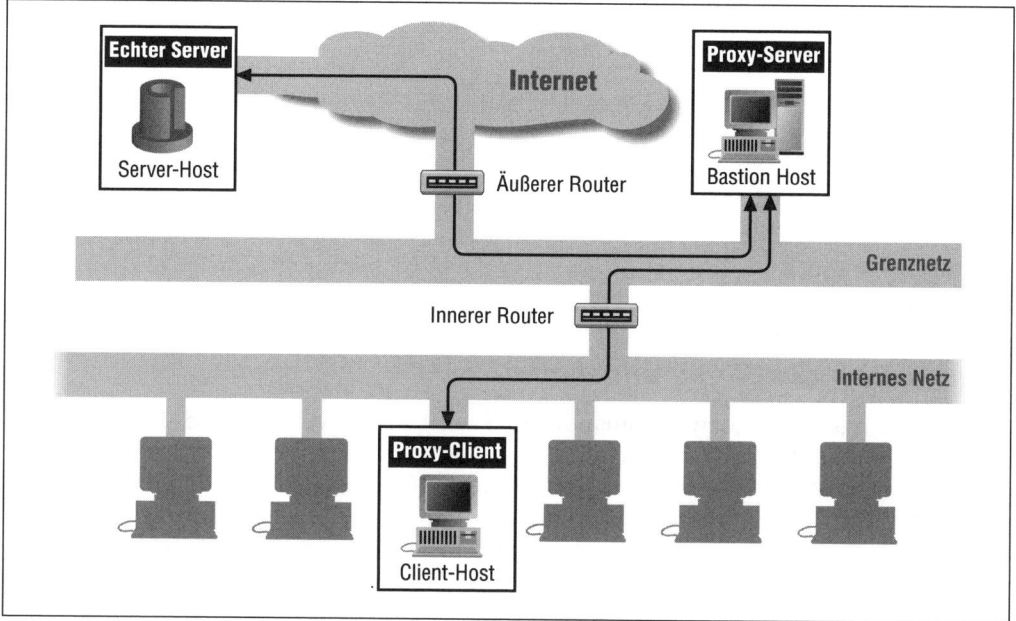

Abbildung 13-2: Ein generischer Proxy-Dienst

 Wir charakterisieren die Client-Portnummern häufig als »beliebige Portnummer oberhalb von 1023«. Manche Protokolle geben dies als eine Forderung an, bei anderen handelt es sich lediglich um eine Konvention (andere Plattformen haben diese Vereinbarung von Unix übernommen, wo Ports unter 1024 von normalen Benutzern nicht geöffnet werden können). Obwohl es Clients auf Nicht-Unix-Plattformen theoretisch erlaubt werden könnte, Ports unterhalb von 1024 zu öffnen, kommt dies doch außerordentlich selten vor: so selten, daß viele Firewalls, einschließlich einiger auf großen öffentlichen Sites, die mit allen möglichen Clients umgehen können, sich auf diese Unterscheidung verlassen und deswegen trotzdem nie Verbindungen abweisen müssen.

Angriffe auf Internet-Dienste

Wenn wir über Internet-Dienste und deren Konfiguration reden, tauchen bestimmte Konzepte wiederholt auf. Diese spiegeln den Vorgang der exakten Bewertung wider, welche Risiken ein bestimmter Dienst mit sich bringt. Diese Risiken können grob in zwei Kategorien unterteilt werden – erstens Angriffe, bei denen erlaubte Verbindungen zwischen einem Client und einem Server hergestellt werden, wie etwa:

- Angriffe über den Kommandokanal
- Datengesteuerte Angriffe

- Angriffe von dritter Seite
- Falsche Authentifizierung von Clients

und zweitens Angriffe, die den Verbindungsaufbau umgehen, wie etwa:

- Hijacking
- Paketschnüffler
- Einschleusung und Veränderung von Daten
- Replay-Angriffe
- Denial of Service

Angriffe über den Kommandokanal

Bei einem Angriff über den Kommandokanal wird der Server eines bestimmten Dienstes direkt angegriffen, indem ihm auf die gleiche Weise Befehle geschickt werden, wie dies auch normalerweise geschieht (über seinen Kommandokanal). Es gibt bei dieser Angriffsart zwei Grundmuster; Angriffe, die gültige Befehle ausnutzen, um unerwünschte Aktionen auszuführen, und Angriffe, bei denen ungültige Befehle geschickt werden und mit Hilfe fehlerhafter Eingaben Fehler in den Server-Programmen ausgenutzt werden.

Wenn es möglich ist, mit gültigen Befehlen unerwünschte Aktionen auszuführen, liegt der Fehler auf der Seite der Person, die entschieden hat, welche Befehle zugelassen werden. Ist es dagegen möglich, ungültige Befehle einzusetzen, um unerwünschte Aktionen auszuführen, liegt der Fehler auf der Seite der Programmierer, die das Protokoll implementiert haben. Das sind zwei verschiedene Aspekte, die auch unterschiedlich bewertet werden müssen. Allerdings sind Sie in jedem Fall gleichermaßen unsicher.

Der aufsehenerregende Internet-Wurm von Morris aus dem Jahre 1988 nutzte zwei Arten von Angriffen über den Kommandokanal. Er griff Sendmail über einen gültigen Befehl zur Fehlersuche an, der auf vielen Maschinen aktiviert und ungesichert war, und setzte an *finger* einen Befehl ab, der zu lang war und dadurch einen Überlauf des Puffers hervorrief.

Datengesteuerte Angriffe

Ein datengesteuerter Angriff betrifft die Daten, die über ein Protokoll übertragen werden, und nicht den Server, der das Protokoll implementiert. Auch hier gibt es zwei Spielarten; Angriffe, die schlechte oder »böse« Daten verwenden, und Angriffe, die gute Daten kompromittieren oder mißbrauchen. Viren, die mit Hilfe von E-Mails übertragen werden, gehören zu den datengesteuerten Angriffen mit schlechten Daten. Angriffe, bei denen Kreditkartennummern während der Übertragung gestohlen werden, sind datengesteuerte Angriffe, die gute Daten mißbrauchen.

Angriffe von dritter Seite

Ein Angriff von dritter Seite richtet sich nicht gegen den Dienst, den Sie anbieten wollen, sondern verwendet die Vorkehrungen, die Sie zur Unterstützung eines Dienstes getroffen haben, um einen vollkommen anderen Dienst anzugreifen. Wenn Sie zum Beispiel eingehende TCP-Verbindungen an beliebige Ports oberhalb von 1024 zulassen, um ein bestimmtes Protokoll anzubieten, ermöglichen Sie viele verschiedene Angriffe von dritter Seite, da nun Leute auch eingehende Verbindungen zu vollkommen anderen Servern aufbauen können.

Falsche Authentifizierung von Clients

Ein großes Risiko bei eingehenden Verbindungen besteht in einer *falschen Authentifizierung*: die Untergrabung der Authentifizierung, die Sie von Ihren Benutzern verlangen, so daß sich ein Angreifer erfolgreich als einer Ihrer Benutzer tarnen kann. Dieses Risiko erhöht sich durch einige besondere Eigenschaften von Paßwörtern.

In den meisten Fällen können Sie geheime Daten, die Sie über das Netzwerk übertragen wollen, verschlüsseln und auf diese Weise übermitteln. Das nützt allerdings nichts, wenn die Information nicht verstanden werden muß, um sie zu benutzen. Zum Beispiel funktioniert die Verschlüsselung von Paßwörtern nicht, weil ein Angreifer, der ein Packet-Sniffing-Programm einsetzt, das verschlüsselte Paßwort einfach abfangen und weiterschicken kann, ohne es entschlüsseln zu müssen. (Dabei handelt es sich um einen *Playback-Angriff*, da der Angreifer eine Interaktion aufzeichnet und sie später wieder abspielt.) Aus diesem Grund erfordert eine Authentifizierung über das Internet schon etwas Komplizierteres als die Verschlüsselung von Paßwörtern. Sie benötigen eine Authentifizierungsmethode, bei der die Daten, die über das Netzwerk übertragen werden, nicht wiederverwendet werden können, so daß ein Angreifer sie nicht aufgreifen und wieder abspielen kann.

Es reicht auch nicht aus, sich einfach gegen Playback-Angriffe zu schützen. Ein Angreifer, der Ihr Paßwort herausfindet oder errät, muß keinen Playback-Angriff einsetzen, und Systeme, die Playback-Angriffe verhindern, schützen nicht unbedingt vor dem Erraten des Paßworts. Zum Beispiel ist das Windows NT-Frage/Antwort-System (*Challenge/Response-System*; im Windows NT-Deutsch: Herausforderung/Erwiderung) recht gut vor Playback-Angriffen geschützt, allerdings gibt der Benutzer immer das gleiche Paßwort ein. Wenn ein Benutzer daher beschließt, das Paßwort »Hallo« einzugeben, kann ein Angreifer dies recht einfach erraten.

Falls dann ein Angreifer den Benutzer auch noch davon überzeugen kann, daß er Ihr Server ist, wird der Benutzer ohne weiteres seine Benutzerkennung und sein Paßwort aushändigen. Der Angreifer kann diese Angaben dann sofort oder später verwenden. Um dies zu verhindern, muß sich entweder der Client selbst beim Server mit Hilfe einer Information authentifizieren, die nicht über diese Verbindung übertragen wird (zum Beispiel indem die Verbindung verschlüsselt wird), oder der Server muß sich beim Client authentifizieren.

Hijacking

Hijacking-Angriffe (Hijacking – Entführung) erlauben es einem Angreifer, ein offenes Terminal oder eine Login-Sitzung von einem Benutzer zu übernehmen, der sich authentifiziert hat und durch das System autorisiert wurde. Hijacking-Angriffe finden im allgemeinen direkt an einem entfernten Computer statt, obwohl es manchmal auch möglich ist, eine Verbindung von einem Computer auf dem Weg zwischen dem entfernten Computer und Ihrer lokalen Maschine zu übernehmen.

Wie können Sie sich vor Hijacking-Angriffen auf dem entfernten Computer schützen? Die einzige Möglichkeit besteht darin, nur Verbindungen von entfernten Computern zuzulassen, deren Sicherheit Sie vertrauen; im Idealfall sind diese Computer genauso sicher wie Ihre Maschine. Sie erreichen diese Art der Beschränkung entweder mit Paketfiltern oder mit modifizierten Servern. Paketfilter lassen sich auf eine Gruppe von Systemen leichter anwenden, modifizierte Server auf einzelnen Systemen bieten Ihnen dagegen eine größere Flexibilität. Zum Beispiel könnte Ihnen ein modifizierter FTP-Server von jedem Host aus anonymes FTP erlauben, authentifiziertes FTP ist jedoch nur von bestimmten Hosts möglich. Mit Paketfilterung erhalten Sie diese Art von Kontrolle nicht. Unter Unix ist eine Verbindungskontrolle auf der Rechnerebene mit Hilfe des TCP Wrapper-Programms von Wietse Venema oder der Wrapper-Programme im TIS FWTK (das Programm *netacl*) möglich; diese sind wahrscheinlich leichter zu konfigurieren als Paketfilter, stellen aber die gleichen Einschränkungen zur Verfügung – auf Host-Ebene.

Das Hijacking über Standorte, die auf der Strecke liegen, kann über einen Ende-zu-Ende-Integritätsschutz verhindert werden. Dabei wird es dazwischenliegenden Standorten verwehrt, akzeptable Pakete in den Datenstrom einzuschleusen (da sie den passenden Schlüssel nicht kennen und die Pakete dadurch abgelehnt werden). Sie können Sitzungen nicht mehr einfach übernehmen. Der IETF-IPsec-Standard stellt diese Art von Schutz auf der IP-Schicht unter dem Namen »Authentication Headers« oder AH-Protokoll (RFC 2402) zur Verfügung. Schutz vor Hijacking auf der Anwendungsschicht kann zusammen mit dem Schutz der Privatheit erreicht werden, indem die Anwendung durch ein Sicherheitsprotokoll erweitert wird; am häufigsten werden für diesen Zweck *Transport Layer Security* (TLS) oder *Secure Socket Layer* (SSL) eingesetzt, es gibt aber auch Anwendungen, die das *Generic Security Services Application Programming Interface* (GSSAPI) verwenden. Die Benutzung von SSH kann beim Fernzugriff auf Unix-Systeme das Risiko des netzwerkbasierten Hijacking einer Sitzung eliminieren. IPsec, TLS, SSL und GSSAPI werden in Kapitel 14, *Vermittelnde Protokolle*, näher behandelt. *SSH* wird in Kapitel 18, *Der Fernzugriff auf Hosts*, besprochen.

Hijacking auf einem entfernten Computer ist relativ problemlos zu bewerkstelligen. Das Risiko ist besonders groß, wenn Verbindungen unbeaufsichtigt gelassen werden. Hijacking von zwischenliegenden Standorten aus ist dagegen technisch recht aufwendig und daher nur dann wahrscheinlich, wenn Angreifer es speziell auf Ihren Standort abgesehen haben. Möglicherweise stellt Hijacking für Ihre Organisation ein akzeptables Risiko dar, vor allem, wenn Sie die Anzahl der Zugänge, die vollen Zugriff haben, sowie die Zeit, die sie von außen angemeldet sind, minimieren können. Vermutlich wollen Sie es jedoch nicht Hunderten von Leuten erlauben, sich von irgendwoher aus dem Internet bei Ihnen einzuloggen. Und sicherlich wollen Sie auch nicht, daß sich die Benutzer ständig von bestimmten externen Standorten bei Ihnen einloggen, ohne besondere Vorkehrungen zu treffen, oder sich vom Internet aus auf besonders abgesicherten Zugängen oder Maschinen anmelden.

Das Risiko für Hijacking-Angriffe kann vermindert werden, wenn Sie eine Politik einführen, bei der nicht benutzte (*idle*) Sitzungen nach einer gewissen Zeit beendet werden. Darüber hinaus erweist es sich als günstig, für den Fernzugriff Überwachungsmaßnahmen zu ergreifen, um feststellen zu können, wenn eine Verbindung entführt wurde.

Paketschnüffler

Angreifer müssen eine Verbindung nicht unbedingt entführen, um an die Informationen zu gelangen, die Sie geheimhalten wollen. Schon durch einfaches Anschauen der vorbeisausenden Pakete – irgendwo zwischen dem entfernten und Ihrem Standort – können sie alle unverschlüsselten Informationen sehen, die übertragen werden. *Packet-Sniffing*-Programme (Programme zum Erschnüffeln, d.h. Ausspähen von Paketen) automatisieren dieses Anschauen der Pakete.

Schnüffler können sich für Paßwörter oder Daten interessieren. Mit jeder Art von Angriff sind verschiedene Risiken verbunden. Normalerweise ist es einfach, Ihre Paßwörter vor dem Ausspähen zu schützen: Wählen Sie einen der Mechanismen, die in Kapitel 21, *Authentifizierungs- und Auditing-Dienste*, beschrieben werden, um nicht wiederverwendbare Paßwörter zu benutzen. Es ist egal, ob ein Paßwort, das ohnehin nur einmal benutzt werden kann, von einem Packet-Sniffer aufgeschnappt wurde. Da er es nicht wiederverwenden kann, nützt es ihm nichts.

Es ist bedeutend schwieriger, Ihre Daten vor Schnüfflern zu schützen. Die Daten müssen vor der Übertragung über ein Netzwerk verschlüsselt werden. Es gibt zwei Ansätze für diese Art von Verschlüsselung; die Verschlüsselung von Dateien, die übertragen werden sollen, und die Verschlüsselung der Kommunikationsverbindungen.

Die Verschlüsselung von Dateien eignet sich dann, wenn Sie Protokolle einsetzen, die ganze Dateien übertragen (wenn Sie zum Beispiel E-Mails versenden, das Web benutzen oder explizit Dateien übertragen), wenn Ihnen eine sichere Methode zur Verfügung steht, die Informationen einzugeben, die benutzt werden, um die Dateien zu verschlüsseln, und wenn Sie eine sichere Methode haben, um dem Empfänger die Informationen zukommen zu lassen, die er benötigt, um die Daten wieder zu entschlüsseln. Sie ist vor allem dann hilfreich, wenn die Datei über mehrere Kommunikationsverbindungen geschickt wird und Sie nicht sicher sein können, daß diese alle abgesichert sind, oder wenn die Datei auf Hosts verweilt, denen Sie nicht vertrauen. Wenn Sie zum Beispiel vertrauliche E-Mails auf einem Laptop schreiben und ein Verschlüsselungssystem mit öffentlichem Schlüssel (*Public Key Encryption*; auch: asymmetrische Verschlüsselung) benutzen, können Sie die gesamte Verschlüsselung auf der Maschine erledigen, die Sie kontrollieren, und die verschlüsselte Datei dann versenden. Sie erhalten Sicherheit, selbst wenn die Nachricht mehrere Mailserver und unbekannte Kommunikationsverbindungen passiert.

Allerdings nützt Ihnen die Verschlüsselung von Dateien nichts, wenn Sie sich von außen auf einer Maschine anmelden. Beim Eintippen und Verschlüsseln der E-Mail auf Ihrem Laptop sind Sie relativ sicher. Wenn Sie sich von Ihrem Laptop aus auf einem Server anmelden und die Mail dann schreiben und verschlüsseln, kann Ihnen ein Angreifer einfach dabei zuschauen. Er ist außerdem dazu in der Lage, alle geheimen Informationen aufzugreifen, die mit dem Verschlüsselungsvorgang zusammenhängen.

In vielen Situationen ist es praktischer, anstelle der Daten die gesamte Konversation zu verschlüsseln. Entweder können Sie mit Hilfe eines virtuellen privaten Netzwerks auf der IP-Schicht eine Verschlüsselung vornehmen, oder Sie wählen ein verschlüsselndes Protokoll (zum Beispiel SSH für einen entfernten Shell-Zugang). Wir behandeln virtuelle private Netzwerke in Kapitel 5, *Firewall-Techniken*. Mit der Verfügbarkeit von verschlüsselnden Protokollen befassen wie uns, wenn wir in den folgenden Kapiteln über die einzelnen Protokolle reden.

Heutzutage sind sowohl das heimliche Lauschen als auch die Verschlüsselung weit verbreitet. Sie sollten verlangen, daß nach innen gerichtete Dienste verschlüsselt werden, solange Sie keine sichere Methode haben, um festzustellen, daß keine vertraulichen Daten über sie hereinkommen. Sie könnten auch nach außen gerichtete Verbindungen verschlüsseln, vor allem, wenn Sie Grund zu der Annahme haben, daß die in ihnen enthaltenen Informationen geheim sind.

Einschleusung und Veränderung von Daten

Ein Angreifer, dem es nicht gelingt, eine Verbindung zu übernehmen, könnte immer noch die Daten innerhalb der Verbindung verändern. Jemand, der einen Router zwischen einem Client und einem Server kontrolliert, könnte ein Paket herausgreifen und es verändern, anstatt es einfach nur zu lesen. In seltenen Fällen gelingt dies sogar einem Angreifer, der keinen Router kontrolliert (indem er das veränderte Paket so verschickt, daß es vor dem originalen Paket eintrifft).

Vor dieser Art von Angriff können Sie sich auch nicht durch Verschlüsselung schützen. Ein Angreifer könnte immer noch die verschlüsselten Daten modifizieren. Er kann zwar nicht vorhersagen, was Sie bei der Entschlüsselung der Daten erhalten, allerdings wird das Ergebnis mit Sicherheit nicht Ihren Erwartungen entsprechen. Die Verschlüsselung hält einen Angreifer zwar davon ab, Ihre Bestellung über 200 Quietscheentchen in eine Bestellung über 2.000 Gummihühner zu verwandeln, er könnte sie aber in Müll umwandeln, der Ihr Bestellannahmesystem zum Absturz bringt. Und Sie können nicht einmal sicher sein, daß die Bestellung zufällig nicht doch in etwas Sinnvolles verwandelt wird.

Der vollständige Schutz der Dienste vor einer Veränderung erfordert eine Art von Nachrichten-Integritätsschutz, bei dem das Paket einen Prüfsummenwert enthält, der sich aus den Daten errechnet und von einem Angreifer nicht neu berechnet werden kann. Der Nachrichten-Integritätsschutz wird in Anhang C, *Kryptographie*, näher behandelt.

Replay-Angriffe

Einem Angreifer, der es nicht schafft, eine Verbindung zu übernehmen oder zu verändern, bleibt immer noch die Möglichkeit, dadurch Schaden anzurichten, daß er Informationen aufgreift, die bereits gesendet wurden, und sie noch einmal abschickt. Wir haben eine Variante dieses Angriffs bereits im Zusammenhang mit Paßwörtern erwähnt.

Es gibt zwei Arten von Replay-Angriffen. Bei der einen müssen Sie in der Lage sein, bestimmte Informationen zu identifizieren (zum Beispiel Paßwort-Angriffe), und bei der anderen können Sie einfach das gesamte Paket noch einmal senden. Viele Formen der Verschlüsselung schützen Sie vor Angriffen, bei denen der Angreifer Informationen aufgreift, um sie erneut zu senden, sie nützen jedoch nichts, wenn es möglich ist, ein Paket einfach noch einmal zu verwenden, ohne zu wissen, was darin ist.

Das erneute Abspielen von Paketen funktioniert bei TCP wegen der Sequenznummern nicht, bei UDP-basierten Protokollen sieht es allerdings ganz anders aus. Der einzige Schutz besteht darin, daß man ein Protokoll hat, das das erneut abgesendete Paket ablehnt (indem zum Beispiel Zeitstempel oder irgendeine Art eingebetteter Sequenznummern verwendet werden). Das Protokoll muß außerdem eine Art von Nachrichten-Integritätsüberprüfung ausführen, um zu verhindern, daß ein Angreifer ein abgefangenes Paket aktualisiert.

Denial of Service

Wie wir in Kapitel 1, *Wozu braucht man Internet-Firewalls?*, bereits dargelegt haben, handelt es sich bei einer *Denial-of-Service*-Attacke um einen Angriff, bei dem der Angreifer nicht versucht, Zugang zu Informationen zu erhalten, sondern statt dessen bemüht ist, anderen den Zugang zu verwehren. Denial-of-Service-Attacken treten in verschiedenen Formen auf. Es ist unmöglich, allen Erscheinungsformen vorzubeugen.

Jemand, der eine Denial-of-Service-Attacke unternimmt, ist wahrscheinlich mit einer Person zu vergleichen, die anderen die Ausleihe eines bestimmten Bibliotheksbuchs verwehren will. Aus Sicht des Angreifers ist ein Angriff wünschenswert, der sich nicht zurückverfolgen läßt und nicht sehr aufwendig ist (in einer Bibliothek wird dieser Effekt erreicht, indem alle Exemplare eines Buches gestohlen werden; in einem Netzwerk fälschen sie die Quelladresse, um Programmfehler auszunutzen). Solche Angriffe lassen sich jedoch meist vermeiden (in einer Bibliothek bauen Sie Alarmierungssysteme ein; in einem Netzwerk filtern Sie die gefälschten Adressen). Andere Angriffe erfordern einen höheren Aufwand und lassen sich praktisch nicht verhindern. Wenn Leute, die von Zensur besessen sind, sich zusammentun, können sie einfach alle Exemplare eines Buches ständig legal aus einer Bibliothek ausleihen. In gleicher Weise kann ein verteilter Angriff andere Leute davon abhalten, auf einen Dienst zuzugreifen, wobei nur zugelassene Mittel verwendet werden, um den Dienst zu erreichen.

Doch auch wenn Denial-of-Service-Attacken sich nicht völlig verhindern lassen, kann man ihre Ausführung erschweren. Erstens dürfen Server beim Empfang ungültiger Befehle nicht ihre Arbeit einstellen. Schlecht implementierte Server stürzen möglicherweise ab oder werden in einer Schleife festgehalten, wenn eine feindselige Eingabe erfolgt. Die Arbeit des Angreifers wird dadurch entscheidend vereinfacht. Zweitens sollten Server die Anzahl der Ressourcen beschränken, die einer einzigen Einheit (z.B. einer Instanz eines Dienstes) zugewiesen wird. Dazu gehören:

- die Anzahl der offenen Verbindungen oder ausstehenden Anfragen
- die Zeit, die verstrichen ist, seit eine Verbindung besteht oder eine Anfrage bearbeitet wird
- die Prozessorzeit, die für eine Verbindung oder eine Anfrage aufgebracht wird
- die Größe des Speichers, der einer Verbindung oder einer Anfrage zugewiesen wird
- die Größe des Festplattenplatzes, der einer Verbindung oder Anfrage zugewiesen wird

Dienste schützen

Wie gut schützt eine Firewall vor diesen verschiedenen Angriffsarten?

Angriffe über den Kommandokanal
　　Eine Firewall kann vor Angriffen über den Kommandokanal schützen. Dazu begrenzt sie die Anzahl der Maschinen, zu denen Angreifer Kommandokanäle öffnen können, und stellt auf diesen Maschinen einen abgesicherten Server zur Verfügung. In manchen Fällen filtert sie auch eindeutig gefährliche Befehle heraus (zum Beispiel ungültige Befehle oder Befehle, die Sie nicht zulassen wollen).

Datengesteuerte Angriffe
　　Gegen datengesteuerte Angriffe kann eine Firewall nicht viel ausrichten; die Daten müssen durchgelassen werden, da Sie ansonsten überhaupt keine Aktionen mehr ausführen können. Manchmal lassen sich schlechte Daten herausfiltern. Zum Beispiel könnten Sie Virenscanner über E-Mail- oder andere Dateiübertragungsprotokolle laufen lassen. Am besten ist es jedoch, wenn Sie Ihre Benutzer ausreichend über die Risiken informieren, die sie eingehen, wenn sie Dateien auf ihre Maschinen übertragen und Daten wegschicken. Stellen Sie entsprechende Werkzeuge zur Verfügung, mit denen Ihre Benutzer ihre Computer und Daten schützen können. Dazu gehören Virenscanner und Verschlüsselungsprogramme.

Angriffe von dritter Seite
　　Angriffe von dritter Seite lassen sich zuweilen mit der gleichen Taktik vermeiden, die Sie auch gegen Angriffe über den Kommandokanal anwenden: Erlauben Sie einen Zugriff nur auf solche Hosts, auf denen die gewünschten Dienste laufen, und/oder führen Sie eine Protokollüberprüfung durch, damit Sie sichergehen können, daß die Befehle, die Sie empfangen, auch wirklich für den Dienst gedacht sind, den Sie erlauben wollen.

Falsche Authentifizierung von Clients
Eine Firewall kann die falsche Authentifizierung von Client nicht verhindern. Sie kann jedoch die eingehenden Verbindungen auf diejenigen beschränken, für die Sie den Einsatz einmal verwendbarer Paßwörter erzwingen.

Hijacking
Gegen Hijacking kann eine Firewall nur selten etwas ausrichten. Sie können es verhindern, indem Sie ein virtuelles privates Netzwerk mit Verschlüsselung einsetzen; auch Protokolle, die eine Verschlüsselung mit Hilfe eines gemeinsamen »Geheimnisses« durchführen und so den Angreifer davon abhalten, gültige Pakete abzuschicken, sind geeignet. Wenn Sie TCP-Implementierungen einsetzen, deren Sequenznummern wirklich zufällig gewählt werden und somit nicht vorhergesagt werden können, verringert sich die Möglichkeit, TCP-Verbindungen zu entführen. Es schützt Sie nicht vor einem Angreifer, der den rechtmäßig verlaufenden Verkehr sehen kann. Selbst Sequenznummern, die nicht ganz unvorhersehbar sind, können schon hilfreich sein; die Hijacking-Versuche werden eine Fülle von ungültigen Paketen erzeugen, die durch eine Firewall oder ein Intrusion-Detection-System aufgespürt werden können. (Sequenznummern und Hijacking werden in Kapitel 4, *Pakete und Protokolle*, genauer erläutert.)

Paketschnüffler
Eine Firewall ist nicht in der Lage, vor Paketschnüfflern zu schützen. Virtuelle private Netzwerke und verschlüsselte Protokolle können das Paketschnüffeln nicht verhindern, sie verringern allerdings den möglichen Schaden ein wenig.

Einschleusung und Veränderung von Daten
Es gibt nur wenig, was eine Firewall der Einschleusung oder Veränderung von Daten entgegenzusetzen hat. Ein virtuelles privates Netzwerk schützt ebenso davor wie ein Protokoll, das eine Überprüfung der Integrität von Nachrichten vornimmt.

Replay-Angriffe
Auch gegen Replay-Angriffe kann eine Firewall nur wenig unternehmen. In einigen Fällen, wenn es sich wirklich um ein erneutes Senden exakt des gleichen Pakets handelt, könnte ein zustandsgesteuerter Paketfilter das Duplikat entdecken; in vielen Fällen kann das jedoch einfach passieren. Der hauptsächliche Schutz vor Replay-Angriffen besteht in der Benutzung eines Protokolls, das dafür nicht anfällig ist (zum Beispiel eines Protokolls, das die Integrität der Nachrichten prüft und Zeitstempel vergibt).

Denial of Service
Firewalls können Denial-of-Service-Attacken vorbeugen, indem sie gefälschte oder verstümmelte Anfragen filtern, bevor diese die Server erreichen. Außerdem können sie manchmal dabei helfen, die Ressourcen einzuschränken, die für einen Angreifer erreichbar sind. Zum Beispiel kann eine Firewall die Rate absenken, mit der sie Daten an einen Server sendet, oder den zulässigen Verkehr gleichmäßig auf alle Verbindungen aufteilen (*balancing*), so daß eine einzelne Quelle keine Dienste für sich allein beanspruchen kann.

Die Risiken eines Dienstes bewerten

Wenn jemand von Ihnen fordert, einen Dienst durch Ihre Firewall zuzulassen, müssen Sie einen Bewertungsprozeß starten, anhand dessen Sie entscheiden können, wie Sie in bezug auf diesen Dienst vorgehen. In den folgenden Kapiteln stellen wir Ihnen auf der Grundlage unserer Bewertungen eine Kombination aus Informationen und Analyse vor. Dieser Abschnitt versucht, Ihnen den Prozeß der Bewertung zu verdeutlichen, damit Sie die Grundlagen unserer Aussagen besser verstehen und selbst Bewertungen von Diensten und Servern vornehmen können, die wir hier nicht besprechen.

Wenn Sie Dienste bewerten, dürfen Sie auf keinen Fall Annahmen über Dinge treffen, die sich außerhalb Ihrer Kontrolle bewegen. Zum Beispiel dürfen Sie bei der Planung eines Servers nicht davon ausgehen, daß es sich bei den Clients, die mit ihm kommunizieren sollen, um die Clients handelt, für die er entwickelt wurde; ein Angreifer kann genausogut einen neuen Client schreiben, der Aktionen anders ausführt. Auch wenn Sie einen Client betreiben, dürfen Sie nicht annehmen, daß alle Server, mit denen Sie Verbindung aufnehmen, sich wohlverhalten, wenn Sie keinerlei Kontrolle über sie haben.

Welche Operationen erlaubt das Protokoll?

Unterschiedliche Protokolle funktionieren auf unterschiedlichen Sicherheitsstufen. Einige wurden schon mit Blick auf verstärkte Sicherheit entwickelt (was nicht bedeutet, daß sie nach der Implementierung auch noch sicher sind!), bei anderen ist das nicht der Fall. Während eine schlechte Implementierung ein gutes Protokoll unsicher machen kann, gibt es kaum etwas, was eine gute Implementierung bei einem schlechten Protokoll noch ausrichten kann. Der erste Schritt bei der Bewertung eines Dienstes besteht deshalb darin, das zugrundeliegende Protokoll zu beurteilen.

Das mag jetzt fürchterlich technisch klingen. Und in der Tat ist es dies oft auch. Allerdings läßt sich die erste Überlegung in der Regel auch ohne genauere Kenntnisse der Funktionsweise des Protokolls machen. Denken Sie einfach darüber nach, was das Protokoll können soll.

Was soll es können?

Unabhängig davon, wie wenig Sie sonst über ein Protokoll wissen, haben Sie eine Vorstellung davon, was es können soll. Sie sind jetzt in der Lage, eine erste Schätzung darüber abzugeben, wie riskant es sein muß. Im allgemeinen gilt, daß ein Protokoll um so sicherer ist, je weniger es tut.

Nehmen Sie zum Beispiel einmal an, daß Sie ein Protokoll erfinden wollen, das eingesetzt werden soll, um mit der Kaffeemaschine zu kommunizieren, damit Sie diese über das Web ansteuern können. Sie könnten selbstverständlich in die Kaffeemaschine einen Webserver einbauen (oder warten, bis Kaffeemaschinen mit Webservern ausgeliefert werden, was ohne Zweifel nicht mehr allzulange dauern dürfte) oder auf ein bestehendes Protokoll zurückgreifen;[1] als eingefleischter Individualist haben Sie jedoch beschlossen, ein völlig neues Protokoll zu entwickeln. Sollten Sie dieses Protokoll durch Ihre Firewall zulassen?

Nun, falls das Protokoll es den Leuten lediglich erlaubt, die Kaffeemaschine zu fragen, wieviel Kaffee noch vorhanden und wie heiß er ist, scheint das in Ordnung zu sein. Vermutlich ist es Ihnen egal, wer über diese Informationen verfügt. Falls Sie jedoch etwas Geheimes vorhaben, ist es wahrscheinlich nicht in Ordnung. Was passiert, wenn die Konkurrenz plötzlich herausfindet, daß Sie mitten in der Nacht Kaffee zubereiten? (Die US-Regierung fand heraus, daß Journalisten auf die Spur wichtiger Stories gebracht wurden, indem sie die Häufigkeit beobachteten, mit der Regierungsstellen spät abends Pizzalieferungen erhielten.)

Was ist, wenn das Protokoll es den Leuten erlaubt, Kaffee zuzubereiten? Nun, es kommt drauf an. Falls es nur einen einzelnen »mache Kaffee«-Befehl gibt und die Kaffeemaschine diesen nur dann ausführt, wenn alles zum Kaffeekochen vorbereitet ist, mag das immer noch in Ordnung sein. Wie sieht es aber aus, wenn es einen Befehl zum Erhitzen des Wassers gibt und einen Befehl, um das Wasser durch den Kaffee laufen zu lassen? Ihre Konkurrenten könnten nun Ihre Effektivität absenken, indem sie dafür sorgen, daß der Kaffee dünn und ungenießbar wird.

Was passiert, wenn Sie wirkliche Flexibilität haben wollen und ein Protokoll entwerfen, das den Zugriff auf jeden Schalter, jeden Sensor und jedes sonstige Element in der Maschine erlaubt, wodurch diese überprüft und eingestellt werden können, und Sie außerdem ein Programm zur Verfügung stellen, das Einstellungen für dünnen Kaffee, normalen Kaffee und starken Kaffee enthält? Das wäre mit Sicherheit ein sehr nützliches Protokoll mit allen Arten interessanter Einstellmöglichkeiten. Eine böswillige Person wäre ohne Zweifel in der Lage, die Kaffeemaschine in die Luft zu jagen.

Nehmen wir einmal an, daß Ihnen nichts daran liegt, den Kaffeemaschinen-Server zu betreiben. Sie wollen es den Leuten lediglich erlauben, die Kaffeemaschine von ihrem Standort aus über den Kaffeemaschinen-Controller zu kontrollieren. Bisher scheint kein Grund zur Besorgnis vorzuliegen (vor allem, wenn Sie weit genug entfernt sind, um keinen Schaden zu erleiden, falls die Kaffeemaschine explodiert). Der Server sendet nicht viel an den Clients, lediglich die Informationen über den Zustand der Kaffeemaschine. Der Client sendet dem Server keine Informationen über sich selbst, lediglich Anweisungen für die Kaffeemaschine.

Sie könnten immer noch leicht einen Kaffeemaschinen-Client entwerfen, der riskant wäre. Zum Beispiel könnten Sie eine Funktion hinzufügen, die dafür sorgt, daß die Clientmaschine heruntergefahren wird, wenn die Kaffeemaschine zu explodieren droht. Das würde es gefährlich machen, den Client auszuführen, ohne das Protokoll zu verändern.

---

[1] Eine passende Wahl wäre das *Hyper Text Coffee Pot Control Protocol* (HTCPCP), das in RFC 2324 am 1. April 1998 definiert wurde. Wie die meisten RFCs vom 1. April wird es allerdings nur selten umgesetzt.

Sie werden wahrscheinlich nie über Kaffeemaschinenprotokolle diskutieren. Diese Besprechung berührt jedoch die Fragen, die Sie sich über echte Protokolle stellen müssen; welche Informationen liefern sie und was können sie bewirken? Die folgende Tabelle bietet einen sehr groben Überblick über die Dinge, die ein Protokoll mehr oder weniger sicher gestalten.

Sicherer	Weniger sicher
Empfängt Daten, die nur dem Benutzer angezeigt werden	Verändert den Zustand der Maschine
Tauscht vordefinierte Daten in einem bekannten Format aus	Tauscht Daten flexibel aus, mit mehreren Typen und der Fähigkeit, neue Typen hinzuzufügen
Gibt keine Informationen aus	Gibt geheime oder sensible Informationen aus
Erlaubt es dem anderen Ende, sehr spezielle Befehle auszuführen	Erlaubt es dem anderen Ende, flexible Befehle auszuführen

Ist die eingesetzte Authentifizierung und Autorisierung ausreichend für den Einsatz?

Je riskanter eine Operation ist, um so mehr Kontrolle werden Sie darüber haben wollen. Dies ist eigentlich eine Frage der Autorisierung (wer darf irgendetwas tun), um allerdings die Autorisierungsinformationen festlegen zu können, brauchen Sie zunächst eine gute Authentifizierung. Es reicht nicht, sagen zu können »Cadmus darf dies tun, Dorian aber nicht«, wenn Sie nicht sicher sein können, wer von den beiden etwas zu tun versucht.

Ein Protokoll zum Austausch von Audio-Dateien benötigt wahrscheinlich keine Authentifizierung (wir haben ja bereits entschieden, daß es nicht sehr gefährlich ist), ein Protokoll zum entfernten Steuern eines Computers braucht dagegen definitiv Authentifizierung. Sie wollen schließlich genau wissen, mit wem Sie es zu tun haben, bevor Sie erlauben, daß diese Person den Befehl »Alle Dateien löschen« ausführt.

Die Authentifizierung kann anhand des Hosts oder anhand des Benutzers erfolgen. Ihre Stärke kann deutlich variieren. Ein Protokoll könnte Ihnen einige der folgenden Arten von Informationen über Clients liefern:

- keine Informationen darüber, woher eine Verbindung kommt
- nicht nachprüfbare Informationen (zum Beispiel könnte der Client einen Benutzer- oder Hostnamen an den Server senden, wobei erwartet wird, daß der Server dieser Information einfach vertraut, wie bei SMTP)
- ein Paßwort oder ein ähnliches Konstrukt, das ein Angreifer leicht herausbekommen kann (zum Beispiel der Community-Name in SNMP oder das Klartext-Paßwort beim Standard-Telnet)
- eine nicht fälschbare Methode zur Authentifizierung (zum Beispiel ein SSH-Verbindungsaufbau)

Sobald ein Protokoll ein passendes Maß an Authentifizierung bereitstellt, benötigt es außerdem die entsprechenden Kontrollen über die Authentifizierung. Zum Beispiel sollte ein Protokoll, das sowohl harmlose als auch gefährliche Befehle erlaubt, Ihnen die Möglichkeit bieten, einigen Benutzern die Berechtigung zu erteilen, alles zu tun, und anderen nur harmlose Dinge zuzugestehen. Ein Protokoll, das zwar eine gute Authentifizierung, aber keine Kontrolle der Authentifizierung ermöglicht, erlaubt Rache, bietet aber keine Sicherheit (Sie können niemanden davon abhalten, das Falsche zu tun; Sie können die Tat nur ahnden, nachdem sie geschehen ist).

Enthält es irgendwelche anderen Befehle?

Wenn Sie schon einmal die Chance haben, ein Protokoll gründlich zu analysieren, sollten Sie auch sichergehen, daß sich in ihm keine unerwünschten Überraschungen verbergen. Manche Protokolle enthalten wenig benutzte Befehle, die gefährlicher sein können als die Befehle, die für den eigentlichen Zweck des Protokolls zur Verfügung stehen. Ein Beispiel, das in einem frühen Protokoll-Dokument für SMTP auftauchte, war der Befehl TURN. Er veranlaßte das SMTP-Protokoll, die Richtung zu wechseln, in die die E-Mails flossen; ein Host, der die E-Mails ursprünglich absenden sollte, konnte nun beginnen, sie statt dessen zu empfangen. Der Grundgedanke bestand darin, das Polling sowie Systeme zu unterstützen, die nicht immer an das Netzwerk angeschlossen waren. Die Entwickler des Protokolls hatten jedoch keine Authentifizierung vorgesehen, da SMTP ohne Authentifizierung funktioniert, SMTP-Absender verlassen sich auf ihre Fähigkeit zu kontrollieren, wohin eine Verbindung verläuft, um den Empfänger zu identifizieren. Mit Hilfe von TURN konnte ein beliebiger Host eine Verbindung zu einem Server aufbauen, sich als eine andere Maschine ausgeben und dann einen TURN-Befehl auslösen, um die E-Mails der anderen Maschine zu empfangen. Auf diese Weise hatte der relativ seltsame Befehl TURN eine starke und überraschende Wendung in der Sicherheit des Protokolls zur Folge. Der Befehl TURN ist im SMTP-Protokoll nicht mehr spezifiziert.

Welche Daten überträgt ein Protokoll?

Selbst wenn das Protokoll an sich ausreichend sicher ist, sollten Sie sich Gedanken über die Informationen machen, die übertragen werden. Stellen Sie sich zum Beispiel einen Dienst zur Autorisierung von Kreditkarten vor, bei dem ein feindseliger Client keine Möglichkeit besitzt, den Server zu beschädigen oder auszutricksen, und ein feindseliger Server auch nicht den Client beschädigen oder austricksen kann. Allerdings werden die Kreditkartennummern unverschlüsselt übertragen. In diesem Fall ist es nicht besonders gefährlich, die Programme auszuführen, allerdings sind die Informationen in Gefahr. Sie würden es daher den Leuten an Ihrem Standort nicht erlauben, diesen Dienst zu benutzen.

Wenn Sie einen Dienst bewerten, müssen Sie bedenken, welche Informationen Sie mit ihm teilen und ob diese Informationen ausreichend geschützt sind. In unserem Beispiel mit dem Befehl TURN wären Sie sicher auf der Hut vor diesem Problem. Es gibt jedoch viele Fälle, die nicht so offensichtlich sind. Nehmen Sie zum Beispiel an, die Leute würden gern ein Online-Spiel durch Ihre Firewall hindurch spielen wollen – dabei stehen keine wichtigen geheimen Informationen auf dem Spiel, nicht wahr? Falsch. Möglicherweise müssen sie Benutzernamen und Paßwörter angeben, also Informationen, die Angreifern wichtige Anhaltspunkte liefern könnten. Die meisten Leute benutzen immer wieder die gleichen Benutzernamen und Paßwörter.

Neben den offensichtlichen Dingen (Daten, von denen Sie wissen, daß es sich um wichtige Geheimnisse handelt, wie Ihre Kreditkartennummer, der Ort, an dem Sie Ihr Plutonium versteckt haben, und die geheime Formel Ihres Produktes) müssen Sie sich um Protokolle kümmern, die eine der folgenden Informationen ausplaudern:

- Informationen, mit denen einzelne Leute identifiziert werden können (Versicherungs- oder Steuernummern, Kontonummern, private Telefonnummern und ähnliche Informationen, die jemandem hilft, sich als jemand anderes auszugeben)
- Informationen über die Konfigurationen Ihres internen Netzwerks oder Ihrer Hosts, einschließlich der Software- oder Hardware-Seriennummern, Rechnernamen, die auf andere Weise nicht veröffentlicht werden, und der Informationen über bestimmte Software, die auf Ihren Maschinen läuft
- Informationen, mit deren Hilfe man Zugriff auf die Systeme bekommen kann (Paßwörter und Benutzernamen zum Beispiel)

Wie gut ist das Protokoll implementiert?

Auch das beste Protokoll kann unsicher sein, wenn es schlecht implementiert wurde. Sie betreiben möglicherweise ein Protokoll, das zwar keinen »shutdown system«-Befehl enthält, aber einen Server hat, der das System sowieso immer herunterfährt, wenn es einen illegalen Befehl empfängt.

Das ist schlechte Programmierung, die übrigens entsetzlich weit verbreitet ist. Während bei einigen subtilen und schwer zu verhindernden Angriffen die Server beeinflußt werden, Dinge zu tun, die nicht zum implementierten Protokoll gehören, nutzen die meisten Angriffe dieser Art offensichtliche Fehler aus, die sich eigentlich vermeiden lassen sollten. Es ist unglaublich, wie viele kommerzielle Programme so schlecht sind, daß Informatikstudenten in Grundlagenkursen durch die Prüfungen fallen würden, wenn sie so etwas ablieferten.

Um sicher zu sein, muß ein Programm sehr sorgfältig mit den Daten umgehen, die es benutzt. Es ist vor allem wichtig, daß das Programm Untersuchungen über Daten anstellt, die aus möglicherweise gefährlichen Quellen stammen. Welche Quellen eventuell gefährlich sein könnten, hängt von der Umgebung ab, in der das Programm betrieben wird. Läuft das Programm auf einem abgesicherten Bastion-Host ohne feindselige Benutzer und sind Sie willens, das Risiko zu akzeptieren, daß jeder Angreifer, der Zugang zur Maschine erlangt, die völlige Kontrolle über das Programm erhält, bleibt als einzige gefährliche Datenquelle, um die Sie sich kümmern müssen, das Netzwerk.

Falls es andererseits möglicherweise böswillige Benutzer auf der Maschine gibt oder Sie eine gewisse Sicherheit für den Fall gewährleisten wollen, daß ein Angreifer begrenzten Zugriff auf die Maschine bekommt, müssen Sie allen eingehenden Daten mißtrauen. Dazu gehören Kommandozeilenargumente, Konfigurationsdaten (aus Konfigurationsdateien oder von einem Ressourcen-Manager), Daten, die Bestandteil der Ausführungsumgebung sind, sowie alle Daten, die aus dem Netzwerk stammen. Die Kommandozeilenargumente müssen dahingehend überprüft werden, daß sie nur gültige Zeichen enthalten; manche Sprachen interpretieren Sonderzeichen in Dateinamen als »Führe das folgende Programm aus und übergib mir die Ausgabe« anstatt »Lies aus der Datei«. Wenn es eine Option gibt, die eine alternative Konfigurationsdatei anfordert, könnte ein Angreifer in der Lage sein, eine Alternative zu konstruieren, die ihm einen stärkeren Zugriff erlaubt. Die Ausführungsumgebung könnte es erlauben, Variablen zu überschreiben, vielleicht um festzulegen, wo temporäre Dateien erzeugt werden; solche Werte müssen vor ihrer Benutzung sorgfältig bewertet werden. All diese Fehler wurden in echten Programmen auf allen möglichen Betriebssystemen wiederholt entdeckt.

Ein Beispiel für eine schlechte Überprüfung von Argumenten, nach der Angreifer weiterhin suchen können, trat in einem der Beispiel-CGI-Programme auf, die ursprünglich mit dem HTTP-Server des NCSA ausgeliefert wurden. Das Programm wurde vorgabegemäß bei der Zusammenstellung der Software installiert und sollte als Beispiel für die CGI-Programmierung dienen. Für die Ausführung bestimmter Funktionen verwendete das Programm ein externes Hilfsprogramm, dem es Informationen übergab, die von einem entfernten Benutzer festgelegt wurden. Der Autor des Programms war sich der Probleme bewußt, die auftreten, wenn externe Hilfsprogramme mit empfangenen Daten ausgeführt werden. Es war Code eingefügt worden, der anhand einer Liste mit schlechten Werten eine Überprüfung durchführte. Leider war diese Liste jedoch unvollständig. Dadurch wurde die Ausführung bestimmter Befehle auf dem HTTP-Server erlaubt. Ein besserer Ansatz, der auf dem Grundsatz »Alles, was nicht ausdrücklich erlaubt ist, ist verboten« beruht, hätte das Argument nach erlaubten Zeichen durchsucht.

Das schlimmste Ergebnis beim Überprüfen von Argumenten ist ein »Puffer-Überlauf«, der die Grundlage einer überraschend großen Anzahl von Angriffen ist. Bei diesen Angriffen werden einem Programm mehr Eingabedaten übergeben, als sein Programmierer angenommen hat; zum Beispiel werden einem Programm, das einen Befehl erwartet, der vier Zeichen lang ist, mehr als 1024 Zeichen übergeben. Diese Art von Angriff kann gegen alle Programme eingesetzt werden, die benutzerdefinierte Eingabedaten akzeptieren, und läßt sich leicht gegen fast alle Netzwerkdienste verwenden. Zum Beispiel könnten Sie einem Server, der Benutzer authentifiziert (FTP, POP, IMAP usw.), einen sehr langen Benutzernamen oder ein sehr langes Paßwort übergeben, bei einem HTTP-Server eine überlange URL verwenden oder bei einem SMTP-Server einen extrem langen Empfängernamen einsetzen. Ein gut geschriebenes Programm liest nur so viele Daten ein, wie es erwartet. Ein nachlässig geschriebenes Programm dagegen könnte alle vorhandenen Eingabedaten einlesen, selbst wenn es nur einen Teil davon aufnehmen kann.

Wenn dies passiert, überschreiben die zusätzlichen Daten Teile des Speichers, die eigentlich etwas anderes enthalten sollten. An dieser Stelle gibt es drei Möglichkeiten. Erstens, bei dem Speicher, in dem die zusätzlichen Daten landen, könnte es sich um Speicher handeln, in den das Programm nicht schreiben darf. In diesem Fall wird das Programm sofort vom Betriebssystem beendet. Dieses Ergebnis ist bei solch einem Fehler am häufigsten zu erwarten.

Zweitens könnte der Speicher Daten enthalten, die irgendwo in dem Programm benutzt werden sollten. Dies kann alle Arten von Dreckeffekten zur Folge haben; auch hier wird das Programm meist abstürzen, wenn es etwas sucht und eine vollkommen falsche Antwort erhält. Bei sorgfältiger Vorbereitung kann jedoch ein Angreifer nützliche Ergebnisse erzielen. Nehmen Sie zum Beispiel einmal an, Sie haben einen Server, der es den Benutzern erlaubt anzugeben, welchen Namen sie gern benutzen wollen, so daß er »Hallo Fred!« sagen kann. Er fragt den Benutzer nach einem Spitznamen und schreibt diesen in eine Datei. Der Benutzer kann den Namen der Datei nicht festlegen; dieser steht in einer Konfigurationsdatei, die beim Starten des Servers gelesen wird. Der Name der Spitznamendatei steht in irgendeiner Variablen. Wenn diese Variable überschrieben wird, schreibt das Programm seine Spitznamen in die Datei mit dem neuen Wert als ihrem Namen. Wird dieses Programm als privilegierter Benutzer ausgeführt, könnte es sich bei der Datei um einen wichtigen Bestandteil des Betriebssystems handeln. Nur wenige Betriebssysteme funktionieren noch fehlerfrei, wenn Sie kritische Systemdateien durch Textdateien ersetzen.

Schließlich könnte der Speicher, der überschrieben wird, zwar nicht dafür vorgesehen sein, überhaupt Daten zu enthalten, sondern statt dessen Anweisungen, die ausgeführt werden sollen. Auch hier wird es wahrscheinlich zu einem Absturz kommen, da das Ergebnis keine gültige Folge von Anweisungen mehr ist. Wenn jedoch die Eingabedaten speziell auf die Computerarchitektur zugeschnitten sind, auf der das Programm läuft, können gültige Anweisungen herauskommen. Solch ein Angriff ist technisch schwierig zu realisieren und funktioniert meist auch nur auf einer bestimmten Maschine und einem bestimmten Betriebssystemtyp; ein Angriff, der auf einer Sun unter Solaris funktioniert, läßt sich auf einer Intel-Maschine unter Solaris nicht ausführen, ebensowenig wie ein Angriff auf der gleichen Intel-Maschine unter Windows 95. Wenn Sie ein Programm zwischen zwei Maschinen nicht austauschen können, sind diese Maschinen auch nicht für die exakt gleiche Form von Angriff anfällig.

Die Verhinderung eines Angriffs auf der Grundlage eines »Puffer-Überlaufs« läßt sich mit entsprechend umsichtiger Programmierung realisieren, bei der überprüft wird, ob sich die Eingaben innerhalb bestimmter Grenzen bewegen. Manche Programmiersprachen fügen automatisch die entsprechenden Größenüberprüfungen ein, die Puffer-Überläufe verhindern. Interessanterweise ist C dazu nicht in der Lage, Java dagegen schon.

Enthält es irgendwelche anderen Befehle?

Manche Protokoll-Implementierungen enthalten zusätzliche Funktionen zur Fehlersuche oder zur Administration, die nicht im Protokoll festgehalten sind. Diese können schlechter implementiert oder zumindest schlechter durchdacht und damit riskanter sein als diejenigen, die im Protokoll angegeben sind. Das berühmteste Beispiel wurde 1988 entdeckt, als der Morris-Wurm einen besonderen SMTP-Befehl zur Fehlersuche ausführte, der es Sendmail erlaubte, jede beliebige Anweisung auszuführen. Dieser Befehl zur Fehlersuche ist im SMTP-Protokoll nicht enthalten.

Was kann noch passieren, wenn ich diesen Dienst zulasse?

Stellen Sie sich vor, jemand hat das perfekte Protokoll entwickelt – es schützt den Server vor dem Client und umgekehrt, es verschlüsselt die Daten zuverlässig, und alle bekannten Implementierungen sind absolut sicher. Sollten Sie die verwendeten Ports für dieses Protokoll einfach auf allen Maschinen in Ihrem Netzwerk zulassen? Nein, Sie können nämlich nicht garantieren, daß jeder externe und interne Host das Protokoll auf dieser Portnummer betreibt.

Es gibt keine Garantie dafür, daß der Verkehr auf einem Port das Protokoll benutzt, an dem Sie interessiert sind. Dies gilt vor allem für Protokolle, die eine große Anzahl von Ports oder Ports über 1024 verwenden (wo die Portnummern nicht einzelnen Protokollen zugewiesen sind), es kann aber auch für alle Protokolle und alle Portnummern gelten. Zum Beispiel verwenden etliche Programme Protokolle, bei denen es sich nicht um HTTP handelt, an Port 80, da Firewalls häufig jeden Verkehr an Port 80 erlauben.

Im allgemeinen gibt es zwei Möglichkeiten, um sicherzustellen, daß die Pakete, die Sie hineinlassen, zum gewünschten Protokoll gehören. Eine besteht darin, sie durch ein Proxy-System oder einen intelligenten Paketfilter zu leiten, der sie überprüfen kann; die andere ist, die Zielhosts zu überprüfen, an die sie gerichtet sind. Die Gestaltung des Protokolls kann starke Auswirkungen auf Ihre Fähigkeiten haben, eine dieser Lösungen umzusetzen.

Wenn Sie ein Proxy-System oder einen intelligenten Paketfilter verwenden, um auf jeden Fall nur das gewünschte Protokoll zuzulassen, sollten Sie dafür sorgen, daß diese gültige von ungültigen Paketen dieses Protokolls unterscheiden können. Das funktioniert nicht, wenn das Protokoll verschlüsselt, besonders kompliziert oder außerordentlich generisch ist. Führt das Protokoll eine Komprimierung durch oder verändert anderweitig die Position wichtiger Daten, dann verlangsamt sich unter Umständen eine Überprüfung so sehr, daß sie nicht mehr praktikabel ist. In diesen Situationen müssen Sie entweder die Hosts untersuchen, die die Ports benutzen, oder das Risiko eingehen, daß die Leute andere Protokolle verwenden.

Andere Protokolle analysieren

Wir befassen uns in diesem Buch mit einer großen Anzahl von Protokollen, aber selbstverständlich können wir nicht alle besprechen. Wir haben solche Protokolle weggelassen, bei denen wir das Gefühl hatten, daß sie nicht mehr besonders häufig eingesetzt werden (wie FSP, das in der ersten Auflage dieses Buches noch auftauchte), Protokolle, die sich häufig verändern (inklusive Protokollen für bestimmte Spiele), Protokolle, die selten über Firewalls betrieben werden (einschließlich der meisten Routing-Protokolle), und Protokolle, bei denen es eine große Anzahl konkurrierender Systeme ohne einen klaren Marktführer gibt (einschließlich der Protokolle für den Fernzugriff auf Windows-Maschinen). Und das sind nur die Protokolle, die wir absichtlich weggelassen haben; es gibt natürlich auch Protokolle, von denen wir noch nie etwas gehört haben, die wir vergessen haben oder die überhaupt noch nicht erfunden waren, als wir diese Auflage geschrieben haben.

Wie gehen Sie nun also vor, wenn Sie Protokolle analysieren wollen, die wir in diesem Buch nicht behandeln? Sie müssen sich zuerst folgende Frage stellen: Müssen Sie das Protokoll wirklich über Ihre Firewall betreiben? Vielleicht gibt es einen anderen zufriedenstellenden Weg, um mit einem Protokoll, das von der Firewall schon unterstützt wird, den gewünschten Dienst bereitzustellen oder auf ihn zuzugreifen. Vielleicht gibt es eine Möglichkeit, das zugrundeliegende Problem zu lösen, ohne den Dienst überhaupt über die Firewall anbieten zu müssen. Möglicherweise ist das Protokoll ja so riskant, daß es unverantwortlich wäre, dieses Protokoll überhaupt zu betreiben. Bevor Sie jedoch beginnen, sich Gedanken darüber zu machen, wie Sie ein Protokoll bereitstellen, analysieren Sie das Problem, das Sie zu lösen versuchen.

Wenn Sie wirklich ein Protokoll über Ihre Firewall zur Verfügung stellen müssen und dies in den folgenden Kapiteln nicht behandelt wird, wie stellen Sie dann fest, welche Ports es benutzt usw.? Manchmal läßt sich diese Information der Dokumentation des Programms, Protokolls oder Standards entnehmen, am einfachsten ist es jedoch, jemanden zu fragen, der Bescheid weiß, wie etwa die Mitglieder der Firewalls-Mailingliste[2] (siehe Anhang A, *Ressourcen*).

Falls Sie die Antwort auf die Frage selbst herausbekommen müssen, sollten Sie es am besten empirisch versuchen. Gehen Sie folgendermaßen vor:

1. Richten Sie ein Testsystem ein, das sich so wenig wie möglich von der Anwendung unterscheidet, die Sie testen wollen.
2. Richten Sie als nächstes ein weiteres System ein, das die Pakete zum und vom Testsystem überwacht (benutzen Sie *etherfind*, Network Monitor, *netsnoop, tcpdump* oder ein ähnliches Programm, mit dem Sie den Verkehr im lokalen Netzwerk sehen können). Beachten Sie, daß dieses System in der Lage sein muß, den Verkehr zu sehen; wenn Sie Systeme an einen Switch anschließen, müssen Sie das überwachende System an einen Administrationsport anschließen oder Ihr Netzwerk anderweitig umgestalten, damit der Verkehr überwacht werden kann.
3. Starten Sie die Anwendung auf dem Testsystem und warten Sie ab, was das Überwachungssystem aufzeichnet.

Sie müssen wahrscheinlich dieses Vorgehen für alle Client- und Server-Implementierungen wiederholen, die Sie benutzen wollen. Es gibt zuweilen unvorhersehbare Unterschiede zwischen den Implementierungen (z. B. verwenden manche DNS-Clients immer TCP, obwohl die meisten DNS-Clients standardmäßig UDP einsetzen).

---

[2] Werfen Sie auf jeden Fall zuerst einen Blick in die Archive, um festzustellen, ob diese Fragen bereits einmal gestellt und beantwortet wurden.

> ## Zugewiesene Portnummern ermitteln
>
> Die Portnummern werden offiziell von der *Internet Assigned Number Authority* (IANA) zugewiesen. Sie werden in einer IETF-RFC dokumentiert; jeweils nach einigen Jahren wurde eine RFC für neu zugewiesene Nummern veröffentlicht (im allgemeinen so abgestimmt, daß sich eine runde Zahl ergibt). Heutzutage würde dies ein extrem langes Dokument ergeben, deshalb werden alle von der IANA zugewiesenen Nummern durch Dateien auf einer FTP-Site dokumentiert:
>
> *ftp://ftp.isi.edu/in-notes/iana/assignments*
>
> Die Portnummern befinden sich in einer Datei namens *port-numbers*. Nicht alle Protokolle verwenden wohldefinierte und legal zugewiesene Portnummern, und die Namen, mit denen die Protokolle in den Zuweisungslisten benannt werden, sind manchmal irreführend (zum Beispiel gibt es zahlreiche aufgeführte Protokolle mit Namen wie »sqlnet« und »sql-net«, die nicht mit Oracles SQL*Net zu verwechseln sind). Nichtsdestotrotz ist dies ein guter Ausgangspunkt für Hinweise über die Beziehungen zwischen Protokollen und Portnummern.

Es könnte Ihnen auch helfen, wenn Sie mit einem allgemein einsetzbaren Client eine Verbindung zum Server aufbauen, um zu sehen, was dieser tut. Einige textbasierte Dienste funktionieren schon ganz hervorragend, wenn Sie einfach eine Verbindung mit einem Telnet-Client herstellen (siehe Kapitel 18, *Der Fernzugriff auf Hosts*, für weitere Informationen über Telnet). Andere bauen auf UDP auf oder sind auf andere Weise spezialisiert, Sie können aber normalerweise mit *netcat* eine Verbindung herstellen (in Anhang B, *Werkzeuge*, erfahren Sie, woher Sie *netcat* bekommen können). Sie sollten solche Tests nicht auf Produktionsmaschinen durchführen; oft entdeckt man nämlich, daß bereits einfache Tippfehler ausreichen, um Server ins Nirvana zu schicken. Es bietet sich an, so etwas herauszufinden, bevor Sie den allgemeinen Zugriff auf den Server aus dem Internet freigeben; eine solche Entdeckung an einer abstürzenden Produktionsmaschine zu machen ist immer unangenehm.

Diese Art von Detektivarbeit wird durch ein Werkzeug erleichtert, das es Ihnen erlaubt, eine Portnummer einem Prozeß zuzuordnen (ohne sich jeden laufenden Prozeß anzuschauen). *netstat* teilt Ihnen zwar mit, welche Ports benutzt werden, es verschweigt jedoch gelegentlich die Prozesse, die diese Ports benutzen. Für diesen Zweck eignet sich unter Windows NT das Hilfsprogramm *inzider*. Unter Unix wird dazu üblicherweise *fuser* verwendet, das auf den meisten Systemen vom Betriebssystem bereitgestellt wird; Unix-Versionen, bei denen *fuser* nicht vorhanden ist, besitzen wahrscheinlich ein Äquivalent mit einem anderen Namen. Ein weiteres nützliches Unix-Werkzeug zum Überprüfen der Ports sowie der Programme, die diese benutzen, ist *lsof*. Informationen über das Beschaffen von *inzider* und *lsof* gibt es in Anhang B.

Was zeichnet einen guten Dienst in einer Firewall aus?

Der ideale Dienst für den Betrieb durch eine Firewall baut für jede Sitzung eine einzelne TCP-Verbindung in eine Richtung auf. Er sollte diese Verbindung von einem beliebigen Port auf dem Client zu einem zugewiesenen Port auf dem Server herstellen, der Server-Port darf nur von diesem speziellen Dienst benutzt werden, und die Befehle, die über diese Verbindung gesendet werden, sind alle sicher. Die folgenden Abschnitte betrachten diese idealen und andere, weniger ideale Situationen.

TCP gegen andere Protokolle

Da TCP ein verbindungsorientiertes Protokoll ist, läßt es sich leicht über einen Proxy betreiben; Sie müssen den Aufwand bei der Einrichtung des Proxy nur einmal auf sich nehmen und können diese Verbindung dann benutzen. UDP kennt das Konzept der Verbindungen nicht; jedes Paket ist eine separate Transaktion, die eine separate Entscheidung des Proxy-Servers erfordert. TCP läßt sich deshalb leichter über einen Proxy realisieren (es gibt aber auch UDP-Proxies). ICMP ist ebenfalls schwierig mit einem Proxy umzusetzen, da jedes Paket eine separate Transaktion darstellt. Es ist aber nicht unmöglich – es gibt auch einige ICMP-Proxies.

Für Paketfilter stellt sich die Situation ähnlich dar. Es ist relativ einfach, TCP durch eine Firewall zu erlauben und zu kontrollieren, in welche Richtung Verbindungen aufgebaut werden; Sie können das ACK-Flag filtern, um sicherzustellen, daß Sie es nur internen Clients erlauben, die Verbindungen zu initiieren, während Sie die Antworten nach innen durchlassen. Bei UDP oder ICMP gibt es keine Möglichkeit, diese Dinge so einfach einzurichten. Wenn Sie zustandsgesteuerte Paketfilter verwenden, können Sie nach Paketen Ausschau halten, die Antworten zu sein scheinen, Sie können jedoch niemals sicher sein, daß ein Paket wirklich nur eine Antwort auf ein früheres Paket ist, und vielleicht warten Sie auf Antworten auf Pakete, die keine Antwort erfordern.

Eine Verbindung pro Sitzung

Es ist für eine Firewall recht einfach, die Anfangsverbindung von einem Client zu einem Server abzufangen. Schwieriger wird es, eine Rückverbindung abzufangen. Bei einem Proxy müssen sich entweder beide Enden der Konversation der Existenz des Proxy-Servers bewußt sein, oder der Server muß in der Lage sein, das Protokoll zu interpretieren und zu verändern, damit er sicherstellen kann, daß die Rückverbindung korrekt und einmalig ist. Bei einfacher Paketfilterung muß die nach innen gerichtete Verbindung die ganze Zeit erlaubt werden. Dadurch haben Angreifer häufig die Möglichkeit, auf Ports zuzugreifen, die von anderen Protokollen benutzt werden. Zustandsgesteuerte Paketfilterung muß ebenso wie Proxy-Systeme in der Lage sein, das Protokoll zu interpretieren, um zu ermitteln, wohin die Rückverbindung gerichtet ist, und eine Lücke für sie zu öffnen.

Zum Beispiel öffnet der Client bei FTP im normalen Modus eine Steuerverbindung zum Server. Wenn Daten übertragen werden müssen:

1. Wählt der Client einen zufälligen Port oberhalb von 1023 und bereitet ihn vor, damit er eine Verbindung annimmt.
2. Sendet der Client einen PORT-Befehl an den Server, der die IP-Adresse der Maschine und den Port enthält, an dem der Client lauscht.
3. Öffnet der Server dann eine neue Verbindung zu diesem Port.

Damit ein Proxy-Server funktioniert, muß der Proxy-Server:

1. Den PORT-Befehl abfangen, den der Client an den Server sendet.
2. Einen neuen Port zum Lauschen einrichten.
3. Eine Verbindung zurück zum Client an den Port aufbauen, den der Client festgelegt hat.
4. Einen entsprechenden PORT-Befehl (unter Benutzung der Portnummer des Proxy-Servers) an den FTP-Server senden.
5. Die Verbindung vom FTP-Server akzeptieren und die Daten zwischen diesem und dem Client übertragen.

Es reicht nicht aus, wenn der Proxy-Server einfach den PORT-Befehl auf dem Weg liest, da dieser Port bereits benutzt werden könnte. Ein Paketfilter muß entweder alle eingehenden Verbindungen an Ports oberhalb von 1023 erlauben oder den PORT-Befehl abfangen und eine temporäre Regel für diesen Port erzeugen. Ähnliche Probleme treten bei allen Protokollen auf, die eine Rückverbindung erfordern.

Alles, was komplexer als eine ausgehende Verbindung und eine Rückverbindung ist, ist noch schlimmer. Der Dienst *talk* ist dafür ein Beispiel; in Kapitel 19, *Echtzeit-Konferenzdienste*, finden Sie die Erläuterung eines Beispiels für einen Dienst mit einem wirren Netz aus Verbindungen, die sich fast unmöglich durch eine Firewall übertragen lassen. (Es nützt fast nichts, daß *talk* teilweise UDP-basiert ist; selbst wenn es vollkommen auf TCP beruhen würde, wäre es der Alptraum eines jeden Firewall-Designers.)

Eine Sitzung pro Verbindung

Es ist fast so schlimm, mehrere Sitzungen über die gleiche Verbindung zu betreiben, wie mehrere Verbindungen für die gleiche Sitzung zu haben. Wenn eine Verbindung nur für einen Zweck gebraucht wird, kann eine Firewall normalerweise am Anfang der Verbindung Sicherheitsüberprüfungen ausführen und Protokolle anlegen und muß dem Rest der Transaktion nur noch wenig Aufmerksamkeit schenken. Wird eine Verbindung dagegen für mehrere Zwecke eingesetzt, muß die Firewall die Kontrollen fortsetzen, um festzustellen, ob sie weiterhin für Dinge benutzt wird, die akzeptabel sind.

Zugewiesene Ports

Der Idealfall besteht für eine Firewall darin, daß jedes Protokoll seine eigene Portnummer hat. Offensichtlich erleichtert dies Paketfiltern die Arbeit, die dann ein Protokoll zuverlässig anhand des Ports identifizieren können, den es benutzt; es vereinfacht die Sache aber auch für Proxies. Der Proxy muß die Verbindung irgendwie bekommen, und das ist einfacher zu bewerkstelligen, wenn das Protokoll eine feste Portnummer verwendet, die leicht auf den Proxy umgeleitet werden kann. Benutzt das Protokoll eine Portnummer, die während der Konfiguration ausgewählt wird, muß diese Portnummer auch bei der Konfiguration des Proxy-Servers oder des Paketfilters festgelegt werden. Verwendet das Protokoll einen ausgehandelten oder dynamisch zugewiesenen Port, wie dies bei RPC-basierten Protokollen der Fall ist, muß die Firewall die Portzuweisung abfangen und interpretieren können. (Siehe Kapitel 14, *Vermittelnde Protokolle*, für weitere Informationen über RPC.)

Aus Gründen der Sicherheit ist es außerdem für ein Protokoll wünschenswert, wenn es über seinen eigenen zugewiesenen Port verfügt. Es ist immer verlockend, Dinge auf ein bestehendes Protokoll zu schichten, das die Firewall bereits zuläßt; auf diese Weise müssen Sie sich nicht darum kümmern, die Konfiguration der Firewall zu ändern. Wenn Sie jedoch Protokolle auf diese Weise übereinanderschichten, ändern Sie die Sicherheit der Firewall, unabhängig davon, ob Sie deren Konfiguration verändern oder nicht. Es gibt keine Möglichkeit, ein neues Protokoll hindurchzulassen, ohne sich die Risiken eines neuen Protokolls einzuhandeln; durch das Verbergen dieses Protokolls in einem anderen Protokoll wird es nicht sicherer, sondern nur schwieriger zu kontrollieren.

Protokollsicherheit

Bei manchen Diensten ist es technisch einfach, sie durch eine Firewall hindurchzulassen, sie sind jedoch mit einer Firewall schwer abzusichern. Wenn ein Protokoll an sich unsicher ist, wird es nicht sicherer, nur weil es durch eine Firewall oder gar durch einen Proxy geleitet wird. Dazu müssen Sie es ebenfalls verändern. Zum Beispiel läßt sich X11 nur recht kompliziert durch einen Proxy realisieren. Die Gründe dafür werden in Kapitel 18, *Der Fernzugriff auf Hosts*, ausführlich erläutert. Der wirkliche Grund dafür, daß es schwer durch Firewalls zu sichern ist, hat nichts mit den technischen Aspekten zu tun (Proxy-X-Server bilden keine ungewöhnlichen Wege, um die Fähigkeiten von X zu erweitern). Der wahre Grund liegt darin, daß X einem Client eine ganze Reihe hochgradig unsicherer Möglichkeiten bereitstellt und ein X-Proxy-System für eine Firewall zusätzlichen Schutz bieten muß.

Die zwei wichtigsten Methoden zum Absichern von vornherein unsicherer Protokolle sind Authentifizierung und Protokollanpassung. Mit *Authentifizierung* können Sie sicher sein, daß Sie der Quelle der Kommunikation vertrauen können, selbst wenn Sie kein Vertrauen in das Protokoll haben; dies ist Teil des Ansatzes für X-Proxies über SSH. *Protokollanpassung* verlangt von Ihnen, unsichere Operationen abzufangen und wenigstens eine Möglichkeit zur Verfügung zu stellen, mit der der Benutzer sie umgehen kann. Mit X läßt sich das realisieren (und TIS FWTK stellt einen Proxy namens *x-gw* für diesen Zweck bereit), es erfordert jedoch mehr Wissen über die Anwendung, als bei einem sichereren Protokoll nötig wäre.

Falls es schwierig ist, in einem Protokoll zwischen sicheren und unsicheren Operationen zu unterscheiden, oder unmöglich, den Dienst zu benutzen, nachdem alle unsicheren Operationen ausgeschaltet wurden, oder Sie die Verbindungen nicht auf vertrauenswürdige Quellen beschränken können, ist eine Firewall möglicherweise keine passende Lösung für Sie. In diesem Fall gibt es vielleicht überhaupt keine gute Lösung, und Sie müssen sich damit abfinden, daß Sie lediglich einen Opferrechner einsetzen können, wie in Kapitel 10, *Bastion-Hosts*, beschrieben. Manche Leute sehen HTTP als ein solches Protokoll an (weil es Programme übertragen kann, die transparent vom Client ausgeführt werden).

Sicherheitskritische Programme auswählen

Die Welt der Internet-Server entwickelt sich rapide weiter, und Sie werden vielleicht feststellen, daß Sie einen Server benutzen wollen, der hier nicht an einer sicherheitskritischen Stelle erwähnt wurde. Wie können Sie herausfinden, ob er sicher ist?

Mein Produkt ist sicher, weil . . .

Der erste Schritt besteht darin, alle Werbeaussagen zu vergessen, die Sie möglicherweise gehört haben. Manche Leute behaupten, ihr Server sei sicher, weil:

- er keinen öffentlich zugänglichen Code enthält, also geheim ist
- er öffentlich zugänglichen Code enthält, also gut überwacht und scharf beobachtet wird
- er von Grund auf neu zusammengestellt wurde, also keine Fehler von anderen Produkten geerbt hat
- er auf einer alten, gut getesteten Code-Grundlage aufbaut
- er nicht als root (unter Unix) oder als Administrator oder LocalSystem (unter Windows NT) läuft
- er nicht unter Unix läuft
- er nicht auf einem Microsoft-Betriebssystem läuft
- es keine bekannten Angriffe gegen ihn gibt
- er ein Verschlüsselungssystem mit öffentlichem Schlüssel (oder eine andere Technik, die sehr sicher klingt) verwendet

Keiner dieser Gründe garantiert Ihnen Sicherheit oder Zuverlässigkeit. In Programmen mit all diesen Charakteristika wurden erhebliche Sicherheitsmängel entdeckt.

Er enthält keinen öffentlich zugänglichen Code, ist also geheim

Die Leute müssen den Code in einem Programm nicht sehen, um die Probleme damit herauszufinden. Es ist sogar so, daß die meisten Angriffe entdeckt werden, indem man Angriffsmethoden ausprobiert, die bei ähnlichen Programmen schon funktioniert haben, sich anschaut, was das Programm tut, oder nach Schwachstellen im Protokoll sucht. Keine dieser Vorgehensweisen erfordert einen Zugriff auf den Quellcode. Es ist auch möglich, eine Anwendung auseinanderzunehmen (»Reverse Engineering«), um herauszufinden, wie sie genau geschrieben wurde. Das kann zwar eine Menge Zeit in Anspruch nehmen, doch nur, weil Sie nicht bereit sind, diese Zeit zu investieren, heißt es doch nicht, daß die Angreifer genauso denken. Angreifer halten sich mit Sicherheit auch nicht an Software-Lizenzvereinbarungen, die ein Reverse Engineering verbieten.

Außerdem wenden einige Hersteller, die dies behaupten, extrem enge Auslegungen des Begriffs »öffentlich zugänglicher Code« an. Zum Beispiel setzen sie tatsächlich lizensierten Code ein, der im Quellcode vertrieben wird und für die nichtkommerzielle Anwendung frei ist. Überprüfen Sie die Copyright-Angaben – ein Programm, das zum Beispiel Copyright-Angaben der Verwaltung der University of California enthält, beinhaltet mit ziemlicher Sicherheit Code einer Version des Betriebssystems Berkeley Unix, das weit verbreitet ist. Daran ist nichts auszusetzen, wenn Sie jedoch etwas benutzen wollen, das auf geheimem Quellcode aufbaut, müssen Sie damit leben, daß Sie das bekommen, was Sie bezahlt haben.

Er enthält öffentlich zugänglichen Code, wird also gut überwacht und scharf beobachtet

Öffentlich zugänglicher Code kann in der Tat gut überwacht werden, es gibt aber keine Garantie dafür. Tausende von Leuten könnten öffentlich zugänglichen Code lesen, die meisten tun es aber nicht. In jedem Fall ist es nicht besonders effektiv, durch die Überwachung bereits geschriebenen Codes eine erhöhte Sicherheit zu erwarten; gutes Design und Tests sind bedeutend effektiver.

Manche Leute weisen auch darauf hin, daß öffentlich zugänglicher Code mehr und schnellere Bug-Fixes erhält als geheimgehaltener Code. Das stimmt, doch durch diese erhöhte Fehlerbehebungsrate schleichen sich auch schnell wieder neue Fehler ein.

Er wurde von Grund auf neu zusammengestellt, hat also keine Fehler von anderen Produkten geerbt

Es gibt keinen fehlerfreien Code! Wenn man von Grund auf neu beginnt, ersetzt man lediglich alte durch neue Fehler. Diese können harmloser oder weniger harmlos sein. Sie können sogar gleich sein; man neigt dazu, in die gleiche Richtung zu denken, es ist nicht unüblich, daß unterschiedliche Programmierer die gleichen Fehler machen. (Siehe Knight, Leveson und St. Jean, »A Large-Scale Experiment in N-Version Programming«, Fault-Tolerant Computing Systems Conference 15, über Erfahrungen mit häufig auftretenden Fehlern.)

Er baut auf einer alten, gut getesteten Code-Grundlage auf

In altem Code tauchen ständig neue Probleme auf. Schlimmer noch, alte Probleme, die bisher noch nicht ausgenutzt wurden, lassen sich auf einmal ausnutzen. Etwas, das es schon sehr lange gibt, ist wahrscheinlich nicht anfällig gegenüber Angriffen, die bisher üblich waren. Das sagt aber noch nichts über seine Widerstandskraft gegenüber künftigen Angriffen aus.

Er läuft nicht als root/Administrator/LocalSystem

Ein Programm, das nicht unter einer der bekannten privilegierten Benutzerkennungen ausgeführt wird, könnte sicherer sein als ein Programm, bei dem dies der Fall ist. Zumindest wird es, wenn es abstürzt, nicht das komplette System mit sich in den Abgrund reißen. Allerdings ist es von wirklicher Sicherheit immer noch weit entfernt. Zum Beispiel muß ein System zum Ausliefern von E-Mails unabhängig davon, welcher Benutzer einbezogen wird, E-Mails in die Mailboxen der Benutzer schreiben können. Wenn das E-Mail-System überwunden wird, kann es unabhängig von der Benutzerkennung, unter der es läuft, benutzt werden, um die Festplatten zu füllen oder E-Mails zu fälschen. Viele E-Mail-Systeme können noch mehr.

Es gibt zwei unterschiedliche Probleme mit Diensten, die als »nichtprivilegierte« Benutzer laufen. Das erste besteht darin, daß die Privilegien, die gebraucht werden, damit der Dienst funktioniert, Risiken mit sich bringen. Ein E-Mail-System muß E-Mails ausliefern können, und das ist an sich riskant. Das zweite Problem ist, daß nur wenige Betriebssysteme es Ihnen erlauben, die Rechte, die Sie einem Dienst zuweisen, so genau zu kontrollieren, daß der Dienst nur die Rechte erhält, die er benötigt. Die Fähigkeit, E-Mails auszuliefern, ist zum Beispiel oft mit der Fähigkeit gekoppelt, an allen möglichen Stellen Dateien schreiben zu können. Viele Programme bringen noch ein drittes Problem mit sich, indem Sie Benutzerkennungen erzeugen, unter denen der Dienst ausgeführt wird, und nicht in der Lage sind, die Standardrechte zu deaktivieren, die nicht benötigt werden. Zum Beispiel vergessen es die meisten Programme, die besondere Zugänge erzeugen, die Fähigkeit zum Einloggen zu deaktivieren. Programme müssen sich nur ganz selten einloggen, Angreifer dagegen wollen dies schon eher tun.

Er läuft nicht unter Unix, oder er läuft nicht auf einem Microsoft-Betriebssystem

Die Menschen denken sich Dutzende von Begründungen aus, weshalb andere Betriebssysteme nicht so sicher sind wie ihr bevorzugtes System. (Angreifer können auf den Unix-Quellcode zugreifen! Microsoft-Quellcode ist zu groß! Das root-Konzept von Unix ist an sich schon unsicher! Das Ebenenmodell von Windows NT ist auch nicht besser!) Tatsächlich enthalten alle diese Aussagen ein Körnchen Wahrheit. Sowohl Unix als auch Windows NT weisen als sichere Betriebssysteme ernsthafte Design-Fehler auf; das ist praktisch bei jedem verbreiteten Betriebssystem so.

Trotzdem ist es mit dem entsprechenden Aufwand möglich, für fast alle Betriebssysteme sichere Software zu schreiben, so wie es natürlich auch möglich ist, unsichere Software zu produzieren. Unter manchen Umständen ist ein Betriebssystem für einen

Dienst, den Sie anbieten wollen, besser geeignet als ein anderes, meist hängt jedoch die Sicherheit eines Dienstes von den Anstregungen ab, die Sie sowohl beim Entwurf als auch beim Einsatz aufbringen, um den Dienst zu sichern.

Es gibt keine bekannten Angriffe darauf

Etwas kann absolut unsicher sein, und trotzdem sind keine Angriffe darauf bekannt. Möglicherweise gibt es zu wenige Installationen, um Angreifer anzuziehen; es ist möglicherweise verwundbar, wird aber immer zusammen mit etwas anderem installiert, das leichter anzugreifen ist; es ist noch nicht lange genug im Betrieb, so daß es noch nicht entdeckt wurde; es könnte bekannte Fehler enthalten, die aber so kompliziert sind, daß es noch keine Angriffsversuche darauf gegeben hat. All diese Bedingungen gelten nur für eine bestimmte Zeit.

Er verwendet ein Verschlüsselungssystem mit öffentlichem Schlüssel (oder eine andere Technik, die sehr sicher klingt)

Zur Zeit stellt die Verschlüsselung mit öffentlichem Schlüssel ein gern gewähltes Beispiel für ein solches Argument dar, da die meisten Leute zwar nicht verstanden haben, wie sie funktioniert, sie aber für aufregend und sicher halten. Deshalb werden Sie Firewall-Produkte sehen, die behaupten, daß sie sicher seien, weil sie Verschlüsselung mit öffentlichem Schlüssel einsetzen. Das sagt jedoch nicht viel über die spezielle Art von Verschlüsselung sowie über deren Verwendung aus. Das ist wie bei den Toastern, die immer perfekten Toast machen sollen, weil sie »digitale Verarbeitungstechnik« benutzen. Sie können alles mögliche digital verarbeiten, von der Zeit über die Temperatur bis zum Grad der Farbveränderung im Brot. Eine digitale Zeitschaltung wird letztendlich aber Ihren Toast genausooft verbrennen wie eine analoge.

Auch gibt es gute, schlechte und irrelevante Verschlüsselung mit öffentlichem Schlüssel. Ein Produkt wird nicht automatisch sicher, nur weil man an irgendeiner Stelle Verschlüsselung mit öffentlichem Schlüssel durchführt. Das gilt auch für jede andere Technik, unabhängig davon, wie aufregend sie ist. Ein Anbieter, der solche Aussagen trifft, sollte sie durch Einzelheiten darüber ergänzen, was diese Technik tut, wo sie eingesetzt wird und was sie nützt.

Deren Produkt ist unsicher, weil . . .

Es gibt auch eine Menge Leute, die behaupten, daß die Software anderer unsicher sei (und deshalb nicht benutzt werden könne oder unsicherer sei als das eigene Konkurrenzprodukt), weil:

- sie in einem CERT-CC-Hinweis oder auf einer Website erwähnt wurde, die Schwachstellen auflistet
- sie öffentlich zugänglich ist
- sie erfolgreich angegriffen wurde

Sie wurde in einem CERT-CC-Hinweis oder auf einer Website erwähnt, die Schwachstellen auflistet

Das CERT-CC (*Computer Emergency Response Team Coordination Center*) veröffentlicht Hinweise auf Programme, die eigentlich sicher sein sollen, bei denen jedoch Probleme bekanntgeworden sind, für die von seiten der Hersteller Abhilfe geschaffen wurde. Es ist zwar einerseits immer ein wenig bedauerlich, wenn Probleme auftreten; gibt es jedoch einen Hinweis darauf beim CERT-CC, dann wissen Sie wenigstens, daß dieses Problem nicht beabsichtigt war und der Hersteller Schritte zu seiner Behebung unternommen hat. Ein Programm ohne CERT-CC-Hinweise hat möglicherweise keine Probleme; es könnte jedoch auch bereits vom Entwurf her absolut unsicher sein, von einem Hersteller vertrieben werden, der Sicherheitsprobleme nicht behebt, oder Probleme aufweisen, die dem CERT-CC nie berichtet wurden. Da das CERT-CC außerhalb der Unix-Welt relativ inaktiv ist, tauchen Probleme von Nicht-Unix-Plattformen dort recht selten auf; es gibt sie aber.

Andere Listen mit Schwachstellen spiegeln die eigentlichen Risiken oftmals besser wider, da sie Probleme enthalten, die der Hersteller ignoriert, sowie Probleme, die bereits aus dem Entwurf resultieren. Andererseits sind diese Listen oft nicht mehr als ein Beliebtheitswettbewerb. Die »Strichlisten« von Angreifern und Leuten, die mit diesen mithalten wollen, konzentrieren sich in der Regel stark auf solche Angriffe, die bei geringstem Aufwand den größten Schaden anrichten. Das bedeutet, daß beliebte und verbreitete Programme häufig erwähnt werden, während unbeliebte und weniger verbreitete Programme nicht besonders viel öffentliche Aufmerksamkeit genießen, selbst wenn die beliebten Programme sicherer sind als die unbeliebten.

Zusätzlich werfen Leute, die dieses Argument einsetzen, oft mit großen, furchteinflößenden Zahlen um sich, ohne diese in den richtigen Zusammenhang zu setzen; was bedeutet es denn, wenn man sagt, daß eine Website 27 Schwachstellen in einem Programm aufführt? Wenn die Website von einem einzigen Administrator sorgfältig gewartet wird, kann es sich wirklich um 27 Schwachstellen handeln; ansonsten könnten es auch neun Schwachstellen sein, die jeweils dreimal angegeben wurden. In jedem Fall ist es nicht besonders interessant, wenn das Konkurrenzprodukt 270 Schwachstellen enthält!

Sie ist öffentlich zugänglich

Wir haben bereits ausgeführt, daß Code nicht auf magische Weise sicher wird, nur weil er zur Überprüfung bereitsteht. Andererseits wird er auch nicht auf magische Weise unsicher. Ein gut geschriebenes Programm enthält nicht die Art von Fehlern, die es anfällig für Angriffe machen, nur weil Leute den Code gelesen haben. (Und die meisten Angreifer lesen den Code wirklich nicht öfter als die Verteidiger – in beiden Fällen werden die Gewissenhaften und Sorgfältigen den Code lesen; die Mehrheit der Leute kompiliert und hofft.)

Im allgemeinen wird öffentlich zugänglicher Code schneller verändert als geheimer Code. Das bedeutet, daß Sicherheitsprobleme nach ihrer Entdeckung schneller behoben werden. Diese höhere Änderungsrate hat auch Nachteile, die wir bereits erwähnt haben. Sie führt aber auch dazu, daß Sie für ältere Fehler weniger anfällig sind.

Sie wurde erfolgreich angegriffen

Sicherlich wollen Sie keine Software installieren, bei der jeder schon weiß, wie sie angegriffen werden kann. Sie sollten jedoch nicht den Angriffen, sondern den Erwiderungen darauf Ihre Aufmerksamkeit zuwenden. Ein erfolgreicher Angriff (selbst ein professioneller und bekanntgewordener Angriff) ist nicht so bedeutend, wenn das Problem neu war und schnell behoben wurde. Ein Muster, bei dem wiederholt Variationen des gleichen Problems auftauchen oder der Hersteller die Fehler nur langsam behebt, ist viel schlimmer. Ein einzelner erfolgreicher Angriff ist es dagegen nicht, selbst wenn er es bis auf die ersten Seiten der Tageszeitungen schafft.

Kennzeichen echter Sicherheit

Jeder der folgenden Punkte sollte zu Ihrer Beruhigung beitragen:

- Sicherheit war eines der Entwurfskriterien.
- Der Hersteller scheint sich der wichtigsten Sicherheitsprobleme bewußt zu sein und kann Aussagen darüber treffen, wie sie vermieden wurden.
- Es ist Ihnen möglich, den Code zu prüfen.
- Jemand, den Sie kennen und dem Sie wirklich vertrauen, hat den Code geprüft.
- Es gibt ein Verfahren zum Anzeigen von Sicherheitsproblemen und zum Aktualisieren des Servers.
- Der Server implementiert eine aktuelle (und anerkannte) Version des Protokolls vollständig.
- Das Programm verwendet standardisierte Mechanismen zur Fehlerprotokollierung (*syslog* unter Unix, die Ereignisanzeige unter Windows NT).
- Es gibt einen sicheren Weg zum Vertrieb der Software.

Sicherheit war eines der Entwurfskriterien

Der erste Schritt zu einem sicheren Programm besteht darin, daß man auch wirklich versucht, es sicher zu machen. Sie erreichen dies nicht zufällig oder aus Versehen. Der Hersteller sollte überzeugende Argumente vorweisen können, daß die Sicherheit bereits im Entwurfsstadium bedacht wurde und daß es sich bei dieser Sicherheit wirklich um die Art von Sicherheit handelt, die auch Ihnen vorschwebt. »Sicherheit« darf nicht nur ein Häkchen auf irgendeiner Checkliste sein. Fragen Sie nach, was gesichert werden sollte und wie dies das fertige Produkt beeinflußt.

Zum Beispiel könnte bei einem E-Mail-System »Sicherheit« als eines der Entwurfsziele angegeben werden, weil dieses System Anti-Spamming-Funktionen enthält oder die Verschlüsselung von E-Mail-Nachrichten unterstützt, die über das Internet verschickt werden. Das sind beides schöne Ziele, sie betreffen nur leider nicht die Sicherheit des Servers selbst, falls ein Angreifer beginnt, bösartige Befehle an ihn zu senden.

Der Hersteller kann Auskunft darüber erteilen, wie wichtige Sicherheitsprobleme vermieden wurden

Selbst wenn Sie versuchen, sicher zu sein, werden sie nicht weit kommen, wenn Sie nicht wissen, wie Sie vorgehen müssen. Jemand, der etwas mit dem Hersteller oder Ihrem Lieferanten zu tun hat und für das Programm verantwortlich ist, sollte Ihnen fachkundig berichten können, welche Risiken damit verbunden sind und was dagegen getan wurde. Wenn das Programm zum Beispiel Benutzereingaben zuläßt, sollte jemand Ihnen erklären können, auf welche Weise Probleme mit dem Überlauf des Puffers vermieden werden.

Es ist Ihnen möglich, den Code zu prüfen

Sicherheit durch Verschleierung ist oft besser als überhaupt keine Sicherheit. Allerdings eignet sich diese Strategie nicht für den Langzeiteinsatz. Falls es überhaupt keine Möglichkeit gibt, den Code zu prüfen, nicht einmal für einen wirklichen Experten, der eine Verschwiegenheitserklärung unterschrieben hat und im Namen des Kunden handelt, sollten Sie mißtrauisch werden. Es spricht absolut nichts dagegen, wenn die Leute ihre Geschäftsgeheimnisse schützen, und es ist weiterhin legitim, wenn die Leute dagegen sind, daß ihr Code von Personen bewertet wird, die davon sowieso keine Ahnung haben (es ist zum Beispiel unwahrscheinlich, daß die meisten Leute in der Lage sind, die Stärke von Verschlüsselungsalgorithmen richtig einzuschätzen). Falls Sie jedoch jemanden aufbieten können, der die Bewertung kompetent vornehmen kann, und versichern, das Geschäftsgeheimnis auf jeden Fall zu schützen, sollte es Ihnen erlaubt werden, den Code zu prüfen. Code, der diese Art von Bewertung nicht vertragen kann, wird auch den harten Einsatz nicht überdauern.

Sie werden möglicherweise nicht in der Lage sein, den Code unter angemessenen und passenden Bedingungen zu testen. Das ist normalerweise in Ordnung, jedoch sollten Sie zumindest sicherstellen, daß es eine Möglichkeit der Code-Bewertung gibt.

Jemand, den Sie kennen und dem Sie wirklich vertrauen, hat den Code geprüft

Es ist egal, wie viele Leute sich Software anschauen könnten, wenn niemand es tut. Wenn es sich anbietet, sollten Sie jemanden kennen, der das entsprechende Wissen und die Vertrauenswürdigkeit mitbringt, um sich den Code anzuschauen. Es könnte zwar jeder Open-Source-Software prüfen, die wenigsten Leute machen es jedoch. Es ist relativ einfach und billig, und jeder kompetente Programmierer könnte Ihnen zumindest sagen, ob der Code gut geschrieben ist. Gehen Sie nicht davon aus, daß es irgendjemand schon getan haben wird.

365

Es gibt ein Verfahren zur Benachrichtigung über die Sicherheit sowie zum Aktualisieren

Bei allen Programmen treten irgendwann Sicherheitsprobleme auf. Es sollte ein festgelegtes Verfahren geben, um den Hersteller über Sicherheitsprobleme zu informieren und um Benachrichtigungen und Aktualisierungen von ihm zu bekommen. Nach einer gewissen Zeit sollte sich eine Übersicht ergeben, die anzeigt, daß der Hersteller schnell und richtig auf die Probleme reagiert.

Der Server implementiert eine aktuelle (und anerkannte) Version des Protokolls vollständig

Sie können Probleme mit Protokollen und nicht nur mit den Programmen haben, die diese Protokolle implementieren. Damit Sie ein gewisses Vertrauen in die Sicherheit des Protokolls haben können, sollten Sie eine Implementierung eines anerkannten, standardisierten Protokolls in einer relativ aktuellen Version verwenden. Ein anerkanntes und/oder standardisiertes Protokoll ist notwendig, damit Sie sicher sein können, daß der Protokollentwurf geprüft wurde; achten Sie darauf, daß eine möglichst aktuelle Version verwendet wurde, damit Sie davon ausgehen können, daß alte Probleme behoben wurden. Verwenden Sie keine »selbstgestrickten« oder experimentellen oder neuen Versionen von Standardprotokollen. Der Entwurf von Protokollen ist nicht ganz einfach, nur wenige Hersteller sind dazu selbst in der Lage, und fast niemand schafft es, ein Protokoll gleich beim ersten Mal korrekt zu entwerfen.

Das Programm verwendet standardisierte Mechanismen zur Fehlerprotokollierung

Um etwas zu sichern, müssen Sie es verwalten. Mit Hilfe standardisierter Mechanismen zur Fehlerprotokollierung läßt sich die Verwaltung von Programmen vereinfachen; Sie können sie einfach in Ihre existierenden Protokollierungs- und Alarmierungswerkzeuge integrieren. Nichtstandardisierte Protokollierung stört nicht nur die Funktionen zum Suchen von Meldungen, sondern bringt möglicherweise neue Sicherheitslücken mit sich (was passiert, wenn ein Angreifer die Protokollierung benutzt, um Ihre Festplatte vollzuschreiben?).

Es gibt einen sicheren Weg zum Vertrieb der Software

Sie sollten ein gewisses Vertrauen in die Tatsache haben können, daß die Software-Version, die Sie verwenden, auch die richtige Version ist. Software, die Sie aus dem Internet herunterladen, sollte eine überprüfbare digitale Signatur aufweisen (selbst kommerzielle Software!).

Wenn Sie eine umfangreiche kommerzielle Software bekommen, sollten Sie darüber hinaus dem Verteilungs- und Veröffentlichungsmechanismus vertrauen können und wissen, daß Sie eine vollständige und richtige Version mit einer gültigen Versionsnummer haben. Falls Ihr kommerzieller Hersteller Ihnen eine selbstgebrannte CD liefert und Sie anweist, einige Patches per FTP herunterzuladen, wissen Sie, daß Tests, Integration und Versionsänderungen im Gange sind. Wenn es nicht zu allem digitale Signaturen gibt, sollten wenigstens Bestandslisten vorhanden sein, auf der alle Dateien der Distribution mit Größen, Änderungsdaten und Versionsnummern vermerkt sind.

Unsichere Konfigurationen kontrollieren

Wie wir in früheren Abschnitten bereits besprochen haben, hängt Ihre Fähigkeit, einem Protokoll zu vertrauen, von Ihrer Fähigkeit ab zu kontrollieren, mit wem es kommuniziert. Es ist nicht unüblich, ein Protokoll zu verwenden, das vollkommen sicher ist, solange es mit speziellen Clients mit speziellen Konfigurationen kommuniziert, und ansonsten absolut unsicher. Zum Beispiel wird das *Simple Mail Transport Protocol* (SMTP) an den meisten Standorten als akzeptabel angesehen, solange es zu einer Maschine mit einem zuverlässigen und gut konfigurierten Server führt. Wenn es jedoch mit einem schlecht konfigurierten Server kommuniziert, ist es extrem gefährlich.

Wenn Sie ein solches Programm einsetzen wollen, werden Sie normalerweise Bastion-Hosts benutzen und das Protokoll nur in Ihren Standort hineinlassen, wenn es an eine sorgsam kontrollierte und konfigurierte Maschine gerichtet ist, die von Ihren vertrauenswürdigen Sicherheitsleuten administriert wird. Manchmal läßt sich das jedoch nicht realisieren; Sie stellen fest, daß Sie eine große Anzahl von Maschinen zulassen müssen oder Maschinen, die nicht direkt von den Leuten kontrolliert werden, die für die Firewall zuständig sind. Was tun?

Zunächst einmal müssen Sie sich darüber klarwerden, daß Sie sich nicht vor böswilligen Mitarbeitern schützen können. Wenn Sie ein Protokoll auf Maschinen zulassen und die Leute, die an diesen Maschinen arbeiten, aktiv versuchen, Ihre Sicherheit zu untergraben, werden sie damit Erfolg haben. Böswillige Mitarbeiter lassen sich kaum kontrollieren, und je mehr Protokolle Sie zulassen, um so verwundbarer werden Sie.

Nehmen Sie an, daß die Leute, die an den Maschinen arbeiten, zwar nicht böswillig sind, daß sie sich aber auch nicht als Experten in Sicherheitsfragen erweisen. In diesem Fall können Sie Maßnahmen ergreifen. Versuchen Sie zum einen, Ihre Kontrolle über die Maschinen bis zu dem Punkt zu verstärken, an dem nichts mehr schiefgehen kann; das bedeutet, daß Sie die Benutzung von Betriebssystemen wie Windows NT oder Unix durchsetzen, bei denen Sie die Benutzeradministration zentralisieren können, und den Zugriff auf privilegierte Benutzerzugänge (root oder Administrator) allgemein sperren. Das ist selten möglich, und wenn es möglich ist, hilft es manchmal nicht viel. Dieser Ansatz erlaubt es Ihnen, Webbrowser in sichere Konfigurationen umzuwandeln, er nützt jedoch kaum etwas bei Webservern. Die Möglichkeit, einen Webserver zu administrieren, reicht aus, um ihn unsicher zu machen.

Eine andere Möglichkeit besteht darin, Ihre Kontrolle über das Protokoll zu verstärken, bis Sie sicher sein können, daß es selbst dann nicht mehr für den Angriff auf eine Maschine benutzt werden kann, wenn diese fehlkonfiguriert ist. Wenn Sie zum Beispiel die Unterstützung für Scriptsprachen in Webbrowsern nicht ausschalten können, könnten Sie zumindest die Scriptsprachen aus den eingehenden HTTP-Verbindungen herausfiltern. Dies ist im besten Fall ein endloser Kampf – normalerweise ist es unmöglich, eine sichere und dann noch nützliche Untermenge des Protokolls zu finden, das heißt, Sie werden unsichere Dinge herausfiltern, sobald sie bekannt werden. Im schlimmsten Fall läßt sich diese Art von Kontrolle nicht durchführen.

Wenn Sie weder die Clients noch das Protokoll kontrollieren können, sollten Sie wenigstens entsprechenden Druck auf Ihre Mitarbeiter ausüben und Unterstützung anbieten, um die Programme sicher zu konfigurieren. Sie können unter Unix lokale Installationen oder unter Windows NT Profile einsetzen, um Standardeinstellungen vorzugeben, die Sie annehmbar finden (das funktioniert am besten, wenn Sie Lokalisierungen anbieten, die auch für die Benutzer nützlich sind). Zum Beispiel könnten Sie Konfigurationsinformationen für Webbrowser bereitstellen, bei denen die Scriptsprachen ausgeschaltet sind und die außerdem korrekte Proxy-Informationen sowie interessante Bookmarks enthalten. Sorgen Sie dafür, daß es einfacher und angenehmer ist, Dinge sicher zu machen, als sie unsicher zu lassen.

Sie sollten außerdem eine Sicherheitspolitik entwerfen, die den Leuten verdeutlicht, was Sie von ihnen wollen und weshalb Sie es wollen. Vor allem müssen Sie erläutern, weshalb es alle angeht, da nur die wenigsten Leute bereit sind, sich wegen abstrakter Sicherheitsziele übermäßigen Streß zu machen. (Siehe Kapitel 25, *Sicherheitspolitik*, für weitere Informationen über Sicherheitspolitik.)

Unabhängig davon, wie die Sache mit den Konfigurationen ausgeht, müssen Sie weiterhin nach Schwachstellen Ausschau halten. Machen Sie sich nichts vor; Sie werden es niemals erreichen, daß die Regeln und Standards vollständig eingehalten werden. (Sie haben schon Glück, wenn sie unter Zwang eingehalten werden, da dies eine perfekte Durchführung erfordert!)

14

Vermittelnde Protokolle

Wir haben uns bereits mit TCP, UDP und anderen Protokollen beschäftigt, die direkt auf IP aufbauen. Viele Anwendungsprotokolle nutzen diese Protokolle als direkte Grundlage, andere dagegen verwenden vermittelnde Protokolle. Es ist wichtig, die vermittelnden Protokolle zu verstehen, um ein Verständnis für die Anwendungen zu entwickeln, die auf ihnen basieren. Dieses Kapitel diskutiert unterschiedliche allgemeine Protokolle, mit deren Hilfe verschiedene Anwendungen oder höhere Protokolle gebildet werden.

Wir befassen uns an dieser Stelle mit den vermittelnden Protokollen, da sie die Basis für viele der später zu besprechenden Protokolle darstellen. Allerdings sind vermittelnde Protokolle normalerweise unsichtbar und oft sehr komplex. Falls Sie mit Netzwerkprotokollen noch nicht vertraut sind, sollten Sie dieses Kapitel möglicherweise zunächst überspringen und bei Bedarf später zurückkehren.

Remote Procedure Call (RPC)

Der Begriff »RPC« oder *Remote Procedure Call* (Aufruf entfernter Prozeduren) kann für fast jeden Mechanismus verwendet werden, der es einem Programm erlaubt, etwas zu tun, was für den Programmierer wie ein einfacher Prozeduraufruf aussieht, aber in Wirklichkeit ein anderes Programm kontaktiert. Es ist aber auch der richtige Name einiger bestimmter Protokolle für diesen Zweck, die extrem weit verbreitet sind.

Es gibt mehrere Remote-Procedure-Call-Protokolle, die als RPCs bekannt sind. Auf Unix-Systemen wurde das Protokoll, das normalerweise als »RPC« bezeichnet wird, von Sun entwickelt und später als Open Network Computing RPC standardisiert. Auf Microsoft-Systemen ist das Protokoll, das normalerweise »RPC« heißt, kompatibel mit einem Abkömmling des Sun-RPC, der von der *Open Systems Foundation* (OSF) als Teil seines *Distributed Computing Environment* (DCE) standardisiert wurde. Wir werden diese

Protokolle der Klarheit wegen als »Sun-RPC« und »Microsoft-RPC« bezeichnen. Es wäre sicherlich besser, sie »ONC-RPC« und »DCE-RPC« zu nennen; allerdings glauben wir, daß Klarheit und Korrektheit in diesem Fall einander widersprechen würden.

Bestimmte Implementierungen verwenden andere Remote-Procedure-Call-Mechanismen, allerdings werden die beiden genannten am häufigsten genutzt. Die anderen RPC-Mechanismen sind im einander Konzept und in den Schwierigkeiten ähnlich. Der Einfachheit halber werden wir bei Aussagen, die alle Protokolle betreffen, die unter der Bezeichnung »RPC« laufen, auch nur von »RPC« sprechen.

Sun-RPC und Microsoft-RPC sind sich recht ähnlich und miteinander verwandt; allerdings sind sie inkompatibel. Microsoft-RPC ist eine Implementierung des DCE-RPC und kann mit anderen DCE-RPC-Implementierungen zusammenarbeiten. Manche Unix-Maschinen unterstützen sowohl Sun-RPC als auch DCE-RPC (in der Regel ist Sun-RPC vorgegeben, und DCE-RPC ist eine Option oder ein Zusatzprodukt). Und selbst wenn Sie DCE-RPC auf einer Unix-Maschine betreiben, werden Sie nur selten eine Kompatibilität mit Microsoft-RPC bemerken. Der DCE-RPC-Standard besitzt nur eine geringe Funktionalität; die meisten Anwendungen benutzen Funktionen, die nicht in der Grundausstattung enthalten sind. Es gibt keine Garantien, daß diese Funktionen in allen Implementierungen das gleiche tun. Da DCE-RPC unter Unix relativ selten verwendet wird, sind Unix-Anwendungen oft auf die Grundfunktionen beschränkt. Microsoft nutzt RPC dagegen ausgiebig und benötigt daher eine größere Funktionalität. Sie benutzen deshalb fast immer inkompatible Funktionen (vor allem wegen DCOM, mit dem wir uns später befassen). Dies ist der Hauptgrund für unser Beharren auf der Bezeichnung »Microsoft-RPC«; wir versuchen den Eindruck zu vermeiden, daß Microsoft-Anwendungen, die RPC einsetzen, auch mit anderen DCE-RPC-Servern oder -Clients zusammenarbeiten könnten.

Die RPC-Protokolle werden ebenso wie TCP und UDP von einer Vielzahl von Anwendungen als allgemeine Transportprotokolle eingesetzt. Auf Unix-Maschinen gehören dazu NFS und NIS, und auf Windows NT-Maschinen Microsoft Exchange und die Administrationsanwendungen für eine Reihe von Diensten, einschließlich DHCP und Exchange. NFS und NIS sind aus Sicht der Netzwerksicherheit verwundbare Dienste. Ein Angreifer, der Zugang zu Ihrem NFS-Server besitzt, kann möglicherweise jede Datei auf Ihrem System lesen. Ein Angreifer mit Zugriff auf Ihren NIS-Server kann vielleicht Ihre Paßwort-Datei stehlen und dann versuchen, die Paßwörter zu knacken. Die Windows NT-Anwendungen, die RPC einsetzen, sind zwar weniger sicherheitskritisch, aber ansonsten keineswegs sicher. Es ist zwar nicht ganz so verheerend, wenn ein Angreifer auf einmal Ihren Mailserver kontrolliert; schön ist es aber sicher auch nicht.

In den TCP- und UDP-Protokollen belegen die Portnummern zwei Byte. Das bedeutet, daß für TCP- und UDP-Dienste nur 65.536 mögliche Portnummern zur Verfügung stehen. Es gibt nicht genügend Portnummern, um allen möglichen Diensten und Anwendungen auf Wunsch eine einmalige, bekannte Portnummer zuzuweisen. RPC widmet sich unter anderem dieser Beschränkung. Jedem RPC-basierten Dienst wird eine einmalige, vier Byte lange RPC-Dienstnummer zugewiesen. Dies ermöglicht 4.294.967.296

verschiedene Dienste mit jeweils einer eigenen Nummer. Das reicht vollkommen aus, um allen eventuell benötigten Diensten und Anwendungen eine einmalige Nummer zuzuweisen.

RPC baut auf TCP und UDP auf, es muß daher eine Methode geben, um die RPC-Dienstnummern der RPC-basierten Server, die auf einer Maschine eingesetzt werden, auf die speziellen TCP- oder UDP-Ports abzubilden, die von diesen Servern benutzt werden. An dieser Stelle kommen die Location-Server ins Spiel. Auf Unix-Maschinen ist der Location-Server ein Programm namens *portmapper*; unter Windows NT handelt es sich um den RPC Locator. Funktionen und Eigenschaften der beiden sind gleich.

Der Location-Server ist der einzige Server, der etwas mit RPC zu tun hat und garantiert auf einer festgelegten TCP- oder UDP-Portnummer läuft (bei Sun-RPC ist dies bei beiden Protokollen die Portnummer 111; bei Microsoft-RPC ist es 135 für beide Protokolle). Wenn ein RPC-basierter Server, wie etwa ein NFS- oder ein NIS-Server, startet, sucht er sich selbst einen TCP- und/oder UDP-Port (manche benutzen den einen, manche den anderen, manche auch beide). Dann stellt er einen Kontakt zum Location-Server auf der gleichen Maschine her, um seine einmalige RPC-Dienstnummer und den (die) speziellen Port(s) zu »registrieren«, die er im Moment verwendet.

Die Server wählen üblicherweise zufällige Portnummern, sie können sich aber auch immer für die gleiche Portnummer entscheiden. Es gibt keine Garantie, daß ein Server, der so vorgeht, sich selbst registrieren kann; es könnte bereits ein anderer Server den gewünschten Port belegen. In diesem Fall schlägt die Registrierung fehl. Wenn allerdings jeder Server eine feste Portnummer anfordert, gibt es offensichtlich keinen Grund, überhaupt RPC zu verwenden. Eine der wichtigsten Eigenschaften von RPC besteht darin, daß es einen Zugriff ermöglicht, der nicht auf festen Portnummern beruht.

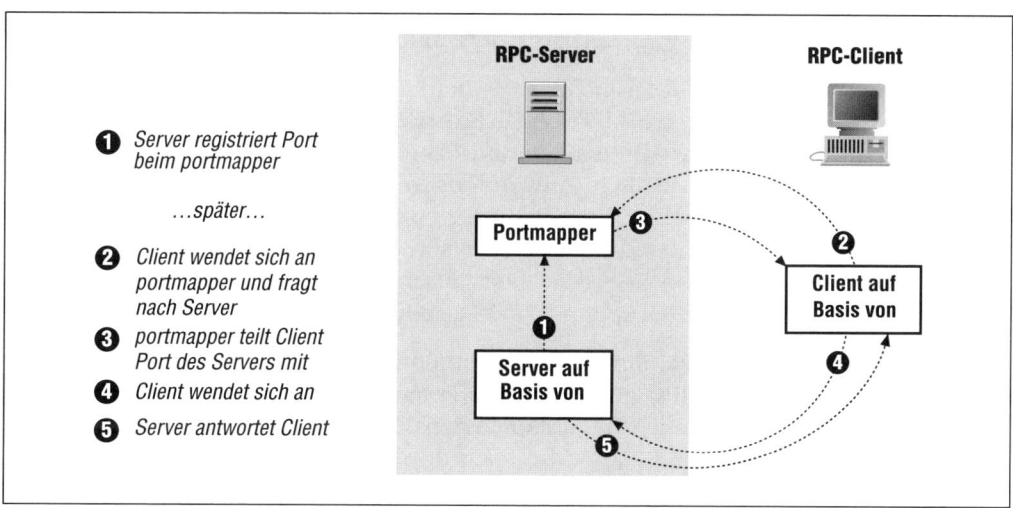

Abbildung 14-1: RPC und der portmapper

Ein RPC-basiertes Clientprogramm, das Kontakt zu einem bestimmten RPC-basierten Server auf einer Maschine aufnehmen will, kontaktiert zuerst den Location-Server auf dieser Maschine (der – Sie erinnern sich – immer auf den TCP- und UDP-Ports 111 bzw. 135 läuft). Der Client teilt dem Location-Server die einmalige RPC-Dienstnummer für den Server mit, auf den er zugreifen möchte, und der Location-Server antwortet mit einer Meldung, die entweder sagt »Tut mir leid, dieser Dienst steht auf dieser Maschine im Moment nicht zur Verfügung« oder »Dieser Dienst läuft momentan auf TCP- (oder UDP-) Port *n* auf dieser Maschine«. Nun kontaktiert der Client den Server auf der Portnummer, die er vom Location-Server erhalten hat, und setzt die Kommunikation direkt mit dem Server fort, ohne den Location-Server weiter einzubeziehen. (Abbildung 14-1 zeigt diesen Vorgang.)

Der Sun-RPC-Location-Dienst beinhaltet sogar eine Optimierung dieses Vorgangs, die es einem RPC-Client erlaubt, eine Suchanfrage für einen Dienst und einen RPC-Aufruf in einer einzigen Anforderung abzuschicken. Der Location-Dienst gibt nicht nur diese Information zurück, sondern reicht den RPC-Aufruf auch noch an den entsprechenden Dienst weiter. Der Dienst, der die Anfrage empfängt, sieht die IP-Adresse der lokalen Maschine anstelle der IP-Adresse der Maschine, die die Anfrage gesendet hat. Dies hat eine Reihe von Sicherheitsproblemen für RPC-Dienste verursacht, da viele von ihnen auf der Grundlage der Quell-IP-Adressen der Anfrage eine Authentifizierung durchführen. Diese Funktion sollte normalerweise deaktiviert werden.

Sun-RPC-Authentifizierung

Beim Sun-RPC wählt jede Server-Anwendung die Art der gewünschten Authentifizierung. Es gibt beim normalen Sun-RPC zwei Authentifizierungsschemata. Diese sind als »AUTH_NONE« und »AUTH_UNIX« bekannt. Wenn Sie eine Kerberos-Installation und eine neuere Implementierung von Sun-RPC verwenden, können die Anwendungen »AUTH_KERB« benutzen, um eine Kerberos-Authentifizierung durchzuführen.

Logischerweise bedeutet »AUTH_NONE«, daß überhaupt keine Authentifizierung durchgeführt wird. Anwendungen, die AUTH_NONE verwenden, stehen allen Benutzern zur Verfügung und fordern keine Authentifizierungsdaten an. »AUTH_UNIX« sollte passender »AUTH_ALMOST_NONE« heißen. Anwendungen, die »AUTH_UNIX« einsetzen, bitten den Client, die numerischen Unix-Benutzer- und Gruppen-IDs für die Benutzer bereitzustellen, und legen anhand dieser die entsprechenden Berechtigungen auf dem Server fest. Diese Information läßt sich leicht fälschen; ein böswilliger Client könnte praktisch jede Benutzer- oder Gruppen-ID bereitstellen, die ihm passend erscheint.

RPC-Server haben die Freiheit, ihre eigenen Authentifizierungsschemata zu implementieren, allerdings stellt Sun-RPC normalerweise keine verläßliche Authentifizierung bis auf Secure RPC zur Verfügung. Sie sollten einen Zugriff auf RPC-Dienste nur dann erlauben, wenn Sie sicher sind, daß diese auch ihre eigene zuverlässige Authentifizierung besitzen. (Im allgemeinen bedeutet dies, daß Sie einfach den Fernzugriff auf RPC deaktivieren.)

Secure-RPC bietet ein anderes Authentifizierungsschema, bekannt als »AUTH_DES«. Secure-RPC ist eine Erweiterung zu Sun-RPC mit verbesserter Benutzerauthentifizierung. Secure-RPC hat sich viel langsamer verbreitet als das normale Sun-RPC; viele Jahre lang war Sun der einzige Hersteller, der es unterstützt hat. Auch jetzt ist es noch relativ selten und läßt sich in großen, heterogenen Netzwerken nur schwer einsetzen.

Das liegt teilweise daran, daß Secure-RPC eine stärkere Infrastruktur benötigt als normales RPC und diese Infrastruktur ärgerlicherweise für den Benutzer sichtbar ist. Logischerweise ist Secure-RPC eine klassische Kombination aus Verschlüsselung mit öffentlichem Schlüssel und Verschlüsselung mit geheimem Schlüssel; Diffie-Hellman-Verschlüsselung mit öffentlichem Schlüssel wird verwendet, um auf sicherem Wege ein gemeinsam genutztes Geheimnis für die Verschlüsselung mit dem DES-Algorithmus zu bestimmen. Kryptographie, Diffie-Hellman und der DES-Algorithmus werden in Anhang C, *Kryptographie*, näher behandelt.

Secure-RPC basiert auf der Benutzung eines Algorithmus mit öffentlichem Schlüssel mit einer maximalen Schlüssellänge von 192 Bit. Dieser Schlüssel ist zu klein. Secure-RPC wird dadurch anfällig für Faktorisierungsangriffe, bei denen ein Angreifer den privaten Schlüssel mit Hilfe von Berechnungen ermittelt, die auf den abgefangenen Schlüsselaustauschdaten beruhen. Ein Angreifer bräuchte beträchtliche Rechenkapazitäten, um einen Schlüssel zu knacken, wäre das aber einmal geschehen, könnte er sich überall als dieser Benutzer ausgeben, wo dieser Schlüssel akzeptiert wird.

Es gibt zwei Hauptprobleme: die Verteilung von Informationen über öffentliche Schlüssel und die Beschaffung von privaten Schlüsseln für Personen. Sowohl öffentliche als auch private Schlüssel sind große Zahlen, und sie sind sicherheitskritisch. Wenn es jemandem gelingt, die Datenbank der öffentlichen Schlüssel zu verändern, kann er einen öffentlichen Schlüssel durch seinen eigenen ersetzen und sich als beliebige Person authentifizieren. Wenn jemand einen privaten Schlüssel lesen kann, könnte er sich als die Person authentifizieren, der der private Schlüssel gehört. Normalerweise würden Sie dies umgehen, indem Sie den privaten Schlüssel nicht auf dem Computer speichern, allerdings können Menschen sich nur sehr schwer große Zahlen merken.

Die Secure-RPC-Infrastruktur besitzt verschiedene Möglichkeiten, mit den öffentlichen Schlüsselinformationen umzugehen. Auf Suns wird normalerweise NIS+ eingesetzt, das über eine Referenzdatenbank verfügt. Sie können die gleiche Information auch als normale NIS-Map oder als Datei verteilen. Wenn Sie die Information in eine Datei schreiben, müssen Sie anschließend die Datei verteilen, was üblicherweise mit Hilfe von NFS geschieht. Wie wir in Kapitel 20, *Namens- und Verzeichnisdienste*, ausführen, ist normales NIS nicht sicher; wenn Sie daher die öffentlichen Schlüsselinformationen über diesen Weg verteilen, besteht die Gefahr, daß diese von einem Angreifer ersetzt werden. In Kapitel 17, *Dateiübertragung, Filesharing und Drucken*, erfahren Sie wiederum, daß auch normales NFS nicht sicher ist. Um es abzusichern, führen Sie NFS über Secure-RPC aus, was nicht funktionieren wird, wenn Sie auf NFS zugreifen müssen, bevor Sie Secure-RPC benutzen können. Falls Sie sich auf Secure-RPC verlassen wollen, müssen Sie sicherstellen, daß die öffentlichen Schlüssel über eine sichere Methode verteilt werden (im allgemeinen wird dies NIS+ sein). NIS+ selbst benutzt Secure-RPC; da es sich aber als Maschine authentifiziert (anstatt als bestimmter Benutzer, was für NFS nötig wäre) und mit einem bekannten Server kommuniziert, kann es die Informationen lokal speichern, die notwendig sind, um eine Verbindung zum NIS+-Dienst zu starten. Dadurch wird die beschriebene Falle umgangen.

Die privaten Schlüsselinformationen werden ebenfalls von NIS oder NIS+ verarbeitet. Sie werden in verschlüsselter Form verteilt und mit Hilfe eines vom Benutzer angegebenen Paßworts entschlüsselt.

Microsoft-RPC-Authentifizierung

Microsoft-RPC stellt ein Authentifizierungssystem bereit, das allerdings nicht mit allen Betriebssystemen verwendet werden kann (es wird von Windows NT, aber nicht von Windows 95 oder Windows 98 unterstützt). Das bedeutet, daß nur sehr wenige Anwendungen wirklich die RPC-Authentifizierung benutzen, da sie die Anzahl der möglichen Plattformen, auf denen die Anwendung laufen kann, einschränkt und zusätzlichen Programmieraufwand erfordert. Statt dessen setzen Anwendungen, die Sicherheit mit Microsoft-RPC erlangen wollen, üblicherweise RPC über SMB ein, anstatt RPC direkt über TCP/IP zu verwenden, und benutzen eine SMB-Authentifizierung. (SMB wird weiter hinten in diesem Kapitel beschrieben.)

Paketfiltereigenschaften von RPC

Es ist recht schwierig, Paketfilterung einzusetzen, um RPC-basierte Dienste zu kontrollieren, da Sie normalerweise nicht wissen, welchen Port der Dienst auf einer bestimmten Maschine benutzen wird – und vermutlich ändert sich der benutzte Port auch noch bei jedem Neustart der Maschine. Es reicht nicht aus, den Zugriff auf den Location-Server zu blockieren. Ein Angreifer kann die Kommunikation mit dem Location-Server umgehen und einfach alle TCP- und/oder UDP-Ports ausprobieren (es dauert nur wenige Minuten, die 65.536 möglichen Ports auf einer Maschine durchzutesten), um nach der Antwort zu suchen, die von einem bestimmten RPC-basierten Server wie NFS oder NIS zu erwarten ist.

Richtung	Quell-adresse	Ziel-adresse	Protokoll	Quellport	Zielport	ACK gesetzt	Anmerkungen
eingehend	extern	intern	UDP	>1023	111	a	Anfrage, externer Client an internen Sun-RPC-Location-Server
ausgehend	intern	extern	UDP	111	>1023	a	Antwort, interner Sun-RPC-Location-Server an externen Client
ausgehend	intern	extern	UDP	>1023	111	a	Anfrage, interner Client an externen Sun-RPC-Location-Server
eingehend	extern	intern	UDP	111	>1023	a	Antwort, externer Sun-RPC-Location-Server an internen Client
eingehend	extern	intern	TCP	>1023	111	b	Anfrage, externer Client an internen Sun-RPC-Location-Server
ausgehend	intern	extern	TCP	111	>1023	ja	Antwort, interner Sun-RPC-Location-Server an externen Client

Remote Procedure Call (RPC)

Richtung	Quell-adresse	Ziel-adresse	Protokoll	Quellport	Zielport	ACK gesetzt	Anmerkungen
ausgehend	intern	extern	TCP	>1023	111	[b]	Anfrage, interner Client an externen Sun-RPC-Location-Server
eingehend	extern	intern	TCP	111	>1023	ja	Antwort, externer Sun-RPC-Location-Server an internen Client
eingehend	extern	intern	UDP	>1023	135	[a]	Anfrage, externer Client an internen Microsoft/DCE-RPC-Location-Server
ausgehend	intern	extern	UDP	135	>1023	[a]	Antwort, interner Microsoft/DCE-RPC-Location-Server an externen Client
ausgehend	intern	extern	UDP	>1023	135	[a]	Anfrage, interner Client an externen Microsoft/DCE-RPC-Location-Server
eingehend	extern	intern	UDP	135	>1023	[a]	Antwort, externer Microsoft/DCE-RPC-Location-Server an internen Client
eingehend	extern	intern	TCP	>1023	135	[b]	Anfrage, externer Client an internen Microsoft/DCE-RPC-Location-Server
ausgehend	intern	extern	TCP	135	>1023	ja	Antwort, interner Microsoft/DCE-RPC-Location-Server an externen Client
ausgehend	intern	extern	TCP	>1023	135	[b]	Anfrage, interner Client an externen Microsoft/DCE-RPC-Location-Server
eingehend	extern	intern	TCP	135	>1023	ja	Antwort, externer Microsoft/DCE-RPC-Location-Server an internen Client
eingehend	extern	intern	UDP	>1023	beliebig	[a]	Anfrage, externer Client an internen RPC-Server
ausgehend	intern	extern	UDP	beliebig	>1023	[a]	Antwort, interner RPC-Server an externen Client
ausgehend	intern	extern	UDP	>1023	beliebig	[a]	Anfrage, interner Client an externen RPC-Server
eingehend	extern	intern	UDP	beliebig	>1023	[a]	Antwort, externer RPC-Server an internen Client
eingehend	extern	intern	TCP	>1023	beliebig	[b]	Anfrage, externer Client an internen RPC-Server
ausgehend	intern	extern	TCP	beliebig	>1023	ja	Antwort, interner RPC-Server an externen Client
ausgehend	intern	extern	TCP	>1023	beliebig	[b]	Anfrage, interner Client an externen RPC-Server
eingehend	extern	intern	TCP	beliebig	>1023	ja	Antwort, externer RPC-Server an internen Client

a. UDP besitzt kein Äquivalent zu ACK.
b. ACK wird beim ersten Paket nicht gesetzt (Aufbau der Verbindung), bei den restlichen wird es gesetzt.

Einige neuere Paketfilterprodukte können den Location-Manager abfragen, um festzustellen, welche Dienste sich wo befinden, und filtern dann auf dieser Grundlage. Beachten Sie, daß dies bei UDP-basierten Diensten paketweise überprüft werden muß. Der Paketfilter muß jedesmal, wenn er ein Paket empfängt, Kontakt mit dem Location-Server aufnehmen, da der Dienst sich an einer anderen Stelle befinden kann, nachdem die Maschine gebootet hat. Da TCP verbindungsorientiert arbeitet, muß die Portnummer nur einmal pro Verbindung überprüft werden. Der Einsatz dieses Mechanismuses zum Zulassen UDP-basierter Dienste verursacht einen beträchtlichen Mehraufwand. Für Dienste, die eine Menge RPCs ausführen, ist er daher wahrscheinlich nicht empfehlenswert.

 Obwohl dies allein nicht ausreichend ist, sollten Sie den Zugriff auf den Location-Server blockieren, da einige Versionen des Location-Servers als Proxy für die Clients eines Angreifers benutzt werden können.

Was tun Sie nun also, um RPC-basierte Dienste zu überwachen? Einige Beobachtungen: Erstens stellt es sich heraus, daß die meisten »gefährlichen« RPC-basierten Dienste (vor allem NIS und NFS) standardmäßig über UDP angeboten werden. Zweitens, die meisten Dienste, auf die Sie über einen Paketfilter zugreifen wollen, basieren auf TCP und nicht auf UDP; wichtige Ausnahmen sind DNS, NTP und *syslog*. Diese zwei Beobachtungen führen zu dem Ansatz, den die meisten Standorte beim Einsatz von RPC mit Paketfilterung verfolgen: UDP wird komplett blockiert, bis auf spezielle und scharf kontrollierte »Schlupflöcher« für DNS, NTP und *syslog*. Wenn Sie bei diesem Ansatz einige TCP-basierte RPC-Dienste in einer bestimmten Richtung erlauben wollen, müssen Sie sie alle erlauben oder einen Paketfilter benutzen, der mit dem Location-Dienst kommunizieren kann.

Windows NT ermöglicht eine größere Kontrolle über die Ports, die von RPC benutzt werden. Dies erleichtert es Ihnen, falls Sie den Zugriff externer Clients auf Ihre Server erlauben wollen, nützt Ihnen aber nichts, wenn Sie den Zugriff interner Clients auf externe Server zulassen wollen (es sei denn, Sie können die Eigentümer dieser Server dazu überreden, ihre Maschinen entsprechend zu modifizieren). Die meisten Anwendungen von RPC sind eigentlich Anwendungen von DCOM, das eine Benutzungsschnittstelle zum Konfigurieren von Ports bereitstellt. Wir werden uns später in diesem Kapitel damit befassen. Sie können auch die Größe des Portbereichs festlegen, der von RPC direkt benutzt werden kann. Um die Größe des Portbereichs zu begrenzen, verändern Sie den folgenden Registry-Schlüssel:

```
HKEY_LOCAL_MACHINE\Software\Microsoft\RPC
```

Der »Ports«-Schlüssel wird auf den gewünschten Bereich gesetzt, der »PortsInternetAvailable«-Schlüssel wird auf »Y« gesetzt, und »UseInternetPorts« wird ebenfalls auf »Y« gesetzt.

Das Vorgehen beim Einstellen eines Ports bei einem bestimmten Dienst unterscheidet sich von Dienst zu Dienst. Manchmal ist es in den Handbüchern dokumentiert. Die Microsoft-Website bietet Anweisungen zum Einrichten der RPC-Ports für Dienste, die besonders häufig durch Firewalls hindurch verwendet werden. Außerdem sind die meisten RPC-Dienste auch DCOM-Dienste. Zum Ändern der DCOM-Parameter gibt es eine Benutzungsschnittstelle. Es lohnt sich, sich die DCOM-Schnittstelle etwas genauer anzusehen, selbst wenn Dokumentationen Ihnen empfehlen, die Registry direkt zu bearbeiten.

Wenn Sie den Port einstellen, den ein Dienst benutzt, dann achten Sie darauf, daß dieser Port noch nicht von einem anderen Server verwendet wird und daß Sie einen Port auswählen, der sich nicht am Anfang des RPC-Portbereichs befindet. Da die meisten Server die erste freie Nummer im RPC-Portbereich auswählen, ist die Wahrscheinlichkeit ziemlich groß, eine Portnummer herauszufischen, die bereits in Benutzung ist, wenn der Server eine Nummer wählen will, die am Anfang des Portbereichs liegt. An dieser Stelle startet entweder der Server überhaupt nicht, da die RPC-Registrierung fehlgeschlagen ist, oder er wählt zufällig einen Port aus und startet auf diesem. In jedem Fall können externe Clients, die sich darauf verlassen, daß der Server sich auf einer festen Portnummer befindet, nicht auf ihn zugreifen.

Proxy-Eigenschaften von RPC

Viele der Gründe, die dafür sorgen, daß RPC sich nur schlecht mit Paketfilterung schützen läßt, sind auch schuld daran, daß es nur schwer über Proxies realisiert werden kann. Die Benutzung von RPC erfordert den Einsatz des Location-Dienstes; der Proxy-Server muß dann sowohl den Location-Dienst als auch den speziellen Dienst, der angeboten werden soll, verarbeiten. Abbildung 14-2 zeigt das Vorgehen eines RPC-Proxys.

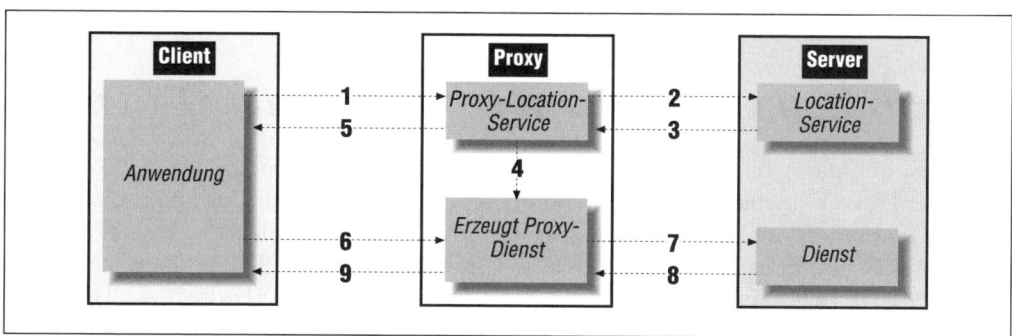

Abbildung 14-2: RPC mit Proxy

Normale angepaßte Client-Proxy-Systeme wie SOCKS unterstützen RPC nicht, und es gibt auch keine angepaßten Verfahrensweisen dafür. Das bedeutet, daß es für den Proxy keine externe Methode gibt, um festzustellen, welchen Server der Client zu kontaktieren versucht. Entweder muß der Client so konfiguriert werden, daß er RPC mit dem Proxy-Server spricht, der dann immer den gleichen Server kontaktiert, oder der Proxy-Server muß als transparenter Proxy-Dienst betrieben werden, wobei ein Router den Verkehr komplett mit den Server-Adressen abfängt und ihn an den Proxy übergibt.

Eine Anzahl transparenter Proxy-Server unterstützt Sun-RPC; einige wenige werden nun noch um Unterstützung für DCE/Microsoft-RPC erweitert. Die Produkte unterscheiden sich im Umfang der Unterstützung, die sie bieten. Einige verfolgen das Alles-oder-Nichts-Prinzip, während Sie bei anderen differenziert festlegen können, welche RPC-Dienste Sie zulassen wollen.

Network-Address-Translation-Eigenschaften von RPC

Keine der RPC-Versionen verwendet eingebettete IP-Adressen; es gibt daher auch keine prinzipiellen Probleme bei der Benutzung mit NAT-Systemen, die nur die Hostadressen anpassen. Andererseits enthalten die Informationen, die vom Location-Dienst zurückgegeben werden, die Portnummern. Wenn Sie RPC mit einem NAT-System benutzen, das Portnummern verändert, ist ein System erforderlich, das in der Lage ist, die Antworten vom Location-Server zu interpretieren und anzupassen, damit sie die übersetzten Portnummern enthalten. Außerdem können Protokolle, die auf RPC aufbauen, entweder IP-Adressen austauschen oder sich sowohl nach den Quell-IP-Adressen als auch nach den RPC-Informationen richten. Es gibt also keine Garantie, daß alle RPC-Anwendungen funktionieren. Vor allem benutzen sowohl NIS als auch NFS Quell-IP-Adressen als Authentifizierungsmerkmal und müssen daher sorgfältig konfiguriert werden, um mit den übersetzten Adressen zu funktionieren. Wie im nächsten Abschnitt erläutert wird, benutzt DCOM, die wichtigste Anwendung von Microsoft-RPC, eingebettete Quelladressen und funktioniert mit einer Network Address Translation nicht.

Zusammenfassung der Empfehlungen für RPC

- Erlauben Sie keine RPC-basierten Protokolle durch Ihre Firewall.

Distributed Component Object Model (DCOM)

DCOM ist ein Microsoft-Protokoll für verteilte Rechneranwendungen auf der Basis von RPC. Der DCOM-Mechanismus wird von Microsoft für die Entwicklung von Client-Server-Anwendungen auf Microsoft-Plattformen empfohlen. Die meisten Anwendungen, die Microsoft-RPC einsetzen, verwenden in Wirklichkeit DCOM. DCOM kann entweder TCP oder UDP benutzen; unter Windows NT 4 verwendet es standardmäßig UDP, während die meisten anderen DCOM-Implementierungen standardmäßig TCP einsetzen. Wenn die voreingestellte Version von RPC nicht funktioniert, benutzen Server die andere Version.

Obwohl DCOM auf RPC beruht, besitzt es eine Reihe von Funktionen und Eigenschaften, die wichtige Konsequenzen für Firewalls mit sich bringen. Positiv ist zu vermerken, daß DCOM RPC um eine Sicherheitsebene erweitert; Anwendungen können sich für Integritätsschutz, Vertraulichkeitsschutz oder beides entscheiden.

Es ist jedoch negativ, daß DCOM-Transaktionen komplizierter durch eine Firewall zu realisieren sind als einfache RPC-Transaktionen. DCOM-Transaktionen enthalten IP-Adressen, das heißt, DCOM kann nicht einfach zusammen mit den Firewall-Mechanismen verwendet werden, die die IP-Adresse der geschützten Maschine verbergen (zum Beispiel durch Proxies oder Network Address Translation). DCOM-Server könnten auch Callbacks benutzen, bei denen der Server Verbindungen zu Clients initiiert. Es ist also bei einigen Diensten nicht ausreichend, nur Verbindungen von Clients zu Servern zuzulassen.

Microsoft hat verschiedene Methoden bereitgestellt, um DCOM über HTTP zu betreiben. Diese Methoden erlauben es Ihnen, DCOM durch eine Firewall zu schicken, ohne die Probleme zu verursachen, die das Öffnen aller Ports durch Microsoft-RPC nach sich zieht. Wenn Sie andererseits diese Methoden einsetzen, um Zugriff auf eingehende DCOM-Verbindungen zu gewähren, können alle Ihre DCOM-Server über das Internet erreicht werden. DCOM-Dienste sind nicht dazu gedacht, über das Internet angesprochen zu werden, und sollten nicht auf diese Weise geöffnet werden.

Sie können die DCOM-Sicherheitskonfiguration und die von DCOM benutzten Ports mit Hilfe der Anwendung *dcomcnfg* kontrollieren. Die Registerkarte »Endpunkte« in *dcomcnfg* erlaubt es Ihnen, den Portbereich für die dynamisch zugewiesenen Ports einzustellen. Wenn Sie die Konfiguration für einen bestimmten DCOM-Dienst bearbeiten, ermöglicht es Ihnen die Registerkarte »Endpunkte«, dafür einen statischen Port auszuwählen. Das ist sicherer als die direkte Bearbeitung der Registry, Sie sollten jedoch weiterhin sorgfältig darauf achten, welche Portnummer Sie wählen. Falls es bei den Portnummern Konflikte gibt, funktionieren die Dienste nicht richtig. Weisen Sie Diensten keine statischen Portnummern zu, die im unteren Bereich liegen (diese werden oft dynamisch vergeben) oder die anderen Diensten bereits statisch zugewiesen wurden.

NetBIOS über TCP/IP (NetBT)

Microsoft unterstützt eine Reihe von Diensten, die direkt auf TCP/IP basieren. Viele ältere Dienste jedoch bauen auf NetBIOS auf und verwenden NetBT in TCP/IP-Netzwerken. Dadurch wird eine weitere flexible Ebene für die Dienste bereitgestellt, die nun in TCP/IP-Netzwerken oder in NetBEUI-Netzwerken ausgeführt werden können, ohne daß der Unterschied für die Anwendung sichtbar wird.

NetBT stellt drei Dienste bereit:

- NetBIOS-Namensdienst
- Datagrammdienst
- Session-Dienst

Der Namensdienst arbeitet auf UDP-Port 137 und wird zur Namensauflösung verwendet; siehe Kapitel 20, *Namens- und Verzeichnisdienste*, für weitere Informationen. Der NetBT-Datagrammdienst bedient UDP-Port 138 und ist das NetBT-Äquivalent von UDP. Er wird für verbindungslose Transaktionen eingesetzt. Der NetBT-Session-Dienst liegt am TCP-Port 139 an. NetBT-Datagramm- und Session-Dienst werden beide vor allem für Protokolle benutzt, die auf dem *Server Message Block* (SMB) beruhen, mit dem wir uns weiter hinten in diesem Kapitel befassen.

NetBT selbst ist eigentlich kein richtiger Dienst. Es stellt einfach eine Methode bereit, um NetBIOS über TCP/IP zu betreiben, fast die gesamte interessante Arbeit wird jedoch von höheren Protokollen erledigt (nahezu immer SMB). NetBT-Verbindungen bieten nur eine extrem geringe Sicherheit. Ein Antragender muß den NetBIOS-Namen und die

TCP/IP-Adresse angeben, mit der er eine Verbindung aufnehmen will, sowie seinen NetBIOS-Namen und seine TCP/IP-Adresse. Die Verbindung kann erst dann aufgenommen werden, wenn ein Programm auf diesen angegebenen NetBIOS-Namen antwortet. NetBT-Anwendungen könnten auf der Grundlage des NetBIOS-Namens und/oder der TCP/IP-Adresse des Anfragenden eine Authentifizierung vornehmen, in der Praxis wird aber nur selten so verfahren. (Da beide sich leicht fälschen lassen, ist dies sowieso egal.)

Der NetBT-Session-Dienst kann auch als eine Art Locator-Dienst agieren. Eine Anwendung, die sich anmeldet, um auf einen Namen zu antworten, kann eine andere IP-Adresse und Portnummer festlegen. Wenn ein Client versucht, eine Verbindung aufzubauen, kommuniziert er zuerst mit einer NetBT-Sitzung an Port 139, der NetBT-Session-Server stellt dann aber eine andere IP-Adresse und Portnummer bereit. Der Client schließt die Anfangsverbindung und öffnet eine neue Verbindung (und benutzt weiterhin das NetBT-Session-Protokoll) zur neuen IP-Adresse und Portnummer. Dies dient zur Unterstützung von Betriebssystemen, bei denen offene TCP/IP-Verbindungen nicht zwischen Anwendungen übertragen werden können, so daß der NetBT-Session-Server nicht einfach die Verbindung an ein Programm übertragen kann, das auf eingehende Verbindungen wartet. Es handelt sich um eine Funktion, die nicht sehr weit verbreitet ist.

Der NetBT-Datagrammdienst enthält außerdem einen Quell- und Ziel-NetBIOS-Namen (allerdings keine TCP/IP-Adreßinformationen). NetBT-Datagramme können als Broadcast, Multicast oder an ein spezielles Ziel verschickt werden. Der empfangende Host schaut auf den NetBIOS-Ziel-Namen, um zu entscheiden, ob er das Datagramm verarbeiten soll oder nicht. Diese Funktion wird manchmal anstelle von Namensauflösung verwendet. Anstatt zu versuchen, eine Adresse für einen bestimmten Namen herauszufinden, senden die Clients einiger Protokolle ein Broadcast-Paket und gehen davon aus, daß der relevante Host antworten wird. Dies funktioniert aber nur, wenn der Broadcast-Verkehr eines Client den Server erreichen kann. Wir werden auf Protokolle hinweisen, bei denen diese Funktion häufig eingesetzt wird.

Paketfiltereigenschaften von NetBT

Der NetBT-Namensdienst wird in Kapitel 20, *Namens- und Verzeichnisdienste*, behandelt. Der NetBT-Datagrammdienst benutzt den UDP-Port 138; der Session-Dienst verwendet den TCP-Port 139.[1] Der NetBT-Session-Dienst ist immer an einen bestimmten Host gerichtet, der NetBT-Datagrammdienst kann dagegen als Broadcast verbreitet werden. Falls es eine Umleitung gibt, dürfen NetBT-Verbindungen am einen beliebigen Zielport gerichtet werden. Glücklicherweise kommt dies selten vor und wird bei Windows NT- oder Unix NetBT-Servern nicht geschehen.

---

[1] TCP-Port 138 und UDP-Port 139 sind auch für die Benutzung durch NetBT registriert, werden aber eigentlich nicht verwendet.

Richtung	Quell-adresse	Ziel-adresse	Protokoll	Quellport	Zielport	ACK gesetzt	Anmerkungen
eingehend	extern	intern	UDP	>1023	138	a	Anfrage, externer Client an internen NetBT-Datagramm-Server
ausgehend	intern	extern	UDP	138	>1023	a	Antwort, interner NetBT-Datagramm-Server an externen Client
ausgehend	intern	extern	UDP	>1023	138	a	Anfrage, interner Client an externen NetBT-Datagramm-Server
eingehend	extern	intern	UDP	138	>1023	a	Antwort, externer NetBT-Datagramm-Server an internen Client
eingehend	extern	intern	TCP	>1023	139	b	Anfrage, externer Client an internen NetBT-Session-Server
ausgehend	intern	extern	TCP	139	>1023	ja	Antwort, interner NetBT-Session-Server an externen Client
ausgehend	intern	extern	TCP	>1023	139	b	Anfrage, interner Client an externen NetBT-Session-Server
eingehend	extern	intern	TCP	139	>1023	ja	Antwort, externer NetBT-Session-Server an internen Client

a. UDP besitzt kein Äquivalent zu ACK.
b. ACK wird beim ersten Paket nicht gesetzt (Aufbau der Verbindung), bei den restlichen wird es gesetzt.

Proxy-Eigenschaften von NetBT

Der NetBT-Session-Dienst ließe sich ganz einfach über Proxies realisieren, und der NetBT-Datagrammdienst ist für den Proxy-Einsatz entwickelt worden. Durch den Proxy-Betrieb von NetBT erhöht sich die Sicherheit nicht besonders, allerdings erlaubt er es Ihnen, einige Formen der Fälschung sowie möglicherweise einige Formen von Denial-of-Service-Attacken zu verhindern, die auf ungültigen NetBT-Datagrammen beruhen.

Network-Address-Translation-Eigenschaften von NetBT

NetBT enthält zwar eingebettete IP-Adressen, diese werfen jedoch selten ein Problem für Network-Address-Translation-Systeme auf. Es gibt zwei Stellen, an denen IP-Adressen eingebettet sind: Session-Dienst-Umleitungen und Datagramme. Die Session-Dienst-Umleitung wird fast niemals benutzt, und in Datagramme eingebettete IP-Adressen dienen fast ausschließlich zur Identifikation von Clients und nicht zur Kommunikation. Antworten werden an die IP-Quelladresse und nicht an die eingebettete Quelle gesandt.

In manchen Situationen können Veränderungen der Portnummern Probleme mit sich bringen, da einige Implementierungen Antworten für den Datagrammdienst an Port 138 schicken und sowohl den TCP- oder UDP-Quellport als auch den eingebetteten NetBT-Quellport ignorieren. Glücklicherweise nimmt die Zahl dieser älteren Implementierungen aber immer weiter ab.

Zusammenfassung der Empfehlungen für NetBT

- Erlauben Sie kein NetBT durch Ihre Firewall.

Common Internet File System (CIFS) und Server Message Block (SMB)

Das *Common Internet File System* (CIFS) ist ein allgemeines Informationsaustauschprotokoll, das früher unter der Bezeichnung *Server Message Block* (SMB) bekannt war. SMB ist ein nachrichtenbasiertes Protokoll und wurde von Microsoft, Intel und IBM entwickelt. Am bekanntesten ist SMB als Grundlage für die Datei- und Druckdienste von Microsoft, die in Kapitel 17, *Dateiübertragung, Filesharing und Drucken*, näher vorgestellt werden. SMB wird jedoch auch von vielen anderen Anwendungen benutzt. Der CIFS-Standard erweitert Microsofts Einsatz von SMB.

SMB setzt normalerweise auf NetBT auf. Neuere Implementierungen unterstützen auch SMB direkt über TCP/IP; in dieser Konfiguration wird es fast immer CIFS genannt. Beachten Sie, daß es sich immer um das gleiche Protokoll handelt, unabhängig davon, wie es heißt und ob es über NetBT oder direkt über TCP/IP betrieben wird; es wurde auch schon CIFS genannt, als es noch nicht direkt über TCP/IP lief. Wir nennen es hier meist »SMB«, weil es neben dem Filesharing noch für eine Reihe weiterer Aufgaben eingesetzt wird und wir es irreführend finden, es in diesem Zusammenhang als Dateisystem zu bezeichnen.

Das SMB-Protokoll stellt eine Reihe verschiedener Operationen zur Verfügung. Viele von ihnen sind Standardoperationen zum Verändern von Dateien (zum Beispiel zum Öffnen, Lesen, Schreiben, Löschen und Setzen von Attributen), es gibt aber auch besondere Operationen für andere Zwecke (zum Beispiel um Nachrichten zu verschicken und zu drucken) sowie verschiedene allgemeine Mechanismen für die Interprozeßkommunikation mit SMB. Mit SMB können nicht nur Standarddateien freigegeben werden, sondern auch andere Komponenten, wie etwa Geräte, benannte Pipes und Mailboxen. (Benannte Pipes und Mailboxen sind Mechanismen für die Interprozeßkommunikation; benannte Pipes stellen einen Datenstrom bereit, während Mailboxen nachrichtenorientiert arbeiten.) Es bietet deshalb passende Aufrufe zum Manipulieren dieser anderen Objekte, einschließlich der Unterstützung für Gerätesteuerungen (E/A-Steuerung oder *ioctl*s) und verschiedene allgemeine Transaktionsaufrufe für die Kommunikation zwischen Prozessen. Manchmal ist es auch möglich, die gleichen Dateimanipulationsaufrufe, die für normale Dateien eingesetzt werden, zur Manipulation besonderer Dateien zu benutzen.

In der Praxis gibt es zwei Haupteinsatzgebiete für SMB; Filesharing und allgemeine entfernte Transaktionen. Allgemeine entfernte Transaktionen werden durch das gemeinsame Nutzen der benannten Pipes implementiert, indem DCE-RPC über SMB ausgeführt wird. Im allgemeinen verwendet jede Anwendung DCE-RPC über SMB, wenn sie sagt, daß sie benannte Pipes verwendet; wenn sie auf \PIPE\irgendetwas, \Benannte Pipe\irgendetwas oder IPC$ zurückgreift; wenn sie Port 138, 139 oder 445 erfordert oder wenn sie SMB- oder CIFS-Transaktionen erwähnt. Anwendungen, die dies normalerweise benutzen, sind die NTLM-Authentifizierung, der Server-Manager, der Registrierungseditor, die Ereignisanzeige und das Druck-Spooling.

Immer, wenn Sie den SMB-Zugriff auf eine Maschine gestatten, lassen Sie auch den Zugriff auf alle Anwendungen zu, die SMB für Transaktionen verwenden. Die meisten dieser Anwendungen besitzen ihre eigenen Sicherheitsmechanismen, Sie müssen allerdings sicherstellen, daß diese auch angewendet werden. Wenn Sie nicht sicher sein können, daß die Host-Sicherheit absolut gewährleistet ist, sollten Sie den SMB-Zugriff nicht erlauben.

Mit SMB ist eine zusätzliche Komplikation für Firewalls verbunden. SMB wird nicht nur von vielen verschiedenen Protokollen benutzt, die sehr unterschiedliche Auswirkungen auf die Sicherheit haben (wobei SMB dafür sorgt, daß sie alle dieselben Ports benutzen), sie können sogar die gleiche SMB-Verbindung verwenden. Wenn zwei Maschinen für einen bestimmten Zweck eine SMB-Verbindung untereinander herstellen, wird diese Verbindung für alle anderen SMB-Protokolle mitbenutzt. Verbindungsorientiertes SMB muß deshalb wie ein verbindungsloses Protokoll behandelt werden, das heißt, jedes Paket einer separaten Transaktion muß mit Blick auf die Sicherheit bewertet werden.

Wenn zum Beispiel ein Client eine Verbindung zum Server aufbaut, um auf das Dateisystem zuzugreifen, startet er eine SMB-Sitzung. Will der Client dann auf einem Drucker an diesem Server drucken oder ein SMB-basiertes Programm auf diesem Server ausführen (wie den Benutzer-Manager oder die Ereignisanzeige), wird die bestehende Verbindung dafür benutzt.

Bei den gebräuchlichsten Anwendungen von SMB öffnet ein Client eine NetBT-Verbindung zu einem Host und startet dann eine SMB-Sitzung. Am Anfang der SMB-Sitzung handeln der Server und der Client einen SMB-Dialekt aus. Unterschiedliche Dialekte unterstützen unterschiedliche SMB-Funktionen. Nachdem der Dialekt feststeht, authentifiziert sich der Client, falls der Dialekt an dieser Stelle Authentifizierung unterstützt, und fordert dann mit einem sogenannten *tree connect* eine Ressource vom Server an. Wenn der Client die erste SMB-Verbindung erzeugt und sich authentifiziert, erhält er einen Identifikator namens *User ID* oder *UID*. Falls der Client eine andere Ressource wünscht, benutzt er einfach erneut die bestehende Verbindung und führt lediglich eine zusätzliche tree connect-Anfrage aus. Der Server stellt nun fest, ob der Client autorisiert ist, den tree request auszuführen, indem er sich die Berechtigungen anschaut, die durch die UID gewährt werden. Es können mehrere Ressourcen-Verbindungen gleichzeitig ausgeführt werden; sie werden durch einen Identifikator namens *Tree ID* oder *TID* unterschieden.

Nicht alle SMB-Befehle erfordern eine gültige UID und TID. Offensichtlich brauchen die Befehle keine, mit denen Verbindungen eingerichtet werden, andere Befehle wiederum können ohne sie benutzt werden, einschließlich der Nachrichten-Befehle, des Befehls »echo« und einiger Befehle, die Server-Informationen ausgeben. Diese Befehle können von jedem ohne Authentifizierung verwendet werden.

Authentifizierung und SMB

Da SMB auf einer Reihe von Maschinen mit verschiedenen Authentifizierungsmodellen läuft, unterstützt es unterschiedliche Sicherheitsstufen. Es sind zwei verschiedene Authentifizierungsarten möglich, die üblicherweise als *Share-Level* und *User-Level* bezeichnet werden. Samba, eine beliebte SMB-Implementierung für Unix, spricht auch von »Server-Level«-Authentifizierung; dies ist ein Samba-spezifischer Begriff, der benutzt wird, wenn eine User-Level-Authentifizierung ausgeführt wird, der Samba-Server aber lokal keine Benutzer authentifiziert. Für den Client ist dies unsichtbar. Samba wird in Kapitel 17, *Dateiübertragung, Filesharing und Drucken*, näher behandelt.

Share-Level-Authentifizierung

Bei der Share-Level-Authentifizierung erfordert die erste SMB-Verbindung keine Authentifizierung. Statt dessen geben Sie jedesmal, wenn Sie eine Ressource anfordern, ein Paßwort für die entsprechende Ressource an. Diese Authentifizierung ist für Server gedacht, die unter Betriebssystemen laufen, auf denen es das Konzept der Benutzer eigentlich nicht gibt. Da es dabei erforderlich ist, daß alle Benutzer, die eine Ressource benutzen wollen, das gleiche Paßwort verwenden, ist es recht unsicher und sollte vermieden werden. Es verwendet für den Austausch der Paßwörter den gleichen Mechanismus, der für die User-Level-Authentifizierung benutzt wird (dieser wird in Kapitel 21, *Authentifizierungs- und Auditing-Dienste*, detailliert beschrieben), führt aber den Paßwortaustausch während des tree connect und nicht beim Starten der Sitzung aus.

User-Level-Authentifizierung

Die User-Level-Authentifizierung wird am Anfang der SMB-Sitzung nach dem Aushandeln des Dialekts ausgeführt. Wenn der ausgehandelte Dialekt die User-Level-Authentifizierung unterstützt, übergibt der Client dem Server die Authentifizierungsinformationen. Dabei handelt es sich um einen Benutzernamen und ein Paßwort; die Methode, die zum Senden dieser Informationen verwendet wird, hängt vom Dialekt ab. Das Paßwort kann im Klartext oder per Challenge-Response übergeben werden. Die User-Level-Authentifizierung wird in Kapitel 21, *Authentifizierungs- und Auditing-Dienste*, detailliert besprochen, da sie sowohl für die Authentifizierung bei der Anmeldung als auch für die Authentifizierung von Benutzern, die Verbindungen zu Fileservern aufbauen, verwendet wird.

Viele SMB-Server, die User-Level-Authentifizierung anbieten, stellen Gastzugänge bereit und ermöglichen Clients, deren Authentifizierung aus irgendeinem Grund fehlgeschlagen ist, einen Gastzugang. Dadurch soll die Rückwärtskompatibilität für Clients gewährleistet werden, die keine User-Level-Authentifizierung durchführen können. In den meisten Konfigurationen wird damit praktisch jedem auch der Zugriff auf eine Reihe von Dateien gewährt. Sie sollten den Gastzugang entweder deaktivieren oder die Dateiberechtigungen sorgfältig prüfen.

Paketfiltereigenschaften von SMB

SMB wird im allgemeinen über NetBT-Session-Dienst an TCP-Port 139 ausgeführt. Es läßt sich zwar theoretisch auch über NetBT-Datagrammdienst an UDP-Port 138 ausführen, das kommt aber äußerst selten vor. Seit Windows 2000 kann SMB auch direkt über TCP/IP laufen, ohne NetBT einzubeziehen. In diesem Fall benutzt es TCP- oder UDP-Port 445 (auch hier gilt, daß UDP theoretisch möglich ist, in der Praxis jedoch selten verwendet wird).

Richtung	Quell-adresse	Ziel-adresse	Protokoll	Quellport	Zielport	ACK gesetzt	Anmerkungen
eingehend	extern	intern	TCP	>1023	139, 445	a	Eingehende SMB/TCP-Verbindung, Client an Server
ausgehend	intern	extern	TCP	139, 445	>1023	ja	Eingehende SMB/TCP-Verbindung, Server an Client
eingehend	extern	intern	UDP	>1023	138, 445	b	Eingehende SMB/UDP-Verbindung, Client an Server
ausgehend	intern	extern	UDP	138, 445	>1023	b	Eingehende SMB/UDP-Verbindung, Server an Client
ausgehend	intern	extern	TCP	>1023	139, 445	a	Ausgehende SMB/TCP-Verbindung, Client an Server
eingehend	extern	intern	TCP	139, 445	>1023	ja	Ausgehende SMB/TCP-Verbindung, Server an Client
ausgehend	intern	extern	UDP	>1023	138, 445	b	Ausgehende SMB/UDP-Verbindung, Client an Server
eingehend	extern	intern	UDP	138, 445	>1023	b	Ausgehende SMB/UDP-Verbindung, Server an Client

a. ACK wird beim ersten Paket dieses Typs nicht gesetzt (Aufbau der Verbindung), bei den restlichen wird es gesetzt.
b. UDP besitzt kein Äquivalent zu ACK.

Clients von SMB-Protokollen versuchen oft auch, den Zielhost über den NetBIOS-Namensdienst zu erreichen. SMB funktioniert sogar, wenn diese Pakete abgewiesen werden, Sie werden aber möglicherweise eine große Anzahl abgewiesener Pakete registrieren. Das sollten Sie beachten. Interpretieren Sie Nameservice-Anfragen von SMB-Clients nicht etwa als Angriffe. Siehe Kapitel 20, *Namens- und Verzeichnisdienste*, für weitere Informationen über den NetBIOS-Namensdienst.

Proxy-Eigenschaften von SMB

SMB läßt sich nicht besonders schwer über Proxies realisieren; es ist aber nicht einfach, seine Sicherheit mit einem Proxy zu erhöhen. Da viele Dinge als allgemeine Transaktionen implementiert werden, ist es schwer für einen Proxy, genau abzuschätzen, welche Auswirkungen eine Operation auf der Zielmaschine haben wird. Der Proxy kann also nicht einfach nur die Anfragen verfolgen; er muß auch die Dateinamen überwachen, auf die sich diese Anfragen beziehen. Außerdem erlaubt es das Protokoll, bestimmte Operationen miteinander zu verketten, so daß eine einzelne Transaktion einen tree connect, ein open und ein read enthalten könnte. Das bedeutet, daß ein Proxy, der feststellen will, welche Dateien geöffnet werden, Transaktionen aufwendig untersuchen muß, um sicherzustellen, daß sich am Ende der Kette keine unerlaubten open-Operationen befinden. Es reicht nicht, einfach nur den Transaktionstyp zu überprüfen.

Network-Address-Translation-Eigenschaften von SMB

SMB wird normalerweise über NetBT betrieben, das eingebettete IP-Adressen enthält, diese aber im allgemeinen nicht benutzt, wie wir bereits ausgeführt haben. Unter Windows 2000 läßt sich SMB auch direkt über IP ausführen. In diesem Modus besitzt es keine eingebetteten IP-Adressen und sollte mit einfacher Network Address Translation funktionieren.

Zusammenfassung der Empfehlungen für SMB

- Erlauben Sie kein SMB durch Ihre Firewall.

Common Object Request Broker Architecture (CORBA) und Internet Inter-Orb Protocol (IIOP)

CORBA ist ein objektorientiertes Framework für verteilte Anwendungen, das nicht von Microsoft entwickelt wurde. Im allgemeinen kommunizieren CORBA-Objekte miteinander durch ein Programm namens Object Request Broker oder *Orb*.[2] Über das Internet kommunizieren CORBA-Objekte miteinander über das *Internet Inter-Orb Protocol* (IIOP), das auf TCP aufbaut, aber keine feste Portnummer verwendet.

IIOP bietet eine große Flexibilität. Es erlaubt Callbacks, bei denen ein Client mit einer Anfrage eine Verbindung zu einem Server aufbaut und der Server mit der Antwort eine separate Verbindung zum Client herstellt. Es ermöglicht außerdem die bidirektionale Benutzung einer Verbindung; wenn ein Client eine Verbindung zum Server herstellt, muß sich der Server nicht auf das Beantworten der Anfragen des Client beschränken, sondern kann seinerseits Anfragen über die existierende Verbindung abschicken. IIOP unterstützt keine Authentifizierungs- oder Verschlüsselungsdienste, sondern überläßt diese der Anwendung.

Durch diese Flexibilität ist es nahezu unmöglich, pauschale Aussagen über die Sicherheit von CORBA zu treffen. Einige Anwendungen von CORBA sind recht sicher, andere dagegen nicht. Sie müssen daher jede CORBA-Anwendung individuell analysieren.

Um die Sicherheit zu verbessern, unterstützen einige Hersteller IIOPS, das heißt IIOP über SSL. Dieses Protokoll stellt die grundlegenden Sicherheitsmaßnahmen von SSL zur Verfügung, mit denen wir uns später befassen werden, und hilft dadurch beim Schutz von Anwendungen vor Packet-Sniffing-Angriffen.

---

[2] In einem Versuch, die Ausbreitung von Abkürzungen einzudämmen, verwenden CORBA-Benutzer dieses Wort fast immer als Wort (»orb«) und nicht als Abkürzung (»ORB«).

Common Object Request Broker Architecture (CORBA) und Internet Inter-Orb Protocol

Paketfiltereigenschaften von CORBA und IIOP

Da es für IIOP oder IIOPS keine feste Portnummer gibt, hängen die Paketfiltereigenschaften von CORBA vollständig von Ihrer Implementierung ab. Manche Orbs bringen vordefinierte Portnummern für IIOP und IIOPS mit, und andere erlauben es Ihnen, Ihre eigenen zuzuweisen, oder weisen Ports dynamisch zu. (Einige Orbs unterstützen IIOPS überhaupt nicht.) Außerdem erlauben es Ihnen eine Reihe von Orbs, IIOP über HTTP zu betreiben.

IIOP läßt sich mit Hilfe der Paketfilterung nur extrem schwer kontrollieren. Ein Paketfilter kann nicht kontrollieren, ob eine IIOP-Verbindung uni- oder bidirektional ist; es ist daher unmöglich, mit Hilfe der Paketfilterung zu verhindern, daß ein Server auf einem Client Befehle ausführt. Wenn Ihre Verbindung außerdem Callbacks verwendet, müssen Sie vermutlich sowieso Verbindungen in beiden Richtungen erlauben, wodurch sich Ihre Kontrolle über die Situation noch weiter verringert.

Proxy-Eigenschaften von CORBA und IIOP

Es gibt zwei unterschiedliche Möglichkeiten, IIOP über Proxies zu realisieren. Eine besteht darin, einen Proxy-fähigen Orb zu benutzen, der weiß, wie er einen generischen Proxy wie etwa SOCKS oder einen HTTP-Proxy-Server verwenden muß. Eine andere besteht darin, einen IIOP-fähigen Proxy-Server einzusetzen, der die IIOP-Port- und Adreßinformationen interpretieren kann. Es gibt mehrere Implementierungen beider Lösungen.

Jede Art von Proxy bietet mehr Sicherheit, als durch Paketfilterung erreicht werden kann. Der Einsatz eines generischen Proxys verringert den Aufwand bei der Konfiguration der Firewall, allerdings hängt die Sicherheit dann vollständig vom Orb und dem Anwendungsentwickler ab. Ein IIOP-fähiger Proxy-Server erlaubt es Ihnen, zusätzliche Schutzmaßnahmen hinzuzufügen, indem die Firewall dazu benutzt wird festzulegen, welche Anforderungen an den Orb weitergegeben werden.

Network-Address-Translation-Eigenschaften von CORBA und IIOP

IIOP enthält eingebettete IP-Adressen und Portinformationen und erfordert ein Network-Address-Translation-System, das IIOP-fähig ist und die eingebetteten Informationen verändern kann.

Zusammenfassung der Empfehlungen für CORBA und IIOP

- Versuchen Sie nicht, alle CORBA-Anwendungen durch Ihre Firewall zuzulassen; treffen Sie spezielle Vorkehrungen für einzelne CORBA-Anwendungen.
- Um maximale Sicherheit zu erreichen, sollten Sie zusammen mit der CORBA-Anwendung CORBA-fähige Proxies entwickeln, die nur für einen einzigen Zweck eingesetzt werden können.

Kapitel 14: Vermittelnde Protokolle

ToolTalk

ToolTalk ist ein weiteres verteiltes Objektsystem. Es ist Bestandteil des *Common Desktop Environment* (CDE), eines Standards, der von einem Zusammenschluß von Unix-Herstellern herausgegeben wurde und es Desktop-Werkzeugen erlaubt, miteinander zu kommunizieren. Zum Beispiel ermöglicht es Ihnen ToolTalk, Objekte von einer Anwendung auf eine andere zu ziehen. Außerdem können mehrere Anwendungen die Veränderungen einer Datei überwachen und darauf reagieren.

Anwendungen, die ToolTalk benutzen, kommunizieren nicht direkt miteinander. Statt dessen wird die Kommunikation von zwei Arten von ToolTalk-Servern erledigt. Ein Session-Server namens *ttsession* verarbeitet Meldungen, die Prozesse betreffen, während ein Object-Server namens *rpc.ttdbserverd* Meldungen verarbeitet, die Objekte betreffen. Die Anwendungen registrieren sich beim entsprechenden ToolTalk-Server, um ihm mitzuteilen, an welchen Arten von Meldungen sie interessiert sind. Wenn eine Anwendung eine Meldung abschicken will, schickt sie sie an den entsprechenden ToolTalk-Server, der sie an alle interessierten Anwendungen weiterleitet und eventuelle Antworten an die sendenden Anwendungen zurückgibt. Die Session-Server fassen miteinander verbundene Prozesse zusammen (zum Beispiel werden alle Programme, die von einem bestimmten Benutzer gestartet wurden, normalerweise zu einer Session gehören); mehrere Session-Server können auf der gleichen Maschine betrieben werden.

rpc.ttdbserverd wird vom *inetd* gestartet und läuft als root, während *ttsession* bei Bedarf gestartet wird und als der Benutzer läuft, der ihn gestartet hat. Oft wird *ttsession* beim Anmelden eines Benutzers gestartet, das ist aber nicht notwendig; falls eine Anwendung ToolTalk benutzen will, *ttsession* aber nicht zur Verfügung steht, wird es gestartet.

ToolTalk basiert auf Sun-RPC. Es stellt zwar eine Reihe von Authentifizierungsmechanismen zur Verfügung, die meisten ToolTalk-Implementierungen benutzen aber den einfachsten, der Anfragen anhand der nichtauthentifizierten Unix-Benutzerinformationen autorisiert, die in die Anfrage eingebettet sind. Das läßt sich vollständig fälschen. Außerdem gab es eine Vielzahl von Sicherheitsproblemen mit der ToolTalk-Implementierung, einschließlich eines Problems mit dem Pufferüberlauf in *rpc.ttdbserverd* und in den ToolTalk-Client-Bibliotheken. Mehrere dieser Probleme haben es externen Angreifern erlaubt, eigene Programme als root auszuführen.

Zusammenfassung der Empfehlungen für ToolTalk

- Erlauben Sie kein RPC durch Ihre Firewall; da ToolTalk auf Sun-RPC aufbaut, kann es ebenfalls nicht durch die Firewall ausgeführt werden.
- Entfernen Sie ToolTalk von Bastion-Host-Maschinen (dadurch wird zwar die Desktop-Funktionalität eingeschränkt, das ist aber nicht so schlimm, da Sie grafische Benutzeroberflächen und Desktop-Werkzeuge sowieso entfernen sollten).

Transport Layer Security (TLS) und Secure Socket Layer (SSL)

Das *Secure Socket Layer* (SSL) wurde 1993 von Netscape entwickelt, um Ende-zu-Ende-Verschlüsselung, Integritätsschutz und Server-Authentifizierung für das Web zu ermöglichen. Den Bibliotheken für die Sicherheitsdienste, die zum damaligen Zeitpunkt verfügbar waren, fehlten bestimmte Funktionen, die für das Web notwendig waren:

- Starke Public-Key-Authentifizierung (Authentifizierung mit öffentlichem Schlüssel) ohne die Notwendigkeit einer global aufgestellten Public-Key-Infrastruktur
- Angemessene Leistung für die große Anzahl kurzer Verbindungen, die wegen der zustandslosen Natur von HTTP notwendig ist. Der Zustand, der mit SSL verknüpft ist, kann über eine Folge von HTTP-Verbindungen aufrechterhalten werden, wenn es im Ermessen des Servers liegt.
- Die Fähigkeit der Clients, anonym zu bleiben, während vom Server eine Authentifizierung verlangt wird

Wie die meisten Netzwerkprotokolle ist auch SSL einer Reihe von Revisionen unterzogen worden. Am gebräuchlichsten sind die SSL-Versionen 2 und 3. In Version 2 gibt es Probleme mit der Verschlüsselung. Die Verschlüsselung, die in SSL-Version 3 benutzt wird, weist einige signifikante Unterschiede zu ihrem Vorgänger auf. Es wird davon ausgegangen, daß sie nicht die Schwächen der vorhergehenden Version enthält. SSL Version 3 stellt außerdem eine saubere Methode bereit, neue Versionen des Protokolls einzusetzen, sichert also die Aufwärtskompatibilität. Solange nichts anderes vermerkt ist, beziehen wir uns in unseren Erklärungen auf SSL Version 3; wir empfehlen Ihnen, SSL Version 2 nicht zu benutzen.

Das SSL-Protokoll gehört Netscape (die Firma verfügt auch über ein entsprechendes US-Patent), sie hat aber bei der IETF beantragt, einen Internet-Standard zu erstellen. Eine IETF-Protokolldefinition, RFC 2246, befindet sich momentan auf dem Weg zu einem Internet-Standard. Das Protokoll basiert zu einem großen Teil auf SSL Version 3 und nennt sich *Transport Layer Security* (TLS). TLS und SSL verwenden beide exakt die gleiche Anfangssequenz für das Protokoll sowie die gleichen Erweiterungsmechanismen. Dies ermöglicht es, Server von einer SSL- auf eine TLS-Unterstützung umzustellen. Es wurden Vorkehrungen getroffen, um Dienste erstellen zu können, die sowohl SSL Version 3 als auch TLS unterstützen. Netscape hat die gebührenfreie Benutzung des SSL-Patents für alle Anwendungen zugesichert, die TLS als Bestandteil eines IETF-Standardprotokolls einsetzen.

Die Protokolle TLS und SSL

Die Protokolle TLS und SSL stellen Server- und Clientauthentifizierung, Ende-zu-Ende-Verschlüsselung und Integritätsschutz bereit. Sie erlauben es außerdem einem Client, erneut eine Verbindung zu einem Server aufzunehmen, den er zuvor benutzt hat, ohne sich noch einmal authentifizieren oder neue Session-Keys aushandeln zu müssen, solange die neue Verbindung nur kurz nach dem Schließen der alten Verbindung hergestellt wird.

Die Sicherheit von TLS und SSL beruht nicht nur auf der Tatsache, daß sie einen besonderen Verschlüsselungsalgorithmus, verschlüsselte Hashwerte oder Verschlüsselung mit öffentlichem Schlüssel benutzen, sondern ebenso auf der Art und Weise, wie die Algorithmen eingesetzt werden. Die wichtigen Eigenschaften einer sicheren privaten Kommunikationssitzung werden in Anhang C, *Kryptographie*, diskutiert.

Sowohl TLS als auch SSL besitzen die entsprechenden Merkmale, um eine sichere private Kommunikationssitzung durchzuführen:

- Client und Server handeln Algorithmen zur Verschlüsselung und zum Integritätsschutz aus.
- Die Identität des Servers, mit dem sich ein Client verbindet, wird immer überprüft. Diese Überprüfung der Identität wird immer ausgeführt, bevor die optionalen Informationen zur Authentifizierung des Client-Benutzers gesendet werden.
- Die verwendeten Schlüsselaustauschalgorithmen verhindern man-in-the-middle-Angriffe.
- Am Ende des Schlüsselaustauschs erfolgt ein Prüfsummenaustausch, durch den jede Manipulation bei der Aushandlung der Algorithmen entdeckt wird.
- Der Server besitzt verschiedene Methoden, um die Identität eines Clients zu überprüfen (diese Mechanismen werden im nächsten Abschnitt behandelt). Es ist auch möglich, anonyme Clients einzusetzen.
- Alle ausgetauschten Datenpakete enthalten Überprüfungen der Nachrichtenintegrität. Bei einem Fehlschlagen der Integritätsprüfung wird eine Verbindung geschlossen.
- Es ist möglich, beim Einsatz bestimmter, zuvor ausgehandelter Algorithmen temporäre Authentifizierungsparameter zu benutzen, die nach einer einzustellenden Zeitspanne ungültig werden, um auf diese Weise zu verhindern, daß aufgezeichnete Sitzungen später entschlüsselt werden.

Kryptographie in TLS und SSL

TLS und SSL hängen bei den folgenden Aktionen nicht von einem einzigen Algorithmus ab: Erzeugung von Schlüsseln, Verschlüsselung von Daten oder Ausführung der Authentifizierung. Statt dessen können sie eine ganze Reihe unterschiedlicher Algorithmen einsetzen. Nicht alle Kombinationen von Algorithmen sind gültig, und sowohl TLS als auch SSL definieren Kombinationen von Algorithmen, die zusammen benutzt werden sollten. Diese Flexibilität bringt einige Vorteile mit sich:

- Unterschiedliche Algorithmen besitzen unterschiedliche Möglichkeiten; dadurch, daß mehrere unterstützt werden, kann sich eine Anwendung für einen Algorithmus entscheiden, der für die Art der benutzten Daten und Transaktionsmuster besonders gut geeignet ist.

- Es besteht häufig eine Diskrepanz zwischen Leistung und Geschwindigkeit; durch die Unterstützung mehrerer verschiedener Algorithmen können Anwendungen schnellere, aber schwächere Methoden verwenden, wenn die Sicherheit weniger wichtig ist.
- Mit der Zeit werden die Leute Wege finden, um Algorithmen zu knacken, die zuvor als sicher betrachtet wurden; durch die Unterstützung mehrerer Algorithmen können Anwendungen auf andere Algorithmen umsteigen, falls die bisher verwendeten nicht mehr als sicher gelten können.

Das TLS-Protokoll definiert Gruppen von Algorithmen, die zusammen verwendet werden können. Es gibt nur einen Satz Algorithmen, die eine Anwendung implementieren muß, um als TLS-fähige Anwendung angesehen zu werden. Und selbst wenn ein Standard verhindert, daß eine Anwendung diese grundlegende Sammlung von Algorithmen anwendet, könnte sie eine andere implementieren und wäre immer noch TLS-fähig. Die erforderliche Algorithmensammlung ist ein Diffie-Hellman-Schlüsselaustausch, der mit dem *Digital Signature Standard* (DSS) mit dreifachem DES im Cipher-Block-Chaining-Modus mit SHA-verschlüsselten Hashwerten authentifiziert wird. Das Wichtigste, was Sie im Moment über diese kryptographischen Begriffe wissen müssen, ist, daß dieser Algorithmus eine starke Verschlüsselung und Authentifizierung ermöglicht, die ausreicht, um geheime Informationen zu schützen. Weitere Informationen über Verschlüsselungsalgorithmen und Schlüssellängen finden Sie in Anhang C, *Kryptographie*.

Manche Algorithmensammlungen verwenden eine Public-Key-Kryptographie, die – in Abhängigkeit von der Anwendung – den Einsatz weiterer Netzwerkdienste erfordert (wie etwa LDAP zur Überprüfung digitaler Zertifikate), um eine Server- oder Clientauthentifizierung durchzuführen.

TLS erlaubt Clients die Authentifizierung mit DSS- oder RSA-Public-Key-Kryptographie. Falls Clients andere Formen der Authentifizierung einsetzen wollen, wie etwa eine Schlüsselkarte oder ein Paßwort, müssen sie sich beim Server zunächst anonym authentifizieren; die Anwendung muß dann aushandeln, daß die zusätzliche Authentifizierung ausgeführt werden kann. Dies ist die Vorgehensweise, die ein Webbrowser verwendet, der TLS oder SSL einsetzt, um die HTTP-Grundauthentifizierung durchzuführen.

Die Benutzung von TLS und SSL durch andere Protokolle

Damit TLS und SSL einen Sinn haben, müssen sie zusammen mit höheren Protokollen verwendet werden, die den eigentlichen Datenaustausch zwischen den Anwendungen vornehmen. In einigen Fällen werden sie dazu in neue Protokolle integriert; zum Beispiel verwendet Version 2 des *Secure-Shell-Protokolls* (SSH) TLS. In anderen Situationen ist es dagegen sinnvoll, TLS oder SSL einem bestehenden Protokoll hinzuzufügen. Dazu gibt es zwei Grundmechanismen. Eine Möglichkeit besteht darin, eine neue Portnummer für die Kombination des alten Protokolls und des Verschlüsselungsprotokolls zu benutzen; auf diese Weise wurden SSL und HTTP ursprünglich ineinander integriert und bildeten HTTPS. Die andere gebräuchliche Methode der Integration von TLS oder

SSL in ein existierendes Protokoll ist, dem Protokoll einen Befehl hinzuzufügen, der eine verschlüsselte Sitzung über den bestehenden Port startet; diesen Ansatz verfolgt ESMTP, wenn die STARTTLS-Erweiterung eingesetzt wird.

Keiner dieser Ansätze ist perfekt. Die Benutzung einer neuen Portnummer ist relativ einfach zu implementieren (Sie müssen die Befehlsparser nicht verändern) und erlaubt es einer Firewall, leicht zwischen den geschützten und den ungeschützten Versionen der Protokolle zu unterscheiden (so daß Sie zum Beispiel auf der Benutzung von TLS bestehen können). Dabei werden jedoch die Portnummern aufgebraucht (und es gibt im reservierten Bereich nur 1024, die zugewiesen werden können). Außerdem muß die Konfiguration der Firewall dahingehend geändert werden, daß sie TLS-geschützte Verbindungen zuläßt.

Das Hinzufügen eines neuen Befehls zum Starten einer TLS-Verbindung setzt die Portnummern effektiver ein und verbessert die Aussichten, daß das aufgerüstete Protokoll über Firewalls funktioniert (es könnte immer noch durch einen intelligenten Proxy abgewiesen werden, der die benutzten Befehle überwacht). Es ist jedoch schwieriger zu implementieren. Vor allem ist es schwer, sicherzustellen, daß keine wichtigen Daten ausgetauscht werden, bevor TLS gestartet wurde. Außerdem ist es komplizierter für die Programmierer, vorsichtig mit den Fehlerbedingungen umzugehen. Ein Server oder Client, der TLS unterstützt, muß auf annehmbare Weise einen Fehler ausgeben, wenn er mit einem kommuniziert, bei dem dies nicht der Fall ist. Wenn jedoch sowohl der Server als auch der Client TLS unterstützen, sollte ein Angreifer sie nicht zwingen können, ungeschützt miteinander zu verkehren, indem er die Verhandlung über die Benutzung von TLS stört.

Nachdem ein Protokoll auf die Verwendung von TLS umgeschaltet wurde, sollte es alle Protokollverhandlungen von vorn beginnen. Alle Informationen des ungeschützten Protokolls könnten von einem Angreifer modifiziert worden sein; ihnen ist deshalb nicht zu trauen.

Paketfiltereigenschaften von TLS und SSL

Weder TLS noch SSL sind mit einem speziellen Port verbunden; es gibt aber eine Reihe von Ports, die bestimmten höheren Protokollen zugewiesen sind, die über eines der beiden Protokolle laufen. Wir listen diese Ports zusammen mit anderen Ports auf, die den höheren Protokollen zugewiesen sind (zum Beispiel führen wir im Abschnitt über die Paketfiltereigenschaften von IMAP in Kapitel 16, *Elektronische Post und News*, den Port auf, der IMAP über SSL zugewiesen ist). Manchmal werden Sie sehen, daß Port 443 SSL zugewiesen ist, tatsächlich ist es HTTP über SSL zugewiesen.

TLS- und SSL-Verbindungen sind immer einfache TCP-Verbindungen, das hindert jedoch höhere Protokolle, die diese benutzen, nicht daran, auch andere Verbindungen oder Protokolle einzusetzen. Wegen der Ende-zu-Ende-Verschlüsselung ist es unmöglich, eine intelligente Paketfilterung auf TLS- und SSL-Verbindungen anzuwenden; es gibt zum Beispiel für den Paketfilter keine Möglichkeit, Beschränkungen darüber durchzusetzen, welche höheren Protokolle ausgeführt werden.

Proxy-Eigenschaften von TLS und SSL

Da TLS und SSL einfache TCP-Verbindungen benutzen, funktionieren sie gut mit generischen Proxies. Der Proxy-Einsatz bringt für TLS und SSL kaum zusätzlichen Schutz, da es für den Proxy keine Möglichkeit gibt, den Inhalt der Pakete zu sehen und eine intelligente Protokollierung, Kontrolle oder Inhaltsfilterung durchzuführen; ein Proxy kann lediglich kontrollieren, von wo und wohin die Verbindungen hergestellt werden.

Network-Address-Translation-Eigenschaften von TLS und SSL

TLS und SSL funktionieren gut mit Network Address Translation. Durch die Ende-zu-Ende-Verschlüsselung ist das Network-Address-Translation-System jedoch nicht in der Lage, eingebettete Adressen abzufangen. Höhere Protokolle, die darauf angewiesen sind, korrekte Adreß- oder Hostnameninformationen zu bekommen, funktionieren nicht. Für das Network-Address-Translation-System ist es nicht möglich, Sie vor der versehentlichen Veröffentlichung von Informationen über Ihre interne Netzwerkkonfiguration zu schützen.

Zusammenfassung der Empfehlungen für TLS und SSL

- TLS und SSL Version 3 sind eine gute Wahl, um Anwendungen um einen Ende-zu-Ende-Schutz zu erweitern.
- Benutzen Sie TLS und SSL Version 3, um sich gegen Lauscher, Session-Hijacking und Trojanische Server zu schützen.
- Benutzen Sie TLS oder SSL Version 3 anstatt SSL Version 2. TLS ist SSL Version 3 vorzuziehen.
- Wenn Sie Programme beurteilen, die TLS oder SSL benutzen, um existierende Protokolle zusätzlich zu schützen, müssen Sie prüfen, ob die Überführung in eine geschützte Verbindung geschieht, bevor vertrauliche Daten ausgetauscht werden. Im Idealfall sollten alle Verhandlungen über höhere Protokolle neu gestartet werden, nachdem der Schutz etabliert wurde.

Das Generic Security Services API (GSSAPI)

Das GSSAPI ist ein IETF-Standard, der einer Anwendung eine Anzahl kryptographischer Dienste zur Verfügung stellt. Die Dienste werden über ein wohldefiniertes *Application Programming Interface* (API) bereitgestellt. Zu den kryptographischen Diensten gehören:

- Kontext/Session-Start und Beendigung
- Ver- und Entschlüsselung von Meldungen
- Unterzeichnung und Überprüfung von Meldungen

Das API soll aufgrund seines Designs mit einer Reihe von kryptographischen Techniken funktionieren, allerdings legt jede Technik getrennt den Inhalt von Paketen fest. Zwei unabhängig voneinander geschriebene Anwendungen, die das GSSAPI verwenden, sind unter Umständen nicht in der Lage zusammenzuarbeiten, wenn ihnen nicht die gleiche kryptographische Technik zugrunde liegt.

Es gibt mindestens zwei Standardimplementierungen von GSSAPI für die Protokollebene; die eine verwendet Kerberos und die andere RSA-Public-Keys. Um zu verstehen, was gebraucht wird, um eine bestimmte Implementierung des GSSAPI zu unterstützen, müssen Sie auch wissen, welche zugrundeliegende Technik verwendet wird. Im Fall des Kerberos-GSSAPI benötigen Sie ein Kerberos Key Distribution Center (siehe Kapitel 21, *Authentifizierungs- und Auditing-Dienste*, für weitere Informationen über Kerberos).

Das GSSAPI funktioniert in solchen Anwendungen am besten, bei denen jede Verbindung zwischen den Computern einer ausgeführten Transaktion entspricht. Werden mehrere Verbindungen benötigt, um eine Transaktion durchzuführen, erfordert jede eine neue GSSAPI-Session, da das GSSAPI keine Unterstützung für die Identifizierung des kryptographischen Kontexts einer Nachricht enthält. Anwendungen, die diese Funktionalität erfordern, sollten vermutlich TLS oder SSL benutzen.

Wegen des Fehlens von Kontextinformationen arbeitet das GSSAPI nicht gut mit verbindungslosen Protokollen wie UDP zusammen; es eignet sich wirklich nur für den Einsatz mit verbindungsorientierten Protokollen wie TCP.

IPsec

Die IETF hat ein IP-Sicherheitsprotokoll (*IPsec*) entwickelt, das direkt auf IP aufsetzt und sowohl für IPv4 als auch für IPv6 eine Sicherheit gewährleistet, die auf Ende-zu-Ende-Verschlüsselung beruht. IPsec wird für jede IPv6-Implementierung verlangt; für IPv4 ist es optional. Da IPv6 Funktionen umfaßt, die in IPv4 nicht zur Verfügung stehen, werden die IPv6- und IPv4-Versionen von IPsec etwas unterschiedlich implementiert. IPsec befindet sich zwar noch in der Standardisierung, es ist aber schon recht stabil. Mehrere kompatible Implementierungen sind bereits für IPv4 verfügbar. Die vermutlich bekannteste ist die IPsec-Implementierung für Linux namens FreeS/WAN.

Da IPsec auf der IP-Schicht implementiert wird, kann es für jedes IP-Protokoll einschließlich TCP und UDP Schutz gewährleisten. Zu den Sicherheitsdiensten, die IPsec bereitstellt, gehören:

Zugriffskontrolle
Die Fähigkeit, eine IPsec-Kommunikation aufzubauen, wird durch Regeln kontrolliert – wird das Aushandeln der Sicherheitsparameter abgelehnt, findet auch keine Kommunikation statt.

Authentifizierung des Datenursprungs
 Der Empfänger eines Pakets kann sicher sein, daß dieses auch von dem Absender stammt, der angegeben ist.

Nachrichtenintegrität
 Ein Angreifer kann ein Paket nicht verändern und dann erwarten, daß es akzeptiert wird.

Replay-Schutz
 Ein Angreifer kann ein zuvor gesendetes Paket nicht erneut senden und dann erwarten, daß es akzeptiert wird.

Vertraulichkeit
 Ein Angreifer kann abgefangene Daten nicht lesen.

Zusätzlich bietet es begrenzten Schutz vor Analysen des Verkehrsaufkommens. In manchen Fällen verhindert es, daß ein Angreifer herausbekommt, welche Hosts Daten austauschen und welche Protokolle sie benutzen.

IPsec besteht aus drei Protokollen, die jeweils als Framework definiert sind, in denen der Paket-Aufbau und die Feldgrößen festgelegt sind und die sich für mehrere kryptographische Algorithmen eignen. Die Protokolle selbst definieren keine speziellen kryptographischen Algorithmen, obwohl jede Implementierung die Unterstützung einer Menge vorgegebener Algorithmen verlangt. Die Protokolle, aus denen IPsec besteht, sind:

- *Authentication Header* (AH)
- *Encapsulating Security Payload* (ESP)
- *Internet Security Association Key Management Protocol* (ISAKMP)

Das Authentication Header- (AH) Protokoll unterstützt die Nachrichtenintegrität und die Authentifizierung des Datenursprungs; optional kann es auch Anti-Replay-Dienste zur Verfügung stellen. Der Integritätsschutz von AH umfaßt die Header-Informationen inklusive Quell- und Zieladressen, es gibt jedoch Ausnahmen für solche Header-Parameter, die häufig von Routern geändert werden, wie der IPv4 TTL oder IPv6-Hop-Count.

Das Encapsulating Security Payload- (ESP) Protokoll ermöglicht Vertraulichkeit (Verschlüsselung) und begrenzten Schutz vor Analysen des Verkehrsaufkommens. ESP enthält auch einige der Dienste, die normalerweise durch AH zur Verfügung gestellt werden. Sowohl AH als auch ESP sind auf die Verwendung gemeinsam genutzter Schlüssel angewiesen. Sie bieten beide nicht die Möglichkeit, sie von einer Maschine auf eine andere zu verschieben. Die Erzeugung dieser Schlüssel wird vom dritten IPsec-Protokoll, dem ISAKMP, erledigt.

ISAKMP ist ebenfalls ein Framework-Protokoll; es definiert selbst keine Algorithmen, die zum Erzeugen der Schlüssel für AH und ESP benutzt werden. Das *Internet Key Exchange-* (IKE) Protokoll benutzt das ISAKMP Framework mit speziellen Schlüsselaustauschalgorithmen, um kryptographische Schlüssel für AH und ESP einzurichten. Dieses Ebenenprinzip erscheint möglicherweise verwirrend und übermäßig kompliziert, allerdings bedeutet die Trennung des ISAKMP vom IKE, daß das gleiche grundlegende IPsec-Framework mit verschiedenen Schlüsselaustauschalgorithmen verwendet werden kann (einschließlich des guten alten manuellen Schlüsselaustauschs). Die Standardisierung von IKE garantiert die Interoperabilität, wenn verschiedene Leute den gleichen Schlüsselaustauschalgorithmus implementieren. Das Linux FreeS/WAN-Projekt verwendet eine Implementierung von IKE namens Pluto.

In IPv6 können die Protokolle AH und ESP mit Hilfe einer IPv6-Funktion namens *Header Chaining* gleichzeitig benutzt werden, um Authentifizierungsmodi bereitzustellen, die ESP allein nicht anbieten kann. Werden sie auf diese Weise eingesetzt, wird empfohlen, ESP durch den zusätzlichen AH-Header einzuschließen. In IPv4 ist es nicht möglich, beide auf einmal zu verwenden (Sie können zu einem Zeitpunkt nur einen Header haben).

IPsec stellt für AH und ESP zwei Betriebsmodi bereit, Transport und Tunnel. Im Transportmodus treten AH oder ESP unmittelbar nach dem IP-Header auf und kapseln den Rest des ursprünglichen IP-Pakets ein. Der *Transportmodus* funktioniert nur zwischen einzelnen Hosts; das Paket muß von dem Host interpretiert werden, der es empfängt. Der Transportmodus wird benutzt, um die Host-zu-Host-Kommunikation zu schützen. Die Hosts können mit seiner Hilfe ihren gesamten Verkehr zu anderen kooperierenden Hosts absichern. Oder sie setzen ihn eher wie TLS ein, als eine Schutzschicht um bestimmte Protokolle.

Im *Tunnelmodus* wird das gesamte Originalpaket in ein neues Paket eingekapselt und ein neuer IP-Header erzeugt. IPsec verwendet den Begriff *Sicherheits-Gateway* für jedes Gerät, das im Tunnelmodus arbeiten kann. Dieser Begriff gilt für alle Geräte, die IP-Pakete nehmen und sie in die und aus den IPsec-Protokollen konvertieren können, unabhängig davon, ob es sich um Hosts oder um Router handelt. Da das ganze IP-Paket eingepackt wird, kann der Empfänger die Pakete nach der Verarbeitung an ein endgültiges Ziel weiterleiten. Der Tunnelmodus wird benutzt, wenn zwei Sicherheits-Gateways oder ein Gateway und ein Host miteinander kommunizieren. Diese Betriebsart erlaubt Ihnen den Aufbau eines virtuellen privaten Netzwerks mittels IPsec.

Die Protokolle AH und ESP enthalten jeweils einen 32-Bit-Wert namens *Security Parameter Index* (SPI). Dabei handelt es sich um einen Identifikator, der zur Unterscheidung zwischen unterschiedlichen Verbindungen verwendet wird, die an das gleiche Ziel gerichtet sind. Jede IPsec-Implementierung muß dazu in der Lage sein, selbständig die Sicherheitsparameter für die Kombination aus SPI, Ziel-IP-Adresse und dem verwendeten Sicherheitsprotokoll (entweder AH oder ESP) zu überwachen. Diese Kombination der Parameter wird *Security Association* (SA) genannt. Es liegt in der Verantwortlichkeit des speziellen ISAKMP-Schlüsselverwaltungsprotokolls, die kryptographischen Parameter einschließlich des SPI für jede Security Association auszuhandeln und einzustellen.

Eine SA ist im Prinzip die Menge der kryptographischen Schlüssel und Parameter, die von AH oder ESP verwendet werden:

AH

    Die kryptographischen Schlüssel und Algorithmenidentifikatoren, die für den Identitätsschutz und die Anti-Replay-Parameter benutzt werden

ESP

    Die kryptographischen Schlüssel und Algorithmenidentifikatoren, die für die Verschlüsselung, den Integritätsschutz und die Anti-Replay-Parameter verwendet werden

Paketfiltereigenschaften von IPsec

Die Protokolle AH und ESP setzen direkt auf der IP-Schicht auf. AH ist IP-Protokoll 51, und ESP ist IP-Protokoll 50. Das ISAKMP-Protokoll verwendet sowohl zum Senden als auch zum Empfangen UDP-Port 500. Um IPsec zu erlauben, brauchen Sie ein Paketfiltersystem, das anhand des IP-Protokolltyps filtern kann. Da IPsec einen Ende-zu-Ende-Schutz bereitstellt, wird eine Firewall keine Möglichkeit haben, den Inhalt von IPsec-Paketen zu verändern oder auch nur zu inspizieren.

Richtung	Quelladresse	Zieladresse	Protokoll	Quellport	Zielport	Anmerkungen
eingehend	extern	intern	AH	a	a	Eingehendes AH, Client an Server
ausgehend	intern	extern	AH	a	a	Eingehendes AH, Server an Client
eingehend	extern	intern	ESP	a	a	Eingehendes ESP, Client an Server
ausgehend	intern	extern	ESP	a	a	Eingehendes ESP, Server an Client
eingehend	extern	intern	UDP	500	500	Eingehende ISAKMP-Anfrage
ausgehend	intern	extern	UDP	500	500	ISAKMP-Antwort
ausgehend	intern	extern	AH	a	a	Ausgehendes AH, Client an Server
eingehend	extern	intern	AH	a	a	Ausgehendes AH, Server an Client
ausgehend	intern	extern	ESP	a	a	Ausgehendes ESP, Client an Server
eingehend	extern	intern	ESP	a	a	Ausgehendes ESP, Server an Client
ausgehend	intern	extern	UDP	500	500	Ausgehende ISAKMP-Anfrage
eingehend	extern	intern	UDP	500	500	ISAKMP-Antwort

a. AH und ESP besitzen keine Quell- oder Zielports.

Ihnen fällt sicher auf, daß die Tabelle keine Informationen über die Einstellung des ACK-Flags enthält. UDP besitzt kein Äquivalent des TCP ACK-Flags. Wenn TCP-Pakete in AH-Pakete eingepackt werden, sind ihre Flags weiterhin vorhanden; es wäre für eine Firewall, die AH versteht, theoretisch möglich, anhand dieser ACK-Flags die Richtung der TCP-Verbindungen festzustellen und mit Hilfe dieser Informationen zu filtern. In gleicher Weise stehen bei TCP- und UDP-Paketen in AH ihre ursprünglichen Quell- und Zielports für eine Filterung zur Verfügung.

Proxy-Eigenschaften von IPsec

AH und ESP bieten einen Ende-zu-Ende-Schutz der Nachrichtenintegrität, der aus den Daten des IP-Paket-Headers errechnet wird. Beim Einsatz eines Proxys ändern sich die Header-Daten, wodurch die Nachrichtenintegrität nicht mehr gewährleistet werden kann. Theoretisch kann die IPsec-Architektur die Benutzung vermittelnder Proxies bei der Ende-zu-Ende-Kommunikation erlauben, wenn diese Proxies an der Aushandlung der Security Association-Parameter für den Integritätsschutz teilnehmen können. Leider wurden die Einzelheiten für diese Funktionalität noch nicht definiert, deshalb kann IPsec momentan nicht über Proxies eingesetzt werden.

Es ist jedoch möglich, bis zum Proxy-System reguläres IP einzusetzen und den Proxy dann mit dem Ziel über IPsec kommunizieren zu lassen. Außerdem könnte IPsec mit SOCKS benutzt werden. In dieser Konfiguration würde der Client die Kommunikation mit dem SOCKS-Server über IPsec herstellen, der SOCKS-Server seinerseits würde einen separaten IPsec-Kommunikationskanal zum endgültigen Ziel einrichten. Allerdings könnte dieser doppelte Einsatz von IPsec beträchtliche CPU-Ressourcen beanspruchen.

Network-Address-Translation-Eigenschaften von IPsec

Sowohl AH als auch ESP beinhalten einen Nachrichtenintegritätsschutz für das gesamte Paket einschließlich der Header. Wenn Sie das Paket verändern, und sei es, um die Quell- oder Zieladresse anzupassen, machen Sie es ungültig. Es ist aus diesem Grund unmöglich, mit AH oder ESP eine Network Address Translation durchzuführen. Andererseits läßt sich mit Paketen, die anschließend in AH oder ESP getunnelt werden, ganz ausgezeichnet eine Network Address Translation durchführen; sie kümmert sich nicht darum, was mit dem Paket passiert ist, als es noch ein Standard-IP-Paket war.

Deshalb können Sie Network Address Translation und IPsec-Tunnelung miteinander kombinieren, Sie müssen allerdings zuerst die Network Address Translation ausführen und können dann den IPsec-Tunnel einrichten. (In der Sprache von IPsec heißt das also, daß es möglich wäre, die Network Address Translation hinter oder auf einem Sicherheits-Gateway zu implementieren.)

Zusammenfassung der Empfehlungen für IPsec

- IPsec stellt eine gute Wahl für den Aufbau virtueller privater Netzwerke dar.

Remote Access Service (RAS)

Microsofts Remote Access Service (RAS) stellt eine konsistente Benutzungsoberfläche für eine Vielzahl von Protokollen zur Verfügung, die verwendet werden, um eine Maschine an einem Ort mit einem Netzwerk an einem anderen Ort zu verbinden. Aus Sicht einer Firewall handelt es sich nicht um einen einzelnen Dienst, statt dessen sind mehrere verschiedene Dienste beteiligt. Unter Windows NT 4 gibt es RAS entweder als installierbares Paket beim Standard-Server-Betriebssystem oder in einer erweiterten Version, die

Bestandteil des kostenlosen *Routing and Remote Access Service-* (RRAS) Pakets ist. In Windows 2000 ist RAS immer in RRAS enthalten; dies wiederum ist ein integraler Bestandteil des Betriebssystems. Sie können es aktivieren oder deaktivieren, es ist jedoch nicht möglich, es zu deinstallieren oder zu löschen.

RAS kann in zwei verschiedenen Modi benutzt werden. In dem einen Modus besitzt der RAS-Client nur Zugriff auf den RAS-Server; im anderen Modus agiert der RAS-Server als Router, und der RAS-Client kann auf das ganze Netzwerk zugreifen. Wenn Sie den Zugriff auf den RAS-Server beschränken, haben Sie mehr Kontrolle über den Client, müssen allerdings auf einen großen Teil seiner Funktionalität verzichten.

Wie bereits erwähnt, können RAS-Clients mehrere unterschiedliche Protokolle für die Verbindung zu RAS-Servern benutzen. Ursprünglich war RAS vor allem für die Unterstützung von Modems und ähnlichen einfachen Verbindungen gedacht; es unterstützt auch weiterhin den Einsatz von PPP über eine Vielzahl unterschiedlicher Transportwege, einschließlich der beliebtesten Modems, ISDN und X.25. Inzwischen wird RAS jedoch auch häufig verwendet, um virtuelle private Netzwerke über IP-Verbindungen zu erstellen, wobei das *Point-to-Point Tunneling Protocol* (PPTP) oder in Windows 2000 das Layer 2 Transport Protocol (L2TP) eingesetzt wird.

Point-to-Point Tunneling Protocol (PPTP)

PPTP ist ein Kapselungsprotokoll, das auf dem *Point-to-Point Protocol* (PPP) und dem Generic Routing Encapsulation- (GRE) Protokoll beruht. PPP wurde ursprünglich entwickelt, um die Benutzung von IP und ähnlichen Protokollen über Wählverbindungen zu ermöglichen und eine allgemeine Methode für die Kapselung von Protokollen der IP-Ebene bereitzustellen. PPTP stellt eine Erweiterung von PPP dar, die PPP-Pakete nimmt, sie verschlüsselt und dann in GRE-Pakete einkapselt. Abbildung 14-3 zeigt die Kapselungsschichten, die beim Versenden eines TCP-Pakets über PPTP auftreten. Da PPP die Kapselung mehrerer Protokolle unterstützt, ist dies auch bei PPTP der Fall. Am häufigsten wird es eingesetzt, um den Aufbau virtueller privater Netzwerke zu unterstützen, bei denen IP über IP getunnelt wird, es ist aber auch in der Lage, Nicht-IP-Protokolle wie IPX zu tunneln.

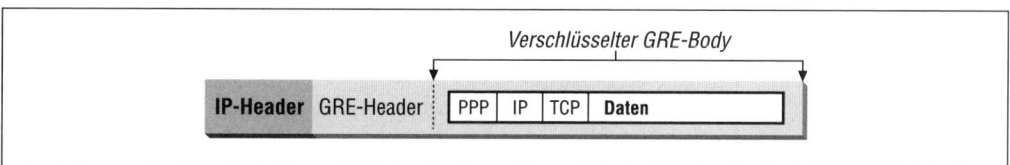

Abbildung 14-3: PPTP-Kapselung eines TCP-Pakets

Da PPTP Pakete über IP tunnelt, muß es zwischen den Hosts eine Verbindung auf der IP-Schicht geben. In vielen Situationen erlaubt diese Verbindung den Angriff auf die Hosts mit Hilfe anderer Protokolle. Wenn Sie zum Beispiel PPTP als virtuelles privates

Netzwerk über das Internet benutzen, verfügen diese Hosts über eine Art Internet-Verbindung und weisen die gleichen Schwächen auf wie andere an das Internet angeschlossene Hosts. Sie müssen alle Nicht-PPTP-Verbindungen deaktivieren oder die Maschinen auf andere Weise schützen. Vor allem empfehlen wir, PPTP-Produkte zu vermeiden, die es dem Verkehr vom und zum Host erlauben, das zugrundeliegende Netzwerk direkt zu benutzen.

Es gab große Auseinandersetzungen über die Sicherheit von PPTP. Einige hatten ihre Ursache in den Schwächen der Microsoft-Implementierungen von PPTP, von denen viele inzwischen behoben wurden. Es gibt jedoch in PPTP immer noch einige Entwurfsschwächen.

Entwurfsschwächen in PPTP

PPTP ist zwar ein verschlüsseltes Protokoll, allerdings werden nicht alle Teile der Kommunikation verschlüsselt. Bevor der PPTP-Server damit beginnt, die GRE-Pakete anzunehmen, findet über TCP eine Verhandlung statt. Die PPTP-Verschlüsselung schützt die Informationen, die getunnelt werden, nicht jedoch die Verhandlung vor dem Einrichten des Tunnels. Diese Verhandlung wird im Klartext durchgeführt und gibt die IP-Adressen von Client und Server, den Namen und die Software-Version des Client, den Benutzernamen und manchmal auch den Hashwert des für die Authentifizierung verwendeten Paßworts an. Alle Informationen eignen sich hervorragend zum Abhören.

Diese Verhandlung wird außerdem durchgeführt, bevor der Client sich authentifizieren muß, wodurch der Server besonders durch böswillige Clients gefährdet ist. Ein Angreifer muß sich nicht authentifizieren, um den Server in die Verhandlung zu verwickeln, die Ressourcen auszuspähen und ihn möglicherweise zu verwirren.

Schwächen in der Implementierung von PPTP

Wir haben bereits bemerkt, daß PPTP die Authentifizierungsinformationen im Klartext sendet. In vielen Versionen von Microsoft-PPTP kann diese Information einen LanMan-Hashwert des Paßworts des Benutzers enthalten. Wie in Kapitel 21, *Authentifizierungs- und Auditing-Dienste*, beschrieben, ist es relativ einfach, einen LanMan-Hashwert zu verwenden, um ein Paßwort aufzudecken. Sie können die Lan Manager-Authentifizierung deaktivieren und sollten dies auch auf allen Clients und Servern tun, die Sie kontrollieren. Dadurch müssen bei der Authentifizierung sicherere Windows NT-Paßwort-Hashwerte benutzt werden.

Microsofts Implementierung weist außerdem Probleme bei der Verschlüsselung auf. Microsoft bietet zwei Verschlüsselungsstufen, die beide einen symmetrischen Verschlüsselungsalgorithmus namens RC4 verwenden; der eine benutzt einen 40-Bit-Schlüssel und der andere einen 128-Bit-Schlüssel. (Siehe Anhang C, *Kryptographie*, für weitere Informationen über RC4 und die Bedeutung der Schlüssellänge.) Der 40-Bit-RC4-Algorithmus ist nicht besonders stark, und Microsoft schwächt ihn noch zusätzlich dadurch, daß der Schlüssel auf dem Paßwort des Benutzers basiert, so daß der Benutzer über mehrere Sitzungen den gleichen Schlüssel verwendet. Je länger ein Schlüssel eingesetzt wird, um so stärker muß er sein; und die Zeiten zwischen den Paßwortwechseln können in der Tat sehr lang sein.

128-Bit-Schlüssel basieren auf dem Paßwort des Benutzers sowie auf einer Pseudo-Zufallszahl. Der Schlüssel ist deshalb bei jeder Verbindung anders. Dies ist einerseits eine wichtige Verbesserung, andererseits reduziert sich durch die Benutzung des Benutzerpaßworts die Anzahl der wahrscheinlichen Schlüssel. Für PPTP-Benutzer ist es deshalb wichtig, gute Paßwörter zu verwenden.

Die meisten PPTP-Implementierungen, einschließlich der von Microsoft, neigen zu Problemen mit Kontrollverhandlungen. Wie Sie bereits wissen, finden diese Verhandlungen vor der Clientauthentifizierung statt, was bedeutet, daß jeder Angreifer sie starten kann. Es ist für die Server deshalb extrem wichtig, mit schlechten Verhandlungen umgehen zu können, allerdings sieht es in der Praxis eher so aus, daß viele Server abstürzen, wenn sie verstümmelte Verhandlungsdaten erhalten. Manche stürzen sogar dann ab, wenn sie irgendwelchen Müll erhalten, der keine Ähnlichkeit mit einer gültigen Verhandlung aufweist. Microsoft bietet zwar eine Option zur Kontrolle des PPTP-Zugriffs anhand der Quell-IP-Adresse, diese bezieht sich jedoch auf den GRE-Tunnel und nicht auf die TCP-basierte Verhandlung. Wenn Sie PPTP von bekannten Quelladressen aus vornehmen, können Sie den PPTP-Server mit Hilfe eines davorgeschalteten Paketfilters schützen; falls das nicht der Fall ist, müssen Sie mit dem Risiko solcher Denial-of-Service-Attacken leben.

Paketfiltereigenschaften von PPTP

Die PPTP-Verhandlung findet auf TCP-Port 1723 statt. Der eigentliche Tunnel basiert auf GRE, das heißt IP-Protokoll 47, und verwendet GRE-Protokoll hexadezimal 880B (wodurch angezeigt wird, daß es sich bei den getunnelten Paketen um PPP-Pakete handelt). GRE wird in Kapitel 4, *Pakete und Protokolle*, näher besprochen.

Richtung	Quelladresse	Zieladresse	Protokoll	Quellport	Zielport	ACK gesetzt	Anmerkungen
eingehend	extern	intern	GRE	a	a	b	Tunneldaten, externer Client an internen Server
ausgehend	intern	extern	GRE	a	a	b	Tunnelantwort, interner Server an externen Client
eingehend	extern	intern	TCP	>1023	1723	c	Setup-Anfrage, externer Client an internen Server
ausgehend	intern	extern	TCP	1723	>1023	ja	Setup-Antwort, interner Server an externen Client
ausgehend	intern	extern	GRE	a	a	b	Tunneldaten, interner Client an externen Server
eingehend	extern	intern	GRE	a	a	b	Tunnelantwort, externer Server an internen Client
ausgehend	intern	extern	TCP	>1023	1723	c	Setup-Anfrage, interner Client an externen Server

401

Richtung	Quelladresse	Zieladresse	Protokoll	Quellport	Zielport	ACK gesetzt	Anmerkungen
eingehend	extern	intern	TCP	1723	>1023	ja	Setup-Antwort, externer Server an internen Client

a. GRE besitzt keine Ports. GRE besitzt Protokolltypen, und PPTP ist Protokolltyp hexadezimal 880B.
b. GRE besitzt kein Äquivalent zu ACK.
c. ACK ist beim ersten Paket nicht gesetzt (Aufbau der Verbindung), wird aber bei den restlichen gesetzt.

Proxy-Eigenschaften von PPTP

Es ist theoretisch möglich, PPTP über einen Proxy zu betreiben, wenn Sie es schaffen, ein Proxy-System zu finden, das GRE unterstützt. Es fragt sich jedoch, ob es überhaupt sinnvoll ist, ein tunnelndes Protokoll über einen Proxy zu schicken. Ein Proxy-System kann die Sicherheit nicht besonders erhöhen, da der gesamte Verkehr verschlüsselt ist. Das einzige, wovor ein Proxy-System Sie schützen könnte, wären Angriffe auf den PPTP-Server über das Verhandlungsprotokoll.

Network-Address-Translation-Eigenschaften von PPTP

Im allgemeinen hat die Network Address Translation keinen negativen Einfluß auf PPTP; es gibt zwar eingebettete Adressen, diese sollen aber auf jeden Fall durch den Tunnel gelangen. Sie brauchen ein NAT-System, das GRE genauso wie TCP und UDP unterstützt. Die Network Address Translation wird bei der Benutzung mit PPTP keine Informationen verheimlichen. Sie ermöglicht Ihnen auch nicht den Einsatz von PPTP zwischen zwei Netzwerken mit gleichem Adreßraum, da die Originaladreßinformation sichtbar ist, sobald die PPTP-Kapselung entfernt wird.

Zusammenfassung der Empfehlungen für PPTP

- Setzen Sie PPTP mit Vorsicht ein; es bietet nicht so viel Schutz wie andere Optionen zum Erstellen virtueller privater Netzwerke, stellt jedoch eine akzeptable Wahl dar, wenn Sie Protokolle aus anderen Gründen tunneln müssen, als die Informationen zu schützen, die diese übertragen.
- Wenn Sie PPTP einsetzen wollen, erhalten Sie durch Proxies keinen nennenswerten Schutz. Sie könnten den PPTP-Verkehr auch einfach durch Paketfilter leiten.
- Stellen Sie PPTP-Client und -Server so ein, daß Sie das höchste verfügbare Maß an Verschlüsselung erhalten.

Layer 2 Transport Protocol (L2TP)

Das *Layer 2 Transport Protocol* (L2TP) ist ein weiteres generisches Kapselungsprotokoll, das es Ihnen erlauben soll, IP-Netzwerkverkehr zu tunneln. Es ist ebenso wie PPTP eine Erweiterung von PPP. Zwischen PPTP und L2TP bestehen zwei wichtige Unterschiede. Erstens setzt PPTP immer auf IP auf; das bedeutet, Sie brauchen eine wie auch immer geartete IP-Verbindung. L2TP kann über eine Reihe verschiedener Protokolle laufen, einschließlich direkt über eine Telefonleitung (wie PPP). Zweitens ist PPTP ein verschlüsseltes Protokoll; es verschlüsselt alles bis auf die anfänglichen Verhandlungen. L2TP ist kein verschlüsseltes Protokoll; es verschlüsselt die Nachrichtenkörper nicht. Andererseits führt L2TP bei den anfänglichen Verhandlungen eine gegenseitige Authentifizierung durch und ist in der Lage, die Informationen in diesen Anfangsverhandlungen zu verbergen.

L2TP wird normalerweise zusammen mit IPsec eingesetzt, so daß IPsec die Verschlüsselung bereitstellt. Dadurch ergibt sich ein vielschichtiger Protokoll-Stack. Abbildung 14-4 zeigt die Kapselungsebenen, die beim sicheren Versenden eines TCP-Pakets mittels LT2P über ein IP-Netzwerk auftreten.

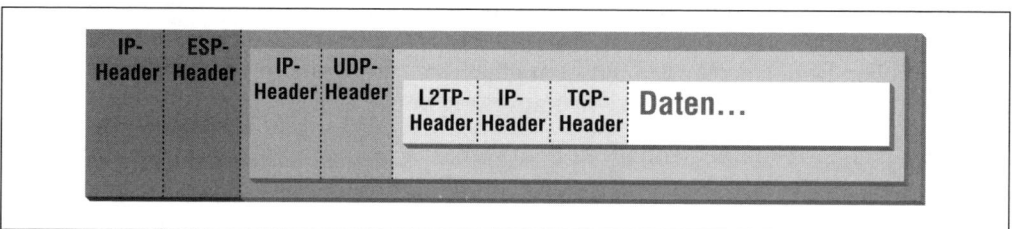

Abbildung 14-4: L2TP-Kapselung eines TCP-Pakets, wie es sich beim Durchqueren eines IP-Netzwerks ergibt

Paketfiltereigenschaften von L2TP

Wenn L2TP auf IP aufgesetzt wird, verwendet es UDP-Port 1701. Bei den meisten Implementierungen wird L2TP eigentlich mittels IPsec über IP verschickt, wobei eine ESP-Kapselung von UDP zum Einsatz kommt; diese Form hat die Paketfiltereigenschaften, die bereits für ESP gezeigt wurden.

Richtung	Quelladresse	Zieladresse	Protokoll	Quellport	Zielport	Anmerkungen
eingehend	extern	intern	UDP	>1023	1701	Externer Client an internen Server
ausgehend	intern	extern	UDP	1701[a]	>1023	Antwort, interner Server an externen Client
ausgehend	intern	extern	UDP	>1023	1701	Interner Client an externen Server
eingehend	extern	intern	UDP	1701[a]	>1023	Antwort, externer Server an internen Client

a. Der Standard erfordert es nicht, daß L2TP-Server Pakete von Port 1701 abschicken; sie müssen die Pakete am Port 1701 empfangen, können sie aber von jedem beliebigen Port wegschicken. Viele Server senden jedoch die Pakete von 1701 ab, um die Interaktionen mit der Network Address Translation und der dynamischen Paketfilterung zu vereinfachen.

Proxy-Eigenschaften von L2TP

Es ist möglich, L2TP über einen Proxy zu betreiben, wenn Sie über ein Proxy-System verfügen, das UDP unterstützt. Es fragt sich jedoch, ob es überhaupt sinnvoll ist, ein tunnelndes Protokoll über einen Proxy zu schicken. Wenn L2TP nicht verschlüsselt wird, ist es auf jeden Fall unsicher, unabhängig davon, was der Proxy tut; wenn es verschlüsselt wird, kann der Proxy die Sicherheit auch nicht erhöhen.

Network-Address-Translation-Eigenschaften von L2TP

Im allgemeinen hat die Network Address Translation keinen negativen Einfluß auf L2TP; es gibt zwar eingebettete Adressen, diese sollen aber auf jeden Fall durch den Tunnel gelangen. Die Network Address Translation wird bei der Benutzung mit L2TP keine Informationen verheimlichen. Sie ermöglicht Ihnen auch nicht den Einsatz von L2TP zwischen zwei Netzwerken mit dem gleichen Adreßraum, da die Originaladreßinformation sichtbar ist, sobald die L2TP-Kapselung entfernt wird.

Wenn Sie eine L2TP-Implementierung benutzen, bei der die Endpunkte die Antworten nicht von Port 1701, sondern von zufällig gewählten Ports senden, wird es schwierig, die Antworten durch ein NAT-System hindurchzuleiten. Das NAT-System erkennt die Pakete nicht als Antworten, da der neue Quellport sich vom vorherigen Zielport unterscheidet.

Zusammenfassung der Empfehlungen für L2TP

- Verwenden Sie kein unverschlüsseltes L2TP durch eine Firewall; wenn Sie ein ungesichertes Netzwerk durchqueren müssen, sollten Sie sichergehen, daß L2TP mit einem verschlüsselten Transportprotokoll kombiniert wird. Die meisten Implementierungen setzen für diesen Zweck IPsec ein.
- Beim Einsatz von L2TP erhalten Sie mit Proxies nicht mehr Funktionalität als mit Paketfilterung.

15

Das World Wide Web

Die Existenz des World Wide Web stellt einen der treibenden Faktoren hinter dem explosionsartigen Anwachsen des Internet dar. (Es ist sogar so, daß viele Internet-Neulinge das Internet und das World Wide Web gleichsetzen.) Seit 1993 NCSA Mosaic, die erste grafische Benutzeroberfläche für das Web, die breite Akzeptanz fand, eingeführt wurde, stieg der Web-Verkehr im Internet rasend schnell an, schneller als jede andere Art von Verkehr (SMTP-E-Mail, FTP-Dateiübertragungen, Telnet-Sitzungen usw.). Sicherlich werden Sie es Ihren Benutzern erlauben, mit Hilfe eines Browsers auf Websites zuzugreifen, und wahrscheinlich betreiben Sie sogar selbst eine Website, falls Sie Ihre Aktivitäten einer breiteren Öffentlichkeit zugänglich machen wollen. Dieses Kapitel befaßt sich mit den zugrundeliegenden Mechanismen, deren Folgen für die Sicherheit sowie den Maßnahmen, die Sie ergreifen können, um diesen zu begegnen.

Die Möglichkeiten, die das Web so beliebt machen, sorgen gleichzeitig dafür, daß es sich so schwer absichern läßt. Die grundlegenden Protokolle sind sehr flexibel, und die Programme, die für Webserver und -Clients eingesetzt werden, lassen sich leicht erweitern. Jede Erweiterung bringt ihre eigenen Sicherheitsanforderungen mit sich, sie sind jedoch schwierig zu trennen und zu kontrollieren.

Die meisten Webbrowser können neben HTTP, dem grundlegenden Protokoll im Web, noch andere Protokolle benutzen. Zum Beispiel sind diese Browser in der Regel auch noch Gopher- und FTP-Clients oder können Ihre vorhandenen Telnet- und FTP-Clients transparent benutzen (ohne daß es für den Benutzer erkennbar ist, daß ein externes Programm gestartet wird). Viele sind außerdem noch NNTP- und SMTP-Clients. Sie benutzen eine einzige konsistente Notation namens *Uniform Resource Locator* (URL), um Verbindungen verschiedener Typen anzugeben.

Zusätzlich werden zusammen mit Webbrowsern eine Reihe weiterer Protokolle eingesetzt. Einige von diesen verfügen über andere Clientprogramme, die meisten aber werden vorrangig, wenn nicht sogar ausschließlich als nahtlos eingepaßte Bestandteile von Websites behandelt.

Es gibt drei grundlegende Sicherheitsüberlegungen im Zusammenhang mit HTTP:

- Welchen Schaden kann ein bösartiger Client Ihrem HTTP-Server zufügen?
- Welchen Schaden kann ein bösartiger HTTP-Server Ihren Clients zufügen?
- Was kann sonst noch getunnelt über HTTP hereinkommen?

Die folgenden Abschnitte beschreiben diese Aspekte.

HTTP-Server-Sicherheit

Ein Server, der ausschließlich das HTTP-Protokoll unterstützt, erfordert relativ geringe Sicherheitsmaßnahmen. Ein HTTP-Server ohne Erweiterungen nimmt Anfragen entgegen und liefert Dateien zurück; das einzige, was auf die Festplatte geschrieben wird, sind die Protokolldateien. Deshalb sind die Schwachstellen eines HTTP-Servers unabhängig davon, wie bösartig ein Benutzer und wie schlecht geschrieben der Server ist, auf verschiedene Arten von Denial-of-Service-Attacken (der HTTP-Server stürzt ab, die Maschine stürzt ab, der Rest der Maschine wird unbenutzbar, die Platten füllen sich…) und die unbeabsichtigte Veröffentlichung von Daten (ein Client fordert eine Datei an, die Sie geheimhalten wollten, der Server gibt sie jedoch heraus) beschränkt. Wenn der Server besonders schlecht geschrieben ist, könnte ein Angreifer es schaffen, beliebige Befehle unter den Berechtigungen des HTTP-Servers über einen Angriff mit Pufferüberlauf auszuführen. In einem einfachen Server ist dies unwahrscheinlich und relativ leicht zu vermeiden (betreiben Sie den Server als Zugang ohne besondere Rechte; selbst wenn ein Angreifer dann Befehle ausführen kann, wird er kaum interessante Ergebnisse erhalten).

Gegen Denial-of-Service-Attacken kann man sich kaum ausreichend schützen, allerdings wird ein gut geschriebener HTTP-Server dagegen relativ unempfindlich sein. Normale Praktiken im Umgang mit Bastion-Hosts (siehe Kapitel 10, *Bastion-Hosts*) helfen Ihnen ebenfalls, Denial-of-Service-Attacken zu umgehen und zu überstehen. Öffentlich zugängliche Websites sind weithin sichtbare Ziele. Oft sind sie selbst dann sehr ressourcenintensiv, wenn sie nicht angegriffen werden, daher ist es wahrscheinlich nicht besonders klug, sie mit anderen Diensten auf demselben Bastion-Host zu kombinieren.

Um die unbeabsichtigte Veröffentlichung von Daten zu verhindern, sind größere Anstrengungen nötig. Sie sollten davon ausgehen, daß jede Datei, die ein HTTP-Server lesen kann, von ihm auch herausgegeben wird. Glauben Sie nicht, daß eine Datei sicher sei, nur weil sie sich nicht im Dokumentenbaum befindet, weil es keine HTML-Datei ist oder weil Sie keinen Verweis auf diese Datei veröffentlicht haben. Man kann leicht hereingelegt werden; einer der Autoren hatte einmal eine E-Mail an einige Freunde geschickt, um sie über eine Webseite zu informieren. Nach 20 Minuten erhielt er eine Antwort, in der stand: »Interessant, aber ich mag das Bild von mir nicht.« »Welches Bild von Dir? Du bist nicht auf dieser Webseite.« »Nein, aber ich schaue mir immer das ganze Verzeichnis an, und als ich eine GIF-Datei mit meinem Namen sah, habe ich sie mir angeschaut.« Es handelt sich um eine Kombination aus einem Fehler auf der

Seite des Autors (Übertragung des gesamten Arbeitsverzeichnisses auf den Server anstelle lediglich der Teile, die veröffentlicht werden sollten) und auf der Seite des Site-Betreibers (Verzeichnisinformationen sollten überhaupt nicht herausgegeben werden).

In diesem Fall waren die Auswirkungen harmlos, allerdings könnte die gleiche Art von Fehler viel ernstere Folgen haben. Öffentliche Webserver geraten oft in die Schlagzeilen, weil sie versehentlich Entwürfe oder Vorabinformationen in den Informationen belassen, die veröffentlicht werden sollen, weil sie Informationen ungeschützt lassen, die nur für eine eingeschränkte Zielgruppe gedacht sind, in der Hoffnung, daß es niemand merkt, oder weil Informationen, die vom Webserver oder anderen Prozessen intern gebraucht werden, an Stellen verbleiben, wo der Webserver sie lesen und eine externe Person auf sie zugreifen kann. Zu dieser letzten Gruppe kann alles mögliche gehören, von Unix-Paßwortdateien bis zu Kundendaten (einschließlich Kreditkartennummern!).

Treffen Sie folgende Maßnahmen, um diese Fehler zu vermeiden:

- Konfigurieren Sie sorgfältig die Eigenschaften Ihres Servers zur Sicherheit und Zugriffskontrolle, um dessen Funktionen einzuschränken und die Zugriffsmöglichkeiten zu begrenzen.
- Betreiben Sie den Server als Benutzer mit nur wenigen Rechten (und nicht als privilegierter Benutzer).
- Setzen Sie Dateisystemberechtigungen ein, um sicherzustellen, daß der Server keine Dateien lesen kann, auf die ihm der Zugriff nicht erlaubt ist.
- Schränken Sie unter Unix mit Hilfe des *chroot*-Mechanismus den Betrieb des Servers auf einen bestimmten Bereich Ihrer Dateisystemhierarchie ein. Sie können *chroot* entweder innerhalb des Servers oder durch ein externes Wrapper-Programm benutzen.
- Minimieren Sie die Menge der geheimen Daten auf der Maschine.
- Begrenzen Sie die Anzahl derjenigen, die Daten auf extern sichtbare Websites legen können; informieren Sie sie aber in jedem Fall sorgfältig über die Folgen, die das Veröffentlichen von Daten mit sich bringt.
- Wahren Sie eine saubere Unterscheidung zwischen den Produktions- und den Entwicklungsservern und legen Sie einen Säuberungsschritt ein, bevor die Daten auf die Produktionsserver verschoben werden.

HTTP-Erweiterungen

Im vorangegangenen Abschnitt haben wir die Risiken eines HTTP-Servers diskutiert, der nur das reine HTTP-Protokoll verarbeitet, und festgestellt, daß diese Risiken relativ gering sind. Dies scheint der oft zu beobachtenden Tatsache zu widersprechen, daß es häufige und charakteristische Einbrüche in Websites gibt. Das Problem ist, daß nahezu niemand einen HTTP-Server ohne Erweiterungen betreibt. Fast alle HTTP-Server setzen sehr viele externe Programme oder zusätzliche Protokolle ein. (Es war üblich, daß zusätzliche Protokolle immer außerhalb des Webservers implementiert wurden; aus Gründen der Effektivität werden inzwischen aber auch verstärkt Erweiterungssprachen in den Webserver selbst integriert.)

Diese Erweiterungen stellen alle möglichen Arten von Funktionen bereit; Autorenerweiterungen erlauben es den Leuten, Webseiten mit Hilfe eines Browsers hinzuzufügen und zu verändern, Erweiterungen zum Verarbeiten von Formularen erlauben es, Warenbestellungen auszulösen, Datenbankerweiterungen testen den aktuellen Zustand von Dingen, Erweiterungen für aktive Seiten verändern das Aussehen einer Seite in Abhängigkeit davon, wer diese Seite anfordert. Alle Aktionen, die über das Zurückgeben einer unveränderten Datendatei hinausgehen, erfordern eine Erweiterung der grundlegenden Fähigkeiten des Servers.

Diese Zusätze verändern das Sicherheitsbild deutlich. Anstatt eine extrem eingeschränkte Interaktion zur Verfügung zu stellen, bieten sie die Möglichkeit, alle möglichen gefährlichen Aktionen auszuführen (wie etwa Daten auf den Server zu schreiben). Viele Erweiterungen sind außerdem keine einfachen, in ihrer Funktion beschränkten Module; es handelt sich statt dessen um allgemein einsetzbare Sprachen, mit deren Hilfe Sie zu Hause selbst Ihre eigenen Unsicherheiten erzeugen können. Das bedeutet, daß die Sicherheit Ihres Webservers (der Maschine) nicht mehr nur von der Sicherheit des Webservers (des Programms) abhängt, bei dem Sie sich relativ gewiß sein können, daß er von Leuten entwickelt wurde, die etwas von Sicherheit verstehen und Entwicklung und Fehlersuche durchführen, sondern auch von all den Zusatzprogrammen, die von Programmieranfängern in kurzer Zeit geschrieben worden sein können, ohne einen Gedanken an Sicherheit zu verschwenden.

Und selbst wenn Sie von der Installation selbstgeschriebener Programme absehen – auch kommerzielle Webserver-Erweiterungen haben in bezug auf Sicherheitsprobleme eine lange und dunkle Vergangenheit. Es ist ziemlich einfach, ein sicheres Programm zu schreiben, wenn dieses niemals Daten schreiben muß. Es ist jedoch schwierig, ein sicheres Programm zu schreiben, das es dem Benutzer erlaubt, wirklich Dinge zu ändern; es wird noch schwieriger, wenn der Benutzer mit wertvollen Informationen jonglieren muß (zum Beispiel wenn Sie eine E-Commerce-Anwendung schreiben, deren Daten im richtigen Leben Auswirkungen auf Waren und Geld haben). Es kann sehr schwer werden, die Sicherheit einzuschätzen, wenn Sie versuchen, völlige Flexibilität zu ermöglichen.

Die Liste der Firmen mit ernsthaften Sicherheitsproblemen in ihren Webserver-Erweiterungen liest sich nicht nur wie ein Who's who der Software-Industrie, es ist eigentlich die komplette Liste der Firmen, die überhaupt Webserver oder Erweiterungen anbieten! Zum Beispiel hatten Microsoft, Sun, Netscape und Oracle Probleme, die meisten sogar wiederholt. Damit Sie nicht glauben, dies sei allein ein Problem kommerzieller Produkte, sollten Sie wissen, daß sowohl der Apache-Server als auch der Squid-Cacheserver ebenfalls mit Problemen zu kämpfen hatten.

Oft werden Sie feststellen, daß die externen Programme, die mit Webservern benutzt werden, *CGI-Skripte* genannt werden, nach dem *Common Gateway Interface* (CGI), das festlegt, wie Browser Informationen an Server übergeben können. Sie werden auch oft *Active Server Pages* (ASP) sehen. Dabei handelt es sich um eine von Microsoft entwikkelte Technik zum Erstellen dynamischer Seiten. Neue Techniken für Erweiterungen erscheinen zwar in schneller Folge, sie ziehen aber alle die gleichen Arten von Sicherheitsproblemen nach sich.

Es gibt zwei Dinge, um die Sie sich bei diesen Erweiterungen Sorgen machen müssen:

- Kann ein Angreifer die Erweiterungen überlisten, so daß sie etwas tun, was sie nicht tun sollten?
- Kann ein Angreifer unerwünschte externe Programme ausführen?

Erweiterungen überlisten

Ein durchschnittlicher HTTP-Server führt Dutzende von externen Programmen aus; sie stammen oft aus mehreren Quellen und sind in vielen verschiedenen Sprachen geschrieben. Es ist nicht ungewöhnlich, wenn eine einzelne Seite drei oder vier Programmebenen enthält. Zum Beispiel ruft der Webserver ein externes Programm auf, das in Visual Basic geschrieben wurde. Dieses verwendet Jet, um auf einen Datenbank-Server zuzugreifen. In vielen Fällen benutzen die Autoren von Webseiten Bibliotheken und bekommen es wahrscheinlich gar nicht mit, welche anderen Programme ausgeführt werden. Abbildung 15-1 zeigt eine Konfiguration, bei der eine einfache Anfrage an einen Webserver den Aufruf mehrerer Programme nach sich zieht.

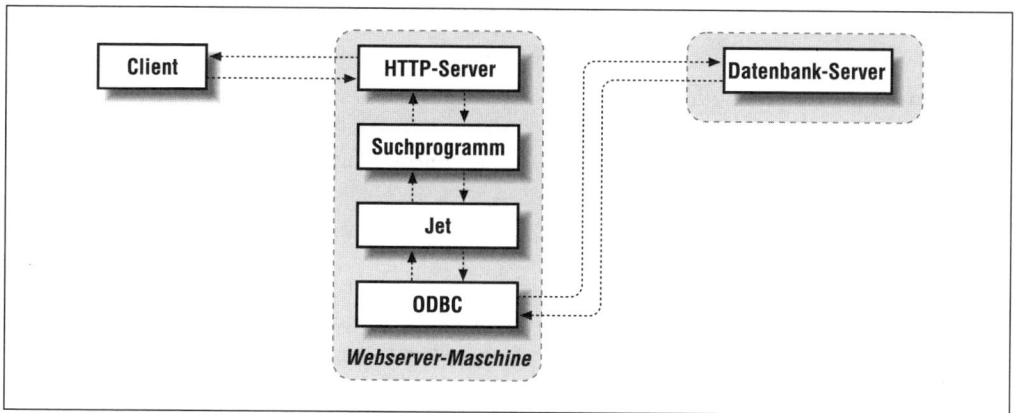

Abbildung 15-1: Programmebenen, die auf einem Webserver ausgeführt werden

Vom Sicherheitsstandpunkt aus gesehen ist eine solche Situation eine Katastrophe. Im Prinzip ist jedes dieser externen Programme ein an das Internet angeschlossener Server mit allen Konsequenzen für die Sicherheit, die auch jeder andere Server besitzt. Wenn einer von ihnen Sicherheitsprobleme hat, wird wahrscheinlich das gesamte System verwundbar sein; im vorherigen Beispiel sind Sie anfällig für Probleme mit dem Webserver, dem externen Programm, dem Visual Basic-Interpreter, Jet und dem Datenbank-Server. Sowohl der Visual Basic-Interpreter als auch Jet sind unter normalen Umständen unsichtbar, allerdings sind mit Jet bereits Sicherheitsprobleme aufgetreten.

Im Fall eines Programms, das auf einen Datenbank-Server zugreift, wissen Sie möglicherweise gar nicht genau, wie es funktioniert, aber zumindest ist Ihnen bewußt, daß dieses Programm für Sie wichtig ist. Sicherheitsprobleme können aber auch in Programmen auftreten und wichtig sein, die Sie für zu trivial und einfach halten, um sich darum Sorgen zu machen; es gab zum Beispiel Sicherheitsprobleme mit Zählerprogrammen (mit deren Hilfe man dem Besucher mitteilen kann »Sie sind Besucher Nummer 763«). Diese Programme scheinen relativ harmlos zu sein; und wen stört es schon, wenn Leute die Antwort manipulieren können, die diese zurückgeben? Das Problem ist, daß sie die Antwort irgendwo in einer Datei aufbewahren, was bedeutet, daß sie Dateien sowohl lesen als auch auf die Maschine schreiben können. Manche Zählerprogramme können so verändert werden, daß sie jede Datei lesen oder schreiben, für die sie die entsprechende Berechtigung besitzen. Das Überschreiben von beliebigen Dateien mit Zählerinformationen kann eine Menge Schaden anrichten.

Um die Risiken zu vermindern, die durch externe Programme entstehen, sollten Sie sie so behandeln wie andere Server. Vor allem:

- Installieren Sie externe Programme erst dann, wenn Sie deren Konsequenzen für die Sicherheit überdacht und sie auf einer geschützten Maschine getestet haben.
- Führen Sie so wenige externe Programme aus wie möglich.
- Führen Sie externe Programme mit minimalen Berechtigungen aus.
- Gehen Sie nicht davon aus, daß auf Programme (ausschließlich) von Seiten oder CGI-Formularen zugegriffen wird, die Sie bereitstellen.
- Entwickeln Sie spezielle Bastion-Host-Konfigurationen für externe Programme, für die Sie alle nicht benötigten Dateien durchgehen und löschen sowie alle Berechtigungen und Plazierungen von Dateien, die gelesen und geschrieben werden, doppelt überprüfen.

Zu den am häufigsten gemachten Fehlern gehören:

- Installation eines Entwicklungswerkzeugs oder Webserver-Pakets auf einer Produktionsmaschine, ohne Beispielprogramme oder andere Entwicklungsfunktionen zu entfernen. Es handelt sich dabei oft um Demonstrationswerkzeuge oder Funktionen zur Fehlersuche, die einen umfassenden Zugriff gestatten.
- Das Betreiben externer Programme mit zu vielen Berechtigungen, indem entweder ein zu großzügiger Zugang (zum Beispiel root unter Unix), der gleiche Zugang für eine Reihe verschiedener Programme oder der Standardzugang des Herstellers mit normalem Benutzerzugriff auf das gesamte System verwendet wird (solche Zugänge verfügen oft auch über bekannte Namen und Paßwörter).

Um es etwas deutlicher zu sagen, die Leute sind zu vertrauensselig; sie installieren Kombinationen aus kommerziellen, extern und intern hergestellten Programmen oder Skripten, ohne die Folgen zu bedenken. Ohne ausreichendes Training sind nur wenige Programmierer in der Lage, sichere Programme zu schreiben. Alle Programme, die von einem Webserver ausgeführt werden, müssen jedoch sicher sein. Kein externer Hersteller ist so groß und clever, daß Sie seine Software direkt auf Ihren Produktions-Webserver installieren und sich dann sicher fühlen könnten. Keine Webserver-Erweiterung ist so trivial, daß Sie sie von einem Programmieranfänger schreiben lassen könnten und sich keine Sorgen um ihre Sicherheit machen müßten.

Sie müssen jeden einzelnen Zusatz zu Ihrem Webserver als einen neuen Server betrachten, der im Internet zugänglich ist, und seine Sicherheit entsprechend einschätzen. Sie müssen sie alle warten, neu entdeckte Schwachstellen überwachen und die entsprechenden Veränderungen vornehmen. Wenn Sie Leuten, die nicht auf die Sicherheit achten, erlauben, ausführbare Programme auf Ihren Webserver zu legen, öffnen Sie der Katastrophe Tür und Tor.

Unerwünschte externe Programme ausführen

Der zweite Aspekt ist, daß Angreifer in der Lage sein könnten, externe Programme auszuführen, die Sie nicht zur Verfügung stellen wollten. Im schlimmsten Fall laden sie ihre eigenen externen Programme und veranlassen den Server, diese auszuführen. Wie können Angreifer dies tun? Stellen Sie sich folgendes Szenario vor:

- Ihr HTTP-Server und Ihr Anonymous-FTP-Server laufen auf der gleichen Maschine.
- Sie können beide auf die gleichen Bereiche des Dateisystems zugreifen.
- Ein schreibbares Verzeichnis befindet sich irgendwo in diesem Bereich, so daß Kunden zum Beispiel per FTP Dateien zur Analyse durch Ihre Programmierer hochladen können, in denen Daten enthalten sind, die beim Absturz Ihres Produkts anfallen.

In diesem Fall könnte ein Angreifer per Anonymous FTP ein Skript oder Programm in dieses beschreibbare Verzeichnis laden und den HTTP-Server dann veranlassen, es auszuführen.

Wie können Sie sich dagegen schützen? Auch hier ist es das beste, einzuschränken, auf welche Dateisystembereiche jeder Server zugreifen darf (zum Beispiel mit Hilfe von *chroot* unter Unix), sowie eine eingeschränkte Umgebung zur Verfügung zu stellen, in der die Server ausgeführt werden. Sie sollten beachten, daß diese Schwachstellen keinesfalls auf FTP begrenzt sind, sondern immer auftreten, wenn eine Datei irgendwo hochgeladen werden kann.

HTTP-Client-Sicherheit

Die Sicherheitsprobleme von HTTP-Clients sind fast genauso komplex wie die von HTTP-Servern. Es gibt mehrere Probleme:

- Versehentliche Veröffentlichung von Informationen
- Schwachstellen in externen Hilfsprogrammen
- Schwachstellen in Erweiterungssystemen

Versehentliche Veröffentlichung von Informationen

Es gibt verschiedene Möglichkeiten, wie Webbrowser Informationen herausgeben könnten, die Sie eigentlich nicht veröffentlichen wollten. Am häufigsten kommt es vor, daß Paßwörter und Benutzernamen nicht so geschützt werden, wie Sie das erwarten. Viele Webseiten übergeben Benutzernamen und Paßwörter vollkommen ungeschützt; manche von ihnen betten sie sogar in URLs ein, wodurch es leicht passieren kann, daß Sie sie unbeabsichtigt in Ihrer Bookmarks-Datei speichern oder sie per E-Mail zusammen mit der Adresse einer interessanten Webseite an einen Freund verschicken.

Die Standardauthentifizierung für Webseiten wird *einfache Authentifizierung* genannt. Dies ist ein Mechanismus, der wirksam wird, sobald Sie eine Seite anfordern. Anstatt die Seite zu laden, zeigt der Webbrowser eine Standard-Dialogbox, in der Sie nach Benutzernamen und Paßwort gefragt werden. Es gibt keine Verschlüsselung, die den Benutzernamen und das Paßwort schützt; diese Angaben werden einfach im Klartext an den Server geschickt. Wenn Sie außerdem eine weitere Seite desselben Servers anfordern, werden Benutzername und Paßwort noch einmal geschickt. Dies geschieht ohne Warnung und wieder unverschlüsselt.

Eine Website kann den Benutzernamen und das Paßwort schützen, indem sie den Browser anweist, HTTPS anstelle von HTTP zum Aufbau der Verbindung zu benutzen. (HTTPS wird weiter hinten in diesem Kapitel näher erläutert.) Dabei wird die gesamte Kommunikation einschließlich der Authentifizierungsinformationen verschlüsselt. Leider ist es normalerweise nicht möglich festzustellen, ob eine Website so vorgegangen ist; es gibt zwar ein kleines Icon mit einem Schloß, das Ihnen mitteilt, daß die Seite, die Sie anschauen, verschlüsselt ist. Die meisten Clients zeigen dieses oder andere Kennzeichen für sichere Übertragungen aber erst an, wenn die Seite wirklich geladen wird. Dann allerdings haben Sie den Benutzernamen und das Paßwort bereits eingetragen.

Das ist nicht der einzige Grund, weshalb es schwierig ist zu sagen, was ein Webserver mit Ihrem Paßwort anstellt. Sie können zwar feststellen, ob der Webserver etwas extrem Unsicheres tut, wie etwa das Paßwort im Klartext in eine URL einzubetten, Sie wissen aber nicht, ob er es am anderen Ende richtig speichert. Sie können deshalb zwar manchmal sicher sein, daß Ihr Paßwort nicht geschützt ist, Sie wissen aber nie, ob es vollständig geschützt ist. Sie sollten daher immer davon ausgehen, daß kein Schutz besteht. Benutzen Sie keine Paßwörter, die Sie über das Web verschickt haben, um etwas zu schützen, was Ihnen wirklich am Herzen liegt. Sie sollten auf unterschiedlichen Websites auch unterschiedliche Paßwörter benutzen, und es dürfen nicht die gleichen Paßwörter sein, die Sie auch woanders verwenden.

Wenn Sie wichtige Daten an eine Website übermitteln wollen, müssen Sie sicherstellen, daß der Standort eine gesetzlich bindende Versicherung abgegeben hat, die Daten angemessen zu schützen. Außerdem sollten Sie darauf achten, daß Sie zu diesem Standort eine verschlüsselte Verbindung haben.

Cookies

Cookies stellen für einen Standort eine Möglichkeit dar, Informationen über Sie zu sammeln. Es kann sich dabei um Informationen handeln, die eine lange Zeit gültig sind (zum Beispiel Informationen darüber, was Sie sehen wollen, wenn Sie den Standort besuchen), oder Informationen darüber, was Sie gerade getan haben (zum Beispiel Informationen darüber, welche Dinge Sie während der aktuellen Transaktion kaufen wollen). Cookies sind für Websites wichtig, da es ansonsten sehr schwierig ist, irgendetwas mit Hilfe eines Webbrowsers zu erfahren. Jedesmal, wenn ein Browser eine Seite anfordert, wird eine neue Transaktion ausgeführt. Der Server hat dabei keine Möglichkeit herauszufinden, worum es sich bei der vorangegangenen Transaktion gehandelt haben könnte. Mit Hilfe von Cookies kann der Server einen Webbrowser anweisen, bestimmte Daten aufzunehmen und möglicherweise zu speichern.

Ein Cookie ist ein relativ einfaches Objekt; es handelt sich um eine kleine zu speichernde Informationseinheit, die mit einem identifizierenden String, einem Ablaufdatum (*Expiration Date*) und einem URL-Muster verknüpft ist, das anzeigt, wann das Cookie mit HTTP-Anfragen gesendet werden sollte. Immer wenn Sie eine Website besuchen, schaut der Browser nach, ob es gültige Cookies gibt, die dem URL-Muster entsprechen. Ist dies der Fall, sendet der Browser sie zusammen mit Ihrer Anforderung.

Die Informationen in einem Cookie selbst sind meist nicht besonders interessant. In der Regel enthalten Cookies Kunden-Identifikatoren oder kodierte Listen mit Voreinstellungen – Dinge, die nur für den Standort sinnvoll sind, von dem das Cookie stammt. Das ist wichtig, da Cookies unverschlüsselt über das Netzwerk übertragen werden und Sie sicher nicht wollen, daß in ihnen etwas Gefährliches steht.

Ein Cookie, das an eine Website übertragen wird, kann andererseits Informationen beinhalten, die für Sie wichtig sind. Zum Beispiel könnte das Cookie benutzt werden, um nach den Kreditkarteninformationen zu suchen, die Sie bei Ihrer letzten Bestellung angegeben haben (in diesem Fall könnte jemand mit Ihrem Cookie Bestellungen auf Ihre Kreditkarte auslösen). Für diesen Zweck müßte nur Ihre letzte Bestellung gesucht und zusammen mit Ihrem Namen angezeigt werden. Da Cookies unverschlüsselt übertragen werden und an jeder Stelle abgefangen werden können, sollten sie nicht für sicherheitskritische Dinge benutzt werden. Bei einigen Websites geschieht dies allerdings.

Außerdem machen sich viele Leute Gedanken um Situationen, in denen Cookies benutzt werden können, um Benutzerprofile zu erstellen. Wenn Sie einen Link auf einer Webseite anklicken, bekommt der Standort, zu dem Sie surfen, Informationen über die Seite, auf der sich der Link befand (dies ist der sogenannte *Referrer*). Falls der Standort, den Sie nun aufsuchen, ebenfalls ein Cookie hat, das Sie identifiziert, kann er eine Art Protokoll der Orte zusammenstellen, von denen Sie gekommen sind. Für die meisten Standorte ist dies nicht sehr interessant. Standorte allerdings, die Bannerwerbungen benutzen, besitzen Links auf Tausenden von Websites und können ein ziemlich genaues Bild davon erstellen, woher Sie jeweils gekommen sind. Referrer-Information enthalten stets die gesamte URL, dazu gehören dann auch Informationen über spezielle Suchanfragen und im schlimmsten Fall Paßwörter und Benutzernamen.

Es gibt einige Kontrollmöglichkeiten für den Gebrauch von Cookies. Einige Browser unterstützen überhaupt keine Cookies; andere erlauben es Ihnen, die Situationen zu kontrollieren, in denen Sie Cookies herausgeben. Sie können dabei alle Cookies ablehnen, vor der Annahme eines Cookies um Bestätigung gebeten werden oder nur bestimmte Cookies akzeptieren. Zum Beispiel sollen Cookies nur an den Standort zurückgegeben werden, der sie gesetzt hat, allerdings ist die Definition von »Standort« in diesem Fall unklar. Das Cookie gibt an, an welche Hostnamen es zurückgegeben werden soll. Es kann einen bestimmten Hostnamen oder eine ganze Liste solcher Namen festlegen. Manche Browser können so konfiguriert werden, daß sie nur solche Cookies akzeptieren, die an den Host zurückgegeben werden, der das Cookie ursprünglich gesetzt hat.

Externe Hilfsprogramme zur Darstellung

HTTP-Server können Daten in vielen verschiedenen Formaten bereitstellen: einfache Textdateien, HTML-Dateien, PostScript-Dokumente, Bilddateien (PNG, JPEG und GIF), Filmdateien (MPEG), Audio-Dateien und so weiter. Die Server verwenden MIME, das in Kapitel 16, *Elektronische Post und News*, kurz vorgestellt wird, um die Daten zu formatieren und ihren Typ festzustellen. HTTP-Clients versuchen im allgemeinen nicht, all diese verschiedenen Datenformate zu verstehen und zu verarbeiten. Sie verstehen einige Typen (wie HTML, einfachen Text, JPEG und GIF) und verlassen sich für den Umgang mit den restlichen Formaten auf externe Programme. Diese externen Programme stellen die Daten dar, spielen sie ab, drucken sie aus bzw. führen die entsprechende Aktion für dieses Format aus.

Zum Beispiel werden Webbrowser, die einer PDF-Datei gegenüberstehen, einfach Adobe Acrobat Exchange oder Acrobat Reader starten, und Webbrowser, die eine komprimierte Datei finden, starten das entsprechende Programm zur Dekomprimierung. Der Benutzer steuert (im allgemeinen über eine Konfigurationsdatei), welche Datentypen der HTTP-Client kennt, welche Programme für die einzelnen Datentypen gestartet werden sollen und welche Argumente an diese Programme übergeben werden müssen. Wenn der Benutzer keine Konfigurationsdatei angegeben hat, verwendet der HTTP-Client normalerweise eine integrierte oder systemweite Standardkonfiguration.

Diese externen Programme sind entweder deutlich vom Webbrowser getrennt, oder es handelt sich um *Plug-Ins*, Programme, die zwar kein Bestandteil des Webbrowsers sind, aber nahtlos in ihn integriert sind. Plug-Ins sind einfach externe Programme, die vom Browser ausgeführt werden können und die Informationen in Fenstern anzeigen, die der Browser kontrolliert. Es gibt mehrere Plug-In-Technologien; sowohl Microsofts ActiveX als auch Netscapes Plug-Ins können verwendet werden, um eine nahtlose Integration in einem Browser zu erreichen. Trotz der Tatsache, daß sie wie Bestandteile des Browsers aussehen, haben sie die gleichen Auswirkungen auf die Sicherheit wie andere externe Programme.

All diese externen Programme werfen bezüglich der Sicherheit zwei Fragen auf:

- Aus welchen Eigenschaften der externen Programme könnte ein Angreifer Vorteile ziehen?
- Welche neuen Programme (oder neuen Argumente existierender Programme) könnte ein Benutzer auf Veranlassung eines Angreifers seiner lokalen Konfiguration hinzufügen?

Betrachten wir zum Beispiel einmal, was ein HTTP-Client mit einer PostScript-Datei tut. PostScript ist eine Sprache zum Steuern von Ausgabegeräten. Sie dient zwar hauptsächlich diesem Zweck, ist aber darüber hinaus eine vollständige Programmiersprache mit Datenstrukturen, Operatoren zur Ablaufkontrolle und zur Ein- und Ausgabe in bzw. aus Dateien. Diese Operatoren (»read file«, »write file«, »create file«, »delete file« usw.) werden zwar außer in Druckern mit lokalen Festplatten für die Speicherung von Schriften selten benutzt, sie sind jedoch dort Bestandteil der Sprache. PostScript-Betrachter (wie etwa GhostScript) implementieren diese Operatoren im allgemeinen aus Gründen der Vollständigkeit.

Nehmen Sie einmal an, daß ein Benutzer den Internet Explorer verwendet, um ein PostScript-Dokument herunterzuladen. Der Internet Explorer startet GhostScript, und es stellt sich heraus, daß das Dokument PostScript-Befehle enthält, die besagen »Lösche alle Dateien im aktuellen Verzeichnis«. Wer hat Schuld, falls GhostScript die Befehle ausführt? Sie können nicht erwarten, daß der Internet Explorer das PostScript beim Herunterladen überprüft, um festzustellen, ob es gefährlich ist; das ist eine unmöglich auszuführende Aufgabe. Sie können außerdem nicht erwarten, daß GhostScript nicht das tut, wozu es durch gültigen PostScript-Code angewiesen wird. Sie können von Ihren Benutzern wiederum nicht verlangen, daß diese auf das Herunterladen von PostScript-Code verzichten oder diesen selbst überprüfen.

Aktuelle Versionen von GhostScript besitzen einen abgesicherten Modus, in dem sie standardmäßig gestartet werden. Dieser Modus deaktiviert »gefährliche« Operatoren wie diejenigen für die Dateiein-/-ausgabe. Wie steht es jedoch mit all den anderen PostScript-Interpretern oder -Betrachtern? Und was ist mit den Anwendungen, die die anderen Datentypen verarbeiten sollen? Wie sicher sind sie? Wer weiß das?

Selbst wenn Ihnen sichere Versionen dieser Hilfsprogramme zur Verfügung stehen, müssen Sie Ihre Benutzer davon abhalten, ihre Konfigurationsdateien zu verändern, um neue Anwendungen hinzuzufügen, andere Anwendungen auszuführen oder vorhandenen Anwendungen andere Argumente zu übergeben (um zum Beispiel den sicheren Modus von GhostScript zu deaktivieren).

Weshalb sollte ein Benutzer so etwas tun? Stellen Sie sich vor, ein Benutzer hat etwas im Web gefunden, das angeblich absolut sauber ist – die Demo-Version eines Spiels, eine Grafikdatei, die Kopie eines tollen neuen Liedes etwa. Und nehmen Sie außerdem an, dieses begehrenswerte Etwas bringt eine Anmerkung mit, die besagt »Hey, bevor Sie dieses begehrenswerte Etwas benutzen können, müssen Sie Ihre Browser-Konfiguration verändern, da der Browser in der Standard-Konfiguration nicht weiß, was er damit anfangen soll; gehen Sie folgendermaßen vor... «. Stellen Sie sich nun vor, daß die Anweisung in etwa so lautet »Entfernen Sie das Flag '-dSAFER' aus der Konfiguration für Dateien vom Typ PostScript«.

Würden Ihre Benutzer merken, daß sie angewiesen werden, etwas Gefährliches zu tun? Und würden Sie es trotzdem tun, selbst wenn sie es bemerkten (gute, vertrauenswürdige Menschen, die sie sind)?

Erweiterungssysteme

Die Benutzung externer Hilfsprogramme zum Betrachten ist nicht die einzige Möglichkeit, um die Fähigkeiten eines Webbrowsers zu erweitern. Die meisten Browser unterstützen außerdem wenigstens ein System, das es Webseiten erlaubt, Programme herunterzuladen, die durch den Browser ausgeführt werden. Von den verschiedenen Browsern wird eine Vielzahl unterschiedlicher Erweiterungssysteme unterstützt. Bei diesen wiederum gibt es sehr unterschiedliche Sicherheitsmodelle und -konsequenzen. Die Details der verschiedenen Systeme werden im Abschnitt »Mobiler Code und mit dem Web zusammenhängende Sprachen« weiter hinten in diesem Kapitel erläutert. Die Systeme unterscheiden sich zwar; bestimmte Ziele und Sicherheitsaspekte haben sie jedoch gemeinsam.

Diese Erweiterungssysteme sind sehr bequem; es ist oft bequemer, wenn der Browser selbst einige Verarbeitungen durchführt, als wenn die Daten erst an HTTP-Server geschickt, dort verarbeitet und dann zurückübertragen werden. Außerdem ermöglichen Erweiterungssprachen eine bedeutend leistungsfähigere und flexiblere Schnittstelle zwischen dem Browser und den vollen Möglichkeiten des Computers, als Sie mit externen Hilfsprogrammen erreichen können.

Wenn Sie zum Beispiel ein Formular ausfüllen müssen, ist es ärgerlich, wenn dieses erst an den Server übertragen wird, Sie warten müssen, bis es zurückkommt, und Sie dann erfahren, daß Sie eine erforderliche Information vergessen haben. Es ist besser, wenn Ihnen der Browser dies sofort mitteilt. Auch wenn Ihr ganzes Glück davon abhängt, tanzende Pinguine auf dem Bildschirm zu sehen, erzielen Sie diesen Effekt am besten, wenn Sie Ihrem Browser mitteilen, wie er einen tanzenden Pinguin zeichnen und wohin er ihn bewegen soll.

Andererseits ist das Ausfüllen von Formularen und Zeichnen tanzender Pinguine nicht unbedingt so interessant. Damit eine Erweiterungssprache wirklich interessante und nützliche Aufgaben ausführt, benötigt sie weitere Fähigkeiten. Je mehr Fähigkeiten jedoch zur Verfügung stehen, um so gefährlicher wird die Sprache.

Selbstverständlich verfügen normale Programmiersprachen über eine Menge Fähigkeiten und bergen daher viele Gefahren, die Leute finden das normalerweise aber nicht so besorgniserregend. Das hat folgenden Grund: Wenn es um ein Programm geht, das in einer normalen Programmiersprache geschrieben wurde, entscheiden Sie im allgemeinen selbst, ob Sie es haben wollen, Sie suchen danach, Sie haben Informationen darüber, woher es stammt, und bestimmen explizit, daß es ausgeführt werden soll. Erhalten Sie dagegen ein Programm als Bestandteil einer Webseite, ist es einfach da und läuft ab; Sie selbst schauen vielleicht gerade den tanzenden Pinguinen zu und merken gar nicht, daß etwas passiert.

Wir werden in den folgenden Abschnitten die verschiedenen Ansätze besprechen, die von den Erweiterungssprachen verfolgt werden. Sie alle versuchen, Sicherheit zu gewährleisten, keine von ihnen ist jedoch unbedenklich.

Was können Sie tun?

Es gibt keinen einfachen, narrensicheren Schutz vor den beschriebenen Problemarten. Zur Zeit müssen Sie sich auf eine Kombination aus sorgfältig installierten und konfigurierten Clients und Hilfsprogrammen und einem gesunden Maß an Benutzerschulung und Sicherheitstraining verlassen. Dies ist ein Bereich aktiver Forschung und Entwicklung, und sowohl Sicherheitsmaßnahmen als auch Angriffe werden sich vermutlich in den nächsten Jahren deutlich weiterentwickeln.

Firewalls, die den Inhalt überwachen können, wie etwa Paketfilter oder Proxies, können bei der Verringerung von Schwachstellen in Clients von großem Nutzen sein. Eine solche Firewall kann kontrollieren, welche Erweiterungssprachen und Dateitypen hindurchgelassen werden; man kann sogar Programmdateien auf Viren überprüfen. Leider lassen sich selbst mit diesen Firewalls keine wirklich befriedigenden Ergebnisse erzielen.

Wenn Sie eine *inhaltsbasierte Filterung* durchführen, haben Sie zwei Möglichkeiten; Sie können alles herausfiltern, das gefährlich sein könnte, oder Sie können einzelne Elemente herausfinden, von denen Sie mit Sicherheit wissen, daß sie gefährlich sind. Im ersten Fall filtern Sie einfach alle Skriptsprachen heraus; im zweiten Fall filtern Sie bekannte Angriffe heraus. Hüten Sie sich vor Produkten, die behaupten, jeden – und zwar ausschließlich – böswilligen Code herauszufiltern. Es ist im speziellen, logischen und mathematischen Sinn des Begriffs unmöglich, durch einfaches Betrachten des Codes festzustellen, ob er bösartig ist. Für nützliche Skriptsprachen ist dies äquivalent mit dem Lösen des Halte-Problems von Turing (die Feststellung, ob die Ausführung eines beliebigen Stücks Code jemals stoppt), und der Beweis, daß es unmöglich ist, gehört zu den berühmtesten und grundlegendsten Ergebnissen der theoretischen Informatik.

Es ist möglich, bestimmte Teile bösartigen Codes zu bemerken. Manchmal lassen sich sogar Muster entdecken, die häufig in solchem Code vorkommen. Die meisten inhaltsbasierten Filtersysteme beruhen auf dem Aufspüren bekannter Angriffe. Immer, wenn ein neuer Angriff auftaucht, werden Sie dafür anfällig sein, bis der Filter aktualisiert wurde. Zu diesem Zeitpunkt könnten Sie natürlich bereits angegriffen worden sein. Viele inhaltsbasierte Filter lassen sich leicht durch einfache Änderungen des Angriffs täuschen. Inhaltsfilter, die nur versuchen, bösartigen Code zu entfernen, benutzen im Prinzip die gleiche Technik wie Virenscanner. Dies hat den Vorteil, daß es sich um ein leicht zu durchschauendes Problem für die Hersteller handelt, die wissen, wie sie Signaturen erzeugen und verteilen. Der Nachteil besteht darin, daß es auch für die Angreifer leicht zu durchschauen ist, denen eine Menge Programme zur Verfügung stehen, um ihre Programme und damit ihre Signaturen zu verändern.

Es ist sicherer, über eine Inhaltsfilterung alle Skriptsprachen zu entfernen. Leider müssen Sie wirklich alle Skriptsprachen löschen, da es ansonsten möglich ist, JavaScript- oder VBScript-Programme durchzuschleusen, die Java-Code oder ActiveX-Controls erzeugen. Viele Webseiten lassen sich nur schwer oder gar nicht benutzen, wenn Sie alle Skriptsprachen herausfiltern (und ein großer Anteil von ihnen bemerkt das Problem nicht und bleibt mysteriöserweise leer oder funktioniert nicht). Außerdem kann eine Inhaltsfilterung zum Entfernen von Skripten einigen der Methoden in die Quere geraten, die Server einsetzen, um mit Clients klarzukommen, die keine Skriptsprachen unterstützen. Manche Server versuchen zum Beispiel, die Fähigkeiten eines Clients zu ermitteln, indem sie die Informationen über die Browser-Version auswerten, die der Client bereitstellt. Dabei fehlen die Informationen über die vorgeschalteten Filter. Manche Seiten versuchen möglicherweise auch, mittels JavaScript festzustellen, ob Java verfügbar ist. Das bedeutet, daß Seiten, die prima funktionieren, wenn Skriptsprachen im Browser deaktiviert sind, jämmerlich scheitern, wenn ein Filter die Skripte entfernt.

Wie wir später noch ausführen werden, ist eine Inhaltsfilterung auf einigen Webseiten unmöglich; Verbindungen, die mit HTTPS anstelle von HTTP zustande kommen, sind verschlüsselt, und die Firewall ist nicht in der Lage festzustellen, was sich in ihnen befindet, um eine Inhaltsfilterung durchzuführen.

Internet Explorer und Sicherheitszonen

Eine Möglichkeit für einen Browser, seine Sicherheit zu verbessern, besteht darin, verschiedene Standorte unterschiedlich zu behandeln. Es ist zum Beispiel klug, einer internen Website riskantere Aktionen zuzugestehen als einer externen.

Beginnend mit dem Internet Explorer 4.0 führte Microsoft das Konzept der *Sicherheitszonen* ein, um Ihnen die Konfiguration Ihres Browsers zu genau diesem Zweck zu erlauben. Der Explorer definiert mehrere Sicherheitszonen und richtet für diese verschiedene Standardsicherheitsrichtlinien ein. Zum Beispiel gibt es eine Sicherheitszone für das Intranet, die standardmäßig alle signierten ActiveX-Controls akzeptiert und Sie fragt, ob Sie auch jedes unsignierte Control akzeptieren wollen, und eine für das Internet, die Sie standardmäßig fragt, ob Sie alle signierten Controls akzeptieren wollen, und unsignierte Controls abweist. (ActiveX-Controls und Signaturen werden weiter hinten in diesem Kapitel behandelt.) Es gibt auch eine Sicherheitszone, die nur für Daten gilt, deren Ursprung auf der lokalen Maschine liegt (dabei ist nicht vorgesehen, Daten aus dem Cache einzubeziehen, die ursprünglich aus dem Internet heruntergeladen wurden). Die Zone der lokalen Maschine ist am vertrauenswürdigsten.

In den meisten Fällen verwendet der Internet Explorer den Host-Anteil der URL, um festzustellen, in welcher Zone sich eine Seite befindet. Da die verschiedenen Zonen unterschiedliche Sicherheitsrichtlinien besitzen, ist es wichtig, daß der Internet Explorer dabei keine Fehler macht. Es gab jedoch verschiedene Probleme mit der Art und Weise, wie der Internet Explorer diese Aktion ausführt. Einige von ihnen wurden von Microsoft behoben, andere lassen sich nicht lösen. Vor allem wird von jedem Hostnamen, der keinen Punkt enthält, angenommen, daß er sich in der Intranet-Zone befindet. Ursprünglich gab es verschiedene Methoden, auf Internet-Hosts über die IP-Adressen zu verweisen, die dafür sorgen konnten, daß jeder Internet-Host als Intranet-Host behandelt wurde. Diese Probleme wurden gelöst, und so ist nun keine Möglichkeit mehr bekannt, einen Link zu erstellen, der den Internet Explorer dazu bringt, ihn als Teil der Intranet-Zone anzusehen.

Es gibt jedoch verschiedene Möglichkeiten, die Einstellungen so zu treffen, daß externe Hosts als Intranet-Hosts betrachtet werden, ohne daß die Folgen für die Sicherheit wirklich deutlich sind. Wenn Sie zum Beispiel einen Domain-Namen in das Feld »Suchreihenfolge für Domänensuffix« der Registerkarte »DNS« der Dialogbox »Eigenschaften von TCP/IP« einfügen, werden alle Hosts dieser Domain Bestandteile der Intranet-Zone; weniger drastisch: Jeder Host, der mit einem Kurznamen in LMHOSTS oder HOSTS steht, ist ebenfalls Teil der Intranet-Zone. Ein interner Webserver, der als Zwischenserver dient und externe Seiten bezieht, macht auf diese Weise alle diese Seiten zu Bestandteilen der Intranet-Zone. Die bemerkenswerteste Klasse von Programmen, bei denen dies auftritt, sind Übersetzungsprogramme wie AltaVistas Babelfish (*http://babelfish.altavista.com*), der unter anderem Englisch in Französisch übersetzt, oder der RinkWorks Dialectizer (*http://www.rinkworks.com/dialect*), der Ihnen unter anderem die Seite so anzeigt, als wäre sie von der Comic-Figur Elmer Fudd gesprochen worden.

HTTP

Das *HyperText Transfer Protocol* (HTTP) ist das Protokoll, auf dem das Web basiert. Das HTTP-Protokoll selbst ist relativ sicher und gehört zu den Protokollen, die einfach durch eine Firewall zugelassen werden können.

Tunneln über HTTP

HTTP selbst ist zwar nur ein einfaches Protokoll, es kann jedoch relativ komplexe Daten aufnehmen. Da HTTP so einfach und populär ist, lassen die meisten Leute seine Übertragung durch ihre Firewalls zu. Weil es komplexe Daten aufnehmen kann, bietet es sich an, es zum Aufnehmen anderer Protokolle zu benutzen. Als Betreiber einer Firewall könnten Sie es zum Beispiel vorziehen, Audio-Daten über HTTP hereinzuholen, anstatt weitere Ports für Audio-Daten zu öffnen und zu konfigurieren (Ihre Benutzer sehen das möglicherweise anders, da die Qualität oft nicht sehr gut ist).

Andererseits könnten durch das *Tunneln* auch potentiell unsichere Protokolle die Grenzen der Firewall überqueren. Aus diesem Grund erweist es sich möglicherweise als vorteilhaft, eine Firewall-Lösung zu verwenden, die eine inhaltsbasierte Überprüfung der HTTP-Verbindungen durchführt, so daß Sie Verbindungen verbieten können, die in Wirklichkeit andere Protokolle tunneln. Das ist u. U. relativ schwierig.

Unterschiedliche Programme benutzen für das »Tunneln« unterschiedliche Methoden. Diese reichen vom einfachen Ausführen ihrer normalen Protokolle auf Port 80 über die Unterstützung für HTTP-Proxy-Einsatz mit Hilfe der »CONNECT«-Methode (die weiter hinten im Abschnitt über HTTP-Proxy-Betrieb erläutert wird) bis zur wirklichen Verwendung von HTTP mit einem Datentyp, der vom Client besonders verarbeitet wird.

Einige von ihnen lassen sich viel leichter herausfiltern als andere. Zum Beispiel wird jede Inhaltsüberprüfung – ob intelligente Paketfilterung oder ein HTTP-fähiger Proxy – dafür sorgen, daß niemand mehr andere Protokolle als HTTP auf Port 80 betreiben kann. Ebenso erlauben es Ihnen die meisten HTTP-Proxies zu kontrollieren, welche Ziele mit CONNECT benutzt werden können. Sie sollten diese sorgfältig auf die benötigten Ziele beschränken.

Es ist andererseits sehr schwierig, Tunnel, die eigentlich HTTP benutzen, erfolgreich herauszufiltern. Um sie loszuwerden, müssen Sie auf den HTTP-Datenstrom eine Inhaltsfilterung anwenden und die relevanten Datentypen entfernen. Nur relativ wenige Firewalls unterstützen diese Funktionalität, und in jedem Fall läßt sie sich nur schwer erfolgreich umsetzen. Das Problem ist, wenn Sie nur die Datentypen entfernen, von denen Sie wissen, daß sie zum Tunneln verwendet werden, richten Sie eine Politik ein, die standardmäßig Verbindungen erlaubt. Damit erzeugen Sie eine ganze Reihe neuer Probleme. Wenn Sie andererseits nur Datentypen akzeptieren, von denen Sie glauben, daß sie sicher sind, werden Sie laufend Beschwerden Ihrer Benutzer erhalten, da viele Datentypen im Web verwendet werden und sie sich permanent ändern.

Glücklicherweise sind die Anwendungen für das Tunneln, bei denen wirklich HTTP benutzt wird, stark beschränkt. Das HTTP-Protokoll soll nur Interaktionen unterstützen, die aussehen wie normales Surfen im Web; der Client sendet eine Anfrage, und der Server sendet eine Antwort. Der Client kann keine Informationen senden bis auf die anfängliche Anfrage, die nur eine begrenzte Größe hat. Dieses Modell funktioniert gut zum Tunneln einiger anderer Protokolle (zum Beispiel eignet es sich gut zum Tunneln von RealAudio), eignet sich aber nur schlecht zum Tunneln von Protokollen, die eine fortgesetzte Interaktion zwischen dem Client und dem Server erfordern. Dies hält die Leute nicht vom Tunneln beliebiger Protokolle über HTTP ab, erschwert es aber zumindest und verringert seine Effektivität.

Es gibt leider keine gute Lösung für das allgemeine Problem der getunnelten Protokolle. Der Einsatz von Proxies, um sicherzustellen, daß die Verbindungen HTTP benutzen, und die Kontrolle des Einsatzes von CONNECT verkleinern zumindest Ihre Angriffsfläche.

Spezielle HTTP-Server

Wir haben uns bereits mit Webservern befaßt, Programmen, die nur existieren, um Inhalte über HTTP und damit verwandte Protokolle bereitzustellen. Allerdings ist HTTP ein einfaches und häufig implementiertes Protokoll, es gibt daher eine Reihe von Komponenten, die HTTP nicht deshalb verstehen, um zufälligen Inhalt anzubieten, sondern um einen besonderen Zweck zu verfolgen. Das klassische Beispiel ist die Administrationsschnittstelle zu normalen HTTP-Servern. Wenn Sie einen Webserver administrieren, haben Sie wahrscheinlich einen Webbrowser bei der Hand. Was liegt also näher, als mit Hilfe des Browsers die Administration zu erledigen? Es gibt eine Reihe von Gründen, die dagegen sprechen, die Administrationsschnittstelle in den Standardserver zu integrieren (unter anderem, weil gebräuchliche Administrationsaufgaben es erfordern, den Server zu stoppen und zu starten – das Stoppen, während Sie mit ihm kommunizieren, ist die eine Sache, der Neustart des Servers dagegen ist relativ kompliziert, wenn er nicht vorhanden ist). Deshalb gibt es oft noch einen zweiten Server, der das HTTP-Protokoll versteht, sich aber nicht wie ein normaler Webserver verhält, der Informationen aus Dateien liest.

Heutzutage können auch andere Programme und sogar Hardware-Geräte HTTP-Schnittstellen bereitstellen. Zum Beispiel können Sie eine Steckdosenleiste mit eingebautem Webserver kaufen und deren Anschlüsse mit Hilfe eines Webbrowsers ein- und ausschalten. Solche Server verhalten sich nicht wie die Server, die wir beschrieben haben, und die Tatsache, daß sie das HTTP-Protokoll verstehen, bietet Ihnen noch keinen Anhaltspunkt dafür, wo ihre Sicherheitslücken liegen könnten.

Sie müssen die Sicherheit jedes dieser Server getrennt abwägen. Stellen Sie sich folgende Fragen:

- Welche Informationen kann der Webserver lesen? Gibt es Dateien, die er unerwartet enthüllen könnte?
- Wie authentifizieren sich die Benutzer?
- Was kann über den Server mit dem Gerät getan werden?

Im allgemeinen sollten Sie es Verbindungen zu diesen Servern nicht erlauben, über eine Firewall zu laufen.

Paketfiltereigenschaften von HTTP

HTTP ist ein TCP-basierter Dienst. Die Clients verwenden zufällige Ports oberhalb von 1023. Die meisten Server benutzen Port 80, allerdings nicht alle. Um zu verstehen, wieso das so ist, müssen wir einen kleinen Ausflug in die Geschichte unternehmen.

Viele Dienste zum Zugriff auf Informationen (vor allem HTTP, WAIS und Gopher) wurden so entwickelt, daß die Server nicht unbedingt auf allen Maschinen auf einem festen, bekannten Port laufen *müssen*. Für jeden dieser Dienste wurde ein bekannter Standardport eingerichtet, die Clients und Server können aber auch auf andere Ports zurückgreifen. Wenn Sie auf einen dieser Server verweisen, können Sie neben dem Namen der Maschine auch die Portnummer angeben, auf der er läuft (wenn es sich nicht um den Standardport dieses Dienstes handelt). Eine HTTP-URL der Form *http://host.domain.beispiel/datei.html* soll z.B. auf einen Server auf dem Standard HTTP-Port (Port 80) verweisen; würde sich der Server auf einem anderen Port befinden (Port 8000 zum Beispiel), hieße die URL *http://host.domain.beispiel:8000/datei.html*.

Die Entwickler des Protokolls hatten zwei wichtige Gründe, um Dienste auf diese Weise zu entwerfen:

- Eine einzelne Maschine kann so mehrere Server für mehrere Datenmengen ausführen. Sie könnten zum Beispiel einen HTTP-Server betreiben, der weltweit zugänglich ist und Daten enthält, die Sie veröffentlichen wollen, und einen weiteren mit nichtöffentlichen Daten auf einem anderen Port, der eingeschränkt ist (zum Beispiel mittels Paketfilterung oder der Authentifizierung, die im HTTP-Server bereitsteht).

- Auf diese Weise können die Benutzer ihre eigenen Server betreiben (was ein Segen oder ein Fluch sein kann, je nach Ihrer Sicherheitspolitik). Da die bekannten Standardports sich alle im Bereich unterhalb von 1024 befinden, der auf Unix-Maschinen für die Benutzung durch root reserviert ist, können unberechtigte Benutzer ihre Server nicht auf den Standardports betreiben.

Die Möglichkeit, diese Dienste auf Nichtstandardports anzubieten, hat ihre Vorteile, aus Sicht der Paketfilterung werden die Dinge allerdings deutlich komplizierter. Falls Ihre Benutzer auf einen Server zugreifen wollen, der auf einem Nichtstandardport läuft, haben Sie mehrere Optionen:

- Sie können den Benutzern sagen, daß dies nicht möglich ist; je nach Ihren Bedingungen ist dies akzeptabel oder nicht.

- Sie können in Ihre Paketfiltereinstellungen eine besondere Ausnahme für diesen Dienst aufnehmen. Das ist schlecht für Ihre Benutzer, da diese zuerst das Problem erkennen und dann warten müssen, bis Sie es behoben haben. Für Sie ist es ebenfalls schlecht, da Sie laufend Ausnahmen in die Filterliste aufnehmen müssen.

- Sie können versuchen, den Eigentümer des Servers zu überzeugen, diesen auf den Standardport zu verschieben. Es ist zwar langfristig gesehen eine gute Lösung, wenn Sie die Leute ermuntern können, so oft wie möglich die Standardports zu benutzen, allerdings werden Sie wahrscheinlich keine schnellen Ergebnisse erzielen können.

- Sie können eine Art von Proxy-Version des Clients einsetzen. Dies erfordert Einrichtungsaufwand an Ihrem Ende und begrenzt möglicherweise Ihre Clientauswahl. Andererseits unterstützen sowohl Internet Explorer als auch Netscape Navigator als die Clients, die am weitesten verbreitet sind, den Proxy-Betrieb.

- Wenn Sie das ACK-Flag filtern können, können Sie nach außen gerichtete Verbindungen unabhängig von ihrem Zielport erlauben. Dadurch werden viele verschiedene Dienste möglich, einschließlich passive FTP. Allerdings erhöht sich dadurch Ihre Verwundbarkeit deutlich.

Die gute Nachricht ist, daß die große Mehrheit dieser Server (wahrscheinlich mehr als 90 Prozent) den Standardport benutzt, und je weiter verbreitet und wichtiger ein Server ist, desto wahrscheinlicher verwendet er den Standardport. Viele Server, die Nichtstandardports einsetzen, benutzen nur einige wenige Alternativen (zum Beispiel 800 oder 8000).

Manche Server benutzen außerdem Nichtstandardserver, um sekundäre Server auszuführen. Traditionell verwenden HTTP-Proxies Port 8080, und Administrationsserver verwenden eine Portnummer, die um eins höher ist als der Port, den sie steuern (81 für die Administration eines Standard-Webservers und 8081 für die Administration eines Proxy-Servers).

Ihre Firewall hindert wahrscheinlich die Leute in Ihrem internen Netzwerk daran, ihre eigenen Server auf Nichtstandardports einzurichten (Sie werden keine nach innen gerichteten Verbindungen zu beliebigen Ports oberhalb von 1023 erlauben wollen). Sie sollten solche Server auf einem Bastion-Host einrichten, es ist allerdings netter für andere Standorte, wenn Sie Ihre Server nach Möglichkeit auf dem Standardport belassen.

Richtung	Quelladresse	Zieladresse	Protokoll	Quellport	Zielport	ACK gesetzt	Anmerkungen
eingehend	extern	intern	TCP	>1023	80[a]	[b]	Anfrage, externer Client an internen Server
ausgehend	intern	extern	TCP	80[a]	>1023	ja	Antwort, interner Server an externen Client
ausgehend	intern	extern	TCP	>1023	80[a]	[b]	Anfrage, interner Client an externen Server
eingehend	extern	intern	TCP	80[a]	>1023	ja	Antwort, externer Server an internen Client

a. 80 ist die Standardportnummer für HTTP-Server, allerdings laufen einige Server auf anderen Portnummern.
b. ACK wird im ersten Paket dieses Typs nicht gesetzt (Aufbau der Verbindung), es wird aber bei den restlichen gesetzt.

Proxy-Eigenschaften von HTTP

Verschiedene HTTP-Clients (wie etwa Internet Explorer und Netscape Navigator) unterstützen transparent unterschiedliche Proxy-Schemata. Einige Clients unterstützen SOCKS; andere unterstützen den für Benutzer transparenten Proxy-Einsatz über besondere HTTP-Server, und einige unterstützen beide. (Siehe die Diskussion über SOCKS und Proxies im allgemeinen in Kapitel 9, *Proxy-Systeme*.)

HTTP-Proxies der verschiedensten Arten sind extrem weit verbreitet. Viele fungieren auch als Cache-Speicher, wodurch sich bei den meisten Standorten deutliche Leistungsvorteile ergeben. (Ein Caching-Proxy erstellt eine Kopie der angeforderten Daten, so daß der Proxy bei einer erneuten Anforderung der Daten diese mit Hilfe der Kopie beantworten kann, anstatt die Daten noch einmal vom Original-Server zu übertragen.) Außerdem sorgen sich viele Standorte um die Inhalte, auf die ihre Angestellten über HTTP zugreifen, und benutzen Proxies, um die Zugriffe zu kontrollieren (zum Beispiel wollen sie so verhindern, daß auf Websites mit Pornografie, Börsendaten oder Sportergebnissen zugegriffen wird, die alle nichts mit den dienstlichen Aufgaben der Angestellten zu tun haben).

Clients, die mit HTTP-Proxy-Servern kommunizieren, benutzen HTTP, allerdings unterscheiden sich die verwendeten Befehle leicht von den normalerweise benutzten. Ein

Client, der das Dokument »http://witzigeinformation.beispiel/krzlbff« ohne Zuhilfenahme eines Proxys erhalten möchte, baut eine Verbindung zum Host *witzigeinformation.beispiel* auf und sendet einen Befehl wie »GET /krzlbff HTTP/1.1«. Um einen HTTP-Proxy zu verwenden, stellt der Client statt dessen eine Verbindung zum Proxy her und ruft den Befehl als »GET http://witzigeinformation.beispiel/krzlbff HTTP/1.1« auf. Der Proxy verbindet sich dann mit *witzigeinformation.beispiel*, sendet den Befehl »GET /krzlbff HTTP/1.1« und gibt die entsprechende Seite an den Client zurück.

Einige HTTP-Proxy-Server unterstützen Befehle, die normale HTTP-Server nicht unterstützen. Zum Beispiel könnten sie es einem Client erlauben, Befehle wie »FTP ftp://witzigeinformation.beispiel/krzlbff« (um den Proxy-Server zu veranlassen, die angegebene Datei per FTP zu übertragen und an den Client zu übergeben) oder »CONNECT witzigeinformation.beispiel:873« (um den Proxy-Server zu veranlassen, eine TCP-Verbindung zum angegebenen Port zu öffnen und Informationen zwischen ihm und dem Client auszutauschen) auszuführen. Es gibt für diese zusätzlichen Befehle keinen Standard, obwohl FTP und CONNECT zu den am häufigsten verwendeten gehören. Die meisten Webbrowser unterstützen den Einsatz eines HTTP-Proxy-Servers für FTP- und Gopher-Verbindungen, und häufig verwendete Web-Proxies (zum Beispiel Microsoft Proxy Server) unterstützen FTP und Gopher.

Manche Clients, die keine Webbrowser sind, erlauben es Ihnen, einen HTTP-Proxy-Server auch für andere Protokolle als HTTP einzusetzen. Die meisten von ihnen verwenden dafür CONNECT, das einen HTTP-Proxy-Server in einen generischen Proxy umwandelt. Zum Beispiel sind sowohl Lotus Notes- als auch *rsync*-Clients dazu in der Lage, HTTP-Proxies zu verwenden, um über diese per CONNECT eine Verbindung zu ihren Servern herzustellen.

Einen HTTP-Proxy-Server auf diese Weise als generischen Proxy zu verwenden ist zwar bequem, aber nicht besonders sicher. Nur wenige HTTP-Proxy-Server ermöglichen eine brauchbare Kontrolle oder Überwachung der Protokolle, die mit CONNECT benutzt werden. Sie müssen deshalb die Protokolle, die Sie über diesen Weg erlauben, stark einschränken.

Es ist äußerst wichtig, externe Benutzer daran zu hindern, Verbindungen zu Ihren HTTP-Proxy-Servern herzustellen. Falls Ihr HTTP-Proxy-Server nach innen gerichtete Verbindungen aufbauen kann, können externe Benutzer ihn als Plattform benutzen, um interne Server anzugreifen, die sie ansonsten nicht erreichen würden (dies ist vor allem dann gefährlich, wenn sie CONNECT benutzen können, um beliebige Dienste zu erreichen). Selbst wenn ein Proxy-Server nicht auf diese Weise benutzt werden kann, ist es mit seiner Hilfe möglich, Dritte anzugreifen.

Die Leute suchen oft aktiv nach offenen HTTP-Proxy-Servern. Einige dieser Leute sind böswillig und wollen die Proxy-Server als Angriffsplattformen mißbrauchen, andere dagegen wollen diese Proxy-Server lediglich für den Zugriff auf Websites benutzen, die wegen der Filterregeln an ihrem Standort für sie nicht zugänglich sind (oder in wenigen Fällen wegen der Filtermaßnahmen, die von nationalen Regierungen auferlegt wurden). Es ist wahrscheinlich jedenfalls nicht zu Ihrem Vorteil, wenn Sie sie Ihren Standort benutzen lassen. Es ist zwar verlockend, nett zu Leuten zu sein, die hinter stark einschränkenden Filtern sitzen, auf lange Sicht schränkt es aber Ihre Bandbreite ein und bringt Sie wahrscheinlich nur auf eine Liste mit gefilterten Sites.

Network-Address-Translation-Eigenschaften von HTTP

HTTP verwendet keine eingebetteten IP-Adressen als funktionalen Bestandteil des Protokolls, eine Network Address Translation stört daher das HTTP nicht. Webseiten können URLs enthalten, in denen IP-Adressen anstelle von Hostnamen stehen; diese eingebetteten IP-Adressen werden nicht angepaßt. Sie sollten deshalb vorsichtig mit dem Inhalt von Webseiten auf Servern hinter NAT-Systemen sein.

Außerdem können HTTP-Clients Namens- und/oder IP-Adreßinformationen für Server bereitstellen, wobei Informationen über Ihre internen Numerierungs- und Namensschemata bekanntwerden. HTTP-Clients könnten »From:«-Header angeben, wobei dem Server die E-Mail-Adresse des Benutzers mitgeteilt wird (wie sie der Benutzer im Browser eingetragen hat), und Proxies könnten einen »Via:«-Header hinzufügen, der die IP-Adressen der Proxies angibt, die eine Anfrage (oder Antwort) passiert hat.

HTTP absichern

Möglicherweise hören Sie Diskussionen über sichere Versionen von HTTP und fragen sich, wie sie mit Firewalls und der Konfiguration von Diensten zusammenhängen. Solche Diskussionen konzentrieren sich hauptsächlich auf die Aspekte der Geheimhaltung von Informationen, die per HTTP übertragen werden. Sie sind keine echte Hilfe beim Lösen der Probleme, die wir in den vorherigen Abschnitten diskutiert haben.

Es gibt zwei definierte Protokolle, die für HTTP wirklich Geheimhaltung bieten. Dazu setzen sie Verschlüsselung und starke Authentifizierung ein. Das eine, gut bekannte, wird normalerweise HTTPS genannt und ist durch die Verwendung von *https* in der URL gekennzeichnet. Das andere, nahezu unbekannte Protokoll heißt Secure HTTP und ist durch *shttp* in der URL gekennzeichnet.

Das Ziel von HTTPS besteht darin, Ihren Kommunikationskanal beim Empfangen oder Senden von Daten zu schützen. HTTPS verwendet momentan TLS und SSL, um dies zu erreichen. Kapitel 14, *Vermittelnde Protokolle*, enthält weitere technische Informationen über TLS und SSL.

Das Ziel von Secure HTTP ist es, anstelle des Kommunikationskanals einzelne Objekte zu schützen. Dies erlaubt es zum Beispiel, einzelne Seiten auf einem Webserver digital zu signieren – ein Web-Client kann die Signatur beim Herunterladen der Seite überprüfen. Falls jemand die Seite ersetzt, ohne sie erneut zu signieren, schlägt diese Überprüfung der Signatur fehl, und es wird eine Warnung angezeigt. Ebenso kann ein sicheres Formular, das an einen Webserver übermittelt wird, ein unabhängiges digital signiertes Objekt sein. Das bedeutet, daß dieses Objekt gespeichert und später zum Bestätigen oder Anfechten der Transaktion verwendet werden kann.

Der Einsatz von Secure HTTP könnte in der Welt des elektronischen Handels (neudeutsch: E-Commerce ;-)) eine Menge Vorteile mit sich bringen. Wenn eine Firma behauptet, daß sie ein digital signiertes Objekt besitzt, das Ihren Entschluß unterstreicht, 2.000 Quietscheentchen zu erwerben, diese digitale Signatur aber nicht stimmt, können Sie dagegenhalten, daß Sie die Anfrage nicht ausgelöst haben. Wenn die Signatur stimmt, dann kann das nur eines von zwei Dingen bedeuten; entweder Sie haben die Entchen angefordert, oder Ihr privater Schlüssel wurde gestohlen. Im Gegensatz dazu ist Ihre Identität beim Einsatz von HTTPS nicht an die Transaktion, sondern an den Kommunikationskanal gebunden. Das bedeutet, daß HTTPS Sie nicht davor schützen kann, daß jemand Ihre Quietscheentchen-Bestellung nach dem Abschicken in eine Bestellung echter Enten umwandelt oder einfach Enten unter Ihrem Namen bestellt.

Paketfiltereigenschaften von HTTPS und Secure HTTP

HTTPS benutzt eine einzelne TCP-Verbindung an Port 443. Secure HTTP wurde so entworfen, daß es über Port 80 arbeitet (siehe den Abschnitt über HTTP).

Richtung	Quelladresse	Zieladresse	Protokoll	Quellport	Zielport	ACK gesetzt	Anmerkungen
eingehend	extern	intern	TCP	>1023	443	a	Anfrage, externer Client an internen Server
ausgehend	intern	extern	TCP	443	>1023	ja	Antwort, interner Server an externen Client
ausgehend	intern	extern	TCP	>1023	443	a	Anfrage, interner Client an externen Server
eingehend	extern	intern	TCP	443	>1023	ja	Antwort, externer Server an internen Client

a. ACK wird im ersten Paket dieses Typs noch nicht gesetzt (Aufbau der Verbindung), in den restlichen wird es gesetzt.

Proxy-Eigenschaften von HTTPS und Secure HTTP

Da HTTPS und Secure HTTP einfache TCP-Verbindungen benutzen, lassen sie sich recht einfach über Proxies realisieren. Die meisten Programme, die den Proxy-Betrieb von HTTP ermöglichen, stellen auch für HTTPS und Secure HTTP Proxy-Möglichkeiten bereit. Allerdings setzen sowohl HTTPS als auch Secure HTTP eine Ende-zu-Ende-Verschlüsselung zwischen dem Client und dem Server ein. Das heißt, daß der Datenstrom für das Proxy-System vollkommen undurchsichtig ist. Es sind deshalb keine der Filter- oder Cache-Funktionen möglich, die bei normalen HTTP-Verbindungen durchgeführt werden können.

Der Proxy-Betrieb für HTTPS wird normalerweise mit Hilfe des Befehls CONNECT erledigt (dies wurde bereits im Abschnitt über HTTP-Proxy besprochen). Dies erlaubt es einem echten Client, Zertifizierungsinformationen mit dem Server auszutauschen, es dient aber auch als generischer Proxy für jedes Protokoll, das auf den Ports betrieben wird, die der Proxy für HTTPS freigibt. Da HTTPS verschlüsselt ist, kann der Proxy keine Überprüfung des Inhalts der Verbindung durchführen. Sie sollten vorsichtig mit dem Freigeben von Ports für HTTPS sein.

Network-Address-Translation-Eigenschaften von HTTPS und Secure HTTP

HTTPS und Secure HTTP verfügen ebensowenig wie HTTP über eingebettete IP-Adressen und werden daher ohne Probleme durch ein Network-Address-Translation-System übertragen. Wegen der Ende-zu-Ende-Verschlüsselung ist es nicht möglich, IP-Adressen zu korrigieren, die in solcherart gesicherten Seiten auftauchen. Sie müssen daher sicherstellen, daß solche Seiten Hostnamen und keine IP-Adressen benutzen.

Zusammenfassung der Empfehlungen für HTTP

- Wenn Sie einen HTTP-Server betreiben wollen, dann benutzen Sie für diesen Zweck nach Möglichkeit einen besonders dafür vorgesehenen Bastion-Host.
- Wenn Sie einen HTTP-Server betreiben wollen, müssen Sie ihn sorgfältig konfigurieren, um kontrollieren zu können, worauf er Zugriff hat; Sie müssen vor allem auf Wege achten, über die jemand irgendwie ein Programm in das System hochladen (zum Beispiel per E-Mail oder FTP) und den HTTP-Server dann austricksen könnte, um es auszuführen.
- Kontrollieren Sie sorgfältig die externen Programme, auf die Ihr HTTP-Server Zugriff hat.
- Sie können es den internen Hosts nicht erlauben, auf alle HTTP-Server zuzugreifen, ohne ihnen gleichzeitig den Zugriff auf alle TCP-Ports zu erlauben, da einige HTTP-Server Nichtstandardports benutzen. Falls Sie nichts dagegen haben, Ihren Benutzern den Zugriff auf alle TCP-Ports zu ermöglichen, können Sie Paketfilterung verwenden, um das ACK-Flag zu überprüfen. Damit haben Sie die Möglichkeit, ausgehende Verbindungen an diese Ports zu erlauben (und eingehende Verbindungen von diesen Ports zu verbieten). Wenn Sie etwas dagegen haben, dann beschränken Sie entweder den Zugriff Ihrer Benutzer auf Server, die über den Standardport (80) arbeiten, oder setzen eine Form von Proxies ein.
- Der Proxy-Betrieb von HTTP ist einfach, und ein Caching-Proxy-Server bietet sowohl für die Netzwerkbandbreite als auch für die Sicherheit Vorteile.
- Erlauben Sie keine externen Verbindungen zu HTTP-Proxy-Servern.
- Konfigurieren Sie Ihre HTTP-Clients sorgfältig und warnen Sie Ihre Benutzer davor, sie auf den Rat von Dritten hin umzukonfigurieren.

Mobiler Code und mit dem Web zusammenhängende Sprachen

Wie wir bereits erwähnt haben, bieten die meisten Webbrowser eine oder mehrere Möglichkeiten, beliebige Programme von Servern zu akzeptieren. Im allgemeinen werden Systeme, die Programme von einer Maschine auf eine andere verschieben, *Mobile-Code*-Systeme genannt. Diese Systeme sind zwar im allgemeinen in Webbrowsern implementiert, sie können aber auch an anderen Stellen verwendet werden. Manche

Webserver unterstützen zum Beispiel auch deren Ausführung auf dem Server selbst; Java und ActiveX werden völlig unabhängig vom Web für die Anwendungsentwicklung benutzt; und viele Webbrowser, die den Einsatz von JavaScript und VBScript in Webseiten unterstützen, können sie auch interpretieren, wenn sie in E-Mail- oder News-Nachrichten auftreten.

Mobile-Code-Systeme verfolgen zwei grundlegende Ansätze, um den Sicherheitsproblemen zu begegnen. Die meisten von ihnen versuchen zu verhindern, daß Programme etwas Gefährliches tun, oder zumindest, daß sie etwas Gefährliches tun, ohne Sie zuvor zu fragen. Zum Beispiel ist es JavaScript ohne Ihre Zustimmung nicht erlaubt, Dateien auf die Festplatte zu schreiben; Java wird nicht erlaubt, Netzwerkverbindungen zu einem anderen Server zu öffnen als demjenigen, zu dem die ursprüngliche Verbindung führte. Dieser Ansatz führt zu Webseiten, die zwar nicht so recht das tun können, was Sie wollen, aber immer noch Dinge tun, die Sie nicht wollen.

Um dieses Problem zu umgehen, verwendet ActiveX den zweiten Ansatz und benutzt digitale Signaturen, damit Sie wenigstens eine ungefähre Vorstellung davon erhalten, woher ein Programm stammt und ob Sie ihm vertrauen können. Für die Aktionen von ActiveX-Controls bestehen keine Einschränkungen. Das Ergebnis dieses Ansatzes ist, daß Sie Webseiten haben, bei denen Sie nicht wissen, ob Sie ihnen vertrauen können. Wer ist die Person, die sie signiert hat? Glauben Sie, daß diese Person sowohl guten Willens als auch kompetent genug ist, um sicherheitskritische Programme zu schreiben? Wenn ein Programm nicht signiert ist, liegt das daran, daß der Autor des Programms etwas Böses im Schilde führt, faul ist, keine Ahnung von digitalen Signaturen hat oder Probleme mit der Verantwortung einer Signatur hat?

Diese beiden Ansätze werden kombiniert, damit Sie genau entscheiden können, was einem Programm erlaubt ist, von dem Sie wissen, wer es geschrieben hat. Dieses Vorgehen ist zwar alles andere als perfekt, es ist aber am vielversprechendsten, und sowohl Java als auch ActiveX haben diesen Weg eingeschlagen.

JavaScript

JavaScript ist eine Skriptsprache, die absolut nichts mit Java zu tun hat. Sie wird als Erweiterungssprache für Webbrowser eingesetzt. Microsofts Implementierung von JavaScript heißt JScript; manchmal wird diese Sprache von Microsoft auch als ECMAScript bezeichnet, da sie von der *European Community Manufacturer's Association* (ECMA) standardisiert wurde.

JavaScript versucht, Sicherheit durch eine Einschränkung der Möglichkeiten zu erreichen. Zum Beispiel enthält JavaScript keine Befehle zum Lesen und Schreiben von Dateien. Außerdem sollen Programme, die in JavaScript geschrieben sind, nur auf begrenzte Datenmengen zugreifen dürfen: Informationen über die Benutzervoreinstellungen, verfügbare Plug-Ins und Fähigkeiten des Browsers sowie Links und Formulare in dem Dokument, das das Skript enthält, und in Fenstern, die durch diese Webseite erzeugt werden. JavaScript-Programme können mit der Außenwelt nur über das Bestätigen von Formularen (*submit*) kommunizieren.

Eine Webseite mit einem JavaScript-Programm kann etwas enthalten, das zwar technisch gesehen ein Formular ist, ohne jedoch sichtbar zu sein. JavaScript kann dieses Formular mit jeder Information ausfüllen, die es erhalten kann, und es automatisch bestätigen. Falls Ihr Webbrowser so konfiguriert ist, daß er nach einer Bestätigung verlangt, bevor er Formulare abschickt, sehen Sie eine Warnmeldung; falls nicht, findet die gesamte Transaktion stillschweigend statt. Außerdem besteht das Bestätigen eines Formulars einfach aus dem Absenden von Informationen in einem vordefinierten Format an eine URL, die eine IP-Adresse und einen Port festlegen kann. Das bedeutet, daß das Bestätigen eines Formulars JavaScript erlaubt, beliebige Informationen an beliebige Stellen zu schicken, im schlimmsten Fall, ohne daß Sie etwas davon merken. Dies ist einer der Gründe, weshalb Webbrowser Sie vor dem Abschicken von Formularen warnen. Es ist sinnvoll, sich diese Warnungen auch wirklich anzeigen zu lassen.

Die meisten JavaScript-Sicherheitsprobleme stammen aus einer von zwei Kategorien: Denial-of-Service-Attacken, die den Browser anhalten oder zum Absturz bringen (oder, wenn Sie wirklich Pech haben, den gesamten Computer), und Programmierfehler in den Beschränkungen für den Datenzugriff, die es JavaScript-Programmen erlauben, beliebige Dateien zu lesen und die Daten an die Site zurückzugeben, von der die Seite kam. Zusätzlich gab es bei JavaScript-Implementierungen gelegentlich Probleme mit Pufferüberläufen.

Die Denial-of-Service-Attacken lassen sich normalerweise nicht vermeiden, allerdings sind sie meist nur ärgerlich und sonst nichts. Überwiegend handelt es sich bei den Angriffen, die den Browser abstürzen lassen oder die Maschine anhalten, um einfache Implementierungsfehler, die recht schnell behoben werden können. Die Standardmethode zum Anhalten eines Browsers besteht darin, eine unendliche Schleife zu erzeugen.

JavaScript-Programme können zwar selbst keine Dateien öffnen, sie können allerdings den Webbrowser dazu veranlassen. Dazu übergeben sie ihm lokale URLs zum Öffnen (zum Beispiel *file:/etc/passwd*). Wenn die JavaScript-Sicherheit korrekt implementiert wurde, stellt dies kein Problem dar, da JavaScript immer noch keine Daten aus den neu geöffneten URLs bekommen kann. Allerdings gab es bei der Behandlung dieser besonderen Beschränkung eine Reihe von Fehlern, bei denen der Browser wegen des korrekten Kontexts von Skripten oder Daten durcheinandergeriet, die an seltsamen Stellen eingebettet waren. Zum Beispiel könnten Skripte, die sich in den Titeln von Seiten befinden, beim Einlesen von Bookmarks ausgeführt werden. Andere Skripte werden möglicherweise in Fenstern ausgeführt, die eigentlich Quellcode anzeigen sollen. Es gab Dutzende von Fehlern bei der Kontextbehandlung, die alle ähnliche Auswirkungen hervorgerufen haben; das Skript gibt Daten, die es gar nicht haben darf, an den Server zurück, auf dem es sich befindet. Dies können Informationen über kürzlich besuchte Websites oder auch die Inhalte beliebiger Dateien auf der Festplatte sein.

Die Pufferüberlauf-Probleme sind genaugenommen gar keine JavaScript-Schwachstellen. Sie treten auf, wenn der Interpreter ungültiges JavaScript erhält und dann selbst nicht in der Lage ist, die Puffer-Beschränkungen durchzusetzen. Es sind Probleme mit Pufferüberläufen bekannt, die bei bestimmten JavaScript-Aufrufen in einigen Versionen des Internet Explorer 4.0 auftreten.

JavaScript kann – falls diese aktiviert sind – ActiveX oder Java benutzen, um Zugriff auf Fähigkeiten zu erhalten, die es sonst nicht bekommen würde. Wenn ActiveX oder Java im Browser aktiv sind, kann JavaScript sie einsetzen, ohne selbst sichtbare ActiveX- oder Java-Objekte zu enthalten. Das bedeutet, daß es nicht reicht, ActiveX und Java herauszufiltern, um einen Standort zu schützen. Sie müssen auch Skriptsprachen herausfiltern oder ActiveX und Java in allen Browsern deaktivieren.

VBScript

VBScript ist eine Untermenge von Visual Basic, das von Microsoft als Erweiterungssprache für Webbrowser und -Server bereitgestellt wird. VBScript bietet in etwa die gleiche Funktionalität wie JavaScript – Microsoft versucht, es auf dem gleichen Niveau zu halten. Ebenso wie JavaScript soll VBScript Sicherheit garantieren, indem unsichere Operationen vermieden werden. VBScript wird oft zusammen mit ActiveX benutzt, und die VBScript-Sicherheit wird oft mit ActiveX-Sicherheit verwechselt. Man muß aber ActiveX nicht aktivieren, um VBScript benutzen zu können (man benötigt auch kein VBScript, um ActiveX benutzen zu können; Sie können die ActiveX-Controls auch von JavaScript aus benutzen).

Es scheinen keine VBScript-Sicherheitsprobleme bekannt zu sein; das bedeutet jedoch nicht, daß VBScript sicher ist. Es zeigt nur an, daß JavaScript von mehr Browsern implementiert wird als VBScript, wobei ActiveX leistungsfähiger ist als VBScript. Angreifer konzentrieren sich deshalb so lange auf JavaScript und ActiveX, bis ihre offensichtlichen Möglichkeiten erschöpft sind. Da VBScript die gleichen Möglichkeiten bietet wie JavaScript, fallen die VBScript-Schwachstellen wahrscheinlich in die gleichen Kategorien wie die JavaScript-Schwachstellen, das heißt, zu ihnen zählen hauptsächlich Denial-of-Service-Attacken und Methoden zum Lesen von Daten.

Java

Java ist eine ausgewachsene Programmiersprache, die üblicherweise als Erweiterungssprache für Webbrowser verwendet wird. Java verwendet das sogenannte *Sandbox*-Sicherheitsmodell, das versucht, Sicherheit zu bieten, indem es die Funktionalität einschränkt, die einem Programm zur Verfügung steht.

Im allgemeinen werden Programmiersprachen in interpretierte und kompilierte (übersetzte) Sprachen unterteilt. Bei einer interpretierten Sprache wie Perl oder Visual Basic schreiben Sie ein Programm, und wenn Sie es ausführen wollen, übergeben Sie es einem Interpreter in der Form, in der Sie es geschrieben haben. Der Interpreter, der immer gestartet wird, wenn Sie ein Programm in dieser Sprache ausführen wollen, ist dafür verantwortlich, die menschen-lesbaren Befehle in Anweisungen umzuwandeln, die der Computer ausführen kann. Bei einer kompilierten Sprache wie C schreiben Sie ein Programm und schicken es durch einen Compiler, um eine ausführbare Version zu erhalten. Anschließend können Sie das Programm selbst ausführen; Sie brauchen kein anderes Programm mehr, damit dies funktioniert.

Interpretierte Sprachen sind maschinenunabhängig. Sie haben zwar verschiedene Interpreter für jede Art von Maschine, führen aber die gleichen Programme aus. Kompilierte Sprachen sind andererseits maschinenabhängig; nach dem Kompilieren funktioniert das Ergebnis nur auf einer Sorte Maschine. Andererseits ist ein Programm, das durch einen Interpreter geschickt wird, langsamer als eines, das zuvor kompiliert wurde. Außerdem kann jemand, dem Sie ein Programm in einer interpretierten Sprache geben, dieses leicht verändern und anders einsetzen. Bei einem kompilierten Programm ist das nicht so einfach.

Java verwendet eine dazwischenliegende Möglichkeit. Ein Programm, das in Java geschrieben wurde, wird in maschinenunabhängigen *Java-Byte-Code* kompiliert (übersetzt), der anschließend durch einen Interpreter in Computer-Anweisungen umgewandelt wird. Dieser Interpreter wird üblicherweise Java Virtual Machine genannt. Man erhält einige der Vorteile kompilierten Codes (er wird schneller ausgeführt als eine interpretierte Sprache, und der Code liegt nicht in einer leicht veränderbaren Form vor) und einige der Vorteile interpretierten Codes (er ist maschinenunabhängig). Andererseits vereinigt solcher Code auch die Nachteile beider Arten in sich; er ist langsamer als kompilierter Code, Sie brauchen einen Interpreter, um etwas damit anfangen zu können, und Sie müssen sich unter Umständen mit Fehlern herumschlagen, die im Compiler oder im Interpreter auftreten können. So wie es möglich ist, ein Programm direkt in der Maschinensprache zu schreiben, ohne einen traditionellen Compiler zu benutzen, ist es ebenso möglich, ein Programm direkt im Java-Byte-Code zu schreiben, ohne einen Java-Compiler zu verwenden. Das Ergebnis könnte für den Interpreter akzeptabel sein, selbst wenn es nicht aus einem Programm erzeugt worden ist, das der Compiler akzeptiert.

Es gibt sowohl im Java-Byte-Code-Compiler als auch im Java-Runtime-Interpreter Sicherheitsfunktionen. Im allgemeinen sollten Sie sich den Java-Compiler als etwas vorstellen, das den Java-Programmierern eine gewisse Sicherheit bietet; er hilft den Leuten beim Schreiben von Java-Programmen, die nicht von böswilligen Benutzern angegriffen werden können. (Zum Beispiel sind Java-Programme nicht empfänglich für Pufferüberlauf-Probleme.) Der Java-Interpreter bietet den Java-Benutzern Sicherheit; er soll böswillige Java-Programme davon abhalten, den Maschinen Schaden zuzufügen. Da es möglich ist, den Java-Byte-Code direkt zu schreiben, können Sie sich nicht darauf verlassen, daß der Compiler Sie vor bösartigen Programmen beschützt.

Statt dessen verlassen Sie sich auf den sogenannten *Security-Manager*, der Teil des Runtime-Interpreters ist. Der Security-Manager ist dafür verantwortlich festzulegen, was ein Programm tun darf. Dazu schaut er sich jede einzelne Aktion an, die das Programm auszuführen versucht, und vergleicht diese mit der aktuellen Sicherheitspolitik. Normalerweise gibt es zwei mögliche Sicherheitsrichtlinien: eine für normale Programme, die keine Beschränkungen auferlegt, und eine für Programme, die aus dem Netzwerk heruntergeladen wurden. Bei dieser wird eingeschränkt, welche Dateien geschrieben und gelesen werden dürfen, wieviel Arbeitsspeicher und Plattenplatz ein Programm benutzen kann und welche Netzwerkverbindungen es herstellen darf.

Der Security-Manager steuert nicht direkt die Operationen, die ein Programm ausführt. Statt dessen kontrolliert er, welche Funktionen das Programm aufrufen darf. Zum Beispiel wird es unsicheren Programmen normalerweise nicht erlaubt, auf die Festplatte zu schreiben; wenn es jedoch eine Bibliothek gibt, von der angenommen wird, daß sie für den Einsatz durch unsichere Programme geeignet ist, kann ein unsicheres Programm diese Bibliothek aufrufen und mit ihrer Hilfe auf die Platte schreiben. Das ist im Prinzip so, als würden Sie es einem Kind nur dann erlauben, Kekse zu essen, wenn ein Erwachsener die Kekse entgegennimmt; Transaktionen müssen einen theoretisch vertrauenswürdigen Zwischenschritt in Anspruch nehmen, der ihnen Beschränkungen auferlegt.

Dieses Modell birgt zwei Hauptrisiken. Erstens besteht das Risiko, daß der Security-Manager etwas erlaubt, was er eigentlich verbieten sollte. Zweitens besteht das Risiko, daß eine theoretisch sichere Bibliothek unsichere Operationen enthält. Bei Java sind Probleme mit beiden Risiken aufgetreten, die Mehrzahl der Probleme lag allerdings beim Security-Manager. Der Security-Manager hat eine sehr komplizierte Aufgabe. Es ist extrem schwierig, diese korrekt zu implementieren. Seit der ursprünglichen Veröffentlichung von Java sind regelmäßig Implementierungs- und Entwurfsprobleme entdeckt worden. Diese wurden zwar meist schnell behoben, und die Rate hat sich deutlich verlangsamt, man muß aber weiterhin mit Problemen rechnen.

ActiveX

ActiveX ist eigentlich keine Programmiersprache, sondern eine Methode, Objekte zu verteilen, die dann von mehreren anderen Sprachen verwenden werden können. Im Gegensatz zu den anderen Systemen, die wir bereits behandelt haben, verteilt es maschinenabhängigen Code. Ein Java-, JavaScript- oder VBScript-Programm läuft auf jeder Maschine, die die jeweiligen Sprachen unterstützt; ein ActiveX-Control ist dagegen ein ausführbares Programm, das für eine spezielle Art von Prozessor ausgelegt ist. Sie können deshalb ein ActiveX-Control, das für einen Intel-Prozessor gedacht ist, zum Beispiel nicht auf einem Alpha-Prozessor ausführen.

ActiveX ist eine Erweiterung und Aktualisierung von Microsofts *Object Linking and Embedding-System* (OLE). ActiveX-Controls können in einer Vielzahl von Sprachen geschrieben werden, einschließlich C und Visual Basic, und es kann von einer noch größeren Zahl von Sprachen auf sie zugegriffen werden. Im Umfeld des Web werden sie normalerweise von HTML, JavaScript oder VBScript verwendet, sie können aber auch von Java benutzt werden. Unabhängig von der Sprache, die eingesetzt wird, um auf ein ActiveX-Control zuzugreifen, wird das ActiveX-Sicherheitsmodell auf das Control angewendet, nicht das der aufrufenden Sprache; das ist wichtig, weil es bedeutet, daß ein ActiveX-Control, das in einem Java-Programm benutzt wird, nicht durch die Java-Sandbox eingeschränkt wird.

Für die ActiveX-Sicherheit gibt es zwei Methoden. Zum einen gibt es Beschränkungen darin, wann ein ActiveX-Control eingelesen werden kann; zum anderen existieren Beschränkungen darin, wann ein bestehendes ActiveX-Control ausgeführt werden kann. Diese Einschränkungen sind Teil der Implementierung des aktuellen ActiveX-Interpreters, nicht Teil des Sprachentwurfs. Es gibt deshalb keine Garantie, daß zukünftige ActiveX-Implementierungen über die gleichen Eigenschaften verfügen.

Der bekannteste Aspekt der ActiveX-Sicherheit ist die Benutzung digitaler Signaturen, die Bestandteil des Sicherheitssystems zum Einlesen von ActiveX-Controls ist. Ein ActiveX-Control kann mit einer digitalen Signatur unterzeichnet sein, die es Ihnen theoretisch erlaubt, den Autor des Controls zu identifizieren und zu entscheiden, ob das Control geladen werden soll oder nicht. ActiveX-Controls müssen nicht signiert sein, allerdings werden unsignierte Controls normalerweise anders behandelt als signierte. (Siehe Anhang C, *Kryptographie*, für eine weitere Behandlung digitaler Signaturen und was diese für Sie bedeuten.) Üblicherweise werden unsignierte Controls von externen Webseiten abgewiesen, und signierte Controls erfordern eine Bestätigung.

Die digitalen Signaturen werden beim Laden eines Controls überprüft. Wurde das Control einmal geladen, muß es benutzt werden, damit etwas passiert. Das ActiveX-Modell bietet auch Kontrollen darüber, wann ein Control ausgeführt werden kann. Sie können Controls die Ausführung erlauben, sie ihnen verbieten oder dafür sorgen, daß Sie jedesmal gefragt werden, wenn etwas versucht, ein Control auszuführen. Standardmäßig ist es Controls erlaubt, ohne Bestätigung abzulaufen.

Ein Control kann weiterhin behaupten, für die Benutzung mit zweifelhaften Daten und/oder für die Benutzung über Skripte sicher zu sein. Üblicherweise kann ein Control nur dann durch eine externe Webseite ausgeführt werden, wenn beide Eigenschaften zutreffen. Von einem Control, das beide Eigenschaften für sich in Anspruch nimmt, wird angenommen, daß es niemals etwas Schlechtes tut, selbst wenn es zu böswilligen Zwecken mißbraucht wird. Programme wie der Internet Explorer, die ActiveX-Objekte verwenden, schauen sich diese Eigenschaften an, um zu entscheiden, ob ein Control ausgeführt werden darf oder nicht. Neben diesen Einschränkungen steht ein Control für jedes Programm zur Verfügung, wenn es erst einmal für einen bestimmten Zweck geladen wurde.

Dies bedeutet folgendes: Wenn ein Control sich auf Ihrer lokalen Festplatte befindet und von sich behauptet, für die Benutzung mit nicht vertrauenswürdigen Daten sowie die Benutzung über Skripte sicher zu sein, kann jede Webseite es ausführen. Vor der Ausführung ist keine Bestätigung notwendig. Das kann zu unerfreulichen Überraschungen führen. Viele Hersteller haben vorinstallierte ActiveX-Controls, die die Ausführung von beliebigen Befehlen erlauben, fälschlicherweise als sicher für die Skript-Ausführung markiert. Nicht nur Dritthersteller wie Compaq haben Maschinen mit gefährlichen ActiveX-Controls ausgeliefert, selbst Microsoft stellt in Windows 98 ein Control bereit, das als sicher für den Skript-Einsatz markiert ist und benutzt werden könnte, um beliebige Programme auszuführen.

Ähnliches könnte auch mit Controls geschehen, die von Webseiten heruntergeladen werden. Sie könnten ein Control von einer Website herunterladen, das dann durch eine andere aktiviert wird. Oder: Wenn Sie zu einer Seite gehen und ein Control herunterladen, versucht es, dieses Control erneut herunterzuladen, wenn Sie die Seite wieder besuchen. Falls Sie das Herunterladen des Controls nicht erlauben, bleibt bei Ihnen weiterhin die ursprüngliche Kopie des Controls installiert, und die Seite versucht, diese Kopie auszuführen, was vermutlich nicht in Ihrem Interesse liegt (wenn Sie gewollt hätten, daß dieses Control ausgeführt wird, hätten Sie das Herunterladen nicht verhindert). Leute, die bei einer Download-Dialogbox einfach auf »Nein« geklickt haben, sind normalerweise überrascht und verärgert, wenn das Control abläuft, da der Unterschied zwischen Herunterladen und Ausführen für den Benutzer nicht zu erkennen ist.

Cache-Kommunikationsprotokolle

Als wir uns mit dem Proxy-Einsatz und HTTP befaßt haben, sprachen wir auch über *Caching*, eines der Haupteinsatzgebiete von Web-Proxies. Caching ist eine wichtige Methode für das Beschleunigen von Übertragungen und das Reduzieren der Datenmengen, die über überfüllte Verbindungen übertragen werden. Wenn Cache-Server eingerichtet sind, besteht der nächste logische Schritt darin, mehrere Cache-Server zu benutzen und deren Arbeiten koordiniert auszuführen. Auf diesem Gebiet findet momentan noch eine Menge Entwicklungsarbeit statt, und es ist nicht klar, welches Protokoll sich auf lange Sicht durchsetzen wird.

Internet Cache Protocol (ICP)

ICP ist das älteste der Cache-Verwaltungsprotokolle, die gegenwärtig benutzt werden. Es wird von den meisten Cache-Systemen unterstützt, einschließlich Netscape Proxy, Harvest und Squid. Das Prinzip hinter ICP besteht darin, daß die Cache-Server unabhängig voneinander arbeiten. Wenn ein Cache-Server jedoch eine Anfrage nach einem Dokument erhält, das er nicht gespeichert hat, fragt er die anderen Cache-Server nach diesem Dokument. Er bezieht das Dokument nur dann von dessen Originalstandort, wenn keiner der anderen Cache-Server darüber verfügt. ICP besitzt eine Reihe von Nachteilen; es verursacht erheblichen Kommunikationsaufwand zwischen den Caches, es verlangsamt das Beschaffen von Dokumenten, es bietet keine Sicherheit oder Authentifizierung, und es durchsucht den Cache nur auf der Grundlage der URL, nicht auf der Basis der Header-Informationen. Dadurch werden eventuell inkorrekte Dokumentenversionen zurückgegeben. Andererseits verfügt es über klare Vorteile: Es ist standardisiert (dokumentiert in den IETF RFCs 2186 und 2187) und weit verbreitet.

Paketfiltereigenschaften von ICP

ICP verwendet normalerweise UDP; die Portnummer ist zwar konfigurierbar, standardmäßig wird jedoch 3130 eingesetzt. ICP kann auch über TCP betrieben werden, auch hier über jeden Port. Die Caches tauschen Dokumente über HTTP aus. Der Port, der für HTTP benutzt wird, ist ebenfalls einstellbar, normalerweise wird aber 3128 verwendet.

Richtung	Quell-adresse	Ziel-adresse	Protokoll	Quellport	Zielport	ACK gesetzt	Anmerkungen
eingehend	extern	intern	UDP	>1023	3130[a]	[b]	ICP-Anfrage oder -Antwort, externer Cache an internen Cache
ausgehend	intern	extern	UDP	3130[a]	>1023	[b]	ICP-Anfrage oder -Antwort, interner Cache an externen Cache
eingehend	extern	intern	TCP	>1023	3128[c]	[d]	HTTP-Anfrage, externer Cache an internen Cache
ausgehend	intern	extern	TCP	3128[c]	>1023	ja	HTTP-Antwort, interner Cache an externen Cache
ausgehend	intern	extern	TCP	>1023	3128[c]	[d]	HTTP-Anfrage, interner Cache an externen Cache
eingehend	extern	intern	TCP	3128[c]	>1023	ja	HTTP-Antwort, externer Cache an internen Cache

a. 3130 ist die Standardportnummer für ICP, einige Server laufen aber auf anderen Portnummern.
b. UDP besitzt kein Äquivalent zu ACK.
c. 3128 ist die Standardportnummer für Intercache-HTTP-Server, einige Server laufen aber auf anderen Portnummern.
d. ACK wird beim ersten Paket dieses Typs nicht gesetzt (Aufbau der Verbindung), bei den restlichen dagegen wird es gesetzt.

Proxy-Eigenschaften von ICP

ICP ist ebenso wie SMTP und NNTP dazu in der Lage, selbst als Proxy zu fungieren, das heißt, Anfragen können von Server zu Server weitergegeben werden. Wenn Sie ICP für eine Firewall-Umgebung konfigurieren, werden Sie im allgemeinen diese Funktion benutzen und alle internen Cache-Server so einrichten, daß sie mit einem Cache-Server zusammenarbeiten, der Bestandteil der Firewall ist und als Proxy dient.

Da es sich bei ICP um ein einfaches, TCP-basiertes Protokoll handelt, wäre es genauso möglich, es durch ein Proxy-System wie SOCKS zu betreiben; die einzige Schwierigkeit bestünde darin, daß Sie eine Einweg-Beziehung erhalten würden, da der externe Cache nicht in der Lage wäre, Anfragen an den internen Cache zu senden. Dies würde die Leistung herabsetzen, ohne gleichzeitig mehr Sicherheit zu bieten, als würde ICP selbst als Proxy dienen. Es gibt keine aktuelle Implementierung, die dies unterstützt.

Network-Address-Translation-Eigenschaften von ICP

ICP enthält eingebettete IP-Adressen, die allerdings nicht benutzt werden. Es funktioniert problemlos durch Network-Address-Translation-Systeme, solange Sie eine statische Anpassung vornehmen (um Anfragen von anderen, gleichartigen Cache-Systemen zuzulassen) und sich nichts aus der Tatsache machen, daß die interne Adresse für jeden sichtbar ist, der den Verkehr beobachtet.

Cache Array Routing Protocol (CARP)

CARP verwendet einen vollkommen anderen Ansatz. Anstatt die Cache-Server miteinander kommunizieren zu lassen, führt CARP einen Lastausgleich zwischen mehreren Cache-Servern aus, indem ein Client oder ein Proxy-Server veranlaßt wird, verschiedene Cache-Server für unterschiedliche Anfragen zu benutzen. Um welchen Cache-Server es sich dabei handelt, hängt von der angefragten URL sowie von den Informationen ab, die über den Cache-Server veröffentlicht wurden. Die Informationen über verfügbare Cache-Server werden mittels HTTP verteilt, CARP erhöht daher die Komplexität des Protokolls nicht unnötig. Bei Paketfilterung und Proxy-Betrieb verhält sich CARP identisch zu HTTP. Allerdings gibt es mit CARP Probleme bei der Network Address Translation, da die Dokumente auf jeden Fall IP-Addressen beinhalten (die Adressen der Cache-Server). Netscape und Microsoft unterstützen sowohl CARP als auch ICP.

Web Cache Coordination Protocol (WCCP)

WCCP ist ein Protokoll, das von Cisco entwickelt wurde. Dieses Protokoll verwendet einen dritten, vollkommen anderen Ansatz. Um WCCP zu benutzen, brauchen Sie einen Router, der so plaziert ist, daß er den gesamten HTTP-Verkehr abfangen kann, der von Ihren Cache-Servern verarbeitet werden soll. Der Router erkennt jedes Paket, das an TCP-Port 80 eines beliebigen Ziels adressiert ist, und leitet das Paket an einen Cache-Server um. Der Cache-Server antwortet dann direkt an den Anfragenden, so als wäre die Anfrage auf normalem Wege empfangen worden. WCCP wird für die Kommunikation zwischen dem Router und den Cache-Servern benutzt, so daß der Router weiß, welche Cache-Server momentan laufen, wie sie ausgelastet sind und welche URL an welchen Server geleitet werden soll. Der Verkehr kann auf diese Weise entsprechend aufgeteilt werden.

Paketfiltereigenschaften von WCCP

WCCP verwendet UDP auf Port 2048. Außerdem leiten Router, die WCCP benutzen, den HTTP-Verkehr an Cache-Server weiter, indem sie ihn in GRE-Pakete einkapseln (GRE ist eine Form von IP-over-IP, vorgestellt in Kapitel 4, *Pakete und Protokolle*). WCCP verwendet GRE-Protokolltyp Hexadezimal 883E. Beachten Sie, daß weder UDP noch GRE ACK-Flags einsetzen.

Richtung	Quell-adresse	Ziel-adresse	Protokoll	Quellport	Zielport	Anmerkungen
eingehend	extern	intern	UDP	a	2048	WCCP-Update, externer Teilnehmer an internen Teilnehmer
ausgehend	intern	extern	UDP	a	2048	WCCP-Update, interner Teilnehmer an externen Teilnehmer
eingehend	extern	intern	GRE	b	b	HTTP-Anfrage umgeleitet durch externen Router an internen Cache-Server
ausgehend	intern	extern	GRE	b	b	HTTP-Anfrage umgeleitet durch internen Router an externen Cache-Server

a. Das WCCP-Protokoll definiert keinen Quellport; es ist wahrscheinlich, daß es sich um 2048 handelt.
b. GRE besitzt keine Quell- oder Zielports, nur Protokolltypen. WCCP verwendet Protokolltyp Hexadezimal 883E.

Proxy-Eigenschaften von WCCP

Da WCCP sowohl UDP als auch GRE verwendet, läßt es sich nur schwer mit Proxies realisieren. UDP-Proxies sind zwar schon relativ verbreitet, allerdings ist GRE immer noch eine Terra Incognita für Proxy-Server.

Network-Address-Translation-Eigenschaften von WCCP

WCCP-Kommunikationen verwenden eingebettete IP-Adressen und funktionieren deshalb nicht durch Network-Address-Translation-Systeme. Die Architektur von WCCP geht davon aus, daß Ihr Router und Ihre Cache-Server sich in jedem Fall nahe beieinander (im Netzwerk-Maßstab) befinden.

Zusammenfassung der Empfehlungen für Cache-Kommunikationsprotokolle

- Die Cache-Verwaltung sollte entweder privat (zwischen internen Cache-Servern) oder öffentlich (zwischen einem Bastion-Host, der für den Zugriff auf die Außenwelt benutzt wird, und externen Cache-Servern) sein. Cache-Verwaltungsprotokolle können Teile einer Firewall durchqueren, um einen Bastion-Host zu erreichen. Sie dürfen jedoch niemals komplett über eine Firewall zwischen externen und internen Netzwerken stattfinden.

Push-Techniken

HTTP ist ein System, bei dem die Clients nach den gewünschten Informationen fragen (dies bezeichnet man als *Pull-Technik*, bei der ein Client Informationen »zieht«; von engl. »to pull« – ziehen). In einigen Situationen ist es für den Server jedoch wünschenswert, die Informationen zu senden, ohne zuvor darum gebeten zu werden (dies ist eine *Push-Technik*, bei der ein Server Informationen »schiebt«; von engl. »to push« – schieben, drängen). Falls Sie zum Beispiel über ein Ereignis informiert werden wollen (die Änderung eines Aktienpreises, das Ergebnis eines Fußballspiels, eine Neuigkeit auf einem Ihrer Interessensgebiete), ist es für Sie am effektivsten, wenn Sie den Server einmal über Ihre Interessen informieren und ihn veranlassen, Ihnen die Informationen zuzuschicken, wenn sie zur Verfügung stehen. Mit Standard-HTTP müßten Sie wiederholt nach der Information fragen, um festzustellen, ob sie angekommen ist.

Etwa um 1997 wurden Push-Techniken als das nächste große Ding im Web angekündigt, als die aufregendste Technik seit der Erfindung des Fernsehens. Aus verschiedenen Gründen hält sich allerdings die Akzeptanz dieser Techniken bisher in Grenzen. Erstens hegen die Anwender den starken und begründeten Verdacht, daß der Hauptgrund für das Bestreben der Hersteller, Push-Techniken einzusetzen, darin besteht, den Benutzern Werbung und andere Informationen aufzudrängen, die diese gar nicht haben wollen. Zweitens sorgen Sicherheits- und Bandbreitenbetrachtungen dafür, daß Site-Administratoren die Vorstellung von eingehenden, nicht angeforderten Informationsströmen nicht mögen. Momentan ist die magische Anwendung noch nicht zu entdecken, die die Benutzer dazu bringen würde, die Push-Techniken zu akzeptieren, obwohl es schon eine ganze Menge Leute gibt, die der Meinung sind, daß die existierenden Programme schon ganz überzeugend sind.

Es gibt eine ganze Reihe von konkurrierenden Produkten, die für sich in Anspruch nehmen, Push-Techniken zu benutzen, allerdings hat ihre Zahl sich in den letzten Jahren verringert. Zur Zeit müssen die populären Programme (vor allem Pointcast und BackWeb) eigentlich keine Push-Techniken benutzen. Statt dessen vermitteln sie die Illusion, indem sie besondere HTTP-Clients benutzen, die regelmäßige Anfragen an besondere HTTP-Server tätigen, um sie über Veränderungen in den Informationen zu unterrichten, die der Anwender überwacht. Dieses Polling verläuft für den Benutzer transparent, für ihn sieht es also so aus, als würde durch den Server eine Push-Technik verwendet.

Dieser Ansatz vermeidet viele der Schwierigkeiten, die mit echten Push-Techniken verbunden sind. Er erfordert zum Beispiel kein neues Protokoll oder eingehende Verbindungen. Andererseits beansprucht er Bandbreite, wenn die Clients die Daten aktualisieren. Die spezialisierten Clients sind im allgemeinen Proxy-fähig, besitzen aber meist nicht den gleichen Funktionsumfang wie die normalen Webbrowser (zum Beispiel bieten sie im allgemeinen keine Unterstützung für die Auto-Konfiguration von Proxies oder für Proxy-Authentifizierungsschemata).

Die spezialisierten Clients haben in der Regel nicht die gleichen Auswirkungen auf die Sicherheit wie traditionelle Webbrowser (sie unterstützen zum Beispiel keine Erweiterungssprachen oder externe Betrachter; für den Umgang mit komplizierten Seiten rufen sie normale Webbrowser auf). Sie ziehen allerdings ihre eigenen Konsequenzen für die Sicherheit nach sich (zum Beispiel stellen die Clients als Teil der von ihnen getätigten Anfragen Informationen für den Server zur Verfügung und akzeptieren Daten vom Server).

Einige der traditionellen Webbrowser unterstützen ebenfalls Dinge, die wie Push-Techniken aussehen (der Explorer hat zum Beispiel Active Channels, und Netscape hat Netcaster). Diese Techniken beruhen im Prinzip auf dem Polling über normales HTTP, manchmal mit zusätzlichen Informationen, um das Polling zu optimieren. Im allgemeinen sind ihre Konsequenzen für die Sicherheit identisch mit denen für normales Surfen im Web. Falls Sie übrigens Webseiten beziehen, die Authentifizierungsinformationen erfordern, müssen Sie diese Information entweder am Beginn des Downloads bereitstellen (soviel zur automatischen Aktualisierung, während Sie schlafen), oder Sie müssen dem Programm dahingehend vertrauen, daß es die Authentifizierungsinformationen sicher speichert. Außerdem legen diese Dienste lokale Kopien der Webseiten an. Sie müssen darauf achten, daß diese ausreichend geschützt werden.

Es werden jedoch auch echte Push-Techniken verwendet. Sowohl BackWeb als auch PointCast laufen als echte Push-Techniken, wenn sie die Möglichkeit haben, wobei sie ihre eigenen Protokolle benutzen. Da es sich um proprietäre Protokolle handelt, ist nicht klar, welche Konsequenzen diese für die Sicherheit nach sich ziehen. Sie akzeptieren jedoch eingehende Verbindungen, geben oft Daten zurück und verfügen normalerweise nur über geringe oder gar keine Authentifizierung. Daß es bisher mit ihnen noch nicht viele Sicherheitsprobleme gab, kann daran liegen, daß sie nicht verbreitet genug sind, um Angreifer anzulocken. Sicherlich scheint es gute Gründe zu geben, sich um die Sicherheit Sorgen zu machen. Es ist auch möglich, einen traditionellen Webbrowser mit einem spezialisierten Push-Client zu kombinieren, indem Plug-Ins benutzt werden. PointCast bietet ein solches Plug-In. Für das Plug-In gelten die gleichen Sicherheitsüberlegungen wie für den normalen PointCast-Dienst.

Zusammenfassung der Empfehlungen für Push-Techniken

- Lassen Sie Push-Techniken nicht durch Ihre Firewall zu.
- Raten Sie Ihren Anwendern von der Benutzung spezieller Clients ab, die Push-Techniken mittels HTTP imitieren.

RealAudio und RealVideo

RealAudio und RealVideo sind proprietäre Protokolle, die von RealNetworks entwickelt wurden, um die Echtzeitübertragung von Audio- und Video-Daten über das Internet zu erlauben, sogenanntes *Streaming*. Die Abspiel-Programme für diese Protokolle können zwar auch als unabhängige Anwendungen laufen, meist werden sie aber als Plug-Ins für Webbrowser eingesetzt. Momentan bilden sie die beliebtesten Protokolle für die Verteilung relativ großer Mengen von Audio- oder Video-Daten.

Es hat zwei Vorteile, diese Technik zu benutzen, anstatt einfach Audio- oder Video-Dateien zu verteilen. Erstens, falls ein Webbrowser auf eine Audio- oder Video-Datei trifft, muß er die gesamte Datei herunterladen, bevor er sie abspielen kann. Dies kann sehr lange dauern und extrem langweilig sein, falls die Datei länger als nur wenige Sekunden ist. Es gibt nur wenige Leute, die Lust haben, sich 20 Minuten lang eine Fortschrittsanzeige anzuschauen, nur um dann ein 10-Sekunden-Filmchen zu erhalten. Zweitens, da die Dateien heruntergeladen werden, sind die Benutzer nicht nur in der Lage, ihre eigenen Kopien zu erstellen, sie werden sogar ausdrücklich dazu ermutigt; da sie nun schon einmal 20 Minuten gewartet haben, werden sie die lokale Kopie der Datei mit Sicherheit nicht löschen! Falls Sie den Überblick darüber behalten wollen, wer sich wann die Datei anschaut, und Sie nicht wollen, daß die Kopien unkontrolliert kursieren, ist dies äußerst unbefriedigend.

Die Protokolle zum Verteilen von Audio und Video basieren meist auf UDP, da die Leute toleranter gegenüber kleineren Datenverlusten als gegenüber Pausen oder Lükken sind. Wenn bei TCP ein Paket verlorengeht, wird auf die erneute Übertragung gewartet, was bedeutend ärgerlicher ist, als wenn einfach das nächste Paket kommt. Audio- und Video-Protokolle verwenden oft auch mehrere Ports, um die Effektivität zu maximieren. Wegen dieser Eigenschaften lassen sich diese Protokolle in der Regel nur schwer durch eine Firewall betreiben.

Risiken von RealServer

Das Betreiben eines Servers für RealAudio oder RealVideo ist an sich nicht gefährlich; das Protokoll ist für den Server relativ sicher. Andererseits hatte RealNetworks einige Probleme mit der Sicherheit, und sowohl der Windows NT- als auch der Unix-Server wurden mit extrem riskanten Installationen ausgeliefert. Achten Sie darauf, daß Konfigurationsdateien nicht allgemein schreibbar sind, daß erzeugte Zugänge über entsprechende Rechte und Paßwörter verfügen und daß die Programme nicht mit mehr Rechten als notwendig ausgeführt werden. Da die Server eine bedeutende Last darstellen, könnten Sie sie auf einen eigenen Bastion-Host auslagern; dadurch lassen sich Sicherheitsprobleme unter Kontrolle bringen.

Risiken von RealAudio- und RealVideo-Clients

Die RealAudio- und RealVideo-Clients haben relativ eingeschränkte Fähigkeiten. Bisher sind keine Sicherheitsprobleme bekanntgeworden. Wegen der Art, wie die Protokolle funktionieren, kann es schwierig sein, die Clients effektiv auszuführen, ohne große Löcher in Ihre Firewall zu reißen, was selbstverständlich riskant wäre. Die Clients bringen jedoch relativ geringe Risiken mit sich, wenn es Ihnen gelingt, die Daten sicher bis zu ihnen zu bekommen.

Paketfiltereigenschaften von RealAudio und RealVideo

RealAudio und RealVideo benutzen standardmäßig ein System, bei dem eine vom Client aufgebaute TCP-Verbindung für die Sitzungskontrolle verwendet wird, während die eigentlichen Daten per UDP übertragen werden. Es können mehrere UDP-Ports für die gleiche Sitzung verwendet werden. Da sich dieses System nur sehr schwer durch Paketfilter betreiben läßt, ohne zusätzliche Sicherheitslücken zu öffnen, können RealVideo- und RealAudio-Clients so konfiguriert werden, daß sie entweder nur TCP (auf Port 7070) oder TCP begleitet von UDP-Paketen von einem einzelnen Port im Bereich 6970–7170 benutzen; welcher Port das ist, wird vom Client festgelegt.

Richtung	Quelladresse	Zieladresse	Protokoll	Quellport	Zielport	ACK gesetzt	Anmerkungen
eingehend	extern	intern	TCP	>1023	7070	[a]	Anfrage, externer Client an internen Server
ausgehend	intern	extern	TCP	7070	>1023	ja	Antwort Sitzungskontrolle, interner Server an externen Client
ausgehend	intern	extern	UDP	6970–7170[b]	>1023	[c]	Antwort Daten, interner Server an externen Client
ausgehend	intern	extern	TCP	>1023	7070	[a]	Anfrage, interner Client an externen Server
eingehend	extern	intern	TCP	7070	>1023	ja	Antwort Sitzungskontrolle, externer Server an internen Client
eingehend	extern	intern	UDP	6970–7170[b]	>1023	[c]	Antwort Daten, externer Server an internen Client

a. ACK ist beim ersten Paket dieses Typs nicht gesetzt (Aufbau der Verbindung), es wird aber bei den restlichen gesetzt.
b. Der Client kann eine spezielle Portnummer in diesem Bereich auswählen oder es dem Server erlauben, einen Port in dem Bereich auszuwählen; im zweiten Fall können mehrere Ports für die gleiche Sitzung verwendet werden.
c. UDP besitzt kein Äquivalent zu ACK.

Proxy-Eigenschaften von RealAudio und RealVideo

RealNetworks stellt Beispielcode für RealAudio- und RealVideo-Proxies bereit, falls Sie Ihre eigenen haben wollen. Sie haben außerdem mit einer Reihe von Firewall-Herstellern zusammengearbeitet, um ihren Proxy-Code in deren Produkte einzubringen. Der Einsatz eines Proxys ist die beste Lösung, um eine vernünftige Leistung von RealAudio und RealVideo durch eine Firewall zu erhalten, da die Tricks, die benutzt werden, um sie durch Paketfilter zu erlauben, die Leistung deutlich herabsetzen. Allerdings können die RealAudio- und RealVideo-Proxies die Last auf einer Maschine auch deutlich erhöhen.

Network-Address-Translation-Eigenschaften von RealAudio und RealVideo

RealAudio und RealVideo funktionieren mit Network-Address-Translation-Systemen, falls sie so konfiguriert sind, daß sie nur TCP benutzen; im UDP-basierten Modus werden eingebettete IP-Adressen eingesetzt. Sie benötigen ein Network-Address-Translation-System, das RealAudio und RealVideo versteht, um UDP zu benutzen, für Linux-IP-Masquerading sind entsprechende Module verfügbar.

Zusammenfassung der Empfehlungen für RealAudio und RealVideo

- Konfigurieren Sie RealAudio- und RealVideo-Clients so, daß sie beim Ausführen nur TCP benutzen, und erlauben Sie ausgehende TCP-Verbindungen auf Port 7070, es sei denn, Sie benötigen eine hohe Leistung.
- Falls Sie eine hohe Leistung bei RealAudio- und RealVideo-Clients benötigen, verwenden Sie die Proxies von RealNetworks.
- Betreiben Sie den RealServer auf einem speziellen Bastion-Host, und konfigurieren Sie ihn sorgfältig.

Gopher und WAIS

Gopher ist ein menügesteuertes textbasiertes Werkzeug zum Durchsuchen von Dateien und Verzeichnissen über das Internet. Wenn ein Benutzer einen Gopher-Menüeintrag auswählt, bezieht Gopher die angegebene Datei und zeigt sie entsprechend an. Das bedeutet, wenn eine Datei komprimiert ist, dekomprimiert Gopher sie automatisch; handelt es sich um ein GIF-Bild, verwendet Gopher automatisch einen GIF-Betrachter. Ausgesprochene Gopher-Clients sind mittlerweile recht selten geworden, allerdings unterstützen viele Webbrowser das Gopher-Protokoll. Gopher-Server bieten eine effiziente Methode, um Benutzern von Webbrowsern Zugang zu Nicht-HTML-Dokumenten zu ermöglichen. Ein Gopher-Server wird als Bestandteil des Microsoft *Internet Information Server* (IIS) angeboten.

WAIS indiziert große Textdatenbanken, so daß sie effizient mit Hilfe einfacher Schlüsselwörter oder komplizierterer Boolescher Ausdrücke durchsucht werden können. Zum Beispiel können Sie nach allen Dokumenten suchen, die »Firewalls« erwähnen, oder nach allen Dokumenten, die zwar »Firewalls«, aber nicht »Firewire« enthalten. WAIS wurde ursprünglich bei Thinking Machines als prototypischer Informationsdienst entwickelt und war eine Zeitlang im Internet zum Beispiel für Mailing-Listen-Archive oder Kataloge für textbasierte Informationen recht weit verbreitet (Bibliothekskataloge etwa). Inzwischen ist es eher üblich, auf Webseiten Suchmaschinen über CGI anzubieten, als WAIS direkt als Zugangsprotokoll zu verwenden. Einige Webbrowser verstehen das WAIS-Protokoll, WAIS-Server dagegen sind heutzutage relativ selten geworden.

Es ist ziemlich unwahrscheinlich, daß Sie einen eigenen Gopher- oder WAIS-Clients betreiben. Aus der Unterstützung der Webbrowser für diese Protokolle erwachsen Ihnen keine zusätzlichen Risiken neben den Risiken, die bereits durch HTTP entstehen.

Sie werden wahrscheinlich auch keinen WAIS-Server betreiben, könnten allerdings einen Gopher-Server aufbauen. Gopher-Server erfordern die gleichen grundlegenden Sicherheitsbetrachtungen wie die Server für die anderen verbreiteten Internet-Dienste, wie FTP und HTTP: Können Angreifer diesen Server verwenden, um auf etwas zuzugreifen, das ihnen nicht zugänglich sein soll? Dieses Problem betrifft vor allem den Gopher-Server, der Bestandteil des IIS ist, da viele Standorte ihm nicht viel Aufmerksamkeit schenken und möglicherweise versehentlich Daten an Stellen belassen, an denen der Gopher-Server sie lesen kann. Falls Sie Gopher nicht betreiben wollen, sollten Sie es ausschalten; wollen Sie den Gopher-Dienst jedoch anbieten, müssen Sie darauf achten, daß der Server nur solche Informationen lesen kann, die Sie wirklich veröffentlichen wollen.

Bei den Servern müssen Sie sich darum sorgen, wie bösartige Clients Sie austricksen können. Ebenso wie HTTP-Server verwenden einige Gopher-Server Hilfs- oder Zusatzprogramme, um Gopher-Seiten »on the fly« zu erstellen. Gopher-Server sind deshalb für die gleichen Arten von Problemen anfällig wie HTTP-Server:

- Kann ein Angreifer das Zusatzprogramm austricksen?
- Kann ein Angreifer ein neues Hilfsprogramm hochladen und es ausführen lassen?

Gopher-Server verwenden ebenso wie HTTP-Server manchmal Nichtstandardports, diese Überlegungen ähneln also denen bei HTTP. Einige Gopher-Clients unterstützen den transparenten Proxy-Einsatz (über SOCKS oder andere Mechanismen), viele tun dies jedoch nicht.

Paketfiltereigenschaften von Gopher und WAIS

Gopher ist ein TCP-basierter Dienst. Gopher-Clients verwenden Ports oberhalb von 1023. Die meisten Gopher-Server benutzen Port 70, allerdings nicht alle; siehe die Diskussion der Nichtstandard-Server-Ports im Abschnitt »Paketfiltereigenschaften von HTTP« weiter vorn in diesem Kapitel.

Gopher und WAIS

Richtung	Quell-adresse	Ziel-adresse	Protokoll	Quellport	Zielport	ACK gesetzt	Anmerkungen
eingehend	extern	intern	TCP	>1023	70[a]	[b]	Anfrage, externer Client an internen Server
ausgehend	intern	extern	TCP	70[a]	>1023	ja	Antwort, interner Server an externen Client
ausgehend	intern	extern	TCP	>1023	70[a]	[b]	Anfrage, interner Client an externen Server
eingehend	extern	intern	TCP	70[a]	>1023	ja	Antwort, externer Server an internen Client

a. 70 ist die Standardportnummer für Gopher-Server, allerdings laufen einige Server auf anderen Portnummern.
b. ACK ist beim ersten Paket dieses Typs nicht gesetzt (Aufbau der Verbindung), wird aber bei den restlichen gesetzt.

WAIS ist ein TCP-basierter Dienst. WAIS-Clients benutzen zufällige Ports oberhalb von 1023. WAIS-Server verwenden normalerweise Port 210, allerdings nicht immer; siehe die Diskussion der Nichtstandard-Server-Ports weiter vorn im Abschnitt über HTTP.

Richtung	Quell-adresse	Ziel-adresse	Protokoll	Quellport	Zielport	ACK gesetzt	Anmerkungen
eingehend	extern	intern	TCP	>1023	210[a]	[b]	Anfrage, externer Client an internen Server
ausgehend	intern	extern	TCP	210[a]	>1023	ja	Antwort, interner Server an externen Client
ausgehend	intern	extern	TCP	>1023	210[a]	[b]	Anfrage, interner Client an externen Server
eingehend	extern	intern	TCP	210[a]	>1023	ja	Antwort, externer Server an internen Client

a. 210 ist die Standardportnummer für WAIS-Server, allerdings laufen einige Server auf anderen Portnummern.
b. ACK ist beim ersten Paket dieses Typs nicht gesetzt (Aufbau der Verbindung), wird aber bei den restlichen gesetzt.

Proxy-Eigenschaften von Gopher und WAIS

Falls Sie einen Proxy-fähigen Webbrowser wie Netscape Navigator oder Internet Explorer benutzen, um auf WAIS oder Gopher zuzugreifen, erhalten Sie automatisch Proxy-Unterstützung mittels SOCKS und/oder HTTP-Proxy.

Im eher unwahrscheinlichen Fall, daß Sie einen anderen Gopher-Clients benutzen wollen, kann der TIS FWTK *http-gw*-Proxy-Server Gopher ebenso bedienen wie HTTP. SOCKS enthält keinen modifizierten Gopher-Clients, allerdings lassen sich Gopher-Clients im allgemeinen leicht an die Benutzung mit SOCKS anpassen; viele der Gopher-Clients, die im Internet kostenlos zur Verfügung stehen, unterstützen SOCKS entweder als Option beim Kompilieren oder zur Laufzeit.

Als einfaches Einzelverbindungsprotokoll mit Unmengen nutzerspezifischer Informationen bietet sich WAIS sowohl für modifizierte Clients als auch für modifizierte Prozeduren an. Die meisten eigenständigen WAIS-Clients unterstützen SOCKS.

Network-Address-Translation-Eigenschaften von Gopher und WAIS

Gopher und WAIS verwenden keine eingebetteten IP-Adressen und funktionieren daher problemlos mit der Network Address Translation.

Zusammenfassung der Empfehlungen für Gopher und WAIS

- Wenn Sie einen Gopher-Server betreiben wollen, dann konfigurieren Sie ihn sorgfältig, um zu kontrollieren, worauf er Zugriff hat; achten Sie vor allem auf Methoden, mit deren Hilfe jemand ein Programm auf ein Gopher-System hochladen (zum Beispiel per E-Mail oder FTP) und es dann über den Gopher-Server ausführen könnte.
- Kontrollieren Sie sorgfältig die externen Programme, auf die Ihr Gopher-Server zugreifen kann.
- Betreiben Sie keinen WAIS-Server.
- Benutzen Sie einen Webbrowser wie Internet Explorer oder Netscape Navigator für Ihre Gopher- und WAIS-Clients, anstatt spezielle Clients einzusetzen.

16

Elektronische Post und News

Aus Sicht der Benutzer ist elektronische Post einer der wichtigsten Internet-Dienste. E-Mail und News bieten die Möglichkeit, entweder einzeln oder in Gruppen Diskussionen mit anderen zu führen. Dieses Kapitel stellt die Sicherheitsaspekte vor, die mit E-Mail- und News-Protokollen, einschließlich SMTP, POP, IMAP, MIME und NNTP verbunden sind.

Elektronische Post

Traditionell besteht ein E-Mail-System aus drei Teilen, die durch ein einziges oder mehrere getrennte Programme implementiert sein können:

Mail Transfer Agent (MTA)
    Akzeptiert E-Mails von externen Hosts oder sendet sie an externe Hosts.

Mail Delivery Agent (MDA)
    Legt die Mail in die richtige Mailbox auf dem lokalen Host.

Mail User Agent (MUA)
    Ermöglicht es dem Empfänger, die Mail zu lesen und selbst Mails zu schreiben.

Abbildung 16-1 zeigt ein großes Mail-System und seine Bestandteile.

Jeder dieser Teile ist aus verschiedenen Gründen angreifbar:

- Der Transfer Agent akzeptiert direkt Befehle (zur Übertragung von E-Mails) von externen Hosts; wenn der Transfer Agent nicht sicher ist, könnte er daher einem Angreifer die gleichen Rechte geben, über die er selbst verfügt.

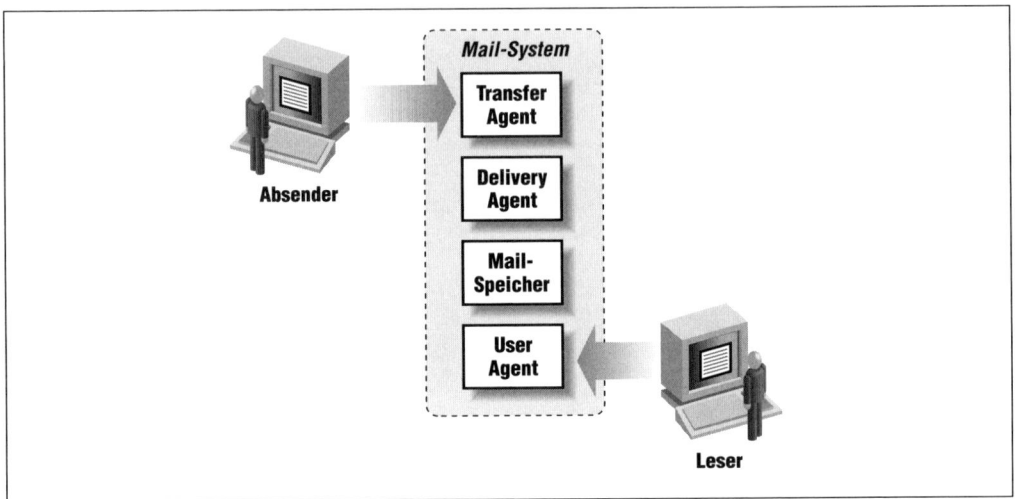

Abbildung 16-1: Die Teile eines Mail-Systems

- Der Delivery Agent benötigt besondere Rechte, da er in der Lage sein muß, in alle Mailboxen zu schreiben. Der Delivery Agent muß zwar nicht mit der Außenwelt kommunizieren, falls er jedoch irgendwie durch einen Eindringling überwunden werden kann, erhält dieser weitreichenden Zugang.

- Der User Agent läuft unter einer normalen Benutzerkennung und kommuniziert nicht mit der Außenwelt, so daß seine Fähigkeiten stark eingeschränkt sind; häufig kann er jedoch als Antwort auf empfangene Daten beliebige Programme ausführen.

Ein großes, modernes Mail-System kann noch mehr als diese drei Teile enthalten. Zum Beispiel handelt es sich beim User Agent oft um einen Client, der POP oder IMAP versteht. In diesem Fall befindet sich ein POP- oder IMAP-Server zwischen dem Delivery Agent und dem User Agent. Der Delivery Agent selbst könnte Datenbanktransaktionen ausführen (und deshalb mit einem Datenbank-Server kommunizieren). Die grundlegenden Schwachstellen bleiben allerdings dieselben.

Bei jedem Dienst, der Daten überträgt, gibt es drei Hauptrisiken:

- Es werden Daten herausgegeben, die eigentlich geheim bleiben sollten.
- Es werden Informationen entgegengenommen, die Sie nicht haben wollten (illegale, mit Viren infizierte oder einfach widerliche Informationen).
- Es gibt Leute, die die Teile des Servers direkt angreifen.

Das zuletzt genannte Risiko betrifft vor allem die von Ihnen eingesetzten Server und Protokolle, wir werden darauf eingehen, wenn wir uns mit den einzelnen Protokollen befassen. Die bei den ersten beiden Risiken angesprochenen Aspekte sind jedoch Mail-Systemen eigen und unterscheiden sich von anderen Arten der Informationsübertragung. Sie sind für alle Mailserver gleich, und wir werden sie hier besprechen.

Mails geheimhalten

Die meisten Protokolle, die Informationen übertragen, verwenden relativ direkte Verbindungen; der Server und der Client, die miteinander kommunizieren, sind normalerweise auch die Originalquelle und das Ziel der Übertragung. Bei E-Mails gilt das nicht. Die Nachrichten durchlaufen üblicherweise mehrere Server auf ihrem Weg von der Quelle zum Ziel. Abbildung 16-2 zeigt einen typischen Mail-Pfad.

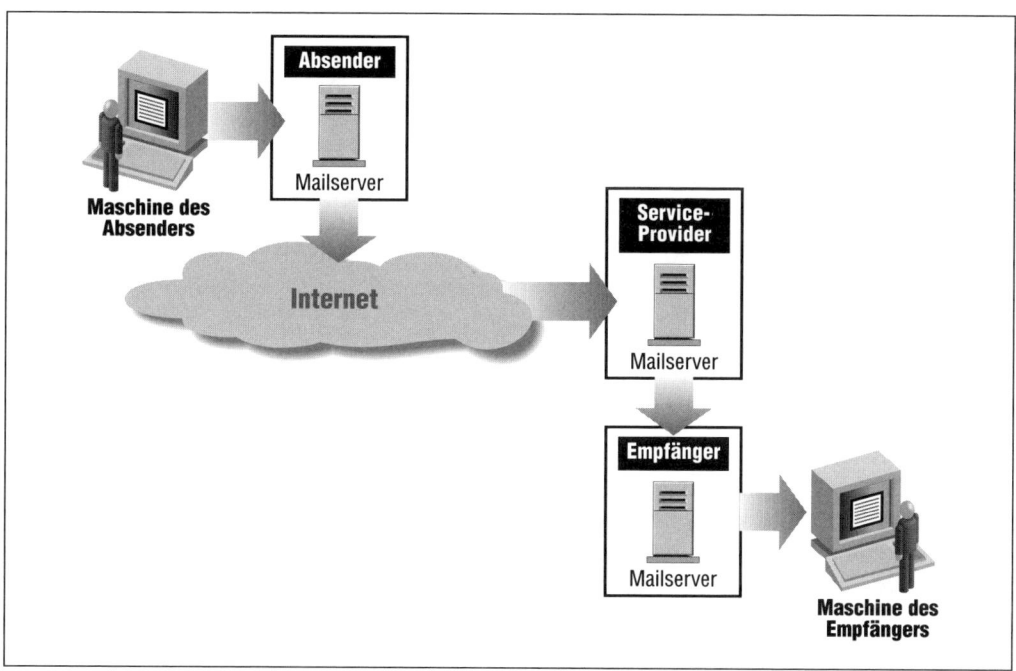

Abbildung 16-2: Ein typischer Pfad für eine E-Mail-Nachricht

In dieser Situation nützen Protokolle, die verschlüsselte Verbindungen zwischen einem Server und einem Client herstellen, überhaupt nichts. Es gibt einige Fälle, in denen Verschlüsselung hilft; wenn Sie wissen, welchen Weg die E-Mail nimmt, und nur ein Teil des Weges ungeschützt ist und Sie die Clients und Server an beiden Enden des Verbindungsstücks kontrollieren, können Sie dieses Teilstück verschlüsseln. Falls Sie zum Beispiel versuchen, interne E-Mail zu schützen, die von einem Benutzer im Internet gelesen wird, müssen Sie sich nur um das letzte Teilstück zwischen dem Benutzer und Ihrem Mailserver Sorgen machen und es schützen. Wenn Sie versuchen, E-Mails sicher zwischen Ihrer Firma und einer Tochterfirma zu übertragen, können Sie die Mail-Systeme so einrichten, daß die E-Mails direkt zwischen deren und Ihren Servern übertragen werden und diese Verbindung verschlüsselt wird. Sie können hier natürlich entweder ein verschlüsseltes Protokoll (zum Beispiel ESMTP mit STARTTLS oder Secure POP; beide werden weiter hinten in diesem Kapitel vorgestellt) oder ein virtuelles privates Netzwerk einsetzen, um die Verbindung zu schützen.

Falls Sie versuchen, E-Mails in Situationen zu schützen, in denen Sie keine Kontrolle über die Server, die Clients und die Routen zwischen ihnen haben, nützt Ihnen diese Art von Verschlüsselung nichts. Sie haben keine Garantie, daß alle beteiligten Server sie einsetzen. Sie können nicht einmal garantieren, daß Sie alle Server authentifizieren können, mit denen Sie Mails austauschen (Sie wollen wahrscheinlich mit jedem Server im Internet Mails austauschen, und es gibt momentan keine Infrastruktur, die es Ihnen erlaubt, beliebige Server zu authentifizieren).

Wenn Sie versuchen, Informationen über einen Weg zu übertragen, den Sie nicht kontrollieren, müssen Sie anstelle des Übertragungswegs die Nachrichten verschlüsseln. Dafür gibt es eine Reihe von Systemen; viele Mail User Agenten bieten Verschlüsselungsfunktionen. Die meisten Systeme erfordern es, daß der Absender und der Empfänger kompatible Software verwenden und eine Möglichkeit besitzen, außerhalb der elektronischen Post ihre Schlüssel auszutauschen. Die Systeme, die am besten mit diesen Problemen umgehen können, sind S/MIME und OpenPGP, mit denen wir uns später befassen. Sie werden von verschiedenen User Agenten verwendet und benutzen eine Verschlüsselung mit öffentlichem Schlüssel.

Gelegentlich wird die Benutzung von sich selbst entschlüsselnden Archiven empfohlen. Um ein sich selbst entschlüsselndes Archiv zu erstellen, nehmen Sie die Datei, die Sie verschlüsseln wollen, und verwenden ein Programm, das Ihre Datei in ein anderes Programm einbettet. Sie schicken dieses neue Programm an Ihren Kommunikationspartner; wenn es gestartet wird, fragt es nach einem Paßwort, und falls das Paßwort richtig ist, stellt es die Originaldatei wieder her. Dadurch entfällt für den Empfänger die Notwendigkeit, sich das Entschlüsselungsprogramm zu beschaffen (allerdings nicht die Notwendigkeit, den Schlüssel sicher zu übertragen). Leider benötigt der Empfänger bei dieser Methode einen Computer, der das Programm auch ausführen kann. Außerdem muß er willens sein, ein unbekanntes Programm zu starten, das er in einer nicht authentifizierten E-Mail empfangen hat. Wie wir später noch ausführen werden, sollte man davon absehen, Programme auszuführen, die man per E-Mail erhalten hat. Überdies ist es recht schwierig, ein sicheres Programm zu erzeugen, das selbstentschlüsselnde Archive vernünftiger Größe erstellt. Da die meisten Sicherheitsexperten eigentlich nichts mit selbstentschlüsselnden Archiven zu tun haben wollen und es nicht in Ordnung finden, wenn Leute ermutigt werden, Sicherheit mit dem Ausführen zufälliger, nicht authentifizierter Programme in Verbindung zu bringen, sollte man vernünftigerweise davon ausgehen, daß selbstentschlüsselnde Archive nicht nur eine schlechte Idee, sondern selbst ziemlich unsicher sind.

Unerwünschte Mail

Es gibt zwei Hauptarten unerwünschter Mail: Mail, die lediglich nervend ist, und Mail, die unverhohlen bösartig ist.

Junk-Mail

Heutzutage rühren die meisten Probleme mit Mailservern von einer Gegebenheit her, die unter verschiedenen Namen auftritt, wie etwa »Unsolicited Commercial Email« (UCE;

etwa: unerbetene Werbe-E-Mail) und »Spam« (keine Abkürzung aus dem Computerbereich, sondern eine Anspielung auf einen Monty Python-Sketch, in dem das Fleischprodukt »Spam« zwar unerwünscht, aber nicht zu vermeiden ist). Unter welchem Namen es auch firmiert, es ist Junk-Mail – Werbung, die auf elektronischem Wege hereinbricht. Dieses Phänomen erregt großen Ärger und erhöht die Last auf den Netzwerken beträchtlich.

Wenn Sie einen an das Internet angeschlossenen Mailserver betreiben, müssen Sie deshalb drei Aspekte in bezug auf diese Art von Mail beachten:

- Sie müssen Außenstehende davon abhalten, Ihre Mailserver zu benutzen, um Dritte zu belästigen.
- Sie müssen Leute davon abhalten, Ihre Benutzer zu belästigen.
- Sie müssen Ihre Benutzer davon abhalten, andere Leute zu belästigen.

Um diese Ziele zu erreichen, gibt es eine Vielzahl von Techniken. Wir können hier nicht alle darstellen, da es sich um ein kompliziertes und von den einzelnen Implementierungen abhängiges Thema handelt, das ganze Bücher füllt (zum Beispiel *Stopping Spam* von Alan Schwartz und Simson Garfinkel, O'Reilly & Associates, 1998, das Sie in diesem Zusammenhang interessieren dürfte).

Diese Ziele sind zwar miteinander verwandt, sie zu erreichen erfordert allerdings unterschiedliche Vorgehensweisen. Wenn Sie Mailserver bewerten, müssen Sie darauf achten, welche Art von Schutz sie ihnen genau bieten; viele »Anti-Spam«-Funktionen sind eigentlich Anti-Weiterleitungsfunktionen, die Außenstehende davon abhalten sollen, Ihren Mailserver zu benutzen, um E-Mails an andere Leute weiterzuleiten. In der Tat handelt es sich dabei um nützliche und wichtige Funktionen, allerdings bewahren sie Ihre Mailbox nicht vor Werbemails für Golfbälle, Bildern von nackten Menschen und Hinweisen auf vollkommen legale Methoden, ohne einen Handschlag Millionen zu verdienen.

Viren und andere Feindseligkeiten

Während Junk-Mail einfach nur ärgerlich und nervend ist, gehen andere E-Mails weiter und enthalten echte Angriffe auf Ihre Maschinen. Es kann sein, daß die Person, von der die E-Mail zu kommen scheint, versucht, Sie anzugreifen; mit größerer Wahrscheinlichkeit handelt es sich jedoch um die Machenschaft einer dritten Partei, die entweder die E-Mail gefälscht oder den Absender der E-Mail ausgetrickst hat. Die wichtigste Möglichkeit, solche Dinge unter Kontrolle zu halten, besteht darin, jede Situation zu vermeiden, in der Sie Code aus einer E-Mail ausführen, ohne eine gute Authentifizierung zu haben (nehmen Sie keine Programme von Fremden an). Das ist schwieriger, als es klingt.

Es ist ziemlich offensichtlich, wenn Sie ein Attachment erhalten, das ein normales ausführbares Programm ist. Ihnen ist es möglicherweise nicht ganz so klar, daß HTML-Dateien Code enthalten können (in Form von Java, JavaScript, VBScript oder ActiveX-Controls) oder daß auch Microsoft Word-Dokumente Programme sein können (sie können Visual Basic-Makros enthalten, die alles das tun können, wozu auch andere Programme in der Lage sind). Im allgemeinen sollten Sie keine Dateien öffnen, solange Sie nicht genau wissen, woher sie stammen oder was das Programm, das sie öffnet, tun kann (und es nicht viel tun kann). Zum Beispiel sollten Sie Microsoft Word-Dokumente sicherlich nicht mit Microsoft Word öffnen; Sie könnten jedoch den spezialisierten Word Viewer verwenden, der keine Makros ausführen kann.

Weiterhin sollten Sie vermutlich nichts öffnen, nur weil Sie wissen, woher es kommt, selbst wenn Sie die Mail authentifizieren können. Manche Programme replizieren sich, indem sie das Adreßbuch eines infizierten Benutzers auslesen und sich selbst an die darin enthaltenen Adressen mailen. Sie erscheinen als vollkommen gültige E-Mails von jemandem, den Sie kennen.

Möglicherweise müssen Sie sogar Ihr E-Mail-Programm so konfigurieren, daß es nicht automatisch Code ausführt. Wie wir in Kapitel 15, *Das World Wide Web*, dargestellt haben, führen einige E-Mail-Programme, die in Webbrowser integriert sind, Code in Web-Erweiterungssprachen auch dann aus, wenn er in E-Mail-Nachrichten eingebettet ist. Sie sollten diese Funktionalität deaktivieren.

Dies alles erschwert die Kontrolle feindseliger E-Mails auf der Clientseite. Jahre der Schulung haben nicht dazu geführt, daß die Leute zweimal nachdenken, bevor sie Kettenbriefe weiterleiten, und vermutlich wird man auch an der noch anspruchsvolleren Aufgabe scheitern, die Leute davon abzubringen, Dateien zu öffnen, um sie zu lesen. Es bietet sich deshalb an, auf eingehenden E-Mails eine Art Inhaltsfilterung vorzunehmen, um bösartigen Code zu löschen. Sie müssen außerdem clientseitig Schulung und Filterung durchführen; die Inhaltsfilterung auf dem Mailserver schützt Sie nicht vor den vielen anderen Quellen feindseligen Codes; der Server kann durch eine Verschlüsselung oder anderweitige Änderung des Codes leicht getäuscht werden, und überdies kann er nur bekannte Angriffe entdecken. Allerdings bietet er Ihnen eine einzelne Kontrollstelle, an der Sie aktuelle Probleme mit einem einzigen Eingriff loswerden können. Das macht in Krisensituationen schon einen Unterschied.

Wenn Sie eingehende E-Mails filtern, ist es sowohl klug als auch höflich, ausgehende E-Mails ebenfalls zu filtern. Es ist vor allem deshalb höflich, weil Sie es damit vermeiden, andere Leute bzw. deren Systeme zu infizieren, Sie können auf diese Weise aber auch leicht interne Probleme aufspüren und beheben. Wenn Sie bösartigen Code aussenden, sind entweder Ihre Maschinen verseucht, oder Ihre Benutzer spielen ein böses Spiel; Sie sollten beides loswerden, bevor Ihnen ernsthafter Schaden entsteht.

Die Einrichtung von Filtern hängt von Ihrer individuellen Mailserver-Konfiguration ab. Virenfilter gibt es für fast alle Mailserver in Form von kommerziellen oder frei erhältlichen Produkten. Im allgemeinen sind Virenfilter am effektivsten, wenn sie auf der Plattform betrieben werden, die sie zu schützen versuchen (das heißt, um Microsoft-Maschinen zu schützen, sind Windows NT-basierte Filter besser als Unix-basierte Filter), es ist aber auch möglich, von jedem Mailserver aus grundlegenden Schutz für alle Maschinen zu bieten.

Multimedia Internet Mail Extensions (MIME)

MIME ist eine Menge von Erweiterungen des grundlegenden Formats für Internet-E-Mail-Nachrichten, das z.B. folgendes unterstützt:

- nicht-ASCII-Zeichensätze
- nichttextuelle Daten wie Bilder und Audio-Daten
- sogenannte »Rich Text«-Nachrichten (Nachrichten, die anstelle einfachen, unformatierten Texts formatierten Text mit unterschiedlichen Schriften usw. enthalten)
- mehrteilige Nachrichten (Nachrichten, die aus mehreren Teilen bestehen, wobei jeder Teil in seinem eigenen Format vorliegt)

Die MIME-Unterstützung ist hauptsächlich Sache der Clients; für Mailserver und Übertragungssysteme ist eine MIME-Nachricht im allgemeinen eine normale Nachricht. Die Frage ist, ob ein bestimmter Client ausgehende MIME-Nachrichten erzeugen kann und ob er eingehende MIME-Nachrichten erkennt und verarbeitet.

Die MIME-Standards definieren bestimmte grundlegende Datentypen, wie einfachen (*plain*) Text, formatierten Text, Standard-Audio und so weiter. MIME ist erweiterbar, bei Bedarf können also neue Datentypen hinzugefügt werden. MIME-fähige Mail-Clients verstehen im allgemeinen bestimmte Datentypen (oft nur mehrteilige Nachrichten und Plain Text) und verlassen sich auf andere Programme, um andere Datentypen zu verarbeiten (zum Beispiel Grafikprogramme zum Anzeigen von Bildern und Sound-Programme zum Abspielen von Audio-Clips). Die Clients verfügen in der Regel über eine Liste mit externen Programmen, die sie für bestimmte Datentypen aufrufen; diese Liste kann vom Benutzer erweitert oder verändert werden.

Die Überlegungen in bezug auf E-Mail-Clients ähneln denen für Webbrowser, die in Kapitel 15, *Das World Wide Web*, besprochen werden. Da Sie zusätzliche Programme ausführen, sind Sie für Sicherheitsprobleme in diesen Programmen ebenso anfällig wie für Sicherheitsprobleme Ihres E-Mail-Clients.

Ein Unterschied zwischen der MIME-Unterstützung in E-Mail-Clients und derjenigen in Webbrowsern besteht darin, wie die Daten bezogen werden. Bei einem Webbrowser wählt der Benutzer aus, auf welche Daten er zugreifen möchte; bei E-Mail greift der Benutzer auf das zu, was ihm geschickt wird. Theoretisch sind E-Mail-Clients verwundbarer, da Sie nicht kontrollieren können, was andere Leute Ihnen per E-Mail schicken. In der Praxis ist der Unterschied jedoch nicht so wichtig, da es relativ einfach ist, Websurfer dazu zu bewegen, auf ein von Ihnen gewünschtes Objekt zuzugreifen. Auf jeden Fall müssen Sie sorgfältig kontrollieren, welche Datentypen Ihre Clients verstehen und wie sie diese Daten verarbeiten.

S/MIME und OpenPGP

S/MIME und OpenPGP sind Erweiterungen von MIME, die Verschlüsselung und digitale Signaturen unterstützen (zum Identifizieren des Absenders einer Nachricht oder zum Schutz vor nichtautorisierten Veränderungen). Sowohl S/MIME als auch OpenPGP werden als besondere MIME-Datentypen implementiert, die eine Verschlüsselung mit öffentlichem Schlüssel einsetzen, um Nachrichten digital zu unterschreiben und zu verschlüsseln. S/MIME kann Zertifizierungsinformationen enthalten, mit deren Hilfe Absender und Empfänger Vertrauensbeziehungen aufbauen können. OpenPGP benutzt ein »Web of Trust«-Modell (Vertrauensnetzwerk), das einen unabhängigen Zugang zu den Zertifizierungsinformationen erfordert. Dadurch reduziert sich der Ballast beträchtlich, den die Nachricht mit sich führt. Siehe Anhang C, *Kryptographie*, für weitere Informationen über Verschlüsselung mit öffentlichem Schlüssel und Zertifikate. Es gibt verschiedene Versionen von S/MIME; die vor Version 3 bieten nicht unbedingt eine sehr starke Verschlüsselung.

S/MIME Version 3 und OpenPGP sind als Internet-Standards entwickelt worden und erfordern beide die Implementierung einer starken Verschlüsselung. Keins von beiden verlangt eine Lizenz für den Einsatz patentierter Verschlüsselungstechnik in einer kommerziellen Umgebung. Es gibt jeweils mehrere Implementierungen von S/MIME und OpenPGP; kommerzielle Produkte implementieren typischerweise S/MIME, und frei erhältliche Software implementiert in der Regel OpenPGP.

Simple Mail Transfer Protocol (SMTP)

Im Internet wird der Austausch von E-Mail zwischen Mailservern mittels SMTP vorgenommen. Der SMTP-Server eines Hosts nimmt E-Mails an und überprüft die Zieladresse, um zu entscheiden, ob die Nachricht lokal ausgeliefert oder an eine andere Maschine weitergeleitet wird. Wenn er beschließt, die Mail lokal zuzustellen, formt er die Mail-Header und die Zustelladresse in das für das lokale Zustellprogramm passende Format um und übergibt die E-Mail anschließend an dieses Programm. Beschließt er, die Mail an eine andere Maschine weiterzuleiten, verändert er die Header, nimmt Verbindung zu dieser Maschine auf (meist über SMTP, manchmal auch über UUCP oder ein anderes Protokoll) und schickt die E-Mail weiter.

SMTP arbeitet nach dem Durchreichprinzip (*store-and-forward*, d.h. zwischenspeichern und weiterleiten). Solche Systeme eignen sich gut für Firewalls, speziell solche mit Proxy-Diensten. In Kapitel 9, *Proxy-Systeme*, zeigt Abbildung 9-2, wie Mail von der Workstation eines Benutzers erst an ein Gateway geschickt wird, bevor sie das Netzwerk des Benutzers verläßt. In einem Netzwerk eintreffende Mail landet zuerst auf dem Gateway-System, bevor sie an die einzelnen Benutzer auf den anderen Hosts verteilt wird.

Extended SMTP (ESMTP)

Extended SMTP (ESMTP) ist eine aktuelle Variante von SMTP. Es läuft auf dem gleichen Port wie das normale SMTP, und ESMTP-Clients und -Server sind mit den SMTP-Clients und -Servern kompatibel. ESMTP ist eigentlich kein neues Protokoll, sondern ein Mechanismus zur Unterstützung von Erweiterungen zu SMTP. Unterschiedliche Mailserver implementieren unterschiedliche Erweiterungen; Sie können nicht genau sagen, welche Funktionen ein Mailer hat, nur weil sie wissen, daß er ESMTP unterstützt. Da alle ESMTP-Erweiterungen optional sind, gibt es sogar Mailserver, die ESMTP verstehen, ohne neue Funktionen für die Behandlung von E-Mails zu enthalten.

Der eigentliche ESMTP-Mechanismus bringt keine Sicherheitsvorteile oder Probleme mit sich, die sich von denen von SMTP unterscheiden; es sind die tatsächlichen Erweiterungen, die entscheidend sind. Aus der Perspektive der Sicherheit ist STARTTLS die interessanteste Erweiterung. Sie wird im nächsten Abschnitt besprochen.

Sie wollen vielleicht einen ESMTP-fähigen Server, der sowohl leistungsfähiger ist als auch administrative Erweiterungen bietet. In diesem Fall müssen Sie darauf achten, daß Sie für Ihren Bastion-Host einen Mailserver wählen, der die Erweiterungen unterstützt, an denen Sie interessiert sind.

TLS/SSL, SSMTP und STARTTLS

SMTP schickt den gesamten Verkehr unverschlüsselt über das Netzwerk. Wie wir bereits dargelegt haben, arbeiten verschiedene Systeme zum Verschlüsseln und digitalen Signieren des Nachrichtenkörpers, ohne das SMTP-Protokoll selbst zu verändern. Diese Techniken schützen allerdings nicht die Nachrichten-Header, in denen die E-Mail-Adressen des Absenders und der Empfänger, die Zeit und häufig auch das Subject der Nachricht stehen. Es wurde daher vorgeschlagen, SMTP über SSL oder TLS zu betreiben (TLS und SSL werden in Kapitel 14, *Vermittelnde Protokolle*, vorgestellt), wodurch die gesamte Verbindung, einschließlich der Mail-Header, verschlüsselt und außerdem die weiterleitenden Maschinen authentifiziert würden.

Es wurden verschiedene Methoden vorgeschlagen, einschließlich der Benutzung eines getrennten TCP-Ports für ein neues SSMTP-Protokoll. Obwohl ein Port für die Benutzung durch SSMTP reserviert wurde, unterstützen dies nur wenige Mailserver, und es ist kein Standard. Eine Alternative, die als Standard vorgeschlagen wurde, basiert auf einer ESMTP-Erweiterung namens STARTTLS. Wenn ein Client entdeckt, daß ein ESMTP-Server die Erweiterung unterstützt, ruft er den Befehl STARTTLS auf und handelt eine TLS-Sitzung aus. Client und Server beginnen dann einen vollkommen neuen, authentifizierten und verschlüsselten Dialog. STARTTLS wird von einigen neueren Mailservern unterstützt, allerdings nicht von vielen.

Wie wir bereits ausgeführt haben, eignen sich die Verschlüsselung und Authentifizierung einzelner Übertragungsstrecken nicht besonders gut für elektronische Post. SMTP bildet da keine Ausnahme, und STARTTLS oder SSMTP werden sich nur in solchen Situationen als nützlich erweisen, in denen Sie Mails nur direkt von bekannten, vertrauenswürdigen Hosts annehmen (zum Beispiel von Geschäftspartnern oder Ihren eigenen Benutzern).

Paketfiltereigenschaften von SMTP

SMTP ist ein TCP-basierter Dienst. SMTP-Empfänger benutzen Port 25. SMTP-Absender benutzen einen zufällig ausgewählten Port oberhalb von 1023.

Richtung	Quell-adresse	Ziel-adresse	Protokoll	Quell-port	Ziel-port	ACK gesetzt	Anmerkungen
eingehend	extern	intern	TCP	>1023	25	a	Eingehende Mail, Absender an Empfänger
ausgehend	intern	extern	TCP	25	>1023	ja	Eingehende Mail, Empfänger an Absender
ausgehend	intern	extern	TCP	>1023	25	a	Ausgehende Mail, Absender an Empfänger
eingehend	extern	intern	TCP	25	>1023	ja	Ausgehende Mail, Empfänger an Absender

a. ACK ist beim ersten Paket dieses Typs nicht gesetzt (Aufbau der Verbindung), es wird aber bei den restlichen gesetzt.

Normalerweise werden Sie Ihre Paketfilter so konfigurieren, daß sie eingehendes und ausgehendes SMTP nur zwischen externen Hosts und dem Bastion-Host sowie dem Bastion-Host und Ihren internen Mailservern zulassen.

Erlauben Sie es externen Hosts nicht, per SMTP Verbindungen zu beliebigen internen Hosts aufzunehmen. Wie bereits erläutert, können nur speziell konfigurierte Hosts sicher SMTP-Verbindungen akzeptieren.

Falls es nicht möglich ist, anhand des ACK-Flags zu filtern, können Sie ausgehende SMTP-Verbindungen direkt von beliebigen internen Hosts nicht sicher zulassen, wie wir im letzten Beispiel in Kapitel 8, *Paketfilterung*, demonstrieren. Wenn Sie anhand des ACK-Flags filtern können, können Sie es internen Hosts erlauben, Mails an externe Hosts zu schicken, allerdings ist dies nicht ratsam. Zwar sollte sich dadurch Ihre Verletzlichkeit gegenüber direkten Angriffen von außen nicht erhöhen, allerdings vergrößern sich die Angriffspunkte gegenüber internen Problemen entscheidend. Dazu gehört beispielsweise die Verwundbarkeit durch »Trojanische Pferde«, die von Ihren Benutzern unabsichtlich ausgeführt werden. Da Port 25 häufig durch Paketfiltersysteme zugelassen wird, ist dies einer der beliebtesten Ports für den Einsatz von Trojanischen Pferden und andere Versuche, Firewalls zu umgehen.

Wenn Sie ausgehendes SMTP von allen internen Hosts erlauben, erhöht sich auch die Wahrscheinlichkeit, daß Sie falsch formatierte Mails verschicken, da die Mail- (Fehl-) Konfigurationen Ihrer Maschinen in der Außenwelt sichtbar werden. Es bestehen recht geringe Chancen, daß alle internen Maschinen die Mail-Header richtig behandeln (dies betrifft vor allem das Ergänzen der Adressen durch vollständig richtige Domainnamen sowie durch »Message-ID:«-Zeilen). Durch das Versenden der ausgehenden Mails über einen Bastion-Host besteht für diesen die Gelegenheit, die Header zu richten, bevor die Mails in die Welt entlassen werden.

Schließlich, falls Sie es allen internen Hosts erlauben, Mails nach außen zu schicken, erzeugen Sie eine Konfiguration, bei der die gleichen Maschinen die Zustellung der internen und externen Mails erledigen. Die Gefahren einer solchen Konfiguration werden später im Abschnitt »SMTP für die Arbeit mit einer Firewall konfigurieren« behandelt.

Proxy-Eigenschaften von SMTP

Da SMTP nach dem Durchreichprinzip arbeitet, ist es an sich schon für den Proxy-Einsatz geeignet. Jeder SMTP-Server kann als Proxy fungieren, es wird daher selten ein eigener Proxy dafür eingerichtet. Statt dessen leiten die meisten Standorte SMTP-Verbindungen an einen Bastion-Host, auf dem ein sicherer SMTP-Server läuft, der als Proxy arbeitet.

Spezielle Firewall-Produkte, die Proxy-Dienste anbieten, können dies auch für SMTP tun (erwarten Sie jedoch nicht, daß es sich um einen vollständigen SMTP-Server handelt). Die Konfiguration ist relativ einfach, da SMTP nur eine einzelne Verbindung benutzt. In dieser Konfiguration ist es sinnvoll, die SMTP-Verbindungen des Proxys weiterhin zu einem einzelnen sicheren SMTP-Server auf einem Bastion-Host aufzubauen, der als zweiter Proxy fungiert. Der Einsatz eines Proxys schützt Sie vor unerwünschten Verbindungen, jedoch nicht vor dem Mißbrauch von Verbindungen; Sie sollten externe Hosts nicht mit einem normalen ungesicherten SMTP-Server kommunizieren lassen, auch nicht durch einen Proxy.

Network-Address-Translation-Eigenschaften von SMTP

SMTP verwendet keine eingebetteten IP-Adressen, allerdings enthalten ausgehende SMTP-Verbindungen den internen Hostnamen als Gruß an den Zielserver. Außerdem lehnen einige einfache Mechanismen, die verwendet werden, um eine Mail-Weiterleitung zu verhindern, Mails ab, es sei denn, die IP-Adresse paßt zur Host-Begrüßung und ein double-reverse DNS-Lookup verläuft erfolgreich. (Double-reverse DNS-Lookups werden in Kapitel 20, *Namens- und Verzeichnisdienste*, näher erläutert.) Diese Probleme können umgangen werden, indem Sie nur eine kleine Anzahl von Servern für die Weiterleitung der ganzen Mail an die Außenwelt verwenden, für diese eine statische Adreßanpassung vorgenommen wird und deren Namen extern mit den angepaßten Adressen bekanntgemacht werden.

SMTP für die Arbeit mit einer Firewall konfigurieren

Da Sie alle ankommenden Mails durch Ihren Bastion-Host schicken wollen, müssen Sie Ihr Mail-System auf besondere Weise konfigurieren. Befolgen Sie diese wichtigen Schritte:

1. Verwenden Sie DNS Mail Exchange- (MX) Datensätze, um festzulegen, daß alle ankommenden Mails an Ihren (Ihre) Bastion-Host(s) geleitet werden sollen.[1]
2. Konfigurieren Sie den Mailer auf dem Bastion-Host so, daß er die Zieladresse der Mail überprüft, die er empfängt. Wurde die Mail von einem internen Host an einen externen Host geschickt, soll der Bastion-Host diese Mail normal verarbeiten; ist

---

[1] Eine ausführliche Besprechung der MX-Datensätze, wie sie funktionieren und wie man sie verwendet, finden Sie in den Büchern *TCP/IP Netzwerk-Administration* von Craig Hunt (O'Reilly Verlag, Köln 1998) und *DNS und BIND* von Paul Albitz und Cricket Liu (O'Reilly Verlag, Köln 1999). Beide Bücher gibt es auch in an Windows NT angepaßten Versionen; Einzelheiten siehe Anhang A, *Ressourcen*.

die Mail an einen internen Host gerichtet, soll der Bastion-Host die Mail einfach an einen internen Mailserver zur Verarbeitung weitergeben, anstatt zu versuchen, die Mail selbst zuzustellen. (Falls die Mail von einem externen Host an einen externen Host gerichtet ist, soll der Mailer sie ganz abweisen; siehe den Abschnitt über das Verhindern der Mail-Weiterleitung weiter vorn in diesem Kapitel.)

3. Konfigurieren Sie Ihre internen Systeme so, daß sie ausgehende Mails an den Bastion-Host senden.

Möglicherweise wollen Sie Ihr Mail-System auch so konfigurieren, daß die E-Mails mit einer zentralen Adresse als Antwortadresse verschickt werden, anstatt den Namen eines einzelnen Hosts zu verwenden. Zum Beispiel sollen die Mails Ihrer Benutzer als *person@grossefirma.beispiel* und nicht als *person@kleinemaschine.grossefirma.beispiel* erscheinen. Da alle eingehenden Mails (Antworten an die genannten Adressen in den ausgehenden Mails) in jedem Fall an den Bastion-Host gerichtet sind, wird dadurch keine notwendige Information entfernt. Sie können auf diese Weise sicherstellen, daß die Mails richtig an den Bastion-Host geschickt werden, selbst wenn es Probleme mit den MX-Datensätzen für die einzelnen Maschinen gibt. Die Empfänger der Mails andererseits erhalten konsistentere Informationen.

Wenn Sie Ihre Mailserver mit einem internen Server und einem Bastion-Host konfigurieren, ist es wichtig, daß die internen Mails nicht auf den Bastion-Host gelangen. Am besten funktioniert dies, wenn Sie ein zweigeteiltes DNS-System verwenden (beschrieben in Kapitel 20, *Namens- und Verzeichnisdienste*). Falls der MX-Datensatz, der E-Mails von Internet-Hosts an den Bastion-Host leitet, für die internen Hosts ebenfalls sichtbar ist, könnten diese versuchen, dort Mails zuzustellen. Wenn das möglich ist, ist es ein Sicherheitsproblem (potentiell vertrauliche Daten werden unabsichtlich durch den Bastion-Host geschickt). Wenn das nicht möglich ist, ist es ein Problem der Benutzbarkeit (Mail, die gültig sein sollte, wird unerwartet abgewiesen und kommt zurück).

Wieso sollen Sie interne und externe Mailserver trennen? Indem Sie die eingehenden Mails an einen internen Server zur Verarbeitung weiterleiten, wird der Bastion-Host davon entbunden, interne Aliase und die interne Mail-Konfiguration zu überwachen, und Sie müssen die Mailer-Konfiguration auf dem Bastion-Host nicht so oft aktualisieren. Gibt der Bastion-Host die eingehenden Mails an einen einzelnen internen Server oder eine kleine Liste interner Server weiter, kann das Filtersystem die SMTP-Verbindungen vom Bastion-Host auf den oder die Hosts beschränken, wodurch sich die Anzahl der internen Systeme verringert, die vom Bastion-Host aus über SMTP angegriffen werden können, falls der Bastion-Host selbst überwunden wird.

Falls die gleichen Maschinen die interne und externe Mail-Zustellung erledigen, könnte ein Angreifer, der DNS-Informationen fälschen kann, außerdem dafür sorgen, daß Mails, die eigentlich an interne Ziele gerichtet waren, an einen externen Host ausgeliefert werden. Die meisten E-Mail-Nachrichten werden mit Hostnamen anstelle von IP-Adressen adressiert. Der SMTP-Server verwendet dann DNS, um die passende IP-Adresse zu ermitteln. Ein Angreifer, der DNS-Antworten manipulieren kann, könnte Mails auch an einen Server umleiten, der vom Angreifer kontrolliert wird; dieser Server wäre dann in der Lage, die Mails zu kopieren und zurückzuschicken. Dadurch entstehen Verzögerungen, und normalerweise werden Spuren in den Protokolldateien oder den Nachrichten-Headern hinterlassen. Allerdings sind diese nicht sehr auffällig und werden wahrscheinlich nicht sofort entdeckt. Sie sollten deshalb Situationen vermeiden, in denen die interne und externe Mail-Zustellung auf derselben Maschine erledigt wird und interne Namen durch DNS aufgelöst werden. Bei der verbreitetsten Fehlkonfiguration senden alle Maschinen die Mails direkt. Die einfachste Konfiguration, bei der der Austausch von Mails richtig gehandhabt wird, ist eine, bei der es einen externen und einen internen Mailserver gibt und der externe Mailserver die IP-Adresse des internen Mailservers lokal konfiguriert hat (zum Beispiel über eine hosts-Datei).

Sendmail

Der auf Unix-Systemen verbreitetste Mailer ist Sendmail. Sendmail ist ein sehr leistungsfähiges Programm, es gibt jedoch auch eine lange und beunruhigende Historie kleinerer und größerer Sicherheitsprobleme.

Im Gegensatz zu den Sicherheitsproblemen anderer Mailer wurden die Probleme von Sendmail weithin diskutiert. Die mangelnde öffentliche Diskussion über andere Mailer sollte Sie jedoch nicht zu der Annahme verleiten, diese seien sicherer als Sendmail. Diese Mailer werden einfach nicht so häufig benutzt wie Sendmail. Daher gibt es auch weniger Leute, die – mit guten wie mit bösen Absichten – entsprechende Sicherheitslücken suchen.

Die Tatsache, daß Sendmail so oft verwendet wird, hat gleichzeitig Vor- und Nachteile. Einerseits werden Probleme in Sendmail gefunden, weil die Leute nach ihnen suchen (weil viele Leute Sendmail benutzen). Andererseits werden die entdeckten Probleme in der Regel schnell behoben (wieder, weil viele Leute Sendmail benutzen). Sendmail wird in Sachen Sicherheit sehr aktiv unterstützt.

Eine Ursache für die Sicherheitsprobleme von Sendmail liegt darin, daß es ein sehr komplexes und monolithisches Programm ist. Es führt eine Reihe verschiedener Funktionen aus und erfordert die nötigen Berechtigungen zum Ausführen all dieser Funktionen. Sendmail braucht aus mehreren Gründen root-Rechte. Damit kann Sendmail zum Beispiel:

- den privilegierten Port 25 auf eingehende SMTP-Verbindungen abhören
- unter einer bestimmten Benutzerkennung arbeiten, um *.forward*-Dateien und *:include:*-Alias-Dateien zu lesen, die diesem Benutzer gehören, und die dort angegebenen Dateien auszuführen
- bestimmte Kernel-Systemaufrufe ausführen, die (in einigen Unix-Versionen) auf Programme beschränkt sind, die als root laufen (zum Beispiel das Ermitteln der Systemlast, um zu entscheiden, ob genügend Kapazität zum Verarbeiten der Mails vorhanden ist)
- Dateien in der Mail-Warteschlange (d.h. Nachrichten bei der Übertragung) vor dem Ausspähen durch nichtprivilegierte Benutzer schützen

Diese root-Berechtigungen können jedoch zu einer Belastung werden, wenn Sendmail als SMTP-Server arbeitet; ein Angreifer, der über eine SMTP-Verbindung einen Fehler ausnutzt, kann dann mit einem Prozeß kommunizieren, der als root läuft. Der Prozeß kann auf der Zielmaschine im Prinzip alles tun, was der Angreifer wünscht. Sendmail bemüht sich zwar, seine Sonderrechte aufzugeben, wenn diese nicht zwingend erforderlich sind, trotzdem gab es im Laufe der Jahre eine Reihe von Fehlern im Zusammenhang mit Benutzerrechten.

Auf einem Bastion-Host sollte es möglich sein, Sendmail mittels *setuid* auf einer von root verschiedenen Kennung laufen zu lassen. Sie können für eingehende SMTP-Verbindungen einen alternativen SMTP-Server (das später behandelte *smap*-Paket) verwenden, damit Sendmail nicht den Port 25 überwachen muß. Da es keine Benutzer geben sollte, die Mails auf dem Bastion-Host empfangen, brauchen Sie auch nicht die Möglichkeit, unter bestimmten Benutzerkennungen zu arbeiten, um die geschützten *.forward*- und *:include:*-Dateien zu lesen. Wahrscheinlich gibt es auf Ihrem System keine privilegierten Systemaufrufe, die für den Ablauf von Sendmail zwingend erforderlich wären (obwohl Ihnen dadurch möglicherweise einiges an Funktionalität verlorengeht und/oder Sie Sendmail aus den Quellen erneut übersetzen müssen, um zu verhindern, daß es versucht, diese Aufrufe zu benutzen). Sie müssen nur noch dafür sorgen, daß die Besitzverhältnisse in der Mail-Warteschlange konsistent bleiben und nichtprivilegierte Benutzer (die es auf dem Bastion-Host sowieso nicht geben sollte) die durchlaufenden Meldungen nicht ausspähen können. Dieses Problem sollte durch das Einrichten eines speziellen Benutzers für Sendmail gelöst sein, dem das Verzeichnis für die Warteschlange gehört.

Jede dieser Aufgaben könnte wahrscheinlich sicherer gelöst werden. Allerdings wäre dazu eine völlige Überarbeitung und Neuimplementierung von Sendmail nötig. Bisher wollte sich niemand dieser Herausforderung stellen: unter anderem aus der Angst heraus, daß dadurch neue Mängel entstehen könnten. Statt dessen erhalten wir weiterhin einen Patch nach dem anderen für die bekannt gewordenen Schwachstellen. Der Spruch vom »aktuellen Sendmail-Patch« wurde daher unter Sicherheitsverantwortlichen bereits zum geflügelten Wort.

In Sendmail traten alle Arten der Probleme eines Mailers auf, die wir oben beschrieben haben. Durch Korrekturen wurden die meisten behoben oder abgeschwächt. Es war zum Beispiel einfach, als einfacher Benutzer Kommandozeilenfehler in Sendmail auszunutzen. Neuere Versionen schränken deshalb einfach die Anzahl der Optionen ein, die nichtprivilegierten Benutzern zur Verfügung stehen. Allerdings werden wie bei allen Programmen einer gewissen Größe ständig neue Fehler entdeckt. Außerdem werden durch Korrekturen alter Probleme manchmal neue Probleme aufgeworfen.

Weitere frei erhältliche SMTP-Server für Unix

Es gibt für Unix eine ganze Reihe weiterer frei erhältlicher SMTP-Server. Die bekanntesten alternativen SMTP-Server für Unix sollen Sicherheit, einfache Konfiguration und gute Leistung bieten. Dazu gehören *smail*, Wietse Venemas Postfix und Dan Bernsteins *qmail*. Sie sind alle bis zu einem bestimmten Grad mit Sendmail kompatibel und stellen ähnliche (aber nicht identische) Funktionen auf den Gebieten Weiterleitung, Aliase und Auslieferung in Mailboxen bereit. Alle SMTP-Alternativen lassen sich deutlich leichter anpassen als Sendmail und unterstützen auch virtuelle Domänen, Anti-Relaying und Schutz vor Spam. Wenn Sie Sendmail durch eine dieser SMTP-Alternativen ersetzen wollen, empfehlen wir Ihnen, sie wenigstens einen Monat lang zu testen, um Erfahrungen im Umgang damit zu sammeln, falls Sie noch nicht mit dem Ersatz vertraut sind. Benutzer können nämlich ziemlich sauer reagieren, wenn es Probleme beim Mail-Versand gibt.

Natürlich stehen noch mehr frei erhältliche Server für Unix zur Verfügung, die für die unterschiedlichsten Zwecke entwickelt wurden. Einige von ihnen wurden speziell im Hinblick auf Sicherheitsaspekte entworfen. Möglicherweise wollen Sie ja Server benutzen, die hier nicht erwähnt wurden. Sie sollten auf jeden Fall die Sicherheit sorgfältig prüfen, die diese Server zu bieten haben.

smail

smail[2] wurde als sichere Alternative von Sendmail entwickelt. Ursprünglich wurde es von Ronald S. Karr und Landon Curt Noll entworfen und implementiert, mittlerweile wird es jedoch von anderen Betreibern gepflegt; es wurde 1987 veröffentlicht.

smail kann als sofort einsetzbarer Ersatz für Sendmail verwendet werden, da es eine ganze Reihe gleicher Kommandozeilen-Optionen benutzt. Es wurde sogar als SMTP-Mailer für mehrere Linux-Distributionen eingesetzt.

Viele der Sicherheitsprobleme von Sendmail haben ihre Ursachen in seiner Komplexität. *smail* sollte daher nur die gebräuchlichsten Funktionen von Sendmail verwenden. Allerdings ist *smail* immer noch ein monolithisches Programm und erfordert die gleichen Sicherheitsberechtigungen wie Sendmail. Außerdem haben neue Funktionen und verschiedene Betreuer der Programmquellen zu einer kleinen Zahl von Sicherheitsproblemen geführt. In Anbetracht der monolithischen Natur von *smail* können wir den Einsatz dieses Pakets in einer Bastion-Host-Umgebung nicht empfehlen.

Postfix

Postfix wurde von Wietse Venema als äußerst sicherer und gegliederter Mailer entworfen und implementiert. Postfix ist kein einzelnes Programm wie Sendmail, sondern wurde in getrennte Komponenten mit jeweils besonderen Aufgaben aufgeteilt. Das Postfix-Design behebt auch Probleme, die aus dem Prozeßkonzept von Unix resultieren können. Wenn eine Nachricht durch Postfix angenommen wurde, wird sie von Komponenten verarbeitet, die prozeßmäßig nichts mit der Ausgangskomponente zu tun haben. Jede Komponente führt zur Abwehr eine Datenüberprüfung durch und mißtraut allen Eingabedaten, selbst wenn sie von einer anderen Komponente von Postfix gele-

---

2 Wir befassen uns hier mit *smail* Version 3, es gibt noch eine frühere Version namens *smail* mit einer anderen Abstammung.

sen wurden. Alle Programme sollten auf diese Weise geschrieben sein, allerdings wird dies selten sorgfältig genug getan. Die zur Abwehr durchgeführte Datenüberprüfung verringert die Chancen für Probleme mit Pufferüberläufen deutlich.

Postfix kann installiert werden, um einfach nur Mails abzuschicken, um neben Sendmail Mails zu senden und zu empfangen oder um Sendmail vollständig zu ersetzen. Die Konfiguration von Postfix ist recht einfach. Die Kompatibilität mit Sendmail ist gut; es unterstützt den Einsatz von *.forward*-Dateien und kann auch so konfiguriert werden, daß es einen systemweiten lokalen Delivery-Agenten unterstützt (wie etwa *procmail*). Postfix wird mit einfachen, deutlichen und verständlich formulierten Anweisungen zum Kompilieren und Installieren geliefert. Außerdem enthält das Paket detaillierte Anweisungen zum Ersetzen von Sendmail.

Postfix vermeidet die meisten der Schwierigkeiten, die Sendmail erzeugen kann. Es ist genau das Gegenteil eines monolithischen Programms und macht auch keinen Gebrauch von *setuid*. Allerdings erfordert es ein frei beschreibbares Verzeichnis. Auf einem Mehrbenutzer-System könnten dadurch Probleme auftreten. Diese lassen sich jedoch vermeiden, indem ein Teilprogramm mit dem Gruppenäquivalent von *setuid* namens *setgid* ausgestattet wird. Falls Sie auf Ihrem Bastion-Host Sendmail nicht betreiben wollen, empfehlen wir den Einsatz von Postfix oder von *smap/smapd*, die später im Abschnitt »Erhöhte SMTP-Sicherheit mit smap und smapd« erläutert werden.

Qmail

Dan Bernstein schrieb Qmail als sicheren, zuverlässigen und effizienten Ersatz für Sendmail auf typischen, an das Internet angeschlossenen Unix-Hosts. Qmail ist ebenso wie Postfix ein gegliederter Mailer mit separaten Programmen für verschiedene Aufgaben. Anders als Postfix gibt es jedoch Informationen durch Prozeßvererbung weiter (ein Programm startet ein anderes, das die Informationen des ersten erbt). Dadurch verringert sich die Trennung zwischen den Programmen.

Qmail ist der am wenigsten Sendmail-kompatible SMTP-Ersatz, obwohl sich die Kompatibilität mit der Zeit verstärkt hat. So wie es im Moment vertrieben wird, behandelt es jedoch die Weiterleitung und die Verarbeitung von Aliasen deutlich anders. Um Sendmail vollständig zu ersetzen und das empfohlene Mailbox-Format zu benutzen, müssen Sie möglicherweise auch den lokalen Delivery-Agenten und vielleicht sogar Ihre Mail User Agenten austauschen.

Die unterschiedlichen Teile von Qmail werden unter verschiedenen Benutzerkennungen ausgeführt, um sicherzustellen, daß jedes nur die Berechtigungen besitzt, die es benötigt. Nur eines von ihnen setzt *setuid* ein, und zwar für einen der besonderen Qmail-Benutzer, nicht für root. Solange alle Berechtigungen und Paßwörter für die Qmail-Benutzer korrekt sind, ist dies sicherer als die umfangreiche Verwendung von root bei Sendmail und *smail*.

Kommerzielle SMTP-Server für Unix

Neben den bereits erwähnten frei erhältlichen SMTP-Servern gibt es auch eine ganze Reihe von kommerziellen SMTP-Servern für Unix, einschließlich der kommerziellen Versionen von Sendmail, Intermail und Netscapes Mailserver. Diese Produkte sind in der Regel mehr auf Masse als auf Sicherheit ausgelegt und sollten mit Ausnahme von Sendmail mit der gleichen Skepsis betrachtet werden, die Sie auch jedem anderen kommerziellen Netzwerkserver entgegenbringen würden. Gehen Sie davon aus, daß sie verwundbar sind, bis Sie sich vom Gegenteil überzeugen konnten. Weitere Informationen über die Bewertung von Servern finden Sie in den Kommentaren über die Auswahl sicherheitskritischer Programme in Kapitel 13, *Internet-Dienste und Firewalls*. Ironischerweise sind die Entwickler der kommerziellen Sendmail-Version wegen der bedeutenden Sicherheitsprobleme mit Sendmail sicherheitsbewußter als die Entwickler der anderen kommerziellen Mailer.

Erhöhte SMTP-Sicherheit mit smap und smapd

Eine Firewall kann die Sicherheit deutlich erhöhen, indem sie verhindert, daß Angreifer direkt per SMTP mit einem vollausgestatteten Server kommunizieren, und statt dessen einen Ersatz-Server benutzt. Glücklicherweise ist das machbar. SMTP bedeutet »Simple Mail Transport Protocol« – Einfaches Mail-Übertragungsprotokoll, und die Betonung liegt auf einfach. Ein SMTP-Server muß nur ungefähr ein halbes Dutzend Befehle im Protokoll implementieren, um eingehende Mails akzeptieren zu können.

Falls Sie Unix zum Erledigen der elektronischen Post benutzen, könnten Sie die Benutzung des *smap*-Pakets als »Wrapper« für Ihren SMTP-Server in Betracht ziehen (vor allem, wenn Sie Sendmail einsetzen). Dieses Paket ist Teil des TIS FWTK und beinhaltet zwei Programme namens *smap* und *smapd*.

smap ist ein sehr kurzes, einfaches Programm, das einzig und allein eingehende SMTP-Verbindungen verarbeiten soll; im Gegensatz zu Sendmail, das ungefähr 30.000 Zeilen Code enthält, umfaßt *smap* nur etwa 700 Zeilen. Diese relative Einfachheit von *smap* ermöglicht, daß es anders als Sendmail leicht überprüft und in seiner Gesamtheit auf Sicherheitsprobleme untersucht werden kann. Darüber hinaus wurde es so konzipiert, daß es mit so wenig Rechten wie möglich auskommt. Das Programm *smap* läuft ohne root-Berechtigungen. Es wird durch den *inetd* gestartet, der sich darum kümmert, daß es vor dem Start an Port 25 gebunden wird, damit *smap* nicht als root laufen muß, um dies zu tun. Mittels *chroot* wird dafür gesorgt, daß es in einem besonderen Warteschlangenverzeichnis ausgeführt wird. Dadurch kann es auf nichts außerhalb dieses Verzeichnisses zugreifen. Es ist lediglich dazu in der Lage, über SMTP aus dem Internet eingehende Nachrichten zu akzeptieren. Es versteht nur die allernotwendigsten SMTP-Befehle und speichert jede empfangene Nachricht in einer eigenen Datei im Warteschlangenverzeichnis.

Das zweite Programm, *smapd*, kommt regelmäßig (üblicherweise einmal pro Minute) vorbei, um die Dateien zu verarbeiten, die in diesem Verzeichnis aufgelaufen sind. Normalerweise übergibt es sie an Sendmail zur Zustellung.

Das Ergebnis dieses Ersatz-SMTP-Servers ist, daß ein Angreifer nie eine direkte SMTP-Verbindung zu Sendmail oder einem anderen komplexen SMTP-Server erhält. Solch ein System schützt nicht vor datengesteuerten Angriffen; allerdings ist es für jedes Firewall-System extrem schwer, solche Angriffe abzuwehren. Glücklicherweise scheint es in Sendmail nur wenige solcher Sicherheitslücken zu geben, bisher ist nur ein Beispiel bekanntgeworden.[3]

Wenn Sie das *smap*-Paket einsetzen, verzichten Sie auf bestimmte Fähigkeiten, da *smap* absichtlich nur die unbedingt notwendigen SMTP-Befehle verwendet. Vor allem unterstützt *smap* keine ESMTP-Funktionen.

Ein potentieller Nachteil von *smap,* der sich in verschiedenen kommerziellen Firewalls wiederfindet, besteht darin, daß die ursprüngliche Version die Mail-Weiterleitung (*Relaying*) unterstützt. Mail-Relaying ist zwar kein ausgesprochenes Sicherheitsproblem, allerdings kann es leicht dazu führen, daß die Ressourcen Ihrer Firewall nicht ausreichen. Falls Sie *smap* verwenden, sollten Sie dafür sorgen, daß Sie eine Version haben, die das Mail-Relaying verhindert.

biff

Viele SMTP-Mailserver für Unix implementieren einen E-Mail-Benachrichtigungsdienst namens *biff*.[4] Wenn ein Benutzer *biff* aktiviert hat, erhält er bei jedem Eingang einer Nachricht eine Benachrichtigung mit einer Zusammenfassung des Nachrichten-Headers und den ersten Zeilen der Nachricht. Der Benachrichtigungsdienst verwendet UDP-Port 512 und ist mit einem Netzwerk-Dämon namens *comsat* verknüpft. Obwohl es einen UDP-Port verwendet, ist es nicht als Dienst gedacht, der im Netzwerk zur Verfügung steht; normalerweise erhält er nur von solchen Prozessen Pakete, die auf dem gleichen Host laufen. Dieser Dienst sollte auf allen Bastion-Hosts deaktiviert werden, da diese ihren Benutzern keine Mail-Benachrichtigung zur Verfügung stellen müssen (weder die Mails noch die Benutzer dürfen lokal vorliegen!). Außerdem sollten Bastion-SMTP-Mailserver für Unix keine UDP-Pakete versenden können. Da es sich bei *biff* eigentlich nicht um einen Netzwerkdienst handelt, besteht kein Grund, ihn durch eine Firewall anzubieten.

SMTP-Unterstützung in Nicht-SMTP-Mail-Systemen

Verschiedene beliebte Mail-Systeme bauen nicht auf SMTP auf. Lotus Notes und Microsoft Exchange stellen zum Beispiel unter anderem einen Mail-Dienst zur Verfügung und verwenden proprietäre Protokolle, um mit ihren Clients zu kommunizieren. (Sie werden weiter hinten in diesem Kapitel behandelt.) Aus Gründen der Kompatibilität mit dem Internet verarbeiten sie auch SMTP.

---

[3] Dies wird im CERT-Hinweis 93:16 behandelt. Für Informationen über das Beziehen der CERT-Hinweise siehe Anhang A, *Ressourcen*.

[4] »Biff« ist keine Abkürzung; so hieß der Hund des ursprünglichen Programmierers dieses Programms, der den Postboten anzubellen pflegte.

Im allgemeinen sind Nicht-SMTP-Mail-Systeme als SMTP-Server nicht besonders sicher. Es sind große Systeme, die für relativ sichere Umgebungen entwickelt und dann für den Einsatz im Internet aufgerüstet wurden, wodurch sie verwundbar sind. Durch das Hinzufügen von SMTP-Unterstützung verschärft sich das Problem nur noch. Außerdem sind ihre SMTP-Implementierungen im besten Fall exzentrisch zu nennen und behandeln obskure Bedingungen oftmals einfach falsch, wodurch es zu Problemen kommt. Falls möglich, sollten Sie einen speziellen SMTP-Mailer verwenden, um die Kommunikation mit dem Internet aufrechtzuerhalten (vorzugsweise Postfix, *smap* oder einen anderen sicherheitsorientierten Server).

SMTP-Server für Windows NT

Die am häufigsten eingesetzten SMTP-Server für Windows NT sind Lotus Notes und Microsoft Exchange, die neben ihren anderen Funktionen SMTP-Server zur Verfügung stellen. Für Windows NT stehen jedoch eine ganze Reihe von SMTP-Servern zur Verfügung, die auch hauptsächlich als SMTP-Server gedacht sind. Im allgemeinen sind spezielle SMTP-Server sowohl zuverlässiger als auch sicherer als SMTP-Dienste, die anderen Mail-Systemen hinzugefügt wurden. Im Fall der Windows NT-SMTP-Server wurden nur wenige speziell mit Blick auf Sicherheit entworfen und noch weniger können eine Historie wie Unix-SMTP-Server aufweisen. Meist handelt es sich um vollwertige Mailserver inklusive POP- und/oder IMAP-Servern, die maximale Dienste anstatt maximaler Sicherheit bieten sollen.

Wenn Sie eine gemischte Umgebung haben, werden Sie vermutlich Ihren wichtigsten SMTP-Server auf Unix betreiben. Baut Ihre Umgebung hauptsächlich oder vollständig auf Windows NT auf, kann es entscheidende Vorteile haben, einen Windows NT-basierten SMTP-Server zu verwenden (neben den normalen, administrativen Aspekten). Der Einsatz eines Windows NT-basierten Servers erlaubt es Ihnen zum Beispiel, auf dem SMTP-Server eine Virenüberprüfung vorzunehmen (das funktioniert auch auf Unix-Servern, allerdings hinken die Versionen der Virenprogramme für Unix in der Regel hinter den Versionen für Windows NT hinterher).

Windows NT-Systeme sollten ebenso wie Unix-Systeme einen besonders abgesicherten Server für den Kontakt mit dem Internet benutzen, der die Mails dann an einen voll ausgestatteten Server im Inneren weitergibt.

Zusammenfassung der Empfehlungen für SMTP

- Benutzen Sie die normalen Durchreichefunktionen (*store-and-forward*) von SMTP, um alle eingehenden und ausgehenden E-Mails durch einen Bastion-Host zu schicken.
- Setzen Sie Paketfilterung ein, um SMTP-Verbindungen von externen Hosts auf den Bastion-Host zu beschränken, den Sie als Mailserver verwenden.
- Benutzen Sie Paketfilterung, um SMTP-Verbindungen vom Bastion-Host, den Sie als Mailserver verwenden, auf einen oder mehrere spezielle interne Server zu beschränken.

- Verwenden Sie anstelle von Sendmail Postfix oder *smap* als SMTP-Server auf dem Bastion-Host, den Sie als Mailserver benutzen, und möglicherweise auch auf Ihrem internen Mailserver.
- Achten Sie darauf, daß Ihre Delivery-Agenten und User-Agenten immer die aktuellen Patches verwenden.
- Schulen Sie Ihre Benutzer in bezug auf Mail-basierte Betrügereien, wie etwa die Anweisungen, bestimmte Programme auszuführen oder ihre Paßwörter in bestimmter Weise zu ändern.

Andere Mail-Übertragungsprotokolle

SMTP ist das Standardprotokoll für Mail-Übertragungen zwischen Servern im Internet. Es gibt jedoch noch einige andere Protokolle, die für die Server-zu-Server-Übertragungen innerhalb anderer Mail-Systeme verwendet werden. Zum Beispiel stellen sowohl Lotus Notes als auch Microsoft Exchange, mit denen wir uns in den folgenden Abschnitten befassen, neben anderen Diensten einen E-Mail-Dienst bereit. Beide Systeme besitzen proprietäre Protokolle, die für die Server-zu-Server- und Server-zu-Client-Mail-Übertragungen sowie für andere Funktionen verwendet werden. Wie bereits erwähnt, können beide auch SMTP für die Kommunikation mit dem Internet einsetzen.

Es gibt außerdem das X.400-Mail-Protokoll, das Teil der *Open Systems Interconnect-* (OSI) Protokolle ist. Einige Mail-Systeme benutzen es auch weiterhin, und sowohl Lotus Notes als auch Microsoft Exchange sind in der Lage, mittels X.400 mit anderen Mail-Systemen zu kommunizieren. In TCP/IP-Netzwerken wird X.400 über den TCP-Port 102 betrieben. Eigentlich handelt es sich dabei um einen allgemein einsetzbaren Port, der verwendet wird, um das OSI *Transport Service Access Protocol* (TSAP) bereitzustellen, und der jedes höhere OSI-Protokoll aufnehmen kann. X.400 und X.500 (Verzeichnisdienste) sind die einzigen höheren OSI-Protokolle, die immer noch in größerem Umfang benutzt werden. Indem Sie Port 102 öffnen, erlauben Sie alle OSI-Protokolle, nicht nur diese.

Microsoft Exchange

Microsoft Exchange ist vermutlich hauptsächlich als Mailserver bekannt, es stellt jedoch noch eine ganze Reihe weiterer Dienste zur Verfügung, einschließlich News, Kalenderfunktionen, Kontaktverwaltung und Dokumentenaustausch.

Sowohl die Exchange-Client-Server-Kommunikation als auch der Exchange Administrator verwenden Microsoft RPC, das in Kapitel 14, *Vermittelnde Protokolle*, behandelt wird. Außerdem kann Exchange je nach Konfiguration SMTP, POP, IMAP, NNTP, LDAP, X.400 und/oder LDAP über SSL benutzen. SMTP, POP, IMAP, X.400 über TCP/IP und NNTP werden in diesem Kapitel besprochen; LDAP und LDAP über SSL finden Sie in Kapitel 19, *Echtzeit-Konferenzdienste*.

Es ist nicht leicht, Microsoft RPC mittels irgendeiner Technik sicher durch eine Firewall zuzulassen, da es Verbindungen zu beliebigen Ports und eingebettete IP-Adressen benutzt. Es ist schwierig mit Paketfilterung zu sichern und erfordert Protokoll-fähige Proxies oder Network-Address-Translation-Systeme, die nicht weit verbreitet sind. Sie sollten deshalb nicht versuchen, Exchange mittels Microsoft RPC durch eine Firewall zu betreiben.

Fast alle anderen Protokolle, die Exchange unterstützt, können leicht durch eine Firewall zugelassen werden. Wenn Sie diese anstelle von Exchange benutzen, werden Sie drei Arten von Einschränkungen erhalten:

- Sie werden den Exchange Administrator nicht benutzen können.
- Server-zu-Server-Transaktionen (die über einfache Mail-Übertragungen hinausgehen) werden eine verminderte Leistung aufweisen.
- Clients wird der Mail-Dienst zur Verfügung stehen, sie können jedoch nicht auf alle Exchange-Funktionen zugreifen.

Sie können Exchange auch so konfigurieren, daß es eine HTTP-Schnittstelle zu den Kalenderverwaltungsfunktionen zur Verfügung stellt und die Clients einen Webbrowser für die Terminverwaltung benutzen. Dies funktioniert langsamer als die Exchange-eigenen Protokolle.

Exchange-Server, die mit anderen Servern kommunizieren, können alle Exchange-Operationen ohne Einsatz von Microsoft RPC ausführen. Dazu verwenden sie sogenannte *Connectoren*, die Operationen in andere Protokolle einbetten. Sie können daher Server-zu-Server-Verbindungen über SMTP aufbauen, ohne daß Funktionalität verlorengeht. Allerdings schlägt sich dieses Vorgehen auf die Leistungsfähigkeit nieder.

Da Exchange ein großes und kompliziertes System ist, ist es relativ riskant, vom Internet aus den Zugriff auf einen Exchange-Server zu erlauben, selbst wenn Sie nur die kontrollierbareren Optionen einsetzen. Falls Sie externe Benutzer unterstützen müssen, die irgendwo im Internet sitzen, dann versuchen Sie, deren Möglichkeiten auf das Lesen von Mails – vorzugsweise mittels IMAP über SSL – zu beschränken. Wenn Sie einen HTTP-Zugriff erlauben, beschränken Sie diesen auf einen begrenzten Bereich von Quelladressen.

Die Administration von Exchange ist ein extrem komplexes Thema, auf das wir hier nicht näher eingehen können. Bei Interesse sollten Sie ein Buch über die Administration von Exchange zu Rate ziehen (zum Beispiel *Managing Microsoft Exchange Server* von Paul Robichaux, O'Reilly & Associates, 1999).

Zusammenfassung der Empfehlungen für Microsoft Exchange

- Betreiben Sie Exchange nicht auf einem Bastion-Host. Verwenden Sie statt dessen einen speziellen SMTP-Server, und leiten Sie die Mails an Ihren internen Exchange-Server weiter.

- Benutzen Sie Microsoft RPC nicht durch eine Firewall. Falls ein lokaler Exchange-Server mit einem externen Server über das Internet kommunizieren muß, verwenden Sie SMTP, und leiten Sie die Mails durch Ihren Bastion-Host.
- Wenn Clients die volle Exchange-Funktionalität benötigen, sollten Sie einen Exchange-Server einrichten, bei dem sie diese erreichen können, ohne die Grenzen einer Firewall überqueren zu müssen. Verwenden Sie Server-zu-Server-Connectoren über SMTP, um die Firewall zu überqueren.

Lotus Notes und Domino

Auch Lotus Notes ist ebenso wie Exchange nicht nur ein E-Mail-System; es stellt eine große Anzahl von Diensten bereit, einschließlich Kalenderverwaltung und Dokumentenfreigabe. Außerdem ist in dieses System ein Webserver integriert, der es ermöglicht, Formulare und Dokumente für Webbrowser zur Verfügung zu stellen. Notes wurde zwar ursprünglich als Groupware-Produkt entwickelt, um Gruppen die Zusammenarbeit zu erleichtern, aktuelle Versionen können aber mit Hilfe des Webservers auch Dienste für Internet-Benutzer anbieten. Der Name »Domino« wurde als Teil dieser Änderung eingeführt und bezieht sich auf die neuen Versionen des Servers (die Client-Software heißt weiterhin Lotus Notes). Wenn Domino als Internet-Webserver eingesetzt wird, sollte es wie jeder andere Webserver behandelt werden; siehe Kapitel 15, *Das World Wide Web*.

Notes-Clients können Notes RPC verwenden, um mit den Servern zu kommunizieren, in neueren Versionen sind sie aber auch in der Lage, mittels HTTP, SMTP und/oder POP3 mit Notes/Domino-Servern oder anderen Servern zu sprechen. Dies bietet zusätzliche Optionen für die Unterstützung von Notes-Clients über das Internet.

Notes verwendet eine Verschlüsselung mit öffentlichem Schlüssel für die Authentifizierung und verschickt keine Paßwörter über das Netzwerk. Standardmäßig verschlüsselt Notes andere Informationen nicht, es kann aber auch veranlaßt werden, den gesamten Netzwerkverkehr auf einem bestimmten Port zu verschlüsseln. Dies kann durch den Server erzwungen werden; falls der Server aufgrund seiner Konfiguration Verschlüsselung einsetzt, verschlüsseln auch die Clients, unabhängig von der Clienteinstellung. Außerdem können Benutzer und Anwendungsentwickler beschließen, individuelle Dokumente zu verschlüsseln, auch wenn der Netzwerkverkehr nicht verschlüsselt ist. Notes ist in der Lage, unterschiedliche Verschlüsselungsalgorithmen (RSA für Verschlüsselung mit öffentlichem Schlüssel, DES, Triple-DES, RC2 und RC4 für Verschlüsselung mit geheimem Schlüssel) und eine Reihe unterschiedlicher Schlüssellängen je nach der Art der verwendeten Verschlüsselung und dem Standort der Server und Clients zu benutzen. Mehr Informationen über Verschlüsselungsalgorithmen finden Sie in Anhang C, *Kryptographie*.

Notes-Dokumente können eingebetteten Code in einer Sprache namens »LotusScript« enthalten. LotusScript selbst bietet keinerlei Sicherheitsvorkehrungen (es kann externe Programme aufrufen und alles tun, wozu auch der Benutzer in der Lage ist, der Notes ausführt). Ursprünglich führten Notes-Clients LotusScript-Programme, die sie in E-Mails empfingen, ohne Benachrichtigung oder Sicherheitskontrolle aus. Mit Release 4.5 stellt Notes Kontrollen darüber bereit, was Programme tun können, aufbauend auf der digitalen Signatur des Dokuments, das das Programm enthält. Es können Konfigurationen für bestimmte Signaturen, für eine Standardeinstellung, die auf signierte Dokumente mit unbekannten Signaturen angewendet wird, und für unsignierte Dokumente eingerichtet werden. Alle Notes-Clients sollten maximale Einschränkungen für die Standardeinstellung und für unsignierte Dokumente aufweisen.

Paketfiltereigenschaften von Lotus Notes

Native Notes-Transaktionen werden über ein Protokoll namens Notes RPC unter Einsatz von TCP auf Port 1352 ausgeführt. Die Verbindungen zwischen den Servern folgen dem gleichen Muster wie Client/Server-Verbindungen.

Richtung	Quell-adresse	Ziel-adresse	Protokoll	Quell-port	Ziel-port	ACK gesetzt	Anmerkungen
eingehend	extern	intern	TCP	>1023	1352	a	Eingehende Notes-Verbindung, Client an Server
ausgehend	intern	extern	TCP	1352	>1023	ja	Eingehende Notes-Verbindung, Server an Client
ausgehend	intern	extern	TCP	>1023	1352	a	Ausgehende Notes-Verbindung, Client an Server
eingehend	extern	intern	TCP	1352	>1023	ja	Ausgehende Notes-Verbindung, Server an Client

a. ACK ist beim ersten Paket dieses Typs nicht gesetzt (Aufbau der Verbindung), wird aber bei den restlichen Paketen gesetzt.

Proxy-Eigenschaften von Lotus Notes

Beginnend mit Release 4.5 werden Lotus Notes-Clients mit Unterstützung für SOCKS v4 ausgeliefert. Lotus enthält außerdem einen sogenannten *Passthru-Server*, das ist ein Proxy-Server, der Anwendungen erkennt. Sie können ihn als Proxy mit angepaßten Verfahrensweisen für Benutzer einsetzen, indem Sie den Client über seinen Namen mit dem Passthru-Server verbinden. Weiterhin können Sie einen Notes-Client so konfigurieren, daß er Notes RPC über einen HTTP-Proxy tunnelt. Dazu verwendet er entweder CONNECT oder einen speziellen Notes-Server, der HTTP versteht. Einige kommerzielle Firewalls enthalten auch Notes-Proxies.

Sie können auch einen generischen Proxy einsetzen, allerdings ist es dazu notwendig, die Clientkonfiguration zu verändern. Notes-Clients erwarten, daß die Begrüßung durch den Server mit dem Namen erfolgt, den sie bei der Konfiguration zugewiesen bekamen. Sie umgehen dieses Problem, wenn Sie ein Verbindungsdokument auf dem Client benutzen, in dem der zu erwartende Name festgelegt ist.

Network-Address-Translation-Eigenschaften von Lotus Notes

Lotus Notes RPC enthält keine eingebetteten IP-Adressen und funktioniert ohne Veränderungen durch ein Network-Address-Translation-System. Es beinhaltet eingebettete Hostnamen, so daß möglicherweise Informationen preisgegeben werden, die Sie eigentlich durch das Network-Address-Translation-System verbergen wollen. Diese eingebetteten Hostnamen dürfen jedoch nicht verändert werden, da sie als Teil der Server-Authentifizierung eingesetzt werden.

Zusammenfassung der Empfehlungen für Lotus Notes

- Verwenden Sie einen Proxy-Server, falls Sie Lotus Notes durch Ihre Firewall zulassen müssen.
- Wenn Sie Notes RPC über das Internet verwenden, sollten Sie den Server anweisen, den gesamten Verkehr zu verschlüsseln.
- Stellen Sie in den Client maximale Einschränkungen für LotusScript in unsignierten Dokumenten und in Dokumenten mit unbekannten Signaturen ein.
- Folgen Sie den normalen Empfehlungen für Webbrowser, wenn Sie Notes als Webbrowser, und den normalen Empfehlungen für Webserver, wenn Sie Domino als Webserver konfigurieren wollen.

Post Office Protocol (POP)

SMTP wird benutzt, um Mails zwischen Servern auszutauschen. Benutzer erhalten ihre E-Mails normalerweise als Dateien (direkt oder per NFS o. ä.) auf der Maschine, auf der sie zugestellt wurden. Manchmal ist es jedoch sinnvoll, die Mails mit Hilfe eines eigenen Protokolls vom Server an die einzelnen Benutzer zu verteilen.

POP ist ein Client/Server-Protokoll zum Zugriff auf Benutzer-Mailboxen. Beim Einsatz von POP wird die Mailbox des Benutzers (die eigentliche Datei, in der die eingegangenen Mails bis zum Zugriff durch den Benutzer aufbewahrt werden) nicht auf der eigenen Maschine des Benutzers, sondern auf dem Server gespeichert. Der Server ist für eingehende Mails meist besser erreichbar als die persönliche Maschine des Benutzers (vor allem, wenn die »persönliche Maschine« ein tragbarer Rechner ist, der nur gelegentlich an das Netzwerk angeschlossen wird). Clients wie Eudora, Z-Mail oder Netscape verwenden POP, um die Mails auf Wunsch des Benutzers auf die persönliche Maschine zu übertragen.

Beim Einsatz von POP im Internet treten zwei sicherheitsrelevante Probleme auf. Erstens sollten Sie sich darüber im klaren sein, daß normale POP-Clients und -Server das Paßwort des Benutzers unverschlüsselt über das Internet verschicken. Schnüffler, die die Verbindung überwachen, könnten es abfangen und später selbst benutzen. Meist ist das POP-Paßwort mit dem Login-Paßwort des Benutzers identisch, so daß ein Lauscher nicht nur Zugriff auf die Mails des Benutzers erhält, sondern all seine Rechte bekommt. Sicherere Varianten von POP unterstützen Kerberos (KPOP genannt) und ein Challenge-Response-System (namens APOP), allerdings sind diese sicheren Varianten nicht besonders weit verbreitet. Es könnte schwierig sein, eine Kombination aus Clients und Servern zu finden, die diese Varianten unterstützen und sich für Ihren Standort eignen.

Zweitens sollten Sie neben der Frage der Zugriffskontrolle auch die Vertraulichkeit der E-Mails berücksichtigen, auf die Ihre Benutzer mittels POP über das Internet zugreifen. Jede E-Mail, auf die die Benutzer zugreifen, ist für Schnüffler sichtbar, die die POP-Sitzung ausspähen. Sie müssen sich daher überlegen, wie vertraulich E-Mails in Ihrer Umgebung sein dürfen. Viele Netzverwalter sind der Meinung, daß die interne Mail der Benutzer – unabhängig von den Zugangsberechtigungen – zu vertraulich ist, um das Risiko einzugehen, daß Schnüffler POP-Sitzungen überwachen. Solche Standorte führen meist alternative Zugangsmethoden ein, wie etwa Wählverbindungen, die bei weitem nicht so anfällig für Schnüffelei sind. Wenn Sie Ihren Benutzern die Möglichkeit geben, das Netz innerhalb der Firewall zu erreichen (zum Beispiel per VPN oder per Modem und PPP), können Sie Zugriffe von unterwegs per POP erlauben, ohne daß diese über das Internet stattfinden.

Um einen Schutz für POP zu gewährleisten, werden zwei unterschiedliche Ansätze verfolgt. Momentan unterstützen einige Server und Clients den Einsatz von POP über SSL, wobei die gesamte Verbindung verschlüsselt wird (manchmal wird dies SecurePOP genannt). Das ist eine effektive Notlösung, allerdings erfordert sie die Benutzung eines weiteren Ports für POP über SSL. (SSL und TLS werden in Kapitel 14, *Vermittelnde Protokolle*, behandelt.)

Es befindet sich außerdem ein Standard in der Entwicklung, der das POP-Protokoll dahingehend erweitert, daß Clients und Server die Benutzung von TLS auf einer normalen POP-Verbindung aushandeln können. Dies ist die bevorzugte Methode zum Bereitstellen von Verschlüsselung für Dienste, da kein neuer Port benötigt wird und der Vorrat an Portnummern begrenzt ist. Leider ist der Standard noch nicht fertig und wird noch nicht verbreitet unterstützt.

Paketfiltereigenschaften von POP

POP ist ein TCP-basierter Dienst. POP-Server für die aktuelle Version des POP-Protokolls (das als POP3 bekannt ist und die momentan bei weitem verbreiteteste Version darstellt) benutzen Port 110. Server für das ältere POP2-Protokoll verwenden Port 109. (POP1 ist nie sehr weit verbreitet gewesen.) POP-Clients verwenden Ports oberhalb von 1023. Server, die POP3 über SSL anbieten, benutzen Port 995.

Richtung	Quell-adresse	Ziel-adresse	Protokoll	Quellport	Ziel-port	ACK gesetzt	Anmerkungen
eingehend	extern	intern	TCP	>1023	110, 109[a]	[b]	Eingehende POP-Verbindung, Client an Server
ausgehend	intern	extern	TCP	110, 109[a]	>1023	ja	Eingehende POP-Verbindung, Server an Client

Richtung	Quell-adresse	Ziel-adresse	Protokoll	Quellport	Ziel-port	ACK gesetzt	Anmerkungen
eingehend	extern	intern	TCP	>1023	995	b	Eingehende POP-über-SSL-Verbindung, Client an Server
ausgehend	intern	extern	TCP	995	>1023	ja	Eingehende POP-über-SSL-Verbindung, Server an Client
ausgehend	intern	extern	TCP	>1023	110, 109[a]	b	Ausgehende POP-Verbindung, Client an Server
eingehend	extern	intern	TCP	110, 109[a]	>1023	ja	Ausgehende POP-Verbindung, Server an Client
ausgehend	intern	extern	TCP	>1023	995	b	Ausgehende POP-über-SSL-Verbindung, Client an Server
eingehend	extern	intern	TCP	995	>1023	ja	Ausgehende POP-über-SSL-Verbindung, Server an Client

a. Moderne POP- (POP3) Server verwenden Port 110; ältere POP2-Server verwenden Port 109.
b. ACK ist beim ersten Paket dieses Typs noch nicht gesetzt (Aufbau der Verbindung), wird aber bei den restlichen gesetzt.

Eine ausgehende POP-Verbindung würde es Ihren Benutzern erlauben, ihre Mails von anderen Standorten zu laden. Das ist nicht gefährlicher, als wenn Sie ausgehende Telnet-Verbindungen zulassen. Sie können POP-Verbindungen durchaus erlauben, wenn entsprechender Bedarf besteht.

Eingehende POP-Verbindungen erlauben es den Leuten an anderen Standorten, Mails zu lesen, die an Ihrem Standort für sie zugestellt wurden. Wie im vorherigen Abschnitt erläutert, sollten Sie wahrscheinlich eingehendes POP nicht zulassen. Begrenzen Sie zumindest die POP-Verbindungen auf einen POP-Server, der auf einem einzigen Host läuft. Es gab verschiedentlich Probleme mit Pufferüberläufen in POP-Servern. Falls neue Probleme auftreten, wollen Sie sie sicherlich sofort beheben können, ohne sich um alle internen Rechner kümmern zu müssen. Am einfachsten wäre es daher, wenn Sie POP auf einem speziellen Bastion-Host betreiben.

Sie sollten sich außerdem versichern, daß POP-Server, die eingehende Verbindungen entgegennehmen, so konfiguriert sind, daß POP keine Benutzerkennungen zur Authentifizierung verwendet. Manche POP-Server setzen normale Benutzerkennungen ein, um Verbindungen zu authentifizieren. Da der POP-Server ein Bastion-Host ist, sollten sich Benutzer nicht darauf anmelden können – vor allem aus dem Internet nicht. Verwenden Sie entweder einen POP-Server, der eine alternative Möglichkeit zur Authentifizierung unterstützt, oder deaktivieren Sie die Logins auf den Zugängen, die POP benutzt.

Proxy-Eigenschaften von POP

POP läßt sich einfach über einen Proxy realisieren, da es eine einzige Verbindung benutzt. Die meisten kommerziellen Proxy-Systeme enthalten POP-Unterstützung. Viele der Webbrowser, die einen E-Mail-Client anbieten, unterstützen ebenfalls POP und benutzen SOCKS mit POP (sowohl Netscape Communicator als auch Microsoft Outlook unterstützen POP durch SOCKS). Bei den älteren, ausschließlichen E-Mail-Clients ist es eher unwahrscheinlich, daß sie SOCKS unterstützen.

Zwei POP-Proxies sind als Zusätze zum TIS-FWTK erhältlich. *pop-gw* ist ein nach innen gerichteter Proxy für POP3. *pop3-gw* stellt nach innen gerichtete und nach außen gerichtete Proxy-Dienste zur Verfügung. Für den nach innen gerichteten Proxy-Einsatz können Sie ihn so konfigurieren, daß er einfach alle Verbindungen durchläßt und sie an einen speziellen internen Server leitet. Soll eine Verbindung zur Außenwelt aufgebaut werden, wird ein angepaßtes Verfahren verwendet; der Benutzer gibt *benutzer@server[:port]* als seinen Benutzernamen an und stellt eine Verbindung zum Proxy-Server her. Der Proxy-Server benutzt APOP, um mit dem echten Server zu kommunizieren, und kann so konfiguriert werden, daß er Verbindungen ablehnt, falls APOP nicht zur Verfügung steht. Auf diese Weise vermeiden Sie es, wiederverwendbare Paßwörter über den Proxy zu schicken. Beachten Sie, daß die Daten immer noch unverschlüsselt übertragen werden und abgefangen werden können.

Network-Address-Translation-Eigenschaften von POP

POP verwendet keine eingebetteten IP-Adressen und funktioniert daher problemlos mit der Network Address Translation.

Zusammenfassung der Empfehlungen für POP

- Erlauben Sie es Ihren Benutzern nicht, Mails von Ihrem Standort per POP über das Internet zu übertragen, es sei denn, dies ist möglich, ohne daß wiederverwendbare Paßwörter preisgegeben werden oder Sie sich Gedanken um die Vertraulichkeit der Mails machen müssen. Möglicherweise verfügen Sie auch über einen verschlüsselten Übertragungskanal.
- Falls Benutzer es wünschen, Mails per POP von anderen Standorten zu übertragen, so lassen Sie dies über einen Paketfilter zu, oder verwenden Sie *pop3-gw* (der so eingerichtet ist, daß er APOP vom Server erfordert).

Internet Message Access Protocol (IMAP)

IMAP[5] ist ebenso wie POP ein Protokoll, das von Mail User Agenten zum Beziehen von E-Mails eines bestimmten Benutzers von einem Server verwendet wird. Bei IMAP handelt es sich um ein neueres Protokoll, das eine größere Flexibilität aufweist. So unterstützt es beispielsweise mehrere Mailboxen für jeden Benutzer. POP wird üblicherweise dazu verwendet, alle Nachrichten in einer Mailbox vom Server zum Client zu übertragen; IMAP dagegen speichert die Nachrichten auf dem Server, wobei es erlaubt, sie durch den Client zu kopieren und zu verändern. IMAP ist ein deutlich leistungsfähigeres Protokoll als POP. Dementsprechend ist es schwerer, es sicher zu implementieren.

Andererseits sind die Sicherheitsanforderungen von IMAP ähnlich denen von POP. IMAP ermöglicht den Einsatz von nicht wiederverwendbaren Paßwörtern, allerdings

---

5   Diese Abkürzung wird manchmal auch zu »Interim Mail Access Protocol« erweitert.

unterstützen nicht alle IMAP-Server und -Clients diese Funktion. Auch hier ist ein Internet-Standard in der Entwicklung, der es IMAP erlaubt, TLS zur Verschlüsselung der Nachrichten während der Übertragung zwischen Server und Client zu verwenden. Zur Zeit besitzen allerdings nur wenige Server und Clients diese Eigenschaft. Es gibt auch einen zugewiesenen Port für IMAP über SSL, der von einer etwas größeren Zahl von Clients und Servern unterstützt wird. Solange Sie die IMAP-Server nicht kontrollieren und sie so eingerichtet haben, daß sie nicht wiederverwendbare Paßwörter und Verschlüsselung einsetzen, oder die Verbindungen auf IMAP über SSL beschränken, sollten Sie davon ausgehen, daß IMAP wiederverwendbare Paßwörter und unverschlüsselte Daten überträgt.

Paketfiltereigenschaften von IMAP

IMAP verwendet einfache TCP-Verbindungen zu Port 143 und kann daher leicht durch Paketfilter zugelassen werden. IMAP über SSL verwendet gegenwärtig Port 993, in einer früheren Konvention war Port 585 vereinbart. Es sind mehrere Varianten von IMAP im Einsatz (diese Varianten könnten Ihnen beispielsweise als »v2« oder »v4« begegnen), aber alle IMAP-Versionen benutzen den gleichen Port.

Richtung	Quell-adresse	Ziel-adresse	Protokoll	Quell-port	Zielport	ACK gesetzt	Anmerkungen
eingehend	extern	intern	TCP	>1023	143	a	Eingehende IMAP-Verbindung, Client an Server
ausgehend	intern	extern	TCP	143	>1023	ja	Eingehende IMAP-Verbindung, Server an Client
eingehend	extern	intern	TCP	>1023	993, 585[b]	a	Eingehende IMAP-über-SSL-Verbindung, Client an Server
ausgehend	intern	extern	TCP	993, 585[b]	>1023	ja	Eingehende IMAP-über-SSL-Verbindung, Server an Client
ausgehend	intern	extern	TCP	>1023	143	a	Ausgehende IMAP-Verbindung, Client an Server
eingehend	extern	intern	TCP	143	>1023	ja	Ausgehende IMAP-Verbindung, Server an Client
ausgehend	intern	extern	TCP	>1023	993, 585[b]	a	Ausgehende IMAP-über-SSL-Verbindung, Client an Server
eingehend	extern	intern	TCP	993, 585[b]	>1023	ja	Ausgehende IMAP-über-SSL-Verbindung, Server an Client

a. ACK wird beim ersten Paket dieses Typs nicht gesetzt (Aufbau der Verbindung), bei den restlichen wird es gesetzt.
b. 993 ist der aktuelle Standard, einige ältere Implementierungen verwenden jedoch 585.

Proxy-Eigenschaften von IMAP

IMAP läßt sich leicht durch Proxies realisieren, da es eine einzelne TCP-Verbindung verwendet. Momentan scheint es keine IMAP-spezifischen Proxies zu geben, allerdings funktionieren generische Proxies mit IMAP (jedoch ohne starke Sicherheitsgarantien zu geben).

Network-Address-Translation-Eigenschaften von IMAP

IMAP verwendet keine eingebetteten IP-Adressen und funktioniert problemlos mit der Network Address Translation.

Zusammenfassung der Empfehlungen für IMAP

- Erlauben Sie es Ihren Benutzern nicht, Mails von Ihrem Standort aus per IMAP über das Internet zu übertragen, es sei denn, Sie haben Ihren IMAP-Server so konfiguriert, daß er nicht wiederverwendbare Paßwörter und verschlüsselte Daten verwendet.
- Falls Ihre Benutzer es wünschen, Mails von anderen Standorten per IMAP zu übertragen, so erlauben Sie dies über einen Paketfilter, möglicherweise beschränkt auf Verbindungen von bestimmten Standorten oder zu bestimmten Hosts auf Ihrer Seite.

Microsoft Messaging API (MAPI)

Das *Microsoft Messaging API* (MAPI) ist – wie der Name suggeriert – ein *Application Programming Interface* (API) und kein Netzwerkprotokoll. Wir haben es an dieser Stelle aus verschiedenen Gründen eingefügt, wie etwa der Ähnlichkeit seines Namens mit »IMAP«; fälschlicherweise wird es oft für ein Mail-Protokoll gehalten. MAPI wird in Microsoft-Betriebssystemen benutzt, um Anwendungen die Kommunikation mit Nachrichtensystemen zu erlauben. Das Ganze spielt sich innerhalb einer Maschine ab; eine Anwendung verwendet MAPI, um mit MAPI-Treibern zu kommunizieren, die dann ihrerseits mit den Mail- und Verzeichnis-Servern reden. Ein MAPI-Treiber verwendet genau das Protokoll, das notwendig ist, um mit den Mail- und Verzeichnis-Servern kommunizieren zu können. Das bedeutet, daß Anwendungen, die mit MAPI programmiert wurden, in der Lage sind, ohne Änderung mit vielen verschiedenen E-Mail-Servern zu kommunizieren, indem einfach die MAPI-Treiber angepaßt werden.

Zu wissen, daß eine Anwendung MAPI einsetzt, erlaubt es Ihnen nicht vorherzusagen, mit welchem Protokoll die Kommunikation zwischen einem Client und einem Server stattfinden wird. Statt dessen müssen Sie wissen, welche Protokolle der MAPI-Treiber verwendet; die einfachste Methode, um das festzustellen, ist normalerweise zu ermitteln, was für eine Art von Server eingesetzt wird. Hauptsächlich wird MAPI vermutlich vom Microsoft Exchange-Clients eingesetzt, der mit Microsoft RPC-Treibern ausgeliefert wird, um mit Microsoft Exchange-Servern zu kommunizieren.

Network News Transfer Protocol (NNTP)

NNTP wird im allgemeinen dazu verwendet, Usenet-News über das Internet zu übertragen. Ein Newsserver ist die Stelle, an der die Usenet News in Ihre Organisation hinein- und aus ihr herausfließen; Ihre Benutzer greifen mittels News-Clients auf diesen Server zu, um News zu lesen und zu versenden (zu posten). Newsserver verständigen sich in der Regel untereinander über NNTP und tauschen auf diese Weise News zwischen den einzelnen Standorten aus. Außerdem benutzen die meisten News-Clients NNTP, um auf die Newsserver zuzugreifen. (Traditionell lesen Unix-basierte News-Clients die News aus lokalen Dateien; an manchen Standorten werden möglicherweise noch ältere Clients benutzt, die so verfahren.)

Es gibt eine Reihe frei verfügbarer Newsserver, einschließlich B-News, C-News und INN. Außerdem gibt es einige kommerzielle Server, die angeblich leistungsfähiger sein sollen.

Heutzutage bieten nicht alle Standorte News an. Falls Sie über keinen eigenen Newsserver verfügen, wollen Sie vermutlich, daß Ihre Benutzer externe NNTP-Server verwenden. Das damit verbundene Risiko ist relativ gering; NNTP wurde zwar für Angriffe auf Newsserver eingesetzt, allerdings sind keine Probleme mit dem NNTP-Protokoll für Clients bekannt. NNTP stellt selbstverständlich einen weiteren Weg für Informationen dar, in Ihre Organisation hinein- und aus ihr herauszufließen. Die nach innen gerichteten Informationen könnten unerwünschte Dinge wie Viren, illegale Kopien geschützter Informationen und anderweitig illegale Daten (wie Hetzschriften und Pornografie) und die nach außen gerichteten Informationen Geheimnisse Ihrer Organisation enthalten. Diese Risiken finden sich auch in Protokollen wie HTTP und SMTP, und ein NNTP-Client ist für die gleichen Arten datengesteuerter Risiken anfällig wie ein E-Mail-Client, einschließlich der Risiken, die mit der Verarbeitung von MIME- und HTML-Nachrichten verbunden sind.

Falls Sie Ihren eigenen Newsserver betreiben wollen, sollten Sie ihn am besten so konfigurieren, wie Sie das bei SMTP getan haben. Richten Sie einen Server auf einem Bastion-Host ein, der mit externen Standorten kommuniziert, möglicherweise die Informationen bei der Verarbeitung »säubert« und News an interne Server weiterleitet. Ihre internen Clients tauschen dann die News mit dem internen Server aus. Der externe Server benötigt nur eine minimale Konfiguration, da die News auf dem internen Server gespeichert werden. Diese Konfiguration bietet Ihnen maximale Sicherheit und Kontrolle, erfordert aber auch einen beträchtlichen administrativen Aufwand. Außerdem belasten selbst Minimalvarianten von Newsservern die Maschinen ganz erheblich. Es ist ratsam, den nach außen sichtbaren Newsserver auf einen speziellen Bastion-Host zu legen.

Falls es Ihnen nicht möglich ist, eine Konfiguration mit zwei Newsservern zu benutzen, verwenden Sie am besten einen einzelnen Newsserver auf einem Bastion-Host. In diesem Fall unterstützen Sie allerdings nur News-Reader, die NNTP benutzen; ältere Unix-Clients, die erwarten, daß sie die Dateien direkt lesen können, haben keinen Zugang zum Bastion-Host. Wenn Ihr Newsserver ein Bastion-Host ist, sollten Sie außerdem darauf verzichten, private Newsgroups zu erstellen, die nur für Ihre Organisation gedacht sind. Die Wahrscheinlichkeit, daß die Newsgroup nach außen sichtbar wird, ist nämlich ziemlich hoch.

Schließlich können Sie einen einzelnen Newsserver in Ihrem internen Netzwerk verwenden und sehr sorgfältig kontrollieren, welche Hosts ihn erreichen können. Das ist die gefährlichste Möglichkeit, da Sie es in diesem Fall externen Hosts erlauben, direkte Verbindungen in Ihr internes Netzwerk aufzubauen. Sie können jedoch die Verbindungen auf die Hosts beschränken, mit denen Sie News austauschen. Diese Lösung erlaubt es Ihnen, interne Newsgroups einzurichten und Nicht-NNTP-News-Reader zu verwenden. In dieser Situation sollten Sie versuchen, Server zu verwenden und Standorte zu versorgen, die eine NNTP-Authentifizierung unterstützen, so daß Sie neben der IP-Quelladresse eine weitere Authentifizierung haben. Die NNTP-Authentifizierung ist zwar nicht im Standard verankert, sie ist aber in vielen Servern implementiert.

Paketfiltereigenschaften von NNTP

NNTP ist ein TCP-basierter Dienst. NNTP-Server verwenden Port 119. NNTP-Clients (einschließlich der Server, die News auf andere Server übertragen) verwenden Ports oberhalb von 1023. Einige Newsserver (vor allem INN) erlauben es Ihnen, andere Portnummern für die Server-Server-Transaktionen festzulegen, was aus verschiedenen Gründen sinnvoll sein kann. Vor allem ermöglicht es Ihnen, die Server-Server-Transaktionen von den Server-Reader-Transaktionen zu trennen und ihnen separate Beschränkungen aufzuerlegen. Dies ist besonders auf stark belasteten Servern hilfreich, die ansonsten Probleme beim Empfangen von News während der Spitzenzeiten haben können.

Richtung	Quell-adresse	Ziel-adresse	Protokoll	Quell-port	Ziel-port	ACK gesetzt	Anmerkungen
eingehend	extern	intern	TCP	>1023	119	a	Eingehende News
ausgehend	intern	extern	TCP	119	>1023	ja	Eingehende News-Antworten
ausgehend	intern	extern	TCP	>1023	119	a	Ausgehende News oder interner Client, der externen Server kontaktiert
eingehend	extern	intern	TCP	119	>1023	ja	Ausgehende News-Antworten oder externer Server, der internem Client antwortet

a. ACK ist beim ersten Paket dieses Typs nicht gesetzt (Aufbau der Verbindung), wird aber bei den restlichen gesetzt.

Proxy-Eigenschaften von NNTP

NNTP arbeitet nach dem Durchreichprinzip und kann selbst als Proxy-Server fungieren. Es läßt sich auch gut mit Proxies realisieren, da es nur eine einzelne Verbindung verwendet. TIS FWTK bietet einen generischen Proxy, *plug-gw*, der häufig mit NNTP verwendet wird, sowie veränderte Verfahrensweisen (die NNTP-Verbindung ist auf den Proxy-Server gerichtet, der die Verbindung basierend auf der Clientadresse umleitet). Es wäre einfach, die Clients so zu verändern, daß sie einen generischen Proxy wie SOCKS einsetzen. Außerdem sind die Clients, die in den Webbrowsern enthalten sind (einschließlich Netscape Navigator und Internet Explorer) in der Lage, SOCKS zu verwenden.

Network-Address-Translation-Eigenschaften von NNTP

NNTP verwendet keine eingebetteten IP-Adressen und funktioniert mit Network-Address-Translation-Systemen. Allerdings können NNTP-Server die Quell-IP-Adresse und den Quellport von Verbindungen zur Authentifizierung benutzen. Außerdem enthalten News-Artikel Hostnamen-Informationen, bei denen es sich entweder um einen Namen handeln kann, der von dem Client stammt, der den Artikel übergeben hat, einen Namen, der durch das Auflösen der Quell-IP-Adresse zustande kam, oder beides. Dadurch werden möglicherweise Informationen veröffentlicht, die Sie geheimhalten wollten. Darüber hinaus könnte der NNTP-Server annehmen, Sie versuchen, Ihre Host-Informationen zu verfälschen, wenn Sie NNTP durch ein Network-Address-Translation-System schicken (da der Name, den der Client geliefert hat, nicht dem Namen entspricht, der beim Auflösen der Quell-IP-Adresse herauskommt).

Zusammenfassung der Empfehlungen für NNTP

- Verwenden Sie zwei NNTP-Server – lassen Sie Ihre Benutzer vom internen NNTP-Server lesen, und weisen Sie den internen NNTP-Server an, die News mit einem Bastion-Host auszutauschen, der mit externen Standorten kommuniziert.
- Lassen Sie externe NNTP-Verbindungen nur von den Standorten aus zu, mit denen Sie News austauschen.

17

Dateiübertragung, Filesharing und Drucken

Dateien können zwar per E-Mail zwischen Computern hin- und hergeschickt werden, allerdings erweist sich diese Methode als nicht sehr effizient für die Datenübertragung. Bestenfalls kann elektronische Post zum Versenden relativ kleiner Dokumente eingesetzt werden. Zum Verschieben großer Dateien sind andere Protokolle besser geeignet. Es gibt zwei Arten solcher Protokolle: Protokolle, die für die Dateiübertragung gedacht sind, und Protokolle, die zum Filesharing dienen, d.h. zur gemeinsamen Benutzung von Dateien. Bei der Dateiübertragung kopiert ein Benutzer eine Datei zu oder von einem Server, eine Datei befindet sich dann also auf dem Server und eine weitere Kopie der Datei auf dem Client. Beim Filesharing verbleibt die Datei auf dem Server und wird vom Client verändert, es gibt also nur eine Kopie der Datei. Das Filesharing-Modell eignet sich besonders für solche Situationen, in denen mehrere Leute an einer Datei arbeiten müssen.

Beim Einsatz mobiler Computer bietet es sich an, eine Mischung aus diesen beiden Möglichkeiten zu verwenden; möglicherweise kann ein Computer keine Verbindung zu einem Datei-Server aufnehmen, um eine dort befindliche Datei zu benutzen, es wäre also wünschenswert, lokale Kopien von Dateien zu erzeugen. Andererseits kann der mobile Computer wahrscheinlich nicht zuverlässig gesichert werden und ist vermutlich auch nicht für andere Leute zugänglich, deshalb sollten auch Server-basierte Kopien vorliegen. Für diese Situation gibt es verschiedene Lösungen, die alle auf existierenden Protokollen für die Dateiübertragung oder das Filesharing aufbauen. Die verbreitetsten Versionen sind Programme wie Microsofts Aktenkoffer, der Filesharing benutzt, um Dateien zwischen einem mobilen Computer und einem Server zu synchronisieren.

FTP ist der De-facto-Standard zur Übertragung von Dateien im Internet. Daneben gibt es noch einige spezielle Protokolle für Anwendungen, bei denen FTP ungeeignet ist. TFTP wird von manchen Geräten zur Übertragung von Konfigurationsdateien benutzt.

NFS ist der De-facto-Standard für Filesharing unter Unix, an einigen Standorten werden aber auch AFS und DCE DFS verwendet. CIFS/SMB und NetWare werden für Filesharing unter Microsoft-Netzwerkbetriebssystemen eingesetzt. Auf Apple Macintosh-Rechnern heißt das Filesharing-Protokoll AppleShare. Es gibt eine Vielzahl von Möglichkeiten, diese Protokolle zu mischen und gemeinsam zu verwenden (zum Beispiel können Unix-Maschinen SMB und NetWare betreiben, Microsoft- und Apple-Maschinen können NFS ausführen, und Microsoft-Server können NetWare und AppleShare in SMB umsetzen).

Drucken ist im Prinzip ein Sonderfall der Dateiübertragung, bei dem Dateien an den Drucker übertragen werden. Das Drucken verfügt nicht nur über die meisten der Sicherheitseigenschaften der Dateiübertragung, auf vielen Plattformen ist es sogar als eine Sonderform der Dateiübertragung implementiert. Aus diesem Grund haben wir es hier aufgeführt.

File Transfer Protocol (FTP)

FTP dient zur Übertragung von Dateien von einer Maschine zu einer anderen. Mit FTP lassen sich beliebige Arten von Dateien übermitteln, z.B. ausführbare Programme, Grafikdateien, ASCII-Text, PostScript, Sound- und Videodateien usw. Die Daten, die ein FTP-Server bereitstellt, sind hierarchisch organisiert, und die Navigation durch die Inhalte erfolgt interaktiv über Unix-artige Befehle. Es gibt zwei Arten von FTP-Zugängen: FTP mit Benutzerkennung und Anonymous FTP. *FTP mit Benutzerkennung* erfordert einen Zugang auf dem Server (im allgemeinen ist dies für Benutzer gedacht, die bereits ein Login auf einer Maschine besitzen; sie können so auf alle Dateien zugreifen, die ihnen auch zugänglich wären, wenn sie sich auf herkömmlichem Wege angemeldet hätten). *Anonymous FTP* ist für Leute ohne Benutzerkennung gedacht und bietet allen Internet-Benutzern Zugang zu bestimmten Dateien.

Anonymous FTP ist die bei weitem häufigste Verwendung von FTP im Internet. Server für Anonymous FTP sind die Standardmethode zur Verteilung von Quellcode, Programmen, Informationen und anderen Dateien, die eine Organisation dem gesamten Internet zur Verfügung stellen will. Wenn ein Standort einen Server für Anonymous FTP anbietet, kann jeder Internet-Benutzer eine FTP-Verbindung zu diesem Server aufbauen, sich mit der Kennung »anonymous« beim FTP-Server anmelden und auf alle Dateien zugreifen, die die Betreiber des Servers innerhalb eines beschränkten Bereichs zur Verfügung stellen. Dieser Vorgang wird von den meisten Webbrowsern automatisch ausgeführt, wenn sie eine URL erkennen, die mit »ftp:« beginnt. Viele Leute benutzen auf diese Weise FTP, ohne sich dessen bewußt zu sein.

Paketfiltereigenschaften von FTP

FTP benutzt zwei getrennte TCP-Verbindungen: eine für Befehle zwischen Client und Server sowie deren Ergebnisse (meist als *Kommandokanal* bezeichnet) und eine zweite Verbindung, auf der die eigentlichen Dateien und Verzeichnislistings übertragen werden

File Transfer Protocol (FTP)

(der *Datenkanal*). Der Kommandokanal benutzt auf der Seite des Servers Port 21 und auf der Seite des Clients einen Port oberhalb von 1023. FTP verwendet zwei verschiedene Methoden, um den Datenkanal einzurichten, den *normalen Modus* und den *passiven Modus*. (Der passive Modus wird manchmal nach dem Befehl, mit dem er eingeleitet wird, auch als »PASV-Modus« bezeichnet.) Im normalen Modus verwendet der Server Port 20 für den Datenkanal, im passiven Modus dagegen einen Port oberhalb von 1023. Der Client verwendet immer einen Port oberhalb von 1023 für den Datenkanal.

Um eine FTP-Sitzung im normalen Modus einzuleiten, reserviert der Client zunächst zwei TCP-Ports mit Portnummern über 1024 für sich selbst. Auf dem ersten öffnet er den Kommandokanal zum Server und setzt dann den FTP-Befehl PORT ab, um dem Server die Nummer des zweiten Ports mitzuteilen, den der Client zur Datenübertragung benutzen will. Daraufhin öffnet der Server die Verbindung auf dem Datenkanal. Diese Verbindung verläuft in entgegengesetzter Richtung wie bei den meisten anderen Protokollen, bei denen der Client eine Verbindung zum Server öffnet. Dieses »rückwärts« gerichtete Öffnen verkompliziert die Angelegenheit bei Standorten, die alle Pakete zum Start einer Verbindung ausfiltern wollen, um sicherzustellen, daß TCP-Verbindungen immer von innen eingeleitet werden; externe FTP-Server werden versuchen, Datenverbindungen zu internen Clients aufzubauen, nachdem diese internen Clients eine Kommandoverbindung geöffnet haben. Zudem richten sich diese Verbindungen an Ports, deren Portnummern in einem unsicheren Bereich liegen. Abbildung 17-1 zeigt eine solche FTP-Verbindung.

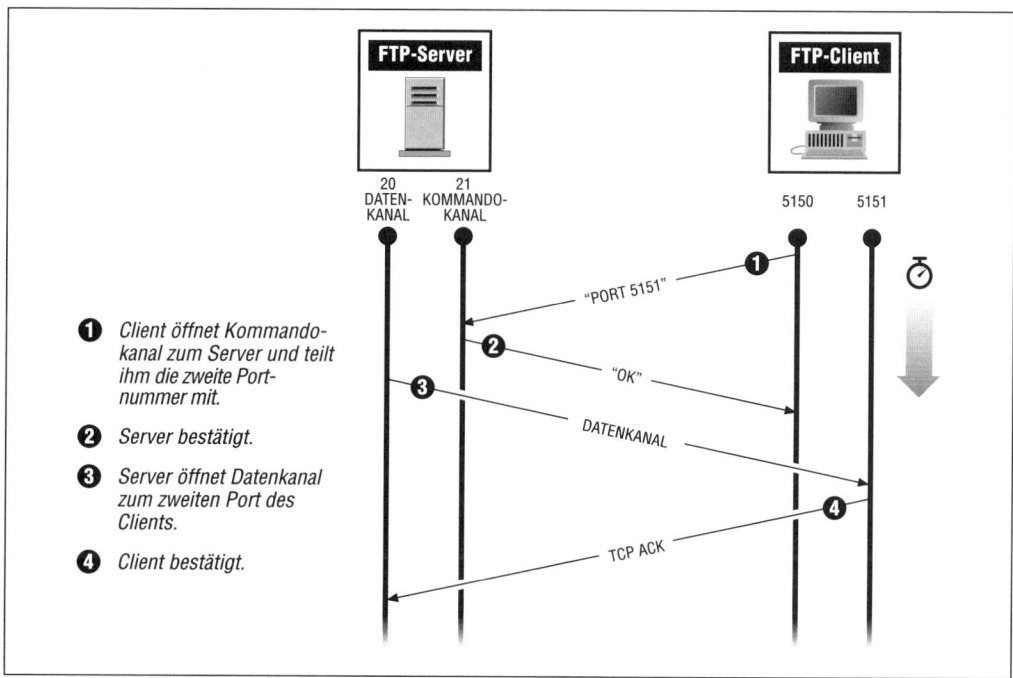

Abbildung 17-1: Eine FTP-Verbindung im normalen Modus

Im passiven Modus reserviert ein FTP-Client zwei TCP-Ports zum eigenen Gebrauch und nimmt wie beim normalen Modus über den ersten Port Kontakt zum FTP-Server auf. Anstatt dem Server jedoch mit dem Befehl PORT den zweiten Port mitzuteilen, führt der Client den Befehl PASV aus. Daraufhin reserviert der Server selbst einen zweiten Port für den Datenkanal (aus Designgründen verwenden Server dafür zufällige Ports oberhalb von 1023 und nicht Port 20 wie im normalen Modus; es wäre nicht möglich, auf einer Maschine zwei Server zu betreiben, die gleichzeitig auf Port 20 auf eingehende Datenverbidnungen im PASV-Modus warten) und teilt dem Client die Nummer dieses Ports mit. Jetzt öffnet der Client die Datenverbindung von seinem Port zu dem Datenport, dessen Nummer ihm der Server eben mitgeteilt hat. Abbildung 17-2 zeigt eine FTP-Verbindung im passiven Modus.

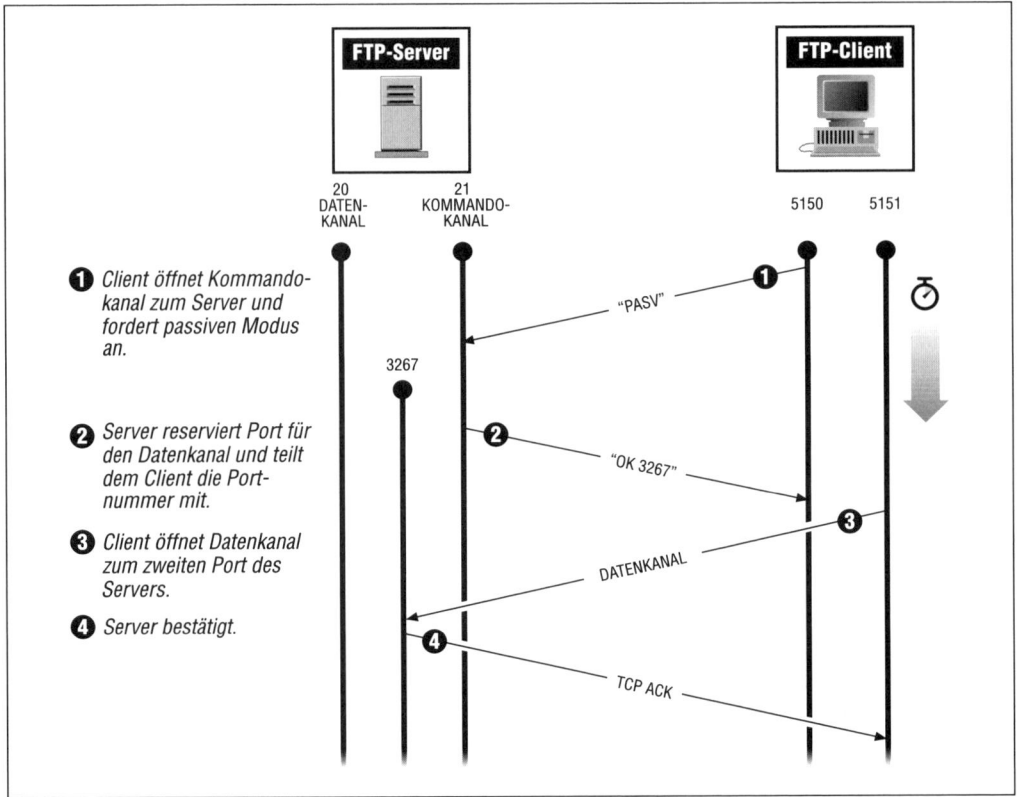

Abbildung 17-2: Eine FTP-Verbindung im passiven Modus

Der passive Modus erlaubt es Ihnen, Probleme bei der Filterung von Paketen zum Start einer Verbindung zu vermeiden, da alle Verbindungen von Clients, also von innen, ausgehen.

Die meisten FTP-Server unterstützen den passiven Modus, allerdings nicht alle FTP-Clients. Unterstützt ein bestimmter Client den passiven Modus, wird dies in der Dokumentation oder Beschreibung normalerweise gesondert erwähnt. Einige Clients unterstützen sowohl den normalen als auch den passiven Modus und bieten dem Benutzer eine Möglichkeit, zwischen diesen beiden Modi zu wählen. Falls Sie keinen Client für den passiven Modus finden können, sollten Sie wissen, daß die FTP-Clients, die in die meisten Webbrowser integriert sind (zum Beispiel Netscape Navigator), den passiven Modus verwenden. Wahrscheinlich verwenden Ihre Benutzer diese Browser sowieso für den Zugriff auf das Web. Sie müssen ihnen nun nur noch zeigen, wie sie sie auch als FTP-Client einsetzen können.

Die verschiedenen FTP-Server haben unterschiedliche Stärken und Schwächen. Sie werden feststellen, daß Kombinationen aus Servern und Clients, die im normalen Modus gut funktionieren, im passiven Modus regelmäßig hängenbleiben und umgekehrt. Außerdem werden Sie merken, daß einige FTP-Server Probleme haben, wenn Webbrowser als FTP-Client eingesetzt werden, auch wenn sie andere Clients im passiven Modus unterstützen.

Falls Ihr FTP-Client (oder einer der FTP-Server, mit denen Sie kommunizieren wollen) den passiven Modus nicht unterstützt und Sie FTP über Paketfilterung (und nicht über einen Proxy) zulassen wollen, müssen Sie für diesen Sonderfall eine Ausnahmeregel in Ihre Paketfilterregeln einbauen. Diese Zusatzregel erlaubt dem Server das Öffnen eines Datenkanals zum Client. In diesem Fall sind Sie aber anfällig für Angreifer, die eine Verbindung von Port 20 auf der Seite des Angreifers (eigentlich der FTP-Datenkanal, aber auf einem Rechner, den Sie nicht kontrollieren können, ist das nicht garantiert) zu einem Port über 1023 auf Ihrer Seite öffnen (etwa einem X-Server). Aus diesem Grund sollten Sie die Ausnahme möglichst eng fassen, indem Sie sie z. B. auf die Adresse des speziellen Client oder Servers beschränken, der den passiven Modus nicht unterstützt. (Selbst wenn Sie nur für einen einzigen Server eine Ausnahme machen, sind Sie anfällig für gefälschte Verbindungen von diesem Server.)

Die meisten Implementierungen zur dynamischen Paketfilterung überwachen die Befehle auf dem FTP-Kommandokanal und bemerken den PORT-Befehl, den der Client an den Server sendet. Dieser Befehl teilt dem Server mit, auf welchem Port der Client auf das Öffnen des Datenkanals durch den Server wartet. Diese Implementierungen fügen auch eine temporäre (zeitlich beschränkte) Ausnahme in die Paketfilterregeln ein, die es dem Server erlaubt, den Datenkanal zum Client zu öffnen.

Richtung	Quell-adresse	Ziel-adresse	Protokoll	Quell-port	Ziel-port	ACK gesetzt	Anmerkungen
eingehend	extern	intern	TCP	>1023	21	[a]	Eingehende FTP-Anfrage
ausgehend	intern	extern	TCP	21	>1023	ja	Antwort auf eingehende Anfrage
ausgehend	intern	extern	TCP	20	>1023	[a]	Einrichten des Datenkanals für eingehende FTP-Anfrage, normaler Modus

Richtung	Quell-adresse	Ziel-adresse	Protokoll	Quell-port	Ziel-port	ACK gesetzt	Anmerkungen
eingehend	extern	intern	TCP	>1023	20	ja	Antworten im Datenkanal für eingehende FTP-Anfrage, normaler Modus
eingehend	extern	intern	TCP	>1023	>1023	[a]	Einrichten des Datenkanals für eingehende FTP-Anfrage, passiver Modus
ausgehend	intern	extern	TCP	>1023	>1023	ja	Antworten im Datenkanal für eingehende FTP-Anfrage, passiver Modus
ausgehend	intern	extern	TCP	>1023	21	[a]	Ausgehende FTP-Anfrage
eingehend	extern	intern	TCP	21	>1023	ja	Antwort auf ausgehende Anfrage
eingehend	extern	intern	TCP	20	>1023	[a]	Einrichten des Datenkanals für ausgehende FTP-Anfrage, normaler Modus
ausgehend	intern	extern	TCP	>1023	20	ja	Antworten im Datenkanal für ausgehende FTP-Anfrage, normaler Modus
ausgehend	intern	extern	TCP	>1023	>1023	[a]	Einrichten des Datenkanals für ausgehende FTP-Anfrage, passiver Modus
eingehend	extern	intern	TCP	>1023	>1023	ja	Antworten im Datenkanal für ausgehende FTP-Anfrage, passiver Modus

a. ACK ist beim ersten Paket dieses Typs nicht gesetzt (Aufbau der Verbindung), wird aber bei den restlichen gesetzt.

Proxy-Eigenschaften von FTP

Wegen der Probleme mit dem passiven Modus und Schwierigkeiten im Zusammenhang mit dem Namensdienst (»double-reverse lookups«, die wir in Kapitel 20, *Namens- und Verzeichnisdienste*, besprechen) sind Proxies für ausgehendes FTP besonders attraktiv. Mit einem Client im normalen Modus und einem Proxy können Sie zuverlässig Verbindungen zu externen Servern aufnehmen, ohne eingehende TCP-Verbindungen für den Datenkanal auf anderen Rechnern als dem Bastion-Host zuzulassen, der als Proxy fungiert. Es ist daher selbst dann sinnvoll, einen FTP-Proxy einzurichten, wenn die meisten anderen Protokolle direkt über eine Firewall mit Paketfilterung abgewickelt werden. Es gibt FTP-Proxies sowohl für modifizierte Clients als auch für modifizierte Prozeduren.

Das SOCKS-Paket enthält einen an SOCKS angepaßten FTP-Client für Unix. Da es bei FTP mehrere simultane TCP-Verbindungen gibt, ist es aufwendig, andere FTP-Clients selbst anzupassen (aufwendiger als die Anpassung der Clients für einfache Protokolle mit einer einzelnen Verbindung wie SMTP oder POP).

Das TIS FWTK stellt einen Proxy-FTP-Server bereit, der mit modifizierten Clients oder modifizierten Benutzerprozeduren arbeitet. Er bietet zusätzliche Funktionen zur Protokollierung, Ablehnung von Diensten und Benutzerauthentifizierung. Diese Funktionen erlauben eine bessere Steuerung als Paketfilter oder der Proxy-Einsatz mit SOCKS.

Wenn Sie modifizierte Clients mit dem FTP-Proxyserver des TIS FWTK benutzen wollen, müssen Sie alle Anpassungen selbst durchführen. Es gibt keinen modifizierten Client, nicht einmal eine Client-Library. Beim Einsatz modifizierter Clients mit dem FTP-Proxy-Server des TIS FWTK müssen Sie außerdem auf der Maschine, die als Proxy-Server dient, auf einen Standard-FTP-Server verzichten. Einige Versionen des FWTK enthielten einen FTP-Server, der als Proxy-Server und als regulärer FTP-Server fungieren kann. Da es damit jedoch einige Probleme gab, ist nicht klar, ob er auch in neueren Versionen des Toolkit noch enthalten sein wird.

Manche FTP-Clients sind nicht flexibel genug für den Einsatz mit modifizierten Benutzerprozeduren im Zusammenhang mit dem FTP-Proxy-Server des TIS FWTK. Bei der üblichen Prozedur müssen die Benutzer erst eine FTP-Verbindung zu der Maschine öffnen, auf der der Proxy-Server läuft, und sich dann als *anonymous@host.irgendein.netz* auf dem FTP-Proxy-Server anmelden. Dabei ist der Name des Rechners, mit dem sie Verbindung aufnehmen wollen, als Teil der Login-Kennung anzugeben. Bei manchen FTP-Clients ist die Kennung »anonymous« bereits fest verdrahtet oder die Länge des Login-Felds beschränkt, so daß es zu kurz für »anonymous@« plus Rechnername ist.

Praktisch alle kommerziellen Proxy-Pakete unterstützen ausgehendes FTP, da FTP ein im Internet so weit verbreitetes Protokoll ist.

Viele Standorte setzen sowohl Proxies als auch Paketfilterung für FTP ein. Manchmal können Sie die Anzahl der benötigten modifizierten Clients reduzieren, indem Sie für Verbindungen im normalen Modus einen Proxy einsetzen und für Verbindungen im passiven Modus Paketfilter. Sie können die Sicherheit auch durch eine Kombination beider Lösungen erhöhen: Ein Proxy-FTP-Server benutzt für externe Verbindungen immer den passiven Modus, egal, in welchem Modus der interne Rechner arbeitet. Der Proxy wandelt alle Verbindungen durch die Firewall in den passiven Modus um, so daß Sie die Paketfilter zum Schutz des Proxy-Servers restriktiver festsetzen können. Allerdings kommen nur solche Server in Frage, die den passiven Modus unterstützen.

Network-Address-Translation-Eigenschaften von FTP

FTP verwendet eingebettete IP-Adressen zum Einrichten der Datenverbindung und funktioniert mit einer Network Address Translation nur, wenn das NAT-System den Inhalt der Pakete verändert. Allerdings sind fast alle Network-Address-Translation-Systeme FTP-fähig und können diese Änderung vornehmen.

Anonymous FTP anbieten

Bei Anonymous FTP meldet sich ein Benutzer auf dem FTP-Server als »anonymous« an. Er wird daraufhin nach einem Paßwort gefragt und sollte mit seiner vollständigen E-Mail-Adresse antworten. Die meisten Standorte bestehen jedoch nicht auf dieser Regelung, so daß die Benutzer eingeben können, was sie wollen – es muß nur wie eine E-Mail-Adresse aussehen. Selbst wenn die Angaben eingetippt werden, werden sie meist nur protokolliert und nicht verifiziert, abgesehen von einer oberflächlichen Plausibilitätskontrolle (etwa ob die Adresse das Zeichen »@« enthält). Viele Standard-FTP-Server, etwa die der meisten Unix-Versionen, protokollieren noch nicht einmal die Angaben des Benutzers.

Es gibt drei Methoden, mit denen Sie die Risiken verringern können, die mit dem Anbieten von Anonymous FTP verbunden sind:

- Beschränken des Zugriffs auf ausschließlich die Informationen, die Sie veröffentlichen wollen
- Verhindern, daß Leute Ihren FTP-Server benutzen, um ihre Informationen zu verbreiten
- Verhindern, daß Leute Ihren FTP-Server benutzen, um andere Maschinen anzugreifen

Den Zugriff auf Informationen beschränken

Wenn Sie Anonymous FTP einrichten, besteht eine mögliche Vorsichtsmaßnahme darin, die Menge der Informationen einzuschränken, die auf dem Server zur Verfügung steht, die den Anonymous FTP-Dienst anbietet. Auf diese Weise werden Angreifer nichts Interessantes auf der Maschine (oder auf einem System, das von dort aus über NFS oder einen anderen Mechanismus erreichbar ist) finden, selbst wenn sie sich Zugang zu einem Bereich »außerhalb« des Anonymous FTP-Bereichs verschaffen können.

Die meisten Unix-FTP-Server führen ein *chroot* zum Anonymous FTP-Bereich durch, bevor der FTP-Server beginnt, Befehle eines anonymen Benutzers zu verarbeiten. Windows NT verfügt zwar nicht über einen *chroot*-Mechanismus, allerdings stellen Windows NT-FTP-Server auch eine »virtuelle root« bereit, die den Zugriff einschränkt, der anonymen Benutzern gewährt wird. Um jedoch sowohl Anonymous FTP als auch FTP mit Benutzerkennung zu unterstützen, müssen FTP-Server auf alle Dateien zugreifen können. Das bedeutet, daß *chroot*, das normalerweise als extrem sicher angesehen wird, bei einem FTP-Server nicht viel bedeutet, da der Server nicht immer in der *chroot*-Umgebung arbeitet. Unter Windows NT werden die Restriktionen vollständig vom FTP-Server (anstatt vom Betriebssystem) durchgesetzt, wodurch das Ganze noch unsicherer wird (es gab in der Tat bei einer Reihe von Windows NT-FTP-Servern Probleme mit Leuten, die sich aus dem eingeschränkten Bereich hinausbewegten, indem sie Pfadnamen benutzten, in denen »..« enthalten war).

Um diesem Problem unter Unix zu begegnen, können Sie die Konfiguration des *inetd* so verändern, daß er den FTP-Server nicht direkt startet, sondern zuerst *chroot* ausführt (zum Beispiel mit dem Programm *chrootuid*, das in Anhang B, *Werkzeuge*, beschrieben wird) und dann den FTP-Server startet. Normalerweise wird FTP nur für anonyme Benutzer mit eingeschränktem Zugriff ausgeführt, nichtanonyme Benutzer erhalten ihre normalen Zugriffsrechte. Wenn vor dem Starten des FTP-Servers *chroot* ausgeführt wird, werden auch die Rechte der nichtanonymen Benutzer eingeschränkt. Falls es auf Ihrem FTP-Server keine nichtanonymen Benutzer gibt (und das sollte eigentlich der Fall sein), ist dies sowieso egal.

Unter Windows NT können Sie das Betriebssystem nicht dazu bewegen, diese Art von Beschränkung durchzusetzen. Sie sollten dafür sorgen, daß es sich bei allen Dateisystemen auf Ihrem FTP-Server um NTFS handelt und sie NTFS-Dateisystemberechtigungen benutzen, um sicherzustellen, daß über den anonymen Zugang keine Dateien gelesen werden dürfen, die nicht veröffentlicht werden sollen. Auf dem Microsoft FTP-Server, der Bestandteil des Internet Information Service ist und mit Windows NT Server geliefert wird, heißt dieser Zugang IUSR_*Computername* und gehört normalerweise zur Gruppe »Gast«, die standardmäßig fast universelle Leseberechtigung hat. Sie sollten Gästen explizit den Zugang zu Bereichen außerhalb des Anonymous FTP-Verzeichnisses verwehren.

Wie ein Server für Anonymous FTP im einzelnen eingerichtet wird, hängt vom Betriebssystem und dem jeweiligen FTP-Dämon ab. Beginnen Sie mit den Anweisungen auf den Manpages des FTP-Dämon (falls vorhanden). Damit sollten Sie die meisten herstellerspezifischen Schritte meistern können. Wenn Sie alle dort beschriebenen Schritte durchgeführt haben, dann besorgen Sie sich – falls Sie unter Unix arbeiten – die CERT-CC-Anweisung 93:10 (Informationen über das Beschaffen der CERT-CC-Anweisungen finden Sie in Anhang A, *Ressourcen*). Sie beschreibt, wie man beim Einrichten eines Servers für Anonymous FTP die Sicherheitslücken schließt, die die Anleitungen der meisten Anbieter offenlassen.[1] (Für Windows NT-FTP-Server gibt es offensichtlich keine gleichwertige Informationsquelle.)

Leider können anonyme Benutzer meist nur deswegen unbefugt auf nicht für sie bestimmte Dateien zugreifen, weil ein interner Benutzer die Dateien nichtsahnend per Anonymous FTP zur Verfügung stellt – unter der Annahme, dies sei sicher genug. Üblicherweise verläßt sich der interne Benutzer dabei auf Sicherheit durch Verschleierung: Er nimmt einfach an, daß niemand die Dateien bemerken wird. Das ist aber ein Trugschluß. Die Dateien fallen auf, vor allem dann, wenn sie aussagekräftige Namen haben. An beliebten FTP-Standorten suchen neugierige Leute ziellos herum und bemerken neue Dateien fast sofort. Aus purer Neugier übertragen sie diese Dateien. Auf weniger bekannten FTP-Standorten bleiben die Dateien vielleicht unerkannt, bis sie von irgendeinem Dienst indiziert werden. Falls Sie nicht explizit dafür gesorgt haben, daß Ihr FTP-Standort übergangen wird, sollten Sie mit einer Indizierung rechnen.

Am besten stellt man Dateien nur dann per Anonymous FTP zur Verfügung, wenn sie auch wirklich von der ganzen Welt gelesen werden dürfen. Ansonsten sollten Sie alternative Methoden zur Übertragung der Dateien benutzen. Kommt dies nicht in Frage, so installieren Sie einen modifizierten FTP-Server, etwa den *wuarchive*-Server. Er erlaubt halbanonymen Zugang, bei dem ein anonymer Benutzer ein zusätzliches Paßwort angeben muß, um Zugriff auf bestimmte Verzeichnisse zu erhalten. (Für Windows NT gibt es keinen solchen Server.) Sie können die Dateien auch in Verzeichnisse stellen, die es den Leuten erlauben, die Dateien zu lesen, ohne die Verzeichnisinformationen ausgeben zu können. Unter Unix weisen Sie dem Verzeichnis die Berechtigung zum

---

1 Viele Hersteller liefern Beschreibungen aus, in denen entscheidende Punkte fehlen. Diese reichen von Sicherheitslücken bis zu Einschränkungen der FTP-Funktionalität, weil Anweisungen fehlen.

Ausführen, aber nicht zum Lesen zu. Unter Windows NT dagegen erhält das Verzeichnis die Berechtigung zum Lesen, aber nicht zum Auflisten. Dann können Benutzer, die die Namen kennen, die Dateien übertragen. Für andere Benutzer sind die Dateien nicht sichtbar.

Egal, für welche Methode Sie sich entscheiden: Stellen Sie sicher, daß alle Leute in Ihrer Organisation, die Dateien per Anonymous FTP anbieten, auch wissen, daß sie keine vertraulichen Dateien dorthin stellen dürfen, wo sie für alle lesbar sind. Eine einfache Möglichkeit, dies zu erreichen, besteht darin, den internen Benutzern den Schreibzugriff auf die Verzeichnisse für Anonymous FTP ganz zu verbieten. Statt dessen müssen sie sich an einen Systemadministrator wenden, der die Datei zur Verfügung stellen kann.

Verhindern Sie, daß Leute ihre Daten über Ihren Server vertreiben

Wenn Ihnen ein Anonymous FTP-Server zur Verfügung steht, wollen Sie ihn möglicherweise nicht nur dazu verwenden, um Daten zu verteilen, sondern auch, um Daten zu sammeln. Zum Beispiel könnten Sie es Kunden erlauben, nach einem Programmabsturz Crash-Dateien (die zu groß sind, um sie bequem per E-Mail zu senden) zur Analyse an Sie zu schicken. Oder Sie ermöglichen es Leuten, Ihnen Programme zu übergeben, die sie geschrieben haben. Dazu könnten Sie zum Beispiel einen schreibbaren Bereich auf Ihrem Anonymous FTP-Server bereitstellen.

Beschreibbare Bereiche können sehr nützlich sein, haben jedoch auch ihre Schattenseiten. Die »Untergrund«-Szene des Internet wird solche beschreibbaren Verzeichnisse mit Sicherheit entdecken und als Speicher- und Verteilungsbereich für illegales Material mißbrauchen. Dazu gehören vor allem raubkopierte Software oder Musik und pornografische Bilder.

Diese Leute sind üblicherweise erstaunlich gut organisiert und schwer zu finden. Sie benutzen ihre eigenen Kommunikationsmittel, um sich gegenseitig über neue Standorte – also Plätze, an denen sie ihre Sachen speichern können – auf dem laufenden zu halten, ohne ihre Identität preiszugeben. Wenn Sie einen neuen Standort entdeckt haben, legen sie meist ein verstecktes Unterverzeichnis an, in dem sie ihre Dateien und Bilder ablegen. Das Unterverzeichnis erhält einen harmlosen Namen, etwa ».. « (Punkt, Punkt, Leerzeichen, Leerzeichen). Wenn Sie einen Bereich für Anonymous FTP oberflächlich überprüfen, wird Ihnen ein solcher Name wahrscheinlich gar nicht auffallen. Solche Namen sind besonders auf Unix-Systemen leicht zu übersehen, weil Dateien und Verzeichnisse mit einem führenden ».« vom Unix-Befehl *ls* ignoriert werden, es sei denn, Sie geben eine spezielle Option an oder führen den Befehl als root aus.

An manchen Standorten, an denen Eindringlinge dieses Spiel spielen, kann man einen regelrechten Tauschhandel beobachten. Jemand hinterläßt eine Nachricht, die besagt, daß er ein bestimmtes Paket oder eine Datei sucht, und außerdem angibt, was er im Austausch dafür zu bieten hat. Kurze Zeit später kommt ein anderer, lädt die gewünschten Dateien und hinterläßt eine weitere Nachricht mit seinen eigenen Wünschen.

Es gibt verschiedene Probleme bei einem solchen Mißbrauch Ihres Anonymous FTP-Bereichs:

- Ihre Ressourcen werden verbraucht, etwa Plattenkapazität und Netzbandbreite (speziell bei Ihrer Internet-Anbindung). Die legitime Nutzung dieser Ressourcen wird eingeschränkt. Es handelt sich also um eine Denial-of-Service-Attacke.

- Sie riskieren (möglicherweise nichtsahnend) eine Anzeige wegen Beihilfe zu Urheberrechtsverletzungen, Software-Piraterie, Pornografie oder gar sexuellem Mißbrauch von Minderjährigen. Selbst wenn solche Anzeigen nur geringe Erfolgschancen haben, werden Ihnen Ihre Anwälte wahrscheinlich klarmachen, daß Sie das Problem besser ganz vermeiden und erst gar keinen Prozeß riskieren sollten.

- Auch wenn keine rechtlichen Schritte eingeleitet werden, kann ein solcher Vorfall erhebliche negative Publicity zur Folge haben und Ihre Firma oder Organisation in die Schlagzeilen bringen. Erscheint Ihr Name einmal im Zusammenhang mit Software-Piraterie oder Kinderpornografie, haben Sie selbst dann große Schwierigkeiten, wenn Sie vollkommen unschuldig sind.

Wie können Sie Ihren Bereich für Anonymous FTP vor solchem Mißbrauch schützen? Als erstes sollten Sie sich die Frage stellen, ob Sie dort wirklich beschreibbare Verzeichnisse brauchen. Oft gibt es auch andere Wege, auf denen Ihnen Benutzer Dateien zukommen lassen können (etwa per E-Mail). Falls Sie in Ihrem Bereich für Anonymous FTP dennoch beschreibbare Verzeichnisse anbieten müssen, so gibt es mehrere Sicherheitsmaßnahmen, die wir in den folgenden Abschnitten beschreiben.

Machen Sie das Eingangsverzeichnis nur schreibbar. Der naheliegendste Ansatz besteht darin, das »Eingangs«-Verzeichnis nur schreibbar zu machen. Unter Unix vergeben Sie dazu die Verzeichnisberechtigungen 773 oder 733 – das heißt »rwxrwx-wx« oder »rwx-wx-wx«. Sorgen Sie dafür, daß das Verzeichnis nicht dem Benutzer »ftp« (oder unter welcher Kennung auch immer Ihr Anonymous FTP-Server ausgeführt wird) gehört. Wenn der Zugriffsmodus 773 anstelle von 733 ist, dann stellen Sie sicher, daß die Gruppe des Verzeichnisses nicht die Standardgruppe des »ftp«-Logins ist. Richten Sie unter Windows NT das Verzeichnis so ein, daß die Benutzerkennung, die für Anonymous FTP verwendet wird, auf dem Verzeichnis die Berechtigung »Hinzufügen« und auf den Dateien, die im Verzeichnis erzeugt werden, die Berechtigung »Schreiben« besitzt. In der Dialogbox »Berechtigungen« wird dies als »(WX)(W)« angezeigt. Sie erzielen dieses Ergebnis, indem Sie die Berechtigung »Hinzufügen« vergeben, und sich anschließend in die Dialogbox »Beschränkter Dateizugriff« begeben und »Schreiben« zuweisen.

Unter Unix besteht das Problem bei diesem Ansatz darin, daß Sie nur die Dateien im obersten Verzeichnis unsichtbar machen können. Die Unterverzeichnisse sind immer noch sichtbar, und böswillige Benutzer können auch auf Dateien und Verzeichnisse im obersten Verzeichnis zugreifen, wenn sie untereinander deren exakte Namen austauschen (und das können Sie leider per Mail oder über andere Kommunikationsmittel).

Da Sie unter Windows NT die Berechtigungen festlegen können, die Dateien beim Erzeugen zugewiesen werden, haben Sie dort nicht dieses Problem. Andererseits erlaubt es das Dateisystem dem Erzeuger, diese Berechtigungen zu ändern. Sie müssen sich darauf verlassen, daß ein Benutzer des Anonymous FTP-Dienstes das nicht ausnutzen kann. Microsofts FTP-Server erlaubt es den Benutzern nicht, die Berechtigungen zu verändern, es gibt also nicht automatisch ein Problem. Falls der anonyme Benutzer jedoch weiteren Zugriff erhält (zum Beispiel weil er aufgrund eines Fehlers im Programm und trotz seiner normalen Benutzerrechte den FTP-Server veranlassen kann, beliebigen Code auszuführen), könnte er die Dateien lesbar machen.

Lassen Sie den Benutzer »anonymous« entweder ausschließlich lesen oder ausschließlich schreiben. Eine Möglichkeit zu verhindern, daß Ihr Server als Verteiler verwendet wird, besteht darin, dem Benutzer »anonymous« unabhängig von den Dateisystemberechtigungen auf den Dateien zu verbieten, Dateien zu lesen, die vom Benutzer »anonymous« angelegt wurden. Dies stört den normalen Betrieb des Servers nicht; die Benutzer können weiterhin Dateien lesen, die Sie vertreiben wollen, und Dateien an Sie übertragen. Ihr Server kann aber nicht mehr als Verteiler für Dritte mißbraucht werden. Leider fehlt diese Funktion in den meisten FTP-Implementierungen, obwohl der Code, der notwendig ist, um sie in einen von BSD abgeleiteten FTP-Dämon zu integrieren, nur wenige Zeilen lang ist.

Verbieten Sie das Anlegen von Verzeichnissen und bestimmten Dateien. Eine andere Möglichkeit besteht darin, das Anlegen von Verzeichnissen und von Dateien mit ungewöhnlichen Namen (etwa mit einem Punkt am Anfang) auf Ihrem Anonymous FTP-Server zu unterbinden. Je nach verwendetem Server können Sie das über eine Konfigurationsdatei erreichen (zum Beispiel können Sie beim *wuarchive*-Server verbieten, daß anonyme Benutzer bestimmte Dateitypen löschen, überschreiben oder erzeugen) oder aber den Quellcode des Servers modifizieren. (Eine solche Änderung ist nicht ganz trivial und erfordert daher einen geübten C-Programmierer.) Bei Microsofts FTP-Server läßt sich diese Eigenschaft nicht deaktivieren.

Dieser Ansatz verhindert nicht, daß Leute Dateien in Ihre beschreibbaren Verzeichnisse laden; es wird einfach nur schwieriger für sie, dies vor Ihnen zu verbergen. Sie müssen in diesem Fall immer noch täglich Ihren beschreibbaren Bereich kontrollieren (und sich den Inhalt anschauen, und nicht nur die Namen), um sicherzustellen, daß keine unerwünschten Daten abgelegt worden sind.

Upload nach Vereinbarung. Der nächste Ansatz wird häufig an Standorten verwendet, die Benutzern den »Upload« von Dateien ermöglichen wollen, allerdings nur nach vorheriger Vereinbarung. Dabei schlägt man den Untergrund quasi mit seinen eigenen Waffen, indem man versteckte schreibbare Unterverzeichnisse anlegt, auf die nur Eingeweihte zugreifen können. Die Angreifer können sie nicht sehen und wissen daher gar nicht, daß es etwas Interessantes für sie gibt.

Gehen Sie dazu folgendermaßen vor:

1. Legen Sie ein »incoming«-Verzeichnis an.
2. Erstellen Sie ein Unterverzeichnis mit einem »geheimen« Namen, den Sie in etwa so wählen wie Ihre Paßwörter – das heißt, der nicht einfach erraten werden kann.

3. Machen Sie das Unterverzeichnis mit dem geheimen Namen schreibbar.
4. Machen Sie das übergeordnete Verzeichnis (das incoming-Verzeichnis) nur ausführbar (unter Unix Modus 111 – das heißt --x--x--x; unter Windows NT sollte der Anonymous FTP-Benutzer nur die Berechtigung »Ausführen« auf dem Verzeichnis und keine Berechtigungen auf den Dateien darin haben – dies wird durch »(X)(None)« ausgedrückt).

Jetzt können die Benutzer Dateien nur dann im beschreibbaren Verzeichnis ablegen, wenn Sie (von Ihnen) dessen geheimen, Paßwort-ähnlichen Namen kennen. Sie können beliebig viele dieser geheimen Unterverzeichnisse anlegen und sie je nach Bedarf ändern oder löschen. Falls es an Ihrem Standort eine Art obersten Index Ihres FTP-Bereichs gibt (wie etwa die Datei, die die Ausgabe des Befehls »ls -lr ~ftp« enthält), müssen Sie darauf achten, daß die verborgenen Verzeichnisse nicht im Index erscheinen. Das funktioniert am besten, wenn Sie den Indizierungsbefehl als Benutzer »ftp« ausführen, so daß Sie die gleichen Berechtigungen haben wie jemand, der Anonymous FTP verwendet.

Bei manchen FTP-Clients mit grafischer Benutzeroberfläche kann der Benutzer nur auf Verzeichnisse zugreifen, die der FTP-Client auch »sieht«. Der Benutzer hat keine Möglichkeit, blind zu einem Verzeichnis zu springen, das nicht im Verzeichnislisting erscheint. Solche Clients funktionieren mit diesem Ansatz nicht, da die Namen der Unterverzeichnisse mit den eigentlichen Daten nicht sichtbar sind. Auf Unix-Maschinen können die Clients in der Regel damit umgehen; für die meisten anderen Plattformen gibt es ebenfalls frei verfügbare Clients ohne diese Einschränkung, mit denen Sie das Problem umgehen können.

Entfernen Sie die Dateien. Es gibt eine weitere Möglichkeit für Unix, die vor allem dann sinnvoll ist, wenn Sie bereits festgestellt haben, daß Ihr FTP-Bereich mißbraucht wird, und Sie wissen wollen, welche Daten die Leute dort ablegen. Lassen Sie ein Programm einmal pro Minute als *cron*-Job laufen, das die Dateien aus dem beschreibbaren Eingangsverzeichnis in ein anderes Verzeichnis außerhalb des Bereichs für Anonymous FTP verschiebt. Damit stellen Sie sicher, daß die Eindringlinge nicht sehen können, welche Dateien abgelegt wurden. Eventuell müssen Sie die Dateien umbenennen, um zu verhindern, daß Dateien mit gleichem Namen überschrieben werden. Da die Dateien nicht sichtbar sind, kommt es leicht zu unbeabsichtigten Namenskonflikten (vor allem, wenn Sie Crash-Dumps von den Benutzern bekommen, die alle die gleichen Namen haben).

Achten Sie darauf, daß das neue Verzeichnis im gleichen Dateisystem liegt, damit das Betriebssystem die Daten nicht kopieren muß. Aufgrund der Funktionsweise des Unix-Dateisystems funktioniert das selbst dann, wenn die Datei beim Verschieben noch geschrieben wird. Voraussetzung ist allerdings, daß das alte und das neue Verzeichnis im gleichen Dateisystem liegen (in diesem Fall werden beim Verschieben einer Datei keine Daten verschoben, sondern die Datei wird nur umbenannt). Achten Sie außerdem darauf, wie Sie mit dem Originaldateinamen umgehen. Die Leute können leicht Dateien erzeugen, deren Namen Leerzeichen, Zeilenumbrüche und andere interessante Zeichen enthalten, die mit Hilfe schlampig geschriebener Shell-Skripte verheerenden Schaden anrichten können.

Damit lassen sich allerdings Denial-of-Service-Attacken nicht verhindern. Angreifer können immer noch versuchen, Dateien mehrere Male zu laden (weil die Daten ständig auf mysteriöse Weise verschwinden), und damit unabsichtlich Ihre Festplatten verstopfen.

Das beschriebene Vorgehen funktioniert auf Windows NT nicht annähernd so gut, da der FTP-Server die Dateien in einerm Modus öffnet, der es keinem anderen Prozeß erlaubt, auf sie zuzugreifen. Daher ist es unmöglich, Dateien zu verschieben, während sie geschrieben werden. Andererseits können sie während des Schreibens auch nicht gelesen werden, Sie haben deshalb immer noch die Möglichkeit, nur Dateien zu verschieben, die vollständig sind.

Verhindern Sie, daß Leute von Ihrem Server aus andere Maschinen angreifen

Wie wir bereits dargestellt haben, muß bei einer FTP-Verbindung im normalen Modus der Server eine Verbindung zum Client herstellen. Dazu verwendet er Informationen, die vom Client bereitgestellt werden (eine IP-Adresse und eine Portnummer). Ein besonders veränderter FTP-Client könnte dem Server beliebige IP-Adressen und Portnummern übermitteln. Der FTP-Server würde versuchen, zu dieser Adresse und dieser Portnummer eine Verbindung herzustellen, sowie den Client darüber informieren, ob dieser Versuch geglückt ist. Man kann den FTP-Server auf diese Weise als eine Art Portscanner benutzen.

Microsofts FTP-Server verlangt standardmäßig, daß die IP-Adresse der Quelladresse des Datenkanals entspricht, und erlaubt dem Client nur die Angabe des Standard-FTP-Ports oder einer Portnummer oberhalb von 1023. Diese Funktionalität wird nur von wenigen Unix-Servern angeboten. Wenn Sie einen Server unterhalten, der Ihnen keine Beschränkungen auferlegt, sollten Sie mit Hilfe der Paketfilter verhindern, daß die Maschine als Portscanner mißbraucht werden kann. Es darf nicht möglich sein, beliebige Verbindungen zu anderen Maschinen herzustellen.

Manchmal erweisen sich auch intelligente Paketfilter als anfällig für diese Art von Angriffen. Wenn ein Angreifer eine Verbindung zu einem FTP-Server herstellt und den Befehl PORT ausführt, läßt der Paketfilter üblicherweise eine Lücke für die angeforderte Verbindung. Diese Lücke bleibt unabhängig davon bestehen, ob der FTP-Server den Befehl befolgt oder nicht.

Den FTP-Dämon wuarchive benutzen

Viele große und kleine Internet-Standorte, die Anonymous FTP anbieten, betreiben die *wuarchive*-Version des Unix-FTP-Servers, der an der Washington University in St. Louis, Missouri, entwickelt wurde (daher die Buchstaben »wu« im Namen). Dieser Server bietet eine Reihe von Funktionen, die bei einem Anonymous FTP-Server besonders nützlich sind. Dazu gehören unter anderem:

- Bessere und vollständigere Protokollierung. Der Server kann alle Uploads, alle Downloads oder alle empfangenen Befehle aufzeichnen sowie die Anzahl der Zugriffe pro Benutzerklasse protokollieren (z.B. für alle anonymen Benutzer).

- Meldungsdateien für jedes Verzeichnis. Diese werden einem Benutzer angezeigt, der in das jeweilige Verzeichnis wechselt. Sie enthalten wichtige Angaben über den Inhalt des Verzeichnisses (z.B. »Diese Version ist nicht mehr aktuell«).

- Die Möglichkeit, Benutzerklassen zu definieren. Je nach der Kennung, unter der sich die Benutzer auf dem Server anmelden und/oder dem Rechner, von dem aus sie zugreifen, können Sie festlegen, auf welche Dateien die Benutzer zugreifen können und wann sie sich anmelden dürfen.

- Einschränkungen für bestimmte Benutzerklassen. *wuarchive* kann zum Beispiel die Anzahl der gleichzeitig aktiven anonymen Benutzer beschränken, die auf den Server zugreifen. Das Limit kann sich in Abhängigkeit von Tageszeit und Wochentag ändern. Mit solchen Einschränkungen steuern Sie die Auslastung des FTP-Servers.

- Die Möglichkeit, Dateien bei der Übertragung automatisch zu komprimieren, in ein Tar-Archiv zu packen oder anderweitig zu verarbeiten.

- Zugang für nichtanonyme Benutzer in einer *chroot*-Umgebung. Dies ist für solche Benutzer gedacht, die nur eingeschränkten Zugang zu Ihren Maschinen brauchen. Damit können Sie einer bestimmten Kennung Zugang zu Dateien gewähren, die für anonyme Benutzer nicht zugänglich sind, ohne daß diese Kennungen gleichzeitig Zugriff auf andere Bereiche Ihrer Platte haben.

In Anhang B, *Werkzeuge*, erfahren Sie, woher Sie den *wuarchive*-FTP-Dämon beziehen können. Achten Sie darauf, daß Sie wirklich die Originalversion in der aktuellen Fassung installieren. Dieses Programm wurde in der Vergangenheit von Angreifern verteilt, die Hintertürchen eingebaut hatten. Bei älteren Versionen könnte es außerdem Sicherheitsprobleme geben, die inzwischen behoben sind.

Sie müssen sich jedoch darüber im klaren sein, daß der Preis für den zusätzlichen Funktionsumfang von *wuarchive* eine größere Anfälligkeit für Sicherheitsprobleme ist. Je größer und komplexer ein Programm ist, desto höher ist auch die Fehlerwahrscheinlichkeit. Handelt es sich um ein sicherheitsrelevantes Programm (und dazu zählen FTP-Server), können viele dieser Fehler die Sicherheit beeinträchtigen. Einige Funktionen des *wuarchive*-Servers vertragen sich außerdem nicht mit allen Clients (manche der schlecht implementierten Clients verkraften z.B. die angezeigten Meldungen nicht und bleiben hängen). Es gibt dafür zwar Lösungen, falls jedoch ein Großteil Ihrer Benutzer mit diesen Clients arbeitet, sollten Sie auf den Einsatz von *wuarchive* besser verzichten.

Zusammenfassung der Empfehlungen für FTP

- Wenn Ihre FTP-Clients den passiven Modus korrekt unterstützen, dann erlauben Sie internen Rechnern den Kontakt zu externen FTP-Servern über Paketfilterung. Das ist dann sicher, wenn Sie bezüglich des ACK-Flags von TCP filtern können, um nur ausgehende TCP-Verbindungen von Ports oberhalb von 1023 zu Ports oberhalb von 1023 zuzulassen.

- Wenn Ihre FTP-Clients den passiven Modus nicht unterstützen, dann benutzen Sie einen Proxy-Server für FTP, etwa aus dem TIS Internet Firewall Toolkit.

- Ermutigen Sie Ihre Benutzer, Webbrowser als FTP-Client zu verwenden, um aktuelle FTP-Funktionen und Proxy-Unterstützung zu erhalten, ohne daß Sie zusätzliche FTP-Clients anbieten müssen.
- Ziehen Sie in Betracht, den FTP-Zugang sowohl über Paketfilterung als auch über Proxies anzubieten. Mit Paketfilterung unterstützen Sie den passiven Modus, mit den Proxies den normalen Modus.
- Falls Sie eingehende FTP-Verbindungen erlauben wollen, verwenden Sie Paketfilter, die eingehende FTP-Verbindungen nur auf Ihrem Bastion-Host gestatten.
- Falls Sie eingehende FTP-Verbindungen zulassen (anonym oder mit Benutzerkennungen), setzen Sie einen aktuellen FTP-Server ein.
- Falls Sie anonymen FTP-Benutzern Schreibzugang gewähren, sollten Sie den beschreibbaren Bereich schützen, um zu verhindern, daß Dritte darin Dateien austauschen können.
- Achten Sie darauf, wer innerhalb Ihrer Organisation Dateien für Anonymous FTP zur Verfügung stellen kann, und machen Sie diese Benutzer auf mögliche Probleme aufmerksam.

Trivial File Transfer Protocol (TFTP)

TFTP ist ein vereinfachtes Protokoll zum Übertragen von Dateien. Es ist einfacher als FTP und wurde zur Implementierung im ROM für den Boot-Vorgang plattenloser Systeme entworfen, z.B. bei X-Terminals, plattenlosen Workstations oder Routern. Bei TFTP gibt es keine Authentifizierung. Ein TFTP-Client baut einfach eine Verbindung zum Server auf und fordert eine Datei an, ohne mitzuteilen, für wen die Datei ist. Kann der Server auf die Datei zugreifen, stellt er sie dem Client zur Verfügung. Aus diesem Grund müssen Sie sehr genau darauf achten, worauf Ihr TFTP-Server zugreifen kann (sofern Sie einen haben) und welche Clients Zugriff auf diesen Server haben.

Es gibt im allgemeinen keinen Grund, TFTP über eine Firewall hinweg zuzulassen, selbst wenn Sie das Protokoll intern benutzen. Sie werden keine plattenlosen Systeme im Internet booten wollen, und Benutzer übertragen keine Dateien per TFTP.

Paketfiltereigenschaften von TFTP

TFTP ist ein UDP-basiertes Protokoll. Die Server empfangen auf Port 69 das erste Paket vom Client zum Einrichten der TFTP-Sitzung und benutzen dann einen Port oberhalb von 1023 für alle weiteren Pakete während dieser Sitzung. Die Clients verwenden Ports oberhalb von 1023.

Richtung	Quelladresse	Zieladresse	Protokoll	Quellport	Zielport	ACK gesetzt	Anmerkungen
eingehend	extern	intern	UDP	>1023	69	a	Eingehende TFTP-Anfrage (erstes Paket vom Client)
ausgehend	intern	extern	UDP	>1023	>1023	a	Antwort auf eingehende Anfrage

Richtung	Quell-adresse	Ziel-adresse	Protokoll	Quellport	Ziel-port	ACK gesetzt	Anmerkungen
eingehend	extern	intern	UDP	>1023	>1023	a	Nachfolgende Pakete vom Client
ausgehend	intern	extern	UDP	>1023	69	a	Ausgehende TFTP-Anfrage (erstes Paket vom Client)
eingehend	extern	intern	UDP	>1023	>1023	a	Antwort auf ausgehende Anfrage
ausgehend	intern	extern	UDP	>1023	>1023	a	Nachfolgende Pakete vom Client

a. UDP besitzt kein Äquivalent zu ACK.

Intelligente Paketfilter haben möglicherweise Probleme bei der Unterstützung von TFTP, da die Antworten nicht die normalen Kriterien für Antworten erfüllen. Im allgemeinen wird ein Paket nur dann als Antwort angesehen, wenn seine Quelle und sein Ziel genau entgegengesetzt zu denen eines zuvor empfangenen Pakets sind. Bei TFTP hat das Antwortpaket eine Zieladresse, die der letzten aktuellen Quelle entspricht, die Quelladresse jedoch ist neu. Um dies zu ermöglichen, benötigt der Paketfilter besondere Regeln für TFTP anstelle der normalen Regeln für UDP-basierte Protokolle.

Proxy-Eigenschaften von TFTP

TFTP eignet sich nicht gut für den Einsatz von Proxies. Da TFTP-Clients oft in Hardware implementiert sind und es keine Benutzer gibt, sind modifizierte Clients oder modifizierte Benutzerprozeduren im allgemeinen nicht möglich. Ein transparenter Proxy könnte TFTP sehr einfach unterstützen und den gleichen minimalen Schutz bieten wie TFTP über Paketfilter.

Network-Address-Translation-Eigenschaften von TFTP

TFTP verwendet keine eingebetteten IP-Adressen und funktioniert daher mit Network-Address-Translation-Systemen. Es können zwei Probleme auftreten. Erstens stammen TFTP-Antworten von einem anderen Port als dem, von dem die ursprüngliche Anfrage kommt. Einige Systeme sehen dies als neue Interaktion an und führen keine richtige Adreßanpassung durch, die der ursprünglichen Anfrage entspricht. Zweitens achten TFTP-Clients und -Server auf den Quellport der Daten. Ändert sich der Quellport während einer Interaktion, wird die Übertragung unterbrochen.

Zusammenfassung der Empfehlungen für TFTP

- Lassen Sie TFTP nicht durch eine Firewall zu.

Network File System (NFS)

Das Protokoll NFS wurde entwickelt, um Rechnern den Zugriff auf Dateien im Netz oder auf einer fernen Maschine zu ermöglichen. Der Zugriff erfolgt dabei so bequem wie bei direkt angeschlossenen Festplatten. Um die Server-Implementierung so einfach und robust wie möglich zu gestalten, ist das NFS-Protokoll *zustandslos*. Bei einem zustandslosen Protokoll wird jede Transaktion separat verarbeitet; der Server hat keine Informationen darüber, was die Clients zuvor getan haben. Dadurch kann ein NFS-Server neu gestartet werden, während die Clients Anfragen ausführen. Wenn der Server wieder zur Verfügung steht, kann er den Clients weiterhin Dateien übergeben, als sei nichts passiert.

Das scheint ein recht einfaches Konzept zu sein, allerdings erweist es sich als ziemlich schwierig, ein Protokoll, das mit dem Zugriff auf Dateien zu tun hat, zustandslos zu machen. Viele wichtige Eigenschaften der meisten Dateisysteme basieren auf Zuständen. Um zum Beispiel Dateisperren aufrechterhalten zu können, muß man wissen, welcher Prozeß eine Datei gesperrt hat. Diese Entwurfsentscheidung hat größten Einfluß auf die Sicherheit sowie auf die starke Zunahme von unter Systemadministratoren kursierenden Witzen mit der Kernel-Meldung »NFS server not responding« (NFS-Server antwortet nicht).

Rechner können als NFS-Server fungieren (d.h., sie exportieren ihre Platten, damit andere Rechner darauf zugreifen können), als NFS-Clients (sie greifen auf Platten zu, die von NFS-Servern exportiert wurden) oder beides. Fast jede Unix-Implementierung benutzt NFS als gebräuchlichste Methode zum Freigeben von Dateien, und es gibt für die meisten anderen verbreiteten Betriebssysteme NFS-Clientanwendungen. (NFS-Server-Anwendungen für Nicht-Unix-Maschinen sind schon seltener.)

Momentan sind zwei Versionen von NFS sehr weit verbreitet. NFS Version 2 ist das Protokoll, das üblicherweise gemeint ist, wenn man von NFS spricht. Es wird normalerweise über UDP betrieben (obwohl die Spezifikation den Einsatz von TCP erlaubt, ist dies in den meisten Implementierungen nicht enthalten). NFS Version 3, häufig auch als *NFSv3* bezeichnet, ist eine neuere Version mit verschiedenen Verbesserungen, wie etwa der Unterstützung für größere Dateien. Fast jede NFSv3-Implementierung erlaubt den Betrieb sowohl über UDP als auch über TCP. Vom Standpunkt der Sicherheit unterscheiden sich die beiden Versionen kaum voneinander, wir verwenden daher den Begriff *NFS* für beide Versionen, solange nichts anderes angegeben ist.

Das NFS-Protokoll selbst ist ein relativ einfaches RPC-Protokoll. Alle Implementierungen und Versionen benutzen eine feste Portnummer (in der Regel Port 2049). Die feste Portnummer wird verwendet, damit ein NFS-Client nicht extra eine Portmapper-Anfrage ausführen muß, wenn ein NFS-Server neu gestartet wird. Um jedoch ordnungsgemäß zu funktionieren, verläßt sich NFS auf eine Reihe anderer Dienste zum anfänglichen Aufsetzen des Dateisystems, zum Sperren von Dateien und zum Wiederanlaufen nach einem Systemabsturz. Diese zusätzlichen Dienste bauen ebenfalls auf RPC auf, verwenden aber nicht immer die gleichen Portnummern. Das bedeutet, daß Portmapper-Anfragen benötigt werden, um die Dienste zu finden. Weitere Informationen über RPC finden Sie in Kapitel 14, *Vermittelnde Protokolle*.

Einige Hersteller unterstützen auch eine auf Secure RPC aufbauende NFS-Version, die viele der Probleme mit der Authentifizierung umgeht, da sie sowohl eine Authentifizierung der Clientmaschine als auch der Benutzer ermöglicht. Secure RPC bringt verschiedenen Probleme mit sich, die in der Folge auch für NFS gelten, das darauf aufsetzt:

- Es ist nicht besonders weit verbreitet; man findet es nahezu ausschließlich auf Suns.
- Der Vorgang des Schlüsselaustauschs zwischen Maschinen ist schwierig.
- Die Leistung ist schlechter als bei Standard-RPC. (NFS erfordert eine besonders gute Leistung.)
- Die Größe der öffentlichen Schlüssel ist zu gering.

Secure RPC wird in Kapitel 14 näher behandelt.

NFS-Authentifizierung

NFS wurde ursprünglich für den Einsatz innerhalb lokaler Netzwerke für das Filesharing entwickelt. Man kann es zwar auch so anpassen, daß es über ein mit Verzögerungen behaftetes Netzwerk funktioniert, allerdings ist es aus verschiedenen Gründen zu unsicher für den Betrieb über die Grenzen einer Firewall hinweg. Die größten Sicherheitsprobleme von NFS sind:

- Der NFS-Server verläßt sich auf IP-Adressen zur Authentifizierung von Client und ist daher anfällig für Adreßfälschung.
- Der NFS-Server verläßt sich zur Authentifizierung des Benutzers auf den Client. Er ist daher durch Benutzer gefährdet, die in eine Clientmaschine einbrechen konnten.
- Der NFS-Server überprüft die Zugriffsrechte des Clients nicht bei jeder Anfrage von neuem. Der Server geht davon aus, daß der Client auf ein Dateisystem zugreifen darf, wenn er ein gültiges File-Handle besitzt. Ein Angreifer mit einem gefälschten oder abgehörten File-Handle kann auf diese Weise einfach wie ein legitimer Client auf das Dateisystem zugreifen.

Das Hauptproblem bei NFS ist die unzureichende Authentifizierung von Anfragen. Der Zugang zu einem per NFS exportierten Dateisystem wird nach dem Prinzip »alles oder nichts« gewährt: Ein bestimmter Clientrechner erhält Zugriff auf das Dateisystem – oder eben nicht. Traut der Server einem bestimmten Client, so nimmt er diesem alle Angaben darüber ab, wer auf welche Dateien zugreifen will. Mit diesen Informationen überprüft er dann die Zugangsberechtigung entsprechend der üblichen Unix-Schutzmechanismen für Benutzer, Gruppe und »Rest der Welt«.

Das Vertrauen des Servers in den Client beginnt, wenn der Client ein Dateisystem vom Server aufsetzt (*mountet*). Um ein Dateisystem aufzusetzen, schickt ein Client eine entsprechende Anfrage an den *mountd*-RPC-Dienst des Servers und bittet um die Erlaubnis zum Aufsetzen. Der *mountd*-Dienst prüft, ob der Client das Dateisystem aufsetzen darf, wobei er den Client über die Quell-IP-Adresse der Anfrage identifiziert. Ist der Zugriff erlaubt, übergibt der *mountd*-Dienst dem Client ein *File-Handle* (im Prinzip so etwas wie »Ausweispapiere« des Clients), das bei allen zukünftigen Zugriffen auf das Dateisystem benutzt wird.

Sobald der Client das Dateisystem aufgesetzt (und dafür ein File-Handle vom Server erhalten) hat, sendet er jedesmal eine Anfrage über das NFS-Protokoll an den Server, wenn er mit einer Datei aus dem Dateisystem arbeiten will. Die Anfrage beschreibt die gewünschte Aktion des Clients. Da sie auch das File-Handle enthält, geht der Server davon aus, daß der Client berechtigt ist, diese Aktion anzufordern. Einige NFS-Server zeichnen Fehlermeldungen auf, wenn Anfragen mit ungültigen File-Handles empfangen werden, viele ignorieren diese jedoch einfach. Das kommt Angreifern entgegen, die versuchen, File-Handles zu erraten. Entscheiden Sie sich nach Möglichkeit für einen NFS-Server, der Anfragen mit ungültigen File-Handles protokolliert (selbst auf Servern, bei denen diese Funktion vorhanden ist, ist dies unter Umständen nicht die Standardkonfiguration; achten Sie darauf, daß nicht nur die entsprechende Möglichkeit besteht, sondern daß sie auch wirklich aktiviert ist).

Dieses System bringt wenigstens drei Probleme mit sich. Erstens gibt es Schwierigkeiten mit der anfänglichen Authentifizierung. Zusätzlich zu den üblichen Problemen, nämlich der Verwendung fälschbarer Quell-IP-Adressen zur Anmeldung, gibt es eine weitere Methode, mit der sich Angreifer unrechtmäßigen Zugang verschaffen können. Der RPC-Portsuchdienst bietet eine Weiterleitungsmöglichkeit, bei der ein Client eine Anfrage an einen Dienst über den Suchserver schicken kann. Diese Anfrage stellt sich für *mountd* so dar, als wäre sie von dem Suchdienst ausgeführt worden, der auf dem Server läuft. Falls *mountd* dem Server gestattet, seine eigenen Dateisysteme aufzusetzen, könnte ein Angreifer mit Hilfe der Weiterleitungsfunktion eine Aufsetzanforderung schicken, um einen gültigen File-Handle zu bekommen. Um dies zu verhindern, muß entweder dem Server selbst der Zugriff verboten sein, oder die Weiterleitungsfunktion des Portsuchdienstes sollte ausgeschaltet werden (am besten beides).

Das zweite Problem mit der *mountd*-Authentifizierung hat etwas mit dem Einsatz des File-Handles als Authentifizierungshilfsmittel zu tun. Wenn es einem Angreifer gelingt, ohne Hilfe von *mountd* ein gültiges File-Handle zu ermitteln, kann er es ohne weitere Authentifizierung benutzen. Es reicht nicht, willkürlich zu raten; NFS Version 2 verwendet 32 Byte lange File-Handles, und NFS Version 3 hat File-Handles variabler Länge, die bis zu 64 Byte umfassen können. Allerdings müssen Angreifer nicht blind herumraten, da die NFS-Implementierungen den File-Handles üblicherweise eine bestimmte Struktur geben. Nur eine Komponente der File-Handle-Daten ist zufällig, und das ist der einzige Teil, den der Angreifer erraten muß. Die Implementierungen unterscheiden sich durch den Anteil der zufälligen Daten; ältere Implementierungen sind auf dieser Strecke ausgesprochen schlecht und benutzen File-Handles, die auf dem Zeitpunkt beruhen, zu dem das Dateisystem erzeugt wurde. Das ist in der Regel leicht zu erraten.

Moderne Implementierungen von NFS haben dieses Problem behoben. Für viele ältere Implementierungen stehen entsprechende Patches zur Verfügung. Wenn Sie NFS auf einem System betreiben, auf dem die Sicherheit wichtig ist, sollten Sie die Dokumentation des Herstellers konsultieren, um sicherzustellen, daß Sie einen NFS-Server mit vernünftigen Zufallswerten bei der Erstellung der File-Handles verwenden. Folgen Sie außerdem den besonderen Anweisungen zum Einrichten von Dateisystemen (manche

Mechanismen zur Erstellung von File-Handles erfordern eine besondere Initialisierung für die Dateisysteme, damit die File-Handles wirklich nicht erraten werden können).

Das dritte Problem mit den File-Handles besteht darin, daß man sie nur schwer wieder loswird. Ein NFS-Server muß zustandslos sein; er kann sich lediglich ein File-Handle anschauen und feststellen, ob es gut ist oder nicht. Bei den meisten Implementierungen besteht die einzige Möglichkeit, einen Client, der ein File-Handle besitzt, von seiner Benutzung abzuhalten, darin, die Methode zur Erzeugung der File-Handles zu ändern. Damit werden alle vorherigen File-Handles ungültig. Jeder Client muß dann das Dateisystem neu aufsetzen. Wahrscheinlich riskieren Sie mit dieser Vorgehensweise eine Massenverwirrung.

Ordentliche Clients speichern die File-Handles nicht und bitten *mountd* jedesmal um ein neues File-Handle, wenn sie ein Dateisystem aufsetzen. Das verhindert jedoch nicht, daß ein ordentlicher Client ein bereits aufgesetztes Dateisystem selbst dann noch benutzen kann, wenn Sie dessen Zugriffsberechtigungen geändert haben. Allerdings erhalten Sie eine gewisse Kontrolle. Irgendwann muß der Client das Dateisystem erneut aufsetzen (und Sie können dies erzwingen, falls Sie Zugriff auf ihn haben). Ein Angreifer muß sich nicht so gut benehmen; ein feindseliger Client könnte das File-Handle einfach speichern und es auch ohne die Hilfe von *mountd* benutzen. Im allgemeinen besteht die einzige Möglichkeit, die Gültigkeit von File-Handles zu ändern und dies zu verhindern, darin, das Dateisystem auf dem Server zu ändern (zum Beispiel indem Sie den Aufsetzpunkt auf dem Server ändern). In der Dokumentation des Herstellers erfahren Sie normalerweise, mit welchen Operationen Sie File-Handles verändern können (damit Sie nicht zufällig die File-Handles verändern und den Betrieb auf den Client unterbrechen).

NFS und root

Bei NFS kann root anders behandelt werden als normale Benutzerkennungen. Manche NFS-Server für Unix behandeln root immer genauso wie normale Benutzer: Die root-Kennung des Clients erhält dieselben Zugriffsrechte wie die root-Kennung des Servers. Einige Server übersetzen die root-Kennung des Clients immer in die UID »nobody« des Servers, die niemals als normale Kennung benutzt wird. Ein solcher Benutzer hat daher nur die Rechte, die auch der »Rest der Welt« erhält. Die UID »nobody« kann die höchstmögliche UID sein oder die UID -1 (die man als -1 schreiben kann oder als höchstmögliche UID $+1$). Um es noch ein wenig komplizierter zu machen, »nobody« ist manchmal -2 anstatt -1, und aus irgendeinem Grund legt System V Release 4 die höchstmögliche UID mit 60.000 fest. Auf manchen Unix-Rechnern wird mehr als eine dieser Nummern (-1, -2, 60.000, 60.001, 65.535 und 65.536) in der Paßwort-Datei als »nobody« geführt. Bei den meisten NFS-Servern für Unix kann man über eine Option in der Datei */etc/exports* wählen, ob der root-Zugang erlaubt ist oder auf »nobody« umgesetzt wird. Server auf Nicht-Unix-Systemen behandeln root meist wie einen normalen Benutzer. Das ist aber kein Problem, da ein solcher Benutzer keine besonderen Rechte auf dem Server hat.

Die Umsetzung von root auf »nobody« erhöht die Sicherheit nur minimal. Jeder, der auf dem Client root werden kann, kann sich als beliebiger Benutzer auf dem Client ausgeben und hat daher die gleichen Rechte wie ein beliebiger Benutzer. Diese Umsetzung schützt nur solche Dateien auf dem Server, auf die ausschließlich root selbst zugreifen darf. Um diesen minimalen Schutz zu bekommen, sollten Sie, soweit möglich, immer mit der Umsetzung der Kennung auf »nobody« arbeiten. Sie müssen sich jedoch darüber im klaren sein, daß Sie dadurch auch nicht vor dem Export von Dateisystemen an möglicherweise feindliche Rechner gefeiht sind.

Der Server ist besser geschützt, wenn die Dateisysteme schreibgeschützt exportiert werden. Wird ein Dateisystem ausschließlich zum Lesen exportiert (kein Rechner darf darauf schreiben), so können Sie einigermaßen sicher sein, daß die Daten nicht mittels NFS verändert werden können. Sobald irgendein Rechner darauf schreiben kann, sind Sie anfällig für Fälschungen.

Schwachstellen der NFS-Clients

Auch NFS-Clients können durch NFS-Server gefährdet sein. Ein per NFS aufgesetztes Dateisystem könnte zum Beispiel *setuid*-Programme enthalten, mit denen die Benutzer auf dem Client root werden können. Geräteeinträge in einer per NFS aufgesetzten Partition werden so behandelt, als wären sie Geräte des Clients und nicht des Servers. Jemand mit einer Kennung auf einem NFS-Client und root-Berechtigung auf einem NFS-Server könnte damit unbeschränkten Lese- und Schreibzugriff auf alle Daten des Clients erhalten (wenn auch auf umständliche Art).

Bei manchen NFS-Clients kann man über *mount*-Optionen Gerätedateien und *setuid/setgid* auf aufgesetzten Dateisystemen deaktivieren. Falls außer root keine Benutzer auf *mount* zugreifen können oder für normale Benutzer immer diese Optionen aktiv sind, ist der Client vor dem Server geschützt. Stehen diese Optionen nicht zur Verfügung, sollten Sie das Aufsetzen eines NFS-Dateisystems genauso betrachten wie einen root-Zugang der Server-Maschine auf den Client.

NFS-Clients sind unter Umständen auch durch weniger offensichtliche Angriffsformen von NFS-Servern gefährdet. Das Aufsetzen eines Dateisystems ist ein privilegierter Vorgang, für den NFS-Clients als root laufen. Ein feindseliger Server ist möglicherweise in der Lage, einen NFS-Client über einen Pufferüberlauf zu veranlassen, beliebige Programme auszuführen. Für den Benutzer ist das im allgemeinen nicht transparent (es kollidiert mit der Vorstellung, daß man jedes Dateisystem ausführen kann, auf das der Client Zugriff hat). Vom Angreifer erfordert dieses Vorgehen wiederum ein hohes Maß an Kontrolle über die Server-Maschine. In traditionellen, festen NFS-Server-Umgebungen ist das keine große Bedrohung. Andererseits kann dieser Angriff mit Hilfe von Automountern (die in einem der kommenden Abschnitte behandelt werden) durchaus effektiv sein.

Sperren von Dateien mittels NFS

Wenn ein Prozeß eine Datei sperrt, verhindert er, daß andere Prozesse auf bestimmte Weise auf diese Datei zugreifen. Meist wird dies eingesetzt, damit mehrere Prozesse keine sich überschneidenden Veränderungen an einer Datei vornehmen, man kann es aber auch für andere Zwecke verwenden (zum Beispiel könnte es ratsam sein, dafür zu sorgen, daß andere Prozesse eine Datei nicht lesen, während sie verändert wird). NFS stellt einen freiwilligen Mechanismus zum Sperren von Dateien bereit. Standardmäßig sind Dateien nicht gesperrt, und jeder Prozeß kann alles mit ihnen tun. Ein Prozeß, der eine Sperre wünscht, muß explizit eine Anfrage danach tätigen.

Dateisperren stellen eine Art Zustand dar; wenn Sie eine Datei sperren wollen, verändern Sie den Zustand einer Datei. Diesen Zustand müssen sich sowohl der Server (damit er die Sperre durchsetzen kann) als auch der Client (damit er die Sperre aufheben kann, wenn sie nicht mehr benötigt wird) merken. Für NFS ist das ein Problem, da es sich um ein zustandsloses Protokoll handelt.

Wenn man Sperren in NFS ermöglichen will, muß man daher mit zwei Problemen klarkommen. Erstens müssen Sie die Fähigkeit hinzufügen, alle möglichen Zustände auch dann beizubehalten, wenn Server und Clients neu gestartet werden, und zweitens müssen Sie die eigentlichen Sperren überwachen.

Eigentlich ist es für alle Programme sehr leicht, sich den Zustand intern zu merken; es ist auch für einen Server nicht allzu schwer, den Zustand abzuspeichern, so daß er ihn nach einem Neustart wieder aufnehmen kann. Das reicht allerdings für NFS-Sperren nicht aus, da der Zustand, um den es sich dreht, auch die Programme betrifft, die die Sperre angefordert haben. Außerdem werden NFS-Clients diesen Zustand nach einem Neustart fast nie wiedererlangen. Wenn eine Maschine abstürzt, während Sie gerade eine Datei bearbeiten, besteht so gut wie keine Chance, daß der Editor sich die Stelle merkt, an der er gerade war. Hätte der Editor eine Sperre auf die Datei gelegt, die Sie gerade bearbeitet haben, müßte irgendetwas die Sperre aufheben, damit Sie weiterarbeiten könnten. Stürzt der Editor selbst ab, wird diese Aufgabe von anderen Programmen auf der Maschine übernommen. Wenn allerdings die gesamte Maschine abstürzt, gibt es keinen weiteren Mechanismus, der mit dieser Situation umgehen kann.

Das Problem des Umgangs mit Neustarts wird über ein Hilfsprotokoll namens *statd* gelöst, das dafür zuständig ist, im Namen anderer Protokolle Neustarts zu verfolgen und darüber zu informieren. *statd* verarbeitet zwei Arten von Anfragen: Programme auf der lokalen Maschine können *statd* beauftragen, sie zu informieren, wenn eine bestimmte entfernte Maschine neu gestartet wird, und entfernte Maschinen können wiederum *statd* beauftragen, sie zu informieren, wenn die lokale Maschine neu startet. Diese Anfragen können auch unterdrückt werden. Wenn alle Transaktionen sauber zum Abschluß kommen, werden die ausstehenden Anfragen abgebrochen. *statd* legt die Informationen über die Anfragen in Dateien ab, sein Zustand läßt sich also nach einem Neustart wiederherstellen. Das Prinzip von *statd* beruht auf freiwilliger Zusammenarbeit, das heißt, es vertraut darauf, daß ein entferntes System es über einen Neustart informiert – aus Gründen der Skalierbarkeit fragt *statd* selbst keine Zustände ab. Wenn *statd* startet, überprüft es seine Dateien und benachrichtigt alle entfernten Maschinen, die um eine Benachrichtigung gebeten haben.

statd setzt auf RPC auf und verwendet UDP. Es ist für Firewalls besonders problematisch, da es Verkehr erfordert, der vom Server ausgelöst wird. NFS-Clients fordern eine Benachrichtigung von NFS-Servern an. Die ursprüngliche Anfrage zur Benachrichtigung verläuft vom Client zum Server, wird der Server jedoch neu gestartet, kommt die Benachrichtigung vom Server zum Client und wird normalerweise nicht zugelassen.

Der Sperrmechanismus selbst wird mittels *lockd* implementiert. *lockd* wiederum verläßt sich auf *statd*, um den Sperrmechanismus nach einem Neustart wieder in Betrieb zu nehmen, da er keinen Zustand speichern kann. Wenn ein Client eine Datei auf einem NFS-Dateisystem sperren möchte, kontaktiert er den entfernten *lockd*, um die Datei zu sperren, und fordert seinen eigenen *statd* auf, den Server zu überwachen. Werden sowohl die *lockd*- als auch die *statd*-Antwort empfangen, nimmt der Client an, daß die Datei gesperrt wurde. Wenn er die *lockd*-Anfrage empfängt, bittet der Server den Server-*statd*, den Client zu überwachen. An dieser Stelle könnte eine der folgenden Situationen eintreten:

- Der Client hebt die Sperre auf.
- Der Server startet neu.
- Der Client startet neu.

Wenn der Client die Sperre aufhebt, schickt er eine entsprechende Anfrage an den Server-*lockd*.

Nach einem Server-Neustart benachrichtigt der Server-*statd* alle entfernten Clients, die eine Sperre haben, über das Ereignis, wodurch diese die Sperrungsanfragen erneuern. Dies kann unerwartete Ergebnisse zur Folge haben, falls mehr als ein Client versucht, die gleiche Datei zu sperren. Durch einen Server-Neustart können Sie daher eine Sperre verlieren. Bestand der Zweck der Sperre darin zu verhindern, daß ein anderes System während einer kritischen Aktualisierung Änderungen an einer Datei vornimmt, gehen normalerweise Daten verloren, oder die Datei wird beschädigt. Bei einer korrekteren Sperrungssemantik müßte der Originalclient die Sperre wieder aufnehmen, so daß er mit der kritischen Aktualisierung fortfahren könnte. Dies ist einer der Gründe, weshalb man sich auf NFS-Dateisperren nicht verlassen kann.

Nach dem Neustart eines Clients benachrichtigt *statd* alle Server über das Ereignis. Diese heben sofort alle Sperren auf, die der Client vor dem Neustart möglicherweise eingerichtet hat. Bestand der Zweck der Sperre darin zu verhindern, daß ein anderes System während einer kritischen Aktualisierung Änderungen an einer Datei vornimmt, gehen normalerweise auch hier Daten verloren, oder die Datei wird beschädigt. Bei einer korrekteren Sperrungssemantik würde die Datei gesperrt bleiben, so daß ein »Reinigungs«prozeß die Konsistenz der Datei überprüfen könnte, bevor einem anderen Client wieder Änderungen daran erlaubt wären. Dies ist ein weiterer Grund, weshalb man sich auf NFS-Dateisperren nicht verlassen kann.

lockd setzt ebenso wie *statd* auf RPC auf und verwendet UDP. Deshalb läßt es sich nur sehr schwer sicher durch eine Firewall betreiben. Einige zustandsgesteuerte und Proxy-Firewall-Systeme können mit RPC umgehen. Es wäre daher möglich, NFS-Dateisperren durch diese Art von Firewall zu betreiben. Sie müssen dabei sehr sorgfältig vorgehen; manche Systeme lassen alles zu bis auf die Server-an-Client-Neustart-Benachrichtigungen. In diesem Fall scheint das Sperren zu funktionieren, allerdings geht die Konsistenz der Sperren in dem Moment verloren, in dem der Server neu startet. Werden Dateisperren nicht benötigt, ist es möglich, einige Systeme ohne *statd* oder *lockd* zu betreiben. Allerdings werden alle Anwendungsprogramme, die versuchen, auf NFS-Dateisystemen Sperren vorzunehmen, wahrscheinlich schrecklich abstürzen und Datenverluste oder -beschädigungen nach sich ziehen (was in dem unwahrscheinlichen Fall, daß *lockd* und *statd* korrekt funktionieren, vermutlich nicht auftreten würde).

Automounting

Ursprünglich wurden NFS-Dateisysteme von den Maschinen zum Zeitpunkt des Bootens aufgesetzt, was einige deutliche Nachteile mit sich bringt. Es bedeutet, daß eine Maschine beim Booten entscheiden muß, von welchem Server sie bestimmte Dateien bezieht. Die einzige Möglichkeit, eine Entscheidung zu revidieren, besteht darin, erneut zu booten. Sie muß außerdem alle Dateisysteme aufsetzen, die sie jemals benötigen könnte. Bei einem Mehrbenutzersystem, auf dem unterschiedliche Benutzer unterschiedliche Dateien brauchen, kommt es dadurch zu einem unnötigen Kommunikationsaufwand, da die Maschinen Dateisysteme aufsetzen, die sie eigentlich nicht benötigen. Der Ärger wird noch größer, wenn die Maschinen – manchmal sinnlos – auf abgestürzte Fileserver warten.

Man kann dieses Problem umgehen, wenn man einen *Automounter* benutzt, ein Programm, das Dateisysteme aufsetzt, wenn es erforderlich ist, und sie wieder absetzt, wenn sie nicht mehr benötigt werden. Die meisten Automounter erlauben Ihnen außerdem eine Konfiguration, bei der ein bestimmtes Dateisystem auf mehreren Maschinen vorhanden ist und die Clients die für sie beste Kopie verwenden.

Auf den ersten Blick scheint es so, als schieden Automounter als Ursache von Sicherheitsschwachstellen im Netzwerk aus. Sie stellen ihre Dienste im Prinzip nur dem lokalen Host zur Verfügung. Sie sollten nur die Schwachpunkte haben, denen auch andere NFS-Clients unterliegen; diese sind relativ klein.

Leider ist das nicht der Fall. Automounter besitzen sogar noch zwei zusätzliche Arten von Angriffspunkten. Erstens setzen Automounter oft andere Dienste ein, um Listen von NFS-Servern zu erhalten. (Zum Beispiel benutzen viele von ihnen NIS-Maps für diesen Zweck.) Sie weisen alle Schwachstellen dieser Dienste auf; falls diese Dienste unsicher sind, könnte ein Angreifer leicht ein Automounter-System auf einen feindseligen Server umleiten. Es wäre auch möglich, den Automounter direkt durch Informationen über die zu benutzenden Server anzugreifen. Wenn der Automounter selbst zum Beispiel Probleme mit Pufferüberläufen hätte, bekäme ein Angreifer die Möglichkeit, beliebige Befehle auszuführen, nachdem er dem Automounter einen überlangen Server-Namen übergeben hätte.

Die wichtigste Quelle für Schwächen resultiert aus der Art und Weise, wie Automounter implementiert sind. Aus technischen Gründen funktioniert ein Automounter am effektivsten, wenn er vorgibt, ein NFS-Server zu sein. Clientprogramme, die auf Dateisysteme zugreifen wollen, kommunizieren mit diesem falschen Server, der dann gegenüber den echten Servern wie ein Client agiert. Dieser falsche Server muß nur von den Clients auf der lokalen Maschine Anfragen akzeptieren, allerdings öffnet die Tatsache, daß es ein NFS-Server ist, einer Reihe von Angriffen Tür und Tor. Zum Beispiel ist der Angriff, der auf den Weiterleitungsanfragen des Portsuchdienstes beruht, gegenüber Automountern besonders effektiv, da sie lokale Anfragen annehmen müssen.

Wenn Sie einen Automounter auf einem Client benutzen, sollten Sie darauf achten, daß er gegenüber NFS-Server-, RPC-Server- und anderen Schwachstellen von Netzwerkanwendungen anfällig sein kann.

Paketfiltereigenschaften von NFS

NFS ist ein RPC-basierter Dienst. Wie in Kapitel 8, *Paketfilterung*, erwähnt, ist es recht schwierig, RPC-basierte Dienste mit einem Paketfiltersystem zu verarbeiten, da die Server normalerweise keine vorhersehbaren Portnummern benutzen. NFS bildet jedoch eine Ausnahme von dieser Regel. Es beruht zwar auf RPC, verwendet aber zuverlässig Port 2049. Seit NFS3 ist dieser Standard offiziell.[2] Um wenigstens eine minimale Authentifizierung durchzusetzen, verwenden viele, aber nicht alle NFS-Implementierungen privilegierte Ports als Clientquellports.

NFS wird sowohl über TCP als auch über UDP bereitgestellt. Manche Clients und Server bevorzugen TCP, andere bevorzugen UDP. TCP-basiertes NFS ist relativ neu, und nicht alle Clients oder Server unterstützen es. Diejenigen, bei denen es der Fall ist, verhalten sich über TCP oft anders als über UDP. Wenn sich eine bestimmte Client-Server-Kombination mit dem einen Protokoll nicht ordentlich benimmt, probieren Sie das andere Protokoll.

Um NFS über die Grenzen einer Firewall hinweg benutzen zu können, müssen Sie außerdem Portmapper und *mountd* zur Verfügung stellen. Der Portmapper arbeitet auf Port 111. *mountd* ist ein RPC-Protokoll auf einer zufällig ausgewählten Portnummer, das durch den Portmapper verwaltet wird. Wie bereits erwähnt, brauchen Sie unter Umständen auch noch *lockd* und *statd*. In diesem Fall müssen Sie *statd* in beide Richtungen zulassen. *lockd* und *statd* sind ebenfalls RPC-Protokolle auf zufällig gewählten Portnummern und werden vom Portmapper verwaltet. Siehe Kapitel 14 für weitere Informationen über Paketfilterung und RPC.

---

2   Ironischerweise sagt das Protokoll der Version 2 fälschlicherweise voraus, daß zwar 2049 ein inoffizieller Standard ist, aber »spätere Versionen des Protokolls die 'Portmapping'-Eigenschaft von RPC benutzen werden«. In den späteren Versionen ist 2049 dann jedoch tatsächlich offiziell geworden.

Richtung	Quell-adresse	Ziel-adresse	Protokoll	Quell-port	Ziel-port	ACK gesetzt	Anmerkungen
eingehend	extern	intern	TCP/UDP	>1023	111	[a]	Externer NFS-Client an internen Server, Portmapper-Anfragen
ausgehend	intern	extern	TCP/UDP	111	>1023	ja[b]	Interner NFS-Server an externen Client, Portmapper-Antworten
eingehend	extern	intern	TCP/UDP	<1024[c]	2049	[a]	Externer NFS-Client an internen Server, NFS-Anfragen
ausgehend	intern	extern	TCP/UDP	2049	<1024[c]	ja[b]	Interner NFS-Server an externen Client, NFS-Antworten
ausgehend	intern	extern	TCP/UDP	>1023	111	[a]	Interner NFS-Client an externen Server, Portmapper-Anfragen
eingehend	extern	intern	TCP/UDP	111	>1023	ja[b]	Externer NFS-Server an internen Client, Portmapper-Antworten
ausgehend	intern	extern	TCP/UDP	<1024[c]	2049	[a]	Interner NFS-Client an externen Server, NFS-Anfragen
eingehend	extern	intern	TCP/UDP	2049	<1024[c]	ja[b]	Externer NFS-Server an internen Client, NFS-Antworten

a. ACK wird beim ersten TCP-Paket nicht gesetzt (Aufbau der Verbindung), es wird jedoch bei den restlichen gesetzt. UDP besitzt kein Äquivalent zu ACK.
b. Nur TCP; UDP besitzt kein Äquivalent zu ACK.
c. Manche Implementierungen benutzen statt dessen Ports >1023.

Proxy-Eigenschaften von NFS

RPC-Protokolle verhalten sich bei Proxies genauso unangenehm wie bei Paketfilterung. Man kann sie mit generischen Proxies nicht angemessen verarbeiten. NFS ist besonders schwierig, da sehr viele Protokolle beteiligt und vom Server ausgelöste Transaktionen erforderlich sind, um Sperren zu unterstützen. Einige RPC-fähige transparente Proxy-Systeme unterstützen NFS, es ist aber nicht ratsam, diese für kritische Anwendungen oder solche Anwendungen einzusetzen, die große Datenmengen übertragen. NFS ist für den Proxy-Einsatz besonders problematisch, da sehr viele Daten ausgetauscht werden und die Benutzer Verzögerungen direkt spüren. Ein Rechner, der als NFS-Proxy fungiert, muß gleichzeitig auf mehreren Verbindungen sehr schnell große Pakete übertragen.

Network-Address-Translation-Eigenschaften von NFS

Das NFS-Protokoll selbst benutzt zwar keine eingebetteten IP-Adressen und könnte mit einer Adreßanpassung funktionieren, allerdings würden Sie Probleme mit *mountd* bekommen, da dieser IP-Adressen für die Authentifizierung verwendet. Manche Implementierungen von NFS setzen einen *mountd* ein, der für jeden Client unterschiedliche NFS-File-Handles ausgibt. Der NFS-Server überprüft dann sowohl die IP-Adresse als auch das File-Handle auf Konsistenz; dies wird nicht funktionieren, wenn Sie ein Network-Address-Translation-System einsetzen. Wenn Sie NFS durch ein NAT-System betreiben, dann verwenden Sie TCP, um die Last auf diesem System soweit wie möglich zu reduzieren.

Filesharing für Microsoft-Netzwerke

An Filesharing in Microsoft-Netzwerken sind eine ganze Reihe von Protokollen beteiligt; Sie werden eine ganze Menge Namen hören. Das neueste ist das *Common Internet File System* (CIFS), das auf *Server Message Block* (SMB) aufbaut. Offiziell ist CIFS ein auf SMB beruhender Standard, der Microsofts momentane Praxis für den Einsatz von SMB erweitert; im Prinzip ist es aber nur ein neuer Name für SMB. Sie werden auch merken, daß es Leute gibt, die Filesharing für Microsoft-Netzwerke als SMB oder SMB-Filesharing bezeichnen. Ungeachtet des Wortes »file« im Namen stellt CIFS ebenso wie SMB noch viel mehr Funktionen bereit und beschränkt sich nicht auf Filesharing. Diese Funktionen werden in Kapitel 14, *Vermittelnde Protokolle*, vorgestellt.

Ihnen werden auch Begriffe wie »NetBEUI«, »NetBIOS«, »NetBT« oder »LanManager« beggegnen, als wären es Filesharing-Protokolle. NetBEUI ist ein Netzwerkprotokoll, das in lokalen Netzwerken verwendet wird; es arbeitet auf der gleichen Stufe wie IP. Bei NetBIOS handelt es sich um ein höheres Netzwerkprotokoll, das ursprünglich auf NetBEUI aufsetzt. NetBT ist eine TCP/IP-Implementierung von NetBIOS; ein Programm, das NetBIOS verwendet, kann entweder normales NetBIOS über NetBEUI oder NetBT über TCP/IP einsetzen, ohne wissen zu müssen, was passiert. LanManager ist eine ältere Protokollsammlung von Microsoft, die von SMB-Filesharing und CIFS aus Gründen der Kompatibilität weiterhin unterstützt wird. Alle diese Protokolle treten oft gemeinsam auf; wenn Sie SMB benutzen, betreiben Sie normalerweise auch NetBIOS (wofür Sie entweder NetBEUI oder NetBT benötigen), und wenn Sie NetBIOS verwenden, setzen Sie auch SMB ein, weshalb es solch eine Verwirrung darüber gibt, was eigentlich wofür verantwortlich ist. Heutzutage lockert sich die Verbindung (so wird in Windows 2000 der direkte Betrieb von CIFS über TCP/IP unterstützt). Abbildung 17-3 zeigt den Protokoll-Stack, der normalerweise am Betrieb von CIFS über TCP/IP beteiligt ist.

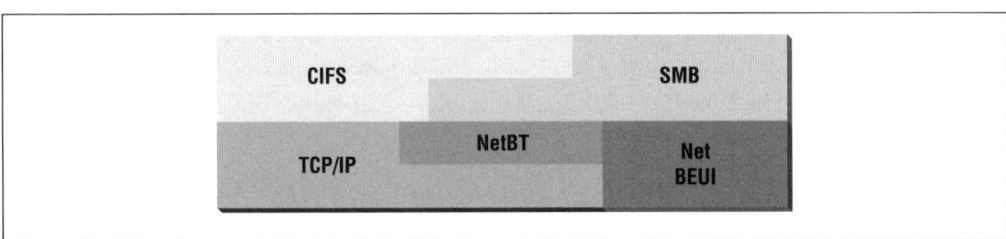

Abbildung 17-3: Der CIFS-Protokoll-Stack

CIFS-Filesharing wird üblicherweise zusammen mit den anderen Mitgliedern einer großen Protokollfamilie verwendet und ist häufig in der Lage, ein bestimmtes Ziel auf verschiedenen Wegen zu erreichen. In Kapitel 20, *Namens- und Verzeichnisdienste*, finden Sie Informationen über WINS und NetBT-Namensdienst, die oft mit CIFS verwendet werden. Kapitel 21, *Authentifizierungs- und Auditing-Dienste*, befaßt sich mit den Authentifizierungsprotokollen von CIFS.

Es ist nahezu unmöglich, das Filesharing von den anderen Diensten zu trennen, die von SMB unterstützt werden. CIFS ist eigentlich kein neues Protokoll, sondern einfach ein neuer Name für eine Möglichkeit, SMB zu benutzen. Als solches bietet es alle Fähigkeiten von SMB, einschließlich einiger Funktionen, die man sich normalerweise nicht als Teil eines Dateisystems vorstellt, wie etwa Nachrichtenaustausch, Druckdienst und mehrere Methoden zur allgemeinen Transaktionsverarbeitung. Dadurch wird es viel riskanter als ausgesprochene Filesharing-Protokolle.

Es soll noch erwähnt werden, daß die Zusatzfunktionen CIFS zwar gefährlicher machen als NFS, es jedoch zumindest eine bessere Authentifizierung bietet. CIFS-Dateisystemtransaktionen erfordern es, daß sich der Benutzer authentifiziert, anstatt sich darauf zu verlassen, daß der Clientrechner eine Benutzerauthentifizierung durchführt, wie es die meisten NFS-Server tun. CIFS bietet zum Schutz vor dem Entführen von Verbindungen außerdem die Möglichkeit der Authentifizierung von Meldungen; allerdings unterstützt es die Verschlüsselung von Daten nicht.

Samba

Das beliebteste Programm für SMB-Dienste auf Unix-Maschinen ist Samba, das wohl am besten für seine Unterstützung der Dateidienste bekannt ist. Es ist ein Open-Source-Programm, das ohne die Zusammenarbeit mit Microsoft entstanden ist. Da Microsoft die Einzelheiten seiner Protokolle nicht preisgibt, bildet Samba die Quelle der genauesten Informationen darüber, wie SMB und verwandte Dienste wirklich arbeiten; außerdem ist es eins der wichtigsten Werkzeuge für die Unix-NT-Integration. Früher verließ sich Microsoft bezüglich seiner Sicherheit auf die Kontrolle der SMB-Clients. SMB-Server waren äußerst anfällig gegenüber schlechten Clients (egal, ob diese wirklich feindselig oder einfach nur schlecht programmiert waren). Das führte dazu, daß Microsoft Samba, den ersten verbreiteten Client, den Microsoft nicht kontrollierte, als »Hacker-Werkzeug« verurteilte, weil es Schwächen aufdeckte, die vorher nicht wichtig waren. Allerdings ist das weder die eigentliche Aufgabe von Samba noch sein Haupteinsatzzweck (obwohl einige Leute in der Tat den Samba-Quellcode so verändert haben, daß damit Systeme angegriffen werden können). Es ist jedoch erfreulich, daß Microsoft seit der Verbreitung von Samba die Sicherheit seiner SMB-Server deutlich verbessert hat.

Die Grundlage von Samba bildet ein Fileserver; um Dateidienste von einer Unix-Maschine aus auch ohne eine Microsoft-Struktur anbieten zu können, enthält es außerdem einen WINS-Server und einen Computer-Suchdienst und kann für die Benutzerauthentifizierung als Domänen-Controller agieren. Es gibt SMB-Clients für Linux und einige Unix-Betriebssysteme. Sie sind zwar eigentlich kein Bestandteil von Samba, werden aber oft zusammen mit Samba vertrieben.

Samba selbst ist sowohl robuster als auch sicherer als die meisten SMB-Fileserver. Zugegebenermaßen beruht ein Großteil seiner Sicherheit auf der Tatsache, daß es nicht alle Dienste zur Verfügung stellt, die Sie von einem äquivalenten Server auf einem Microsoft-Betriebssystem erwarten könnten (zum Beispiel wird es dort keine Leute geben, die einen Samba-Server benutzen, um von dort auf den Systemmonitor oder den Benutzer-Manager zuzugreifen). Die meisten Sicherheitsprobleme mit Samba liegen darin begründet, daß es einen Übergang zwischen der Unix- und der Microsoft-Welt darstellt und oft von Leuten verwaltet wird, die sich mit einem von beiden nicht richtig auskennen. Da Samba Authentifizierung und Dateidienste bietet, ist es in der Lage, alle Authentifizierungsinformationen und Dateien zu verraten, wenn Sie es nicht richtig konfigurieren. Darin verhält es sich nicht anders als die anderen Programme, die solche Dienste bereitstellen. Wenn Sie es schlecht konfigurieren, bietet es Ihnen keinen Schutz, nur weil es Microsoft-Protokolle einsetzt, die von ordentlichen Clients ausgehen. Geben Sie bei unerwünschten Effekten nicht Samba oder Microsoft die Schuld.

Distributed File System (Dfs)

Microsoft stellt ein System namens *Distributed File System* (Dfs[3]) bereit, das Clients eine einheitliche Schnittstelle zu mehreren Fileservern bietet. Ein Dfs-Server exportiert etwas, was wie eine normale Verzeichnisstruktur aussieht, die jedoch Dateien von vielen Fileservern enthalten kann. Dfs ermöglicht Ihnen außerdem, Kopien einer Datei auf mehreren Servern zu verteilen und anfragenden Clients je nach Auslastung dieser Server die Datei von einem bestimmten Server zur Verfügung zu stellen. Fällt ein Server aus, können Clients automatisch zu einem funktionstüchtigen Server umgeleitet werden.

Dfs gibt es schon seit einiger Zeit, aber erst mit Windows 2000 ist es standardmäßig Teil der Installationen. Eigentlich ist Dfs kein eigenes Filesharing-Protokoll. Statt dessen verwendet es Standard-Filesharing-Protokolle für den Dateizugriff (normalerweise bedeutet dies CIFS, ein Client kann aber jedes Filesharing-Protokoll verwenden, das ihm zur Verfügung steht). Dfs-Clients benutzen RPC, um von einem Dfs-Server Informationen darüber zu erlangen, wo sie nach den Dateien suchen müssen.

Paketfilter-, Proxy- und Network-Address-Translation-Eigenschaften von Microsoft-Filesharing

Microsoft-Filesharing beruht auf CIFS, und die Paketfilter-, Proxy- und Network-Address-Translation-Eigenschaften von CIFS werden in Kapitel 14, *Vermittelnde Protokolle*, behandelt. Dfs baut auf CIFS und RPC auf (RPC wird ebenfalls in Kapitel 14 erläutert). Je nach Ihrem Netzwerk und Ihren Anforderungen erfordert eine vollständige Filesharing-Umgebung außerdem noch WINS, den Computer-Suchdienst und/oder Domänen-Authentifizierung. WINS und der Computer-Suchdienst werden in Kapitel 20, *Namens- und Verzeichnisdienste*, behandelt, während Domänen-Authentifizierung in Kapitel 21, *Authentifizierungs- und Auditing-Dienste*, zu finden ist.

Zusammenfassung der Empfehlungen für Filesharing

- Erlauben Sie kein Filesharing über Ihre Firewall mittels NFS oder CIFS. Benutzen Sie ein virtuelles privates Netzwerk oder ein Protokoll, das besser für eine sichere Datenübertragung über Weitverkehrsnetzwerke geeignet ist.

---

3 Microsoft bevorzugt die Schreibweise »Dfs« anstelle des traditionelleren »DFS«.

Druckprotokolle

Das Drucken ist eine besondere Form der Übertragung von Dateien. Dabei senden Sie Dateien an einen Drucker anstatt an einen anderen normalen Computer. Die Leute stellen sich das Drucken zwar meist als relativ sicher vor, tatsächlich weist es fast die gleichen Risiken auf wie andere Dateiübertragungsprotokolle, und Drucker verfügen über annähernd die gleichen Fähigkeiten wie andere Computer.

Sie müssen wissen, daß viele moderne Netzwerkdrucker auch mit anderen Protokollen interagieren als mit den hier vorgestellten Druckprotokollen. Zum Beispiel können sie über Administrationsschnittstellen verfügen, die Telnet oder HTTP benutzen, sie können Schnittstellen mittels DHCP selbst konfigurieren, sie können Dateiübertragungen über FTP annehmen, und sie antworten ziemlich sicher – wenn auch nicht unbedingt richtig – auf wenigstens einige ICMP-Befehle. Diese zusätzlichen Protokolle sind möglicherweise für vollkommen neue Schwachstellen verantwortlich. Zum Beispiel besitzt ein Plotter eine Netzwerkschnittstelle, die es Ihnen nicht nur erlaubt, den Plotter per telnet anzusprechen, sondern vom Plotter auch auf andere Rechner zuzugreifen. (Offensichtlich ist es am einfachsten, einen Netzwerk-Hub der gleichen Firma in den Plotter einzubauen, um eine intelligente Schnittstelle zu erhalten – nur daß man von einem Netzwerk-Hub erwarten kann, daß er bestimmte Dinge beherrscht, während bei einem Plotter die wenigsten Leute davon ausgehen, daß er über Managementfähigkeiten und ein Gast-Login verfügt.) Sie müssen die Netzwerkfähigkeiten und Schutzvorrichtungen von Druckeinrichtungen sorgfältig überprüfen, bevor Sie sie in ungeschützte Netzwerke integrieren.

Da moderne PostScript-Drucker intelligente Ethernet-Geräte mit eigenen Festplatten sein können, ist es theoretisch möglich, daß sie durch einen schurkischen Druckjob in einen Netzwerkschnüffler verwandelt werden. In der Praxis ist das allerdings ziemlich kompliziert und relativ unwahrscheinlich. Schlichtere Denial-of-Service-Attacken auf Drucker sind jedoch möglich und wurden auch bereits beobachtet.

Manche sind einfach nur ärgerlich, wie das seitenweise Ausdrucken von Schwachsinn oder Anstößigem. Einige stellen jedoch ernstere Bedrohungen dar. Die gemeinsten werden durch eine Sicherheitsfunktion in PostScript ermöglicht. PostScript wurde so entworfen, daß es vor bestimmten gefährlichen Befehlen schützt, indem es vor deren Ausführung ein Paßwort anfordert. Dieses Paßwort wird in einem EEPROM-Schaltkreis im Drucker gespeichert und ist von Haus aus in allen PostScript-Druckern auf »0« gesetzt. Es ist immer das gleiche, weil es immer das gleiche sein muß. Einige der Befehle, die von den PostScript-Entwicklern als gefährlich erachtet wurden, werden routinemäßig von Standard-PostScript-Treibern benutzt. Wenn Sie das Paßwort ändern, funktionieren diese Treiber nicht mehr. Da Sie entweder das alte Paßwort oder eine Hardware-Methode kennen müssen, um den EEPROM zu umgehen, wenn Sie das Paßwort zurücksetzen wollen, kann ein Programm, welches das bekannte Paßwort »0« auf einen unbekannten Wert ändert, einen Drucker so lange unbenutzbar machen, bis der Hersteller einen neuen EEPROM geschickt hat. (Einige Drucker funktionieren ohne den EEPROM und benutzen dabei das Paßwort 0.) Durch das Entfernen oder Ersetzen des

EEPROM wird nicht nur das Paßwort zurückgesetzt, sondern auch die Drucker-ID und die Seitenzählung; befinden sich auf dem Drucker lizensierte Schriften, müssen auch diese erneut eingespielt und lizensiert werden. Seit dem letzten massenweisen Auftreten solcher Angriffe ist das Lizensieren von Schriften auf einzelnen Druckern unüblich geworden, wodurch sich die Beliebtheit dieses Angriffs verringert hat. Andererseits wird es in Zukunft sicher andere, ebenso ärgerliche PostScript-Angriffe geben.

Wegen der Intelligenz und Verwundbarkeit von PostScript-Geräten ist es wichtig, daß Sie Ihre Drucker vor einem Zugriff aus dem Internet schützen. Blockieren Sie alle Druckprotokolle auf Ihren Druckern und Maschinen, die einen Zugriff von außen erlauben. Dazu müssen Sie jeden Druckertyp und jede Maschine separat prüfen.

lpr und lp

Das *lpr*-Drucksystem in BSD ähnelt weitgehend den »r«-Befehlen von BSD (*rsh*, *rlogin*, *rcp*, *rdump*), mit denen wir uns in Kapitel 18*, Der Fernzugriff auf Hosts*, befassen. Im Gegensatz zu den »r«-Befehlen vergibt *lpr* Rechte nicht an einzelne Benutzer, sondern an Rechner. Es akzeptiert Druckaufträge von Rechnern, die in */etc/printers.equiv* oder */etc/hosts.equiv* eingetragen sind.

Es hat eine Reihe von Sicherheitsproblemen mit *lpr* und den mit ihm verbundenen Druckbefehlen gegeben. Einige haben ihre Ursache in der Architektur von *lpr*, die keine Benutzerauthentifizierung und keinen Schutz der Daten bietet. Meist handelt es sich jedoch um Probleme mit der Implementierung, wie etwa Pufferüberläufen, Druckern oder Spool-Systemen, die aufgrund ungültiger Eingaben abstürzen, und Möglichkeiten des Mißbrauchs der Administrationsrechte des Druckers. Mit deren Hilfe können Dateien ausgedruckt, überschrieben oder gelöscht werden, die ansonsten nicht zugänglich wären. Verschiedene *lpr*-Probleme bieten externen Angreifern die Möglichkeit, beliebige Befehle als root auszuführen. Sie sollten den Zugang zu *lpr*-Druckservern sorgfältig einschränken und aktuelle Versionen des Drucksystems benutzen.

Das *lp*-Drucksystem von System V enthält keine Druckkomponente zum entfernten Zugriff. Soll auf einem externen System gedruckt werden, übergibt es den Auftrag an das BSD-*lpr*-Drucksystem oder benutzt den BSD-*rsh*-Befehl (der unter System V oft *remsh* genannt wird, da diese Systeme über ein weiteres Programm namens *rsh* verfügen, das jedoch etwas vollkommen anderes tut).

Werden Druckjobs tatsächlich über *lp* oder *lpr* ausgedruckt, laufen sie normalerweise durch druckerspezifische Filter, welche die Benutzer-lesbaren Daten in ein Format umwandeln, das der Drucker versteht. Auch wenn das Drucksystem selbst sicher ist, kann der Druckerfilter neue Sicherheitsprobleme verursachen. Wenn Sie Druckaufträge aus möglicherweise feindseligen Quellen akzeptieren, müssen Sie mit den Druckerfiltern, die Sie benutzen, und deren Berechtigungen extrem vorsichtig sein.

LPRng

Ein frei verfügbares Drucksystem namens LPRng (für *»lpr* next generation«), das ursprünglich von Patrick Powell entworfen wurde, behebt eine Reihe von Problemen mit *lpr*. Es erweitert das System um die Authentifizierung und Verschlüsselung von Druckaufträgen und bewahrt dabei die Rückwärtskompatibilität mit *lpr*. Es verwendet die gleichen Ports wie *lpr*.

Paketfiltereigenschaften von lpr

lpr ist TCP-basiert. Die Server verwenden Port 515. Die Clients benutzen einen zufälligen Port unterhalb von 1024, so wie die BSD-»r«-Befehle (weitere Informationen über die BSD-»r«-Befehle finden Sie in Kapitel 18, *Der Fernzugriff auf Hosts*). Aus historischen Gründen verwenden einige Clients nur Ports zwischen 721 und 731 (dieses Verhalten ist in der RFC von *lpr* dokumentiert, in der Praxis erfordern aber nur wenige Server dieses Vorgehen).

Richtung	Quelladresse	Zieladresse	Protokoll	Quellport	Zielport	ACK gesetzt	Anmerkungen
eingehend	extern	intern	TCP	<1024[a]	515	[b]	Eingehendes *lpr*, Client an Server
ausgehend	intern	extern	TCP	515	<1024[a]	ja	Eingehendes *lpr*, Server an Client
ausgehend	intern	extern	TCP	<1024[a]	515	[b]	Ausgehendes *lpr*, Client an Server
eingehend	extern	intern	TCP	515	<1024[a]	ja	Ausgehendes *lpr*, Server an Client

a. Ist möglicherweise auf 721–731 beschränkt.
b. ACK wird beim ersten Paket dieses Typs nicht gesetzt (Aufbau der Verbindung), wird jedoch bei den restlichen gesetzt.

Proxy-Eigenschaften von lpr

lpr ist ein Protokoll, das nach dem Durchreichprinzip arbeitet und so konfiguriert werden kann, daß es selbst als Proxy arbeitet. Sie können auf Ihrem Proxy-Server einfach eine Standard-*lpr*-Konfiguration laufen lassen und sie so einrichten, daß sie jeden gewünschten Drucker anspricht oder die Aufträge an einen anderen Server weitergibt. Dies bringt gegenüber dem direkten *lpr* keine Sicherheitsverbesserungen, erlaubt es Ihnen aber, einen nicht routenden Rechner zu überqueren.

Network-Address-Translation-Eigenschaften von lpr

lpr verwendet keine eingebetteten IP-Adressen und funktioniert problemlos mit Network-Address-Translation-Systemen. Allerdings enthalten Druckaufträge normalerweise Informationen über interne Hostnamen.

Paketfiltereigenschaften von lp

lp bietet selbst keine Unterstützung für netzweites Drucken. Solche Druckaufträge verarbeitet es entweder mit Hilfe von *rsh*, das in Kapitel 18 zusammen mit den anderen BSD-»r«-Befehlen behandelt wird, oder *lpr*. Um Ihre Druckerkonfiguration zu ermitteln, richten Sie einen Netzwerkdrucker ein und lesen seine Schnittstellendatei (normalerweise */usr/spool/lp/interfaces/printername*). Manche Hersteller bieten zusammen mit *lp* auch neue Systeme für das netzweite Drucken an; in der Dokumentation finden Sie weitere Informationen.

Windows-basiertes Drucken

Windows-Betriebssysteme benutzen hauptsächlich drei Arten von Netzwerk-basierten Druckprotokollen. Windows NT, Windows 95 und neuer können *lpr* als Netzwerk-Druckprotokoll verwenden. Außerdem bauen zwei Windows-eigene Netzwerk-Druckprotokolle auf SMB auf, eine LanMan-Version (die besondere Druckaufrufe verwendet) und eine CIFS-Version (die eine benannte Pipe in das Spooler-System und allgemeine Transaktionsaufrufe verwendet). Neben den allgemeinen Sicherheitsaspekten von SMB ziehen diese Protokolle weitere besondere Sicherheitsprobleme nach sich. Die meisten Clients sind so eingerichtet, daß sie die neue Software akzeptieren und ausführen, wenn ein Druckserver behauptet, eine aktualisierte Version eines Druckertreibers zu haben. Das ist einer der wenigen Fälle, in denen ein Server einen Clients wirklich dazu zwingen kann, beliebigen Code per SMB herunterzuladen und auszuführen, ohne den Benutzer bewußt darum zu bitten. Während nach außen gerichtetes *lpr* (von einem internen Client an einen externen Druckserver) relativ sicher ist, ist nach außen gerichteter SMB-Druck noch unsicherer als nach innen gerichteter SMB-Druck.

Andere Drucksysteme

Aufgrund der Mängel von *lp* und *lpr* sind viele Unix-Hersteller dazu übergegangen, eigene Lösungen für das Drucken im Netz zu implementieren. Andere Plattformen unterstützen möglicherweise *lp*, *lpr*, ein separates Protokoll oder eine Kombination. Da es sein eigenes Protokoll besitzt, das sich leichter implementieren läßt als *rsh*, ist *lpr* auf Nicht-Unix-Systemen beliebter als *lp*. Viele Systeme verfügen allerdings über eigene Protokolle. Einige Drucker sind selbst Netzwerkgeräte, die manchmal direkt *lp* oder *lpr* verstehen und manchmal (vor allem ältere Drucker) über ein Protokoll kommunizieren, das vom Druckerhersteller entwickelt wurde.

Die meisten vorhandenen Netzwerk-Druckprotokolle haben eines gemeinsam: Sie sind nicht sicherer als *lpr*. Die meisten sind nicht einmal so sicher wie *lpr* (wenn Sie das System mit einer Druckanfrage im richtigen Protokoll erreichen können, wird es den Druckauftrag erledigen).

Die IETF arbeitet an einem Protokoll namens *Internet Printing Protocol* (IPP), das sich für den Einsatz über das Internet eignen soll. Dieses Protokoll ist noch nicht weit verbreitet, allerdings ist es in Windows 2000 enthalten und wird sich wahrscheinlich damit relativ schnell ausbreiten. IPP baut auf HTTP auf und kann auf dem normalen HTTP-Port oder auf Port 631 betrieben werden. Für die Verschlüsselung läuft IPP über HTTPS anstatt über HTTP. Eine Authentifizierung erreicht man, indem man entweder HTTPS mit Clientzertifikaten oder eine HTTP-Authentifizierungsmethode verwendet. Siehe Kapitel 15, *Das World Wide Web*, für weitere Informationen über HTTP und HTTPS.

Hewlett-Packard-Drucker unterstützen ebenfalls eine Netzwerk-Druckschnittstelle, die zu einem De-facto-Standard geworden ist, obwohl man sie kaum als Protokoll bezeichnen kann. Der Drucker akzeptiert Druckaufträge auf TCP-Port 9100, so wie er es auch auf einer seriellen oder parallelen Verbindung tun würde. Jede TCP-Verbindung stellt einen separaten Auftrag dar. Der Drucker verarbeitet die Daten einfach, wenn er sie empfängt, und gibt alle Fehlercodes zurück. Authentifizierung oder Verschlüsselung werden dabei offensichtlich nicht gewährleistet.

Zusammenfassung der Empfehlungen für Druckprotokolle
- Lassen Sie Druckprotokolle nicht durch Ihre Firewall hindurch zu.

Verwandte Protokolle

Unter Unix wird auch *rcp* häufig für die Übertragung von Dateien benutzt; es wird in Kapitel 18, *Der Fernzugriff auf Hosts*, zusammen mit den restlichen BSD-»r«-Befehlen vorgestellt. Eine sicherere Ersetzung von *rcp* namens *scp* wird ebenfalls in diesem Kapitel zusammen mit SSH erläutert, auf dem *scp* basiert.

Auch HTTP ist eigentlich ein Dateiübertragungsprotokoll und kann zum Übertragen beliebiger Dateien verwendet werden.

rsync, das in Kapitel 22, *Administrative Dienste*, besprochen wird, wird normalerweise für die Synchronisation verwendet, kann aber auch als ein allgemeines Dateiübertragungsprotokoll in Weitverkehrsnetzen eingesetzt werden.

Auch Microsofts NetMeeting, vorgestellt in Kapitel 19, *Echtzeit-Konferenzdienste*, unterstützt Dateiübertragungen.

18

Der Fernzugriff auf Hosts

Manchmal werden Sie ein Netzwerk dazu verwenden wollen, um auf einen anderen als den Computer zuzugreifen, vor dem Sie gerade sitzen. Sie könnten zum Beispiel ein Programm auf einem schnelleren Computer ausführen. Oder Sie benutzen einen Computer, der mit einer besonderen Hardware ausgestattet ist (etwa mit einem CD-Brenner). Möglicherweise greifen Sie auch auf einen Computer zu, auf dem ein Betriebssystem läuft, das Sie zwar nicht so sehr schätzen, für das Sie aber eine wichtige Software haben. Vielleicht müssen Sie aber auch Computer betreuen, bei denen der (physisch) direkte Zugriff unbequem oder unmöglich ist.

Für all diese Dinge gibt es verschiedene Wege. Wenn der entfernte Computer zum Beispiel Terminals unterstützt, können Sie über das Netzwerk eine Verbindung aufnehmen, so als wäre ein Terminal an ihn angeschlossen. Sie könnten auch einen einzelnen Befehl an den entfernten Computer senden, um diesen Befehl ausführen zu lassen (entfernte Ausführung). Schließlich wäre es auch möglich, eine Verbindung herzustellen, die auch Grafiken überträgt. Dieses Kapitel stellt die Protokolle für die verschiedenen Verbindungsarten vor.

Microsofts *Remote Access Service* (RAS) stellt den Fernzugriff auf ein Netzwerk und nicht auf einen einzelnen Rechner bereit. Daher wird dieses Protokoll nicht hier, sondern in Kapitel 14, *Vermittelnde Protokolle*, zusammen mit anderen Protokollen besprochen, die für den Anschluß an Netzwerke benutzt werden. Dort finden Sie unter anderem PPP und PPTP.

Terminal-Zugang (Telnet)

Mit Telnet kann ein Benutzer eine Kommando-Shell auf einem entfernten Computer ausführen. Telnet wird von den meisten Plattformen im Internet unterstützt, nicht nur von Unix und Windows NT,[1] sondern sogar von einigen MS-DOS- und Microsoft Windows-Systemen (die über einen Telnet-Server Zugang zu einer DOS-Shell bieten). Die große Ausnahme bildet das Macintosh-Betriebssystem, das keine Kommandozeilen-Shell besitzt, auf die Benutzer zugreifen können, weder für lokalen noch für entfernten Zugriff (es sei denn, Sie installieren die Unix-artige Entwicklungsumgebung, die sowohl eine Shell als auch einen Telnet-Server enthält).

Der entfernte Terminalzugang ist zwar die gebräuchlichste Anwendung von Telnet, bei den meisten Telnet-Clients kann man jedoch eine beliebige Portnummer angeben, um auf textorientierte TCP-Dienste auf anderen Ports zuzugreifen. Dies ist nützlich, wenn Sie einen Dienst anbieten und dafür keine speziellen Clients verteilen wollen. So kommt Telnet zum Beispiel oft für MUDs (*Multi-User Domains*) und MOOs (*Multi-User Domains, Object Oriented*) zum Einsatz. Das sind Mehrbenutzerumgebungen für Spiele, gemeinsame Arbeit oder Chat-Bereiche. Telnet-Clients dienen häufig auch zur Fehlersuche bei Protokollen, die normalerweise mit speziellen Clients benutzt werden. So kann man SMTP-Server überprüfen oder Benutzernamen verifizieren, indem man sich mit *telnet rechnername 25* direkt an Port 25 mit dem SMTP-Server verbindet und dann SMTP-Befehle eingibt. Es ist wichtig zu verstehen, daß Sie dabei zwar mit dem Programm *telnet* arbeiten, dieses jedoch nur eine einfache TCP-Verbindung zur angegebenen Portnummer aufbaut. Das Programm *telnet* benutzt nur dann das Protokoll Telnet (das die Aushandlung von Optionen zwischen Client und Server, zeilen- und zeichenorientierte Modi usw. bietet), wenn es auf dem Standardport für Telnet (Port 23) mit einem Server verbunden ist.[2] In diesem Abschnitt behandeln wir nur den Einsatz von Telnet-Clients für den Zugang zu Telnet-Servern.

Die Sicherheitsaspekte bei eingehenden und ausgehenden Telnet-Verbindungen unterscheiden sich erheblich. Die meisten Standorte erlauben ihren Benutzern ausgehende Telnet-Verbindungen, damit sie auf Kommandointerpreter und Informationsdienste zugreifen können, die per Telnet auf entfernten Systemen im Internet angeboten werden. (Abbildung 18-1 stellt eine ausgehende Telnet-Verbindung dar.) Eingehende Telnet-Verbindungen sind dagegen an den meisten Standorten verboten (oder werden zumindest streng kontrolliert).

---

[1] Windows 2000 enthält sowohl den Client als auch den Server; Windows NT 4 enthält nur einen Telnet-Client, allerdings gibt es Telnet-Server dafür von Drittherstellern oder als Teil des Windows NT Resource Kit.

[2] Telnet startet eine Aushandlung zwar nur, wenn es mit Port 23 kommuniziert, allerdings antworten die meisten Telnet-Clients auf Anfragen zur Aushandlung. Diese können von Servern benutzt werden, um Leute aufzuspüren, die Telnet anstelle von Standard-Clients einsetzen (zum Beispiel Leute, die Telnet an Port 25 verwenden, um E-Mails zu fälschen).

Terminal-Zugang (Telnet)

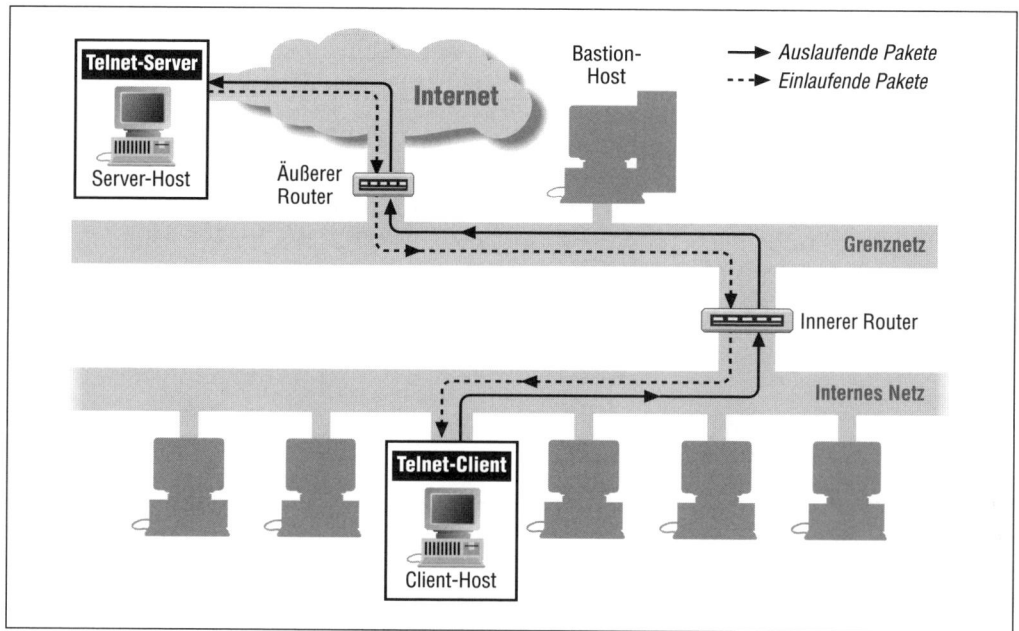

Abbildung 18-1: Ausgehende Telnet-Verbindung

Unabhängig von der Richtung der Verbindung handelt es sich bei Telnet (wie bei den meisten anderen Protokollen) um ein Klartext-Protokoll. Alle Informationen, auf die Ihre Benutzer über eine Telnet-Verbindung zugreifen oder die sie eingeben (zum Beispiel geheime Daten, die sie beziehen, oder Paßwörter, die sie für entfernte Systeme angeben müssen), sind für jemanden sichtbar, der in der Telnet-Verbindung herumschnüffelt. Eine Ausnahme bildet das Windows 2000-Telnet, mit dem wir uns in diesem Kapitel noch befassen werden; unter bestimmten Umständen schützt es die Zugangsinformationen, allerdings sind die anderen Informationen in der Verbindung weiterhin sichtbar. Es gibt zwar Telnet-Versionen mit Verschlüsselung, diese sind jedoch nicht weit verbreitet. Die meisten Standorte, die auf verschlüsselten Terminal-Zugang angewiesen sind, benutzen statt dessen SSH. (Siehe den Abschnitt »Secure Shell (SSH)« weiter hinten in diesem Kapitel.)

Sie sollten die Benutzer auffordern, auf externen Rechnern andere Paßwörter zu verwenden als auf den lokalen Rechnern. Bei ausgehenden Telnet-Verbindungen könnten ihre Paßwörter ausspioniert werden. (Siehe Kapitel 21, *Authentifizierungs- und Auditing-Dienste*, für weitere Informationen über Paßwörter und das Ausspähen von Paßwörtern.)

Windows 2000 Telnet

Windows 2000 besitzt einige Eigenschaften, die zwar keine Standardbestandteile von Telnet sind, es jedoch in einer einheitlichen Windows 2000-Umgebung sicherer machen.

Wenn an beiden Enden einer Verbindung Windows 2000 benutzt wird und zwischen ihnen eine NTLM-Authentifizierung möglich ist, kann Telnet diese NTLM-Authentifizierung einsetzen. In diesem Fall findet die Authentifizierung außerhalb der Telnet-Verbindung statt, ohne daß Paßwörter oder Benutzernamen im Klartext übertragen werden. Weitere Informationen über die NTLM-Authentifizierung finden Sie in Kapitel 21. Telnet-Server und -Client können so konfiguriert werden, daß sie immer eine Klartext-Authentifizierung vornehmen, daß sie versuchen, NTLM-Authentifizierung zu benutzen, und auf Klartext-Authentifizierung zurückgreifen, falls NTLM nicht zur Verfügung steht, oder daß sie auf jeden Fall eine NTLM-Authentifizierung erfordern.

Außerdem kann man den Windows 2000-Telnet-Server dazu bringen, daß er nur Benutzern mit lokalen Zugängen oder Benutzern mit Zugängen aus der gleichen Domäne den Zugriff erlaubt.

Paketfiltereigenschaften von Telnet

Telnet ist ein TCP-basierter Dienst. Telnet-Server arbeiten normalerweise auf Port 23 (sie können zwar auf jede Portnummer eingestellt werden, andere Ports als 23 sind jedoch sehr selten). Telnet-Clients arbeiten mit Portnummern oberhalb von 1023. (Telnet dient in *Kapitel 8, Paketfilterung*, als Beispiel, deshalb werden seine Paketfiltereigenschaften dort ausführlicher behandelt.)

Richtung	Quelladresse	Zieladresse	Protokoll	Quellport	Zielport	ACK gesetzt	Anmerkungen
eingehend	extern	intern	TCP	>1023	23	[a]	Eingehende Verbindung, Client an Server
ausgehend	intern	extern	TCP	23	>1023	ja	Eingehende Verbindung, Server an Client
ausgehend	intern	extern	TCP	>1023	23	[a]	Ausgehende Verbindung, Client an Server
eingehend	extern	intern	TCP	23	>1023	ja	Ausgehende Verbindung, Server an Client

a. ACK ist beim ersten Paket dieses Typs nicht gesetzt (Aufbau der Verbindung), wird aber bei den restlichen gesetzt.

Proxy-Eigenschaften von Telnet

Telnet wird von Proxies gut unterstützt. Das SOCKS-Paket enthält einen modifizierten Telnet-Client für Unix; die Anpassung von Clients auf anderen Plattformen ist relativ einfach. Das TIS FWTK stellt einen Proxy-Server für Telnet bereit, für den eine Anpassung der Benutzerprozeduren nötig ist. Mit den SOCKS-Proxies können Sie auch andere Ports als den Standardport für Telnet erreichen, vorausgesetzt, solche Verbindungen sind in der Konfigurationsdatei des SOCKS-Servers als zulässig eingetragen. So gut wie jedes kommerzielle Proxy-Paket unterstützt Telnet, da dieses Protokoll im Internet sehr häufig benutzt wird.

Network-Address-Translation-Eigenschaften von Telnet

Telnet verwendet keine eingebetteten IP-Adressen und funktioniert daher problemlos mit NAT-Systemen.

Zusammenfassung der Empfehlungen für Telnet

- Schränken Sie eingehende Telnet-Verbindungen soweit wie möglich ein. An den meisten Standorten besteht kaum oder gar kein Bedarf dafür.
- Ausgehende Telnet-Verbindungen können Sie über Paketfilter oder Proxies zulassen.
- Wird bei Telnet-Sitzungen auf vertrauliche Daten zugegriffen, sollten Sie eine verschlüsselte Version von Telnet verwenden oder gleich auf *ssh* zurückgreifen.

Entfernte Ausführung von Befehlen

Es gibt eine Vielzahl von Protokollen, mit denen Benutzer Befehle auf entfernten Systemen ausführen können. In diesem Abschnitt beschreiben wir die BSD-»r«-Befehle *rexec* und *rex*.

BSD-»r«-Befehle

Die »r«-Befehle des BSD-Unix (*rsh*, *rlogin*, *rcp*, *rdump*, *rrestore* und *rdist*) wurden für den bequemen Fernzugriff (ohne Angabe eines Paßworts) auf Dienste zur Ausführung von Befehlen auf entfernten Rechnern (*rsh*), zum Fernzugang (*rlogin*) und zum Kopieren von Dateien zwischen entfernten Rechnern (*rcp* und *rdist*) entwickelt.

Diese Programme sind außerordentlich nützlich. Wir werden jedoch gleich sehen, daß sie nur in einer Umgebung sicher sind, in der man allen Maschinen trauen kann. Obwohl es sinnvoll ist, diese Dienste innerhalb eines LANs zu verwenden, sollte man sie so gut wie nie im Internet benutzen. Diese Dienste täuschen dem Anwender nämlich nur allzu leicht Sicherheit vor.

Das Problem bei diesen Befehlen besteht darin, daß die Authentifizierung auf der Adresse beruht. Der Server entscheidet anhand der Quelladresse der Anfrage, ob er dem entfernten Rechner traut und dessen Benutzerangaben glaubt (auf Unix-Systemen wird dies über die Dateien */etc/hosts.equiv* und *.rhosts* gesteuert).

Ein Angreifer, der einen dieser Server davon überzeugt, daß eine Verbindung von einer »vertrauenswürdigen« Maschine stammt, kann im Prinzip völligen und uneingeschränkten Zugang zu Ihrem System erhalten. Dazu könnte er die vertrauenswürdige Maschine nachahmen und ihre IP-Adresse benutzen, DNS verwirren, so daß DNS annimmt, die IP-Adresse des Angreifers passe zu dem Namen einer vertrauenswürdigen Maschine, oder eine andere Methode verwenden.

Fällt der Rechner bei der oben beschriebenen Überprüfung durch (das bedeutet, daß der Benutzer nicht von einem vertrauenswürdigen Rechner kommt), lehnen die meisten dieser Dienste die Anfrage des Clients einfach ab und beenden die Verbindung. Der *rlogind*-Server fragt den Client jedoch nach einem Paßwort, wenn die Überprüfung fehlschlägt. Das eingegebene Paßwort wird wie bei Telnet unverschlüsselt im Netz übertragen. Sie müssen daher wie bei Telnet-Sitzungen mit Angreifern rechnen, die Paßwörter aus *rlogin*-Sitzungen abfangen. In Kapitel 21, *Authentifizierungs- und Auditing-Dienste*, finden Sie eine Beschreibung von Maßnahmen gegen dieses Aufspüren von Paßwörtern.

Auf manchen Systemen läßt sich die Überprüfung der vertrauenswürdigen Rechner mit einem Kommandozeilenargument des Servers abschalten. Bietet Ihr Server keine einfache Möglichkeit zum Abschalten des Tests, können Sie ihn problemlos entsprechend abändern, falls Sie den Quellcode des Servers besitzen (oder beschaffen können). Ohne diesen Mechanismus ist der *rshd*-Server jedoch völlig sinnlos, da er keine Möglichkeit bietet, bei einer gescheiterten Überprüfung ein Paßwort oder ähnliches abzufragen. Der *rlogind*-Server ist auch ohne die Überprüfung noch nützlich, da er ein Paßwort abfragen kann. Er bietet allerdings kaum mehr Möglichkeiten als Telnet.

BSD-»r«-Befehle unter Windows NT

Windows NT 4 stellt Clients für *rcp* und *rsh* bereit, und das Windows NT 4 Server Resource Kit enthält Server für alle Befehle bis auf *rlogin*, das einen anderen Server erfordert. Die Windows NT-Clients verwenden zwar eine etwas unterschiedliche Syntax als die modernen Unix-Clients, die Sicherheitsaspekte sind jedoch dieselben.

Die Sicherheitsaspekte stellen sich für den Server unter Windows NT schwieriger dar als unter Unix. Das grundlegende Problem ist das gleiche; der Server verläßt sich auf die Informationen des Clients über den Benutzer. Die meisten Clients sind nicht im mindesten vertrauenswürdig (es gibt eine Reihe von Möglichkeiten, wie jemand, der die Kontrolle über einen Client besitzt, eine bestimmte Identität annehmen kann). Da der Client außerdem nur über die Überprüfung der Quell-IP-Adresse identifiziert wird, ist der Server selbst dann anfällig gegenüber IP-Adreßfälschungen, wenn er nur sorgsam ausgewählten Clients vertraut.

Schlimmer noch, *rsh* paßt nicht in das Sicherheitsmodell von Windows NT. Unter NT kann ein Programm nicht einfach ohne Paßwort die Identität eines Benutzers voraussetzen. *rsh* ist dagegen nicht in der Lage, ein Paßwort bereitzustellen. Der *rsh*-Server muß eine Möglichkeit finden, diese Lücke zu überbrücken. Manche Server gehen einen einfachen und vollkommen unsicheren Weg: Sie versuchen gar nicht erst, die Identität des Benutzers herauszufinden, und führen alles mit den Berechtigungen des Servers aus. Andere merken sich eine Zuordnung zwischen den *rsh*-Benutzern und den Windows NT-Benutzern, einschließlich des Windows NT-Paßworts. Dadurch erhöht sich zwar die Sicherheit bei der Benutzung des Servers, allerdings fallen einem Angreifer die Benutzer- und Paßwortinformationen in die Hände, wenn er auf die Zuordnungsdaten zugreifen kann.

Wegen dieser Probleme ist es nicht ratsam, diese Server zu betreiben.

Paketfiltereigenschaften der BSD-»r«-Befehle

Die »r«-Befehle sind Dienste auf Basis von TCP. Der Server benutzt die Ports 513 (*rlogin*) oder 514 (*rsh, rcp, rdump, rrestore* und *rdist*; diese stellen nur verschiedene Clients für den gleichen Server dar). Etwas ungewöhnlich ist die Tatsache, daß die Clients beliebige Portnummern unterhalb von 1024 verwenden.

Mit Portnummern unter 1024 für die Clients wird ein Sicherheitsschema eingeführt, das den Zugang zu diesen Diensten ohne Paßwort erlaubt, wenn die Anfrage von einem vertrauenswürdigen Rechner und Benutzer stammt (siehe oben). Diesem Ansatz liegt die folgende Überlegung zugrunde: Wenn die Anfrage von einer Client-Portnummer unter 1024 stammt, muß sie auf der Maschine des Clients mit root-Berechtigung laufen, denn andernfalls hätte der Client nie einen Port unterhalb von 1024 für die Anfrage bekommen. Diese Überlegung gilt nicht auf Windows-Betriebssystemen, da dort jeder Benutzer jeden Port benutzen kann, der gerade nicht verwendet wird.

Einige Clients des Servers auf Port 514 (wie etwa *rsh*) benutzen außerdem eine zweite TCP-Verbindung für Fehlermeldungen. Diese zweite TCP-Verbindung wird von einem beliebigen Port unterhalb von 1024 auf dem Server zu einem beliebigen Port unterhalb von 1024 auf dem Client hergestellt. Das bedeutet, daß zu einem *rsh*-Befehl eine eingehende TCP-Verbindung für den Fehlerkanal gehört.

Richtung	Quelladresse	Zieladresse	Protokoll	Quellport	Zielport	ACK gesetzt	Anmerkungen
eingehend	extern	intern	TCP	<1024	513	a	*rlogin*, externer Client an internen Server
ausgehend	intern	extern	TCP	513	<1024	ja	*rlogin*, interner Server an externen Client
eingehend	extern	intern	TCP	<1024	514	a	*rsh/rcp/rdump/rrestore/rdist*, externer Client an internen Server
ausgehend	intern	extern	TCP	514	<1024	ja	*rsh/rcp/rdump/rrestore/rdist*, interner Server an externen Client
ausgehend	intern	extern	TCP	<1024	<1024	a	*rsh*-Fehlerkanal, interner Server an externen Client
eingehend	extern	intern	TCP	<1024	<1024	ja	*rsh*-Fehlerkanal, externer Client an internen Server
ausgehend	intern	extern	TCP	<1024	513	a	*rlogin*, interner Client an externen Server
eingehend	extern	intern	TCP	513	<1024	ja	*rlogin*, externer Server an internen Client
ausgehend	intern	extern	TCP	<1024	514	a	*rsh/rcp/rdump/rrestore/rdist*, interner Client an externen Server
eingehend	extern	intern	TCP	514	<1024	ja	*rsh/rcp/rdump/rrestore/rdist*, externer Server an internen Client

Richtung	Quell-adresse	Ziel-adresse	Protokoll	Quellport	Zielport	ACK gesetzt	Anmerkungen
eingehend	extern	intern	TCP	<1024	<1024	a	rsh-Fehlerkanal, externer Server an internen Client
ausgehend	intern	extern	TCP	<1024	<1024	ja	rsh-Fehlerkanal, interner Client an externen Server

a. ACK ist beim ersten Paket dieses Typs nicht gesetzt (Aufbau der Verbindung), wird aber bei den restlichen gesetzt.

Proxy-Eigenschaften der BSD-»r«-Befehle

Der einzige der »r«-Befehle, der im Internet verbreitet eingesetzt wird, ist *rlogin*. Das TIS FWTK stellt einen Proxy-*rlogin*-Server zur Verfügung, der ausgehendes *rlogin* mit Hilfe modifizierter Benutzerprozeduren erlaubt.

Alle anderen Befehle verlassen sich vollständig auf eine Authentifizierung anhand der Adresse und bieten dem Benutzer überhaupt keine Möglichkeit, ein Paßwort anzugeben. Da sie im Internet so selten benutzt werden, stehen dafür kaum Proxies zur Verfügung. Bei all diesen Befehlen kann der Benutzer genügend Daten angeben, die zum Server übertragen werden, so daß man Proxies für modifizierte Benutzerprozeduren schreiben könnte. Mit einer Anpassung der Funktion *rcmd()* und einiger anderer Funktionen der Unix-Standardbibliothek könnten Sie Clients erzeugen, die einen generischen Proxy-Server benutzen.

Network-Address-Translation-Eigenschaften der BSD-»r«-Befehle

Die BSD-»r«-Befehle werden im Prinzip problemlos mit NAT-Systemen funktionieren. Der *rsh*-Fehlerkanal verläuft jedoch vom Server zum Client, und der Server erhält die IP-Adresse des Clients vom *rsh*-Protokoll. Die meisten Network-Address-Translation-Systeme wandeln diese eingebettete Adresse nicht um, wodurch der Aufbau des Fehlerkanals und damit auch *rsh* fehlschlägt. NAT-Systeme, die Portnummern verändern, sorgen ebenfalls dafür, daß Verbindungen scheitern, wenn sie den Clientport über 1023 verschieben.

Zusammenfassung der Empfehlungen für die BSD-»r«-Befehle

- Erlauben Sie keinen der r-Befehle über Ihre Firewall mit Ausnahme ausgehender Verbindungen mit einem Proxy. Sie sind unsicher! Benutzen Sie SSH oder alternative Protokolle wie Telnet, FTP usw., die man sicherer gestalten kann.
- Es ist nicht möglich, ausgehende *rsh*-Dienste sicher anzubieten, da Sie dazu für die Fehlerkanäle eingehende TCP-Verbindungen auf beliebigen Ports unter 1024 zulassen müßten.
- Wegen der Unterschiede in den Sicherheitsmodellen ist der *rsh*-Server auf Windows NT besonders gefährlich; Windows NT-basierte *rsh*-Clients sind zwar relativ sicher, allerdings sind Windows NT-basierte *rsh*-Servers viel gefährlicher als Unix-basierte *rsh*-Server.

- Wenn Sie die »r«-Befehle unbedingt brauchen, sollten Sie sicherstellen, daß Sie die Überprüfung der vertrauenswürdigen Rechner vollständig im Griff haben (am besten, indem Sie den Code im Server deaktivieren, was Kommandozeilen-Optionen oder eine Änderung des Quellcodes erfordern kann).
- Hüten Sie sich beim Einsatz von *rlogin* ebenso wie bei Telnet vor der versehentlichen Offenlegung wiederverwendbarer Paßwörter.

rexec

rexec ist ein häufig ausgeführter, aber selten benutzter Server. Das liegt daran, daß nahezu kein Betriebssystem sowohl den Client als auch den Server bereithält. Uns ist nicht ganz klar, warum es so häufig läuft, aber fast jedes Unix-System wird mit aktiviertem *rexecd* in */etc/inetd.conf* ausgeliefert – vermutlich für den Fall, daß jemand unbedingt einen lokalen Client dafür schreiben möchte. Windows NT 4-Maschinen werden im Gegensatz dazu mit einem *rexec*-Client, aber ohne Dämon geliefert (vielleicht für den Fall, daß Sie Unix-Maschinen betreiben?). Die einzigen Systeme, von denen wir wissen, daß sie sowohl einen Client als auch einen Server enthalten, sind Silicon Graphics-Workstations mit IRIX, die das *rexec*-Protokoll als Grundlage für das *inst*-Software-Installationsprogramm benutzen.

rexec wird gewöhnlich mit den »r«-Befehlen von BSD in einen Topf geworfen, dabei ist es eigentlich etwas sicherer als diese. Anstatt sich auf die Authentifizierung anhand der Quelladresse zu verlassen, verlangt es vom Benutzer immer die Angabe von Benutzernamen und Paßwort. Leider wird dieser Vorteil dadurch aufgehoben, daß es diese Daten im Klartext über das Netzwerk überträgt, es ist also nicht sicherer als zum Beispiel Telnet. Was noch schlimmer ist, die meisten *rexec*-Dämonen bieten nicht einmal eine Protokollierung. Dies macht **rexec** zu einem bevorzugten Angriffspunkt, da Sie Angreifer wahrscheinlich weder bemerken werden, wenn sie angreifen, noch zu einem späteren Zeitpunkt.

Paketfiltereigenschaften von rexec

rexec ist ein TCP-basierter Dienst. Der Server verwendet Port 512. Der Client benutzt einen beliebigen Port oberhalb von 1023.

Richtung	Quell-adresse	Ziel-adresse	Protokoll	Quell-port	Ziel-port	ACK gesetzt	Anmerkungen
eingehend	extern	intern	TCP	>1023	512	[a]	Eingehendes *rexec*, Client an Server
ausgehend	intern	extern	TCP	512	>1023	ja	Eingehendes *rexec*, Server an Client
ausgehend	intern	extern	TCP	>1023	512	[a]	Ausgehendes *rexec*, Client an Server
eingehend	extern	intern	TCP	512	>1023	ja	Ausgehendes *rexec*, Server an Client

a. ACK ist beim ersten Paket dieses Typs nicht gesetzt (Aufbau der Verbindung), wird aber bei den restlichen gesetzt.

Proxy-Eigenschaften von rexec

Da es nur wenige Plattformen gibt, die sowohl Clients als auch Server für *rexec* haben, gibt es keine verbreiteten Proxies dafür. Wenn Sie einen Client hätten, der *rexec* benutzt, wäre es nicht besonders schwierig, ihn so zu verändern, daß er einen generischen Proxy wie SOCKS benutzt. Wenn die *rexec*-Clients auf einer bestimmten Maschine immer auf den gleichen Server zugreifen, könnten Sie auch einen generischen Proxy-Server wie das Programm *plug-gw* im TIS FWTK verwenden. Es wäre zwar etwas anspruchsvoller, aber beileibe nicht unmöglich, einen speziellen Proxy-Server zu schreiben, der mit modifizierten Benutzerprozeduren arbeitet.

Network-Address-Translation-Eigenschaften von rexec

rexec verwendet keine eingebetteten IP-Adressen und funktioniert problemlos mit einer Network Address Translation.

Zusammenfassung der Empfehlungen für rexec

- Lassen Sie *rexec* nicht durch Ihre Firewall hindurch zu.
- Deaktivieren Sie den *rexecd* auf allen Maschinen, die ihn nicht benötigen, um Software-Pakete über *inst* bereitzustellen.

rex

rex ist ein RPC-basierter Dienst für die entfernte Ausführung von Befehlen. Um die Probleme zu verstehen, die RPC-basierte Dienste für eine Firewall aufwerfen, schauen Sie sich die Ausführungen über RPC-basierte Dienste in Kapitel 14, *Vermittelnde Protokolle*, an. Es gibt jedoch mit *rex* noch gravierendere Probleme; so finden etwa alle Sicherheitsüberprüfungen im Client (einem Programm namens *on*) statt; jeder kann mit Hilfe eines modifizierten Client diese Überprüfungen umgehen.

rex ist ein Sun-RPC-Dienst, der TCP verwendet; weitere Informationen über die Paketfilter-, Proxy- und Network-Address-Translation-Eigenschaften von RPC-Diensten finden Sie in Kapitel 14.

Zusammenfassung der Empfehlungen für rex

- Lassen Sie *rex* nicht durch Ihre Firewall hindurch zu; erlauben Sie es am besten überhaupt nicht, da es selbst innerhalb einer LAN-Umgebung völlig unsicher ist.

Befehle für den Fernzugriff unter Windows NT

Für Windows NT 4 stellt das Windows NT Resource Kit ebenfalls drei Windows NT-spezifische Dienste bereit, die es Ihnen erlauben, entfernt Befehle auszuführen:

- Remote Command Line oder REMOTE
- Remote Command oder RCMD
- Remote Console oder RCONSOLE

(Bei Windows 2000 wird diese Funktionalität vom Terminal Server zur Verfügung gestellt, der später in diesem Kapitel besprochen wird.)

Ihren ähnlichen Namen zum Trotz sind diese drei Dienste doch sehr verschieden. RCMD ist ein ziemlich normaler Dienst zur entfernten Ausführung von Befehlen; Sie starten den Server, und jeder Client, der mit diesem eine Verbindung aufnimmt, kann dann alle Befehle ausführen. REMOTE ist beschränkt; Sie starten den auszuführenden Befehl zur gleichen Zeit wie den Server. Der Client kann nur den Befehl kontrollieren, den Sie gestartet haben. Befehle mit grafischen Benutzeroberflächen oder komplizierte Eingabe- und Ausgabe-Methoden funktionieren mit keinem der Dienste (dazu gehören eine Reihe von Standardprogrammen, die Sie von einer Kommandozeile aus benutzen könnten, einschließlich zum Beispiel *edit*). Keiner dieser Dienste verschlüsselt Informationen.

Remote Console besitzt mehr Möglichkeiten als RCMD oder REMOTE. Es bietet Ihnen eine Konsole auf der entfernten Maschine, so als wären Sie physisch auf der Maschine angemeldet und hätten um einen Befehlsprompt gebeten. Es übernimmt das Grafiksignal und alle Ein- und Ausgaben, so daß alle Programme, die normalerweise in einem Konsolenfenster arbeiten, auch hier richtig funktionieren. Remote Console unterstützt Verschlüsselung. Es verschlüsselt standardmäßig die Authentifizierungsinformationen. Außerdem können die Clients dafür sorgen, daß eine ganze Verbindung verschlüsselt wird (der Server kann keine Verschlüsselung anfordern). Die Authentifizierungsinformationen werden mit DES verschlüsselt. Die Einzelheiten der anderen Verschlüsselungssysteme sind nicht dokumentiert.

Die Dienste verwenden außerdem unterschiedliche Sicherheitsmodelle. RCMD benutzt eine normale Windows NT-Authentifizierung. Der Benutzer, der den Client betreibt, muß die Berechtigung besitzen, sich interaktiv am Server anzumelden; die Befehle werden mit der Berechtigung dieses Benutzers ausgeführt. (Einige frühe Versionen von RCMD führen die Befehle nicht mit den tatsächlichen Berechtigungen des Benutzers aus; Sie sollten darauf achten, daß Sie die neueste Version verwenden.) REMOTE führt von vornherein gar keine Authentifizierung durch, der Befehl wird mit den Berechtigungen des Benutzers ausgeführt, der den Server gestartet hat. Wenn Sie einen REMOTE-Server starten, können Sie den Zugriff auf einen bestimmten Benutzer oder eine bestimmte Gruppe beschränken.

Remote Console verwendet ihre eigene Authentifizierung. Standardmäßig können nur Mitglieder der Gruppe Administrator Remote Console benutzen. Andere Benutzer können diese Fähigkeit ebenfalls erhalten, indem sie zu Mitgliedern der Gruppe »RConsole Users« gemacht werden; in diesem Fall erhalten die Benutzer automatisch das Recht »Anmelden als Stapelverarbeitungsauftrag«. Setzen diese Benutzer Remote Console ein, erhalten sie eine Konsole, die mit ihren normalen Berechtigungen läuft, so als wären sie wirklich an der Konsole angemeldet (nur daß die Remote Console nicht überprüft, ob sie das Recht »Lokale Anmeldung« besitzen, das ihnen dies normalerweise erlauben würde).

REMOTE besitzt nur einen eingeschränkten Nutzen und ist hochgradig unsicher. RCMD ist zwar nützlicher, aber auch nicht sehr sicher. Wenn Sie gelegentlich einen Kommandozeilenzugang zu entfernten Maschinen in einem relativ sicheren Netzwerk benötigen, ist Remote Console durchaus ausreichend. Wollen Sie die gesamte Verwaltung von außen abwickeln, brauchen Sie eine leistungsfähigere Lösung; müssen Sie ein unsicheres Netzwerk durchqueren, benötigen Sie eine besser geschützte Lösung. Wenn Sie zwischen NT-Maschinen kommunizieren, ist Remote Console *rsh* vorzuziehen, da Remote Console die Windows NT-Benutzerauthentifizierung verwendet, die sicherer ist als die Authentifizierung anhand der Quelladresse von *rsh*.

All diese Dienste bauen auf SMB-Transaktionen auf; die Paketfilter-, Proxy- und Network-Address-Translation-Eigenschaften von SMB-Transaktionen werden in Kapitel 14, *Vermittelnde Protokolle*, behandelt.

Zusammenfassung der Empfehlungen für Befehle für den Fernzugriff
- Lassen Sie Remote Console, RCMD oder andere SMB-basierte Dienste nicht durch Ihre Firewall zu.
- Führen Sie REMOTE überhaupt nicht aus.

Secure Shell (SSH)

Die Secure Shell oder SSH leitet ihren Namen von einem der Befehle in der ursprünglichen Implementierung ab, die von Tatu Ylonen im Jahre 1995 geschaffen wurde. SSH kann als sicherer Ersatz für die BSD-»r«-Befehle verwendet werden, da sie deren Funktionalität besitzt und darüber hinaus starke Authentifizierungs- und Verschlüsselungsmechanismen bietet. Auf einem Unix-System stellt sie Befehle zum Anmelden (*slogin*), entfernten Aufruf einer Shell (*ssh*) und entfernten Kopieren (*scp*) bereit. Außerdem ist in SSH ein Proxy-Mechanismus integriert, der die Probleme bei der Benutzung entfernter X Window-Clients behebt (X Window wird weiter hinten in diesem Kapitel näher behandelt). SSH kann auch eine beliebige »Port-Weiterleitung« ausführen, bei der der Verkehr, der an einem Port einer Maschine empfangen wird, an einen anderen Port auf einer anderen Maschine umgeleitet wird. Da SSH Verschlüsselung benutzt, kann man den Port-Weiterleitungsmechanismus als eingeschränkte VPN-Möglichkeit verwenden.

SSH-Server sind für Unix und Windows NT weit verbreitet; es gibt sie auch auf anderen Plattformen, die Kommandozeilenschnittstellen besitzen. SSH-Clients stehen für nahezu alle Plattformen zur Verfügung.

Um den Namen »SSH« herrscht eine ziemliche Verwirrung. Ursprünglich gab es ein einzelnes Programm namens *ssh*, mit der Zeit haben sich aber noch verschiedene andere Elemente entwickelt. Es gibt ein Paket, das das *ssh*-Programm und andere umfaßt und üblicherweise SSH genannt wird; es gibt ein Netzwerk-Kommunikationsprotokoll, auf dem das *ssh*-Programm (und andere) aufbauen, das in der Regel ebenfalls SSH genannt wird; und dann gibt es da noch eine Firma namens SSH Communications Security, die weitere Produkte unter dem Namen SSH anbietet.

Momentan existieren zwei Versionen des SSH-Protokolls, SSH Version 1 und SSH Version 2. SSH Version 1 ist das Original. Version 2 enthält eine Reihe neuer Funktionen, wie etwa die Unterstützung für das TLS-Protokoll, das in Kapitel 14, *Vermittelnde Protokolle*, näher vorgestellt wird. Dieses Protokoll ist (zur Zeit) noch kein IETF-Standard, also ist auch SSH Version 2 noch nicht fertig. Auch SSH Version 2 soll ein IETF-Standard werden.

Die Original-Implementierung, die hauptsächlich im Quellcode vertrieben wird, ist mit einer großzügigen Lizenz versehen, aufgrund derer das Programm für die meisten nichtkommerziellen Anwendungsfälle kostenlos zur Verfügung steht. Die Referenz-Implementierung von SSH Version 2 wird von SSH Communications Security gewartet und kommerziell vertrieben (für einige wenige Zwecke steht sie allerdings kostenlos zur Verfügung). Auf den SSH-Protokollen bauen mehrere Programme auf, die von anderen Leuten entwickelt wurden. Einige dieser Programme sind kommerzieller Natur, andere sind frei verfügbar.

Wegen der vielen Implementierungen und der unterschiedlichen Lizenzbeschränkungen sind beide Versionen weit verbreitet. Das wird sicher auch noch eine Weile so bleiben. Wenn nichts anderes gesagt wird, bezieht sich diese Darstellung auf die beiden Versionen des Pakets von SSH Communications Security.

Wenn es richtig eingesetzt wird, bietet SSH Schutz vor verschiedenen Risiken. Da es für die gesamte Kommunikation einschließlich der Benutzerauthentifizierung eine verschlüsselte Verbindung benutzt, schützt es vor Lauschern, die nach Daten oder Paßwörtern suchen. Die verwendeten Integritätsmechanismen schützen vor dem Entführen einer Sitzung; ein Angreifer kann nicht einfach eine existierende Verbindung übernehmen, da er nicht in der Lage sein wird, die Integritätsprüfsummen richtig zu erzeugen.

SSH ist sowohl für Leute, die in Netzwerke einbrechen, als auch für Administratoren ein sehr beliebtes Werkzeug. Die Gründe sind im großen und ganzen bei beiden gleich. Da SSH verschlüsselte Verbindungen unterstützt, kann ein Administrator nicht feststellen, welche Informationen über eine SSH-Verbindung laufen. Außerdem bietet SSH eine Port-Weiterleitung, die es Ihnen erlaubt, ohne jede administrative Kontrolle alle möglichen Protokolle über eine SSH-Verbindung zu betreiben.

Da SSH oft für die Administration über ein Netzwerk eingesetzt wird, dient es Angreifern auch als versteckte Falle. Häufig installieren Angreifer Versionen von SSH, die normal funktionieren, den Angreifern jedoch alle Authentifizierungsinformationen sowie die Daten senden, die zum Entschlüsseln einer Verbindung gebraucht werden (wodurch sie sie ausspähen oder entführen können). Sie müssen sorgfältig darauf achten, auf welchen Maschinen SSH laufen kann. Es sollte sich dabei um geschützte Bastion-Hosts handeln, auf denen Sie Änderungen leicht bemerken.

Was macht SSH sicher?

Die Sicherheit von SSH beruht nicht allein auf der Tatsache, daß es einen besonderen Verschlüsselungsalgorithmus, kryptographische Hash-Funktionen oder Verschlüsselung mit öffentlichem Schlüssel benutzt, sondern auch auf der Art und Weise, wie die Algorithmen eingesetzt werden. Die wichtigen Eigenschaften einer sicheren geheimen Kommunikationssitzung werden in Anhang C, *Kryptographie*, behandelt.

Sowohl Version 1 als auch 2 von SSH besitzen die Eigenschaften einer sicheren geheimen Kommunikationssitzung, denn:

- Client und Server handeln Verschlüsselungsalgorithmen aus (im Fall von SSH Version 2 legt die Verhandlung außerdem fest, welcher Mechanismus zum Schlüsselaustausch sowie welche Integritätsprüfsummen verwendet werden).
- Die Identität des Servers, mit dem ein Client Verbindung aufnimmt, wird immer überprüft. Diese Prüfung wird durchgeführt, bevor Informationen zur Authentifizierung des Benutzers auf dem Client gesendet werden. Dieser Mechanismus wird im nächsten Abschnitt über die Server-Authentifizierung besprochen.
- Die Schlüsselaustauschalgorithmen sollen Man-in-the-Middle-Attacken vorbeugen.
- Am Ende des Schlüsselaustauschs kann mit Hilfe eines Prüfsummenaustauschs festgestellt werden, ob es Manipulationen bei der Aushandlung der Algorithmen gegeben hat.
- Der Server hat verschiedene Möglichkeiten, die Identität eines Clients zu überprüfen; diese Mechanismen werden im Abschnitt über die Client-Authentifizierung besprochen.
- Alle ausgetauschten Datenpakete beinhalten Überprüfungen der Nachrichtenintegrität. Tritt bei einer Integritätsüberprüfung ein Fehler auf, wird eine Verbindung geschlossen.
- Ein SSH-Server verwendet temporäre Authentifizierungsparameter, die nach einer festgelegten Zeitspanne verworfen werden (normalerweise eine Stunde), um zu verhindern, daß aufgezeichnete Sitzungen zu einem späteren Zeitpunkt entschlüsselt werden.

SSH-Server-Authentifizierung

Wie bereits erwähnt, überprüfen SSH-Clients immer die Identität eines SSH-Servers, bevor sie die Informationen zur Benutzerauthentifizierung übermitteln – die Reihenfolge ist an dieser Stelle äußerst wichtig, da sie verhindert, daß ein bösartiger Server sich als ein echter Server ausgibt und die Authentifizierungsinformationen des Benutzers entgegennimmt. Der Mechanismus zur Server-Authentifizierung verläßt sich nicht auf die Authentifizierung anhand des Namendienstes oder der IP-Adresse. Wenn Sie per Telnet eine Verbindung zu einer Maschine herstellen, verlassen Sie sich darauf, daß der Namensdienst Ihnen die korrekten IP-Adreßinformationen übergibt; schafft es ein Angreifer, Ihnen falsche Daten unterzujubeln, werden Sie mit der Maschine des Angreifers verbunden und geben Ihren Benutzernamen und Ihr Paßwort vollkommen ahnungslos dort an.

In beiden SSH-Versionen wird Verschlüsselung mit öffentlichem Schlüssel dazu verwendet, die Identität eines Servers zu beglaubigen. Der erste Teil der Identitätsüberprüfung besteht darin, zu verifizieren, daß Sie einen gültigen Schlüssel für den Server besitzen, zu dem Sie die Verbindung herstellen wollen. Als SSH Version 1 entwickelt wurde, stellte dies ein schwieriges Problem dar, weil es für die Verteilung und Verifizierung öffentlicher Schlüssel keine standardisierte, plattformübergreifende, globale Infrastruktur gab. Diese Situation verbessert sich langsam, und SSH Version 2 kann auf eine Zertifizierungsstelle zur Überprüfung eines öffentlichen Schlüssels zurückgreifen (dies ist eine der Funktionen, die beim Einsatz von TLS zur Verfügung stehen; TLS wird in Kapitel 14, *Vermittelnde Protokolle*, näher vorgestellt). SSH Version 2 unterstützt außerdem den Mechanismus, der für SSH Version 1 entwickelt wurde.

Die Lösung, die SSH Version 1 verwendet, ist neuartig; der Client bezieht den öffentlichen Schlüssel vom Server selbst, schaut nach, ob er bereits einen Schlüssel für einen Server dieses Namens kennt, und vergleicht die Schlüssel. Passen die Schlüssel nicht zueinander, wird eine Warnung ausgegeben. Wenn der Client noch keinen solchen Schlüssel besitzt, wird ebenfalls eine Warnung ausgegeben und der Schlüssel eventuell für das nächste Mal gespeichert, wenn Sie eine Verbindung zu diesem Server herstellen. Durch dieses System wird der Client verwundbar, falls bei der ersten Verbindung ein böswilliger Server auftritt; allerdings ist es bedeutend sicherer, als wenn der Client bei jeder Verbindung durch einen böswilligen Server geschädigt werden könnte.

Es ist auch möglich, eine lokale Datenbank mit Schlüsseln für die Server bereitzuhalten, zu denen Sie möglicherweise eine Verbindung herstellen wollen. Dies schützt die Clients vor böswilligen Servern, erfordert allerdings einen gewissen Aufwand beim Betreiben der lokalen Datenbank. Eine solche Datenbank lohnt sich nur dann, wenn Sie schon vorher wissen, mit welchen Servern die Clients Verbindung aufnehmen wollen.

Nach dem Überprüfen der Gültigkeit eines Schlüssels prüft SSH die Identität des Servers, indem es ihm eine Nachricht schickt, die mit seinem öffentlichen Schlüssel verschlüsselt wurde.[3] Wenn der Server beweist, daß er die Nachricht erfolgreich entschlüsselt hat und somit den geheimen Teil des öffentlichen Schlüssels kennt, glaubt der Client, daß er mit dem richtigen Server kommuniziert.

SSH-Client-Authentifizierung

Das SSH-Protokoll unterstützt eine Reihe von Mechanismen zur Client-Authentifizierung:

rhosts
> Der *rhosts*-Authentifizierungsmechanismus entspricht exakt dem für die BSD-»r«-Befehle. Wenn der Client einen privilegierten Port verwendet und die .*rhosts*-Datei die Anmeldung zuläßt, dann wird sie erlaubt. Dieser Mechanismus ist nicht standardmäßig aktiviert, und er wird auch nicht empfohlen, da er nicht sicher ist. Er setzt voraus, daß SSH so installiert ist, daß es einen privilegierten Port benutzen kann.

---

3   SSH Version 2 verwendet dafür nicht immer Algorithmen mit öffentlichem Schlüssel. Schauen Sie in die Beschreibung von TLS in Kapitel 14, *Vermittelnde Protokolle*, um zu erfahren, wie die Server Identität festgestellt wird.

rhosts mit RSA-Authentifizierung des Clientrechners
Dieser Ansatz kombiniert *.rhosts* mit der Verschlüsselung mit öffentlichem Schlüssel. Der Server überprüft zuerst die Identität des Clientrechners. Ist der öffentliche RSA-Schlüssel des Clientrechners dem Server bekannt und kann der Client nachweisen, daß er den dazugehörenden geheimen Schlüssel kennt, wird eine *.rhosts*-Authentifizierung durchgeführt. Die Verwendung des Mechanismus ist die einfachste Möglichkeit, um die BSD-»r«-Befehle zu ersetzen, ohne die Benutzer zu zwingen, neue Dateien einzurichten. Dieser Mechanismus erfordert ebenfalls, daß SSH so installiert ist, daß es einen prvilegierten Port benutzen und den geheimen Schlüssel des Clientrechners lesen kann.

RSA-Authentifizierung des Benutzers
Dieser Ansatz setzt nur die Verschlüsselung mit öffentlichem Schlüssel ein. Der Client sendet zuerst den öffentlichen Schlüssel des Benutzers an den Server. Falls der Server den Schlüssel akzeptieren will, antwortet er mit einer Herausforderung, damit der Client nachweisen kann, daß er den geheimen Schlüssel des Benutzers kennt. Dieser Mechanismus liest nur die Dateien des Benutzers und verlangt von SSH nicht die Benutzung eines privilegierten Ports. SSH kann auch einen »Agenten« einsetzen, um die geheimen Schlüssel des Benutzers aufzubewahren. SSH-Clients bitten den Agenten, in ihrem Namen Verschlüsselungsoperationen auszuführen, wenn sie einen geheimen Schlüssel benutzen müssen. Üblicherweise richten SSH-Clients automatisch eine Weiterleitung an Ihren SSH-Agenten ein, falls Sie einen betreiben. Das bedeutet, daß Sie mehrere SSH-Verbindungen durch verschiedene Systeme zusammenketten können, ohne Ihren geheimen Schlüssel auf viele Systeme kopieren zu müssen.

Kerberos v5-Authentifizierung und TIS-Authentifizierungsserver
Diese Methoden funktionieren genauso wie andere Anwendungen, die diese Systeme verwenden. Siehe Kapitel 21, *Authentifizierungs- und Auditing-Dienste*.

Paßwörter
Die letzte Authentifizierungsmethode – eher eine Notlösung – für SSH besteht darin, den Benutzer zur Eingabe des normalen Zugangspaßworts aufzufordern. Diese Authentifizierung wird auch von Programmen wie Telnet benutzt; der Vorteil liegt darin, daß an der Stelle, an der SSH nach dem Paßwort fragt, bereits eine verschlüsselte Verbindung aufgebaut wurde; das Paßwort wird also nicht im Klartext übermittelt wie bei Telnet oder *rlogin*.

Zusätzliche SSH-Optionen für die Clientkontrolle

Ein SSH-Server besitzt die Möglichkeit, eine Verbindung neben der Client- und Benutzerauthentifizierung anhand einer Reihe von weiteren Bedingungen anzunehmen oder abzulehnen. Dazu gehören:

- die Quell-IP-Adresse der Verbindung
- der Name des Rechners, von dem die Verbindung kommt
- die Gruppen, in denen der Benutzer Mitglied ist

Schutz vor der Entführung einer SSH-Sitzung

Eine der wichtigen Funktionen von SSH ist, daß es dem Entführen von Sitzungen vorbeugt. Dazu besitzen beide SSH-Versionen einen Mechanismus zur Überprüfung der Nachrichtenintegrität. Für eine dritte Partei wird es dadurch schwierig, eine offene Verbindung zu übernehmen und zu benutzen, da sie Pakete erzeugen müßte, die beide Seiten akzeptieren. Die Versionen 1 und 2 verwenden unterschiedliche Mechanismen. So, wie es aussieht, machen es beide scheinbar unmöglich, eine Verbindung zu entführen – zumindest wurde bisher noch nicht von erfolgreichen Angriffen dieser Art berichtet. Allerdings werden die Verschlüsselungstechniken in SSH Version 2 als überlegen angesehen (weil es TLS einsetzt).

Port-Weiterleitung

SSH beinhaltet eine Einrichtung namens *Port-Weiterleitung*, die es Ihnen erlaubt, über eine SSH-Verbindung andere Protokolle zu betreiben. Für eine Port-Weiterleitung gibt es zwei Möglichkeiten, »lokal« und »fern« (siehe Abbildung 18-2). Beide Arten der Weiterleitung werden konfiguriert, wenn der SSH-Client eine Verbindung zum Server herstellt, und beide ermöglichen es einer Verbindung, die an dem einen Ende der SSH-Verbindung hergestellt wurde, zum anderen Ende und von dort aus weiter zu einem möglicherweise vollkommen anderen Rechner zu verlaufen. Die Port-Weiterleitung wird beendet, wenn Sie die SSH-Sitzung zum Server schließen.

Bei der lokalen Weiterleitung akzeptiert der SSH-Client Verbindungen und schickt die Daten an den SSH-Server, der sie dann an das Ziel übergibt. Bei der entfernten Port-Weiterleitung akzeptiert der Server die Verbindungen und schickt die Daten an den Client. In jedem Fall wird eine neue TCP-Verbindung zum Zielsystem geöffnet, wenn eine Verbindung zum empfangsbereiten Port hergestellt wird. Es sind mehrere gleichzeitige Verbindungen möglich. Weder die Verbindung zum empfangsbereiten Port noch die Verbindung vom SSH-Tunnel zum endgültigen Ziel sind verschlüsselt oder werden authentifiziert. Der Tunnel kann auch von anderen benutzt werden, nicht nur von demjenigen, der ihn eingerichtet hat; je nachdem, wie der Tunnel genau erzeugt wurde, steht er allen Benutzern auf der gleichen Maschine zur Verfügung, auf der sich der empfangsbereite Port befindet, oder allen Rechnern, die den empfangsbereiten Port erreichen können.

Die Port-Weiterleitung ist sowohl sehr nützlich als auch sehr gefährlich. Sie ist zum Beispiel nützlich, wenn Sie ein einfaches virtuelles privates Netzwerk zwischen zwei Servern einrichten wollen, die Ihrer Kontrolle unterstehen. Der Einsatz von SSH mit Port-Weiterleitung kann effektiv beim Schutz von Protokollen wie POP und IMAP sein, die normalerweise nichtverschlüsselte Daten austauschen.

Die Port-Weiterleitung ist gefährlich, weil sie so eingerichtet werden kann, daß sie externe Verbindungen an einen internen Dienst weiterleitet und damit Ihre Firewall umgeht. Dieser Fall läßt sich durch eine Überprüfung des Netzwerkverkehrs nur schwer entdecken, da die Verbindungen verschlüsselt sind. Aus diesem Grund sollten Sie eingehende SSH-Verbindungen nur zu solchen Servern erlauben, die Sie kontrollieren.

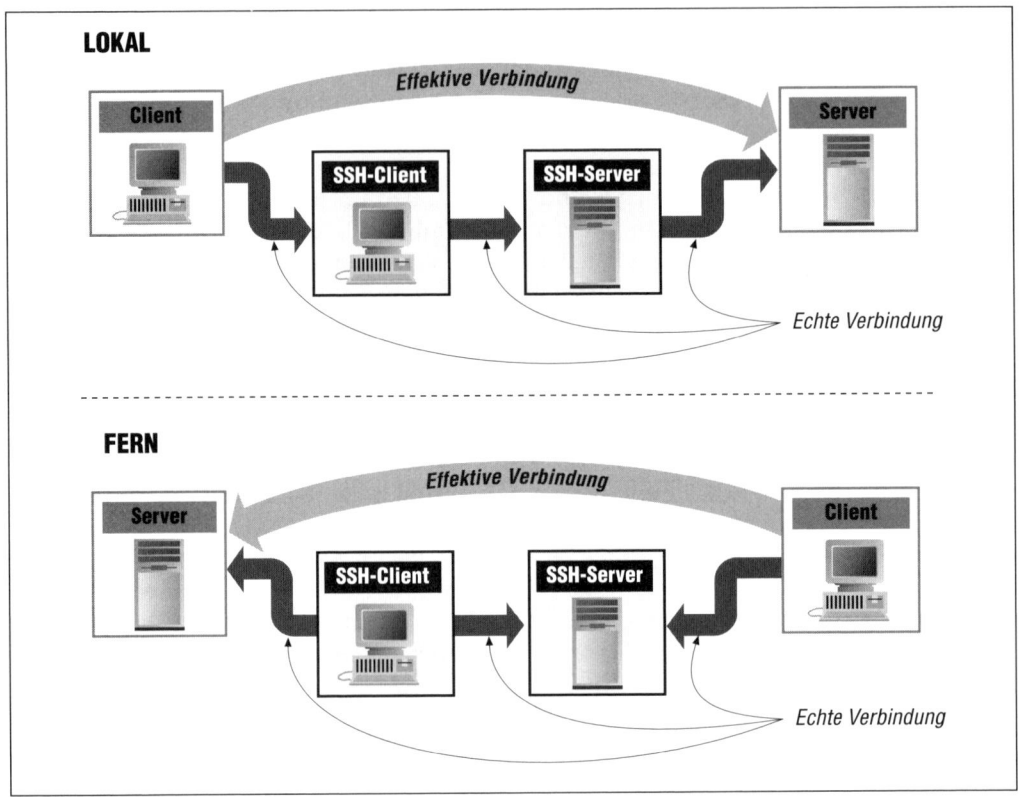

Abbildung 18-2: SSH-Port-Weiterleitung

Deaktivieren Sie vielleicht sogar die allgemeine Port-Weiterleitung für eingehende Verbindungen. Auch die ausgehenden SSH-Verbindungen sollten sich auf Client beschränken, die Ihrer Kontrolle unterstehen, wobei die Port-Weiterleitung am besten ausgeschaltet ist. Entfernte Port-Weiterleitung erlaubt anscheinend nach außen gerichteten Verbindungen, nach innen gerichteten Verkehr aufzunehmen.

Die Port-Weiterleitung erfordert einiges Wissen über die Funktionsweise der Protokolle sowie die Kenntnis der verwendeten Portnummern. Sie nützt den meisten Benutzern deshalb nichts. Falls Ihre Benutzer Sie bitten, die Port-Weiterleitung einzusetzen, sollten Sie die Implementierung eines echten virtuellen privaten Netzwerks in Betracht ziehen. Siehe Kapitel 5, *Firewall-Techniken*, für Informationen über virtuelle private Netzwerke.

Sowohl der Client als auch der Server stellen Wege bereit, die Port-Weiterleitung dauerhaft zu deaktivieren; Sie können diese Funktion entweder schon beim Kompilieren ausklammern oder sie mit Hilfe einer Systemkonfigurationsdatei ausschalten. Allerdings verhindert dies nicht, daß die Benutzer ihre eigenen Clients verwenden (die die Systemkonfigurationsdatei möglicherweise ignorieren).

Eine nach innen gerichtete Port-Weiterleitung wird beim Start einer SSH-Sitzung konfiguriert. SSH kann so eingestellt werden, daß es an mehrere verschiedene Ports gleichzeitig weiterleitet. Ein Angreifer kann jedoch nur die Ports ausnutzen, die beim Start der Sitzung eingerichtet werden; zusätzliche Ports können nur dann angegriffen werden, wenn neue SSH-Sitzungen gestartet werden. Wenn Sie zum Beispiel eine Weiterleitung an einen IMAP-Server einstellen, wird der IMAP-Server für Angreifer erreichbar, auf andere Dienste kann aber nicht zugegriffen werden. Es ist möglich, vorgegebene Weiterleitungsinformationen in die Konfigurationsdateien der einzelnen Benutzer zu plazieren. Dadurch werden Ports automatisch weitergeleitet, wenn eine SSH-Sitzung beginnt. Sie sollten möglicherweise die nach innen gerichtete Port-Weiterleitung auf Ihrem SSH-Server deaktivieren, damit Benutzer nicht Angreifern mit Hilfe dieser Funktion interne Ports öffnen.

Falls es jedoch einem Angreifer gelingt, eine Port-Weiterleitung an einen Proxy-Server auszuführen, und der Proxy-Server in der Lage ist, mit dem internen Netzwerk zu kommunizieren, kann eine einzige Port-Weiterleitung schon ziemlich umfangreichen Zugriff auf das Netz gewähren. Wenn zum Beispiel ein Port von außen auf einen Web-Proxy weitergeleitet wird, besitzt der Angreifer anschließend Zugriff auf alle Dinge, die der Web-Proxy erreichen kann. Aus verschiedenen Gründen, teils aus Faulheit, teils um schlechten Browser-Konfigurationen zu begegnen, richten Administratoren ihre externen Proxy-Systeme so ein, daß diese interne Server erreichen können. Bei einer solchen Konfiguration kann eine einzige Port-Weiterleitung einem Angreifer einen problemlosen Zugriff auf das gesamte interne Netzwerk sowie alle darin enthaltenen Informationen und verwundbaren Server bieten. Ein SOCKS-Proxy-Server ermöglicht sogar einen noch umfassenderen und direkteren Zugang.

Falls Sie eingehende SSH-Verbindungen und Port-Weiterleitung erlauben, sollten Sie sicherstellen, daß jeder Proxy Verbindungsversuche von diesen Systemen ablehnt und protokolliert. Wenn Sie Proxy-Dienste in Ihrer Firewall verwenden, sollten Sie sie im allgemeinen immer so konfigurieren, daß sie keine Verbindungen zu internen Systemen zulassen. Dies schützt Sie vor Benutzern, die Port-Weiterleitung auf einem eingehenden SSH-Server verwenden und Ihren Proxy dazu einsetzen, um auf interne oder externe Ressourcen zuzugreifen.

Unterstützung für ein entferntes X11 Window-System

SSH besitzt eine sehr nützliche Funktion, die es erlaubt, entfernte X11-Anwendungen auszuführen. Dies ist ein Sonderfall der Port-Weiterleitung, der außerdem die X11-Authentifizierungscookies verarbeitet. Weitere Informationen über das X11 Window-System finden Sie im Abschnitt über X11 weiter hinten in diesem Kapitel. Wir empfehlen Ihnen, die X11-Funktionen nur auf den Systemen zu aktivieren, auf denen Sie diese benutzen wollen. Die Standardeinstellung kann normalerweise entweder global erfolgen oder mittels Konfigurationsdateien für die einzelnen Benutzer. Die Dokumentation der von Ihnen eingesetzten SSH-Version sollte Anweisungen enthalten, wie Sie vorgehen müssen.

Paketfiltereigenschaften von SSH

SSH-Server benutzen TCP-Port 22; SSH-Clients müssen bei Verwendung einer *.rhost*-basierten Authentifizierung einen Port unterhalb von 1024 benutzen, ansonsten oberhalb von 1023.

Richtung	Quell-adresse	Ziel-adresse	Protokoll	Quellport	Zielport	ACK gesetzt	Anmerkungen
eingehend	extern	intern	TCP	beliebig[a]	22	[b]	Eingehende SSH-Verbindung, Client an Server
ausgehend	intern	extern	TCP	22	beliebig[a]	ja	Eingehende SSH-Verbindung, Server an Client
ausgehend	intern	extern	TCP	beliebig[a]	22	[b]	Ausgehende SSH-Verbindung, Client an Server
eingehend	extern	intern	TCP	22	beliebig[a]	ja	Ausgehende SSH-Verbindung, Server an Client

a. SSH-Clients verwenden einen Port unterhalb von 1024 bei *.rhost*-basierten Authentifizierungsmethoden, ansonsten benutzen sie einen Port oberhalb von 1023.
b. ACK ist beim ersten Paket dieses Typs nicht gesetzt (Aufbau der Verbindung), wird aber bei den restlichen gesetzt.

Proxy-Eigenschaften von SSH

Es ist einfach, SSH über einen Proxy zu betreiben, da es eine einzige TCP-Verbindung vom Client zum Server benutzt. Wird keine *.rhosts*-Authentifizierung eingesetzt, verläßt es sich bei der Authentifizierung nicht auf die Benutzung eines Ports unterhalb von 1024 und die IP-Adressen. Ein Proxy kann wegen der Verschlüsselung in SSH keine Überprüfungen des Inhalts vornehmen. Unter Unix unterstützt SSH beim Kompilieren entweder SOCKS v4 oder SOCKS v5. Einige Clients für andere Plattformen unterstützen ebenfalls SOCKS.

Network-Address-Translation-Eigenschaften von SSH

SSH benutzt keine eingebetteten IP-Adressen und funktioniert transparent mit einem Network-Address-Translation-System.

Zusammenfassung der Eigenschaften für SSH

- Falls Sie nach innen gerichtete Verbindungen erlauben müssen, stellt SSH einen der sichersten Wege dazu dar.
- Vermeiden Sie es, *.rhosts*-basierte Authentifizierungsmethoden zu benutzen.
- Erlauben Sie nach innen gerichtete SSH-Verbindungen nur zu Servern, die Sie kontrollieren.
- Deaktivieren Sie eventuell die Port-Weiterleitung.
- Aktivieren Sie entfernte X11-Unterstützung nur bei Bedarf.
- Verbieten Sie unter Umständen nach außen gerichtete SSH-Verbindungen, da diese dazu benutzt werden können, nach innen gerichtete Verbindungen zu tunneln, und es schwierig ist, dabei Beschränkungen bezüglich der Port-Weiterleitung durchzusetzen.

Entfernte Grafikschnittstellen

Die in den vorangegangenen Abschnitten diskutierten Programme stellten Ihnen einen textbasierten Zugang zu einer Maschine zur Verfügung. Heutzutage wollen Sie aber vermutlich auch auf grafische Benutzeroberflächen zugreifen. Dies stellt ein weiteres und viel aktuelleres Problem dar, zu dem es unterschiedliche Lösungen gibt.

X11 Window-System

Die meisten Fenstersysteme, die von Unix-Herstellern angeboten werden, basieren entweder auf X11 oder sind diesem sehr ähnlich – aus Sicht einer Firewall unterscheiden sich die zu beachtenden Aspekte nicht. Diese Diskussion von X11 gilt deshalb auch für andere Fenstersysteme.

Das X Window-System (X11) wirft für eine Firewall eine Reihe von Problemen auf.

Das erste Problem bei X11 besteht darin, daß Client und Server im Vergleich zu den meisten anderen Protokollen vertauscht sind. Der »Server« von X11 besteht aus Bildschirm, Maus und Tastatur, die »Client« sind Anwendungsprogramme, die Fenster ansteuern oder mit Maus und Tastatur des Servers arbeiten. Daher stehen die Server normalerweise innerhalb der Firewall (nämlich auf dem Schreibtisch des Benutzers) und die Clients außerhalb (auf den entfernten Maschinen, auf die der Benutzer zugreift). Abbildung 18-3 zeigt einen X-Server und einen Client.

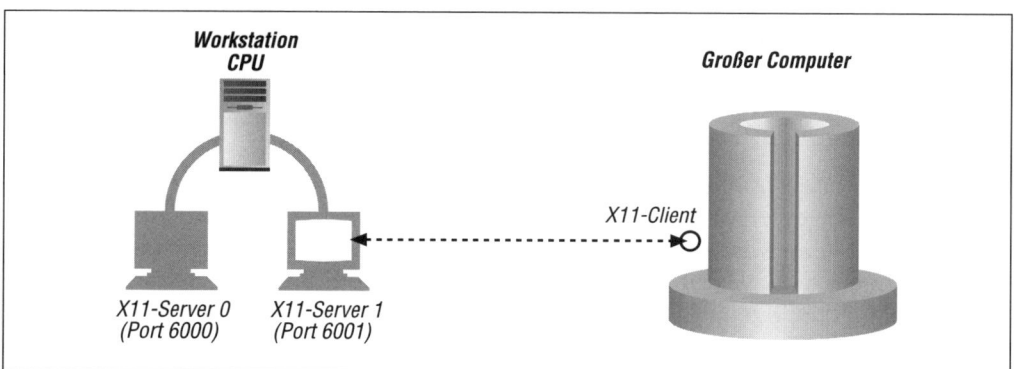

Abbildung 18-3: X Window-Server und -Clients

Eine Reihe von Fähigkeiten macht X11-Server für Angreifer zu einem sehr verlockenden Ziel. Ein Angreifer, der Zugang zu einem X11-Server hat, kann viele Dinge anstellen, wie etwa:

Bildschirmabzüge erzeugen
  Beliebige Informationen kopieren, die zu einem bestimmten Zeitpunkt auf dem Bildschirm dargestellt werden

Tastatureingaben lesen
  Zum Beispiel das Paßwort, das ein Benutzer gerade eingibt

Tastatureingaben so erzeugen, als stammten sie vom Benutzer
  Damit kann der Angreifer alles mögliche anstellen, vor allem wenn der Benutzer in einem Fenster eine root-Shell benutzt

Clients können diese Dinge tun, ohne daß irgendetwas davon für den Benutzer sichtbar wird. Eine Verbindung, die möglicherweise zu einem solchen Client besteht, läßt sich kaum entdecken.

X11 umfaßt zwei Sicherheitsmechanismen; der erste und ursprüngliche ist der sogenannte *xhost*-Mechanismus. Dieser erlaubt es dem Benutzer, dem Server mitzuteilen, von welchen entfernten IP-Adressen der Server Verbindungen akzeptieren darf. Dabei wird davon ausgegangen, daß die Benutzer nur solche Rechner autorisieren, auf denen sie X11-Clients betreiben wollen. Damit gibt es zwei Probleme:

- Oft vergessen es die Benutzer, den Rechner vor dem Start des Clients zu autorisieren, wodurch diesen dann der Zugriff verwehrt wird. Wenn dies einige Male hintereinander geschieht, deaktivieren viele Benutzer die Kontrolle ganz und gar. Zum Beispiel führen sie den Befehl *xhost +* aus, um bequemerweise Verbindungen von allen Rechnern zuzulassen (und leicht Programme auf entfernten Systemen ausführen zu können), ohne bei ihrem Tun einen Gedanken an die Sicherheit zu verschwenden.

- Für den *xhost*-Mechanismus gibt es keine Möglichkeit festzustellen, ob eine bestimmte Verbindung von einer dieser Maschinen rechtmäßig ist; jeder Benutzer auf einer der zugelassenen Maschinen kann einen X11-Client ausführen und eine Verbindung zum X11-Server herstellen.

Die zweite Form der Authentifizierung, die die Bezeichnung *Magic Cookie*-Sicherheitsmechanismus trägt, verläßt sich auf ein Geheimnis, das der Server und zugelassene Clients kennen; Clients wird der Zugriff auf den Server nur dann erlaubt, wenn sie nachweisen können, daß sie das Geheimnis kennen. Das erforderliche Cookie wird beim Start des X-Servers erzeugt. Es läßt sich nicht vorhersagen. Außerdem ist es jedesmal anders, wenn der Server oder eine Benutzersitzung startet. Die Cookies für die Server, auf die ein Benutzer Zugriff hat, werden in einer Datei gespeichert und können mit Hilfe des Programms *xauth* manipuliert werden; unter dem Betriebssystem Unix befindet sich die Datei im Home-Verzeichnis des Benutzers und trägt den Namen ».Xauthority«.

Bei der normalen Version der Cookie-Authentifizierung (die die Bezeichnung »MIT-MAGIC-COOKIE-1« trägt) gibt es zwei Sicherheitsprobleme. Zum einen wird das Cookie ungeschützt vom Client an den Server übermittelt. Jeder, der im Netzwerk herumschnüffelt, kann das Cookie abfangen und mit ihm neue Verbindungen starten. Zum anderen gibt es keinen Mechanismus, um das Cookie beim ersten Mal auf die Clientmaschine zu bekommen oder es zu sichern, wenn es einmal dort ist. Es ist nicht ungewöhnlich, wenn an Standorten das Cookie (absichtlich oder unabsichtlich) mit NFS zwischen den Maschinen ausgetauscht wird. Dabei findet die Übertragung ebenfalls im Klartext statt.

Das erste Problem kann mit Hilfe eines Mechanismus namens »XDM-AUTHORIZATION-1« gelöst werden, der das Magic Cookie als Schlüssel verwendet, um anstelle des Cookies andere Daten zu verschlüsseln und über das Netzwerk zu übertragen. Leider löst dies immer noch nicht das Problem, wie man das Cookie sicher sowohl zum Server als auch zum Client bekommt. Außerdem unterstützen nicht alle X-Server und -Clients diesen Mechanismus.

Einige Server und Clients unterstützen andere Authentifizierungsmechanismen. Zum Beispiel verwenden manche Secure RPC oder Kerberos, um Benutzer zu identifizieren. Bei diesen Mechanismen werden Probleme mit Cookies vermieden.

Die SSH-Tunnelung von X vermeidet einige der Probleme, die mit der Benutzung von Cookies verbunden sind, indem das Authentifizierungscookie gesondert behandelt wird. Der SSH-Client erzeugt ein neues Authentifizierungscookie und sendet dies an den SSH-Server. Der SSH-Server benutzt dieses Cookie und gibt vor, ein X-Server zu sein. Dabei setzt er vor dem Ausführen von Befehlen eine passende DISPLAY-Variable. Wenn ein X-Client eine Verbindung zum falschen X-Server aufbaut, wird diese Verbindung an den SSH-Client weitergeleitet, wobei das echte Authentifizierungscookie ausgewechselt und eine Verbindung zum echten X-Server hergestellt wird. Das bedeutet, daß das echte X-Server-Authentifizierungscookie nie kopiert und auf einem entfernten System zurückgelassen wird. Da das Cookie, das an den SSH-Server geschickt wird, nicht das wirkliche Cookie ist, können entfernte X-Anwendungen nur für die Dauer einer SSH-Sitzung gestartet werden. Wir empfehlen Ihnen, diese Funktion der SSH-Client nur dann zu aktivieren, wenn Sie entfernte X-Anwendungen ausführen müssen. Die Standardeinstellung kann normalerweise entweder global erfolgen oder mittels Konfigurationsdateien individuell für alle Benutzer. Die Dokumentation der von Ihnen eingesetzten SSH-Version sollte Anweisungen enthalten, wie Sie vorgehen müssen.

Zusätzliche Server

Im Zusammenhang mit X11 werden oft zusätzliche Protokolle ausgeführt. Dazu gehören das *X Display Manager Control Protocol* (XDMCP) und der *X-Font-Server* (der keine eigene Abkürzung hat ;-)).

Einige X-Hosts wurden so entworfen oder konfiguriert, daß sie wie moderne Versionen der dummen Terminals in Timesharing-Systemen arbeiten. Diese funktionsbeschränkten Rechner (meist *X-Displays* oder *X-Terminals* genannt) sind keine vollwertigen Workstations, die Dienste bereitstellen (wie login) und lokal Anwendungen ausführen; statt dessen bilden sie einfach Eingabe-/Ausgabegeräte für Dienste, die von anderen Systemen im Netzwerk zur Verfügung gestellt werden. XDMCP bietet eine Standardmöglichkeit für diese X-Terminals, um Login-Dienste zu finden und zu benutzen, die von Servern irgendwo im lokalen Netzwerk bereitgestellt werden. Wenn ein X-Terminal startet, versucht es, einen XDMCP-Server zu finden. Dazu verwendet es entweder Broadcast-Meldungen, oder es sendet Unicast-Pakete an eine vorgegebene Liste mit Servern. Auf diese Anfrage antworten ein oder mehrere XDMCP-Server. Sie teilen dem X-Terminal mit, welche Server Login-Dienste für dieses X-Terminal bereitstellen. Ein XDMCP-Server könnte im Namen eines X-Terminals Broadcast-Anfragen erzeugen und eine Liste der antwortenden Server zurückgeben.

Das XDMCP-Protokoll wird unter Unix normalerweise durch einen Dienst namens *xdm* (den X-Display-Manager) implementiert, der entweder einen grafischen Anmeldebildschirm zur Verfügung stellt oder eine Auswahl anzeigt, in der man aus einer Liste von Hosts einen Rechner auswählen kann. Die Zugriffskontrolle erfolgt unter Benutzung von Hostnamen oder IP-Adressen. *xdm* wird oft eingesetzt, um den Anmeldevorgang auf Maschinen zu verwalten, die selbst nicht über Bildschirme verfügen, aber Anmeldevorgänge von jeder Maschine entgegennehmen, auf der ein X-Server läuft.

XDMCP besitzt viele Schwachstellen. Erstens tauscht es Authentifizierungsinformationen aus und kann verwendet werden, um den X-Server-Rechner anzugreifen. Zweitens erzeugt es durch Anfragen Broadcast-Verkehr und könnte daher den eingehenden Verkehr bis hin zu einer Denial-of-Service-Attacke verstärken. Außerdem gab es Probleme mit Pufferüberläufen bei *xdm*. XDMCP sollte niemals durch eine Firewall zugelassen werden. Falls für einen Bastion-Host eine auf X basierende grafische Anzeige benötigt wird, muß der Display-Manager-Dienst so konfiguriert werden, daß er externe Verbindungen ablehnt und nur ein lokales Display verwaltet.

Der X-Font-Server wurde entwickelt, um einen zentralisierten Schriftenspeicherdienst für X-Displays zu ermöglichen. (Schriften beanspruchen oftmals eine Menge Festplattenplatz, der nicht auf allen X-Geräten zur Verfügung steht.) Das X-Font-Server-Protokoll erlaubt es einem Server, auf alternative Font-Server hinzuweisen, wenn er selbst ausgelastet ist. Diese Umleitungsfunktion kann beliebige Portnummern angeben, wodurch es einem feindseligen Server ermöglicht wird, einen Client auf eine beliebige Rechner-und-Port-Kombination umzuleiten. Das X-Font-Server-Protokoll darf nie durch eine Firewall erlaubt werden. Falls für einen Bastion-Host eine auf X aufbauende grafische Anzeige benötigt wird, müssen die Schriften direkt installiert und muß der X-Font-Server deaktiviert werden.

Paketfiltereigenschaften von X11

X11 verwendet den TCP-Port 6000 für den ersten Server auf einer Maschine. Diese Port-Auswahl stellt ein weiteres Problem für Paketfiltersysteme dar: Die X11-Ports befinden sich mitten im »oberhalb von 1023« gelegenen Bereich, den die meisten Anwendungen für zufällige clientseitige Ports benutzen. Das heißt, jedes Paketfilterschema, das eingehende Pakete auf Ports oberhalb von 1023 erlaubt (um Pakete von entfernten Servern zu lokalen Clients zu ermöglichen), muß sorgfältig darauf achten, daß es keine eingehenden Verbindungen zu X-Servern zuläßt. Dazu könnte es entweder den Zugang zu dem von den Servern benutzten Port-Bereich komplett blockieren (ein möglicherweise schwieriges Unterfangen, da mehrere Server pro Maschine möglich sind, wie wir später noch näher ausführen werden) oder den Anfang einer Verbindung herausfiltern (indem nach dem TCP-ACK-Flag gesucht wird), um eingehende TCP-Verbindungen an beliebige Ports zu verbieten.

Manche Maschinen betreiben mehrere X11-Server. Der erste Server liegt auf Port 6000, der zweite auf 6001 usw. Auf einem Unix-System teilt die Umgebungsvariable DISPLAY den Client mit, welchen X11-Server sie kontaktieren sollen. Diese Variable besitzt die Form *rechnername:n*; der Client soll also die Verbindung zum Server auf Port 6000+*n* auf der Maschine *rechnername* herstellen.

Manchmal sind an solche Maschinen wirklich mehrere Einheiten mit Anzeige/Tastatur/Maus angeschlossen, meist sind die zusätzlichen Server jedoch *virtuelle* Server. Für eine Maschine gibt es verschiedene Gründe, einen virtuellen X11-Server zu betreiben. Zum Beispiel ist X11 ein sehr »geschwätziges« Protokoll, das eine hohe Bandbreite braucht; es eignet sich nicht sehr gut für den Betrieb über Wählverbindungen. Eine der Lösungen für dieses Problem (die zum Beispiel im Paket XRemote von NCD zum Einsatz kommt) besteht darin, einen virtuellen X11-Server auf einer gut angebundenen Maschine zu betreiben (die etwa über ein Ethernet an die Maschinen angeschlossen ist, auf denen die Clientprogramme laufen) und dann auf der langsamen Verbindung zwischen diesem virtuellen Server und dem echten X-Terminal ein anderes, genügsameres Protokoll einzusetzen. SSH verwendet außerdem einen virtuellen X11-Server, um X11 zu tunneln. Dieser Vorgang wird in Abbildung 18-4 dargestellt (der virtuelle X11-Server von SSH befindet sich üblicherweise auf Port 6011, um es einer Maschine, die mehrere Displays besitzt, zu erlauben, diese auf niedrigeren Nummern zu betreiben).

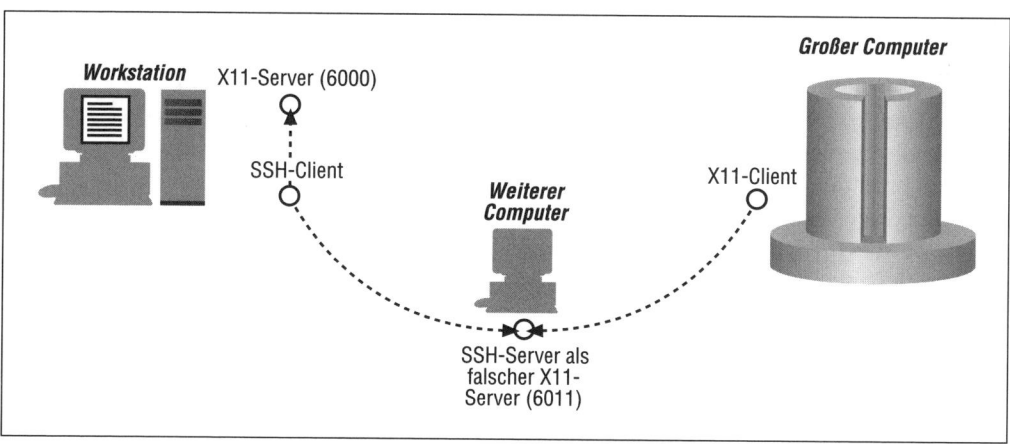

Abbildung 18-4: Virtuelle X11-Server und SSH-Tunnel

Jede Maschine, auf der X11 läuft, besitzt einen Server auf Port 6000. Einige haben Server auf 6000 und 6001 oder 6011. Nur wenige Maschinen (meist die mit virtuellen Servern) besitzen mehr.

Wenn Sie also den Zugang zu all diesen Servern blockieren wollen und den Anfang der Verbindung (das ACK-Flag) nicht filtern können, müssen Sie den Zugriff auf die Ports 6000 bis 6000+n unterbinden, wobei n eine unbestimmte Zahl ist. Die Ports 6000 bis 6063 sind offiziell für das X Window-System registriert, das wäre daher ein vernünftiger Schätzwert für n, obwohl das in der Regel mehr ist, als tatsächlich benötigt wird. Ein anderer möglicher Wert ist der, der von SSH benutzt wird, wenn es einen freien Port sucht, um dort seinen falschen Server zu plazieren; es überspringt 6000–6010, da es annimmt, daß es auf diese Weise die meisten echten Server ausläßt (allerdings sucht es dann pessimistisch bis 6999, um einen freien Port zu finden, Sie können n also auf 10 oder auf 999 setzen). Sie sollten n dabei nicht zu klein wählen, um keinen der virtuellen X11-Server Angriffen auszusetzen. Andererseits sollten Sie diesen Wert aber auch nicht zu groß wählen, da Sie damit Ports in dem Bereich blockieren, der von den Clients anderer Anwendungen benutzt wird. Es sollen schließlich keine Clients anderer Anwendungen (z.B. Telnet oder FTP) behindert werden, nur weil diese eine Portnummer verwenden, die der Paketfilter blockiert, um den X11-Zugang zu verhindern.

Es gibt jedoch etwas, das Ihnen das Leben erleichtert: die Art und Weise, wie die meisten Betriebssysteme solche zufälligen Portnummern zuweisen. Wenn eine Anwendung vom Betriebssystem einen freien Port anfordert, wählt das System im allgemeinen den nächsten freien Port nach dem zuletzt zugewiesenen (falls nötig, springt das System dabei zurück an den Anfang des Bereichs der freien Nummern). Erhält der Client eine Portnummer, die Sie wegen X11 blockiert haben, so wird er nicht wie gewünscht funktionieren. Wenn der Benutzer den Client jetzt einige Male neu startet, erhält dieser jedesmal eine neue Portnummer. Sobald der zugewiesene Port den blockierten Bereich verläßt, funktioniert der Client.

Bei einem verbreiteten Ansatz (wieder vorausgesetzt, daß Sie den Anfang einer Verbindung nicht filtern können, um externe Verbindungen zu internen Servern zu blockieren) blockiert man zum Beispiel auf allen Rechnern vier Ports (6000 bis 6003). Auf den Rechnern, von denen Sie wissen oder vermuten, daß die Benutzer darauf viele virtuelle X11-Server laufen lassen, blockieren Sie weitere Ports (zum Beispiel auf den Rechnern, zu denen sich Anwender von ihren X-Terminals zu Hause einwählen). Ein anderer Ansatz ist die Umleitung der Verbindungen durch Proxies zu einem Bastion-Host, auf dem kein Fenstersystem läuft. Ausgehende Verbindungen sind dann problemlos auf allen Ports möglich. Man muß sich um keinen blockierten Bereich kümmern, da gar kein blockierter Bereich nötig ist.

Manche Hersteller bieten modifizierte oder erweiterte X11-Server mit etwas anderen Eigenschaften an. Der OpenWindows-Server von Sun überwacht zum Beispiel sowohl Port 6000 (für X11) als auch Port 2000 (für das ältere Protokoll NeWS von Sun, das ebenfalls für Fenstersysteme benutzt wird). Ein zweiter Server überwacht die Portnummern 6001 und 2001 usw.

XDMCP benutzt den UDP-Port 177 und antwortet, falls der Dienst auf diese Weise konfiguriert ist, auf Broadcast-Anfragen. Der X-Font-Server verwendet den TCP-Port 7100.

Entfernte Grafikschnittstellen

Richtung	Quell-adresse	Ziel-adresse	Protokoll	Quell-port	Zielport	ACK gesetzt	Anmerkungen
eingehend	extern	intern	TCP	>1023	6000+n	[a]	Eingehende X11-Verbindung an den n-ten Server, Client an Server
ausgehend	intern	extern	TCP	6000+n	>1023	ja	Eingehende X11-Verbindung an den n-ten Server, Server an Client
eingehend	extern	intern[b]	UDP	>1023	177	[c]	Eingehendes XDMCP
ausgehend	intern	extern	UDP	177	>1023	[c]	XDMCP-Antwort
eingehend	extern	intern	TCP	>1023	7100[d]	[a]	Eingehende Anfrage an X-Font-Server
ausgehend	intern	extern	TCP	7100[d]	>1023	ja	Antwort vom internen X-Font-Server
ausgehend	intern	extern	TCP	>1023	6000+n	[a]	Ausgehende X11-Verbindung an den n-ten Server, Client an Server
eingehend	extern	intern	TCP	6000+n	>1023	ja	Ausgehende X11-Verbindung an den n-ten Server, Server an Client
ausgehend	intern	extern[b]	UDP	>1023	177	[c]	Ausgehendes XDMCP
eingehend	extern	intern	UDP	177	>1023	[c]	XDMCP-Antwort
ausgehend	intern	extern	TCP	>1023	7100[d]	[a]	Ausgehende Anfrage an X-Font-Server
eingehend	extern	intern	TCP	7100[d]	>1023	ja	Antwort vom externen X-Font-Server

a. ACK ist beim ersten Paket dieses Typs nicht gesetzt (Aufbau der Verbindung), wird aber bei den restlichen gesetzt.
b. XDMCP könnte eine Broadcast-Adresse als Ziel haben.
c. UDP besitzt kein Äquivalent zu ACK.
d. Der Server könnte den Client an einen anderen Port und/oder Host umleiten.

Proxy-Eigenschaften von X11

X11 funktioniert nicht gut mit generischen Proxy-Systemen, da es eine hohe Leistung erfordert und nach innen gerichtete anstatt nach außen gerichtete Verbindungen herstellt. Es gibt spezielle X11-Proxies, die meisten erweitern allerdings nur den Funktionsumfang, anstatt die Sicherheit zu erhöhen. Am effektivsten für den Proxy-Betrieb von X11 ist es, einen SSH-Tunnel zu verwenden, der es Ihnen erlaubt, nach außen gerichtete Verbindungen aufzubauen, und außerdem Verschlüsselung und Authentifizierung ermöglicht.

Network-Address-Translation-Eigenschaften von X11

X11 selbst verwendet keine eingebetteten IP-Adressen und funktioniert ohne Schwierigkeiten mit Network-Address-Translation-Systemen. Allerdings liegt es in der Natur von X11, daß Verbindungen in der Regel von außen nach innen hergestellt werden. Da das NAT-System in dieser Situation die Anpassungen nicht automatisch einrichten kann, brauchen Sie eine Art vordefinierter Anpassung, um X11 durch ein NAT-System benutzen zu können.

Außerdem enthalten die Daten, die für die XDM-AUTHORIZATION-1-Authentifizierung verwendet werden, normalerweise die IP-Adresse des Clients. Falls Sie diese Form der Authentifizierung durch ein Network-Address-Translation-System benutzen, müssen Sie den Client und den Server so konfigurieren, daß sie Hostnamen anstelle von Adressen verwenden.

Zusammenfassung der Empfehlungen für X11

- Lassen Sie es nicht zu, daß Clients aus dem Internet Verbindungen zu X11-Servern in Ihrem internen Netzwerk herstellen.
- Benutzen Sie SSH, um es Clients aus dem Internet zu erlauben, eine Verbindung zu Ihrem lokalen Display aufzubauen.
- Falls Sie SSH nicht einsetzen können, benutzen Sie einen X11-Proxy-Server (wie den aus dem TIS FWTK), der auf einem Bastion-Host läuft.
- Betreiben Sie keinen unbeschränkten XDMCP-Server auf einem Bastion-Host.
- Lassen Sie XDMCP nicht durch eine Firewall hindurch zu.
- Betreiben Sie keinen X-Font-Server auf einem Bastion-Host. Installieren Sie die Schriften lokal, wenn Sie X benötigen.

Entfernte Grafikschnittstellen für Microsoft-Betriebssysteme

Es gibt eine Vielzahl von Programmen, die Fernzugang zu Maschinen bereitstellen, die mit Windows-Betriebssystemen laufen (wie etwa LapLink, RemotelyPossible und pc-ANYWHERE, um nur einige herauszupicken). Die meisten dieser Programme wurden zwar ursprünglich für den Betrieb über Modems entwickelt, viele von ihnen funktionieren aber auch über Netzwerke. Diese unterstützen fast immer TCP/IP. Die meisten von ihnen verwenden proprietäre Protokolle. Um Einzelheiten über die Benutzung dieser Programme zu erfahren, müssen Sie sich an den Hersteller des jeweiligen Programms wenden, an dem Sie interessiert sind.

Für alle diese Programme gelten die gleichen Sicherheitsaspekte. Diese fallen in folgenden Kategorien:

- Werden entfernte und lokale Benutzer der Maschine getrennt gehalten? Kann der lokale Benutzer kontrollieren, was der entfernte Benutzer tun kann? Sind die entfernten Benutzer vor Störungen durch lokale Benutzer geschützt, die zur gleichen Zeit direkt an der Maschine arbeiten?
- Gibt es eine sichere und starke Authentifizierung der entfernten Benutzer?
- Können Daten zwischen dem entfernten Benutzer und der Maschine abgefangen werden?
- Welche Möglichkeiten besitzt der entfernte Benutzer? Kann ein entfernter Benutzer die Maschine neu starten oder Dateien von ihr übertragen?

Ein entfernter Benutzer erhält den gleichen Zugriff auf ihr Netzwerk wie der Computer, mit dem er verbunden ist. Zwischen der Sicherheit des eingesetzten Protokolls und den Möglichkeiten der Maschine, auf die über das Protokoll zugegriffen wird, gibt es einen Zusammenhang; je sicherer das Protokoll ist, desto weitreichendere Zugriffsmöglichkeiten können Sie der Maschine gewähren. Allerdings verwenden viele dieser Programme ein einziges, wiederverwendbares Paßwort und eine unverschlüsselte Verbindung, um einem entfernten Benutzer den völligen Zugang zu dem Computer zu ermöglichen; wenn Sie so etwas durch Ihre Firewall zulassen, ist das in etwa so, als würden Sie Ihren Computer einfach an das Internet anschließen. Und das ist sicher nicht wünschenswert.

Programme zur entfernten Steuerung stellen eines der am häufigsten auftretenden Sicherheitsprobleme in Microsoft-basierten Netzwerken dar. Es spielt keine Rolle, wie sicher eine Maschine ist, wenn Sie ein ungeschütztes Fernsteuerprogramm darauf betreiben. Im besten Fall erhält ein entfernter Benutzer durch ein solches Programm die gleiche Kontrolle, die auch ein lokaler Benutzer bekommt; im schlimmsten Fall erhält er administrative Kontrolle mit größeren Möglichkeiten als ein normaler lokaler Benutzer. Dies ist viel gefährlicher als jeder andere Dienst, den Sie betreiben, und muß entsprechend abgesichert werden.

Sie müssen die Behauptungen bezüglich der Sicherheit sorgfältig prüfen, die von diesen Programmen aufgestellt werden. Viele von ihnen bieten eine bessere Sicherheit entweder für die Authentifizierung oder für den Datenstrom, meist aber nicht für beides. Das ist im Prinzip sinnlos; ein Angreifer, der sich authentifizieren kann, muß nicht mehr herumschnüffeln und umgekehrt. Außerdem sind einige der »Verbesserungen der Sicherheit der Authentifizierung« wirklich nur geringfügig.

Zum Beispiel behaupten viele Pakete, daß die Benutzung der normalen Windows-Domänenauthentifizierung eine Verstärkung der Sicherheit darstellt. Sicherlich wird die Administration dadurch bequemer und möglicherweise auch ein wenig sicherer (da ein Administrator die Verwendung relativ guter Paßwörter durchsetzen kann), es ist jedoch kein wesentlicher Fortschritt in der Netzwerksicherheit gegenüber dem Einsatz eines lokalen Paßworts äquivalenter Länge. Möglicherweise ist es überhaupt kein Fortschritt, da die Domänen-Authentifizierung im lokalen Netzwerk zwischen dem Computer und seinem Domänen-Controller vorgenommen wird; Paßwort und Benutzername müssen über das Protokoll zum Computer übertragen werden, das das Fernzugriffsprogramm verwendet, und sind vielleicht wiederverwendbar oder sogar unverschlüsselt.

Beachten Sie außerdem folgendes: Die über das Netzwerk übertragenen Paßwörter können zwar vielleicht nicht wiederverwendet werden, möglicherweise sind sie jedoch leicht zu erraten – falls Sie beschließen, diese Art von Zugang zuzulassen, müssen Sie darauf achten, daß Sie starke Paßwörter benutzen und daß das Programm fehlgeschlagene Anmeldeversuche protokolliert, damit Sie Angriffe bemerken, bei denen versucht wird, die Paßwörter zu erraten.

Independent Computing Architecture (ICA)

ICA[4] ist ein Protokoll, das von Citrix für den Fernzugriff auf Windows-Clients entwickelt wurde. Unter den Windows-Protokollen für den Fernzugriff ist es am weitesten verbreitet. Clients gibt es für eine ganze Reihe von Plattformen, einschließlich Unix und Macintosh. Es gibt auch einen Java-basierten Client, der jedes Java-fähige Gerät (zum Beispiel die meisten Webbrowser) zu einem ICA-Display macht. ICA kann auf eine Vielzahl niedriger Protokolle aufsetzen, nicht nur auf TCP/IP (dies ist einer der Vorteile gegenüber vergleichbaren Protokollen). Wir werden uns in diesem Abschnitt nur mit der TCP/IP-Implementierung befassen.

ICA verwendet für die Benutzerauthentifizierung eine »verschleierte« Verbindung. Die Paßwörter werden zwar in gewisser Weise getarnt, sie erfahren jedoch keinen starken Schutz; es gibt Programme, die die Paßwörter lesen können, die bei einer ICA-Authentifizierung ausgetauscht werden. Eine Variante namens Secure ICA setzt für die Authentifizierung Verschlüsselung ein und kann auch eine verschlüsselte Verbindung für den Datenstrom verwenden. Es benutzt RC5-Verschlüsselung mit Diffie-Hellman-Schlüsselaustausch, dabei kommt für die Authentifizierung ein 128-Bit-Schlüssel zum Einsatz. (Weitere Informationen über Verschlüsselungsalgorithmen und die Konsequenzen der verschiedenen Schlüssellängen finden Sie in Anhang C, *Kryptographie*.) Wegen der US-amerikanischen Exportbeschränkungen benutzen Nicht-US-Versionen einen schwächeren 40-Bit-Schlüssel für den Datenstrom; die US-Versionen können in diesem Fall auf 40-Bit-, 56-Bit- oder 128-Bit-Verschlüsselung zurückgreifen. (Möglicherweise werden die Exportbeschränkungen irgendwann einmal aufgehoben, wodurch die genannten Unterschiede zwischen den Versionen entfallen würden.) Datenpakete vom Server zum Client bestehen aus Aktualisierungen von Teilen des Bildschirms, die nur dann nützlich sind, wenn Sie den kompletten Datenstrom verfolgen. Daten, die vom Client zum Server verlaufen, beinhalten Tastendrücke, die sich relativ einfach wieder in eine nutzbare Form bringen ließen. Es würde allerdings immer noch eine Menge Zeit und Aufwand kosten, den 40-Bit-Schlüssel der US-Exportversion zu knacken. Wahrscheinlich könnte sich nur ein entschlossener und hochmotivierter Angreifer dazu aufraffen.

Viele der Sicherheitsbelange beim Fernzugriff liegen außerhalb der Kontrolle des Protokolls selbst. Obwohl zum Beispiel ICA eine verschlüsselte Verbindung benutzt, liegt es an der speziellen Server-Software, diese Authentifizierung (und somit die Kontrolle, wie lang ein Paßwort sein kann oder muß) sowie die Protokollierung dieses Vorgangs auszuführen.

Paketfiltereigenschaften von ICA

Es gibt zwei ICA-Protokolle: eines für Clientverbindungen und eines für das Suchen nach ICA-Servern. Bei TCP/IP basieren Clientverbindungen auf dem TCP-Port 1494; die Server-Suche wird über einen UDP-Broadcast auf Port 1604 erledigt. Die Suche ist für

---

4   Dieses Protokoll trägt manchmal auch die Bezeichnungen Intelligent Console Architecture und Intelligent Console Access; offensichtlich kann man sich bei Citrix nicht darüber einig werden, was die Abkürzung denn nun bedeutet.

das Funktionieren von ICA nicht entscheidend. Wenn es deaktiviert ist, müssen die Benutzer die Maschinennamen eintippen, anstatt sie aus einer Liste auszuwählen (die Liste liefert, wenn sie verfügbar ist, manchmal nützliche Informationen über die relative Last auf den Servern).

Richtung	Quell-adresse	Zieladresse	Protokoll	Quell-port	Ziel-port	ACK gesetzt	Anmerkungen
eingehend	extern	intern	TCP	>1023	1494	a	Eingehende ICA-Verbindung, externer Client an internen Server
ausgehend	intern	extern	TCP	1494	>1023	ja	Eingehende ICA-Verbindung, interner Server an externen Client
eingehend	extern	intern bcast[b]	UDP	>1023	1604	c	ICA-Suchanfrage, externer Client an internen Server
ausgehend	intern	extern	UDP	1604	>1023	c	ICA-Suchantwort, interner Server an externen Client
ausgehend	intern	extern	TCP	>1023	1494	a	Ausgehende ICA-Verbindung, interner Client an externen Server
eingehend	extern	intern	TCP	1494	>1023	ja	Ausgehende ICA-Verbindung, externer Server an internen Client
ausgehend	intern	extern bcast[b]	UDP	>1024	1604	c	ICA-Suchanfrage, interner Client an externen Server
eingehend	extern	intern	UDP	1604	>1023	c	ICA-Suchantwort, externer Server an internen Client

a. ACK ist beim ersten Paket dieses Typs nicht gesetzt (Aufbau der Verbindung), wird aber bei den restlichen gesetzt.
b. Es ist äußerst unwahrscheinlich, daß Pakete dieses Typs zwischengeschaltete Router passieren, selbst wenn Sie das Passieren Ihrer Router erlaubt haben.
c. UDP besitzt kein Äquivalent zu ACK.

Proxy-Eigenschaften von ICA

Während dieses Buch entstand, war Citrix noch nichts von speziellen Proxies für ICA bekannt. Der wichtige Teil von ICA ist jedoch eine einfache TCP-Verbindung, die leicht über ein generisches Proxy-System geschickt werden kann. Viele kommerzielle Proxy-Systeme enthalten Anleitungen für den Proxy-Betrieb von ICA.

Network-Address-Translation-Eigenschaften von ICA

ICA verwendet keine eingebetteten IP-Adressen und funktioniert transparent durch ein Network-Address-Translation-System. Allerdings versucht das Suchsystem, IP-Adressen zu übertragen. Auf aktuellen Clients sollten Sie leicht eine feste Zuordnung erstellen können. Konfigurieren Sie den Server so, daß er die alternative Adresse aus der Zuordnung erkennt, und den Client, daß er für Verbindungen diese alternative Adresse verwendet.

Microsoft Terminal Server und Terminal-Dienste

Microsofts Terminal Server ist in Windows NT 4 ein getrennter, zusätzlicher Bestandteil, in Windows 2000 ist es dagegen einfach nur ein Dienst. Dies spiegelt die Veränderungen bei der Unterstützung des Mehrbenutzerbetriebs beim zugrundeliegenden Betriebssystem wider. Die Änderungen wurden teilweise von Citrix entwickelt, sie gehören nun jedoch zu Microsofts Betriebssystementwicklung (diese Geschichte findet sich in vielen Gerüchten über Citrix, Microsoft, Terminal Server und ICA; viele davon sind falsch).

Terminal-Dienste verwendet standardmäßig ein von Microsoft entwickeltes Protokoll namens *Remote Desktop Protocol* (RDP), das eine Erweiterung des International Telecommunications Union T.120-Standards darstellt. (T.120 wird in Kapitel 19, *Echtzeit-Konferenzdienste*, näher vorgestellt.) Es ist auch möglich, ICA-Unterstützung von Citrix zu erwerben und diese dem Terminal Server hinzuzufügen. Die ICA-Unterstützung bietet einige nützliche Funktionen, die RDP nicht hat; vor allem gibt es RDP-Unterstützung nur für Windows-Plattformen, während ICA für eine ganze Reihe von Betriebssystemen zur Verfügung steht.

RDP stellt drei Verschlüsselungsstufen bereit: niedrig, mittel und hoch. »Niedrige« Verschlüsselung verschlüsselt nur Daten, die vom Client an den Server geschickt werden, dazu verwendet es 40-Bit RC4. Dies schließt die Authentifizierungsdaten ein. »Mittlere« Verschlüsselung verschlüsselt alle Daten mit 40-Bit RC4; »hohe« Verschlüsselung verschlüsselt alle Daten mit 128-Bit RC4.

Paketfiltereigenschaften von RDP

RDP verwendet eine einfache TCP-Verbindung an Port 3389.

Richtung	Quelladresse	Zieladresse	Protokoll	Quellport	Zielport	ACK gesetzt	Anmerkungen
eingehend	extern	intern	TCP	>1023	3389	[a]	Eingehende RDP-Verbindung, externer Client an internen Server
ausgehend	intern	extern	TCP	3389	>1023	ja	Eingehende RDP-Verbindung, interner Server an externen Client
ausgehend	intern	extern	TCP	>1023	3389	[a]	Ausgehende RDP-Verbindung, interner Client an externen Server
eingehend	extern	intern	TCP	3389	>1023	ja	Ausgehende RDP-Verbindung, externer Server an internen Client

a. ACK ist beim ersten Paket dieses Typs nicht gesetzt (Aufbau der Verbindung), wird aber bei den restlichen gesetzt.

Proxy-Eigenschaften von RDP

Momentan ist uns von speziellen Proxies für RDP noch nichts bekannt. Allerdings verwendet RDP eine einfache TCP-Verbindung, die leicht über ein generisches Proxy-System betrieben werden kann.

Network-Address-Translation-Eigenschaften von RDP

RDP verwendet keine eingebetteten IP-Adressen und funktioniert transparent durch ein Network-Address-Translation-System.

BO2K

BO2K ist ein umstrittenes Werkzeug für den Fernzugriff. Zu seinen Gunsten sei gesagt, daß es sich um ein frei verfügbares Werkzeug mit einer Vielzahl von Erweiterungen handelt, einschließlich zahlreicher Verschlüsselungs- und Kommunikationsmethoden, die es ihm ermöglichen, sicher über das Internet zu arbeiten. Allerdings wurde es von Leuten geschrieben und vertrieben, die in Computer einbrechen. Oft wird es als Trojanisches Pferd eingesetzt. Es wurde so entworfen, daß es vor dem lokalen Benutzer versteckt bleibt, selbst wenn dieser auf der lokalen Maschine Administrator-Rechte besitzt (dies bietet sowohl für Angreifer Vorteile, die es vor Systemadministratoren verborgen halten wollen, als auch umgekehrt).

Da BO2K ein System zum Hinzufügen von Erweiterungen bietet, lassen sich über seine Fähigkeiten kaum absolute Aussagen treffen; es kommen laufend neue Funktionen hinzu.

BO2K stellt dem entfernten Benutzer vollen Administrator-Zugang zur Maschine zur Verfügung. Es kann auch nicht so konfiguriert werden, daß nur ein begrenzter Zugriff besteht. Daher stellt es eine eher dubiose Möglichkeit für den allgemeinen Fernzugriff der Benutzer dar. Andererseits bietet es für entfernte Benutzer eine gewisse Authentifizierung. Der BO2K-Server, der auf der zu kontrollierenden Maschine läuft, besitzt ein eingebettetes verschlüsseltes Paßwort. Sie müssen dieses Paßwort kennen, um den Server kontrollieren zu können. Das Paßwort läßt sich aus dem Server-Programm ermitteln, falls Sie Zugang zu den Server-Programmdaten haben. Sie müssen deshalb die Programmdaten des Servers genauso schützen, wie Sie andere Dateien schützen würden, die Angreifer mit Administrator-Rechten ausstatten würden.

Paketfiltereigenschaften von BO2K

BO2K unterstützt UDP oder TCP für die Kommunikation. Für die Kommunikation über ICMP steht ein Plug-In zur Verfügung. Es kann jede Portnummer benutzen. Standardmäßig wird meist UDP über Port 31337 verwendet, das läßt sich aber sehr leicht ändern. Im allgemeinen lohnt es sich nicht, Überlegungen darüber anzustellen, welche Ports BO2K benutzen wird. Wenn Sie es für Ihren eigenen Bedarf installieren, können Sie selbstverständlich selbst entscheiden, welche Ports und Protokolle Ihnen passen.

Proxy-Eigenschaften von BO2K

Momentan gibt es noch keine Proxy-fähigen Plug-Ins für BO2K. Da der BO2K-Server auf der Maschine läuft, die kontrolliert werden soll, werden Verbindungen häufig so aufgebaut, daß sich der Server innerhalb und der Client außerhalb der Firewall befinden; das ist eine Richtung, in der Proxy-Server im allgemeinen nicht verwendet werden.

Network-Address-Translation-Eigenschaften von BO2K

BO2K verwendet keine eingebetteten IP-Adressen und sollte ohne Probleme durch Network-Address-Translation-Systeme funktionieren. Andererseits läuft der Server auf der zu kontrollierenden Maschine. Befindet sich diese Maschine aus Sicht des NAT-Systems innen, müssen Sie eine feste Anpassung für sie einrichten. Die Transaktionen werden vom Client initiiert, und nach innen gerichteter Verkehr kann keine dynamische Anpassung auslösen.

Zusammenfassung der Empfehlungen für den Fernzugriff unter Windows

- Im allgemeinen sind diese Protokolle hochgradig unsicher. Wenn Sie sie durch eine Firewall zulassen, öffnen Sie die Maschinen, auf denen die Server laufen, dem Internet (und wenn Sie sie über ein Modem betreiben, öffnen Sie die Maschine im Prinzip jedem, der die Telefonnummer anrufen kann). Verwenden Sie statt dessen lieber ein virtuelles privates Netzwerk oder eine Einwahlmöglichkeit als Weg für den Fernzugriff (siehe Kapitel 20, *Namens- und Verzeichnisdienste*, für weitere Informationen über diese Möglichkeiten).

19

Echtzeit-Konferenzdienste

Dienste wie das Web, elektronische Post und Newsgroups erlauben es den Leuten, einander Nachrichten zu schicken, die zu einem späteren Zeitpunkt gelesen werden. Was ist jedoch, wenn man eine direkte Nachricht schicken oder eine Diskussion beginnen will? Verschiedene, im Internet zur Verfügung stehende Dienste erlauben es, in Echtzeit über das Internet miteinander zu interagieren. Die Möglichkeiten reichen von »Chat-Rooms«, in denen man Textmeldungen verschickt, bis hin zu Telekonferenzprogrammen mit Video-, Audio- und Whiteboard-Fähigkeiten.

Internet Relay Chat (IRC)

IRC ist ein textbasiertes Echtzeit-Konferenzsystem für mehrere Benutzer. Die Benutzer starten IRC-Clients, um damit Verbindung zu IRC-Servern aufzunehmen. IRC-Server können baumartig angeordnet sein und kommunizieren miteinander, um Nachrichten an alle Clients weiterzuleiten; heutzutage sind viele IRC-Server unabhängig und nicht mehr Bestandteil einer Baumstruktur. Abbildung 19-1 zeigt, wie die IRC-Server miteinander verbunden sind. Clients können zu jedem dieser Server eine Verbindung herstellen.

Die meisten Sicherheitsprobleme bei IRC hängen nicht mit dem Protokoll selbst zusammen, sondern damit, von wem und auf welche Art es benutzt wird. Wie bereits in Kapitel 2, *Internet-Dienste*, erwähnt, gewähren viele Clients den Servern zu großzügigen Zugriff auf lokale Ressourcen (Dateien, Prozesse, Programme usw.). Ein böswilliger Server kann auf einem schlecht konfigurierten Client Verwüstungen anrichten. Außerdem haben manche der Dauergäste des IRC die üble Angewohnheit, neue Benutzer davon zu überzeugen, bestimmte Befehle auszuführen. Während die naiven Benutzer glauben, die Befehle seien nützlich, vernichten sie in Wirklichkeit das System.

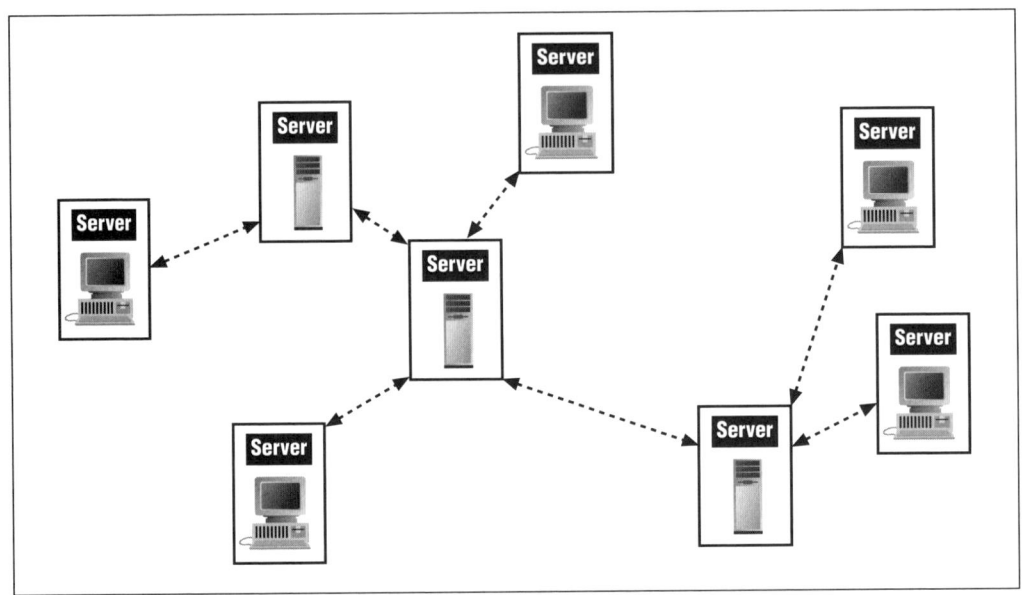

Abbildung 19-1: Der IRC-Server-Baum

Viele wohlmeinende IRC-Benutzer sind bezüglich der Sicherheit einfach naiv. Sie finden es zum Beispiel raffiniert, Software zu verteilen, indem sie einen kleinen Server auf ihrer Maschine einrichten. Dann weisen sie andere Leute an, »*telnet* meinrechner meinport | sh« auszuführen, um die Software bei ihnen installieren zu können. Damit kann man von außen ohne Mitwirkung des Benutzers Software installieren, aber ebensogut jeden Befehl auf dem Rechner des internen Benutzers unter dessen Kennung ausführen. Da es fast unmöglich ist, feindselige von naiven Personen zu unterscheiden, sollten Sie Ihren Benutzern einschärfen, niemals innerhalb oder außerhalb des IRC-Client irgendwelche Befehle auszuführen, nur weil ihnen das jemand über IRC geraten hat.

Obwohl diese Probleme mit IRC weit verbreitet sind, ist IRC dennoch eine nützliche und beliebte Kommunikationsmöglichkeit. Textbasierte, mehrbenutzerfähige Echtzeitkommunikation kann sehr praktisch sein. Sie bietet viele der Vorteile von Telekonferenzen, ist jedoch deutlich billiger.

Während IRC-Clients ein Risiko in sich bergen, sind IRC-Server relativ sicher. Sie könnten einen IRC-Server in einer mit *chroot* eingeschränkten Umgebung auf einem Bastion-Host laufen lassen, allerdings wäre es grotesk, einen Server zu betreiben, ohne daß lokale Clients darauf zugreifen können. Ein Server mit Internet-Zugriff wäre wiederum nicht sicher für die Clients. Allenfalls können Sie einen Server innerhalb Ihrer Firewall für private IRC-Konferenzen nutzen.

Viele IRC-Clients unterstützen sogenannte *Direct Client Connections* (DCC). Mit DCC können zwei IRC-Clients eine direkte TCP-Verbindung untereinander aushandeln, wobei sie mit Ausnahme der Verhandlungsphase alle Server umgehen. Die meisten

Internet Relay Chat (IRC)

IRC-Server werden versuchen, mit Hilfe des Auth-Protokolls Informationen über den Benutzer einzuholen. Manche IRC-Server akzeptieren keine Verbindungen, wenn Auth nicht funktioniert. Siehe Kapitel 21, *Authentifizierungs- und Auditing-Dienste*, für weitere Informationen über Auth.

Paketfiltereigenschaften von IRC

IRC ist ein Dienst auf der Grundlage von TCP. Die Server überwachen im allgemeinen Port 6667 auf eingehende Verbindungen (sowohl von Clients als auch von anderen Servern), manche Server benutzen aber auch andere Portnummern. Clients (und Server, die mit anderen Servern kommunizieren) verwenden Ports oberhalb von 1023.

Clients benutzen Ports oberhalb von 1023, um mittels DCC mit anderen Clients zu kommunizieren. Am Anfang sendet der anrufende Client eine »Einladung« an den angerufenen Client, wofür er die normalen Kanäle der IRC-Server verwendet. Die Einladung enthält eine TCP-Portnummer, auf der der anrufende Client auf die eingehende Verbindung wartet. Der angerufene Client öffnet eine TCP-Verbindung zu diesem Port, wenn er die Einladung annimmt.

Richtung	Quelladresse	Zieladresse	Protokoll	Quellport	Zielport	ACK gesetzt	Anmerkungen
eingehend	extern	intern	TCP	>1023	6667[a]	[b]	Externer Client oder Server nimmt Kontakt zum internen Server auf
ausgehend	intern	extern	TCP	6667[a]	>1023	ja	Interner Server antwortet
ausgehend	intern	extern	TCP	>1023	>1023	[b]	Externer Client fordert DCC-Verbindung an; interner Client beantwortet die Einladung des externen Client
eingehend	extern	intern	TCP	>1023	>1023	ja	DCC-Verbindung vom externen Client
ausgehend	intern	extern	TCP	>1023	6667[a]	[b]	Interner Client oder Server nimmt Kontakt zum externen Server auf
eingehend	extern	intern	TCP	6667[a]	>1023	ja	Externer Server antwortet
eingehend	extern	intern	TCP	>1023	>1023	[b]	Interner Client fordert DCC-Verbindung an; externer Client beantwortet die Einladung des internen Client
ausgehend	intern	extern	TCP	>1023	>1023	ja	DCC-Verbindung vom internen Client

a. 6667 ist zwar bei IRC der am häufigsten verwendete Port, manche Server benutzen aber auch andere Portnummern.
b. ACK ist beim ersten Paket dieses Typs nicht gesetzt (Aufbau der Verbindung), wird aber bei den restlichen gesetzt.

Proxy-Eigenschaften von IRC

Als alle IRC-Server noch Teil der gleichen Baumstruktur waren, konnte jeder IRC-Server als Proxy-Server dienen. Heutzutage sind IRC-Server in der Regel unabhängig voneinander, und die Benutzer wollen vermutlich mit vielen unterschiedlichen Servern Verbindung aufnehmen. Deshalb ist es notwendig, echte Proxies einzusetzen. Für die meisten Unix-Varianten gibt es einen SOCKS-fähigen IRC-Client namens *mIRC*; als besonders sicherer IRC-Proxy steht *tircproxy* zur Verfügung.

DCC-Verbindungen funktionieren zwar nicht mit *mIRC* durch SOCKS, jedoch mit *tircproxy*. Dieser Proxy fängt sie ab und setzt sie um. *tircproxy* kann außerdem DCC- und andere gefährliche Anfragen abfangen, abweisen oder »säubern«, wodurch sich die Anzahl der möglichen Angriffe verringert. Er ermöglicht weiterhin bei ausgehenden Anfragen eine Benutzerauthentifizierung, entweder in Form einer Authentifizierung einzelner Benutzer mittels Benutzernamen und Paßwort (die im Klartext übergeben werden) oder in Form von Quizfragen, die alle menschlichen Wesen durchlassen, Bots (Programme, die am IRC teilnehmen) dagegen abweisen sollen.

Network-Address-Translation-Eigenschaften von IRC

Normale IRC-Verbindungen enthalten keine eingebetteten IP-Adressen und funktionieren problemlos mit der Network Address Translation. Manche Server erfordern den Zugriff auf einen Auth-Server auf der gleichen IP-Adresse, Sie müssen deshalb eine Zuordnung ermöglichen, die ein erfolgreiches eingehendes Auth erlaubt. DCC-Verbindungen sind komplizierter, da sie die Übergabe von IP-Adressen und Portnummern erfordern und eingehende Verbindungen erlauben. Um DCC zuzulassen, muß das Network-Address-Translation-System das IRC-Protokoll verstehen, die IP-Adressen und Portnummern in DCC-Befehlen richtig umsetzen und die eingehenden Verbindungen akzeptieren, die mit diesen verknüpft sind. Alternativ können Sie *tircproxy* in Verbindung mit der Network Address Translation benutzen und für den Host, auf dem *tircproxy* läuft, eine statische Anpassung einrichten. *tircproxy* übernimmt das Abfangen der DCC-Befehle.

Zusammenfassung der Empfehlungen für IRC

- Theoretisch sind Proxies für IRC oder der Einsatz von IRC über Filter möglich. Dennoch ist dies wegen der Schwächen der Clients nicht empfehlenswert. Die beste Möglichkeit zum Einsatz von IRC ist eine Opfermaschine ohne vertrauliche Daten in einem Grenznetz. Die Benutzer müssen sich auf dieser Maschine anmelden, um IRC zu benutzen.

- Wenn Sie einen internen IRC-Server betreiben, müssen Sie darauf achten, daß er nicht zu einer Baumstruktur externer IRC-Server gehört; ansonsten dient er als Proxy für Ihre IRC-Clients und für Angriffe von außen.

ICQ

ICQ ist ein Konferenzprotokoll, das von Mirabilis entwickelt wurde und im Zusammenhang mit den Konferenzen eingesetzt wird, die auf deren Servern zur Verfügung stehen. ICQ ist zwar einerseits ein proprietärer Dienst, andererseits gehört er zu den beliebteren Web-basierten Chat-Diensten. Ebenso wie IRC stellt ICQ ein beliebtes Ziel für Angreifer dar. Dabei konzentriert man sich sowohl auf Computer, die möglicherweise verwundbar sind, als auch auf Leute, die manipuliert werden können (sogenanntes »Social Engineering«). Es gibt eine Menge Berichte von Leuten, die feststellen, daß ihr Standort verstärkt untersucht wird, wenn sie ICQ benutzen.

Neben den bedeutenden indirekten Problemen mit ICQ sind mit dem ICQ-Client selbst direkte Sicherheitsprobleme aufgetreten. Dabei handelt es sich meist um Denial-of-Service-Attacken, bei denen die Maschine, auf der der Client läuft, zum Absturz gebracht oder angehalten wird, einige dieser Probleme gehen aber auch auf Pufferüberläufe zurück, die es einem Angreifer erlauben könnten, beliebige Befehle auszuführen. Außerdem richtet eine Version des Clients sowohl einen Webserver ein als auch den IRC-Client. Für die Sicherheit ist dieser Fakt sehr unerfreulich, unabhängig davon, um welchen Webserver es sich handelt (die Schwächen eines Webservers sind doch ein wenig größer als die eines Chat-Client). Es wurde sogar noch schlimmer, da der betreffende Webserver von Mirabilis es erlaubte, alle Dateien auf der Maschine zu übertragen. Diese Probleme wurden zwar von Mirabilis schnell beseitigt, es besteht allerdings weiterhin Grund zur Sorge.

Paketfiltereigenschaften von ICQ

ICQ kommuniziert über UDP auf Port 4000 mit dem Server unter *icq.mirabilis.com* und über TCP auf einem Port oberhalb von 1024 vom Client zum Server oder zwischen Clients. Der Client kann konfiguriert werden, um festzulegen, welche Ports er verwendet; normalerweise wählt er Ports zwischen 3989 und 4000.

Richtung	Quell-adresse	Ziel-adresse	Protokoll	Quell-port	Ziel-port	ACK gesetzt	Anmerkungen
ausgehend	intern	Mirabilis	UDP	>1023	4000	[a]	Interner Client an Server
eingehend	Mirabilis	intern	UDP	4000	>1023	[a]	Server an internen Client
ausgehend	intern	Mirabilis	TCP	>1023[b]	>1023	[c]	Interner Client, der Nachrichten über den Server sendet
eingehend	Mirabilis	intern	TCP	>1023	>1023[b]	ja	Server, der Nachrichten an den internen Client sendet
ausgehend	intern	extern	TCP	>1023[b]	>1023	[c]	Interner Client, der Nachrichten direkt an den externen Client sendet
eingehend	extern	intern	TCP	>1023	>1023[b]	ja	Externer Client, der dem internen Client antwortet
eingehend	extern	intern	TCP	>1023	>1023[b]	[c]	Externer Client, der Nachrichten direkt an den internen Client sendet
ausgehend	intern	extern	TCP	>1023[b]	>1023	ja	Interner Client, der dem externen Client antwortet

a. UDP besitzt kein Äquivalent zu ACK.
b. Der Port-Bereich für diesen Zweck kann für einen Client festgelegt werden.
c. ACK ist beim ersten Paket dieses Typs nicht gesetzt (Aufbau der Verbindung), wird aber bei den restlichen gesetzt.

Proxy-Eigenschaften von ICQ

Der ICQ-Client ist SOCKS-fähig und kommuniziert mit SOCKS4- oder SOCKS5-Servern. Da ICQ jedoch sowohl TCP als auch UDP verwendet und SOCKS4 UDP nicht über den Proxy verarbeiten kann, ist der Einsatz von SOCKS4 nicht ausreichend; Sie müssen UDP außerdem an Port 4000 durchlassen. ICQ erlaubt es Ihnen, die UDP-Pakete an die Firewall zu leiten, um einen UDP-Relayer einzusetzen oder auf die SOCKS5-UDP-Unterstützung zurückzugreifen.

Normalerweise versuchen ICQ-Clients, einander die Nachrichten direkt zuzuschicken. Wenn Sie einen Proxy-Server einsetzen, schlagen eingehende Verbindungen höchstwahrscheinlich fehl, auch wenn ausgehende erfolgreich sind, da der initiierende Client nicht weiß, daß er den Proxy-Server kontaktieren muß. Falls Sie Ihrem ICQ-Client deshalb mitteilen, daß Sie einen Proxy-Server verwenden, routet er die Konversationen durch den ICQ-Server (über den Proxy-Server) anstatt direkt zu dem anderen Client.

Network-Address-Translation-Eigenschaften von ICQ

ICQ verwendet eingebettete Informationen über Portnummern, um die direkte Kommunikation zwischen den Clients einzurichten. Im allgemeinen funktioniert dies nicht mit einem Network-Address-Translation-System. Die Clients hinter einem NAT-System können zwar die Server bei Mirabilis kontaktieren und direkte Client-an-Client-Nachrichten schicken, aber keine empfangen. Falls Sie jedoch für die Portnummern, die ICQ verwendet, eine feste, nach innen gerichtete Zuordnung einrichten, ist eine direkte Client-zu-Client-Kommunikation möglich.

Zusammenfassung der Empfehlungen für ICQ

- Erlauben Sie ICQ nicht durch Ihre Firewall.
- Falls Sie ICQ zulassen müssen, sollten Sie eine Opfermaschine dafür verwenden.

talk

talk ist ein textorientiertes Konferenzsystem für zwei Personen, das in Echtzeit arbeitet. Damit können zwei Leute eine Verbindung aufbauen und sich »unterhalten«. Bei beiden wird der Bildschirm aufgeteilt: In einem Bereich sieht man, was der erste Teilnehmer eintippt, im anderen das, was der zweite schreibt.

talk ist sehr kompliziert, da es über UDP die Verbindungen zwischen beiden Seiten aushandelt und dann mittels TCP Daten zwischen den Teilnehmern überträgt. UDP wird zwischen dem anrufenden Client und dem antwortenden Server benutzt und dann wieder zwischen dem antwortenden Client und dem anrufenden Server. Anschließend kommt TCP zwischen den beiden Clients zum Einsatz.

Um die Angelegenheit weiter zu verkomplizieren, existieren zwei zueinander inkompatible Versionen des *talk*-Protokolls, die meist als *talk* und *ntalk* (für »new talk«) oder *otalk* (für »old talk«) und *talk* bezeichnet werden (je nachdem, wen Sie fragen). Bei der älteren Version mußten die Bytes in einer bestimmten Reihenfolge im Speicher stehen. Sie funktionierte daher nur zwischen Rechnern mit der gleichen CPU. Die neuere Version behebt das Problem, ist aber nicht kompatibel zur alten.

Der anrufende Client nimmt über UDP Verbindung zum antwortenden Server auf, um den Anruf anzukündigen. Der Server informiert den Benutzer, daß jemand eine *talk*-Sitzung starten möchte, und zeigt ihm auch, mit welchem Befehl er antworten muß, um den Anruf entgegenzunehmen. Während der anrufende Client auf die Antwort des Benutzers wartet, nimmt er ebenfalls Kontakt zum anrufenden Server auf, um ihn auf den erwarteten Anruf vorzubereiten und den gewünschten TCP-Port anzugeben (wie die Chefin ihrem Sekretär sagt, daß sie einen Rückruf erwartet und diesen auf einer bestimmten Durchwahl haben will). Nimmt der Benutzer auf der antwortenden Maschine den Anruf an, so nimmt sein Client (der antwortende Client) über UDP Verbindung mit dem anrufenden Server auf, um zu erfahren, auf welchem Port der anrufende Client wartet. Daraufhin nimmt der antwortende Client auf diesem TCP-Port Verbindung mit dem anrufenden Clienten auf. Abbildung 19-2 illustriert die Funktionsweise von *talk*.

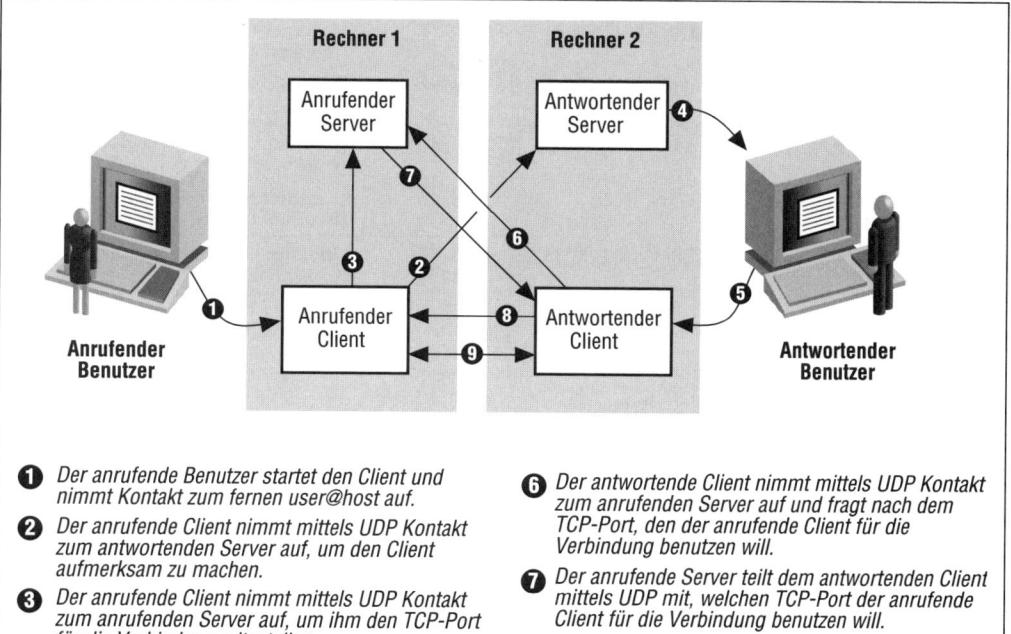

❶ Der anrufende Benutzer startet den Client und nimmt Kontakt zum fernen user@host auf.

❷ Der anrufende Client nimmt mittels UDP Kontakt zum antwortenden Server auf, um den Client aufmerksam zu machen.

❸ Der anrufende Client nimmt mittels UDP Kontakt zum anrufenden Server auf, um ihm den TCP-Port für die Verbindung mitzuteilen.

❹ Der antwortende Server informiert den Benutzer über den eingehenden Anruf.

❺ Der antwortende Benutzer startet den antwortenden Client und gibt dabei den Benutzer und Rechner an, dessen Anruf beantwortet werden soll.

❻ Der antwortende Client nimmt mittels UDP Kontakt zum anrufenden Server auf und fragt nach dem TCP-Port, den der anrufende Client für die Verbindung benutzen will.

❼ Der anrufende Server teilt dem antwortenden Client mittels UDP mit, welchen TCP-Port der anrufende Client für die Verbindung benutzen will.

❽ Der antwortende Client nimmt mittels TCP auf diesem Port Kontakt zum anrufenden Client auf.

❾ Die Verbindung zwischen beiden Clients ist aufgebaut. Jetzt beginnt die Konversation.

Abbildung 19-2: Funktionsweise von talk

Aufgrund der inkompatiblen *talk*-Protokolle scheitert *talk* selbst zwischen Netzen ohne Paketfilterung relativ oft. Auch innerhalb eines Netzes geht es oft schief, wenn Rechner unterschiedlichen Typs beteiligt sind. Clients und Server für *talk* gibt es im allgemeinen nur auf Unix-Maschinen.

Paketfiltereigenschaften von talk

talk-Server (die nur die Verbindungen zwischen *talk*-Clients aushandeln und dann wieder verschwinden) benutzen entweder UDP-Port 517 (bei älteren Versionen von *talk*) oder UDP-Port 518 (bei neueren Versionen). *talk*-Clients kommunizieren auf UDP-Portnummern oberhalb von 1023 mit *talk*-Servern. Zur Kommunikation untereinander verwenden *talk*-Clients außerdem TCP-Portnummern oberhalb von 1023. Um *talk* über Ihre Firewall hinweg zu ermöglichen, müssen Sie daher TCP-Verbindungen zulassen, bei denen beide Seiten beliebige Portnummern oberhalb von 1023 verwenden; das ist aber unsicher, weil viele anfällige Server, wie z.B. X-Server, Portnummern oberhalb von 1023 benutzen.

Richtung	Quell-adresse	Ziel-adresse	Protokoll	Quell-port	Ziel-port	ACK gesetzt	Anmerkungen
eingehend	extern	intern	UDP	>1023	517 518[a]	[b]	Externer Client nimmt Kontakt zum internen Server auf
ausgehend	intern	extern	UDP	517 518[a]	>1023	[b]	Interner Server antwortet dem externen Client
ausgehend	intern	extern	UDP	>1023	517 518[a]	[b]	Interner Client nimmt Kontakt zum externen Server auf
eingehend	extern	intern	UDP	517 518[a]	>1023	[b]	Externer Server antwortet dem internen Client
ausgehend	intern	extern	TCP	>1023	>1023	[c]	Interner Client kommuniziert mit externem Client
eingehend	extern	intern	TCP	>1023	>1023	[c]	Externer Client kommuniziert mit internem Client

a. Alte Versionen von *talk* verwenden Port 517; neuere Versionen benutzen Port 518.
b. UDP besitzt kein Äquivalent zu ACK.
c. ACK ist beim ersten Paket dieses Typs nicht gesetzt (Aufbau der Verbindung), wird aber bei den restlichen gesetzt.

Proxy-Eigenschaften von talk

Für *talk* stehen keine Proxies zur Verfügung. Theoretisch ist es möglich, einen Proxy zu schreiben. Da bei *talk* gleichzeitig interne und externe Clients beteiligt sind, müßte dies ein Proxy-Server mit modifizierten Prozeduren sein. (Ein generischer Server eignet sich auf keinen Fall dafür, weil sowohl TCP als auch UDP benutzt werden.) Berücksichtigt man die großen Schwierigkeiten bei der Entwicklung eines *talk*-Proxies und den komplizierten Ablauf beim Verbindungsaufbau, so ist es unwahrscheinlich, daß in absehbarer Zeit ein Proxy zur Verfügung stehen wird. Es ist wahrscheinlicher, daß *talk* für Konversationen im Internet ganz abgeschafft und durch andere Protokolle ersetzt wird, wie z.B. IRC und ICQ, die bereits beschrieben wurden.

Network-Address-Translation-Eigenschaften von talk

Wegen der Art und Weise, wie *talk* die Portnummern aushandelt und die Verbindungen herstellt, brauchen Sie ein Network-Address-Translation-System, das *talk* versteht, damit es funktionieren kann. Das NAT-System muß auf die Aushandlung der Portnummern achten, damit es die entsprechende Anpassung für die nach innen gerichteten Verbindungen vornehmen kann.

Zusammenfassung der Empfehlungen für talk

- Da ein sicherer Betrieb von *talk* mit Filtern oder Proxies nicht möglich ist, dürfen Sie keine *talk*-Verbindungen zwischen dem Internet und Ihren internen Maschinen zulassen. Falls Sie aus irgendwelchen Gründen *talk* unbedingt brauchen, müssen Sie im Grenznetz eine Maschine als potentielles Opfer einrichten, der Sie nicht vertrauen und die keine vertraulichen Daten enthält. Die Benutzer müssen sich auf dieser Maschine einloggen und *talk* darauf laufen lassen.

Multimedia-Protokolle

Bisher haben wir Methoden vorgestellt, mit denen man Textnachrichten in Echtzeit austauschen konnte. Es gibt aber auch Nachrichtensysteme, die den Echtzeitaustausch anderer Arten von Daten erlauben; dazu gehören Internet-Telefonie, Video-Konferenzsysteme und Systeme zur gemeinsamen Nutzung von Anwendungen. Diese Datentypen erfordern in der Regel eine höhere Bandbreite als einfacher Text und haben größere Einfluß auf Ihre Sicherheit.

Multimedia-Protokolle weisen in der Regel einige gemeinsame Eigenschaften auf. Erstens benutzen sie normalerweise mehr als einen Port. Sie verwenden mehrere Datenströme, um Daten mit unterschiedlichen Merkmalen voneinander zu trennen und die Effektivität bei der Benutzung der Netzwerkressourcen zu maximieren. So trennen sie üblicherweise Audio- von Videodaten und setzen unterschiedliche Kanäle für solche Daten ein, die in verschiedene Richtungen verlaufen. Außerdem trennen sie die eigentlichen Daten von den administrativen Befehlen, so daß der Port, über den die Videodaten gesendet werden, nicht der gleiche ist wie der, über den gesagt wird »Höre auf, Videodaten zu senden, ich kann keine weiteren entgegennehmen«; dieses Vorgehen maximiert die Wahrscheinlichkeit, daß die administrativen Befehle ihr Ziel wirklich erreichen. Die administrativen Funktionen nennt man normalerweise *Verbindungsüberwachung*.

Die meisten Multimedia-Protokolle setzen für Daten und die Verbindungsüberwachung verschiedene niedrigere Protokolle ein. Die Daten werden fast immer über UDP übertragen, die Verbindungsüberwachung dagegen über TCP. Dies hat seine Ursache darin, daß die Daten mit maximaler Geschwindigkeit übertragen werden müssen. Es ist nicht wichtig, ob einige Pakete verlorengehen, solange alle Pakete, die durchkommen, sofort benutzt werden, wenn sie angekommen sind. Eine Verbindungsüberwachung kommt dagegen nicht so oft vor, darf aber auch nicht verlorengehen; der höhere Aufwand bei TCP wird deshalb in Kauf genommen, um zu garantieren, daß die Befehle ihr Ziel auch erreichen.

Multimedia-Protokolle lassen sich mit Firewalls kaum angemessen schützen. Es ist schon schwer genug, ein Protokoll zu unterstützen, das eine große Anzahl von Kanälen beansprucht, in beide Richtungen verläuft und sowohl verbindungsorientierte als auch verbindungslose Protokolle einsetzt, Multimedia-Protokolle verkomplizieren die Sache noch zusätzlich dadurch, daß sie eine hohe Leistung erfordern.

T.120 und H.323

T.120 und H.323[1] sind Standards der *International Telecommunications Union* (ITU) für Konferenzen. T.120 deckt Dateiübertragungen, Chat, Whiteboard und gemeinsam genutzte Anwendungen ab; H.323 behandelt Audio- und Video-Konferenzen. Es handelt sich bei beiden um höhere Standards, die für verschiedene Zwecke eine Reihe niedrigerer Protokolle einsetzen. Gelegentlich werden Sie von Q.931, G.711, H.245, H.261 und H.263 als Bestandteilen von H.323 und von T.122 bis T.127 als Bestandteilen von T.120 hören. In den meisten Fällen müssen Sie sich um diese niedrigen Protokolle nicht kümmern, die zusammen mit den höheren Protokollen eingesetzt werden.

Weder der H.323- noch der T.120-Standard fordern, daß in den Implementierungen Sicherheitsvorkehrungen vorhanden sind. H.323 soll Audio- und Video-Daten aufnehmen, die dem Benutzer präsentiert werden. Dies bringt zwar das Risiko von Informationslecks mit sich, allerdings gefährdet das den Client nicht direkt (abgesehen von dem Risiko, das alle Protokolle für Clients sowieso in sich bergen). Da H.323 eine große Zahl eingehender Datenkanäle sowohl über UDP als auch über TCP einrichtet, besteht das Risiko, daß H.323 es Leuten ermöglicht, andere, schwächere Dienste anzugreifen.

T.120 dagegen ist durchaus gefährlich. Sowohl die Dateiübertragung als auch die Funktion zur gemeinsamen Benutzung von Anwendungen können direkt angegriffen werden.

Paketfiltereigenschaften von T.120

Beim Betrieb über TCP/IP verwendet T.120 eine einfache TCP-Verbindung auf Port 1503. (Dies wird eigentlich von T.123 festgelegt, dem Übertragungsstandard, der mit T.120 verknüpft ist.)

---

1   Falls es Sie interessiert, die Buchstaben »T« und »H« sind die Kennzeichen der ITU-Unterkomitees, in denen die Standards entstanden sind. Diese Kennzeichen werden in alphabetischer Reihenfolge ausgegeben. Sie stellen keine Abkürzung dar.

Richtung	Quell-adresse	Ziel-adresse	Protokoll	Quell-port	Ziel-port	ACK gesetzt	Anmerkungen
eingehend	extern	intern	TCP	>1023	1503	a	Externer Client kontaktiert internen Server
ausgehend	intern	extern	TCP	1503	>1023	ja	Interner Server antwortet externem Client
ausgehend	intern	extern	TCP	>1023	1503	b	Interner Client kontaktiert externen Server
eingehend	extern	intern	TCP	1503	>1023	ja	Externer Server antwortet internem Client

a. ACK ist beim ersten Paket dieses Typs nicht gesetzt (Aufbau der Verbindung), wird aber bei den restlichen gesetzt.

Proxy-Eigenschaften von T.120

Da T.120 eine einzelne TCP-Verbindung auf einem bekannten Port benutzt, läßt es sich leicht durch Proxies realisieren. Weil T.120 jedoch sowohl relativ sichere (Chat und Whiteboard) als auch gefährliche Anwendungen (Dateiübertragung und gemeinsame Nutzung von Anwendungen) erlaubt, sollte aus Sicherheitsgründen ein T.120-fähiger Proxy zum Einsatz kommen. Solche Proxies scheint es allerdings noch nicht zu geben.

Network-Address-Translation-Eigenschaften von T.120

T.120 funktioniert transparent mit Network Address Translation.

Paketfiltereigenschaften von H.323

H.323 verwendet wenigstens drei Ports pro Verbindung. Eine TCP-Verbindung an Port 1720 wird zum Einrichten des Anrufs benutzt. Außerdem benötigt jeder Datenstrom einen dynamisch zugewiesenen TCP-Port (für Verbindungsüberwachung) und einen dynamisch zugewiesenen UDP-Port (für Daten). Audio und Daten werden getrennt gesendet, die Datenströme verlaufen nur in eine Richtung; das bedeutet, daß eine normale Video-Konferenz nicht weniger als acht dynamisch zugewiesene Ports erfordert (einen TCP-Kontroll-Port und einen UDP-Datenport für ausgehendes Video, ein weiteres Paar für ausgehendes Audio, ein Paar für eingehendes Video und ein letztes Paar für eingehendes Audio). Abbildung 19-3 zeigt die Verbindungen, die an einer generischen H.323-Konferenz beteiligt sind. Beachten Sie, daß vier der dynamisch zugewiesenen Ports von außen nach innen etabliert werden (unabhängig davon, welche Seite die Konversation initiiert hat).

Kapitel 19: Echtzeit-Konferenzdienste

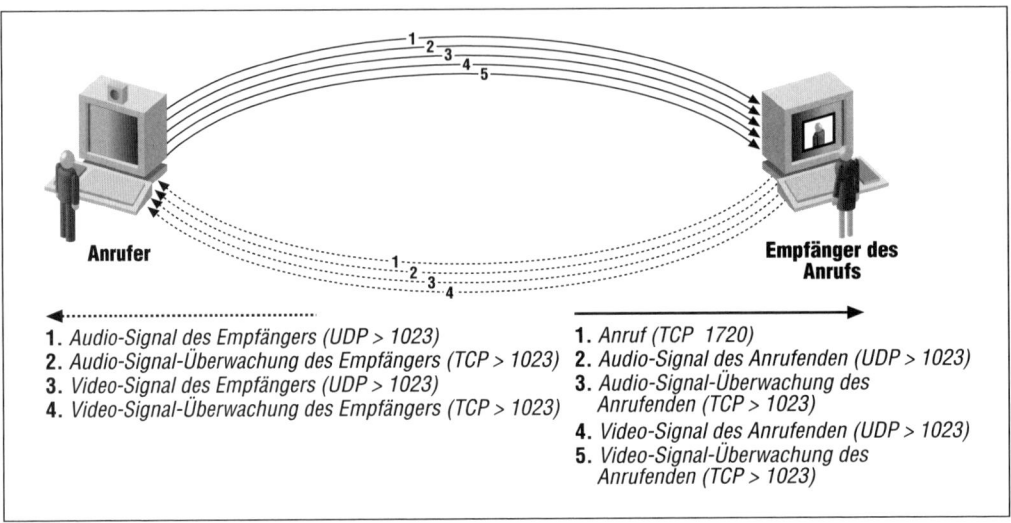

Abbildung 19-3: Eine H.323-Video-Konferenz, mit Audio

Richtung	Quell-adresse	Ziel-adresse	Protokoll	Quell-port	Ziel-port	ACK gesetzt	Anmerkungen
eingehend	extern	intern	TCP	>1023	1720	a	Externer Anrufer kontaktiert internen Angerufenen
ausgehend	intern	extern	TCP	1720	>1023	ja	Interner Angerufener antwortet externem Anrufer
ausgehend	intern	extern	TCP	>1023	1720	a	Interner Anrufer kontaktiert externen Angerufenen
eingehend	extern	intern	TCP	1720	>1023	ja	Externer Angerufener antwortet internem Anrufer
ausgehend	intern	extern	TCP	>1023	>1023	b	Verbindungsüberwachung für Daten, die von intern nach extern verlaufen
eingehend	extern	intern	TCP	>1023	>1023	ja	Antworten auf Verbindungsüberwachung für Daten, die von intern nach extern verlaufen
eingehend	extern	intern	TCP	>1023	>1023	b	Verbindungsüberwachung für Daten, die von extern nach intern verlaufen
ausgehend	intern	extern	TCP	>1023	>1023	ja	Antworten auf Verbindungsüberwachung für Daten, die von extern nach intern verlaufen
ausgehend	intern	extern	UDP	>1023	>1023	b	Daten, die von intern nach extern verlaufen
eingehend	extern	intern	UDP	>1023	>1023	b	Daten, die von extern nach intern verlaufen

a. ACK ist beim ersten Paket dieses Typs nicht gesetzt (Aufbau der Verbindung), wird aber bei den restlichen gesetzt.
b. UDP besitzt kein Äquivalent zu ACK.

Aufgrund der starken Nutzung dynamisch zugewiesener Ports läßt sich H.323 nur schwer durch ein Paketfiltersystem verarbeiten; Microsofts Anweisungen für NetMeeting (das auf H.323 aufbaut, wie Sie später erfahren werden) schlägt sogar vor, alle UDP- und TCP-Verbindungen in jeder Richtung zuzulassen, bei denen beide Seiten oberhalb von 1024 arbeiten. Eine solche Konfiguration ist äußerst unsicher, und wir empfehlen Ihnen, nicht so vorzugehen. Es ist allerdings die einzige Möglichkeit, H.323 durch eine Firewall mit nicht zustandsgesteuertem Paketfilter zuzulassen.

Ein zustandsgesteuerter Paketfilter, der die Port-Verhandlung von H.323 überwachen kann, wäre in der Lage, nur die benötigten Datenports zu erlauben. Beachten Sie, daß einfache Tricks, wie das alleinige Zulassen von UDP-Antworten bei H.323, nicht funktionieren, da eingehende Datenströme vom fernen Host nicht den normalen Kriterien entsprechen, um als Antwort angesehen zu werden; der Paketfilter muß H.323 verstehen. Leider ist H.323 nicht besonders einfach zu verarbeiten, H.323-fähige Paketfilter sind daher selten. In besseren Paketfiltersystemen sind sie allerdings enthalten.

Da H.323 nicht über eine integrierte Authentifizierung verfügt, ist es nicht sehr sicher, H.323 durch einen Paketfilter zuzulassen. Dies gilt sogar, wenn Sie ein dynamisches Paketfiltersystem einsetzen, das H.323 versteht. Falls Sie sich wegen der Übertragung vertraulicher Daten oder der Sicherheit Ihrer Clients Sorgen machen, sollten Sie besser einen Proxy einsetzen, der eine Authentifizierung ermöglicht.

Proxy-Eigenschaften von H.323

H.323 besitzt nahezu jede Eigenschaft, die dafür sorgt, daß ein Protokoll nur schlecht über einen Proxy geleitet werden kann; es verwendet sowohl TCP als auch UDP, es benutzt mehrere Ports, es setzt dynamisch zugewiesene Ports ein, es erzeugt Verbindungen in beiden Richtungen, und es bettet Adreßinformationen in die Pakete ein. Die einzige gute Nachricht lautet, daß das Protokoll einen Platz bietet, an dem Client ein gewünschtes Ziel angeben können, wodurch der Proxy leicht ermitteln kann, wohin Verbindungen gerichtet sind.

Eine Möglichkeit, die Probleme mit dem Proxy-Einsatz von H.323 zu umgehen, besteht darin, eine sogenannte *Multipoint Control Unit* (MCU) einzusetzen und diese im öffentlich zugänglichen Teil Ihres Netzwerks zu plazieren. Diese Systeme dienen vor allem dazu, viele-zu-viele-Verbindungen zu steuern, allerdings muß sich dazu jeder Teilnehmer einer Konferenz mit diesem System verbinden. Das bedeutet, wenn Sie ein solches System im Netz Ihres Bastion-Hosts installieren, können Sie es sowohl internen als auch externen Anrufern erlauben, sich mit ihm – und nur mit ihm – zu verbinden und dennoch die Konferenz durchzuführen. Wenn die Maschine gut konfiguriert ist, ist dies relativ sicher. Es ist jedoch kein echter Proxy. Die externen Benutzer müssen dazu in der Lage sein, sich direkt mit der Multipoint Control Unit zu verbinden; eine MCU kann nicht mit einer anderen verbunden werden. Das würde bedeuten, daß zwei Standorte, die beide diese Lösung einsetzen, nicht miteinander kommunizieren können. Es funktioniert nur, wenn genau ein Standort sie während der Kommunikation benutzt. Es gibt verschiedene Systeme, die unter unterschiedlichen Namen diese Funktionalität anbieten.

Es ist auch möglich, echte H.323-Proxies zu benutzen, die normalerweise Multipoint Control und Sicherheitsfunktionen bieten. Im allgemeinen handelt es sich dabei um Produkte für besondere Anwendungen, die nicht in den generischen Proxy-Paketen enthalten sind. Wie wir bereits bemerkt haben, ist es relativ aufwendig, H.323 über einen Proxy zu betreiben; mit einer kleineren Änderung an einem normalen Proxy ist es nämlich nicht getan. Hersteller wie Cisco und Microsoft, die eine breite Produktpalette führen, bieten H.323-Proxies als Bestandteil spezieller Video-Konferenz-Produkte an.

Network-Address-Translation-Eigenschaften von H.323

Da H.323 eingebettete IP-Adressen verwendet, um die Verbindung vom Server zum Client einzurichten, funktioniert es nicht mit einer einfachen Network Address Translation. Sie brauchen ein NAT-System, das H.323-fähig ist. Diese Systeme sind selten, da die IP-Adresse nicht an einer festen Stelle eingebettet ist; das NAT-System muß die Pakete wirklich parsen, um die Anpassung vornehmen zu können. Diese Funktionalität ist in einigen der H.323-Proxies enthalten.

Zusammenfassung der Empfehlungen für T.120 und H.323

- Lassen Sie T.120 nicht durch Ihre Firewall zu.
- Benutzen Sie einen speziellen H.323-Proxy, der Sicherheitsfunktionen enthält, um H.323 zu erlauben.

Das Real-Time Transport Protocol (RTP) und das RTP Control Protocol (RTCP)

RTP ist ein IETF-Standard zum Übertragen von Echtzeit-Daten (vor allem Audio und Video). Am häufigsten wird RTP allerdings als niedriges Protokoll zusammen mit H.323 eingesetzt. Der Standard für RTP behandelt eigentlich ein Protokollpaar; RTP überträgt Daten, und RTCP ist das Steuerprotokoll. Manche Produkte, in denen von RTP die Rede ist, meinen RTP zusammen mit RTCP, während sich andere wirklich nur auf RTP beziehen und zur Steuerung ein anderes Protokoll verwenden.

Paketfiltereigenschaften von RTP und RTCP

RTP und RTCP können jedes zugrundeliegende Protokoll verwenden. In TCP/IP-Implementierungen sind sie normalerweise UDP-basiert; sie können jedes Paar von UDP-Ports benutzen, allerdings wird von RTP erwartet, daß es einen geradzahligen Port wählt, wobei RTCP die nächsthöhere Portnummer verwendet. Falls RTP sich an einem ungeradzahligen Port befindet, benutzt RTCP statt dessen die nächstniedrigere Portnummer. Auf diese Weise werden immer zwei aufeinanderfolgende Ports benutzt, von denen der niedrigere eine geradzahlige Nummer hat. RTP wird Portnummer 5004 und RTCP 5005 zugewiesen, sie benutzen aber auch oft 24032 und 24033.

Richtung	Quell-adresse	Ziel-adresse	Protokoll	Quell-port	Ziel-port	ACK gesetzt	Anmerkungen
eingehend	extern	intern	UDP	>1023	5004[a]	[b]	Externer RTP-Client an internen Server
ausgehend	intern	extern	UDP	5004[a]	>1023	[b]	Interner RTP-Server an externen Client
eingehend	extern	intern	UDP	>1023	5005[c]	[b]	Externer RTCP-Client an internen Server
ausgehend	intern	extern	UDP	5005[c]	>1023	[b]	Interner RTCP-Server an externen Client
ausgehend	intern	extern	UDP	>1023	5004[a]	[b]	Interner RTP-Client an externen Server
eingehend	extern	intern	UDP	5004[a]	>1023	[b]	Externer RTP-Server an internen Client
ausgehend	intern	extern	UDP	>1023	5005[c]	[b]	Interner RTCP-Client an externen Server
eingehend	extern	intern	UDP	5005[c]	>1023	[b]	Externer RTCP-Server an internen Client

a. Oder 24032 oder eine andere Portnummer, bevorzugt geradzahlig; siehe Text für weitere Erklärungen.
b. UDP besitzt kein Äquivalent zu ACK.
c. Oder 24033 oder eine andere Portnummer, bevorzugt ungeradzahlig; siehe Text für weitere Erklärungen.

Proxy-Eigenschaften von RTP und RTCP

RTP und RTCP sind einfache Protokolle und bauen auf UDP auf. Es wäre zwar nicht besonders schwierig, sie durch einen generischen Proxy zuzulassen, der UDP unterstützt, jedoch gibt es kaum spezielle Proxies für diese Protokolle.

Network-Address-Translation-Eigenschaften von RTP und RTCP

RTCP kann als Teil der Absenderbeschreibung eingebettete Hostnamen und/oder IP-Adressen enthalten. Diese werden beim Einrichten der Verbindung nicht benutzt, sie können aber Informationen preisgeben, die Sie eigentlich geheimhalten wollten. Ansonsten wirft die Network Address Translation kein Problem für RTP oder RTCP auf.

Zusammenfassung der Empfehlungen für RTP und RTCP

- Es ist ziemlich unwahrscheinlich, daß Sie RTP und RTCP allein einsetzen; sie werden normalerweise zusammen mit anderen Protokollen als Teil eines größeren Pakets benutzt. Sie sind an sich nicht besonders gefährlich, es hängt daher vom Einsatz des restlichen Pakets ab, wie Sie mit diesen Protokollen verfahren.

NetMeeting

NetMeeting ist das Konferenzprogramm von Microsoft. Damit können sich mehrere Leute miteinander verbinden, um Dateien zu übertragen, Chat und Whiteboard zu verwenden und gemeinsam Anwendungen zu benutzen, oder zwei Leute verbinden sich miteinander für eine Audio-/Video-Konferenz.

NetMeeting baut auf T.120 und H.323 auf, setzt aber einige zusätzliche Protokolle ein; Abbildung 19-4 zeigt eine komplette NetMeeting-Konferenz.

Neben den normalen Sicherheitsaspekten von T.120 und H.323 hatte NetMeeting Probleme mit der Implementierung, inklusive Fehlern, die zu Pufferüberläufen geführt haben. Die meisten Sicherheitsangelegenheiten mit NetMeeting betreffen die Eigenschaften, die von T.120 und H.323 bereitgestellt werden. Während der Entwicklung von NetMeeting erhielt es immer mehr Funktionen, die es Clients erlauben, mitzubestimmen, was möglich ist und was nicht. Zum Beispiel kann ein Client nun Audio-/Video-Konferenzen zulassen, ohne Dateiübertragungen oder gemeinsame Benutzung von Anwendungen zu erlauben, und es ist möglich, eine Authentifizierung zu erzwingen. Andererseits ist es für einen Administrator weiterhin sehr schwierig, diese Kontrollen auf Clients durchzusetzen. Ein Administrator kann nicht sicherstellen, daß die Clients innerhalb einer Firewall vor Angriffen über NetMeeting gefeit sind.

Paketfiltereigenschaften von NetMeeting

NetMeeting verwendet T.120 und H.323. Neben deren normalen Ports setzt es eine zusätzliche Audio-Verbindung zur Verbindungsüberwachung an TCP-Port 1731, einen LDAP-basierten Suchdienst namens *Internet Locator Service* (ILS) an TCP-Port 389 und einen proprietären Suchdienst namens *User Location Service* (ULS) an TCP-Port 522 ein. Die beteiligten Verbindungen sind in Abbildung 19-4 zu sehen; die Tabelle zeigt nur die NetMeeting-Ports.

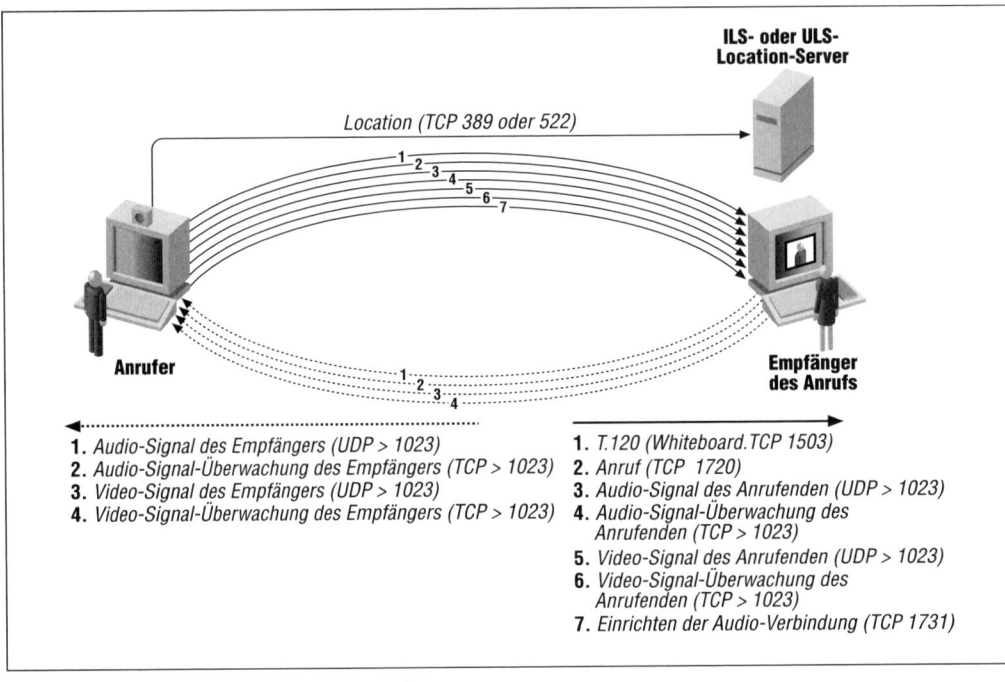

Abbildung 19-4: Eine NetMeeting-Konferenz

Multicast und das Multicast Backbone (MBONE)

Richtung	Quell-adresse	Ziel-adresse	Protokoll	Quell-port	Ziel-port	ACK gesetzt	Anmerkungen
eingehend	extern	intern	TCP	>1023	1731	a	Externer Anrufer kontaktiert internen Angerufenen, Audio-Steuerung
ausgehend	intern	extern	TCP	1731	>1023	ja	Interner Angerufener antwortet externem Anrufer, Audio-Steuerung
eingehend	extern	intern	TCP	>1023	389	b	Externer Client an internen ILS-Server
ausgehend	intern	extern	TCP	389	>1023	ja	Antworten vom internen ILS-Server
eingehend	extern	intern	TCP	>1023	522	b	Externer Client an internen ULS-Server
ausgehend	intern	extern	TCP	522	>1023	ja	Antworten vom internen ULS-Server
ausgehend	intern	extern	TCP	>1023	1731	a	Interner Anrufer kontaktiert externen Angerufenen, Audio-Steuerung
eingehend	extern	intern	TCP	1731	>1023	ja	Externer Angerufener antwortet internem Anrufer, Audio-Steuerung
ausgehend	intern	extern	TCP	>1023	389	b	Interner Client an externen ILS-Server
eingehend	extern	intern	TCP	389	>1023	ja	Antworten vom externen ILS-Server
ausgehend	intern	extern	TCP	>1023	522	b	Interner Client an externen ULS-Server
eingehend	extern	intern	TCP	522	>1023	ja	Antworten vom externen ULS-Server

a. ACK ist beim ersten Paket dieses Typs nicht gesetzt (Aufbau der Verbindung), wird aber bei den restlichen gesetzt.

Proxy-Eigenschaften von NetMeeting

Die Protokolle, die NetMeeting neben T.120 und H.323 verwendet, sind relativ einfach, NetMeeting kann daher von jedem Proxy-System verarbeitet werden, das auch H.323 verarbeitet (wie bereits ausgeführt, gibt es nur wenige solcher Systeme).

Network-Address-Translation-Eigenschaften von NetMeeting

Da NetMeeting auf H.323 aufbaut, erfordert es einen H.323-fähigen Proxy, um die eingebetteten IP-Adressen verarbeiten zu können, die für die Server-Client-Verbindungen benutzt werden. Siehe die Informationen über H.323.

Zusammenfassung der Empfehlungen für NetMeeting

- Lassen Sie NetMeeting nicht über Ihre Firewall zu.

Multicast und das Multicast Backbone (MBONE)

Wie wir in Kapitel 4, *Pakete und Protokolle*, ausgeführt haben, unterstützt IP drei Arten von Paketen; *Unicast* (an einen einzelnen Host adressiert), *Broadcast* (an alle Hosts adressiert) und *Multicast* (an eine Gruppe von Hosts adressiert). Multicast-IP-Pakete sehen wie normale IP-Pakete aus mit einer Zieladresse, die im Bereich 224.0.0.0 bis

239.255.255.255 liegt. Eine einzelne Adresse aus diesem Bereich (zum Beispiel 224.0.1.1) wird *Multicast-Gruppe* genannt (weil sie eine Gruppe von Hosts adressiert).

Aufgrund der Natur von Multicast ist es sinnvoll, nur solche IP-Protokolle auf diese Weise zu übertragen, die nicht sitzungsorientiert arbeiten. Ein Host kann eine einzelne Sitzung mit mehreren anderen Hosts nicht nutzbringend einrichten. Da TCP sitzungsorientiert ist, darf ein TCP-Paket nie eine Multicast-Zieladresse bekommen. Momentan sind die einzigen IP-Protokolle, die normalerweise mit Multicast-Zieladressen auftreten, UDP, IGMP und OSPF. Außerdem sind Multicast-Adressen nur als Zieladressen, nicht aber als Quelladressen gültig (ein Paket kann nicht von einer Gruppe von Rechnern stammen).

Multicasting ist besonders bei solchen Anwendungen nützlich, die hohe Anforderungen an die Bandbreite stellen und dabei relativ tolerant gegenüber Verlusten sind, wie etwa Audio- und Video-Konferenzen. Bei solchen Anwendungen soll eine Reihe von Stationen den gleichen Strom von Paketen empfangen. Dieser Strom verbraucht einen erheblichen Teil der verfügbaren Netzbandbreite. Wenn ein Strom 10 Prozent der verfügbaren Bandbreite verbraucht (das ist nicht unüblich), so ist die Übertragung an alle beteiligten Rechner per Unicast nicht sinnvoll: Jede Übertragung würde weitere 10 Prozent der Bandbreite kosten, so daß man auf zehn beteiligte Rechner beschränkt wäre. Diese Rechnung setzt sogar voraus, daß im Netz nichts anderes geschieht. Wenn nicht alle (oder fast alle) Rechner die Pakete bekommen sollen, ist es auch nicht sinnvoll, die Pakete per Broadcast an alle Rechner zu senden. Es stellt nämlich für jeden Rechner eine erhebliche Belastung dar, Broadcast-Pakete zu verarbeiten, nur um sie dann zu ignorieren.

Multicast-Gruppen kann man sich etwa wie die Kanäle im Kabelfernsehen vorstellen. Es gibt eine Vielzahl von Kanälen (Multicast-Gruppen), etwa CNN oder MTV, aber die meisten Wohnungen (Rechner) empfangen nur einige wenige der verfügbaren Kanäle. Einige Multicast-Gruppen sind dauerhaft, d.h. bestimmte Adressen sind für spezielle Zwecke reserviert. Dazu zählen die Treffen der *Internet Engineering Task Force* (IETF), Video-Übertragungen der NASA (immer dann, wenn sich das Space Shuttle im Weltraum befindet) usw. Andere Multicast-Gruppen existieren nur vorübergehend: Sie werden für einen bestimmten Zweck oder ein Ereignis eingerichtet und wieder aufgelöst, sobald sie nicht mehr benötigt werden. So können sie später für einen anderen Zweck erneut benutzt werden.

Multicasting dient heute im Internet hauptsächlich für Konferenzdienste in Echtzeit, etwa Video- und Audio-Konferenzen sowie elektronische Whiteboard-Dienste. Es wird allmählich auch für andere Dienste eingesetzt, etwa für die effiziente Übertragung von Usenet-News an einen großen Teilnehmerkreis.

Nicht alle Netzwerke übertragen Multicast-Verkehr. Einige Netzwerke lehnen die Übertragung ab, um Bandbreite zu sparen, andere verwenden Routing-Hardware, die Multicast nicht versteht. In beiden Fällen ist es mit Hilfe von Multicast-*Tunneln* möglich, Multicast trotzdem einzusetzen.

Multicast und das Multicast Backbone (MBONE)

Ein gebräuchlicher Ansatz zur Verbindung zweier Multicast-fähiger Netze (etwa Ethernet) über ein Netz, das nur Unicast-fähig ist (etwa eine gemietete T1-Leitung), ist die Einrichtung eines *Tunnels* über das Unicast-Netz. An beiden Enden des Tunnels befinden sich Multicast-Router (oft auch *MRouter* genannt). Diese *MRouter* empfangen Multicast-IP-Pakete, verpacken sie als Unicast-IP-Pakete und senden diese dann per normalem IP-Unicast durch den Tunnel zum *MRouter* auf der anderen Seite. Dieser packt die Pakete wieder aus und verwandelt sie in Multicast-IP-Pakete zurück. Durch ein Geflecht aus *MRoutern* und Tunneln kann man ein virtuelles Multicast-Netz auf der Grundlage eines Unicast-Backbones einrichten.

Das MBONE ist das Multicast Backbone des Internet und besteht aus einem solchen Geflecht von *MRoutern* und Tunneln. Seine Teilnehmer sind Standorte, die an der Nutzung von IP-Multicasting für verschiedene Internet-Dienste interessiert sind.

IP-Multicasting wirft verschiedene Firewall-Fragen auf. Wie sehen die Pakete aus, wenn ein Standort mit einem Tunnel am MBONE teilnimmt? Was kann durch den Tunnel geschickt werden? Was machen die Paketfilter, wenn ein Standort keinen Tunnel benutzt, sondern direktes IP-Multicasting? Können Angreifer via Multicast mit oder ohne Tunnel auf Dienste zugreifen, die nichts mit Multicast zu tun haben (wie SMTP und NFS)?

IP-Multicast-Tunnel werden momentan mit einer IP-in-IP-Kapselung realisiert, die in Kapitel 4, *Pakete und Protokolle*, näher vorgestellt wird. Früher wurden IP-Multicast-Tunnel durch Source-Routing der IP-Pakete realisiert. Dies hatte jedoch eine Reihe von Problemen (etwa mit Firewalls) zur Folge. Source-Routing wird daher nicht mehr empfohlen.

Um zu verhindern, daß ein Multicast-Tunnel als Hintertürchen in oder aus einem Netz mißbraucht wird, läßt der zur Zeit öffentlich verfügbare *MRouter*-Code nur Multicast-Pakete im Tunnel zu. Unicast-Pakete, die durch den Tunnel geschleust wurden, um Ihre Firewall zu umgehen, lehnt er ab. Wenn Sie nicht den frei verfügbaren Code aus dem Internet benutzen, sondern einen kommerziellen Multicast-Router, müssen Sie sicherstellen, daß dieser sich genauso verhält.

Wenn Sie über Router und eine Netztopologie verfügen, die Multicasting direkt ohne Tunnel unterstützen, müssen Sie sich dennoch Gedanken darüber machen, wie ein Paketfilter damit fertig wird. Das sollte jedoch nicht zu schwierig sein, denn aus der Sicht eines Paketfilters sehen Multicast-Pakete genauso aus wie normale Pakete, die etwas ungewöhnliche Empfängeradressen haben (im Bereich 224.0.0.0 bis 239.255.255.255). Behandeln Sie sie wie alle anderen: Blockieren Sie standardmäßig alles, und lassen Sie nur die Pakete durch, die Sie verstehen und unterstützen wollen. Vergessen Sie nicht, daß jede dieser Multicast-Adressen auf mehrere interne Maschinen paßt. Wenn Sie Multicast-Pakete von der Außenwelt akzeptieren, müssen alle internen Rechner, die solche Pakete erhalten, gegen Angriffe von außen geschützt werden – genauso, als würden Sie andere Pakete direkt von außen akzeptieren. Multicast-Routing wird von einem besonderen Protokoll erledigt, dem IGMP, das in Kapitel 22, *Administrative Dienste*, besprochen wird.

Multicast wurde lange fast ausschließlich für Multimedia eingesetzt. Inzwischen gibt es jedoch immer mehr Anwendungen von Multicast für administrative Protokolle. Dadurch wird es riskanter, Multicast zu akzeptieren, da es jetzt verwundbare Dienste (NIS unter Unix, WINS-Replikation unter Windows NT) gibt, die Multicast unterstützen.

Selbst wenn Ihr Tunnel auf Multicast-Pakete beschränkt ist oder Sie direktes Multicasting ohne Tunnel verwenden, stellt sich immer noch die Frage, wie Ihre Rechner auf Multicast-Pakete reagieren, die an reguläre Ports adressiert sind, etwa die SMTP- und NFS-Ports. Das Verhalten unterscheidet sich von Betriebssystem zu Betriebssystem, zuweilen sogar von Version zu Version. Falls der Code Ihres Betriebssystems auf Release 3.3 oder neuer der »IP-Multicast-Erweiterungen für Unix-Systeme auf Basis von BSD« vom Xerox PARC und der University of Delaware beruht, sollte Ihr System gegen solche Angriffe gesichert sein. Wenn Sie die Multicast-Erweiterungen nicht selbst installiert haben, kann es allerdings sehr schwierig sein, zu ermitteln, worauf der Multicast-Code des Betriebssystems basiert. Am besten fragen Sie den Hersteller (wundern Sie sich aber nicht, wenn Sie niemanden finden, der das weiß).

Zusammenfassung der Empfehlungen für Multicast

- Blockieren Sie jeglichen Verkehr mit Multicast-Quelladressen.
- Blockieren Sie jeglichen Multicast-Verkehr bis auf die Protokolle, die Sie explizit unterstützen wollen (normalerweise nur UDP).
- Falls Sie den Multicast-Verkehr tunneln wollen, benutzen Sie Tunnel-Software, die nur Multicast akzeptiert.

20

Namens- und Verzeichnisdienste

Dieses Kapitel behandelt Dienste, mit denen Informationen über Maschinen, Personen und Netzwerkadressen verteilt werden. Das umfaßt Namensdienste, die Hostnamen in IP-Adressen und umgekehrt übersetzen, und allgemeinere Verzeichnisdienste. Der Standard für Namensdienste im Internet ist das *Domain Name System* (DNS). Daneben werden aber auch andere Protokolle benutzt, um Informationen innerhalb einzelner Netzwerke auszutauschen, z.B. der *Network Information Service* (NIS) und der *Windows Internet Name Service* (WINS). Außerdem behandelt dieses Kapitel den Windows-Browser (Computer-Suchdienst), den man auch zum Suchen von Maschinen benutzen kann, das *Lightweight Directory Access Protocol* (LDAP), das für viele verschiedene Verzeichnisinformationen eingesetzt wird, den Dienst *finger*, der Informationen über Personen zur Verfügung stellt, und den Dienst *whois*, mit dem man Informationen über Netzwerkeigentümer herausbekommen kann.

Das Domain Name System (DNS)

Das *Domain Name System* (DNS) ist ein System, mit dem Hostnamen und IP-Adressen im gesamten Internet aufgelöst werden. Es ist auch unter der Bezeichnung Domain Name Service bekannt. Zum Leidwesen der Administratoren sind DNS und Microsoft Windows-Domänen zwei verschiedene Dinge. Microsoft Windows-Rechner können DNS benutzen und tun dies auch (für Windows 2000 wird es sogar benötigt). Windows-Domänen bezeichnen grundlegende Zuständigkeitsbereiche und können den Namen einer Maschine festlegen, müssen das jedoch nicht. Weitere Informationen über Windows-Domänen finden Sie in Kapitel 21, *Authentifizierungs- und Auditing-Dienste*. Sie werden auch für den Browser-Dienst benötigt, den wir später in diesem Kapitel behandeln.

DNS ist ein verteiltes Datenbanksystem, das Rechnernamen in IP-Adressen und IP-Adressen in Rechnernamen übersetzt, z.B. den Hostnamen *miles.irgendwo.beispiel* in die IP-Adresse 192.168.244.34. DNS ist im Internet außerdem der Standardmechanismus zur Ablage von und zum Zugriff auf verschiedene Arten von Informationen über Hosts. Es liefert der ganzen Welt Informationen über einen bestimmten Host. Kann ein Rechner E-Mail nicht direkt empfangen, sondern nur über eine andere Maschine, die seine E-Mail entgegennimmt und weiterleitet, so wird diese Information über einen MX-Eintrag im DNS bekanntgegeben.

DNS-Clients sind alle Programme, die eine der folgenden Aufgaben erfüllen:

- Hostnamen in IP-Adressen übersetzen
- IP-Adressen in Hostnamen übersetzen
- Beschaffung anderer veröffentlichter Informationen über einen Host, z.B. dessen MX-Eintrag

Im Grunde kann jedes Programm, das Hostnamen verarbeitet, ein DNS-Client sein. Dazu gehört im wesentlichen jedes Programm, das irgendetwas mit Netzwerken zu tun hat, insbesondere die Clients und die Server für Dienste wie Telnet, SMTP, FTP und die für fast jeden anderen Netzwerkdienst. DNS ist also ein grundlegender Netzwerkdienst, von dem andere Dienste abhängig sind. Der DNS-Dienst ist ein kompliziertes Thema, das wir hier nicht in allen Einzelheiten besprechen können. Weitere Informationen über DNS finden Sie in speziellen DNS-Beschreibungen, z.B. im Buch *DNS und BIND* von Paul Albitz und Cricket Liu, O'Reilly Verlag Köln, 1999.

Die Informationen können auch über andere Protokolle bereitgestellt werden. NIS und WINS werden z.B. dazu benutzt, um Informationen über Hosts innerhalb eines Netzwerks zur Verfügung zu stellen. Im Internet ist jedoch DNS dafür zuständig. Clients, die auf Hosts im Internet zugreifen wollen, müssen direkt oder indirekt DNS benutzen. In Netzen, die intern WINS, NIS oder andere Mechanismen einsetzen, fungiert der Server für diese Protokolle meist als DNS-Proxy für die Clients. Viele Clients können so konfiguriert werden, daß sie mehrere Dienste verwenden: Wenn eine Anfrage fehlschlägt, benutzen sie eine andere Methode. Ein Client könnte zuerst eine Anfrage über NIS stellen, was lediglich lokale Rechner liefert, und wenn das kein Ergebnis bringt, DNS benutzen. Er könnte jedoch auch mit DNS beginnen, und wenn das fehlschlägt, eine Datei auf der lokalen Festplatte auswerten, in der Sie z.B. häufig genutzte Namen abgelegt haben. Wir werden später in diesem Kapitel darauf zurückkommen. (Ein Werkzeug, das sich sehr gut für die Fehlersuche eignet, ist *nslookup*. Das ist ein DNS-Client, der seine Informationen nur über DNS bezieht. Sollten die Informationen, die Sie über *nslookup* ermitteln, nicht mit denen übereinstimmen, die Sie erhalten, wenn Sie versuchen, einen Hostnamen mit einem anderen Programm aufzulösen, wissen Sie, daß das andere Programm seine Informationen nicht aus dem DNS erhält.)

Unter Unix ist DNS als *Berkeley Internet Name Domain* (BIND) implementiert. Auf dem Client befindet sich der Resolver, eine Bibliothek mit Routinen, die von Netzwerkprozessen aufgerufen werden. Auf dem Server arbeitet der *named*-Dämon (auf einigen

Systemen auch unter *in.named* bekannt). Unter Microsoft Windows läßt sich die Clientseite nicht so genau eingrenzen, da komplexe Möglichkeiten vorhanden sind, Microsoft-eigene Protokolle zur Namensauflösung mit denen des DNS zu vermischen. Auf der Server-Seite arbeitet der sogenannte Microsoft DNS-Server, der so konzipiert wurde, daß er eng mit BIND zusammenarbeiten kann. In der Praxis funktioniert das nicht ganz perfekt. Beide haben ihre eigene Interpretation der Standards und implementieren zusätzliche Funktionen, die sich mit jeder Version der Produkte verändern. Allerdings überschneidet sich ein Großteil ihrer Funktionalität, und sie sind selten wirklich inkompatibel.

DNS wurde so entworfen, daß es Anfragen und Anworten zwischen Clients und Servern weiterleitet. Das heißt, daß Server als Vermittler zwischen Clients und anderen Servern dienen können. Diese Eigenschaft ist sehr wichtig, wenn Sie eine Firewall aufbauen, die den DNS-Dienst auf sichere Art behandelt.

Wie funktioniert DNS? Die grundlegende Vorgehensweise ist folgende: Wenn ein Client eine bestimmte Information benötigt (z.B. die IP-Adresse des Rechners *ftp.irgendwo.beispiel*), fragt er seinen lokalen DNS-Server danach. Der lokale DNS-Server überprüft zuerst seinen eigenen Zwischenspeicher, um herauszufinden, ob er die Anfrage des Client selbst beantworten kann. Falls das nicht der Fall ist, fragt er andere DNS-Server. Wenn der lokale DNS-Server eine Antwort erhält oder aus irgendeinem Grund entscheidet, daß er keine bekommt, speichert er die ermittelten Informationen[1] in seinem Cache und antwortet dem Client. Um zum Beispiel die IP-Adresse von *ftp.irgendwo.beispiel* zu bestimmen, fragt der lokale DNS-Server zuerst einen der öffentlichen Root-Nameserver, welche Nameserver für die *beispiel*-Domäne zuständig sind. Anschließend fragt er einen dieser ermittelten Nameserver nach den Servern für die *irgendwo.beispiel*-Domäne. Schließlich stellt er eine Anfrage an einen dieser Nameserver nach der IP-Adresse des Rechners *ftp.irgendwo.beispiel*.

Dieses Frage-und-Antwortspiel ist für den Client völlig transparent. Aus seiner Sicht fand die Kommunikation nur mit dem lokalen Server statt. Er weiß nicht und kümmert sich auch nicht darum, ob der lokale Server vielleicht bei mehreren anderen Servern anfragen mußte, um die ursprüngliche Frage zu beantworten.

Das DNS-Protokoll schreibt nicht vor, daß die Server auf diese Weise handeln. Sie müssen weder lokale Zwischenspeicher verwalten, noch Anfragen an andere Server weiterleiten (sie können statt dessen den Client auch an einen anderen DNS-Server verweisen). In der Praxis nutzen jedoch alle weitverbreiteten Server sowohl Zwischenspeicher als auch die Möglichkeit rekursiver Anfragen (*recursion* ist der englische Begriff, der in DNS-Kreisen für den Vorgang benutzt wird, bei dem ein Server Anfragen an andere Server stellt, wenn er selbst keine Antwort finden kann).

---

[1] Manche Server speichern bei bestimmten Fehlerarten auch die Tatsache, daß die Anfrage fehlschlug. Andere speichern nur die Informationen, die sie durch eine erfolgreiche Anfrage erhalten.

Paketfiltereigenschaften von DNS

Durch DNS werden zwei Arten von Netzaktivität verursacht: *Lookups* (Anfragen) und *Zonentransfers*. Lookups entstehen, wenn ein DNS-Client oder ein DNS-Server für einen Client Informationen bei einem DNS-Server anfordert, z.B. die IP-Adresse zu einem bestimmten Hostnamen, den Hostnamen zu einer gegebenen IP-Adresse, den Nameserver einer Domäne oder den Mailserver, der für einen bestimmten Rechner zuständig ist. Bei Zonentransfers fordert ein DNS-Server (der sekundäre Server) von einem anderen DNS-Server (dem primären Server) alle Informationen über einen bestimmten Ausschnitt aus dem baumförmig organisierten DNS-Namensraum an (eine Zone). Zonentransfers finden nur zwischen Servern statt, die die gleichen Informationen bereithalten sollen. Normalerweise führt kein DNS-Server einen Zonentransfer von einem beliebigen anderen Server durch. Manchmal können Sie zufällige Zonentransfers beobachten, wenn irgendjemand Informationen sammelt. Das ist in Ordnung, wenn es sich nur darum handelt herauszufinden, welches der beliebteste Rechnername im Internet ist – aber nicht, wenn jemand dadurch herauszufinden versucht, welche Systeme Ihres Netzes angegriffen werden können. Einige DNS-Server ermöglichen es, diese Zonentransfers über Zugriffslisten (*Access Control Lists*) auf bestimmte Hosts einzuschränken. Das Aufstellen solcher Zugriffslisten bringt jedoch nicht besonders viel, außer daß es vielleicht vor Fehlern in der Implementierung der Zonentransfers schützt oder verhindert, daß ein Angreifer Zonentransfers durch Skripte automatisiert. Die eigentlichen Informationen können jedoch auch weiterhin über viele einzelne DNS-Lookups ermittelt werden.

Aus Geschwindigkeitsgründen werden DNS-Lookups normalerweise über UDP durchgeführt. Falls bei der Übertragung über UDP einige Daten verlorengehen (zur Erinnerung: UDP enthält keine Zustellungsgarantie), kann der Lookup-Vorgang über TCP wiederholt werden. Es kann noch weitere Ausnahmen geben. Es ist nicht vorgeschrieben, daß eine Anfrage zuerst über UDP erfolgen oder per TCP wiederholt werden muß. Abbildung 20-1 zeigt einen Name-Lookup per DNS.

Ein DNS-Server benutzt den Port 53 als Serverport für TCP und UDP. Anfragen per TCP erfolgen von einer Portnummer über 1023. Einige Server nutzen den Port 53 als Quellport einer UDP-Anfrage, andere einen Port über 1023. DNS-Clients benutzen sowohl für Anfragen über UDP als auch für Anfragen über TCP eine beliebige Portnummer über 1023. Sie können daher die folgenden Vorgänge unterscheiden:

Anfrage eines Client an den Server
Quellportnummer über 1023, Zielport 53

Antwort des Servers an den Client
Quellportnummer 53, Zielport über 1023

Anfragen und Antworten zwischen Servern
Wird UDP verwendet, benutzen einige Server sowohl als Quell- als auch als Zielportnummer die 53. Kommt TCP zum Einsatz, benutzt der anfragende Server eine Quellportnummer über 1023. Server, die nicht über UDP und die Quellportnummer 53 kommunizieren, lassen sich nicht von Clients unterscheiden.

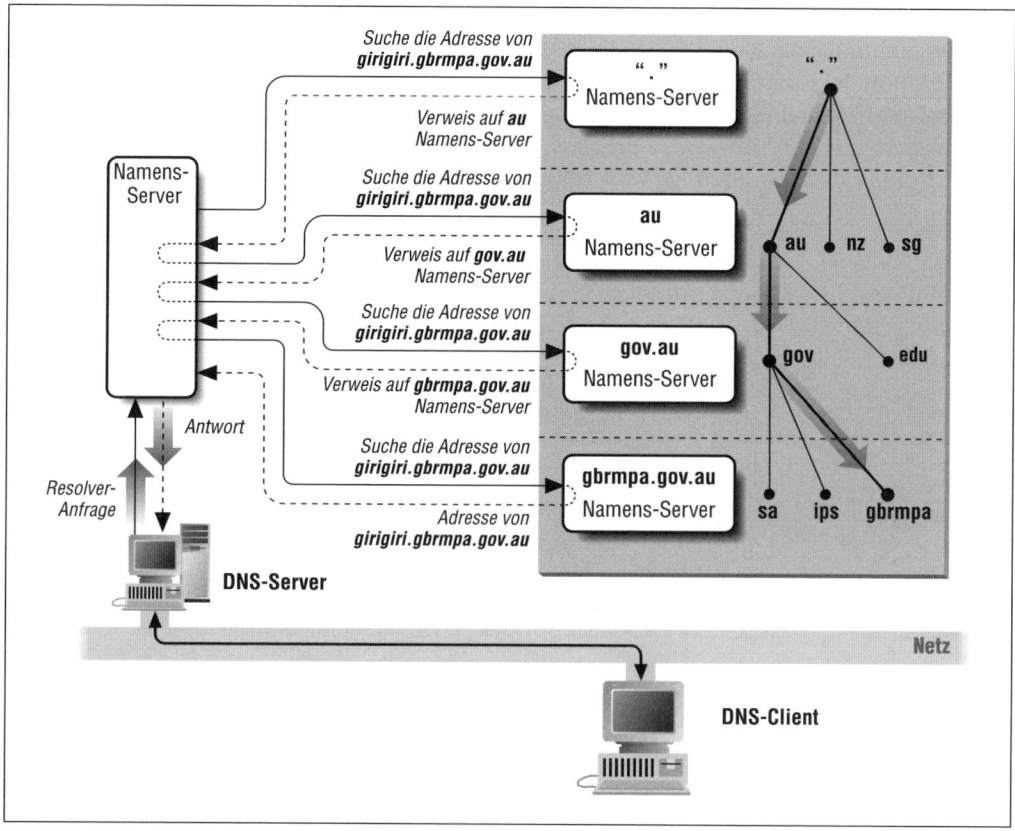

Abbildung 20-1: DNS-Name-Lookup

DNS-Zonentransfers finden über TCP statt. Die Verbindung geht von einer beliebigen Portnummer über 1023 auf dem sekundären Server aus, der die Daten anfordert, und ist an den Port 53 des primären Servers gerichtet, der die angeforderten Daten an den sekundären Server sendet. Um festzulegen, wann ein Zonentransfer stattfindet, muß der sekundäre Server in der Lage sein, reguläre DNS-Anfragen an den primären Server zu stellen, oder von diesem eine Benachrichtigung bekommen (eine sogenannte *DNS NOTIFY*-Nachricht), wenn sich Daten verändert haben. Diese Benachrichtigungen verhalten sich genau wie normale Anfragen zwischen Servern, nur daß sie vom primären zum sekundären Server übermittelt werden. Abbildung 20-2 zeigt einen DNS-Zonentransfer.

Wenn sowohl der primäre als auch der sekundäre Server DNS NOTIFY unterstützen, so daß der primäre Server den sekundären über Veränderungen informieren kann, müssen Sie nur TCP-basierten Datenverkehr zwischen ihnen zulassen. DNS NOTIFY wird benötigt, um TCP benutzen zu können, wenn UDP zwar standardmäßig benutzt werden soll, aber nicht zur Verfügung steht. Wenn Sie DNS NOTIFY nicht verwenden können, müssen Sie wahrscheinlich UDP-Datenverkehr zwischen den beiden Servern zulassen, da der sekundäre Server in der Lage sein muß, den primären Server abzufragen, aber nicht gezwungen ist, dafür TCP einzusetzen. Die meisten Server gehen zwar zu TCP über, wenn UDP nicht zur Verfügung steht, aber der einzige Weg, um herauszufinden, ob das wirklich der Fall ist, besteht darin, nachzuprüfen, wie die von Ihnen eingesetzten Server tatsächlich reagieren. Beachten Sie, daß DNS NOTIFY eine relativ neue Erweiterung darstellt und nicht von allen Servern unterstützt wird.

Richtung	Quell-adresse	Ziel-adresse	Protokoll	Quell-port	Ziel-port	ACK gesetzt	Anmerkungen
eingehend	extern	intern	UDP	>1023	53	a	Eingehende Anfrage über UDP, externer Client an internen Server
ausgehend	intern	extern	UDP	53	>1023	a	Antwort über UDP, interner Server an externen Client
eingehend	extern	intern	TCP	>1023	53	b	Eingehende Anfrage über TCP, externer Client an internen Server
ausgehend	intern	extern	TCP	53	>1023	ja	Antwort über UDP, interner Server an externen Client
ausgehend	intern	extern	UDP	>1023	53	a	Ausgehende Anfrage über UDP, interner Client an externen Server
eingehend	extern	intern	UDP	53	>1023	a	Eingehende Antwort über UDP, externer Server an internen Client
ausgehend	intern	extern	TCP	>1023	53	b	Ausgehende Anfrage über TCP, interner Client an externen Server
eingehend	extern	intern	TCP	53	>1023	ja	Eingehende Antwort über TCP, externer Server an internen Client
eingehend	extern	intern	UDP	53	53	a	Eingehende Anfrage oder Antwort zwischen zwei Servern über UDP
ausgehend	intern	extern	UDP	53	53	a	Ausgehende Anfrage oder Antwort zwischen zwei Servern über UDP
eingehend	extern	intern	TCP	>1023	53	b	Eingehende Anfrage oder Zonentransfer eines externen an einen internen Server über TCP
ausgehend	intern	extern	TCP	53	>1023	ja	Antwort (inklusive Zonentransfer) eines internen an einen externen Server über TCP
ausgehend	intern	extern	TCP	>1023	53	b	Ausgehende Anfrage oder Zonentransfer eines internen an einen externen Server über TCP
eingehend	extern	intern	TCP	53	>1023	ja	Antwort (inklusive Zonentransfer) eines externen an einen internen Server über TCP

a. Bei UDP-Paketen gibt es kein Äquivalent zu ACK.
b. Außer im ersten Paket dieses Typs (Aufbau der Verbindung) ist das ACK-Flag in allen Paketen gesetzt.

Proxy-Eigenschaften von DNS

DNS ist so aufgebaut, daß Server standardmäßig als Proxies für Clients fungieren. Außerdem ist es möglich, die DNS-Funktion *forwarding* (Weiterleitung) einzusetzen, so daß ein DNS-Server zum Proxy für einen anderen DNS-Server wird. Der Rest der Beschreibung von DNS beschäftigt sich mit der Benutzung dieser eingebauten Proxy-Funktionen von DNS.

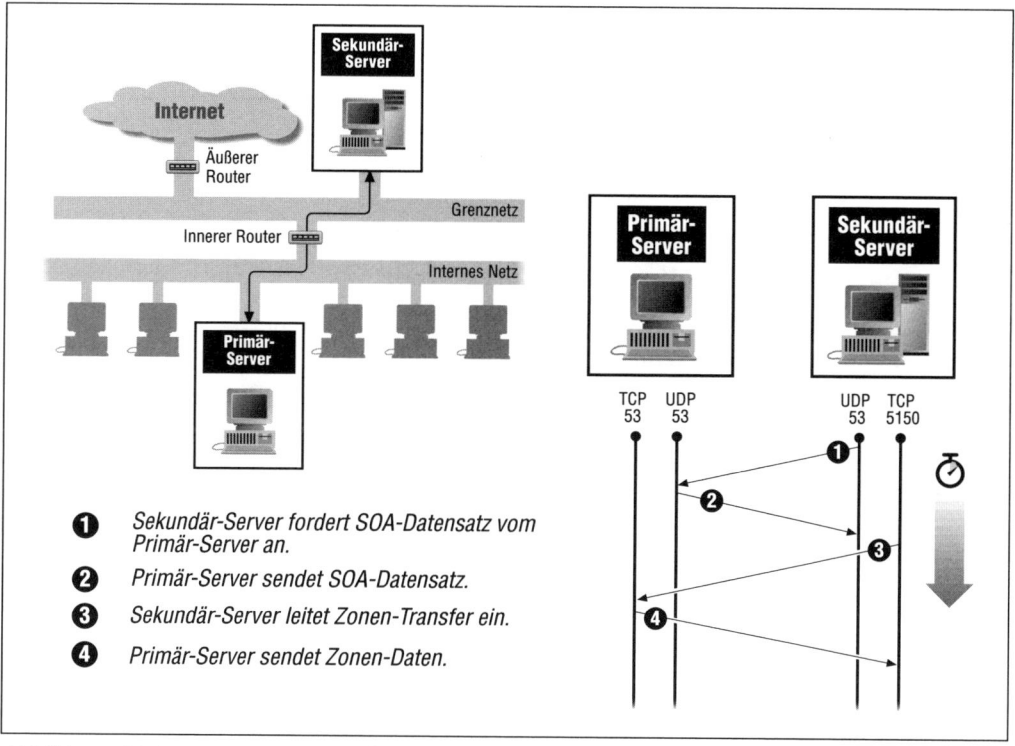

Abbildung 20-2: DNS Zonen-Transfer

Bei den meisten Implementierungen wäre es möglich, die DNS-Bibliotheken an den Proxy-Einsatz mit modifizierten Clients anzupassen. Auf Maschinen, die keine dynamischen Bibliotheken unterstützen, ist dafür eine Neuübersetzung aller Programme notwendig, die auf Netzwerkfunktionen zugreifen, wenn ein DNS-Proxy eingesetzt werden soll. Da die Benutzer die Server-Informationen für DNS nie direkt angeben, ist es fast unmöglich, zur Benutzung der Proxies angepaßte Verfahrensweisen für Benutzer einzusetzen.

DNS-Daten

DNS ist eine baumartig aufgebaute Datenbank. Die Server, die für einzelne Teilbäume verantwortlich sind, verteilen sich im gesamten Internet. In diesem Baum gibt es eine Reihe vordefinierter Arten von Datensätzen (*Record Types*), zu denen die folgenden gehören:[2]

---

[2] Genauere Informationen über die Typen von DNS-Datensätzen, ihre Bedeutung und Verwendung finden Sie im Buch *DNS und BIND*, auf das wir bereits an anderer Stelle verwiesen haben.

Art des Datensatzes	Verwendungszweck
A	Übersetzt Hostnamen in IP-Adressen.
PTR	Übersetzt IP-Adressen in Hostnamen.
CNAME	Übersetzt Aliasnamen eines Hosts in den kanonischen Namen (»canonical«-Name).
HINFO	Liefert Informationen über die Hard- und Software eines Hosts.
NS	Überträgt die Verantwortung für eine Zone des DNS-Baums an einen anderen Server.
SOA	Beginn der Verantwortlichkeit für eine Zone aus dem DNS-Baum.
MX	Gibt einen Host an, der für diesen Host E-Mail empfängt (»mail exchanger«).

In Wirklichkeit gibt es zwei getrennte DNS-Datenbäume: einen zum Abfragen von Informationen nach Rechnernamen (z.B. IP-Adresse, CNAME-, HINFO- und MX-Datensatz eines bestimmten Rechners) und einen zum Abfragen von Informationen nach IP-Adressen (den Rechnernamen für eine gegebene Adresse).

Als Beispiel betrachten wir die DNS-Daten der fiktiven Domäne *irgendwer.beispiel*:

```
irgendwer.beispiel.  IN SOA tiger.irgendwer.beispiel. root.tiger.irgend-
wer.beispiel. (
                    1001        ; serial number
                    36000       ; refresh (10 hr)
                    3600        ; retry (1 hr)
                    3600000     ; expire (1000 hr)
                    36000       ; default ttl (10 hr)
                    )
              IN  NS     tiger.irgendwer.beispiel.
              IN  NS     lion.irgendwer.beispiel.
tiger         IN  A      192.168.2.34
              IN  MX     5 tiger.irgendwer.beispiel.
              IN  MX     10 lion.irgendwer.beispiel.
              IN  HINFO  INTEL-486 BSDI
ftp           IN  CNAME  tiger.irgendwer.beispiel.
lion          IN  A      192.168.2.35
              IN  MX     5 lion.irgendwer.beispiel.
              IN  MX     10 tiger.irgendwer.beispiel.
              IN  HINFO  SUN-3 SUNOS
www           IN  CNAME  lion.irgendwer.beispiel.
wais          IN  CNAME  lion.irgendwer.beispiel.
alaska        IN  NS     bear.alaska.irgendwer.beispiel.
bear.alaska   IN  A      192.168.2.81
```

Für diese Domäne wird auch eine zugehörige Menge von PTR-Datensätzen benötigt, die die IP-Adressen in Rechnernamen zurückübersetzt. Für diese Umsetzung dreht man die Bestandteile der IP-Adresse um, hängt ein *.IN-ADDR.ARPA* an und sucht den DNS-Datensatz PTR für diesen Namen. Um zum Beispiel die IP-Adresse 1.2.3.4 zu übersetzen, müßten Sie den PTR-Datensatz für *4.3.2.1.IN-ADDR.ARPA* suchen.

Das Domain Name System (DNS)

```
2.168.192.IN-ADDR.ARPA. IN SOA tiger.irgendwer.beispiel. root.tiger.irgend-
wer.beispiel. (
                            1001      ; serial number
                            36000     ; refresh (10 hr)
                            3600      ; retry (1 hr)
                            3600000   ; expire (1000 hr)
                            36000     ; default ttl (10 hr)
                            )
                   IN   NS  tiger.irgendwer.beispiel.
                   IN   NS  lion.irgendwer.beispiel.
34                 IN   PTR tiger.irgendwer.beispiel.
35                 IN   PTR lion.irgendwer.beispiel.
81                 IN   PTR bear.alaska.irgendwer.beispiel.
```

Sicherheitsprobleme von DNS

In den folgenden Abschnitten beschreiben wir einige Sicherheitsprobleme im Zusammenhang mit DNS.

Gefälschte Antworten auf DNS-Anfragen

Das erste Sicherheitsproblem von DNS besteht darin, daß sich viele DNS-Server und -Clients durch einen Angreifer so täuschen lassen, daß sie gefälschte Informationen akzeptieren. Viele Clients und Server überprüfen nicht, ob alle Antworten, die sie bekommen, etwas mit den von ihnen gestellten Anfragen zu tun haben oder ob die Antworten von dem Server stammen, den sie befragt haben. Ein Server, der die IP-Adresse von »boeser-host« abfragt, die entsprechende Antwort und zusätzlich eine gefälschte IP-Adresse für »vertrauenswuerdiger-host« bekommt, speichert diese zusätzliche Information wahrscheinlich ohne weitere Prüfung. Im weiteren Verlauf beantwortet er Anfragen mit diesen gefälschten Informationen. Durch die fehlende Überprüfung ist es einem Angreifer möglich, Ihren Clients und Servern falsche Daten unterzuschieben. Ein Angreifer könnte diese Möglichkeit zum Beispiel ausnutzen, um im Cache Ihres Servers Daten zu plazieren, die besagen, daß die IP-Adresse einer vom Angreifer kontrollierten Maschine zu einem Hostnamen gehört, dem Sie über *rlogin* einen Zugang ohne Paßwort gewähren. (Dies ist nur einer von mehreren Gründen, die gegen den Einsatz der BSD-»r«-Befehle über eine Firewall hinweg sprechen; beachten Sie hierzu die ausführliche Behandlung dieser Befehle in Kapitel 18, *Der Fernzugriff auf Hosts*.)

 Neuere Versionen von DNS für Unix (BIND 4.9 und neuer) prüfen auf gefälschte Antworten und sind daher weniger anfällig für solche Probleme. Ältere Versionen sowie DNS-Clients und -Server für andere Plattformen sind unter Umständen immer noch anfällig.

Einige DNS-Implementierungen für Unix akzeptieren Antworten selbst dann, wenn sie keine Anfragen gestellt haben, und speichern diese. Andere Implementierungen von Microsoft stürzen ab, wenn sie Informationen erhalten, die sie nicht angefordert haben.

575

Beide Verhaltensweisen sind unerwünscht und wurden in aktuellen Versionen behoben. Windows 2000 akzeptiert standardmäßig nur Informationen als Antworten auf Anfragen, diese jedoch von jedem Server. Es kann jedoch so konfiguriert werden, daß die Antwort von dem Server stammen muß, der befragt wurde. Auf sicherheitsrelevanten Maschinen sollte dies so eingestellt werden.

Bösartige DNS-Anfragen

Neben DNS-Implementierungen, die anfällig für feindselige Antworten sind, gibt es solche, die durch feindselige Anfragen angegriffen werden können. Besonders einige DNS-Server haben Probleme mit Pufferüberläufen und stürzen ab oder führen bösartige Programmfragmente aus, wenn eine Anfrage zu lang ist. (Näheres zu Angriffen durch Pufferüberläufe finden Sie in Kapitel 13, *Internet-Dienste und Firewalls*.) Wenn Sie in Ihren Protokolldateien sehr lange Hostnamen finden, die Steuerzeichen enthalten, versucht wahrscheinlich jemand einen solchen Angriff. Die Softwareproduzenten haben sich auch hier bemüht, die Probleme zu beseitigen. Sie sollten jedoch sicherstellen, daß die entsprechenden Software-Patches in den von Ihnen eingesetzten Programmversionen auch enthalten sind. Probleme gibt es mit BIND 4 vor der Version 4.9.7 und mit BIND 8 vor der Version 8.1.2. Bitte beachten Sie, daß diese Angaben keine Garantie darstellen, daß nicht auch neuere Programmversionen Fehler enthalten, die bis jetzt nicht entdeckt worden sind.

Inkonsistente Daten in den DNS-Bäumen für Rechnernamen und IP-Adressen

Der Angriff, der auf der Zwischenspeicherung falscher Daten beruht, um Ihnen einen scheinbar vertrauenswürdigen Hostnamen für einen Host zurückzuliefern, dem Sie nicht vertrauen, hat das Problem unterschiedlicher Daten in den beiden DNS-Bäumen bereits verdeutlicht. Wenn Sie in der oben beschriebenen Situation den Rechnernamen ermitteln, der zur IP-Adresse des Angreifers gehört (das wird als *reverse lookup* oder *Rückwärtsauflösung* bezeichnet), erhalten Sie den Namen eines Rechners, dem Sie vertrauen. Wenn Sie nun die IP-Adresse dieses Rechners ermitteln (dies wird als *Double-Reverse Lookup* bezeichnet), so stellen Sie fest, daß diese IP-Adresse nicht mit jener übereinstimmt, die der Angreifer benutzt. Diese Tatsache sollte bei Ihnen die Alarmglocken läuten lassen – irgendetwas stimmt nicht. Reverse- und Double-Reverse-Lookups werden weiter hinten in dieser DNS-Betrachtung noch genauer beschrieben.

Es kann jedoch auch gute Gründe dafür geben, daß diese Tests unterschiedliche Ergebnisse zurückliefern. Keine Regelung besagt, daß die Vorwärts- und die Rückwärtsauflösung die gleichen Informationen liefern müssen. Wenn DNS zur Lastverteilung zwischen Servern benutzt wird, ist es sogar schwierig sicherzustellen, daß die beiden Anfragen konsistente Daten zurückliefern. In solchen Situationen wird DNS eigentlich benutzt, um die Position eines Dienstes zu bestimmen und nicht die IP-Adresse eines einzelnen Hosts.

Jedes Programm, das auf Basis der Rechnerinformationen von DNS über Zugangsberechtigungen entscheidet, sollte die Daten mit diesem Reverse-Lookup/Double-Reverse-Lookup-Mechanismus sehr sorgfältig überprüfen. Bei manchen Betriebssystemen, z.B. SunOS 4.x und neuer, erfolgt diese Überprüfung automatisch als Bestandteil der Bibliotheksfunktion *gethostbyaddr()*. In den meisten anderen Betriebssystemen müssen Sie die Überprüfung selbst durchführen. Stellen Sie fest, wie sich Ihr Betriebssystem verhält, und sorgen Sie dafür, daß die Dämonen, die solche Entscheidungen treffen, die entsprechende Validierung durchführen. Achten Sie außerdem darauf, diese Funktionalität beizubehalten, wenn Sie die *libc* des Herstellers verändern oder ersetzen. Noch besser ist es, wenn Sie überhaupt keine Authentifizierung oder Autorisierung zulassen, die lediglich den Rechnernamen oder die IP-Adresse überprüft. Es gibt keine Möglichkeit zu überprüfen, ob ein Paket wirklich von der angegebenen IP-Adresse stammt, es sei denn, es enthält eine kryptographische Authentifizierung, die nur vom tatsächlichen Absender generiert werden kann.

Manche Implementierungen des Double-Reverse-Lookup funktionieren nicht bei Rechnern mit mehreren Adressen, z.B. Dual-Homed-Hosts, die als Proxies benutzt werden. Sind beide Adressen mit dem gleichen Namen registriert, liefert eine DNS-Anfrage nach Namen beide Adressen zurück. Viele Programme lesen jedoch nur die erste Adresse. Ging die Verbindung aber von der zweiten Adresse aus, schlägt der Double-Reverse-Lookup fälschlicherweise fehl, obwohl der Rechner korrekt registriert ist. Double-Reverse-Lookup-Implementierungen mit diesem Verhalten sollten Sie meiden. Außerdem sollten Sie sicherstellen, daß DNS-Anfragen anhand von IP-Adressen nach Ihren Multi-Homed-Hosts, die nach außen hin sichtbar sind, jeweils einen eigenen Namen für jede Schnittstelle zurückliefern. DNS-Anfragen nach diesen Hostnamen sollten für jeden Hostnamen nur jeweils eine einzige IP-Adresse zurückliefern. Für den Rechner »foo« mit den beiden Netzwerkschnittstellen »e0« und »e1« liefert z.B. eine Anfrage nach »foo« beide Adressen, Anfragen nach »foo-e0« und »foo-e1« nur jeweils die Adresse der jeweiligen Schnittstelle zurück. DNS-Anfragen nach einer IP-Adresse liefern je nach Adresse entweder »foo-e0« oder »foo-e1«, aber niemals nur »foo«.

 Verwenden Sie Multi-Homed-Hosts auch intern, so sollten Sie sie nicht auf diese Weise konfigurieren. Anderenfalls müßten Sie immer alle Namen aufführen, wenn Sie Zugangsrechte gewähren, z.B. in den */etc/exports*-Dateien.

Dynamische Aktualisierung

Es ist sehr bequem, wenn Clients Informationen im DNS-Server aktualisieren können. Wird in einem Unternehmen z.B. DHCP eingesetzt, um den Rechnern dynamisch IP-Adressen zuzuweisen, ermöglichen es dynamische Aktualisierungen, daß alle Clients immer die gleichen Namen haben. Bekommt ein Client eine Adresse vom DHCP-Server, kann er diese Adresse beim Nameserver unter seinem üblichen Namen registrieren. Es existiert zwar ein Standard, um einen DNS-Server dynamisch zu aktualisieren, er wird jedoch nicht verbreitet eingesetzt, da er überhaupt keine Authentifizierung erfordert. Einige Server enthalten Authentifizierungsmechanismen für dynamische Updates (z.B. erlaubt Windows 2000 die Integration von DNS und Active Directory und benutzt Kerberos zur Authentifizierung von Aktualisierungsanforderungen), aber auch sie sind noch nicht weit verbreitet, und es gibt keinen Standard zur Anbindung an andere Systeme.

Ohne eine Authentifizierung ist die dynamische Aktualisierung des DNS extrem riskant. Sie verhindern nicht, daß feindselige Clients voneinander Adressen stehlen oder den Server mit Änderungen überschwemmen. Deshalb kann die dynamische Änderung von Daten im DNS nur innerhalb von Netzwerken genutzt werden, in denen ein sehr hoher Grad an Vertrauen herrscht.

Angreifer bekommen zu viele Informationen

Ein anderes Problem, das bei der Kombination von DNS und einer Firewall auftreten kann, besteht darin, daß Informationen bekannt werden können, die Sie eigentlich nicht preisgeben wollen. Einige Organisationen betrachten interne Rechnernamen und andere Angaben über interne Rechner als vertrauliche Informationen. Sie wollen diese Rechnernamen genauso schützen wie ihre internen Telefonverzeichnisse, weil die Namen interner Hosts Projektnamen oder andere Produktangaben verraten oder Rückschlüsse auf verwendete Hardware zulassen könnten, was wiederum Angriffe erleichtert. So läßt sich z.B. leicht erraten, welcher Rechnertyp sich hinter den Namen »labsun« oder »cisco-gw« verbirgt.

Selbst die einfachsten Informationen über Hostnamen können einem Angreifer dabei helfen, sich physisch oder elektronisch einen Weg in Ihr Netz zu ergaunern. Dies ist ein Beispiel für Angriffe, die man als *Social Engineering*-Angriff bezeichnet. Der Angreifer untersucht zuerst die DNS-Daten, um den Namen einer oder mehrerer wichtiger Hosts herauszufinden. Solche Hosts werden oft als DNS-Server der Domäne oder als MX-Gateways für viele andere Rechner aufgeführt. Als nächstes ruft der Angreifer an oder besucht Ihre Organisation, wobei er sich als Wartungstechniker ausgibt, der an einem dieser Rechner arbeiten muß. Wenn er anruft, wird er nach dem Paßwort für den Rechner fragen; wenn er persönlich erscheint, läßt er sich den Rechnerraum zeigen. Da der Eindringling berechtigt zu sein scheint und vertrauliche Informationen besitzt – immerhin kennt er die Namen der wichtigsten Rechner –, erhält er oft Zugang. Für solche Angriffe muß der Eindringling ziemlich unverfroren sein, vor allem dann, wenn er selbst in Ihrer Organisation auftaucht. Sie würden jedoch staunen, wenn Sie wüßten, wie oft solche Angriffe Erfolg haben.

Neben den internen Hostnamen enthält DNS oft auch weitere Angaben. Dazu gehören Informationen, die lokal nützlich sind, die ein Angreifer aber möglichst nicht sehen sollte. Die DNS-Datenfelder HINFO und TXT sind besonders aussagekräftig:

HINFO (host information record)
    Diese Datenfelder beschreiben die Hardware und die Version des Betriebssystems einer Maschine. Solche Angaben sind für System- und Netzwerkverwalter sehr nützlich, verraten einem Angreifer allerdings auch, welche bekannten Fehler er bei einem Angriff auf diese Maschine ausnutzen kann.

TXT (textual information record)
    Diese Datenfelder enthalten kurze, unformatierte Texte, mit denen viele verschiedene Dienste Informationen verbreiten. Manche Versionen von Kerberos und verwandte Werkzeuge speichern in diesen Feldern z.B. Angaben, die in anderen Netzen von NIS behandelt werden.

Oft erhalten Angreifer die kompletten DNS-Informationen über Ihr Netz, indem sie Verbindung mit Ihrem DNS-Server aufnehmen und einen Zonentransfer anfordern. Sie simulieren einfach einen sekundären Server für Ihr Netz. Das können Sie entweder durch Paketfilterung verhindern (indem Sie DNS-Anfragen über TCP blockieren, was aber nicht nur Zonentransfers verhindert) oder indem Sie den DNS-Server so konfigurieren, daß er Zonen nur an ganz bestimmte Hosts überträgt (auch wenn Sie hier IP-Adressen angeben, bleibt der Server durch IP-Spoofing verwundbar). Die verschiedenen Versionen von BIND benutzen dafür unterschiedliche Einstellungen (weitere Informationen finden Sie in der Dokumentation zu Ihrer Version). Beim Microsoft-DNS-Server können Sie festlegen, daß nur solche Hosts Zonen übertragen dürfen, die auch Benachrichtigungen von Ihrem Server erhalten.

Bei der Freigabe von DNS-Daten sollten Sie sich immer fragen: »Weshalb sollten Angreifer mehr Informationen bekommen als nötig?« In den folgenden Abschnitten finden Sie Hinweise, die Ihnen helfen sollen, nur die Informationen freizugeben, die Sie anderen auch wirklich zur Verfügung stellen wollen.

Einrichtung von DNS mit versteckten Informationen ohne Subdomänen

Wir erwähnten bereits die Fähigkeit von DNS, Anfragen weiterzuleiten. Wenn Sie diese zu Ihrem Vorteil nutzen, können Sie Ihren internen Rechnern eine uneingeschränkte Sicht sowohl auf interne als auch auf externe DNS-Daten gewähren. Externen Hosts gestatten Sie damit gleichzeitig nur einen sehr eingeschränkten (»entschärften«) Blick auf Ihre internen Daten. Dafür sprechen unterer anderem die folgenden Gründe:

- Ihre interen DNS-Daten sind zu vertraulich, um sie allgemein zu verbreiten.
- Sie wissen, daß nicht alle internen DNS-Server perfekt funktionieren, und wollen der Außenwelt besser gepflegte Daten zur Verfügung stellen.
- Sie wollen externe Hosts mit anderen Informationen versorgen als Ihre internen. Ihre internen Systeme sollen sich z.B. direkt E-Mails zusenden dürfen, während externe Rechner MX-Einträge verwenden, um die E-Mails auf den Bastion-Host zu senden.

Abbildung 20-3 zeigt, wie Sie DNS so einrichten, daß nicht alle Informationen offenliegen. In den folgenden Abschnitten beschreiben wir alle Einzelheiten. Dieser Mechanismus funktioniert nur für Netze, die eine einzige Domäne benutzen, d.h., alle Hosts haben Namen der Form *rechner.foo.beispiel* und nicht *rechner.sillywalks.foo.beispiel* und *rechner.engineering.foo.beispiel*. Wenn Sie Subdomänen verwenden, benötigen Sie eine kompliziertere Konfiguration, die wir im nächsten Abschnitt zeigen.

Richten Sie auf dem Bastion-Host einen »Fake«-DNS-Server für die Außenwelt ein

Der erste Schritt zum Verbergen von DNS-Informationen vor der Außenwelt ist die Einrichtung eines Fake-DNS-Servers auf dem Bastion-Host. Dieser Server gibt vor, daß er für Ihre Domäne verantwortlich ist. Stellen Sie die NS-Datensätze für Ihre Domäne im Nameserver Ihrer übergeordneten Domäne so ein, daß sie auf diesen Server verweisen.

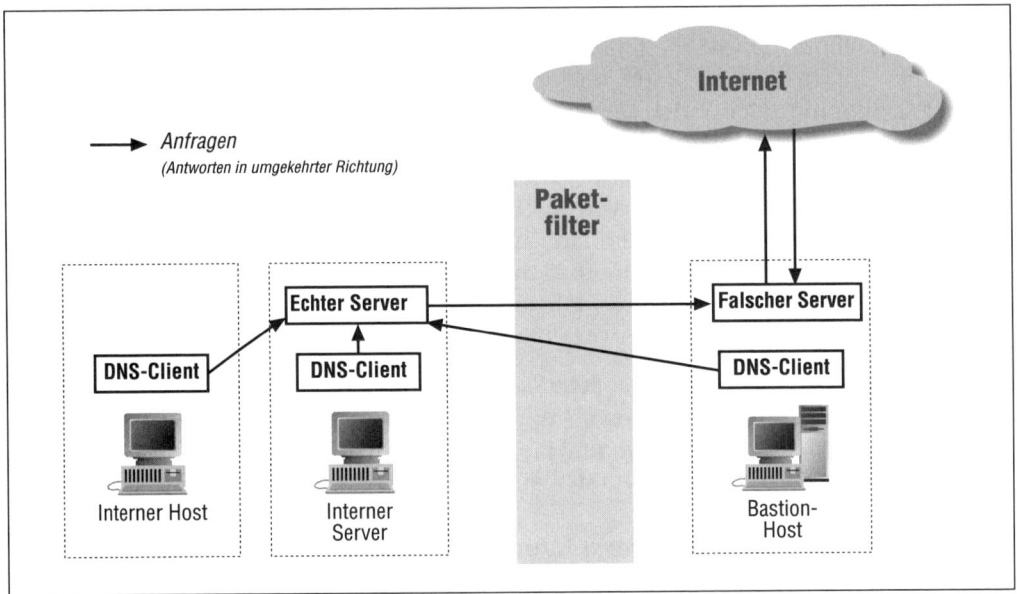

Abbildung 20-3: Eine Firewall kann benutzt werden, um DNS-Informationen zu verbergen

Wenn Sie mehrere solcher übergeordneter Nameserver haben, die nach außen sichtbar sind (das sollte der Fall sein; einige oder alle der restlichen Server können zu Ihrem Service-Provider gehören), dann stellen Sie Ihren Fake-Server als primären Server für alle anderen verantwortlichen DNS-Server ein. Diese werden dann sekundäre DNS-Server für Ihre Domäne.

Der Fake-Server glaubt, nun alles über Ihre Domäne zu wissen. In Wirklichkeit kennt er aber nur die Informationen, die Sie nach außen bekanntmachen wollen. Dazu gehören einfache Hostnamen und IP-Adressen der folgenden Hosts:

- Die Maschinen im Grenznetz, also die Maschinen, aus denen sich Ihre Firewall zusammensetzt.

- Alle Maschinen, zu denen jemand von außen direkte Verbindung aufnehmen muß. Dazu gehört zum Beispiel ein interner Server für Usenet-News (NNTP), den Ihr Service-Provider erreichen muß. (Der Abschnitt über NNTP im Kapitel 16, *Elektronische Post und News*, enthält ein Beispiel, das erläutert, warum Sie das zulassen sollten.) Weitere Beispiele sind Rechner, die über das Internet von vertrauenswürdigen Zweigstellen aus zugänglich sein sollen. Externe Maschinen brauchen einen extern sichtbaren Namen für solche internen Hosts. Das muß jedoch nicht der echte interne Name der Maschine sein, falls Sie diesen für schützenswert halten oder bei Bedarf ändern wollen.

Zusätzlich müssen Sie MX-Datensätze für alle Rechner- und Domänennamen veröffentlichen, die als Teil der Adresse einer E-Mail-Nachricht oder eines Usenet-Postings erscheinen, damit andere Leute auf diese Nachrichten antworten können. Vergessen Sie nicht, daß auch Tage, Wochen, Monate oder gar Jahre, nachdem eine Nachricht versandt wurde, noch jemand darauf antworten könnte. Wenn ein bestimmter Host- oder Domänenname in großem Stil als Teil von E-Mail-Adressen benutzt wurde, müssen Sie dafür vielleicht auf ewig (oder wenigstens für lange Zeit nach dem Gebrauch) einen MX-Datensatz behalten, damit man auf alte Nachrichten antworten kann. Falls die Adressen gedruckt wurden, ist »ewig« der passende Begriff – manche Standorte erhalten noch E-Mails für Maschinen, die bereits vor fünf oder zehn Jahren außer Betrieb genommen wurden.

Sie können auch Wildcard-MX-Datensätze anlegen, die für E-Mails an alle Hosts genutzt werden, für die keine weiteren Einträge vorhanden sind. Diese sehen wie normale MX-Datensätze aus, nur daß statt eines Hostnamens ein »*« angegeben wird. Beachten Sie jedoch, daß Wildcard-MX-Datensätze keine Hosts erfassen, für die auch noch eigene Einträge angegeben sind. Jeder Host, dem ein A-Datensatz zugewiesen ist, benötigt einen eigenen MX-Datensatz, auch wenn ein Wildcard-MX-Datensatz vorhanden ist. Das gleiche gilt für Subdomänen, denen ein NS-Datensatz zugeordnet ist.

Sie müssen auch für alle Rechner, die direkten Kontakt mit der Außenwelt aufnehmen können, »gefälschte« Informationen veröffentlichen. Viele Server im Internet (darunter die meisten großen Server für Anonymous FTP) bestehen darauf, den Rechnernamen (und nicht nur die IP-Adresse) aller Rechner zu erfahren, die zu ihnen Verbindung aufnehmen, auch wenn sie mit dieser Information nichts weiter anfangen, als sie zu protokollieren. Bei DNS sind die Datensätze A (Umsetzung von Name auf Adresse) und PTR (Umsetzung von Adresse auf Name) für Anfragen nach Namen und IP-Adressen zuständig.

Wie bereits erläutert, führen Maschinen, die den Rechnernamen zu einer IP-Adresse ermitteln wollen, einen Reverse-Lookup durch. Dabei beginnt der Server mit der IP-Adresse des fernen Rechners einer eingehenden Verbindung und ermittelt den Rechnernamen, von dem die Verbindung ausgeht. Er nimmt die IP-Adresse (z.B. 172.16.19.67), verändert sie, indem er die Reihenfolge der einzelnen Komponenten umkehrt und ein *.IN-ADDR.ARPA* anhängt, was im Beispiel *67.19.16.172.IN-ADDR.ARPA* ergibt. Für diesen Namen sucht er nun den PTR-Datensatz. Dieser PTR-Datensatz sollte den Hostnamen (z.B. *mycroft.irgendwo.beispiel*) für den Rechner mit dieser Adresse liefern, die der Server dann protokolliert oder anderweitig verwendet.

Wie behandelt man diese Reverse-Lookups? Ginge es nur um den Namen, den diese Server protokollieren wollen, so könnte man einfach einen PTR-Datensatz mit Jokerzeichen einrichten, der einen ganzen Adreßbereich auf einen unbekannten Rechner einer bestimmten Domäne abbildet. Sie könnten es so konfigurieren, daß z.B. die Anfrage nach der Adresse **.19.16.172.IN-ADDR.ARPA* den Namen *unknown.irgendwo.beispiel* zurückliefert. Die Rückgabe dieser Information wäre ziemlich nützlich, da sie einem Serveradministrator zumindest zeigt, zu welcher Domäne die Maschine gehört, nämlich zu *irgendwo.beispiel*. Jeder, der Probleme mit diesem Rechner hat, könnte ihn anhand der veröffentlichten Informationen über die Domäne *irgendwo.beispiel* zurückverfolgen.

Bei dieser Methode gibt es jedoch ein großes Problem. Immer mehr Server – vor allem Server für Anonymous FTP – versuchen, die von DNS zurückgelieferten Daten zu validieren. Sie führen daher Double-Reverse-Lookups durch und lassen Verbindungen nur zu, wenn diese erfolgreich sind. Es handelt sich um die gleiche Art Anfragen, die wir weiter oben bereits beschrieben haben. Dieses Vorgehen ist für Dienstanbieter notwendig, die die Authentifizierung der Anfrage anhand der IP-Adresse vornehmen. Ob dies auch bei Anonymous FTP nötig ist, ist eine andere Frage. Manche Leute glauben, daß man keinen Anlaß mehr zur Authentifizierung von Rechnern hat, nachdem man eine Datei auf einen Anonymous FTP-Server geladen hat. Schließlich will man damit Informationen verteilen. Die Betreiber der Anonymous FTP-Server, die Double-Reverse-Lookups durchführen, argumentieren dagegen, daß jeder, der einen Dienst nutzen möchte, eine gewisse Verantwortung innerhalb der Netzgemeinde habe, und dazu gehöre es, identifizierbar zu sein. Egal, welcher der beiden Seiten Sie sich zurechnen, Tatsache ist, daß die Betreiber einiger der größten und bekanntesten Server für Anonymous FTP zu denen gehören, die Double-Reverse-Lookups durchführen und Zugang zu ihren Diensten nur dann gewähren, wenn diese Anfrage erfolgreich verläuft.

Ein DNS-Client führt bei einem Double-Reverse-Lookup folgende Aktionen durch:

- einen Reverse-Lookup zur Umsetzung einer IP-Adresse in einen Hostnamen
- eine normale Anfrage nach der IP-Adresse der Maschine mit diesem Hostnamen
- einen Vergleich der ermittelten IP-Adresse mit der ursprünglichen IP-Adresse

Die normale Anfrage kann je nach Situation andere Informationen als die originale IP-Adresse zurückliefern. Wie bereits besprochen, können die Informationen entweder rechtmäßig voneinander abweichen (z. B. wenn einer Maschine mehrere IP-Adressen zugeordnet sind oder mit einem PTR-Datensatz gearbeitet wird, der Jokerzeichen enthält) oder weil ein Angreifer unrechtmäßig zwischengespeicherte Datensätze manipuliert hat. Unterschiede ergeben sich auch dann, wenn der Angreifer zwar rechtmäßig den DNS-Server verwaltet, auf dem sich die PTR-Datensätze befinden, aber die Hostnamen anderer Leute zurückliefert, in der Hoffnung, daß sie von Diensten ungeprüft akzeptiert werden.

Damit Double-Reverse-Lookups funktionieren, muß Ihr Fake-Server für alle Rechner Ihrer Domäne, deren IP-Adressen nach außen sichtbar sind, übereinstimmende falsche Daten zurückliefern. Für jede Ihrer IP-Adressen muß der Fake-Server einen PTR-Datensatz mit einem falschen Rechnernamen veröffentlichen sowie einen zugehörigen A-Datensatz, der den falschen Rechnernamen wieder in die IP-Adresse umsetzt. Beispiel: Für die Adresse 172.16.1.2 veröffentlichen Sie einen PTR-Datensatz, der als Namen *host-172-16-1-2.irgendwo.beispiel* enthält, und einen A-Datensatz, der dem Hostnamen *host-172-16-1-2.irgendwo.beispiel* wieder die entsprechende IP-Adresse (172.16.1.2) zuweist. Wenn Sie Verbindung zu einem fernen Rechner aufnehmen, der einen Reverse-Lookup Ihrer IP-Adresse versucht (z. B. 172.16.1.2), um Ihren Rechnernamen zu ermitteln, so erhält er den falschen Hostnamen (z. B. *host-172-16-1-2.irgendwo.beispiel*). Führt der ferne Rechner jetzt einen Double-Reverse-Lookup durch, um diesen

Rechnernamen in eine IP-Adresse zu übersetzen, bekommt er 172.16.1.2 zurück, was der ursprünglichen IP-Adresse entspricht. Damit ist die Konsistenzprüfung bestanden.

Wenn Sie ausschließlich Proxies verwenden, damit Ihre internen Rechner mit der Außenwelt kommunizieren können, brauchen Sie keine gefälschten Informationen über Ihre internen Systeme zu veröffentlichen. Sie müssen nur Informationen über die Rechner zur Verfügung stellen, auf denen Proxy-Server laufen. Für alle externen Systeme werden nur die Adressen der Proxy-Server sichtbar. Bei einem großen Netz kann das allein schon Grund genug für den Einsatz eines Proxy-Servers für FTP sein.

Richten Sie auf einem internen System einen echten DNS-Server zum internen Gebrauch ein

Ihre internen Systeme müssen echte Informationen über Ihre Maschinen benutzen, nicht die gefälschten, die nach außen sichtbar sind. Sie erreichen das, indem Sie auf einem internen Rechner einen Standard-DNS-Server einrichten. Die internen Rechner brauchen vielleicht auch Informationen über externe Rechner, um zum Beispiel den Hostnamen eines externen Anonymous FTP-Servers in eine IP-Adresse umsetzen zu können.

Eine Möglichkeit, das zu erreichen, besteht darin, Zugang zu externen DNS-Informationen zur Verfügung zu stellen, indem Sie den internen DNS-Server so konfigurieren, daß er externe DNS-Server direkt abfragt, wenn interne DNS-Clients Informationen über externe Hosts abrufen. Eine solche Konfiguration erfordert jedoch, daß Sie Ihren Paketfilter öffnen, um dem internen DNS-Server die Kommunikation mit externen DNS-Servern zu ermöglichen, die auf beliebigen Rechnern im Internet laufen können. Das ist aber ein Problem, da DNS auf UDP basiert und Sie (wie in Kapitel 8, *Paketfilterung* erläutert) UDP vollständig blockieren sollten, um den Zugang zu verwundbaren RPC-Diensten wie NFS und NIS von außen zu unterbinden.

Glücklicherweise ermöglicht der gebräuchlichste DNS-Server, nämlich das Unix-Programm *named*, einen Weg aus diesem Dilemma. Dabei spielt die Anweisung *forwarders* in der Konfigurationsdatei */etc/named.boot* des Servers eine Rolle. Wenn der Server eine Anfrage weder aus seinen eigenen Zoneninformationen noch aus seinem Zwischenspeicher beantworten kann, sorgt die Anweisung *forwarders* dafür, daß er die Anfrage an einen bestimmten Server weiterleitet, der nun die Aufgabe hat, die entsprechende Antwort ausfindig zu machen. Dadurch muß der ursprüngliche DNS-Server nicht selbst DNS-Server überall im Internet kontaktieren, um die Antwort zu bestimmen. Tragen Sie in der Konfigurationsdatei */etc/named.boot* eine *forwarders*-Zeile ein, die auf den Fake-Server auf dem Bastion-Host verweist. Die Datei muß außerdem eine Zeile »slave« enthalten, damit nur die Server in der *forwarders*-Zeile benutzt werden, auch wenn diese die Antworten nur langsam liefern.

Der Einsatz des *forwarders*-Mechanismus hat eigentlich nichts mit dem Verbergen von Informationen des internen DNS-Servers zu tun, sondern damit, daß die Paketfilterung so streng wie möglich durchgeführt werden kann, d.h. das Prinzip der geringsten Zugriffsrechte angewandt wird. Der interne DNS-Server kann nur mit dem DNS-Server auf dem Bastion-Host kommunizieren und nicht mit jedem DNS-Server irgendwo im Internet.

Wenn interne Rechner überhaupt keinen Kontakt zu externen Hosts aufnehmen können, müssen Sie sich auch nicht darum kümmern, wie sie externe Rechernamen auflösen. Bei SOCKS kann man die Proxy-Clients so einrichten, daß sie den externen Nameserver direkt verwenden. Dies vereinfacht die Konfiguration Ihres Nameservers ein wenig, erschwert jedoch die Einrichtung Ihrer Proxies. Außerdem könnten Benutzer daran interessiert sein, Rechnernamen aufzulösen, obwohl sie diese nicht erreichen können (um z. B. zu überprüfen, ob eine E-Mail-Adresse einen gültigen Rechnernamen enthält).

In Abbildung 20-4 ist die Funktionsweise von DNS mit Forwarding dargestellt und in Abbildung 20-5 ohne.

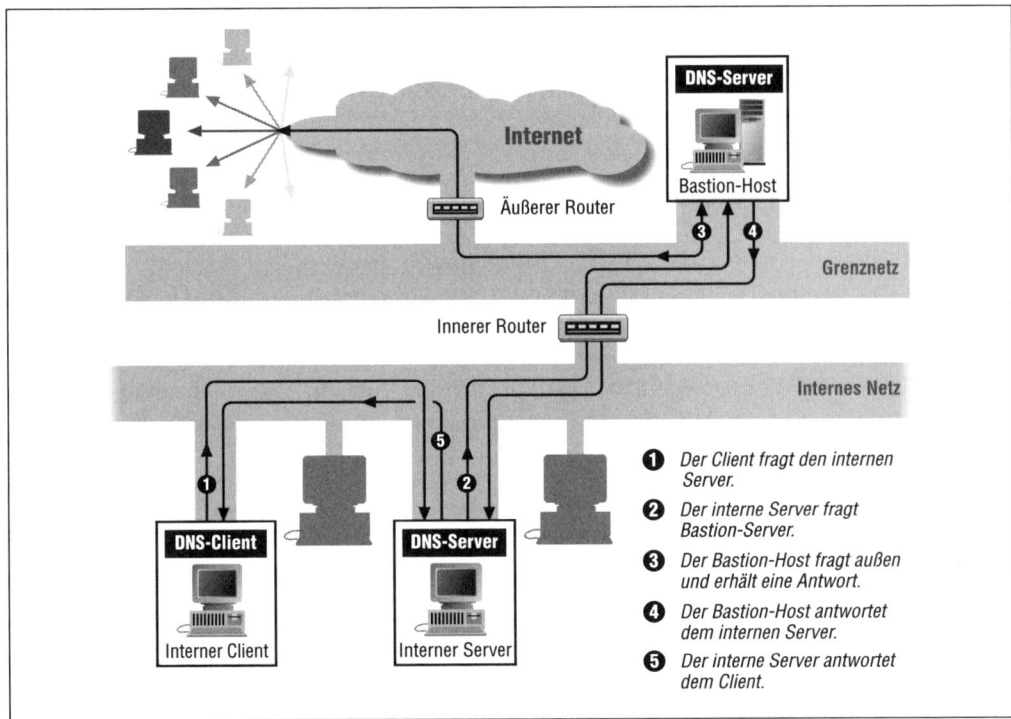

Abbildung 20-4: DNS mit Forwarding

Interne DNS-Clients befragen den internen Server

Im nächsten Schritt konfigurieren Sie Ihre internen DNS-Clients so, daß sie alle Anfragen an den internen Server richten. Auf Unix-Systemen steuern Sie das über die Datei *resolv.conf*.[3] Es gibt zwei verschiedene Fälle:

---

3   Es kann vorkommen, daß Clients diese Konfigurationsinformationen an einer anderen Stelle ablegen. Unter IRIX 6.5 und neueren Versionen können die Parameter z. B. in die Datei *nsswitch* eingetragen werden, so daß die entsprechenden Einstellungen aus *resolv.conf* außer Kraft gesetzt werden.

Das Domain Name System (DNS)

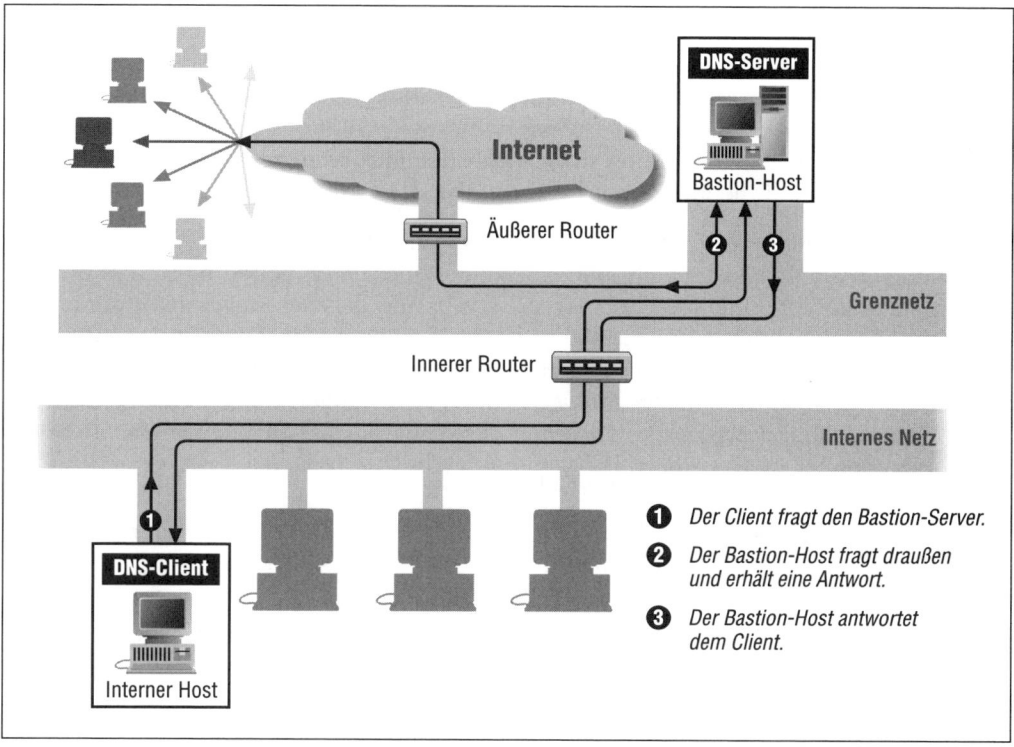

Abbildung 20-5: DNS ohne Forwarding

- Wenn der interne Server eine Anfrage nach einem internen System oder einem externen System erhält, das sich bereits in seinem Zwischenspeicher befindet, beantwortet er diese Anfrage selbst und ohne Verzögerung, da er die Antwort kennt.
- Erreicht den internen Server eine Anfrage nach einem externen System, das sich nicht in seinem Zwischenspeicher befindet, leitet dieser Server die Anfrage aufgrund der eben beschriebenen *forwarders*-Zeile an den Server auf dem Bastion-Host weiter. Der Server auf dem Bastion-Host ermittelt die Antwort von den zuständigen DNS-Servern im Internet und leitet die Antwort zurück an den internen Server. Der interne Server beantwortet damit die Anfrage des ursprünglichen Client und speichert die Antwort in seinem Cache.

Soweit es den Client betrifft, sind beide Fälle gleich. Er hat an den internen Server eine Anfrage gerichtet, und dieser hat sie ihm beantwortet. Der Client weiß nicht, ob der interne Server die Antwort bereits kannte oder ob er sie von anderen Servern ermitteln mußte (und zwar indirekt über den Server auf dem Bastion-Host). Aus diesem Grund sieht die Datei *resolv.conf* auf den internen Client völlig normal aus.

In dieser Anordnung muß besonders auf die Konfiguration interner SMTP-Server geachtet werden. Erhalten solche Dienste Zugriff auf Adreßinformationen, kann es vorkommen, daß sie versuchen, die E-Mail direkt und nicht über Ihr E-Mail-Gateway auszuliefern.

DNS-Clients auf Bastion-Hosts greifen auch auf den internen Server zu

Der Schlüssel zur Konfiguration mit versteckten Informationen besteht darin, daß DNS-Clients auf dem Bastion-Host den internen Server abfragen müssen und nicht den Server auf dem Bastion-Host. Auf diese Weise können DNS-Clients auf dem Bastion-Host (z.B. Sendmail) die echten Namen für interne Rechner benutzen, Clients von außen können aber nicht auf die internen Daten zugreifen.

Die Konfigurationen von DNS-Server und DNS-Clients erfolgt völlig getrennt. Viele Leute nehmen an, daß es gemeinsame Konfigurationsdateien geben muß, daß die Clients automatisch von einem lokalen Server wissen und daß der Server auf einen anderen Rechner zurückgreift, wenn sie die Clients auf einen anderen Server zugreifen lassen. In Wirklichkeit gibt es keine gemeinsam genutzten Konfigurationen. Die Clients benutzen nie die Datei */etc/named.boot* mit den Anweisungen für den Server, und der Server liest nie die Datei */etc/resolv.conf* mit den Anweisungen für die Clients.

Es können wieder zwei verschiedene Fälle auftreten:

- Stellt ein DNS-Client auf dem Bastion-Host eine Anfrage nach einem internen System, so erhält er die echte Antwort direkt vom internen Server.
- Stellt ein DNS-Client auf dem Bastion-Host eine Anfrage nach einem externen System, leitet der interne DNS-Server die Anfrage zum Server auf dem Bastion-Host weiter. Dieser erhält die Antwort von den zuständigen DNS-Servern im Internet und leitet sie an den internen Server weiter. Der interne Server beantwortet wiederum die Anfrage des ursprünglichen Client auf dem Bastion-Host.

DNS-Clients auf dem Bastion-Host könnten Informationen über externe Rechner direkt erhalten, indem sie nicht den DNS-Server auf dem internen Rechner, sondern den DNS-Server auf dem Bastion-Host fragen. Damit würden sie jedoch nie die »echten« internen Informationen bekommen, die nur der interne Server kennt. Diese Informationen sind aber nötig, um sowohl mit internen als auch mit externen Rechnern zu kommunizieren.

Da es möglich ist, in die Konfiguration eines DNS-Client die Namen mehrerer DNS-Server aufzunehmen, wäre es verlockend, die Clients auf dem Bastion-Host so zu konfigurieren, daß sie sowohl den internen als auch den externen Server abfragen, in der Hoffnung, daß sie eine Anfrage zuerst an den einen Server stellen und dann an den anderen, wenn der erste mit »host unknown« (Host ist unbekannt.) antwortet. Das funktioniert jedoch nicht, da DNS-Clients einen zweiten Server nur dann befragen, wenn der erste nicht reagiert. Das Ergebnis »host unknown« stellt jedoch eine gültige Antwort dar.

Was muß Ihr Paketfilter zulassen?

Damit dieses DNS-Schema mit Weiterleitung funktioniert, muß jeder Paketfilter zwischen dem Bastion-Host und den internen Rechnern die folgenden Verbindungen zulassen (die Tabelle unten enthält Details):

- DNS-Anfragen vom internen Server zum Server auf dem Bastion-Host: UDP-Pakete vom Port 53 oder einem Port über 1023 auf dem internen Server zum Port 53 auf dem Bastion-Host (Regel A) sowie TCP-Pakete von Portnummern über 1023 auf dem internen Server zu Port 53 auf dem Bastion-Host (Regel B)
- Antworten auf diese Anfragen vom Bastion-Host zum internen Server: UDP-Pakete vom Port 53 auf dem Bastion-Host zum Port 53 oder einem Port über 1023 auf dem internen Server (Regel C) sowie TCP-Pakete mit gesetztem ACK-Flag vom Port 53 auf dem Bastion-Host zu Portnummern über 1023 auf dem internen Server (Regel D)
- DNS-Anfragen von DNS-Clients auf dem Bastion-Host zum internen Server: UDP- und TCP-Pakete von Portnummern über 1023 auf dem Bastion-Host zum Port 53 auf dem internen Server (Regeln E und F)
- Antworten vom internen Server zu diesen DNS-Clients auf dem Bastion-Host: UDP-Pakete und TCP-Pakete mit gesetztem ACK-Flag vom Port 53 auf dem internen Server zu Portnummern über 1023 auf dem Bastion-Host (Regeln G und H)

Regel	Richtung	Quelladresse	Zieladresse	Protokoll	Quellport	Zielport	ACK gesetzt	Aktion
A	ausgehend	interner Server	Bastion-Host	UDP	53, >1023	53	[a]	zulassen
B	ausgehend	interner Server	Bastion-Host	TCP	>1023	53	beliebig	zulassen
C	eingehend	Bastion-Host	interner Server	UDP	53	53, >1023	[a]	zulassen
D	eingehend	Bastion-Host	interner Server	TCP	53	>1023	ja	zulassen
E	eingehend	Bastion-Host	interner Server	UDP	>1023	53	[a]	zulassen
F	eingehend	Bastion-Host	interner Server	TCP	>1023	53	beliebig	zulassen
G	ausgehend	interner Server	Bastion-Host	UDP	53	>1023	[a]	zulassen
H	ausgehend	interner Server	Bastion-Host	TCP	53	>1023	ja	zulassen

a. Bei UDP-Paketen gibt es kein ACK-Flag.

Einrichtung von DNS mit versteckten Informationen und Subdomänen

Wenn Sie an Ihrem Standort Subdomänen benutzen, können Sie nicht einfach für jede Domäne einen Server einrichten, der Anfragen nach externen Hosts an den Bastion-Host weiterleitet, auf dem lediglich Informationen über externe Systeme zu finden sind. In einer solchen Konfiguration wäre es einem Host aus einer Subdomäne nicht möglich, Informationen über Hosts aus anderen Subdomänen zu erhalten. Wenn der Host *host.sillywalks.foo.beispiel* den Nameserver der Domäne *sillywalks.foo.beispiel* nach dem Host *host.engineering.foo.beispiel* befragt, stellt dieser fest, daß er nicht über die gewünschten Informationen verfügt, und leitet die Anfrage an den Bastion-Host weiter. Dieser wiederum enthält keine internen Informationen und ist damit nicht in der Lage, die Anfrage zu beantworten.

Es gibt eine Reihe von Lösungsmöglichkeiten für dieses Problem, die alle ausführlich im Buch *DNS und BIND* von Paul Albitz und Cricket Liu beschrieben sind, auf das wir weiter vorn in diesem Kapitel bereits verwiesen haben. Keine davon ist perfekt. Eine Möglichkeit wäre, jeden Server so einzurichten, daß er alle Subdomänen kennt, was jedoch einem Teil der Vorteile von Subdomänen entgegensteht. Eine weitere Möglichkeit bestünde darin, den DNS-Server auf dem Bastion-Host mit den richtigen Informationen über die internen Rechner zu konfigurieren, aber dafür zu sorgen, daß er externe Anfragen danach zurückweist (Sie können die Option *secure_zones* dafür verwenden). Das wiederum vermindert die Sicherheit, die sich aus einem separaten Nameserver auf dem Bastion-Host ergab.

Sie können das Problem auch umgehen, indem Sie das Weiterleiten von Anfragen unterbinden. Wenn es keine Weiterleitung gibt, findet eine normale Auflösung statt, und alle Subdomänen funktionieren. Andererseits haben interne Maschinen keine Möglichkeit, externe Hostnamen auf IP-Adressen abzubilden, und Sie benötigen sorgfältig konfigurierte Proxy-Lösungen, damit externe Rechner erreicht werden können.

Einrichten von DNS ohne versteckte Informationen

Der Ansatz, den wir im letzten Abschnitt beschrieben haben, ist nicht die einzige Möglichkeit. Stellen Sie sich vor, daß Sie es nicht für nötig halten, Ihre internen DNS-Daten zu verbergen. In diesem Fall ist Ihre DNS-Konfiguration so ähnlich wie die bereits beschriebene, aber etwas einfacher. Abbildung 20-6 zeigt, wie DNS ohne das Verbergen von Informationen funktioniert.

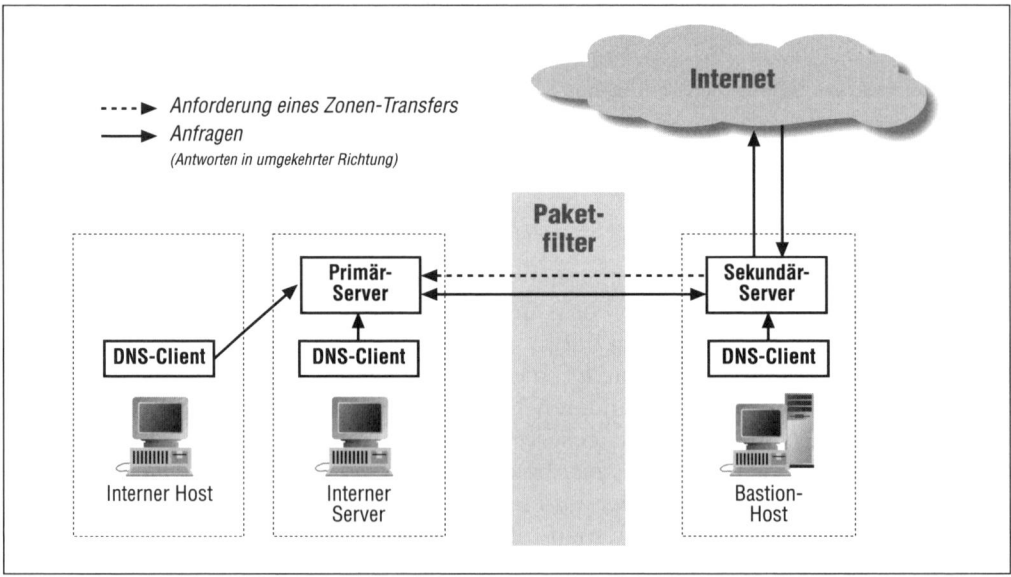

Abbildung 20-6: DNS ohne versteckte Informationen

Auch bei dieser Alternative sollten Sie je einen DNS-Server auf dem Bastion-Host und im internen Netz haben. Jedoch kann diesmal einer von beiden als sekundärer Server des anderen eingerichtet werden. Im allgemeinen ist es einfacher, den DNS-Server auf dem Bastion-Host zum sekundären Server zu erklären und die DNS-Daten auf dem internen Server zu pflegen. Sie sollten auch hier den internen DNS-Server so konfigurieren, daß er Anfragen an den Server auf dem Bastion-Host weiterleitet. Die DNS-Clients auf dem Bastion-Host können jedoch so eingerichtet werden, daß Sie statt des internen Servers den Nameserver auf dem Bastion-Host benutzen.

Sie müssen jeden Paketfilter zwischen dem Bastion-Host und dem internen Nameserver so konfigurieren, daß er das folgende zuläßt (Details siehe Tabelle):

- DNS-Anfragen vom internen DNS-Server zum DNS-Server auf dem Bastion-Host: UDP-Pakete vom Port 53 oder einem Port über 1023 auf dem internen Server zum Port 53 auf dem Bastion-Host (Regel A) sowie TCP-Pakete von Portnummern über 1023 auf dem internen Server zu Port 53 auf dem Bastion-Host (Regel B)
- Antworten vom DNS-Server auf dem Bastion-Host zum internen DNS-Server: UDP-Pakete vom Port 53 auf dem Bastion-Host zum Port 53 oder einem Port über 1023 auf dem internen Server (Regel C) und TCP-Pakete mit gesetztem ACK-Flag vom Port 53 auf dem Bastion-Host zu Portnummern über 1023 auf dem internen Server (Regel D)

Ist der Bastion-Host gleichzeitig der sekundäre DNS-Server und der interne Nameserver der dazugehörige primäre DNS-Server, müssen Sie auch folgende Verbindungen zulassen:

- DNS-Anfragen vom DNS-Server auf dem Bastion-Host zum internen DNS-Server: UDP-Pakete vom Port 53 oder einem Port über 1023 auf dem Bastion-Host zum Port 53 des internen Servers (Regel E) und TCP-Pakete von Ports über 1023 auf dem Bastion-Host zum Port 53 des internen Servers (Regel F)
- Antworten des internen DNS-Servers zurück an den Server auf dem Bastion-Host: UDP-Pakete vom Port 53 auf dem internen Server zum Port 53 oder einem Port über 1023 auf dem Bastion-Host (Regel G) und TCP-Pakete mit gesetztem ACK-Flag vom Port 53 auf dem internen Server zu einem Port über 1023 auf dem Bastion-Host (Regel H)
- DNS-Zonentransfer-Anforderung vom Bastion-Host zum internen Server: TCP-Pakete von einem Port über 1023 zum Port 53 des internen Servers (beachten Sie, daß das Regel F entspricht)
- DNS-Zonentransfer-Antwort vom internen Server zum Bastion-Host: TCP-Pakete mit gesetztem ACK-Flag vom Port 53 auf dem internen Server zu einem Port über 1023 auf dem Bastion-Host (beachten Sie, daß das Regel H entspricht)

Regel	Richtung	Quelladresse	Zieladresse	Protokoll	Quell-port	Ziel-port	ACK gesetzt	Aktion
A	ausgehend	interner Server	Bastion-Host	UDP	53, >1023	53	a	zulassen
B	ausgehend	interner Server	Bastion-Host	TCP	>1023	53	beliebig	zulassen
C	eingehend	Bastion-Host	interner Server	UDP	53	53, >1023	a	zulassen
D	eingehend	Bastion-Host	interner Server	TCP	53	>1023	ja	zulassen
E	eingehend	Bastion-Host	interner Server	UDP	53, >1023	53	a	zulassen
F	eingehend	Bastion-Host	interner Server	TCP	>1023	53	beliebig	zulassen
G	ausgehend	interner Server	Bastion-Host	UDP	53	53, >1023	a	zulassen
H	ausgehend	interner Server	Bastion-Host	TCP	53	>1023	ja	zulassen

a. Bei UDP-Paketen gibt es kein ACK-Flag.

Windows 2000 und DNS

Windows 2000 macht beträchtlichen Gebrauch von DNS. DNS stellt die bevorzugte Methode zur Namensumsetzung dar und ersetzt die Windows-eigenen Mechanismen, die nur noch für ältere Clients angeboten werden. Windows 2000 benötigt einige DNS-Erweiterungen, die sich gerade in der Standardisierung befinden, jedoch noch nicht verabschiedet sind und noch nicht verbreitet eingesetzt werden.

Ein Beispiel dafür ist, daß Windows 2000 konsequent Namen benutzt, die Unterstriche enthalten. Traditionell durften DNS-Namen nur Buchstaben, Ziffern und den Bindestrich enthalten (-). Der Unterstrich (_) war durch den Standard verboten. In der Praxis bestanden die meisten Nameserver jedoch nicht auf diesen Einschränkungen. Obwohl der Unterstrich theoretisch lange Zeit verboten war, verbreiteten sich DNS-Server, die den Unterstrich tatsächlich nicht zuließen, erst ziemlich spät während der Entwicklung von Windows 2000. Etwa um die gleiche Zeit begannen Bemühungen, die Einschränkungen erlaubter Namen zu lockern. Diese Situation hielt auch während der Zeit an, in der dieses Buch entstand. Ein Standard, der fast alle möglichen Zeichen als Bestandteile von DNS-Namen zuläßt, befindet sich noch in der Diskussion, er ist aber noch nicht bestätigt. Bis zur Standardisierung wird es Server geben, die sich streng an bestehende Regelungen halten und Namen zurückweisen, die einen Unterstrich enthalten. Einige Server werden weiterhin fast alle ASCII-Zeichen zulassen, und einige andere werden sogar noch weitere Zeichen akzeptieren, inklusive solchen, die nicht im ASCII-Standard enthalten sind (z.B. Buchstaben mit Akzenten). Windows 2000 benötigt wenigstens einen DNS-Server, der Unterstriche zuläßt. Rechnernamen unter Windows 2000 können jedoch auch Zeichen außerhalb des Standards enthalten, was zu seltsamen Fehlern führen kann, es sei denn, Sie verwenden einen DNS-Server, der diese Zeichen erlaubt.

Windows 2000 verwendet außerdem einen Datensatz, das SRV-Feld, das bis jetzt nicht im Standard vorgesehen ist. Verschiedene DNS-Server, darunter auch Versionen von BIND ab 4.9.6 (und alle Versionen von BIND 8), unterstützen dieses Feld jedoch bereits.

Windows 2000 setzt weiterhin auf die Möglichkeit der dynamischen Aktualisierung von DNS-Informationen. Während Rechner hochgefahren werden, müssen sie in der Lage sein, ihre Namen beim DNS-Server zu registrieren. Dynamische Aktualisierung wird zwar von BIND 8 unterstützt, jedoch nicht mit den Authentifizierungsmechanismen, die Windows 2000 verwendet. Wenn BIND 8 in Verbindung mit Windows 2000 eingesetzt werden soll, dann muß auf ungesicherte dynamische Aktualisierung zurückgegriffen werden.

DNS-Server unter Windows 2000 können Active Directory zur Speicherung und für die Replikation verwenden. In dieser Konfiguration werden die DNS-Informationen im Active Directory abgelegt, und DNS wird einfach als Zugriffsmethode darauf genutzt. Arbeitet ein DNS-Server mit einem Active Directory zusammen, muß er ein primärer DNS-Server sein. Er kann andere DNS-Server zwar über normale Zonentransfers aktualisieren, nimmt aber solche nicht entgegen, da er die DNS-Daten nicht selbst verwaltet. Wird unter Windows 2000 DNS in ein Active Directory integriert, unterstützt der DNS-Server dynamische Aktualisierungen mit Kerberos-Authentifizierung.

Network-Address-Translation-Eigenschaften von DNS

Es gibt keine besonderen Schwierigkeiten, einen DNS-Client zusammen mit Network-Address-Translation zu verwenden, da die Adresse des Client nicht in der Transaktion enthalten ist. Anders verhält es sich, wenn Sie einen DNS-Server hinter einem Adreßumsetzer betreiben. Beschreiben die Daten auf diesem Server Maschinen, die sich ebenfalls hinter dem Adreßumsetzer befinden, muß dieser auch die Daten innerhalb der DNS-Pakete bearbeiten und nicht nur die Quell- und Zieladressen der Pakete, sonst würde der Server nur unbrauchbare Informationen liefern. Einige NAT-Systeme sind in der Lage, eine solche Umwandlung vorzunehmen, jedoch betrifft das manchmal nur Antworten auf Abfragen und keine Zonentransfers.

Zusammenfassung: Empfehlungen für DNS

- Richten Sie einen externen DNS-Server auf dem Bastion-Host ein, auf den die Außenwelt zugreifen kann.
- Sorgen Sie dafür, daß HINFO-Datensätze nicht nach außen sichtbar sind: Benutzen Sie sie entweder überhaupt nicht, oder konfigurieren Sie DNS wie beschrieben, damit diese Informationen versteckt werden.
- Benutzen Sie eine aktuelle Implementierung von BIND und Double-Reverse-Lookups, um Spoofing zu verhindern.
- Überlegen Sie, ob es für Ihr Netzwerk in Frage kommt, alle internen DNS-Daten zu verbergen und mit Forwarding und falschen Datensätzen zu arbeiten. Das ist nicht für alle Standorte sinnvoll, vielleicht aber für Ihren.
- Verhindern Sie alle Zonentransfers außer zu Ihren eigenen sekundären Servern durch Paketfilter oder über Mechanismen des verwendeten DNS-Servers. Selbst wenn Sie Ihre DNS-Informationen nicht verbergen wollen, gibt es bestimmt keinen

vernünftigen Grund dafür, Zonen auf andere als Ihre eigenen sekundären Server zu übertragen. Wenn Zonentransfers nicht möglich sind, haben es Angreifer schon etwas schwerer.

Network Information Service (NIS)

NIS[4] ist ein Protokoll, das hauptsächlich unter Unix verwendet wird und für den verteilten Zugriff auf zentrale Verwaltungsinformationen entwickelt wurde. Diese Informationen können von Rechnern im Netz gemeinsam genutzt werden. Dazu gehören Rechnertabellen, Paßwortdateien, netzweite Mail-Aliase und andere Daten. Der Vorteil von NIS gegenüber DNS bei der Auflösung von Rechnernamen im LAN besteht darin, daß es sich um ein Broadcast-basiertes Protokoll handelt, d.h., die Clients müssen nicht über sämtliche Konfigurationsinformationen verfügen, die bei DNS benötigt werden. Außerdem wird die Netzverwaltung durch den einheitlichen Mechanismus zur Verbreitung von Verwaltungsinformationen vereinfacht.

Das Hauptproblem bei NIS besteht darin, daß die Sicherheitsmaßnahmen nicht ausreichen, um einige der behandelten Daten angemessen zu schützen. Das betrifft besonders die netzweit genutze Paßwortdatei mit allen verschlüsselten Paßwörtern auf den NIS-Servern. Sie entspricht der Datei */etc/passwd* auf einem einzelnen System. Um Daten von einem NIS-Server zu bekommen, braucht man nur den zugehörigen NIS-Domänennamen. Ein Angreifer, der Verbindung zum NIS-Server eines Netzes aufnehmen und den NIS-Domänennamen erraten kann, kann alle Informationen von diesem Server abfragen. Der NIS-Domänenname ist oft mit dem normalen Internet-Domänennamen des Netzes identisch oder von diesem abgeleitet. Erhält der Angreifer die netzweite Paßwort-Datei, kann er diese Paßwörter nach Belieben knacken. Daher sollten Sie eingehende NIS-Anfragen unterbinden.

NIS-Transfers können selbst dann die verschlüsselten Paßwörter enthalten, wenn die Rechner Shadow-Paßwörter verwenden und die verschlüsselten Paßwörter auf dem NIS-Server nicht lesbar sind. Wenn die NIS-Übertragungen keine verschlüsselten Paßwörter enthalten, stehen sie auch nicht für eine Authentifizierung zur Verfügung. Implementierungen, die diese Sicherheitslücke schließen, können daher nicht zusammen mit Shadow-Paßwörtern genutzt werden.

Es gibt keinen Grund, warum NIS-Anfragen ein Netz verlassen sollten, da die meisten Informationen, die NIS zur Verfügung stellt, genau dieses Netzwerk betreffen und korrekt konfigurierte NIS-Server häufig als Gateways fungieren, um Informationen über externe Hosts per DNS zu ermitteln.

---

4 NIS war früher unter dem Namen Yellow Pages (YP; dt. »Gelbe Seiten«) bekannt, und einige Befehle enthalten auch heute noch diese Abkürzung.

Manche Hersteller bieten unter der Bezeichnung NIS+ eine überarbeitete Version des NIS-Systems an. Auf Sun-Maschinen wird diese Version standardmäßig benutzt. NIS+ fand jedoch keine weite Verbreitung, was teilweise mit Lizenzierungs- und Kompatibilitätsfragen zu tun hat. Hauptsächlich liegt es jedoch daran, daß die überwiegende Mehrheit derjenigen, die NIS verwenden, es geschafft haben, die vorhandenen Mängel dieses Systems zu umgehen, und deshalb keine Veranlassung sehen, etwas völlig Neues einzusetzen. NIS+ erhöht außerdem die Sicherheit nur dann, wenn es so konfiguriert wird, daß es NIS nicht mehr unterstützt. Wenn Sie NIS+ mit Unterstützung für NIS-Clients konfigurieren, so ist es nicht sicherer als das ursprüngliche NIS. Da nur wenige Clients für NIS+ existieren, betreiben die meisten NIS+ in diesem Kompatibilitätsmodus.

Einige wenige NIS-Server (vor allem die von Sun) unterstützen eine Konfigurationsdatei mit dem Namen *securenets*, mit der Sie anhand von IP-Adressen eine Authentifizierung der Systeme vornehmen können, an die der NIS-Server Daten ausliefert. Das ist eine gewaltige Verbesserung der NIS-Sicherheit. Damit sind NIS-Angriffe kein bloßes Ratespiel mehr (erraten Sie den Namen der Domäne und den NIS-Server, und dieser liefert Ihnen die gewünschten Daten frei Haus). Vielmehr muß man nach dem Erraten des Domänennamens und des NIS-Servers mit erheblichem Aufwand die Adressen ermitteln, denen der NIS-Server antwortet, und dann Pakete von diesen Adressen vortäuschen. Leider reicht diese erhebliche Verbesserung der Sicherheit noch nicht aus, um so wichtige Daten wie Ihre verschlüsselten Paßwörter zu schützen. Wenn *securenets* vorhanden ist, schützt es vor Gelegenheitsangreifern, die in alle möglichen Netzwerke einbrechen wollen. Es schützt Sie aber nicht vor einem Angreifer, der Ihr Netz kennt und es sich zum Ziel gemacht hat, genau in dieses einzudringen. Der Trick besteht dann darin, einen Angreifer daran zu hindern, mit den NIS-Servern zu kommunizieren.

NIS ist ein Dienst, der auf dem RPC-Mechanismus von Sun basiert und hauptsächlich über UDP bereitgestellt wird. NIS ist einerseits zwar ein besonders verwundbarer Dienst, jedoch unterscheidet er sich nicht von den anderen RPC-basierten Diensten. Wir kennen keine speziellen Proxies oder Paketfilter für NIS. Auch NIS+ kann über normales RPC zur Verfügung gestellt werden, was allerdings einen Großteil der zusätzlichen Sicherheit wieder zunichtemacht. Deshalb wird es standardmäßig über Secure-RPC betrieben. Paketfilterung, der Proxy-Betrieb und die NAT-Eigenschaften von RPC und Secure-RPC werden in Kapitel 14, *Vermittelnde Protokolle* behandelt.

NIS-Clients können zusätzliche Methoden nutzen, um Server zu suchen. Ältere Clients arbeiten mit Broadcasts, während neuere statt dessen Multicast einsetzen. Egal, welche Methode die Clients einsetzen, Sie müssen entweder dafür sorgen, daß die entsprechenden Anfragen den Server erreichen, oder den Client explizit den Servernamen mitteilen, wenn Sie NIS über Ihre Firewall hinweg verwenden wollen.

Zusammenfassung: Empfehlungen für NIS

- Verhindern Sie NIS-Zugriffe über Ihre Firewall hinweg.

NetBIOS für TCP/IP-Namensdienste und den Windows Internet Name Service

Der NetBT-Namensdienst ist der Dienst, den NetBT benutzt, um NetBIOS-Namen in IP-Adressen zu übersetzen. Es gibt zwei Arten von Namensdiensten unter NetBT: einen Dienst, der einen Broadcast-Mechanismus benutzt und bei dem jede Maschine eine eigene Datenbank mitführt, und einen, der Unicast-Mechanismen verwendet und bei dem es einen richtigen Server gibt. Theoretisch heißt dieser Server NetBT-Nameserver oder NBNS. Die NBNS-Implementierung von Microsoft wird jedoch *Windows Internet Name Service* (WINS) genannt. Die allgemeine Bezeichnung »NBNS« wird außerhalb der Dokumentation des Standards selbst für Nicht-Microsoft-Server, die eigentlich Implementierungen von NBNS und nicht von WINS sind, selten verwendet.

Um das unvermeidliche Durcheinander zu verringern, werden wir die Broadcast-basierten NetBT-Namensdienste »NetBT-Namensdienst« und die Unicast-basierten »WINS« nennen. Das spiegelt den alltäglichen Gebrauch dieser Bezeichnungen wider und ist nicht willkürlicher oder verwirrender als andere Namensschemata.

NetBIOS-Namen können bis zu 15 Zeichen lang sein.[5] Sie sind laut Microsoft-Dokumentation »unqualifiziert«, was zweierlei bedeutet:

- In dem von einem Server kontrollierten Bereich muß jeder Bezeichner einmalig sein.
- Sie dürfen keine Punkte enthalten.

Unter NetBIOS können keine Hierarchien abgebildet werden. Nur eine einzige Maschine darf »foo« heißen, und es gibt keine Möglichkeit, in diesem Namen festzulegen, welcher Nameserver für ihn verantwortlich ist. Um Probleme mit Namensgleichheit zu verringern, hat Microsoft den NetBIOS-*Bereich* eingeführt, der einer NIS-Domäne stark ähnelt. Er wird durch eine Zeichenkette gekennzeichnet, die eine Gruppe von Maschinen bezeichnet, die miteinander kommunizieren. Wenn Sie NetBIOS-Bereiche verwenden, muß der Name von Maschinen innerhalb eines Bereichs einmalig sein. Standardmäßig wird ein leerer Bereich verwendet. Werden der NetBIOS-Name und der Bereich zusammengenommen, ergibt sich eine Zeichenkette, die höchstens 255 Zeichen lang sein darf. Damit ist der Bezeichner eines NetBIOS-Bereichs praktisch auf eine Länge von maximal 240 Zeichen begrenzt, er darf jedoch auch Punkte enthalten.

NetBIOS-Bereiche sind viel einschränkender als NIS-Domänen. Maschinen, die sich innerhalb verschiedener NetBIOS-Bereiche befinden, können untereinander nicht über NetBIOS-Protokolle kommunizieren. Diese Einschränkung betrifft auch die gemeinsame Nutzung von Dateien und Druckern. In beschränkten Netzwerken ist das eigentlich ein Vorteil, da dadurch die Sicherheit etwas verbessert wird. Die Einstellung des

---

[5] Genaugenommen sind alle NetBIOS-Namen exakt 16 Zeichen lang. Microsoft hat das 16. Zeichen für Verwaltungszwecke reserviert. Kürzere Namen werden automatisch und transparent auf 16 Zeichen erweitert. Für Benutzer besteht kein Unterschied zu Namen, die höchstens 15 Zeichen lang sein dürfen.

NetBIOS-Bereichs fungiert als Paßwort für den Netzwerkzugriff. Sie schützt vor versehentlichen Fehlkonfigurationen, jedoch nicht vor feindlichen Aktivitäten. Der NetBIOS-Bereich wird als Teil des NetBIOS-Hostnamens im Klartext über das Netzwerk übertragen, und Angreifer können ihn einfach aus gültigen Paketen auslesen. Das ist besonders einfach, da die Pakete als Broadcast versandt werden und dadurch keine speziellen Mechanismen zum Abhören des Netzwerks erforderlich sind.

Es ist wichtig, sich zu merken, daß WINS und NetBT lediglich Varianten ein und desselben Dienstes sind. Clients, die die Namensauflösung über Broadcasts durchführen, betreiben selbst Nameserver, und obwohl sie eigentlich nur Broadcast-Anfragen erwarten, reagieren Sie auch auf Unicast-Nachrichten. Glauben Sie nicht, daß Sie von fremden Anfragen verschont bleiben, nur weil Sie es vermeiden, den WINS-Dienst auszuführen. Auf normalen NetBIOS-Clients laufen immer auch Nameserver, die alle fremden Anfragen mit eigenen oder zwischengespeicherten Daten beantworten. Wie wir später noch sehen werden, müssen selbst auf Rechnern, die ausschließlich WINS benutzen, Server laufen, die auf Broadcast-Namensanfragen reagieren, um den vollen Funktionsumfang von WINS nutzen zu können. Dies ist eines der Dinge, die der »Server«-Dienst auf Clients normalerweise erledigt.

Obwohl diese Dienste eng zusammenhängen, können auf einer Maschine beide Server gleichzeitig laufen. In diesem Fall nimmt der WINS-Server die Unicast- und der NetBT-Nameserver die Broadcast-Pakete entgegen, was Unix-Anhänger sicherlich verwirrt. Das bedeutet, daß die beiden Dienste völlig unabhängig voneinander ausgeführt werden und verschiedene Daten verwalten können. Ein WINS-Server stellt einem Client des NetBT-Namensdienstes keine Daten zur Verfügung, die er über WINS zusammengetragen hat, genau, wie einem WINS-Client keine Daten angeboten werden, die ein Server durch den NetBT-Namensdienst erhalten hat, obwohl beide Server auf demselben Port eines Computers laufen. Deshalb kann eine Maschine, auf der zwar ein WINS-Server läuft, die jedoch kein WINS-Client ist, Ihre eigenen Dienste nicht per WINS bekanntmachen.

Namensauflösung unter Windows

Traditionell verwendet Microsoft mehrere Mechanismen zur Namensauflösung. Windows 2000 benutzt dort, wo es möglich ist, DNS, unter anderen Versionen von Microsoft Windows können je nach Konfiguration zahlreiche weitere Methoden zum Einsatz kommen, um Namen auf Adressen abzubilden. Es können auch mehrere Methoden zur Übersetzung eines einzelnen Namens eingesetzt werden, indem die Methoden nacheinander ausprobiert werden, bis die Abbildung gelingt.

Aus diesem Grund werden zwei Arten von Namen unterschieden: mögliche NetBIOS-Namen und Nicht-NetBIOS-Namen. Ein echter NetBIOS-Name ist einer, der einem NetBIOS-Nameserver bekannt ist. Im Gegensatz dazu ist ein möglicher NetBIOS-Name einer, der höchstens 15 Zeichen lang ist. (Theoretisch ist ein Name, der einen Punkt enthält, kein möglicher NetBIOS-Name, in der Realität behandeln jedoch einige Versionen von Windows NT ihn trotzdem wie einen solchen.) Namen, die keine möglichen

NetBIOS-Namen sind, d.h. solche, die länger als 15 Zeichen sind, müssen über DNS aufgelöst werden. Die Methoden, die aktuelle Versionen von Windows benutzen, um mögliche NetBIOS-Namen aufzulösen, sind:

- einen lokalen Broadcast durchführen und prüfen, ob eine Maschine mit dem angegebenen Namen antwortet
- die lokalen Dateien *lmhosts* oder *hosts* nach dem angegebenen Namen durchsuchen
- eine WINS-Anfrage durchführen
- eine DNS-Anfrage durchführen

Außerdem könnten die Informationen gecached sein, dann müßten sie überhaupt nicht abgefragt werden. Rechner unter Windows NT 4, die WINS- und DNS-Clients sind, versuchen eine Auflösung standardmäßig in folgender Reihenfolge:

1. Den Namenscache des Rechners auf zwischengespeicherte Informationen prüfen. Dieser enthält Informationen über Maschinen, die kürzlich abgefragt oder in der Datei *lmhosts* mit #PRE gekennzeichnet wurden. Außerdem können Informationen über Maschinen vorhanden sein, die vor kurzem neu gestartet wurden.
2. eine WINS-Anfrage durchführen
3. die lokale Datei *lmhosts* durchsuchen
4. einen NetBIOS-Broadcast durchführen
5. die lokale Datei *hosts* durchsuchen
6. eine DNS-Anfrage durchführen

Verschiedene Optionen verändern diese Reihenfolge (wenn keine DNS-Unterstützung konfiguriert ist, wird die Datei *hosts* nicht durchsucht und keine DNS-Anfrage durchgeführt). Andere Betriebssysteme ziehen eine andere Reihenfolge vor. Besonders ältere Betriebssysteme führen Broadcast-Anfragen vor WINS-Anfragen durch oder unterstützen ausschließlich Broadcasts.

Microsoft beschreibt diese Optionen in einem komplizierten Schema. Ein Rechner, der nur Broadcasts verwendet, heißt B-Node, einer, der nur WINS-Anfragen durchführt, heißt P-Node (»P« für »Punkt-zu-Punkt«), einer, der nach dem Broadcast eine WINS-Anfrage durchführt, heißt M-Node (»M« für »Mixed«) und einer, der zuerst WINS und dann die Broadcast-Abfrage verwendet, heißt H-Node (»H« für »Hybrid«). Dieses Benennungsschema ist hauptsächlich zum Verständnis der Microsoft-Dokumentation nützlich, da die Kenntnis über den Typ einer Maschine nicht hilft, um herauszufinden, an welcher Stelle die Maschine DNS abfragt oder die Datei *lmhosts* durchsucht. Trotzdem sollten Sie sich vielleicht die Namen »M-Node« und »B-Node« merken, weil sie gleichbedeutend sind mit: »Diese Maschine erzeugt jede Menge störender Broadcast-Pakete«. Wenn Sie diese Definitionen und die vorangegangenen Schritte gründlich betrachen, werden Sie herausfinden, daß Windows NT-Maschinen, die so eingerichtet sind, daß sie WINS verwenden, normalerweise H-Nodes sind.

Clients können DNS-Daten bekommen, ohne DNS-Anfragen zu stellen. Zum einen dienen dabei WINS-Server als Gateways zum DNS-Dienst, zum anderen speichern verschiedene Maschinen DNS-Daten und liefern sie als Antworten auf NetBIOS-Anfragen zurück. In einigen Konfigurationen endet das in einer verwirrenden Situation, in der Clients keine Hosts erreichen können, die Namen mit mehr als 15 Zeichen haben. Da es sich dabei nicht um gültige NetBIOS-Namen handelt, müssen Clients selbst DNS-Anfragen stellen, um sie aufzulösen.

Um die Angelegenheit noch komplizierter zu machen, können Microsoft-DNS-Server auch als Gateways zu WINS-Servern dienen, so daß versucht wird, DNS-Anfragen durch WINS-Anfragen zu beantworten. Das hat zwei Vorteile. Es vereinfacht offensichtlich die DNS-Administration in Organisationen, die bereits WINS einsetzen, indem DNS praktisch unsichtbar bleibt. Wichtiger ist jedoch, daß WINS die dynamische Registrierung von Hosts ermöglicht. Wird ein Host hochgefahren, teilt er dem WINS-Server seinen Namen und seine Netzwerkadresse mit. Im Gegensatz dazu bietet DNS einem Host standardmäßig keine Möglichkeit, diese Informationen bei einem Server zu registrieren. Der Server muß mit den Namens-Adreß-Umsetzungen vorkonfiguriert werden. (DNS und dynamische Aktualisierung haben wir bereits erläutert.) Die Weiterleitung von DNS-Anfragen an WINS ermöglicht dynamische DNS-Aktualisierung, ohne DNS zu verändern.

Der Befehl *nbtstat* zeigt Ihnen Informationen über NetBT-Namen auf einem Rechner an. Oft wird es Ihnen helfen, *nbtstat* zum Prüfen von NetBT-Informationen und *nslookup* zum Prüfen von DNS-Informationen einzusetzen, um herauszufinden, woher welche Information stammt und was entsprechend verändert werden muß, damit alles wie gewünscht funktioniert.

NetBIOS-Namen

Der NetBT-Namensdienst wird nicht nur genutzt, um Hostnamen aufzulösen. Es gibt zwei grundlegende Arten von NetBT-Namen: Unique-Namen (eindeutige Namen) und Group-Namen (Gruppennamen). Ein Unique-Name entspricht genau einer IP-Adresse, während ein Group-Name mehreren IP-Adressen entsprechen kann. Jeder der beiden hat für unterschiedliche Zwecke mehrere Unterarten. Eine Art des Group-Namens kennzeichnet z.B. einen Rechner mit mehreren Adressen, eine andere wird benutzt, um eine administrative Gruppe zu markieren (z.B. alle Drucker), und eine dritte Sorte zeigt die Zugehörigkeit zu Domänen oder Arbeitsgruppen an. Unterschiedliche Arten der Unique-Namen werden für verschiedene Dienste verwendet. Das 16. Byte eines NetBIOS-Namens gibt diesen Typ an und wird normalerweise hexadezimal dargestellt, wenn Namen angezeigt werden (den Typ 03 bekommen Sie vielleicht als »0x03«, »<03>« oder »03h« angezeigt).

Sollten Sie tatsächlich einmal rohe Pakete im Netzwerk betrachten, vor allem mit Systemen, die NetBT nicht interpretieren können, werden Sie vielleicht verstümmelte NetBIOS-Namen sehen. Das NetBT-Paketformat basiert auf dem von DNS. DNS-Namen können zwar länger als NetBIOS-Namen sein, dürfen jedoch nicht beliebige hexadezimale Werte enthalten, wie sie NetBIOS als Typkennzeichen benutzt. Damit NetBIOS-

Namen in die Namensfelder von DNS-Paketen passen, verwendet NetBT ein System, das jedes Byte eines NetBIOS-Namens in zwei groß geschriebene ASCII-Zeichen konvertiert. Das resultiert in auffälligen, wenn auch unverständlichen Namen. Diese werden sogar noch auffälliger, da der Umwandlungsalgorithmus Leerzeichen, die zum Auffüllen benutzt werden, durch »CA« ersetzt, so daß fast jeder Name auf »CACA« endet. Viele Englisch sprechende Menschen – inklusive demjenigen, der den Algorithmus entworfen hat – verbinden mit dieser Zeichenkette keine besondere Bedeutung. Die Wiederholung dieses Musters ist jedoch trotzdem ziemlich eindrucksvoll. Details zum verwendeten Algorithmus finden Sie in RFC 1001. Wenn Sie die Pakete mit einem Schnüffelprogramm auf einem Microsoft-Rechner betrachten, wandeln die meisten Programme die Namen für Sie wieder um. Unter Unix enthält das Samba-Paket Funktionen zur Namensumwandlung. In Anhang A, *Ressourcen*, finden Sie Informationen, wie Sie Samba beziehen können.

Beim Starten registriert ein Computer mehrere Namen verschiedener Typen. Diese Namen basieren nicht notwendigerweise auf dem Hostnamen der Maschine, sondern werden entsprechend dem Zweck gewählt, für den sie eingesetzt werden. Ein Unique-Name, den Maschinen normalerweise registrieren, ist für den Nachrichtendienst. Dieser Dienst wird benutzt, um Nachrichten zu versenden. Meldet sich der Benutzer an der Konsole an, wird der Nachrichtendienst sowohl unter dem Namen des Benutzers als auch unter dem des Computers registriert. Das ist dazu gedacht, daß Sie eine Nachricht an den Namen eines Benutzers senden können, weil Menschen normalerweise eine Abneigung dagegen haben, sich mit einem Computer zu unterhalten, und es zeigt, daß Net-BT-Namen nicht unbedingt Hostnamen sein müssen. Es kann sich auch um Benutzernamen handeln, wodurch Sie in vielen Fällen herausfinden können, ob eine bestimmte Person auf einem Rechner eingeloggt ist oder nicht.

Ein Rechner registriert außerdem einen Group-Namen für die Arbeitsgruppe oder die Domäne, zu der er gehört. Das macht diesen Rechner jedoch noch nicht zu einem gültigen Mitglied der Domäne. Maschinen können sich als Bestandteil von Domänen anmelden, zu denen sie nicht gehören, ohne daß das irgendwelche Auswirkungen auf die Sicherheit hätte. Für Clients besteht kein Unterschied zwischen der Anmeldung an einer Domäne und einer Arbeitsgruppe. Die Domänen-Controller führen einige zusätzliche Registrierungen durch. Es gibt einen Group-Namen für alle Domänen-Controller und einen Unique-Namen für den primären Domänen-Controller.

Maschinen, die den Windows-Browser-Dienst ausführen, registrieren außerdem eine Reihe spezieller Namen, die dieser Dienst benötigt. Die Anmeldung dieser Namen wird manchmal gesondert behandelt. Weitere Informationen über die betreffenden Namen und ihre Registrierung finden Sie weiter hinten in diesem Kapitel im Abschnitt über den Windows-Browser-Dienst.

Group-Namen können eine große Anzahl Hostnamen enthalten, weshalb sie aufwendig zu verwalten sind. Aus diesem Grund dürfen WINS-Server die Überprüfung von Hosts aus Group-Namen überspringen. Deshalb kann es vorkommen, daß selbst ungültige Group-Namen lange Zeit registriert bleiben.

Funktionsweise des NetBT-Namensdienstes

DNS ist ein simples Frage-und-Antwort-System. Da der NetBT-Namensdienst dynamisch funktioniert, ist er nicht annähernd so einfach. Clients interagieren mit Servern auf verschiedene Weise, um Namen zu registrieren, zu aktualisieren und zu entfernen und um andere Namen abzufragen. Die Einzelheiten dieses Vorgehens sind recht kompliziert, doch trotz der entmutigenden Fülle der Details versuchen wir, einige spezielle Fälle und mögliche Interaktionen vereinfacht darzustellen.

Allgemeine Prinzipien der Arbeitsweise von NetBT

Es gibt einige Verallgemeinerungen über die Funktionsweise des NetBT-Namensdienstes:

- Anfragen können entweder über Broadcast oder Unicast gestellt werden. Die Antwort erfolgt jedoch grundsätzlich als Unicast an die Maschine, die die Anfrage gestellt hat.
- WINS-Server reagieren auf alle Anfragen entweder mit einer positiven oder einer negativen Antwort (in der Praxis erzeugen sie eine Art Zwischenantwort, die *wait acknowledgment* oder WACK genannt wird, wenn die Verarbeitung einer Anfrage eine längere Zeit in Anspruch nimmt). NetBT-Nameserver, die Broadcast-Anfragen verarbeiten, antworten nur, wenn sie die Antwort kennen.
- Clients wiederholen grundsätzlich ihre Anfragen, wenn sie keine Antwort erhalten, selbst dann, wenn es sich bei der Anfrage um einen Broadcast handelt, auf den sie keine Antwort erwarten.

Anmeldung von Namen

Wird ein Client gestartet, registriert er die Namen, auf die er reagieren will. Das beginnt mit einer Anfrage zur Namensanmeldung. Bei Verwendung des NetBT-Namensdienstes wird die Anmeldungsanfrage über Broadcast geschickt, bei WINS direkt an den WINS-Server. In beiden Fällen kann sich herausstellen, daß bereits eine andere Maschine einen der Namen hat, die der Client registrieren wollte. Das löst einen Vorgang zur Beseitigung von Namenskonflikten aus, der später erklärt wird. Ein WINS-Server antwortet immer auf eine solche Anfrage, während ein NetBT-Nameserver nur antwortet, um Anfragen abzulehnen. Wenn der Name noch nicht vergeben war, sendet der Client eine Bekanntmachung an die gleiche Stelle oder die gleichen Stellen wie die vorhergehende Anfrage, in der er mitteilt, daß er nun diesen Namen hat.

Dieses Vorgehen sieht für einen normal eingerichteten Windows NT-Rechner, dem die Adresse eines WINS-Servers bekannt ist und der den noch nicht vergebenen Namen »unique« registrieren möchte, wie folgt aus:

1. Der Rechner sendet für »unique« eine Anmeldungsanfrage an den WINS-Server.
2. Der WINS-Server aktualisiert seine Datenbank und sendet eine Bestätigung, die eine Gültigkeitsdauer (time-to-live oder TTL) enthält.

3. Der Rechner sendet einen Broadcast mit einer Anmeldungsanfrage für »unique« und bekommt keine Antwort.
4. Der Rechner sendet drei weitere Broadcast-Anfragen für »unique«, um sicherzugehen, und erhält auch hierauf keine Antworten.
5. Der Rechner sendet eine Bekanntmachung des Namens an die Broadcast-Adresse.
6. Alle Rechner, die diesen Broadcast erhalten, speichern die Information temporär und überschreiben damit alle früheren Einträge für diesen Namen.

Aktualisierung von Namen

Um die WINS-Server-Datenbanken von veralteten Daten freizuhalten, benutzen die WINS-Server zeitlich beschränkte Registrierungen. Clients müssen eine Anforderung zur Aktualisierung eines Namens senden, bevor die Gültigkeitsdauer abgelaufen ist, die sie bei der Registrierung des Namens erhalten haben. Senden sie keine solche Anforderung, kann der WINS-Server ihren Namen eventuell löschen. Dieser Vorgang ist nicht besonders schnell. Windows NT erzeugt standardmäßig Registrierungen mit einer Gültigkeitsdauer von sechs Tagen, so daß ein Client nach seinem Verschwinden noch bis zu sechs Tage sichtbar sein kann, wenn niemand versucht, den Namen freizugeben oder neu anzumelden.

Clients können aber auch aus anderen Gründen eine Anforderung zur Aktualisierung eines Namens senden, z.B. wenn sich die Konfiguration eines Client ändert, so daß er nun einen WINS-Server verwendet, schickt er eine Anforderung zur Aktualisierung an den WINS-Server.

Namensauflösung

Wenn ein Client einen Namen auf eine IP-Adresse abbilden möchte, sendet er eine Namensanfrage entweder über Broadcast oder an einen WINS-Server. Jeder Rechner, der eine dem Namen entsprechende Abbildung kennt, antwortet mit dieser. Ein WINS-Server antwortet auf eine Anfrage selbst dann, wenn er die Antwort nicht kennt. Stellen Sie sich vor, »unique« möchte mit »stupid« kommunizieren, bei dem es sich um einen fehlerhaft konfigurierten Client im lokalen Netzwerk handelt, der kein WINS benutzt und in letzter Zeit auch nicht neu gestartet wurde. Der Vorgang sieht wie folgt aus:

1. »unique« prüft seinen Cache und kann »stupid« darin nicht finden. Wäre »stupid« vor kurzem hochgefahren worden, hätte das geklappt.
2. »unique« sendet eine Namensanfrage an den WINS-Server.
3. Der WINS-Server liefert eine negative Antwort zurück.
4. »unique« sendet einen Broadcast mit einer Namensanfrage.
5. Alle Rechner, die »stupid« kennen, inklusive »stupid« selbst, und alle Maschinen, die vor kurzem mit »stupid« verbunden waren, senden Antworten zurück. »unique« übernimmt die erste Antwort, die es empfängt.

Freigabe von Namen

Wird ein Client heruntergefahren oder ändert seinen Namen, sendet er für seinen alten Namen eine Freigabeanfrage an den WINS-Server und/oder an die Broadcast-Adresse, um anzuzeigen, daß dieser Name jetzt frei ist. Wie immer antwortet der WINS-Server, während andere Server nur antworten, wenn sie etwas zu sagen haben (in diesem Fall, wenn sie die Freigabe des Namens ablehnen). Ein Client, der versucht, seinen eigenen Namen freizugeben, betrachtet einen Namen dann als freigegeben, wenn er irgendeine Antwort auf seine Anfrage erhält (egal, ob positiv oder negativ). Bekommt er keine Antwort, versucht er es erneut, bevor er fortfährt.

Freigabeanfragen für Namen können auch von anderen Maschinen als dem Client gesendet werden, der den Namen registriert hat. Das ist gedacht, um einer Maschine die Möglichkeit zu geben, ungültige Daten zu korrigieren. Bekommt ein Rechner zwar Antworten vom Server, aber keine von einer bestimmten Adresse, kann er eine Freigabeanfrage für diesen Namen senden. Der WINS-Server führt dann eine Namensabfrage durch, und wenn diese fehlschlägt, wird der Name freigegeben. Andere Server reagieren auf eine Freigabeanforderung mit einer negativen Antwort, wenn es ihr eigener Name ist, sonst gar nicht. Ein Client, der versucht, einen anderen als seinen eigenen Namen freizugeben, achtet auf den Inhalt des Antwortpakets und gibt einen Namen nicht frei, wenn er eine negative Antwort erhält.

Umgang mit Namenskonflikten

Was passiert, wenn ein Rechner versucht, einen Namen als Unique-Namen anzumelden, der bereits verwendet wird, oder wenn er versucht, einen Namen zu aktualisieren, den ein anderer Rechner registriert hat? Benutzt ein Rechner zur Anforderung eines Namens den Broadcast-Mechanismus, reagiert der Rechner, der den Namen bereits angemeldet hat, mit einer negativen Antwort. Rechner, die zwischengespeicherte Daten haben, die zu Konflikten führen können, antworten gar nicht.

Ein WINS-Server hat eine etwas schwierigere Aufgabe. Er kann nicht sicher sein, daß ein vorhandener Eintrag zu einer Maschine gehört, die in Betrieb ist. Es kann sogar sein, daß der vorhandene Eintrag zur gleichen Maschine gehört, die gerade von einem Netzwerk in ein anderes umgesetzt wurde. Deshalb überprüft der WINS-Server den Eintrag auf seine Richtigkeit, indem er eine Namensabfrage an die Adresse stellt, unter der der Name registriert ist. Ist der Rechner immer noch vorhanden, wird er antworten, und der WINS-Server sendet eine negative Antwort auf die neuerliche Anmeldungsanforderung.

An dieser Stelle gilt es, auf eine wichtige Feinheit hinzuweisen. Maschinen, die keine WINS-Server sind, erhalten Namensabfragen normalerweise nur per Broadcast. Für Unicast-Anfragen ist WINS zuständig. Die Namensabfragen, die zur Beseitigung von Konflikten und zur Prüfung von Namensfreigaben Dritter verwendet werden, verwenden jedoch Unicast und müssen auch von Nicht-WINS-Servern beantwortet werden. Maschinen, auf denen kein Nameserver läuft, können sich deshalb nicht gegen die Registrierung widersprüchlicher Namen wehren, auch wenn sie sonst WINS benutzen.

Die Behandlung von Widersprüchen ist ein Fall, bei dem für Group-Namen eine spezielle Ausnahme gilt. Versucht ein Rechner, einen Namen als Unique-Name anzumelden, der bereits als Group-Name existiert, muß der WINS-Server keine Überprüfung vornehmen, ob die Registrierunng noch gültig ist, sondern kann den Anmeldeversuch einfach zurückweisen.

Kommunikation zwischen WINS-Servern

Genau, wie sie Informationen von Clients erhalten, wenn diese gestartet werden, können WINS-Server auch Informationen untereinander austauschen. Dieser Ansatz bietet Redundanz und ermöglicht die Verbreitung von Namensinformationen in großen Netzwerken.

Anders als DNS-Server sind WINS-Server nicht hierarchisch angeordnet und leiten normalerweise Anfragen nicht von einem Server an einen anderen weiter.[6] WINS-Server, die miteinander kommunizieren, versuchen ihre Datenbanken abzugleichen. Das eingesetzte Replikations-Protokoll benutzt verschiedene Tricks, um statt kompletter Datenbanken nur Aktualisierungen übertragen zu müssen. Es gibt jedoch nichts mit den DNS-Zonen Vergleichbares, was eine Aufteilung der Datenbank erlauben würde.

Die Replikation von WINS-Servern ist ein schwieriges Thema, das zahlreiche Möglichkeiten umfaßt, z.B. müssen WINS-Server nicht symmetrisch repliziert werden. Die Einzelheiten würden über den Rahmen dieses Buchs hinausgehen, sie werden jedoch in den meisten Beschreibungen über die Netzwerkverwaltung unter Windows NT behandelt (z.B. in Microsofts *Windows NT Server Networking Guide* von Microsoft Press, das Bestandteil des Windows NT Server Resource Kit ist). Unter den Gesichtspunkten einer Firewall betrachtet, sind die interessanten Punkte an der WINS-Server-Replikation die folgenden:

- WINS-Server kommunizieren miteinander über TCP und benutzen den Port 42.
- WINS-Server versuchen, Partner für die Replikation über Multicast zu finden. Zu diesem Zweck senden sie IGMP-Pakete, um die Multicast-Adressen anzumelden. IGMP wird in Kapitel 22, *Administrative Dienste* behandelt.
- Egal, welche Art der WINS-Replikation Sie einrichten, zwei WINS-Server bauen zur Replikation immer Verbindungen in beide Richtungen auf. Sie können die Replikation nicht so konfigurieren, daß nur einer der beiden Server in der Lage sein muß, eine Verbindung aufzubauen.

WINS-Server können zwar »Push«- und »Pull«-Partner haben, in der Praxis werden die Daten jedoch nur dann übertragen, wenn die empfangende Maschine sie anfordert. Das »Push« bedeutet lediglich, daß ein Server den zweiten darüber informiert, daß er neue Daten hat, die der andere Server dann anfordert.

---

[6] Das Protokoll erlaubt es WINS-Servern, eine Anfrage zu beantworten, indem sie den Client an einen anderen Server verweisen. Diese Möglichkeit scheint jedoch in der Praxis nicht eingesetzt zu werden. Auf jeden Fall gibt es keine direkte Weiterleitung von Anfragen zwischen den Servern.

Standardmäßig senden WINS-Server nur Daten an Rechner, die als Replikationspartner eingestellt sind. Das kann über den WINS-Manager oder die Registry verändert werden. Sie sollten die Voreinstellung beibehalten, um zu verhindern, daß sich Angreifer als Replikationspartner ausgeben und die komplette WINS-Datenbank mit allen Informationen über gültige Host- und Benutzernamen abziehen.

Der WINS-Manager

Es ist möglich, WINS-Server auf anderen Rechnern zu steuern und zu konfigurieren. Das geschieht über den WINS-Manager, der Microsofts RPC-Protokoll verwendet. Die Sicherheitsaspekte von Microsoft RPC werden in Kapitel 14, *Vermittelnde Protokolle*, beschrieben.

Auswirkungen des NetBT-Namensdienstes und von WINS auf die Sicherheit

NetBT-Namensdienst und WINS sind sehr verwundbar und viel vertraulicher als DNS. Sie enthalten wertvolle Informationen für Angreifer, nicht wie DNS nur Daten über Hostnamen, die schon nützlich sind, sondern auch gültige Benutzernamen und Informationen, ob jemand angemeldet ist. Außerdem findet man strukturelle Informationen darüber, welche Maschinen welche Dienste zur Verfügung stellen. Die Informationen geben alle möglichen Anhaltspunkte für spätere Angriffe.

Außerdem verändern diese Dienste ihre Datenbanken anhand von Informationen, die sie von Clients erhalten, und führen andere Aktionen aus, was die Risiken rapide vergrößert. Ein Angreifer, der Pakete an einen WINS-Server senden kann, kann den WINS-Server dazu bringen, daß er Pakete an andere Stellen schickt, so daß er als »Verstärker« zur Verbreitung von Denial-Of-Service-Angriffen und als Gateway dient, durch das diese Angriffe auch Netzwerke erreichen können, die vielleicht nicht direkt durch den Angreifer bedroht sind. Für einen Angreifer ist es auch leicht, den NetBT-Namensdienst und die WINS-Datenbank mit falschen Daten zu verseuchen. Das ist bei DNS relativ schwierig.

Die Protokolle sind komplizierter als DNS. In allen zusätzlichen Protokollschichten und Headern könnten sich während der Implementierung weitere Fehler eingeschlichen, die zu Denial-Of-Service-Angriffen genutzt werden können. Einige derartige Probleme wurden bereits »versehentlich« von Leuten gefunden, die diese Protokolle auf anderen Plattformen implementieren, und sind in aktuellen Versionen beseitigt. Andere lauern vermutlich noch und warten auf Leute mit böswilligen Absichten, denen einfachere Ziele ausgegangen sind.

Und schließlich sind DNS-Server relativ selten. An einem Standort finden sich vielleicht eine Handvoll. NetBT-Nameserver sind überall. Jede Maschine, die den NetBT-Namensdienst nutzt, muß gleichzeitig ein NetBT-Nameserver sein. Für Angreifer, die statt auf Qualität auf Quantität setzen, stellt der NetBT-Namensdienst ein sehr verlockendes Ziel dar. Dieser Dienst enthält reichlich Informationen, Server sind überall vorhanden, und sie nehmen Anfragen und Daten von beliebigen Clients entgegen.

603

Paketfiltereigenschaften des NetBT-Namensdienstes

Der NetBT-Namensdienst benutzt TCP und UDP auf Port 137. Fast der gesamte Datenverkehr des NetBT-Namensdienstes findet über UDP statt. Clients benutzen TCP normalerweise nur, nachdem sie auf eine UDP-Anfrage eine verstümmelte Antwort erhalten haben, weil die richtige Antwort zu lang war, um in ein UDP-Paket zu passen. Die Server beantworten jedoch auch jede Anfrage über TCP. Die Implementierungen von Microsoft verwenden den Port 137 sowohl für Anfragen als auch für Antworten. Einige ältere Versionen senden alle Antworten an den UDP-Port 137, unabhängig davon, von welchem Port die Anfrage ausging. Angesichts der Tatsache, daß die meisten Anfragen per UDP erfolgen und beide Seiten der Verbindung Port 137 benutzen, ist es ganz unmöglich, den Dienst auf eine einzige Richtung zu beschränken. (Da zur Auflösung von Konflikten Anfragen vom Server ausgehen, wäre das sowieso wenig hilfreich.)

Clients, die kein WINS benutzen, senden ihre Anfragen an die Broadcast-Adresse. Die Antworten erfolgen über Unicast, genau wie das bei WINS-Anfragen der Fall ist. WINS-Server versuchen, Kontakt zu Replikations-Partnern über Multicast herzustellen, und benutzen hierfür IGMP-Pakete (Einzelheiten zur Filterung von IGMP finden Sie in Kapitel 22, *Administrative Dienste*). Die WINS-Replikation verwendet den TCP-Port 42.

Richtung	Quelladresse	Zieladresse	Protokoll	Quellport	Zielport	ACK gesetzt	Anmerkungen
eingehend	extern	Broadcast	UDP	137, >1023	137	a	Eingehende Anfrage an den NetBT-Namensdienst über UDP, Client an Server
eingehend	extern	intern	UDP	137, >1023	137	a	Eingehende WINS-Anfrage über UDP, Client an Server
ausgehend	intern	extern	UDP	137	137, >1023	a	Antwort auf eingegangene UDP-Anfragen, Server an Client
eingehend	extern	intern	TCP	137, >1023	137	b	Eingehende Anfrage über TCP, Client zum Server
ausgehend	intern	extern	TCP	137	137, >1023	ja	Antwort auf eingegangene TCP-Anfragen, Server an Client
ausgehend	intern	Broadcast	UDP	137, >1023	137	a	Ausgehende Anfrage an den NetBT-Namensdienst über UDP
ausgehend	intern	extern	UDP	137, >1023	137	a	Ausgehende WINS-Anfrage über UDP
eingehend	extern	intern	UDP	137	137, >1023	a	Antwort auf ausgegangene UDP-Anfrage
ausgehend	intern	extern	TCP	137, >1023	137	b	Ausgehende Anfrage über TCP, Client zum Server
eingehend	extern	intern	TCP	137	137, >1023	ja	Antwort auf ausgegangene TCP-Anfrage, Server an Client
ausgehend	intern	extern	TCP	>1023	42	b	Replikationsanfrage eines internen WINS-Servers an einen externen Server

NetBIOS für TCP/IP-Namensdienste und den Windows Internet Name Service

Richtung	Quell-adresse	Ziel-adresse	Protokoll	Quell-port	Ziel-port	ACK gesetzt	Anmerkungen
eingehend	extern	intern	TCP	42	>1023	ja	Antwort auf Replikationsanfrage eines WINS-Servers
eingehend	extern	intern	TCP	>1023	42	b	Replikationsanfrage eines externen WINS-Servers an einen internen Server
ausgehend	intern	extern	TCP	42	>1023	ja	Antwort auf Replikationsanfrage eines WINS-Servers

a. Bei UDP-Paketen gibt es kein ACK-Flag.
b. ACK wird beim ersten Paket dieses Types nicht gesetzt (Aufbau der Verbindung), wird jedoch bei den restlichen gesetzt.

Proxy-Eigenschaften des NetBT-Namensdienstes und von WINS

Microsoft bietet einen sogenannten *WINS-Proxy-Dienst* an. Es wandelt die Broadcast-Anfragen für die Auflösung von NetBIOS-Namen in WINS-Anfragen um, so daß auch Nicht-WINS-Clients WINS-Server benutzen können. Das ist eine Art Proxy-System, obwohl es gleichzeitig das verwendete Protokoll austauscht.

Es wäre gut möglich, auch herkömmlichere Firewall-Proxy-Techniken für WINS einzusetzen, doch es scheint keine Implementierungen dafür zu geben.

Network-Address-Translation-Eigenschaften des NetBT-Namensdienstes und von WINS

Da diese Protokolle dafür gedacht sind, die Abbildung von Namen auf IP-Adressen zu verwalten, transportieren sie häufig eingebettete IP-Adressen. Außerdem befinden sich diese Adressen oft tief im Datenbereich der Pakete (nicht einfach im NetBT-Ziel-Header wie bei anderen NetBT-basierten Protokollen). Ein NAT-System müßte die Einzelheiten des Protokolls kennen, um die eingebetteten Adressen erfolgreich anzupassen. Auf jeden Fall können Sie durch den Einsatz eines NAT-Systems keine Adressen aus dem verfügbaren Adreßbereich einsparen, da alle Rechner versuchen werden, ihre Namen und Adressen zu registrieren.

Zusammenfassung der Empfehlungen für NetBT-Namensdienst und WINS

- Verhindern Sie WINS-Anfragen und Server-Replikation über Ihre Firewall hinweg.
- Wenn Bastion-Hosts so eingestellt sind, daß sie nicht auf Namensanfragen reagieren, können sie sich nicht gegen die Übernahme ihres Namens per NetBT wehren. Tragen Sie solche Maschinen entweder statisch in die WINS-Server ein, oder greifen Sie über 16 Zeichen lange Namen auf sie zu, die nicht per NetBT aufgelöst werden können. Weitere Informationen finden Sie in Kapitel 10, *Bastion-Hosts*.

Der Windows-Browser

Die Informationen, die Windows-Rechner in Ihrer Netzwerkumgebung und an anderen Stellen darstellen, an denen Sie einen Computer aus einer Liste auswählen können, stammen von einem Server, der als Windows-Browser oder Computer-Suchdienst bezeichnet wird. Es handelt sich um einen anderen Dienst als die Namensauflösung. Allerdings ist er nicht nur von ihr abhängig, sondern sogar eng mit ihr verbunden. Vor allem benutzen Maschinen besondere Namen, um die Browser-Server aufzufinden, und diese Namen werden manchmal besonders registriert und aufgelöst. Der Browser-Dienst ist für die meisten seltsamen Broadcast-Nachrichten an Port 138 verantwortlich, die Sie in Windows-Netzwerken beobachten können, genau wie für einen erheblichen Teil der Kopfschmerzen, an denen Windows-Systemverwalter leiden. Diese Kopfschmerzen werden noch durch die Tatsache verstärkt, daß nur wenige genau wissen, welche Aufgabe der Browser-Dienst überhaupt hat, geschweige denn, wie er funktioniert.

Der Browser-Dienst ist ausschließlich dafür verantwortlich, Listen von Computern zu verwalten, aus denen sich Benutzer Rechner aussuchen können, ohne den Namen des Computers eingeben zu müssen. Der Browser enthält nicht die tatsächlich auf einem Rechner vorhandenen Ressourcen. Er ist weder Bestandteil von WINS noch mit WINS vergleichbar. Außerdem ist der Browser nicht an der direkten Kommunikation zwischen Servern und Clients beteiligt. Es ist nicht ungewöhnlich, daß der Browser eine Maschine zwar als vorhanden kennzeichnet, auf diese jedoch nicht zugegriffen werden kann. Das ist kein Browser-Problem. Kann jedoch auf eine Maschine zugegriffen werden, diese wird aber nicht im Browser angezeigt, dann ist das zwar ein Browser-Problem, aber nicht verwunderlich.

Ursprünglich war der Windows-Browser-Dienst vollständig Broadcast-basiert. Später wurden eine Reihe komplizierter Veränderungen vorgenommen, damit der Dienst auch über Router hinweg funktioniert. Das soll theoretisch dafür sorgen, daß sich die Browser-Informationen mit der Zeit stabilisieren und im gesamten Netzwerk verteilen, wenn das Netz lange genug unverändert bleibt und ausreichend Windows NT-Maschinen vorhanden sind. In einem komplexen Netzwerk nimmt dieser Vorgang erhebliche Zeit in Anspruch, und in der Praxis dauert er oft länger als die durchschnittliche Zeit zwischen Veränderungen am Netzwerk.

Domänen und Arbeitsgruppen

In einem Windows-Netzwerk muß jede Maschine Mitglied einer Domäne oder einer Arbeitsgruppe sein. Eine *Arbeitsgruppe* ist einfach eine Gruppe von Maschinen, die sich dieselbe Arbeitsgruppenanmeldung teilen. Es gibt keine Kontrolle darüber, welche Rechner Mitglieder in einer Arbeitsgruppe sein dürfen. Mitglied in einer Arbeitsgruppe zu sein ist vergleichbar mit einem Sport-Fan. Wenn Sie sagen, Sie gehören dazu, dann ist das auch so.

Eine *Domäne* ist eine Verwaltungseinheit mit einer zentralen Informationsquelle, dem Domänen-Controller. Mitglied in einer Domäne zu werden ist wie das Eintreten in einen exklusiven Club. Sie müssen durch die Verantwortlichen bestätigt werden. Leider besteht die Möglichkeit, eine Arbeitsgruppe einzurichten, die denselben Namen wie eine Domäne hat.

Der Browser-Dienst wurde entwickelt, bevor es Domänen gab. Das Resultat ist, daß er den Unterschied zwischen Arbeitsgruppen und Domänen nicht kennt. Er behandelt sie gleich und nimmt an, daß es sich bei beiden um Domänen handelt. Deshalb bezeichnet er beide nicht nur als Domänen, sondern geht auch davon aus, daß jede Gruppe von Workstations, die er kennt, über einen erreichbaren Domänen-Controller verfügt.

Die Spielarten des Windows-Browsers

Ein Browser-Server enthält Informationen über eine einzige Domäne. Diese erhält er, indem er die Anmelde-Broadcasts abhört, die Maschinen während des Hochfahrens senden. Da der Browser hauptsächlich auf Broadcasts basiert, betreffen viele Vorgänge des Browsers eine Gruppe von Maschinen, die per Broadcast erreichbar sind. Aus Gründen der Bequemlichkeit nennen wir diese Gruppe von Maschinen einmal *Subnetz*, obwohl es sich je nach der von Ihnen gewählten Konfiguration nicht um ein Subnetz im eigentlichen Sinne handelt.

Die meisten Rechner, die Browser-Dienste kennen, können selbst Browser-Server sein, und es ist vollkommen legitim, daß mehrere Maschinen im gleichen Subnetz Browser-Server für die gleiche Domäne oder Arbeitsgruppe sind. Diese Rechner benutzen Broadcasts, um einen Master-Browser zu wählen. Es wird pro Subnetz immer genau einen Master-Browser für jede Domäne und jede Arbeitsgruppe geben. In einem einzigen Subnetz kann es mehrere Master-Browser für verschiedene Domänen oder Arbeitsgruppen geben, und jede Domäne oder Arbeitsgruppe kann mehrere Master-Browser in verschiedenen Subnetzen haben. Abbildung 20-7 zeigt ein Netzwerk mit mehreren Subnetzen, mehreren Domänen und der daraus resultierenden Browser-Konfiguration.

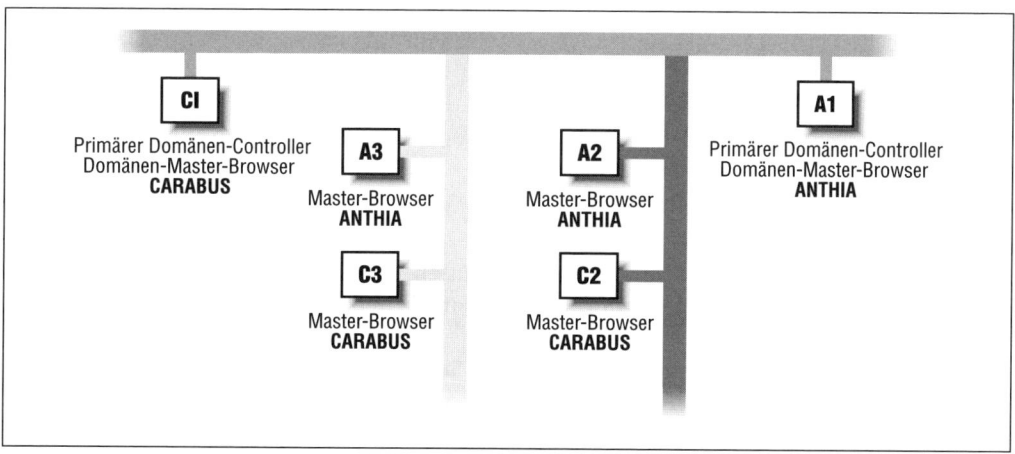

Abbildung 20-7: Master-Browser in einem Netzwerk mit mehreren Domänen und mehreren Subnetzen

Im allgemeinen kümmern sich Benutzer nicht um die Grenzen von Subnetzen. Sie wollen alle Maschinen einer Domäne oder Arbeitsgruppe sehen, egal, in welchem Subnetz sie sich befinden. Da Browser-Server Daten per Broadcast zusammentragen, muß es einen Mechanismus geben, mit dem Master-Browser in verschiedenen Subnetzen ihre Informationen abgleichen können. In einer Arbeitsgruppen-Umgebung ist das einfach nicht möglich. Arbeitsgruppen haben keine zentralistische Struktur. In einer Domänen-Umgebung gibt es jedoch eine zentrale Informationsquelle (den Domänen-Controller), und alle Master-Browser einer Domäne gleichen ihre Daten mit dieser ab. Der zentrale Browser-Server auf dem Domänen-Controller heißt *Domänen-Master-Browser*.

Zur Einleitung einer Kommunikation mit einzelnen Rechnern benutzen die Browser-Server nicht deren normalen Namen. Statt dessen senden die Browser Broadcast-Pakete oder Unicast-Pakete an spezielle Hostnamen. Die Browser müssen nicht wissen, wie sie andere Server finden. Sie senden einfach Pakete an den Namen, den ein Server benutzen würde, wenn er vorhanden wäre. Ist kein Server da, schlägt bei Unicast-Paketen die Namensauflösung fehl und bei Broadcast-Paketen wird der Broadcast ignoriert. Der Browser vereinfacht die Dinge noch weiter, indem er für die meisten Group-Namen nicht einmal versucht, diese aufzulösen, und einfach Broadcasts sendet, in denen der NetBIOS-Ziel-Name gesetzt ist. Rechner, die nicht zur entsprechenden Gruppe gehören, ignorieren die Broadcasts.

Die folgenden Abschnitte beschreiben die Spielarten des Browsers und die mit ihnen verbundenen Namen.

Domänen-Master-Browser

Der Domänen-Master-Browser meldet einen Unique-Namen mit dem Namen der Domäne und dem Typ 1B an. Er ist immer der primäre Domänen-Controller. Aus diesem Grund registriert er außerdem einen Group-Namen mit dem Namen der Domäne und dem Typ 1C. Neben diesen Anmeldungen führt der Domänen-Master-Browser keine weiteren speziellen Aktionen durch. Andere Master-Browser bauen Verbindungen zu ihm auf, um sich zu synchronisieren. (Das trifft unabhängig davon zu, ob er tatsächlich ein Domänen-Master-Browser ist, weil der Browser annimmt, daß alles eine Domäne ist. Gibt es keinen Domänen-Master-Browser, verursacht die Namensauflösung beachtlichen Netzverkehr, wenn die Master-Browser versuchen, die 1B- und 1C-Namen aufzulösen.)

Master-Browser

Ein Master-Browser registriert einen Unique-Namen mit dem Namen der Domäne und dem Typ 1D. Das stellt ein Problem für WINS dar, da WINS mehrere Subnetze bedient. Es ist zulässig, daß mehr als ein Master-Browser existiert, solange sie sich in verschiedenen Subnetzen befinden. Kommunizieren alle Master-Browser jedoch mit ein und demselben WINS-Server, wird es ihnen nicht gelingen, den Namen als Unique-Namen anzumelden. Deshalb behandelt WINS den Typ 1D gesondert. WINS-Server geben bei jedem Versuch, einen Unique-Namen mit dem Typ 1D anzumelden, eine Erfolgsnachricht zurück. Außerdem schlagen alle Namensanfragen nach einem solchen fehl. Damit kann der Broadcast-basierte NetBT-Namensdienst dafür sorgen, daß es jeweils nur einen Master-Browser pro Domäne in jedem Subnetz gibt. Die Namensauflösung für die Master-Browser erfolgt ebenfalls durch den NetBT-Namensdienst.

Jeder Master-Browser meldet auch den Group-Namen _MSBROWSE_ an, der dazu dient, Informationen zwischen Master-Browsern auszutauschen, damit jeder von ihnen eine vollständige Liste verfügbarer Domänen und Arbeitsgruppen hat.

Master-Browser sammeln Informationen über Broadcast, um eine Liste aller Rechner zusammenzustellen, die der Domäne oder Arbeitsgruppe angehören, für die sie zuständig sind. Außerdem bauen sie eine Liste verfügbarer Domänen und Arbeitsgruppen und ihrer Master-Browser auf.

Master-Browser benutzen vier Arten der Kommunikation:

- Sie senden ihre Listen über Rechner und Domänen per Broadcast an die Backup-Browser. Dazu verwenden sie eine Gruppe mit dem Namen der Domäne und dem Typ 1E.
- Sie senden ihren eigenen Namen und den Namen ihrer Domäne per Broadcast an andere Master-Browser. Dazu verwenden sie die Gruppe _MSBROWSE_.
- Sie gleichen ihre Listen mit Rechnern und Domänen mit ihrem Domänen-Master-Browser ab. Dazu verwenden sie den Unique-Namen ihrer Domäne und den Typ 1B. Schlägt dies fehl, verwenden sie den Group-Namen ihrer Domäne und den Typ 1C.
- Sie teilen Maschinen, die potentielle Browser sind, mit, daß sie Backup-Browser werden sollen. Dazu verwenden sie ein IP-Unicast-Paket, das jedoch ein NetBT-Ziel mit dem Group-Namen der Domäne und den Typ 1E hat.

Außerdem erhalten Master-Browser Anfragen von Clients und antworten mit einer Liste, die die Backup-Browser enthält.

Backup-Browser

Backup-Browser haben zwei Funktionen: Sie nehmen Anfragen von Clients entgegen und geben die entsprechenden Informationen zurück. Außerdem beteiligen sie sich an den Wahlen zum Master-Browser. Backup-Browser melden einen Group-Namen mit dem Namen der Domäne und dem Typ 1E an.

Potentielle Browser

Potentielle Browser registrieren einen Group-Namen mit dem Namen der Domäne und dem Typ 1E. Sie nehmen an Wahlen teil, haben jedoch sonst keine weiteren Aufgaben, bis sie zum Backup-Browser ernannt werden.

Durchsuchbarer Server

Jede Maschine, die Dienste hat, die im Browser erscheinen sollen, sendet alle zwölf Minuten eine Bekanntmachung an eine Gruppe mit dem Namen der Domäne und dem Typ 1D.

Browser-Client

Ein Client der Domäne »netherworld«, der eine Suchliste der Domäne »limbo« haben möchte, führt folgende Schritte aus:

1. Er sendet die Anfrage GetBackupListRequest als NetBT-Nachricht an den UDP-Port 138 des speziellen Unique-Namens »netherworld<1d>«. Die Anfrage erfolgt über IP-Broadcast und wird nur vom lokalen Master-Browser verarbeitet.

2. Er sendet die Anfrage GetBackupListRequest an den Unique-Namen »netherworld<1b>«. Die Anfrage erfolgt über IP-Unicast, da es sich um einen Unique-Namen handelt. Ihr Ziel ist der Domänen-Master-Browser, der gleichzeitig der primäre Domänen-Controller ist.

3. Er bekommt zwei Listen mit den Hostnamen von Servern zurück.

4. Er wählt drei der Server von den erhaltenen Browser-Listen aus und speichert sie für die zukünftige Benutzung.

5. Er befragt einen dieser drei Server nach einer Liste mit Domänen oder Arbeitsgruppen. Wenn ihn diese Liste erreicht, enthält sie eine Übersicht über Domänen und Arbeitsgruppen mit den jeweiligen Master-Browsern. Bei dieser Kommunikation handelt es sich um eine NetBT-Sitzung über den TCP-Port 139.

6. Er sendet eine Namensabfrage nach »limbo<1d>« über Broadcast an UDP-Port 137 (NetBT-Namensdienst). Dabei handelt es sich um eine spezielle Anfrage, die auch dann über Broadcast durchgeführt wird, wenn die Maschine ansonsten versucht, WINS zu verwenden, bevor sie Broadcast benutzt.

7. War Schritt 6 erfolgreich, sendet der Client eine Anfrage nach einer Liste mit Mitgliedern an die Maschine »limbo<1d>«. Auch bei dieser Kommunikation handelt es sich um eine NetBT-Sitzung über den TCP-Port 139.

8. Gab es auf die vorhergehende Anfrage keine Antwort, ermittelt der Client die Adresse des Rechners, der in der Liste als Master-Browser für die Domäne »limbo« aufgeführt ist, über den Standardmechanismus zur Auflösung von Hostnamen, baut eine Verbindung für eine NetBT-Sitzung zu ihm auf und ruft die Mitgliedsliste der Domäne ab.

Hätte der Client eine Liste mit Mitgliedern seiner eigenen Gruppe haben wollen, hätte er die Anfrage in Schritt 5 gestellt. Bekommt er keine Antwort auf die einleitenden GetBackupList-Anfragen, werden beide Anfragen bis zu dreimal wiederholt. Erhält er weiterhin keine Antwort, löst der Client eine Wahl aus. Der Client löst nur dann eine Wahl aus, wenn beide GetBackupList-Anfragen fehlschlagen.

Browser-Wahlen

Die Wahlen gehören zu den am besten beschriebenen Vorgängen des Browser-Protokolls. Die Einzelheiten, wie sie funktionieren, finden Sie in fast jedem Buch über Microsoft-Netzwerke (z.B. in Microsofts Buch *Windows NT Server Networking Guide,* das wir bereits weiter oben erwähnt haben). Vereinfacht verläuft dieser Vorgang wie folgt: Die Maschine, die eine Wahl auslösen möchte, sendet ein Paket an die IP-Broadcast-Adresse, wobei die Gruppe mit dem Namen der Domäne als NetBT-Ziel angegeben und der Typ auf 1E gesetzt wird. Dieses Paket enthält mehrere Parameter, die die Eignung der Maschine angeben, selbst Master-Browser zu werden. Jeder Browser, der das Paket erhält, vergleicht diese Parameter mit seinen eigenen und sendet selbst ein Wahl-Paket mit seinen Eigenschaften, wenn er qualifizierter ist. Bekommt eine Maschine auf ein gesendetes Wahl-Paket keine Antwort, versucht sie es noch dreimal zu senden. Nachdem ein Rechner vier Wahl-Pakete verschickt hat, ohne darauf eine Antwort zu erhalten, hält er sich für gewählt und sendet eine Bekanntmachung, in der er sich zum Master-Browser erklärt.

Da Master-Browser großen Einfluß auf die Geschwindigkeit des Browser-Dienstes haben, wurden die Wahlen so entworfen, daß stabilere Maschinen im Vorteil sind. Zu den Qualifikationen, die bei den Wahlen berücksichtigt werden, zählt ein Parameter, der von der Version des Betriebssystems abhängt (Windows NT-Server ist besser als Windows NT-Workstation, was wiederum besser ist als Windows 95), ein Parameter, der Browser-abhängig ist (betrachten Sie ihn als Wert, wie sehr die Maschine gewinnen will), und ein Parameter, der von der Zeit bestimmt wird, die eine Maschine bereits in Betrieb ist (längere Uptime gewinnt). Die Bekanntmachung des Master-Browsers enthält einige dieser Informationen (vor allem den Typ des Betriebssystems und die Browser-abhängigen Daten).

Es gibt zwei Situationen, in denen Maschinen beschließen, eine Wahl auszulösen:

- Ein Client löst eine Wahl aus, wenn er erfolglos versucht, einen Master-Browser zu finden. In diesem Fall sendet er ein Wahl-Paket, das garantiert verliert, da alle Parameter auf Null gesetzt sind. Das wird *Election-Force* genannt. Ist ein Client ein potentieller Browser-Server, sendet er sein echtes Wahl-Paket erst aus, wenn er entweder eines von einem weniger qualifizierten Kandidaten erhält oder auf wiederholte Election-Force-Versuche keine Antwort bekommt.

- Ein Browser-Server veranlaßt eine Wahl, wenn er eine Master-Server-Bekanntmachung einer weniger qualifizierten Maschine erhält. Wahlen werden normalerweise nur ausgelöst, wenn eine qualifiziertere Maschine in einem Netzwerk hochgefahren wird (z.B. wenn ein Windows NT-Server in ein Netzwerk mit Maschinen integriert wird). Sie können jedoch auch beobachten, daß weniger qualifizierte Maschinen gestartet werden und sofort behaupten, Master-Browser zu sein. Das löst auch in ansonsten stabilen Netzwerken Wahlen aus.

Einflüsse des Windows-Browsers auf die Sicherheit

Offensichtlich verteilt der Windows-Browser-Dienst sicherheitsrelevante Informationen (gültige Rechnernamen). Weniger offensichtlich ist, daß er viel weniger Einfluß auf die Sicherheit hat, als das bei WINS der Fall ist. Der Browser bietet Informationen im Gegensatz zu WINS gebündelt an. Jedoch handelt es sich nur um Informationen zu Rechnernamen, während WINS entschieden vertraulichere Informationen über gültige Benutzernamen und aktuelle Logins enthält. Verschiedene Arten von Denial-Of-Service-Attacken und das Überfluten eines Netzes mit Informationen lassen sich mit Hilfe des Browsers durchführen. Anders als ein WINS-Server bietet ein Browser jedoch keine Möglichkeit, die zuläßt, daß er als Verstärker oder als Zugang in ein anderes Netzwerk genutzt werden kann, über den ein Angriff auch auf Netze ausgeweitet werden kann, zu denen ein Angreifer keine direkte Verbindung hat. Sie können fehlerhafte Informationen über den Browser verteilen. Das ist jedoch nur verwirrend und ansonsten ungefährlich. Solange die Informationen nicht auch in den NetBT-Namensdienst gelangen, schlagen die Verbindungen einfach fehl.

Diese Betrachtung ist jedoch sehr theoretisch, denn bevor der Windows-Browser-Dienst funktioniert, muß zuächst NetBT vollständig funktionieren. Sie können den relativ sicheren Windows-Browser-Dienst nicht ohne den sehr unsicheren NetBT-Namensdienst betreiben. Wenn Sie NetBT vollständig zulassen, verursacht das Hinzufügen des Windows-Browsers nur eine geringfügige Verminderung der Sicherheit. (Im Gegensatz zum Sicherheitsaspekt raten wir aus rein praktischen Gesichtspunkten vom Einsatz des Windows-Browsers ab. Während das Sicherheitsproblem gering ist, ist das Problem der Verwaltung gewaltig. In komplexen Netzwerken funktioniert der Browser eigentlich nie so richtig oder auch nur vorhersehbar.)

Paketfiltereigenschaften des Windows-Browsers

Der Windows-Browser ist abhängig vom NetBT-Namensdienst auf Port 137 (UDP und TCP, Broadcast und Unicast), vom NetBT-Datagrammdienst auf Port 138 (UDP, Broadcast und Unicast) und vom NetBT-Session-Dienst auf Port 139 (TCP, nur Unicast). Die Paketfiltereigenschaften des NetBT-Session- und -Datagrammdienstes werden in Kapitel 14, *Vermittelnde Protokolle*, besprochen. Der NetBT-Namensdienst wurde weiter oben in diesem Kapitel behandelt.

Proxy-Eigenschaften des Windows-Browsers

Da der Browser stark auf Broadcasts basiert, funktioniert er nicht in Verbindung mit normalen Proxy-Systemen. Es ist zwar möglich, Router so einzustellen, daß sie Broadcasts weiterleiten, aber das ist für die Browser wegen des hohen Datenaufkommens und der Vielzahl verwendeter Ports nicht besonders effektiv.

Network-Address-Translation-Eigenschaften des Windows-Browsers

Browser benutzen nicht nur NetBT, das eingebettete IP-Adressen enthält, sondern benötigen auch eine Viele-zu-Viele-Kommunikation per Broadcast. Das sind für die Verwendung eines NAT-Systems schlechte Voraussetzungen. Durch NAT sind auch keine Einsparungen im Adreßraum möglich, da alle Hosts untereinander kommunizieren müssen. Außerdem verwendet der Browser-Dienst in einigen Situationen die eingebetteten IP-Adressen im Gegensatz zu anderen NetBT-basierten Protokollen. Diese IP-Adressen müssen korrekt sein.

Zusammenfassung der Empfehlungen für den Windows-Browser-Dienst

- Verhindern Sie jeden Zugriff auf den Windows-Browser-Dienst über Ihre Firewall hinweg.

Lightweight Directory Access Protocol (LDAP)

Das Lightweight Directory Access Protocol (LDAP) wird verwendet, um Verzeichnisdatenbanken zu verwalten. Es wird zum Beispiel häufig zur Verteilung von Zertifikaten öffentlicher Schlüssel, von Adreßbuchinformationen und zur Benutzerauthentifizierung benutzt. Es wird selten direkt von Benutzern eingesetzt. Es ist ein Hilfsprotokoll, das andere Programme benutzen, um Informationen abzufragen.

LDAP selbst wird als relativ sicheres Protokoll angesehen. Trotzdem enthalten LDAP-Server häufig sicherheitskritische Daten, z.B. Authentifizierungsinformationen, denen ein Angreifer bestenfalls nur gültige Zugangskennungen entnehmen kann, im schlimmsten Fall sind jedoch die dazugehörenden Paßwörter enthalten, mit denen der Angreifer die Zugangskennungen benutzen kann. Daher sollten Sie normalerweise dafür sorgen, daß auf interne LDAP-Server nicht vom Internet aus zugegriffen werden kann. LDAP-Server verteilen Informationen unverschlüsselt, so daß ein Abhören möglich ist.

LDAPS

Um Sicherheit zu gewährleisten, kann LDAP auch über TLS verwendet werden, was sowohl eine Verschlüsselung als auch die Authentifizierung des Client ermöglicht. Dem sogenannten LDAPS-Protokoll wurde der Port 636 zugewiesen. TLS wird im Kapitel 14, *Vermittelnde Protokolle*, behandelt.

Paketfiltereigenschaften von LDAP

LDAP ist ein TCP-basierter Dienst. Die Server verwenden den Port 389 (oder den Port 636 für LDAPS). Client verwenden einen Port über 1023. Windows 2000 Active Directory Service benutzt einen eigenen Server, den Global Catalog Server, der zwar auch LDAP einsetzt, aber auf Port 3268 den ungesicherten und auf Port 3269 den SSL-gesicherten Zugriff anbietet.

Richtung	Quell-adresse	Ziel-adresse	Protokoll	Quell-port	Ziel-port	ACK gesetzt	Anmerkungen
eingehend	extern	intern	TCP	>1023	389[a]	[b]	Anfrage, externer LDAP-Client an internen Server
ausgehend	intern	extern	TCP	389[a]	>1023	ja	Antwort, interner Server an externen LDAP-Client
eingehend	extern	intern	TCP	>1023	636[c]	[b]	Anfrage, externer LDAPS-Client an internen Server
ausgehend	intern	extern	TCP	636[c]	>1023	ja	Antwort, interner Server an externen LDAPS-Client
ausgehend	intern	extern	TCP	>1023	389[a]	[b]	Anfrage, interner LDAP-Client an externen Server
eingehend	extern	intern	TCP	389[a]	>1023	ja	Antwort, externer Server an internen LDAP-Client
ausgehend	intern	extern	TCP	>1023	636[c]	[b]	Anfrage, interner LDAPS-Client an externen Server
eingehend	extern	intern	TCP	636[c]	>1023	ja	Antwort, externer Server an internen LDAPS-Client

a. 3268 für den Global Catalog des Active Directory-Dienstes.
b. ACK wird beim ersten Paket dieses Typs nicht gesetzt (Aufbau der Verbindung), wird jedoch bei den restlichen gesetzt.
c. 3269 für den Global Catalog des Active Directory-Dienstes.

Proxy-Eigenschaften von LDAP

Es gibt sehr viele Programme, die behaupten, sie seien LDAP-Proxies. Sie sind jedoch nicht alle die Art von Proxies, an die Sie im Zusammenhang mit Firewalls denken. Viele von ihnen nehmen LDAP-Anfragen entgegen und wandeln sie in Anfragen an andere Verzeichnisdienste um. In diesen Fällen wird LDAP entweder verwendet, um eine einheitliche Sicht auf komplexe Informationssysteme zu schaffen oder um einen Übergangsdienst bereitzustellen. Einige Proxies bieten zusätzliche Sicherheit, so daß Sie denselben LDAP-Server sowohl intern als auch extern zur Verfügung stellen können, indem die externen Benutzer den Proxy benutzen.

Erstaunlicherweise benutzt Netscapes Web-Browser kein SOCKS, wenn er eine Verbindung zu einem LDAP-Server herstellt. LDAP ist ein absolut einfaches Protokoll, das ohne Probleme zusammen mit SOCKS eingesetzt werden kann.

Network-Address-Translation-Eigenschaften von LDAP

LDAP benutzt keine eingebetteten IP-Adressen und funktioniert ohne Probleme über ein NAT-System. Jedoch ist es möglich, daß LDAP-Server Clients die Empfehlung geben, sich an andere LDAP-Server zu wenden, und diese Verweise können IP-Adressen beinhalten. Wenn Sie einen LDAP-Server hinter einem NAT-System betreiben wollen, sollten Sie darauf achten, daß Sie den Server nicht so einrichten, daß er Clients an Adressen verweist, auf die sie unmöglich zugreifen können.

Zusammenfassung der Empfehlungen zu LDAP

- Wenn Sie LDAP im Internet anbieten wollen, sollten Sie dafür einen eigenen LDAP-Server verwenden, der keine vertraulichen Informationen enthält, oder einen Proxy einsetzen, der den Zugriff auf die Daten steuert.

Active Directory

Active Directory ist der Verzeichnisdienst, den Windows 2000 einsetzt. Windows 2000 verwendet für normale Belange DNS (z.B. um Hostnamen in IP-Adressen zu übersetzen) und Active Directory für Windows 2000-eigene Informationen über Domänenobjekte (z.B. Informationen über Benutzerzugänge). Das kann verwirrend sein, weil Windows 2000 verlangt, daß die DNS-Struktur und die Struktur des Active Directory dieselben Namen verwenden. Ein Rechner, der Teil einer Windows 2000-Domäne ist, muß einen Eintrag im DNS besitzen, der ihm eine IP-Adresse zuweist und einen Eintrag im Active Directory, der die Informationen zur Authentifizierung aufnimmt, mit der sich der Rechner an der Domäne anmeldet. Diese beiden Einträge haben normalerweise denselben Namen.

Active Directory verwendet sowohl DNS als auch LDAP, um mit Clients zu kommunizieren. Clients benutzen DNS, um die Active Directory-Server zu finden, und LDAP, um diese Server abzufragen. (Wie bereits erwähnt, kann DNS entweder ein eigenständiger Server sein oder in Active Directory integriert werden.) Außerdem führt Active Directory eine Authentifizierung über Kerberos durch (z.B. um Clients zu authentifizieren, bevor dynamische Aktualisierungen vorgenommen werden).

Um Daten zwischen Servern zu verteilen, kann Active Directory entweder RPC oder SMTP benutzen. RPC wird standardmäßig für die gesamte Kommunikation innerhalb eines einzelnen Standortes verwendet. SMTP darf nur zwischen verschiedenen Standorten eingesetzt werden (das hat teilweise den Grund, daß SMTP in Situationen nicht zulässig ist, in denen beide Server die gleichen Informationen verändern können; erfolgen Aktualisierungen zwischen verschiedenen Standorten, gehören alle Informationen einem der beiden Kommunikationspartner, während bei Aktualisierungen innerhalb eines Standortes die Informationen normalerweise von jeder der beiden Maschinen verändert werden können). Unabhängig vom Verfahren, das zur Verteilung von Informationen eingesetzt wird, muß jeder Server auf die Zertifizierungsinformationen des jeweiligen Kommunikationspartners zugreifen können, um Daten auszutauschen, da das in verschlüsselter Form geschieht.

Active Directory benutzt normale E-Mail-Nachrichten, um Daten per SMTP zu übertragen. Es besteht keine Notwendigkeit, daß die replizierenden Server direkt miteinander kommunizieren. Die Nachrichten können wie alle anderen auch geroutet werden. SMTP ist nicht gerade eine besonders effiziente oder schnelle Methode, Daten auszutauschen, aber sie ist extrem flexibel, und es ist einfacher, sie geschützt durch eine Firewall anzubieten als RPC. Active Directory versucht, die Effizienz von Verbindungen zwischen Standorten zu maximieren (egal, welche Transportmethode benutzt wird), indem nur Änderungen übermittelt und diese komprimiert werden.

Die Eigenschaften von DNS und LDAP in bezug auf Firewalls wurden weiter vorn in diesem Kapitel erläutert. Kerberos wird in Kapitel 21, *Authentifizierungs- und Auditing-Dienste*, RPC in Kapitel 14, *Vermittelnde Protokolle*, und SMTP in Kapitel 16, *Elektronische Post und News*, beschrieben.

Suchdienste

Die Dienste *finger* und *whois* sind stark spezialisierte Arten von Verzeichnisdiensten. Sie suchen Informationen über Benutzer und Standorte im Internet und geben sie in lesbarer Form zurück. Heutzutage werden sie nur noch selten verwendet.

finger

Der Dienst *finger* sucht Informationen über Benutzer. Dazu gehören unter anderem der echte Name der Person, ihre Benutzerkennung und Angaben darüber, wann und von wo aus sie zuletzt eingeloggt war. *finger* kann auch eine Liste aller Benutzer ausgeben, die auf einem Rechner eingeloggt sind. *finger* wurde entwickelt, damit sich Leute gegenseitig finden können, aber es gibt mehr Informationen aus, als Sie vielleicht bekanntgeben wollen. Für Eindringlinge ist dieser Dienst ungeheuer wertvoll: Sie erfahren, welche Benutzernamen auf einem Rechner gültig sind, welche davon nicht in Gebrauch sind und wann Leute eingeloggt sind, die die Aktivitäten der Eindringlinge bemerken könnten.

Wir empfehlen, eingehende *finger*-Anfragen auf einen Bastion-Host zu beschränken und auf diesem Rechner einen Ersatz-Server für *finger* laufen zu lassen. In Kapitel 11, *Unix- und Linux-Bastion-Hosts*, beschreiben wir, wie Sie einen solchen Ersatz-Server konstruieren und installieren.

Ausgehende *finger*-Anfragen sind weniger problematisch. Da das *finger*-Protokoll keinen Kommandokanal zum Client kennt, sind Angriffe über den Kommandokanal nicht möglich, datengesteuerte Angriffe jedoch sehr wohl. Die meisten *finger*-Clients überprüfen die vom Server empfangenen Daten nicht, obwohl die Standards nachdrücklich empfehlen, nur druckbare ASCII-Zeichen zuzulassen. Die über den Datenkanal möglichen Angriffe sind meistens nur ärgerlich. Ein mißgünstiger Server kann ungeheure Datenmengen zurückschicken, Ihr Terminal 400mal piepsen lassen oder schwarze Buchstaben auf schwarzem Hintergrund ausgeben. Einige Angriffe sind schwerwiegender: Es gibt Terminals, die mittels Steuerzeichen programmiert werden können. Ein *finger*-Server könnte Daten zurückschicken, die die Taste »e« so umprogrammieren, daß sie den Befehl »rm -rf /*« ausführt oder einen Befehl, der Ihre Paßwort-Datei per Mail verschickt. Solche Terminals sind heutzutage zwar nicht mehr weit verbreitet (die meisten Terminal-Emulatoren unterstützen diese Art der Programmierung nicht), aber es gibt sie noch. Manche Terminal-Emulatoren sind übereifrig und bilden dieses Verhalten nach. Sie sind verwundbar, wenn Sie intelligente Terminals oder Terminal-Emulatoren zur Emulation von Mainframe-Terminals mit programmierbaren Funktionstasten verwenden.

Datengesteuerte Angriffe per *finger* spielen zwar im allgemeinen keine große Rolle. Wenn Ihre Benutzer *finger* jedoch häufig zu externen Rechnern benutzen – speziell an Universitäten, an denen es immer noch viele Leute lustig finden, wenn Ihr Terminal 400mal piepst, sollten Sie einen Ersatz-Client für *finger* installieren, der Steuerzeichen ausfiltert und nur eine begrenzte Menge von Daten entgegennimmt.[7]

Im GNU-Projekt ist eine modifizierte Version von *finger* mit erweitertem Protokoll verfügbar. Diese Version unterstützt Funktionen, die für große Netze nützlich sind. Eine Maschine kann z.B. die Login-Zeiten für ein ganzes Netz verwalten, damit sich die Benutzer nicht immer über falsche Angaben beschweren müssen. GNU-*finger* enthält aber weder im Server noch im Client Sicherheitsverbesserungen. Es liefert einige Informationen, die man Angreifern nicht zur Verfügung stellen sollte, wie etwa eine Liste der Maschinen, die leerlaufen oder auf denen keine Benutzer eingeloggt sind. Die Auswirkungen des erweiterten Protokolls auf die Sicherheit sind unklar.

Paketfiltereigenschaften von finger

finger ist ein TCP-basierter Dienst. Der Server verwendet den Port 79 und Client einen Port über 1023.

Richtung	Quelladresse	Zieladresse	Protokoll	Quellport	Zielport	ACK gesetzt	Anmerkungen
eingehend	extern	intern	TCP	>1023	79	[a]	Anfrage, externer Client an internen Server
ausgehend	intern	extern	TCP	79	>1023	ja	Antwort, interner Server an externen Client
ausgehend	intern	extern	TCP	>1023	79	[a]	Anfrage, interner Client an externen Server
eingehend	extern	intern	TCP	79	>1023	ja	Antwort, externer Server an internen Client

a. ACK ist beim ersten Paket dieses Typs nicht gesetzt (Aufbau der Verbindung), wird jedoch bei den restlichen gesetzt.

Proxy-Eigenschaften von finger

SOCKS enthält einen modifizierten *finger*-Client für Unix. *finger*-Clients auf anderen Plattformen sollten leicht an SOCKS anzupassen sein. Manche *finger*-Server unterstützen die Schreibweise *finger benutzer@rechner@proxy-rechner*. Dabei gelangt die Anfrage an den Proxy-Rechner und von diesem zum Zielrechner. Wenn diese Form eines Proxies

---

7 Dann können Sie zwar nicht mehr die Raffinesse der Leute bewundern, die es schaffen, mit den VT100-Steuerzeichen Animationen in ihre .plan-Dateien einzubauen, doch das sollte kein allzu großer Verlust sein.

möglich ist, funktioniert sie sowohl für interne als auch für externe Benutzer. Externe Benutzer können jedoch Ihre internen Rechner erreichen, was Ihnen nicht unbedingt recht sein wird.

Network-Address-Translation-Eigenschaften von finger

finger enthält keine eingebetteten IP-Adressen und kann ohne Probleme mit einem NAT-System benutzt werden.

Zusammenfassung der Empfehlungen für finger

- Beschränken Sie eingehende *finger*-Anfragen auf einen Bastion-Host.
- Lassen Sie auf dem Bastion-Host einen Ersatz-Server für *finger* laufen.
- Ausgehende *finger*-Anfragen können Sie zulassen. Ziehen Sie allerdings einen Ersatz-Client für *finger* in Betracht.

whois

whois ist ähnlich wie *finger* ein Suchprotokoll. Es wird häufig genutzt, um öffentliche Informationen über Rechner, Netzwerke, Domänen und deren Verwalter von verschiedenen *Network Information Centers* (NICs) abzufragen, z.B. von *whois.internic.net*. Die meisten Standorte haben keinen eigenen *whois*-Server, sondern greifen einfach auf die *whois*-Server der NICs zu. Es wird auch nicht erwartet, daß andere Standorte *whois*-Server betreiben. *whois*-Clients sind für fast jede Plattform verfügbar und manchmal in andere Werkzeuge integriert.

Für die meisten Benutzer sind die über *whois* verfügbaren Daten nicht unbedingt von Interesse. Sie sind eigentlich nur nützlich, um herauszufinden, welche IP-Adressen welcher Organisation gehören. Und selbst diesen Zweck kann *whois* nur noch schwer erfüllen, da viele IP-Adressen durch Service Provider belegt wurden, die diese dann an ihre Kunden weiterverteilen. Außerdem gab es früher nur ein NIC, das alle Daten über das Internet enthielt. Heute jedoch gibt es mehrere NICs, und es kann notwendig sein, mehrere von ihnen zu befragen, bevor Sie die Informationen erhalten, die Sie interessieren. Ältere *whois*-Clients erledigen diese Aufgabe nicht automatisch. Häufig sind die einzigen, für die *whois* nützlich ist, die System- und Netzwerkverwalter. Viele NICs sind dazu übergegangen, dieselben Daten auch anderweitig anzubieten, z.B. über das World Wide Web.

Bisher wurden keine Sicherheitsprobleme mit *whois*-Clients bekannt. Sollte es welche geben, müßten sie datengesteuert sein, da die Rückgabe von Daten an den Clients alles ist, was ein *whois*-Server tut. Da *whois* nie mit beliebigen Servern benutzt wird, müßte jemand, der einen datengesteuerten Fehler in einem *whois*-Client findet und damit echten Schaden anrichten will, in eine Maschine einbrechen oder Pakete von ihr fälschen. Diese Maschinen gehören zu den meistgenutzten und bestgesicherten im gesamten Internet. Während *finger* Daten anzeigt, die von beliebigen Benutzern eingegeben wurden, bezieht *whois* seine Informationen aus einer zentralen Datenbank. Falls Ihre Benutzer also *whois*-Clients verwenden wollen, können Sie das ruhig zulassen. Hat jedoch keiner Interesse an *whois*, gibt es auch keinen Grund, es verfügbar zu machen.

Paketfiltereigenschaften von whois

whois basiert auf TCP. Server benutzen den Port 43. Clients benutzen Ports über 1023.

Richtung	Quell-adresse	Ziel-adresse	Protokoll	Quellport	Zielport	ACK gesetzt	Anmerkungen
ausgehend	intern	extern	TCP	>1023	43	[a]	Anfrage, interner Client an externen Server
eingehend	extern	intern	TCP	43	>1023	ja	Antwort, externer Server an internen Client

a. ACK ist beim ersten Paket dieses Typs nicht gesetzt (Aufbau der Verbindung), wird jedoch bei den restlichen gesetzt.

Proxy-Eigenschaften von whois

SOCKS enthält zwar keine angepaßten *whois*-Clients, es gibt sie jedoch. Da *whois* ein einfaches Protokoll mit einer einzelnen Verbindung ist und viele Benutzerangaben enthält, ist es einfach, *whois*-Clients für die Benutzung von SOCKS zu modifizieren. Außerdem ist es relativ einfach, einen Proxy-Server für angepaßte Benutzerprozeduren zu entwickeln.

Network-Address-Translation-Eigenschaften von whois

whois benutzt keine eingebetteten IP-Adressen und funktioniert ohne Probleme zusammen mit einem NAT-System.

Zusammenfassung der Empfehlungen für whois

- Sie brauchen keinen nach außen sichtbaren *whois*-Server zu betreiben.
- Lassen Sie keine eingehenden *whois*-Anfragen zu, wenn Sie keinen eigenen Server betreiben.
- Wenn Sie über *whois*-Clients verfügen, erlauben Sie ausgehende *whois*-Anfragen von den Rechnern, die Ihre System- und Netzwerkverwalter gewöhnlich benutzen. Alle anderen können die Daten über die Web-Dienste abfragen.

21

Authentifizierungs- und Auditing-Dienste

Dienste können verschiedene Quellen heranziehen, um Informationen darüber zu erhalten, wie Benutzer zu identifizieren sind und was diese Benutzer tun dürfen. Zum Beispiel können sie auf lokale Dateien zurückgreifen (wie Unix-Webserver bei einer »einfachen« Authentifizierung), oder sie benutzen die normalen Methoden des Betriebssystems (wie Windows NT-Webserver bei einer »Windows NT Challenge/Response«-Authentifizierung). Es gibt jetzt jedoch noch eine dritte verbreitete Möglichkeit, nämlich einen zentralisierten Authentifizierungsdienst, der unabhängig von dem speziellen Dienst sowie von dem speziellen Computer ist, auf dem der Dienst läuft. Dieser Dienst bildet einen Teil eines sogenannten *AAA-Servers*.

Ein AAA-Server (das wird manchmal als »Triple A-Server«, d.h. Dreifach-A-Server, ausgesprochen) stellt Authentifizierungs-, Autorisierungs- und Auditing-Dienste zur Verfügung:

Authentifizierung
Der Vorgang des Beschaffens einer verifizierten, beglaubigten Identifikation. Die Authentifizierung ermittelt, wer oder was jemand oder etwas ist.

Autorisierung
Der Vorgang des Feststellens, was jemand tun darf. Verwechseln Sie Authentifizierung und Autorisierung nicht. Die Authentifizierung ist die Voraussetzung für die Autorisierung (es sei denn, jeder ist autorisiert, etwas zu tun, wie etwa bei Anonymous FTP).

Auditing
Stellt Informationen darüber bereit, wann die Authentifizierung und die Autorisierung erfolgte oder verwehrt wurde.

Authentifizierungsdienste versuchen, eine Identität nachzuweisen, um sicherzustellen, daß Sie wissen, mit wem Sie es zu tun haben. Diese Aufgabe kann sehr einfach sein, wenn davon nicht besonders viel abhängt und Sie sich in einer vertrauenswürdigen Umgebung befinden, oder sehr schwierig, wenn es Leute gibt, die versuchen, Sie zu täuschen. In vielen Situationen werden Sie die Visitenkarte einer Person als Authentifizierung akzeptieren. Falls Sie mißtrauisch sind, werden Sie etwas Besseres verlangen oder zumindest die Informationen auf der Karte nachprüfen. Sie könnten zum Beispiel die Telefonnummer auf der Karte anrufen (allerdings kann die Person auf der Karte sicherlich beeinflussen, wohin diese Telefonnummer führt). Wenn Sie wirklich besorgt sind, könnten Sie sich von einer externen Quelle eine Telefonnummer besorgen und diese anrufen.

Genauso können Authentifizierungsdienste relativ einfach sein, wenn sie in internen, vertrauenswürdigen Netzwerken eingesetzt werden, aber außerordentlich komplex, wenn sie nicht von einem bestimmten Maß an Vertrauen ausgehen können. Was passiert, wenn Sie versuchen, die Visitenkarte zu überprüfen, die Person, von der Sie sie haben, jedoch Ihr Telefonsystem beeinflussen kann, so daß Sie unabhängig von der gewählten Nummer bei dieser Person rauskommen? Das ist genau die Situation, mit der Sie konfrontiert werden, wenn Sie versuchen, jemanden über eine nicht vertrauenswürdige Netzwerkverbindung zu authentifizieren.

Normale Unix-Paßwortsysteme und ältere Microsoft-Systeme verwenden Authentifizierungsmethoden, die etwa dem einfachen Entgegennehmen und Vertrauen einer Visitenkarte entsprechen. Sie benutzen wiederverwendbare Zeichen. Immer wenn Sie ein Paßwort angeben, könnte jemand anderes es speichern, um später mit seiner Hilfe vorzugeben, Sie zu sein. Starke Authentifizierungsdienste unternehmen beträchtliche Anstrengungen, damit das, was über das Netzwerk übertragen wird, nicht dazu dienen kann, sich später einmal für jemand anderen auszugeben.

Einige Dienste, die manchmal für die Authentifizierung eingesetzt werden, werden an anderen Stellen in diesem Buch behandelt. Informationen über NIS und LDAP finden Sie in Kapitel 20, *Namens- und Verzeichnisdienste*.

Was ist Authentifizierung?

Die meisten Leute denken bei Authentifizierung an Paßwörter. Paßwörter werden zwar häufig zur Authentifizierung eingesetzt, es gibt aber in Wirklichkeit eine ganze Reihe von Authentifizierungsmechanismen. Diese Mechanismen können anhand dessen, was sie überprüfen, etwa folgendermaßen eingeteilt werden:

Etwas, das zu Ihnen gehört
    Dies umfaßt das Feld der Biometrie, einschließlich solcher Techniken wie Fingerabdruck-Scans, Netzhaut-Scans, Stimmanalyse usw.

Etwas, das Sie wissen
    Dies ist das traditionelle Paßwortsystem.

Etwas, das Sie haben
Dazu gehören Mechanismen wie Frage-Antwort-Listen, One-Time Pads, Chipkarten usw.

Manche Systeme kombinieren diese Ansätze. Eine Chipkarte, deren Benutzer eine persönliche Identifikationsnummer (PIN) eingeben muß, kombiniert zum Beispiel etwas, das man hat (die Karte), und etwas, das man weiß (die PIN). Theoretisch ist es vorteilhaft, mindestens zwei Verfahren zu kombinieren, da eines von beiden abhanden kommen kann: Das, was Sie haben, kann gewöhnlichem Diebstahl zum Opfer fallen, das, was Sie wissen, ist bei der Übertragung im Internet durch Paketschnüffler in Gefahr. Es ist jedoch selten, daß ein Angreifer beides gleichzeitig erhält. Geldautomaten arbeiten mit dieser Kombination, demonstrieren jedoch auch die Lücke in der Theorie: Wenn Sie sich ausweisen (vor dem Geldautomaten stehen), offenbaren Sie gleichzeitig, was Sie haben (Ihre Karte) und was Sie wissen (Ihre PIN). Dadurch sind Sie sehr anfällig für einen Dieb, der Sie am Automaten beobachtet, um Ihre PIN zu erfahren, und Ihnen beim Verlassen des Automaten die Karte stiehlt, oder für einen betrügerischen Geldautomaten, der gleichzeitig Ihre PIN annimmt und Ihre Karte einbehält.

Etwas, das zu Ihnen gehört

Zur Zeit sind viele biometrische Systeme im Einsatz oder in der Entwicklung. Sie überprüfen so unterschiedliche persönliche Merkmale wie Stimme, Finger- oder Handabdrücke, Netzhaut, Unterschrift oder die Art und Weise, wie Sie tippen. Biometrische Systeme genießen ein enormes Interesse, da sie das Problem umgehen, daß etwas gestohlen oder aufgedeckt werden kann. (Selbst das Horrorszenario eines abgehackten Daumens wird berücksichtigt: Bei den meisten Scannern muß ein Puls vorhanden sein.) Leider sind biometrische Systeme für normale Internet-Anwendungen nicht praktikabel.

Die meisten Computer enthalten keine Einrichtungen zum Einlesen von Fingerabdrücken, geschweige denn von Netzhautmerkmalen. Die Stimmanalyse ist da schon interessanter; heutzutage ist es nicht unüblich, daß Rechner mit einem Mikrofon ausgestattet sind. Allerdings ist es noch nicht allgemein verbreitet, und Sie können nicht garantieren, daß jede Maschine, auf der Sie sich anmelden wollen, über das hochqualitative Mikrofon, den freien Festplattenplatz und die erforderliche Netzwerkbandbreite verfügt, die für diesen Ansatz notwendig sind. Und schließlich, falls die biometrischen Informationen von Ihrem Standort erst zum überprüfenden System übertragen werden, laufen Sie Gefahr, daß ein Angreifer die Daten abfängt und später wieder abspielt (es sei denn, Sie verschlüsseln die Daten oder schützen sie auf andere Weise).

Selbst wenn die nötigen Voraussetzungen auf jeder Maschine erfüllt wären, wäre zuverlässige Identifizierung per Stimmanalyse noch immer überraschend schwierig. Viele Leute wollen auch bei einer Erkältung nicht auf die Benutzung des Computers verzichten. Das bringt jedoch viele Systeme zur Stimmanalyse völlig durcheinander. Man darf keinen festen Satz als Paßwort verwenden, denn den könnte ein Angreifer mit einem Tonband aufnehmen und wieder abspielen. (Es gibt zwar spezielle Systeme zur Lösung solcher Probleme, allerdings fehlen entsprechende Authentifizierungssysteme für die gebräuchlichen Computer. Die Entwicklung eines solchen Systems ist alles andere als trivial.) Man kann auch nicht jedesmal einen anderen Satz verwenden, da die Stimmanalyse für beliebigen Text nicht in Echtzeit durchgeführt werden kann – es sei denn, Sie haben zufällig einen freien Supercomputer dafür herumstehen. Fast niemand akzeptiert beim Login eine Verzögerung von mehr als ein paar Sekunden. Eine Antwort, die erst nach einigen Stunden erscheint, hilft hier einfach nicht weiter.

Die zeitliche Analyse des Tippverhaltens eines Benutzers ist ein überraschend zuverlässiges biometrisches System, für das keine spezielle Hardware erforderlich ist. Der Computer gibt einen zu tippenden Satz vor und bestimmt dann die Zeitabstände zwischen den einzelnen eingetippten Zeichen. Bei ausreichend langen Sätzen tippen alle Leute in charakteristischen Mustern, die sehr schwer zu imitieren sind. Wie bei der Stimmanalyse können sich auch die Werte der Tippanalyse mit der Umgebung ändern; Erkältungen sind bei Tastaturanschlägen natürlich kein Problem, aber betrunkene Benutzer haben große Probleme, sich zu authentifizieren (das ist nicht unbedingt ein Nachteil). Hauptnachteil des Verfahrens ist, daß man die Tastenanschläge nur auf der Maschine messen kann, an der die Tastatur angeschlossen ist. Das bedeutet, daß zum Einsatz dieser Methode im Internet modifizierte Clients erforderlich sind. Außerdem können manche Leute so schlecht tippen, daß sie sich nur schwer authentifizieren können, weil sie so unregelmäßig tippen.

Biometrische Lösungen werden mit der Zeit zuverlässiger, die Kosten für die Zusatz-Hardware sinken, und die Effektivität der Software steigt. Allerdings versprechen die Hersteller nun schon seit vielen Jahren, daß die Biometrie »wirklich bald« überall eingeführt sein wird. Es sieht jedoch nicht so aus, als würden die Hürden in absehbarer Zeit überwunden werden. Falls Sie besondere Sicherheitsanforderungen haben, die es rechtfertigen, jede Maschine, von der sich Leute möglicherweise einmal authentifizieren müssen, mit zusätzlicher Hardware auszustatten, könnte eine biometrische Lösung angemessen sein; für die meisten Standorte ist Biometrie jedoch zum gegenwärtigen Zeitpunkt noch Zukunftsmusik.

Etwas, das Sie wissen

Wenn in einem Roman der verschollen geglaubte Millionenerbe auftaucht, können Sie davon ausgehen, daß es keine Fingerabdrücke zur biometrischen Authentifizierung gibt. Statt dessen wird die Person vermutlich versuchen, ihre Identität zu beweisen, indem sie den Namen des Kuschelbären nennt, den sie im Alter von drei Jahren mit ins Bett nahm. Das ist die Methode der Authentifizierung durch Wissen, genau wie beim traditionellen Paßwort-System von Unix. (Und genau wie bei den Unix-Paßwörtern kann die Antwort gefälscht sein, wenn man nur gut raten kann und genügend Versuche bekommt.)

Authentifizierung, die von etwas abhängt, das man weiß, beruht darauf, daß dieses Etwas sowohl schwer zu erraten als auch geheim ist. Damit Sie sich zuverlässig authentifizieren können, müssen Sie auch das Geheimnis zuverlässig kennen. Das ist nicht so einfach, wie es vielleicht klingt. Den meisten Leuten fällt es nicht leicht, sich schwer zu erratende Dinge auszudenken und sich dann auch noch selbst zu merken. Noch mühsamer ist es für sie, ein Geheimnis für sich zu behalten. Kurze Schlüssel kann man leicht erraten, lange Schlüssel kann man sich dagegen selbst nur schwer merken. Wenn man sie aufschreibt, benutzt man eigentlich schon ein anderes Authentifizierungsverfahren; jetzt geht es um etwas, das man besitzt.

Systemadministratoren, die ihren Benutzern ständig predigen, Paßwörter niemals aufzuschreiben, haben wahrscheinlich selbst einige in ihrer Brieftasche versteckt. Das ist eine Kombination aus »etwas, das man weiß« und »etwas, das man besitzt«. Das Wissen besteht in der Fähigkeit, die eigene Handschrift zu entziffern und zu entscheiden, welcher Papierschnipsel die Paßwörter enthält und welcher die Essensbestellungen der letzten Woche. »Was man besitzt« ist der Papierschnipsel selbst.

Trotz aller Risiken sind die »Was man weiß«-Systeme immer noch praktisch, solange man nicht jedesmal beim Authentifizieren das Geheimnis allen Leuten preisgibt, die sich in unmittelbarer Nähe aufhalten. Es hat schon seine Gründe, daß Paßwörter so beliebt sind: Sie sind schnell, sie sind billig, und in der Praxis kommt es nicht so häufig vor, daß die Benutzer sie vergessen oder den entsprechenden Notizzettel verlieren. Es ist jedoch absolut unpraktisch, sie auf sichere Art und Weise über das Internet zu übertragen.

Gibt es überhaupt eine Möglichkeit, »Was man weiß«-Systeme sicher im Internet zu benutzen? Ja – benutzen Sie Paßwörter, stellen Sie aber sicher, daß diese nicht wiederverwendet werden können (Einmal-Paßwörter).

Es gibt zwei Möglichkeiten, die traditionellen, auswendig gelernten Paßwörter nicht wiederverwendbar zu machen. Die erste Möglichkeit ist die Einbindung eines *verschlüsselten Zeitstempels* – mit dieser Methode arbeitet das Kerberos-System. Solange man den Zeitstempel ohne Kenntnis des Paßworts nicht verändern kann, sind Playback-Attacken nicht möglich. Leider sind dazu zwei Voraussetzungen erforderlich:

- Spezielle Client-Software, die den Zeitstempel für das Paßwort erzeugt.
- Ein Zeitabgleich zwischen Client und Server. Wenn Server und Client mit unterschiedlichen Zeiten arbeiten, ist das Paßwort bei der Ankunft entweder bereits ungültig oder noch nicht gültig.

Die zweite Möglichkeit, die traditionellen, auswendig gelernten Paßwörter nicht wiederverwendbar zu machen, besteht im Einsatz von *Frage-Antwort-Systemen* (engl. Challenge-Response Systems). Bei einem solchen System hängt das Paßwort von einer »Frage« des Servers ab. Frage-Antwort-Systeme sind die traditionellen Identifizierungssysteme in einem Speakeasy[1], beim Betreten einer Kaserne (»Parole?«) oder bei einem Treffen von Spionen im Museum. Dieser Ansatz mag unpraktisch erscheinen, denn um genügend Schutz vor Playback-Attacken zu bieten, ist eine große Zahl von Fragen mit jeweils unterschiedlichen Antworten nötig. Wenn man sich schon ein einzelnes Paßwort nicht merken kann, hat man mit 47 Paßwörtern sicher noch mehr Probleme.

---

[1] Ein Speakeasy ist eine sogenannte »Mondscheinkneipe«, ein Lokal, in dem während der Prohibitionszeit in den USA Alkohol ausgeschenkt wurde.

Frage-Antwort-Systeme für Computer sind jedoch in der Regel so konzipiert, daß man sich nicht die Antwort auf jede einzelne Frage merken muß, sondern eine Regel zur Ableitung der Antwort auf eine Frage. Dieses Konzept ist als reine »Was man weiß«-Option noch nicht sehr gebräuchlich, da es bei einer großen Zahl von Benutzern schwer anwendbar ist. Eine Regel der Art »Drehe die ersten drei Buchstaben um, mache aus dem vierten einen Großbuchstaben, lösche den fünften und verwandle den Rest in Großbuchstaben« ist zwar einfach zu programmieren, es ist jedoch nicht ganz einfach, sie so darzustellen, daß jeder Benutzer eine andere Regel bekommt. Selbst wenn man sich die eigene Regel merken kann, neigt man doch dazu, die Frage mit dem Finger zu verfolgen und die Regel zu murmeln, während man sie umsetzt. Jemand, der Ihnen über die Schulter schaut, kann die Regel leicht erkennen.

Manche Systeme, die den Benutzern Standard-Prompts zur Eingabe des Paßworts anbieten, verwenden intern ein Frage-Antwort-System. Das ist zum Beispiel bei der Windows NT Challenge-Response-Authentifizierung der Fall; der Benutzer erhält ein Standard-Paßwort-Prompt und gibt ein festes Paßwort ein, und der Client verwendet ein Frage-Antwort-System.

Sowohl Windows NT Challenge/Response als auch Kerberos sind anfällig für Angriffe, bei denen versucht wird, das Paßwort zu erraten. Falls Sie diese Art von System im Internet einsetzen, benötigen Sie sowohl Paßwörter, die schwer zu erraten sind, als auch gute Sicherheitsüberwachungssysteme, um entsprechende Versuche zu entdecken. Bei den meisten Betriebssystemen, einschließlich Windows NT und den meisten Unix-Versionen, brauchen Sie zusätzliche Software, um Ihre Benutzer zur Verwendung guter Paßwörter zu zwingen.

Etwas, das Sie besitzen

In der Praxis beruhen die erfolgreichsten Authentifizierungssysteme im Internet heutzutage auf dem dritten Prinzip, »etwas, das man besitzt«. Das, was man besitzt, kann eine ausgedruckte Liste mit Einmal-Paßwörtern sein oder eine Chipkarte; üblicherweise, aber nicht immer, wird es mit »etwas, das man weiß« kombiniert.

Der Einsatz von Chipkarten vereinfacht Frage-Antwort-Systeme oder zeitabhängige Verschlüsselung. Bei Frage-Antwort-Systemen kodiert man die Regel selbst in der Karte, die die Antwort auf die Frage ergibt. Bei zeitabhängiger Verschlüsselung enthält die Karte sowohl die Zeitquelle als auch die Einzelheiten der Verschlüsselung. Beide Varianten erlauben die Authentifizierung ohne modifizierte Clients oder Benutzer mit einem Superhirn.

Der Einsatz von gedruckten Listen mit Paßwörtern bezieht sich im allgemeinen auf die Verwendung von *Einmal-Paßwörtern*. Dies führt manchmal zu Verwirrung, da alle nicht wiederverwendbaren Paßwörter laut Definition nur einmal gültig sind. Gedruckte Paßwortlisten ähneln einem Spionagehilfsmittel namens *One-Time Pad*, das aus einem Papierblock mit unterschiedlichen Anweisungen auf jeder Seite besteht. Man verschlüsselt mit jeder Seite eine Nachricht, damit die Gegenseite nicht mehrere Gelegenheiten bekommt, einen Code zu entschlüsseln.[2]

Paßwörter

Da viele Authentifizierungsmechanismen von Paßwörtern abhängen, ist es wichtig zu verstehen, wie Paßwörter ausgehebelt werden können. Es gibt drei Möglichkeiten, wie man um die Notwendigkeit eines festen Paßworts herumkommen kann:

- Man bringt das System dazu, einem das Paßwort mitzuteilen.
- Man findet einen Weg, sich auch ohne Kenntnis des Paßworts zu authentifizieren.
- Man errät das Paßwort.

Systeme wie Telnet, bei denen das Paßwort im Netzwerk im Klartext übermittelt wird, erleichtern es Angreifern, das wirkliche Paßwort herauszufinden. Das ist auch bei Systemen der Fall, bei denen das Paßwort im Computer in irgendeiner Weise gespeichert ist, in der es entschlüsselt werden kann (das ist zum Beispiel bei Windows NT-Anwendungen von Drittherstellern verbreitet). Diese Art von Problem ist zwar bedauerlicherweise weit verbreitet, es ist jedoch ein sehr offensichtlicher Entwurfsfehler, und Systeme, bei deren Entwurf ein wenig auf die Sicherheit geachtet wird, können ihn normalerweise vermeiden. Für die meisten Anwendungszwecke ist Authentifizierung nicht akzeptabel, die ein Klartextpaßwort oder ein Paßwort einsetzt, das sich entschlüsseln läßt.

Systeme, die ein Paßwort als Hashwert verschlüsselt übertragen, dieses Paßwort jedoch immer wieder verwenden, bieten Angreifern eine Möglichkeit, sich zu authentifizieren, ohne das Paßwort zu kennen. Sie können einfach den Hash-String abfangen und ihn benutzen. Das ist zwar nicht so bequem, als würde man das eigentliche Paßwort kennen, da man kein normales Clientprogramm verwenden kann und normalerweise nicht mehr als eine Zugriffsart erhält, es reicht aber, um Schaden anzurichten. Authentifizierung, die wiederverwendbare Zeichen benutzt, ist für die meisten Zwecke ebenfalls nicht geeignet.

Heutzutage umgehen die meisten Systeme diese Fallstricke; den Angreifern bleibt nur noch die Möglichkeit, das Paßwort zu erraten. Die einzige Alternative, um das Erraten von Paßwörtern wirklich zu vermeiden, besteht darin, echte Einmal-Paßwörter zu benutzen, die jedesmal anders sind. Es ist jedoch auch möglich, die Rateversuche zu verkomplizieren, indem man zum einen Paßwörter wählt, die relativ schwer vorherzusagen sind, und zum anderen die Überprüfung der Richtigkeit der Rateversuche erschwert.

Der erste Schritt, um Paßwörter weniger vorhersehbar zu machen, besteht darin, sicherzustellen, daß die Anzahl der möglichen Paßwörter groß genug ist. Das bedeutet, daß eine große Vielfalt an möglichen Zeichen erlaubt ist sowie so viele Zeichen wie möglich zugelassen werden. Viele Leute haben ein Problem mit der zugrundeliegenden Mathematik und glauben, daß sich die Zahl der möglichen Paßwörter verdoppelt, wenn man die Größe des Zeichenvorrats oder die Länge des Paßworts verdoppelt. Tatsächlich ist es noch viel besser. Nehmen Sie einmal an, Sie haben ein Paßwort, das ein Zeichen

---

2   Gedruckte Listen mit Einmal-Paßwörtern ähneln One-Time Pads in der Tat so sehr, daß sie bei Fernreisen durchaus die Aufmerksamkeit des Zolls erregen könnten.

lang ist, und das aus einem beliebigen Kleinbuchstaben bestehen kann. In diesem Fall gibt es 26 mögliche Paßwörter. Wird ein zweites Zeichen hinzugefügt, erhalten Sie 26 zum Quadrat oder 676. Falls Sie sowohl Groß- als auch Kleinbuchstaben zulassen, wird der Ein-Zeichen-Fall verdoppelt (es gibt nun 52 Möglichkeiten), bei zwei Zeichen erhalten Sie 52 zum Quadrat oder 2.704.

Ein Standard-Unix-Paßwort ist acht Zeichen lang. Die Größe des Zeichenvorrats ist oft ein Streitpunkt; theoretisch sind alle ASCII-Zeichen, einschließlich der Steuerzeichen, akzeptabel, das sind ungefähr 127 Zeichen. Die meisten von ihnen sind schwierig einzutippen, häufig ist es sogar unmöglich, da sie interpretiert werden. In der Praxis sollte man besser davon ausgehen, daß nur die Zeichen zur Verfügung stehen, die auch wirklich auf der Tastatur vorhanden sind, das sind 84 Zeichen.[3] Dies ergibt etwa $2{,}47 * 10^{15}$ Möglichkeiten (2,47 Billiarden). Der Algorithmus, der verwendet wird, um die Strings zu erzeugen, die in den Unix-Paßwort-Dateien gespeichert werden, fügt zwei zusätzliche »Salt«-Zeichen hinzu. Die »Salt«-Zeichen machen es noch schwieriger (um den Faktor 4.096), ein Wörterbuch oder einen Index zu erzeugen, mit dessen Hilfe man die Ergebnisse des Algorithmus untersuchen könnte, um das Paßwort herauszufinden.

Standard-Windows NT-Paßwörter sind 14 Zeichen lang, auch hier bei einem möglichen Zeichenvorrat von 84 Zeichen. Theoretisch ergäbe dies $8{,}70 * 10^{26}$ mögliche Paßwörter (870 Quadrillionen). Das ist viel mehr als die Anzahl der möglichen Unix-Paßwörter, allerdings werden Windows NT-Paßwörter oft in einem alten Format namens *LanMan* gespeichert und übertragen. Das LanMan-Format verringert die Anzahl der möglichen Paßwörter ganz beträchtlich. Erstens berücksichtigt LanMan die Unterschiede zwischen Groß- und Kleinbuchstaben nicht; alle Buchstaben werden in Großbuchstaben umgewandelt, es verwendet also nur 68 Zeichen. Mit nur 68 Zeichen gäbe es theoretisch $4{,}52 * 10^{25}$ Möglichkeiten für ein 14-Zeichen-Paßwort. Zweitens teilt es das Paßwort in zwei Hälften mit jeweils sieben Zeichen und bildet daraus unabhängig voneinander zwei Hashwerte. Das ist ein schrecklicher Fehler, da dadurch aus dem 14-Zeichen-LanMan-Paßwort zwei unabhängige 7-Zeichen-Paßwörter werden. Jedes 7-Zeichen-Paßwort hat für sich nur $6{,}72 * 10^{12}$ Möglichkeiten. Das bedeutet, daß es viel leichter ist, für das 14-Zeichen-Paßwort im LanMan-Format ein Wörterbuch zu erstellen als für ein 8-Zeichen-Unix-Paßwort.

Viele Leute glauben, daß es halb so viele Suchmöglichkeiten gäbe, wenn man das Paßwort in zwei Hälften unterteilte. Es ist jedoch viel schlimmer. Im allgemeinen gilt, daß ein 14 Zeichen langes Paßwort mit der richtigen Verschlüsselung theoretisch 6 Billionen mal mehr Möglichkeiten bietet als ein sieben Zeichen langes Paßwort. Es ist daher viel schwieriger, ein Suchwörterbuch zu erzeugen oder eine Suche durchzuführen. Aufgrund der Teilung hat ein 14-Zeichen-Paßwort im LanMan-Format nur noch doppelt so viele Möglichkeiten wie ein 7-Zeichen-Paßwort. Dies bedeutet naturgemäß eine starke Reduzierung der Sicherheit.

---

[3] Bei der Ermittlung der 84 Zeichen wird von einer englischen/amerikanischen Tastatur ausgegangen; eine deutsche Tastatur weist noch einige Zeichen mehr auf, dadurch erhöht sich auch die Anzahl der Möglichkeiten. Stellen Sie sich das Ganze nun einmal mit chinesischen Zeichen vor – Phantastillionen möglicher Paßwörter.

Windows NT besitzt außerdem ein neueres Hash-Format, das alle 14 Zeichen gleichzeitig verrechnet. Angreifer werden dadurch gezwungen, den gesamten Bereich der möglichen Paßwörter zu durchsuchen. Falls eine Windows NT-Maschine jedoch Clients unterstützen will, die LanMan-Hashwerte für die Authentifizierung verwenden, speichert sie die Paßwörter im alten Format, auch wenn diese Zeichen enthalten, die in LanMan-Paßwörtern nicht erlaubt sind.

Die Ursache für die Wichtigkeit der Speicherformate liegt darin, daß Angreifer die Gültigkeit ihrer Rateversuche überprüfen müssen. Es ist unpraktisch, viele Möglichkeiten auszutesten, indem man versucht, sich auf den Maschinen anzumelden. Es dauert relativ lange, und die Betriebssysteme verringern außerdem absichtlich die Antwortgeschwindigkeit, wenn mehrere fehlgeschlagene Versuche auftreten, sich unter der gleichen Kennung einzuloggen. Weiterhin wird vermutlich nach der ersten Million Fehlversuchen sogar der unaufmerksamste Systemadministrator etwas mitbekommen. Die meisten Methoden zur Authentifizierung dauern wenigstens eine Sekunde; das wären dann elf Tage für mickrige 1 Million Versuche. Andererseits kann ein Angreifer, dem das Paßwort in seiner gespeicherten Form vorliegt, für jeden Versuch die gespeicherte Form erzeugen und beide (das Original und den eigenen Versuch) vergleichen, ohne die Verzögerung oder das Risiko der direkten Interaktion mit dem System während des Angriffs. Je nach der speziellen gespeicherten Form des Paßworts und der verwendeten Technik, die der Angreifer mitbringt, kann es zu einigen Hundert bis hin zu einigen Millionen Versuchen pro Sekunde kommen. Idealerweise sollten Sie verhindern, daß die gespeicherten Paßwörter abhanden kommen, Sie müssen aber außerdem auch dafür sorgen, daß sich die gespeicherte Form so schlecht wie möglich mit anderen Dingen vergleichen läßt.

Es wäre möglich, einen speziellen Unix-Paßwort-Cracker ähnlich der Maschine »Deep Crack«[4] zu bauen, der mit einem Unix-Paßwort-Hash beginnt und das entsprechende Paßwort mit Hilfe von Brute Force in weniger als einem Tag herausfindet (*brute force*, d.h. rohe Gewalt, bedeutet, daß jedes mögliche Paßwort ausprobiert werden würde). Eine solche Aktion ließe sich auch mit einem normalen Computer durchführen, sie würde in diesem Fall aber bedeutend länger dauern. LanMan-Hashwerte sind viel einfacher zu knacken; moderne, allgemein einsetzbare Computer können sie innerhalb einer Woche mittels Brute Force knacken. Windows NT-Paßwort-Hashwerte sind wiederum viel schwieriger als Unix-Paßwort-Hashwerte.

Leider wird bei dieser ganzen Diskussion über das Paßwortknacken mittels Brute Force, Paßwortlängen und Verschlüsselungsformaten ein wesentliches Problem aller Paßwortsysteme außer acht gelassen: Die Benutzer wählen wirklich schlechte Paßwörter. Ungeachtet der Billionen möglicher Paßwörter, für die sie sich entscheiden könnten, können an den meisten Standorten etwa 30 bis 70 Prozent aller Paßwörter bereits mit wenigen Tausend Versuchen erraten werden (im allgemeinen handelt es sich um normale Wörter und Frauennamen). Nur wenige Leute verwenden freiwillig Sonderzeichen oder

---

4 »Deep Crack« ist eine Maschine zum Suchen von DES-Schlüsseln; sie wurde von der Electronic Frontier Foundation gebaut und im Buch *Cracking DES: Secrets of Encryption Research, Wiretap Politics, and Chip Design*, von der Electronic Frontier Foundation (O'Reilly & Associates, 1998) beschrieben.

Paßwörter ausreichender Länge. Die meisten benutzen Bezeichnungen, die sie sich gut merken können, oft ihren eigenen Namen oder den Namen einer ihnen nahestehenden Person.

Automatisch erzeugte Paßwörter können besser oder auch schlechter sein. Systeme, die Paßwörter erzeugen, bewegen sich oft in einem relativ eingeschränkten Bereich (das ist nötig, damit die Leute sich diese Dinge merken können, anstatt sie aufzuschreiben). Ein Angreifer, der die Algorithmen kennt, muß nur nach solchen Paßwörtern suchen, die auch der Paßwortgenerator erzeugen würde. Pakete, die einen Administrationszugang mit einem zufällig erzeugten Paßwort bereitstellen, sind oft noch schlechter, da sie etwas auswählen, was von der Maschine abhängt, auf der sie installiert sind, oder eine hexadezimale Darstellung einer Zahl (bei nur 16 möglichen Zeichen spielt es keine Rolle, wie wunderbar zufällig Ihre Daten sind, es bleiben nicht besonders viele verschiedene Paßwörter übrig).

Verfahren zur Authentifizierung

Um die beschriebenen Authentifizierungsmethoden einsetzen zu können, benötigen Sie Hardware oder Software zur Implementierung. Dieser Abschnitt behandelt einige der allgemein verfügbaren Hardware- und Software-Mechanismen, die Authentifizierungssystemen zugrunde liegen (es wird vor allem auf die Verfahren des TIS FWTK eingegangen, des verbreitetsten Systems). Die beliebtesten ausgereiften Systeme werden weiter hinten in diesem Kapitel besprochen.

Einmal-Paßwörter

Ein System mit Einmal-Paßwörtern kann auf zwei Arten arbeiten:

- Die Liste wird zufällig erzeugt; das System und der Benutzer verfügen jeweils über eine Kopie.
- Die Liste (oder ein spezieller Eintrag auf der Liste) kann bei Bedarf vom Benutzer erzeugt und vom System überprüft werden.

Eine im System gespeicherte Liste ist in Gefahr, falls in das System eingebrochen wird. Die Liste könnte dann für zukünftige Einbrüche mißbraucht werden. Das ist genauso schlimm, als würde jemand beim Einsatz eines wiederverwendbaren Paßworts im Netz schnüffeln.

Es gibt einen IETF-Standard, der diesem Problem entgegentritt; dabei handelt es sich um ein System namens OTP (für One-Time Password), das auf S/Key aufbaut. S/Key wurde ursprünglich von Leslie Lamport entworfen und von Bellcore entwickelt. Damit kann das System einen Benutzer zuverlässig authentifizieren, ohne daß es auf dem System etwas gäbe, das bei einem Einbruch das Paßwort des Benutzers preisgeben würde. Das System kann zwar die aktuelle Eingabe eines Benutzers überprüfen, es besitzt jedoch keine Möglichkeit, seine nächste Antwort vorherzusagen.

OTP beginnt mit einem Startwert und wendet darauf wiederholt einen kryptographisch sicheren Hash-Algorithmus an. Ein kryptographisch sicherer Hash-Algorithmus nimmt eine beliebig große Eingabe und liefert eine wesentlich kleinere Ausgabe (vergleichbar einer Prüfsumme) mit zwei besonderen Eigenschaften:

- Die Eingabe kann nicht anhand der Ausgabe rekonstruiert werden. Es handelt sich nicht einfach um einen Komprimierungs- oder Verschlüsselungsalgorithmus.
- Die Wahrscheinlichkeit, daß zwei unterschiedliche Eingaben (speziell unterschiedliche Eingaben gleicher Länge) die gleiche Ausgabe liefern, ist verschwindend gering.

OTP kann für diesen Zweck viele verschiedene Algorithmen einsetzen. Alle OTP-Systeme müssen MD5 unterstützen. Außerdem wird angestrebt, daß sie auch SHA und MD4 unterstützen. (Das originale S/Key benutzte nur MD4.) Kryptographische Prüfsummenalgorithmen werden in Anhang C, *Kryptographie*, näher vorgestellt.

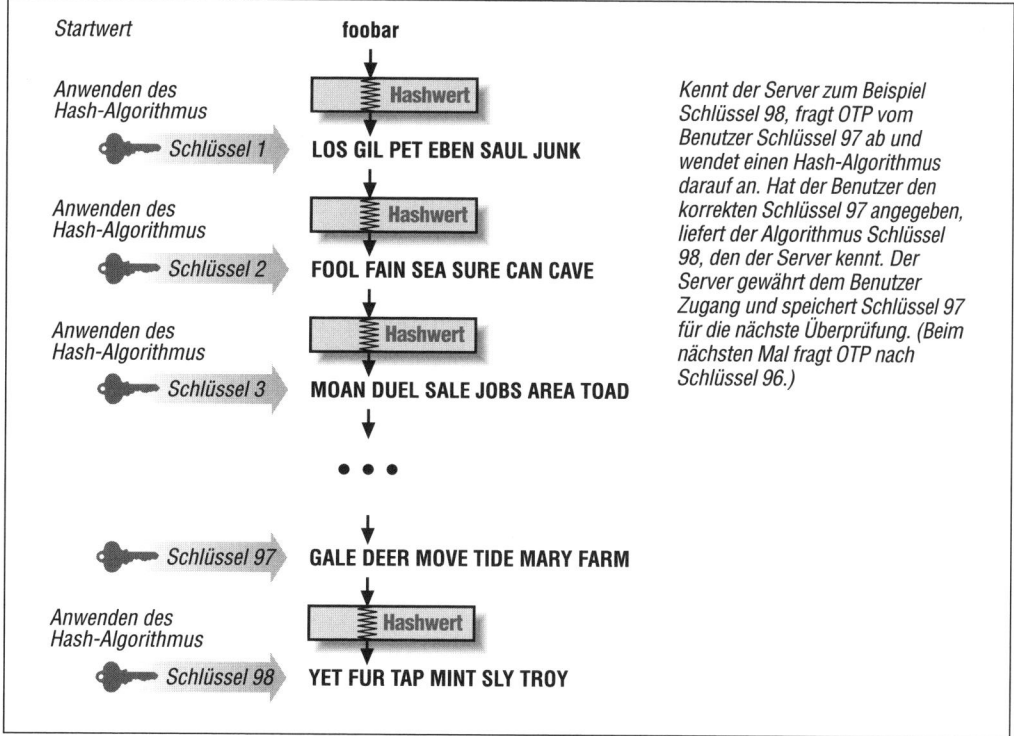

Abbildung 21-1: Die Funktionsweise von OTP

OTP beginnt mit einem Startwert (der vom Benutzer stammen kann oder zufällig erzeugt wird) und wendet den gewählten Hash-Algorithmus iterativ darauf an, um eine Folge von Schlüsseln zu erzeugen. Die Anwendung des Hash-Algorithmus auf den Startwert liefert den ersten Schlüssel, die Anwendung des Hash-Algorithmus auf den ersten Schlüssel liefert den zweiten Schlüssel, die Anwendung des Hash-Algorithmus auf den zweiten Schlüssel liefert den dritten Schlüssel usw. Um einen Benutzer zu überprüfen, muß das System einen bestimmten Schlüssel aus dieser Folge kennen (nennen wir ihn Schlüssel Nummer n). Das System fragt den vorherigen Schlüssel (Schlüssel $n-1$) vom Benutzer ab, wendet den Hash-Algorithmus auf die Antwort des Benutzers an (die ja den Schlüssel $n-1$ darstellen soll) und testet, ob das Ergebnis mit dem bekannten Schlüssel n übereinstimmt. Liefert dies den Schlüssel n, so muß der Benutzer den korrekten Schlüssel $n-1$ angegeben haben.

OTP erzeugt nicht einfach ein zufälliges Durcheinander von Zeichen, sondern kodiert jeden Schlüssel als eine Folge kurzer Wörter, damit sie für den Benutzer leichter zu lesen und zu tippen sind. Abbildung 21-1 zeigt, wie OTP funktioniert.

Da kryptographisches Hashing nicht umkehrbar ist (man kann die Eingabe nicht aus der Ausgabe bestimmen), kann das System den Schlüssel $n-1$ nicht bestimmen, obwohl es den Schlüssel mit der Nummer n kennt. Das einzige, was der Server machen kann, ist die Überprüfung, ob der Schlüssel $n-1$ (den der Benutzer angibt) der Schlüssel ist, der den Schlüssel n erzeugt. Das bedeutet, daß ein Angreifer, der sich irgendwie Schlüssel n beschafft (zum Beispiel durch Ausspähen einer Login-Session), nicht in der Lage ist, daraus den nächsten Schlüssel ($n-1$) zu bestimmen.

OTP ist nicht völlig immun gegen Angriffe. Es sind verschiedene Arten von Angriffen möglich:

Brute Force-Angriffe
Angreifer könnten eine ganze Reihe von Möglichkeiten für den Schlüssel $n-1$ ausprobieren, bis sie eine finden, die den Schlüssel n ergibt. Bei diesem Angriff ist ein Erfolg jedoch sehr unwahrscheinlich. Aufgrund der Größe des Schlüsselraums (also der Anzahl der möglichen Schlüssel) und des Rechenaufwands für kryptographische Hash-Algorithmen geht man davon aus, daß ein Brute Force-Angriff die Rechenkapazität aller Angreifer übersteigt, die nicht gerade über riesige finanzielle Mittel verfügen. (Das Ermitteln des richtigen Schlüssels benötigt selbst auf einem Supercomputer erhebliche Rechenzeit.)

Wörterbuch-Angriffe
Wird der Startwert vom Benutzer vorgegeben (und nicht zufällig erzeugt), sind Wörterbuchangriffe möglich. Die Angreifer könnten den Startwert ebenso raten wie ein wiederverwendbares Paßwort; üblicherweise probiert man dazu Wörter aus dem Wörterbuch, Namen, Ortsbezeichnungen usw. Auf diese Wörter werden kryptographische Hash-Algorithmen genügend oft angewendet, um auszuprobieren, ob so der aufgeschnappte Schlüssel entsteht.

Modifizierte Schnüffelangriffe
Ein Angreifer kann einen Paketschnüffler laufen lassen und den Anfang eines OTP-Paßworts abfangen (also bis auf die letzten Zeichen). Bevor der Benutzer seine Eingabe beendet hat, probiert der Angreifer alle möglichen Kombinationen für die letzten Zeichen durch. Dazu hat er nur sehr wenig Zeit. Bei Telnet-Verbindungen

erscheint die Benutzereingabe jedoch so langsam, wie sie eingetippt wird. Dadurch ergibt sich eine geringe Zeitverzögerung, die für einen Computer ausreichen kann. Der Angreifer schafft wahrscheinlich nicht alle möglichen Kombinationen, immerhin könnte er aber z.B. alle Kombinationen testen, die englische Wörter ergeben. OTP-Implementierungen sollen versuchen, solche Angriffe zu verhindern. Normalerweise verbietet man zu diesem Zweck mehrere gleichzeitige Verbindungen des gleichen Benutzers.

Es gibt zwei Möglichkeiten, OTP zu verwenden: Entweder werden Schlüssel bei Bedarf erzeugt, oder der Benutzer erhält eine gedruckte Liste mit Schlüsseln.

Um bei Bedarf OTP-Schlüssel zu erzeugen, braucht der Benutzer einen Computer und ein geeignetes Programm. Der Benutzer gibt den Startwert, die Nummer des Schlüssels und den einzusetzenden kryptographischen Algorithmus vor, und das Programm wendet den Algorithmus entsprechend oft an, um den gewünschten Schlüssel zu erzeugen. Der Startwert muß entweder vom Benutzer eingegeben oder aus einer Datei gelesen werden. Bei der ersten Möglichkeit wählt der Benutzer den Startwert wahrscheinlich so, wie er auch ein Paßwort wählen würde. Da die meisten Benutzer eine berüchtigte Schwäche für schlechte Paßwörter haben, wird das System anfällig für Wörterbuchangriffe (siehe oben). Wird der Startwert aus einer Datei eingelesen, kann er zufälliger gewählt werden (und ist daher schwerer zu erraten) als ein vom Benutzer festgelegter Wert. In diesem Fall muß man sich aber Gedanken über die (wahrscheinlich niedrigen) damit verbundenen Risiken machen, daß der Computer oder die Datei gestohlen werden könnten.

Die alternative Möglichkeit zum Einsatz von OTP besteht darin, eine Liste mit so vielen Schlüsseln zu erzeugen und auszudrucken, wie der Benutzer für einen bestimmten Zeitraum benötigt. In diesem Fall erzeugt das System den Startwert zufällig und schützt sich so gegen Wörterbuchangriffe. Der Ausdruck sollte nur eine numerierte Liste der Schlüssel ohne weitere Erklärungen enthalten. Die Liste könnte dem Benutzer zwar gestohlen werden, doch was ist Ihrer Meinung nach wahrscheinlicher: daß die Liste gestohlen wird (und der Dieb weiß, was damit zu tun ist) oder daß die Login-Session des Benutzers ausspioniert wird? Erzeugen die Benutzer die Schlüssel bei Bedarf, verwenden sie vielleicht einen Startwert, der einem Wörterbuchangriff zum Opfer fällt (weil sie sich den Startwert sonst nur schwer merken können). Wird eine der Login-Sessions ausspioniert, sind die Schlüssel in Gefahr.

Wir glauben, daß ein Startwert, der anfällig für Wörterbuchangriffe ist, eine größere Gefahr darstellt als eine gestohlene Liste der Schlüssel. Daher ziehen wir es vor, gedruckte Listen mit Schlüsseln einzusetzen, anstatt die Schlüssel bei Bedarf zu erzeugen.

Hardware für Einmal-Paßwörter

Es gibt auch Hardware-Systeme zum Erzeugen nicht wiederverwendbarer Paßwörter. Die gebräuchlichsten Systeme verwenden scheckkartengroße Karten. Sie installieren Software und/oder Hardware auf dem Computer, und ein Benutzer, der sich anmelden möchte, verwendet die Informationen, die von der Karte als Teil des Vorgangs erzeugt werden. Damit Angreifer die Karte nicht einfach stehlen können, gibt es normalerweise noch eine »etwas, das Sie wissen«-Komponente, entweder ein festes Paßwort, mit dessen Hilfe man eine Sperre auf der Karte selbst aufheben kann, oder ein festes Paßwort, mit dem als Teil des Login-Vorgangs die erzeugten Informationen auf der Karte ergänzt werden.

Diese Systeme benutzen eine Vielzahl verschiedener Möglichkeiten zum Erzeugen von Paßwörtern. Einige variieren das Paßwort auf der Grundlage der Zeit, andere arbeiten sich durch eine Liste mit Einmal-Paßwörtern, und wieder andere verwenden ein Frage-Antwort-System, bei dem der Computer eine Frage stellt, die der Benutzer in die Karte eingibt, und die Karte eine Antwort zurückliefert, die der Benutzer dem Computer übergibt.

Die einzelnen kartenbasierten Systeme haben zwar unterschiedliche Stärken und Schwächen, ihnen sind aber die gleichen allgemeinen Vor- und Nachteile eigen. Auf der Positivseite bieten sie ein garantiertes Maß an Schutz, ohne besondere Reader-Hardware zu erfordern; auf der Negativseite sind beträchtliche Kosten für die Karten zu verzeichnen, außerdem müssen Sie die Login-Software der Maschinen verändern, die Sie schützen wollen. Die meisten Authentifizierungssysteme unterstützen heutzutage die verbreitetsten Karten, Sie müssen allerdings weiterhin die Hersteller-Bibliotheken installieren.

Kartenbasierte Kennwörter stellen für ihre Benutzer eine relativ große Belastung dar. Diese müssen nämlich das Gerät bei sich führen, in dieses Zeichen eingeben, Zeichen auf ihm lesen und überdies ein kleines und teures Objekt vor Beschädigung oder Verlust schützen. Ausgedruckte Einmal-Paßwortlisten bringen für die Benutzer ebenfalls einigen Ärger mit sich; es gibt nichts Schlimmeres, als die Liste umzudrehen, nur um dann festzustellen, daß das nächste benötigte Paßwort nicht zu erkennen ist.

Andere Hardware-Optionen, die nach dem Schema »etwas, das Sie besitzen« verfahren, vermeiden viele dieser Probleme. Zum Beispiel sind kreditkartengroße Chipkarten (auch »Smartcard« genannt), auf denen Informationen in einem Chip untergebracht sind, billiger und leichter aufzubewahren. Außerdem besitzen sie keine Minitastaturen und -anzeigen, mit denen man sich quälen müßte. Der »geheime Kodierring«, ein kleiner Sender, der in einem klobigen Ring oder Schlüsselanhänger untergebracht ist, stellt ebenfalls ein kleines, wertvolles Objekt dar, das es zu schützen gilt. Allerdings besitzt es keine Tastatur und keine Anzeige und ist rein gefühlsmäßig sehr befriedigend. Jedoch erfordern all diese Möglichkeiten Reader-Hardware an der Stelle, an der ein Benutzer sich authentifizieren muß. Chipkartenleser werden immer beliebter, und wahrscheinlich werden sich von den vorgestellten Optionen Chipkarten durchsetzen, da sie recht praktisch sind. Es ist zwar unwahrscheinlich, daß Internet-Cafés und Terminals in Flughäfen in nächster Zeit mit Chipkartenlesegeräten ausgestattet werden, für Laptops sind sie dagegen bereits erhältlich.

Sie können auch PDAs wie Palm Pilots und Windows CE-Maschinen einsetzen, um Einmal-Paßwörter zu erzeugen. Dies ist vor allem für Leute sehr bequem, die solche Geräte bereits besitzen, allerdings bieten sie nicht die gleiche Sicherheit wie Geräte, die speziell als Sicherheitseinrichtungen entwickelt wurden. Normale PDAs stellen keinen Hardware-Schutz bereit (sie können weggenommen werden, so daß andere Leute Zugriff auf die Daten haben). Die meisten von ihnen bieten auch keinen besonderen Software-Schutz; man kann zwar ein Paßwort einstellen, dies läßt sich aber im allgemeinen leicht erraten, und falls man die Daten auf einem »richtigen« Computer sichert, sind sie dort im Normalfall absolut ungeschützt. Falls Sie diese Geräte für Einmal-Paßwörter verwenden, sollten Sie es in Betracht ziehen, einen zusätzlichen Zugriffsschutz einzurichten.

Modulare Authentifizierung für Unix

Programme, die einen Benutzer authentifizieren wollen (wie etwa *login* oder der *ftpd*-Dämon), müssen im Normalfall selbst wissen, wie der Benutzer zu authentifizieren ist. Sie müssen die jeweilige Authentifizierungsmethode(n) selbst implementieren und verstehen. Bei einem Unix-System bedeutet dies, daß diese Programme folgende Schritte ausführen müssen, um einen Benutzer zu authentifizieren:

1. den Benutzer nach dem Login-Namen fragen
2. diesen Login-Namen suchen und das verschlüsselte Paßwort für ihn ermitteln
3. den Benutzer nach einem Paßwort fragen
4. mit dem Paßwort des Benutzers und den ersten beiden Zeichen des verschlüsselten Paßworts einen bekannten String verschlüsseln (acht Null-Bytes)
5. überprüfen, ob das Ergebnis dieser Verschlüsselung mit dem verschlüsselten Paßwort des Benutzers übereinstimmt

Um ein zweites Verfahren zur Authentifizierung einzusetzen (z.B. das oben beschriebene OTP-Verfahren), müssen Sie alle Programme so abändern, daß sie den zweiten Mechanismus zusätzlich oder anstelle des Unix-Standardverfahrens mit Paßwörtern unterstützen. Falls Sie später noch ein drittes Verfahren hinzufügen wollen (etwa zur Unterstützung der SecurID-Karten), sind die Programme noch einmal anzupassen. Für jedes neue Verfahren entsteht zusätzlicher Aufwand. Bei jeder Anpassung der Programme werden diese umfangreicher und komplexer. Damit steigt die Wahrscheinlichkeit, daß Sie sicherheitsrelevante Fehler einbauen. (Das ist ein großes Risiko, denn hierbei handelt es sich um sicherheitskritische Programme – sie steuern ja den Zugang zu Ihrem System.)

Die modulare Authentifizierung verfolgt einen anderen Ansatz. Dabei modifizieren Sie alle betroffenen Programme (d.h. *login*, *ftpd*) einmal, damit diese mit einem Authentifizierungsdienst kommunizieren können, anstatt die Authentifizierung selbst durchzuführen. Alle Einzelheiten des Authentifizierungsverfahrens – zum Beispiel die Eingabeaufforderung für das Paßwort, die Bewertung der Benutzereingabe usw. – werden vom Authentifizierungsdienst erledigt. Wenn Sie Verfahren zur Authentifizierung hinzufügen oder verändern wollen, ändern Sie den Authentifizierungsdienst (der modular aufgebaut ist und solche Änderungen unterstützt) und nicht die einzelnen authentifizierenden Programme.

Der Authentifizierungs-Server aus dem TIS FWTK

Der Authentifizierungs-Server des TIS FWTK ist eine verbreitete Lösung für die Authentifizierung von Benutzern aus dem Internet. Der Server implementiert eine Vielzahl von Authentifizierungsverfahren, darunter normale, wiederverwendbare Paßwörter (nicht empfohlen), S/Key, die SecurID-Karten von Security Dynamics und die SNK-004-Karten von Digital Pathways. Der Server ist modular aufgebaut und erweiterbar und wurde so gestaltet, daß neue Authentifizierungsverfahren leicht integriert werden können.

Ein einziger Authentifizierungs-Server kann eine beliebige Anzahl von Clientmaschinen und Programmen bedienen und unterstützt eine große Anzahl verschiedener Authentifizierungsverfahren; unterschiedliche Benutzer können auf dem gleichen Server unterschiedliche Authentifizierungsverfahren verwenden. Zum Beispiel könnte ein Teil der Benutzer S/Key einsetzen, während andere die SNK-004-Karten von Digital Pathways bevorzugen.

Wenn ein Clientprogramm (wie *login* oder *ftpd*) jemanden mit Hilfe des TIS FWTK-Authentifizierungs-Servers authentifizieren möchte, muß es folgendermaßen vorgehen:

1. den Benutzer nach einem Login-Namen fragen
2. mit dem Authentifizierungs-Server Kontakt aufnehmen und diesem mitteilen, wer versucht, sich anzumelden
3. eine Antwort des Authentifizierungs-Servers entgegennehmen, die ihm mitteilt, welche Eingabeaufforderung dem Benutzer zu zeigen ist
4. die Eingabeaufforderung anzeigen, die vom Authentifizierungs-Server festgelegt wurde
5. die Antwort des Benutzers entgegennehmen und sie an den Authentifizierungs-Server senden
6. entweder ein O.K. oder eine Fehlermeldung vom Authentifizierungs-Server entgegennehmen
7. dem Benutzer Zugang gewähren (falls O.K.) oder die Fehlermeldung anzeigen

Der gesamte Vorgang wird über eine einzige TCP-Verbindung zwischen dem Client und dem Authentifizierungs-Server abgewickelt. Der Server kann daher sicher sein, daß er immer mit dem gleichen Client in Kontakt ist, und der Client kann seinerseits sicher sein, daß er den gesamten Authentifizierungsvorgang mit dem gleichen Server abwickelt.

Der Authentifizierungs-Server schaut in seiner Datenbank nach, wie dieser Benutzer zu authentifizieren ist, und legt fest, welche Eingabeaufforderung dafür nötig ist. Zum Beispiel:

- Kommen traditionelle Paßwörter als Authentifizierungsverfahren zum Einsatz, wird der übliche »Password:«-Prompt gezeigt.
- Bei S/Key enthält die Eingabeaufforderung die Nummer des Schlüssels, auf den der Benutzer antworten soll.
- Bei der SNK-004-Karte von Digital Pathways enthält die Eingabeaufforderung eine zufällig erzeugte Zahl als Frage.

Abbildung 21-2 zeigt, wie der TIS FWTK-Authentifizierungs-Server funktioniert.

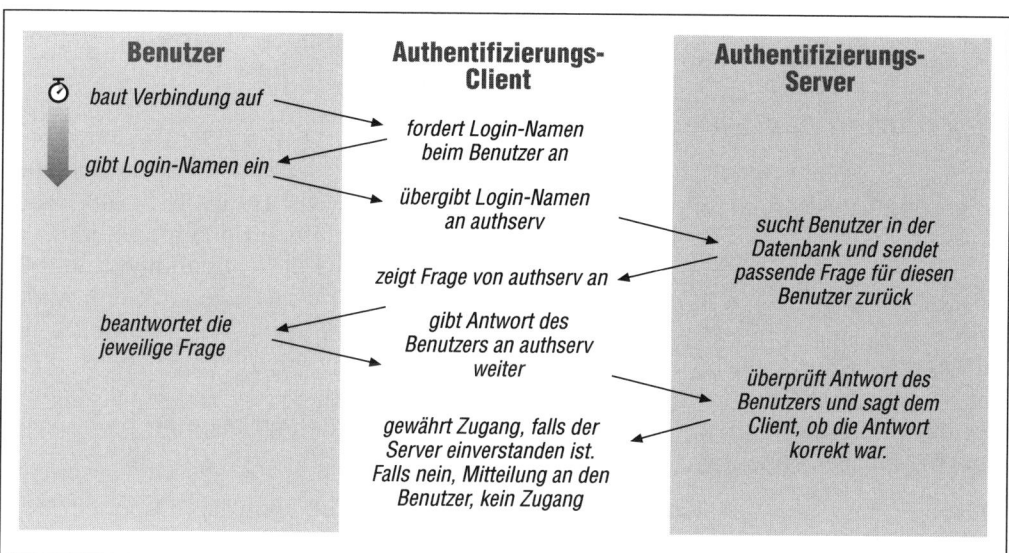

Abbildung 21-2: Funktionsweise des TIS FWTK-Authentifizierungs-Servers

Das TIS FWTK enthält eine Reihe von Programmen (wie etwa *ftpd*), die neben anderen sicherheitsrelevanten Verbesserungen auch bereits für den Einsatz des Authentifizierungs-Servers modifiziert wurden. Die Anpassung existierender Programme an den Server als Ersatz für die traditionellen Unix-Paßwörter ist ziemlich einfach. Normalerweise sind dazu nur etwa 20 Zeilen C-Code nötig. Das Toolkit enthält auch entsprechende Beispiele.

Das Toolkit beinhaltet außerdem einige Programme für den Einsatz auf Systemen, für die kein Quellcode, sondern nur ausführbare Programme zur Verfügung stehen. Wenn zum Beispiel der Quellcode für das Programm *login* nicht zur Verfügung steht, kann man sich mit einem Programm aus dem Toolkit behelfen, das als Ersatz für die Shell des Benutzers fungiert. Es wird anstelle einer der normalen Shells (z.B. */bin/csh* oder */bin/sh*) in der Datei */etc/passwd* eingetragen. Diese Ersatz-Shell authentifiziert den Benutzer mit Hilfe des Authentifizierungs-Servers und startet nach erfolgreicher Anmeldung seine richtige Shell.

Probleme mit dem Authentifizierungs-Server

Das größte Problem beim Betrieb eines Authentifizierungs-Servers ist eine sichere Verbindung zwischen Client und Server. Ein Angreifer, der es schafft, sich als Authentifizierungs-Server auszugeben, kann sich selbst unter einer beliebigen Kennung authentifizieren.

In manchen Konfigurationen treten zusätzliche Probleme auf. Eine Ersatz-Shell kann zum Beispiel Schwierigkeiten verursachen. Nicht alle Programme verkraften es, wenn die Umgebungsvariable SHELL eines Benutzers nicht mit dem entsprechenden Eintrag in der Datei */etc/passwd* übereinstimmt.

Pluggable Authentication Modules (PAM)

PAM ist ein neueres System für die modulare Authentifizierung. Es setzt sogar noch flexiblere Mechanismen ein als der Authentifizierungs-Server des TIS FWTK. Das Grundprinzip ist in etwa gleich; Programme, die eine Authentifizierung durchführen müssen, werden an das PAM-System angepaßt. Danach besitzen Sie die vollständige Kontrolle darüber, welche Art von Authentifizierung sie durch PAM verwenden. Weitere Änderungen an den jeweiligen einzelnen Programmen sind nicht notwendig. Im Gegensatz zum Authentifizierungs-Server handelt es sich bei PAM um einen lokalen Dienst; PAM lädt dynamisch Authentifizierungsmodule in Anwendungen, die entsprechend konfiguriert wurden. Diese Authentifizierungsmodule werden mit den gleichen Rechten ausgeführt wie die Anwendungen, die sie geladen haben.

Ein Programm kann PAM auffordern, einen Benutzer zu authentifizieren oder ein Paßwort zu ändern. Die Paßwortänderungsfunktion sorgt dafür, daß Benutzer nicht für jeden neuen Authentifizierungsmechanismus ein neues Verfahren zum Ändern des Paßworts lernen müssen.

Ein Administrator kann PAM so konfigurieren, daß es neben der Benutzer-Authentifizierung noch weitere Aufgaben ausführt. Zum Beispiel kann es auf der Grundlage von Kriterien, die nichts mit der korrekten Anmeldung eines Benutzers zu tun haben, den Zugriff verweigern oder gewähren. Auf diese Weise können Sie steuern, zu welcher Tageszeit ein Dienst verwendet werden darf, wie viele Benutzer gleichzeitig auf einen Dienst zugreifen dürfen oder ob ein Dienst von der Konsole einer Maschine zugänglich ist. PAM kann außerdem die Umgebung einrichten, in der der Dienst ausgeführt wird, indem es Umgebungsvariablen einstellt oder Programme ausführt (zum Beispiel kann es mittels *chroot* die Bereiche des Dateisystems einschränken, auf die der Dienst zugreifen darf).

Authentifizierungsmodule können hintereinander angeordnet werden, entweder um einem Fehlerfall vorzubeugen (falls eine Authentifizierungsmethode nicht funktioniert, probieren Sie einfach eine andere) oder um komplizierte Regeln zu ermöglichen (George darf sich nur an der Konsole und nur zwischen 3 und 5 Uhr morgens anmelden, alle anderen dürfen sich aus dem lokalen Netzwerk mit wiederverwendbaren Paßwörtern oder aus dem Internet mit Einmal-Paßwörtern anmelden). Neue Authentifizierungsmodule können ebenfalls sehr leicht hinzugefügt werden, allerdings müssen Sie sie mit Vorsicht einsetzen. Wenn Sie einer Software die Authentifizierung von Benutzern anvertrauen, vertrauen Sie ihr auch die Sicherheit Ihres Systems an; an diesem Punkt sollten Sie nicht leichtfertig sein.

PAM ist ein außerordentlich flexibles System. Das bedeutet, daß es schwer zu konfigurieren sein kann. Konfigurationsfehler haben oft unbenutzbare Computer zur Folge; man kann aber auch leicht versehentlich eine Konfiguration erzeugen, die unerwartete Unsicherheiten mit sich bringt. Die Funktion, Module zu kombinieren, bringt beispielsweise eine Reihe von Möglichkeiten mit sich, versehentlich Zugriff zu erlauben, den man eigentlich verwehren wollte. Im Prinzip erhalten Sie eine komplette Programmiersprache mit einer verwirrenden und vielfältigen Syntax. Schon ein so banaler Fehler wie die Benutzung des Schlüsselwortes »required« anstelle von »requisite« kann ungeahnte Konseqenzen haben.

Wie jedes leistungsfähige Werkzeug muß PAM mit großer Sorgfalt eingesetzt werden:

- Da bereits relativ kleine Fehler das Potential besitzen, den kompletten Zugang zu einer Maschine zu verwehren, müssen Sie wissen, wie Sie die Maschine im Einbenutzermodus booten, bevor Sie damit beginnen, PAM zu konfigurieren. Der Zugang zum Einbenutzermodus wird von PAM nicht kontrolliert, Sie haben auf diese Weise die Möglichkeit, den Zugriff auf den Rest der Maschine wieder zu aktivieren.

- Da alle Dateien von PAM sicherheitskritisch sind (ein Eindringling kann leicht Hintertüren installieren, indem er einen Teil von PAM verändert), sollten Sie es zusammen mit einem Prüfsummensystem einsetzen, das nichtautorisierte Veränderungen entdeckt (siehe Kapitel 11, *Unix- und Linux-Bastion-Hosts*, für weitere Informationen über solche Systeme).

- Da die Konfiguration von PAM etwas kompliziert ist, müssen Sie Ihre Konfigurationen testen, bevor Sie sich auf sie verlassen. Wenn Sie sich darüber klar sind, wie Sie einen Dienst konfigurieren wollen, erstellen Sie eine Liste mit wichtigen Situationen, bei denen Zugriff gewährt und bei denen der Zugriff verhindert werden soll. Nachdem Sie die Konfiguration erstellt haben, testen Sie jede dieser Situationen, damit Sie keine Überraschungen erleben.

Bei den meisten Installationen erlaubt PAM es Ihnen, entweder eine einzige Konfigurationsdatei zu verwenden, in der die Konfigurationsdaten aller Dienste enthalten sind, oder ein Verzeichnis mit einer separaten Datei für jeden Dienst. Sie sollten für jeden Dienst eine eigene Datei benutzen; auf diese Weise verhindern Sie, daß Konfigurationsfehler eines Dienstes die anderen Dienste beeinflussen.

Unabhängig davon, wie Sie die Konfigurationsdateien einrichten, müssen Sie ein Standardverhalten für den Dienst namens »other« einrichten, das zur Anwendung kommt, wenn es keine besonderen Informationen für einen mit PAM laufenden Dienst gibt. Stellen Sie dieses Verhalten so ein, daß es den Zugriff verweigert und diese Tatsache protokolliert; auf diese Weise verhindern Sie den Zugang zu einem PAM-fähigen Dienst, den Sie versehentlich ohne die entsprechenden Konfigurationsinformationen installiert haben. Falls Sie versehentlich die Konfiguration eines existierenden Dienstes entfernen, verwehren Sie damit selbstverständlich den Zugang dazu. Das ist zwar nicht nett, aber immer noch besser als eine Maschine, in die eingebrochen werden konnte.

Kerberos

Kerberos wurde am MIT im Projekt Athena entwickelt (dort entstand auch das X Window System). Es stellt über modifizierte Versionen von Standardclients und -Servern (z.B. Telnet-Clients und -Server) Authentifizierung und Verschlüsselung bereit.

Kerberos ermöglicht sichere Authentifizierung in einer verteilten Umgebung und ist weit verbreitet. In Windows 2000 ist es die wichtigste Authentifizierungsquelle. Einige andere Hersteller unterstützen Kerberos in ihren Betriebssystemen. Das MIT bietet frei verfügbare Implementierungen für viele Unix-Versionen an. Da der Quellcode ebenfalls frei verfügbar ist, können Sie es auch auf ein Betriebssystem portieren, für das es noch keine Implementierung gibt.

Kerberos versucht, eine Lösung für die Situation zu bieten, bei der ein Client mit einem Server über ein nicht vertrauenswürdiges Netzwerk kommunizieren will. Der Client und der Server müssen einander oder dem Netzwerk nicht vertrauen, allerdings müssen sie dem Kerberos-Server Vertrauen entgegenbringen (er ist der vertrauenswürdige Dritte). Stellen Sie sich einen Kurier vor, der versucht, einem Juwelierladen Edelsteine zu überbringen. Der Juwelierladen möchte keinen falschen Kurier einlassen, der sich als Räuber entpuppen könnte; der Kurier wiederum will die Steine nicht einem falschen Juwelier übergeben, der ja ebenfalls ein Räuber sein könnte. Falls beide nun einer dritten Person vertrauen, könnte diese Person die Identität beider Seiten dieser Transaktion überprüfen.

Es gab zwei offiziell veröffentlichte Versionen von Kerberos, Version 4 und Version 5. Version 5 wurde 1993 freigegeben und behob eine Reihe von Problemen. Wir empfehlen Ihnen nicht, Kerberos Version 4 einzusetzen. Der Unix-Code des MIT ist auf der Grundlage einer Lizenz frei erhältlich (siehe Anhang A, *Ressourcen*), es handelt sich bei Kerberos allerdings nicht um ein Public Domain-Produkt. Da Kerberos in alles integriert werden muß, was Authentifizierungsdaten verwendet, kann es recht aufwendig und kompliziert sein, Kerberos in Ihrer Umgebung zu implementieren. Verschiedene Firmen und Betriebssystemhersteller bieten kommerzielle Versionen von Kerberos, bei denen diese Arbeit bereits teilweise oder vollständig für Sie erledigt wurde.

Windows 2000 verwendet einige Erweiterungen zu Kerberos Version 5. Deshalb lassen sich nicht alle Operationen ausführen, wenn Sie Windows 2000 mit anderen Implementierungen von Kerberos kombinieren. Zwar setzt Kerberos auf plattformübergreifende Zusammenarbeit, jedoch überträgt Windows 2000 auch Windows-spezifische Daten, die für die Autorisierung verwendet werden. Anderen Kerberos-Implementierungen stehen die Autorisierungsdaten nicht zur Verfügung, so daß eine Authentifizierung zwar vielleicht funktioniert, während eine Autorisierung fehlschlägt. Aus technischer Sicht ist dies kein Problem von Kerberos (Kerberos ist ein Authentifizierungsprotokoll, und die Autorisierung gehört nicht dazu). Das Ergebnis ist in diesem Fall, daß ein Windows 2000-Benutzer, der versucht, einen Nicht-Windows 2000-Kerberos-Server zu benutzen, nicht auf die Windows 2000-Ressourcen zugreifen kann. Andererseits übertragen andere Plattformen die Autorisierungsdaten normalerweise nicht auf diese Weise, so daß ein Windows 2000-Kerberos-Server deshalb in der Regel Clients auf anderen Plattformen bedienen kann. (Wie wir im Abschnitt über die Paketfiltereigenschaften von Kerberos ausführen werden, benutzt Windows 2000 TCP für einige Kerberos-Transaktionen, was bei anderen Plattformen nicht der Fall ist. Dadurch können Authentifizierungen fehlschlagen, vor allem, wenn der Benutzer ein gültiger Windows 2000-Benutzer mit dem kompletten Satz an Windows 2000-Autorisierungsinformationen ist.)

Microsofts Implementierung von Kerberos verwendet für viele Kerberos-Konzepte Microsoft-spezifische Namen. Damit soll erfahrenen Microsoft-Administratoren der Übergang zu Kerberos erleichtert werden. Die Namen ähneln den alten Namen für ähnliche Funktionen; in manchen Fällen sind die Namen sogar intuitiver. Erfahrene Kerberos-Administratoren werden durch die Bezeichnungen möglicherweise verwirrt. Wir benutzen die Standard-Kerberos-Begriffe, wenn wir sie einführen, werden wir allerdings den Microsoft-spezifischen Namen mit angeben, falls es einen gibt.

Wie funktioniert Kerberos?

Kerberos stellt für Clients und Server in einem ungeschützten und nicht vertrauenswürdigen Netzwerk eine sichere Authentifizierung bereit. Diese ist sicher, solange die Kerberos-Authentifizierungs-Server selbst vor unbefugten Veränderungen geschützt sind. Abbildung 21-3 zeigt die grundlegenden Anforderungen, die erfüllt sein müssen, damit ein Kerberos-Netzwerk sicher ist. Beachten Sie, daß die gezeigten Vertrauensbeziehungen die einzig wichtigen sind. Der Application-Server kann völlig unsicher sein, ohne daß er jedoch etwas gefährdet. Ebenso kann der Benutzer feindselig sein und versuchen, den Authentifizierungs-Server oder den Application-Server anzugreifen, ohne dadurch die Sicherheit zu gefährden. Der Authentifizierungs-Server muß geschützt werden, und die Client-Software muß das tun, was der Benutzer von ihr erwartet. Versagt eines von beiden, wird die Sicherheit in Frage gestellt. Falls die Zeit nicht synchronisiert ist, kann das negative Auswirkungen auf die Sicherheit haben, es ist jedoch wahrscheinlicher, daß die Benutzer sich nicht authentifizieren können.

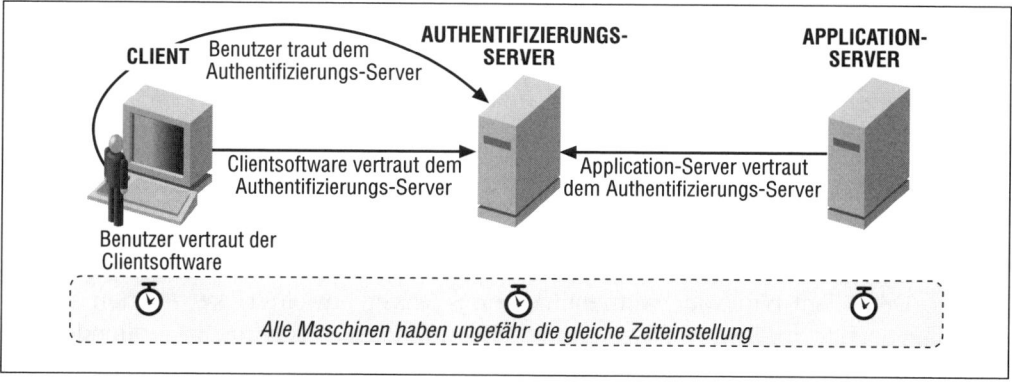

Abbildung 21-3: Kerberos-Anforderungen

Die von Kerberos verwendete Terminologie unterscheidet sich leicht von der der meisten Authentifizierungssysteme. Der Geltungsbereich einer Kerberos-Installation wird *Realm* genannt. Ein Realm ist das gleiche wie eine Windows NT- oder NIS-Domäne; Windows 2000 verwendet zum Beispiel wirklich den Begriff *Domäne* anstelle von Realm. Alle Versionen von Kerberos bezeichnen die einzelnen Parteien, die an einer Transaktion beteiligt sind, als *Principals*. Ein Principal ist ein Element, das authentifiziert werden muß. In den meisten Fällen bedeutet eine Transaktion, daß ein Benutzer mit einem Server kommuniziert (wenn zum Beispiel jemand versucht, seine E-Mails mit POP abzurufen), Principals sind deshalb normalerweise Benutzer und Dienste. Manchmal muß auch etwas anderes authentifiziert werden. Zum Beispiel sind die Principals in einer Transaktion, bei der eine Maschine ohne eigene Festplatten Dateien zum Booten überträgt, ein Rechner und ein Server anstatt ein Benutzer und ein Server.

Der Authentifizierungs-Server wird auch *Key Distribution Center* oder KDC genannt. In Windows 2000 ist jeder Domänen-Controller auch ein Authentifizierungs-Server.

Jedes zu authentifizierende Element besitzt ein Geheimnis, das auch dem Authentifizierungs-Server bekannt ist. Nur der Principal und der Authentifizierungs-Server kennen das Geheimnis, das niemals unverschlüsselt über das Netzwerk übertragen wird. Allerdings identifizieren sich die Principals jedesmal, wenn sie miteinander interagieren. Immer, wenn ein Benutzer eine Anfrage an einen Server richtet, wird ein Identifikator, ein sogenanntes *Ticket,* an den Server übergeben. Dieses Ticket ist eigens für den Benutzer und für den Server gedacht, den der Benutzer zu verwenden versucht.

Für den Benutzer könnte dies zu einem üblen Problem werden. Das Geheimnis, das ein Benutzer mit dem Authentifizierungs-Server teilt, ist ein Paßwort. Immer, wenn das Paßwort benötigt wird, muß der Benutzer es eintippen. (Wenn man das Paßwort in der Software abspeichert, geht man ein immenses Sicherheitsrisiko ein.) Allerdings gibt es niemanden, der jedesmal ein Paßwort eintippen möchte, wenn er eine Datei von einem Fileserver holen, eine Datei drucken oder seine E-Mails holen will. Es gibt jedoch zwei Möglichkeiten, den Bedarf zum Eintippen eines Paßworts zu verringern. Erstens brauchen Sie nicht immer wieder ein neues Ticket, wenn Sie mit einem Dienst interagieren; Tickets sind längere Zeit gültig, üblicherweise acht Stunden. Zweitens müssen Sie nicht immer ein Paßwort eingeben, um ein Ticket zu erhalten. Die meisten Dienste akzeptieren Tickets, die von einem *Ticket-Granting Service* (TGS) ausgegeben werden. Der TGS nimmt selbst die Tickets entgegen (akzeptiert aber nur solche Tickets, die direkt vom Authentifizierungs-Server ausgegeben wurden).

Nehmen Sie an, Sie wollen einen POP-Server benutzen, der Kerberos verwendet, um Ihre E-Mails zu lesen, und haben in den letzten acht Stunden nichts anderes mit Kerberos getan. Wenn Sie den POP-Server benutzen wollen, werden Sie nach Ihrem Paßwort gefragt. Der Client bittet den Authentifizierungs-Server um ein Ticket für den Ticket-Granting Service und setzt das Paßwort ein, um diesen Vorgang zu vollenden. Er schickt das Ticket dann an den Ticket-Granting Service und bittet um ein Ticket für den POP-Server. Schließlich übergibt er dieses zweite Ticket an den POP-Server. Falls Sie erneut nach Ihren E-Mails schauen, übergibt der Client das gleiche Ticket an den POP-

Server. Wenn Sie eine E-Mail auf einem Kerberos-fähigen Drucksystem ausdrucken wollen, nimmt der Client das Ticket für den Ticket-Granting Service und bittet um ein Ticket für den Printserver, dabei werden Sie nicht noch einmal nach Ihrem Paßwort gefragt. Abbildung 21-4 zeigt den Vorgang bei der Kommunikation mit dem ersten Application-Server.

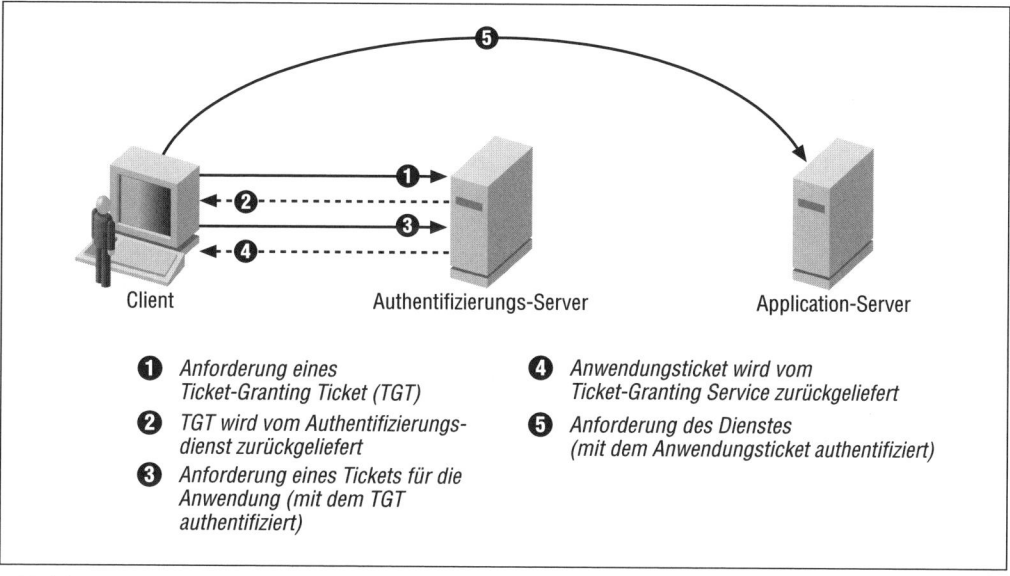

Abbildung 21-4: Kerberos-Ticket-Austausch

In der Standard-Kerberos-Terminologie wird das Master-Ticket, das Sie vom Ticket-Granting Service erhalten, *Ticket Granting Ticket* oder TGT genannt. Unter Windows 2000 heißt dieses Ticket *Benutzer-Ticket*. Das Ticket, das an eine Anwendung übergeben wird, heißt im Standard-Kerberos *Sitzungs-Ticket* und in Windows 2000 *Dienst-Ticket*.

Nicht alle Dienste nehmen ein Ticket an, das vom Ticket-Granting Service ausgegeben wurde; aus diesem Grund erlauben es Ihnen nicht alle Dienste, ein Ticket erneut zu benutzen. Ein Dienst muß selbst entscheiden, wie paranoid er ist. Dienste, die es Ihnen zum Beispiel erlauben, Ihr Paßwort zu ändern, erfordern normalerweise ein Ticket direkt vom Authentifizierungsdienst. Falls Sie Ihren Platz verlassen, um einen Kaffee trinken zu gehen, könnte jemand an Ihrer Tastatur weiterhin Tickets vom Ticket-Granting Service ausgestellt bekommen, jedoch nicht vom Authentifizierungsdienst, da in diesem Fall immer ein Paßwort angegeben werden muß.

Bei den meisten Kerberos-Implementierungen ist das Paßwort, das ein Benutzer während der Authentifizierung angeben muß, ein festes Paßwort. Dieses Paßwort wird niemals im Klartext über das Netzwerk übertragen (es kann also nicht im Netzwerk ausgespäht werden). Andererseits hindert niemand einen Angreifer daran, ein Paßwort einfach zu erraten. Kerberos unternimmt einige Anstrengungen, um zu vermeiden, daß das Paßwort – selbst in verschlüsselter Form – an Stellen gespeichert wird, an denen ein Angreifer es finden kann, um damit seine Rateversuche zu verbessern. Allerdings haben Angreifer immer noch die Möglichkeit, es auf die harte Tour zu versuchen (das heißt, einfach Paßwörter auszuprobieren). Manche Implementierungen unterstützen Einmal-Paßwörter, um solchen Angriffen vorzubeugen.

Das Vertrauen erweitern

Kerberos-Bereiche können einander vertrauen, Benutzer, die sich in einem Kerberos-Bereich authentifiziert haben, können Ressourcen in einem anderen benutzen. Dies wird durch den Einsatz von Inter-Realm-Tickets (bereichsübergreifende Tickets) ermöglicht, die es einem Ticket-Granting Service in einem Realm erlauben, Tickets für einen anderen Realm auszugeben. Das Vertrauen zwischen den Kerberos-Bereichen ist transitiv; wenn der Kerberos-Bereich des Fachbereichs Chemie demjenigen des Fachbereichs Physik vertraut und diesem wiederum der Kerberos-Bereich des Fachbereichs Elektrotechnik, dann vertrauen auch die Kerberos-Bereiche der Fachbereiche Chemie und Elektrotechnik einander.

Wenn ein Dienst ein Ticket von außerhalb des eigenen Realm entgegennimmt, enthält das Ticket Informationen über den Realm, der dieses Ticket ursprünglich herausgegeben hat, sowie über alle Realms, die das Ticket durchquert hat. Im vorangegangenen Beispiel sieht es so aus: Wenn ein Benutzer aus dem Fachbereich Chemie ein Ticket an einen Dienst in der Elektrotechnik sendet, sieht der Dienst, daß das Ticket in der Chemie herausgegeben wurde und die Physik durchquert hat. Der Dienst kann anhand dieser Informationen entscheiden, welche Rechte ein Benutzer haben darf.

Das Vertrauen zwischen Realms verändert die Firewall-Aspekte beim Einsatz von Kerberos nicht besonders. Eine Firewall, die zwischen zwei Realms liegt, sieht mit Ausnahme der anfänglichen Authentifizierung die gleiche Art von Verkehr wie eine Firewall, die zwischen zwei Teilen des gleichen Realms liegt.

Paketfiltereigenschaften von Kerberos

Kerberos v5 wurde Port 88 für Ticket-Anfragen zugewiesen. Das Kerberos-Protokoll legt zwar die Benutzung von UDP fest, Windows 2000 kann bei einigen Anfragen aber auch TCP einsetzen. Windows 2000-Tickets enthalten nämlich mehr Informationen als Standard-Kerberos-Tickets und können daher größer sein als das, was in ein einzelnes 1.500-Byte-UDP-Paket paßt. Wenn ein solcher Fall eintritt, übermittelt der Client seine erste Anfrage per UDP, empfängt eine abgeschnittene Antwort und wiederholt die Anfrage über TCP. (Dies ist ein Standard-Mechanismus bei mehreren UDP-basierten Protokollen, einschließlich DNS und WINS, bei dem die meisten Anfragen über das schlanke UDP erfolgen, während mittels TCP auch leicht die gelegentlich anfallenden größeren Datenmengen übertragen werden können.)

Richtung	Quell-adresse	Ziel-adresse	Protokoll	Quell-port	Ziel-port	ACK gesetzt	Anmerkungen
eingehend	extern	intern	UDP	>1023	88	a	Anfrage an internes KDC
ausgehend	intern	extern	UDP	88	>1023	a	Antwort vom internen KDC
ausgehend	intern	extern	UDP	>1023	88	a	Anfrage an externes KDC
eingehend	extern	intern	UDP	88	>1023	a	Antwort vom externen KDC
eingehend	extern	intern	TCP	>1023	88	b	Überlange Anfrage an internes KDC
ausgehend	intern	extern	TCP	88	>1023	ja	Überlange Antwort vom internen KDC
ausgehend	intern	extern	TCP	>1023	88	b	Überlange Anfrage an externes KDC
eingehend	extern	intern	TCP	88	>1023	ja	Überlange Antwort vom externen KDC

a. UDP besitzt kein Äquivalent zu ACK.
b. Das ACK-Flag ist beim ersten Paket nicht gesetzt, wird aber bei allen folgenden Paketen gesetzt.

Alle Pakete enthalten Authentikatoren und Prüfsummen zum Nachweis der Identität. Um eine Konversation mit einem Kerberos-Server zu beginnen, müssen Sie zuvor dafür sorgen, daß Sie ein Geheimnis mit dem Server teilen. Dies bedeutet, daß es sehr wahrscheinlich ist, daß Sie Versuche von fremden Maschinen aufdecken können, an Kerberos-Legitimationen heranzukommen. Andererseits brauchen Sie eine Reihe von Prozessen und Prozeduren, um Systeme zu Ihrem Kerberos-Bereich hinzufügen bzw. aus ihm entfernen zu können.

Proxy- und Network-Address-Translation-Eigenschaften von Kerberos

Kerberos-Authentikator-Pakete enthalten die IP-Adresse des Ursprungssystems. Diese Adressen sollen mit der Quell-IP-Adresse verglichen werden (obwohl offensichtlich nicht alle Implementierungen diesen Test wirklich ausführen), um zu verhindern, daß das Paket ausspioniert und von einer anderen IP-Adresse erneut abgespielt wird. Dadurch läßt sich Kerberos nur schwer mit Proxies oder Network-Address-Translation-Systemen betreiben. Die IP-Adresse des Pakets ist nämlich die Adresse des internen Hosts, während die Quelladresse die Adresse des Proxy-Servers oder die angepaßte Adresse ist.

Eine Lösung, die Veränderungen an den Kerberos-Quellen erfordert,[5] wäre es, die internen Systeme zu veranlassen, allen Kerberos-Paketen die externen IP-Adressen hinzuzufügen. Dadurch wird jedoch eigentlich eine Überprüfung der IP-Adressen durch ferne Systeme verhindert. Es bedeutet außerdem, daß die internen Systeme nicht nur dem Kerberos-Server vertrauen, sondern auch dem Proxy oder dem NAT-System, das sich als beliebiger interner Host maskieren kann. Diese Maßnahme erhöht das Risiko deutlich; Kerberos-Server sind stark geschützte Maschinen, Proxy- und NAT-Server sind dagegen äußerst offen.

---

5   Die Modifikation wurde von Ken Hornstein geschrieben und steht unter *ftp://ftp.ncsa.uiuc.edu/aces/ kerberos/misc_patches/patch.app-proxy* zur Verfügung.

Da Kerberos auf UDP aufbaut, treten außerdem die üblichen Probleme mit dem Einsatz von Proxy-Systemen für UDP auf; die Proxy-Maschine muß den Zustand überwachen, um feststellen zu können, welche Pakete Antworten auf welche Anfragen sind. Dies kann in Situationen zu Schwierigkeiten führen, in denen viele Transaktionen ausgeführt werden oder in denen Pakete verlorengehen.

Es soll noch erwähnt werden, daß Kerberos auch über ein Konzept von *Proxy-Tickets* verfügt. Dabei handelt es sich um Tickets, die es einem Server erlauben, im Namen eines anderen Principal zu handeln (zum Beispiel könnte ein Druckdienst sie benutzen, um auf die Dateien eines Benutzers zuzugreifen). Sie haben nichts mit dem Proxy-Dienst im Zusammenhang mit Firewalls zu tun.

Zusammenfassung der Empfehlungen für Kerberos

- Falls Sie intern Kerberos einsetzen und es Maschinen ermöglichen wollen, sich aus dem Internet zu authentifizieren, können Sie eine nach innen gerichtete Authentifizierung erlauben. Sie sollten jedoch auf eine der Einmal-Paßwort-Erweiterungen zurückgreifen, um das Erraten von Paßwörtern zu verhindern.
- Wenn Sie es internen Maschinen ermöglichen, sich bei externen Kerberos-Servern zu authentifizieren, müssen Sie gefährliche Mengen an UDP-Verkehr zulassen. Falls Sie dies erlauben müssen, dann beschränken Sie dies auf einzelne Hosts und behandeln Sie diese Maschinen als Bastion-Hosts, oder setzen Sie Proxy-Systeme ein. Keine dieser Lösungen ist jedoch wirklich befriedigend.
- Sie müssen in der Lage sein, der Sicherheit jedes Kerberos-Servers völlig zu vertrauen, den Sie für die Authentifizierung einsetzen. Selbst wenn Sie es Hosts erlauben, sich bei externen Kerberos-Servern zu authentifizieren, dürfen Sie keine extern kontrollierte Authentifizierung für interne Dienste akzeptieren.

NTLM-Domänen

NTLM-Domänen bieten eine Benutzer- und Gruppenauthentifizierung für Windows-Maschinen. Es ist nicht völlig klar, was »NTLM« eigentlich bedeutet, vermutlich steht es für so etwas wie »NT Logon Manager«. Vor Windows 2000 wurden diese einfach *Domänen* genannt.

Der Begriff *Domäne* wird leider in der Welt der Netzwerke in vielen verschiedenen Kontexten verwendet. Es gibt DNS-Domänen, NIS-Domänen, NTLM-Domänen und Kerberos-Domänen, die alle in gewisser Weise ähnlich (in der Art, daß sie Bereiche kennzeichnen, die einer bestimmten administrativen Kontrolle unterliegen) und doch sehr verschieden sind. NTLM-Domänen kontrollieren ebenso wie NIS-Domänen und Kerberos-Realms Informationen über Benutzer und Gruppe. Sie sind nicht an Maschinennamen gebunden, sondern stellen eine Quelle für Authentifizierungs- und Autorisierungsinformationen dar.

Unter Windows NT ist mit einer Domäne eine NTLM-Domäne gemeint. Unter Windows 2000 ist eine Domäne standardmäßig ein Kerberos-Realm. Allerdings können sich Windows 2000-Maschinen in NTLM-Domänen authentifizieren, und Windows 2000-Domänen-Controller können so konfiguriert werden, daß sie sowohl Kerberos- als auch NTLM-Dienste bereitstellen (um zum Beispiel älteren Betriebssystemen die Authentifizierung zu ermöglichen).

Die Computer, auf denen sich die Informationen befinden, werden *Domänen-Controller* genannt. Eine NTLM-Domäne verfügt über einen Computer, der als primärer Domänen-Controller fungiert. Außerdem kann sie einen oder mehrere Computer haben, die Backup-Domänen-Controller bilden. Jeder Domänen-Controller kann die Benutzerauthentifizierung durchführen, Veränderungen an der Datenbank (Paßwortänderungen, Hinzufügen oder Löschen von Benutzern, Änderungen der Gruppenzugehörigkeit) finden jedoch alle auf dem primären Domänen-Controller statt und werden von dort aus den Backup-Domänen-Controllern bekanntgegeben.

Wenn ein Benutzer sich mit Hilfe einer Benutzerkennung, die zu einer NTLM-Domäne gehört, auf einem Computer anmelden will, der Teil einer NTLM-Domäne ist, muß er einen Benutzernamen, ein Paßwort und den Namen einer Domäne angeben. Der Computer übergibt diese Informationen an seinen Domänen-Controller. Falls der Domänen-Controller in der Lage ist, den Benutzer mit diesen Informationen zu authentifizieren, gibt er einen Sicherheitsidentifikator zurück, ansonsten eine Fehlermeldung. Der Computer überprüft dann die Zugriffsberechtigungen des Sicherheitsidentifikators, um festzustellen, ob dieser sich anmelden darf. Ist dies der Fall, setzt er den Anmeldevorgang fort. Beachten Sie, daß diese Verfahrensweise die Authentifizierung von der Autorisierung trennt; es ist möglich, daß man sich korrekt authentifiziert und sich dennoch nicht anmelden kann, weil man dazu nicht autorisiert ist.

Wenn die Authentifizierung erforgreich verlaufen ist, speichert der Client die Informationen lokal ab. Falls ein Benutzer sich anmelden will und kein Domänen-Controller zur Verfügung steht, verwendet der Client die abgespeicherten Informationen. Ist ein Domänen-Controller verfügbar, wird der Cache auf dem Client nicht in Anspruch genommen. Die meisten Clients speichern 10-15 Sätze mit Zugangsdaten (der Vorgabewert ist 10, er läßt sich jedoch verändern). Wenn Sie einen Benutzerzugang aus einer Domäne entfernen, kann sich der Benutzer weiterhin an jedem Computer anmelden, an dem er sich erst vor kurzem angemeldet hatte. Dazu muß er diesen Computer nur vom Netzwerk trennen. Außerdem kann jeder, der einen Administrator-Zugang zu einer Maschine besitzt, die zwischengespeicherten Zugangsdaten lesen. Da diese Daten in einer doppelt Hash-verschlüsselten Form gespeichert werden, können normale Paßwort-Cracker gegen sie nicht viel ausrichten; andererseits ist es natürlich möglich, einen Cracker für sie zu schreiben, und früher oder später wird irgendjemand dies auch tun. In sicherheitskritischen Umgebungen sollten Sie die Zwischenspeicherung der Zugangsdaten deaktivieren; in Windows NT 4 müssen Sie dazu den folgenden Registry-Schlüssel auf 0 setzen:

```
HKEY_LOCAL_MACHINE\Software\Microsoft\Windows NT\currentversion\winlogon\
Cached Logons Count
```

Normalerweise authentifiziert der Domänen-Controller den Benutzer lokal. Es können allerdings zwei Fälle auftreten, in denen der Domänen-Controller einen anderen Domänen-Controller um Informationen bittet. Erstens, wenn die Domäne, in der sich der Benutzer authentifizieren will, nicht von dem Domänen-Controller kontrolliert wird, könnte der Domänen-Controller die Anfrage an den entsprechenden Domänen-Controller weiterleiten. Zweitens, wenn der Domänen-Controller ein Backup-Domänen-Controller ist und die Authentifizierung fehlschlägt, leitet der Backup-Domänen-Controller die Anfrage an den primären Domänen-Controller weiter, falls es dort eine Aktualisierung gegeben hat, die noch nicht bekanntgegeben wurde.

Damit ein Domänen-Controller eine Authentifizierungsanfrage an eine andere Domäne weiterleiten kann, müssen die beiden Domänen zuvor eine Beziehung zueinander aufgebaut haben, die sogenannte *Vertrauensbeziehung*. Falls Sie die Authentifizierung einer anderen Domäne akzeptieren wollen, vertrauen Sie dieser Domäne. Vertrauensbeziehungen funktionieren in einer Richtung; falls die Domäne »Schafe« beschließt, der Domäne »Wölfe« zu vertrauen, ist es nicht erforderlich, daß »Wölfe« auch »Schafen« vertrauen.[6] In NTLM-Domänen sind Vertrauensbeziehungen nicht transitiv: Falls »Schafe« »Wölfen« vertraut und »Wölfe« »Löwen« vertraut, bedeutet das *nicht*, daß »Schafe« auch »Löwen« vertraut. (Windows 2000-Domänen sind Kerberos-Realms, und Kerberos-Vertrauensbeziehungen sind transitiv.)

Einen Domänen-Controller finden

Es gibt zwei Möglichkeiten, einen Domänen-Controller zu finden: Broadcast und WINS (weitere Informationen über NetBIOS und WINS finden Sie in Kapitel 20, *Namens- und Verzeichnisdienste*). Clients, die so konfiguriert wurden, daß sie Broadcast-Nachrichten zur Namensauflösung benutzen, werden diese ebenfalls einsetzen, um Domänen-Controller zu suchen, obwohl die Broadcast-Nachrichten unterschiedlich sind (sie werden an den Namen NETLOGON gesandt). Clients, die so konfiguriert sind, daß sie WINS für die Namensauflösung verwenden, werden diese einsetzen, um Domänen-Controller zu suchen, indem sie in der Gruppe NetBIOS nach dem Namen der Domäne und dem Typ 1C suchen (bei der Domäne »Schafe« wäre das »SCHAFE<1C>«). Wenn ein Client WINS dazu benutzt hat, eine Liste mit Domänen-Controllern zu erhalten, schickt er ein Paket an jeden Domänen-Controller auf der Liste. Unabhängig von der Art und Weise, wie ein Client nach den Domänen-Controllern sucht, wählt er den ersten Domänen-Controller aus, der antwortet.

Der Anmeldevorgang

Für die Ausführung des eigentlichen Anmeldevorgangs gibt es zwei Möglichkeiten: eine, die auf SMB beruht, und eine, die auf Microsoft RPC beruht. Die meisten Maschinen verwenden den auf SMB aufbauenden Vorgang; Maschinen, die unter Windows NT Server laufen, benutzen Microsoft RPC. Im SMB-basierten Vorgang öffnet eine Maschine, die

---

[6] Sie werden auch von »bidirektionalen Vertrauensbeziehungen« hören; das ist eigentlich nur eine bequeme Abkürzung für ein Paar von Vertrauensbeziehungen.

einen Domänen-Controller identifiziert hat, eine SMB-Verbindung zu diesem Domänen-Controller, authentifiziert den Benutzer mit der Standard-SMB-Authentifizierung und stellt eine Verbindung zum IPC$-Share her. Anschließend setzt sie ferne API-Aufrufe ein, um das Beziehen eines Sicherheits-Tokens für den Benutzer abzuschließen. Das Microsoft RPC-Verfahren funktioniert ähnlich; dabei wird ein sicherer Kanal eingerichtet (dies wird im nächsten Abschnitt beschrieben), anschließend werden ferne API-Aufrufe darüber geschickt.

Unabhängig davon, wie das Anmelden erfolgt, stellt die Maschine mittels SMB eine Verbindung zum Domänen-Controller her, um nach einer Richtliniendatei zu suchen. Dies geschieht sogar dann, wenn der Benutzer lokal authentifiziert ist, ohne daß der Domänen-Controller überhaupt einbezogen wird.

Das Einrichten des sicheren Kanals

Jeder Windows NT-Server, der Teil einer Windows NT-Domäne ist, richtet beim Start des Computers einen sicheren Kanal zu einem Domänen-Controller ein. Außerdem richtet jeder Backup-Domänen-Controller beim Start einen sicheren Kanal zu seinem primären Domänen-Controller ein. Auch für die Kommunikation zwischen den Domänen, die eine Vertrauensbeziehung unterhalten, wird ein sicherer Kanal verwendet. Bei einem sicheren Kanal handelt es sich einfach um eine authentifizierte Verbindung über Microsoft RPC, bei der die beiden Seiten über ein gemeinsames Geheimnis verfügen, mit dessen Hilfe sie Daten verschlüsseln können. Je nach installiertem Service Pack und der Konfiguration der Maschine werden einige oder alle Informationen mit diesem gemeinsamen Geheimnis verschlüsselt, die über den sicheren Kanal geschickt werden.

Die Benutzernamen- und Paßwortinformationen werden in entschlüsselbarer Form über den sicheren Kanal übertragen. Es wird weder ein Frage-Antwort-System noch Hash-Verschlüsselung eingesetzt; der Domänen-Controller entschlüsselt das Paßwort und verwendet es im Klartext. Falls der Domänen-Controller von einem Eindringling überwunden wird, kann dieser die Paßwörter mitprotokollieren. (Beachten Sie, daß ein überwundener Domänen-Controller einem Eindringling schon die Kontrolle über den Standort gibt; es ist nur eine kleine Ergänzung zu den zahllosen schrecklichen Dingen, die jemand tun kann, wenn er die Domäne kontrolliert.)

Bei manchen Implementierungen verwendet ein Server, der sich an einer Domäne anmeldet, zum Einrichten des ersten sicheren Kanals ein bekanntes Paßwort. Ein Angreifer, der diese Anfangskommunikation ausspäht, kann sie entschlüsseln und alle darin übertragenen Informationen lesen, einschließlich der Änderung des Paßworts, das für künftige sichere Kanäle eingesetzt wird. Der Angreifer kann von nun an alle Informationen im sicheren Kanal einschließlich der Paßwörter entschlüsseln. Dies endet erst in dem Moment, in dem das Paßwort geändert wird und der Angreifer diese Änderung nicht mitbekommt. Es ist nicht einfach, den ersten sicheren Kanal vor Lauschern zu schützen (man könnte den Server und den Domänen-Controller zum Beispiel in ein anderes Netzwerk legen, in dem andere Maschinen den Verkehr nicht sehen können); der sichere Kanal wird so lange als sicher angesehen, wie das Paßwort unbekannt ist

Kapitel 21: Authentifizierungs- und Auditing-Dienste

und ausreichend oft geändert wird. Wenn das Paßwort bekanntgeworden ist, ist der Kanal völlig unsicher. Service Pack 6 für Windows NT 4 behebt dieses Problem. Auch in Windows 2000 ist dieses Problem gelöst.

SMB-Authentifizierung

Wenn ein SMB-Client eine Verbindung zu einem SMB-Server herstellt, handeln der Client und der Server den SMB-Dialekt aus, den sie benutzen wollen. Diese Verhandlung ist hauptsächlich dafür verantwortlich, welche Methode zum Austausch der Authentifizierungsdaten benutzt wird. Es gibt für diesen Austausch der Authentifizierungsdaten vier Möglichkeiten (die hier aufgeführte Reihenfolge führt von der ältesten zur jüngsten und gleichzeitig von der schwächsten zur stärksten):

Klartext
> Der Client schickt dem Server den Benutzernamen und das unverschlüsselte Paßwort (einen bis zu 24 Zeichen langen ASCII-String).

LanMan 1.2
> Frage-Antwort-System, das LanMan-Paßwort-Hashing verwendet. Der Server sendet eine Frage, der Client nimmt ein ASCII-Paßwort, wandelt es in Großbuchstaben um, bringt es auf genau 14 Zeichen (schneidet es je nach Bedarf entweder ab oder füllt es mit Leerzeichen auf), benutzt das Ergebnis als Schlüssel zum Verschlüsseln eines festen, 8 Byte langen Strings, hängt fünf Null-Bytes an, verwendet dieses Ergebnis als Schlüssel zum Verschlüsseln der Frage und gibt diesen Wert zurück.

NT LM 0.12
> Frage-Antwort-System, das Windows NT-Paßwort-Hashing verwendet und nur den Client überprüft. Der Server sendet eine Frage, der Client nimmt das Paßwort, das in Unicode[7] dargestellt wird, berechnet einen 16 Byte langen MD4-Wert daraus, hängt fünf Null-Bytes an, verwendet das Ergebnis als Schlüssel zum Verschlüsseln der Frage und gibt den Wert zurück. Der Server berechnet den gleichen Wert und bestätigt den Benutzer, falls die Werte passen.

NT LM++
> Frage-Antwort-System, das Windows NT-Verschlüsselung mit gegenseitiger Überprüfung benutzt. Der Server sendet eine Frage; der Client schickt seine eigene Frage sowie die Frage des Servers zurück, die mit einem Wert verschlüsselt ist, der aus dem Paßwort abgeleitet wurde. Der Server berechnet den gleichen Wert und bestätigt den Benutzer, falls die Werte passen. Der Server berechnet dann aufbauend auf dem Paßwort einen anderen Wert, verschlüsselt damit die Frage des Clients und gibt diese an den Client zurück. Dieser kann dann bestätigen, daß der Server ebenfalls das Paßwort kennt.

---

7 Unicode ist ein System zur Darstellung von Text, das einen größeren Zeichensatz als die ASCII-Kodierung zuläßt, die normalerweise für englischen Text benutzt wird. Diese Authentifizierungsmethode würde zwar theoretisch Paßwörter in Unicode erlauben, wodurch die Anzahl der in Paßwörtern möglichen Zeichen deutlich anstiege, bei den meisten Systemen dürfen jedoch nur ASCII-Zeichen eingegeben werden. Bei Clients für Sprachen, die keine adäquaten ASCII-Repräsentationen besitzen, mag das anders sein.

Nicht alle Server und Clients unterstützen all diese Methoden. Manche Server und Clients wurden geschrieben, bevor diese Methoden entwickelt worden waren, und kennen daher die neueren, sichereren Methoden nicht; andere lehnen es aus Sicherheitsgründen ab, ältere Methoden zu unterstützen. Falls zum Beispiel ein böswilliger Server die Benutzung von Klartextpaßwörtern aushandeln kann, werden die Clients einfach alle Authentifizierungsdaten in einer Form an ihn senden, die für eine weitere Benutzung geeignet ist. Außerdem gibt es ein – allerdings geringeres – Risiko, wenn ein Server es einem Client erlaubt, Klartextpaßwörter auszuhandeln. In diesem Fall können nicht nur die Paßwörter ausgeschnüffelt werden, sondern es fällt einem bösartigen Client auch leichter, Paßwörter zu erraten, da er keine Rechenzeit mit dem Verschlüsseln der Rateversuche vergeuden muß. Sie sollten sicherstellen, daß sowohl Server als auch Clients die Benutzung von Klartextpaßwörtern ablehnen.

Auf andere Computer zugreifen

Ein Benutzer möchte möglicherweise auch auf einen anderen Computer als den zugreifen, auf dem er sich ursprünglich angemeldet hat (zum Beispiel, um einen Drucker zu benutzen, auf ferne Dateien zuzugreifen oder ein Programm wie die Ereignisanzeige einzusetzen). Wenn dieser Fall eintritt, probiert eine Windows NT-Maschine normalerweise vier Methoden aus, um auf dem fernen Computer eine Authentifizierung auszuführen. Sie geht in folgender Reihenfolge vor:

1. Angeben von Benutzernamen, Paßwort und Domäneninformation, die der Benutzer ursprünglich eingesetzt hat. Dies funktioniert nur, wenn der ferne Computer ein Mitglied der gleichen Domäne oder einer vertrauenswürdigen Domäne ist.
2. Angeben von Benutzernamen und Paßwort ohne Domäneninformation. Dies funktioniert, falls der ferne Computer eine Zugangskennung mit dem gleichen Benutzernamen und dem gleichen Paßwort besitzt.
3. Den Benutzer um ein neues Paßwort bitten. Angeben des ursprünglichen Benutzernamens mit dem neuen Paßwort. Dies funktioniert, falls es auf dem fernen Computer eine Zugangskennung mit dem gleichen Benutzernamen, aber einem anderen Paßwort gibt.
4. Anfordern eines Gastzugangs auf dem fernen Computer.

Wie Sie sehen, ist es möglich, fernen Benutzern versehentlich Zugang zu gewähren, falls Sie eine Zugangskennung einrichten, die einer Kennung in einer anderen Domäne entspricht.

Unter manchen Umständen können Sie Benutzernamen, Paßwort und Domäneninformationen explizit angeben. Dies ist normalerweise vor allem dann möglich, wenn Sie auf Dateien zugreifen wollen, nicht wenn Sie Programme ausführen.

Alternative Authentifizierungsmethoden

Windows NT-Maschinen müssen NetLogon nicht benutzen, um Benutzer zu authentifizieren. Der Authentifizierungsvorgang wird von einem Modul ausgeführt, das die Bezeichnung Graphical Identification and Authorization-Modul (GINA) trägt. Anstelle des normalen NetLogon-Vorgangs können auch andere Module eingesetzt werden. (Beachten Sie, daß dies nur für die Authentifizierung lokaler Ressourcen gilt; der Einsatz von Ressourcen anderer Server erfordert eine erneute Authentifizierung.) Die gebräuchlichste Anwendung dieses Moduls in gemischten Windows NT-Unix-Netzwerken ist eine Einrichtung namens NISGINA, die es Windows NT-Maschinen erlaubt, NIS für die Authentifizierung einzusetzen.

Ein Angreifer, der über einen Administrator-Zugang zu einer Windows NT-Maschine verfügt, kann diese Funktion ausnutzen, um zusätzliche Authentifizierungsmodule zu installieren. Es ist recht einfach, ein Modul zu schreiben, das die Benutzernamen- und Paßwortinformation für den späteren Einsatz durch den Angreifer speichert.

Falls die relevanten Registry-Schlüssel nicht die richtigen Rechte besitzen, könnte ein Angreifer die zusätzlichen Authentifizierungsmodule auch installieren, ohne zuerst einen Administrator-Zugang zu haben. Standardmäßig sind diese Schlüssel geschützt. Sie müssen aber auch darauf achten, daß dieser Schutz erhalten bleibt, falls Sie etwas, vor allem den folgenden Schlüssel, ändern:

```
HKEY_LOCAL_MACHINE\System\CurrentControlSet\Control\Lsa
```

Kommunikation zwischen Controllern

Es gibt verschiedene Zwecke, zu denen Domänen-Controller miteinander kommunizieren:

Kommunikation innerhalb von Domänen
> Primäre Domänen-Controller replizieren Informationen für Backup-Domänen-Controller; sie übertragen Authentifizierungsinformationen über NetLogon und Profile und Richtlinien per Verzeichnisreplikation.
>
> Beim Start richten Backup-Domänen-Controller einen sicheren Kanal zum primären Controller ein, der zum Übermitteln der Authentifizierung und für die Replikation gedacht ist.

Kommunikation zwischen Domänen
> Der sichere Kanal wird zur Übertragung der Authentifizierung zwischen vertrauenswürdigen Domänen verwendet.
>
> Zusätzlich baut der primäre Domänen-Controller einmal pro Woche eine Verbindung zu den primären Domänen-Controllern aller vertrauenswürdigen Domänen auf, um das Paßwort zu ändern, das zum Einrichten der sicheren Kanäle zu diesen Domänen benutzt wird.

Der Benutzer-Manager

Das Verändern der Benutzerinformationen (Hinzufügen und Entfernen von Benutzern, Verändern der Paßwörter und Rechte) erfolgt über ein anderes Protokoll als das zur Authentifizierung eingesetzte. Die Administratoren verwalten die Benutzerzugänge mit Hilfe des Benutzer-Managers für Domänen, der mittels SMB-Transaktionen Verbindungen zum primären Domänen-Controller herstellt.

Paketfilter-, Proxy- und Network-Address-Translation-Eigenschaften der NTLM-Domänenauthentifizierung

Die Authentifizierung von Windows NT-Domänen beruht auf SMB und Microsoft RPC, die in Kapitel 14, *Vermittelnde Protokolle*, vorgestellt, und auf Microsoft-Namensdiensten, die in Kapitel 20, *Namens- und Verzeichnisdienste*, behandelt werden. Wir nennen die Maschinen, die Domänenauthentifizierung, aber keine sicheren Kanäle benutzen, *Domänenteilnehmer*; dazu gehören zum Beispiel Maschinen, auf denen Windows 98 läuft. Maschinen, die den sicheren Kanal benutzen, sind vollwertige Domänenmitglieder; dazu zählen üblicherweise Windows NT-Maschinen.

Falls sich zwischen einem Domänenteilnehmer und seinem Domänen-Controller eine Firewall befindet, muß diese folgendes bieten:

- eine Möglichkeit, den Controller zu suchen (entweder, indem sie eine funktionierende WINS-Konfiguration anbietet oder indem sie NetLogon-Broadcast-Nachrichten weiterleitet)
- SMB zum Domänen-Controller

Eine Firewall, die sich zwischen einem Domänenmitglied und seinem Domänen-Controller befindet, muß folgendes bereitstellen:

- eine Möglichkeit, den Controller zu suchen (entweder, indem sie eine funktionierende WINS-Konfiguration anbietet oder indem sie NetLogon-Broadcast-Nachrichten weiterleitet)
- SMB zum Domänen-Controller
- Microsoft RPC zum Domänen-Controller

Eine Firewall, die sich zwischen einem sekundären Domänen-Controller und einem primären Domänen-Controller befindet, muß folgendes ermöglichen:

- SMB zwischen den Controllern
- Microsoft RPC zwischen den Domänen-Controllern

Eine Firewall, die sich zwischen zwei Domänen mit einer Vertrauensbeziehung zueinander befindet, muß folgendes ermöglichen:

- eine Möglichkeit, den Controller zu suchen (entweder, indem sie eine funktionierende WINS-Konfiguration anbietet oder indem sie NetLogon-Broadcast-Nachrichten weiterleitet)
- Microsoft RPC zwischen den Domänen-Controllern

Zusammenfassung der Empfehlungen für die NTLM-Domänenauthentifizierung

- Erlauben Sie keine Authentifizierung durch Ihre Firewall.

Remote Authentication Dial-in User Service (RADIUS)

RADIUS ist ein Protokoll, das normalerweise dazu verwendet wird, Benutzer zu authentifizieren, die sich in ein System einwählen. Es stellt sowohl eine Authentifizierung als auch eine Nutzungsprotokollierung bereit und wird von Einwahl-Servern und anderen Geräten unterstützt, die den Fernzugriff über Telefonleitungen gewährleisten sollen.

Wenn Sie RADIUS einsetzen, wählt sich ein Benutzer in einen Server ein bzw. stellt anderweitig eine Verbindung zu einem Server her. Dieser Server ist ein RADIUS-Client; er führt mit dem Benutzer einen Dialog und reicht die Informationen an einen RADIUS-Server weiter. Merken Sie sich, daß der Terminal-Server der RADIUS-Client ist, nicht die ferne Maschine. Die ferne Maschine wird erst dann mit dem Netzwerk verbunden, wenn der RADIUS-Dialog abgeschlossen ist. Abbildung 21-5 zeigt das Verbindungsmuster in RADIUS.

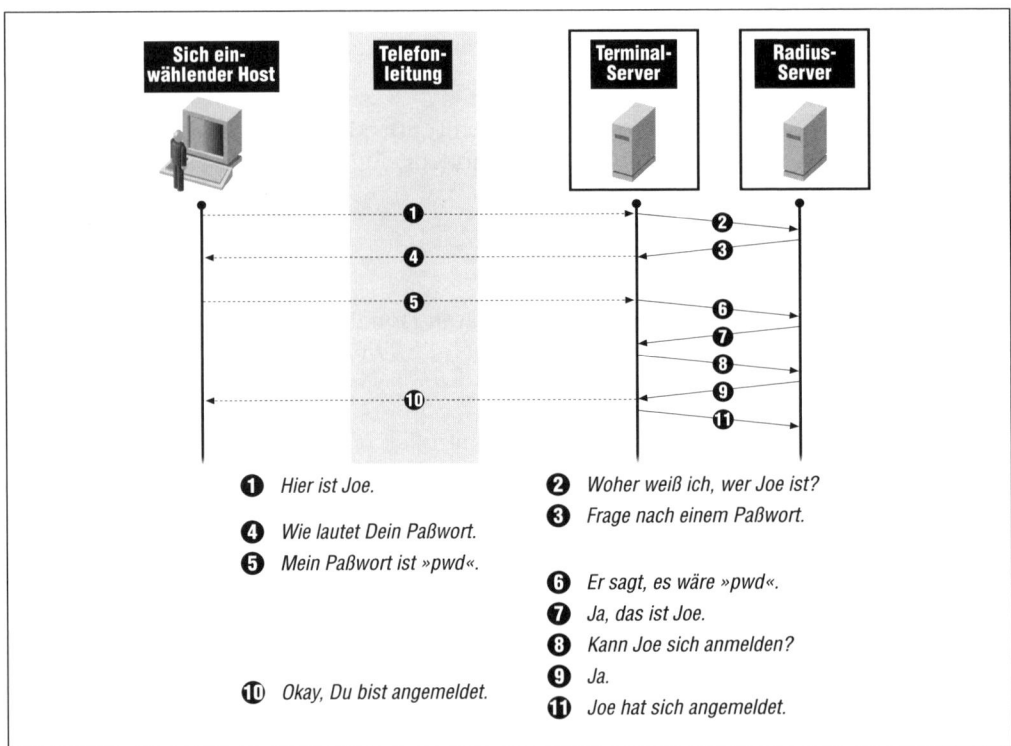

Abbildung 21-5: RADIUS-Verbindungen

RADIUS verschlüsselt Paßwortdaten, sendet aber alle anderen Informationen unverschlüsselt. Dies schließt Informationen über Benutzernamen und damit verknüpfte

Fähigkeiten ein, die feindselige Leute nicht sehen sollen. RADIUS schützt die Daten vor Veränderung, indem es einen Authentikator hinzufügt, bei dem es sich um einen MD5-Hash der RADIUS-Daten und ein von Server und Client geteiltes Geheimnis handelt. (Siehe Anhang C, *Kryptographie*, für weitere Informationen über kryptographisches Hashing und MD5.) Dies ermöglicht einen Schutz der Integrität sowie Client- und Server-Authentifizierung.

Dieses System läßt sich nur schwer über Proxy- und Network-Address-Translation-Systeme realisieren. Der RADIUS-Server verfügt für jeden Client über ein anderes Geheimnis. Er verwendet die Quell-IP-Adresse des RADIUS-Pakets, um festzustellen, welches Geheimnis er vor dem Hash-Verschlüsseln den Daten hinzufügen muß. Auch wenn ein Client mit mehr als einem Server kommunizieren kann, verwendet er die Quell-IP-Adresse, um das Geheimnis auszuwählen, das er in den Hashwert an seinem Ende legt. Das bedeutet, daß es eine zuverlässige Eins-zu-Eins-Abbildung zwischen den Quell-IP-Adressen und den an RADIUS teilnehmenden Systemen geben muß; Sie können nicht mehrere Clients oder Server hinter den gleichen Proxy legen, da der Server diese nicht auseinanderhalten kann. Aus dem gleichen Grund können Sie auch Clients oder Server nur dann hinter einem NAT-System plazieren, wenn Sie feste Adreßzuordnungen verwenden, damit sie immer mit den gleichen, unterscheidbaren Quelladressen auftauchen.

Paketfiltereigenschaften von RADIUS

Die RADIUS-Authentifizierung verwendet UDP-Port 1812, während die Nutzungsprotokollierung UDP-Port 1813 einsetzt. Ältere Implementierungen von RADIUS benutzten die Ports 1645 und 1646, das ist jedoch überholt.

Richtung	Quelladresse	Zieladresse	Protokoll	Quellport	Zielport	ACK gesetzt	Anmerkungen
eingehend	extern	intern	UDP	>1023	1812[a]	[b]	Authentifizierungsanfrage, externer Client an internen RADIUS-Server
ausgehend	intern	extern	UDP	1812[a]	>1023	[b]	Authentifizierungsantwort, interner RADIUS-Server an externen Client
eingehend	extern	intern	UDP	>1023	1813[c]	[b]	Nutzungsbenachrichtigung, externer Client an internen RADIUS-Server
ausgehend	intern	extern	UDP	1813[c]	>1023	[b]	Nutzungsantwort, interner RADIUS-Server an externen Client
ausgehend	intern	extern	UDP	>1023	1812[a]	[b]	Authentifizierungsanfrage, interner Client an externen RADIUS-Server
eingehend	extern	intern	UDP	1812[a]	>1023	[b]	Authentifizierungsantwort, externer RADIUS-Server an internen Client
ausgehend	intern	extern	UDP	>1023	1813[c]	[b]	Nutzungsbenachrichtigung, interner Client an externen RADIUS-Server
eingehend	extern	intern	UDP	1813[c]	>1023	[b]	Nutzungsantwort, externer RADIUS-Server an internen Client

a. Ältere Implementierungen benutzen möglicherweise 1645.
b. UDP besitzt kein Äquivalent zu ACK.
c. Ältere Implementierungen benutzen möglicherweise 1646.

Proxy-Eigenschaften von RADIUS

Es gibt zahlreiche RADIUS-Proxy-Server. Allerdings bezeichnet der Begriff zwei verschiedene Arten von Servern. Bei der einen handelt es sich um einen Standard-RADIUS-Server, der mit anderen Authentifizierungs-Servern kommuniziert (zum Beispiel ein RADIUS-Server, der NIS oder die Windows NT-Domänenauthentifizierung einsetzt, um festzustellen, ob Benutzer wirklich authentifiziert werden können). Die andere ist ein RADIUS-Server, der eigentlich Anfragen über RADIUS an andere RADIUS-Server routet.

Wie wir bereits dargestellt haben, sorgt die Art und Weise, wie RADIUS Clients und Server authentifiziert, dafür, daß RADIUS nicht direkt durch generische Proxy-Systeme funktioniert. RADIUS-Server, die im Proxy-Betrieb arbeiten, leiten nicht die ursprüngliche Authentifizierung weiter; statt dessen authentifizieren sich der Client und der Proxy-Server gegenseitig, und dann berechnet der Proxy-Server den Authentikator erneut und authentifiziert sich separat beim nächsten Server. Ein generisches Proxy-System ist dazu nicht in der Lage; falls Sie RADIUS mit einem Proxy-System benutzen müssen, sollten Sie einen speziellen RADIUS-Proxy-Server einsetzen.

Network-Address-Translation-Eigenschaften von RADIUS

Wie erwähnt, verwendet RADIUS Quell-IP-Adressen als Teil seines Authentifizierungsschemas und funktioniert nicht, wenn entweder der Client oder der Server variable IP-Adressen haben. Um RADIUS durch ein Network-Address-Translation-System benutzen zu können, müssen Sie statische Zuordnungen einrichten und sicherstellen, daß das gemeinsame Geheimnis der zugeordneten Adresse und nicht der realen Adresse zugewiesen ist.

Zusammenfassung der Empfehlungen für RADIUS

- Verwenden Sie RADIUS nicht in nicht vertrauenswürdigen Netzwerken; es werden zu viele Informationen unverschlüsselt übertragen.

TACACS und Konsorten

TACACS könnte eine Abkürzung für Terminal Access Controller Access Control System sein. Möglicherweise ist es das aber auch nicht, seine Ursprünge liegen im Dunkeln. TACACS ist ein altes Protokoll. Es gibt mehrere neuere Versionen davon, einschließlich XTACACS und TACACS+; TACACS+ scheint im Moment am beliebtesten zu sein.

All diese Protokolle wurden ebenso wie RADIUS dazu entworfen, Benutzern, die sich in ein Netz einwählen, Authentifizierung, Autorisierung und Auditing-Dienste bereitzustellen.

TACACS und XTACACS übermitteln alle Daten einschließlich der Benutzernamen und Paßwörter im Klartext. TACACS+ verwendet MD5, um das Senden von Paßwörtern und

Benutzernamen in wiederverwendbarer Form zu vermeiden, und verschlüsselt normalerweise auch alle Daten. Im Prinzip sind TACACS und XTACACS dadurch weniger sicher als RADIUS, während TACACS+ sicherer als RADIUS ist.

Um Verschlüsselung zu ermöglichen, erfordert TACACS+ einen geheimen Schlüssel, den der Server und der Client kennen. Dieser Schlüssel muß sowohl auf dem Server als auch auf dem Client gespeichert werden. Ein Angreifer, der Zugriff auf den Schlüssel hat, kann den Server imitieren und alle Daten entschlüsseln. Der Angreifer erhält dadurch allerdings keinen Zugang zu den Paßwörtern (die Paßwörter werden nicht in einer Form übertragen, die entschlüsselt werden könnte). Nichtsdestotrotz sollten Sie ausreichende Maßnahmen ergreifen, um diesen Schlüssel zu schützen.

Paketfiltereigenschaften von TACACS und Konsorten

TACACS verwendet UDP-Port 49; es kann auch TCP benutzen, greift dann aber nicht unbedingt auf Port 49 zurück. XTACACS verwendet UDP-Port 49. TACACS+ setzt TCP-Port 49 ein.

Richtung	Quelladresse	Zieladresse	Protokoll	Quellport	Zielport	ACK gesetzt	Anmerkungen
eingehend	extern	intern	UDP	>1023	49	a	Anfrage, externer Client an internen TACACS/XTACACS-Server
ausgehend	intern	extern	UDP	49	>1023	a	Antwort, interner TACACS/XTACACS-Server an externen Client
eingehend	extern	intern	TCP	>1023	49[b]	c	Externer Client, der eine Verbindung zum internen TACACS/TACACS+-Server herstellt
ausgehend	intern	extern	TCP	49[b]	>1023	ja	Interner TACACS/TACACS+-Server, der dem externen Client antwortet
ausgehend	intern	extern	UDP	>1023	49	a	Anfrage, interner Client an externen TACACS/XTACACS-Server
eingehend	extern	intern	UDP	49	>1023	a	Antwort, externer TACACS/XTACACS-Server an internen Client
ausgehend	intern	extern	TCP	>1023	49[b]	c	Interner Client, der eine Verbindung zum externen TACACS/TACACS+-Server herstellt
eingehend	extern	intern	TCP	49[b]	>1023	ja	Externer TACACS/TACACS+-Server, der dem internen Client antwortet

a. UDP besitzt kein Äquivalent zu ACK.
b. Für TACACS könnte dies jeder Port sein.
c. ACK ist beim ersten Paket dieses Typs nicht gesetzt (Aufbau der Verbindung), wird aber bei den restlichen gesetzt.

Proxy-Eigenschaften von TACACS und Konsorten

TACACS+ ist ein einfaches TCP-basiertes Protokoll, das sich sehr gut für den Einsatz mit generischen Proxy-Systemen eignet. Beachten Sie jedoch, daß TACACS+ Verschlüsselung mit einem gemeinsamen geheimen Schlüssel für Server und Client unterstützt. Es gibt keine Standardmethode, um festzustellen, welcher Schlüssel benutzt werden muß, falls unterschiedliche Clients unterschiedliche Schlüssel haben. Manche Implementierungen könnten die Quelladresse benutzen, um den Verschlüsselungsschlüssel zu ermitteln. Dies erfordert allerdings einen speziellen Proxy, der einen eigenen Verschlüsselungsschlüssel besitzt.

TACACS und XTACACS basieren normalerweise beide auf UDP, sie erfordern also Proxies, die mit UDP umgehen können. Sie sind jedoch nicht weiter kompliziert und sollten mit jedem generischen Proxy funktionieren, der UDP unterstützt.

Network-Address-Translation-Eigenschaften von TACACS und Konsorten

TACACS und XTACACS benutzen keine eingebetteten IP-Adressen und funktionieren ohne Veränderungen durch Network-Address-Translation-Systeme. TACACS+ sollte ebenfalls funktionieren, Sie müssen jedoch ebenso wie beim Proxy-Einsatz beachten, daß TACACS+ die Verschlüsselung mit einem gemeinsamen geheimen Schlüssel für Server und Client unterstützt. Es gibt auch hier keine Standardmethode, um festzustellen, welcher Schlüssel benutzt werden muß, falls unterschiedliche Clients unterschiedliche Schlüssel verwenden. Einige Implementierungen ermitteln den Verschlüsselungsschlüssel anhand der Quelladresse. Dafür ist eine statische Adreßzuordnung erforderlich.

Außerdem unterstützt TACACS+ die Aushandlung von IP-Adressen für PPP-Clients. In dem unwahrscheinlichen Fall, daß Sie eine Netzwerkkonfiguration konstruieren, bei der ein NAT-System TACACS+-Pakete verändert, die schließlich dazu benutzt werden, um ferne IP-Adressen einzustellen, sollten Sie den TACACS+-Server sorgfältig so einrichten, daß die Adressen gültig sind, die er bereitstellt. Das NAT-System wird nicht in der Lage sein, solche eingebetteten Adressen zu verändern.

Zusammenfassung der Empfehlungen für TACACS und Konsorten

- Benutzen Sie TACACS oder XTACACS nicht über unsichere Netzwerke (sie übertragen Benutzernamen und Paßwörter im Klartext); setzen Sie statt dessen TACACS+ ein.

Auth und identd

Auth ist ein Protokoll, mit dem ein ferner Benutzer identifiziert werden soll, der eine Verbindung hergestellt hat. Das Protokoll wird manchmal auch als *identd* bezeichnet. Dabei handelt es sich um den Namen eines beliebten Unix-Dämons, der das Protokoll implementiert. Auth wird zusammen mit solchen Protokollen eingesetzt, die einen fernen Benutzer, der eine Verbindung hergestellt hat, nicht identifizieren. Wenn Sie mit einem dieser Protokolle eine Verbindung aufbauen, erstellt der Server, mit dem Sie kommunizieren, seinerseits eine Verbindung zurück zu Ihrem Auth-Server, um die Informationen zu erhalten. Zum Beispiel enthalten HTTP-Anfragen keine Informationen über den Benutzer, von dem die Anfragen kommen. Deshalb könnten HTTP-Server

Auth einsetzen, um die Einträge in den Protokolldateien sinnvoller zu gestalten. SMTP- und IRC-Anfragen enthalten Informationen über den Benutzer, allerdings werden diese direkt vom Benutzer kontrolliert, der durchaus lügen könnte. SMTP- und IRC-Server verwenden Auth oft, um vertrauenswürdigere Informationen zu bekommen. Sowohl Angreifer als auch Netzwerkadministratoren benutzen Auth oft, um allgemeinere Informationen zu sammeln.

Auth ist nur dann wirklich sinnvoll, wenn Sie dem fernen Server vertrauen können. Falls die Leute, die versuchen, Sie zu belügen, den Auth-Server konntrollieren, werden Sie keine guten Informationen von ihm bekommen. Das bedeutet, daß Auth-Informationen zwar interessant, aber selten vertrauenswürdig sind.

Außerdem sind die Informationen, die normale Auth-Server herausgeben, sinnvoll für Angreifer. Die Standard-Implementierungen von Auth geben einfach die Benutzernamen heraus, und Sie wollen sicher nicht, daß Angreifer erfahren, welche Benutzernamen an Ihrem Standort gültig sind. Manche Versionen von *identd* und andere Auth-Server geben pro Benutzer einen einmaligen Wert heraus, bei dem es sich nicht um den Benutzernamen handelt. Das ist für HTTP-Server günstig (die nur wissen wollen, wie viele verschiedene Leute mit ihnen kommunizieren) und kann sich als hilfreich beim Zurückverfolgen von Angriffen erweisen (falls Sie den Wert protokollieren, kann ein Administrator des angreifenden Standorts diesen mit einem Benutzernamen verbinden). Für SMTP und IRC, die normalerweise den Wert anzeigen, damit ihn sich Menschen ansehen, kann dies ärgerlich sein.

Paketfiltereigenschaften von Auth

Auth ist ein TCP-basierter Dienst. Die Server benutzen Port 113. Die Clients verwenden Ports oberhalb von 1023.

Richtung	Quell-adresse	Ziel-adresse	Protokoll	Quell-port	Ziel-port	ACK gesetzt	Anmerkungen
eingehend	extern	intern	TCP	>1023	113	a	Anfrage, externer Client an internen Server
ausgehend	intern	extern	TCP	113	>1023	ja	Antwort, interner Server an externen Client
ausgehend	intern	extern	TCP	>1023	113	a	Anfrage, interner Client an externen Server
eingehend	extern	intern	TCP	113	>1023	ja	Antwort, externer Server an internen Client

a. ACK ist beim ersten Paket dieses Typs nicht gesetzt (Aufbau der Verbindung), wird aber bei den restlichen gesetzt.

Wir empfehlen Ihnen, Pakete an Port 113 nicht zu verwerfen. Falls Sie beschließen, dieses Protokoll nicht zuzulassen, schlagen wir vor, daß Sie die Pakete mit einer Fehlermeldung abweisen oder die Verbindung zurücksetzen. Wenn Sie Pakete verwerfen, werden Sie Verzögerungen beim Aufbau von Verbindungen zu Standorten erhalten, die auf dem Ausführen von Auth-Suchanfragen bestehen. Dies könnte vor allem Ihre elektronische Post deutlich verlangsamen. Siehe Kapitel 8, *Paketfilterung*, für weitere Informationen über Möglichkeiten, auf Pakete zu reagieren, die Sie nicht akzeptieren wollen.

Proxy-Eigenschaften von Auth

Es gibt eine Reihe von Auth-Proxy-Servern. Die meisten von ihnen sollen es Leuten erlauben, IRC-Server zu benutzen, die Auth erfordern, ohne zu viele Informationen herauszugeben. Es sind keine traditionellen Proxy-Server; anstatt Proxy-Dienste für interne Clients auszuführen, um diese nach außen gerichtete Auth-Anfragen ausführen zu lassen, führen sie Proxy-Dienste für externe Clients aus, wodurch diese nach innen gerichtete Auth-Anfragen ausführen können. Außerdem führen sie den Proxy-Vorgang nur selten vollständig aus, indem sie die Anfragen an den internen Host weiterleiten, sondern antworten unmittelbar auf die Anfragen, wobei sie üblicherweise zufällig ausgewählte Informationen benutzen.

Zum Beispiel enthält der Microsoft Proxy Server einen Dienst namens »Identd Simulation service«, der auf Auth-Anfragen mit zufällig gewählten Identifikatoren antwortet. Diese Art von Dienst ist der echten Proxy-Verarbeitung von Auth-Anfragen vorzuziehen, da bei dieser möglicherweise Informationen veröffentlicht werden, die Sie eigentlich nicht an externe Hosts weitergeben wollen.

Network-Address-Translation-Eigenschaften von Auth

Auth verwendet keine eingebetteten IP-Adressen, es enthält aber Port-Nummern. Auth funktioniert transparent durch Network-Address-Translation-Systeme, solange diese nur die Host-Adresse und nicht die Port-Nummer verändern. Andererseits verlaufen Auth-Verbindungen normalerweise immer in die entgegengesetzte Richtung wie die Verbindungen, die sie ausgelöst haben. Das heißt, eine ausgehende SMTP- oder IRC-Verbindung hat eine eingehende Auth-Verbindung zur Folge; falls das NAT-System Ports anstelle von ganzen Hosts zuordnet, gibt es keine Zuordnung für diese nach innen gerichtete Anpassung. Sie brauchen daher möglicherweise spezielle Zuordnungen, damit Auth funktioniert. Zum Beispiel könnten Sie alle nach innen gerichteten Auth-Verbindungen unabhängig von ihrem ursprünglichen Ziel an einen Auth-Proxy weiterleiten.

Zusammenfassung der Empfehlungen für Auth

- Lassen Sie Auth nicht durch Ihre Firewall hindurch zu, beantworten Sie Auth-Anfragen jedoch mit ICMP-Fehlern oder TCP-Resets, anstatt sie einfach zu verwerfen, um die Verbindungen zu Servern zu beschleunigen, die Auth einsetzen.

- Falls Sie einen Auth-Server betreiben wollen, wählen Sie einen, der keine gültigen Benutzernamen zurückgibt.

- Falls Sie Auth-Anfragen auslösen, vertrauen Sie den Antworten nicht.

22
Administrative Dienste

Dieser Abschnitt beschreibt eine Reihe von Protokollen, die von Leuten und Programmen zum Verwalten und Betreiben von Netzwerken und Maschinen verwendet werden. Dazu gehören Informationsprotokolle wie *syslog* und das *Simple Network Management Protocol* (SNMP), Routing-Protokolle wie RIP und OSPF, Systemkonfigurationsprotokolle wie *bootp* und *Dynamic Host Configuration Protocol* (DHCP) sowie ICMP und NTP. An den entsprechenden Stellen stellen wir auch Werkzeuge vor, die auf diese Protokolle zurückgreifen, wie *ping* und *traceroute*.

Systemverwaltungsprotokolle

Diese Protokolle finden bei der Verwaltung von Geräten im Netzwerk Verwendung, entweder, indem sie einfach Informationen über deren Status übermitteln oder indem sie tatsächlich ferne Geräte steuern.

syslog

syslog dient zur zentralen Verwaltung von Protokollmeldungen. Ursprünglich war *syslog* nur zur zentralen Aufzeichnung von Protokollmeldungen auf Unix-Maschinen gedacht. Mittlerweile wird *syslog* jedoch auch von vielen Netzwerkgeräten (Router, Hubs usw.) zur Aufzeichnung von Zustands- und Benutzungsinformationen verwendet. Solche Geräte haben oft nicht einmal die Möglichkeit, diese Informationen lokal aufzuzeichnen, da sie keine beschreibbaren Speichermedien besitzen; falls Sie an den Meldungen interessiert sind, müssen Sie die *syslog*-Meldungen irgendwo anders aufzeichnen.

Microsoft-Betriebssysteme bieten keine Unterstützung für *syslog*; statt dessen verwenden sie eine Kombination aus einem lokalen Protokollmanager und SNMP-Berichten über ferne Ereignisse. Es ist möglich, für solche Systeme Implementierungen von *syslog* zu erhalten.

Kapitel 22: Administrative Dienste

Angreifer versuchen oft, den *syslog*-Server eines Standorts zu überfluten, um ihre Spuren zu verwischen, indem sie die vorhandene Plattenkapazität des Servers voll ausnutzen, so daß er keine neuen Protokollmeldungen mehr aufzeichnen kann oder die Spuren des Angriffs im Rauschen untergehen. Neuere Versionen von *syslog* besitzen oft die Möglichkeit, das Entgegennehmen von Nachrichten aus dem Netzwerk zu deaktivieren, während sie die Fähigkeit beibehalten, Meldungen an entfernte Server zu verschicken; manche von ihnen bieten auch die Möglichkeit, Meldungen nur von bestimmten Quelladressen zu akzeptieren.

Paketfiltereigenschaften von syslog

syslog ist ein UDP-basierter Dienst. *syslog*-Server (die Meldungen aufzeichnen, die von anderen Systemen protokolliert wurden) überwachen den UDP-Port 514. *syslog*-Clients benutzen im allgemeinen (aber nicht immer) Ports oberhalb von 1023, um mit Servern zu kommunizieren. *syslog*-Server schicken niemals Meldungen zurück an Clients. *syslog*-Server können so konfiguriert werden, daß sie Meldungen an andere *syslog*-Server weiterleiten; in diesen Fällen verwendet der sendende Server im allgemeinen Port 514 als Clientport. Es gibt TCP-basierte Varianten von *syslog*, allerdings existiert noch kein Standard.

Richtung	Quell-adresse	Ziel-adresse	Protokoll	Quell-port	Ziel-port	ACK gesetzt	Anmerkungen
eingehend	extern	intern	UDP	>1023[a]	514	[b]	Externer Client nimmt Kontakt zum internen *syslog*-Server auf
eingehend	extern	intern	UDP	514	514	[b]	Externer *syslog*-Server leitet Meldung an internen *syslog*-Server weiter
ausgehend	intern	extern	UDP	>1023[a]	514	[b]	Interner Client nimmt Kontakt zum externen *syslog*-Server auf
ausgehend	intern	extern	UDP	514	514	[b]	Interner *syslog*-Server leitet Meldung an externen *syslog*-Server weiter

a. Einige *syslog*-Clients benutzen manchmal Ports unterhalb von 1024.
b. UDP besitzt kein Äquivalent zu ACK.

Proxy-Eigenschaften von syslog

syslog fungiert selbst als Proxy; das heißt, *syslog*-Server können im allgemeinen so konfiguriert werden, daß sie Meldungen, die sie empfangen, einfach an andere *syslog*-Server weiterleiten. *syslog* ließe sich zwar auch einfach mit einem Proxy-System verarbeiten, das UDP versteht, es gibt jedoch momentan keine Implementierungen mit dieser Eigenschaft.

Network Address Translation und syslog

Obwohl *syslog* keine eingebetteten IP-Adressen verwendet, enthalten die Protokolleinträge, die *syslog* erstellt, Informationen, die aus der Quell-IP-Adresse abgeleitet sind; bei einer Network Address Translation ließe es sich nur noch schwer feststellen, woher die Meldungen stammen.

Zusammenfassung der Empfehlungen für syslog

- Lassen Sie keine *syslog*-Verbindungen von außen zu. Auf diese Weise hindern Sie Angreifer daran, Ihre *syslog*-Server zu überfluten.
- Falls Ihr *syslog*-Dämon dies unterstützt, deaktivieren Sie die Fähigkeit, externe *syslog*-Anfragen zu empfangen.

Simple Network Management Protocol (SNMP)

SNMP ist ein standardisierter Mechanismus zur Fernüberwachung und -verwaltung von Netzwerkgeräten wie Hubs, Routern und Bridges sowie Servern und Workstations. Theoretisch sollte jede SNMP-fähige Verwaltungsstation in der Lage sein, jedes SNMP-fähige Netzwerkgerät zu überwachen und zu steuern.

Normalerweise fungieren SNMP-Verwaltungsstationen als Clients, die Verbindung zu den SNMP-Servern in den verschiedenen Netzwerkgeräten aufnehmen, um Informationen abzufragen oder Befehle abzusetzen. Manchmal arbeiten Netzwerkgeräte als SNMP-Clients, um Verbindung zu speziellen SNMP-Servern (sogenannten *Trap*-Servern) auf Verwaltungsstationen aufzunehmen, um kritische Informationen zu melden, die nicht auf die nächste Abfrage des Geräts durch die Verwaltungsstation warten können. SNMP-Trap-Server arbeiten unabhängig von normalen SNMP-Servern. Dabei können auf einer Maschine beide Arten laufen – das heißt, sie kann sowohl ein SNMP-Server (und damit über SNMP verwaltbar) als auch ein SNMP-Trap-Server (und damit eine Verwaltungsstation, die Traps von anderen Geräten empfängt) sein.

Im allgemeinen soll jemand von außen nicht in der Lage sein, Ihr Netzwerk mittels SNMP zu verwalten. Daher sollten Sie SNMP nicht über Ihre Firewall hinweg zulassen. Außerdem müssen Sie SNMP auf Ihren Systemen außerhalb der Firewall sorgfältig konfigurieren (oder ganz deaktivieren), so daß Angreifer damit nicht die Konfiguration ändern können. Siehe Kapitel 10, *Bastion-Hosts*, Kapitel 11, *Unix- und Linux-Bastion-Hosts*, und Kapitel 12, *Windows NT- und Windows 2000-Bastion-Hosts*, für weitere Informationen über die richtige Konfiguration von Bastion-Hosts.

Die am weitesten verbreitete SNMP-Version, SNMPv2, bietet eine rudimentäre Sicherheit; wenn Informationen angefragt werden, muß das anfragende Gerät die jeweilige *Community* (also den Bereich) angeben, in der es sich befindet. Verschiedenen Communities können unterschiedliche Informationen gezeigt werden. In manchen Implementierungen kann ein wiederverwendbares Paßwort für bestimmte Communities erforderlich sein. Dies stellt bestenfalls eine primitive Schutzmaßnahme dar; jeder Paketschnüffler kann den Namen und das Paßwort einer Community leicht entdecken. Da nur relativ wenige Implementierungen Paßwörter unterstützen und fast alle Implementierungen eine Standard-Community namens »public« enthalten, ist es in der Regel um die Sicherheit nicht so gut bestellt. Mindestens eine Implementierung enthält nicht nur die Community »public«, sondern stellt darüber hinaus nicht einmal eine Möglichkeit bereit, den Zugriff auf diese Community dauerhaft zu unterbinden!

SNMP kann ein außerordentlich gefährliches Protokoll sein. Die Minimalinformationen, die die meisten Geräte herausgeben, enthalten Einzelheiten zum Betriebssystem und genaue Informationen über die Menge und Ziele des Datenverkehrs, also genau die Informationen, die ein Angreifer nicht bekommen soll. Viele Implementierungen ergänzen dies noch um weitaus kritischere Informationen (zum Beispiel gibt Microsofts SNMP-Server eine Liste aller gültigen Zugangsnamen auf der Maschine heraus sowie die meisten Dienste, die auf ihr laufen). Außerdem kann eine ferne Maschine nicht nur Informationen abfragen, sondern auch Variablen einstellen. Da SNMP für die Netzwerkverwaltung gedacht ist und ein SNMP-Client eine Netzwerkverwaltungskonsole sein soll, bieten Ihnen diese Variablen die völlige Kontrolle wenigstens über die Netzwerkkonfiguration einer Maschine, meist sogar noch mehr. Zum Beispiel können Sie eine Maschine oft über SNMP neu starten. Microsoft versucht systematisch, die gesamte Funktionalität der Dienste-Systemsteuerung über SNMP zur Verfügung zu stellen. Router können oft vollständig über SNMP gesteuert werden.

Im allgemeinen kann die Standard-Community »public« nur Informationen lesen, oft bezieht sich das jedoch auf wirklich alle Informationen. Bei Implementierungen größerer Router-Hersteller gehört zu diesen Informationen eine Liste aller Communities und ihrer Fähigkeiten. Praktisch kann also jeder Informationen darüber bekommen, wie man Schreibzugang erhält.

Auf Maschinen, die mehrere SNMP-fähige Dienste betreiben (zum Beispiel Maschinen, die einen Betriebssystem-SNMP-Agenten besitzen und außerdem Oracle ausführen), können die SNMP-Server unerwartete Ports verwenden. Falls auf einer Maschine mehrere SNMP-Agenten laufen müssen, kann nur einer von ihnen den normalen SNMP-Port benutzen. Eine Möglichkeit, damit umzugehen, besteht darin, auf diesem Port einen Master-Agenten zu betreiben und einige oder alle anderen SNMP-Agenten auf andere Ports zu legen (normalerweise oberhalb von 1024, da sich die freien Ports wahrscheinlich dort befinden). Der Master-Agent kommuniziert dann mit den anderen Agenten (üblicherweise *Sub-Agenten* genannt) über SNMP, ohne daß diese feststellen können, daß dieses Vorgehen ungewöhnlich ist. Dies ist einerseits ein sehr flexibler Ansatz, andererseits haben Sie dann noch einen Dienst, der verwundbar sein könnte, falls Sie Verbindungen an oberhalb von 1024 gelegene Ports zulassen.

SNMP Version 3

Implementierungen von SNMPv3 stehen bereits zur Verfügung. SNMPv3 bietet eine deutlich verbesserte Sicherheit, einschließlich der Benutzerauthentifizierung, verschlüsselter Kommunikation und mit Zeitstempel versehener digitaler Signaturen, die verhindern, daß Angreifer Pakete abfangen und erneut versenden. Es gibt auch Gateways, die zwischen SNMPv3 und früheren Versionen von SNMP vermitteln, wodurch Sie SNMPv3 über unsichere Verbindungen benutzen können, um ältere Geräte zu verwalten, falls es eine sichere Verbindung zwischen dem Gateway und dem verwalteten Gerät gibt.

Paketfiltereigenschaften von SNMP

SNMP ist ein UDP-basierter Dienst. SNMP-Server (in Netzwerkgeräten) überwachen UDP-Port 161. (TCP-Port 161 ist ebenfalls für die Benutzung durch SNMP reserviert, wurde aber nur zu experimentellen Zwecken verwendet.) SNMP-Trap-Server (in Verwaltungsstationen) überwachen UDP-Port 162. SNMP-Clients setzen im allgemeinen Ports oberhalb von 1023 ein, um sowohl mit den normalen als auch den Trap-Servern zu kommunizieren. Normalerweise befinden sich SNMP-Sub-Agenten an Port 1161, sie können aber auch woanders sein.

Richtung	Quell-adresse	Ziel-adresse	Protokoll	Quell-port	Ziel-port	ACK gesetzt	Anmerkungen
eingehend	extern	intern	UDP	>1023	161	[a]	Anfrage von externer Verwaltungsstation an internes SNMP-Gerät
ausgehend	intern	extern	UDP	161	>1023	[a]	Antwort vom internen SNMP-Gerät an externe Verwaltungsstation
ausgehend	intern	extern	UDP	>1023	161	[a]	Anfrage von interner Verwaltungsstation an externes SNMP-Gerät
eingehend	extern	intern	UDP	161	>1023	[a]	Antwort von externem SNMP-Gerät an interne Verwaltungsstation
eingehend	extern	intern	UDP	>1023	162	[a]	Trap vom externen SNMP-Gerät an interne Verwaltungsstation
ausgehend	intern	extern	UDP	>1023	162	[a]	Trap vom internen SNMP-Gerät an externe Verwaltungsstation

a. UDP besitzt kein Äquivalent zu ACK.

Alle Versionen von SNMP verwenden die gleichen Portnummern, Sie haben also keine Möglichkeit festzustellen, welche Version Sie durch Ihre Paketfilter zulassen. Da die verschiedenen Versionen unterschiedliche Sicherheitsgrade bieten, sollten Sie den Zugriff möglicherweise auf solche Geräte beschränken, die ausreichend gesichert sind.

Proxy-Eigenschaften von SNMP

SNMP wird gewöhnlich nicht im Internet eingesetzt (obwohl Internet Service Provider es häufig benutzen), und daher gibt es kaum Proxies dafür. Sie können zwar Netzwerkverwaltungsstationen so verändern, daß diese als Proxies für SNMP dienen, oft werden Sie es aber nicht schaffen, Traps durch Proxies zu schicken. Dies liegt daran, daß der SNMP-Agent den Trap erzeugen muß und oft auf einem Gerät läuft, auf dem sich weder die Software noch die Prozeduren besonders verändern lassen.

Network Address Translation und SNMP

SNMP verwendet eingebettete IP-Adressen nicht direkt und funktioniert selbst ohne Probleme durch Network-Address-Translation-Systeme. Allerdings enthalten die Informationen, die durch SNMP verteilt werden, fast immer IP-Adressen, die nicht angepaßt werden. Dadurch könnten Informationen bekanntwerden, die eigentlich vertraulich sind. Mit Sicherheit treten Probleme auf, falls eine Person oder ein Programm versucht, diese Informationen einzusetzen. Eine Reihe von Programmen zur Netzwerkverwaltung verwendet die Adreßinformationen aus den SNMP-Daten, um danach Verbindungen zu verwalteten Maschinen herzustellen. Dies funktioniert dann nicht.

System Management Server (SMS)

Microsofts System Management Server ist ein Programmpaket zur Verwaltung von Windows-Rechnern. Es handelt sich nicht um einen einzelnen Dienst; welche Dienste genau dazugehören, ändert sich von Release zu Release. Die Grundfunktionen von SMS sind:

- Hardware- und Software-Bestandsaufnahme
- Software-Verteilung
- Verwaltung gemeinsam genutzter Anwendungen
- Fernsteuerung

Außerdem enthält SMS normalerweise eine Vielzahl von Hilfsprogrammen, die Systemadministratoren unterstützen sollen, wie etwa:

- einen verbesserten Netzwerk-Monitor
- SNMP-Werkzeuge zum Umwandeln von Ereignissen in Traps und zum Empfangen von Traps
- Datenbankwerkzeuge zum Bereinigen von Datenbanken und Erstellen von Berichten

SMS hängt außerdem vom Vorhandensein eines SQL-Servers zum Speichern der Daten ab und setzt Verzeichnis-Replikation ein, um einige seiner Informationen zu verteilen. Die meisten dieser Dienste, einschließlich der Verzeichnis-Replikation und der Standardkonfiguration des SQL-Servers, bauen auf SMB-Transaktionen auf, die in Kapitel 14, *Vermittelnde Protokolle*, näher vorgestellt werden.

SMS weist einige ernste Sicherheitsprobleme auf. Die SMS-Hardware- und Software-Bestandsaufnahme liefert detaillierte Informationen über die Maschinen, und die Software-Verteilmechanismen erlauben es, alle Befehle mit vollen Administrator-Rechten auszuführen. Alle Clientmaschinen sind völlig auf die Gnade der SMS-Server angewiesen. Darüber hinaus gehören zu einem SMS-System normalerweise mehrere Server-Maschinen (zum Beispiel eine für den Datenbank-Server, eine für die Software-Verteilung und eine für die gemeinsam genutzten Anwendungen), und diese Server vertrauen einander. Falls eine der beteiligten Maschinen von einem Angreifer übernommen wird, erhält dieser die Kontrolle über alle Server und damit auch über alle Clients.

Verschiedene der in SMS enthaltenen Hilfsprogramme erweisen sich auch in einer Firewall-Umgebung als nützlich; der Netzwerk-Monitor bildet zum Beispiel ein wichtiges Diagnosewerkzeug. Außerdem gibt es ein Werkzeug zum Umwandeln von Ereignissen in SNMP-Traps. Die hauptsächlichen Funktionen von SMS (Hardware- und Software-Bestandsaufnahme, Software-Verteilung und Verwaltung gemeinsam genutzter Anwendungen) sind allesamt risikobehaftet und sollten nicht durch eine Firewall oder zu Firewall-Maschinen betrieben werden.

Systemmonitor und Netzwerk-Monitor

Unter Windows NT sind die beiden am häufigsten verwendeten Werkzeuge zum Diagnostizieren von Systemproblemen und zur Überwachung des Nutzungsverhaltens der Systemmonitor und der Netzwerk-Monitor. Beide Programme erlauben es Ihnen, auf ferne Maschinen zuzugreifen und Daten von dort zu beziehen. Sie bauen auf SMB-Transaktionen auf, die in Kapitel 14, *Vermittelnde Protokolle*, näher behandelt werden.

Systemmonitor und Netzwerk-Monitor stellen Informationen bereit, die Angreifern nützlich sein können. Der Systemmonitor ist das weniger interessante Programm von beiden; er stellt Daten über die Leistung und die Auslastung zur Verfügung, die einem Angreifer hilfreiche Informationen über die Konfiguration einer Maschine, den notwendigen Aufwand für eine Denial-of-Service-Attacke und die Wahrscheinlichkeit, daß jemand es bemerken würde, falls der Angreifer die Maschine benutzt, liefern könnten. Er liefert jedoch nichts, was man für einen Einbruch in die Maschine sofort benutzen könnte.

Der Netzwerk-Monitor besitzt dagegen einen Agenten, der es einem Angreifer erlaubt, die Maschine als Netzwerkschnüffler zu benutzen. Die Version des Netzwerk-Monitors, die in Windows NT enthalten ist, zeigt nur Pakete an, die zu der bzw. von der Maschine gesendet werden, auf der er läuft (einschließlich der Broadcast- und Multicast-Pakete), das sind aber schon eine Menge Daten für einen Angreifer, um damit Schaden anzurichten. Haben Sie die erweiterte Version installiert, die im System Management Server enthalten ist, wird der gesamte Verkehr angezeigt, unabhängig davon, zu welcher Maschine er gesendet wurde. Je nach Ihrer Netzwerkkonfiguration ist dies entweder egal (wie etwa in einem Netzwerk mit Switches, in dem die Hosts normalerweise nur ihren eigenen Verkehr empfangen), oder es betrifft den gesamten Verkehr in dem Netzwerk-Segment (zum Beispiel, wenn Sie einfache Hubs oder eine klassische, busartige Ethernet-Verkabelung verwenden).

Da sie auf SMB-Transaktionen beruhen, sind Netzwerk-Monitor und Systemmonitor so schwierig durch eine Firewall zu sichern. Sie sollten sie deshalb nicht erlauben. Weil es sich bei dem Netzwerk-Monitor und dem Systemmonitor um solch außerordentlich nützliche Verwaltungswerkzeuge handelt, wollen Sie sie möglicherweise auf den Maschinen zulassen, die Ihre Firewall bilden. In dieser Situation sollten Sie sicherstellen, daß sie nicht auf Schnittstellen laufen, die vom Internet aus erreicht werden können. Es wäre noch besser, wenn Sie Netzwerk-Monitor und Systemmonitor nur lokal auf der Firewall-Maschine laufen ließen und SMB über das Netzwerk ganz und gar deaktivieren würden.

Zusammenfassung der Empfehlungen für die Systemverwaltung

- Lassen Sie keine Systemverwaltungsprotokolle aus dem Internet über oder in Ihre Firewall verlaufen. (Dies erfordert möglicherweise spezielle SNMP-Konfigurationen auf Ihren Paketfilter-Routern, die wahrscheinlich selbst SNMP-fähige Geräte sind.)
- Falls Sie SNMP entfernt einsetzen müssen, benutzen Sie SNMPv3.

Routing-Protokolle

Routing-Protokolle werden dazu verwendet, um Informationen darüber zu verteilen, wohin Pakete weitergeleitet werden sollen. Ein bestimmtes Gerät kann ein Paket nur an ein anderes Gerät im gleichen lokalen Netzwerk übergeben. Falls das Ziel des Pakets sich in einem anderen Netzwerk befindet, muß das Gerät wissen, an welche Maschine es das Paket auf dem Weg zu seinem Ziel in das nächste Netzwerk weitergeben kann. Die meisten Desktop-Maschinen können mit Routing-Protokollen nicht viel anfangen – in der Regel verfügt eine Desktop-Maschine nur über eine einzige Netzwerkschnittstelle und ist an ein Netzwerk angeschlossen, in dem es nur einen Übergang zu anderen Netzwerken gibt. Eine Desktop-Maschine muß deshalb nur wissen: »Falls das Paket nicht für eine Maschine in diesem Netzwerk gedacht ist, übergib es an diese Adresse«. Dagegen müssen Bastion-Hosts und an das Internet angeschlossene Gateways auf viel komplizierterer Situationen achten, wie etwa mehrere Netzwerkschnittstellen und mehrere Verbindungen zwischen Netzwerken.

Routing-Protokolle sind grundsätzlich gefährlich. Angreifer, die Ihnen schlechte Routing-Informationen schicken können, besitzen nicht nur eine einfache Möglichkeit, um Denial-of-Service-Attacken auszuführen (wenn Sie Ihre Pakete an die falschen Stellen routen, können Sie nicht mehr mit anderen kommunizieren), es ist für sie sogar noch einfacher, Daten abzufangen (die Angreifer können Sie dazu veranlassen, ihnen Daten zuzusenden, so daß sie diese lesen können). Routing-Protokolle sind außerdem meist schon alt. Viele der heute benutzten Routing-Protokolle stammen aus Zeiten, als das Internet freundlicher, großzügiger und kleiner war und der Gedanke, daß jemand absichtlich Routen verfälschen würde, noch niemandem gekommen war. Entsprechende Vorsichtsmaßnahmen waren daher überflüssig.

Es ist in der Tat recht schwierig, ein Routing-Protokoll zu entwerfen, das sicher ist und immer noch für das Routing auf dem Internet-Backbone eingesetzt werden kann, da das Protokoll ziemlich große Datenmengen einschließlich häufiger Änderungen zwischen stets beschäftigten Hosts hin- und herbewegen muß. Da die Backbone-Router spezialisierte Geräte und keine normalen Computer sind und Routing-Probleme auf dem Backbone weitreichende Störungen zur Folge haben können, müssen Änderungen an den Backbone-Routing-Protokollen langsam und sehr sorgfältig eingeführt werden.

Glücklicherweise unterscheiden sich die Routing-Protokolle, die gegenwärtig auf dem Backbone verwendet werden, von den Protokollen, die an den einzelnen Standorten im Einsatz sind. Wir werden uns nicht mit Protokollen befassen, die zwischen einzelnen Geräten auf dem Backbone benutzt werden, da diese Protokolle Firewalls normalerweise nicht durchqueren. Statt dessen behandeln wir die Protokolle, die üblicherweise für das Routing innerhalb von Netzwerken eingesetzt werden (oft auch als *Interior Gateway-Protokolle* bezeichnet) und die Sie möglicherweise auch über die Grenzen von internen Firewalls hinweg verwenden müssen.

Routing Information Protocol (RIP)

RIP ist das älteste Routing-Protokoll im Internet. Es ist sogar älter als IP; es wurde fast unverändert vom älteren *System Xerox Network Services* (XNS) übernommen. RIP ist immer noch ein gebräuchliches Routing-Protokoll für lokale IP-Netze. Router (sowie »normale« Maschinen mit mehreren Netzwerkschnittstellen, die als Router arbeiten können) geben mittels RIP-Broadcasts regelmäßig bekannt, welche Netzwerke sie erreichen können und wie weit diese entfernt sind. Durch Auswertung dieser Broadcasts kann ein Router oder Host erkennen, welche Netzwerke erreichbar sind, und den jeweils besten (kürzesten) Pfad dorthin ermitteln. RIP-Server geben diese Informationen normalerweise alle dreißig Sekunden per Broadcast für alle interessierten Rechner bekannt. Ein RIP-Client kann jedoch auch eine gesonderte Aktualisierung von einem RIP-Server anfordern. Der Server sendet die angeforderten Informationen daraufhin direkt an den Client.

RIP ist von vornherein völlig unsicher; die Clients akzeptieren einfach alle Daten, die ihnen zugeschickt werden. RIP enthält im Protokoll keine Möglichkeit der Authentifizierung. Es sind Sicherheitsprobleme mit RIP-Clients aufgetreten, da RIP-Pakete nicht nur Routing-Informationen enthalten können, sondern auch die Anforderung, die Protokollierung in eine bestimmte Datei zu aktivieren. Manche Unix-RIP-Clients akzeptierten solche Anforderungen; da Routing-Dämonen als root laufen müssen, waren sie bereit und in der Lage, jede Datei im System mit protokollierten Routing-Aktualisierungsdaten zu überschreiben, was natürlich für die meisten Systemdatein kein sinnvoller Ersatz war. Mittlerweile werden RIP-Clients nicht mehr standardmäßig so konfiguriert, solche Anforderungen anzunehmen.

Viele RIP-Implementierungen erlauben es Ihnen, einen RIP-Client mit leichten Verbesserungen der Sicherheit zu konfigurieren. Zum Beispiel können Sie angeben, daß Sie RIP-Aktualisierungen nur von bestimmten IP-Quelladressen annehmen, und/oder sie erlauben es Ihnen festzulegen, daß bestimmte Routing-Informationen von RIP-Aktualisierungen nicht verändert werden können. Dies reicht normalerweise aus, um Clients vor lokalen Fehlkonfigurationen zu schützen, es bietet allerdings keinen ausreichenden Schutz vor bewußt feindseligem Handeln.

Eine modifizierte Version von RIP namens RIP-2 stellt verschiedene Verbesserungen zur Verteilung von Routing-Informationen bereit und ermöglicht darüber hinaus den Einsatz von Paßwörtern. Leider besteht die normale Nutzung von Paßwörtern darin, in jedes Paket das gleiche 16 Zeichen lange Paßwort zu legen. Auch an dieser Stelle reicht das zwar zum Schutz der Clients vor lokaler Fehlkonfiguration (es ist unwahrscheinlich, versehentlich das richtige Paßwort einzusetzen), jedoch nicht vor feindseligen Aktionen (jeder Angreifer kann einer gültigen RIP-Broadcast-Nachricht das Paßwort entnehmen und es benutzen). Es ist leichter zu warten als eine Liste der gültigen IP-Quelladressen. Inzwischen sind RIP-2-Implementierungen schon weiter verbreitet, die eine MD5-Authentifizierung unterstützen; diese Authentifizierung bietet wirklich einen brauchbaren Schutz.

RIP-2- und RIP-Implementierungen können zusammenarbeiten, allerdings überprüfen RIP-Implementierungen das Paßwort nicht und können es auch selbst nicht hinzufügen. Das bedeutet, falls Sie RIP-2 mit Paßwörtern benutzen, können Router, die RIP implementieren, Routing-Aktualisierungen zwar empfangen, aber nicht erfolgreich abschicken.

Paketfiltereigenschaften von RIP

RIP ist ein UDP-basierter Dienst. RIP-Server überwachen Port 520 auf Broadcasts anderer Server und Anfragen von Clients. RIP-Server senden ihre Broadcasts im allgemeinen von Port 520. RIP-Clients verwenden üblicherweise Ports oberhalb von 1023.

Richtung	Quell-adresse	Ziel-adresse	Protokoll	Quellport	Zielport	ACK gesetzt	Anmerkungen
eingehend	extern	intern	UDP	>1023	520	a	Anfrage, externer Client an internen Server
ausgehend	intern	extern	UDP	520	>1023	a	Antwort, interner Server an externen Client
ausgehend	intern	extern	UDP	>1023	520	a	Anfrage, interner Client an externen Server
eingehend	extern	intern	UDP	520	>1023	a	Antwort, externer Server an internen Client
eingehend	extern	Broadcast	UDP	520	520	a	Aktualisierung, externer Server an interne Server
ausgehend	intern	Broadcast	UDP	520	520	a	Aktualisierung, interner Server an externe Server

a. UDP besitzt kein Äquivalent zu ACK.

Open Shortest Path First (OSPF)

Das Protokoll OSPF ist aktueller als RIP und verwendet einen vollkommen anderen Ansatz zum Verteilen der Routing-Informationen. Der größte Unterschied zwischen den beiden Protokollen besteht in der Art der verteilten Routing-Informationen, es gibt aber auch deutliche Abweichungen in der Art und Weise, wie sie das Netzwerk benutzen. RIP baut auf UDP auf, während OSPF direkt auf IP basiert; RIP verwendet Unicast und Broadcast, OSPF dagegen Unicast und Multicast.

OSPF unterstützt eine Authentifizierung, wodurch theoretisch eine gewisse Sicherheit geboten wäre – das Protokoll erlaubt kryptographische *Message Digests* (Nachrichtenzusammenfassungen). Allerdings ist der Algorithmus für die kryptographischen Message Digests nicht durch den Standard festgehalten, in der Praxis beschränkt sich die OSPF-Authentifizierung daher auf ein acht Zeichen langes Klartextpaßwort oder den gleichen Grad der Authentifizierung wie RIP-2. Dies schützt vor versehentlichen Fehlkonfigurationen, nicht jedoch vor feindlichen Angriffen.

Paketfiltereigenschaften von OSPF

OSPF setzt direkt auf IP und nicht auf TCP oder UDP auf; es handelt sich um IP-Protokoll 89. OSPF verwendet sowohl Multicast- als auch Unicast-Pakete. OSPF benutzt zwei spezielle Multicast-Gruppen, AllSPFRouters (224.0.0.5) und AllDRouters (224.0.0.6). OSPF hat zwar keine Portnummern, unterscheidet jedoch mit Hilfe eines Pakettyp-Identifikators zwischen verschiedenen Meldungen.

Richtung	Quell-adresse	Zieladresse	Protokoll[a]	Pakettyp[b]	Anmerkungen
eingehend	extern	224.0.0.5	89	1	Begrüßung des Routers, der seine Existenz und Nachbarn bekanntgibt
ausgehend	interner Router	224.0.0.5	89	1	Begrüßung des internen Routers, der seine Existenz und Nachbarn bekanntgibt
eingehend	extern	interner Router	89	2	Datenbankbeschreibung des externen Routers, gibt Daten aus der Link-State-Datenbank des externen Routers bekannt
ausgehend	interner Router	extern	89	2	Datenbankbeschreibung des internen Routers
eingehend	extern	interner Router	89	3	Link-State-Anfrage des externen Routers, der nach Informationen über einen bestimmten Pfad fragt
ausgehend	interner Router	extern	89	4	Link-State Aktualisierung des internen Routers für einen bestimmten Pfad als Antwort auf eine Anfrage
ausgehend	interner Router	extern	89	3	Link-State-Anfrage eines internen Routers
eingehend	extern	interner Router	89	4	Link-State-Aktualisierung eines externen Routers
eingehend	extern	224.0.0.5	89	4	Link-State-Aktualisierung eines externen Routers, Informationen über alle Link-States per Flooding-Verfahren von einem designierten Router
ausgehend	interner Router	224.0.0.6	89	5	Bestätigung einer Link-State-Aktualisierung eines internen Routers, Antwort von einem nichtdesignierten Router
eingehend	extern	224.0.0.6	89	4	Link-State-Aktualisierung eines externen Routers von einem nichtdesignierten Router
ausgehend	interner Router	224.0.0.5	89	5	Bestätigung einer Link-State-Aktualisierung eines internen Routers von einem designierten Router
ausgehend	interner Router	224.0.0.5	89	4	Link-State-Aktualisierung eines internen Routers von einem designierten Router
eingehend	extern	224.0.0.6	89	5	Bestätigung einer Link-State-Aktualisierung eines externen Routers von einem nichtdesignierten Router
ausgehend	interner Router	224.0.0.6	89	4	Link-State-Aktualisierung eines internen Routers von einem nichtdesignierten Router
eingehend	extern	224.0.0.5	89	5	Bestätigung einer Link-State-Aktualisierung eines externen Routers von einem designierten Router

a. OSPF setzt direkt auf IP auf, nicht auf TCP oder UDP.
b. OSPF besitzt keine Quell- und Zielports, die Meldungen werden jedoch anhand ihres Typs unterschieden.

OSPF-Multicast-Pakete sind nicht für eine Weiterleitung vorgesehen und werden mit einem TTL von 1 gesendet. Das bedeutet, daß die Pakete nicht durch einen Router verlaufen. Falls Sie eine Paketfilterung ausführen, die nicht völlig transparent ist, und aus irgendeinem Grund doch wollen, daß OSPF durch den Paketfilter geht, haben Sie zwei Möglichkeiten. Die bevorzugte Methode ist es, die Router vorzukonfigurieren, die Routing-Aktualisierungen durchlassen müssen, damit diese ihre Nachbarn kennen. Normalerweise entfällt dadurch die Notwendigkeit, Multicast-Pakete weiterzuleiten. Falls das nicht akzeptabel und der Paketfilter ausreichend flexibel ist, könnten Sie den Paketfilter so konfigurieren, daß er den TTL-Wert von OSPF-Paketen nicht verkleinert und sie weiterhin durchläßt. Das ist eine äußerst eigenwillige Netzwerkkonfiguration, und sie ist auch nur selten empfehlenswert; jeder Filter, der solche Tricks auf Lager hat, kann wahrscheinlich auch einfach direkt per OSPF kommunizieren, was natürlich besser wäre.

Internet Group Management Protocol (IGMP)

IGMP wird verwendet, um Multicast-Gruppen zu verwalten. Siehe Kapitel 19, *Echtzeit-Konferenzdienste*, für weitere Informationen über Multicast. Multicasting wird zunehmend auch von administrativen Protokollen eingesetzt; zum Beispiel findet es bei der WINS-Server-Replikation Verwendung.

Multicast-Router leiten nicht alle Multicast-Pakete an alle Netzwerke weiter; sie leiten Multicast-Pakete nur an solche Stellen weiter, an denen Hosts darauf warten. Um diese Entscheidung treffen zu können, muß ein Multicast-Router einen Überblick über die benutzten Multicast-Gruppen haben. Da Multicast-Pakete an alle Hosts in dem Netzwerksegment gehen, die sie haben wollen, muß der Router nicht alle Hosts in der Gruppe identifizieren. Allerdings muß er für jedes Netzwerksegment wissen, welche Gruppen interessant sind. Das Protokoll IGMP wird von Hosts und Routern verwendet, um diese Informationen auszutauschen.

Multicast-Router empfangen alle Multicast-Pakete, unabhängig von der Multicast-Adresse, an die sie geschickt wurden. Hosts, die Multicast benutzen, empfangen nur die Pakete für die Gruppen, die sie »abonniert« haben. Alle Hosts haben jedoch eine Gruppe namens AllSystems (224.0.0.1) abonniert. Alle IGMP-Pakete werden mit einem TTL von 1 verschickt, was bedeutet, daß sie nicht durch einen Router weitergeleitet werden. Das ist durchaus sinnvoll, da der Zweck von IGMP darin liegt, die Informationen eines Routers über ein bestimmtes, direkt angeschlossenes Netzwerksegment zu konfigurieren.

Der IGMP-Vorgang besteht aus zwei Teilen: Zum einen senden die Hosts Benachrichtigungen aus, sogenannte *Membership Reports*, wenn sie einer anderen Gruppe als AllSystems beitreten (und in einigen Versionen auch, wenn sie diese Gruppen wieder verlassen). Zum anderen können Router regelmäßige Anfragen aussenden, in denen sie nach Gruppenmitgliedschaften fragen. Ein Router kann Informationen über alle Gruppen oder über eine bestimmte Gruppe anfordern. In jedem Fall antworten die Hosts mit den gleichen Membership Reports wie beim anfänglichen Eintritt in eine Gruppe. Das Protokoll ist so gestaltet, daß immer nur ein Host pro Gruppe antwortet. Alles, was der Router wissen muß, ist, ob Interesse an der Gruppe besteht oder nicht; ihm ist egal, wie viele Hosts interessiert sind.

Paketfiltereigenschaften von IGMP

IGMP baut direkt auf IP auf und ist Protokoll 2. IGMP besitzt keine Portnummern; die IGMP-Pakete werden anhand der Pakettypen unterschieden. IGMP ist ein Datagramm-Protokoll, das kein ACK-Flag oder etwas Äquivalentes einsetzt. Alle IGMP-Pakete werden mit einem TTL von 1 gesendet und gelangen nur dann durch einen Paketfilter, wenn dieser völlig transparent ist oder so konfiguriert wurde, daß er IGMP durchläßt, ohne den TTL-Wert zu verkleinern. Sie müßten IGMP nur dann durch einen Paketfilter hindurchlassen, wenn der Paketfilter sich zwischen einem Multicast-Router und den Hosts befinden würde, die dieser bedient. Der Paketfilter müßte dann auch den gesamten anderen Multicast-Verkehr durchlassen. An dieser Stelle wäre es vermutlich besser, den Multicast-Verkehr zu tunneln oder den Paketfilter als Multicast-Router zu konfigurieren.

Quell-adresse	Zieladresse	Protokoll	Pakettyp	Anmerkungen
Router	224.0.0.1	2 (IGMP)	0x11	Anfrage nach Host-Mitgliedschaft
Host	Multicast[a]	2 (IGMP)	0x12	Version 1 Host-Membership-Report
Host	Multicast[a]	2 (IGMP)	0x16	Version 2 Host-Membership-Report
Host	224.0.0.1	2 (IGMP)	0x17	Gruppe verlassen

a. Dies wird auch an die Multicast-Gruppe adressiert, über die berichtet wird.

Router Discovery/ICMP Router Discovery Protocol (IRDP)

Router Discovery oder auch *ICMP Router Discovery Protocol* (IRDP) ist eigentlich kein Routing-Protokoll. Es handelt sich vielmehr um einen Mechanismus, den Hosts benutzen können, um Router unabhängig von Routing-Protokollen zu suchen. Router Discovery erlaubt es einem Host nachzufragen, welche Router sich im Netzwerk befinden. Dazu wird eine sogenannte *Router-Anforderung* (Router-Solicitation) eingesetzt, auf die die Router antworten. Die Router können außerdem Informationen über ihre relative Attraktivität bereitstellen. Das heißt, jeder Router übermittelt eine Zahl, die angibt, wie gut er zu sein glaubt, die vom Administrator vorgegeben wird, der den Router eingerichtet hat. Der Host kann anhand dieser Informationen einen Router auswählen. Das sind alle Informationen, die der Host vom Router erhält; es gibt zum Beispiel keine Informationen darüber, an welche Netzwerke der Router angeschlossen ist.

Zusätzlich zu den Antworten auf die Anfragen der Hosts senden die Router diese Informationen regelmäßig aus. Diese Übermittlungen werden *Router-Bekanntgabe* (engl. Router Announcement) genannt. Es wird erwartet, daß die Hosts nicht angeforderte Bekanntgaben genauso behandeln wie angeforderte.

Router Discovery bietet Hosts eine sinnvolle Möglichkeit, Standard-Router zu ermitteln, ohne komplizierte Routing-Protokolle zu bemühen. Allerdings stellt es keine Authentifizierungsinformationen zur Verfügung, Angreifer könnten also Router-Bekanntgaben senden, die den Verkehr umleiten. Befindet sich der Angreifer im angegriffenen Netzwerk, könnten diese Bekanntgaben den Verkehr an eine Stelle lenken, an der der Angreifer ihn lesen oder verändern könnte. Befindet sich der Angreifer nicht in diesem Netz, wird es ihm keinen so großen Nutzen bringen. Es wären sicher Denial-of-Service-Attacken möglich, und in einigen Fällen könnte ein Angreifer auch dazu in der Lage sein, den Verkehr in das Netzwerk umzuleiten, in dem er sich aufhält.

Router Discovery ist nicht weit verbreitet; die meisten Hosts benutzen es in Ergänzung zu anderen Möglichkeiten der Konfiguration des Routing. Sie können daher sogar Hosts finden, die Router Discovery unwissentlich benutzen. Diese Hosts verfügen bereits über Routen, die mit anderen Mitteln konfiguriert wurden (wie etwa RIP-Ankündigungen, DHCP oder einfach durch einen Menschen eingetippte Routen). Es hängt völlig von der Implementierung ab, wie diese Hosts Router-Bekanntgaben behandeln. Viele von ihnen benutzen bekanntgegebene Router anstelle der Router, die sie aus anderen Quellen kennen; andere ermitteln anhand der Informationen in der Bekanntgabe eine Rangfolge, und einige wiederum ziehen vorkonfigurierte Router den bekanntgegebenen vor.

Es gibt für Router Discovery absolut keinen Grund, durch einen Router zu verlaufen. Router Discovery ist lediglich für die Verteilung von Informationen über das lokale Netzwerk gedacht. Es ist daher sicher und auch ratsam, es in allen Paketfilter-Routern herauszufiltern. Sie sollten Router Discovery auch auf allen Bastion-Hosts deaktivieren, um sicherzugehen, daß diese nicht auf ungültige Bekanntmachungen achten, falls andere Bastion-Hosts überwunden werden.

Paketfiltereigenschaften von Router Discovery

Router Discovery baut auf ICMP auf. Router Discovery soll Multicast-basiert sein, allerdings ist es Hosts auch erlaubt, anstelle von Multicast Broadcast einzusetzen (allerdings wird davon dringend abgeraten).

Richtung	Quelladresse	Zieladresse	Protokoll	Meldungs-typ[a]	Anmerkungen
eingehend	extern	Broadcast, 224.0.0.2	ICMP	10	Eingehende Router-Anforderung
ausgehend	intern	extern, Broadcast, 224.0.0.1	ICMP	9	Ausgehende Router-Bekanntmachung
ausgehend	intern	Broadcast, 224.0.0.2	ICMP	10	Ausgehende Router-Anforderung
eingehend	extern	intern, Broadcast, 224.0.0.1	ICMP	9	Eingehende Router-Bekanntmachung

a. ICMP-Meldungen haben keine Quell- oder Ziel-Portnummern; sie verfügen statt dessen über ein einziges ICMP-Meldungstypfeld. ICMP besitzt kein Äquivalent zu ACK.

Proxy-Eigenschaften von Routing-Protokollen

Da Routing-Protokolle von einem Host verwendet werden, um Routing-Tabellen aufzubauen, die sich speziell auf den Standort des Hosts im Netzwerk beziehen, ist es nicht sinnvoll, sie über Proxies an Hosts irgendwo im Netzwerk zu schicken.

Network-Address-Translation-Eigenschaften von Routing-Protokollen

Routing-Protokolle übertragen Informationen, die stark von den Netzwerkadressen abhängen und mit Sicherheit keinen Nutzen haben, wenn sie durch Network-Address-Translation-Systeme geschickt werden. Es ist sinnlos, Routing-Protokolle durch NAT-Systeme zu schicken.

Zusammenfassung der Empfehlungen für Routing-Protokolle

- Lassen Sie keine Routing-Protokolle (RIP oder andere) über Ihre Firewall in das oder aus dem Internet zu. Das Routing auf einer Firewall ist im allgemeinen sehr einfach und läßt sich am besten mit statischen Routen bewältigen. Konfigurieren Sie Ihre Firewall einfach so, daß sie Pakete, die für interne Adressen gedacht sind, an einen internen Router leitet und alle anderen Pakete an Ihre Internet-Verbindung schickt.
- Konfigurieren Sie das Routing auf Bastion-Hosts sorgfältig, um Problemen mit der Firewall oder anderen Bastion-Hosts vorzubeugen und einen gewissen Schutz vor lokaler Fehlkonfiguration zu schaffen

Protokolle zum Booten und für die Konfiguration beim Booten

Diese Protokolle werden eingesetzt, um den Maschinen während des Bootens Informationen zur Verfügung zu stellen. Zum Beispiel dienen diese Protokolle zum Starten plattenloser Clients, zum Konfigurieren portabler Maschinen, die in verschiedenen Netzwerken eingesetzt werden und Informationen ausfindig machen müssen, und häufig auch zum Konfigurieren von Netzwerkgeräten wie Routern oder Druckern. Diese besitzen im allgemeinen nämlich keinen dauerhaften Speicher zum lokalen Ablegen von Konfigurationsinformationen. Oft ist auch TFTP, das in Kapitel 17, *Dateiübertragung, Filesharing und Drucken*, besprochen wird, ein kritischer Teil dieses Vorgangs.

bootp

bootp ist ein auf Broadcast beruhendes Protokoll, das von Clients eingesetzt wird, um Konfigurationsdaten und andere Informationen – vor allem IP-Adressen – zu beschaffen, die zum Booten benötigt werden. Ein Client, der ohne Konfigurationsdaten gestartet wird, könnte Broadcast-Nachrichten auf der Sicherungsschicht sowie seine MAC-Adresse benutzen, um die grundlegenden Daten von einem Server zu beziehen. Da *bootp* auf der Sicherungsschicht auf Broadcast basiert, durchquert es einen Router nur, wenn dieser speziell dafür konfiguriert wurde (zum Beispiel, wenn er eine »IP Helper Address« auf einer Cisco benutzt). Die meisten *bootp*-Server akzeptieren allerdings auch Unicast-Pakete, Sie dürfen sich also nicht darauf verlassen, daß diese Tatsache einen *bootp*-Server vor Angriffen schützt.

Dynamic Host Configuration Protocol (DHCP)

DHCP ist eine Erweiterung von *bootp* (und verwendet die gleichen Netzwerk-Portnummern). *bootp* unterstützt eine Eins-zu-Eins-Abbildung von MAC-Adressen auf TCP/IP-Adressen. DHCP ist ein komplexeres Protokoll, das mehrere Server, dynamische Adreßzuweisung, automatische Namensregistrierung und die Übermittlung clientspezifischer Konfigurationsparameter zuläßt. Die dynamischen Adressen werden an Clients »vermietet«, die ihre Eigentümerschaft regelmäßig durch entsprechende Anfragen erneuern bzw. verlängern müssen. DHCP wird für Maschinen verwendet, die selbst booten können, die Konfigurationsinformationen des Netzwerks aber weiterhin brauchen, um im Netzwerk arbeiten zu können. Dieses Protokoll ist besonders bei mobilen Computern sehr nützlich, da sich deren Netzwerkkonfigurationen häufig ändern. Es erleichtert aber auch die Konfiguration von Maschinen, die sich dauerhaft an einem Standort befinden.

Bastion-Hosts sollten über dauerhaft zugewiesene Adressen verfügen, die auf der Maschine selbst konfiguriert werden; es wäre nicht sehr klug, DHCP zur Konfiguration einzusetzen, und wir empfehlen Ihnen auch wärmstens, es nicht zu tun. Der Einsatz von DHCP macht Bastion-Hosts vom DHCP-Server abhängig.

DHCP erfordert sowohl Broadcast- als auch Unicast-Anfragen, um korrekt zu funktionieren. Ein normaler Router würde verhindern, daß der DHCP-Server sinnvoll für die Clients auf der anderen Seite des Routers wäre, ohne den DHCP-Server wirklich vor Angreifern zu schützen.

Paketfiltereigenschaften von DHCP und bootp

bootp baut auf UDP auf; *bootp*-Clients verwenden Port 68, und *bootp*-Server verwenden Port 67. UDP benutzt keine ACK-Flags. Obwohl das nicht im Standard festgehalten ist, benutzen DHCP-Server und/oder -Clients häufig ein ICMP-echo, das an die Adresse geschickt wird, die einem Client angeboten wird, oder eine ARP-Anfrage, um festzustellen, ob eine Adresse frei ist oder benutzt wird.

Richtung	Quelladresse	Zieladresse	Protokoll	Quellport	Zielport	Anmerkungen
eingehend	extern[a]	Broadcast	UDP	68	67	Anfrage eines externen Clients an internen Server
ausgehend	intern	extern[b]	UDP	67	68	Positive Antwort des internen Servers an externen Client
ausgehend	intern	Broadcast	UDP	67	68	Negative Antwort des internen Servers an externen DHCP-Client
eingehend	extern[b]	Broadcast	UDP	68	67	Externer Client akzeptiert DHCP-Angebot
ausgehend	intern	extern[b]	UDP	67	68	Interner Server bestätigt DHCP-»Lease«
ausgehend	intern[a]	Broadcast	UDP	68	67	Anfrage eines internen Clients an externen Server

Protokolle zum Booten und für die Konfiguration beim Booten

Richtung	Quelladresse	Zieladresse	Protokoll	Quellport	Zielport	Anmerkungen
eingehend	extern	intern[b]	UDP	67	68	Positive Antwort des externen Servers an internen Client
eingehend	extern	Broadcast	UDP	67	68	Negative Antwort des externen Servers an internen DHCP-Client
ausgehend	intern[b]	Broadcast	UDP	68	67	Interner Client akzeptiert DHCP-Angebot
eingehend	extern	intern[b]	UDP	67	68	Externer Server bestätigt DHCP-»Lease«

a. Diese Adresse muß keine gültige Adresse sein; es wird angenommen, daß die Zielmaschine nicht vollständig konfiguriert ist, und das Paket wird eigentlich auf der Grundlage von Daten niedrigerer Schichten und nicht auf der Basis der offensichtlichen Zieladresse ausgeliefert. Je nach den Fähigkeiten des Clients können diese Daten niedrigerer Schichten eine Broadcast- oder eine Unicast-Adresse haben.
b. Dies ist jetzt die gültige, anerkannte Adresse.

Proxy-Eigenschaften von bootp und DHCP

Da *bootp* und DHCP auf Broadcast-Nachrichten beruhen, sind sie normalerweise auf ein einziges LAN-Segment beschränkt. In den meisten Netzwerken ist es ungünstig, Server in jedem LAN-Segment zu plazieren und anschließend zu versuchen, die Konfigurationsdaten zwischen ihnen zu synchronisieren. Aus diesem Grund sind *bootp*-Proxies extrem verbreitet (und weil DHCP auf *bootp* aufbaut, gibt es dafür ebenfalls Proxies). Fast jede Maschine mit einer *bootp*- oder DHCP-Implementierung verfügt auch über einen Proxy. Außerdem können viele Router so konfiguriert werden, daß sie einige oder alle Broadcast-Pakete an andere Broadcast- oder Unicast-Adressen weiterleiten. Dies funktioniert im Prinzip als primitiver Proxy.

Keiner dieser Proxy-Mechanismen ist besonders konfigurierbar; es sind keine sicherheitsorientierten Proxies, die Protokollüberprüfungen, Autorisierung oder Protokollierung durchführen könnten.

Network-Address-Translation-Eigenschaften von bootp und DHCP

Da diese Protokolle Informationen über Netzwerkadressen verteilen, ist kaum eine Konfiguration vorstellbar, die durch ein Network-Address-Translation-System betrieben werden sollte.

Zusammenfassung der Empfehlungen für bootp und DHCP

- Lassen Sie diese Protokolle nicht durch Ihre Firewall hindurch zu. Sie dürfen externen Hosts nicht vertrauen, die Ihnen Boot-Informationen zur Verfügung stellen wollen, und Sie sollten externen Hosts auch nicht ermöglichen, anhand Ihrer Informationen zu booten.
- Konfigurieren Sie Bastion-Hosts nicht für die Benutzung von DHCP; sie sollten vielmehr dauerhaft zugewiesene Adressen benutzen, die durch ihre Konfigurationsdateien festgelegt werden.

ICMP und Netzwerk-Diagnose

ICMP und die Protokolle und Programme zur Netzwerk-Diagnose werden vor allem von Netzwerkadministratoren für die Fehlersuche in Netzwerken verwendet. Sie bilden für Administratoren sozusagen das Gegenstück zu Hammer und Säge eines Zimmermanns: die grundlegendsten, einfachsten und entscheidendsten Werkzeuge, antik in der Gestaltung, nichtsdestotrotz aber unentbehrlich.

Es handelt sich hierbei um weithin anerkannte Protokolle niedriger Ebene, sie wurden daher schon häufig für Angriffe mißbraucht. Eine Reihe von Denial-of-Service-Attacken beruhen auf falsch geformten ICMP-Paketen, und einige Trojanische Pferde benutzen ICMP, um Informationen aus angegriffenen Standorten hinauszusenden. Darüber hinaus werden oft gefälschte oder verstümmelte ICMP-Pakete, entweder allein oder begleitend, für Angriffe auf Systeme verwendet. Zum Beispiel könnte ein Angreifer für einen Host, der eigentlich erreichbar ist, ein ICMP-Paket »destination unreachable« (Ziel nicht erreichbar) verschicken. Dadurch werden vorhandene Verbindungen zum angegriffenen Ziel beeinträchtigt.

Viele Paketfiltersysteme erlauben es Ihnen, ICMP-Pakete auf ähnliche Art und Weise herauszufiltern wie TCP- oder UDP-Pakete: durch Angabe des ICMP-Meldungstyp-Codes anstelle der TCP- oder UDP-Quell- oder Ziel-Portnummer. Falls Ihr Paketfiltersystem über diese Fähigkeit verfügt, sollte in seiner Dokumentation eine Liste der numerischen ICMP-Codes oder Schlüsselwörter enthalten sein, die der Paketfilter versteht. Vermutlich wollen Sie nicht alle ICMP-Pakete herausfiltern, da Path MTU Discovery sonst nicht funktioniert und dadurch Probleme auftreten können (siehe Kapitel 4, *Pakete und Protokolle*, für weitere Informationen über Path MTU Discovery).

ping

Das Programm *ping*[1] überprüft Netzwerkverbindungen. *ping* erzeugt das ICMP-Paket »echo request«. Das Zielsystem antwortet mit dem ICMP-Paket »echo response«. ICMP ist typischerweise im Kernel implementiert, es ist also der Kernel, der das »echo response«-Paket erzeugt; bei den meisten Systemen gibt es keinen speziellen Server für ICMP. (Auf manchen Maschinen wird die Echo-Antwort sogar in der Netzwerkschnittstelle selbst und nicht im Betriebssystem erzeugt, und die Maschine muß nicht einmal vollständig laufen, um auf *ping* zu reagieren.) Nicht nur das Programm *ping* benutzt ICMP-Echos, sondern auch *spray* und fast alle anderen Werkzeuge speziell zur Netzwerkverwaltung.

ping eignet sich recht gut zur Fehlersuche in Netzwerken. Es ist auch einigermaßen sicher. Sie sollten daher ausgehendes *ping* wenigstens von den Maschinen zulassen, die Ihre Netzwerkverwalter benutzen, sowie eingehendes *ping* zumindest von den Maschinen, die Ihr Service-Provider für den Netzwerkbetrieb einsetzt.

---

1 *ping* ist keine Abkürzung. Mike Muus, der Autor des Originalprogramms, bestätigt, daß er es nach dem Geräusch eines Echolots benannt hat.

Aufgrund des Orts der Implementierung ist es nahezu unmöglich, Antworten auf *ping* auf einzelnen Rechnern zu deaktivieren; die einzige Steuermöglichkeit bildet Paketfilterung.

ICMP-Echos bergen mehrere Gefahren in sich:

- Sie können für eine Denial-of-Service-Attacke, das heißt zum Überfluten Ihres Netzwerks, benutzt werden. Im Prinzip kann zwar jedes Protokoll, das Sie akzeptieren, für diesen Zweck mißbraucht werden. Allerdings ist ICMP-Echo besonders verlockend, da es Ihnen weit verbreitete Programme, die zum Testen von Netzwerken gedacht sind (inklusive einiger Versionen von *ping*), erlauben, Netzwerke mittels einfacher Aufrufoptionen zu überfluten.

- Jeder, der in der Lage ist, ICMP-Echo-Anfragen in Ihr Netzwerk zu schicken und die entsprechenden ICMP-Echo-Antworten zu empfangen, kann ermitteln, wie viele Maschinen Sie haben und unter welchen Netzwerkadressen sie erreichbar sind. Dadurch wird die Effektivität künftiger Angriffe erhöht. Aus diesem Grund sollten Sie die Anfragen auf solche Maschinen beschränken, die Ihr Netzwerk wirklich testen müssen.

- Verstümmelte ICMP-Echo-Anfragen können ungeahnte Auswirkungen auf schlechte Implementierungen von IP haben. Das gilt im Prinzip für alle Protokolle. Allerdings wird ICMP leicht übersehen und hat oft hastig zusammengeschusterte Implementierungen, die besonders verwundbar sind.

- Die Datenanteile der ICMP-Echo-Anfragen und -Antworten sind für das Protokoll ohne Bedeutung und können ohne weiteres alles mögliche enthalten. Dadurch ist ICMP-Echo prädestiniert zum Schmuggeln von Informationen durch eine Firewall.

Paketfiltereigenschaften von ping

Damit das Programm *ping* nach außen funktioniert (d.h. damit Sie ferne Rechner »anpingen« können), müssen Sie ICMP-Pakete des Typs »echo request« nach außen und ICMP-Pakete des Typs »echo response« nach innen zulassen. Damit *ping* von außen funktioniert (damit also ein ferner Rechner einen lokalen Rechner »anpingen« darf), müssen Sie ICMP-Pakete des Typs »echo request« nach innen und ICMP-Pakete des Typs »echo response« nach außen erlauben. Falls es sich einrichten läßt, sollten Sie die akzeptable Größe der ICMP-echo-request-Pakete beschränken. Die Begrenzung der Größe der nach innen gerichteten Pakete ist eine Schutzmaßnahme, um Denial-of-Service-Attacken zu verhindern; die Beschränkung der Größe der nach außen gerichteten Pakete ist ein Gebot der Höflichkeit.

Richtung	Quelladresse	Zieladresse	Protokoll	Meldungstyp[a]	Anmerkungen
eingehend	extern	intern	ICMP	8	Eingehendes *ping*
ausgehend	intern	extern	ICMP	0	Antwort auf eingehendes *ping*
ausgehend	intern	extern	ICMP	8	Ausgehendes *ping*
eingehend	extern	intern	ICMP	0	Antwort auf ausgehendes *ping*

a. ICMP-Meldungen besitzen keine Quell- oder Ziel-Portnummern; statt dessen haben sie ein einziges ICMP-Meldungstypfeld. ICMP besitzt kein Äquivalent zu ACK.

Falls Sie ein zustandsgesteuertes Paketfiltersystem haben, sollten Sie es so konfigurieren, daß Sie Antworten nur dann erlauben, wenn Sie eine dazugehörende Anfrage gesehen haben. Das ist vor allem dann wichtig, wenn Sie Anfragen nur in eine Richtung zulassen. Die Antworten verlaufen in diesem Fall in die Richtung, in der Anfragen verboten sind. Nicht angeforderte Antworten sind immer feindselig, ob es sich nun um wirkliche Angriffe oder versteckte Kanäle zum Schmuggeln von Informationen handelt.

Proxy-Eigenschaften von ping

SOCKS5 stellt ein Proxy-System mit modifiziertem Client für *ping* zur Verfügung. Da *ping* weder auf TCP noch auf UDP basiert, funktioniert es mit keinem der gebräuchlichen generischen Proxy-Server für modifizierte Clients. Da *ping* außerdem keine vom Benutzer bereitgestellten Informationen zum Zielrechner transportiert, ist auch der Einsatz von Proxies mit modifizierten Prozeduren unmöglich. Für Proxies mit modifizierten Prozeduren wäre es außerdem erforderlich, daß der Proxy-Server die Anfrage abfangen kann, bevor die Maschine, auf der er läuft, eine Antwort erzeugt. Das ist bei *ping* schwierig. In einer reinen Proxy-Umgebung mit modifizierten Prozeduren wird *ping* nur ermöglicht, indem die Benutzer eine Verbindung zum Proxy-Rechner aufbauen (zum Beispiel mit Hilfe einer speziellen Webseite) und *ping* von dort aus starten, wie in Kapitel 9, *Proxy-Systeme*, vorgestellt. Mehrere Systeme, die das Abfangen von Paketen praktizieren, um Proxy-Dienste anbieten zu können, enthalten *ping*-Proxies.

Beim Proxy-Einsatz von *ping* sollten die Datenteile der Pakete gesäubert werden. Der originale Datenanteil der Antwort oder der Anfrage sollte nicht übertragen, sondern vom Proxy durch gleich lange Daten ersetzt werden, die dieser erzeugt hat. Auf diese Weise kann *ping* nicht als verdeckter Kanal benutzt werden. In einigen wenigen Fällen wird dadurch die Fehlersuche im Netzwerk gestört (manche Netzwerkprobleme hängen mit bestimmten Datenmustern zusammen, die Fehler in der Netzwerk-Hardware auslösen). Glücklicherweise findet diese Art der Fehlersuche nur selten direkt über das Internet statt.

Network Address Translation und ping

ping verwendet keine eingebetteten IP-Adressen und sollte daher problemlos mit allen Network-Address-Translation-Systemen funktionieren, die ICMP unterstützen.

traceroute

traceroute (auf Microsoft-Systemen auch *tracert*) ist eine Anwendung, die Ihnen den Weg anzeigt, den die Pakete zu einem bestimmten IP-Ziel nehmen. Da normalerweise kein System den vollständigen Pfad zum Ziel kennt (sondern nur den nächsten Schritt zum Ziel), ist das ziemlich clever.[2] *traceroute* arbeitet mit sorgfältig konstruierten Paketen spezieller Bauart. Zieladresse der Pakete ist der ferne Rechner; je nach der Implementierung handelt es sich bei den Paketen entweder um ICMP-Echo-Pakete oder um UDP-Pakete mit einem (hoffentlich, siehe unten) unbenutzten Zielport auf dem fernen

---

2   *traceroute* ist im Grunde genommen ein »cooler Hack«.

Rechner. Die Besonderheit der Pakete besteht darin, daß die Felder »time to live« (TTL) auf sehr kleine Werte gesetzt werden (beginnend bei 1). Daher werden die Pakete von zwischenliegenden Routern abgelehnt – so, als würden sie in einer Schleife durch das Netz wandern. Indem *traceroute* untersucht, woher die Ablehnungen (ICMP-Meldung »time to live exceeded«) stammen, kann es die zwischenliegenden Router ermitteln.

TTL ist ein Feld im IP-Header. Aus Sicht einer Firewall ist es normalerweise nicht von Interesse. Der Name ist etwas irreführend; eine bessere Bezeichnung wäre »hops to live« (Anzahl der Routersprünge, die das Paket überlebt). Beim Erzeugen eines Pakets wird sein TTL-Feld auf einen bestimmten Wert gesetzt (meist 16, 30 oder 255). Jeder Router, der das Paket auf seiner Reise weiterleitet, verringert das TTL-Feld um 1. Nimmt das TTL-Feld den Wert 0 an, geht der Router davon aus, daß das Paket in einer Schleife gelandet ist. Es wird in einer ICMP-Meldung »time to live exceeded« verpackt und an die Quelladresse zurückgeschickt.

Der erste Router, der die besonders aufgebauten Pakete von *traceroute* (mit dem TTL-Wert 1) behandelt, vermindert das TTL-Feld und stellt fest, daß es den Wert 0 hat. Daraufhin sendet er eine ICMP-Meldung »time to live exceeded« zurück. *traceroute* entnimmt dieser Meldung die IP-Adresse des ersten Routers (nämlich die Quelle der ICMP-Meldung).

traceroute konstruiert jetzt ein weiteres Paket – dieses Mal mit dem TTL-Wert 2 – und versendet es. Dieses Paket erreicht den zweiten Router, bevor der TTL-Wert auf 0 vermindert ist. *traceroute* weiß, daß der Router, der die ICMP-Meldung »time to live exceeded« für dieses Paket zurückgibt, der zweite Router auf dem Weg zum Ziel sein muß. Daraufhin konstruiert *traceroute* Pakete mit den TTL-Werten 3, 4 usw., um den Weg zum Ziel zu ermitteln.

traceroute erkennt das Ende der Kette, wenn es die ICMP-Meldungen »echo reply« oder »destination unreachable« anstelle von »time to live exceeded« von einem zwischenliegenden Router erhält.

Die meisten Versionen von *traceroute* erkennen außerdem unter anderem die ICMP-Meldungen »host unreachable« und »network unreachable« und zeigen diese an.

Kann *traceroute* den Zielrechner überhaupt nicht erreichen (oder erhält es keine Rückmeldungen von diesem), so beendet es sich schließlich mit einer Zeitüberschreitung.

Paketfiltereigenschaften von traceroute

Um *traceroute* nach außen durch Ihre Paketfilter zu erlauben (d.h. *traceroute* von innen zu einem externen Ziel), müssen Sie die konstruierten UDP- oder ICMP-Pakete nach außen und die relevanten ICMP-Pakete (speziell »time to live exceeded« und »destination unavailable«) von außen zulassen.

Um *traceroute* von außen zu erlauben, müssen Sie die konstruierten UDP- oder ICMP-Pakete von außen und die relevanten ICMP-Meldungen nach außen zulassen. Sie sollten diese Möglichkeit auf die Maschinen beschränken, die Ihr Service-Provider zum Netzwerkbetrieb einsetzt, um die Anzahl der erlaubten UDP-Pakete durch die Firewall möglichst klein zu halten. Damit schützen Sie RPC-Dienste (wie NFS und NIS) und verhindern, daß Angreifer mit *traceroute* feststellen können, welche Adressen in Ihrem Netz tatsächlich Rechnern zugeordnet sind. Die Probleme mit ICMP-Echo und die Eigenschaften der Echo- und Echo-Reply-Pakete werden im Abschnitt über *ping* weiter vorn besprochen.

Bei manchen Versionen von *traceroute*, die UDP einsetzen, kann man (über eine Aufruf- oder Kompilieroption) angeben, welche UDP-Ports am Ziel benutzt werden sollen. Sie müssen daher eventuell Konventionen für Ihr Netz festlegen, die angeben, welche Ports für *traceroute* durch die Paketfilter zulässig sind. Sie sollten den Paketfilter für *traceroute* nicht weiter öffnen als unbedingt nötig (speziell für eingehendes *traceroute*). Da *traceroute* auf UDP basiert, könnte ein Angreifer die UDP-Regeln Ihres Paketfilters (die eigentlich nur *traceroute* ermöglichen sollen) ausnutzen, um andere UDP-Dienste wie NFS oder NIS anzugreifen.

Richtung	Quell-adresse	Ziel-adresse	Protokoll	Quellport[a]	Ziel-port[a]	Meldungs-typ[a]	Anmerkungen
ausgehend	intern	extern	UDP	b	b	a	Ausgehender UDP-*traceroute*-Test
ausgehend	intern	extern	ICMP	a	a	8	Ausgehender ICMP-*traceroute*-Test
eingehend	extern	intern	ICMP	a	a	0	ICMP-Echo-Response (Testantwort)
eingehend	extern	intern	ICMP	a	a	11	Eingehendes »time to live exceeded«
eingehend	extern	intern	ICMP	a	a	3	Eingehendes »destination unreachable«
eingehend	extern	intern	UDP	b	b	a	Eingehender UDP-*traceroute*-Test
eingehend	extern	intern	ICMP	a	a	8	Eingehender ICMP-*traceroute*-Test
ausgehend	intern	extern	ICMP	a	a	0	ICMP-Echo-Response (Testantwort)
ausgehend	intern	extern	ICMP	a	a	11	Ausgehendes »time to live exceeded«
ausgehend	intern	extern	ICMP	a	a	3	Ausgehendes »destination unreachable«

a. UDP-Pakete besitzen Quell- und Zielports; ICMP-Pakete haben nur Meldungstypfelder. UDP oder ICMP haben kein Äquivalent zu ACK.
b. Die UDP-Quell-/Zielports für *traceroute*-Testpakete variieren je nach Implementierung, Aufruf und/oder Kommandozeilenargumenten. Im allgemeinen liegen sie oberhalb von >32.768, das ist aber auch schon die einzige mögliche Verallgemeinerung. Bei speziellen Implementierungen (vor allem in Routern und auf Nicht-Unix-Plattformen) kann das anders aussehen. Vor allem die Zielports liegen üblicherweise im Bereich von 33.434 bis 33.523. (Der Grund dafür ist ein wenig kompliziert; falls Sie ausgesprochen neugierig sind, sollten Sie die Kommentare im Quellcode des Unix-*traceroute* lesen.)

ICMP und Netzwerk-Diagnose

Proxy-Eigenschaften von traceroute

traceroute könnte wie *ping* sehr leicht von einem ICMP-fähigen Proxy-Server für modifizierte Clients unterstützt werden. Einen entsprechenden Server und einen dazugehörenden Client gibt es als Teil des SOCKS5-Pakets. Der Einsatz von Proxies für modifizierte Prozeduren ist bei *traceroute* nicht möglich, obwohl es einfach wäre, über eine Webseite den Zugriff auf *traceroute* zum Ausführen auf einem Bastion-Host zu ermöglichen.

Network Address Translation und traceroute

Da *traceroute* dazu gedacht ist, die Netzwerkadressen zu ermitteln, die die Pakete durchlaufen, wird beim Einsatz eines Network-Address-Translation-Systems häufig Verwirrung gestiftet. Wenn das NAT-Ergebnis ICMP-fähig ist, gibt es eigentlich keinen Grund, weshalb *traceroute* fehlschlagen sollte, allerdings werden die Informationen, die es dem Benutzer zurückliefert, angepaßte Adressen enthalten. Dies stellt für jemanden, der *traceroute* von einer angepaßten Adresse aus ausführt, kein Problem dar. Andererseits könnte das Ausführen von *traceroute* zu einer angepaßten Adresse unvorhergesehene Ergebnisse mit sich bringen. Oft ist keine passende Zuordnung möglich, und *traceroute* schlägt fehl.

Andere ICMP-Pakete

Eine ganze Reihe von ICMP-Meldungstypen, die zur Netzwerkverwaltung eingesetzt werden, besitzen keine speziellen Programme. Sie werden von verschiedenen Programmen und Netzwerkgeräten automatisch erzeugt und ausgewertet.

ICMP-Meldungstypen können darüber hinaus Codes enthalten, die weitere Informationen liefern. Zum Beispiel gibt es weitere Codes unter »destination unreachable«, einschließlich »service unavailable«, »communication administratively prohibited« und »fragmentation required and Don't Fragment set«. Meist sind nur die Codes unterhalb von »destination unreachable« von Interesse; keiner der anderen weiter verbreiteten ICMP-Typen benutzt Codes tatsächlich auf diese Weise.

Wie mit ICMP-Meldungen zu verfahren ist, hängt von der Art der Meldung und der Richtung ab, in die sie übertragen werden. Wir erwähnten bereits die Meldungen »echo request«, »echo reply«, »destination unreachable« und »time to live exceeded«. Die anderen ICMP-Meldungstypen, die Sie in beiden Richtungen eventuell zulassen müssen, sind »source quench« (damit kann ein Empfänger den Sender bremsen, wenn er zu schnell Daten liefert) und »parameter problem« (diese Meldung ist eine Art Notnagel; sie wird bei allen Problemen mit den Paket-Headern zurückgegeben, die nicht auf andere Art behandelt werden).

Bei vielen anderen ICMP-Meldungstypen besteht die Gefahr, daß lokale Informationen der Rechner geändert werden (die Meldung »redirect« verändert zum Beispiel die Routing-Tabellen eines Rechners). Daher sollte Ihr Paketfilter solche Meldungen von außen nicht gestatten.

Selbst »destination unreachable« kann Probleme aufwerfen. Manche Angreifer senden falsche »destination unreachable«-Meldungen, die Hosts veranlassen könnten, ihre laufende Kommunikation abzubrechen. (Das ist ein beliebter Angriff gegen Leute, die IRC benutzen.) Es gibt im allgemeinen keine Möglichkeit, ein gültiges »destination unreachable« von einem ungültigen zu unterscheiden, da »destination unreachable« von jeder Maschine auf dem Pfad zwischen den beiden Rechnern geschickt werden kann. Meist können berechtigte »destination unreachable«-Meldungen nur am Anfang einer Verbindung geschickt werden. Hosts können »destination unreachable«-Meldungen einfach ignorieren, wenn diese keine plausible Antwort auf von ihnen gesendete Pakete darstellen.

ICMP-Meldungen nach außen sollten Sie im allgemeinen nur dann zulassen, wenn sie Ihnen auch etwas nützen. Die Meldungen »source quench« und »parameter problem« können Sie erlauben, da sie den sendenden Rechner etwas »freundlicher« machen. Alle ICMP-Typen, die anzeigen, daß keine Verbindung zustande kommt (zum Beispiel »destination unavailable«, »network unavailable«, »service unavailable«, »destination administratively unavailable« oder »network administratively unavailable«) helfen einem Angreifer dabei, Ihr Netz auszuspionieren, und bringen Ihnen zudem kaum Vorteile. Sie sollten diese Meldungen daher nach außen blockieren.

Zu dieser Regel existieren zwei Ausnahmen. Zum einen werden Sie es möglicherweise angebracht finden, auf Auth-Anfragen[3] eine Art Fehlermeldung zurückzugeben (entweder einen ICMP-Fehler oder einen TCP-Reset), falls Sie diese nicht zulassen, um die Mail-Übertragung zu beschleunigen. Dies wird in Kapitel 21, *Authentifizierungs- und Auditing-Dienste*, besprochen. Zum anderen sollten Sie von jedem Host aus, der aus dem Internet erreicht werden kann, die Meldung »fragmentation required and Don't Fragment set« zurückgeben, um Path MTU Discovery zu unterstützen. Dies wird in Kapitel 4, *Pakete und Protokolle*, näher behandelt. In beiden Fällen lassen sich die Regeln, die Sie wirklich umsetzen wollen, in den meisten Paketfiltersystemen nicht festlegen; es ist nicht möglich anzugeben, daß ein ICMP-Typ nur als Antwort auf Anfragen an einen bestimmten Port zulässig ist, und es können meist auch keine bestimmten Codes eines Typs angegeben werden. Möglicherweise können Sie andere Lösungen einsetzen, die in den Abschnitten über diese Probleme besprochen werden.

Paketfiltereigenschaften von ICMP

Wie bereits erwähnt, enthalten ICMP-Pakete keine Quell- oder Ziel-Portnummern, sondern ein einzelnes Feld für den ICMP-Meldungstyp. Bei vielen Paketfiltern können Sie ICMP-Pakete anhand dieses Felds ausfiltern, genauso wie Sie TCP- oder UDP-Pakete anhand der Felder für Quell- und Zielport ausfiltern können. Die folgende Tabelle enthält einige gebräuchliche ICMP-Meldungstypen mit Empfehlungen, wie Sie diese behandeln sollten (d.h., ob sie durch die Firewall zulässig sind oder blockiert werden sollten).

---

3 Das Auth-Protokoll ist auch unter der Bezeichnung *identd* bekannt, nach einem beliebten Unix-Dämonen, der es implementiert.

Meldungs-typ	Beschreibung	Erlauben/Verbieten
0	»echo reply« (Antwort auf *ping*).	Siehe Abschnitt über *ping*.
3	»destination unreachable« Kann u. a. bedeuten, daß der Rechner, das Netzwerk oder der Port unerreichbar sind.	Siehe Abschnitt über *traceroute*.
4	»source quench« (Absender soll gebremst werden, da er die Daten zu schnell übermittelt).	Sollte normalerweise in beiden Richtungen erlaubt sein.
5	»redirect« (Aufforderung an den Absender, eine Route zu ändern); sollte von Ihren Systemen ignoriert werden, falls es nicht von einem direkt angeschlossenen Router stammt. Sorgen Sie vor allem dafür, daß die Router in Ihrer Firewall dies ignorieren.	Sollte üblicherweise blockiert werden, wenn es von außen kommt. Blockieren Sie es auf jeden Fall auf den Routern, die zur Firewall gehören.
8	»echo request« (von *ping* erzeugt).	Siehe Abschnitt über *ping*.
9	»router announcement« (von Router Discovery eingesetzt).	Sollte in beiden Richtungen blockiert werden (siehe Abschnitt über Router Discovery).
10	»router selection« (von Router Discovery eingesetzt).	Sollte in beiden Richtungen blockiert werden (siehe Abschnitt über Router Discovery).
11	»time to live exceeded« (Paket scheint in einer Schleife festzuhängen).	Sollte normalerweise in beiden Richtungen erlaubt sein.
12	»parameter problem« (Problem mit einem Paket-Header).	Sollte normalerweise in beiden Richtungen erlaubt sein.

Zusammenfassung der Empfehlungen für ICMP

- Lassen Sie die ICMP-Meldung »echo request« nach außen zu, aber begrenzen Sie eingehende ICMP-Meldungen »echo request« auf die Maschinen, die Ihr Netz wirklich testen müssen (etwa die Ihres Service-Providers). Lassen Sie die ICMP-Meldung »echo response« in beiden Richtungen zu, jedoch nur, wenn sie zu zuvor ausgeführten Anfragen gehören.

- Lassen Sie *traceroute* nach außen zu, begrenzen Sie eingehende *traceroute*-Anfragen jedoch auf die Maschinen, die Ihr Netz wirklich testen müssen. Schränken Sie außerdem den Bereich der zulässigen Ports ein.

- Suchen Sie sich einen Router, der es Ihnen erlaubt, ICMP-Pakete zu säubern, und weisen Sie offensichtlich verstümmelte oder böswillige Pakete unabhängig von deren Quelle und Ziel ab.

- Lassen Sie nur sichere ICMP-Meldungstypen zu, wie bereits beschrieben.

Network Time Protocol (NTP)

NTP erlaubt es Ihnen, die Uhren auf Ihren Systemen äußerst genau einzustellen, nämlich mit einer Genauigkeit zwischen 1 und 50 ms der Zeit auf dem zentralen Server. Für bestimmte Anwendungen und Protokolle ist die exakte Zeit besonders wichtig:

- Die Zuordnung der Informationen von mehreren Maschinen (zum Beispiel die Analyse der Protokolldateien nach einem Einbruchsversuch) ist wesentlich einfacher, wenn deren Uhren synchron laufen. Wenn Sie genau wissen, welche Rechner in welcher Reihenfolge angegriffen wurden, können Sie besser abschätzen, worauf es der Angreifer abgesehen hat und was er als nächstes tun könnte.

- Manche Sicherheitsprotokolle benötigen einen exakten Zeitgeber, um »Playback«-Angriffe (Wiederholen von Paketsequenzen) zu verhindern. Solche Protokolle versehen Informationen im Netz mit einem Zeitstempel, so daß es unmöglich ist, die gleichen Informationen (z.B. Kennung und Paßwort oder gar eine vollständige Sitzung) aufzuzeichnen und später als Teil eines Angriffs erneut einzuspielen. Dieser Zeitstempel kann umgangen werden, wenn es möglich ist, die Systemuhr auf die Zeit zurückzustellen, zu der die Verbindung aufgezeichnet wurde.

NTP-Server kommunizieren hierarchisch mit anderen NTP-Servern, um Zeitangaben auszutauschen. Je näher ein System an einer Referenzuhr liegt (z.B. einer Atomuhr, Funkuhr oder einer anderen maßgeblichen Zeitquelle), desto höher steht es in der Hierarchie. Die Server kommunizieren häufig miteinander, um die Verzögerungen abzuschätzen und zu verfolgen, die im Netzwerk auftreten. Dadurch können sie diese Verzögerungen auch kompensieren. NTP-Clients fragen die Server einfach nach der aktuellen Zeit, ohne sich um einen Ausgleich für die Verzögerungen zu kümmern.

NTP ist in den Unix-Versionen verschiedener Hersteller enthalten; einige wenige Hersteller (vor allem Silicon Graphics) bieten anstelle von oder zusätzlich zu NTP Dienste, die auf dem älteren Time-Protokoll aufbauen. NTP wird von Windows NT nicht zur Verfügung gestellt, allerdings wird es von *timeserv* unterstützt, einem Bestandteil des Server Resource Kit.

Standardmäßig enthält NTP keine Authentifizierung; ein Angreifer kann deshalb leicht Pakete mit falschen Zeiteinstellungen generieren. Seit NTPv3 gibt es eine Authentifizierung, und Sie sollten sie auch einsetzen.

Paketfiltereigenschaften von NTP

NTP ist ein Dienst auf Basis von UDP. NTP-Server benutzen Port 123, um untereinander und mit NTP-Clients zu kommunizieren. NTP-Clients verwenden beliebige Ports oberhalb von 1023. Wie bei DNS kann man die einzelnen Verbindungen anhand der Portnummern unterscheiden:

Anfrage eines NTP-Clients an einen Server
    Quellport oberhalb von 1023, Zielport 123

Antwort eines NTP-Servers an einen Client
    Quellport 123, Zielport oberhalb von 1023

Anfrage oder Antwort zwischen NTP-Servern
    Sowohl Quell- und Zielport 123

Im Gegensatz zu DNS benutzt NTP niemals TCP. Bei NTP gibt es auch keine Entsprechung zu den Zonentransfers von DNS.

Network Time Protocol (NTP)

NTP-Server können miteinander auch über Broadcast oder Multicast kommunizieren; die Multicast-Adresse 224.0.1.1 ist für diesen Zweck reserviert.

Richtung	Quell-adresse	Zieladresse	Protokoll	Quellport	Zielport	Anmerkungen
eingehend	extern	intern	UDP	>1023	123	Anfrage, externer Client an internen Server
ausgehend	intern	extern	UDP	123	>1023	Antwort, interner Server an externen Client
ausgehend	intern	extern	UDP	>1023	123	Anfrage, interner Client an externen Server
eingehend	extern	intern	UDP	123	>1023	Antwort, externer Server an internen Client
eingehend	extern	intern	UDP	123	123	Anfrage oder Antwort zwischen zwei Servern
ausgehend	intern	extern	UDP	123	123	Anfrage oder Antwort zwischen zwei Servern
eingehend	extern	224.0.1.1	UDP	123	123	Multicast-Anfrage oder -Antwort eines externen Servers
ausgehend	intern	224.0.1.1	UDP	123	123	Multicast-Anfrage oder -Antwort eines internen Servers

Abbildung 22-1 zeigt, wie Paketfilterung mit NTP funktioniert.

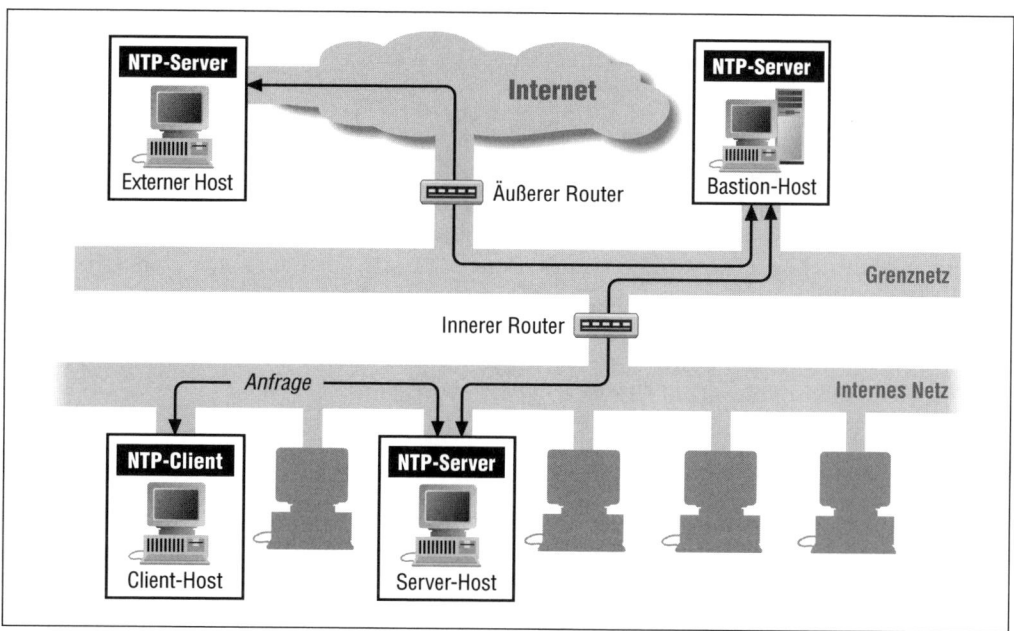

Abbildung 22-1: NTP mit Paketfilterung

Proxy-Eigenschaften von NTP

Als UDP-Anwendung kann NTP nicht mit einem SOCKS4-Proxy verarbeitet werden, wohl aber mit dem UDP Packet Relayer oder SOCKS5. Da NTP mit einer Hierarchie von Servern arbeitet, kann man es so konfigurieren, daß es auf einem Bastion-Host ohne expliziten Proxy läuft (siehe unten).

Network-Address-Translation-Eigenschaften von NTP

NTP verwendet keine eingebetteten IP-Adressen und funktioniert transparent durch ein Network-Address-Translation-System.

Konfiguration von NTP zum Betrieb mit einer Firewall

Zuerst müssen Sie entscheiden, ob Sie NTP überhaupt für die Zusammenarbeit mit Ihrer Firewall konfigurieren müssen. Das ist unnötig, wenn für Ihr Netzwerk einer der folgenden Fälle zutrifft:

- Sie verfügen in Ihrem Netzwerk über eine genaue Zeitquelle – zum Beispiel eine Funkuhr, die exakte Zeitsignale einer staatlichen oder nichtstaatlichen Organisation empfängt, oder eine Satellitenuhr, die Daten von den Satelliten des *Global Positioning System* (GPS) empfängt.
- Es ist Ihnen wichtiger, die Systemzeiten *innerhalb* des Netzwerkes abzugleichen als *zwischen* ihrem Netz und dem Rest der Welt.

In beiden Fällen brauchen Sie NTP nicht über Ihre Firewall; es reicht, wenn Sie es einfach intern betreiben.

Falls Sie NTP über die Firewall betreiben wollen, richten Sie am besten einen NTP-Server auf einem Bastion-Host ein, der mit mehreren externen NTP-Servern kommuniziert, sowie einen NTP-Server auf einem internen Rechner, der mit dem Bastion-Host kommuniziert. (Durch die Zusammenarbeit des Bastion-Hosts mit mehreren externen NTP-Servern erhöht sich die Genauigkeit, außerdem ist er schwerer auszutricksen.) Als nächstes konfigurieren Sie interne NTP-Clients und andere interne NTP-Server so, daß sie mit dem internen Server kommunizieren, der die genaue Zeit wiederum vom Bastion-Server erhält. Sie müssen ein Paketfiltersystem zwischen dem internen Server und dem Bastion-Host so konfigurieren, daß es folgende Verbindungen zuläßt:

Anfragen vom internen *NTP-Server zum NTP-Server auf dem Bastion-Host*
UDP-Pakete von Port 123 auf dem internen Server zu Port 123 auf dem Bastion-Host

Antworten vom NTP-Server auf dem Bastion-Host zum internen NTP-Server
UDP-Pakete von Port 123 auf dem Bastion-Host zu Port 123 auf dem internen Host

Zusammenfassung der Empfehlungen für NTP

- Ziehen Sie in Erwägung, NTP ausschließlich intern zu betreiben
- Falls Sie NTP zum Internet betreiben, richten Sie einen NTP-Server auf einem Bastion-Host als Proxy für einen internen Server ein.

Dateisynchronisation

Genaugenommen handelt es sich bei Protokollen, die Dateien zwischen zwei Computern synchronisieren, um Dateiübertragungsprogramme. Allerdings werden sie vorwiegend für administrative Zwecke eingesetzt. Deshalb behandeln wir sie hier. Diese Dienste haben das Ziel, Dateien auf zwei Computern abzugleichen. Üblicherweise werden sie eingesetzt, um mehrere Server zu synchronisieren, die austauschbar sein sollen, oder um sicherzustellen, daß alle Maschinen einer Gruppe die gleichen Anwendungsversionen benutzen.

Manche Systeme verwenden normale Dateiübertragungsprotokolle zur Synchronisation – um zum Beispiel Laptops mit Servern zu synchronisieren, wenn sie an ein Netzwerk angeschlossen werden. Um zu ermitteln, wie solche Systeme mit einer Firewall funktionieren, müssen Sie zuerst herausfinden, welche Dateiübertragungsprotokolle sie einsetzen. Schauen Sie sich anschließend die Ausführungen zu diesem Protokoll in Kapitel 17, *Dateiübertragung, Filesharing und Drucken*, an.

rdist

rdist ist das bekannteste der Unix-Programme zur Dateisynchronisation. Es gibt zwei Versionen, die weit verbreitet sind: Version 5 (manchmal als *ordist* bezeichnet) und Version 6. Version 6 ist nicht mit der Version 5 kompatibel, aber die meisten Version 6-Server greifen auf die Programme der Version 5 zurück, wenn diese zur Verfügung stehen. *rdist* Version 5 verwendet *rsh*, um zwischen den Maschinen zu kommunizieren; *rdist* Version 6 kann entweder *rsh* oder SSH einsetzen. Die Eigenschaften von *rsh* und SSH (für Paketfilterung, Proxy-Betrieb und Network Address Translation) werden in Kapitel 18, *Der Fernzugriff auf Hosts*, besprochen. Sie ändern sich bei Benutzung durch *rdist* nicht.

rdist ist zwar ein außerordentlich nützliches Werkzeug zur Systemadministration, es hat aber auch eine lange und traurige Liste an Sicherheitsproblemen zu verzeichnen. Die meisten haben mit dem Einsatz von *setuid* zu tun, das es – manchmal in unpassenden Augenblicken – benutzt, um als root zu laufen. Das Ganze verschlimmert sich dann noch, wenn *rsh* die Grundlage bildet. Sie sollten *rdist* Version 5 nie durch eine Firewall oder auf einem Bastion-Host benutzen; verwenden Sie statt dessen das SSH-basierte *rdist* Version 6 oder *rsync* (im nächsten Abschnitt finden Sie weitere Informationen über *rsync*).

rsync

rsync ist ein Synchronisationsprotokoll, das Prüfsummen einsetzt (anstatt sich auf das Änderungsdatum zu verlassen), um Unterschiede festzustellen, und eine teilweise Dateiübertragung durchführt (es werden nur die Unterschiede und nicht die vollständigen Dateien übertragen). *rsync* ist von Andrew Tridgell und Paul Mackerras entwickelt worden.

rsync kann entweder wie *rdist* auf ein Remote-Shell-Protokoll aufsetzen (vorzugsweise *ssh*, *rsh* ist aber ebenso möglich) oder seinen eigenen Dämon, *rsyncd*, benutzen. *rsyncd* führt eine Authentifizierung durch, verschlüsselt aber die zu übertragenden Daten nicht. Der Dämon *rsyncd* ist dann hilfreich, falls Sie *rsync* zum Verteilen von öffentlich verfügbaren Dateien einsetzen wollen; er ermöglicht es Ihnen, *rsync* wie FTP zu benutzen, ohne einen Remote-Shell-Zugang zum Internet zuzulassen. Es ist sicherer als FTP (es bietet eine geringere Funktionalität) und erweist sich in Situationen als effektiver, in denen wiederholt aktualisierte Dateien übertragen werden müssen. Falls Sie vertrauliche Daten übertragen, sollten Sie *rsync* über SSH anstelle von *rsyncd* einsetzen.

Paketfiltereigenschaften von rsync

rsync wird im allgemeinen über SSH betrieben, obwohl man es auch über *rsh* betreiben kann, falls Sie sich keine Sorgen um die Sicherheit machen müssen. Die Paketfiltereigenschaften von SSH und *rsh* werden in Kapitel 18, *Der Fernzugriff auf Hosts*, besprochen. Der spezielle *rsync*-Dämon, *rsyncd*, verwendet TCP-Port 873.

Richtung	Quell-adresse	Ziel-adresse	Protokoll	Quellport	Zielport	ACK gesetzt	Anmerkungen
eingehend	extern	intern	TCP	>1023	873	a	Anfrage, externer Client an internen Server
ausgehend	intern	extern	TCP	873	>1023	ja	Antwort, interner Server an externen Client
ausgehend	intern	extern	TCP	>1023	873	a	Anfrage, interner Client an externen Server
eingehend	extern	intern	TCP	873	>1023	ja	Antwort, externer Server an internen Client

a. ACK ist beim ersten Paket nicht gesetzt (Aufbau der Verbindung), wird aber bei den restlichen gesetzt.

Proxy-Eigenschaften von rsync

rsync wird normalerweise über SSH oder *rsh* betrieben; die Proxy-Eigenschaften dieser Protokolle werden in Kapitel 18 vorgestellt. Der *rsync*-Client bietet Unterstützung für den Einsatz eines HTTP-Proxys bei *rsync*-Verbindungen, falls der HTTP-Proxy in der Lage ist, eine Verbindung zu Port 873 herzustellen. (Weitere Informationen über HTTP-Proxies finden Sie im Abschnitt »Proxy-Eigenschaften von HTTP« in Kapitel 15, *Das World Wide Web*.) *rsync*s eigenes Protokoll läßt sich leicht durch Proxies realisieren und könnte zum Beispiel auch einfach mit SOCKS betrieben werden. Da *rsyncd* jedoch nicht besonders weit verbreitet sind, stehen keine Proxies dafür zur Verfügung. Sie müßten sie daher selbst einrichten.

Network-Address-Translation-Eigenschaften von rsync

rsync wird normalerweise über SSH oder *rsh* betrieben; die Network-Address-Translation-Eigenschaften dafür werden in Kapitel 18, *Der Fernzugriff auf Hosts*, vorgestellt. *rsync*s eigenes Protokoll verwendet keine eingebetteten IP-Adressen und sollte daher problemlos durch ein Network-Address-Translation-System funktionieren.

Windows NT-Verzeichnisreplikation

Die Verzeichnisreplikation (auch als LMRepl bezeichnet) wird verwendet, um automatisch Informationen von Maschinen, auf denen Windows NT Server läuft, auf Maschinen mit Windows NT 4 oder OS/2 zu kopieren. Windows 2000 unterstützt diesen Dienst nicht. Er wird verwendet, um Anmeldeskripte und Sicherheitsinformationen zwischen Domänen-Controllern und Paketinformationen zwischen SMS-Servern am gleichen Standort zu kopieren; er kann darüber hinaus alle Informationen kopieren, die die Administratoren verteilen wollen.

Im Dialogfeld »Verzeichnisreplikation« gibt es einen exportierenden und wenigstens einen importierenden Computer. Jede Maschine besitzt einen besonderen Zugang, der für die Replikation eingesetzt wird. Dieser Zugang hat die Rechte für die Gruppe »Sicherungs-Operatoren«, die es ihm erlaubt, unabhängig von deren Berechtigungen alle Dateien auf dem Computer zu lesen und zu schreiben. Die Zugänge müssen außerdem auf dem exportierenden und dem importierenden Computer äquivalent sein (entweder indem es sich als Teil einer Domäne wirklich um den gleichen Zugang handelt oder indem sie den gleichen Benutzernamen und das gleiche Paßwort erhalten). Das bedeutet, daß zwei Maschinen, die Verzeichnisse replizieren, einander völlig vertrauen; falls eine von ihnen kompromittiert wird, ist das auch bei der anderen der Fall.

Windows NT-Verzeichnisreplikation baut auf SMB-Transaktionen auf; in Kapitel 14, *Vermittelnde Protokolle*, finden Sie Ausführungen zu den Paketfilter-, Proxy- und Network-Address-Translation-Eigenschaften von SMB.

Da Verzeichnisreplikation auf SMB-Transaktionen basiert, ist es nicht leicht, sie sicher durch eine Firewall hindurch durchzulassen. Wegen des immensen Vertrauens, das vorausgesetzt wird, ist es eigentlich auch keine gute Idee, sie auf Maschinen einzusetzen, die Teil einer Firewall sind.

Windows 2000 File Replication Service (FRS)

In Windows 2000 wird der *File Replication Service* (FRS) eingesetzt, um automatisch Dateien zu synchronisieren. Ebenso wie die Verzeichnisreplikation wird auch FRS routinemäßig bei der Synchronisation von Informationen zwischen Domänen-Controllern eingesetzt, er kann aber auch explizit dazu benutzt werden, Repliken anderer Dateien anzulegen und zu überwachen. Wird FRS zur Synchronisation zwischen Domänen-Controllern verwendet, bezeichnet man es als SYSVOL-Replikation.

Verzeichnisreplikation ist ein Single-Master-System, bei dem eine Maschine die Master-Kopie vorhält und diese an die anderen Maschinen weitergibt. Die Dateien können nur auf der Maschine mit der Master-Kopie geändert werden. FRS ist ein Multiple-Master-System, bei dem die Dateien auf allen Maschinen geändert werden können. Die Änderungen werden dann an die anderen Systeme weitergegeben.

FRS verwendet authentifizierte RPC-Aufrufe, um Informationen zwischen den Repliken zu verteilen. Weitere Informationen über die Firewall-Eigenschaften von RPC finden Sie in Kapitel 14, *Vermittelnde Protokolle*.

Kapitel 22: Administrative Dienste

Zusammenfassung der Empfehlungen für die Dateisynchronisation

- Lassen Sie keine Dateisynchronisation über Ihre Firewall hinweg zu. (Sie könnten eine Ausnahme für *rsyncd* machen, falls Sie damit Informationen öffentlich verteilen wollen.)

Überwiegend harmlose Protokolle

Eine Handvoll Protokolle sind weit verbreitet, weil:

- sie leicht zu implementieren sind
- sie Standards sind
- sie sich als praktisch für Testzwecke erweisen könnten

Dazu gehören *chargen*, *echo* und *discard*. *chargen* (character generator; Zeichengenerator) ist ein Server, der plappert. Wenn Sie eine Verbindung zu ihm herstellen, erzeugt er in einem endlosen Strom Zeichen, bis Sie ihn wieder verlassen (falls Sie ihm ein UDP-Paket schicken, schickt er Ihnen ein einzelnes UDP-Paket mit zufällig gewählten Zeichen darin zurück). *echo* gibt einfach alle Daten wieder aus, die Sie ihm schicken; *discard* verwirft einfach alle Daten, die Sie ihm senden. Offensichtlich könnten diese Dienste sich für Administrations- und Testzwecke durchaus als nützlich erweisen, in der Praxis werden sie jedoch nicht oft eingesetzt. Jahrelang wurden sie als harmlose, aber sinnlose Kuriositäten betrachtet, die standardmäßig auf nahezu allen Unix-Maschinen aktiviert waren und gelegentlich zum Testen benutzt wurden. Dann entdeckten verschiedene Leute interessante Möglichkeiten, sie zu mißbrauchen (sie schickten zum Beispiel ein Paket vom *echo*-Server einer Maschine zum *echo*-Server einer anderen Maschine und erzeugten so einen Teufelskreis), und man wurde auf sie aufmerksam. Es war noch nie ratsam, sie zuzulassen (wenn Sie Dienste nicht benötigen, sollten Sie sie deaktivieren – und Sie brauchen sie wirklich nicht), doch nun wurde es wirklich wichtig, sie auszuschalten.

Interessanterweise begann man kurze Zeit, nachdem *echo* gefährlich wurde, es auch für relativ gute Zwecke einzusetzen. Websites (vor allem die Werbe-Server bei *doubleclick.net*) versuchten regelmäßig, *echo* einzusetzen, um die Durchlaufzeiten zu ermitteln und den Server zu wählen, der einem Client am nächsten ist. Anstelle von ICMP-*echo* wird TCP-basiertes echo von *ping* eingesetzt, um Antworten zu erhalten, die mehr den Antworten von TCP-basiertem HTTP ähneln. Diese Versuche sind zwar gutartig, es gibt aber keinen Grund, sie zuzulassen; sie werden für die Funktionstüchtigkeit von Diensten nicht benötigt. Sie müssen sich darauf gefaßt machen, Protokolleinträge von abgelehnten *echo*-Paketen zu sehen, bei denen es sich nicht um feindliche Aktionen handelt.

Aufgrund der Tatsache, daß *chargen*, *echo* und *discard* antiquiert sind und selten benutzt werden, sollte man annehmen können, daß die relativ moderne TCP/IP-Implementierung von Microsoft sie vermeidet. In Wirklichkeit sind diese Dienste alle

Bestandteil des Dienstes »Einfache TCP/IP-Dienste« in Windows NT. Dies schließt darüber hinaus die ebenso selten benötigten Dienste *daytime* und *quotd* ein. *daytime* erzeugt ein lesbares Datum und eine lesbare Zeit; *quotd* (Zitat des Tages) gibt ein Zitat aus (im Falle von Windows NT aus einer extrem kleinen Zitatedatei). Beides sind echte und weit verbreitete Dienste, sie werden aber noch seltener eingesetzt als die anderen.

Viele dieser Dienste werden ebenfalls vom Betriebssystem von Cisco-Routern bereitgestellt und sollten bei der Konfiguration des Routers deaktiviert werden.

Paketfiltereigenschaften der überwiegend harmlosen Protokolle

All diese Dienste funktionieren sowohl mit TCP als auch mit UDP. *chargen* benutzt Port 19, *echo* Port 7, *discard* Port 9, *daytime* Port 13 und *quotd* Port 17.

Richtung	Quell-adresse	Ziel-adresse	Protokoll	Quellport	Zielport	ACK gesetzt	Anmerkungen
eingehend	extern	intern	UDP	>1023	19, 7, 9, 13 oder 17	[a]	Anfrage, externer Client an internen Server
ausgehend	intern	extern	UDP	19, 7, 9, 13 oder 17	>1023	[a]	Antwort, interner Server an externen Client
ausgehend	intern	extern	UDP	>1023	19, 7, 9, 13 oder 17	[a]	Anfrage, interner Client an externen Server
eingehend	extern	intern	UDP	19, 7, 9, 13 oder 17	>1023	[a]	Antwort, externer Server an internen Client
eingehend	extern	intern	TCP	>1023	19, 7, 9, 13 oder 17	[b]	Anfrage, externer Client an internen Server
ausgehend	intern	extern	TCP	19, 7, 9, 13 oder 17	>1023	ja	Antwort, interner Server an externen Client
ausgehend	intern	extern	TCP	>1023	19, 7, 9, 13 oder 17	[b]	Anfrage, interner Client an externen Server
eingehend	extern	intern	TCP	19, 7, 9, 13 oder 17	>1023	ja	Antwort, externer Server an internen Client

a. UDP besitzt kein Äquivalent zu ACK.
b. ACK ist beim ersten Paket nicht gesetzt (Aufbau der Verbindung), wird aber bei den restlichen gesetzt.

Proxy-Eigenschaften der überwiegend harmlosen Protokolle

Es wäre zwar theoretisch wirklich leicht möglich, die meisten dieser Protokolle durch Proxies zu schicken (der Proxy für *discard* ist besonders einfach zu schreiben), die schiere Sinnlosigkeit dieses Tuns bedeutet, daß Proxies dafür nicht weit verbreitet sind. Bei den seltenen Gelegenheiten, zu denen *chargen*, *echo* und *discard* einmal zum Einsatz kommen, werden sie dazu verwendet, Daten über die Leistung des Netzwerks zu sammeln; diese Daten würden durch einen Proxy verschleiert werden.

Network-Address-Translation-Eigenschaften der überwiegend harmlosen Protokolle

Keines dieser Protokolle verwendet eingebettete IP-Adressen; sie funktionieren daher mit einfacher Network Address Translation.

Zusammenfassung der Empfehlungen für die überwiegend harmlosen Protokolle

- »Überwiegend harmlos« reicht nicht; lassen Sie keines dieser Protokolle durch Ihre Firewall hindurch zu.

23

Datenbanken und Spiele

Dieses Kapitel befaßt sich mit zwei Kategorien von Protokollen, die nicht in die anderen Kapitel passen – Protokolle zur Kommunikation mit Datenbanken und Protokolle für Netzwerkspiele.

Datenbanken

An den meisten Standorten wird ein großer Teil der sicherheitskritischen Informationen in Datenbanken gespeichert. In Firmen werden Bestands- und Auftragsdaten gespeichert, in Universitäten speichert man Informationen über die Studenten einschließlich der Noten, an Forschungseinrichtungen werden Personalinformationen und (normalerweise auf verschiedenen Maschinen) Forschungsdaten gespeichert. Ursprünglich wurden diese Datenbanken hauptsächlich dadurch geschützt, daß man den Zugang zu ihnen beschränkte, das ist aber nicht mehr praktikabel. Die Leute haben sich an mobiles, verteiltes Arbeiten mit Computern gewöhnt, bei dem sie ihre eigenen Informationen schnell aktualisieren können und das es erforderlich macht, Datenbanken erreichen zu können. Außerdem werden Datenbanken neben dem Speichern und Bereitstellen von Informationen für immer mehr Zwecke eingesetzt.

Dies bedeutet, daß jetzt der Netzwerkzugriff auf Datenbanken entscheidend ist. Das gilt vor allem für E-Commerce-Anwendungen, bei denen Datenbank-Server und Webserver Daten austauschen müssen. Wir haben uns in Kapitel 15, *Das World Wide Web*, mit den Standorten von Datenbank-Servern und Webservern befaßt. Hier werden wir uns mit den Protokollen, die zum Bereitstellen des Netzwerkzugriffs verwendet werden, sowie deren Sicherheitsproblemen auseinandersetzen.

Standorte für Datenbank-Server

Die meisten Datenbankprotokolle sind hochgradig unsicher und lassen sich nur schwer durch eine Firewall schicken. Trotzdem wollen Sie es wahrscheinlich einem extern verfügbaren Webserver erlauben, mit Ihren Datenbank-Servern zu kommunizieren, um Daten für Ihre Kunden bereitzustellen (zum Beispiel für eine Web-basierte Auftragsverfolgung). Es gibt im Grunde genommen vier Möglichkeiten:

- Plazieren Sie den Webserver und die Datenbank in das gleiche Grenznetz (vielleicht sogar auf die gleiche Maschine). Im Normalbetrieb muß kein Datenbankverkehr Ihre Firewall passieren. (Sie müssen allerdings immer noch herausbekommen, wie Sie die Daten in die Datenbank im Grenznetz laden und den Zugriff auf die Datenbank beschränken.)

- Plazieren Sie sowohl den Webserver als auch die Datenbank in das interne Netzwerk. Jetzt verläuft zwar kein Datenbankverkehr durch die Firewall, allerdings HTTP-Anfragen. Sie müssen sich auf die Sicherheit des Webservers verlassen.

- Plazieren Sie den Webserver in das Grenznetz und den Datenbank-Server in das interne Netzwerk, und benutzen Sie das Datenbank-eigene Protokoll, um Verbindungen zwischen den beiden herzustellen. Sie sind auf Ihre Fähigkeit angewiesen, die Firewall und die Datenbank richtig zu konfigurieren, um das Protokoll abzusichern; Sie müssen den Datenbankverkehr durchlassen.

- Plazieren Sie den Webserver in das Grenznetz und den Datenbank-Server in das interne Netzwerk, und verwenden Sie ein speziell geschriebenes Protokoll, um die beiden zu verbinden. Sie sind darauf angewiesen, ein sicheres Protokoll zu konstruieren, das die benötigten Transaktionen erlaubt.

All diese Ansätze können erfolgreich sein; beim Plazieren der Datenbank in das Grenznetz erhalten Sie den besten Schutz für Ihr internes Netzwerk; befindet sich der Webserver im internen Netzwerk, besteht der geringste Schutz. Der Einsatz eines eigenen Protokolls zur Verbindung eines Webservers im Grenznetz und eines internen Datenbank-Servers bietet das beste Verhältnis zwischen dem Schutz des internen Netzwerks und dem Schutz der Daten. Diese Lösung ist aber am schwersten durchzuführen.

Sowohl den Webserver als auch die Datenbank im Grenznetz plazieren

Falls Sie sowohl den Webserver als auch die Datenbank in das Grenznetz plazieren wollen, wie in Abbildung 23-1 dargestellt, müssen Sie zwei wichtige Punkte beachten. Erstens müssen Sie sicherstellen, daß in der Datenbank nur Daten enthalten sind, die auch wirklich im Internet zur Verfügung stehen sollen. Ihre Sicherheit erhöht sich durch das Plazieren der Datenbank im Grenznetz nicht, wenn sich in ihr alle privaten Daten befinden, die bei einem Einbruch in das interne Netzwerk gestohlen werden könnten! Zweitens, in den meisten Fällen müssen Sie auch weiterhin Daten zwischen der externen und der internen Datenbank transportieren und synchronisieren. Für diese Aufgabe müssen Sie eine sichere Methode entwickeln. Das wird durch das erste Problem verkompliziert (es ist unwahrscheinlich, daß die externe Datenbank eine einfache, unkomplizierte Kopie der internen Datenbank sein wird). Im allgemeinen läßt sich diese Kopie mit Hilfe eines regelmäßig ausgeführten Jobs anlegen, der Daten von den beiden Servern exportiert, sie mit Hilfe eines sicheren Mechanismus über die Firewall überträgt, sie überprüft und die entsprechenden Daten in die jeweiligen Server importiert.

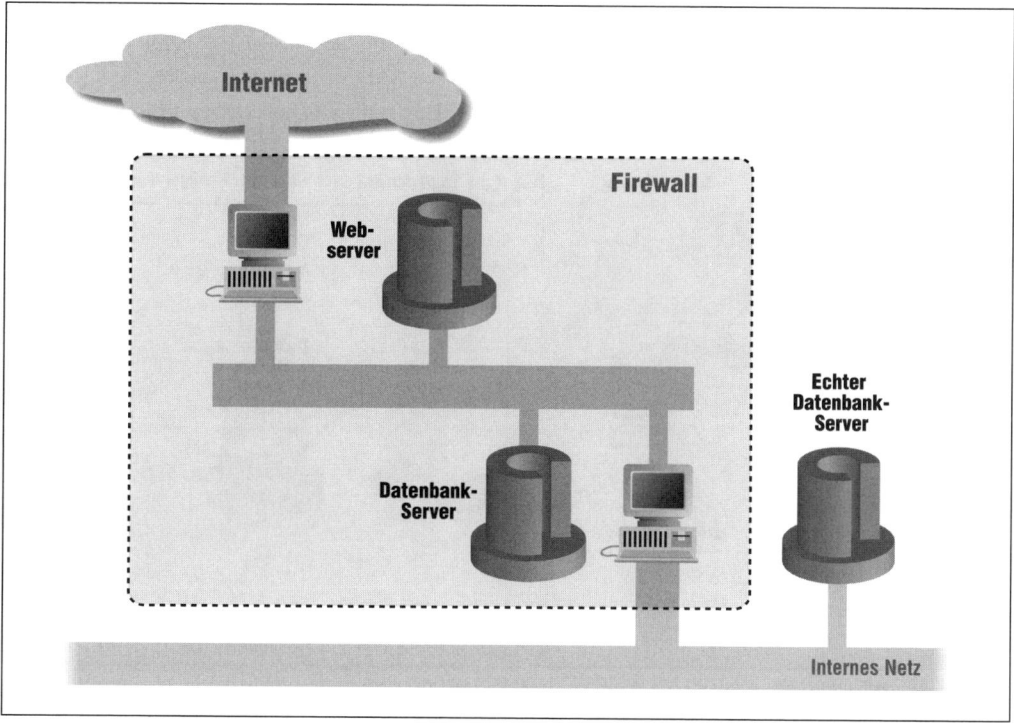

Abbildung 23-1: Ein Webserver, der einen Datenbank-Server in einem Grenznetz verwendet

Durch den Einsatz eines regelmäßig ausgeführten Jobs zum Export der Daten kann eine gute Leistung zwischen dem Webserver und der Datenbank gewährleistet werden. Allerdings ist diese Methode ungeeignet, falls häufig Daten zwischen dem internen und externen Datenbank-Server kopiert werden müssen; diese Übertragung kann recht langsam sein. Sie verkompliziert außerdem die Arbeit für interne Benutzer, die die externen Daten sehen müssen (zum Beispiel Kundendienstmitarbeiter, die Kundenanfragen über die Website beantworten müssen). Diese Methode eignet sich möglicherweise für einen Web-basierten Katalog, nicht jedoch für E-Commerce-Anwendungen, bei denen Bestellungen schnell in die interne Datenbank gelangen müssen und der Auftragsstatus in der anderen Richtung häufig aktualisiert werden muß.

Sowohl den Webserver als auch die Datenbank in das interne Netzwerk plazieren

Falls Sie den Webserver und die Datenbank beide in das interne Netzwerk legen, wie in Abbildung 23-2 gezeigt, lassen Sie es zu, daß externer Verkehr in das interne Netzwerk gelangt. Diese Anordnung ist hochgradig riskant, und wir raten dringend davon ab. Sollten Sie allerdings von der Sicherheit des von Ihnen eingesetzten Webservers absolut überzeugt sein, ist es vermutlich sicherer, HTTP durch die Firewall zu übertragen, als zu versuchen, eines der Kommunikationsprotokolle für Datenbanken zu übertragen. Ziehen Sie es in dieser Situation in Betracht, die Verbindungen durch einen Proxy zu schicken, der HTTP überprüfen kann; das ist sicherer als eine einfache Paketfilterung.

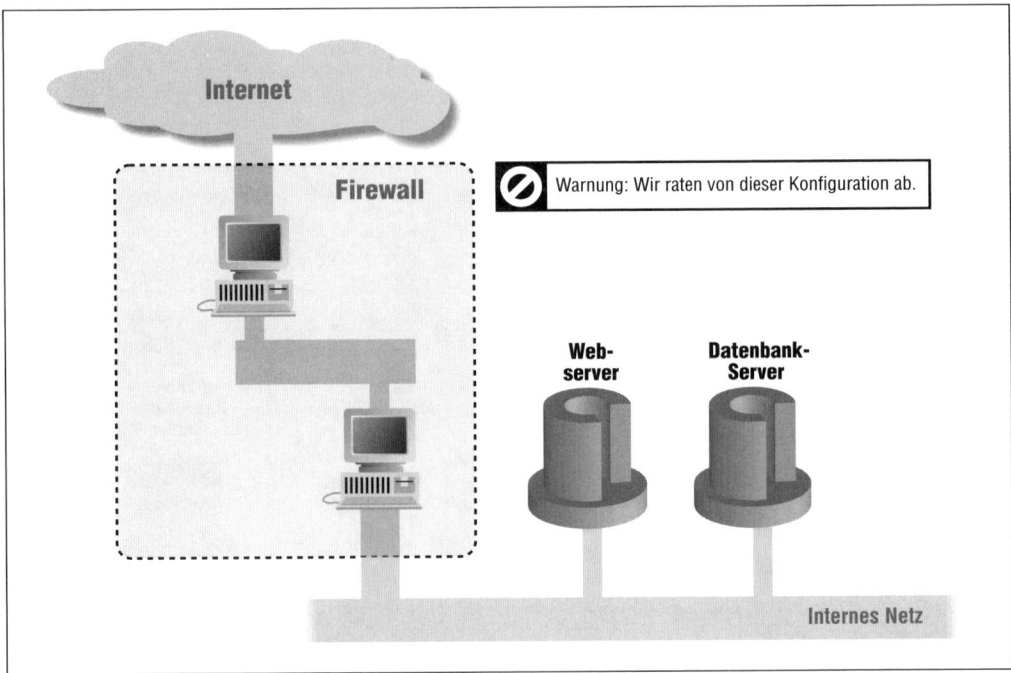

Abbildung 23-2: Ein Webserver und ein Datenbank-Server in einem internen Netzwerk

Einsatz der Datenbankprotokolle zur Verbindung mit einem Webserver im Grenznetz

Die einfachste Methode des Web-Zugriffs auf eine Datenbank besteht darin, den Webserver in das Grenznetz zu plazieren und dann die normalen Methoden des Fernzugriffs auf eine Datenbank einzusetzen, um die Verbindung zur internen Datenbank herzustellen. Diese Konfiguration wird in Abbildung 23-3 dargestellt. In dieser Situation wirkt der Webserver quasi als Proxy für die Anfrage an den Datenbank-Server. Externe Befehle erreichen also nicht direkt das interne Netzwerk. Sie sind allerdings immer noch anfällig für Sicherheitsprobleme in den Fernzugriffsmechanismen, die von den Datenbankherstellern bereitgestellt werden. Außerdem besteht die Notwendigkeit, Datenbankanfragen in das interne Netzwerk zu leiten, ohne weitere Schwachstellen zuzulassen. Je nach der Art der Datenbank und der verwendeten Firewall kann das recht schwierig sein.

Ihre interne Datenbank wird außerdem verwundbar, falls Ihr Grenznetz überwunden wurde. Wenn eine beliebige Maschine überwunden wird, kann sie zum Ausschnüffeln verwendet werden; wird in den Webserver selbst eingebrochen, stehen dem Angreifer alle Möglichkeiten für den Fernzugriff auf die Datenbank zur Verfügung (beachten Sie, daß vermutlich alle benötigten Paßwörter auf dem Webserver gespeichert sind und automatisch verwendet werden).

Datenbanken

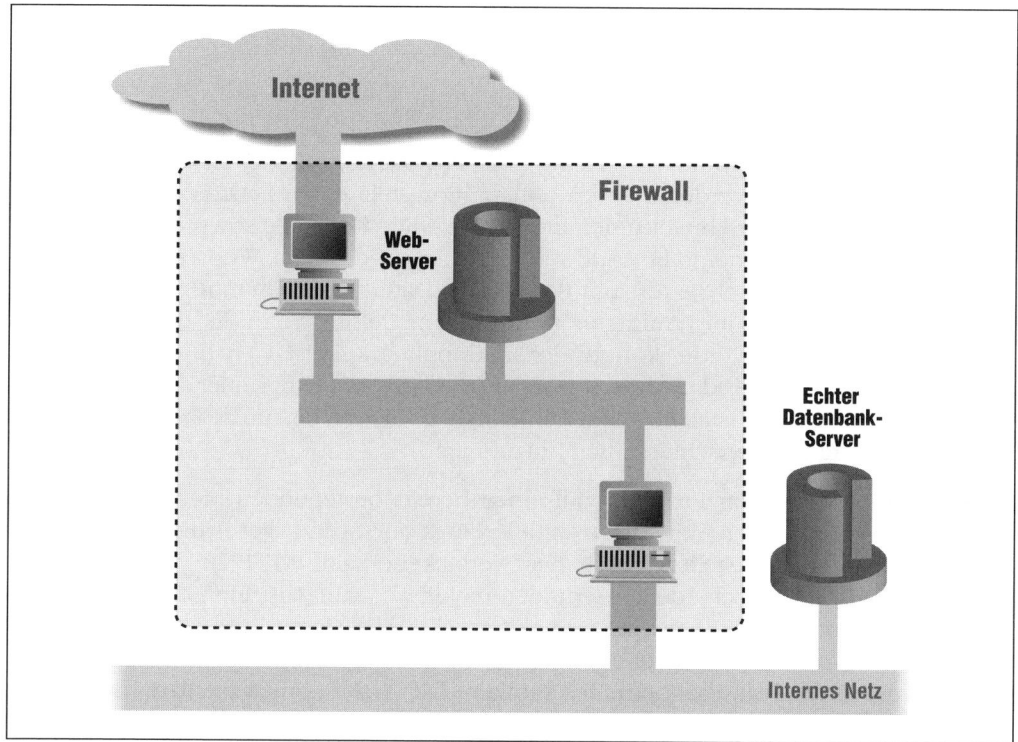

Abbildung 23-3: Ein Webserver in einem Grenznetz, der einen Datenbank-Server in einem internen Netzwerk benutzt

Sie können diese Schwachstellen verkleinern, indem Sie den Zugriff, den der Webserver besitzt, sorgfältig konfigurieren. Sie sollten alle Zugriffskontrollen einsetzen, die Ihr Datenbank-Server bietet, damit Sie sicherstellen können, daß der Webserver nur die Dinge tun kann, die vorgesehen sind. Verwenden Sie keinen generischen Datenbankzugang, der viele Rechte besitzt. Richten Sie statt dessen für den Webserver einen speziellen Zugang zur Datenbank ein, der nur auf die notwendigen Daten zugreifen darf. Sorgen Sie dafür, daß er nicht auf beliebige Datenbankbefehle zugreifen kann, sondern nur vordefinierte Operationen ausführt, die als Teil der Datenbank gespeichert sind.

Wieviel zusätzliche Sicherheit Sie erhalten, hängt in großem Maße davon ab, was die Website tun soll. Falls die Benutzer der Website die Daten nur lesen dürfen, bietet Ihnen die Datenbank-Sicherheit bereits einen ziemlich guten Schutz. Falls die Website es den Leuten andererseits erlaubt, Dinge zu bestellen, Bestellungen zu stornieren oder Daten auf andere Weise zu verändern, kann ein Angreifer Ihnen unabhängig von der Sicherheit der Datenbank wirklich schaden, wenn er es schafft, in den Webserver einzubrechen.

Einsatz eines eigenen Protokolls für die Verbindung mit einem Webserver in einem Grenznetz

Beim Einsatz einer selbstentwickelten Methode zur Verbindung eines Webservers in einem Grenznetz mit einer internen Datenbank entspricht die Architektur der in Abbildung 23-3 gezeigten; es ändern sich nur die Protokolle, mit denen Webserver und Datenbank verbunden werden. Diese Konfiguration stellt einen Echtzeit-Zugriff auf die internen Daten bereit und bietet Ihnen dabei die völlige Kontrolle sowohl über das Protokoll als auch die Portnummern und die Fähigkeiten, die dem Webserver zur Verfügung stehen. Falls der Webserver zum Beispiel die Daten nur lesen muß, müßte Ihr Programm nur entsprechende Anfragen unterstützen. Selbst wenn in den Webserver eingebrochen werden würde, könnte der Eindringling keine Daten in die Datenbank schreiben. Beachten Sie, daß Ihre Lösung möglicherweise langsamer arbeitet als die vom Hersteller bereitgestellte Methode, falls Sie Sicherheitsfunktionen wie starke Authentifizierung und Verschlüsselung hinzufügen.

Wir empfehlen Ihnen, Ihr Protokoll auf einen bereits bestehenden Mechanismus zum Übertragen von Meldungen aufzusetzen, allerdings nur, wenn dieser die notwendigen Zugriffskontrollen bereitstellt. Es mag zwar verlockend sein, HTTP zu verwenden, wir raten allerdings aus verschiedenen Gründen davon ab. Zunächst einmal ist HTTP verbindungslos, wodurch die Erstellung eines transaktionsbasierten und robusten Mechanismus erschwert wird. Zweitens bedeutet es, daß Sie auf einem internen HTTP-Server CGI oder etwas Äquivalentes betreiben müßten. Die Architektur wäre dann derjenigen äquivalent, die wir ablehnen.

Die Entwicklung eines eigenen Protokolls ist nicht immer angebracht. Sie setzt voraus, daß Sie über ein ausreichendes eigenes Programmierpotential verfügen, das in der Lage ist, eine kleine, aber sichere Client-/Server-Anwendung zu entwickeln. Es ist nicht einfach, eine sichere Client-/Server-Anwendung zu erstellen. Möglicherweise treten bei einer eigenen Implementierung der Kommunikationsprotokolle einfach andere Sicherheitsprobleme auf, als würden Sie das Paket des Datenbankherstellers benutzen. Eine eigene Implementierung bringt außerdem einen andauernden Wartungsaufwand mit sich. Allerdings bietet diese Methode auch unbestreitbare Vorteile.

Open Database Connectivity (ODBC) und Java Database Connectivity (JDBC)

Open Database Connectivity (ODBC) ist eine von Microsoft entwickelte API (*Applications Programming Interface*; Programmierschnittstelle für Anwendungen), die es Anwendungsentwicklern erlaubt, Software zu schreiben, die mit vielen verschiedenen Datenbank-Servern zusammenarbeiten kann. ODBC ist kein Protokoll auf der Netzwerkebene, sondern eine Sammlung von Bibliotheken, die andere Protokolle auf Netzwerkebene benutzen kann. Ein Programm, das die ODBC-API einsetzt, wird sicher mit dem Datenbank-Server über das Server-eigene Kommunikationsprotokoll kommunizieren. Zu wissen, daß eine Anwendung ODBC einsetzt, sagt Ihnen daher noch nichts darüber, welche Netzwerk-Transaktionen sie macht; Sie müssen wissen, welchen Datenbanktreiber ODBC aufruft. Dieser wird durch den Datenbanktyp festgelegt, der auf dem Datenbank-Server läuft.

Es herrscht eine Menge Verwirrung über das Thema ODBC. Falls Sie auf einer Maschine arbeiten, die ODBC einsetzt, und versuchen, die Maschine so zu konfigurieren, daß sie über das Netzwerk mit einer Datenbank kommuniziert, müssen Sie üblicherweise einen sogenannten ODBC-*Treiber* konfigurieren. Viele Leute glauben in diesem Fall, daß der Treiber tatsächlich ein Bestandteil von ODBC ist und daß ODBC kontrolliert, welche Optionen sich darin befinden. Das ist jedoch nicht so. Der ODBC-Treiber gehört zur Datenbank, mit der Sie kommunizieren, nicht zu ODBC; der Treiber sorgt dafür, daß ODBC mit der Datenbank reden kann, und er wird vom Datenbankhersteller bereitgestellt. ODBC selbst kontrolliert die Kommunikation über das Netzwerk nicht und besitzt auch keine Firewall-Eigenschaften. ODBC-Anwendungen müssen das Netzwerk überhaupt nicht benutzen; ODBC könnte dazu verwendet werden, mit einer Datenbank zu kommunizieren, die lokal auf der gleichen Maschine läuft.

JDBC™ ist einfach das Java-Gegenstück zu ODBC, eine Java-API, die mit Datenbanktreibern vieler verschiedener Hersteller zusammenarbeiten kann. Da JDBC auf Java beruht, das so entworfen wurde, daß es dynamisch Code nachladen kann, erlaubt es den Clients, dynamisch die benötigten Treiber nachzuladen. In ODBC müssen diese dagegen explizit installiert sein. Allerdings geht auch hier die zusätzliche Bequemlichkeit auf Kosten der Sicherheit.

Falls Sie gebeten werden, ODBC oder JDBC durch eine Firewall zuzulassen, sollten Sie fragen, welche Datenbank benutzt werden soll, und die Netzwerkeigenschaften dieser speziellen Datenbank ermitteln. ODBC und JDBC selbst verändern diese Eigenschaften nicht. (Manchmal besitzen Datenbanken, die mehrere Verbindungsmöglichkeiten anbieten, nicht für all diese Möglichkeiten ODBC- oder JDBC-Treiber. Das liegt am Datenbankentwickler und nicht an ODBC oder JDBC.) Falls Sie keine weiteren Informationen haben, mit denen Sie etwas anfangen können, gehen Sie davon aus, daß die Leute, die Sie nach ODBC gefragt haben, Microsoft SQL Server benutzen wollen, da diese Datenbank am engsten mit Plattformen verbunden ist, die ODBC betreiben.

*Oracle SQL*Net und Net8*

SQL*Net ist die SQL-Netzwerkschnittstelle von Oracle für Oracle7, Net8 ist deren Nachfolger für Oracle8. Sowohl SQL*Net als auch Net8 führen komplexe Netzwerkmanipulationen durch; je nach den Konfigurationen von Client und Server können die Verbindungen unvorhergesehene Portnummern verwenden oder vom Server zum Client neu gestartet oder initiiert werden. Die meisten SQL*Net- und Net8-Implementierungen lassen sich deshalb nur sehr schwer durch eine Firewall schicken, die nicht speziell für Oracle eingerichtet ist.

SQL*Net und Net8 bauen beide auf Oracles *Transparent Network Substrate* (TNS) auf und versuchen, mit einem Server zu kommunizieren, der als *TNS-Listener* bezeichnet wird. Oracles Netzwerksituation wird durch die Tatsache weiter verkompliziert, daß es seinen eigenen Namensdienst besitzt, Oracle Names, der über einen eigenen Server verfügt. Durch den Oracle Connection Manager in Oracle8 und den Oracle Multiprotocol Interchange Server in Oracle7 werden einige Proxy-Dienste bereitgestellt.

*Auswirkungen von SQL*Net und Net8 auf die Sicherheit*

Sowohl der TNS-Listener als auch Oracle Names akzeptieren Befehle auf dem gleichen Port, über den sie normalerweise den Dienst bereitstellen. Sie können Befehle mit einem Paßwort schützen, die als gefährlich erachtet werden (zum Beispiel »start« und »stop«), aber keine Befehle, die Oracle als sicher ansieht (zum Beispiel »status« oder »show« zum Anzeigen von Variableneinstellungen). Es gibt keinen vorgegebenen Paßwortschutz. Selbst wenn der Paßwortschutz aktiviert wurde, werden die Paßwörter möglicherweise ungeschützt in den Konfigurationsdateien des Servers oder des Clients gespeichert. Außerdem wurde bekannt, daß zumindest der Oracle8 TNS-Listener relativ verwundbar durch Denial-of-Service-Attacken mit unerwarteten Befehlen ist, die einen großen Teil der CPU-Ressourcen beanspruchen können.

Verschlüsselung wird eigentlich von TNS erledigt, allerdings bietet Oracle keine TNS-Versionsinformationen. In der TNS-Version, die in SQL*Net v1 enthalten ist, wird nichts verschlüsselt, nicht einmal die Benutzerauthentifizierung. Die Paßwörter werden nicht nur in wiederverwendbarer Form über das Netzwerk geschickt, sondern auch ungeschützt und im Klartext. Seit SQL*Net v2 sind die Steuerkennwörter der TNS-Listener zur Benutzerauthentifizierung geschützt, wenn sie über das Netzwerk übertragen werden, können aber wiederbenutzt werden. Seit Net8/Oracle8 verwendet auch Oracle Names ein geschütztes Kontrollpaßwort.

Die *Oracle Advanced Networking Option* (ANO) ermöglicht die Verschlüsselung des Datenstroms (international über 40-Bit RC4 oder DES, in den Vereinigten Staaten von Amerika über 56-Bit RC4 oder DES oder 128-Bit RC4) und MD5-Message-Digests. Sie unterstützt außerdem nichtwiederverwendbare Paßwörter. Es gibt für Oracle darüber hinaus einen separaten Security Server, der eine API für die explizite Signierung von Daten sowie die Überprüfung von Signaturen auf der Anwendungsebene durchführt – eine normale Oracle-Anwendung kann nicht beeinflussen, ob der Client und der Server die Verschlüsselungsfunktionen der Advanced Networking Option einsetzen. Ein Oracle-Server kann dagegen beschließen, auf allen Verbindungen Verschlüsselung und/oder Prüfsummen einzusetzen.

Oracle hatte viele Sicherheitsprobleme mit seinen Server-Installationen. Die meisten dieser Probleme liefen darauf hinaus, daß es Möglichkeiten gab, mit Hilfe von Oracle-Werkzeugen den Zugang zur Server-Maschine in einen root-Zugang oder Oracle-Administrator-Zugang umzuwandeln. Manche Probleme (wie die erwähnten Denial-of-Service-Probleme) ließen sich vom Netzwerk aus ausnutzen.

Datenbanken

Paketfiltereigenschaften von SQL*Net und Net8

Oracle benutzt ausschließlich TCP-Ports oberhalb von 1023.[1] Diese Ports können konfiguriert werden, und es gibt viele Voreinstellungen, die von Ihrer jeweiligen Oracle-Version abhängen. Bei der vermutlich verbreitetsten Standardkonfiguration verwendet der TNS-Listener Port 1521, der Oracle Multiprotocol Interchange-Listener Port 1526, Oracle Names Port 1575 und der Oracle Connection Manager Port 1600. Verbindungen von Clients zu Servern gehen normalerweise zunächst an die Ports 1521 oder 1600, müssen aber dort nicht bleiben. Es ist nicht ungewöhnlich, daß Hosts mehrere TNS-Listener an unterschiedlichen Ports betreiben. Oracles eigene Dokumentation zeigt auch alternative Vorgaben (zum Beispiel liegt Oracle Names oft auf Port 1521 und der TNS-Listener auf Port 1526). Sie müssen die Einzelheiten Ihrer Konfiguration kennen.

Richtung	Quell-adresse	Ziel-adresse	Protokoll	Quellport	Zielport	ACK gesetzt	Anmerkungen
eingehend	extern	intern	TCP	>1023	1575[a]	[b]	Namensanfrage, externer Client an internen Server
ausgehend	intern	extern	TCP	1575[a]	>1023	ja	Namensantwort, interner Server an externen Client
eingehend	extern	intern	TCP	>1023	1600[c]	[b]	Anfrage, externer Client an internen Server (mit Connection Manager)
ausgehend	intern	extern	TCP	1600[c]	>1023	ja	Antwort, interner Server an externen Client (mit Connection Manager)
eingehend	extern	intern	TCP	>1023	1521[d]	[b]	Anfrage, externer Client an internen Server (mit TNS)
ausgehend	intern	extern	TCP	1521[d]	>1023	ja	Antwort, interner Server an externen Client (mit TNS)
eingehend	extern	intern	TCP	>1023	1526[e]	[b]	Anfrage, externer Client an internen Server (mit Multiprotocol Interchange)
ausgehend	intern	extern	TCP	1526[e]	>1023	ja	Antwort, interner Server an externen Client (mit Multiprotocol Interchange)
eingehend	extern	intern	TCP	>1023	>1023[f]	[b]	Umgeleitete Anfrage, externer Client an internen Server
ausgehend	intern	extern	TCP	>1023[f]	>1023	ja	Antwort auf umgeleitete Anfrage, interner Server an externen Client
ausgehend	intern	extern	TCP	>1023	1575[a]	[b]	Namensanfrage, interner Client an externen Server

---

1 Es gibt öfter Verwirrung wegen der IANA-Registrierungen für die Ports 66 und 140, in deren Namen zwar »sql« und »net« enthalten sind, die aber nicht von Oracle benutzt werden. Es handelt sich um historische Überbleibsel früherer Theorien über SQL im Netzwerk.

Richtung	Quell-adresse	Ziel-adresse	Protokoll	Quellport	Zielport	ACK gesetzt	Anmerkungen
eingehend	extern	intern	TCP	1575[a]	>1023	ja	Namensantwort, externer Server an internen Client
ausgehend	intern	extern	TCP	>1023	1600[c]	[b]	Anfrage, interner Client an externen Server (mit Connection Manager)
eingehend	extern	intern	TCP	1600[c]	>1023	ja	Antwort, externer Server an internen Client (mit Connection Manager)
ausgehend	intern	extern	TCP	>1023	1521[d]	[b]	Anfrage, interner Client an externen Server (mit TNS)
eingehend	extern	intern	TCP	1521[d]	>1023	ja	Antwort, externer Server an internen Client (mit TNS)
ausgehend	intern	extern	TCP	>1023	1526[e]	[b]	Anfrage, interner Client an externen Server (mit Multiprotocol Interchange)
eingehend	extern	intern	TCP	1526[e]	>1023	ja	Antwort, externer Server an internen Client (mit Multiprotocol Interchange)
ausgehend	intern	extern	TCP	>1023	>1023[f]	[b]	Umgeleitete Anfrage, interner Client an externen Server
eingehend	extern	intern	TCP	>1023[f]	>1023	ja	Antwort auf umgeleitete Anfrage, externer Server an internen Client

a. 1575 ist eine beliebte Vorgabe, es kann aber auch eine andere Portnummer eingestellt werden.
b. ACK ist beim ersten Paket nicht gesetzt (Aufbau der Verbindung), wird aber bei den restlichen Paketen gesetzt.
c. 1600 ist eine beliebte Vorgabe, es kann aber auch eine andere Portnummer eingestellt werden.
d. 1521 ist eine beliebte Vorgabe, es kann aber auch eine andere Portnummer eingestellt werden.
e. 1526 ist eine beliebte Vorgabe, es kann aber auch eine andere Portnummer eingestellt werden.
f. Dieser Port wird vom Server dynamisch zugewiesen.

Proxy-Eigenschaften von SQL*Net und Net8

Oracle besitzt zwar Proxy-Code für SQL*Net, die Firma hat allerdings beschlossen, ihn nur Firewall-Herstellern und nur für einige Betriebssysteme in Binärform zur Verfügung zu stellen. Daher bieten einige kommerzielle Firewalls zwar Proxy-Unterstützung für SQL*Net, möglicherweise gibt es sie aber nicht einmal für alle Plattformen innerhalb der Produktlinie eines Herstellers. Und auch wenn der Proxy-Code die Portnummernaushandlung von SQL*Net kennt, besteht keine Möglichkeit festzustellen, wie stark er auf die Einhaltung des Protokolls achtet. Betrachtet man Oracles frühere Naivität in Sachen Sicherheit, sollte man besser davon ausgehen, daß es damit nicht weit her ist.

Oracle besitzt ein Produkt namens Oracle Connection Manager, das unter anderem den Proxy-Einsatz für SQL*Net- und Net8-Clients ermöglicht. Der Oracle Connection Manager bietet eine äußerst beschränkte Kontrolle darüber, welche Verbindungen ein Client aufbauen darf. Sie können Verbindungen anhand der folgenden Kriterien erlauben oder verbieten:

- Quell-Host oder -IP-Adresse
- Quellport
- Ziel-Host oder -IP-Adresse
- Zielport
- Ziel-Datenbankname

Wildcards sind zwar erlaubt, sie müssen aber für alle Komponenten eines Namens oder einer IP-Adresse gelten; Sie können z.B. alle Hosts in *domain.beispiel* oder alle Hosts in 192.10 zulassen, aber nicht alle Hosts, die in *domain.beispiel* mit »ora« beginnen oder alle Hosts in 192.10.47.128/28.

Network-Address-Translation-Eigenschaften von SQL*Net und Net8

SQL*Net und Net8 verwenden eingebettete IP-Adressen und Informationen über die Portnummern und können Verbindungen vom Server zum Client aufbauen. Sie funktionieren durch ein Network-Address-Translation-System nur dann, wenn es besondere Funktionen gibt, die mit ihnen umgehen können. Da Oracle die Details des Protokolls nicht veröffentlicht, bedeutet dies, daß die Network Address Translation für SQL*Net und Net8 ebenso wie Proxy-Systeme von Oracle bereitgestellt werden müssen. Momentan hat Oracle ein solches Modul noch nicht zur Verfügung gestellt.

Zusammenfassung der Empfehlungen für SQL*Net und Net8
- Falls es sich einrichten läßt, sollten Sie es vermeiden, SQL*Net oder Net8 über Ihre Firewall zu betreiben. Wenn Sie es betreiben müssen, dann benutzen Sie einen Proxy-Server, der es unterstützt (entweder *Oracle Connection Manager* oder eines der kommerziellen Firewall-Produkte, das Oracles Proxy-Code enthält).

Tabular Data Stream (TDS)

TDS ist ein Datenbank-Protokoll, das neben anderen Produkten sowohl von Sybase als auch von Microsoft SQL Server für die Netzwerkkommunikation verwendet wird. Es ist ein proprietäres Protokoll von Sybase. Sybase bietet einen relativ liberalen Zugang zu den Protokoll-Spezifikationen, allerdings verbietet die Lizenz ausdrücklich die Verbreitung von Informationen über die Protokoll-Spezifikationen. Die einzigen Leute, die wirklich wissen, wie das Protokoll funktioniert, dürfen darüber also nicht reden.

TDS ist ein einfaches, TCP-basiertes Protokoll, in dem der Client eine einzige Verbindung zum Server aufbaut. Durch TDS wird kein fester Port benutzt. Die verschiedenen Implementierungen geben unterschiedliche Portnummern als Vorgabewerte vor. In seiner einfachsten Form überträgt TDS alle Daten, einschließlich der Benutzernamen und Paßwörter, ungeschützt und im Klartext. Manche TDS-Implementierungen setzen jedoch Verschlüsselung ein, um Teile der Daten oder alle Daten zu schützen. Im großen und ganzen sagt Ihnen die Tatsache, daß ein Produkt TDS verwendet, relativ wenig über seine Sicherheit und die Konsequenzen für eine Firewall, obwohl diese Information oftmals suggeriert, daß es relativ einfach durch eine Firewall zu realisieren sei (es wird allerdings nichts darüber ausgesagt, ob das nun eine gute Idee ist, da TDS im Klartext oder verschlüsselt vorliegen kann).

Sybase

Sybase verfolgt einen offenen Ansatz für die Netzwerkkommunikation. Es unterstützt mehrere verschiedene Protokolle, einschließlich TDS, IIOP und HTTP. Sicherheit wird durch den Einsatz von IIOPS oder HTTPS geboten. (TDS wurde im vorangegangenen Abschnitt besprochen; IIOP ist mit CORBA verwandt und wird in Kapitel 14, *Vermittelnde Protokolle*, vorgestellt; HTTP wird in Kapitel 15, *Das World Wide Web*, erläutert.)

Paketfiltereigenschaften von Sybase

Sybase kann TDS, HTTP, HTTPS, IIOP oder IIOPS für die Netzwerkkommunikation verwenden. Diese Protokolle benutzen alle standardmäßig TCP-Verbindungen vom Client zum Server, beide Seiten verwenden dabei einen Port oberhalb von 1023. Der Port, den der Server benutzt, wird bei der Konfiguration des Datenbank-Servers festgelegt. Es kann jeder unbenutzte Port eingestellt werden. Sybase gibt standardmäßig 7878 für TDS, 8080 für HTTP, 8081 und 8082 für HTTPS, 9000 für IIOP und 9001 und 9002 für IIOPS vor. Falls der Server über die notwendigen Rechte verfügt und die Ports von keinem anderen Webserver benutzt werden, können HTTP und HTTPS auf ihre normalen, reservierten Ports gelegt werden (80 bzw. 443). HTTP und HTTPS werden in Kapitel 15 vorgestellt; IIOP und IIOPS werden in Kapitel 14 erläutert.

Richtung	Quell-adresse	Ziel-adresse	Protokoll	Quellport	Zielport	ACK gesetzt	Anmerkungen
eingehend	extern	intern	TCP	>1023	7878[a]	[b]	Anfrage, externer Client an internen Server (mit TDS)
ausgehend	intern	extern	TCP	7878 Kapitel a.[a]	>1023	ja	Antwort, interner Server an externen Client (mit TDS)
eingehend	extern	intern	TCP	>1023	8080[c]	[b]	Anfrage, externer Client an internen Server (mit HTTP)
ausgehend	intern	extern	TCP	8080 Kapitel a.[c]	>1023	ja	Antwort, interner Server an externen Client (mit HTTP)
eingehend	extern	intern	TCP	>1023	8001, 8002[d]	[b]	Anfrage, externer Client an internen Server (mit HTTPS)
ausgehend	intern	extern	TCP	8001, 8002[d]	>1023	ja	Antwort, interner Server an externen Client (mit HTTPS)
eingehend	extern	intern	TCP	>1023	9000[e]	[b]	Anfrage, externer Client an internen Server (mit IIOP)

Datenbanken

Richtung	Quell-adresse	Ziel-adresse	Protokoll	Quellport	Ziel-port	ACK gesetzt	Anmerkungen
ausgehend	intern	extern	TCP	9000[e]	>1023	ja	Antwort, interner Server an externen Client (mit IIOP)
eingehend	extern	intern	TCP	>1023	9001, 9002[f]	[b]	Anfrage, externer Client an internen Server (mit IIOPS)
ausgehend	intern	extern	TCP	9001, 9002[f]	>1023	ja	Antwort, interner Server an externen Client (mit IIOPS)
ausgehend	intern	extern	TCP	>1023	7878[a]	[b]	Anfrage, interner Client an externen Server (mit TDS)
eingehend	extern	intern	TCP	7878[a]	>1023	ja	Antwort, externer Server an internen Client (mit TDS)
ausgehend	intern	extern	TCP	>1023	8080[c]	[b]	Anfrage, interner Client an externen Server (mit HTTP)
eingehend	extern	intern	TCP	8080[c]	>1023	ja	Antwort, externer Server an internen Client (mit HTTP)
ausgehend	intern	extern	TCP	>1023	8001, 8002[d]	[b]	Anfrage, interner Client an externen Server (mit HTTPS)
eingehend	extern	intern	TCP	8001, 8002[d]	>1023	ja	Antwort, externer Server an internen Client (mit HTTPS)
ausgehend	intern	extern	TCP	>1023	9000[e]	[b]	Anfrage, interner Client an externen Server (mit IIOP)
eingehend	extern	intern	TCP	9000[e]	>1023	ja	Antwort, externer Server an internen Client (mit IIOP)
ausgehend	intern	extern	TCP	>1023	9001, 9002[f]	[b]	Anfrage, interner Client an externen Server (mit IIOPS)
eingehend	extern	intern	TCP	9001, 9002[f]	>1023	ja	Antwort, externer Server an internen Client (mit IIOPS)

a. 7878 ist die Vorgabe, es kann aber auch eine andere Portnummer eingestellt werden.
b. ACK ist beim ersten Paket nicht gesetzt (Aufbau der Verbindung), wird aber bei den restlichen Paketen gesetzt.
c. 8080 ist die Vorgabe, es kann aber auch eine andere Portnummer eingestellt werden.
d. 8001 und 8002 sind die Vorgaben, es können aber auch andere Portnummern eingestellt werden.
e. 9000 ist die Vorgabe, es kann aber auch eine andere Portnummer eingestellt werden.
f. 9001 und 9002 sind die Vorgaben, es können aber auch andere Portnummern eingestellt werden.

Proxy-Eigenschaften von Sybase

HTTP-Proxies sind weit verbreitet und können mit der HTTP-Unterstützung von Sybase benutzt werden. Außerdem bieten einige Firewall-Hersteller TDS-Proxies an. Beachten Sie, daß sich durch keinen dieser Proxies die Sicherheit merklich erhöht, Sie müssen Ihre Datenbanken deshalb sorgfältig schützen.

Network-Address-Translation-Eigenschaften von Sybase

Sowohl TDS als auch HTTP lassen sich problemlos durch Network-Address-Translation-Systeme betreiben. Sie dürften also keine Schwierigkeiten haben, Ihren Server für den Einsatz mit einem NAT-System zu konfigurieren.

Zusammenfassung der Empfehlungen für Sybase

- Vermeiden Sie es nach Möglichkeit, Sybase durch eine Firewall zu betreiben. Falls Sie Sybase durch eine Firewall unterstützen müssen, versuchen Sie, IIOPS oder HTTPS einzusetzen.

Microsoft SQL Server

Microsofts SQL Server kann genau wie Sybase TDS für die Kommunikation benutzen (er bezeichnet dies als die TCP/IP-Netzwerk-Bibliothek). In TCP/IP-Netzwerken unterstützt er außerdem den Einsatz von Microsoft RPC entweder direkt (über die Multiprotocol-Netzwerk-Bibliothek) oder über SMB (über die Named Pipes-Netzwerk-Bibliothek). Siehe Kapitel 14, *Vermittelnde Protokolle*, für weitere Informationen über RPC und SMB.

Microsoft SQL bietet mehrere Möglichkeiten für die Benutzerauthentifizierung. Falls Sie es so einrichten, daß es SQL-Authentifizierung über TDS verwendet, übergibt es die Authentifizierungsdaten im Klartext über das Netzwerk. Falls Sie es so einrichten, daß es Windows NT-Authentifizierung über TDS benutzt, werden Benutzernamen- und Paßwortdaten verschleiert. (Es ist nicht ganz klar, was das ist, es scheint sich dabei aber eher um eine umkehrbare Verschlüsselung als um ein Frage-Antwort-System zu handeln.) SQL-Authentifizierung über TDS bietet keinen Schutz für Benutzernamen- und Paßwortdaten und sollte nie in einer unsicheren Umgebung eingesetzt werden.

Sie müssen aufpassen, welche Zugänge Sie für den SQL-Zugriff benutzen. Diese sollten auf der SQL-Datenbank und unter Windows NT nur die minimal notwendigen Rechte haben. Es dürfen keine Zugänge sein, die für Logins oder Filesharing unter Windows NT eingesetzt werden.

Beachten Sie, daß die Authentifizierung fehlschlägt, falls ein Client versucht, SQL-Authentifizierung über ein unsicheres Netzwerk zu benutzen, und der Server für die Windows NT-Authentifizierung eingerichtet ist. Die Zugangsdaten werden allerdings trotzdem bekannt. Der Client schickt den Benutzernamen und das Paßwort im Klartext. Diese können abgefangen werden. Der Server besitzt keine Möglichkeit, das zu verhindern.

Manche Versionen von Microsoft SQL Server unterstützen nur die Datenbank-Replikation über SMB; neuere Versionen erlauben auch die Datenbank-Replikation über TDS, allerdings ist das weniger effektiv.

Datenbanken

Paketfiltereigenschaften von Microsoft SQL Server

Microsoft SQL Server verwendet normalerweise den TCP-Port 1433 für TDS, er kann aber auch einen anderen Port benutzen. Die Paketfiltereigenschaften von benannten Pipes in SMB und Microsoft RPC werden in Kapitel 14 erläutert.

Richtung	Quell-adresse	Ziel-adresse	Protokoll	Quellport	Zielport	ACK gesetzt	Anmerkungen
eingehend	extern	intern	TCP	>1023	1433[a]	[b]	Anfrage, externer Client an internen Server
ausgehend	intern	extern	TCP	1433 Kapitel a.[a]	>1023	ja	Antwort, interner Server an externen Client
ausgehend	intern	extern	TCP	>1023	1433[a]	[b]	Anfrage, interner Client an externen Server
eingehend	extern	intern	TCP	1433[a]	>1023	ja	Antwort, externer Server an internen Client

a. 1433 ist die Vorgabe, es kann aber auch eine andere Portnummer eingestellt werden.
b. ACK ist beim ersten Paket nicht gesetzt (Aufbau der Verbindung), wird aber bei den restlichen gesetzt.

Proxy-Eigenschaften von Microsoft SQL Server

TDS läßt sich leicht mit generischen Proxies realisieren. Sie sollten sicherstellen, daß die Clients die Windows NT-Domänenauthentifizierung und nicht die SQL-Authentifizierung benutzen, um zu vermeiden, daß Benutzernamen- und Paßwortinformationen bekanntwerden. Die Proxy-Eigenschaften von SMB und Microsoft RPC werden in Kapitel 14, *Vermittelnde Protokolle*, erläutert.

Network Address Translation und Microsoft SQL Server

TDS funktioniert transparent mit Network Address Translation, es dürfte also keine Probleme geben, Microsoft SQL Server so zu konfigurieren, daß es durch ein NAT-System läuft. Die Network-Address-Translation-Eigenschaften von SMB und Microsoft RPC werden in Kapitel 14 erläutert.

Zusammenfassung der Empfehlungen für Microsoft SQL Server

- Vermeiden Sie es nach Möglichkeit, Microsoft SQL Server durch eine Firewall zu betreiben.
- Falls Sie Microsoft SQL Server durch eine Firewall schicken müssen, verwenden Sie TDS; benutzen Sie jedoch dabei eine Windows NT-Authentifizierung anstelle der SQL-Authentifizierung, um sicherzustellen, daß die Benutzernamen- und Paßwortinformation geschützt ist.

Spiele

Internet-Spiele bringen eine Menge Spaß. Leider sind Spiele-Programmierer nur selten auch Sicherheitsexperten. Viele der Leute, die Computersysteme angreifen, fahren auch auf Internet-Spiele ab. Das soll nicht heißen, daß Spieler im Internet an sich böse Buben sind; die meisten von ihnen sind durchaus rechtschaffene Bürger. Andererseits rekrutieren sich die meisten Spieler von Ballerspielen im Internet aus der gleichen Gruppe Heranwachsender mit Computern und viel Freizeit, aus der auch Angreifer kommen, und es wäre ein Wunder, wenn es zwischen diesen beiden Kulturen keine Überschneidungen gäbe. Wenn Sie eine Anwendung, die nicht mit Blick auf Sicherheit entworfen wurde, in einen Netzwerk betreiben und Leuten zur Verfügung stellen, die mit Vorliebe Computersysteme angreifen, ist das Ergebnis vorhersehbar.

Darüber hinaus stehen die Design-Vorgaben für Internet-Spiele im allgemeinen dem Bestreben nach leicht zu sichernden Verbindungen entgegen. Dauerhafte TCP-Verbindungen zu bekannten Ports sind für die meisten Spielsituationen nicht geeignet. Gut dokumentierte Protokolle können von den Spielern leichter gestört werden, was Spielehersteller eher nicht wollen. Auf jeden Fall haben Spielehersteller mehr damit zu tun, Dokumentationen für solche Benutzer herauszugeben, die gerade ihren ersten Computer gekauft haben. Und die Hersteller verwenden meist nicht sehr viel Zeit darauf, technische Details zu dokumentieren, damit Leute ihre Firewalls konfigurieren können. (Der gebräuchlichste Firewall-Ratschlag in der Dokumentation von Spielen lautet »Sie dürfen sich nicht hinter einer Firewall befinden.«)

Es ist praktisch unmöglich, die Firewall-Eigenschaften von Spielen in allen Einzelheiten zu dokumentieren. Spiele geraten sehr schnell in Mode und verschwinden genauso schnell wieder von der Bildfläche, und selbst die Dauerbrenner verändern sich häufig. Wenn Sie zum Beispiel Quake spielen wollen, können Sie keine Aussage darüber treffen, welche Protokolle Sie brauchen; manche Versionen von Quake erfordern sowohl TCP als auch UDP, während andere nur das eine oder das andere brauchen.

Ein Netzwerkspiel ist immer ein Client, üblicherweise eines Protokolls mit unbekannten Eigenschaften und Sicherheitsproblemen. Das Element, das ein Mehrbenutzerspiel kontrolliert, ist immer außerdem eine Art Server. Viele Spiele besitzen sowohl Client- als auch Servereigenschaften, wenn sie im Multiplayer-Modus laufen. Das bedeutet, daß laufende Netzwerkspiele auch dann Schwachstellen erzeugen können, wenn Sie nicht mit externen Spielern verbunden sind (wenn das Spiel einen Server startet, könnte dieser Server anfällig für Angriffe sein, selbst wenn Sie keine Verbindungen initiieren). Maschinen, die Netzwerkspiele ausführen, müssen vor eingehenden Internet-Verbindungen geschützt werden.

Plug-Ins und Erweiterungen von Spielen können deren Sicherheitseigenschaften verändern, da sie die Spiele um neue Fähigkeiten erweitern. Falls Sie einem Spiel vertrauen, dann erweitern oder verändern Sie es nicht, ohne seine Sicherheit neu zu bewerten.

Quake

Quake mit seinen vielen verschiedenen Versionen ist eins der beliebtesten Internet-Spiele. Es weist – vor allem in seinen Unix-Versionen – eine lange und traurige Liste von Sicherheitsproblemen auf. Sie sollten Quake-Programme nie als root ausführen, was auch immer die Dokumentation zu diesem Thema sagt; Quake-Server sind anfällig für Angriffe von außen, und Quake-Clients, die als root laufen, können von lokalen Benutzern angegriffen werden.

Als Quake geschrieben wurde, fügte der Spieleentwickler, die Firma ID, dem Spiel eine besondere Funktion hinzu, die es dem Entwickler erlaubt, Befehle auf allen Quake-Servern auszuführen. Diese Befehle werden nicht protokolliert, und es müssen auch keine normalen Quake-Befehle sein (Quake kann externe Programme ausführen). Sie sollten auf allen Plattformen einen aktuellen Quake-Server betreiben und/oder Pakete aus dem ID-Firmennetzwerk (192.246.40.0/24) ablehnen, da diese Hintertür es Angreifern, die Pakete aus diesem Netzwerk fälschen, erlaubt, beliebige (und nicht protokollierte) Befehle mit den Rechten des Quake-Servers auszuführen.

Zusammenfassung der Empfehlungen für Spiele

- Lassen Sie keine Spiele durch Ihre Firewall zu, wenn Sie die Möglichkeit haben, dies zu verhindern. Es mag vielleicht grausam erscheinen, harmlose Vergnügungen zu unterbinden, diese Spiele können aber echte Gefahren mit sich bringen.
- Falls Sie einen Spiele-Server betreiben wollen, benutzen Sie eine Opfermaschine, auf der sich nichts Wichtiges befindet.
- Für beliebte Spiele können Sie möglicherweise spezielle Proxies bekommen, von denen einige Sicherheitsfunktionen besitzen. In der Regel werden solche Proxies von Drittherstellern produziert; bei ihnen handelt es sich meist nicht um ausgefeilte, professionelle Produkte. Sie eignen sich nicht für Hochsicherheitsumgebungen oder naive Benutzer, reichen aber normalerweise aus, um Spieler in einer relativ ungesicherten Umgebung zu unterstützen.
- Installieren Sie Spiele mit großer Sorgfalt. Es ist fast niemals sicher, Server oder Clients als privilegierter Benutzer zu betreiben.

24

Zwei Beispiel-Firewalls

In diesem Kapitel beschreiben wir zwei Beispiel-Konfigurationen für einfache Firewalls. Fast alle echten Firewalls sind komplexer als die hier beschriebenen. Die beiden Beispiele sollen Ihnen jedoch eine Vorstellung davon geben, welche Aufgaben beim Aufbau einer Firewall zu erledigen sind und wie die einzelnen Teile zusammenpassen.

Wir möchten betonen, daß es sich bei diesen Beispielen wirklich nur um Vorschläge handelt, die Sie keineswegs blindlings implementieren sollten. Nehmen Sie sich statt dessen Zeit, um Ihre eigenen Anforderungen, Ihre Umgebung sowie die Auswirkungen und Komplikationen der Dienste zu verstehen, die Ihre Firewall anbieten soll.

Wir wollen über diese beiden Beispiel-Firewalls wirklich nur die grundlegenden Dienste anbieten: World Wide Web, Terminal-Zugang, Dateiübertragungen, elektronische Post, Usenet-News und DNS.

Architektur mit überwachtem Teilnetz

Die in Kapitel 6, *Firewall-Architekturen*, beschriebene und in Abbildung 24-1 dargestellte Architektur mit überwachtem Teilnetz stellt die wohl gebräuchlichste Firewall-Architektur zum »Selbstbau« dar. Diese Architektur bietet hohe Sicherheit (einschließlich mehrerer Redundanzebenen) zu Kosten, die für die meisten Standorte tragbar sind.

Bei der Architektur mit überwachtem Teilnetz gibt es Varianten mit einem und mit zwei Routern. Grundsätzlich können Sie zwei Router mit jeweils zwei Schnittstellen verwenden oder einen einzelnen mit drei Schnittstellen. Ein überwachtes Teilnetz mit einem einzelnen Router funktioniert genauso gut wie eines mit zwei Routern und ist zudem meist etwas billiger. Sie brauchen dazu allerdings einen Router, der an jeder Schnittstelle sowohl nach innen als auch nach außen gerichtete Pakete filtern kann. (Beachten Sie auch den entsprechenden Abschnitt in *Kapitel 8, Paketfilterung*.) Wir benutzen in unserem Beispiel die Architektur mit zwei Routern, da sie konzeptionell einfacher ist.

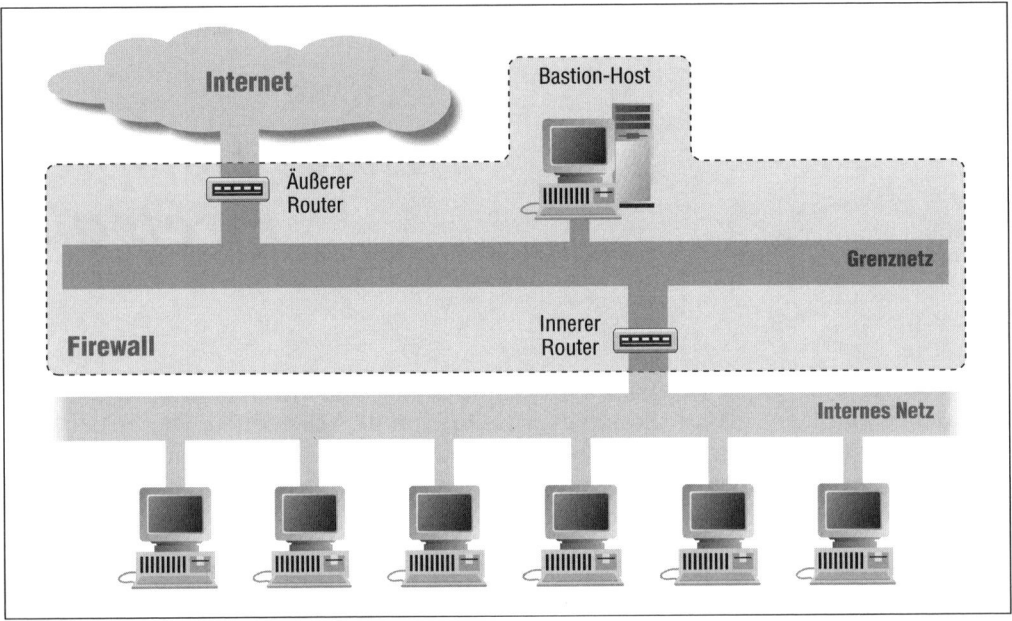

Abbildung 24-1: Architektur mit überwachtem Teilnetz

Diese Art von Firewall enthält folgende Komponenten, die in Kapitel 6, *Firewall-Architekturen*, näher vorgestellt werden:

Grenznetzwerk
> Es trennt Ihren Bastion-Host von Ihrem internen Netzwerk, damit eine Sicherheitslücke auf dem Bastion-Host nicht gleich Ihr internes Netzwerk beeinflußt.

Äußerer Router
> Er verbindet Ihren Standort mit der Außenwelt. Falls möglich, bietet der äußere Router außerdem wenigstens etwas Schutz für den Bastion-Host, den inneren Router und das interne Netzwerk. (Das läßt sich manchmal nicht realisieren, da manche Standorte äußere Router verwenden, die von deren Service-Providern verwaltet werden und sich daher der Kontrolle durch den Standort entziehen.)

Innerer Router
> Er schützt das interne Netzwerk vor der Außenwelt und vor dem eigenen Bastion-Host des Standorts.

Bastion-Host
> Dieser dient als Hauptkontaktstelle des Standorts mit der Außenwelt. (Er sollte entsprechend den Richtlinien in Kapitel 10, *Bastion-Hosts*, eingerichtet werden.)

Zusätzlich zu den Rechnern, aus denen die eigentliche Firewall besteht, wollen wir davon ausgehen, daß es Maschinen im internen Netzwerk gibt (interne Hosts), die folgende Rollen spielen (beachten Sie, daß alle internen Maschinen einige oder sogar alle dieser Rollen übernehmen können):

- Mailserver
- Usenet-News-Server
- DNS-Server
- Client für verschiedene Internet-Dienste

Jeder dieser internen Dienste wird direkt (über Paketfilterung) oder indirekt (über Proxy-Server, die auf dem Bastion-Host laufen) bereitgestellt.

Wir nehmen an (zumindest für dieses Beispiel), daß interne Benutzer in unserem System vertrauenswürdig sind und nicht versuchen, die Firewall aktiv zu umgehen. Es besteht keine besondere Notwendigkeit, ihre Internet-Aktivitäten zu überwachen oder zu protokollieren.

Wir gehen außerdem davon aus, daß Sie für Ihr internes Netzwerk und das Grenznetz korrekt zugewiesene und geroutete IP-Adressen benutzen (das heißt, Adressen, die Ihrem Standort zugewiesen wurden und von Ihrem Service-Provider ordnungsgemäß im Internet weitergeleitet und bekanntgemacht werden). Ansonsten müssen Sie Proxies oder Network Address Translation benutzen, da Sie Pakete mit IP-Adressen für den privaten Gebrauch nicht ins Internet durchlassen dürfen. Und selbst wenn Sie sie erlauben würden, hätten Antwortpakete keine Möglichkeit, wieder zurückzukommen.

Schließlich nehmen wir an, daß Sie getrennte Netzwerknummern für das Grenznetz und das interne Netz verwenden, so daß Sie gefälschte Pakete leicht entdecken können. (Siehe den Abschnitt »Risiken bei der Filterung nach der Quelladresse« in *Kapitel 8, Paketfilterung*.)

Konfiguration der Dienste

Wie bieten wir mit der auf diese Weise vorgegebenen Architektur die grundlegenden Internet-Dienste an?

HTTP und HTTPS

Wir wollen zwei Arten von HTTP-Diensten bereitstellen. Unser Ziel ist es zum einen, unseren Benutzern den Zugriff auf die Websites anderer Leute zu erlauben, und zum anderen, unsere eigene Website einzurichten.

Für ausgehendes HTTP und HTTPS (das heißt für den Zugriff unserer Benutzer auf andere Websites) können wir entweder Paketfilterung oder Proxy-Server einsetzen. Mit Paketfilterung können unsere Benutzer HTTP- und HTTPS-Server nur auf den Standard-Ports ansprechen; der Einsatz von Proxies erlaubt es ihnen, alle HTTP- und HTTPS-Server zu erreichen. Für welchen Ansatz sollen wir uns entscheiden?

Standard-Browser unterstützen den HTTP- und HTTPS-Proxy-Einsatz, wir müssen also bei keinem der Ansätze den Einsatz spezieller Clients in Betracht ziehen. Durch die Verwendung von Proxies erhöht sich zwar der Konfigurationsaufwand, das scheint aber in Anbetracht der damit verbundenen verbesserten Möglichkeiten durchaus fair zu sein.

Andererseits könnten wir es den internen Hosts einfach gestatten, Verbindungen zu Port 80, Port 443 und allen Ports oberhalb von (einschließlich) 1024 herzustellen. Dies erlaubt den Zugriff auf nahezu jeden HTTP- oder HTTPS-Server und dient gleichzeitig der Unterstützung von FTP. Allerdings erhöht sich dadurch auch das Risiko ganz beträchtlich; interne Benutzer könnten jedes Protokoll verwenden, das auf Ports oberhalb von 1023 benutzt wird, ohne daß die Firewall dies kontrollieren könnte. Falls diese Benutzer böswillig oder zumindest unachtsam sind, könnten sie den Standort allen möglichen Gefahren aussetzen. Darüber hinaus wäre jedes Trojanische Pferd, das eingeschleppt wird, in der Lage, Daten zu verschicken. Da wir uns allerdings zu Anfang dazu entschlossen haben, den Benutzern zu vertrauen, ist das kein Thema. Bei reiner Paketfilterung würden wir nur Server auf den Nichtstandard-Ports unterhalb von 1024 ausschließen, die ja sowieso als reserviert gelten.

Wenn wir einen Proxy-Server als Cache benutzen, können wir die HTTP-Zugriffe für die folgenden Elemente deutlich beschleunigen:

HTTP-Clients
    Sie verwenden Ihr internes Netzwerk, um Seiten aus dem Cache zu übertragen. Dieser Vorgang ist vermutlich deutlich schneller, als die Seiten direkt vom Original-Server über Ihre Internet-Verbindung zu beziehen.

Nicht-HTTP-Clients
    Die HTTP-Clients brauchen nicht mehr so viel Bandbreite von Ihrer Internet-Verbindung, wodurch mehr für andere Clients zur Verfügung steht.

HTTP-Server an anderen Standorten
    Sie erhalten nur noch eine Anfrage pro Seite von Ihrem Standort und nicht viele Anfragen, die alle die gleiche Seite anfordern.

HTTPS-Verbindungen können nicht im Cache zwischengespeichert werden, da die Verschlüsselung dafür sorgt, daß die Seiten jedesmal anders sind, wenn auf sie zugegriffen wird. Allerdings stört ein Cache-Proxy den HTTPS-Dienst auch nicht; er arbeitet einfach wie ein normaler Proxy.

Die meisten Cache-Server erlauben es uns auch, einen HTTP-Dienst für externe Standorte anzubieten, wir können auf diese Weise unsere eigenen Webseiten bekanntmachen und veröffentlichen. Diese Konfiguration ist nicht besonders sicher; die Sicherheitsanforderungen für den Proxy-Einsatz und die Veröffentlichung sind unterschiedlich, und idealerweise würden wir diese beiden Dinge trennen. Allerdings ist eine Trennung in einer Konfiguration mit nur einem Bastion-Host nicht ohne weiteres möglich.

Die Kombination von Proxy und Veröffentlichung von Seiten wäre nicht akzeptabel, wenn wir vorhätten, häufig benutzte Seiten anzubieten, oder wenn wir für die zu veröffentlichenden Seiten eine gewisse Sicherheit gewährleisten müßten (wenn die Webseiten zum Beispiel für E-Commerce-Lösungen eingesetzt würden). In diesen Situationen würden wir den ausgehenden Cache vom öffentlichen Webserver trennen und diese Aufgaben nicht nur von unterschiedlicher Software erledigen lassen, sondern auch auf unterschiedlichen Computern plazieren. Wir könnten sogar beschließen, den öffentlichen Webserver ganz und gar auszulagern und ihn beispielsweise bei einem kommerziellen Web-Provider oder Hosting-Dienst unterzubringen.

Wenn Sie bereits andere Proxies mit SOCKS oder dem TIS FWTK eingerichtet haben, ist es trivial, einen HTTP- und HTTPS-Proxy hinzuzufügen. Wenn wir SOCKS bereits verwenden, ist es sehr verlockend, auch den HTTP-Proxy zu betreiben: SOCKS gehört zu den Systemen, die von vielen Browsern unterstützt werden. Andererseits ist es ziemlich aufwendig, SOCKS nur für HTTP und HTTPS zu installieren; vermutlich lohnt es sich nur, wenn wir auch noch andere Anwendungen haben, die es ebenfalls benutzen sollen. Beim Einsatz des HTTP-Proxies aus dem TIS FWTK müssen die Benutzer die URLs anpassen. Sie können dann nicht einfach per Cut-and-Paste neue und interessante Adressen aus E-Mails ausschneiden. In dieser Situation sind weder SOCKS noch das TIS FWTK besonders attraktiv.

Dennoch stellen sowohl der Einsatz eines Proxys (mit einem Proxy-Server) als auch die Paketfilterung attraktive und sinnvolle Lösungen dar. Ein Proxy wäre sicher besser, wenn wir nicht vorhätten, direktes FTP im passiven Modus zu erlauben (mit dem unsere Benutzer auf alle TCP-Ports eines Servers oberhalb von 1023 zugreifen können). Die Paketfilterung wäre dagegen vorzuziehen, wenn wir Clients ohne integrierte Proxy-Unterstützung benutzen wollen oder wenn wir keinen HTTP-Server bereitstellen wollen und auch keine anderen Dienste über Proxies laufen.

In diesem Beispiel gehen wir davon aus, daß wir für interne Clients über einen Proxy-Server, der auf dem Bastion-Host läuft, HTTP- und HTTPS-Dienste bereitstellen und daß wir den gleichen Server verwenden, um unsere öffentlichen Webseiten weltweit anzubieten. Wir gehen besonders sorgfältig vor, um sicherzustellen, daß die Proxy-Komponente aufgrund ihrer Konfiguration externe Benutzer davon abhält, über den Proxy auf unser internes Netzwerk bzw. auf andere externe Server zuzugreifen. Der Einsatz eines Proxy-Servers liegt hauptsächlich in unserem Streben nach zusätzlicher Effizienz begründet, obwohl er natürlich auch sinnvoll ist, damit die Benutzer HTTP- und HTTPS-Server auf den Nichtstandard-Ports unterhalb von 1023 erreichen können.

SMTP

Es gibt für SMTP normalerweise nicht viele Möglichkeiten. Wir wollen alle externen SMTP-Verbindungen über eine einzige Maschine mit einem sicheren SMTP-Server abwickeln und gehen nicht davon aus, daß auf internen Maschinen sichere SMTP-Server laufen. Das bedeutet, daß wir einen sicheren SMTP-Server auf dem Bastion-Host laufen lassen und mit Hilfe der DNS-MX-Datensätze eingehende Mails auf den Bastion-Host leiten. Dieser reicht sie dann an einen einzigen abgesicherten SMTP-Server auf einem internen Rechner weiter.

Welche Möglichkeiten haben wir sonst noch? Wir könnten einen sicheren SMTP-Server auf der internen Mailserver-Maschine einrichten und eingehende Mails zu diesem Rechner leiten. Wird jedoch in diesen SMTP-Server eingebrochen, so ist das gesamte interne Netz in Gefahr. Alternativ dazu könnte der Bastion-Host die E-Mails direkt an die Maschinen im internen Netz senden. Doch auch dabei besteht ein Risiko, wenn in den SMTP-Server auf dem Bastion-Host eingebrochen wird. Der überfallene Bastion-Host würde Kontakt zu nicht vertrauenswürdigen internen SMTP-Servern aufnehmen; kurz darauf wäre der Einbrecher im internen Netz. Kann der Bastion-Host dagegen nur mit dem internen Mailserver Verbindung aufnehmen, gibt es weniger Angriffsmöglichkeiten. Auf dem internen Mailserver kann ein sicherer SMTP-Server laufen. Außerdem werden die lästigen Wartungsarbeiten nicht auf dem sicherheitskritischen Bastion-Host durchgeführt, sondern auf dem weniger anfälligen internen Mailserver.

Wie steht es um ausgehende Post? Es wäre zwar sicher, wenn interne Maschinen ihre Post direkt nach außen schicken, doch damit handeln wir uns ein Wartungsproblem ein. (Man müßte dann nämlich die Mail-Konfiguration auf allen internen Maschinen überwachen.) Außerdem entstünde dadurch eine weitere Direktverbindung zwischen den internen und externen Netzwerken. Bisher wurden zwar keine Angriffe von SMTP-Servern auf SMTP-Clients bekannt, doch es sind schon seltsamere Dinge passiert.

Es bringt außerdem keinen großen Vorteil, wenn interne Rechner Post direkt nach außen schicken können. Der einzige Unterschied besteht darin, daß wir Mail versenden (aber nicht empfangen) können, wenn der Bastion-Host nicht läuft.

Unabhängig von der Entscheidung für den Server müssen wir unsere E-Mail-Clients konfigurieren. (Im Gegensatz zu FTP und Telnet funktioniert SMTP erst dann, wenn die Konfigurationsdateien angepaßt wurden.) Außerdem ist es weniger aufwendig, die Mail zum Server zu leiten, als sie korrekt an die Außenwelt zu schicken.

Jetzt müssen wir nur noch entscheiden, ob die ausgehende Post von den internen Rechnern zum internen Mailserver geht oder zum Bastion-Host. Das Weiterleiten der Post an den internen Mailserver bietet die gleichen Vorteile wie für eingehende E-Mails und hält außerdem die internen Informationen vom Bastion-Host fern. E-Mails zwischen internen Benutzern sollten nicht durch den Bastion-Host verlaufen.

Wie in Kapitel 16, *Elektronische Post und News*, beschrieben, richten wir SMTP so ein, daß der Bastion-Host eingehende und ausgehende E-Mails weiterleitet. Dazu ist folgendes zu tun:

- Wir veröffentlichen die DNS-MX-Datensätze, die die eingehende Post für unseren Standort an den Bastion-Host leiten.

- Wir konfigurieren die internen Maschinen so, daß sie alle ausgehenden E-Mails an den internen Mailserver schicken.

- Wir konfigurieren den Bastion-Host so, daß er alle eingehenden E-Mails an einen einzigen internen Mailserver und alle ausgehenden E-Mails direkt an ihr Ziel weiterleitet.

Für dieses Beispiel nehmen wir an, daß es einen einzigen internen Mailserver für eingehende und ausgehende E-Mails gibt.

Telnet

Telnet nach außen können wir über Paketfilter oder durch Proxies anbieten. Welche Möglichkeit ist vorzuziehen?

Der Einsatz von Proxies erfordert entweder modifizierte Clients oder angepaßte Benutzerprozeduren. Beides ist mühsam zu implementieren. Mit einem Proxy könnten wir Telnet, basierend auf der Benutzerkennung, einschränken oder überwachen, indem wir unsere Benutzer zwingen, sich am Proxy-Server zu authentifizieren, bevor ihre Anfragen bearbeitet werden. Da wir jedoch oben von der Voraussetzung ausgingen, daß man internen Benutzern vertrauen darf, besteht kein Grund für eine Authentifizierung. Ein Proxy wäre nötig, wenn wir intern inoffizielle IP-Adressen benutzten; das trifft in unserem Fall aber auch nicht zu. Da wir vertrauenswürdige Benutzer und offizielle IP-Adressen haben, bieten Telnet-Proxies keine Vorteile gegenüber Paketfilterung; sie sind jedoch schwieriger einzurichten und zu verwalten. In diesem Beispiel wollen wir nach außen gerichtetes Telnet daher über Paketfilterung anbieten.

Es ist dagegen bedeutend schwieriger, nach innen gerichtetes Telnet sicher und bequem anzubieten. Falls es unbedingt erforderlich wäre, könnte man eingehende Telnet-Verbindungen auf dem Bastion-Host mit einer zusätzlichen Authentifizierung erlauben. Ein Standort, der an einer einfachen Konfiguration interessiert ist, sollte eingehende Telnet-Verbindung vernünftigerweise jedoch ganz verbieten und es durch SSH ersetzen. Das wollen wir in diesem Beispiel auch tun.

SSH

Obwohl eingehendes Telnet unsicher ist, sollten Sie irgendeine Form des Fernzugriffs zulassen. Die sicherste Methode bietet SSH. Eine Möglichkeit wäre, nach innen gerichtetes SSH nur zum Bastion-Host zu erlauben, die Benutzer müßten sich dann auf dem Bastion-Host anmelden und von dort aus zu Ihrem internen Ziel weitergehen. Das ist im Prinzip eine Art Proxy. Eine andere Möglichkeit bestünde darin, nach innen gerichtetes SSH zu jedem Host zuzulassen.

Wenn Sie SSH nur zu einem einzigen Bastion-Host zulassen, können Sie sicherstellen, daß wirklich nur SSH hereinkommt und der SSH-Server sicher konfiguriert ist. Andererseits müssen wir in diesem Fall Benutzerzugänge auf dem Bastion-Host einrichten. Wenn nur wenige Benutzer SSH verwenden müssen, ist dies möglicherweise die beste Methode, um den Dienst anzubieten. Allerdings erhöhen sich die Risiken deutlich, wenn auf dem einzigen Bastion-Host auch Benutzerzugänge vorhanden sind.

Wenn Sie nach innen gerichtetes SSH zu allen Hosts erlauben, umgehen Sie das Problem mit den Benutzerzugängen auf dem Bastion-Host, räumen aber auch die Möglichkeit ein, daß auf den Hosts SSH-Server laufen, die eine Port-Weiterleitung ausführen, oder daß ganz und gar andere Server auf den SSH-Ports laufen. Wie wir in Kapitel 18, *Der Fernzugriff auf Hosts*, ausgeführt haben, ist die Port-Weiterleitung über SSH äußerst riskant, da Ihr Standort dadurch anfällig für Leute wird, die den Client angreifen. Wir werden nach innen gerichtetes SSH zu allen Hosts zulassen (wir vertrauen ja den internen Benutzern).

Für eine sicherere Konfiguration würden wir die Hosts einschränken, auf die über SSH zugegriffen werden kann, entweder indem das überwachte Netzwerk durch einen weiteren Bastion-Host erweitert wird oder indem einige interne Rechner als überwachte Hosts behandelt werden und SSH nur zu diesen Hosts zugelassen wird.

Da wir eingehendes SSH erlauben, sollten wir auch ausgehendes SSH zulassen; es wäre ungerecht, wenn wir die Leute bitten würden, SSH zu benutzen, um auf unser Netz zuzugreifen, und unsere Benutzer das unsichere Telnet verwenden müßten, um auf andere Standorte zuzugreifen. Wir werden jedoch unsere Benutzer vor den Risiken der fernen Port-Weiterleitung warnen. Im Gegensatz zu ausgehendem Telnet öffnet ausgehendes SSH Lücken für Angriffe von außen, falls Port-Weiterleitung aktiviert ist. (Siehe Kapitel 18, *Der Fernzugriff auf Hosts*, für weitere Informationen über die Risiken der SSH-Port-Weiterleitung.) Zur weiteren Erhöhung der Sicherheit könnten wir sogar ausgehendes SSH auf eine Maschine beschränken, so daß wir die verwendeten Clients überwachen und ferne Port-Weiterleitung unterbinden könnten. Beachten Sie jedoch, daß es schwierig ist, die Benutzer vom Einsatz eigener SSH-Clients abzuhalten, selbst wenn SSH auf eine einzige Maschine beschränkt ist.

FTP

Im Gegensatz zu Telnet gibt es für FTP keine vollständige Lösung mit Paketfilterung. FTP im normalen Modus erfordert eine eingehende Verbindung zu einer beliebigen Portnummer oberhalb von 1023. Würden wir es ohne weitere Vorkehrungen anbieten, hätte ein Angreifer Zugang zu allen Diensten, die auf unseren internen Systemen laufen. Daher bleiben uns zwei Möglichkeiten:

- Passiver Modus über Paketfilterung
- Normaler Modus über Proxies

In beiden Fällen funktionieren die Standard-FTP-Clients, die mit Unix-Systemen ausgeliefert werden, und die meisten der beliebten, frei verfügbaren Clients für PCs nicht mehr wie üblich. Wenn wir das Proxy-Gateway *ftp-gw* aus dem TIS FWTK einsetzen (beschrieben in Kapitel 9, *Proxy-Systeme*), können wir zwar mit unveränderten Clients arbeiten, müssen den Benutzern aber spezielle Verfahrensweisen beibringen. Manche verbreiteten FTP-Clients – etwa die in Webbrowser wie Netscape Navigator oder Internet Explorer integrierten – benutzen den passiven Modus, ohne verändert zu werden, doch das unterstützen wiederum nicht alle Server ausreichend.

Ein vernünftiger Kompromiß wäre die Kombination aus Paketfilterung und Proxies. Dabei verwenden wir ein Proxy-Gateway wie *ftp-gw* aus dem TIS FWTK, bei dem die Clients nicht modifiziert werden müssen. Clients, die den passiven Modus unterstützen, funktionieren über Paketfilterung. Auf den Plattformen, auf denen wir die Clients leicht austauschen können, bieten wir daher Clients für den passiven Modus an. Ist dies nicht möglich, passen wir statt dessen die Benutzerprozeduren an.

Wie bereits erwähnt, müßten wir ausschließlich mit Proxies arbeiten, wenn wir den FTP-Verkehr überwachen wollten. Das ist aber hier nicht der Fall. Hätten wir eine inoffizielle Netzwerknummer, müßten wir entweder Proxies oder Network Address Translation einsetzen. Auch wenn wir DNS-Angaben verbergen wollten, dürften wir ausschließlich mit Proxies arbeiten. Dann könnten wir es uns nämlich sparen, die Daten für Double-Reverse Lookups zu fälschen, indem wir einer veröffentlichten Adresse eine Rückwärtsauflösung zuweisen. Das Verbergen von DNS-Daten lohnt den Aufwand jedoch nicht. Wenn ausschließlich Proxies zum Einsatz kommen sollen, müßten wir unsere Entscheidung über den einzusetzenden Proxy-Server noch einmal überdenken. Der Proxy-Server, für den wir uns entschieden haben, erfordert es von den Benutzern, ihre Verfahren zu ändern. In der von uns diskutierten Konfiguration ist das sinnvoll, da es dazu keine Alternativen gibt. Das könnte sich mit zunehmender Verbreitung von Proxies allerdings ändern.

Beachten Sie, daß Ihre Paketfilterung TCP-Verbindungen von Ports über 1023 auf Ihrem Bastion-Host zu Ports über 1023 auf Ihren internen Maschinen und von Port 20 externer Maschinen zu Ports über 1023 auf dem Bastion-Host zulassen muß (für den FTP-Datenkanal), damit Sie *ftp-gw* aus dem TIS FWTK verwenden können. (Siehe den Abschnitt über FTP in Kapitel 17, *Dateiübertragung, Filesharing und Drucken*.) Das bedeutet aber, daß jemand, der in den Bastion-Host eingebrochen ist, eine Verbindung zu allen Servern auf internen Rechnern aufbauen kann, die einen TCP-Port oberhalb von 1023 benutzen (z.B. ein X11-Server auf Port 6000). Außerdem sind alle Server, die solche Ports verwenden (d.h. TCP-Ports oberhalb von 1023), auf dem Bastion-Host selbst verwundbar. Wenn Sie daher FTP-Datenverbindungen mit Proxies zulassen, sollten Sie den Zugang zu internen Rechnern auf TCP-Ports oberhalb von 1023 explizit blockieren, falls Sie wissen oder vermuten, daß dort Server laufen. Zu diesen gefährdeten Portnummern gehören mit ziemlicher Sicherheit die Ports 6000 bis 6003 (unter der Annahme, daß höchstens vier echte oder virtuelle X11-Server pro Rechner laufen; siehe den Abschnitt über X11 in Kapitel 18, *Der Fernzugriff auf Hosts*). Da wir SSH zulassen wollen, müssen wir auch die virtuellen X11-Server schützen, die SSH erzeugt. Diese beginnen bei Port 6010, wir erweitern also diesen Port-Bereich bis 6020.

Denken Sie jedoch immer daran, daß es im allgemeinen gefährlich ist, nur bestimmte Ports zu blockieren, anstatt erst einmal alle Ports zu sperren und dann einige wieder zu öffnen. Es ist nicht ganz einfach, eine Liste all der Portnummern aufzustellen und zu pflegen, die in Ihrem Netz blockiert werden müssen. Besser ist es, alles zu blockieren und nur bestimmte Ports zu öffnen. Aufgrund der Funktionsweise von normalem FTP (ohne passiven Modus) ist das jedoch nicht möglich.

Es ist ziemlich großzügig, FTP im passiven Modus mit Paketfilterung zu erlauben, da dabei jede Verbindung zulässig ist, solange sie nur von einem Rechner innerhalb des Netzes ausgeht. Die Anzahl der Server mit Portnummern oberhalb von 1023 ist sehr groß. Das hat zwar auch Vorteile (z.B. die Verwendung von HTTP-Servern auf unüblichen Portnummern), doch genauso können die Benutzer auch auf alle möglichen unsicheren Dienste zugreifen. Daher sollte man diese Verbindungen nur erlauben, wenn die Benutzer nicht nur keine bösen Absichten haben, sondern auch den Unterschied zwischen sicheren und unsicheren Verbindungen kennen oder zumindest der Versuchung widerstehen können, unerwartete Dinge zu tun.

Es ist sinnvoll, nach innen gerichtetes FTP zu verbieten, da wir auch Telnet nach innen verboten haben. Beide Dienste erfordern in etwa die gleichen Sicherheitsmaßnahmen. Ist einer der Dienste zulässig, so ist die Konfiguration des anderen trivial.

Eingehende Verbindungen für Anonymous FTP sind eine andere Sache – wir werden sie anbieten. Da wir nicht zu den großen Internet-Service-Providern gehören und das TIS FWTK sowieso schon benutzen, hat Sicherheit Vorrang vor Funktionalität. Wir setzen daher den Anonymous-FTP-Server aus dem TIS FWTK ein. Falls wir einen größeren Server für Anonymous FTP anbieten wollten, würden wir eher den FTP-Server *wuarchive* verwenden (in Kapitel 17, *Dateiübertragung, Filesharing und Drucken*, finden Sie eine Beschreibung seiner Funktionalität). Wir würden ihn nicht auf dem zentralen Bastion-Host, sondern auf einer Maschine im Grenznetz betreiben, die ebenfalls als Bastion-Host fungiert. Durch den Einsatz eines anderen Bastion-Hosts vermeiden wir es, den zentralen Bastion-Host mit riskanten und einander beeinflussenden Diensten zu überladen.

NNTP

Wie in Kapitel 16, *Elektronische Post und News*, beschrieben, richten Sie NNTP über eine Firewall am besten so ein, daß der NNTP-Service-Provider direkte Verbindung mit Ihren internen Usenet-Hosts aufnimmt (und umgekehrt). Wir bräuchten schon ein starkes Argument, um diese Konfiguration zu ändern, und ein solches Argument ist schwer vorstellbar. Selbst wenn wir noch keinen internen News-Host haben, ist ein solcher immer noch leichter einzurichten als ein News-Server auf dem Bastion-Host. Außerdem ist es wesentlich sicherer. News-Server fallen regelmäßig aus. Die Probleme sind zwar meist nicht sicherheitsrelevant, doch sollten Sie keine Software mit so hohem Wartungsaufwand auf einem Bastion-Host installieren.

In diesem Beispiel gehen wir von einem einzigen externen NNTP-Server aus, der uns mit News versorgt.

DNS

Wie in Kapitel 20, *Namens- und Verzeichnisdienste*, beschrieben, bietet man DNS über eine Firewall am besten mit zwei Servern an: Einer läuft auf dem Bastion-Host, der andere auf einem internen Host. Wie bei NNTP gibt es auch bei DNS nur wenige sinnvolle Möglichkeiten. Wir müssen festlegen, ob wir anhand von getrennten internen und externen Servern Informationen verstecken oder ob alle unsere Rechnerdaten für die Außenwelt sichtbar sind. Diese Entscheidung haben wir indirekt bereits mit der Unterstützung direkter FTP-Verbindungen im passiven Modus getroffen. Dazu wäre nämlich eine komplizierte DNS-Konfiguration nötig, um die DNS-Informationen zu verstecken und gleichzeitig den internen Rechnern, die als FTP-Clients arbeiten, gültige Daten zu liefern.

Architektur mit überwachtem Teilnetz

In diesem Beispiel gehen wir davon aus, daß der DNS-Server auf dem Bastion-Host als sekundärer Server für unsere Domäne arbeitet und der primäre Server auf einem internen Rechner läuft. Wir versuchen nicht, DNS-Informationen zu verstecken.

Paketfilterregeln

Aufbauend auf den Konfigurationsentscheidungen, die wir in den vorherigen Abschnitten getroffen haben, wollen wir uns nun die Paketfilterregeln anschauen, die notwendig sind, um diese Konfiguration zu unterstützen. Wir gehen von einem »idealen« Router aus (wie im Abschnitt »Wahl eines Routers zur Paketfilterung« in *Kapitel 8, Paketfilterung*, beschrieben). Steht kein Router mit diesen Fähigkeiten zur Verfügung, müssen wir die Regeln entsprechend anpassen. Dies geht womöglich zu Lasten der Sicherheit. Unter Umständen müssen wir einige zentrale Entscheidungen neu überdenken. Wenn wir zum Beispiel nicht bezüglich des ACK-Flags filtern können, sind direkte FTP-Verbindungen im passiven Modus nach außen nicht mehr sicher genug. Darauf beruhen aber viele der weiteren Entscheidungen. (Kapitel 8 enthält eine umfassende Beschreibung der Paketfiltereigenschaften und der Auswirkungen fehlender Eigenschaften.)

In den in der Tabelle vorgestellten Paketfilterregeln gehen wir davon aus, daß das Filtersystem

- zwischen eingehenden und ausgehenden Paketen unterscheiden kann
- nach Quelladresse, Zieladresse, Pakettyp (TCP oder UDP), Quellport und Zielport filtern kann
- TCP-Pakete bezüglich des ACK-Flags (gesetzt oder nicht gesetzt) filtern kann
- die Regeln in der aufgeführten Reihenfolge anwendet

In der folgenden Tabelle werden die Richtungen relativ zum Standort gezeigt, wie das auch in den vorangegangenen Tabellen der Fall war.

Innerer Router

Die Aufgabe des inneren Routers besteht darin, das interne Netzwerk vor dem Internet und vor Ihrem eigenen Bastion-Host zu schützen. Der innere Router benötigt die folgenden Regeln, um die dargelegte Konfiguration zu unterstützen. Erklärungen für die einzelnen Regeln finden Sie im Anschluß an die Tabelle.

Regel	Richtung	Quelladresse	Zieladresse	Protokoll	Quellport	Zielport	ACK gesetzt	Aktion
Spoof-1	eingehend	intern	beliebig	beliebig	beliebig	beliebig	beliebig	verbieten
Spoof-2	ausgehend	extern	beliebig	beliebig	beliebig	beliebig	beliebig	verbieten
HTTP-1	ausgehend	intern	Bastion-Host	TCP	>1023	80	beliebig	zulassen
HTTP-2	eingehend	Bastion-Host	intern	TCP	80	>1023	ja	zulassen

Regel	Richtung	Quelladresse	Zieladresse	Protokoll	Quellport	Zielport	ACK gesetzt	Aktion
Telnet-1	ausgehend	intern	beliebig	TCP	>1023	23	beliebig	zulassen
Telnet-2	eingehend	beliebig	intern	TCP	23	>1023	ja	zulassen
SSH-1	ausgehend	intern	beliebig	TCP	beliebig	22	beliebig	zulassen
SSH-2	eingehend	beliebig	intern	TCP	22	beliebig	ja	zulassen
SSH-3	eingehend	beliebig	intern	TCP	beliebig	22	beliebig	zulassen
SSH-4	ausgehend	intern	beliebig	TCP	22	beliebig	ja	zulassen
FTP-1	ausgehend	intern	beliebig	TCP	>1023	21	beliebig	zulassen
FTP-2	eingehend	beliebig	intern	TCP	21	>1023	ja	zulassen
FTP-3	ausgehend	intern	beliebig	TCP	>1023	>1023	beliebig	zulassen
FTP-4	eingehend	beliebig	intern	TCP	>1023	>1023	ja	zulassen
FTP-5	ausgehend	intern	Bastion-Host	TCP	>1023	21	beliebig	zulassen
FTP-6	eingehend	Bastion-Host	intern	TCP	21	>1023	ja	zulassen
FTP-7	eingehend	Bastion-Host	intern	TCP	beliebig	6000-6020	beliebig	verbieten
FTP-8	eingehend	Bastion-Host	intern	TCP	>1023	>1023	beliebig	zulassen
FTP-9	ausgehend	intern	Bastion-Host	TCP	>1023	>1023	ja	zulassen
SMTP-1	ausgehend	interner SMTP-Server	Bastion-Host	TCP	>1023	25	beliebig	zulassen
SMTP-2	eingehend	Bastion-Host	interner SMTP-Server	TCP	25	>1023	ja	zulassen
SMTP-3	eingehend	Bastion-Host	interner SMTP-Server	TCP	>1023	25	beliebig	zulassen
SMTP-4	ausgehend	interner SMTP-Server	Bastion-Host	TCP	25	>1023	ja	zulassen
NNTP-1	ausgehend	interner NNTP-Server	NNTP-Feed-Server	TCP	>1023	119	beliebig	zulassen
NNTP-2	eingehend	NNTP-Feed-Server	interner NNTP-Server	TCP	119	>1023	ja	zulassen
NNTP-3	eingehend	NNTP-Feed-Server	interner NNTP-Server	TCP	>1023	119	beliebig	zulassen
NNTP-4	ausgehend	interner NNTP-Server	NNTP-Feed-Server	TCP	119	>1023	ja	zulassen
DNS-1	ausgehend	interner DNS-Server	Bastion-Host	UDP	53	53	[a]	zulassen
DNS-2	eingehend	Bastion-Host	interner DNS-Server	UDP	53	53	[a]	zulassen
DNS-3	ausgehend	interner DNS-Server	Bastion-Host	TCP	>1023	53	beliebig	zulassen
DNS-4	eingehend	Bastion-Host	interner DNS-Server	TCP	53	>1023	ja	zulassen
DNS-5	eingehend	Bastion-Host	interner DNS-Server	TCP	>1023	53	beliebig	zulassen
DNS-6	ausgehend	interner DNS-Server	Bastion-Host	TCP	53	>1023	ja	zulassen

Regel	Richtung	Quelladresse	Zieladresse	Protokoll	Quellport	Zielport	ACK gesetzt	Aktion
Standard-1	ausgehend	beliebig	beliebig	beliebig	beliebig	beliebig	beliebig	verbieten
Standard-2	eingehend	beliebig	beliebig	beliebig	beliebig	beliebig	beliebig	verbieten

a. UDP besitzt kein Äquivalent zu ACK.

Hier sind einige zusätzliche Informationen zu den Regeln in dieser Tabelle:

Spoof-1 und Spoof-2

Spoof-1 blockiert eingehende Pakete, die behaupten, von internen IP-Adressen zu stammen (das heißt gefälschte Pakete, die vermutlich von einem Angreifer geschickt wurden). Spoof-2 blockiert ausgehende Pakete, die angeblich von externen IP-Adressen kommen (diese deuten entweder auf eine üble Fehlkonfiguration der Maschinen hin oder auf einen Angreifer, der in Ihrem Netzwerk agiert). Regel Spoof-2 läßt sich möglicherweise auf manchen Paketfiltersystemen nur schwer implementieren, da sie nur dann leicht geschrieben werden kann, wenn Sie auf die Quelladressen eine Negation anwenden können (um Adressen anzugeben, die nicht im internen Bereich liegen). Es wäre durchaus akzeptabel, diese Regel in dieser Situation wegzulassen; sie dient vorwiegend dem Schutz anderer Leute, nicht dem Schutz des eigenen Standorts.

HTTP-1 und HTTP-2

Erlauben es internen HTTP-Clients, eine Verbindung zum HTTP-Proxy-Server auf Ihrem Bastion-Host herzustellen. Die Clients können ihre HTTP-Verbindung zum Proxy-Server einsetzen, um mit allen Protokollen Dienste anzufordern, die der Proxy-Server unterstützt; die Verbindung vom Client zum Proxy-Server geht über Port 80, die Verbindung vom Proxy-Server zum Ziel-Server dagegen über den entsprechenden Port für das gewünschte Protokoll. Diese Regeln unterstützen daher sowohl HTTPS als auch HTTP.

Telnet-1 und Telnet-2

Erlauben ausgehende Telnet-Verbindungen.

SSH-1 und SSH-2

Erlauben ausgehende SSH-Verbindungen. Wir haben den Client-Port auf »beliebig« gesetzt (anstatt auf »>1023« wie bei den meisten anderen Protokollen), weil einige Formen der Authentifizierung es erfordern, daß SSH-Clients Ports unterhalb von 1023 bzw. Port 1023 benutzen.

SSH-3 und SSH-4

Erlauben eingehende SSH-Verbindungen. Wir haben den Client-Port auf »beliebig« gesetzt (anstatt auf »>1023« wie bei den meisten anderen Protokollen), weil einige Formen der Authentifizierung es erfordern, daß SSH-Clients Ports unterhalb von 1023 bzw. Port 1023 benutzen.

FTP-1 und FTP-2
   Erlauben ausgehende Verbindungen zu FTP-Servern auf dem Kommandokanal für die Benutzung durch interne Clients im passiven Modus, die mit solchen Servern direkt interagieren.

FTP-3 und FTP-4
   Erlauben Verbindungen auf dem FTP-Datenkanal von internen Client im passiven Modus zu externen FTP-Servern. Beachten Sie, daß diese Regeln eigentlich alle Verbindungen von internen TCP-Ports oberhalb von 1023 zu externen TCP-Ports oberhalb von 1023 erlauben. Das ist vermutlich mehr, als Sie zulassen wollen, es gibt allerdings keine Möglichkeit, FTP im passiven Modus mit restriktiveren Methoden zu unterstützen. Zumindest beschränken sich die Verbindungen auf solche, die von innen geöffnet werden.

FTP-5 und FTP-6
   Erlauben es normalen internen FTP-Clients (die nicht im passiven Modus arbeiten), einen FTP-Kommandokanal zum FTP-Proxy-Server auf dem Bastion-Host herzustellen. Beachten Sie, daß diese Regeln eigentlich redundant sind, wenn Sie die Regeln FTP-1 und FTP-2 weiter vorn in der Liste haben, da »Bastion-Host« als Quelle oder Ziel (von den Regeln FTP-5 und FTP-6 abgedeckt) eine Teilmenge von »Alle« ist (von den Regeln FTP-1 und FTP-2 abgedeckt). Das Vorhandensein dieser redundanten Regeln hat einen leichten Leistungsabfall zur Folge, sorgt aber dafür, daß die Regelmenge besser zu verstehen ist. Außerdem können die Regeln FTP-1 und FTP-2 geändert werden (z.B. falls Sie beschließen, daß Sie Clients, die im passiven Modus arbeiten, nicht mehr unterstützen wollen), ohne daß der Zugang für normale Clients zum Proxy-Server versehentlich gestört wird.

FTP-7 bis FTP-9
   Erlauben FTP-Datenverbindungen vom Proxy-Server auf dem Bastion-Host zu nicht-passiven internen Clients. Die Regel FTP-7 verhindert, daß ein Angreifer, der Zugang zum Bastion-Host erlangt hat, interne X11-Server über die Lücke angreift, die die Regeln FTP-8 und FTP-9 erzeugt haben. Falls Sie intern noch andere Server haben, die auf Verbindungen an den TCP-Ports oberhalb von 1023 warten, sollten Sie für diese ähnliche Regeln hinzufügen. Denken Sie daran, daß es im allgemeinen ein nahezu aussichtsloses Unterfangen ist, alles aufzulisten, was verboten werden soll (wie in Regel FTP-7), da Ihre Liste immer irgendwie unvollständig sein wird (z.B. weil Sie etwas übersehen haben oder nichts von einem bestimmten internen Dienst wußten oder weil ein Dienst erst hinzugekommen ist, nachdem die Filter eingerichtet worden waren). Das Beste, was Sie in dieser Lage machen können, ist jedoch, FTP-Clients zu unterstützen, die im normalen Modus arbeiten.

SMTP-1 und SMTP-2
   Erlauben ausgehende Mails von Ihrem internen Mailserver zum Bastion-Host.

SMTP-3 und SMTP-4
   Erlauben eingehende Mails vom Bastion-Host zu Ihrem internen Mailserver.

NNTP-1 und NNTP-2

Erlauben ausgehende Usenet-News von Ihrem News-Server zum News-Server Ihres Service-Providers.

NNTP-3 und NNTP-4

Erlauben eingehende Usenet-News vom News-Server Ihres Service-Providers zu Ihrem News-Server.

DNS-1

Erlaubt UDP-basierte DNS-Anfragen und -Antworten vom internen DNS-Server zum DNS-Server auf dem Bastion-Host.

DNS-2

Erlaubt UDP-basierte DNS-Anfragen und -Antworten vom DNS-Server auf dem Bastion-Host zum internen DNS-Server.

DNS-3 und DNS-4

Erlauben TCP-basierte DNS-Anfragen vom internen DNS-Server zu den DNS-Servern auf dem Bastion-Host sowie die Antworten auf diese Anfragen. Erlauben außerdem Zonentransfers, bei denen der DNS-Server auf dem Bastion-Host der primäre Server und der interne DNS-Server der sekundäre Server ist.

DNS-5 und DNS-6

Erlauben TCP-basierte DNS-Anfragen vom DNS-Server auf dem Bastion-Host zum internen DNS-Server sowie die Antworten auf diese Anfragen. Erlauben außerdem Zonentransfers, bei denen der DNS-Server auf dem Bastion-Host der sekundäre Server und der interne DNS-Server der primäre Server ist.

Standard-1 und Standard-2

Blockieren alle Pakete, die nicht speziell durch eine der vorangegangenen Regeln erlaubt wurden.

Wie Sie diese abstrakten Regeln in spezielle Regeln für Ihr eigenes Paketfiltersystem übersetzen, hängt von der Syntax ab, die Ihr System benutzt. Manche Systeme erlauben es Ihnen, die Regeln als eine einzige Tabelle einzugeben, etwa so, wie wir das hier mit unserer Tabelle getan haben. Andere Systeme verlangen von Ihnen, die Regeln für eingehende und ausgehende Pakete in getrennten Regelmengen festzulegen. Das Aufteilen dieser Regeln zwischen eingehenden und ausgehenden Paketen ist kein Problem, solange Sie die Reihenfolge der Regeln für jeden Typ beibehalten; das heißt, solange die eingehenden und die ausgehenden Regeln jeweils relativ zueinander gesehen die gleiche Reihenfolge behalten.

Äußerer Router

Der äußere Router dient zwei unterschiedlichen Zwecken:

- um das Grenznetz (und damit Ihren Standort) mit der Außenwelt zu verbinden
- um das Grenznetz und das interne Netzwerk vor der Außenwelt zu schützen

Kapitel 24: Zwei Beispiel-Firewalls

Oft ist nur die erste Aufgabe möglich, da der äußere Router vom Service-Provider zur Verfügung gestellt und gewartet wird. Der Provider ist möglicherweise nicht willens oder in der Lage, Paketfilterregeln für den äußeren Router aufzustellen und zu pflegen (oder er möchte nicht, daß Sie das selbst übernehmen).

Die Unterschiede zwischen den Regeln für den inneren und den äußeren Router liegen am Bastion-Host. Der Bastion-Host befindet sich nämlich vom inneren Router aus gesehen »außen« (d.h. auf der dem Internet zugewandten Seite des inneren Routers), vom äußeren Router aus gesehen jedoch »innen« (d.h. auf der dem Internet abgewandten Seite des äußeren Routers).

Wenn es Ihnen möglich ist, Paketfilterregeln auf dem äußeren Router einzurichten, sollten Sie das tun. Diese können zumindest als Reserve für die Filter auf dem inneren Router dienen. Für unser Beispiel müßten wir die folgenden Regeln einrichten:

Regel	Richtung	Quelladresse	Zieladresse	Protokoll	Quellport	Zielport	ACK gesetzt	Aktion
Spoof-1	eingehend	intern	beliebig	beliebig	beliebig	beliebig	beliebig	verbieten
Spoof-2	eingehend	Grenznetz	beliebig	beliebig	beliebig	beliebig	beliebig	verbieten
Spoof-3	ausgehend	extern	beliebig	beliebig	beliebig	beliebig	beliebig	verbieten
HTTP-1	ausgehend	Bastion-Host	beliebig	TCP	>1023	beliebig	beliebig	zulassen
HTTP-2	eingehend	beliebig	Bastion-Host	TCP	beliebig	>1023	ja	zulassen
HTTP-3	eingehend	beliebig	Bastion-Host	TCP	>1023	80	beliebig	zulassen
HTTP-4	ausgehend	Bastion-Host	beliebig	TCP	80	>1023	ja	zulassen
Telnet-1	ausgehend	intern	beliebig	TCP	>1023	23	beliebig	zulassen
Telnet-2	eingehend	beliebig	intern	TCP	23	>1023	ja	zulassen
SSH-1	ausgehend	intern	beliebig	TCP	beliebig	22	beliebig	zulassen
SSH-2	eingehend	beliebig	intern	TCP	22	beliebig	ja	zulassen
SSH-3	eingehend	beliebig	intern	TCP	beliebig	22	beliebig	zulassen
SSH-4	ausgehend	intern	beliebig	TCP	22	beliebig	ja	zulassen
FTP-1	ausgehend	intern	beliebig	TCP	>1023	21	beliebig	zulassen
FTP-2	eingehend	beliebig	intern	TCP	21	>1023	ja	zulassen
FTP-3	ausgehend	intern	beliebig	TCP	>1023	>1023	beliebig	zulassen
FTP-4	eingehend	beliebig	intern	TCP	>1023	>1023	ja	zulassen
FTP-5	ausgehend	Bastion-Host	beliebig	TCP	>1023	21	beliebig	zulassen
FTP-6	eingehend	beliebig	Bastion-Host	TCP	21	>1023	ja	zulassen
FTP-7	eingehend	beliebig	Bastion-Host	TCP	beliebig	6000-6020	beliebig	verbieten
FTP-8	eingehend	beliebig	Bastion-Host	TCP	20	>1023	beliebig	zulassen
FTP-9	ausgehend	Bastion-Host	beliebig	TCP	>1023	20	ja	zulassen
FTP-10	eingehend	beliebig	Bastion-Host	TCP	>1023	21	beliebig	zulassen
FTP-11	ausgehend	Bastion-Host	beliebig	TCP	21	>1023	ja	zulassen
FTP-12	ausgehend	Bastion-Host	beliebig	TCP	20	>1023	beliebig	zulassen
FTP-13	eingehend	beliebig	Bastion-Host	TCP	>1023	20	ja	zulassen
FTP-14	eingehend	beliebig	Bastion-Host	TCP	>1023	>1023	beliebig	zulassen

Architektur mit überwachtem Teilnetz

Regel	Richtung	Quelladresse	Zieladresse	Protokoll	Quellport	Zielport	ACK gesetzt	Aktion
FTP-15	ausgehend	Bastion-Host	beliebig	TCP	>1023	>1023	beliebig	zulassen
SMTP-1	ausgehend	Bastion-Host	beliebig	TCP	>1023	25	beliebig	zulassen
SMTP-2	eingehend	beliebig	Bastion-Host	TCP	25	>1023	ja	zulassen
SMTP-3	eingehend	beliebig	Bastion-Host	TCP	>1023	25	beliebig	zulassen
SMTP-4	ausgehend	Bastion-Host	beliebig	TCP	25	>1023	ja	zulassen
NNTP-1	ausgehend	interner NNTP-Server	NNTP-Feed-Server	TCP	>1023	119	beliebig	zulassen
NNTP-2	eingehend	NNTP-Feed-Server	interner NNTP-Server	TCP	119	>1023	ja	zulassen
NNTP-3	eingehend	NNTP-Feed-Server	interner NNTP-Server	TCP	>1023	119	beliebig	zulassen
NNTP-4	ausgehend	interner NNTP-Server	NNTP-Feed-Server	TCP	119	>1023	ja	zulassen
DNS-1	ausgehend	Bastion-Host	beliebig	UDP	53	53	a	zulassen
DNS-2	eingehend	beliebig	Bastion-Host	UDP	53	53	a	zulassen
DNS-3	eingehend	beliebig	Bastion-Host	UDP	beliebig	53	a	zulassen
DNS-4	ausgehend	Bastion-Host	beliebig	UDP	53	beliebig	a	zulassen
DNS-5	ausgehend	Bastion-Host	beliebig	TCP	>1023	53	beliebig	zulassen
DNS-6	eingehend	beliebig	Bastion-Host	TCP	53	>1023	ja	zulassen
DNS-7	eingehend	beliebig	Bastion-Host	TCP	>1023	53	beliebig	zulassen
DNS-8	ausgehend	Bastion-Host	beliebig	TCP	53	>1023	ja	zulassen
Standard-1	ausgehend	beliebig	beliebig	beliebig	beliebig	beliebig	beliebig	verbieten
Standard-2	eingehend	beliebig	beliebig	beliebig	beliebig	beliebig	beliebig	verbieten

a. UDP besitzt kein Äquivalent zu ACK.

Im folgenden finden Sie einige zusätzliche Informationen zu den Regeln in dieser Tabelle:

Spoof-1 und Spoof-2

> Blockieren eingehende Pakete, die vorgeben, interne IP-Adressen oder IP-Adressen aus dem Grenznetzwerk zu besitzen – das heißt gefälschte Pakete, die vermutlich von einem Angreifer geschickt wurden. Regel Spoof-1 ist gleich der Regel Spoof-1 auf dem inneren Router; Regel Spoof-2 gibt es nur auf dem äußeren Router.

Spoof-3

> Blockiert ausgehende Pakete, die angeblich externe Quell-IP-Adressen besitzen. Es handelt sich entweder um gefälschte Pakete von einem Angreifer in Ihrem Netzwerk oder um die Anzeichen über Fehlkonfigurationen. Spoof-3 läßt sich auf manchen Paketfiltersystemen möglicherweise schwierig implementieren, da diese Regel nur dann leicht geschrieben werden kann, wenn Sie auf die Quelladressen eine Negation anwenden können (um Adressen festzulegen, die nicht im internen

Bereich liegen). Es wäre akzeptabel, sie in dieser Situation wegzulassen; sie dient vor allem dem Schutz anderer Leute und weniger dem Schutz des eigenen Standorts.

HTTP-1 und HTTP-2
Erlauben es dem HTTP-Proxy-Server auf dem Bastion-Host, Verbindungen zu den HTTP- und HTTPS-Servern auf beliebigen Maschinen im Internet herzustellen. Eigentlich erlauben es diese Regeln jedem TCP-Clientprogramm auf dem Bastion-Host, einen Port oberhalb von 1023 zu benutzen, um ein beliebiges Server-Programm auf einem beliebigen Host im Internet an einem beliebigen Port zu kontaktieren. Dies wird so gemacht, damit der HTTP-Proxy-Server auch die HTTP-Server auf nichtstandardisierten Portnummern (d.h. auf anderen Ports als Port 80) kontaktieren kann. Da diese Regeln so breit angelegt sind, ist es wichtig, daß sie nur ausgehende Verbindungen erlauben, indem sie das ACK-Flag überprüfen.

HTTP-3 und HTTP-4
Erlauben es externen Clients, den HTTP-Server auf dem Bastion-Host zu kontaktieren. Auf dem inneren Router gibt es keine äquivalenten Regeln, da es im internen Netzwerk keine HTTP-Server gibt, auf die externe Clients zugreifen könnten.

Telnet-1 und Telnet-2
Erlauben ausgehende Telnet-Verbindungen. Diese Regeln sind identisch mit den korrespondierenden Regeln auf dem inneren Router (so wie alle Regeln auf dem äußeren Router, bei denen interne und externe Hosts, aber keine Objekte im Grenznetz beteiligt sind).

SSH-1 und SSH-2
Erlauben ausgehende SSH-Verbindungen. Wir haben den Clientport auf »beliebig« gesetzt (anstatt auf »>1023« wie die meisten anderen Protokolle), da es einige Formen der Authentifizierung erfordern, daß die SSH-Clients Ports unterhalb von 1023 bzw. Port 1023 benutzen. Diese Regeln sind gleich den entsprechenden Regeln auf dem inneren Router.

SSH-3 und SSH-4
Erlauben eingehende SSH-Verbindungen. Wir haben den Clientport auf »beliebig« gesetzt (anstatt auf »>1023« wie die meisten anderen Protokolle), da es einige Formen der Authentifizierung erfordern, daß die SSH-Clients Ports unterhalb von 1023 bzw. Port 1023 benutzen. Diese Regeln sind gleich den entsprechenden Regeln auf dem inneren Router. Falls es notwendig ist, daß Administratoren zum Zwecke der Fernadministration den Bastion-Host mittels SSH erreichen, müssen wir ein weiteres Regelpaar hinzufügen. In der derzeitigen Konstellation können Administratoren SSH zu einem internen Host einsetzen und dann von dort aus eine Verbindung zum Bastion-Host herstellen, allerdings ist das mit Vorsicht zu genießen (wenn der innere Router nicht läuft, gibt es keine Möglichkeit, irgendetwas von außen zu administrieren).

FTP-1 bis FTP-4
Erlauben ausgehende FTP-Verbindungen im passiven Modus und sind identisch mit den entsprechenden Regeln auf dem inneren Router.

FTP-5 und FTP-6
Erlauben es dem FTP-Proxy-Server auf dem Bastion-Host, einen FTP-Kommandokanal zu FTP-Servern im Internet zu öffnen. Beachten Sie, daß diese Regeln im Gegensatz zu den entsprechenden Regeln auf dem inneren Router nicht redundant sind, wenn Sie zuvor schon die Regeln FTP-1 und FTP-2 haben. Weshalb? Weil »Bastion-Host« als Quelle oder Ziel (durch die Regeln FTP-5 und FTP-6 abgedeckt) keine Teilmenge von »intern« ist (durch die Regeln FTP-1 und FTP-2 abgedeckt).

FTP-7 bis FTP-9
Erlauben FTP-Datenverbindungen von externen FTP-Servern zum Proxy-Server auf dem Bastion-Host. Die Regel FTP-7 verhindert, daß ein Angreifer X11-Server auf dem Bastion-Host über die Lücke angreift, die durch die Regeln FTP-8 und FTP-9 erzeugt wurde. Falls andere Server auf dem Bastion-Host auf Verbindungen zu TCP-Ports oberhalb von 1023 warten, sollten Sie für sie ähnliche Regeln hinzufügen. Beachten Sie, daß es ein nahezu aussichtsloses Unterfangen ist, alle Dinge aufzuführen, die verboten werden sollen (wie in Regel FTP-7), da Ihre Liste fast immer unvollständig sein wird (z.B. weil Sie etwas übersehen haben oder nichts von einem Dienst wußten oder der Dienst erst hinzugefügt wurde, nachdem die Filter eingerichtet worden waren). Es ist jedoch das Beste, was Sie in dieser Situation machen können, falls Sie FTP im normalen Modus unterstützen müssen.

FTP-10 bis FTP-15
Erlauben FTP im passiven und im normalen Modus von externen Clients zum Anonymous FTP-Server auf dem Bastion-Host. Es gibt auf dem inneren Router keine äquivalenten Regeln, da es im internen Netzwerk keine FTP-Server gibt, die von externen Clients erreicht werden können.

SMTP-1 und SMTP-2
Erlauben ausgehende Mails vom Bastion-Host in die Außenwelt.

SMTP-3 und SMTP-4
Erlauben eingehende Mails von der Außenwelt zum Bastion-Host.

NNTP-1 bis NNTP-4
Erlauben Usenet-News in beiden Richtungen zwischen Ihrem Usenet-News-Server und dem News-Server Ihres Service-Providers. Diese Regeln sind identisch mit den entsprechenden Regeln auf dem inneren Router.

DNS-1
Erlaubt UDP-basierte DNS-Anfragen und -Antworten vom DNS-Server auf dem Bastion-Host an die DNS-Server in der Außenwelt.

DNS-2
　　Erlaubt UDP-basierte DNS-Anfragen und -Antworten von den Internet-DNS-Servern an den DNS-Server auf dem Bastion-Host. Beachten Sie, daß Regel DNS-2 (die eine Server-zu-Server-Kommunikation zuläßt) redundant ist, falls Regel DNS-3 (die eine Client-zu-Server-Kommunikation ermöglicht) vorhanden ist.

DNS-3 und DNS-4
　　Erlauben es externen UDP-basierten DNS-Clients, Anfragen an den DNS-Server auf dem Bastion-Host zu schicken, sowie diesem, auf die Anfragen zu antworten.

DNS-5 und DNS-6
　　Erlauben TCP-basierte DNS-Anfragen vom Bastion-Host zu DNS-Servern im Internet sowie Antworten auf diese Anfragen. Erlauben außerdem Zonentransfers, bei denen der DNS-Server auf dem Bastion-Host der sekundäre Server und ein externer DNS-Server der primäre Server ist.

DNS-7 und DNS-8
　　Erlauben TCP-basierte DNS-Anfragen aus der Außenwelt an den DNS-Server auf dem Bastion-Host sowie Antworten auf diese Anfragen. Erlauben außerdem Zonentransfers, bei denen der DNS-Server auf dem Bastion-Host der primäre Server und ein externer DNS-Server der sekundäre Server ist.

Standard-1 und Standard-2
　　Blockieren alle Pakete, die nicht speziell durch eine der vorangegangenen Regeln erlaubt wurden, ebenso wie die entsprechenden Regeln auf dem inneren Router.

Sonstige Konfigurationsarbeiten

Neben der Einrichtung der Paketfilterregeln müssen noch verschiedene weitere Konfigurationen durchgeführt werden:

Auf allen internen Maschinen
　　Konfigurieren Sie die E-Mail-Programme so, daß ausgehende Mails an den internen Mailserver geschickt werden. Außerdem müssen wir FTP-Clients für den passiven Modus installieren, falls solche vorhanden sind. Vielleicht installieren wir auch noch SSH-Clients und -Server, bei denen die Port-Weiterleitung deaktiviert ist.

Auf dem internen Mailserver
　　Installieren Sie einen vertrauenswürdigen SMTP-Server.

Auf dem internen (primären) Nameserver
　　Tragen Sie für jeden A-Datensatz einen MX-Datensatz ein, damit eingehende Mails an den Bastion-Host weitergeleitet werden. Für den internen Mailserver können weitere MX-Einträge notwendig sein, damit der Verkehr intern weitergeleitet wird. Wir müssen den Bastion-Host außerdem als sekundären Nameserver konfigurieren und alle TXT- oder HINFO-Datensätze entfernen, die nach außen nicht sichtbar sein sollen (d.h. praktisch alle Datensätze, aus denen die Außenwelt möglicherweise irgendwelche Schlüsse ziehen könnte).

Auf dem Bastion-Host

Führen Sie alle üblichen Konfigurationsaufgaben auf dem Bastion-Host aus (Entfernen unbenutzter Server, Hinzufügen der Protokollierung usw.), wie in Kapitel 10, *Bastion-Hosts*, beschrieben. Wir müssen das TIS FWTK installieren und einen FTP-Proxy, einen vertrauenswürdigen SMTP-Server und den Anonymous FTP-Dienst dieses Pakets konfigurieren. Außerdem müssen wir den HTTP-Server installieren und ihn so konfigurieren, daß er als Proxy arbeitet und die HTTP-Seiten anbietet, die wir der Außenwelt präsentieren wollen.

Analyse

Wie gut ist die Firewall eigentlich, die wir gerade konfiguriert haben? Schauen wir sie uns einmal in bezug auf die Strategien und Prinzipien an, die in Kapitel 3, *Sicherheitsstrategien*, vorgestellt wurden.

Minimale Zugriffsrechte

Das Prinzip der minimalen Zugriffsrechte besagt, daß ein Objekt (ein Programm, eine Person, ein Router oder was auch immer) nur so viele Rechte besitzen sollte, wie zum Ausführen der zugewiesenen Aufgabe notwendig sind, und nicht mehr. Daraus folgt, daß Systeme so konfiguriert werden sollten, daß sie möglichst geringe Zugriffsrechte erfordern. In unserer Beispielkonfiguration taucht dieses Prinzip an mehreren Stellen auf. Wir haben SMTP zum Beispiel so konfiguriert, daß ausgehende Mail über den Bastion-Host läuft (und nicht direkt zu den externen Rechnern). Dies ist eine Anwendung des Prinzips der minimalen Zugriffsrechte, denn damit können Sie die Verbindungen zwischen internen und externen Systemen genauer steuern. (In diesem Fall ist es unnötig, daß interne Systeme direkte Verbindung zu externen Rechnern aufnehmen, damit der Dienst funktioniert.)

Mehrschichtige Verteidigung

Das Prinzip der mehrschichtigen Verteidigung ist ebenfalls in unsere Konfiguration eingeflossen. Interne Rechner werden zum Beispiel durch den äußeren und den inneren Router vor der Außenwelt geschützt. Der Bastion-Host wird entsprechend durch seine eigene sorgfältige Konfiguration und den äußeren Router vor einem Angriff geschützt.

Wir haben mehrere Male explizit Entscheidungen getroffen, die die Anzahl der Verteidigungsschichten erhöhen. Zum Beispiel dient ein interner Mailserver zwischen dem Bastion-Host und den internen Clients hauptsächlich diesem Zweck. Innerer und äußerer Router lehnen häufig die gleichen Pakete ab. Die mehrschichtige Verteidigung ist der einzige Grund dafür, den inneren Router so zu konfigurieren, daß er Pakete ablehnt, die eigentlich gar nicht ankommen können (weil sie bereits vom äußeren Router abgelehnt werden).

Die Passierstelle

Das Prinzip der Passierstelle ist in unserer Konfiguration ganz klar erkennbar, da der gesamte Verkehr zwischen den internen Clients und dem Internet über das Grenznetz läuft. Ein Großteil des Verkehrs läuft zudem mittels Proxies über den Bastion-Host. Nur Telnet, SSH und FTP sind so eingerichtet, daß sie relativ offen bleiben. Diese Dienste könnte man durch Proxies weiter einengen.

Das schwächste Glied

Unsere Konfiguration bietet kein offensichtlich schwaches Glied für Angriffe. Das vermutlich schwächste Glied ist der Bastion-Host; doch auch wenn ein Angreifer komplett in den Bastion-Host eingebrochen ist, kann er interne Systeme noch nicht angreifen. Zwischen dem Bastion-Host und den internen Systemen sind nämlich nicht viele Verbindungen zulässig. Zu den schwächsten Gliedern, die in unserer Konfiguration geblieben sind, gehören eingehendes SSH, der FTP-Proxy und die Kombination aus einem öffentlichen HTTP-Server und einem ausgehenden Cache-Proxy-Server.

Wenn Sie SSH nach innen an jeden Host erlauben, erhalten Sie einen weiteren Kandidaten für den Titel »Schwächstes Glied«; an dieser Stelle setzen wir das größte Vertrauen in unsere Benutzer. Benutzer, die schlechte Paßwörter wählen oder SSH-Tunnel einrichten, können die Sicherheit der Firewall leicht ins Wanken bringen. Dies kann deutlich verbessert werden, wenn Sie SSH auf einen speziellen Bastion-Host beschränken, wodurch sich Restriktionen bezüglich der Paßwörter und der Tunnel besser durchsetzen lassen. Die Benutzer könnten weiterhin Verbindungen von diesem Host zu den internen Rechnern herstellen.

Die beschriebene Konfiguration mit dem FTP-Proxy würde es einem Angreifer, der in den Bastion-Host eingebrochen ist, erlauben, auf internen Hosts Server auf den Ports oberhalb von 1023 (falls es welche gäbe) anzugreifen. Wie können Sie dieser Schwachstelle vorbeugen? Setzen Sie intern nur FTP-Clients im passiven Modus ein, betreiben Sie keinen FTP-Proxy, und entfernen Sie aus den Filtern die Regeln, die das Betreiben von FTP-Proxies erlauben.

Die Kombination von eingehendem und ausgehendem HTTP-Dienst bringt mehrere Nachteile mit sich. Erstens wird das Server-Programm selbst komplizierter; es versucht, verschiedene Einschränkungen für externe und interne Benutzer zu erzwingen, und Programmfehler oder Fehlkonfigurationen könnten diese ungünstig kombinieren, wodurch externe Benutzer die Möglichkeit hätten, mit Hilfe des Servers interne Maschinen oder auch Dritte anzugreifen. Zweitens ziehen öffentliche HTTP-Server Angreifer an, die sich nach Möglichkeit nicht auf eine Maschine konzentrieren sollten, die für den Betrieb Ihres Standorts wichtig ist. Diesem Problem könnten Sie aus dem Weg gehen, wenn Sie den öffentlichen HTTP-Server auf eine spezielle Maschine verschieben oder sogar einen externen Web-Hosting-Service benutzen, um diesen Dienst völlig von Ihrem Netz fernzuhalten.

Wie in Kapitel 3, *Sicherheitsstrategien*, beschrieben, gibt es zwei Gründe, weshalb Sie wissen sollten, welches die schwächste Stelle in Ihrer Firewall ist. Der erste Grund besteht darin, daß Sie die Schwachstelle dann möglicherweise beseitigen können; wir haben schon einige Dinge genannt, die Sie in Ihrer Firewall ändern könnten, um Schwachstellen auszumerzen. Der zweite Grund ist, daß Sie diese Schwachstellen verstärkt überwachen können, falls es Ihnen aus irgendwelchen Gründen nicht gelingen sollte, sie zu beseitigen. Um zum Beispiel den Risiken zu begegnen, die durch das Zulassen von eingehendem SMTP vom Bastion-Host zum internen Mailserver entstehen, können Sie dieses eingehende SMTP nicht einfach verbieten; das würde aus der Außenwelt eingehende Mails blockieren, was vermutlich nicht ganz der gewünschte Effekt wäre. Da Sie dieses schwache Glied nicht entfernen können, sollten Sie es statt dessen sorgfältig überwachen, um sicherzugehen, daß es nicht von einem Angreifer ausgenutzt wird (d.h., Sie müssen auf mögliche Angriffe des Bastion-Hosts auf den internen Mailserver achten, indem Sie die SMTP-Protokolle und die Meldungen auf dem internen Mailserver überwachen).

Überlegen Sie, was Sie selbst als Angreifer tun würden, und beheben Sie die aufgedeckten Probleme, bis Ihnen entweder die Zeit oder das Geld ausgehen. Irgendwann werden Sie (oder Ihr Management) wahrscheinlich entscheiden, daß Sie genug getan haben (wann das ist, hängt von Ihrer Definition von »genug« ab).

Fehlersicherheit

Das Prinzip der Fehlersicherheit finden wir in den Paketfilterregeln. Im allgemeinen legen die Regeln fest, was erlaubt sein soll, und verbieten alles andere. Dieser Ansatz ist ausfallsicher, denn wenn etwas Unvorhergesehenes auftritt (zum Beispiel ein neuer Dienst), wird es über Ihre Firewall nicht erlaubt, es sei denn selbstverständlich, es imitiert einen anderen, erlaubten Dienst oder wird durch ihn getunnelt. Die redundanten Router-Regeln bilden eine Reserve, falls einer der Router ausfallen sollte. Wenn die Filterung auf einem Router versehentlich oder kurzzeitig ausgeschaltet wird (und er alle Pakete durchläßt), implementiert der andere immer noch einen Großteil der Regeln, zumindest was die Außenwelt angeht.

Umfassende Beteiligung

Falls es sich um unsere einzige Verbindung ins Internet handelt, haben wir alle Benutzer unfreiwillig beteiligt, denn jeder muß über die Firewall, um ins Internet zu gelangen. Es wäre natürlich wesentlich besser, wenn alle Benutzer freiwillig beteiligt wären. Dazu müssen wir jedoch die Benutzer über die Ziele und die Notwendigkeit unserer Sicherheitsmaßnahmen aufklären.

Zu einem gewissen Grad verlassen wir uns jedoch auf freiwillige Beteiligung aller Benutzer. Wir gewähren Telnet-, SSH- und FTP-Zugang ohne Einschränkungen und haben dazu alle ausgehenden Verbindungen zum Port 1024 bzw. zu Portnummern oberhalb von 1024 erlaubt (was den Benutzern genug Freiheiten bietet, um uns das Leben schwerzumachen). FTP ist bei weitem nicht der einzige Dienst oberhalb von 1024.

Vor allem sind wir davon ausgegangen, daß es sich um Ihre einzige Internet-Verbindung handelt und die internen Benutzer die Firewall nicht völlig umgehen können, indem sie ihre eigenen Internet-Verbindungen einrichten. Es braucht nur einen Witzbold mit einem Modem, einem Software-Paket für PPP und einer Telefonleitung nach draußen, um ein ungeschütztes Hintertürchen in Ihr Netzwerk einzurichten.

Vielfalt der Verteidigung

Unsere Konfiguration erlaubt auch die Anwendung des Prinzips der vielfältigen Verteidigung (z.B. den Einsatz von Routern verschiedener Hersteller für den inneren und äußeren Paketfilter). Für die meisten Standorte wird der Aufwand jedoch diesen Ansatz nicht rechtfertigen. Doch selbst wenn Sie ähnliche oder identische Hardware benutzen, können Sie Vielfalt erreichen, indem verschiedene Leute die Konfiguration der einzelnen Filtersysteme übernehmen und sich anschließend gegenseitig überprüfen.

Der Einsatz verschiedener SMTP-Server auf dem internen Mailserver und dem Bastion-Host wäre ein wichtiger Fortschritt bei unserer Konfiguration, da SMTP eine der größten Schwachstellen ist. Selbst ein weniger sicherer, aber anderer SMTP-Server auf dem internen Mailserver ist besser als einer, der genau den gleichen Angriff ermöglicht, der kurz zuvor auf dem Bastion-Host Erfolg hatte. Je verwundbarer Ihr SMTP-Server ist, desto wichtiger ist dieser Aspekt.

Einfachheit

Einfachheit bildet eine weitere wichtige Sicherheitsstrategie. Diese besondere Firewall-Konfiguration bietet Einfachheit, indem sie die Komponenten voneinander trennt. Jede Komponente kann so einfach und verständlich wie möglich sein. Wir haben eine Reihe von Entscheidungen vor allem deshalb getroffen, um die Konfiguration zu vereinfachen; zum Beispiel vereinfacht die Entscheidung für getrennte innere und äußere Router (anstelle eines einzigen Routers mit drei Schnittstellen) die Paketfilterregeln und macht sie verständlicher.

Schlußfolgerungen

Das in den vergangenen Abschnitten vorgestellte Schema bietet viele Vorteile. Die wichtigsten möglichen Nachteile, die wir darin sehen, sind die Kosten und die Komplexität. Wir glauben jedoch, daß diese Konfiguration für die meisten Standorte nicht zu teuer ist und außerdem die geringstmögliche Komplexität repräsentiert.

Was ist, wenn Sie wirklich Geld sparen müssen? Es ist durchaus machbar, eine Architektur mit überwachtem Teilnetz nicht wie in der beschriebenen Lösung mit zwei Routern mit jeweils zwei Schnittstellen zu konstruieren, sondern mit einem einzigen Router, der drei Schnittstellen hat. Das wäre zwar etwas komplexer, da Sie die beiden Regelwerke für den Paketfilter zusammenlegen müßten, sollte jedoch nicht allzu schwierig sein.

Mit der gleichen Basisarchitektur ließe sich auch relativ einfach eine sicherere Konfiguration konstruieren. Für einen Standort mit höheren Sicherheitsanforderungen wären Proxies für Telnet, SSH und FTP zwingend notwendig. Diese ermöglichen bessere Protokollierung und stopfen die lästigen Löcher, die dadurch entstehen, daß alle ausgehenden Verbindungen zu Portnummern oberhalb von 1023 erlaubt sind. Wenn Sie erst einmal Proxies für die zusätzlichen Protokolle eingeführt haben, werden Sie wahrscheinlich feststellen, daß es sowohl praktischer als auch sinnvoller ist, DNS-Informationen zu verbergen. Der Preis für die höhere Sicherheit sind jedoch eine komplexere und anfälligere Konfiguration sowie Unannehmlichkeiten für die Benutzer.

Es ist auch ohne größere Architekturänderungen möglich, mehr Dienste anzubieten. Nach innen gerichtetes Telnet und Benutzer-FTP könnte man für wenige Benutzer zum Beispiel relativ einfach auf dem Bastion-Host oder einem speziellen Rechner im überwachten Teilnetz anbieten. Anonymous FTP oder HTTP in größerem Stil könnte man auf zusätzlichen Maschinen im überwachten Teilnetz bereitstellen. Entsprechend könnte man die Firewall auch so vergrößern, daß sie eine zweite Internet-Verbindung oder redundante Bastion-Hosts unterstützt. Dadurch werden die Dienste zuverlässiger oder können einem viel größeren internen Netz zur Verfügung gestellt werden.

Zusammengelegte Router und Bastion-Host mit allgemein verwendbarer Hardware

Die Architektur mit zusammengelegtem innerem und äußerem Router, die in Kapitel 6, *Firewall-Architekturen*, beschrieben und in Abbildung 6-10 gezeigt wird, stellt eine weniger sichere, preiswertere Alternative zur Architektur mit überwachtem Teilnetz dar, die im vorherigen Abschnitt beschrieben wurde. Diese Architektur kann für kleinere Standorte sehr nützlich sein, die sich Beschränkungen im Hinblick auf die Kosten unterwerfen müssen. Dies gilt vor allem, wenn sie auf einem normalen Computer aufbaut, der nicht nur das Routing, sondern auch eine flexible Paketfilterung und Proxy-Möglichkeiten bereitstellt. Abbildung 24-2 zeigt diese Architektur.

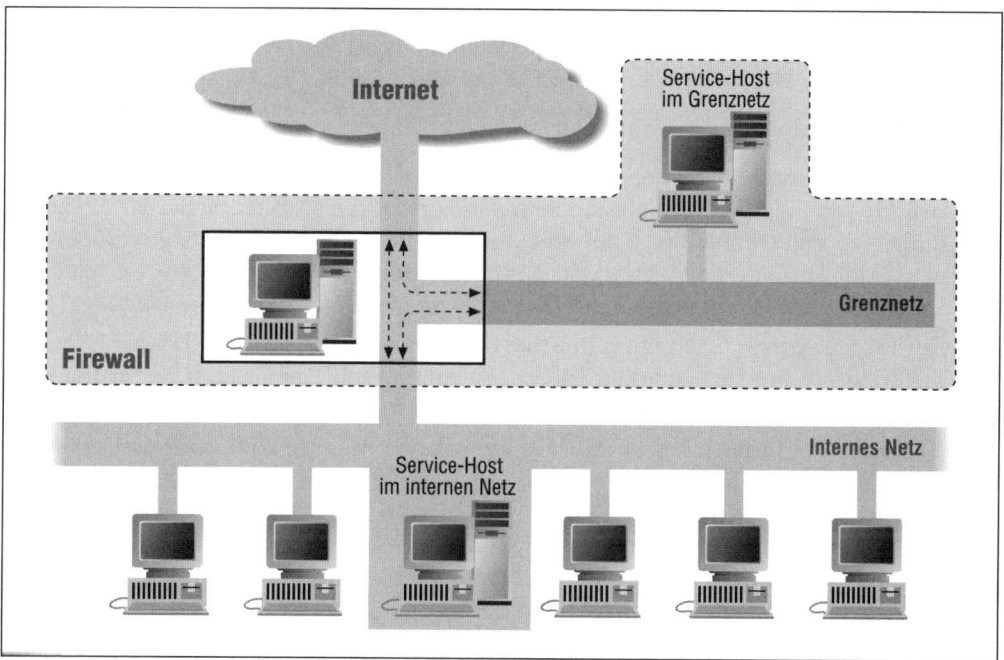

Abbildung 24-2: Zusammengelegte Router mit allgemein verwendbarer Hardware

Diese Architektur ist typisch für kommerzielle Single-Box-Firewalls, bei denen das Grenznetz oft als *Service-Netz* bezeichnet wird.

In diesem Beispiel gibt es ein Grenznetz, aber keine inneren und äußeren Router. Eine Maschine bietet sowohl Routing und Filterung als auch einige normale Bastion-Host-Funktionen an. Das Grenznetz stellt nur externe Dienste bereit, und es gibt keine Verbindungen vom Grenznetz in das interne Netzwerk.

Diese Architektur reduziert offensichtlich die Kosten der Firewall, da sie nur einen anstelle von zwei Routern benötigt, sie bietet aber noch weitere Vorteile. Zum Beispiel erfordert sie nur eine zugewiesene, im Internet sichtbare Adresse; die externe Schnittstelle des zusammengelegten Routers muß eine offizielle Adresse haben. Wenn dieser Router allerdings dazu in der Lage ist, eine Network Address Translation auszuführen, können alle anderen Adressen aus dem privaten Adreßraum ausgewählt werden. Diese Architektur trennt außerdem klar zwischen der Firewall und dem Service-Host im Grenznetz. Dies erlaubt die Verwaltung beider Systeme durch verschiedene Personen mit unterschiedlichen Ansichten bezüglich der Sicherheit; die Interaktion zwischen beiden Rechnern beschränkt sich auf ein Minimum.

Diese Architektur ähnelt zwar stark einer eingedampften Version der zuvor beschriebenen, sie unterliegt jedoch vollkommen anderen Zwängen. Da Sie alle Funktionen auf einer Maschine versammeln, müssen Sie Abstriche bei dem machen, was Sie von dieser Maschine erwarten können. Sie müssen alle nichtkritischen Funktionen von der Firewall selbst entfernen. Andererseits haben Sie eine viel größere Flexibilität für den Service-Host im Grenznetz, da er für die Sicherheit der internen Rechner nicht entscheidend ist (in der Architektur mit überwachtem Teilnetz waren die Bastion-Hosts im Grenznetz für die Sicherheit der internen Hosts sehr wichtig).

In diesem Beispiel nehmen wir an:

- Daß die Firewall nicht der einzige Server an diesem Standort ist. Insbesondere befindet sich eine weitere Maschine im Grenznetz, die als öffentlicher HTTP-Server und – bei entsprechender Filter-Software – FTP-Server fungiert. Es gibt außerdem ein System im internen Netzwerk, das SMTP akzeptiert (möglicherweise Mailbox-Dienste anbietet) und einen DNS-Dienst im internen Netzwerk bereitstellt.
- Daß wie im vorangegangenen Beispiel davon ausgegangen wird, daß die Benutzer nicht aktiv versuchen, die Firewall zu umgehen, und wir deshalb deren Internet-Aktivitäten nicht besonders überwachen oder protokollieren müssen.
- Daß für die externe Schnittstelle der Firewall eine Adresse zur Verfügung steht, die Ihrem Standort offiziell zugewiesen wurde und die durch Ihren Service-Provider im Internet korrekt geroutet und bekanntgemacht wird. (Falls die Firewall eine Network Address Translation unterstützt, kann sowohl für das Grenznetz als auch für das interne Netzwerk der private Adreßraum genutzt werden.)
- Daß das Grenznetz nicht vertrauenswürdig ist und von dort keine Verbindungen in das interne Netzwerk akzeptiert werden können.

- Daß wir interne Adressen verbergen wollen (weil es sich um private Adressen handelt, um Adressen, die nicht geroutet werden können, oder wir einfach nur paranoid sind).
- Daß wir nicht wollen, daß interne Maschinen außer für den Internet-Zugang von der Firewall abhängig sind; das interne Netzwerk muß weiterhin funktionieren, auch wenn die Firewall einmal ausfällt.

Konfiguration der Dienste

Wie können wir mit dieser hier beschriebenen Architektur die grundlegenden Internet-Dienste bereitstellen?

HTTP und HTTPS

Uns stehen verschiedene Wege zur Verfügung, um internen Benutzern den Zugang zum Web zu ermöglichen:

- Wir könnten ihnen einfach erlauben, direkte Verbindungen nach draußen aufzubauen, und setzen Paketfilterung ein.
- Wir könnten einen einfachen Proxy-Server betreiben.
- Wir könnten einen Cache-Proxy betreiben.

Wie bereits ausgeführt, bedeutet der Einsatz von Paketfilterung, daß entweder die Server eingeschränkt werden, auf die die Leute zugreifen können, oder nahezu alle ausgehenden Verbindungen erlaubt werden. Das sind durchaus annehmbare Optionen, sie setzen aber eine Menge Vertrauen in die Benutzer. Ein einfacher Proxy-Server wie SOCKS auf der Firewall selbst würde zusätzliche Protokollierung und Kontrolle ermöglichen, ohne die Freiheit der Benutzer allzusehr einzuschränken oder die Firewall übermäßig zu belasten. Das Betreiben eines Cache-Proxys auf der Firewall wäre vermutlich ein Fehler. Cache-Proxy-Server sind relativ komplex und erfordern Plattenkapazität für die Zwischenspeicherung. Allerdings bieten Cache-Proxies eine Menge Vorteile, und wir können durchaus einen auf dem Service-Host im internen Netzwerk betreiben.

Im Gegensatz dazu wollen wir keine Webseiten auf dem internen Service-Host veröffentlichen, der voll mit unseren internen Daten ist. Wir wollen sie aber auch nicht direkt von der Firewall aus veröffentlichen, da ein Webserver sowohl ein deutliches Risiko als auch eine große Belastung mit sich bringt. Für das Veröffentlichen von Webseiten ist ein separater Server im Grenznetz nötig.

Daher werden wir einen HTTP-Server im Grenznetz einsetzen, um den Dienst im Internet anzubieten. Für interne Benutzer, die auf das Internet zugreifen, verwenden wir einen Cache-Proxy-Server auf dem Service-Host des internen Netzwerks. Paketfilterung auf der Firewall erlaubt es dem Cache-Proxy, Anfragen auszuführen.

Wir könnten den Webserver im Grenznetz sowohl für HTTPS als auch für HTTP einsetzen; dies würde nur kleine Änderungen an den Filterregeln erfordern. Andererseits gibt es keinen Grund, auf einem einfachen, nichtinteraktiven Webserver HTTPS zu betreiben, und ein komplexer Server, der HTTPS erfordern würde (um z.B. E-Commerce-Anwendungen zu unterstützen), würde mit ziemlicher Sicherheit auch die Unterstützung anderer Dienste (z.B. einer Datenbank) benötigen. Da wir in diesem Beispiel keine solchen anderen Server konfigurieren werden, gibt es keinen Grund, auf dem Grenznetz HTTPS zuzulassen. Wir werden es daher nicht aktivieren.

SMTP

Hier haben wir zwei vernünftige Möglichkeiten. Zum einen könnten wir uns für die Zwei-Server-Lösung aus dem vorherigen Beispiel entscheiden. Dabei hätten wir einen sicherheitsorientierten SMTP-Server auf der Firewall und einen Mailserver auf dem Service-Host im Inneren. Dies erfordert Plattenkapazität auf der Firewall, um die Mails aufzunehmen und zwischenzuspeichern, sowie CPU-Leistung, um sie zu verarbeiten. Zum anderen könnten wir SMTP einfach zum Service-Host durchlassen. Dabei erhalten wir eine bessere Leistung bei einem leicht erhöhten Risiko. (Wir könnten einen SMTP-Server im Grenznetz einrichten. Allerdings halten wir das nicht für eine vernünftige Lösung, da das Grenznetz in diesem Fall Verbindungen zum internen Netzwerk herstellen müßte. Das wollen wir nicht erlauben.)

Damit SMTP direkt zum Service-Host gehen kann, muß die Firewall entweder eine Network Address Translation ausführen, oder der Service-Host benötigt eine gültige, extern sichtbare Adresse.

Wir werden davon ausgehen, daß die Firewall über genügend Plattenplatz und CPU-Leistung verfügt, und betreiben einen sicherheitsorientierten SMTP-Server auf der Firewall. Alle eingehenden Mails werden (über die DNS MX-Datensätze) zur Firewall geleitet, die die Mails dann dem internen Service-Host übergibt. Ausgehende Mails werden in gleicher Weise vom internen Service-Host an den sicherheitsorientierten SMTP-Server auf der Firewall übergeben. Wie wir zuvor erläutert haben, ist es niemals ratsam, eingehende Mails direkt zu allen internen Maschinen durchzulassen. Wenn Sie eingehende Mails durch eine einzelne Stelle leiten, ist es außerdem einfacher und sicherer, auch ausgehende Mails durch diese Stelle zu leiten, anstatt sie direkt zu verschicken.

Telnet

Wir lassen nur ausgehendes Telnet vom internen Netzwerk ins Internet durch Paketfilterung zu; eingehendes Telnet ist zu gefährlich, um es zu erlauben. Statt dessen unterstützen wir eingehende Verbindungen über SSH.

SSH

Wir können die Sicherheit gegenüber der Architektur mit überwachtem Teilnetz ein wenig verbessern, indem wir eingehendes und ausgehendes SSH auf den Service-Host im internen Netzwerk beschränken. Dies erlaubt uns, die SSH-Server und -Clients zu kontrollieren, die von den Leuten benutzt werden, und dadurch den Einsatz von SSH-Tunneln zu verhindern.

Wir lassen SSH außerdem vom internen Netzwerk zum Grenznetz zu, so daß es dort zur Administration der Server eingesetzt werden kann. Es ist die einzige Verbindung zwischen dem internen Netzwerk und dem Grenznetz, und es ist eine »Einbahnstraße« (das Grenznetz kann diese Verbindung nicht herstellen). Es stellt deshalb eine vernünftige Methode dar, um Leuten den administrativen Zugang zu den Servern zu erlauben. Mit Hilfe von Dateiübertragungsprotokollen wie *scp* und *rsync*, die in der Lage sind, SSH zur Übertragung zu verwenden, können Dateien auf den Server geladen werden.

FTP

Wie in der Architektur mit überwachtem Teilnetz kann ausgehendes FTP im passiven Modus sicher und bequem über Paketfilterung aus dem internen Netzwerk angeboten werden. FTP im normalen Modus ist nicht möglich, da Sie dazu eingehende Verbindungen erlauben müßten. Falls Sie FTP im normalen Modus zulassen wollen, brauchen Sie einen FTP-Proxy. Dieser Proxy darf nicht auf dem internen Service-Host laufen, da wir, um den Proxy dort zu unterstützen, immer noch eingehende Verbindungen zu einer Maschine im internen Netzwerk erlauben müßten. Wir könnten jedoch einen FTP-Proxy auf der Firewall betreiben. Viele Systeme, die für diese Art von Firewall geeignet sind, enthalten entsprechende Proxies.

Für unser Beispiel wollen wir annehmen, daß wir keine FTP-Proxy-Software auf der Firewall haben. Wir setzen Paketfilterung ein, um ausgehendes FTP zu erlauben, allerdings nur im passiven Modus. Da die meisten FTP-Aktionen von Webbrowsern ausgeführt werden, die standardmäßig den passiven Modus benutzen, stellt das vermutlich kein Problem dar.

Eingehendes FTP gestaltet sich schwieriger. Eingehendes FTP im passiven Modus mit reiner Paketfilterung zu unterstützen würde es erfordern, alle TCP-Verbindungen von allen Internet-Hosts auf allen Ports oberhalb von 1023 zum Service-Host im Grenznetz an allen Ports oberhalb von 1023 zuzulassen. Bei dieser Architektur stellt dies ein nicht akzeptables Risiko für den Service-Host im Grenznetz dar. Es ist zwar möglich, FTP im normalen Modus sicher zum Grenznetz zuzulassen, aber wie bereits erwähnt, kommt das meiste FTP von Webbrowsern, die standardmäßig den passiven Modus unterstützen und nicht funktionieren würden. Wir werden keine FTP-Dienste im Internet anbieten können, wenn das Paketfiltersystem, das wir benutzen, keinen transparenten Proxy für FTP unterstützt.

Unterstützt das Paketfiltersystem einen FTP-Proxy, könnten Sie es so konfigurieren, daß es Verbindungen zu einem Server im Grenznetz weiterleitet. Wir werden allerdings davon ausgehen, daß dies nicht der Fall ist, und ermöglichen deshalb keinen eingehenden FTP-Dienst.

NNTP

An den meisten Standorten dieser Größe ist es das Beste (vorausgesetzt, der NNTP-Dienst ist wichtig), NNTP von einem externen Server zu beziehen und es den Clients zu erlauben, direkt Verbindungen zu diesem Server herzustellen. Viele Internet Service Provider bieten diesen Dienst gegen einen geringen Aufschlag an. Es wäre möglich,

NNTP intern bereitzustellen, wenn wir eine interne Maschine zum NNTP-Server machen würden. Es wäre nicht sehr klug, den internen Service-Host oder die Firewall als NNTP-Server einzusetzen; statt dessen müßten wir einen anderen internen Service-Host dafür abstellen. Wir nehmen an, daß ein externer Internet-basierter NNTP-Dienst benutzt wird.

Leider können wir jetzt keine privaten Newsgroups betreiben, die nur für die internen Benutzer sichtbar sind, es sei denn, wir richten für diese Gruppen einen eigenen internen News-Server ein. Viele News-Clients (vor allem diejenigen, die Bestandteil der Webbrowser sind) können problemlos auf Newsgroups mehrerer Server zugreifen.

DNS

Da wir die internen Adressen verbergen wollen, benötigen wir zwei DNS-Server: einen für das Internet und einen für die internen Benutzer. Der im Internet sichtbare DNS-Server könnte sich auf der Firewall oder auf dem Service-Host im Grenznetz befinden (die beiden Stellen, an denen sich extern sichtbare Dienste befinden). Der interne DNS-Server könnte auf der Firewall oder auf den internen Service-Host plaziert werden (die beiden Stellen, an denen sich intern sichtbare Dienste befinden).

Es ist keine gute Idee, den im Internet sichtbaren DNS-Server auf den Service-Host im Grenznetz zu legen. Das Grenznetz ist kein vertrauenswürdiges Netzwerk, DNS dagegen ist für den Betrieb der Internet-Verbindung von entscheidender Bedeutung. Dieser DNS-Server sollte sich daher auf der Firewall befinden.

Der interne DNS-Server sollte sich andererseits aus zwei Gründen nicht auf der Firewall befinden. Erstens werden die internen Hosts für ansonsten interne Funktionen von der Firewall abhängig, wenn der DNS-Server dort liegt; das wollten wir vermeiden. Zweitens befindet sich schon der externe DNS-Server dort. Die Administration verkompliziert sich, wenn beide DNS-Server auf der gleichen Maschine liegen.

Wir nehmen die folgende Konfiguration an:

- Die Firewall ist der primäre externe DNS-Server für Ihre Domäne.
- Sie haben einen externen sekundären DNS-Server für Ihre Domäne (z.B. eine der Maschinen Ihres Service-Providers).
- Der interne Service-Host ist der primäre interne DNS-Server.

Paketfilterregeln

Schauen wir uns die Paketfilterregeln an, die notwendig sind, um die Konfiguration zu unterstützen, die wir in den vorangegangenen Abschnitten beschrieben haben. Wie im ersten Beispiel der Architektur mit überwachtem Teilnetz nehmen wir einen »idealen« Router an. In diesem Fall müssen wir die Schnittstellen getrennt betrachten, da wir Dienste auf der Firewall selbst und zu einem Grenznetz anbieten. Wir haben deshalb in der Tabelle eine zusätzliche Spalte, die anzeigt, auf welche Netzwerkschnittstelle eine Regel angewendet wird. »Ext« ist die Schnittstelle zur Außenwelt, »int« ist die Schnittstelle zum internen Netzwerk, und »Grenz« ist das Grenznetzwerk.

Zusammengelegte Router und Bastion-Host mit allgemein verwendbarer Hardware

»Intern« und »Grenznetz« stehen für den Bereich der IP-Adressen in diesen Netzwerken. »Int Service« und »Grenz Service« sind die IP-Adressen der Service-Hosts im internen Netzwerk bzw. im Grenznetz. »Firewall Ext« ist die externe Schnittstelle der Firewall, »Firewall Int« ist die interne Schnittstelle der Firewall, und »Firewall Grenz« ist die Schnittstelle der Firewall zum Grenznetz.

Da diese Firewall über mehrere Schnittstellen verfügt, müssen wir ein wenig andere Informationen als bisher angeben. Bei einer Firewall mit zwei Schnittstellen war es ganz klar, was mit einem »eingehenden« Paket passiert; es geht vom Internet zum internen Netzwerk. Bei einer Firewall mit drei Schnittstellen gibt es für ein solches Paket zwei möglichen Routen: Es könnte vom Internet ins interne Netzwerk gehen oder vom Internet ins Grenznetz. Diese beiden Möglichkeiten erfordern unterschiedliche Regeln.

Um mit dieser Situation klarzukommen, müssen wir für jede Schnittstelle eine Richtung festlegen und nicht für die gesamte Firewall. Ein Paket, das die Firewall durchquert, wird an einer Schnittstelle hineingehen und an einer anderen Schnittstelle hinausgehen, unabhängig von der Richtung, in die es reist. Pakete, die aus dem Internet in das interne Netzwerk gehen, sind an der externen Schnittstelle »eingehend« und an der internen Schnittstelle »ausgehend«; Pakete, die vom internen Netzwerk ins Internet gehen, sind an der internen Schnittstelle »eingehend« und an der externen Schnittstelle »ausgehend«.

Wenn Sie sich die folgende Tabelle anschauen, werden Sie im allgemeinen bemerken, daß die »eingehende« Filterregel einer Schnittstelle identisch mit einer »ausgehenden« Filterregel einer anderen Schnittstelle ist. Diese paarweise Anordnung der Regeln und Schnittstellen sorgt dafür, daß die Filterregeln nicht von den Routing-Entscheidungen für die Pakete abhängen.

In der folgenden Tabelle sind die Richtungen relativ zu den bestimmten Schnittstellen, nicht zur Firewall im ganzen. Dies unterscheidet sich von den anderen Tabellen in diesem Buch, die keine unterscheidbaren Schnittstellen enthalten.

Die Firewall benötigt die folgenden Regeln, um die vorgestellte Konfiguration zu unterstützen:

Regel	Schnittstelle	Relative Richtung	Quelladresse	Zieladresse	Protokoll	Quellport	Zielport	ACK gesetzt	Aktion
Spoof-1	ext	eingehend	intern	beliebig	beliebig	beliebig	beliebig	beliebig	verbieten
Spoof-2	ext	eingehend	Grenznetz	beliebig	beliebig	beliebig	beliebig	beliebig	verbieten
Spoof-3	int	eingehend	extern	beliebig	beliebig	beliebig	beliebig	beliebig	verbieten
Spoof-4	int	eingehend	Grenznetz	beliebig	beliebig	beliebig	beliebig	beliebig	verbieten
Spoof-5	Grenz	eingehend	extern	beliebig	beliebig	beliebig	beliebig	beliebig	verbieten

Regel	Schnitt-stelle	Relative Richtung	Quell-adresse	Ziel-adresse	Protokoll	Quell-port	Ziel-port	ACK gesetzt	Aktion
Spoof-6	Grenz	eingehend	intern	beliebig	beliebig	beliebig	beliebig	beliebig	verbieten
Cross-1	ext	eingehend	beliebig	Firewall Int	beliebig	beliebig	beliebig	beliebig	verbieten
Cross-2	ext	eingehend	beliebig	Firewall Grenz	beliebig	beliebig	beliebig	beliebig	verbieten
Cross-3	Grenz	eingehend	beliebig	Firewall Int	beliebig	beliebig	beliebig	beliebig	verbieten
HTTP-1	ext	eingehend	beliebig	Grenz Services	TCP	>1023	80	beliebig	zulassen
HTTP-2	ext	ausgehend	Grenz Services	beliebig	TCP	80	>1023	ja	zulassen
HTTP-3	Grenz	ausgehend	beliebig	Grenz Services	TCP	>1023	80	beliebig	zulassen
HTTP-4	Grenz	eingehend	Grenz Services	beliebig	TCP	80	>1023	ja	zulassen
HTTP-5	int	eingehend	Int Services	beliebig	TCP	>1023	beliebig	beliebig	zulassen
HTTP-6	int	ausgehend	beliebig	Int Services	TCP	beliebig	>1023	ja	zulassen
HTTP-7	ext	ausgehend	Int Services	beliebig	TCP	>1023	beliebig	beliebig	zulassen
HTTP-8	ext	eingehend	beliebig	Int Services	TCP	beliebig	>1023	ja	zulassen
Telnet-1	int	eingehend	intern	beliebig	TCP	>1023	23	beliebig	zulassen
Telnet-2	int	ausgehend	beliebig	intern	TCP	23	>1023	ja	zulassen
Telnet-3	ext	ausgehend	intern	beliebig	TCP	>1023	23	beliebig	zulassen
Telnet-4	ext	eingehend	beliebig	intern	TCP	23	>1023	ja	zulassen
SSH-1	int	eingehend	Int Services	beliebig	TCP	beliebig	22	beliebig	zulassen
SSH-2	int	ausgehend	beliebig	Int Services	TCP	22	beliebig	ja	zulassen
SSH-3	ext	ausgehend	Int Services	beliebig	TCP	beliebig	22	beliebig	zulassen
SSH-4	ext	eingehend	beliebig	Int Services	TCP	22	beliebig	ja	zulassen
SSH-5	ext	eingehend	beliebig	Int Services	TCP	beliebig	22	beliebig	zulassen
SSH-6	ext	ausgehend	Int Services	beliebig	TCP	22	beliebig	ja	zulassen
SSH-7	int	ausgehend	beliebig	Int Services	TCP	beliebig	22	beliebig	zulassen
SSH-8	int	eingehend	Int Services	beliebig	TCP	22	beliebig	ja	zulassen

Zusammengelegte Router und Bastion-Host mit allgemein verwendbarer Hardware

Regel	Schnittstelle	Relative Richtung	Quelladresse	Zieladresse	Protokoll	Quellport	Zielport	ACK gesetzt	Aktion
SSH-9	int	eingehend	intern	Grenz Services	TCP	beliebig	22	beliebig	zulassen
SSH-10	int	ausgehend	Grenz Services	intern	TCP	22	beliebig	ja	zulassen
SSH-11	Grenz	ausgehend	intern	Grenz Services	TCP	beliebig	22	beliebig	zulassen
SSH-12	Grenz	eingehend	Grenz Services	intern	TCP	22	beliebig	ja	zulassen
SMTP-1	int	eingehend	Int Services	Firewall Int	TCP	>1023	25	beliebig	zulassen
SMTP-2	int	ausgehend	Firewall Int	Int Services	TCP	25	>1023	ja	zulassen
SMTP-3	int	ausgehend	Firewall Int	Int Services	TCP	>1023	25	beliebig	zulassen
SMTP-4	int	eingehend	Int Services	Firewall Int	TCP	25	>1023	ja	zulassen
SMTP-5	ext	ausgehend	Firewall Ext	beliebig	TCP	>1023	25	beliebig	zulassen
SMTP-6	ext	eingehend	beliebig	Firewall Ext	TCP	25	>1023	ja	zulassen
SMTP-7	ext	eingehend	beliebig	Firewall Ext	TCP	>1023	25	beliebig	zulassen
SMTP-8	ext	ausgehend	Firewall Ext	beliebig	TCP	25	>1023	ja	zulassen
SMTP-9	Grenz	eingehend	Grenz Services	Firewall Grenz	TCP	>1023	25	beliebig	zulassen
SMTP-10	Grenz	ausgehend	Firewall Grenz	Grenz Services	TCP	25	>1023	ja	zulassen
NNTP-1	int	eingehend	intern	NNTP-Server	TCP	>1023	119	beliebig	zulassen
NNTP-2	int	ausgehend	NNTP-Server	intern	TCP	119	>1023	ja	zulassen
NNTP-3	ext	ausgehend	intern	NNTP-Server	TCP	>1023	119	beliebig	zulassen
NNTP-4	ext	eingehend	NNTP-Server	intern	TCP	119	>1023	ja	zulassen
DNS-1	ext	eingehend	beliebig	Firewall Ext	UDP	beliebig	53	a	zulassen
DNS-2	ext	ausgehend	Firewall Ext	beliebig	UDP	53	beliebig	a	zulassen
DNS-3	ext	eingehend	beliebig	Firewall Ext	TCP	beliebig	53	beliebig	zulassen
DNS-4	ext	ausgehend	Firewall Ext	beliebig	TCP	53	beliebig	ja	zulassen
DNS-5	int	eingehend	Int Services	Firewall Int	UDP	beliebig	53	a	zulassen
DNS-6	int	ausgehend	Firewall Int	Int Services	UDP	53	beliebig	a	zulassen

Regel	Schnitt-stelle	Relative Richtung	Quell-adresse	Ziel-adresse	Protokoll	Quell-port	Ziel-port	ACK gesetzt	Aktion
DNS-7	int	ein-gehend	Int Services	Firewall Int	TCP	beliebig	53	beliebig	zulassen
DNS-8	int	aus-gehend	Firewall Int	Int Services	TCP	53	beliebig	ja	zulassen
DNS-9	Grenz	ein-gehend	Grenz Services	Firewall Grenz	UDP	beliebig	53	a	zulassen
DNS-10	Grenz	aus-gehend	Firewall Grenz	Grenz Services	UDP	53	beliebig	a	zulassen
DNS-11	Grenz	ein-gehend	Grenz Services	Firewall Grenz	TCP	beliebig	53	beliebig	zulassen
DNS-12	Grenz	aus-gehend	Firewall Grenz	Grenz Services	TCP	53	beliebig	ja	zulassen
FTP-1	int	ein-gehend	intern	beliebig	TCP	>1023	21	beliebig	zulassen
FTP-2	int	aus-gehend	beliebig	intern	TCP	21	>1023	ja	zulassen
FTP-3	ext	aus-gehend	intern	beliebig	TCP	>1023	21	beliebig	zulassen
FTP-4	ext	ein-gehend	beliebig	intern	TCP	21	>1023	ja	zulassen
FTP-5	int	ein-gehend	intern	beliebig	TCP	>1023	>1023	beliebig	zulassen
FTP-6	int	aus-gehend	beliebig	intern	TCP	>1023	>1023	ja	zulassen
FTP-7	ext	aus-gehend	intern	beliebig	TCP	>1023	>1023	beliebig	zulassen
FTP-8	ext	ein-gehend	beliebig	intern	TCP	>1023	>1023	ja	zulassen
Standard-1	alle	aus-gehend	beliebig	beliebig	beliebig	beliebig	beliebig	beliebig	verbieten
Standard-2	alle	ein-gehend	beliebig	beliebig	beliebig	beliebig	beliebig	beliebig	verbieten

a UDP besitzt kein Äquivalent zu ACK.

Im folgenden finden Sie einige zusätzliche Informationen zu den Regeln in dieser Tabelle:

Spoof-1 und Spoof-2
> Blockieren Pakete aus dem Internet, die vorgeben, Quell-IP-Adressen zu besitzen, die Sie an Ihrem Standort verwenden – das heißt, gefälschte Pakete, die vermutlich von einem Angreifer gesendet werden.

Spoof-3 und Spoof-4
> Blockieren Pakete aus dem internen Netzwerk, die vorgeben, Quelladressen aus einem externen Netzwerk oder dem Grenznetz zu besitzen. Spoof-3 läßt sich möglicherweise auf einigen Paketfiltersystemen schwierig implementieren, da diese Regel nur dann leicht geschrieben werden kann, wenn Sie auf Quelladressen Negation anwenden können (um die Adressen festzulegen, die nicht zu dem internen

Bereich gehören). In dieser Situation wäre es akzeptabel, die Regeln wegzulassen; sie dienen vor allem dem Schutz anderer Leute und nicht dem Schutz des eigenen Standorts.

Spoof-5 und Spoof-6

Blockieren Pakete aus dem Grenznetz, die vorgeben, Quelladressen aus einem externen Netzwerk oder dem internen Netzwerk zu besitzen. Spoof-5 läßt sich möglicherweise auf einigen Paketfiltersystemen schwierig implementieren, da diese Regel nur dann leicht geschrieben werden kann, wenn Sie auf Quelladressen Negation anwenden können (um die Adressen festzulegen, die nicht zu dem internen Bereich gehören). In dieser Situation wäre es akzeptabel, die Regeln wegzulassen; sie dienen vor allem dem Schutz anderer Leute und nicht dem Schutz des eigenen Standorts.

Cross-1 bis Cross-3

Blockieren Pakete, die von der Außenwelt an die internen und Grenznetz-Schnittstellen der Firewall geschickt wurden. Diese Adressen würden ansonsten als rechtmäßige Adressen der Bereiche für das interne Netzwerk und das Grenznetz angesehen, und die Regeln, die Verkehr zu diesen Netzwerken erlauben sollten, würden es auch zulassen, daß die Firewall auf diesen Ports angegriffen werden könnte. Anstatt die Schnittstellen explizit für jede Regel auszuschließen, die Verkehr zu diesen Netzwerken erlaubt, schließen wir ganz pauschal jeden Verkehr aus, der versucht, die Firewall zu durchqueren. Sollte in den Service-Host im Grenznetz eingebrochen werden, gibt es eine Regel, die verhindert, daß von diesem aus die interne Schnittstelle der Firewall angegriffen wird. (Wenn in das interne Netzwerk eingebrochen wurde, könnte von diesem aus das Grenznetz angegriffen werden; da das interne Netzwerk sicherheitskritischer ist als das Grenznetz, stellt dies kein großes Problem dar, Sie könnten jedoch leicht eine Regel Cross-4 hinzufügen, um es zu vermeiden.)

HTTP-1 bis HTTP-4

Erlauben eingehendes HTTP zum Service-Host im Grenznetz. Diese Regeln lassen Verkehr vom Internet zum öffentlichen HTTP-Dienst des Standortes zu. Da jede Schnittstelle über eine separate verbietende Standardregel verfügt, müssen wir den Verkehr auf jeder Schnittstelle, die dieser überquert, explizit zulassen. HTTP-1 und HTTP-3 erlauben jeweils den gleichen eingehenden Verkehr, während HTTP-2 und HTTP-4 jeweils die Antworten erlauben müssen.

HTTP-5 bis HTTP-8

Erlauben ausgehendes HTTP und HTTPS vom internen Service-Host. Diese Regeln erlauben es dem HTTP-Proxy, jeden Internet-Host auf jedem Port zu kontaktieren. In Abhängigkeit vom HTTP-Proxy-Server könnte dies Benutzern ermöglichen, die Firewall-Regeln zu umgehen, die direkte TCP-Verbindungen verhindern sollen (zum Beispiel die direkte Auslieferung von SMTP-Mails). Einige HTTP-Proxy-Server können so konfiguriert werden, daß sie die Verbindung zu bestimmten Portnummern verhindern.

Telnet-1 bis Telnet-4
Erlauben ausgehendes Telnet von allen internen Hosts.

SSH-1 bis SSH-4
Erlauben ausgehende SSH-Verbindungen vom Service-Host des internen Netzwerks. Wir haben den Client-Port auf »beliebig« gesetzt (anstatt auf »>1023« wie die meisten anderen Protokolle), da einige Formen der Authentifizierung es erfordern, daß SSH-Clients Port 1023 bzw. Ports unterhalb von 1023 benutzen.

SSH-5 bis SSH-8
Erlauben eingehende SSH-Verbindungen zum Service-Host des internen Netzwerks. Wir haben den Client-Port auf »beliebig« gesetzt (anstatt auf »>1023« wie die meisten anderen Protokolle), da einige Formen der Authentifizierung es erfordern, daß SSH-Clients Port 1023 bzw. Ports unterhalb von 1023 benutzen.

SSH-9 bis SSH-12
Erlauben ausgehende SSH-Verbindungen für die Administration des Grenznetzes vom internen Netzwerk aus.

SMTP-1 bis SMTP-4
Erlauben elektronische Post zwischen der Firewall und dem internen Services-Host. SMTP-1 und SMTP-2 lassen Mails zur Firewall zu, während SMTP-3 und SMTP-4 Mails von der Firewall zulassen.

SMTP-5 bis SMTP-8
Erlauben elektronische Post zwischen der Firewall und dem Internet.

SMTP-9 und SMTP-10
Erlauben elektronische Post nur vom Grenznetz zum Firewall-Rechner. Wir erlauben keine Auslieferung von Mails zum Service-Host des Grenznetzes.

NNTP-1 bis NNTP-4
Erlauben Ihren Clients, den News-Server Ihres Service-Providers zu erreichen.

DNS-1 bis DNS-4
Erlauben es externen UDP- und TCP-basierten DNS-Clients, Anfragen an den DNS-Server auf dem Firewall-Host zu richten, sowie diesem, darauf zu antworten. Dabei lassen sie außerdem Server-zu-Server-Anfragen zu, die immer von Port 53 zu Port 53 verlaufen. Diese Regeln erlauben es darüber hinaus dem DNS-Server auf dem Firewall-Host, DNS-Anfragen an das Internet zu richten und die sekundären DNS-Server beim Ausführen von Zonentransfers zu unterstützen.

DNS-5 bis DNS-8
Erlauben es dem internen Service-Host, UDP- und TCP-basierte DNS-Anfragen an den DNS-Server der Firewall zu richten. Der DNS-Dienst auf dem internen Service-Host ist so konfiguriert, daß er Anfragen an den Firewall-Host weiterleitet.

DNS-9 bis DNS-12
>Erlauben es dem Service-Host im Grenznetz, UDP- und TCP-basierte DNS-Anfragen an den DNS-Server auf der Firewall zu richten. Der DNS-Dienst auf dem Service-Host im Grenznetz ist so konfiguriert, daß er Anfragen an den Firewall-Host weiterleitet.

FTP-1 bis FTP-8
>Erlauben ausgehende FTP-Verbindungen im passiven Modus. Die Regeln FTP-1 bis FTP-4 lassen den Kommandokanal zu, und die Regeln FTP-5 bis FTP-8 lassen den Datenkanal zu. Tatsächlich erlauben es die Regeln FTP-5 bis FTP-8, alle TCP-Verbindungen von den internen Maschinen zu beliebigen Hosts im Internet zu öffnen, solange die Portnummern auf beiden Seiten oberhalb von 1023 liegen.

Standard-1 und Standard-2
>Blockieren alle Pakete, die nicht speziell durch eine der vorangegangenen Regeln erlaubt wurden.

Sonstige Konfigurationsarbeiten

Wenn Sie Linux mit *ipchains* als Paketfiltersystem benutzen, müssen Sie außerdem Regeln für die FORWARD-Kette hinzufügen, damit das System Pakete zwischen den Schnittstellen weiterleitet. Sie könnten der FORWARD-Kette eine einzelne zulassende Regel hinzufügen und sich darauf verlassen, daß die festgelegten Schnittstellenregeln Sie schützen. Für eine sicherere, aber auch schwerer zu wartende Konfiguration verdoppeln Sie in der FORWARD-Kette alle Regeln, die Verkehr von einer Schnittstelle zu einer anderen übergeben.

Neben der Einrichtung der Paketfilterregeln müssen noch verschiedene andere Konfigurationen durchgeführt werden:

Auf allen internen Maschinen
>Konfigurieren Sie die E-Mail-Programme so, daß Mails an den internen Service-Host geschickt werden. Wir müssen außerdem FTP-Clients für den passiven Modus einrichten und die Webbrowser so einstellen, daß sie den Proxy-Server auf dem internen Service-Host benutzen.

Auf dem internen Service-Host
>Konfigurieren Sie den Mailserver so, daß er die Mails an die Firewall sendet. Richten Sie einen HTTP-Proxy-Cache-Server ein. Richten Sie den internen DNS-Server ein.

Auf der Firewall
>Richten Sie den extern sichtbaren DNS-Server ein.

Auf dem Service-Host im Grenznetz
>Richten Sie den extern sichtbaren Webserver ein.

Analyse

Wie gut ist eine solche Firewall? Sie ist nicht großartig, aber sie funktioniert. Betrachten wir sie in bezug auf die Strategien und Prinzipien, die in Kapitel 3, *Sicherheitsstrategien*, vorgestellt wurden, und im Vergleich zu der Architektur mit überwachtem Teilnetz aus unserem ersten Beispiel.

Minimale Zugriffsrechte

Sie finden das Prinzip der minimalen Zugriffsrechte an einigen Stellen unserer Konfiguration. Zum Beispiel ist es eine Anwendung dieses Prinzips, daß SMTP so eingerichtet wurde, daß ausgehende Mails über den Service-Host des internen Netzwerks verlaufen, anstatt direkt an externe Systeme geschickt zu werden. Weshalb? Weil Sie auf diese Weise eine größere Kontrolle darüber haben, wie interne Systeme mit externen Systemen Verbindung aufnehmen. (In diesem Fall müssen interne Systeme nicht direkt mit externen Systemen kommunizieren, um diesen Dienst bereitzustellen.)

In gleicher Weise haben wir das Prinzip der minimalen Zugriffsrechte sorgfältig auf das Grenznetz angewendet, indem wir ihm nur den minimalen Zugriff gewähren, der nötig ist, um externen Hosts den Web-Zugang zu erlauben. Andererseits wird durch das Zusammenlegen des internen und externen Routers das Ziel deutlich verfehlt, minimale Zugriffsrechte durchzusetzen, vor allem, wenn auf dem resultierenden Rechner auch Dienste wie DNS und SMTP angeboten werden. Um all diese Dienste ausführen zu können, erhält der routende Host letzten Endes eine ganze Menge Zugriffsrechte. Zu einem gewissen Grad haben wir die Zugriffsrechte vom Grenznetz auf den Firewall-Host verlagert.

Wir haben außerdem einen internen Service-Host mit mehreren Stufen an Zugriffsrechten geschaffen; er stellt mehrere Dienste bereit und befindet sich im internen Netzwerk, was an sich schon eine Art Zugriffsrecht darstellt. Dieser Rechner ist die zweite Stelle, an der das Prinzip der minimalen Zugriffsrechte verletzt wird.

Die Architektur mit überwachtem Teilnetz erfüllt die Aufgabe bei der Durchsetzung minimaler Zugriffsrechte deutlich besser als die Architektur, die in diesem Abschnitt beschrieben wurde.

Mehrschichtige Verteidigung

Das Prinzip der mehrschichtigen Verteidigung fehlt in dieser Konstellation fast völlig. Die internen Hosts werden vor der Außenwelt durch den Firewall-Rechner und den internen Service-Host geschützt, allerdings schützt sie nichts vor dem Firewall-Host; wenn in diesen Host eingebrochen wird, sind auch die internen Maschinen praktisch verloren. Eine winzigkleine Mehrschichtigkeit der Verteidigung wird durch die Trennung von Service-Hosts und Router erreicht; der Router schützt den internen Service-Host vor dem Internet und die internen Hosts vor dem Service-Host im Grenznetz. Die Verteidigung des internen Service-Hosts ist allerdings nicht besonders gut.

Die im ersten Teil dieses Kapitels beschriebene Architektur mit überwachtem Teilnetz bietet eine bessere Durchsetzung des Prinzips der mehrschichtigen Verteidigung.

Passierstelle

Das Prinzip der Passierstelle ist in diesem Beispiel klar umgesetzt, da die komplette Kommunikation zwischen den internen Clients und dem Internet über den Firewall-Rechner verläuft. Außerdem erreicht der Großteil der Daten die internen Dienste über Proxies.

Die Architektur mit überwachtem Teilnetz, die weiter vorn in diesem Kapitel beschrieben wird, ist bei der Anwendung des Prinzips der Passierstelle besser, allerdings nicht sehr viel.

Das schwächste Glied

Die offensichtliche Schwachstelle, die in dieser Architektur zum Angriff reizt, ist der Firewall-Host; der interne Service-Host folgt auf dem Fuße, da wir eingehendes SSH zulassen. Wenn in einen dieser Rechner eingebrochen wird, beeinflußt dies stark die Sicherheit der restlichen internen Hosts, da sie sich im gleichen Netzwerk befinden wie die internen Hosts und diese nicht besonders geschützt werden. Bei der Architektur mit überwachtem Teilnetz schützt der innere Router andererseits die internen Hosts vor dem Bastion-Host.

Die Architektur mit überwachtem Teilnetz setzt einem Angreifer ein viel stärkeres schwächstes Glied entgegen.

Fehlersicherheit

Sie finden das Prinzip der Fehlersicherheit in den Paketfilterregeln, die für die Architektur mit zusammengelegten Routern festgelegt wurden. Im allgemeinen geben die Regeln an, was Sie erlauben wollen, und verbieten alles andere standardmäßig. Dieser Ansatz ist fehlersicher, denn wenn etwas Unerwartetes geschieht (wenn zum Beispiel ein neuer Dienst auftaucht), wird es nicht durch Ihre Firewall hindurchgelassen, es sei denn, es verstellt sich oder wird über einen anderen Dienst getunnelt, den Sie erlaubt haben.

Allerdings ist der Entwurf der Architektur selbst nicht fehlersicher. Wenn die Firewall oder interne Dienste überwunden werden, ist die Sicherheit Ihres gesamten Standorts hochgradig gefährdet. Die Architektur mit überwachtem Teilnetz setzt das Prinzip der Fehlersicherheit bedeutend besser um.

Umfassende Beteiligung

Falls es sich um die einzige Internet-Verbindung Ihres Standorts handelt, haben Sie Ihre Benutzer unfreiwillig beteiligt: Jeder muß die Firewall passieren, um ins Internet zu gelangen. Freiwillige umfassende Beteiligung wäre besser, erfordert aber eine Schulung der Benutzer bezüglich der Ziele und des Bedarfs für Ihre Schutzmaßnahmen.

In bezug auf das Prinzip der umfassenden Beteiligung gibt es zwischen den beiden Beispielarchitekturen keinen großen Unterschied.

Vielfalt der Verteidigung

Es gibt hier nur wenige Möglichkeiten, das Prinzip der Vielfalt der Verteidigung anzuwenden, da Sie von allem nur eins haben: Es gibt nur einen Firewall-Rechner und nur einen internen Service-Host.

Einfachheit

Obwohl diese Firewall anfangs einfacher zu sein schien als unser erstes Beispiel, ist sie durch die Kombination der Funktionen viel komplexer. Vor allem die Paketfilterregeln sind komplizierter, da wir uns für einen einzigen Router und Filter mit drei Schnittstellen entschieden haben. Anstatt zum Beispiel die Begriffe »eingehend« und »ausgehend« einfach relativ zu Ihrem Standort zu verwenden, müssen wir sie in diesem Beispiel jeweils zu den drei Schnittstellen in Bezug setzen; für Pakete, die in das Netz hinein gerichtet sind, müssen wir an einer Schnittstelle einen eingehenden Filter und an einer anderen Schnittstelle einen ausgehenden Filter einrichten. Das ist aufwendig und fehleranfällig. Ein weiteres Beispiel für die Komplexität ist die Entscheidung, Paketfilterung, Proxy-Server und Application-Server auf dem gleichen Firewall-Host einzurichten. Zwischen diesen Diensten können unerwartete Interaktionen und Abhängigkeiten auftreten, die einem Angreifer möglicherweise sein Tun erleichtern. Andererseits vereinfacht sich die Konfiguration dieses Bastion-Hosts deutlich, wenn der externe Server in ein Grenznetz gelegt und daran gehindert wird, mit dem internen Netzwerk zu kommunizieren.

Schlußfolgerungen

Die Architektur mit zusammengelegtem Router kann zwar billiger umzusetzen sein als die Architektur mit überwachtem Teilnetz, sie ist aber weniger sicher. Es gibt in dem Entwurf kaum oder keine Redundanz, und er ist nicht unbedingt fehlersicher. Andererseits erhält man eine effektive Möglichkeit, um mit nur einer einzigen Internet-Adresse einen ausreichend sicheren und voll funktionstüchtigen Zugang zum Internet bzw. vom Internet bereitzustellen.

Es mag zwar billiger sein als die Architektur mit überwachtem Teilnetz, allerdings nicht viel. Die Architektur mit überwachtem Teilnetz erfordert mindestens drei spezielle Maschinen (zwei Router und einen Bastion-Host). Diese Architektur erfordert ebenfalls mindestens drei spezielle Maschinen (eine Firewall und zwei Service-Hosts). Ein Vorteil dieser Architektur besteht darin, daß Sie für die Firewall und die Service-Hosts im Grenznetz und im internen Netz ähnliche Hardware verwenden können. Es ist durchaus möglich, diese Systeme aus überzähligen PCs und frei verfügbarer Software zusammenzubauen.

Falls Sie keinen Web-Zugang für externe Clients bereitstellen müssen (weil Sie zum Beispiel Ihre Website zu einem externen Web-Hosting-Service ausgelagert haben), könnten Sie diese Architektur noch preiswerter und einfacher gestalten. Verzichten Sie dazu ganz und gar auf das Grenznetz. Oder – falls es auf die Kosten nicht so sehr ankommt – Sie kombinieren diese Architektur mit der Architektur mit überwachtem Teilnetz. Dazu müßten Sie das Grenznetz an die dritte Schnittstelle des externen Routers in der Architektur mit überwachtem Teilnetz anschließen. Dieses zusätzliche Netzwerk wäre nicht vertrauenswürdig und könnte Dienste für Clients im Internet bereitstellen.

IV

Kontinuierlicher Schutz Ihres Standorts

Dieser Teil des Buches beschreibt, wie Sie eine Sicherheitspolitik für Ihren Standort erstellen, Ihre Firewall warten und mit Sicherheitsproblemen umgehen, die selbst mit den besten Firewalls auftreten können.

25

Sicherheitspolitik

Viele Leute zucken beim Wort »Politik« zusammen, weil sie dabei an unergründliche Dokumente denken, die von unfähigen Komitees zusammengestellt und von allen Beteiligten ignoriert werden (es sei denn, man kann das Dokument als gute Argumentationshilfe oder Ausrede gebrauchen). Um diese Art von Politik geht es in diesem Kapitel nicht.

Die Sicherheitspolitik, die wir hier behandeln, entspricht eher der Außenpolitik eines Landes. Sie wird vielleicht auch in unterschiedlich gut lesbaren Dokumenten festgeschrieben, die Hauptzwecke sind jedoch die Definition einer Richtung und die Festlegung der Ziele, die man sich setzt. Die Begriffe »Politik«, »Strategie« und »Taktik« werden oft verwechselt. Die *Politik* legt fest, welche Kriege geführt werden und weshalb. *Strategie* ist der Plan zur Durchführung des Kriegs. Eine *Taktik* schließlich ist eine Methode zur Durchführung einer Strategie. Die Politik wird von Präsidenten festgelegt, Strategien jedoch von Generälen. Eine Taktik kann bis hinunter zum einfachen Soldaten jeder Beteiligte festlegen.

Ein Großteil dieses Buchs behandelt taktische Schritte. Die Taktiken beim Aufbau einer Firewall und die notwendigen Einzelheiten sind komplex und verwickelt. Doch auch mit der besten Taktik kann man nicht gewinnen, wenn Strategie und Politik nichts taugen. Im neunzehnten Jahrhundert schickte sich ein Amerikaner namens William Walker an, Nicaragua für die Vereinigten Staaten von Amerika zu erobern. Seine Strategie und Taktik waren vielleicht nicht gerade tadellos, aber zumindest erfolgreich, denn er eroberte Nicaragua. Leider enthielt sein Plan einen gravierenden Fehler – die Vereinigten Staaten wollten Nicaragua zu jener Zeit gar nicht haben. Als er die Eroberung bekanntgab, kümmerte sich die US-Regierung nicht im geringsten darum. Walker regierte Nicaragua noch kurze Zeit und kam dann bei einem Volksaufstand ums Leben. So kann es gehen, wenn man eine gute Strategie und Taktik entwirft, aber die Politik völlig danebengeht.

Ihre eigene Sicherheitspolitik

Die meisten technisch orientierten Leute halten eine einheitliche und öffentliche Sicherheitspolitik für theoretisch wünschenswert, glauben aber aufgrund persönlicher Erfahrungen, daß es extrem schwierig ist, dieses Ziel zu erreichen. Spricht man zum Beispiel mit einem beliebigen Systemadministrator über das Thema Benutzer und Paßwörter, muß man höchstwahrscheinlich einen langen Redeschwall über sich ergehen lassen. Jeder kennt eine Anekdote über die Unfähigkeit der Leute, mit Paßwörtern umzugehen – dem einfachsten und verständlichsten Sicherheitsthema. Sei es der Professor, der behauptet, er sei so wichtig, daß er kein gutes Paßwort brauche, oder der Mathematiker, der ein anderes Paßwort benutzen sollte, da seines in einem englischen Wörterbuch stand (er erwiderte, daß er nicht das *englische* Wort benutze, sondern das gleich lautende *russische* Wort – und russische Wörter habe ihm niemand verboten). Solche Erfahrungen bestärken Systemadministratoren in der Meinung, ihre Benutzer seien nicht in der Lage, Sicherheitsfragen auf intelligente Art zu behandeln.

Zweifellos ist das Formulieren einer Sicherheitspolitik ein langer und aufwendiger Prozeß und damit nicht gerade das, was die meisten Techniker lieben. Wenn Sie gerne programmieren, werden Sie die endlosen Besprechungen und bürokratischen Akte kaum mögen, die zum Aufstellen einer Sicherheitspolitik nötig sind. Andererseits ist es viel angenehmer, eine Sicherheitspolitik aufzustellen, als sich mit den Folgen einer fehlenden Sicherheitspolitik auseinanderzusetzen. Auf lange Sicht vergeuden Sie weniger Zeit mit Besprechungen zum Thema Sicherheit, wenn Sie das Thema rechtzeitig ernst nehmen.

Das Aufstellen einer Sicherheitspolitik muß nicht so unangenehm sein, wie Sie vielleicht annehmen. Viele Probleme entstehen durch Leute, die versuchen, eine Sicherheitspolitik festzuschreiben, die auch genauso klingt – großspurige juristische und technische Begriffe sowie Drohungen gegen Benutzer, die sich nicht anständig verhalten. Das funktioniert aber nicht! Außerdem ist das die unangenehmste Art, da sie überall Feindseligkeit und Mißverständnisse provoziert. Es mag zwar zutreffen, daß Ihre Organisation einmal eine Sicherheitspolitik braucht, die mit großen juristischen Worten formuliert ist (und hohe juristische Anforderungen erfüllt). In einem solchen Fall sollte die von Ihnen aufgestellte Sicherheitspolitik keine Widersprüche zu diesem Dokument enthalten, doch es ist nicht nötig, daß Sie das juristische Dokument schreiben.

Ein anderes Problem bei vielen Dokumenten zur Sicherheitspolitik besteht darin, daß deren Autoren genau wissen, wie die ideale Sicherheitspolitik aussehen sollte, und Angst davor haben, daß die tatsächliche Sicherheitspolitik diesen Ansprüchen nicht genügt. Es gibt viele Lippenbekenntnisse zu absoluter Sicherheit: In den Standort sollte niemals eingebrochen werden können, jeder Benutzer hat genau eine Kennung, und jede Kennung wird von genau einer Person benutzt, alle Paßwörter sind perfekt gewählt, und kein Benutzer verwendet jemals das Paßwort eines anderen für irgendwelche Zwecke.

In der Realität trifft das für keinen Standort zu, und diese Tatsache wird auch von allen Leuten zur Kenntnis genommen und akzeptiert. Dennoch behaupten viele Leute, an ihrem Standort ideale Verhältnisse schaffen zu wollen. Sie bedrucken dazu viel Papier und nennen das Ergebnis »Sicherheitspolitik«. Unausweichlich und ohne Ausnahme wird diese Politik nicht von jedermann beachtet.

Es ist unwahrscheinlich, daß Ihre Politik Sicherheit um jeden Preis verlangt, denn eine solche Politik wäre irrational. Es ist sinnvoll, andere Dinge so hoch zu bewerten, daß eine Einschränkung der Sicherheit gerechtfertigt ist.

Die meisten Häuser ließen sich durch Gitter vor den Fenstern besser absichern. Obwohl sich die meisten Leute besser schützen wollen, bringen sie keine Gitter vor den Fenstern an. Es gibt mehrere Gründe für diese bewußte Einschränkung der Sicherheit. Zunächst sind Gitter teuer und verhindern viele Verwendungszwecke eines Fensters (z.B. hindurchsehen oder bei einem Brand hinausklettern zu können). Viele Leute nehmen für andere Lösungen Kosten und Unbequemlichkeiten auf sich. Damit vermeiden sie vergitterte Fenster, selbst wenn das die billigste und bequemste Lösung wäre – aber es sieht schrecklich aus und verursacht Beklemmungen.

Dieses Argument ist durchaus nachvollziehbar; eine entsprechende Entscheidung bezüglich der Computersicherheit ist ebenfalls sinnvoll. Die höchste Sicherheitsstufe, die für Geld zu bekommen ist, ist nicht unbedingt wünschenswert – nicht einmal die höchste Stufe, die noch bezahlbar ist.

Was brauchen Sie eigentlich? Sie sollten die höchstmögliche Sicherheitsstufe anstreben, die Ihre Anforderungen bezüglich der folgenden Punkte erfüllt:

Preis
   Wieviel Geld müssen Sie für die Sicherheit ausgeben?

Funktionalität
   Können Sie Ihre Computer immer noch benutzen?

Akzeptanz
   Stören die Sicherheitseinrichtungen die Art und Weise, wie die Benutzer Ihres Standorts gewöhnlich untereinander und mit der Außenwelt kommunizieren?

Juristische Anforderungen
   Entsprechen die Sicherheitseinrichtungen Ihren juristischen Anforderungen?

Tun Sie nie so, als wollten Sie absolute Sicherheit, wenn diese nur bezahlbar wäre. Ein Leben mit perfekten Sicherheitseinrichtungen ist nicht wünschenswert. Eine Organisation kann sich wahrscheinlich nicht die ihr wichtigen Eigenheiten erhalten, wenn perfekte Sicherheitseinrichtungen installiert werden. Die Anwender wollen einfach nicht in einer feindlichen Umgebung lernen oder arbeiten. Daher werden Sie entweder die Sicherheit oder die Unterstützung der ganzen Organisation verlieren.

Manchmal macht sich ein kleines Zugeständnis bei der Sicherheit als enorme Steigerung der Moral bezahlt. Den Leuten, die die Regeln aufstellen, bereitet die Anfrage nach Gastzugängen zum Beispiel meist Bauchschmerzen, doch für die Arbeitsmoral der

Angestellten kann es eine große Rolle spielen, ob der Ehepartner einen Gastzugang erhält oder nicht. Manchmal erlebt man auch Überraschungen. Ein Universitätsrechenzentrum wurde gefragt, weshalb sich studentische Angestellte jederzeit einloggen dürfen (auch außerhalb der Öffnungszeiten), wenn sie doch nur irgendwelche Tätigkeiten von zweifelhaftem Wert für das Rechenzentrum durchführen. Das schien zumindest unsicher zu sein. Antwort: Einige Jahre zuvor tippte ein Operator nach Dienstschluß die Abschlußarbeit seiner Freundin ein. Dabei entdeckte er einen kritischen Notfall und reagierte entsprechend. Da er einen Schaden in Höhe von mehreren Millionen Dollar vom Rechenzentrum abgewendet hatte, konnte sich die Verwaltung ausrechnen, daß die gesamte von den Operatoren nebenher verbrauchte Rechenzeit bereits bezahlt war (der Schaden war nicht versichert – Versicherungsgesellschaften tendieren leider dazu, Überschwemmungen in einem fensterlosen Raum im dritten Stock als höhere Gewalt und damit als nicht versicherbar einzustufen).

Wenn Sie es mit der Sicherheit jedoch nicht so genau nehmen, verlieren Sie Ihre Organisation entweder an Juristen oder an Einbrecher. Dann kommt es darauf an, was Sie tun, und nicht darauf, was Sie schreiben. Eine wunderschöne Sicherheitspolitik, die nicht eingehalten wird, wird sicher nicht verhindern, daß Leute in Ihre Computer einbrechen, und kann Sie auch nicht vor Rechtsstreitigkeiten schützen. Vor Gericht zählen nur Richtlinien, die Sie auch umzusetzen versuchen. Wenn Sie die Sicherheitspolitik nur schriftlich fixieren, aber nicht durchsetzen, beweisen Sie, daß Sie nicht einfach zu dumm waren, sondern wußten, was zu tun gewesen wäre, dies aber nicht umsetzten!

Was sollte eine Sicherheitspolitik enthalten?

Eine Sicherheitspolitik bietet vor allem die Möglichkeit, mit Benutzern und Managern zu kommunizieren. Diese sollten daraus alles erfahren, was für ihre sicherheitsrelevanten Entscheidungen nötig ist.

Begründungen

Es ist ganz wichtig, daß die Richtlinien ausdrücklich und verständlich beschreiben, weshalb gewisse Entscheidungen getroffen wurden. Die meisten Leute beachten Regeln nur dann, wenn sie deren Sinn einsehen. Eine Sicherheitspolitik, die ohne Begründung nur festlegt, was zu tun ist, ist von vornherein zum Scheitern verurteilt. Sobald die Verfasser die Organisation verlassen oder die Gründe für Entscheidungen vergessen, werden die Sicherheitsrichtlinien überhaupt keinen Effekt mehr haben.

Verantwortung des Einzelnen

Eine Sicherheitspolitik legt explizite Zuständigkeiten fest und teilt die Verantwortung zwischen Ihnen, Ihren Benutzern und dem Management auf, damit jeder weiß, was er vom anderen erwarten kann. Eine Sicherheitspolitik sollte nicht nur den Benutzern sagen, wie sie zur Sicherheit des Standorts beitragen können (das wäre unfair), aber sich auch nicht auf die Systemverwalter beschränken (dadurch wiegen sich die Benutzer in dem Gefühl, daß sich schon jemand darum kümmern wird und sie sich keine Gedanken machen müssen).

Verständlichkeit

Die meisten Leute sind weder Juristen noch Sicherheitsexperten, sondern bevorzugen allgemein verständliche Formulierungen. Sie mögen vielleicht davor zurückschrecken, Ihre Sicherheitspolitik in einfacher Sprache zu formulieren, da das zu lax und persönlich erscheint. Es ist jedoch wichtiger, die Richtlinien freundlich und verständlich zu formulieren, als ein präzises und offizielles Dokument zu erstellen. Schreiben Sie sie so, als müßten Sie sie einem aufgeweckten, aber technisch unerfahrenen Freund erklären. Die Richtlinien sollten nicht von oben herab diktiert werden, sondern eher wie ein Briefwechsel zwischen Gleichgestellten aussehen. Falls sich das nicht mit Ihrer Firmenkultur vereinbaren läßt, sollten Sie zwei getrennte Beschreibungen erstellen.

Die Leute werden die Richtlinien nur dann befolgen, wenn sie sie verstehen und auch befolgen wollen. Dazu müssen sie sie zumindest lesen. Wenn sie ihr Hirn aber schon im zweiten Absatz abschalten, weil das Dokument juristisch und bedrohlich klingt, haben Sie verloren. Ebensowenig dürfen Sie den Benutzern das Gefühl vermitteln, daß sie unterschätzt oder ihre Interessen nicht ausreichend berücksichtigt werden. Wählen Sie die Formulierungen aber nicht so zwanglos, daß es nachlässig erscheint. Lassen Sie bei Bedarf Rechtschreibung, Wortwahl und Interpunktion von einem technischen Redakteur überprüfen.

Ein Dokument, das im Juristen-Slang geschrieben wurde, ist dadurch nicht automatisch juristisch wasserdicht – vor allem dann nicht, wenn es nicht von einem Juristen verfaßt wurde. Juristen bedienen sich dieser Sprache, weil sie dadurch sehr präzise Bedeutungen erreichen wollen. Wenn Sie einen juristisch klingenden Begriff falsch verwenden, verkomplizieren Sie nur die Lage. Ihr Dokument sagt in diesem Fall möglicherweise Dinge aus, die Sie gar nicht so meinen. Eventuell bedeuten die Formulierungen auch überhaupt nichts, Ihr Dokument ist also nicht exakter geworden, als hätten Sie es in normalem Wortlaut geschrieben.

Durchsetzung

Entscheidend ist nicht die schriftliche Fixierung der Sicherheitspolitik, sondern deren Durchsetzung. Daraus folgt, daß etwas passieren sollte, wenn die Politik nicht eingehalten wird. Jemand muß für solche Maßnahmen verantwortlich sein. Die Richtlinien müssen vereinbaren, wer das ist und welche Maßnahmen in Frage kommen. Die folgenden Beispiele zeigen, was in der Sicherheitspolitik festgelegt werden kann:

- Die Verwalter bestimmter Dienste sind befugt, den Zugang zu verwehren.
- Die Vorgesetzten kümmern sich um Überschreitungen.
- Einrichtungen, die bestimmte Standards nicht einhalten, können von den Betreibern des Firmennetzes ausgeschlossen werden.

Die Sicherheitspolitik sollte bestimmen, wer entscheidungsbefugt ist, und auch die Gegenmaßnahmen beschreiben, die diesen Verantwortlichen zur Verfügung stehen. Die Richtlinien müssen nicht genau festlegen, was wann geschieht. Es handelt sich schließlich nur um Richtlinien und nicht um ein zwingendes Gesetz.

Berücksichtigung von Ausnahmen

Keine Richtlinie ist perfekt. Sie können nicht jedes künftige Ereignis berücksichtigen, da die Sicherheitsrichtlinien in diesem Fall unlesbar und unbenutzbar würden. Sie müssen deshalb festlegen, was geschieht, wenn Ausnahmesituationen eintreten. Gibt es jemanden, der über die nötige Autorität verfügt? Handelt es sich um eine Kommission? Wie kann der Leser damit Kontakt aufnehmen? Wie lange dauert das?

Gelegenheit zu Änderungen

Sie können nicht erwarten, daß Sie Ihre Sicherheitspolitik einmal definieren und dann vergessen können. Die Anforderungen Ihres Standorts werden sich im Laufe der Zeit ändern, und Richtlinien, die vorher perfekt waren, können entweder zu restriktiv oder zu großzügig werden. Manchmal liegt es auf der Hand, daß Änderungen nötig sind: Wenn Sie für eine neu gegründete Firma arbeiten, die von sechs Mitarbeitern auf 6.000 anwuchs, wird Ihnen wohl klar sein, daß sich wichtige Dinge geändert haben (wenn Sie jedoch keinen Mechanismus zur Überprüfung der Sicherheitspolitik vorgesehen haben, kann es passieren, daß sie nie angepaßt wird). Wenn Sie für eine zweihundert Jahre alte Universität arbeiten, werden Sie wohl nicht mit großen Änderungen rechnen. Doch auch in einer Organisation, die zu versteinern droht, ändern sich die Computer und die externen Netzverbindungen, neue Leute ersetzen alte, die die Organisation verlassen. Sie müssen daher die Sicherheitspolitik regelmäßig überprüfen und anpassen.

Spezielle Fragen bezüglich der Sicherheit

Da es große Unterschiede zwischen den Organisationen gibt, ist es schwierig, konkrete Einzelheiten zu nennen, ohne ein ganzes Buch über Sicherheitspolitik zu schreiben. Im folgenden finden Sie einige Anhaltspunkte, die Sie beim Verfassen einer Sicherheitspolitik beachten sollten:

- Wer erhält an Ihrem Standort einen Zugang? Gibt es Gastzugänge? Was ist mit Vertragspartnern, Herstellern und Kunden?
- Können mehrere Leute gemeinsam einen Zugang benutzen? Was ist mit einer Sekretärin, die unter dem Zugang ihres Vorgesetzten dessen E-Mails bearbeitet? Was ist mit Gemeinschaftsprojekten? Wie steht es mit Familienmitgliedern? Gilt es schon als gemeinsame Nutzung eines Zugangs, wenn man jemandem nur mal kurz ein Fenster auf der eigenen Maschine zur Verfügung stellt?
- Wann verlieren Leute das Recht auf einen Zugang, und wie gehen Sie mit solchen Fällen um? Was passiert, wenn Mitarbeiter die Organisation verlassen oder ihnen der Zugriff versagt wird?
- Wer darf sich per Modem einwählen? Dürfen andere Leute per Modem nach draußen wählen? Gibt es Besonderheiten bezüglich PPP, SLIP oder ISDN-Verbindungen?
- Was ist zu tun, bevor man einen Computer an das Hauptnetz anschließen darf?
- Wie sicher müssen Computer sein, bevor sie Dienste von zentral verwalteten Maschinen in Anspruch nehmen können?

- Wie sicher muß ein Computer sein, damit er an ein Netz mit ungeschütztem Internet-Zugang angeschlossen werden darf?
- Wie werden Finanzdaten geschützt?
- Wie werden vertrauliche Personaldaten geschützt? Gibt es für andere, möglicherweise ausländische Geschäftsstellen unterschiedliche Gesetze zur Behandlung solcher Informationen?
- Was müssen einzelne Benutzer für ihren eigenen Schutz und für den Schutz des Standorts tun? Welche Paßwörter sollten sie verwenden, und wie oft sollten sie diese ändern?
- Was dürfen die Benutzer im Internet tun? Dürfen sie sich beliebige ausführbare Programme besorgen und diese starten?
- Welche Vorkehrungen sind gegen Viren auf PCs zu treffen?
- Wer darf den Standort mit externen Netzen verbinden? Welche Netze zählen überhaupt als extern? Darf ein Projektmanager den Standort mit einem anderen Standort verbinden? Was ist mit Verbindungen zu Geschäftspartnern? Wie sieht es mit weiteren Internet-Verbindungen aus?
- Wie werden Home-Computer abgesichert? Wie erhalten sie sicheren Zugang zum Hauptnetz?
- Wie erhalten Mitarbeiter auf Dienstreisen Zugang zum Firmennetz?
- Welche Anforderungen werden an E-Commerce-Systeme gestellt?
- Welche Informationen gelten als Firmengeheimnisse, und wie werden sie geschützt? Dürfen sie per E-Mail nach draußen geschickt werden?
- Falls es ferne Standorte gibt: Wie erhalten sie sicheren Zugang zum Hauptnetz?

Was sollte eine Sicherheitspolitik nicht enthalten?

In diesem Abschnitt beschreiben wir die Informationen, die in der Sicherheitspolitik eines Standorts nichts zu suchen haben.

Technische Details

Die Sicherheitsrichtlinien müssen beschreiben, was Sie schützen wollen und weshalb. Die Einzelheiten darüber, wie dies zu geschehen hat, brauchen nicht unbedingt festgelegt zu werden. Ein einseitiges Schreiben, das das *Was* und *Weshalb* so erläutert, daß es alle Angehörigen Ihrer Organisation verstehen, ist viel nützlicher als eine hundertseitige Spezifikation über das *Wie,* die nur erfahrene Techniker verstehen können.

Betrachten wir zum Beispiel eine Richtlinie, die folgende Bestimmung enthält:

> Eingehende Verbindungen von der Außenwelt müssen mit nicht wiederverwendbaren Paßwörtern authentifiziert werden, um zu verhindern, daß ein möglicher Angreifer durch Überwachen solcher Verbindungen ein wiederverwendbares Paßwort aufschnappt.

Diese Festlegung ist viel nützlicher als folgende:

> Für alle eingehenden Verbindungen ist OTP[1] zu benutzen.

Weshalb? Die erste Richtlinie beschreibt, *was* zu schützen ist und *weshalb* dies zu geschehen hat. Das *Wie* bleibt dem technischen Personal überlassen, das die beste Implementierung auswählen kann.

Noch besser ist folgende Richtlinie:

> Normale Paßwörter werden oft gestohlen, während sie Netze durchlaufen. In Netzen, die unsere Firma nicht kontrolliert, benutzen wir keine wiederverwendbaren Paßwörter.

Diese Richtlinie vermittelt die gleiche Information, verzichtet aber auf die Juristensprache. Sie stellt außerdem einige andere Punkte klar. Gehören zum Beispiel in der ersten Fassung auch solche Firmen zur »Außenwelt«, zu denen besondere Beziehungen bestehen? Es mag Ihnen vielleicht klar sein, daß dem so ist. Ein Manager, der die Kooperation mit einer anderen Firma vorbereitet, sieht das aber vielleicht nicht ein. Die umformulierte Version stellt klar, welche Kriterien anzulegen sind (jetzt kann man natürlich immer noch über die Einhaltung des Kriteriums streiten).

Die Sicherheitspolitik kann bei der Auswahl und Implementierung neuer Technologien als Orientierungshilfe dienen, sollte sie jedoch nicht spezifizieren. Es ist oft viel leichter, das Management für eine allgemeine Sicherheitspolitik zu gewinnen als für eine bestimmte Technologie.

Die Probleme anderer Leute

Jeder Standort braucht seine eigene Sicherheitspolitik. Unterschiedliche Vorbehalte, Einschränkungen, Benutzer und Möglichkeiten führen zwangsläufig zu unterschiedlichen Sicherheitsrichtlinien. Außerdem kann sich die Sicherheitspolitik eines Standorts ändern, wenn er wächst und sich verändert. Sie dürfen nicht davon ausgehen, daß Sie ewig so weitermachen können, wie Sie es schon immer getan haben, oder daß Sie sich die Sicherheitsrichtlinien eines anderen Standorts besorgen können und darin nur die Namen auszutauschen brauchen.

Probleme, die nichts mit Computersicherheit zu tun haben

Wenn Leute sich auf ihren Computern Pornobilder anschauen, hat das nichts mit Computersicherheit zu tun; es ist eher ein menschliches Problem (und ein juristisches, falls jemand sich zu einer Anklage entschließen sollte). Auch Leute, die den ganzen Tag irgendwelche Computerspiele spielen, sind kein Sicherheitsproblem; es handelt sich dabei eher um ein Management-Problem. Diese Probleme müssen von bestehenden Regeln und Richtlinien angemessen behandelt werden. Sie sollten sich bewußt sein, daß diese Probleme das Themenfeld der Sicherheitspolitik weit überschreiten. Falls es jedoch entsprechende Richtlinien gibt, laufen Sie Gefahr, Widersprüche zwischen zwei

---

[1] OTP ist der IETF-Standard für Einmal-Paßwörter. Er basiert auf S/Key.

unterschiedlichen Richtlinien zu erzeugen, wenn Sie diese Probleme auch noch in der Sicherheitspolitik abhandeln. Richtlinien für die Computersicherheit enthalten auch so schon genügend komplexen und emotionalen Zündstoff. Es ist also nicht nötig, sie um entsprechende Themen zu erweitern.

Aufstellen einer Sicherheitspolitik

Wie stellen Sie eine Sicherheitspolitik zusammen, wenn Sie erst einmal wissen, was sie enthalten soll?

Wie lautet Ihre persönliche Sicherheitspolitik?

Als ersten Schritt bei der Aufstellung einer funktionierenden Sicherheitspolitik für Ihren Standort müssen Sie sich über Ihre eigene Auffassung klarwerden. Wenn Sie ein Firmennetz verwalten oder sicherheitsrelevante Entscheidungen treffen, befolgen Sie bereits eine innere Sicherheitspolitik, auch wenn Sie diese nie formuliert haben. Sie müssen sich diese innere Einstellung erst einmal bewußt machen, bevor Sie mit anderen Leuten über Sicherheitsfragen diskutieren und eine Sicherheitspolitik für den gesamten Standort festlegen.

Überdenken Sie also Ihre bisherigen Sicherheitsentscheidungen noch einmal, damit Ihnen klar wird, welche Zielsetzungen für die Sicherheit Ihres Standorts sinnvoll sind. Das liefert vielleicht noch nicht exakt die Sicherheitspolitik, die sie letztendlich formulieren werden, gibt jedoch schon wichtige Anhaltspunkte.

Wie lautet die Sicherheitspolitik Ihres Standorts?

Im zweiten Schritt zur Aufstellung einer Sicherheitspolitik für Ihren Standort informieren Sie sich über die Ansichten anderer Leute bezüglich Sicherheit. Was erwarten Benutzer und Manager von Sicherheitseinrichtungen? Wie beurteilen sie die augenblicklich installierten Sicherheitseinrichtungen? Was machen andere Rechenzentren, und weshalb handeln sie so?

Jeder Standort hat mindestens eine Sicherheitspolitik. Das Problem ist allerdings, daß die meisten Standorte mehrere haben. Vielleicht verfügt sogar jeder Mensch, der an diesem Standort mit Computern zu tun hat, über eine eigene. Manchmal geschieht diese Aufsplitterung völlig unbewußt. Verschiedene Rechenzentren innerhalb einer Organisation packen die Dinge oft ganz unterschiedlich an, ohne das überhaupt zu merken. Manchmal ist es ein offenes Geheimnis. Die Systemverwalter versuchen, eine Sicherheitspolitik durchzusetzen, von der sie überzeugt sind, die Benutzer jedoch nicht. Manchmal ist es auch ein offener Krieg. Meist unterstellt man Universitäten, daß die Systemverwalter und Anwender dort einen offenen Krieg austragen, tatsächlich geben jedoch auch viele Firmen viel Geld für den Streit über Sicherheitsfragen aus (beispielsweise liegen Verwaltung und Techniker oft über Kreuz).

Einige Bestandteile der Sicherheitspolitik eines Standorts sind vielleicht schon schriftlich fixiert, ein Großteil wird aber meist nur implizit umgesetzt und wurde nie veröffentlicht. Diesen Teil lernen Sie nur kennen, wenn Sie herumgehen und die Leute fragen – Manager, Systemadministratoren und Benutzer. Anschließend sehen Sie sich die Computer an, um festzustellen, was tatsächlich passiert. Es ist unwahrscheinlich, daß Sie belogen werden, aber Sie erfahren meist nicht die tatsächlichen Umstände, sondern das, was die Leute für die Wahrheit halten, was sie sich wünschen oder erwarten.

Manager, die mit abgesicherten Computern zu tun haben, glauben vielleicht, daß diese Computer automatisch geschützt sind und die ausgelieferte Konfiguration bereits einigermaßen sicher ist, wenn eine Maschine ans Netz geht. Das stimmt aber nicht! In Wahrheit ist nämlich meist das genaue Gegenteil der Fall. Die Standardkonfiguration, in der die Maschinen ausgeliefert werden, ist meist lächerlich unsicher. Es erfordert erhebliche Erfahrung, sie abzusichern. Ein Manager, der behauptet, alle Computer seien perfekt abgesichert, hat also vielleicht völlig unrecht, obwohl er sie nicht im geringsten täuschen mag.

Wenn Sie Fragen stellen, auf die es offensichtlich »richtige« Antworten gibt, werden Sie diese von den meisten Leuten auch zu hören bekommen. Andere Leute gehen dabei vielleicht in Verteidigungsstellung. Stellen Sie deshalb neutrale Fragen ohne irgendwelche Vorurteile. Fragen Sie zum Beispiel nicht, ob die Leute Sicherheit für wichtig halten. Erkundigen Sie sich lieber danach, ob ihnen Sicherheit oder eine kooperative Arbeitsumgebung wichtiger ist, und lassen Sie sich die Antwort erläutern.

Machen Sie den Leuten auf alle Fälle klar, weshalb Sie Fragen stellen. Die meisten denken an eine Überprüfung, wenn sie zum Thema Sicherheit befragt werden, und wollen lieber gut abschneiden, als über die Realität zu sprechen. Andere reagieren dagegen feindselig (weshalb sollten sie schließlich überprüft werden?). Wenn Sie solche Reaktionen feststellen, sollten Sie keine weiteren Fragen zur Sicherheitspolitik stellen (es bringt nichts, wenn Sie keine nützlichen Antworten erhalten). Erklären Sie statt dessen lieber noch einmal, was Sie tun und welche Gründe das hat. Wird Ihnen nicht geglaubt, so fragen Sie jemand anders.

Externe Faktoren, die die Sicherheitspolitik beeinflussen

Ihr Standort ist nie völlig unabhängig. Es gibt außerhalb eines Rechenzentrums immer Fragen, die dessen Sicherheitspolitik beeinflussen. Dazu gehören juristische Voraussetzungen, vertragliche Verpflichtungen und die bisherige Firmenpolitik.

Wir wollen zunächst die rechtlichen Fragen betrachten. Eine Firma hat gegenüber ihren Gesellschaftern oder Aktionären die Verpflichtung, ihr Vermögen zu schützen. Sind sich alle Firmenangehörigen einig, daß man Paßwörter abschaffen und sich dem Internet öffnen sollte, so kann man das dennoch nicht als Sicherheitspolitik festschreiben. Aus Ihrer Sicherheitspolitik muß hervorgehen, daß Sie die Computer und Daten der Firma gut schützen. Dazu genügen allerdings die üblichen Vorkehrungen. Das heißt, Sie sind nicht verpflichtet, Netzhautmerkmale zu überprüfen, bevor jemand einen Computer berühren darf!

Unabhängig davon, für welche Einrichtung Sie arbeiten, ist meist auch der Datenschutz für die Personaldaten der Angestellten zu gewährleisten. Personalbeurteilungen sind im allgemeinen rechtlich geschützt, ebenso einfache persönliche Angaben wie Privatanschriften. Universitäten sind für die Daten ihrer Studenten verantwortlich. Dies geht bis hin zu der Information, welche Studenten der Universität überhaupt angehören. In einigen Ländern genießen persönliche Daten noch größeren Schutz. Wenn Sie nicht für die Personalabteilung oder das Studentenbüro arbeiten, glauben Sie vielleicht, solche Schutzmaßnahmen gingen Sie nichts an. Das trifft jedoch nicht zu: Jeder Vorgesetzte muß im Normalfall mit vertraulichen Daten seiner Angestellten umgehen. Auch die Verwaltung der Kennungen an Universitäten erfordert den Umgang mit vertraulichen Daten (z. B. ob ein Student eingeschrieben ist und welche Kurse er besucht).

Manche Organisationen sind auch vertraglich zum Datenschutz verpflichtet. Wenn Ihre Systeme Daten von Kunden enthalten, steht in den Verträgen wahrscheinlich, daß Sie diese schützen müssen. (Das kann auch für Forschungsverträge an Universitäten gelten.) Wenn Sie Quellcode oder noch nicht freigegebene Software besitzen, haben Sie mit der Lizenzvereinbarung ziemlich sicher auch eine Schutzpflicht unterschrieben.

Vielleicht beeinflussen auch bereits existierende Richtlinien die Sicherheitspolitik Ihres Standorts. Diese Richtlinien regeln gewöhnlich den Schutz von Daten (meist um die oben beschriebenen vielfältigen rechtlichen Verpflichtungen zu erfüllen). Manche Richtlinien regeln aber auch den Zugang zu Daten, speziell an Universitäten und in öffentlichen Einrichtungen.

Wenn es bei Ihnen eine Rechtsabteilung gibt, sollten Sie diese um Rat fragen. Lassen Sie die Sicherheitspolitik aber nicht in der Rechtsabteilung formulieren, sondern lassen Sie sich einfach die rechtlichen Verpflichtungen der Organisation erklären. Falls es keine Rechtsabteilung gibt, fragen Sie einen höheren Manager. Auf alle Fälle müssen Sie die vorhandenen schriftlichen Richtlinien ausfindig machen und durchsehen, um festzustellen, ob sie sicherheitsrelevante Aussagen machen. Dabei bekommen Sie auch gleich einen Eindruck davon, ob eine schriftliche Richtlinie funktioniert oder nicht. Wenn Ihnen die existierenden Richtlinien gefallen, können Sie Ihre neue Sicherheitspolitik daran orientieren. Andernfalls sollten Sie der Versuchung widerstehen, die neue Sicherheitspolitik so zu formulieren wie die alte, nur weil das so üblich zu sein scheint.

Viele Leute scheuen sich davor, ihre rechtlichen Verantwortlichkeiten festzulegen, weil sie hoffen, diesen nicht nachkommen zu müssen, wenn Sie nicht wissen, welche es sind. Sie haben vielleicht das dumpfe Gefühl, daß es nicht legal ist, Mitarbeiterbeurteilungen auf einer ungeschützten Maschine aufzubewahren, wollen sich mit dem Problem aber nicht auseinandersetzen. Sie hegen möglicherweise auch den Verdacht, daß das Gesetz von ihnen etwas fürchterlich Schwieriges verlangt. Die schlechte Nachricht lautet, daß es keine Entschuldigung ist, wenn Sie das Gesetz ignorieren. Sie müssen einfach herausfinden, wofür Sie juristisch verantwortlich sind und wie Sie diese Anforderungen am besten erfüllen. (Es ist nicht ratsam, sie herauszufinden und anschließend die ganze Zeit damit zu verbringen, Wege zu ermitteln, um sie zu umgehen. Es schützt Sie nicht vor rechtlichen Problemen und verärgert vermutlich außerdem den Richter.)

Die gute Nachricht lautet, daß das Gesetz von Ihnen eigentlich nur sehr selten etwas Unmögliches verlangt. Falls Ihr Anwalt etwas anderes behauptet, holen Sie andere juristische Gutachten ein und schauen Sie sich die Praktiken anderer Einrichtungen an.

Strategische und politische Entscheidungen

Strategische Entscheidungen müssen vom obersten Management getroffen und unterstützt werden, wenn sie erfolgreich umgesetzt werden sollen. Die Sache ist ziemlich einfach: Wenn die Geschäftsführung die Sicherheitsmaßnahmen nicht unterstützt, werden Sie auch keine Sicherheit erreichen. Weshalb sollte Ihnen die Geschäftsführung die Unterstützung verweigern? Vielleicht haben Sie die Bedenken des Managements einfach nicht genügend berücksichtigt. Im folgenden wollen wir Ihnen einige Anregungen dafür geben.

Gewinnen Sie Verbündete

Sie müssen nicht alles allein machen. Das ist wahrscheinlich gar nicht möglich. Sie brauchen einen Förderer in leitender Position, wenigstens jemanden in der Geschäftsleitung. Wenn Sie nicht regelmäßig mit Leuten aus der Chefetage reden, brauchen Sie jemanden auf einer Zwischenebene, der Ihnen helfen kann herauszufinden, mit wem Sie sprechen können und wie Sie das anstellen. Es muß nicht unbedingt jemand aus Ihrer Managementkette sein; jeder, dem Sie vertrauen und der sich leidenschaftlich für eine Sicherheitspolitik einsetzt, ist geeignet. Am besten sind Leute von der Sicherheit (ja, die gleichen Leute, die auch die Türen verriegeln), aus der Rechtsabteilung, aus der Buchhaltung, von der Innenrevision und aus der Qualitätsüberprüfung. Falls es erst vor kurzem einen sicherheitsrelevanten Vorfall gab, versuchen Sie es mit dieser Abteilung – wenn der Vorfall an die Öffentlichkeit gedrungen ist, können Sie auch die Verkaufsabteilung oder das Marketing einbeziehen.

Es erweist sich oft auch als sehr effektiv, externe Berater ins Spiel zu bringen. Ein Berater besitzt die Autorität eines Experten und bringt für die nötigen Besprechungen sowohl mehr Geduld als auch mehr Wissen mit als die meisten Techniker. Außerdem bewegt sich der Berater nicht in dem komplizierten Geflecht der bestehenden Beziehungen zwischen den Beteiligten und kann leichten Herzens die Rolle des Sündenbocks für unbeliebte Entscheidungen auf sich nehmen. Sie brauchen in dieser Situation einen Berater, dessen Stärken auf den Gebieten Politik und Durchsetzungsfähigkeit liegen, und unbedingt den besten Techniker, den Sie finden können.

Beziehen Sie alle Beteiligten ein

Sie selbst kennen sich vielleicht technisch am besten aus, doch Sie verstehen nicht unbedingt auch die Gesamtanforderungen Ihrer Organisation am besten. Strategische und politische Entscheidungen müssen im Team getroffen werden. Sie können nicht einfach eine Richtlinie nach eigenem Geschmack aufstellen und von vielen Leuten absegnen lassen. Selbst wenn Sie alle Leute so weit bringen – das kann schwieriger sein, als intelligente Vorschläge zu bekommen –, werden diese die Richtlinien nicht befolgen.

Die Sicherheitspolitik eines großen Computerherstellers verbot Einwählmodems. Der zentrale Einwählzugang befriedigte aber leider nicht alle Programmierer. Einige dieser Programmierer fanden heraus, daß sie zwar keine Modemleitungen bekamen, aber existierende Faxanschlüsse auf ein Modem umstecken und sich damit nachts von zu Hause aus an ihrem Arbeitsplatz einwählen konnten. Es kam noch schlimmer, als einer dieser Programmierer entlassen wurde und weiterhin mit diesem Trick in den Standort einbrach. Er probierte der Reihe nach alle Faxnummern der Firma, bis er eine der umgesteckten Verbindungen erwischte. Damit erhielt er einen Login-Prompt einer ungesicherten Maschine innerhalb der Firewall der Firma. Der ehemalige Angestellte richtete beträchtlichen Schaden an, bevor er entdeckt und ausgesperrt wurde. Er gewann viel Zeit, da die Leute, die ihn aussperren wollten, nichts von der Existenz der Modems wußten. Als sie das schließlich herausfanden, war es ziemlich langwierig und mühsam, die Modems wieder loszuwerden, da die Faxleitungen nur dann umgesteckt wurden, wenn die Programmierer sie auch benutzen wollten.

Der ganze Vorfall war nur möglich, weil Management und Systemverwalter eine Sicherheitspolitik aufgestellt hatten, die vitale Bedürfnisse der Menschen ignorierte, die in dem Rechenzentrum arbeiteten. Nach der offiziellen Lesart mußte der Wählzugang so sicher sein, daß er fast völlig nutzlos war, nach der inoffiziellen Lesart mußte der Wählzugang dagegen so praktisch sein, daß er fast nicht abzusichern war. Hätten die Richtlinien einen zumindest geringfügig unsicheren Wählzugang erlaubt, hätte man den Einbruch unter Umständen verhindern, jedenfalls einfacher entdecken und beenden können. Der Vorfall wäre auch dann vermeidbar gewesen, wenn die Programmierer der Sicherheit höhere Priorität als dem Wählzugang gegeben hätten. Eine solche Vereinbarung ist jedoch viel schwieriger zu erreichen als ein Kompromiß.

Tatsächlich gab es in diesem Fall kaum Meinungsverschiedenheiten zwischen den beteiligten Parteien. Hätte man die Manager gefragt, hätte man erfahren, daß es ihnen wichtig sei, die Leute von zu Hause aus arbeiten zu lassen. Sie wußten aber nicht, daß das existierende Einwählsystem unzureichend war. Hätte man die Programmierer gefragt, so hätte man erfahren, daß ihnen die Verhinderung mutwilliger Zerstörung ihrer Arbeit wichtig sei. Die Risiken ihrer Aktionen waren ihnen nicht bewußt. Niemand machte sich gleichzeitig über Sicherheit und praktischen Nutzen Gedanken – das führte zur Katastrophe.

Akzeptieren Sie »falsche« Entscheidungen

Es kann passieren, daß Sie mit der Sicherheitspolitik, die Sie aufgestellt haben, nicht besonders zufrieden sind. Wenn das daran liegt, daß die Beteiligten nicht wußten, was sie taten, sollten Sie sich sehr stark für eine Korrektur einsetzen. Wenn den Beteiligten dagegen die Risiken klar sind, sie jedoch andere Prioritäten setzen als Sie selbst, sollten Sie Ihre Einwände schriftlich fixieren und die Sicherheitspolitik akzeptieren. Sie haben recht, dieses Vorgehen kann in die Katastrophe führen. Dennoch können Sie von einer Gruppenentscheidung nicht erwarten, daß sie immer mit Ihrer eigenen Entscheidung übereinstimmt. Genausowenig können Sie sicher sein, daß Ihre Anschauung die einzig richtige ist.

Manchmal sind Manager zu Risiken bereit, die den Systemverwaltern überwältigend erscheinen. So entschied sich zum Beispiel ein Computerhersteller, eine seiner großen und leistungsfähigen Maschinen in einem ungeschützten Netz aufzustellen und bisherigen oder zukünftigen Kunden auf Anfrage Zugänge auf dieser Maschine einzurichten. Der Systemadministrator hielt das für eine schreckliche Idee und wies darauf hin, daß es grundsätzlich unmöglich sei, diese Maschine abzusichern. Es sei eine große Zahl von Kennungen zu erwarten, die sich häufig und unsystematisch ändern sowie von Leuten benutzt würden, die die Firma nicht kontrollieren könne. Die Testkennungen wurden zudem deswegen ausgegeben, weil es sich bei der Maschine um einen schnellen Parallelrechner handelte – sie eignete sich also perfekt zum Knacken von Paßwörtern. Für den Systemverwalter war es sehr wahrscheinlich, daß mit Hilfe dieser Maschine andere Rechner angegriffen würden, sobald nur jemand in den Parallelrechner eingedrungen wäre (was wohl unvermeidlich war).

Der daraufhin folgende Streit führte schließlich zu einem Kompromiß. Die Maschine wurde zur Verfügung gestellt, doch das interne Netz sollte durch zusätzliche Sicherheitsmaßnahmen geschützt werden. (Das war deswegen ein Kompromiß, weil es Einschränkungen für die Angestellten mit sich brachte, die die Benutzer von außerhalb unterstützen sollten.) Das Management entschied sich dafür, das verbleibende Risiko zu tragen: Die Maschine könnte als Plattform für Angriffe gegen andere Standorte dienen, was extrem schlechte Publicity zur Folge hätte.

Was passierte nun? Es wurde natürlich in die Maschine eingedrungen, und sie wurde mindestens für Angriffe auf die internen Netze mißbraucht. Diese Angriffe waren zwar sehr lästig und kosteten die Firma zusätzliche Zeit für die Systemverwalter. Es entstand jedoch weder größerer Schaden, noch gab es nennenswerte negative Schlagzeilen. Das Management betrachtete angesichts des durch den Testbetrieb der Maschine erwirtschafteten Umsatzes die Ausgaben als akzeptabel. In diesem Fall wurden widersprüchliche Anforderungen durch Diskussion und Kompromiß aneinander angeglichen. Das Resultat war eine Sicherheitspolitik, die schwächer war als die ursprüngliche Richtlinie, aber immer noch genügend Schutz bot. Indem die Firma das Risiko offen und bewußt akzeptierte, schränkte sie es gleichzeitig auf ein erträgliches Maß ein.

Erläutern Sie allen Beteiligten auf geeignete Art die Risiken und Vorteile

Sie müssen sich darüber im klaren sein, daß unterschiedliche Leute ganz unterschiedliche Bedenken haben. Diese Vorbehalte hängen meist mit der jeweiligen Position zusammen, können aber auch persönliche Ursachen haben. Einige Beispiele:

- Der Finanzchef macht sich Sorgen über die Kosten für die Sicherheit oder die Kosten, die durch zu geringe Sicherheit entstehen können.

- Der Direktor hat Angst vor negativen Schlagzeilen nach einem sicherheitsrelevanten Vorfall an Ihrem Standort oder dem möglichen Verlust oder Diebstahl geistigen Eigentums über das Internet oder andere Netzwerkverbindungen.
- Ein Abteilungsleiter befürchtet die Veröffentlichung vertraulicher Berichte.
- Ein Angehöriger des mittleren Managements möchte verhindern, daß seine Angestellten ihre gesamte Zeit mit Usenet-News oder im World Wide Web vergeuden.
- Ein anderer Manager denkt an Viren in infizierter PC-Software aus dem Internet.
- Wieder ein anderer Manager ist damit befaßt, Kunden den bestmöglichen Support über das Internet zu bieten.
- Ein Professor möchte verhindern, daß andere Institutionen während seines Forschungssemesters auf seine Daten zugreifen können.
- Ein Dozent befürchtet, daß Studenten die Lösungen für Tests von anderen Studenten stehlen oder sich die Tests gleich von den Dozenten besorgen.
- Für die Benutzer müssen die Internet-Dienste verfügbar sein, die für ihre Arbeit wichtig sind.
- Die Benutzer befürchten, bei zu hohen Sicherheitsauflagen nicht mehr zusammenarbeiten zu können.
- Studenten befürchten, nicht mehr mit den Computern spielen zu können. Das ist aber Teil ihrer Ausbildung.
- Diplomanden und Projektleiter hegen die Befürchtung, daß die Sicherheitsmaßnahmen zeitkritische Projekte behindern.

Sie müssen sich die Zeit nehmen, all diese unterschiedlichen und legitimen Bedürfnisse kennenzulernen und zu berücksichtigen. Vielleicht kommen Sie auch zu dem Schluß, daß sich die Leute über etwas Sorgen machen sollten, das ihnen gar nicht bewußt ist. Sie müssen sie über solche Fragen aufklären. Daher müssen Sie verstehen, welche Aufgabe sie erledigen, was sie vom Netz erwarten und wie hoch sie die Bedeutung der Sicherheitsmaßnahmen einschätzen.

Sprechen Sie mit diesen Leuten über die Themen, die ihnen wichtig sind. Dazu müssen Sie erst lange zuhören, bevor Sie selbst irgendetwas sagen. Mit den Managern sprechen Sie über mögliche Kosten und potentielle Verluste; mit den Geschäftsführern oder Direktoren wägen Sie Nutzen und Risiken ab; mit den Technikern diskutieren Sie Ausbaumöglichkeiten. Bevor Sie Ihren Entwurf vorstellen, legen Sie sich Erklärungen zurecht, die den Standpunkten und technischen Kenntnissen Ihrer Gesprächspartner angepaßt sind. Wenn Sie Probleme haben, mit einer bestimmten Gruppe von Leuten zu reden oder deren Standpunkte nachzuvollziehen, kann es hilfreich sein, es sich von jemandem »übersetzen« zu lassen, der diese Gruppe besser versteht.

Versuchen Sie, sich in andere Leute und deren Denkweise hineinzuversetzen, das heißt, passen Sie Ihre Erläuterungen an die unterschiedlichen Typen von Menschen an. Versuchen Sie nicht, jemanden zu täuschen! Die zugrundeliegenden Informationen sind immer gleich, unabhängig davon, mit wem Sie gerade sprechen. Wenn eine bestimmte

Entscheidung allerdings gleichzeitig Kosten einspart und die Arbeitsumgebung angenehmer macht, so sollten Sie nicht zum Finanzchef sagen »Wir wollen das so machen, weil es lustiger ist« und dann den Programmierern mitteilen, daß »wir es aus Kostengründen so machen«.

Wenn Sie Techniker sind, werden Sie den Gedanken wahrscheinlich zunächst nicht mögen, in Begriffen des Geldes über Sicherheit reden zu müssen. Vor allem werden Sie möglicherweise glauben, nicht die »richtigen« Antworten zu finden. Sie müssen dies auch gar nicht. Niemand kann wirklich genau angeben, wieviel eine bestimmte Sicherheitspolitik kostet – die Kosten für Hardware und Software lassen sich normalerweise leicht ermitteln, dazu kommen aber noch die Zeit für die Einrichtung, die Management-Treffen zum Diskutieren über die Sicherheitspolitik, die Wartung, die zusätzlichen fünf Minuten, die jeder Programmierer täglich braucht, um sich anzumelden, die Änderungen an anderen Systemen. Wenn man angeben will, wieviel Geld gespart wird, wird es noch schlimmer; im allgemeinen ist der schlimmste Fall die absolute Katastrophe, die soviel Geld kostet, wie Sie sich nur vorstellen können oder wie Ihre Einrichtung aufbringen kann. Das ist jedoch so unglaubwürdig, daß Sie damit nicht argumentieren können. Sie müssen deshalb abschätzen können, wieviel Sie einfachere Vorfälle kosten würden. Wird man Sie verklagen? Werden Sie Kunden verlieren? Werden Sie die Kontrolle über wertvolles Kapital verlieren? Sie werden bei diesem Prozeß nicht zu Antworten kommen, die einen Techniker glücklich machen. Das ist in Ordnung. Ermitteln Sie eine Schätzmethode, die Ihnen plausibel erscheint und die gewünschten Ergebnisse liefert, weisen Sie einigermaßen plausible Zahlen zu, schreiben Sie alles in eine Tabelle, und präsentieren Sie diese. Sie können ehrlich zugeben, daß das nicht genau ist; das Wichtigste ist, daß Sie Zahlen haben und daß Sie an die Rechtmäßigkeit dieser Zahlen glauben, unabhängig davon, wie genau (oder ungenau) das Ergebnis Ihrer Meinung nach ist. Im allgemeinen erwartet man von Ihnen keine absoluten Wahrheiten.

Vermeiden Sie Überraschungen

Beim Thema Sicherheit will niemand Überraschungen erleben. Aus diesem Grund müssen Sie sich darum kümmern, daß die beteiligten Personen alle wichtigen Fragen verstehen und mit den getroffenen Entscheidungen einverstanden sind (oder sich zumindest daran halten).

Alle Beteiligten müssen die Konsequenzen der Entscheidungen kennen. Dazu gehören die schlimmsten, die angenehmsten und die wahrscheinlichsten Folgen. Konsequenzen, die Ihnen völlig klar sind, sind anderen Leuten vielleicht überhaupt nicht bewußt. Beispielsweise geben Leute, die sich nicht besonders gut mit Unix auskennen, vielleicht freiwillig das root-Paßwort heraus. Sie kennen die Folgen nicht und regen sich erst dann auf, wenn sie von den Auswirkungen erfahren.

Auf Überraschungen folgt bei vielen Leuten eine Überreaktion, die von völliger Gleichgültigkeit bis zu unrealistischen Forderungen reichen kann. Ein guter Einbruch oder auch nur ein böser Streich kann Leute, die bisher das Gerede über Paßwörter nie verstanden haben, so verändern, daß sie sich nach Stimmfrequenzanalyse und Geschütztürmen erkundigen. (Sie sollten solche Leute nur dann Entscheidungen treffen lassen, wenn sie sich nicht im Zustand völliger Panik befinden, sondern sich wieder beruhigt haben.)

Beschränken Sie sich auf wichtige Fragen und deren Auswirkungen

Wenn Sie einen Top-Manager um eine Entscheidung zur Sicherheitspolitik bitten, sollten Sie nur die anstehende Entscheidung, deren Vor- und Nachteile sowie die Auswirkungen der verschiedenen Möglichkeiten mit ihm diskutieren und überflüssige Fragen vermeiden. Fragen Sie Ihren Geschäftsführer zum Beispiel nicht, ob Sie Sendmail oder Microsoft Exchange als Mailer oder NetBEUI oder TCP/IP als Haupttransportprotokoll in den internen Netzwerken benutzen sollen; das sind vor allem technische Fragen, die von den zuständigen technischen Mitarbeitern gelöst werden sollten. Im Gegensatz dazu muß Ihr Vorgesetzter strategische Entscheidungen bezüglich E-Mail treffen, zum Beispiel ob jeder Angehörige der Organisation E-Mail-Zugang erhält oder nur bestimmte Leute (und auf wen die Zugänge in diesem Fall beschränkt werden).

Legen Sie jemandem nur dann eine Frage zur Entscheidung vor, wenn er oder sie zu einer solchen Entscheidung befugt ist und über die nötigen Informationen verfügt. Sie wollen ja nicht, daß jemand eine Entscheidung trifft, die dann von höherer Stelle aus (oder schlimmer: von jemandem auf der gleichen Ebene, aber mit entsprechender Kontrolle) außer Kraft gesetzt wird. Machen Sie der Person immer klar, weshalb gerade sie und nicht ein anderer die Entscheidung treffen soll.

Vermeiden Sie bei Ihren Fragen offene Formulierungen. Fragen Sie zum Beispiel nicht »Was sollten wir bezüglich der Internet-Sicherheit tun?«, sondern lieber »Sollten wir eine einzige Stelle zum Verteidigungspunkt ausbauen oder die Maschinen einzeln schützen?«. (Auf die erste Frage kann der Gesprächspartner mit »gar nichts« antworten. Mit dieser Antwort werden Sie aber kaum glücklich.) In den meisten Fällen ist es noch besser, wenn Sie fragen: »Sollen wir 8.000 DM in ein einziges Verteidigungssystem investieren oder 20.000 DM zum Schutz aller Maschinen aufbringen?«.

Rechtfertigen Sie alles mit diesen Entscheidungen

Alle technischen Einzelheiten und Fragen der Implementierung sollten sich an den Richtlinien orientieren, die Sie von Ihren Vorgesetzten erhalten haben. Wenn Sie feststellen, daß die Auswahl einer technischen Variante von nichttechnischen Fragen abhängt, sollten Sie zusätzliche Richtlinien diesbezüglich anfordern. Beschreiben Sie auch hier klar und deutlich das Problem: die möglichen Optionen, Vor- und Nachteile sowie die Auswirkungen jeder Option.

Wenn Sie Richtlinien oder Vorgehensweisen erläutern, dann tun Sie dies anhand der ursprünglichen Entscheidungen. Zeigen Sie den Entscheidungsprozeß. Falls Sie feststellen, daß dies nicht möglich ist, decken entweder die ursprünglichen Entscheidungen einige der Fragen nicht ab, die Ihnen wichtig sind (vielleicht so wichtig, daß Sie davon ausgegangen sind, sie müßten nicht erwähnt werden), oder die Richtlinien und Vorgehensweisen sind unbegründet und möglicherweise unvernünftig.

Machen Sie deutlich, daß viele Fragen Management- und Personalprobleme und keine technischen Probleme sind

Manche Leute betrachten gewisse Probleme als technische Probleme und versuchen auch, sie auf technische Art zu lösen, obwohl es sich in Wirklichkeit um Management- oder Personalprobleme handelt. Manche Manager befürchten zum Beispiel, daß ihre Angestellten die Arbeitszeit dazu mißbrauchen, um Usenet-News zu lesen oder im World Wide Web zu surfen. Das ist aber kein technisches, sondern ein Personalproblem – die moderne Variante von Leuten, die am Schreibtisch nur Zeitung lesen oder Kreuzworträtsel lösen.

Ein anderes häufig anzutreffendes Beispiel ist die Befürchtung von Managern, die Angestellten könnten vertrauliche Informationen über das Internet verbreiten. Auch das ist gewöhnlich kein technisches Problem, sondern ein Management-Problem. Der gleiche Angestellte, der den firmeneigenen Quellcode per E-Mail an die Konkurrenz schicken kann, könnte ihn auch auf einer Zip-Diskette in seiner Tasche mitnehmen (das ist zudem viel bequemer und verringert die Wahrscheinlichkeit, entdeckt zu werden). Es ist unsinnig, durch technische Maßnahmen die Informationen einzuschränken, die man per E-Mail übertragen kann – es sei denn, man überprüft am Werkstor die Taschen aller Angestellten.

Glauben Sie nicht, daß irgendetwas offensichtlich ist

Gewisse Dinge, die einem an Sicherheitsfragen interessierten Techniker klar sind, sind für nichttechnische Manager und Vorgesetzte überhaupt nicht offensichtlich. Wie wir bereits erwähnt haben, ist es für jedermann mit einem Grundverständnis von IP klar, daß man mit Paketfilterung den Zugang zu bestimmten Diensten nach IP-Adressen einschränken kann, nicht aber nach Benutzerkennungen (es sei denn, man kann die IP-Adressen einzelnen Benutzern zuordnen). Weshalb? In IP gibt es das Konzept des »Benutzers« überhaupt nicht, nichts in einem IP-Paket gibt an, welcher »Benutzer« dafür verantwortlich ist. Andererseits sind manche Dinge zwar den Managern klar, nicht aber den technischen Mitarbeitern. Beispiel: Die öffentliche Meinung (die oft unvollständig oder schlicht falsch ist) zu einem Problem Ihrer Firma ist häufig wichtiger als die technische »Wahrheit«, die dahintersteckt.

Was passiert, wenn Sie keine Sicherheitspolitik durchsetzen können?

Was können Sie tun, wenn Sie trotz höchster Anstrengungen keine schriftlich fixierte Sicherheitspolitik durchsetzen können? Sie sind auf der sicheren Seite, wenn Sie jede Kleinigkeit dokumentieren. Schreiben Sie alles auf, was Sie tun, weshalb Sie das tun, was die existierenden Richtlinien besagen, was Sie versucht haben und weshalb Sie die Situation für schlecht halten. Drucken Sie das Ganze aus, unterschreiben Sie es, und geben Sie es zumindest Ihrem direkten Vorgesetzten, besser noch einigen seiner Vorgesetzten. Heften Sie eine eigene unterschriebene Kopie ab, auf der das Datum vermerkt ist, zu dem es die jeweiligen Leute bekamen.

Versuchen Sie jedes Jahr oder bei jeder wichtigen Veränderung der Situation erneut, eine Sicherheitspolitik aufzustellen. Falls das nicht funktioniert, wiederholen Sie den gesamten Dokumentationsvorgang. Passen Sie Ihr Schreiben jedoch an. Wenn Sie der Versuchung erliegen, nur das Datum zu ändern, stimmt der Inhalt vielleicht nicht mehr ganz. Dadurch schwächen Sie Ihre Position.

Unsere Empfehlungen laufen auf eine Konfrontation hinaus. Es kann so scheinen, als kümmerten Sie sich nur um Ihre eigene Sicherheit und nicht um die Sicherheit Ihres Standorts.[2] Es lohnt sich, viel Zeit in das Dokument zu investieren, damit es genau das trifft, was Sie sagen wollen. Sie müssen sich nicht unbedingt besonders förmlich ausdrücken. Wenn Sie vermitteln wollen »Ich weiß, daß wir eine lockere Firma sind und keine schriftlich fixierte Firmenpolitik haben, aber ich glaube, diese Frage ist so wichtig, daß wir dennoch etwas zusammenschreiben sollten« –, dann sagen Sie genau das.

---

2 Das mag zwar wahr sein, aber niemand sonst wird sich darum kümmern, daß Sie sich sicherer fühlen.

26

Betreuung von Firewalls

Wenn Sie eine gute Firewall aufgebaut haben, die den Anforderungen Ihrer Organisation entspricht, sollte deren Betreuung recht einfach sein. Was gehört zur Betreuung einer Firewall? Wir unterscheiden drei Kategorien:

- Allgemeine Wartungsarbeiten
- Überwachung des Systems
- Sich selbst auf dem laufenden halten

Nach dem Entwurf und der Implementierung der Firewall sollte der laufende Betrieb nicht mehr sehr aufwendig sein. Ein großer Teil der allgemeinen Wartungsarbeiten läßt sich zudem gut automatisieren.

Allgemeine Wartungsarbeiten

Die allgemeinen Wartungsarbeiten umfassen den ewigen Kleinkram, der nötig ist, um die Firewall in Ordnung und in sicherem Zustand zu halten. Sie werden immer wieder mit drei Hauptaufgaben zu tun haben:

- Backup der Firewall
- Verwaltung der Zugänge
- Verwaltung der Plattenkapazität

Backup der Firewall

Sie müssen für alle Teile der Firewall Backups (Sicherheitskopien) anlegen. Das betrifft nicht nur die Computer, die Sie als Bastion-Hosts oder interne Server einsetzen, sondern auch Router oder andere Spezialgeräte. Ihre Sicherheit hängt von der korrekten Konfiguration der Router ab, und es ist meist nicht ganz einfach, einen Router neu zu konfigurieren.

Legen Sie die Backups auf den Computern am besten mit einem automatisierten Backup-System an. Dieses sollte bei normalem Ablauf eine E-Mail zur Bestätigung schicken und bei aufgetretenen Fehlern deutlich hervorgehobene Meldungen erzeugen.

Weshalb sollte man nicht nur bei Fehlern E-Mails schicken? Wenn das System nur bei Fehlern Meldungen erzeugt, merken Sie nicht, wenn es überhaupt nicht läuft. (Schweigen ist nicht immer Gold, was die Eltern kleiner Kinder nur zu gut wissen: Wenn sie gerade keinen Lärm machen, hecken sie meistens Unfug aus.)

Weshalb sollten sich die E-Mails im Fehlerfall deutlich von den anderen unterscheiden? Wenn das System im Fehlerfall ähnliche Meldungen produziert wie im Erfolgsfall, werden die Leute, die gewöhnlich die Erfolgsnachricht ignorieren, auch die Fehlermeldung ignorieren. Im Idealfall sollte ein separates Programm überprüfen, ob die Backups durchgeführt wurden, und gegebenenfalls eine Meldung schicken.

Spezielle Geräte wie Router ändern sich nicht so oft und brauchen meist kein automatisiertes Backup-System (zum Glück, denn meistens unterstützen sie so etwas auch nicht). Nach Änderungen sollten Sie alle Mittel ausnutzen, die zur Aufzeichnung der Konfiguration zur Verfügung stehen. Die meisten Systeme speichern ihre Konfiguration in Flash-RAMs und können sie auch per FTP übertragen. Manche von ihnen besitzen auch Diskettenlaufwerke. Wenn Sie die Konfiguration auf einer Diskette speichern können, dann tun Sie das, und bewahren Sie die Diskette getrennt von Ihrer Maschine auf. Führen Sie Backups auch dann durch, wenn Sie die Konfiguration mit FTP geladen haben; der Router sollte nicht völlig von einer anderen Maschine abhängen. Wenn Sie die Konfiguration nicht per FTP geladen haben, erstellen Sie eine FTP-Kopie sowie eine Kopie auf Diskette. Weshalb? Manchmal ist es einfacher, eine Datei zu finden als kleine Objekte wie Disketten. Außerdem könnte das Diskettenlaufwerk ausfallen, obwohl der Rest des Routers noch funktioniert. Falls es nicht möglich ist, auf eine Diskette oder ein anderes Backup zu schreiben, das der Router direkt lesen kann, sollten Sie zumindest versuchen zu gewährleisten, daß die notwendigen Dateien für FTP an mehreren Stellen zur Verfügung stehen.

Der Entwurf eines Backup-Systems geht über den Rahmen dieses Buchs hinaus. Diese Beschreibung (zusammen mit dem Abschnitt »Backup der Dateisysteme« in Kapitel 27, *Reagieren auf Zwischenfälle*) bietet nur eine Zusammenfassung. Wenn Sie sich bezüglich des Backup-Systems nicht sicher sind, sollten Sie einen Blick in eine Referenz zur Systemverwaltung werfen. In Anhang A, *Ressourcen*, finden Sie Informationen über zusätzliche Ressourcen.

Verwaltung der Zugänge

Die Verwaltung der Zugänge – das Einrichten neuer Zugänge, das Löschen alter Zugänge, das Ändern von Paßwörtern usw. – gehört zu den am meisten vernachlässigten Wartungsarbeiten. Auf Firewall-Systemen ist es absolut notwendig, daß neue Kennungen korrekt eingerichtet, alte Kennungen sofort gelöscht und Paßwörter hinreichend oft geändert werden. (Konsultieren Sie Ihre Systemdokumentation bezüglich der Einzelheiten hierzu.)

Legen Sie ein Verfahren zum Einrichten neuer Zugänge fest. Benutzen Sie ein Programm dafür, falls das möglich ist. Eigentlich sollte es auf Firewall-Systemen nicht viele Benutzer geben, denn jeder einzelne stellt eine mögliche Gefahr dar. Daher lohnt sich der Aufwand sicherzustellen, daß jeder Zugang korrekt eingerichtet ist. Leider lassen viele Leute Zwischenschritte aus oder machen mitten in einem Vorgang ein paar Tage Pause. Wenn während dieser Zeit ein Zugang ohne Paßwort bleibt, kommt das einer offenen Einladung an Eindringlinge gleich.

Achten Sie bei Ihrer Prozedur zum Einrichten neuer Zugänge darauf, daß das jeweilige Datum festgehalten wird. Außerdem sollten alle Zugänge nach einigen Monaten automatisch überprüft werden. Sie müssen sie zwar nicht automatisch deaktivieren, sollten aber automatisch jemanden darüber informieren, daß die Zeitspanne abgelaufen ist. Auf normalen Computern ist das relativ einfach, auf anderen Systemen, vor allem speziellen Geräten wie Routern, kann das schwierig sein. Falls möglich, sollten Sie alles so einrichten, daß die Zugänge von einem automatisierten System überwacht werden können. Dazu können Sie die für die Zugänge benötigten Dateien auf einem normalen Computer erzeugen und dann zum Gerät übertragen oder sie auf dem Gerät selbst erzeugen, dann aber automatisch auf den normalen Rechner kopieren und dort unter die Lupe nehmen.

Falls Ihre Geräte entsprechend sichere Protokolle unterstützen, die es Ihnen erlauben, die Zugänge zentral zu verwalten, sollten Sie diese Variante in Betracht ziehen. Allerdings ist aus Gründen der Sicherheit und Zuverlässigkeit eine Benutzerauthentifizierung via NIS oder Windows-Domänenauthentifizierung auf Firewall-Maschinen nicht ratsam.

Sie sollten sich auch darum kümmern, immer eine Mitteilung von der jeweiligen Abteilung zu bekommen, wenn jemand Ihre Organisation verläßt. Die meisten Firmen sind in der Lage, im Falle von Vollzeit-Angestellten solche Hinweise zu versenden; die meisten Universitäten schicken Hinweise für Studenten, die das Studium abgeschlossen haben. Bei freien Mitarbeitern und Studienabbrechern sollten Sie sich nicht darauf verlassen, über die offiziellen Mitteilungen von allen Abgängen zu erfahren. Möglicherweise ist es notwendig, die Mitteilungen zu bestätigen: Sie bekommen zum Beispiel eine Abgangsmeldung für jemanden, der als freier Mitarbeiter weitermacht, oder einen Hinweis auf den Studienabschluß von Studenten, die als Doktoranden weiterarbeiten. Diese Leute sind bestimmt sauer, wenn Sie all ihre Dateien löschen (es ist jedoch sicher akzeptabel, wenn Sie deren Kennungen zeitweise außer Kraft setzen, solange ihr Status ungeklärt ist).

Richten Sie nach Möglichkeit alle Zugänge auf der Firewall so ein, daß sie nichtwiederverwendbare Paßwörter benutzen (siehe Kapitel 21, *Authentifizierungs- und Auditing-Dienste*, für weitere Informationen über nichtwiederverwendbare Paßwörter). Dies hindert Leute am Erraten oder Ausschnüffeln von Paßwörtern und schränkt die Fähigkeit von Benutzern ein, ihre Paßwörter untereinander auszutauschen.

Wenn Sie wiederverwendbare Paßwörter oder nichtwiederverwendbare Paßwörter mit einer festen Komponente benutzen, fordern Sie Ihre Benutzer auf, diese regelmäßig zu ändern, um dem Erraten vorzubeugen und das Ausschnüffeln von Paßwörtern zu erschweren. Falls Ihr Betriebssystem das automatische Ablaufen von Paßwörtern (*Password-Aging*) unterstützt, sollten Sie diese Funktion auch benutzen. Geben Sie dabei aber relativ lange Zeiträume an, etwa drei bis sechs Monate. Wenn die Paßwörter schneller ungültig werden, z.B. nach einem Monat, werden die Benutzer große Anstrengungen unternehmen, um den »Timeout« zu umgehen. Dies verbessert nicht gerade Ihre Systemsicherheit. Deswegen sollten Sie Password-Aging auch nicht verwenden, wenn die Benutzer keine Benachrichtigung erhalten, bevor die Kennungen ungültig werden. Andernfalls verärgern Sie nicht nur die Benutzer, sondern gehen auch das Risiko ein, Systemverwalter auszusperren, die dringend auf eine Maschine zugreifen müssen.

Wenn das Password-Aging auf Ihrem System den Benutzer auffordert, sein Paßwort beim Einloggen zu ändern, brauchen Sie ein Paßwort-Programm, das gute Paßwörter erzwingt. Ist dies nicht der Fall, werden die Benutzer aller Wahrscheinlichkeit nach ein einfaches Paßwort eingeben und sich vornehmen, es später auf einen besseren Wert abzuändern. Insgesamt ist es wahrscheinlich effektiver, regelmäßig Hinweise an alle Leute zu versenden, obwohl auf diese Art Ihre Regeln für Paßwörter nicht hunderprozentig eingehalten werden.

Verwaltung der Plattenkapazität

Selbst auf Maschinen, auf denen fast keine Benutzer arbeiten, belegen die Daten allmählich die gesamte verfügbare Plattenkapazität. Die Leute legen »nur mal eben« irgendwelche Dateien in einer abgelegenen Ecke des Dateisystems ab, wo sie dann liegenbleiben. Dadurch entstehen mehr Probleme, als Ihnen vielleicht bewußt ist. Abgesehen davon, daß Sie den Plattenspeicher vermutlich brauchen, erschwert dieser herumliegende Müll die Reaktion auf Einbrüche. Sie werden sich nämlich fragen:

> Habe ich dieses Programm liegenlassen, als ich neulich eine neue Version installierte – oder stammt es von einem Eindringling?

> Ist das wirklich eine beliebige Datei mit irgendwelchen Daten von uns, oder hat sie für einen Eindringling besondere Bedeutung?

Leider gibt es keine automatische Methode zum Auffinden von Müll; menschliche Wesen, insbesondere Systemadministratoren, die alle Verzeichnisse beschreiben dürfen, sind einfach zu unberechenbar. Daher muß sich eine andere Person regelmäßig umschauen. Besonders effektiv ist es, neue Systemverwalter zu einem Rundgang durch alle Festplatten loszuschicken: Sie bemerken oft Dinge, an die sich die alten Hasen schon gewöhnt haben.

Überwachungsprogramme wie das in Kapitel 10, *Bastion-Hosts*, vorgestellte TripWire informieren Sie über neue Dateien, die in angeblich statischen Bereichen auftauchen. Diese Angaben helfen Ihnen dabei, Ordnung zu halten. Die Bereiche, in denen Sie

Änderungen erlauben, müssen Sie dennoch überprüfen; und auch die statischen Bereiche sollten Sie regelmäßig einer Kontrolle unterziehen. Wenn Sie auf eine Datei hingewiesen werden, wissen Sie vielleicht noch, weshalb Sie sie gerade da abgelegt haben. Im Laufe der Zeit vergessen Sie das jedoch wahrscheinlich.

Neben dem sich ansammelnden Müll dürften die Protokolldateien Ihr größtes Festplattenproblem sein. Diese Dateien können und sollen automatisch rotiert werden, und Sie können sie auch komprimieren, verschlüsseln oder digital signieren. Ein Programm wie *trimlog* (siehe Anhang B, *Werkzeuge*) kann Sie bei der Automatisierung dieses Vorgangs unterstützen. Sie sollten es in Betracht ziehen, auf einem anderen System eine Kopie dieser Dateien anzulegen.

Es ist sehr wichtig, Protokolldateien korrekt zu rotieren oder zu kürzen. Falls ein Programm versucht, in eine Protokolldatei zu schreiben, während Sie versuchen, diese Datei zu verschieben oder zu kürzen, werden Sie offensichtlich Probleme bekommen. Sie bekommen tatsächlich sogar dann Probleme, wenn ein Programm die Datei einfach nur offenhält, um später in sie zu schreiben; vor allem könnten Sie später feststellen, daß das Programm immer noch Protokolleinträge in die Datei schreibt, die Sie umbenannt haben.

Unter Unix sieht die normale Konvention zum Rotieren von Protokolldateien folgendermaßen aus:

1. Benennen Sie die Protokolldatei um.
2. Erzeugen Sie eine neue und leere Datei mit dem ursprünglichen Namen (und den gleichen Dateiberechtigungen).
3. Teilen Sie dies irgendwie dem Programm mit, das die Protokolleinträge erzeugt.

Diese Mitteilung könnte erfolgen, indem Sie ein Unix-Signal senden oder eine Dummy-Datei erzeugen, nach der das Programm sucht.

Die meisten Windows NT-Programme benutzen den Ereignisprotokolldienst für die Protokollierung. Wie wir in Kapitel 12, *Windows NT- und Windows 2000-Bastion-Hosts*, erläutert haben, bietet der Ereignisprotokollierdienst keine Möglichkeit, die Protokolleinträge zu rotieren. Das heißt, dies muß entweder per Hand oder mittels Software eines Drittanbieters erfolgen. Bei Programmen, die eigene Protokolle anlegen, ist die Lage nicht ganz so klar; normalerweise müssen Sie ein spezielles Zusatzwerkzeug einsetzen, um die Protokolldateien eines Programms zu rotieren oder um das Programm so zu konfigurieren, daß es die Protokolle aufgrund bestimmter Kriterien rotiert (zum Beispiel wöchentlich oder wenn eine bestimmte Größe erreicht wurde).

Unter beiden Betriebssystemen ist es leider manchmal – vor allem beim Einsatz von Zusatzprodukten – notwendig, Programme anzuhalten oder sie zum Einstellen der Protokollierung zu veranlassen, während Sie die Protokolle kürzen oder verschieben.

Überwachung des Systems

Die Überwachung Ihres Systems ist ein anderer wichtiger Aspekt bei der Betreuung von Firewalls. Die Überwachung soll verschiedene Fragen beantworten:

- Wurde in die Firewall eingebrochen?
- Welche Angriffe wurden gegen die Firewall versucht?
- Funktioniert die Firewall noch?
- Kann die Firewall die Dienste bereitstellen, die Ihre Benutzer brauchen?

Um diese Fragen beantworten zu können, müssen Sie das normale Benutzungsmuster kennen.

Spezielle Überwachungsgeräte

Die meisten Überwachungsaufgaben lassen sich mit den Werkzeugen und Protokollen ausführen, die zu den Bestandteilen der Firewall gehören. Manchmal erweisen sich jedoch spezielle Überwachungsgeräte als sehr nützlich. Sie können zum Beispiel einen Überwachungsrechner im Grenznetz aufstellen, um festzustellen, ob wirklich nur die erwarteten Pakete das Grenznetz durchlaufen. Dazu können Sie einen normalen Computer mit Netzüberwachungssoftware verwenden oder einen speziellen »Network Sniffer«.

Wie stellt man sicher, daß die überwachende Maschine nicht von einem Eindringling mißbraucht wird? Ein Eindringling sollte nicht einmal die Existenz dieses Rechners bemerken. Bei manchen Netzwerkgeräten können Sie die Übertragung an der Netzschnittstelle mit genügend Erfahrung und einem Seitenschneider deaktivieren. Dadurch ist es unmöglich, die Maschine zu entdecken. Da die Maschine nicht antworten kann, ist es für einen Eindringling extrem schwer, sie zu benutzen. Wenn Sie an den Quellcode für das Betriebssystem gelangen, können Sie die Übertragung auch dort deaktivieren. In diesem Fall ist es jedoch schwieriger, den Erfolg sicherzustellen. In den meisten Fällen müssen Sie den Rechner extrem vorsichtig konfigurieren. Behandeln Sie ihn wie einen Bastion-Host, der weniger Aufgaben hat, aber besser abgesichert sein muß.

Vor allem müssen Sie beachten, daß der Netzwerkmonitor von Microsoft beim Start einen speziellen NetBIOS-Namen registriert. Es ist eine unverhohlene Bekanntmachung der Tatsache, daß Sie das Netzwerk überwachen. Die einzige Möglichkeit, dies zu unterbinden, besteht darin, NetBIOS von der Netzwerkschnittstelle zu trennen, die Sie überwachen. Dadurch wird es aber unmöglich, den Netzwerkmonitor-Agenten darauf zu benutzen (ganz zu schweigen von den anderen Microsoft-eigenen Netzwerkanwendungen!).

Andere Formen des Network-Sniffings sind subtiler, können aber ebenfalls entdeckt werden. Am offensichtlichsten ist, daß Network Sniffer in der Regel eine Menge Anfragen an den Namensdienst stellen, um Hostnamen für die IP-Adressen zu ermitteln. Weniger offensichtlich ist, daß eine Maschine, die alle Pakete akzeptiert, oftmals leicht die Art und Weise verändert, wie eingehende Anfragen behandelt werden. Eine Gruppe namens *The L0pht* (ausgesprochen »loft«) veröffentlichte einen Anti-Sniffer-Sniffer zum Entdecken von Network-Sniffer, der zu einer Art Wettrüsten geführt hat. Es wurden Sniffer entwickelt, die immer schlechter zu entdecken waren, und sogar ein Anti-Sniffer-Sniffer-Sniffer. Diese Techniken entwickeln sich rasend schnell; wir empfehlen Ihnen, in gefährdeten Netzwerken die neueste, am wenigsten leicht zu entdeckende Sniffer-Technik sowie einen Anti-Sniffer-Sniffer einzusetzen, um Sniffer zu entdecken, die von Angreifern installiert wurden. (In Anhang B, *Werkzeuge*, erfahren Sie, wo Sie L0phts Anti-Sniffer-Sniffer bekommen können.)

Schlaue Angreifer werden annehmen, daß Sie Pakete abfangen, und unternehmen daher Schritte, um den Verkehr zu verbergen. Sie tun dies unabhängig davon, ob sie Ihr Überwachungssystem tatsächlich finden können oder nicht. Sie selbst können lediglich in Alarmbereitschaft bleiben.

Intrusion Detection-Systeme

Ein Intrusion Detection-System ist eine spezielle Software, die entwickelt wurde, um herauszufinden, ob jemand in Ihren Standort eingebrochen ist. Intrusion Detection-Systeme reichen von relativ einfachen, passiven Programmen, die Protokolldateien lesen und nach Unregelmäßigkeiten suchen, bis hin zu extrem komplexen Systemen, die spezielle Überwachungsgeräte einsetzen, die in einem großen Netzwerk verteilt sind, gefälschten Verkehr in das Netzwerk einschleusen, um festzustellen, ob jemand diese Informationen benutzt, und/oder ausgefeilte KI-Techniken einsetzen, um bereits leichte Formen unnormalen Verhaltens aufzudecken.

Intrusion Detection ist ein umfangreiches Thema, das wir hier gar nicht vollständig abdecken können. Sie finden an anderen Stellen weitere Informationen (zum Beispiel in Stephen Northcutts Buch *Network Intrusion Detection: An Analyst's Handbook*, New Riders, 1999).

Es gibt im Prinzip zwei Techniken für die Intrusion Detection; Systeme wissen entweder, welche Art von Verhalten schlecht ist, und geben Alarm, wenn dieses auftritt, oder sie wissen, welche Art von Verhalten gut ist, und schlagen Alarm, wenn etwas anderes passiert. Relativ gesehen ist es einfacher, schlechtes Verhalten zu erkennen als gutes. Leider ist es effektiver, gutes Verhalten zu erkennen.

Systeme, die schlechtes Verhalten erkennen, verwenden *Angriffssignaturen,* das sind Informationen darüber, wie ein bestimmter Angriff aussieht. Zum Beispiel würde diese Art von System einen Port-Scan als Angriff ansehen, weil sie wüßte, daß eine Reihe von Versuchen, verschiedene Ports am gleichen Host zu kontaktieren, das Zeichen für einen Angriff wäre.

Systeme, die gutes Verhalten erkennen, verwenden *Benutzungsprofile,* Informationen darüber, was normalerweise passiert. Zum Beispiel würde diese Art von System einen Port-Scan als Angriff erkennen, weil es wüßte, daß normalerweise, wenn jemand eine Verbindung zu einem Port herstellt, als nächstes der Port für seinen normalen Zweck verwendet werden würde. Bei einem Port-Scan stellt der Angreifer eine Verbindung her, erhält eine Antwort und trennt die Verbindung sofort wieder. Danach probiert er einen anderen Port. Dieses Verhalten liegt außerhalb des normalen Musters und wird deshalb als Angriff erkannt.

Die Schwierigkeit beim Erkennen von Angriffssignaturen besteht darin, daß das System nur Angriffe entdecken kann, die es kennt. Wenn neue Angriffsmethoden angewandt werden, erfährt das System erst dann davon, wenn eine neue Signatur erzeugt und hinzugefügt wird. Außerdem ist es oft möglich, Signaturen unkenntlich zu machen. Zum Beispiel suchten die Signaturen für Port-Scans nach mehreren Verbindungen zu unterschiedlichen Hosts vom gleichen Ausgangshost. Angreifer verwenden jetzt oft mehrere zusammenarbeitende Ausgangshosts.

Systeme, die sich auf Benutzungsprofile verlassen, haben Probleme mit Fehldiagnosen, also Fällen, in denen angeblich Angriffe auftreten, dies aber nicht der Fall ist. Die Benutzung von Systemen verändert sich im Laufe der Zeit, und jedes Profil, das speziell genug ist, um eine signifikante Anzahl von Angriffen aufzudecken, wird eine große Anzahl von Alarmen auslösen. Gute Systeme haben inzwischen Raten von Fehldiagnosen im Bereich von 1 bis 3 Prozent; dummerweise heißt das 1 bis 3 Prozent der Ereignisse, die sie anschauen, was im Fall von Netzwerken bedeutet, 1 bis 3 Prozent der Pakete. Da viele Standorte Millionen eingehender Pakete pro Tag aufbringen, kann diese angeblich geringe Fehlerrate schnell in Tausenden von Fehlalarmen pro Tag enden. Das ist nicht mehr akzeptabel.

Eindringlinge besitzen außerdem Möglichkeiten, um Angriffe zu verbergen, die nahezu alle Intrusion Detection-Systeme aus dem Rennen werfen. Zum Beispiel könnte ein geduldiger Eindringling das Netzwerk sehr langsam scannen; die meisten Intrusion Detection-Systeme haben einen Zeithorizont von wenigen Minuten oder vielleicht einigen Stunden. Ein ungeduldiger Eindringling könnte einen Angriff unter einer Riesenwelle von Netzwerkverkehr vergraben. Das würden nur wenige Systeme mitbekommen.

In gleicher Weise können Techniken verwendet werden, die fast alle Versuche vereiteln, Angriffe zu verbergen. Die beste und verbreitetste dieser Techniken ist der *Honigtopf*, der verlockende Köder, hinter dem sich nichts weiter als eine Falle verbirgt. Wenn Sie zum Beispiel eine Maschine in das Grenznetz einbinden, die Sie nicht für irgendwelche Dienste benutzen, dann wissen Sie, daß sich hinter jedem Versuch, zu dieser Maschine eine Verbindung herzustellen, ein Angriff verbirgt. Es spielt keine Rolle, ob der Verbindungsversuch einer Angriffssignatur entspricht oder ob er wie ein normales Benutzungsmuster aussieht. Er ist einfach falsch.

Wieviel ein Intrusion Detection-System für Sie tun kann, hängt vor allem davon ab, wieviel Zeit, Geld und Entwicklungsaufwand Sie in das System investieren können. Intrusion Detection ist zwar theoretisch eine sehr effektive Technik, es ist in der Praxis allerdings nicht sehr einfach, sie zum Laufen zu bringen. Außerdem erfordert sie ständige Wartung und Aufmerksamkeit. Es ist sinnlos, sich ein Intrusion Detection-System anzuschaffen, wenn Sie nicht das Personal haben, um es auf dem laufenden zu halten und die Alarme zu verarbeiten, die es erzeugt.

Worauf müssen Sie achten?

In einer perfekten Welt würden Sie über alle Vorgänge auf der Firewall Bescheid wissen – welche Pakete verlorengehen oder akzeptiert werden und welche Verbindungen angefordert werden. In der Realität sind das aber sowohl für die Firewall als auch für Sie viel zu viele Informationen. Als praktischen Kompromiß sollten Sie die ausführlichste Protokollstufe einstellen, die Ihre Maschine nicht zu sehr verlangsamt und die Festplatten nicht zu schnell füllt. Die ausgegebenen Protokolle fassen Sie dann zusammen.

Sie können Probleme mit der Plattenkapazität umgehen, indem Sie umfangreiche Protokolle auf irgendeiner Form von Wechselmedien ablegen (zum Beispiel CD-Rs oder schreibbare DVDs). Bänder sind zwar billig und speichern eine Menge Daten, sie haben aber auch einige Nachteile. Sie sind schon im Idealfall nicht besonders schnell, und die Protokolleinträge sind im allgemeinen zu klein, um optimale Performance zu erreichen. Außerdem ist es mühsam, die Daten von den Bändern zu lesen. Falls Sie mit Bändern arbeiten wollen, können Sie Kurzfassungen der Protokolle auf Platte schreiben und die ausführliche Version auf Band. Sollten Sie einmal die ausführlichen Daten benötigen, so können Sie sie vom Band lesen. Ein Bandlaufwerk kann zwar mit den Paketen auf einer normalen Internet-Verbindung mithalten, nicht aber mit einer internen Verbindung mit voller LAN-Geschwindigkeit oder einer T1-Verbindung zum Internet, die mit maximaler Leistung arbeitet. CD- und DVD-Brenner sind sogar noch langsamer, allerdings können die Daten von ihnen leichter gelesen werden. Falls Sie eine ausreichend große Menge an Festplattenkapazität als temporären Speicher einrichten können, stellen sie eine effektive Lösung dar.

Egal, wie Sie die Protokolle ablegen, Sie müssen sie schützen. Die Daten, die sich in ihnen befinden, können Angreifern nützlich werden und sind möglicherweise auch aus anderen Gründen vertraulich. Wenn Sie zum Beispiel den Inhalt von Paketen protokollieren, könnten Sie verschlüsselte geheime Informationen aufzeichnen. Selbst wenn Sie den Inhalt der Pakete nicht aufzeichnen, könnte die Information darüber, welche Pakete wohin gingen, geheim sein. Es ist eine Sache, die 434 Versuche aufzuzeichnen, die jemand gestartet hat, um zu einer »peinlichen« Website zu gelangen, und eine andere, das Wissen über diese Versuche zu veröffentlichen.

Unabhängig davon, wie Sie die Protokolle speichern, sollten Sie vor allem folgendes aufzeichnen:

- alle verlorengegangenen oder abgewiesenen Pakete, abgelehnten Verbindungen oder abgewiesenen Versuche
- wenigstens die Zeit, das Protokoll und den Benutzernamen für jede erfolgreiche Verbindung zu Ihrem oder durch Ihren Bastion-Host
- alle Fehlermeldungen Ihrer Router, Ihres Bastion-Hosts und aller Proxy-Programme

Aus Sicherheitsgründen sollten einige Informationen niemals dort protokolliert werden, wo ein Eindringling sie möglicherweise lesen könnte. Sie sollten zwar zum Beispiel fehlgeschlagene Login-Versuche protokollieren, aber niemals die dabei verwendeten Paßwörter. Benutzer vertippen sich häufig bei der Eingabe ihrer eigenen Paßwörter. Würden diese falsch getippten Paßwörter aufgezeichnet, wäre es für einen Einbrecher leichter, in den Zugang des Benutzers einzubrechen.

Manche Systemadministratoren gehen sogar soweit, den Namen des Zugangs bei einem fehlgeschlagenen Login-Versuch nicht aufzuzeichnen, vor allem, wenn der eingegebene Zugang nicht existiert. Der Grund besteht darin, daß Benutzer manchmal ihr Paßwort eingeben, wenn sie eigentlich ihren Benutzernamen eintippen wollen. Werden die ungültigen Zugänge protokolliert, könnte ein Angreifer aus den Protokollen die Paßwörter der Benutzer ableiten.

Worauf müssen Sie achten? Sie sollten das normale Muster kennen (und die Trends, die sich daraus ableiten lassen). Bei Abweichungen von diesem Muster wollen Sie alarmiert werden. Um zu erkennen, daß etwas schiefläuft, müssen Sie verstehen, was im Normalfall alles passiert. Es ist wichtig, die Meldungen zu kennen, die im Normalbetrieb erscheinen. Die meisten Systeme geben selbst bei korrekter Arbeitsweise Fehlermeldungen aus, die merkwürdig bis erschreckend aussehen. In der Beispielausgabe von *syslog* in Beispiel 26-1 sehen die Meldungen 10, 14 und 17 etwas bedrohlich aus, sind in Wirklichkeit jedoch völlig in Ordnung.[1] (Obwohl diese Beispiel einem Unix-*syslog* entnommen sind, kann exakt das gleiche Phänomen auch dem Windows NT-Ereignisprotokoll entnommen werden; Informationen über das Einrichten der Protokollierung finden Sie in Kapitel 10, *Bastion-Hosts*, Kapitel 11, *Unix- und Linux-Bastion-Hosts*, und Kapitel 12, *Windows NT- und Windows 2000-Bastion-Hosts*.)

Wenn Sie diese Meldungen bei der Untersuchung eines Problems zum ersten Mal sehen, werden Sie vielleicht vermuten, daß diese etwas mit ihrem Problem zu tun haben – und schon sind Sie auf einer falschen Spur. Selbst wenn Sie nicht herausfinden, was diese Meldungen bedeuten und weshalb sie auftreten, sparen Sie Zeit, wenn Sie wissen, daß bestimmte Meldungen auch bei korrektem Ablauf erscheinen.

Beispiel 26-1: Ein Beispiel für die Ausgabe von syslog (Die Zeilennummern wurden nachträglich hinzugefügt)

```
1:  May 29 00:00:58 localhost wn[27194]: noc.nca.or.bv - - [] "GET
    /long/consulting.html HTTP/1.0" 200 1074   <Sent file: >
2:  May 29 00:00:58 localhost wn[27194]: <User_Agent: Mozilla/1.0N
    (X11; SunOS 4.1.3-KL sun4m)> <Referrer: http://www.longitude.example/>
3:  May 29 00:02:38 localhost ftpd[26086]: 26086: 05/29/95 0:02:38
    spoke.cst.cnes.vg(gupta@) retrieved
    /pub/firewalls/digest/v04.n278.Z(15788 bytes)
```

---

[1] Meldung 10 ist ein häufig auftretender Netzwerkfehler, der einen neuen Versuch zur Folge hat, und für wie gut halten Sie Ihre Verbindung nach Kamerun? Bei Meldung 14 läuft *traceroute*. Meldung 17 besagt, daß keine Synonyme definiert wurden, doch das wußten Sie vermutlich bereits.

Beispiel 26-1: Ein Beispiel für die Ausgabe von syslog (Die Zeilennummern wurden nachträglich hinzugefügt) (Fortsetzung)

```
4:   May 29 00:15:57 localhost ftpd[27195]: 27195: 05/29/95 0:01:52
     client42.sct.io connected, duration 845 seconds
5:   May 29 00:18:04 localhost ftpd[26086]: 26086: 05/29/95 23:26:32
     spoke.cst.cnes.vg connected, duration 3092 seconds
6:   May 27 01:13:38 mv-gw.longitude.example user: host
     naismith.longitude.com admin login failed
7:   May 27 01:13:47 mv-gw.longitude.example last message repeated 2 times
8:   May 27 01:15:17 mv-gw.longitude.example user: host
     naismith.longitude.example admin login succeeded
9:   May 27 01:19:18 mv-gw.longitude.example 16 permit: TCP from
     192.168.20.35.2591 to 172.16.1.3.53 seq 324EE800, ack 0x0, win
     4096, SYN
10:  May 29 02:20:09 naismith sendmail[27366]: CAA27366: SYSERR(root):
     collect: I/O error on connection from atx.eb.cm, from=<<Mailer-
     Daemon@eb.cm>: Connection reset by peer during collect
     with atx.eb.cm
11:  May 29 02:30:28 naismith named[79]: sysquery: server name mismatch
     for [172.16.8.25]: (sun.nhs-relay.ac.cv != nhs-relay.ac.cv) (server
     for cus.ox.ac.cv)
12:  May 29 02:31:00 naismith named[79]: sysquery: server name mismatch
     for [172.16.8.25]: (nhs-relay.ac.cv != sun.nhs-relay.ac.cv) (server
     for PANSY.CSV.WARWICK.AC.CV)
13:  May 29 02:47:04 naismith named[79]: sysquery: server name mismatch
     for [172.16.8.25]: (nhs-relay.ac.cv != sun.nhs-relay.ac.cv) (server
     for LUPUS.CNS.UMIST.AC.CV)
14:  May 29 07:50:59 mv-gw.longitude.example  8 deny: UDP from
     192.168.69.250.33072 to 192.168.20.34.33467
15:  May 29 08:06:16 naismith popper: (v1.831beta) Servicing request
     from "penta.longitude.example" at 192.168.20.36
16:  May 29 08:06:56 naismith popper: (v1.831beta) Ending request from
     "penta.longitude.com" at 192.168.20.36
17:  May 29 10:04:02 localhost waisserver1[28430]: -2: Warning: couldn't open
     wais-sources/firewalls-digest.syn - synonym translation
     disabled
18:  May 29 16:26:46 mv-gw.longitude.example  8 deny: UDP from
     192.168.186.11.20 to 192.168.20.34.1937
```

Die meisten Protokolle werden Sie wahrscheinlich mit der *syslog*-Funktion von Unix oder einem ähnlichen Mechanismus auf Dateibasis erstellen. Um diese Protokolldateien auszuwerten, müssen Sie Skripte entwickeln, die die Dateien regelmäßig durchsuchen. Manche Firewall-Pakete, wie etwa das TIS FWTK, enthalten bereits Skripte, die die Protokolldateien analysieren und zusammenfassen. Sie könnten diese Skripte als Vorlagen für Ihre eigene Protokollierung verwenden oder in *awk, perl* oder einer anderen geeigneten Sprache eigene Skripte schreiben.

Wie Sie sehen können, ist die Protokolldatei groß und ziemlich schlecht lesbar (dabei haben wir schon Zeilenumbrüche eingefügt!). Ein unwichtiger Fehler auf einem fernen Rechner (zwei unterschiedliche Namen für den Server *nbs-relay.ac.cv*) erzeugt mehrere Fehlermeldungen (in dieser zusammengefaßten Version die Nummern 11, 12 und 13). Die Protokolleinträge erscheinen außerdem in chronologischer Reihenfolge, die nicht unbedingt der Wichtigkeit entsprechen muß.

Beispiel 26-2 zeigt einen Bericht, der auf einer Protokolldatei basiert. Dabei wurden die Meldungen aber in einer sinnvolleren Reihenfolge angeordnet und etwas zusammengefaßt.

Beispiel 26-2: Ein Bericht auf der Grundlage einer syslog-Datei

```
May 27 06:42:07 localhost ftpd[10159]: securityalert: refused passwd
    file to chen@calm.example from chen.dialup.zarf.net
May 27 06:42:10 localhost ftpd[10159]: securityalert: refused passwd
    file to chen@calm.example from chen.dialup.zarf.net
-----------------------------------------------------------------
May 26 12:33:39 localhost su: nxn to root on /dev/ttyp1
May 27 01:23:17 naismith su: bart to root on /dev/ttyp3
-----------------------------------------------------------------
May 26 12:29:44 naismith kernel: uid 31 on /naismith_b: file system full
May 26 12:31:33 naismith kernel: uid 31 on /naismith_b: file system full
-----------------------------------------------------------------
May 26 02:49:03 naismith named[79]: Malformed response from
    [192.168.192.2].53 (ran out of data in answer)
-----------------------------------------------------------------
May 26 12:14:36 mv-gw.longitude.example 16 deny: UDP from 192.168.69.1.58899
    to 192.168.20.35.33459
May 26 12:15:15 mv-gw.longitude.example 16 deny: UDP from 192.168.69.1.58962
    to 192.168.20.35.33459
May 27 01:24:05 mv-gw.longitude.example 16 permit: TCP from
    192.168.20.34.2637 to 192.168.54.72.23 seq BE793A01, ack 0x0, win
    4096, SYN
May 27 01:24:11 mv-gw.longitude.example 16 permit: TCP from
    192.168.20.34.2637 to 192.168.54.72.23 seq BE793A01, ack 0x0, win
    4096, SYN
-----------------------------------------------------------------
FTP:    Connections: 240
        Files: 733
        Bytes: 32,747,429 (31.23  M)
        Seconds: 92,787 (25.77  hours)
```

Es ist im allgemeinen besser, harmlose Meldungen mit Skripten herauszufiltern und die ungewöhnlichen Meldungen stehenzulassen, als mit den Skripten die ungewöhnlichen Meldungen zu erfassen. Meist kennt man nämlich nicht alle unterschiedlichen Meldungen, die die Firewall erzeugen könnte. Es ist einfacher, harmlose Meldungen zu ignorieren, als gefährliche zu erkennen.

Protokollmeldungen fallen in drei Kategorien:

In Ordnung
>   Zum Beispiel »login succeeded for user smith«. Solche Meldungen können Sie ignorieren. Meldung 3 in Beispiel 26-1 gehört in diese Gruppe.

Gefährlich
>   Zum Beispiel »bad disk block at location 0x47c7a8«. Solche Meldungen sollten eine Aktion auslösen; zum Beispiel eine E-Mail abschicken, ein Trouble-Ticket auslösen oder Sie über einen Pager informieren.

Unbekannt
>   Solche Meldungen sollten zur Überprüfung an einen menschlichen Bearbeiter geschickt werden. Meldung 18 in Beispiel 26-1 gehört in diese Kategorie; weshalb sendet jemand UDP-Pakete von Port 20 an einen Port oberhalb von 1024? Das entspricht keinem der üblichen Protokolle.

Die Einordnung der Meldungen in diese Kategorien verläuft meist iterativ. Sobald jemand eine mysteriöse Meldung untersucht hat, kann man diese Meldung in Zukunft entweder als »in Ordnung« oder aber als gefährlich einstufen, ohne sie erneut zu untersuchen. Im Laufe der Zeit werden Sie die Regeln zur Einstufung ändern.

Oft müssen Protokolleinträge im Zusammenhang untersucht werden. Eine Meldung, die bei einmaligem Auftauchen nur etwas ungewöhnlich aussieht, gibt Anlaß zu ernsthaften Bedenken, wenn sie einmal pro Minute erscheint. Zum Beispiel ist »login succeeded for user smith« harmlos – es sei denn, kurz vorher kamen drei Meldungen »login failed« für Benutzerkennungen, die in der Paßwort-Datei direkt über dem Benutzer »smith« eingetragen sind. In diesem Fall ist die Meldung wirklich besorgniserregend. In Beispiel 26-1 zeigt Meldung 9 eine ungewöhnliche TCP-Verbindung nach außen, die nur aufgrund allgemeiner Einstellungen aufgezeichnet wurde. Sie wäre nicht weiter aufregend, wenn es die Meldungen 6 bis 8 kurz vorher nicht gegeben hätte. In diesem Kontext erkennen Sie, daß jemand dreimal vergeblich versuchte, sich als »admin« einzuloggen, schließlich Erfolg dabei hatte und dann sofort eine ausgehende Verbindung startete. Das sieht extrem verdächtig aus! Ohne diesen Zusammenhang besagt Meldung 7 dagegen überhaupt nichts.

In einem großen System erfordert das Erkennen eines Zusammenhangs möglicherweise die Korrelation von Protokolldateien mehrerer Hosts. Dies ist einer der Gründe, weshalb die Zeiteinstellungen einheitlich sein sollten; es ist außerdem ein Grund, weshalb man Intrusion Detection-Systeme verwendet. Wenn Sie ein hohes Verkehrsaufkommen, eine komplexe Firewall oder die Forderung nach strikten Sicherheitsvorkehrungen haben, brauchen Sie wahrscheinlich ein Intrusion Detection-System, das Ihnen bei der Protokollanalyse hilft.

Die Guten, die Bösen und die Unangenehmen

Manche Zusammenhänge liegen auf der Hand: Es ist in Ordnung, daß sich Benutzer einloggen; es ist nicht in Ordnung, wenn Plattenfehler auftreten. Wie erkennt man dann Schwierigkeiten? Wir nennen Ihnen dazu einige Faustregeln:

Einmal ist ein Unfall, zweimal ist ein Zufall, dreimal ist eine feindselige Aktion
 Ein Benutzer, der um zwei Uhr nachts vergeblich versucht, sich einzuloggen, ist zu lange aufgeblieben und kann nicht mehr tippen. Zwei Benutzer, die sich um zwei Uhr nachts einloggen wollen, waren vielleicht zusammen auf einer Party. Sie sollten den Vorfall aber zumindest aufmerksam verfolgen. Drei oder mehr Versuche um diese Zeit bedeuten einen Einbruch. Diese Faustregel betrifft vor allem Versuche auf unterschiedlichen Benutzerkennungen. Wiederholt ein Benutzer stur immer wieder die gleiche, nicht funktionierende Sache, ist er einfach etwas beschränkt.

Ein Versehen muß man nicht tarnen
 Falls Ihre Protokolldateien fehlen, Einträge gelöscht wurden oder andere Beweise darauf hindeuten, daß jemand seine Spuren verwischt hat, geht es vermutlich um einen Einbruch. Falls nicht, haben Sie ein anderes schwerwiegendes Problem. (Entweder funktioniert irgendetwas nicht, oder ein Systemadministrator löscht die falschen Dinge oder tauscht Protokolldateien falsch aus.)

Die meisten mysteriösen Probleme haben keine weitere Bedeutung
 Auf jeden Fall, der einem mysteriösen Problem oder merkwürdigen Protokolleinträgen auf den Grund geht und dabei einen Eindringling findet, kommen 99 Fälle, die nur lästige, aber triviale Fehler aufdecken. Sie sollten solche Dinge auf alle Fälle klären; es gibt jedoch keinen Grund zur Panik.

Die einfachsten Erklärungen stimmen meist
 Es ist zwar möglich, daß bei Ihnen eingebrochen wurde, während Sie ein anderes Problem hatten, aber es ist nicht sehr wahrscheinlich. Wenn Sie wissen, daß ein Hardware-Fehler aufgetreten ist oder jemand unbeaufsichtigt irgendwelche Operationen durchgeführt hat, sollten Sie sich die Zeit nehmen, die Auswirkungen dieses bekannten Problems zu untersuchen, bevor Sie an einen Eindringling glauben. Wenn allerdings auf mysteriöse Art Dateien verschwinden, wurden sie vermutlich von jemandem gelöscht. Bevor Sie an ein defektes Dateisystem glauben, sollten Sie sehr gründliche Untersuchungen anstellen, um einen Einbruch auszuschließen.

Verdächtige Vorfälle können Sie in verschiedene Kategorien einteilen:

- Sie kennen die Ursache, und der Vorfall stellt kein Sicherheitsproblem dar.
- Sie kennen die Ursache nicht, und Sie werden sie wahrscheinlich auch nicht kennenlernen, aber der Vorfall wiederholt sich nicht.
- Jemand versuchte einzubrechen, gab sich aber keine Mühe; es war nur ein Test.
- Jemand unternahm einen ernsthaften Einbruchsversuch; das ist ein Angriff.
- Jemand ist wirklich eingebrochen.

Diese Kategorien gehen fließend ineinander über. Mit Ausnahme der ersten Kategorie (eine bekannte harmlose Ursache) müssen Sie jedesmal eine Entscheidung treffen. Es ist unmöglich, für solche Situationen eine vollständige Liste aller Symptome aufzustellen, einige allgemeine Bemerkungen zu diesem Thema können jedoch sehr hilfreich sein.

Bei den folgenden Vorfällen sollten Sie davon ausgehen, daß jemand Ihren Standort auf die Probe stellt:

- Versuche, auf Dienste an unsicheren Ports zuzugreifen (z.B. Versuche, *portmapper* oder einen X-Server zu kontaktieren)
- Versuche, sich mit gebräuchlichen Kennungen einzuloggen (z.B. »guest« oder »lp«; die meisten Versuche, sich als »anonymous« anzumelden, sind Benutzerfehler)
- Versuche, Dateien mit TFTP zu kopieren oder NIS-Maps zu übertragen
- Aufruf des Befehls *debug* an Ihrem SMTP-Server
- Pakete, die an die gleichen Ports aller IP-Adressen in einem Bereich geschickt werden

Bei den folgenden Ereignissen sollten Sie besorgter sein; es kann sein, daß gerade ein Angriff erfolgt:

- Mehrere fehlgeschlagene Versuche, sich mit gültigen Benutzerkennungen auf Ihren Maschinen einzuloggen, speziell mit Kennungen, die über das Internet benutzt werden oder deren Reihenfolge den Einträgen der Paßwort-Datei entspricht
- Ungewöhnliche akzeptierte Pakete oder Befehle, deren Bedeutung Sie nicht verstehen
- Pakete, die an alle Portnummern innerhalb eines bestimmten Bereichs gesandt werden
- Erfolgreiche Logins von ungewöhnlichen Standorten
- Plötzliches Ansteigen des eingehenden oder ausgehenden Verkehrs

Sie sollten bei folgenden Vorfällen von einem erfolgreichen Einbruch ausgehen:

- Gelöschte oder veränderte Protokolldateien
- Programme, die plötzlich die erwarteten Informationen nicht mehr ausgeben (das kann bedeuten, daß sie durch eine Version ersetzt wurden, die die Dateien und Programme des Eindringlings ignoriert). Die häufigsten Opfer auf Unix-Maschinen sind *login*, *ls*, *ps*, *netstat* und *ifconfig*.
- Neue Protokolldateien, die Paßwortinformationen oder unerklärliche Paketangaben enthalten
- Verzeichnisse, die mehr Verwaltungseinträge als üblich enthalten. Auf Unix-Maschinen enthält zum Beispiel jedes Verzeichnis zwei Einträge, deren Namen aus Punkten bestehen (».« und »..«, die »dieses Verzeichnis« und das »übergeordnete Verzeichnis« kennzeichnen), es darf jedoch niemals mehr als zwei solcher Einträge

geben (zum Beispiel »...« oder ».. «). Erscheint einer dieser Einträge vermeintlich mehrfach, enthält der Zusatzeintrag vermutlich Leerzeichen und soll eine Datei oder ein Verzeichnis vor Entdeckung schützen.

- Unerwartete Logins privilegierter Benutzer (z.B. root) oder Benutzer, die unerwartet zu privilegierten Benutzern werden
- Laufende Dienste, die Sie ursprünglich nicht eingeschaltet hatten
- Offensichtliche Tests oder Angriffe, die von Ihren eigenen Maschinen ausgehen
- Zusätzliche Prozesse, deren Namen Varianten gebräuchlicher Systemprozesse darstellen (es laufen zum Beispiel sowohl *sendmail* als auch *Sendmail* oder *init* und *initd*; mit diesem Trick lassen sich Dinge einschmuggeln, die man nicht so schnell bemerkt)
- Eine unerwartete Veränderung des Login-Verhaltens Ihrer Maschine oder anderer Maschinen, die Sie von Ihrer aus erreichen. Das bedeutet, daß das Programm, mit dem Sie sich anmelden, verändert wurde.

Reaktion auf Angriffsversuche

Sie werden mit Sicherheit einmal feststellen, daß Ihre Firewall auf die Probe gestellt wird – Pakete werden an Dienste gesandt, die Sie gar nicht im Internet anbieten; es wird versucht, sich an nicht existierenden Zugängen anzumelden usw. Solche Tests entsprechen jemandem, der einen Flur entlanggeht und jede Türklinke drückt, um zu sehen, ob die Tür verschlossen ist. Leute, die solche Versuche durchführen, probieren meist ein oder zwei Dinge und hören wieder auf, wenn Sie nichts Interessantes entdecken. Bei entsprechender Neugier können Sie viel Zeit damit verbringen, solche Vorfälle zu untersuchen, um herauszufinden, von wo sie ausgingen und wer dahintersteckt. In den meisten Situationen ist das jedoch den Aufwand nicht wert. Die Untersuchung solcher Vorfälle wird schnell langweilig. Falls Versuche dauerhaft von einem bestimmten Standort ausgehen, können Sie das dortige Management anrufen und es darüber informieren (meist wurde dort eingebrochen, und man sollte die Leute dort davon in Kenntnis setzen). Weiter muß man aber als Reaktion auf Angriffsversuche gewöhnlich nicht gehen.

Es ist bedauerlich, daß Angriffsversuche heutzutage im Internet so häufig vorkommen, daß das beschriebene Vorgehen angemessen erscheint. Bei guten nachbarschaftlichen Verhältnissen geht es einfach nicht an, daß jemand alle Türklinken durchprobiert. Es ist Ihr gutes Recht, sich darüber zu ärgern und zu versuchen, das zu beenden. Sie müssen aber auch entscheiden, wofür Sie Ihre Energie einsetzen. Heben Sie sich extreme Reaktionen lieber für extreme Situationen auf. Wenn Sie rücksichtslos alle Versuche ahnden, werden Sie bald als Hysteriker gelten.

Manche Leute vergnügen sich damit, mit ihren Firewalls diejenigen an der Nase herumzuführen, die die gängigen Angriffe ausprobieren. Sie legen zum Beispiel eine Paßwort-Datei, die Benutzerkennungen zu enthalten scheint, im Bereich für Anonymous FTP ab. Wenn der Angreifer die verschlüsselten Paßwörter tatsächlich knackt, erscheint eine abfällige Bemerkung. Das ist eine harmlose Art, seine Zeit totzuschlagen, die auch das befriedigende Gefühl gelungener Rache verschafft. Die Sicherheit erhöht es allerdings nicht. Es verärgert den Angreifer nur, was zur Folge haben kann, daß er einen Einbruch in Ihren Standort jetzt zu seiner persönlichen Angelegenheit macht.

Manche Leute und manche Firewalls bevorzugen für Angriffsversuche einen aktiveren Ansatz. Es gibt eine Menge verschiedener Methoden, die als Gegenangriff verkauft werden (Vermarkter von Firewalls finden das Konzept äußerst verführerisch). Sie reichen von Versuchen, weitere Informationen über den Ausgangspunkt der Angriffsversuche zu ermitteln (wobei Ihnen ein Anfangspunkt für die weitere Suche geboten wird), über das automatische Konfigurieren der Firewall, die alle Verbindungen von dem Standort abweist, von dem die Angriffsversuche stammen, bis hin zu wirklichen Gegenangriffen. Ungeachtet der oftmals wirklich aggressiven Marketingbehauptungen tut keine kommerzielle Firewall etwas, das tatsächlich als Gegenangriff angesehen werden kann – schon aus Gründen der Haftung nicht. Das ist gut, weil falsche Verdächtigungen und Verstimmungen oft ihre Ursache in (manchmal auch nur leicht) automatisierten Antworten haben.

Zum Beispiel wird ein vorgeblicher Angriffsversuch, der von einem Standort zu kommen scheint, der nach einem Angriffsversuch Informationen sammelt und gegen einen anderen solchen Standort gerichtet ist, fast immer aus einer »Ja, aber Du hast mich zuerst gehauen«-Haltung resultieren. Weshalb sollte jemand ein Paket fälschen? Weil er etwas getan und sich über die Antwort geärgert hat. Eine kleine Fälscherei kann einen ziemlichen Gruppendruck auf jemanden auslösen, dessen Antworten auf Angriffsversuche allzu energisch sind. Es gibt ein bemerkenswertes Beispiel, bei dem jemand als Antwort auf die Versuche, Anonymous FTP auszuführen, Briefe verschickte, in denen mit Anklage gedroht wurde. Eine weit verbreitete E-Mail enthielt eine URL, mit der ein Anonymous FTP-Zugriff auf den Standort versucht werden konnte. Es kam daraufhin zu Ressourcenproblemen sowie zu einer Beschädigung des Ansehens dieses Standorts in der Öffentlichkeit.

Die Unterscheidung zwischen einem Angriffsversuch und einem ausgewachsenen Angriff fällt an jedem Standort anders aus. Meist geht man von einem Versuch aus, solange es nicht funktioniert, selbst wenn die Aktion sehr entschlossen und geduldig ausgeführt wird. Wenn jemand zum Beispiel alle möglichen Kombinationen von Kleinbuchstaben als root-Paßwort ausprobiert, wird er keinen Erfolg haben. Sie können ihn so lange ignorieren, bis Sie von den Protokollmeldungen genervt sind. (Ein solcher Angriff wird scheitern, egal, wie viele Kombinationen der Angreifer ausprobiert.) Bei entsprechender Zeit und Energie lohnt es sich manchmal, Leute zu verfolgen, die ernsthafte Angriffsversuche unternehmen. Das gilt auch dann, wenn Sie wissen, daß der Versuch nicht zum Erfolg führen kann.

Reaktion auf Angriffe

Wenn aus Ihren Protokolldateien hervorgeht, daß jemand einen entschlossenen Angriff gegen Ihr System ausführt (entsprechend den Faustregeln, die wir im Abschnitt »Die Guten, die Bösen und die Unangenehmen« weiter vorn in diesem Kapitel erläutert haben), sollten Sie mehr unternehmen, als sich nur zurückzulehnen und abzuwarten. Kapitel 27, *Reagieren auf Zwischenfälle*, beschreibt detailliert, wie Sie auf einen echten sicherheitsrelevanten Vorfall reagieren sollten.

Wie Sie sich auf dem laufenden halten

Ein letzter wichtiger Punkt bei der Betreuung von Firewalls ist, immer auf dem laufenden zu bleiben. Das betrifft selbstverständlich Ihr System, aber vor allen Dingen Sie selbst.

Wie Sie sich selbst auf dem laufenden halten

Sich über die ständigen Neuentwicklungen in diesem Bereich auf dem laufenden zu halten ist die schwierigste Aufgabe bei der Betreuung einer Firewall. Ständig gibt es etwas Neues: Neue Fehler werden entdeckt und ausgenutzt; neue Angriffe werden durchgeführt; neue Patches oder Fehlerkorrekturen für existierende Systeme und Tools werden zur Verfügung gestellt; neue Tools tauchen auf. Es ist oft die zeitaufwendigste Aufgabe eines Firewall-Betreuers, sich über all diese Dinge zu informieren.

Wie bleiben Sie auf dem aktuellsten Stand? Sie müssen sich vor allem darum kümmern und sich beteiligen. Suchen Sie Mailinglisten, Newsgroups, Websites und professionelle Foren, die Ihnen zusagen, und verfolgen Sie diese aufmerksam. In diesem Abschnitt beschreiben wir die wichtigsten Informationsmöglichkeiten. In Anhang A, *Ressourcen*, finden Sie eine vollständigere Liste einschließlich der Kontaktadressen.

Mailinglisten

Es gibt mehrere Mailinglisten, die für den Betreuer einer Firewall von Interesse sind. In Anhang A erfahren Sie, wie Sie diese Listen abonnieren können. Die wichtigste Liste ist die Firewalls-Mailingliste. In dieser Liste werden Entwurf, Installation, Konfiguration, Betreuung und Philosophie von Internet-Firewalls aller Arten diskutiert. Der größte Nachteil der Liste ist ihre starke Aktivität: An manchen Tagen erscheinen mehr als 100 neue Nachrichten. Um diesem Problem zu begegnen, gibt es auch eine Zusammenfassung der Liste mit dem Namen Firewalls-Digest. Die Abonnenten dieser Liste erhalten die gleichen Nachrichten wie die Abonnenten der Liste Firewalls, die Nachrichten sind jedoch gebündelt (gewöhnlich 10 bis 20 Nachrichten pro Paket).

Eine andere Liste, die Sie auf alle Fälle abonnieren sollten, ist die Mailingliste CERT-Advisory. In dieser Liste veröffentlicht das CERT-CC seine Sicherheitshinweise. Wenn nicht das CERT-CC, sondern ein anderes Response-Team für Sie zuständig ist (z.B. eines aus der FIRST-Gruppe, siehe Anhang A, *Ressourcen*), sollten Sie sich erkundigen, ob dieses Team eine eigene Hinweisliste betreibt, und diese zusätzlich zur Liste des CERT-CC abonnieren. Ihr Team wird wahrscheinlich die meisten Hinweise des CERT-CC übernehmen und eigene Hinweise veröffentlichen, die für Sie interessant sind, aber nicht in den Hinweisen des CERT-CC erscheinen.

Was weitere Mailinglisten angeht, ist die Auswahl nicht so einfach. Es gibt einige länderspezifische Listen oder solche für spezielle Anwendungsbereiche (z.B. die Listen Firewall-Developers, Academic-Firewalls und Firewalls-UK). Außerdem gibt es eine Mailingliste namens Bugtraq, in der Lücken in der Netzsicherheit ausführlich diskutiert werden. Wenn man es schafft, sich durch die ausufernden »Flame-Wars« zu kämpfen, findet man dort gelegentlich einige Schätze. Die Windows NT-orientierte Liste NT-Bugtraq ist besonders hilfreich.

Auch für viele Firewall-Produkte und -Pakete gibt es spezielle Listen; zum Beispiel für die Router von Livingston, Telebit und Cisco und für das TIS FWTK. Wenn Sie ein bestimmtes Produkt oder Paket einsetzen oder anschaffen wollen, sollten Sie gegebenenfalls die entsprechende Liste abonnieren. Solche Listen sind oft eine unschätzbare Quelle technischer Unterstützung. Dies gilt vor allem während großer Angriffe.

Viele Betriebssystemhersteller betreiben ebenfalls besondere Mailinglisten zur Verbreitung von Sicherheitsinformationen. Erkundigen Sie sich bei Ihrem Hersteller nach Informationen über die Listen, die es bei ihm gibt, und wie Sie sich dort anmelden können.

Newsgroups

Neben den verschiedenen Mailinglisten, die Sie abonnieren können, gibt es eine Vielzahl von Newsgroups, die sich direkt oder indirekt mit Firewalls beschäftigen. Viele davon entsprechen den oben erwähnten Mailinglisten. Die Hinweise des CERT-CC werden zum Beispiel in der Gruppe *comp.security.announce* veröffentlicht; für eine Vielzahl kommerzieller oder nichtkommerzieller Netzprodukte gibt es eigene Newsgroups. Es gibt auch eine Newsgroup, die sich speziell mit Firewalls befaßt, *comp.security.firewalls*. Leider ist es eine Newsgroup mit einem sehr hohen Datenaufkommen. Dort tummeln sich viele Anfänger, die immer wieder die gleichen Fragen stellen, sowie fast genauso viele Firewall-Hersteller, die versuchen, ihre Produkte anzupreisen, oder sich beschweren, daß andere Leute Produkte anpreisen.

Websites

Das Web ändert sich so schnell, daß es nahezu sinnlos ist, an dieser Stelle Webadressen zu nennen. Es gibt eine große Anzahl von Sites zu den Themen Sicherheit und Systemverwaltung, angefangen bei Sites, die von Angreifern eingerichtet werden (diese erscheinen und verschwinden rasend schnell), bis hin zu Websites von Zeitschriften, bei denen man sich anmelden muß. Benutzen Sie am besten eine Suchmaschine, um Informationen über die Themen zu finden, die Sie interessieren. Auf diese Weise erhalten Sie normalerweise bessere Informationen, als wenn Sie sich nur an eine einzige Website halten.

Professionelle Foren

Es gibt viele professionelle Foren, an denen Sie teilnehmen können. Dazu gehören Konferenzen, Anwendergruppen der Hersteller, lokale Anwendergruppen, Berufsverbände (wie die Special Interest Groups von IEEE und ACM) usw. Viele Leute halten solche Veranstaltungen für sehr wichtig – nicht so sehr wegen der formalen Inhalte, sondern um Kontakte zu Leuten aufzubauen, die ähnliche Probleme gelöst haben, mit denen sie es selbst zu tun haben.

Die beste Konferenz für Planer und Betreuer von Internet-Firewalls ist das USENIX Security Symposium, das meist einmal pro Jahr stattfindet. Das Beste, was Sie als Unix-Systemverwalter tun können, ist, jährlich eine Woche auf der USENIX-Konferenz LISA[2] zu verbringen; Windows NT–Administratoren sind auf der USENIX-Konferenz LISA-NT besser aufgehoben. Weitere Informationen über diese Konferenzen und über USENIX im allgemeinen finden Sie in Anhang A, *Ressourcen*.

Lokale Anwendergruppen und Special Interest Groups sind auch eine gute Möglichkeit, zwischen den Konferenzen miteinander in Kontakt zu bleiben. Die meisten Gruppen treffen sich alle ein oder zwei Monate.

Wie Sie Ihre Systeme auf dem aktuellsten Stand halten

Wenn Sie selbst auf dem laufenden sind, ist es relativ einfach, auch Ihr System auf dem aktuellsten Stand zu halten. Sie müssen einfach alle neuen Probleme behandeln, sobald sie Ihnen zu Ohren kommen.

Mit Hilfe der beschriebenen Quellen sollten Sie genügend Informationen zusammentragen können, um zu entscheiden, ob ein neues Problem auch Ihren Standort betreffen könnte. Beachten Sie jedoch, daß man nicht immer sofort entscheiden kann, ob ein Problem für den eigenen Standort von Bedeutung ist. Es kann Stunden oder Tage dauern, bis die nötigen Informationen verfügbar sind. Solange es nur vage Aussagen über das Problem und dessen Konsequenzen gibt, müssen Sie eben ohne gründliche Informationen entscheiden, was zu tun ist. Es hängt von den speziellen Umständen ab, ob Vorsicht oder Bequemlichkeit Vorrang haben. Zu diesen Umständen gehören das potentielle Problem selbst, die realistischen Gegenmaßnahmen, die Abwägung zwischen Sicherheit und Verfügbarkeit usw. Bei einer vorsichtigen Grundhaltung müßte man das Problem um jeden Preis blockieren, falls es den Standort irgendwie betreffen könnte. Bei einer bequemen Grundhaltung würde man dagegen mit Aktionen so lange warten, bis man ziemlich sicher sein kann, von dem Problem betroffen zu sein.

Bei der Entscheidung, welche Problemlösungen wann anzuwenden sind, können Sie sich an einigen Grundsätzen orientieren:

Spielen Sie neue Versionen nicht zu früh ein
> Spielen Sie einen Patch oder eine Fehlerbehebung erst dann ein, wenn Sie annehmen müssen, daß das Problem gegen Ihren Standort ausgenutzt wird oder in Zukunft ausgenutzt werden könnte. Es ist immer besser, erst einmal abzuwarten, welche neuen Schwierigkeiten durch den Patch entstehen. Wir schlagen nicht vor,

---

2 LISA stand einmal für »Large Installation System Administration«. Das war noch zu Zeiten, als mehr als ein Dutzend Rechner bereits eine große Installation darstellten. Heutzutage fallen die meisten Standorte unter diese Definition. Die Zielsetzung der Konferenz wurde daher breiter gefaßt und umfaßt inzwischen alle Arten der Unix-Systemverwaltung. Der Name LISA wurde jedoch beibehalten.

die Installation eines wichtigen Patches lange zu verzögern. Oft ist es jedoch klug, zumindest einige Stunden oder ein paar Tage zu warten, um zu sehen, ob der Patch etwas anderes kaputtmacht.

Beheben Sie keine Probleme, die Sie gar nicht haben
Sie sollten keine Patches für Probleme einspielen, die Sie gar nicht haben. Tun Sie es doch, so gehen Sie das Risiko neuer Schwierigkeiten ein. Wenn ein Patch nur bestimmte Software oder eine bestimmte Version betrifft und Sie diese nicht verwenden, sollten Sie auf den Patch verzichten. Betrifft der Patch dagegen ungenutzte Funktionen in von Ihnen eingesetzten Programmen, sollten Sie den Patch einspielen. Es könnte sonst passieren, daß Sie diese Funktionen irgendwann benutzen wollen und nicht mehr wissen, ob Sie den Patch eingespielt haben oder nicht.

Achten Sie auf die Abhängigkeiten der Patches untereinander
Im allgemeinen sollten Sie keine Patches für Probleme einspielen, die Sie nicht haben. Beachten Sie jedoch, daß Patches für Probleme, die Sie sehr wohl haben, von früheren Patches für Probleme abhängen können, die Sie nicht haben. Wenn Sie Glück haben, steht in der Dokumentation des neuen Patchs, welche anderen Patches Voraussetzung dafür sind. Das ist jedoch nicht immer der Fall. Manchmal müssen Sie dazu einfach Vermutungen anstellen. In dieser Situation sind Mailinglisten und Newsgroups für die jeweilige Plattform sehr hilfreich. Dort können Sie herausfinden, ob jemand anders die Frage schon gelöst hat.

Wieviel Zeit kostet die Weiterbildung?

Der schwierigste Teil bei der Betreuung einer Firewall ist also die Fortbildung. Wie lange brauchen Sie dazu? Für Neulinge kann die Fortbildung leicht zu einem Vollzeitjob werden. Hat man sich ein paar Wochen oder Monate mit dem Thema beschäftigt und kennt die Grundlagen, ist nur noch etwa eine Stunde täglich nötig, um die Mailinglisten, Newsgroups, Zeitschriften und anderen Quellen zu lesen, für die man sich entschieden hat.

Ein Großteil der für die Firewall aufgewendeten Zeit ist für die eigene Fortbildung nötig und nicht für die Betreuung der Firewall. Die Überwachung der Firewall sollte nur einige Minuten täglich in Anspruch nehmen – schauen Sie die täglichen Protokollzusammenfassungen durch, und überprüfen Sie, ob etwas Ungewöhnliches oder Bemerkenswertes passiert ist.

Es ist klar, daß Sie gelegentlich mehr Zeit für die Firewall aufbringen müssen, sobald es etwas zu reparieren gibt, ein Update einzuspielen oder neue Funktionalität hinzuzufügen ist. Die nötige Zeit hängt von der Komplexität des jeweiligen Vorgangs ab. Je besser Sie die Anforderungen Ihres Standorts vorhergesehen und die Firewall geplant und konstruiert haben, desto weniger Zeit werden Sie für Änderungen benötigen. Viele Standorte müssen Ihre Firewall nur alle paar Monate auf Vordermann bringen. In der restlichen Zeit verrichtet sie unauffällig ihre Arbeit.

Wann sollten Sie Ihre Firewall austauschen?

Die wichtigste Erkenntnis bei der Betreuung einer Firewall ist, daß sie mit zunehmendem Alter mehr Pflege braucht. Zu einem bestimmten Zeitpunkt sagen Sie dann »genug« und beginnen mit dem Aufbau einer neuen Firewall. Bei der derzeitigen Entwicklungsgeschwindigkeit in diesem Bereich gehen wir davon aus, daß man auch die beste Firewall nach 18 bis 36 Monaten ersetzen sollte. Viele Dinge, die sich auf Firewalls auswirken, ändern sich sehr schnell: die unternommenen Angriffe, die Tools zum Aufbau von Firewalls und die Dienste, die die Benutzer verwenden möchten.

Hier sehen Sie einige Beispiele dafür, wie schnell sich die Verhältnisse im Internet ändern können. Zwischen der ersten und der zweiten Ausgabe dieses Buches

- wurde Windows NT eine brauchbare Plattform zum Bereitstellen von Internet-Diensten
- wurde das World Wide Web von einer vielversprechenden Anwendung, die fast ausschließlich Computerexperten bekannt war, zur wichtigsten Technologie im Internet
- wurde Linux vom exzentrischen Hobby einer einzelnen Person zu einerseits einem der wichtigsten Betriebssysteme und andererseits einem gesellschaftlichen Aufstand

In den nächsten beiden Jahren werden wir einer völlig neuen Serie von Angriffen gegenüberstehen, neue Werkzeuge benutzen und mit neuen Diensten umgehen, die von unseren Benutzern gefordert werden. Niemand kann mit Sicherheit sagen, welche Werkzeuge und Dienste dies sein werden, man kann aber jetzt schon voraussagen, daß das Internet sich dann von den heutigen Verhältnissen deutlich unterscheiden wird. Natürlich gilt das für fast jeden Zweijahreszeitraum in der Geschichte des Internet. Die einzige Konstante in bezug auf das Internet ist die konstante Veränderung – konstantes Wachstum, ein konstanter Zustrom neuer Dienste und Werkzeuge usw.

27

Reagieren auf Zwischenfälle

Das *CERT Coordination Center* (CERT-CC) stellte fest, daß sich viele Organisationen trotz erhöhter Wachsamkeit erst *nach* einem Angriff zum ersten Mal Gedanken über die Reaktion auf sicherheitsrelevante Zwischenfälle machen. Das ist offensichtlich keine besonders sinnvolle Methode. Sie müssen bereits *vor* einem Angriff einen Reaktionsplan entwickeln.

Wir können hier nicht alle Einzelheiten aufzählen, die Sie im Zusammenhang mit sicherheitsrelevanten Vorfällen wissen müssen. Es gibt viele verschiedene Angriffe, und sie ändern sich auch ständig. Die Reaktion darauf wirft ein ganzes Arsenal rechtlicher und technischer Fragen auf. In diesem Kapitel wollen wir diese Fragen besprechen und praktische Schritte vorstellen, mit denen Sie den Ablauf schon vorher vereinfachen können. In Anhang A, *Ressourcen*, finden Sie eine Liste mit Ressourcen, die weitere Hilfe versprechen.

Vorgehen bei einem Einbruchsversuch

In diesem Abschnitt behandeln wir eine Reihe von Schritten, die bei der Reaktion auf einen Angriff nötig sind. Sie müssen diese Maßnahmen nicht unbedingt in der angegebenen Reihenfolge durchführen; es sind auch nicht immer alle erforderlich. Sie sollten jedoch zumindest über alle Schritte nachdenken, wenn Sie mit einem Angriff zu tun haben.

Im Abschnitt »Planung Ihrer Vorgehensweise« weiter hinten in diesem Kapitel nehmen wir uns die Regeln alle noch einmal vor und zeigen Ihnen, wie Sie sie in Ihren Gesamtplan einfügen, den Sie schon vor einem Zwischenfall aufstellen sollten.

> ### Regeln für die Reaktion auf Zwischenfälle
>
> In ihrem Buch *Practical UNIX & Internet Security* geben Simson Garfinkel und Gene Spafford zwei exzellente Hinweise, die Sie vor allen anderen beachten sollten. Denken Sie bei der Lektüre dieses Kapitels und bei der Reaktion auf Zwischenfälle an diese Regeln:
>
> - Regel 1: Keine Panik!
> - Regel 2: Dokumentieren Sie alles!

Bewerten Sie die Lage

Als erste Reaktion auf einen Angriff müssen Sie entscheiden, ob Sofortmaßnahmen erforderlich sind und wie diese aussehen sollten. Stellen Sie sich folgende Fragen:

Hat es der Angreifer geschafft, in Ihre Systeme einzudringen?
    Falls ja, handelt es sich um einen echten Notfall? Dabei spielt es keine Rolle, ob der Angreifer momentan aktiv ist.

Läuft der Angriff im Moment noch?
    Falls ja, müssen Sie entscheiden, was unmittelbar zu tun ist. Wenn der Angriff bereits abgeschlossen ist, müssen Sie sich nicht so beeilen.

Wenn es sich um einen aggressiven Angriff handelt, sollten Sie unverzüglich starke Gegenmaßnahmen ergreifen. Dazu kann es erforderlich sein, das System oder Ihre Internet-Verbindung herunterzufahren, bis Sie wissen, wie mit der Situation umzugehen ist.

Ist der Angriff dagegen weniger aggressiv, können Sie langsamer vorgehen; z. B. wenn jemand eine Telnet-Verbindung zu Ihrer Maschine gestartet hat und verschiedene Login/Paßwort-Kombinationen ausprobiert. Wenn Sie vom Mißerfolg des Angriffs überzeugt sind (etwa weil der Angreifer nur Paßwörter mit Kleinbuchstaben ausprobiert und Sie sicher sind, daß kein Zugang auf Ihrem System ein solches Paßwort besitzt), können Sie einfach beobachten, was der Angreifer unternimmt. Dadurch erhalten Sie Gelegenheit, den Angriff zurückzuverfolgen. (Beachten Sie jedoch den Abschnitt »Verfolgen und Festsetzen des Eindringlings« weiter unten über die Fragen, die mit der Verfolgung eines Angriffs zusammenhängen.)

Was Sie auch immer unternehmen, denken Sie an Regel 1: Keine Panik!

Beginnen Sie mit dem Dokumentieren

Sobald Sie feststellen, daß Sie tatsächlich ein Problem haben, auf das Sie reagieren müssen, beginnen Sie damit, alles zu dokumentieren, was passiert. Sie müssen an dieser Stelle nicht besonders ausführlich sein (dazu haben Sie sowieso erst Zeit, wenn der nächste Schritt erfolgt ist), doch Sie sollten sich wenigstens den Zeitpunkt und die Art des Problems notieren.

Unterbrechen Sie die Verbindung, oder fahren Sie die Maschine herunter

Wenn Sie die Situation erkundet haben, müssen Sie sich die Zeit für eine Reaktion nehmen, ohne Ihre Systeme weiter zu gefährden. Die Maßnahme, die am wenigsten stört, besteht meistens darin, die betroffene Maschine aus allen Netzen zu entfernen; dadurch werden alle aktiven Verbindungen beendet. Durch das Beenden der aktiven Verbindungen wird es zwar schwieriger, den Eindringling zu verfolgen, doch immerhin können die anderen Benutzer an Ihrem Standort weiterarbeiten. Außerdem laufen die Programme des Eindringlings weiter. Damit können Sie vielleicht seine Identität ermitteln.

Wenn Sie befürchten, daß auch in andere Maschinen eingebrochen wurde oder diese für den gleichen Angriff anfällig sind, sollten Sie möglichst viele Maschinen von allen Netzen trennen. Das kann das Abschalten Ihrer Internet-Verbindung bedeuten. Wird Ihre Internet-Verbindung von einer anderen Abteilung betreut, sollten Sie nur Ihren Teil aus dem Netz entfernen. Sie müssen die anderen Abteilungen aber unverzüglich über die Vorfälle informieren.

Manchmal ist es erforderlich, das betroffene System herunterzufahren. Das sollte aber aus verschiedenen Gründen immer der letzte Ausweg sein:

- Informationen, die Sie möglicherweise noch brauchen, werden zerstört.
- Solange die Maschine ausgeschaltet ist, können Sie sie nicht analysieren oder Fehler beheben. Um sie wieder laufen zu lassen, müssen Sie sie schließlich sowieso vom Netz trennen.
- Das Herunterfahren stört die legitimen Benutzer noch viel mehr als die Unterbrechung der Netzverbindung.
- Es schützt immer nur eine Maschine. (Es ist viel einfacher, eine Reihe von Systemen sauber vom Netz zu trennen, als sie sauber herunterzufahren.)

Selbst bei der Reaktion auf einen bereits beendeten Angriff kann es nötig sein, die Maschine vom Netz zu trennen, herunterzufahren oder zumindest keine Benutzer mehr darauf arbeiten zu lassen, solange Sie die Vorgänge analysieren und die Änderungen durchführen, die nötig sind, um einer Wiederholung des Vorfalls vorzubeugen. Auf diese Weise werden Sie nicht durch Benutzeraktivitäten abgelenkt, und der Eindringling kann nicht zurückkommen, bevor Sie fertig sind.

Analyse und Reaktion

Als nächstes müssen Sie eventuell entstandene Fehler beheben. Dazu atmen Sie zunächst einmal tief durch und denken darüber nach, was eigentlich passiert ist und wie Sie damit umgehen sollen. Schließlich wollen Sie die Situation nicht durch schnelles und unüberlegtes Handeln noch zusätzlich verschlimmern. Welche Gegenmaßnahmen Sie auch immer planen, durchdenken Sie sie gründlich. Lösen sie das Problem wirklich? Verursachen sie vielleicht andere Probleme?

In einer solch außergewöhnlichen und stressigen Situation steigt die Wahrscheinlichkeit für Fehler enorm. Da Sie wahrscheinlich mit Systemadministratorrechten arbeiten (auf einem Unix-System z.B. als root), kann ein Fehler schwerwiegende Folgen haben.

Es gibt verschiedene Methoden, um die Wahrscheinlichkeit für einen Fehler zu vermindern. Eine gute Möglichkeit ist es zum Beispiel, zu zweit zu arbeiten. Jeder kann die Befehle des anderen überprüfen, nachdem sie eingetippt, aber noch nicht ausgeführt wurden. Wenn man allein arbeitet, ist es oft hilfreich, sich zur Vermeidung von Fehlern die Befehle vor der Ausführung laut vorzulesen und deren Argumente in umgekehrter Reihenfolge zu überprüfen. Widerstehen Sie der Versuchung, schnell zu arbeiten. Sie kommen schneller nach Hause, wenn Sie langsam und sorgfältig arbeiten.

Achten Sie darauf, daß die Benutzer Ihren Maßnahmen nicht in die Quere kommen. Falls möglich, erhält jemand aus Ihrem Team die Aufgabe, Anfragen der Benutzer zu beantworten, damit sich das restliche Team auf den Angriff konzentrieren kann.

Achten Sie auch darauf, daß sich die Mitglieder des Teams nicht gegenseitig behindern. Legen Sie fest, welcher Systemverwalter welche Aufgaben übernimmt, damit sie sich nicht gegenseitig auf die Füße treten (oder sich gegenseitig verfolgen!).

Informieren Sie andere über den Vorfall

Nicht nur Sie selbst müssen wissen, was los ist. Eine ganze Reihe anderer Leute – an verschiedenen Stellen – muß ebenfalls informiert werden.

Ihre eigene Organisation

Innerhalb Ihrer eigenen Organisation gibt es Leute, die Bescheid wissen müssen: Management, Benutzer und Personal. Teilen Sie ihnen wenigstens mit, daß Sie mit einem Zwischenfall beschäftigt sind und nicht für andere Aufgaben zur Verfügung stehen. Normalerweise sollten sie zumindest die Ursache der Unannehmlichkeiten erfahren und was sie zur Beschleunigung beitragen können (und sei es auch nur, Sie in Ruhe zu lassen).

Es ist besonders wichtig, daß das Management und das andere Personal weiß, was los ist. Ansonsten riskieren Sie, daß man gegen Sie arbeitet. Wenn Sie zum Beispiel die Internet-Verbindung unterbrochen haben, ist es sehr gut möglich, daß jemand den Dienstausfall bemerkt und versucht, den Fehler zu beheben. Das ist ein Problem, wenn es sich um einen anderen Kollegen handelt, könnte aber zu einem echten Ärgernis werden, falls es zu einem Wunsch des Managements wird.

Falls Leute sich an das Management wenden, um sich über irgendeinen Nebeneffekt Ihrer Aktionen zu beschweren, und der Manager, der sich darum kümmert, darüber informiert wurde, worum es geht, könnte es gut sein, daß er die Notwendigkeit einer Reaktion verteidigt. Im schlimmsten Fall wägt der Manager zwischen der Wichtigkeit einer Reaktion auf den Zwischenfall und den anderen Bedürfnissen der Firma ab. Falls der Manager jedoch nicht weiß, was los ist, reagiert er vielleicht so, wie er das auch bei einem anderen Netzwerkausfall tun würde: »Oh, das ist schlimm, wir werden das Problem so schnell wie möglich beheben«. Der Manager hat dem Benutzer etwas versprochen und wird das Versprechen vermutlich nicht brechen wollen. Statt dessen wird Ihre Reaktion zugunsten des Bedarfs nach einer Reparatur abgebrochen.

Je nach Art Ihrer Organisation und Bedeutung des Vorfalls kann es außerdem erforderlich sein, die Rechts-, Kontroll-, PR- und Sicherheitsabteilung zu informieren. Sie sollten die Sicherheitsabteilung immer dann informieren, wenn:

- Sie die Polizei einschalten wollen
- Sie den Verdacht hegen, daß jemand aus Ihrer Einrichtung beteiligt ist
- Sie den Verdacht hegen, daß jemand sich gleichzeitig physischen Zugang verschafft hat (d.h. eingebrochen ist)

Falls es an Ihrem Standort mehrere Rechenzentren gibt, sollten Sie diese so schnell wie möglich informieren. Sie kommen als Quelle sowie als zukünftige Ziele für ähnliche Angriffe in Frage.

CERT-CC oder andere Response-Teams

Wenn Ihre Organisation von einem Response-Team wie dem CERT-CC betreut wird oder ein eigenes Team unterhält, informieren Sie es über den Vorfall, und versuchen Sie, Hilfe von dort zu bekommen. (In Anhang A, *Ressourcen*, finden Sie Kontaktadressen für das CERT-CC und andere Response-Teams.) Die Hilfe eines Response-Teams hängt von dessen Prinzipien und verfügbaren Mitteln ab. Selbst wenn Sie keine direkte Hilfe erhalten, erfahren Sie möglicherweise, ob der Angriff auf Ihren Standort Teil einer großangelegten Aktion ist. In diesem Fall kann das Response-Team Ihre Reaktion mit der anderer Standorte koordinieren.

Hersteller und Service-Provider

Wenn Sie glauben, die Support-Abteilungen Ihrer Hersteller oder Ihr(e) Internet-Service-Provider könnten helfen oder sollten über den Vorfall Bescheid wissen, sollten Sie diese ebenfalls informieren. Nutzen die Angreifer zum Beispiel einen Fehler im Betriebssystem aus, sollten Sie Kontakt zum Hersteller aufnehmen, um zu erfahren, ob dieser den Fehler und Möglichkeiten zu seiner Behebung kennt. Zumindest sollte der Hersteller andere Standorte auf den Fehler hinweisen. Ihr Internet-Provider kann wahrscheinlich auch nicht viel zur Lösung des aktuellen Problems beitragen, er könnte aber immerhin andere Kunden warnen. Es besteht außerdem die Möglichkeit, daß auch bei Ihrem Internet-Provider eingebrochen wurde. In diesem Fall muß der Provider möglichst schnell informiert werden. Hersteller und Service-Provider bieten vielleicht spezielle Kontaktadressen oder Vorgehensweisen, die schneller als die normalen Support-Wege zum Erfolg führen.

Wenn Sie solche Berichte abliefern, erhalten Sie vielleicht keine oder nur eine vage Antwort. Dies könnte daran liegen, daß man Sie ignoriert oder daß Firmen die Selbstverteidigung vor die Interessen ihrer Kunden stellen. Manchmal allerdings liegt das auch an gewissen Vorkehrungen, die dafür sorgen sollen, daß Probleme nicht an die Öffentlichkeit gelangen, bevor es dafür Lösungen gibt (um Orte nicht zu gefährden, die noch nicht angegriffen wurden), daß die Lösungen das Problem auch wirklich beheben und daß Angreifer keine wertvollen Informationen erhalten, indem sie vorgeben, angegriffene Standorte zu sein. Sie sollten im Zweifelsfall immer für den Partner entscheiden, da es fast unmöglich ist festzustellen, welcher der Gründe zutrifft.

Andere Standorte

Falls auch andere Standorte betroffen zu sein scheinen, sollten Sie auch diese informieren. Das trifft zu, wenn der Angriff von einem bestimmten Standort auszugehen schien oder wenn sich die Angreifer offensichtlich nach dem Einbruch bei Ihnen einen anderen Standort vorgenommen haben. Anhand der Quell- und Zieladressen von Verbindungen lassen sich solche Standorte normalerweise leicht ermitteln. Meist ist es viel schwieriger, einen Ansprechpartner zu finden, der nicht nur für den fraglichen Computer zuständig, sondern auch wach und erreichbar ist und die gleiche Sprache spricht wie Sie.

Auch hier erhalten Sie möglicherweise kaum oder keine Antworten, die Gründe hierfür können ärgerlich und verwerflich sein oder auch einfach vernünftig. Entweder man kümmert sich an dem anderen Standort nicht darum, daß die eigenen Benutzer Sie angreifen, oder man kümmert sich durchaus, besitzt nur keine Möglichkeit, Ihnen das mitzuteilen, ohne gleichzeitig Informationen an die Angreifer zu verraten. Es ist zwar schön, wenn man sofort eine Antwort und einen Dank erhält, nachdem man jemanden informiert hat; Sie sollten jedoch nicht darauf bestehen und vor allem nicht gekränkt sein, wenn Sie nichts mehr von dem anderen Standort hören.

Wenn Sie nicht wissen, wen Sie informieren sollen, sprechen Sie mit Ihrem Response-Team (oder dem CERT-CC). Die Teams kennen entweder einen Ansprechpartner oder wissen, wie man sich die Adressen verschafft. Außerdem sind sie es gewohnt, fremden Leuten mitzuteilen, daß sie Sicherheitsprobleme haben.

Erstellen Sie eine Momentaufnahme des Systems

Ein weiterer früher Schritt ist das Anlegen einer Momentaufnahme oder eines »Schnappschusses« jedes betroffenen Systems. Dazu können Sie ein vollständiges Backup auf Band anlegen oder das gesamte System auf eine andere Platte kopieren. Falls es an Ihrem Standort ein eigenes Ersatzteillager gibt, sollten Sie die benötigten Komponenten dort besorgen, anstatt eine Platte zu verwenden, die bereits eingesetzt wird und vielleicht selbst schon betroffen ist.

Der Schnappschuß ist aus mehreren Gründen wichtig:

- Wenn Sie eine Fehldiagnose stellen oder die Reparatur schiefgeht, können Sie immer zum Zustand des Schnappschusses zurückkehren.
- Der Schnappschuß kann sich als bedeutsam für Untersuchungen und rechtliche Schritte erweisen. Sie können damit das System wiederherstellen, ohne Gefahr zu laufen, daß Beweise zerstört werden.

- Sie können den Schnappschuß später, wenn das System wieder läuft, untersuchen, um zu ermitteln, was passiert ist.

Da der Schnappschuß für spätere juristische Schritte wichtig werden kann, müssen Sie sich um die Spurensicherung kümmern. Beachten Sie folgende Richtlinien:[1]

- Beschriften Sie die Medien für den Schnappschuß eindeutig, und notieren Sie Datum, Zeit und Ihren Namen. Unterschreiben Sie anschließend.
- Aktivieren Sie den Schreibschutz für die Medien – falls möglich, dauerhaft.
- Schützen Sie die Medien vor Manipulationen (schließen Sie sie zum Beispiel in einem Schrank ein). Wenn Sie sie dann der Polizei oder anderen Verantwortlichen übergeben, können Sie bezeugen, daß seit dem Beschreiben der Medien niemand etwas daran verändern konnte.

Es ist nie verkehrt, einen ausreichenden Vorrat frischer Medien für Schnappschüsse auf Lager zu haben, denn man weiß nie, wann sie benötigt werden. Bei der Reaktion auf einen Angriff ist es sehr frustrierend, wenn Sie einen Schnappschuß machen wollen und feststellen, daß das letzte freie Band am Vortag für das Backup verwendet wurde – und die neue Bestellung noch nicht eingetroffen ist.

Reparatur

Schließlich können Sie sich um den eigentlichen Vorfall kümmern. Was zu tun ist, hängt natürlich von den konkreten Umständen ab. Im folgenden finden Sie einige Hinweise:

- Wenn der Angreifer nicht in Ihre Systeme eindringen konnte, müssen Sie nicht viel unternehmen. Um gelegentliche Angriffsversuche müssen Sie sich unter Umständen gar nicht kümmern. Vielleicht stellen Sie auch fest, daß der Vorfall völlig harmlos war und überhaupt nichts zu tun ist.
- Wenn der Angreifer besonders hartnäckig war, können Sie Ihre Überwachung (zumindest zeitweise) verbessern und möglicherweise andere Leute anweisen, in Zukunft auf ähnliche Vorfälle zu achten.
- Wenn der Angreifer tatsächlich eindringen konnte, also in Ihre Computer gelangte, müssen Sie zumindest die Lücke schließen, durch die er hereinkam, und sicherstellen, daß er nichts beschädigt oder hinterlassen hat.

Im schlimmsten Fall müssen Sie Ihr System komplett neu installieren. Manchmal ist das nötig, weil der Eindringling etwas beschädigt hat, sei es absichtlich oder versehentlich. Häufig müssen Sie jedoch deshalb alles neu einrichten, weil nur so ein sauberes System gewährleistet ist, das nicht vom Angreifer präpariert wurde. Die meisten Eindringlinge verschaffen sich als erstes eine Möglichkeit, in das System zurückzugelangen, auch wenn der ursprüngliche Eingang versperrt ist. Ihre Systeme können also auch dann in Gefahr sein, wenn der Eindringling nur für kurze Zeit anwesend war.

---

[1] In dem Buch *Computer Crime: A Crimefighter's Handbook* von David Icove, Karl Seger und William VonStorch (O'Reilly & Associates, 1995), finden Sie eine ausführliche Beschreibung zu Kennzeichnung und Schutz von Beweismitteln.

Sie müssen immer davon ausgehen, daß der Eindringling Hintertürchen angelegt hat, durch die er wieder in das System zurückkehrt. Viele Eindringlinge erledigen das bei einem Einbruch als erstes.

Wenn Sie das System neu einrichten, sollten Sie zunächst überprüfen, ob die Hardware korrekt funktioniert. Achten Sie darauf, daß das System alle Selbsttests und Diagnoseschritte durchführt, denn Sie wollen das System wohl kaum auf defekter Hardware installieren. Bei einer Neuinstallation können Sie Hardware-Probleme bemerken, die bisher nie aufgefallen waren. Auf einer Festplatte könnten zum Beispiel Sektoren beschädigt sein, die bisher in unbenutzten Dateien lagen. Bei der Neuinstallation des Betriebssystems beschreiben Sie dann die defekten Stellen und stoßen so auf das Problem.

Als nächstes sollten Sie sicherstellen, daß Sie zur Neuinstallation einwandfreie Medien und Programme benutzen und nicht unbedingt das letzte Backup. Wenn Sie nicht absolut zuverlässig sagen können, wann der Eindringling zum ersten Mal in Ihrem System war, können Sie auch nicht sicher sein, daß die Programme beim letzten Backup nicht schon modifiziert waren. Meist ist es am besten, das System von den Medien des Herstellers (also den Bändern oder CD-ROMs mit dem Betriebssystem) neu zu installieren und anschließend nur die Benutzerdaten von den Backup-Bändern einzuspielen (nicht aber die Programme, mit denen die Benutzer arbeiten).

Wenn Sie Programme einsetzen, die Sie nicht von Ihrem Hersteller erhalten haben (zum Beispiel Pakete aus dem Internet), besitzen Sie folgende Möglichkeiten:

- Erzeugen und installieren Sie diese Programme von sicheren Backup-Medien (also solchen, die mit Sicherheit eine saubere Version enthalten).
- Besorgen Sie sich einwandfreie Versionen von dort, wo Sie die Pakete ursprünglich herhatten, und installieren Sie diese.

Kompilieren Sie Software erst dann, wenn Sie das Betriebssystem und den Compiler frisch installiert haben. Sie wissen nicht, ob der Compiler oder die benutzten Bibliotheken in Ordnung sind.

Wenn Sie Ihr System stark anpassen oder viel zusätzliche Software installieren, die nicht von Ihrem Hersteller stammt, müssen Sie eine Möglichkeit finden, Ihre Anpassungen und Pakete so zu archivieren, daß ein Angreifer sie nicht modifizieren kann. Auf diese Art können Sie Ihre Änderungen sehr einfach wieder einspielen. Am einfachsten ist das, wenn Sie sofort nach Installation und Konfiguration ein spezielles Backup-Band für neue Software erzeugen, bevor ein Angreifer Gelegenheit hatte, die Software zu modifizieren.

Wenn Sie auch selbstgeschriebene Programme einsetzen, finden Sie dazu vielleicht nicht einmal Quellcode, der garantiert sauber ist. In diesem Fall muß jemand den gesamten Quellcode prüfen, am besten der ursprüngliche Autor der Software. Die meisten Angreifer verändern Quellcode nicht; falls doch, sind sie dabei nicht besonders vorsichtig. Das ist auch gar nicht nötig, denn kaum jemand sieht sich Quellcode an, bevor er kompiliert wird.

In einem Fall installierte ein Programmierer zu seiner eigenen Bequemlichkeit eine Hintertür in einem Programm, von dem er glaubte, es würde nur auf einer bestimmten Maschine laufen. Das Programm wurde sehr populär und kam an verschiedenen Standorten innerhalb seiner Universität zum Einsatz. Jahre später, lange nachdem auf der ursprünglichen Maschine eine saubere Version installiert worden war, stellte er fest, daß alle anderen Standorte immer noch Versionen mit der Hintertür benutzten. Dabei war der entsprechende Code auf der ersten Seite klar gekennzeichnet und kommentiert. Ein großes Programm kann man zwar nicht vollständig überprüfen, man sollte aber zumindest auf auffällige Änderungen achten.

Dokumentieren Sie den Vorfall

Bei der Entdeckung und Untersuchung eines Angriffs und der Reparatur der Schäden können die Dinge sehr kompliziert werden. Gute Kommunikation muß sicherstellen, daß alle Leute informiert sind und sich nicht gegenseitig ein Bein stellen. Es ist wichtig, alle eigenen Aktivitäten während des Vorfalls zu dokumentieren, entweder auf konventionellem oder elektronischem Weg. Ein solches Protokoll erfüllt mehrere Zwecke:

- Andere Leute können leichter informiert werden (und das Problem damit schneller lösen).
- Sie sehen, zu welchem Zeitpunkt Sie was unternommen haben. Damit können Sie Ihre Reaktion später analysieren (und es das nächste Mal vielleicht besser machen).
- Die Notizen spielen bei der Einleitung rechtlicher Schritte eine entscheidende Rolle.

Aus juristischer Sicht sind konventionelle Notizen am besten, die sofort gekennzeichnet werden. Fast alles andere (vor allem elektronische Notizen) könnte leicht gefälscht oder verändert werden – zumindest könnte ein Richter davon überzeugt werden. Sie müssen Ihre Notizen auf Papier schreiben, kennzeichnen, datieren und unterschreiben. Wenn die Seiten nicht zusammengeklebt sind, müssen Sie sogar jede einzelne Seite datieren und unterschreiben, damit Seiten nicht unbemerkt eingefügt oder entfernt werden können. (Und Sie haben gedacht, Endlospapier für Nadeldrucker sei heutzutage nutzlos!)

Sie brauchen auch dann eine rechtlich einwandfreie Dokumentation, wenn Sie nicht sicher sind, ob sie überhaupt nötig ist. Ein harmlos beginnender Vorfall kann sich später als ernst erweisen. Gehen Sie nicht prinzipiell davon aus, daß es unnötig ist, die Polizei einzuschalten.

Sowohl aus rechtlichen als auch aus praktischen Gründen sollten Sie die genauen Zeiten aufschreiben, zu denen Dinge passiert sind. Rechtlich gesehen, können Sie so nachweisen, daß die Einträge der Reihe nach gemacht wurden. Praktisch gesehen, ist es ziemlich hilfreich, falls Sie mehrere Informationsquellen abgleichen müssen (zum Beispiel wenn Sie Ihre Protokolleinträge mit den Protokollen auf Computern oder mit den Aktionen einer anderen Person vergleichen müssen).

Es gibt verschiedene nützliche Dokumentationsverfahren:

- Notizbücher mit Durchschreibepapier sind besonders nützlich, da sie darauf schreiben, eine Seite heraustrennen und weitergeben können, aber selbst noch eine Kopie der Notiz behalten. Außerdem sind die Seiten meist numeriert, so daß Sie feststellen können, ob Seiten entfernt oder hinzugefügt wurden.
- Terminals, an die ein Drucker angeschlossen ist, oder altmodische druckende Terminals
- Eine Shell, die unter dem Unix-Befehl *script* läuft. Die Mitschrift wird sofort ausgedruckt und gekennzeichnet.
- Ein Terminalprogramm auf einem PC im »capture«-Modus. Die Mitschrift wird sofort ausgedruckt und gekennzeichnet.
- Ein Diktiergerät für gesprochene Bemerkungen

Wenn Sie mehrere Methoden verwenden, können Sie mit der einen festhalten, was online passiert, und mit einer anderen die Geschehnisse außerhalb des Computers aufzeichnen. Legen Sie zum Beispiel ein Skript der eingetippten Befehle an und ein handschriftliches Protokoll aller Telefongespräche.

Es ist leicht zu entscheiden, was online aufgezeichnet wird. Speichern Sie einfach alles, was Sie tun. Vergessen Sie nicht, an dem Terminal oder in der Session zu arbeiten, die aufgezeichnet werden. (Bei manchen Methoden, wie etwa *script* können Sie jede Ihrer Sessions aufzeichnen; Sie müssen nur sicherstellen, daß alle Sessions in getrennten Dateien gespeichert werden.) Bei den nicht automatisch aufgezeichneten Ereignissen ist schwieriger zu entscheiden, was alles protokolliert werden soll. Sie sollten zumindest die folgenden Informationen mitschreiben:

- wen Sie weshalb und wann angerufen haben
- eine Zusammenfassung dessen, was Sie dem Gesprächspartner mitgeteilt haben
- eine Zusammenfassung dessen, was Sie vom Gesprächspartner erfahren haben; diese Zusammenfassung kann manchmal aus »siehe oben« bestehen. Sie sollten jedoch immer nachvollziehen können, mit wem Sie weshalb und wann gesprochen haben.
- Besprechungen, wichtige Entscheidungen und Vorgänge, die nicht online aufgezeichnet werden (z.B. den Zeitpunkt, an dem Sie die Maschinen vom Netz trennten)

Zusätzlich zu den Logbuch-Aufzeichnungen kann eine Aufzeichnung der Zeit, die die einzelnen Personen beim Arbeiten an dem Vorfall verbracht haben, sehr nützlich sein. Möglicherweise müssen Sie einen bestimmten »Verlust« nachweisen, damit die Strafverfolgungsbehörden eine Untersuchung anstrengen können. Wenn der Eindringling keinen Schaden an den Maschinen angerichtet hat, dann besteht der Hauptverlust in der Zeit, die Sie mit dem Aufräumen zugebracht haben.

Solche Protokolle können Ihnen auch helfen, falls Sie Schwierigkeiten haben, gegenüber Ihrem Management die Notwendigkeit für die Bereitstellung weiterer Ressourcen zu begründen, die für den Umgang mit solchen Zwischenfällen vorbereitet werden müssen. Es ist eine Möglichkeit zu zeigen, wieviel solche Vorfälle kosten. Vor allem können Sie damit ausführen, welche Bereiche durch eine Planung vorbereitet und geschont werden könnten.

Was nach einem Einbruch zu tun ist

Nachdem Sie auf einen Einbruchsversuch reagiert haben, dürfen Sie sich nicht ausruhen, denn es gibt noch eine Menge zu tun.

Als erstes und wichtigstes müssen Sie herausfinden, was eigentlich passiert ist und wie eine Wiederholung verhindert werden kann. Jetzt ist der geeignete Zeitpunkt zur Untersuchung des System-Schnappschusses, den Sie vor allem anderen angelegt haben. Wenn Sie sich Klarheit über das Geschehene verschafft haben, müssen Sie natürlich geeignete Schritte unternehmen, um eine Wiederholung des Vorfalls zu verhindern. Außerdem müssen Sie überlegen, ob Sie während der Gegenmaßnahmen etwas getan haben (z.B. bestimmte Software aktiviert oder deaktiviert), das nun rückgängig gemacht oder fest installiert werden muß, oder ob eine Maßnahme zu dokumentieren ist.

Jetzt ist auch der Zeitpunkt gekommen, nicht nur den Angriffsversuch, sondern auch Ihre Reaktion darauf zu analysieren. In dieser Phase müssen Sie sich auf Kritik an der eigenen Reaktion konzentrieren, anstatt jemandem die Schuld an dem Angriff in die Schuhe zu schieben. Sprechen Sie behutsam mit allen Leuten, die mit der Reaktion zu tun hatten oder davon betroffen waren. Ermitteln Sie gemeinsam mit ihnen, was Sie richtig und was Sie falsch gemacht haben, was funktionierte und was nicht, welche anderen Tools oder Ressourcen nützlich gewesen wären, wie Sie beim nächsten Mal besser reagieren können und was alle Beteiligten aus dem Vorfall gelernt haben.

Falls Sie an verschiedene Personen und Organisationen Mitteilungen über den Vorfall verschickt haben, sollten Sie sie jetzt über das Ende informieren. Beschreiben Sie, was passiert ist, wie Sie darauf reagiert haben und wie Sie ähnliche Vorfälle in Zukunft vermeiden wollen.

Verfolgen und Festsetzen des Eindringlings

Sobald Sie einen sicherheitsrelevanten Vorfall feststellen – speziell einen, der noch andauert –, sind Sie vielleicht versucht, die Eindringlinge aufs Korn zu nehmen, die in Ihr System einbrechen wollen.

Eine Jagd auf die Einbrecher mag zwar verlockend sein, ist meist jedoch nicht sehr sinnvoll. Es gibt eine ganze Reihe von Ansatzmöglichkeiten, genauso jedoch auch eine Vielzahl technischer und rechtlicher Hürden.

Um eine Vorstellung von den Problemen bei der Jagd nach Eindringlingen zu bekommen, sollten Sie das Buch *Kuckucksei* von Clifford Stoll lesen. Clifford arbeitete Ende der achtziger Jahre als Systemverwalter für die *Lawrence Berkeley Labs* (LBL). Während er eine kleine Ungenauigkeit im Abrechnungssystem untersuchte, mit dem LBL den Anwendern die benutzte Computerzeit in Rechnung stellte, entdeckte er Beweise dafür, daß ein Eindringling über das Internet ins System eingebrochen war. In einer monatelangen Odyssee versuchte er, die Angreifer zu ermitteln. Clifford erzielte dabei zwar erstaunliche Erfolge (und schrieb ein unterhaltsames und nützliches Buch darüber), doch die wenigsten Systemverwalter werden ihm nacheifern können. Die meisten Standorte verfügen einfach nicht über so viel Zeit und Ressourcen wie Clifford und müssen sich damit begnügen, die Angreifer aus ihren Systemen zu vertreiben.

Die Verfolgung von Eindringlingen und die Einleitung rechtlicher Schritte sind immer lange und aufwendige Vorgänge. Wenn es nur Monate dauert, geht es schon ungewöhnlich schnell! Im allgemeinen dauert es ein Jahr oder länger, einen Eindringling oder eine Gruppe von Eindringlingen zu verfolgen. Stellen Sie sich auf einen langen und frustrierenden Weg ein. Auf jeden Fall werden Sie in dieser Zeit mehr über das Rechts- und Telefonsystem lernen, als Ihnen lieb ist. Es kann auch ein völliger Fehlschlag werden; Sie wenden sich an drei Polizeidienststellen, von denen zwei nicht wissen, was sie gegen Einbrüche in Computer unternehmen sollen, und die dritte Ihnen etwas Unverbindliches sagt und die Kontaktinformationen aufnimmt. Wie Sie wahrscheinlich annehmen, könnte dies bedeuten, daß es sie nicht kümmert und daß man Sie ignorieren wird. Es könnte aber auch heißen, daß sie sich schon seit neun Monaten mit genau diesem Eindringling befassen – aufgrund der Hilfe anderer Standorte – und Ihnen nichts Näheres sagen wollen, um nicht versehentlich den Eindringling Verdacht schöpfen zu lassen. Sie könnten das erfahren, wenn man zurückruft und Sie bittet, Schäden zu bezeugen oder abzuschätzen. Sie könnten es aus der Zeitung erfahren. Sie sollten diese Zwischenfälle auf jeden Fall trotzdem melden, erwarten Sie jedoch nicht zuviel.

Bei der Jagd nach Eindringlingen gibt es zwei Hauptprobleme: eines ist technischer und eines rechtlicher Art. Das erste Problem besteht darin, daß es technisch meist sehr schwer ist, den Ausgangspunkt eines Angriffs festzustellen. Gewöhnlich sieht man sehr schnell, von welchem Standort ein Angriff ausging (nämlich an den IP-Adressen, von denen die Pakete des Angreifers kommen). Sobald man die vermeintliche Quelle entdeckt hat, stellt man jedoch fest, daß der Angriff nicht von einem Benutzer des ermittelten Standorts ausgeführt wird. Statt dessen ist der Angreifer höchstwahrscheinlich auch in diesen Standort eingebrochen und benutzt ihn als Ausgangsbasis für weitere Angriffe.

Untersucht der ferne Standort seinen eigenen Einbruch, so macht er gewöhnlich die gleiche Feststellung: Der Angreifer sitzt nicht dort, von wo die Angriffe auszugehen scheinen. Die Angriffe kommen einfach von einem weiteren Standort in der Kette betroffener Standorte. Mit jedem Glied dieser Kette zwischen Ihnen und dem Angreifer kommen neue Standorte und Personen ins Spiel. In der Praxis können Sie mit vertretbarem Aufwand nur eine begrenzte Anzahl von Stufen zurückverfolgen. Schließlich geraten Sie wahrscheinlich an einen Standort, mit dem Sie keinen Kontakt aufnehmen können, dessen Betreiber keine Zeit oder keine Erfahrung haben, um den Vorfall zu verfolgen, oder die sich einfach nicht um Sie und den Angriff kümmern. Wie aus Abbildung 27-1 hervorgeht, sind an jeder Netzverbindung sehr viele Einzelnetze beteiligt.

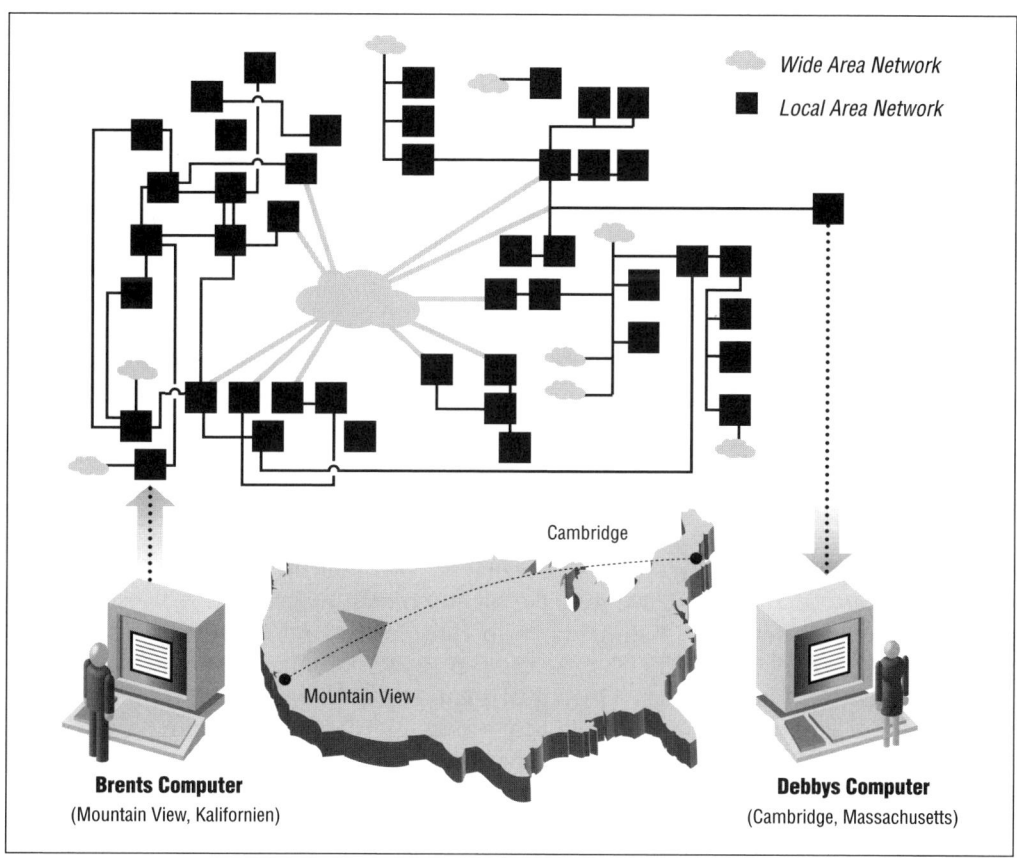

Abbildung 27-1: Eine Netzwerkverbindung besteht aus vielen Einzelverbindungen

An irgendeiner Stelle der Verfolgung werden Sie dann feststellen, daß sich der Angreifer über eine Telefonleitung eingewählt hat. Die Verfolgung von Telefonanrufen wirft jedoch ein ganzes Bündel technischer und rechtlicher Probleme auf.

Es kann auch passieren, daß ein und derselbe Angreifer von mehreren Standorten aus agiert. In einem Fall korrigierten sich mehrere Response-Teams gegenseitig, bis sie feststellten, daß niemand Fehler gemacht hatte: Das eine Team bezog sich auf SFU (*Simon Fraser University* in Kanada), das andere auf FSU (*Florida State University*). Hinter der Ähnlichkeit der Abkürzungen ging die Tatsache unter, daß es sich um zwei getrennte und weit voneinander entfernte Standorte handelte, die gleichzeitig vom selben Angreifer mißbraucht wurden. Der Ausgangspunkt der Angriffe lag jedoch woanders, denn als SFU und FSU die Zugänge abschalteten, begannen identische Angriffe von anderen Standorten.

Hüten Sie sich davor, bei der Vorfolgung eines Eindringlings per E-Mail oder Voice-Mail mit den Systemverwaltern anderer Standorte zu kommunizieren. Wie wollen Sie sicher sein, daß auch wirklich der Systemverwalter und nicht der Eindringling Ihre Antworten erhält und beantwortet? Selbst wenn Sie ganz sicher mit dem Systemverwalter eines Standorts sprechen – vielleicht sind Systemverwalter und Eindringling ja identisch.

Das zweite Problem ist rechtlicher Natur. Vielleicht spielen Sie mit dem Gedanken, Ihren Standort auch nach Entdeckung eines Angreifers offenzulassen. Das mag zunächst clever scheinen, denn durch Herunterfahren oder Abschalten des Netzzugangs erfährt der Angreifer ja, daß er entdeckt wurde. Dadurch wird es viel schwieriger, ihn ausfindig zu machen.

Dabei tritt aber folgendes Problem auf: Wenn Sie Ihren Standort am Netz lassen, riskieren Sie nicht nur Schäden bei sich, denn der Angreifer könnte Ihren Standort als Ausgangspunkt für Angriffe auf andere Standorte verwenden. Wenn Sie sich dieser Gefahr bewußt sind und nichts dagegen unternehmen, können Sie von den anderen Standorten wegen Fahrlässigkeit oder Beihilfe verklagt werden.

Wenn Sie es mit einem erfolglosen Angriffsversuch zu tun haben, ist das Risiko geringer. Es ist guter Stil, den Standort zu informieren, von dem der Angriff auszugehen scheint, damit die dortigen Systemverwalter eigene Nachforschungen anstellen können. Damit sortieren Sie auch die Leute aus, die nicht wirklich einbrechen wollen, sondern nur etwas desorientiert sind. Wenn sich zum Beispiel jemand hartnäckig als »anonymous« einloggen möchte, hat höchstwahrscheinlich ein Benutzer FTP und Telnet verwechselt und braucht einfach nur einen guten Rat. Die meisten Standorte sind dankbar für die Nachricht, daß sie Ausgangspunkt für einen Angriff sind. Wundern Sie sich aber nicht, wenn eine Universität diese Nachricht ziemlich gelangweilt aufnimmt. Gewöhnlich reagiert man zwar darauf, doch insbesondere an großen Universitäten sind solche Vorfälle an der Tagesordnung.

Es kann gelegentlich vorkommen, daß sich ein Standort überhaupt nicht für Ihr Anliegen interessiert, feindselig reagiert oder unfähig ist zu verstehen, was Sie überhaupt meinen. In solchen Fällen sollten Sie Ihre Zeit nicht weiter verschwenden, es sei denn, die Angriffe werden so entschlossen, hartnäckig und mit technischer Kompetenz ausgeführt, daß sie zum Erfolg führen könnten. Fordern Sie dann am besten die Unterstützung eines Response-Teams an.

Planung Ihrer Vorgehensweise

Die bisher vorgeschlagenen Reaktionen klingen theoretisch zwar ganz gut, doch ohne einen Reaktionsplan für Angriffe lassen sie sich nicht zuverlässig umsetzen. Sie selbst sind vielleicht in der Lage, eine zielgerichtete Reaktion gegen einen Angriff zu starten, doch der Angriff wird nicht unbedingt von Ihnen entdeckt. Sie müssen zum jeweiligen Zeitpunkt nicht einmal im Dienst sein. Was unternimmt Ihre Organisation, wenn jemand Ihr System angreift? Wenn Sie keinen Reaktionsplan vorbereitet haben, werden alle Beteiligten wertvolle Zeit damit vergeuden zu überlegen, was als erstes zu tun ist.

Wenn es bereits Pläne für andere Katastrophen- oder Notfälle gibt (z.B. Feuer, Erdbeben oder elektrische Probleme), so müssen Sie sie zur Anpassung an die Sicherheitsanforderungen wahrscheinlich nicht wesentlich ändern. Wenn es noch keinen solchen Plan gibt, können Sie den Reaktionsplan für sicherheitsrelevante Vorfälle mit kleinen Änderungen auch für andere Notfälle einsetzen.

Ihr Reaktionsplan muß kein ausgefeiltes Dokument sein. Sie müssen nur einfach die Einzelheiten fixieren – und sei es in einer E-Mail-Nachricht, deren Inhalt Sie mittags beim Italiener ausgetüftelt haben. Wenn Sie nichts weiter tun, als nur über das Problem nachzudenken und es mit den jeweiligen Leuten zu besprechen, haben Sie bereits mehr getan, als an den meisten Standorten üblich ist.

Was beinhaltet der Plan?

Der Reaktionsplan beschäftigt sich vor allem mit zwei Fragen, nämlich Zuständigkeit und Kommunikation. Der Plan sollte für die einzelnen Teile einer angemessenen Reaktion festlegen, wer dafür zuständig und mit wem Verbindung aufzunehmen ist. Der Plan wird auch einige Einzelschritte beschreiben. Da sich die Vorfälle aber sehr stark unterscheiden, muß der Plan vor allem beinhalten, wer Entscheidungen zu treffen hat und welche Stellen danach zu kontaktieren sind. Es steht nicht im Plan, wie die Entscheidungen im einzelnen auszusehen haben. In diesem Abschnitt fassen wir die einzelnen Teile eines Reaktionsplans zusammen.

Entdeckung

Ein Zwischenfall beginnt damit, daß jemand einen Eindringling oder Angreifer entdeckt. Der Entdecker ist vielleicht ein Systemverwalter, häufiger wird es jedoch jemand sein, der offiziell nicht zuständig ist. Wenn die Benutzer Ihrer Computer gründlich geschult wurden, wissen sie, daß sie merkwürdige Vorgänge melden sollen. Darin muß jemand die Spreu vom Weizen trennen und sicherheitsrelevante Vorfälle erkennen. An wen sollen sich die Benutzer wenden? An wen sollen sich wiederum diese Leute wenden, wenn sie unsicher sind? Für welche Maßnahmen dürfen sie die Verantwortung übernehmen, wenn sie sich sicher sind?

Sie müssen auf zwei Arten von Vorfällen vorbereitet sein:

- Jemand bemerkt um drei Uhr morgens einen echten sicherheitsrelevanten Vorfall, der noch andauert.
- Jemand bemerkt einen legitimen Benutzer, der um drei Uhr morgens um die halbe Welt wichtige Arbeiten durchzuführen scheint. In Australien, wo die betreffende Person gerade ein Projekt betreut, ist es gerade Mittag.

Im ersten Fall brauchen Sie ein Reaktionsschema, das sofort und zuverlässig Gegenmaßnahmen einleitet. Jetzt ist keine Zeit zu vergeuden. Es wird peinlich und teuer, wenn Sie überhaupt nichts unternehmen können, bevor Ihr Sicherheitsbeauftragter am nächsten Morgen erscheint und erst einmal eine Kanne Kaffee braucht, um klar denken und sich einen Bericht ansehen zu können. (Selbst dazu muß es überhaupt erst einen Bericht geben. Ohne Reaktionsplan kann es Wochen dauern, bis jemand informiert wird, der Maßnahmen einleiten kann.)

Im zweiten Fall wird es peinlich und teuer, wenn Sie die Netzwerkverbindung des Standorts unterbrechen und fünf Leute aus dem Bett holen, nur um zu verhindern, daß jemand eine Arbeit verrichtet, für die er bezahlt wird.

In keinem der beiden Fälle sollten Sie die Entscheidung einem Operator der Nachtschicht oder einem Benutzer überlassen, der allein arbeitet, weil er niemanden erreicht, der einen echten Vorfall von blindem Alarm unterscheiden kann.

An kleinen Standorten genügt es, eine Nummer bekanntzugeben, die die Benutzer außerhalb der Bürozeiten anrufen können (z. B. einen Piepser). Sie können die Benutzer dazu ermutigen, die eigenen Maschinen herunterzufahren, wenn sie einen Angriff vermuten (und die Maschine herunterfahren können). Dabei sollten Sie jedoch sehr vorsichtig sein, denn wenn eine Maschine nicht ordentlich heruntergefahren wird, kann größerer Schaden entstehen als bei einem Einbruch (speziell bei Mehrbenutzermaschinen).

An größeren Standorten mit 24-Stunden-Betrieb sollten Sie das Personal anweisen, bei einer möglichen Sicherheitsverletzung eine Aufsichtsperson anzurufen. Mehr sollte aber nicht unternommen werden, es sei denn, es liegen wirklich außergewöhnliche Umstände vor. Die Operatoren sollten einfach versuchen, eine Aufsichtsperson anzurufen, damit jemand nachsehen kann.

Untersuchung des Vorfalls

Wer entscheidet, daß es sich nicht nur um eine verdächtige Situation handelt, sondern um ein sicherheitsrelevantes Problem? Sie müssen einer Person die Verantwortung für wichtige Entscheidungen überlassen. Es ist zwar verlockend, im voraus eine bestimmte Person festzulegen und deren Namen in den Plan aufzunehmen. Doch was passiert, wenn diese Person bei einem tatsächlichen Angriff nicht zur Verfügung steht? Wer übernimmt dann die Verantwortung?

Teamwork ist eine tolle Sache, aber Notfälle erfordern eine straffe Führung. Es geht nicht an, daß jeder einzelne vor sich hin arbeitet und niemand verantwortlich ist. Schon gar nicht können Sie es sich leisten, darüber zu streiten. Wenn kein technischer Vorgesetzter zur Verfügung steht, soll dann ein untergeordneter, aber technisch versierter Mitarbeiter den Vorfall untersuchen oder ein höherstehender, der aber technisch nicht so fit ist? Wie lange wollen Sie bei einem Notfall den technischen Vorgesetzten suchen, bevor Sie sich an den nächsten Kandidaten für diesen Posten wenden?

An kleinen Standorten gibt es meist keine große Auswahl. Wenn nur eine Person in der Lage ist, angemessen auf einen Angriff zu reagieren, werden Sie einfach diese Person als Verantwortlichen für sicherheitsrelevante Vorfälle benennen. Steht diese Person nicht zur Verfügung, sollte jemand die Verantwortung übernehmen, der einen kühlen Kopf bewahren, Notlösungen einrichten und andere Stellen um Hilfe bitten kann (z.B. ein Response-Team). Technisches Wissen ist in einer solchen Situation zwar nützlich, wichtiger sind jedoch Einfallsreichtum und Besonnenheit.

An größeren Standorten gibt es meist mehrere Personen, die die Verantwortung übernehmen können. Ihr Plan könnte vorsehen, daß die ranghöchste Person zuständig ist oder daß derjenige die Maßnahmen leitet, der gerade Bereitschaft hat. Für den Fall, daß der Verantwortliche nicht erreichbar ist, sollte der Plan festlegen, daß derjenige zuständig ist, der als erster erreicht werden kann. Es ist übertrieben, auch noch die Reihenfolge festzulegen, in der diese Leute angerufen werden – das können die Anrufer anhand der Situation selbst entscheiden. Ist niemand aus der Liste erreichbar, sollten die Ansprechpartner lieber weiter oben in der Hierarchie gesucht werden als weiter unten. (Ein Manager, vor allem einer mit technischer Ausbildung, kann wahrscheinlich besser mit dem Vorfall umgehen als ein Operator.)

In einer kleinen Organisation werden die Kandidaten sinnvollerweise nach persönlichen Kriterien in die Liste aufgenommen, in größeren Organisationen eher nach ihrer Stellung. Im zweiten Fall sollten Sie aber die Merkmale der jeweiligen Stellung als Grundlage nehmen und nicht die Fähigkeiten der Person, die diese Stellung innehat. Bestimmen Sie in Ihrem Plan nicht den Hausmeister als Ansprechpartner, nur weil der jetzige Hausmeister von allen nichttechnischen Angestellten am besten dafür geeignet ist – die Stärken des nächsten Hausmeisters könnten eher im Reparieren des Wasserhahns liegen.

Maschinen herunterfahren oder vom Netz trennen

In Ihrem Reaktionsplan sollte stehen, in welcher Situation das Herunterfahren von Maschinen oder das Trennen vom Netz gerechtfertigt ist und wer diese Entscheidung treffen kann. Wie im Abschnitt »Verfolgen und Festsetzen des Eindringlings« beschrieben, müssen Sie entscheiden, ob ein ertappter Eindringling überhaupt mit Ihren Systemen verbunden bleiben darf. Falls nicht, wollen Sie dann das System herunterfahren oder Ihren Standort ganz vom Netz trennen?

Falls Ihr Standort mehrere Rechenzentren betreibt, ist die Frage, ob Sie den gesamten Standort vom Internet trennen, wenn in ein Rechenzentrum eingebrochen wurde, oder ob es besser ist, nur dieses eine Rechenzentrum aus dem Netz zu nehmen (falls dies überhaupt möglich ist).

An den meisten Standorten ist es sinnvoll, den gesamten Standort aus dem Netz zu entfernen, sobald sicher ist, daß sich ein Eindringling eingenistet hat. Wenn Sie Dutzende interner Verbindungen und ein dreifach redundantes, getrennt verkabeltes System von Routern mit unterbrechungsfreier Stromversorgung besitzt, kann die Abtrennung vom

Netz zu einer mittelgroßen Unternehmung ausarten, weil sich das System ständig selbst »repariert«. Wenn Sie jedoch nur über eine oder wenige Verbindungen nach außen verfügen, lassen sich diese auch leichter unterbrechen.

Ihr Plan sollte festlegen, wie die Trennung vom Netz erfolgt und wie die Rechner herunterzufahren sind. Seien Sie dabei sehr vorsichtig. Sie sollten den Leuten nicht beibringen, bei einem geringfügig verdächtigen Vorgang sofort die Sicherung umzulegen und alle Maschinen im Rechnerraum abzuschalten. Löscht ein Eindringling jedoch gerade alle Dateien auf dem Computer, darf er vor dem Herunterfahren nicht auch noch eine Viertelstunde Vorwarnzeit bekommen.

In einem solchen Fall brauchen Sie in Ihrem Plan eindeutige Anweisungen. Wir empfehlen folgendes Vorgehen:

- Bei den meisten sicherheitsrelevanten Vorfällen ist es angemessen, die Maschine sofort ordentlich herunterzufahren, ohne Erklärungen oder Vorwarnungen zu versenden. Das sollte zusammen mit den nötigen Befehlen deutlich in Ihrem Plan stehen

- Zerstört der Angreifer gerade etwas, sollten die Betreuer den Rechner möglichst schnell herunterfahren. Steht der Rechner in der Nähe, ist es sogar angemessen, den Strom für den Rechner oder das Festplattenlaufwerk abzuschalten, obwohl das Schäden verursachen kann. Dazu müssen jedoch alle Schalter leicht erreichbar sein. Ein Hauptschalter für jede Maschine ist sicher eine gute Einrichtung.

Egal, wer die Maschinen vom Netz trennt, er muß wissen, was dabei zu tun ist. Oft ist es am sichersten und einfachsten, die Kabel abzuziehen und anschließend die dadurch aufgetretenen Nebenwirkungen zu beseitigen. Meist erhält man jede Menge Fehlermeldungen, es entsteht jedoch kein tatsächlicher Schaden. Allerdings muß man die *richtigen* Kabel ziehen. In der Flut der Fehlermeldungen kann es schwierig sein festzustellen, ob man auch die richtigen erwischt hat. In dem Plan sollte daher stehen, welche Kabel zu ziehen sind und wie man hinterher wieder alles in Ordnung bringt.

Benachrichtigung relevanter Leute

Ihr Reaktionsplan muß festlegen, wer zu benachrichtigen ist und wer das wann und auf welche Weise erledigt. Wie bereits weiter oben beschrieben, sollten Sie folgende Stellen informieren:

- Verantwortliche innerhalb Ihrer eigenen Organisation
- CERT-CC oder andere Response-Teams
- Hersteller und Service-Provider
- Betroffene an anderen Standorten

Ihre eigene Organisation

Zunächst müssen Sie diejenigen Leute benachrichtigen, die an den Abwehrmaßnahmen beteiligt sind. Da Sie auf diese Leute dringend angewiesen sind, sollten Telefon- und Piepser-Nummern bereitliegen. Besorgen Sie alle wichtigen Telefonnummern. Dazu gehören nicht nur die Nummern am Arbeitsplatz oder zu Hause, sondern auch Autotelefon und Handy. Auf diese Liste gehören alle, die an Ihrem Standort Computer betreuen, sowie deren Vorgesetzte. Vergessen Sie außerdem nicht die Leute, die einen Notkauf absegnen oder eine verschlossene Tür öffnen können. Die Liste – oder zumindest der wichtigste Teil davon – sollte im Idealfall so verkleinert werden, daß man sie leicht bei sich tragen kann (man kann sie zum Beispiel in der Größe von Visitenkarten ausdrucken). Es ist klar, daß die Liste nur dann ihren Zweck erfüllt, wenn sie immer auf dem aktuellsten Stand ist.

Wenn viele Leute benachrichtigt werden müssen, sollten Sie eine Telefon- oder Alarmkette einrichten. Bei einer Telefonkette (siehe Abbildung 27-2) benachrichtigt jede Person zwei oder drei andere Leute. Dieses Verfahren funktioniert nach dem Schneeballsystem, das heißt, daß sehr schnell eine große Anzahl von Leuten mit relativ geringem Aufwand der einzelnen Personen benachrichtigt werden kann. Jeder sollte über eine Kopie der gesamten Kette verfügen, damit man bei nicht erreichbaren Leuten deren Anrufe mit übernehmen kann (das macht meist die Person, die vorher in der Kette steht). Am besten richten Sie die Kette so ein, daß ein Großteil mit Ortsgesprächen erledigt werden kann und sich die Leute gegenseitig relativ gut kennen. Dies erhöht die Chance, daß sie wissen, wie der oder die nächste zu erreichen ist. Die Telefonkette muß nicht die Organisationsstruktur oder den hierarchischen Aufbau einer Firma widerspiegeln.

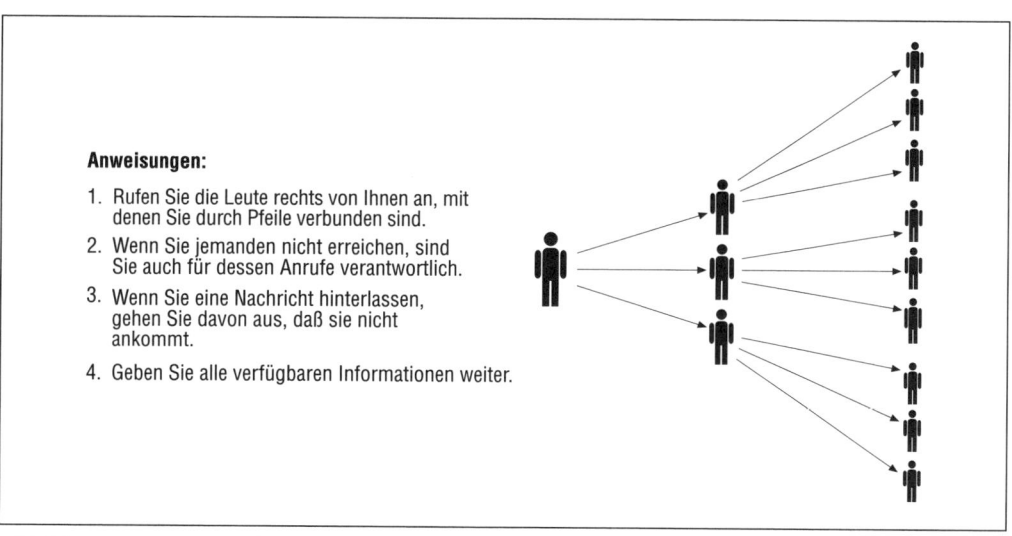

Abbildung 27-2: Eine Telefonkette

Als nächstes informieren Sie andere Leute innerhalb Ihrer eigenen Organisation, die von dem Vorfall wissen müssen. Dies sind vor allem die Benutzer. Verwenden Sie dazu die Methoden, die innerhalb Ihrer Organisation für dringende Mitteilungen üblich sind, sei es eine schriftliche Notiz oder E-Mail. Ihr Plan sollte Einzelheiten dazu enthalten, denn Systemverwalter senden nur selten Nachrichten an alle Mitarbeiter und wissen vielleicht nicht, wie man das macht.

Im Plan sollte auch eine Vorlage für eine Benachrichtigung aller Benutzer stehen. Das ist oft gar nicht so einfach, denn die Nachricht sollte genügend Informationen enthalten, um die Benutzer aufzuklären. Diese müssen wissen:

- was außer Betrieb gesetzt wurde
- weshalb Sie ihnen das Leben schwermachen
- welche Dinge, die sie normalerweise benutzen, im einzelnen nicht mehr funktionieren
- wann der Normalbetrieb wieder hergestellt sein wird
- was sie tun sollten (auch, daß sie Sie in Ruhe lassen sollen, damit Sie sich auf die Abwehrmaßnahmen konzentrieren können)
- daß Ihnen klar ist, daß Sie den Benutzern Unannehmlichkeiten bereiten
- daß Sie alles mögliche unternehmen, um die Situation zu verbessern
- daß Sie ihnen die Einzelheiten später erklären

Zusammenhänge, die Ihnen klar sind, sind Ihren Benutzern vielleicht überhaupt nicht klar (möglicherweise verstehen sie nicht einmal, was so schlimm an einem Eindringling ist). Das Verfassen einer geeigneten Meldung (siehe Abbildung 27-3) ist nicht einfach, vor allem dann nicht, wenn Sie gestreßt und müde sind.

```
Von: Systemverwalter von Anastasia
An: Alle Benutzer des Rechenzentrums

Aufgrund eines sicherheitsrelevanten Vorfalls, der zur Zeit noch andauert,
ist das Rechenzentrum momentan nicht an das Internet angeschlossen. Die Ma-
schinen Big und Cool stehen nicht zur Verfügung. Das bedeutet, daß Sie die
folgenden Dienste bis zur Klärung der Situation nicht benutzen können: Absen-
den von Mail nach außen, Dateiübertragung mit FTP und WWW von bzw. zu exter-
nen Servern. Da die beiden Maschinen auch für Datenbankzugriffe und interne
Mail zuständig sind, funktionieren diese beiden Dienste ebenfalls nicht.

Wir sind uns darüber im klaren, daß dies sehr unangenehm für Sie ist und Sie
von der Arbeit abhält. Wir mußten die Maßnahmen jedoch ergreifen, da wir
Grund zu der Annahme haben, daß vertrauliche Daten zerstört werden oder nach
außen gelangen könnten. Wir arbeiten daran, die Dienste so schnell wie mög-
lich wieder herzustellen. Die Maschinen Big und Cool sollten um zehn Uhr vor-
mittags wieder einsatzbereit sein. Für die Mittagszeit rechnen wir mit funk-
tionierendem Internet-Zugang.

Sie können uns unterstützen, indem Sie ungewöhnliche Beobachtungen melden
und ansonsten erst nach Wiederherstellung der Dienste Kontakt mit den System-
verwaltern aufnehmen. Danach werden wir Sie auch genauer über den Vorfall in-
formieren. Im Augenblick sind alle Systemverwalter damit beschäftigt, die
Dienste so schnell wieder einzurichten, wie es die Sicherheitsanforderungen
zulassen.
```

Abbildung 27-3: Benachrichtigung der Benutzer

Der Plan muß auch festlegen, welche Angehörigen Ihrer Organisation sonst noch zu benachrichtigen sind, etwa die Mitarbeiter anderer Rechenzentren, die Rechtsabteilung, Controlling, PR- oder Wachdienst. Müssen Sie die Rechtsabteilung einschalten? Falls ja, wer ist zuständig? Wie heißen die Systemverwalter anderer Standorte innerhalb Ihrer Organisation? Während des Vorfalls mit dem Internet-Wurm von Morris im Jahre 1988 war eine große amerikanische Regierungsstelle gezwungen, von den Wachleuten Handzettel am Eingang verteilen zu lassen. Darauf wurden die eintreffenden Angestellten gefragt »Sind Sie der Systemverwalter?« Niemand kannte die Systemverwalter, geschweige denn deren Kontaktadressen.

Überlegen Sie auch, *wie* die Meldung verteilt wird. Wenn Sie sie per E-Mail verschicken wollen, dürfen Sie nicht vergessen, daß sie auch der Eindringling sehen könnte. Selbst wenn Sie wissen, daß Ihre eigenen Systeme einwandfrei sind, dürfen Sie nicht davon ausgehen, daß das auch für die Rechner anderer Leute gilt. Die Nachricht darf keine Informationen enthalten, die der Eindringling nicht kennen darf. Benutzen Sie am besten das Telefon.

Manche Standorte vereinbaren eine Losung, um per E-Mail über einen Angriff zu informieren. Das kann zwar auch schnell zu einem schlechten Agentenfilm ausarten. Doch wenn man eine harmlose Losung wählt, die den Eindringling nicht warnt (und Nichteingeweihte das Spielchen auch nicht durch Rückfragen verderben können), funktioniert die Methode durchaus. Etwas von der Art »Bei uns steigt eine Pizza-Party, Bestätigung unter 4357« erfüllt den Zweck voll und ganz.

Müssen Sie den Werkschutz informieren? Bei manchen Organisationen ist der Werkschutz nur für die physische Sicherheit zuständig. Es ist hilfreich, einen Ansprechpartner für den Fall zu kennen, daß eine Tür aufzuschließen ist. Da das Wachpersonal jedoch nicht für sicherheitsrelevante Vorfälle an Computern geschult ist, müssen Sie den Werkschutz nicht über jeden solchen Fall in Ihren Systemen informieren. Gibt es jedoch innerhalb Ihrer Organisation eine Abteilung für Computersicherheit, so müssen Sie diese benachrichtigen. Stellen Sie rechtzeitig fest, wann und wie diese Abteilung informiert werden will, und nehmen Sie diese Angaben mit in den Plan auf. Selbst wenn Ihnen die Abteilung im konkreten Fall nicht helfen kann, weil sich die Leute nur mit PCs auskennen oder nur Regierungsexperten dort arbeiten, sollten Sie sie dennoch nach Abschluß Ihrer Maßnahmen kurz über den Vorfall informieren.

CERT-CC und andere Response-Teams

Ihr Plan sollte auch festlegen, welches Response-Team für Sie zuständig ist und wie es zu erreichen ist (falls es ein solches überhaupt gibt). CERT-CC und viele Teams der FIRST-Gruppe bieten einen 24-Stunden-Dienst. Die Teams möchten meist sofort nach Auftreten eines sicherheitsrelevanten Vorfalls benachrichtigt werden.

Hersteller und Service-Provider

Ihr Plan sollte Kontaktadressen für Hersteller und Internet-Service-Provider enthalten. Diese müssen zwar nicht sofort informiert werden, aber es könnte sein, daß Sie deren

Hilfe benötigen. Wenn Sie jedoch den Verdacht haben, daß auch Ihr Service-Provider angegriffen wurde, sollte Sie sofort Kontakt mit ihm aufnehmen.

Viele Hersteller und Service-Provider haben spezielle Kontaktadressen für sicherheitsrelevante Vorfälle. Darüber erhalten Sie viel schneller Unterstützung als über die normalen Support-Nummern. Beschaffen Sie diese Kontaktadressen rechtzeitig, und nehmen Sie sie in den Reaktionsplan auf.

Andere Standorte

Normalerweise müssen Sie während der Sofortmaßnahmen keinen Kontakt zu anderen Standorten aufnehmen. Statt dessen rufen Sie nach Beendigung der Maßnahmen an, wenn Sie genug Zeit dafür haben. Das muß nicht im Plan festgelegt sein. Außerdem könnte kein Plan der Welt alle Angaben über beteiligte Standorte und deren Adressen enthalten. Aus diesem Grund muß in Ihrem Plan nicht viel über die Benachrichtigung anderer Standorte stehen.

Wenn Sie jedoch für andere Standorte die Internet-Verbindung zur Verfügung stellen oder besondere Netzverbindungen unterhalten, sollten Sie geeignete Kontaktadressen mit in den Plan aufnehmen und diese Standorte so schnell wie möglich informieren. Die Standorte müssen wissen, was mit ihren Diensten los ist, und überprüfen, ob der Angreifer nicht auch bei ihnen eingedrungen ist.

Schnappschüsse

Der Reaktionsplan sollte beschreiben, wie man einen Schnappschuß des betroffenen Systems anlegt. Dazu muß er die folgenden Fragen beantworten:

- Wo finden sich die benötigten Materialien, und mit welchem Programm erzeugt man den Schnappschuß?
- Wie ist der Schnappschuß zu kennzeichnen, und wo ist er aufzubewahren?
- Wie wird der Schnappschuß im Hinblick auf spätere juristische Verwendung vor Manipulationen geschützt?

Wiederherstellung

Die Wiederherstellung hängt natürlich von der Art des Vorfalls ab. Der Plan sollte zumindest einige allgemeine Richtlinien enthalten.

Die vollständige Neuinstallation des Betriebssystems ist zeitaufwendig und unbequem und deckt oft Probleme auf. Dabei stellen Sie zum Beispiel fest, daß Sie nicht mehr genau wissen, woher einige der Programme stammen. Aus diesem Grund gehen die meisten Leute sehr zögerlich an eine Neuinstallation heran. Wenn nicht ausdrücklich im Reaktionsplan steht, daß das Betriebssystem neu zu installieren ist, wird das wahrscheinlich auch nicht geschehen. Das kann zu dem Problem führen, daß Sie den gleichen Eindringling immer wieder verscheuchen müssen, da das System nicht aufgeräumt wurde. Der Plan sollte festlegen, wie die Integrität des Betriebssystems überprüft wird (zum Beispiel über kryptographische Prüfsummen, die mit denen eines bekanntermaßen einwandfreien Systems verglichen werden). Wenn Sie nicht über die in Kapitel 10, *Bastion-Hosts*, beschriebenen Werkzeuge verfügen oder die Maschine den Test nicht besteht, müssen Sie das Betriebssystem neu installieren. Das sollte so auch im Reaktionsplan stehen.

Der Plan sollte außerdem die Informationen enthalten, die für eine Neuinstallation des Systems nötig sind, zum Beispiel:

- Wo sind die entsprechenden Datenträger zu finden?
- Wo steht, wie man das Betriebssystem installiert?
- Wo sind die Sicherungskopien, und wie spielt man sie ein?
- Wo sind die Aufzeichnungen, in denen steht, wie Programme von Drittherstellern oder selbstgeschriebene Programme wieder installiert werden?

Dokumentation

Der Reaktionsplan sollte grundlegende Anweisungen darüber enthalten, wie der Vorfall dokumentiert wird und wo die nötigen Materialien zu finden sind. Wenn Sie rechtliche Schritte unternehmen wollen, müssen auch Beschriftung, Datierung sowie das Unterschreiben und Aufbewahren der Dokumentation beschrieben sein. Vergessen Sie nicht, daß Sie am Anfang nie sicher sein können, ob rechtliche Schritte erforderlich werden. Daher sollten Sie immer alles dokumentieren, um im Zweifelsfall gewappnet zu sein. Das können Sie nachträglich nämlich nicht mehr erledigen.

Regelmäßige Überprüfung der Pläne

Egal, wie gründlich Sie Ihre Reaktionspläne angelegt haben – überarbeiten Sie sie regelmäßig. Voraussetzungen, Prioritäten, Personal, Systeme, Daten und andere Ressourcen ändern sich ständig. Ihre Pläne müssen an diese Veränderungen angepaßt werden. Stellen Sie bei jedem Punkt nicht die Frage »Hat sich etwas geändert?«, sondern »*Was* hat sich geändert?«.

Ein geeigneter Zeitpunkt zur Überprüfung der Reaktionspläne wäre nach einer Übung, die vielleicht Schwachstellen und Probleme des Plans aufgedeckt hat. (Siehe den Abschnitt »Übungen« am Ende dieses Kapitels.) Eine Übung könnte zum Beispiel folgende Tatsachen enthüllen:

- Sie haben seit Erstellung des Plans den gesamten Speicher geändert.
- Sie können das Betriebssystem gar nicht neu installieren.
- Ihr Plan beruht auf funktionierenden Netzverbindungen zu anderen Standorten und weist Sie gleichzeitig an, diese Verbindungen zu unterbrechen.

Geeignete Vorkehrungen

Der Reaktionsplan ist nicht das einzige, das Sie vorbereiten müssen. Zusätzlich sind verschiedene Verfahren einzurichten, damit Sie schnell und effektiv auf einen Vorfall reagieren können. Viele dieser Verfahren sind allgemein nützlich, manche helfen beim Beseitigen der Folgeschäden von Katastrophen aller Art. Einige wenige betreffen nur sicherheitsrelevante Vorfälle.

Backups der Dateisysteme

Sicherungskopien der Dateisysteme sind wohl der wichtigste Einzelpunkt der Aufräumarbeiten. Bevor Sie irgend etwas anderes tun (etwa den Reaktionsplan schreiben), sollten Sie sicherstellen, daß Ihr Standort über einen soliden und funktionierenden Plan für Sicherungskopien verfügt. Haken Sie dieses Thema nicht ab, weil es bisher keine Probleme gab. Es kann passieren, daß man monatelang nicht feststellt, daß es keine Backups gibt, oder daß man erst nach Jahren merkt, daß die Backups teilweise unbrauchbar sind. Leider fällt so etwas meist erst dann auf, wenn man die Backups am dringendsten benötigt. Die Auswirkungen können dann katastrophal sein.

Backups sind aus zwei Gründen lebenswichtig:

- Wenn es an Ihrem Standort ernsthafte Schäden gibt und Sie die Systeme neu installieren müssen, brauchen Sie die Backups.
- Wenn Sie sich über das Ausmaß des Schadens nicht im klaren sind, können Sie mit Hilfe der Backups feststellen, welche Änderungen wann am System durchgeführt wurden.

Jede Organisation braucht einen Backup-Plan, und das nicht nur aus Sicherheitsgründen. Wenn Sie keinen Backup-Plan haben, ist das vermutlich ein Zeichen dafür, daß Ihr momentanes System *nicht* in Ordnung ist. Bei der Planung von Abwehrmaßnahmen für Einbrüche sollten Sie dem Backup-Plan besondere Aufmerksamkeit widmen.

Bei den sicherheitsrelevanten Systemen (z.B. Bastion-Hosts und Servern) ist es unter Umständen angebracht, die monatlichen oder wöchentlichen Backups unbegrenzt aufzubewahren und die Medien nicht wie bei den normalen Systemen wiederzuverwenden. Nach einem Einbruch können Sie mit diesem Backup-Archiv einen Schnappschuß des Systems einspielen, der einem beliebigen Zeitpunkt vor dem Einbruch entspricht. Schnappschüsse dieser Art können bei der Untersuchung sicherheitsrelevanter Vorfälle sehr hilfreich sein. Wurde zum Beispiel ein Programm verändert, so können Sie anhand der Schnappschüsse den Zeitpunkt eingrenzen, zu dem diese Veränderung stattfand. Daraus können Sie vielleicht erschließen, wann eingebrochen wurde. Fand die Änderung vor dem Einbruch statt, war es vielleicht ein Versehen und nicht Teil eines Angriffs.

Wenn Sie sich nicht sicher sind, testen Sie Ihr Backup-System einfach. Spielen Sie ein bißchen damit, um festzustellen, was Sie mit den Backups wieder einspielen können. Stellen Sie folgende Fragen:

Geeignete Vorkehrungen

- Kann man Dateien von allen Bändern wiederherstellen?
- Kann man ein ganzes Dateisystem wiederherstellen?
- Läßt sich zu einer bestimmten Datei sagen, wie sie wiederhergestellt werden kann?
- Ist es möglich, die intakte Version einer Datei einzuspielen, die beschädigt wurde?
- Können Sie den Betrieb wiederherstellen, wenn alle Festplatten gleichzeitig ausgefallen sind (oder von einem Angreifer vernichtet wurden)?

Selbst das beste Backup-System funktioniert nicht, wenn die Backup-Medien nicht geschützt werden. Verlassen Sie sich nie auf Online-Backups, und bewahren Sie die Medien getrennt von den Daten, die sie sichern sollen, an einem sicheren Ort auf.

Der Entwurf von Backup-Systemen würde den Rahmen dieses Buches sprengen. Diese Beschreibung liefert zusammen mit der Beschreibung in Kapitel 26, *Betreuung von Firewalls*, nur eine Zusammenfassung. Falls Sie sich über Ihr Backup-System im unklaren sind, schauen Sie in eine allgemeine Referenz zur Systemadministration. In Anhang A finden Sie Informationen über zusätzliche Ressourcen.

Beschriftung und Organisationspläne Ihrer Rechner

Je größer eine Organisation wird, desto mehr Hardware schafft sie an. Die Vernetzung wird auf unterschiedliche Arten realisiert, und ständig werden die verschiedensten Geräte hinzugefügt oder ausgetauscht. Normalerweise wissen nur ein oder zwei Leute detailliert über die Systeme eines Standorts Bescheid.

Angaben über die Systemkonfiguration können bei der Untersuchung eines sicherheitsrelevanten Vorfalls eine entscheidende Rolle spielen. Sie mögen vielleicht alle Maschinen Ihres Standorts genau kennen, doch das ist kaum hilfreich, wenn Sie nicht für die Reaktion auf Einbrüche zuständig oder gerade im Urlaub sind. Was müssen Ihre Vorgesetzten oder Mitarbeiter über jedes einzelne System wissen, um auf einen Einbruch effektiv reagieren zu können?

Beschriftungen und Organisationspläne sind bei einem Notfall entscheidend. Aufkleber auf den Rechnern sollten angeben, um welches System es sich handelt, wozu es benutzt wird, welche physische Konfiguration es umfaßt (Festplattenkapazität, Speicherausbau etc.) und wer dafür zuständig ist. Solche Aufkleber sollten fest am Rechner angebracht und gut lesbar sein. Drucken Sie die Beschriftung groß genug aus, und kleben Sie mindestens vorn und hinten einen Aufkleber auf den Rechner (vorn ist meist mehr Platz, doch wenn man an der Verkabelung arbeitet, sieht man meist die Rückseite). Netzwerkdiagramme sollten die logischen und physischen Verbindungen zwischen den verschiedenen Systemen darstellen. Aus diesen Diagrammen muß auch hervorgehen, welche Art von Paketfilterung an welcher Stelle stattfindet.

Achten Sie darauf, daß die Aufkleber auf dem aktuellen Stand bleiben, wenn Maschinen umgebaut oder verlegt werden; falsche Aufkleber sind schlimmer als überhaupt keine Aufkleber. Besonders wichtig ist die Beschriftung von Geräten, die in ein Gehäuse bzw. Gestell (»Rack«) eingebaut sind. Es ist sehr frustrierend, alle Geräte in einem Gehäuse abzuschalten, nur um festzustellen, daß einige davon in Wirklichkeit zu dem Computer im darüberliegenden Gehäuse gehören, den man eigentlich laufen lassen wollte.

Informationen, die im Normalbetrieb der Maschinen leicht zugänglich sind, stehen unter Umständen nicht mehr zur Verfügung, wenn die Maschinen nicht laufen. Zum Formatieren oder Installieren von Festplatten sind zum Beispiel Partitionierungstabellen nötig; nach dem Einrichten von Maschinen brauchen Sie einen Ausdruck der Host-Tabelle.

Kryptographische Prüfsummen

Nach einem Einbruch muß man feststellen können, was sich auf dem System geändert hat. Dies ist mit den Standard-Tools des Betriebssystems nicht möglich; Eindringlinge können die Zugriffszeiten und einfachen Prüfsummen ändern, die die meisten Betriebssysteme bereitstellen. Daher sollten Sie Software für kryptographische Prüfsummen installieren (diese werden in Kapitel 10, *Bastion-Hosts*, besprochen), Prüfsummen wichtiger Dateien anlegen und sie so speichern, daß sie von einem Eindringling nicht modifiziert werden können (das bedeutet, daß Sie diese nicht auf dem betroffenen Rechner halten). Wenn auf mehreren Maschinen die gleiche Version ein und desselben Betriebssystems läuft, müssen Sie die Prüfsummen nicht für jedes System einzeln erstellen. Das Programm für die Prüfsummen sollte aber auf allen Systemen installiert sein.

Logbücher

Ein Logbuch enthält alle Änderungen, die an einem System durchgeführt wurden, sowohl vor als auch nach einem Vorfall. Normalerweise steht im Logbuch, welche Programme installiert, welche Konfigurationsdateien verändert oder welche Peripheriegeräte hinzugefügt wurden. Während eines Einbruchs sind viel mehr Einträge im Logbuch erforderlich.

Welchen Zweck erfüllt das Logbuch? Mit Hilfe des Logbuchs können Sie Änderungen rückgängig machen, wenn Sie das System neu aufbauen müssen. Außerdem kann man anhand des Logbuchs feststellen, ob eine der Änderungen Auswirkungen auf den Vorfall oder die Reaktion darauf hatte. Ohne Logbuch entdecken Sie vielleicht mysteriöse Programme, wissen nicht, woher sie stammen und wozu sie gut sind. Dann wissen Sie aber auch nicht, ob die fraglichen Programme von einem Eindringling installiert wurden, ob sie noch wie gewünscht funktionieren oder wie sie neu zu installieren sind. Abbildung 27-4 enthält einige Beispiele für routinemäßige Logbucheinträge und Einträge während eines Einbruchs.

Geeignete Vorkehrungen

```
Routine-Einträge

Datum: 12.1.95
Name: Berthold
gnutar in /usr/local/bin installiert; Quellcode steht in /usr/source/local.

Datum: 8.4.95
Name: Annette
/etc/fstab verändert, jetzt wird /dev/dsk/c0d1s3 nach /scratch gemountet.

Einträge während eines Vorfalls

Datum: 15.4.95, 22.37 Uhr
Name: Dieter
Ungewöhnliche Login-Aktivität von einer Maschine an der Dingsheim-Universität
festgestellt.

Reaktionsplan ausgelöst; Versuch, Berthold zwecks Beurteilung der Situation
zu erreichen. Da nicht erreichbar, Annette angerufen.

Annette will sich von zu Hause aus einloggen und die Lage überprüfen. Sie
übernimmt die Verantwortung für das weitere Vorgehen.

Datum: 15.4.95, 22.41 Uhr
Name: Annette
Von zu Hause aus eingeloggt, um der Meldung von Dieter nachzugehen. Cracker
scheinen von der Dingsheim-Universität aus in die Maschine "Big" eingebrochen
zu sein. Bisher ist unbekannt, auf welche Art und wie weit.

Dieter telefonisch angewiesen, gemäß Reaktionsplan die Netzverbindung zu un-
terbrechen und die anderen Mitglieder des Response-Teams zu informieren, wäh-
rend ich zur Arbeit fahre.

Datum: 15.4.95, 22.52 Uhr
Name: Dieter
Gemäß Reaktionsplan und Anweisungen von Annette die Netzverbindung nach drau-
ßen unterbrochen.

Datum: 15.4.95, 23.33 Uhr
Name: Annette
Am Standort eingetroffen. Trennung der Netzverbindung überprüft und sicherge-
stellt, daß die anderen Mitglieder des Response-Teams informiert wurden und
auf dem Weg sind. Gemäß Plan Meldung über einen sicherheitsrelevanten Vor-
fall beim stellvertretenden Abteilungsleiter der Entwicklung erstattet.
```

Abbildung 27-4: Logbucheinträge

Es gibt verschiedene einfache Möglichkeiten, Logbücher zu führen, z.B. elektronisch oder konventionell. Auch E-Mails, Notebook-Computer und Diktiergeräte sind gebräuchlich. Manche eignen sich besser für Routine-Einträge, also Einträge *vor* einem Vorfall, andere sind für Einträge *während* eines Vorfalls besser geeignet.

Am einfachsten ist es wohl, per E-Mail eine Nachricht an eine geeignete Kennung zu schicken, die alle Meldungen speichert. Die E-Mail protokolliert nicht nur alle durchgeführten Änderungen, sondern hat auch den Vorteil, daß alle anderen über die Änderungen informiert werden. E-Mail eignet sich gut für Routine-Einträge, während konventionelle Methoden während eines Vorfalls zuverlässiger sind. Bei einem Einbruch kann es passieren, daß das E-Mail-System nicht mehr funktioniert und Meldungen verlorengehen. Bewahren Sie aktuelle Ausdrucke bisheriger Meldungen in einem Ordner auf für den Fall, daß das Online-Protokoll nicht zugänglich ist.

Notebook-Computer eignen sich gut zur Protokollierung während eines Vorfalls, doch man muß sie auch diszipliniert benutzen. Für Routine-Einträge sind Notebooks unpraktisch, da sie nicht immer zur Hand sind, wenn man gerade eine Änderung am System durchführt. Manche Standorte arbeiten mit einer Kombination elektronischer und konventioneller Logbücher. Im Rechnerraum liegt ein richtiges Log*buch* für Einträge. Das geht nur gut, solange klar ist, welche Art von Einträgen wo vermerkt werden muß. Es kann sehr verwirrend sein, zwei Logbücher parallel zu überprüfen.

Diktiergeräte eignen sich gut zur Protokollierung während eines Vorfalls, müssen jedoch später abgetippt werden. Für Routine-Einträge sind sie ungeeignet.

Richten Sie einen Vorrat mit Tools und Materialien ein

Bevor Sie tatsächlich mit einem Einbruch konfrontiert werden, sollten Sie die Tools und Materialien sammeln, die bei einem Vorfall voraussichtlich benötigt werden. Wenn die Zeit knapp ist, wollen Sie sicher nicht auch noch herumrennen und um Material betteln.

Die folgenden Dinge sollten griffbereit liegen, um eine angemessene Reaktion zu gewährleisten (sie sollten eigentlich immer verfügbar sein, da sie bei jeder Art von Katastrophe nützlich sind):

- Leere Backup-Bänder und eventuell auch Reserve-Festplatten
- Die wichtigsten Werkzeuge, die zum Abtrennen der externen Netzverbindung oder zum Umbau der internen Netzstruktur nötig sind (falls ein angegriffener Rechner isoliert werden muß). Falls es an Ihrem Standort Verkabelung an der Decke oder hohe Gerätegestelle gibt, sollte auch eine Leiter bereitstehen.
- Zusätzliches Netzwerkzubehör – wenigstens Kabel

Richten Sie einen kleinen Vorrat mit den wichtigsten Dingen ein, der nur im Notfall benutzt wird (Medien für ein Backup, einige Kabel, die wichtigsten Werkzeuge sowie ein Notebook oder Diktiergerät zur Protokollierung). Dieser Vorrat sollte vom normalen Ersatzteillager getrennt sein.

Testen Sie die Neuinstallation des Betriebssystems

Nach einem schweren Einbruch müssen Sie vielleicht das System von Backups neu installieren. In diesem Fall müssen Sie ein minimales Betriebssystem installieren, bevor Sie die Backups einspielen können. Sind Sie darauf vorbereitet?

Sorgen Sie dafür, daß

- Sie die Installationsanweisungen des Betriebssystems Ihres Systems verstehen
- Sie das Einspielen der Backups beherrschen

- alle Materialien bereitstehen, die zur Wiederherstellung des Systems nötig sind (Medien, Handbücher usw.)
- die Installationspläne und -prozeduren getestet werden, bevor es ernst wird

Es kann nicht schaden, die Neuinstallation des Betriebssystems einmal zu testen – die wenigsten Standorte tun das. Dabei kann man eine Menge lernen. Die Wiederbelebung eines toten Systems ist ein denkbar ungünstiger Augenblick, um festzustellen, daß die Kopie des Installationsmediums defekt ist oder die zuständigen Leute nicht wissen, wie man das System neu installiert. Die beste Testmöglichkeit besteht darin, die Leute mit der geringsten Erfahrung, die eventuell damit zu tun haben, früh genug ein komplettes System installieren zu lassen.

Die meisten Organisationen stellen fest, daß der erste Versuch fehlschlägt, das Betriebssystem und die gesicherten Daten auf einer frischen Platte zu installieren. Dafür kommt eine Reihe von Gründen in Frage, meist ist jedoch das Backup-System fehlerhaft. Ein Standort bemerkte, daß die Backups mit einem Programm eingespielt werden, das nicht zum Betriebssystem gehört. Daher war es nach einer Neuinstallation unmöglich, die Backups zu verwenden. (Daraufhin legte man ein Band mit diesem Programm an, das mit normalen Mitteln des Betriebssystems eingelesen werden konnte. Nach der Installation des Betriebssystems konnte man das Programm einspielen und damit dann die Daten der restlichen Backups.)

Übungen

Sie dürfen nicht davon ausgehen, daß die Reaktion auf einen Einbruch wie geschmiert läuft. Wie alles andere funktioniert auch eine solche Reaktion mit zunehmender Übung immer besser. Testen Sie daher die Fähigkeiten Ihrer Organisation im Umgang mit einem Vorfall durch gelegentliche Übungen.

Es gibt zwei grundlegende Arten von Übungen:

- Bei einer Übung am grünen Tisch (oder »Schreibtischübung«) versammeln Sie alle beteiligten Personen in einem Konferenzraum oder der Pizzeria nebenan, beschreiben ein hypothetisches Problem und spielen die Auswirkungen und Wiederherstellungsmaßnahmen durch. Es ist wichtig, dabei schrittweise alle Details zu behandeln, um Schwachstellen oder Mißverständnisse aufzudecken.
- Bei einer echten Übung führen Sie die Reaktions- und Wiederherstellungsmaßnahmen real durch. Eine echte Übung kann nach Benachrichtigung der Benutzer während angekündigter Wartungszeiten des Systems durchgeführt werden.

Es ist auch möglich, nur einzelne Bereiche des Reaktionsplans zu testen. Vor der Konfiguration einer neuen Maschine können Sie sie zum Beispiel als Versuchskaninchen benutzen und versuchen, die Backups für eine existierende Maschine darauf einzuspielen. Wenn es an Ihrem Standort festgelegte Wartungszeiten gibt, können Sie diese nutzen, um die Auswirkungen einer unterbrochenen Netzverbindung zu testen. Verwenden Sie die Software zum Erstellen von Prüfsummen, um zu sehen, welche Änderungen das Programm findet, wenn sich eigentlich nichts geändert haben sollte. Außerdem können Sie prüfen, was mit tatsächlich geänderten Dateien passiert. Arbeiten Sie mit einem anderen Standort zusammen, um die Meldungen zu sehen, die bei verschiedenen Angriffsarten erscheinen (wählen Sie jemanden, dem Sie vertrauen und der Ihnen zuverlässig sagt, was unternommen wurde, oder probieren Sie es gleich selbst). Fahren Sie alle wichtigen Maschinen gleichzeitig herunter, um festzustellen, ob Sie in dieser Situation alle wieder hochfahren können. (Machen Sie das aber nur, wenn Sie einige Stunden Zeit haben; wenn es nicht funktioniert, kann es eine Weile dauern, die Maschinen neu so zu vernetzen, daß sie nicht mehr voneinander abhängig sind.)

Das alles ist zwar ziemlich aufwendig, doch die Simulation fiktiver Katastrophen bereitet auch ein gewisses Vergnügen. Es ist allemal weniger anstrengend, als bei einer echten Katastrophe improvisieren zu müssen.

V
Anhänge

Dieser Teil des Buches besteht aus drei Anhängen: einer Liste mit Orten, an denen Sie weiterführende Informationen und Hilfe bei Sicherheitsproblemen finden können, einer Liste der Firewalls-Werkzeuge, auf die wir verwiesen haben, sowie Hintergrundinformationen über Kryptographie.

A

Ressourcen

Dieses Buch kann nicht alles enthalten, was Sie über Firewalls und die größeren Themen Netzwerk- und Internet-Sicherheit wissen müssen. In diesem Anhang haben wir daher Referenzen zusammengetragen, die wir für die besten zusätzlichen Ressourcen halten. Dazu gehören elektronische und »normale« Ressourcen: Webseiten, FTP-Sites, Mailinglisten, Newsgroups, Response-Teams, andere Arten von Organisationen, Dokumente, Konferenzen und Bücher. Diese Liste ist nicht vollständig. Da es so viele Ressourcen gibt und sich die Technologien und Veröffentlichungen so rasend schnell ändern, gibt es für uns keine Möglichkeit, alles auf dem neuesten Stand zu halten. Die folgende Liste sollte Ihnen jedoch einige nützliche Ausgangspunkte aufzeigen.

Webseiten

Die folgenden Webseiten sind besonders interessant.

Telstra

http://www.telstra.com.au/info/security.html

Diese hervorragende Webseite wird von der Telstra Corporation angeboten (früher Telecom Australia). Sie ist ein ausgezeichneter Startpunkt zu anderen Webseiten und Internet-Ressourcen, die sich mit der Netzwerksicherheit befassen.

CERIAS

http://www.cerias.purdue.edu/

CERIAS ist das »Center for Education and Research in Information Assurance and Security«. CERIAS beschreibt sich selbst auf folgende Weise:

> Das Center for Education and Research in Information Assurance and Security oder CERIAS ist das weltweit führende Universitätszentrum für multidisziplinäre Forschung und Ausbildung in den Bereichen der Informationssicherheit. Zu unseren Forschungsgebieten gehören Computer- und Netzwerksicherheit, Sicherheit in der Telekommunikation sowie Informationssicherheit.

CERIAS stellt eine ausgezeichnete Sammlung an Sicherheitsressourcen bereit. CERIAS hat viele der Forschungsaufgaben übernommen, die früher von COAST an der Purdue-Universität erledigt wurden. Das COAST FTP-Archiv steht weiterhin direkt von der CERIAS-Homepage aus zur Verfügung.

Das Linux Documentation Project

http://www.linuxdoc.org/

Das Linux Documentation Project ist ein Versuch, alle Dokumentationen zusammenzutragen, die man für Linux gebrauchen kann. Es beschreibt sich selbst folgendermaßen:

> Das Linux Documentation Project arbeitet an der Entwicklung freier, hochwertiger Dokumentationen für das Betriebssystem GNU/Linux. Das Hauptziel des LDP besteht darin, in allen Aspekten der Dokumentation von Linux zusammenzuarbeiten. Dies schließt die Erstellung der »HOWTOs and Guides« ein. Wir hoffen, daß wir ein Dokumentationssystem für Linux etablieren können, das leicht zu benutzen und zu durchsuchen ist. Dazu gehört die Integration der Manpages, Info Docs, HOWTOs und anderer Dokumente.

Das Linux Router Project

http://www.linuxrouter.org

Das Linux Router Project ist eine besondere Version von Linux für den Netzwerkeinsatz. Die Webseite beschreibt es so:

> Eine Netzwerk-zentrierte Mikro-Distribution von Linux. LRP ist klein genug, um auf eine einzige 1,44MB-Diskette zu passen, und macht die Einrichtung und Wartung von Routern, Zugangs-Servern, Thin Servers, Thin Clients, Netzwerkgeräten und typischen eingebetteten Systemen nahezu trivial.

FTP-Sites

Diese beiden Sites sind ausgezeichnete Quellen für Tools, Dokumente, Sicherheits-Patches und andere Ressourcen zur Internet-Sicherheit.

cerias.purdue.edu

ftp://cerias.purdue.edu/

Dieses Archiv wird vom CERIAS-Computer- und Netzwerksicherheitslabor an der Purdue-Universität unterhalten (siehe auch die Beschreibung der CERIAS-Webseite) und steht unter der Leitung von Gene Spafford. Es enthält eine große Sammlung von Software und Dokumenten, die aus aller Welt zusammengetragen wurden und sich mit Unix- und der Netzwerksicherheit befassen.

info.cert.org

ftp://info.cert.org/

Diese Site enthält alle bisherigen Ankündigungen des *Computer Emergency Response Team Coordination Center* (CERT-CC) sowie eine kleine Sammlung von Tools und Dokumenten (siehe die Vorstellung des CERT-CC unter »Organisationen« weiter hinten in diesem Anhang).

Mailinglisten

Es ist schwer, auf dem laufenden zu bleiben, da sich die Technologien und Ansätze für Firewalls und andere Internet-Sicherheitsmechanismen so schnell ändern. Diese Mailinglisten helfen Ihnen dabei, sich zu informieren.

Firewalls

Die Firewalls-Mailingliste, die von GNAC organisiert wird, ist das wichtigste Forum für Internet-Benutzer zur Diskussion von Entwurf, Konstruktion, Betrieb, Wartung und Philosophie von Firewall-Systemen im Internet. Um die Liste zu abonnieren, schicken Sie eine E-Mail an *majordomo@lists.gnac.net* mit dem Inhalt »subscribe firewalls«.

Die Firewalls-Mailingliste hat ein sehr hohes Nachrichtenaufkommen (manchmal bis zu 100 Nachrichten pro Tag, normalerweise allerdings zwischen 10 und 20 Nachrichten pro Tag). Als Erleichterung für Abonnenten, die ihre Mailbox nicht mit den vielen Einzelnachrichten verstopfen wollen, gibt es die Mailingliste Firewalls-Digest. Abonnenten von Firewalls-Digest erhalten täglich (an Tagen mit hohem Aufkommen auch öfter) Zusammenfassungen der Nachrichten in der Firewalls-Liste. Abonnenten von Firewalls-Digest erhalten die gleichen Nachrichten wie die Abonnenten von Firewalls; das heißt, Firewalls-Digest ist nicht moderiert, sie wird lediglich in zusammengefaßter Form verteilt.

Nähere Informationen über die Firewalls-Mailingliste gibt es unter:

http://lists.gnac.net/firewalls/

Firewall Wizards

Die Mailingliste Firewall Wizards ist eine moderierte Mailingliste für Entwickler von Firewalls. Um sie zu abonnieren, schicken Sie eine E-Mail an *majordomo@nfr.net* mit dem Inhalt »subscribe firewall-wizards«. Weitere Informationen gibt es unter:

http://www.nfr.net/forum/firewall-wizards.html

FWTK-USERS

Die Mailingliste FWTK-Users dient für Diskussionen über Probleme, Lösungen und andere Fragen von Benutzern des TIS Internet Firewall Toolkit (FWTK). Sie abonnieren die Liste, indem Sie eine E-Mail an *majordomo@ex.tis.com* mit dem Inhalt »subscribe fwtk-users« schicken.

BugTraq

Die BugTraq-Liste beschreibt sich selbst folgendermaßen:

> BugTraq ist eine öffentliche, moderierte Mailingliste für die ausführliche Diskussion und Bekanntgabe von Schwachstellen in der Computersicherheit: welche es sind, wie sie ausgenutzt werden und wie man sie behebt.

Um sich anzumelden, schicken Sie eine E-Mail an *listserv@securityfocus.com* mit dem Inhalt:

```
SUBSCRIBE BUGTRAQ Nachname, Vorname
```

Weitere Informationen über BugTraq gibt es im Abschnitt »Forums« unter:

http://www.securityfocus.com

NTBugTraq

Die Mailingliste NTBugTraq beschreibt sich selbst wie folgt:

> In der Tradition der BugTraq-Mailingliste von Aleph One wurde diese Liste geschaffen, um zur freien und offenen Diskussion von Windows NT Security Exploits/Bugs oder *SEBs* – wie ich sie nenne – einzuladen. Diese Liste ist nicht dazu gedacht, die Fragen des »Wie soll man...« zu diskutieren, sondern dient dazu, über reproduzierbare SEBs zu berichten, die Sie persönlich in Windows NT oder seinen BackOffice-Produkten entdeckt haben.

Nähere Informationen gibt es unter:

http://www.ntbugtraq.com/

CERT-Advisory

In diese Liste werden neue Ankündigungen des CERT-CC zu Sicherheitsproblemen von Internet-Systemen und deren Lösungen geschickt. Schicken Sie eine E-Mail an *cert-advisory-request@cert.org*, wenn Sie diese Liste abonnieren wollen.

Archivierte Ankündigungen finden Sie im Web unter *info.cert.org*:

http://www.cert.org/advisories

RISKS

RISKS heißt offiziell »ACM Forum on Risks to the Public in the Use of Computers and Related Systems«. Es ist ein moderiertes Forum für die Risiken, die der Gesellschaft aus Computern und der Computerisierung entstehen. Um die Liste zu abonnieren, schicken Sie eine E-Mail an RISKS-*Request@csl.sri.com*. Ältere Ausgaben sind per Anonymous FTP von *crvax.sri.com* erhältlich:

ftp://crvax.sri.com/risks/

RISKS steht im Web unter dieser Adresse zur Verfügung:

http://catless.ncl.ac.uk/Risks

RISKS wird außerdem in der Usenet-Newsgroup *comp.risks* verteilt.

Newsgroups

Es gibt eine Vielzahl von Usenet-Newsgroups, die interessante Informationsquellen zur Netzwerksicherheit und damit verwandten Themen darstellen:

comp.security.announce
    Ankündigungen bezüglich Computersicherheit, einschließlich neuer Hinweise des CERT-CC

comp.security.unix
    Sicherheit von Unix-Systemen

comp.security.misc
    Verschiedenes zu Computer- und Netzwerksicherheit

comp.security.firewalls
    Firewalls-Fragen

alt.security
    Weitere Diskussionen zu Computer- und Netzwerksicherheit

comp.admin.policy
    Fragen bezüglich Verwaltungsstrategien für Computer, einschließlich Sicherheit

comp.protocols.tcp-ip
    TCP/IP-Interna, einschließlich Sicherheit

comp.unix.admin
    Unix-Systemadministration, einschließlich Sicherheit

comp.unix.wizards
    Unix-Kernel-Interna, einschließlich Sicherheit

Anhang A: Ressourcen

Response-Teams

Diese Organisationen sind besonders hilfreich, wenn es an Ihrem Standort zu einem Einbruch oder einem sonstigen sicherheitsrelevanten Zwischenfall gekommen ist. Außerdem sind sie nützliche Quellen für Informationen über Internet-Sicherheit und die Reaktion auf Vorfälle.

CERT-CC

http://www.cert.org/
ftp://info.cert.org/pub/cert_faq

Aus dem FAQ-Dokument des Computer Emergency Response Team Coordination Center (CERT-CC):

> Das CERT Coordination Center ist eine Organisation, die aus dem Computer Emergency Response Team hervorging, das die *Defense Advanced Research Projects Agency* (DARPA) im November 1988 als Reaktion auf den Vorfall mit dem Internet-Wurm bildete. Die Ziele des CERT-CC sind Zusammenarbeit mit der Internet-Gemeinde, um die Reaktion auf sicherheitsrelevante Vorfälle im Zusammenhang mit Internet-Rechnern zu erleichtern, Vorausplanung, um das Bewußtsein der Internet-Gemeinde für Sicherheitsfragen zu schärfen, sowie Durchführung von Forschungsvorhaben zur Erhöhung der Sicherheit existierender Systeme.
>
> Zu den Produkten und Dienstleistungen des CERT-CC gehören eine technische Hotline mit 24-Stunden-Dienst für die Reaktion auf sicherheitsrelevante Vorfälle, Unterstützung bei Sicherheitslücken in Produkten, technische Dokumentation und Seminare. Außerdem unterhält das Team eine Reihe von Mailinglisten (einschließlich einer Liste für die Hinweise des CERT-CC) und den Server *info.cert.org* für Anonymous FTP. Auf diesem Server werden sicherheitsrelevante Dokumente, frühere Hinweise des CERT-CC und Tools archiviert.

Die CERT-CC-FAQ und andere Informationen über CERT-CC sind mittels Anonymous FTP von *info.cert.org* erhältlich.

Sie erreichen CERT-CC folgendermaßen:

- Telefonisch: +1 412 268-7090 (24 Stunden täglich an sieben Tagen der Woche)
- Per E-Mail: *cert@cert.org*

FIRST

http://www.first.org

Aus der WWW-Seite von FIRST:

> Das *Forum of Incident Response and Security Teams* (FIRST) besteht aus dem Zusammenschluß vieler Response-Teams für sicherheitsrelevante Vorfälle bei Computern,

die bei der Regierung, kommerziellen und akademischen Organisationen betrieben werden. FIRST will die Zusammenarbeit und Koordination bei der Verhütung von sicherheitsrelevanten Vorfällen fördern, schnelle Reaktion auf Vorfälle ermöglichen und den Informationsaustausch zwischen den Mitgliedern und der gesamten Internet-Gemeinde fördern. FIRST hat zur Zeit fast 70 Mitglieder.

Wenn Sie nicht sicher sind, ob Sie die Dienste eines Response-Teams in Anspruch nehmen können, sollten Sie Kontakt mit FIRST aufnehmen. Diese Gruppe kann Ihnen wahrscheinlich weiterhelfen. Sie erreichen FIRST folgendermaßen:

- Telefonisch: +1 301-975-3359
- Per Fax: +1 301 948-0279
- Per E-Mail: *first-sec@first.org*

NIST CSRC

http://csrc.ncsl.nist.gov/

Aus der Webseite des CSRC am U.S. National Institute of Standards and Technology:

> Sie greifen gerade auf das Computer Security Resource Clearinghouse am NIST zu. Das Clearinghouse befindet sich unter dem Dach der *National Performance Review* (NPR) und ist ein dauerhaftes Projekt am NIST. Es hat sich zum Ziel gesetzt,
>
> - Informationen im Zusammenhang mit Computersicherheit zu vereinheitlichen
> - Vollständigkeit und Genauigkeit der Informationen sicherzustellen
> - die Informationen leicht durchsuchbar und bequem erhältlich zu machen
> - die Informationen auf dem neuesten Stand zu halten
> - sich selbst zu dokumentieren und als Vorbild zu dienen
>
> Das Hauptaugenmerk liegt dabei auf Informationen zur Reaktion auf Krisenfälle; Informationen über die Bedrohungen im Zusammenhang mit Computersicherheit und Sicherheitslücken sowie entsprechenden Lösungen. Gleichzeitig soll das Clearinghouse eine allgemeine Informationsquelle für Informationen zur Computersicherheit sein, die sich auf viele Themen beziehen, etwa allgemeine Risiken, Geheimhaltung, rechtliche Fragen, Viren, Versicherung, Strategien und Schulung.

Andere Organisationen

Es gibt noch verschiedene andere Organisationen, die Informationen und Dienste bezüglich Firewalls anbieten.

Internet Engineering Task Force (IETF)

http://www.ietf.org/

Die Internet Engineering Task Force ist das wichtigste Standardisierungsorgan im Internet. So werden zum Beispiel die RFC-Dokumente (Request For Comments) von der IETF erstellt und verwaltet. Diese stellen wichtige technische Standards für das Internet dar. Aus der IETF-Webseite:

> Die *Internet Engineering Task Force* (IETF) ist eine große, offene, internationale Gemeinschaft aus Netzwerkentwicklern, -betreibern, -herstellern und -forschern, die sich mit der Weiterentwicklung der Internet-Architektur und dem reibungslosen Betrieb des Internet befassen. Sie steht allen interessierten Personen offen.

World Wide Web Consortium (W3C)

http://www.w3c.org/

Aus der W3C-Webseite:

> Das World Wide Web Consortium wurde im Oktober 1994 geschaffen, um das World Wide Web zu seinem vollen Potential zu führen. Zu diesem Zweck werden Protokolle entwickelt, die seine Weiterentwicklung fördern und die Interoperabilität sichern. [...] Das W3C wird vorrangig durch seine Mitglieder finanziert sowie zu einem geringeren Anteil durch öffentliche Spenden. Die Mitgliedschaft im W3C steht allen Organisationen offen.
>
> Durch die Förderung der Interoperabilität und die Bereitstellung eines offenen Diskussionsforums bekennt sich das W3C zur technischen Weiterentwicklung des Web. [...] Um den wachsenden Ansprüchen der Benutzer sowie der zunehmenden Leistungsfähigkeit der Rechner zu begegnen, legt das W3C schon jetzt die Grundlagen für die nächste Generation des Web. Die Technologien des W3C helfen dabei, das Web zu einer robusten, erweiterbaren und anpassungsfähigen Infrastruktur für eine Welt der Informationen zu machen.

USENIX Association

http://www.usenix.org/

Aus der USENIX-Webseite:

> Die USENIX Association bringt seit 1975 Ingenieure, Wissenschaftler und Techniker zusammen, die an der vordersten Front der Computerwelt arbeiten. Die Konferenzen und technischen Workshops von USENIX wurden zu wichtigen Treffpunkten zur Präsentation und Diskussion der neuesten Informationen über die Entwicklung aller Aspekte von Computern.
>
> USENIX und seine Mitglieder widmen sich folgenden Zielen:
>
> • Problemlösung, vor allem in der Praxis
> • Förderung von Innovation und Forschung
> • Rasche Weiterleitung der Ergebnisse von Innovation und Forschung

- Bereitstellung eines neutralen Forums zur Diskussion kritischer Gedanken und technischer Fragen

USENIX ist in zahlreichen Bereichen aktiv, um die professionelle technische Entwicklung zu unterstützen. Dazu gehören:

- Jährliche technische Konferenzen
- Regelmäßige Konferenzen und Symposien zu speziellen Themen
- Ein hochangesehenes Tutorial-Programm, das einen weiten Themenbereich abdeckt und Einführungen ebenso enthält wie weiterführende Veranstaltungen
- Eine Vielzahl von Publikationen, einschließlich einer Buchreihe, über fortgeschrittene Computersysteme, die bei MIT Press erscheinen; Berichte von USENIX-Symposien und -Konferenzen; das vierteljährlich erscheinende Journal *Computing Systems*; der alle zwei Wochen erscheinende Newsletter
- Teilnahme an den Standardisierungsbestrebungen von ANSI, IEEE und ISO
- Finanzierung lokaler und spezieller technischer Gruppen, die sich mit Unix befassen. Das jüngste Beispiel ist die Gründung der System Administrators Guild als spezielle technische Gruppe innerhalb der USENIX.
- *comp.org.usenix*, die Newsgroup der USENIX Association

USENIX sponsert eine Vielzahl von Konferenzen und Symposien, von denen viele mit Netzwerk- und Systemsicherheit zu tun haben. Konferenzbände früherer Veranstaltungen stehen ebenfalls zur Verfügung. Sie erreichen USENIX folgendermaßen:

- Telefonisch: +1 510 528 8649
- Per E-Mail: *office@usenix.org*

System Administrators Guild (SAGE)

http://www.usenix.org/sage

Aus der SAGE-Webseite:

SAGE steht für *Systems Administrators Guild* (fragen Sie nicht nach dem »E«!) und ist eine Untergruppe der USENIX Association. SAGE widmet sich der Förderung der Systemverwaltung als eigenem Beruf innerhalb der Informatik, der Ähnlichkeiten zur Anlagenverwaltung und anderen Dienstleistungsberufen aufweist.

SAGE entstand als Reaktion auf das weit verbreitete Bedürfnis nach einer Organisation, die den Beruf des Systemverwalters fördert. Bei SAGE treffen sich Systemverwalter, um

- begabte Menschen für den Beruf zu gewinnen
- technische Probleme und deren Lösungen zu besprechen
- Kriterien für die Berufsqualifizierung und deren Überprüfung aufzustellen
- Arbeiten zu fördern, die den Stand der Technik vorantreiben oder den Wissensstand des Berufszweigs erhöhen

SAGE ist Mitsponsor der jährlichen LISA- und LISA-NT-Konferenzen. Weitere Informationen über SAGE erhalten Sie über das USENIX-Büro:

- Telefonisch: +1 510 528 8649
- Per E-Mail: *office@usenix.org*

System Administration, Networking, and Security (SANS) -Institut

http://www.sans.org

Aus der SANS-Webseite:

> Das SANS-Institut (*System Administration, Networking, and Security*) ist eine gemeinschaftliche Forschungs- und Weiterbildungseinrichtung, durch die mehr als 62.000 Systemadministratoren, Sicherheitsprofis und Netzwerkadministratoren das Wissen teilen, das sie erwerben, und Lösungen für die Herausforderungen finden, denen sie gegenüberstehen. Als Teil dieser Anstrengungen bietet SANS eine Reihe von außergewöhnlichen Weiterbildungskonferenzen an, die bis zu acht Tage tiefgreifender Kurse umfassen, sowie mehrspurige technische Konferenzen, die sich auf Benutzererfahrungen und Problemlösungen konzentrieren. SANS gibt außerdem eine Reihe von Forschungsberichten, elektronischen Digests, Poster mit zuverlässigen Antworten auf aktuelle Fragen und gemeinschaftlich erzeugte Software heraus.

Konferenzen

Es gibt zwar noch viele weitere Konferenzen, doch die folgenden sind im Hinblick auf Firewalls und Internet-Sicherheit am interessantesten.

Konferenzen der USENIX Association

http://www.usenix.org/events/

Die USENIX Association und SAGE sponsern jedes Jahr eine Reihe ausgezeichneter Konferenzen. Dazu gehören das USENIX Security Symposium, die USENIX System Administration Conference LISA und die USENIX Technical Conferences. Weitere Informationen über diese Konferenzen erhalten Sie über das USENIX-Büro:

- Telefonisch: +1 510 528-8649
- Per E-Mail: *office@usenix.org*

USENIX Unix Security Symposium

Das USENIX UNIX Security Symposium ist einer der besten Treffpunkte, um sich über praktische Lösungen für Fragen der UNIX- und Netzsicherheit zu informieren. Auszug aus der Ankündigung des Symposiums von 1995:

Ziel dieses Symposiums ist es, Praktiker, Forscher, Systemverwalter, Systemprogrammierer und andere Leute aus dem Sicherheitsbereich zusammenzubringen, die sich für Computersicherheit im Zusammenhang mit Netzen und dem Betriebssystem Unix interessieren.

USENIX System Administration (LISA) Conference

Die *USENIX System Administration Conference* (LISA) wird gemeinsam von SAGE und USENIX gesponsert und ist die wichtigste Konferenz zur System- und Netzverwaltung für Unix-Rechner. Sie behandelt einen großen Themenbereich einschließlich Rechner- und Netzwerksicherheit. Wenn Sie als System- oder Netzwerkadministrator für Unix tätig sind und nur eine Konferenz pro Jahr besuchen können, sollten Sie zu LISA gehen. Auszug aus der Konferenzankündigung von 1995:

> Die USENIX System Administration Conference (LISA) hat weithin den Ruf der führenden technischen Konferenz für Systemverwalter. LISA stand ursprünglich für »Large Installation Systems Administration«. Das war zu einer Zeit, als man von einer großen Installation sprach, wenn mehr als 100 Benutzer, mehr als 100 Rechner oder mehr als ein GByte Plattenspeicher zu verwalten waren. Heute behandelt die LISA-Konferenz Themen, die für die Systemverwalter von Standorten aller Größen und Arten von Interesse sind. Die Konferenzteilnehmer sind an Lösungen für Probleme interessiert, die man nicht einfach durch Anpassen herkömmlicher Lösungen erreicht, welche für eine einzelne Maschine oder wenige Workstations in einem LAN angemessen sind.

USENIX Large Installation System Administration of Windows NT (LISA-NT) Conference

Die LISA-NT-Konferenz entspricht in etwa der LISA-Konferenz, konzentriert sich jedoch speziell auf die Windows NT-Umgebung. Aus einer Konferenzankündigung der LISA-NT-Konferenz:

> Die Large Installation System Administration of Windows NT Conference, LISA-NT, ist ein Forum, auf dem professionelle Systemadministratoren gängige Lösungen für die Verwaltung und Anpassung aller Versionen der NT-Umgebung diskutieren.

USENIX Technical Conferences

Die Hauptkonferenzen von USENIX, die »Technical Conferences«, haben weniger mit praktischen Sicherheitsaspekten zu tun als die Security- oder LISA-Konferenzen. Sie können auf den Hauptkonferenzen dennoch viel lernen und wertvolle Kontakte knüpfen. Falls Sie Gelegenheit haben, eine dieser Konferenzen zu besuchen, sollten Sie das auf alle Fälle in Erwägung ziehen.

Unix System Administration, Networking, and Security (SANS) -Konferenz

http://www.sans.org/

Laut den Konferenzunterlagen ist diese jährliche Veranstaltung

> ... eine technische Konferenz, die Systemverwaltern, Sicherheitsbeauftragten und Netzmanagern ein einzigartiges Forum bietet, auf dem sie aktuelle Informationen über nützliche Tools und Techniken erhalten, Ideen und Erfahrungen austauschen sowie Kontakte zu Leuten mit ähnlichen Tätigkeitsfeldern knüpfen können.

Nähere Informationen erhalten Sie beim Konferenzbüro:

- Telefonisch: +1 719/599-4303
- Per E-Mail: *info@sans.org*

Internet Society Symposium on Network and Distributed System Security (SNDSS)

http://www.isoc.org/

Die Internet Society sponsert ein jährliches Symposium über Netzwerksicherheit. Auszug aus der Ankündigung des Symposiums von 1995:

> Das Symposium ist ein Forum für die Hersteller von Soft- und Hardware für Sicherheitsdienste in Netzen und von verteilten Systemen. Das Symposium wendet sich an Leute, die an den praktischen Aspekten der Systemsicherheit interessiert sind. Der Schwerpunkt liegt nicht auf theoretischen Betrachtungen, sondern auf Entwurf und Implementierung realer Systeme. Wir wollen den Austausch technischer Informationen fördern und die Internet-Gemeinde in die Lage versetzen, den aktuellen Stand der verfügbaren Sicherheitstechnik kennenzulernen, anzuwenden und zu verbessern.

Nähere Informationen erhalten Sie bei der Internet Society:

- Telefonisch: +1 703/648-9888
- Per E-Mail: *membership@isoc.org*

Dokumente

Dieser Abschnitt enthält eine Reihe von Dokumenten über Firewalls, Angriffe und ähnliche Themen. Die Liste ist bei weitem nicht vollständig, enthält jedoch Verweise auf die Dokumente, die wir am interessantesten finden. Die meisten der Dokumente finden Sie mit vielen anderen auf den WWW-Seiten von Telstra und COAST (siehe Anfang dieses Anhangs).

Die Liste enthält weder Dokumente zu Themen, die in diesem Buch ausführlich beschrieben werden, noch solche, die nur die in diesem Buch behandelte Software (wie etwa Tripwire, TCP Wrapper usw.) beschreiben. Nähere Angaben zu dieser Software finden Sie in Anhang B, *Werkzeuge*. Aktuelle Informationen zu den Tools befinden sich meist in den jeweiligen Paketen. Die veröffentlichten Fassungen dieser Dokumente sind nicht auf dem neuesten Stand. Am besten verwenden Sie daher die Dokumentation, die zusammen mit der Software vertrieben wird.

Bellovin, Steve, *smb@research.att.com*. »Packets Found on an Internet«. *Computer Communications Review*. 23(3): 26.-31. Juli 1993.

Beschreibt einige ungewöhnliche und bösartige Pakete, die an einem Gateway von AT&T aufgetaucht sind.

ftp://ftp.research.att.com/dist/smb/packets.ps

Bellovin, Steve, *smb@research.att.com*. »There Be Dragons«. *Proceedings of the Third USENIX Unix Security Symposium*. USENIX Association. Baltimore. 14.-16. September 1992.

Dieses Papier beschreibt verschiedene Angriffe gegen eines der Gateways von AT&T.

ftp://research.att.com/dist/internet_security/dragon.ps

Cheswick, Bill, *ches@research.att.com*. »An Evening with Berferd in Which a Cracker Is Lured, Endured, and Studied«. *Proceedings of the Winter 1992 USENIX Technical Conference*. USENIX Association. San Francisco. 20.-24. Januar 1992.

Beschreibt die Erfahrungen von AT&T mit einem Cracker, der in eine Falle lief und nicht ahnte, daß er als Versuchskaninchen diente. Der beste Teil der Geschichte steht jedoch nicht in dem Papier – nämlich wie sie den Cracker schließlich loswurden. Der Cracker saß in den Niederlanden, und sie waren sich sicher, seine Identität zu kennen. Es gab jedoch keine diplomatischen Möglichkeiten, die holländische Polizei anzuweisen, etwas gegen ihn zu unternehmen. Was der Cracker tat, war in den Niederlanden – zumindest damals – nicht verboten. Schließlich war einer der holländischen Systemverwalter, mit dem sie kooperierten, so frustriert, daß er die Mutter des Crackers anrief. Damit war das Problem gelöst.

ftp://research.att.com/dist/internet_security/berferd.ps

Eichlin, Mark W. und Jon A. Rochlis, »With Microscope and Tweezers: An Analysis of the Internet Virus of November 1988«. *Proceedings, IEEE Symposium on Research in Security and Privacy*. S. 326–45. Oakland, CA. Mai 1989.

Eine ausführliche Untersuchung des Internet-Wurms von Morris (die Autoren sprechen lieber von einem »Internet-Virus«): Worum geht es, und wie funktioniert er, was tat der Wurm usw. Das Papier behandelt außerdem die Reaktionen.

ftp://athena-dist.mit.edu/pub/virus/mit.PS

Farmer, Dan und Wietse Venema. »Improving the Security of Your Site by Breaking into It.«

Die Autoren von COPS und SATAN (Dan) und TCP Wrapper, *portmap* und *chrootuid* (Wietse) geben eine Anleitung zum Test der eigenen Sicherheitsmaßnahmen, bevor Angreifer das erledigen.

ftp://ftp.porcupine.org/pub/security/admin-guide-to-cracking.101.Z

Fraser, B. RFC 2196: *Site Security Handbook*. September 1997.

Diese RFC ist eine Anleitung zum Aufstellen einer Sicherheitspolitik für Ihren Standort. Aus der Einführung:

> Dieses Handbuch ist eine Anleitung zum Einrichten von Sicherheitsrichtlinien und Vorgehensweisen für Standorte, die Systeme im Internet betreiben. Diese Anleitung beschreibt Fragen und Fakten, die ein Standort beachten muß, wenn er seine eigene Sicherheitspolitik aufstellt. Sie gibt einige Empfehlungen und bietet Diskussionen zu relevanten Bereichen.

http://www.ietf.org/rfc/rfc2196.txt

Die RFCs (»Requests for Comments«) sind übrigens die definierenden Dokumente für fast alle Internet-Protokolle und -Dienste. Beginnen Sie mit der Datei *rfc-index.txt*; diese ist der Index für die restlichen Dokumente:

http://www.ietf.org/rfc.html

Ranum, Marcus und Matt Curtin (Betreuer), »Internet Firewalls Frequently Asked Questions (FAQ).«

Diese FAQ-Liste wird regelmäßig aktualisiert und in der Firewalls-Mailingliste (*firewalls@greatcircle.com*) veröffentlicht.

http://www.interhack.net/pubs/fwfaq/

Bücher

In diesem Abschnitt finden Sie eine Reihe von Büchern, die als Referenzen dienen können oder für das bessere Verständnis spezieller Themen hilfreich sind.

Albitz, Paul & Cricket Liu. *DNS und BIND*. Deutsche Ausgabe der dritten engl. Auflage. O'Reilly Verlag, Köln 1999.

Dieses Buch liefert einen Einblick in die Funktionsweise des Internet-Namensdienstes auf Unix-Systemen.

Albitz, Paul, Matt Larson & Cricket Liu. *DNS on Windows NT*. Sebastopol, CA: O'Reilly and Associates, 1998.

Diese Version des Buches erläutert, wie der Internet-Namensdienst im einzelnen unter Windows NT funktioniert.

Cheswick, William R. & Steven M. Bellovin. *Firewalls and Internet Security.* Reading, MA: Addison-Wesley, 1994.

Dies war das erste Buch über Firewalls. Es beschreibt die Erfahrungen der Autoren beim Aufbau einer Reihe von Firewalls für die AT&T Bell Labs. Die Stärken des Buches sind Theorie und Hintergrundwissen; Einzelheiten der Implementierung werden jedoch nicht ausführlich beschrieben. Die Autoren beschreiben, wie sie Firewalls aufbauen. Der Leser kann jedoch normalerweise die Tools und Methoden nicht übernehmen, wenn er nicht für eine ähnlich große Firma wie AT&T arbeitet. Das Buch ist dennoch ein Klassiker zum Thema.

Comer, Douglas E. *Internetworking with TCP/IP, Volume I: Principles, Protocols, and Architecture.* Fourth Edition. Englewood Cliffs, NJ: Prentice Hall, 2000.

Dieses Buch enthält eine Einführung in die praktischen Grundlagen von TCP/IP. Es beschreibt, wie die Pakete aussehen, wie das Routing funktioniert usw. Spätere Bände enthalten Einführungen in einige der höheren Protokolle wie SMTP und FTP.

Garfinkel, Simson. *PGP: Pretty Good Privacy.* Sebastopol, CA: O'Reilly & Associates, 1994.

Dies ist eine ausgezeichnete Einführung in das beliebte Programm PGP, mit dem man Nachrichten verschlüsseln und digitale Signaturen anbringen kann. Neben technischen Einzelheiten enthält es einen faszinierenden Blick auf Phil Zimmermans Entwicklungsarbeit für PGP, elektronische Geheimhaltung sowie Patentrecht und Exportvorschriften für kryptographische Produkte in den Vereinigten Staaten.

Garfinkel, Simson und Gene Spafford. *Practical UNIX & Internet Security.* Second Edition. Sebastopol, CA: O'Reilly & Associates, 1996.

Dies ist eine sehr gute Einführung in die Sicherheit von Unix-Rechnern. Simson Garfinkel ist auch der Autor von *PGP: Pretty Good Privacy.* Gene Spafford gehört heute zu den Leitern des CERIAS-Centers an der Purdue-Universität (siehe Anfang dieses Anhangs).

Hunt, Craig. *TCP/IP Netzwerk-Administration.* Zweite Auflage. O'Reilly Verlag, Köln 1998.

Dieses Buch enthält einen exzellenten Überblick über TCP/IP für Systemadministratoren. Es konzentriert sich auf Unix-Systeme und beinhaltet eine sehr nützliche Referenz der wichtigsten Netzdienste und Tools unter Unix, etwa BIND (den Standard-Server für DNS unter Unix) und Sendmail (den Standard-Server für SMTP unter Unix).

Hunt, Craig & Robert Bruce Thompson. *Windows NT TCP/IP Netzwerk-Administration*. O'Reilly Verlag, Köln 1999.

> Dieses Buch enthält einen exzellenten Überblick über TCP/IP für Systemadministratoren. Es konzentriert sich auf Windows NT-Systeme.

Nemeth, Evi, Garth Snyder, Scott Seebass & Trent R. Hein. *Unix System Administration Handbook*. Third Edition. Englewood Cliffs, NJ: Prentice Hall, 2000.

> Dies ist die Standard-Referenz zu Themen der praktischen Systemverwaltung unter Unix. Es behandelt auch schwierige Themen (z.B. Backups) gut und praxisnah.

Schneier, Bruce. *Angewandte Kryptographie: Protokolle, Algorithmen und Sourcecode in C*. Addison Wesley, Bonn 1996.

> Dies ist ein äußerst umfassendes Buch über kryptographische Algorithmen und Verfahren. Es behandelt den *Data Encryption Standard* (DES), den RSA-Algorithmus und all die anderen Algorithmen mit geheimen und öffentlichen Schlüsseln. Das Buch beschreibt auch die mathematischen Einzelheiten der Verfahren. Für viele Algorithmen steht der Quellcode zur Verfügung.

Stevens, Richard W. *TCP/IP Illustrated, Volume 1: The Protocols*. Reading, MA: Addison-Wesley, 1994.

> Dies ist eine gute Einführung in die praktischen Grundlagen von TCP/IP. Seine Stärke besteht in der Verwendung von Aufzeichnungen der Pakete, die beim Einsatz der Protokolle hin- und hergeschickt werden. Anhand dieser Analysen werden die Protokolle behandelt.

Stoll, Clifford. *Kuckucksei*. S. Fischer Verlag, Frankfurt am Main, 1990.

> Dies ist die faszinierende Geschichte einer dramatischen Jagd nach Crackern im Internet. Das Buch vermittelt einen Eindruck von der Zeit und dem Aufwand, die zur Verfolgung eines Angriffs auf einen Standort nötig sind. Außerdem enthält es ein gutes Rezept für Schokokekse.

B
Werkzeuge

Dieser Anhang beschreibt einige der Werkzeuge und Pakete, die im Internet zur Verfügung stehen und Sie beim Aufbau und bei der Wartung einer Firewall unterstützen können. Viele dieser Werkzeuge werden in diesem Buch erwähnt. Die Software steht zwar kostenlos zur Verfügung, einige der Programme sind jedoch auf verschiedene Weise von ihren Autoren (sie dürfen z.B. nicht für kommerzielle Zwecke eingesetzt oder auf eine CD-ROM gebracht werden usw.) oder von der US-Regierung eingeschränkt (falls sie z.B. kryptographische Methoden verwenden, dürfen sie nicht einfach aus den Vereinigten Staaten exportiert werden). Lesen Sie aufmerksam die Dokumentationen, die in diesen Paketen enthalten sind.

Obwohl wir den größten Teil der hier aufgeführten Software benutzt haben, können wir keine Verantwortung dafür übernehmen, daß die Kopie, die Sie bekommen, ordnungsgemäß funktioniert und an Ihrem System keinen Schaden anrichtet. Wie bei jeder Software sollten Sie sie vor der Benutzung testen.

Viele Pakete verfügen über überprüfbare Signaturen; der Software-Hersteller stellt eine kryptographische Prüfsumme für das Paket bereit, die mit seinem privaten Schlüssel verschlüsselt wurde. Sie können überprüfen, ob Sie das richtige Paket haben, indem Sie die Prüfsumme mit dem öffentlichen Schlüssel des Herstellers entschlüsseln, die Prüfsumme auf dem Paket selbst berechnen und testen, ob sie stimmt. Wir empfehlen Ihnen, sich dem Aufwand mit den Signaturen zu unterziehen, wenn es um sicherheitsrelevante Software geht. Viele Leute haben bereits fehlerhafte Versionen beliebter Software-Pakete weitergegeben.

Authentifizierungs-Werkzeuge

Die Werkzeuge in dieser Kategorie bieten Unterstützung für die verschiedenen Arten der Authentifizierung. In Kapitel 21, *Authentifizierungs- und Auditing-Dienste*, finden Sie weitere Informationen über die unterschiedlichen Ansätze zur Authentifizierung.

Anhang B: Werkzeuge

TIS Internet Firewall Toolkit (FWTK)

ftp://ftp.tis.com/pub/firewalls/toolkit/

Das *TIS Internet Firewall Toolkit* (TIS FWTK) von Trusted Information Systems ist ein sehr nützliches, gut durchdachtes und programmiertes Paket mit verschiedenen Programmen, die für die Authentifizierung und andere Aufgaben sehr hilfreich sind. Es enthält:

- einen Authentifizierungs-Server, der mehrere Mechanismen für die Unterstützung nicht wiederverwendbarer Paßwörter bereitstellt (beschrieben in Kapitel 21)
- ein Programm für die Zugangskontrolle namens *netacl* (beschrieben in Kapitel 11, *Unix- und Linux-Bastion-Hosts*)
- Proxy-Server für eine Vielzahl von Protokollen (FTP, HTTP, Gopher, *rlogin*, Telnet und X11) (beschrieben in Kapitel 9, *Proxy-Systeme*)
- einen generischen Proxy-Server für einfache TCP-basierte Protokolle, die 1-zu-1- oder N-zu-1-Verbindungen benutzen, wie etwa NNTP (beschrieben in Kapitel 9)
- einen sogenannten Wrapper (das Programm *smap*) für SMTP-Server wie Sendmail zum Schutz vor SMTP-Angriffen (beschrieben in Kapitel 16, *Elektronische Post und News*)
- einen Wrapper für Server, die durch *inetd* gestartet werden, wie *telnetd* und *ftpd*. Er kontrolliert, von wo diese Server kontaktiert werden können (fast wie das Programm TCP Wrapper, das weiter hinten in diesem Anhang sowie in Kapitel 11 beschrieben wird)

Das Toolkit ist so aufgebaut, daß Sie nicht das ganze Paket installieren müssen, sondern nur die benötigten Teile auswählen können. Die installierten Bestandteile benutzen jedoch eine gemeinsame Konfigurationsdatei, was die Verwaltung von Veränderungen an der Konfiguration vereinfacht.

Einige Teile des Toolkits (zum Beispiel der Server für die nicht wiederverwendbaren Paßwörter) benötigen in einigen Konfigurationen eine DES-Bibliothek (*Data Encryption Standard*). Falls es auf Ihrem System noch keine solche Bibliothek gibt (suchen Sie nach einer Datei namens *libdes.a* in den Verzeichnissen mit Bibliotheken), können Sie sie unter folgender Adresse suchen:

ftp://ftp.psy.uq.oz.au/pub/Crypto/DES/

TIS betreibt eine Mailingliste für Benutzer des Toolkits, in der Verbesserungen, Fehler, deren Behebung usw. diskutiert werden. Um diese Liste zu abonnieren, schicken Sie eine E-Mail an *fwall-users-request@tis.com*.

Kerberos

ftp://athena-dist.mit.edu/pub/kerberos/
ftp://coast.cs.purdue.edu/pub/tools/unix/kerberos/

Kerberos wurde als Teil des Projekts Athena am Massachusetts Institute of Technology entwickelt. Der folgende Auszug stammt aus der FAQ-Liste für Kerberos:

> Kerberos ist ein Netzwerkauthentifizierungssystem für den Einsatz in physisch unsicheren Netzwerken, das auf dem Verteilungsmodell für Schlüssel von Needham und Schroeder basiert. Mit Kerberos können Parteien über Netzwerke kommunizieren und sich gegenseitig ihre Identität beweisen, ohne daß Angriffe durch Abhören oder Replay-Attacken möglich wären. Es garantiert außerdem mit kryptographischen Systemen wie DES die Integrität des Datenstroms (Erkennung von Veränderungen) und Geheimhaltung (Verhindern unbefugten Lesens).

Analyse-Werkzeuge

Mit den Werkzeugen in dieser Kategorie können Sie Ihr System überwachen. Einige führen Sicherheitsüberprüfungen durch und untersuchen bekannte Sicherheitslücken, andere erstellen eine Datenbank mit Prüfsummen aller Dateien des Systems (um Änderungen an diesen Dateien erkennen zu können); manche Pakete bieten beide Möglichkeiten.

COPS

> *ftp://coast.cs.purdue.edu/pub/tools/unix/cops*

COPS von Dan Farmer ist das »Computer Oracle and Password System«, ein System, das Unix-Systeme auf bekannte Sicherheitsprobleme überprüft (wie etwa unsichere Zugriffsrechte für wichtige Dateien und Verzeichnisse).

Tiger

> *ftp://coast.cs.purdue.edu/pub/tools/unix/tiger*

Tiger von Doug Schales von der Texas A&M University (TAMU) besteht aus einer Reihe von Skripten, die ein Unix-System auf Sicherheitslücken untersuchen. Es arbeitet ähnlich wie COPS von Dan Farmer. Tiger wurde ursprünglich entwickelt, um die Unix-Systeme der A&M-Universität zu überprüfen, auf die Benutzer von außerhalb zugreifen wollten. Bevor der Paketfilter in der Firewall für den Zugriff von außen modifiziert wurde, mußte das System den Tiger-Test bestehen.

Tripwire

> *ftp://coast.cs.purdue.edu/pub/COAST/Tripwire*

Tripwire wurde von Gene H. Kim und Gene Spafford am CERIAS-Center der Purdue-Universität entwickelt. Es überprüft die Integrität von Dateien, indem es eine Reihe von Dateien und Verzeichnissen mit Informationen vergleicht, die in einer zuvor erstellten Datenbank enthalten sind. Hinzugefügte oder gelöschte Dateien werden gekennzeichnet und gemeldet, ebenso alle Dateien, die sich von dem in der Datenbank gespeicherten Zustand unterscheiden. Sie sollten Tripwire regelmäßig über die Systemdateien laufen lassen. Damit erkennt das Programm beim nächsten Programmlauf alle veränderten Dateien, so daß die Systemadministratoren sofort Maßnahmen zur Schadensbegrenzung einleiten können.

SATAN

> http://www.fish.com/~zen/satan/satan.html

SATAN, das »Security Administrator Tool for Analyzing Networks«, stammt von Wietse Venema und Dan Farmer. (Falls Ihnen der Name nicht gefällt, können Sie mit einem Skript namens *repent* alle Verweise von SATAN auf SANTA ändern lassen: Security Administrator Network Tool for Analysis.) Es war das erste weithin bekannte Scan-Werkzeug, allerdings wird es nicht mehr aktiv gewartet.

SAINT

> http://www.wwdsi.com

SAINT ist ein Werkzeug für Systemadministratoren zur Durchführung von Sicherheitsüberprüfungen; es ist eine Weiterentwicklung von SATAN. Die Autoren sagen dazu:

> SAINT ist das Werkzeug für Systemadministratoren, die auf dem Gebiet der Informationssicherheit bewandert sind und innerhalb ihres eigenen Netzwerkumfelds Werkzeuge zur Beurteilung der Sicherheit betreiben und konfigurieren wollen.

Paketfilter

Diese Werkzeuge erlauben es Ihnen, ein Unix-System um Paketfilter zu erweitern.

ipfilter

> http://coombs.anu.edu.au/~avalon

ipfilter ist ein TCP/IP-Filtersystem für Unix, das es für eine Vielzahl von Unix-Systemen gibt. Es wird in *Kapitel 8, Paketfilterung*, besprochen.

Proxy-Werkzeuge

Die Werkzeuge in dieser Kategorie erlauben es Ihnen, Ihr System um Proxy-Fähigkeiten zu erweitern. Siehe Kapitel 9.

TIS Internet Firewall Toolkit (FWTK)

Die Beschreibung des TIS FWTK finden Sie im Abschnitt »Authentifizierungs-Werkzeuge« weiter vorn in diesem Anhang.

SOCKS

http://www.socks.nec.com

SOCKS ist ein Toolkit, mit dem sich normale TCP-Clientprogramme in die Proxy-Versionen dieser Programme umwandeln lassen. SOCKS besteht aus zwei Teilen: den Clientbibliotheken und einem generischen Server. Clientbibliotheken gibt es für die meisten Unix-Plattformen sowie für Macintosh- und Windows-Systeme. Der generische Server läuft auf den meisten Unix-Plattformen und kann unabhängig von der Plattform von den meisten Clientbibliotheken benutzt werden. SOCKS war ursprünglich frei verfügbar; mittlerweile gibt es frei verfügbare und kommerzielle Versionen, deren Eigenschaften sich unterscheiden, von NEC.

UDP Packet Relayer

ftp://coast.cs.purdue.edu/pub/tools/unix/udprelay-0.2.tar.gz

Dieses Paket von Tom Fitzgerald ist ein Proxy-System, das für UDP-Clients nahezu die gleiche Funktionalität bereitstellt wie SOCKS für TCP-Clients.

tircproxy

http://www.mmedia.is/~bre/tircproxy/

tircproxy ist ein IRC-Proxy, der einen intelligenten Proxy-Betrieb ermöglicht, um die Sicherheit des IRC beim Einsatz durch eine Firewall zu erhöhen. Das Programm wird in Kapitel 19, *Echtzeit-Konferenzdienste*, vorgestellt.

Dämonen

Wenn Sie eine Firewall aufbauen, sollten Sie die Standard-Dämonen durch die im folgenden Abschnitt beschriebenen Dämonen ersetzen.

wuarchive ftpd

ftp://ftp.wustl.edu/packages/wuarchive-ftpd/
ftp://ftp.uu.net/networking/archival/ftp/wuarchive-ftpd/

Der FTP-Dämon *wuarchive* bietet viele Funktionen und sicherheitsrelevante Verbesserungen: Meldungsdateien, die jeder Benutzer beim »Betreten« eines bestimmten Verzeichnisses zu sehen bekommt, Beschränkungen der Anzahl der gleichzeitig aktiven Benutzer sowie verbesserte Protokollierung und Zugangskontrolle. Diese Erweiterungen wurden speziell für Anonymous FTP entwickelt.

GateD

http://www.gated.merit.edu

GateD ist ein Routing-Dämon, der Unterstützung für mehrere Protokolle bietet und Routen anhand ihrer Quelle filtert. GateD war frei verfügbar, ist inzwischen aber ein kommerzielles Produkt.

Zebra

http://www.zebra.org

Zebra ist ein Open-Source-Routing-Dämon, der Unterstützung für mehrere Protokolle bietet und Routen anhand ihrer Quellen filtert.

Postfix

http://www.postfix.org

Postfix von Wietse Venema ist ein sicherheitsorientierter Mailer-Dämon für Unix; er wird in Kapitel 16, *Elektronische Post und News*, vorgestellt.

qmail

http://www.qmail.org

qmail von Dan Bernstein ist ein sicherheitsorientierter Mailer-Dämon für Unix; er wird in Kapitel 16 vorgestellt.

smail

ftp://ftp.planix.com/pub/Smail/

smail ist ebenfalls ein Mailer-Dämon für Unix und wird in Kapitel 16 vorgestellt.

portmap

ftp://coast.cs.purdue.edu/pub/tools/unix/portmap.shar

portmap von Wietse Venema ist ein Ersatz für einen Portmapper, der eine Zugangskontrolle im Stil des Programms TCP Wrapper erlaubt. Dieses Programm wird im Abschnitt »Hilfsprogramme« weiter hinten in diesem Anhang besprochen.

Andrew File System (AFS)

http://www.transarc.com

AFS ist ein Netzwerkdateisystem, das sich für den Einsatz in Weitverkehrsnetzen wie dem Internet besser eignet als traditionelle LAN-orientierte Netzwerkdateisystemprotokolle wie NFS. Aus der AFS-Dokumentation:

AFS ist ein verteiltes Dateisystem, das es kooperierenden Rechnern (Clients und Servern) erlaubt, Dateisystem-Ressourcen effizient gemeinsam sowohl in lokalen als auch in Weitverkehrsnetzen zu benutzen.

AFS wird von der Transarc Corporation vermarktet, gepflegt und erweitert.

AFS basiert auf einem verteilten Dateisystem, das ursprünglich am Information Technology Center der Carnegie-Mellon-Universität entwickelt wurde.

rsync

http://rsync.samba.org/rsync

rsync ist ein Synchronisierungsprotokoll, das anhand von Prüfsummen Unterschiede ermittelt (anstatt sich auf das Datum der Veränderung zu stützen) und teilweise Dateiübertragungen durchführt (es werden nur die Unterschiede übertragen anstatt der vollständigen Dateien). *rsync* wurde von Andrew Tridgell und Paul Mackerras entwickelt. Der *rsync*-Dämon, *rsyncd*, bietet eine effiziente und sichere Methode, um Dateien an fernen Standorten zur Verfügung zu stellen.

Samba

http://www.samba.org

Samba ist ein Open-Source-Paket für Unix und verwandte Systeme, das den SMB/CIFS-Dienst, einschließlich Filesharing und gemeinsam genutzter Drucker, bereitstellt. Damit können Unix-Systeme als Server für PCs dienen. Zusätzlich finden Sie auf der Samba-Website Dokumentationen, wie SMB/CIFS funktioniert, sowie eine Reihe von Werkzeugen, die Ihnen bei der Fehlersuche in Microsoft-Netzwerken helfen.

ssh

http://www.ssh.org

ssh ist ein Programm für den sicheren Fernzugriff. Es gibt dieses Programm sowohl für Unix als auch für Windows NT. Es wird in Kapitel 18, *Der Fernzugriff auf Hosts*, vorgestellt.

BO2K

http://www.bo2k.com

BO2K ist ein Fernsteuerprogramm für Microsoft Windows-Systeme. Es wird in Kapitel 18 vorgestellt.

mIRC

http://www.mirc.com/

mIRC ist ein IRC-Client. Er wird in Kapitel 19, *Echtzeit-Konferenzdienste*, vorgestellt.

Hilfsprogramme

Eine Reihe von zusätzlichen Hilfsprogrammen bieten Dienste, die Ihnen beim Erstellen und Warten Ihrer Firewall helfen können.

TIS Internet Firewall Toolkit (FWTK)

Die Beschreibung des TIS FWTK finden Sie im Abschnitt »Authentifizierungs-Werkzeuge« weiter vorn in diesem Anhang.

TCP Wrapper

> *ftp://coast.cs.purdue.edu/pub/tools/unix/tcp_wrappers/*

Mit diesem Paket von Wietse Venema können Sie eingehende Anfragen an Server, die vom *inetd* gestartet wurden, überwachen und filtern.

chrootuid

> *ftp://coast.cs.purdue.edu/pub/tools/unix/chrootuid*

chrootuid von Wietse Venema erleichtert den Betrieb eines Netzwerkdienstes mit geringen Zugriffsrechten und beschränktem Zugang zum Dateisystem. Mit dem Programm kann man Netzwerkdämonen für Gopher, HTTP, WAIS und andere Dienste in einer minimalen Umgebung betreiben: Die Dämonen haben nur Zugriff auf ihren eigenen Verzeichnisbaum und laufen unter einer *userid* mit geringen Rechten. Dies reduziert die Auswirkungen möglicher Sicherheitsprobleme in der Dämonen-Software.

inzider

> *http://ntsecurity.nu/toolbox/*

inzider von Arne Vidstrom ist ein Windows NT-Werkzeug, das zeigt, welche Prozesse welche Ports überwachen. Es hilft zu verstehen, was Netzwerkdienste auf einer Windows NT-Maschine tun.

MRTG

> *http://ee-staff.ethz.ch/~oetiker/webtools/mrtg/mrtg.html*

Der *Multi Router Traffic Grapher* (MRTG) ist ein Werkzeug, das Webseiten mit Diagrammen über Ihr Netzwerk erstellt. Ursprünglich war es dazu gedacht, Daten von Routern zu zeigen, die mit SNMP gesammelt wurden, man kann damit aber auch leicht andere SNMP-Daten darstellen. Man kann es auch mit ein wenig mehr Aufwand auf andere Methoden der Ermittlung numerischer Daten anpassen. Es liefert historische Daten (das heißt, es zeigt die Werte in einem zeitlichen Kontext), es aktualisiert die

Webseiten jedoch in Echtzeit, das heißt, so wie die Daten hereinkommen. Diese Diagramme eignen sich sehr gut zur Ermittlung von Mustern und Trends bei der Benutzung der Netzwerke.

NOCOL

http://www.netplex-tech.com/software/nocol/

NOCOL ist ein Netzwerküberwachungssystem, das auf Unix-Systemen läuft und viele verschiedene Geräte abfragen kann. Dabei benutzt es eine Vielzahl von Methoden. Es kann zum Beispiel *syslog* überwachen, SNMP benutzen und Maschinen mit ICMP testen. Zusätzliche Monitore lassen sich leicht hinzufügen; es gibt C- und *perl*-APIs, mit deren Hilfe sich diese programmieren lassen.

NetCat

http://www.l0pht.com/~weld/netcat/

NetCat ist ein Hilfsprogramm für Unix und Windows NT, das es Ihnen erlaubt, Daten über beliebige TCP- und UDP-Ports zu lesen und zu schreiben. Es ist unschätzbar bei der Fehlersuche sowie bei anderweitigen Untersuchungen von Netzwerkdiensten.

NetSaint

http://www.netsaint.org

NetSaint ist ein Netzwerküberwachungsprogramm, das den Zustand von Diensten überprüft und Sie benachrichtigt, wenn es Probleme mit ihnen gibt. Für die Benachrichtigung können E-Mail oder Pager-Signale verwendet werden. NetSaint ist in C geschrieben und soll als Hintergrundprozeß unter Linux (und den meisten anderen Unix-Varianten) laufen und periodisch die verschiedenen gewünschten Dienste überprüfen. Die eigentlichen Dienstüberprüfungen werden von separaten Programmen durchgeführt, die den Status des Tests an NetSaint zurückgeben. NetSaint enthält verschiedene CGI-Programme, die es Ihnen erlauben, den aktuellen Status der Dienste, eine History der Probleme und der Benachrichtigungen sowie eine Protokolldatei über das Web anzuschauen.

PGP

http://www.pgp.com

PGP von Phil Zimmerman ist eine Sammlung von Verschlüsselungswerkzeugen, die es sowohl für Unix als auch für Windows NT gibt. PGP ermöglicht die Verschlüsselung von E-Mails sowie eine entsprechende Dateiverschlüsselung für den Schutz von Programmen, die Sie auf Bastion-Hosts lagern wollen, auf die Angreifer jedoch keinen Zugriff haben sollen.

trimlog

ftp://coast.cs.purdue.edu/pub/tools/unix/trimlog

trimlog von David A. Curry ist ein Programm, das bei der Verwaltung von Protokolldateien hilft. Es liest eine Konfigurationsdatei, um festzustellen, welche Dateien gekürzt werden sollen, wie stark diese gekürzt werden sollen usw. Dadurch können Sie verhindern, daß die Protokolldateien schließlich so sehr anwachsen, bis sie die gesamte Plattenkapazität belegen.

AntiSniff

http://www.l0pht.com/antisniff/

AntiSniff ist ein Werkzeug zum Entdecken von Computern, die Network-Sniffer betreiben. Es wird in Kapitel 26, *Betreuung von Firewalls*, besprochen.

tcpdump

ftp://coast.cs.purdue.edu/pub/tools/unix/tcpdump/

tcpdump ist ein Unix-Werkzeug zum Sammeln von Netzwerkverkehr. Es kann zur Überwachung von Netzwerken und zur Fehlersuche eingesetzt werden und bildet die Grundlage für eine Reihe anderer Werkzeuge, die mit Informationen auf Paket-Ebene umgehen.

C
Kryptographie

Kryptographie ist von Mythen, Politik und leidenschaftlichen Meinungsäußerungen umgeben. Dieser Anhang soll Ihnen helfen, daraus die notwendigen Informationen zusammenzutragen, die für den Aufbau einer Firewall von Bedeutung sind. Es ist keine vollständige Einführung in die Kryptographie, sondern eine schnelle Tour durch die Grundlagen, die Sie brauchen, um den Rest dieses Buches zu verstehen. Vor allem wollen wir es vermeiden, allzu sehr in die Einzelheiten der Funktionsweise kryptographischer Algorithmen einzudringen. Statt dessen konzentrieren wir uns auf deren allgemeine Eigenschaften. Es gibt eine Reihe von Büchern mit dem Schwerpunkt Kryptographie; wir empfehlen besonders Bruce Schneiers *Angewandte Kryptographie* (Addison Wesley, 1996).

Dieser Anhang beginnt mit einer Diskussion allgemeiner Fragen der Kryptographie, anschließend beschreibt er die Arten kryptographischer Algorithmen und deren Anwendungen und schließt mit einigen Informationen über spezielle Algorithmen.

Was schützen Sie, und weshalb schützen Sie es?

Kryptographie wird vor allem dazu eingesetzt, um Informationen zu schützen. Manchmal versucht man, etwas geheimzuhalten, manchmal sollen Änderungen verhindert werden, und manchmal will man sicherstellen, daß eine Person, die für etwas verantwortlich ist, eindeutig identifiziert werden kann. Nur wenige Leute setzen Kryptographie nur zum Vergnügen ein.

Um festzustellen, wie Sie Kryptographie verwenden sollen, müssen Sie zuerst wissen, was Sie schützen müssen und wovor Sie es zu schützen versuchen. Nehmen Sie zum Beispiel an, Sie versuchen, eine Information geheimzuhalten. Es könnte sich um eine gewöhnliche Information handeln, die sich bald wieder ändert (zum Beispiel das Geschenk, das Sie einem Freund zum Geburtstag nächste Woche machen wollen), oder es könnte sich um eine wichtige Information handeln, die sich irgendwann in den nächsten Jahren zu Geld machen läßt (zum Beispiel die Kreditkartennummer, die Sie gerade erhalten haben). Es könnte die Pressemitteilung sein, die Sie in der nächsten

Woche veröffentlichen wollen und die geschäftliche Mitbewerber herausbekommen wollen, die aber nicht mehr verborgen werden muß, sobald sie in der Zeitung steht. Oder es sind die Kernwaffenpläne einer Regierung, auf die professionelle Spione scharf sind und die die Welt zerstören könnten, egal, wann sie benutzt werden.

Sicherlich erwarten Sie von den Algorithmen, die Sie zum Schutz dieser Informationen einsetzen, verschiedene Dinge. Um das Geburtstagsgeschenk geheimzuhalten, brauchen Sie etwas, das schnell und leicht zu benutzen ist. Es ist Ihnen egal, ob es sich leicht knacken läßt (es sei denn, Ihr Freund ist Kryptographie-Experte und haßt Überraschungen). Wollen Sie Ihre Kreditkartennummer geheimhalten, machen Sie sich vor allem Sorgen darum, wie sicher sie ist, meist wird jedoch niemand versuchen, sie herauszufinden. Wenn Sie Pressemitteilungen vor Ihren Konkurrenten schützen wollen, müssen Sie sie nur bis zur Veröffentlichung schützen; geht es dagegen um Kernwaffenpläne, so müssen Sie diese für immer geheimhalten.

Kryptographie kann ebenso benutzt werden, um Ihre Identität zu beweisen (dies wird später in diesem Anhang besprochen). Sie könnten Kryptographie einsetzen, um zu beweisen, wer Sie sind, wenn Sie eine Nachricht an einen Freund schicken, wenn Sie dienstlich eine teure Anschaffung bestätigen oder wenn Sie ein Software-Programm veröffentlichen. Diese Dinge erfordern unterschiedliche Stufen der Gewißheit, dauern unterschiedliche Zeiten an und benötigen unterschiedliche Arten von Infrastrukturen.

Wenn Sie einem Freund eine Nachricht schicken, muß dieser Freund nicht einmal sicher sein, von wem sie stammt; falls jemand vorgibt, Sie zu sein, kommt das wahrscheinlich am Ende heraus, selbst wenn es zunächst komisch oder unerfreulich ist. Der Freund muß Ihre Identität nur in dem Moment prüfen, in dem die Nachricht ankommt. Wenn die Überprüfung nach einigen Monaten nicht mehr stimmt, spielt das keine Rolle, die Nachricht hat in dem Moment möglicherweise nur noch einen gefühlsmäßigen Wert. Sie und der Freund könnten ein System einrichten, anhand dessen Sie Ihre Identität nachweisen können; dieses System muß nicht in großem Maßstab funktionieren. Schließlich müssen alle Ihre Freunde nur noch wissen, daß die Nachricht von Ihnen ist. Vermutlich werden alle, die Sie als Freunde betrachten, bereits wissen, wer Sie sind und weshalb sie Nachrichten von Ihnen lesen wollen.

Wenn Sie an Ihrer Arbeitsstelle einen Einkauf autorisieren, müssen rechtliche Bestimmungen erfüllt sein. Diese rechtlichen Bestimmungen erfordern ein höheres Maß an Gewißheit. Falls jemand vorgibt, Sie zu sein, steht das Geld der Firma auf dem Spiel, und die möglichen Konsequenzen reichen bis zur Anklage wegen Betrugs oder Inkompetenz. Die rechtlichen Erfordernisse verlangen außerdem, daß die Information längere Zeit überprüfbar ist; Ihre Identität muß nicht nur beim Kauf überprüft werden können, sondern auch bei einer späteren Rückfrage oder Überprüfung. Aus rein praktischen Erwägungen sollte es außerdem eine konsistente firmenweite Architektur zum Überprüfen Ihrer Identität geben. Diese Überprüfung kann nicht für jeden Angestellten anders ausgeführt werden, deshalb wird eine Art Infrastruktur benötigt. Diese Infrastruktur muß nicht nur die Identitätsdaten (»So erfahren Sie, daß es von Ethelraeda Perkins stammt«), sondern auch die Autorisierungsdaten (»So erfahren Sie, daß Ethelraeda Perkins berechtigt ist, Einkäufe im Wert bis zu 50.000 DM zu tätigen«) enthalten.

Wenn Sie Software im Internet veröffentlichen, sehen die Dinge wieder anders aus. Falls jemand vorgibt, Sie zu sein, und in Ihrem Namen zerstörerische Software veröffentlicht, könnte Ihr guter Ruf dauerhaft beschädigt werden. Das könnte schließlich dazu führen, daß Ihr Name auf den Titelseiten von Zeitungen weltweit landet. Sie brauchen ein hohes Maß an Gewißheit über die Identitäten, und diese Gewißheit muß für eine lange Zeit bestehen (einer der Autoren erhält immer noch regelmäßig Anfragen zu einer relativ unbedeutenden Software, die vor mehr als zehn Jahren herausgebracht wurde). Sie muß mit einer weltweiten Infrastruktur bereitgestellt werden, auf die jeder zugreifen kann, an den Sie Software verteilen wollen. Diese Infrastruktur muß genügend Informationen enthalten, damit jeder nicht nur sagen kann, wer Sie sind, sondern weshalb er Ihnen so weit vertraut, daß er von Ihnen vertriebene Programme ausführt.

Schlüsselkomponenten kryptographischer Systeme

Kryptographie wird für viele Dinge eingesetzt, und kryptographische Systeme bestehen aus mehreren Teilen. Verschlüsselung ist die bekannteste und offensichtlichste Technik, um aber zu verstehen, wie Kryptographie benutzt wird, müssen Sie ebenso verschiedene andere Techniken verstehen, einschließlich der Methoden, die für kryptographisches Hashing, Integritätsschutz und die Erzeugung zufälliger Zahlen eingesetzt werden.

Verschlüsselung

Verschlüsselung ist der umkehrbare Vorgang des Verbergens von Informationen. Wenn Sie etwas verschlüsseln, nehmen Sie Daten (den sogenannten *Klartext*) und führen einen Vorgang durch, bei dem andere Daten entstehen (der sogenannte *Chiffretext*). Außerdem muß es einen Vorgang geben, bei dem Chiffretext wieder in Klartext umgewandelt wird.

Es ist nicht sehr praktisch, sich jedesmal einen neuen Algorithmus auszudenken, wenn Sie etwas verschlüsseln wollen. Nützliche Verschlüsselungsalgorithmen verwenden deshalb ein zusätzliches Stück Daten namens *Schlüssel*. Um Daten zu entschlüsseln, brauchen Sie also nicht nur den Entschlüsselungsalgorithmus, sondern auch den Schlüssel; dadurch können Sie den gleichen Algorithmus verwenden, um verschiedene Dinge zu verschlüsseln und diese mit unterschiedlichen Leuten zu teilen. Falls ein Verschlüsselungsalgorithmus keinen Schlüssel verwendet, können Sie alle Dinge, die mit diesem Algorithmus verschlüsselt wurden, entschlüsseln, sobald Sie den Entschlüsselungsalgorithmus kennen.

Die kryptographische Lehre sieht einen Verschlüsselungsvorgang als sicher an, wenn die einzige Möglichkeit, eine Klartextmeldung wieder aus einem Chiffretext zu erzeugen, darin besteht, den Schlüssel zu kennen oder zu entdecken. Außerdem sollte diese Regel auch dann noch gelten, wenn jede andere Einzelheit über den Verschlüsselungsvorgang bekannt ist. Tatsächlich werden Kryptologen sehr besorgt um die Sicherheit eines Algorithmus, wenn mehr als der Schlüssel geheimgehalten werden muß (zum Beispiel, wenn der Algorithmus oder ein wichtiger Teil daraus nicht bekanntgemacht wird).

Es gibt einige Dinge, die eine Verschlüsselung nicht vermag. Wenn Sie etwas verschlüsseln, dann verbergen Sie seinen Inhalt, wodurch nicht unbedingt alles Nützliche darüber verborgen wird. Angreifer könnten immer noch wichtige Informationen beziehen, wenn sie sich die Längen der Nachrichten anschauen oder die Zeiten, zu denen sie gesendet werden, oder die Absender und Empfänger; keine dieser Angaben wird durch eine Verschlüsselung verändert.

Außerdem wird etwas durch eine Verschlüsselung nicht vor Veränderung geschützt. Jemand, der Zugriff auf den Chiffretext hat, kann diesen ändern. Er kann zwar nicht genau vorhersagen, welchen Klartext Sie erhalten, dieser wird aber mit ziemlicher Sicherheit anders sein. Diese Art von Veränderung läßt sich in einem Text von einem Menschen normalerweise leicht entdecken, allerdings nicht, wenn es sich bei dem Klartext um Binärdaten handelt. Da Computer Text nicht verstehen können, sind sie nicht in der Lage, die Veränderung durch einfaches Anschauen zu entdecken. Um eine Nachricht vor Veränderung zu schützen und dies in einer Weise zu tun, die ein Computer benutzen kann, müssen Sie Integritätsschutz einsetzen. Wir werden dies noch besprechen. Obwohl einige Systeme zum Schutz der Integrität Verschlüsselung einsetzen, bietet die Verschlüsselung selbst keinen Integritätsschutz.

Arten von Verschlüsselungsalgorithmen

Es gibt zwei Hauptfamilien von Verschlüsselungsalgorithmen: symmetrische und Verschlüsselung mit öffentlichem Schlüssel. Ein *symmetrischer Algorithmus* benutzt einen Schlüssel sowohl für die Verschlüsselung als auch für die Entschlüsselung. Ein *Algorithmus mit öffentlichem Schlüssel* benutzt zwei zusammengehörende Schlüssel; wenn Sie mit einem der Schlüssel verschlüsseln, benutzen Sie den anderen zur Entschlüsselung.

Die wichtigste Eigenschaft eines Verschlüsselungsalgorithmus ist seine Stärke, die den Aufwand bezeichnet, den man betreiben muß, um den Chiffretext ohne vorhandenen Schlüssel in Klartext umzuwandeln. Es gibt kein absolutes Maß für die Stärke eines Verschlüsselungsalgorithmus. Es ist möglich zu sagen, daß manche Algorithmen sehr schwach sind (zum Beispiel ist das Ersetzen jedes Buchstabens durch den Buchstaben, der drei Stellen weiter hinten im Alphabet steht, so daß aus »b« »e« und aus »c« »f« wird, definitiv ein sehr schwacher Algorithmus), und es ist möglich zu sagen, daß manche Algorithmen keine bekannten Schwächen haben. Wenn wir konkrete Algorithmen besprechen, werden wir auf Algorithmen hinweisen, von denen bekannt ist, daß sie angreifbar oder schwach sind. Es gibt einen großen Bereich von Algorithmen, die keine bekannten Schwächen haben, und unter den meisten Umständen können und sollten Sie sich für einen von diesen entscheiden.

Im richtigen Leben ist Stärke nicht die einzige wichtige Eigenschaft eines Verschlüsselungsalgorithmus. Manche Algorithmen lassen sich zum Beispiel viel schneller ausführen als andere, und die Geschwindigkeit kann vom Prozessor abhängen, der Ihnen zur Verfügung steht. Einige Algorithmen erfordern mehr Speicher als andere. Für den Einsatz einiger Algorithmen gibt es rechtliche Einschränkungen, die in den einzelnen Ländern verschieden sein können. Manche Algorithmen sind patentiert, und ihre Lizensierung ist teuer oder schwierig.

Algorithmen mit öffentlichem Schlüssel und symmetrische Algorithmen unterscheiden sich auf all diesen Gebieten (vor allem sind symmetrische Algorithmen viel schneller als Algorithmen mit öffentlichem Schlüssel), der wichtigste Unterschied zwischen ihnen besteht in den zusätzlichen Möglichkeiten der Algorithmen mit öffentlichem Schlüssel. Bei einem symmetrischen Algorithmus kann jeder, der eine Nachricht verschlüsselt, sie auch wieder entschlüsseln. Es ist daher wichtig, den Schlüssel sicher aufzubewahren, damit er nur den Parteien bekannt ist, die miteinander kommunizieren wollen. Bei einem Algorithmus mit öffentlichem Schlüssel können Sie einen Schlüssel veröffentlichen, während Sie den anderen Schlüssel geheimhalten, so daß wirklich nur Sie ihn kennen können.

Mit einem öffentlichen und einem privaten Schlüssel eröffnen sich eine Reihe neuer Anwendungen der Kryptographie. Wenn Sie zum Beispiel etwas mit Ihrem privaten Schlüssel verschlüsseln, halten Sie die Daten nicht geheim (jeder, der den öffentlichen Schlüssel besitzt, kann sie lesen), aber Sie weisen nach, daß Sie sie verschlüsselt haben (weil nur Sie den privaten Schlüssel besitzen). Dies wird *Signieren* genannt. Digitale Signaturen werden weiter hinten in diesem Anhang genauer vorgestellt. Jeder, der Ihnen etwas Geheimes schicken möchte, kann dies mit Ihrem öffentlichen Schlüssel verschlüsseln. Er kann dann sicher sein, daß nur Sie es lesen können. Tatsächlich erlauben es Ihnen einige Methoden des Einsatzes der Technik mit öffentlichem Schlüssel eigentlich nicht, Daten zu verbergen; Sie benutzen diese Technik nur für die Authentifizierung; manche Algorithmen mit öffentlichem Schlüssel sind keine Verschlüsselungsalgorithmen.

So wie es Unterschiede zwischen Algorithmen mit öffentlichem Schlüssel und symmetrischen Algorithmen gibt, gibt es auch Unterschiede zwischen symmetrischen Algorithmen. Manche arbeiten mit Datengruppen fester Größe und werden *Blockchiffrierungen* genannt. Andere, sogenannte *Stromchiffrierungen*, bearbeiten beliebige Folgen von Bits oder Bytes. Es gibt verschiedene Möglichkeiten oder *Modi*, um eine Blockchiffrierung so zu erweitern, daß sie mehr als nur einen einzelnen Datenblock verschlüsseln kann. Stromchiffrierungen sind von vornherein so gestaltet, daß sie einen Datenstrom beliebiger Größe verarbeiten können.

Die Verschlüsselung variabler Datenmengen wird üblicherweise *Bulk-Verschlüsselung* genannt. In diesem Fall wird alles als »Bulk« (Masse) angesehen, was größer als 64 Bit ist. Fast jede Bulk-Verschlüsselung wird wegen der Geschwindigkeitsunterschiede zwischen symmetrischen Algorithmen und Algorithmen mit öffentlichem Schlüssel mit symmetrischen Algorithmen durchgeführt. Häufig ist der Einsatz von Bulk-Verschlüsselung in solchen Situationen nötig, in denen die miteinander kommunizierenden Parteien noch keinen gemeinsamen symmetrischen Schlüssel zur Verschlüsselung haben.

Eine äußerst verbreitete Methode, um dieses Problem zu lösen, besteht darin, die Kryptographie mit öffentlichem Schlüssel mit der Kryptographie mit symmetrischem Schlüssel zu kombinieren. Zum Beispiel verwendet das PGP-Paket, das häufig für die Bulk-Verschlüsselung elektronischer Post eingesetzt wird, einen symmetrischen Schlüssel zur Verschlüsselung des Körpers einer Mail und benutzt anschließend einen öffentlichen Schlüssel, um den symmetrischen Schlüssel zu verschlüsseln und den verschlüsselten symmetrischen Schlüssel mit der Nachricht zu verschicken.

Verschlüsselungsalgorithmen und die Schlüssellänge

Eines der wichtigen Unterscheidungsmerkmale für Algorithmen sind die Schlüssel, die sie benutzen. Wie wir bereits ausgeführt haben, müssen Sie den Schlüssel kennen, wenn Sie etwas entschlüsseln wollen, was mit einem starken Algorithmus verschlüsselt wurde. Daher besteht eine Angriffsmethode auf Verschlüsselungsalgorithmen darin, zu versuchen, den Schlüssel herauszufinden. Es gibt offensichtlich viele Möglichkeiten, dies zu erreichen – die meisten unterliegen nicht der Kontrolle des Verschlüsselungsalgorithmus (zum Beispiel können Sie nach den Stellen suchen, an denen der Schlüssel aufgezeichnet wurde und nicht angemessen gesichert ist).

Manche Methoden der Ermittlung von Schlüsseln beruhen jedoch wirklich auf der Funktionsweise der Algorithmen. Bei einem Algorithmus mit symmetrischem Schlüssel ist der einfachste Weg, alle möglichen Schlüssel auszuprobieren, bis Sie den richtigen gefunden haben (zu wissen, daß man den richtigen Schlüssel gefunden hat, ist ein weiteres kompliziertes Problem). Je mehr mögliche Schlüssel es gibt, desto schwieriger wird es. Bei einem Algorithmus mit öffentlichem Schlüssel können Sie versuchen, mit Hilfe existierender mathematischer Algorithmen auf der Grundlage des öffentlichen Schlüssels einen privaten Schlüssel zu berechnen, falls Sie wissen, daß Ihr Computer schnell genug ist und genügend Speicher besitzt. Oder Sie erfinden eine neue mathematische Theorie zum Lösen der Gleichungen, die der Algorithmus mit öffentlichem Schlüssel benutzt. Jede dieser Vorgehensweisen wäre einfacher als das Durchprobieren aller möglichen privaten Schlüssel.

Für jeden vorgegebenen Algorithmus gilt, daß es um so schwieriger ist, den Schlüssel zu ermitteln, je länger dieser ist. Andererseits können Sie die Schlüssellängen der verschiedenen Arten von Algorithmen nicht direkt miteinander vergleichen, da sich die Methoden, mit denen sie angegriffen werden können, unterscheiden. Ein 128-Bit-Schlüssel ist zwar für einen symmetrischen Algorithmus recht stark, für die meisten Algorithmen mit öffentlichem Schlüssel dagegen ziemlich schwach. Das liegt daran, daß es bei 128 Bit zwar eine Menge Schlüssel gibt, die man suchen müßte, daß 128 Bit aber nicht lang genug sind, um mathematische Angriffe auf die Algorithmen mit öffentlichem Schlüssel zu verhindern. Da unterschiedliche Algorithmen mit öffentlichem Schlüssel verschiedene Beziehungen zwischen dem privaten und dem öffentlichem Schlüssel einsetzen, können die Schlüssellängen nicht einmal zwischen unterschiedlichen Algorithmen mit öffentlichem Schlüssel immer verglichen werden.

Wenn Sie wissen, daß das Ausprobieren aller möglichen Schlüssel die einzige Möglichkeit ist, um einen Schlüssel herauszufinden, können Sie relativ beruhigt über Ihre Sicherheit sein; die Lichtgeschwindigkeit bildet eine theoretische Grenze für die Geschwindigkeit, mit der Berechnungen durchgeführt werden können, falls also der Schlüssel lang genug ist, kann niemand ihn innerhalb der geschätzten Lebensdauer des Universums herausfinden. (Natürlich kann man beim Ausprobieren der Schlüssel immer noch Glück haben, allerdings ist die Wahrscheinlichkeit eines Lottogewinns größer.) Die erforderliche Schlüssellänge, die groß genug sein soll, ist erstaunlich gering; sie liegt unter 128 Bit.

Bei den öffentlichen Schlüsseln ist die Lage nicht ganz so einfach. Gegenwärtig bekannte Techniken zum Ermitteln privater Schlüssel sind auf heutigen Computern nur schwer zu realisieren, allerdings muß erst noch bewiesen werden, daß es keine schnelleren Techniken gibt.

Bei der Diskussion von Blockchiffrierungen muß man auf jeden Fall zwischen der Schlüssellänge und der Blocklänge unterscheiden. Diese sind oft – aber nicht immer – gleich, und meist wird die Blocklänge angegeben. Wenn jemand von einer »64-Bit Blockchiffrierung« spricht, dann ist die Länge des Blocks und nicht unbedingt die Länge des Schlüssels gemeint. Das kann ziemlich verwirrend sein, da bei anderen Chiffrierungen normalerweise die Schlüssellänge als einzige in dieser Form in Bits angegeben wird. Achten Sie genau darauf, welche Länge genannt wird; ein »64-Bit-Algorithmus mit öffentlichem Schlüssel« hat einen 64-Bit-Schlüssel, während eine »64-Bit Blockchiffrierung« irgendeine Schlüssellänge haben könnte.

Kryptographische Hashwerte, Prüfsummen und Message-Digests

Eine Prüfsumme ist eine Zahl, die aus einer Datenmenge berechnet wird und Veränderungen oder Fehler bei der Übertragung dieser Daten anzeigen soll. Das ist nützlich für einen Kommunikationskanal; falls ein Absender eine Prüfsumme berechnet, wenn die Daten gesendet werden, und ein Empfänger das Gleiche tut, wenn die Daten empfangen werden, können die beiden die Prüfsummen einfach vergleichen, um festzustellen, ob die Daten intakt angekommen sind oder ob während der Übertragung ein Fehler aufgetreten ist. Eine andere Anwendung könnte sein, die Prüfsumme zu speichern und die Berechnung zu einem späteren Zeitpunkt zu wiederholen. Unterscheiden sich die beiden Prüfsummen, wurden die Daten irgendwie verändert.

Eine Prüfsumme ist üblicherweise nur wenige Bytes lang und nimmt viel weniger Platz ein als die Originaldaten. Dadurch lassen sie sich zwar einfacher speichern, es können aber auch Situationen eintreten, in denen die Prüfsummen für zwei unterschiedliche Datenmengen gleich sind. Dies wird *Kollision* genannt. Die Prüfsummenalgorithmen sind so gestaltet, daß Kollisionen für die Unterschiede, die sie entdecken sollen, unwahrscheinlich sind. Prüfsummenalgorithmen für die Kommunikation sollen zufällig auftretende Fehler oder fehlende Daten entdecken, da dies die Art von Unterschieden ist, die oft bei Telefonleitungen oder Radioübertragungen auftritt (für Leute, die zuhören, klingen diese Fehler wie Klicken oder Poppen).

Was ist, wenn der Fehler nicht zufällig aufgetreten ist und eine Veränderung beabsichtigt war? Ist es in diesem Fall möglich, eine Veränderung absichtlich herbeizuführen und trotzdem die gleiche Prüfsumme zu erhalten? Bei vielen Prüfsummen ist das sicherlich möglich, da die Prüfsummen nicht dazu gedacht sind, dies zu erschweren. Es gibt Möglichkeiten, Prüfsummenalgorithmen so zu entwerfen, daß es nahezu unmöglich wird, eine Änderung herbeizuführen und trotzdem die gleiche Prüfsumme zu erhalten. Algorithmen, die so entworfen werden, nennt man *kryptographische Hashfunktionen*, *kryptographische Prüfsummen* oder *Message-Digest-Funktionen*.

Beachten Sie, daß die Begriffe, die für die verschiedenen Techniken und Einsatzgebiete der kryptographischen Hashwerte verwendet werden, verwirrend sind und einander überschneiden. Das führt dazu, daß die Begriffe nicht sehr konsistent benutzt werden; es läßt sich im besten Fall nur feststellen, daß jeder Begriff, in dem etwas mit *Integrität*, *Digest* oder der Abkürzung *MAC* (Message Authentication Code) vorkommt, wahrscheinlich einen Vorgang bezeichnet, der eine Art Hash verwendet. Falls Ihnen die Einzelheiten wichtig sind, dann informieren Sie sich näher über sie, anstatt darauf zu vertrauen, daß die Begriffe konsistent in den verschiedenen Dokumenten verwendet werden.

Der Begriff *Hash* stammt aus einer anderen Situation, in der es nützlich ist, wenn man einen kurzen String fester Länge hat, den man reproduzierbar aus einem längeren String erzeugen kann und der sich bei einer kleinen Änderung der Eingabe stark verändert. Hashalgorithmen und Prüfsummenalgorithmen werden nicht immer für die gleichen Zwecke verwendet, doch wenn Sie beide Konzepte auf die kryptographische Sicherheit ausweiten, bekommen Sie folgende Bedingungen für einen kryptographischen Hashwert:

- Es muß praktisch unmöglich sein, absichtlich Daten zu erzeugen, die einen Hashwert haben, der auf andere Daten paßt. Dies kann erreicht werden, indem der Algorithmus so gestaltet wird, daß er nicht umgekehrt und rückwärts ausgeführt werden kann (Sie können auf einen Hashwert keine Methode anwenden, die Daten erzeugt, die den gleichen Hashwert ergeben).
- Der Hashwert muß groß genug sein, so daß Sie keine Liste mit Dateien, eine für jeden Wert, den der Hash annehmen kann, erzeugen und einen bestimmten Hashwert auf diese Weise zuordnen können. Praktisch ausgedrückt, heißt das, ein brauchbarer Hashwert sollte wenigstens 128 Bit und vorzugsweise 160 Bit oder länger sein.
- Wenn Sie an den Daten eine kleine Änderung vornehmen, ändert sich der Hashwert sehr stark. Die Veränderung eines Bits in den Daten sollte ungefähr die Hälfte der Bits im Hashwert ändern. Auf diese Weise wird eine Methode erschwert, bei der langsame Veränderungen an einzelnen Bits in den Daten vorgenommen werden, um einen gewünschten Hashwert zu erhalten.

Es gibt zwei Haupteinsatzgebiete für kryptographische Hashwerte. Erstens werden sie verwendet, um Veränderungen an Daten zu ermitteln. Wenn Sie für Daten einen kryptographischen Hashwert haben und dieser Hashwert sicher verwahrt wird, können Sie sicher sein, daß die Daten nicht verändert wurden, wenn Sie den Hashwert erneut berechnen und er sich nicht geändert hat. Dies ist die Grundlage für digitale Signaturen, mit denen wir uns weiter hinten in diesem Anhang befassen.

Kryptographische Hashwerte werden auch häufig in Authentifizierungssystemen verwendet. In den meisten Fällen werden Paßwörter nicht verschlüsselt, sondern es wird ein Hashwert über sie berechnet. Falls Sie ein Paßwort verschlüsseln, kann dieses möglicherweise entschlüsselt werden. Das Paßwort könnte ein Angreifer dann irgendwo benutzen. Dadurch wird die Speicherung und Übertragung verschlüsselter Paßwörter gefährlich. Statt dessen speichern sichere Systeme einen Hashwert des Paßworts. Wenn ein Benutzer sich am System authentifizieren möchte, berechnen sie einen Hashwert aus dem Paßwort, das er angibt. Stimmen die Hashwerte überein, muß der Benutzer das korrekte Paßwort gewußt haben.

Diese Technik nützt nichts, wenn ein Benutzer den Hashwert anstelle des Paßworts direkt angeben kann (zum Beispiel wenn sich der Benutzer über ein Netzwerk anmeldet und das System eigentlich den Hashwert erhält). Wird der Hashwert verschickt, dann ist er nichts anderes als ein weiteres festes und wiederverwendbares Paßwort. (Dies wird in Kapitel 21, *Authentifizierungs- und Auditing-Dienste*, näher besprochen.) Aus diesem Grund setzen gute Netzwerkauthentifizierungssysteme zufällige Daten ein, die sich bei jeder Transaktion ändern, ein sogenanntes *Nonce*. Das Hinzufügen dieses sich verändernden Wertes zu den Informationen, aus denen der Hashwert berechnet wird und die ausgetauscht werden, verhindert, daß die Hashwerte abgehört und wiederverwendet werden können.

Es ist möglich, eine Blockchiffrierung auf besondere Weise einzusetzen, um einen kryptographischen Hashwert zu berechnen. Wenn eine Chiffrierung auf diese Art benutzt wird, nennt man die daraus resultierende Prüfsumme *Message Authentication Code* (MAC), *Message Integrity Code* (MIC) oder *Message Digest Check* (MDC).

Blockchiffrierungen zum Berechnen kryptographischer Hashwerte findet man häufig in älteren kryptographischen Protokollen. Sie benutzen häufig vor allem den *Data Encryption Standard* (DES) zum Erzeugen von 64-Bit-Werten. Die meisten modernen kryptographischen Protokolle verwenden explizit kryptographische Hashalgorithmen. Eine Ursache besteht darin, daß kryptographische Hashalgorithmen oft Ergebnisse erzeugen, die 128 bis 160 Bit lang sind. Dadurch verringert sich deutlich die Wahrscheinlichkeit, eine andere Datenmenge zu finden, die den gleichen Hashwert erzeugt.

Integritätsschutz

Eine der wichtigsten Anwendungen von kryptographischen Hashwerten ist der Integritätsschutz. Mit Hilfe eines kryptographischen Hashwerts kann man überprüfen, daß Daten nicht verändert wurden. Dies funktioniert allerdings nicht, wenn Sie den Hashwert in die Daten einfügen. Jemand, der die Daten verändern möchte, muß jetzt nur den Hashwert durch einen neuen Wert ersetzen, der aus den veränderten Daten berechnet wurde. Es wird eine Methode benötigt, um den kryptographischen Hashwert vor der Veränderung auf den neuen, veränderten Wert zu schützen.

Eine Möglichkeit ist, den kryptographischen Hashwert mit einem Algorithmus mit öffentlichem Schlüssel zu verschlüsseln; das ist dann eigentlich eine digitale Signatur, wie wir später noch ausführen werden. Da die Verschlüsselung mit öffentlichem Schlüssel recht langsam verläuft, ist diese Lösung nicht immer einsetzbar. Es wurden Alternativen entwickelt, die auf der Berechnung kryptographischer Hashwerte beruhen, die einen geheimen Schlüssel als Teil der Berechnung enthalten. Ohne den Schlüssel kann jemand, der die Daten verändern will, keine neue und gültige Prüfsumme berechnen. Viele aktuelle Internet-Protokolle verwenden eine Methode namens HMAC[1], um einen Schlüssel mit einem kryptographischen Hashwert zu kombinieren. Die HMAC-Technik kann zusammen mit jeder kryptographischen Hashfunktion verwendet werden, die eine Ausgabe von wenigstens 128 Bit erzeugt. HMAC wird in RFC 2104 beschrieben.

Zufallszahlen

Viele Teile der Kryptographie hängen von der Fähigkeit ab, Zufallszahlen oder zumindest Zahlen, die nicht vorhergesagt werden können, zu erzeugen. Falls Sie zum Beispiel Authentifizierungsinformationen in einer Form über ein Netzwerk senden müssen, die nicht wiederverwendet werden kann, werden Sie einen nicht vorhersagbaren veränderlichen Wert in die Information einfügen. Wenn ein Angreifer diesen Wert herausbekommen kann, könnte er ihn zur Authentifizierung oder zum Ermitteln der Authentifizierungsdaten für den späteren Einsatz verwenden.

Computer sind nicht sehr gut beim Erzeugen zufälliger Werte, da sie eigentlich so gestaltet werden, daß sie bei der Eingabe der gleichen Daten auch immer wieder die gleiche Antwort ausgeben. Falls Sie einen Algorithmus zur Erzeugung von Zufallszahlen haben, wird dieser bei jedem Ausführen die gleiche Liste mit Zufallszahlen ausgeben. Daher werden Zufallszahlengeneratoren bei Computern *pseudozufällig* genannt. Wenn Sie den Algorithmus und die Anfangsinformationen kennen und einen schnelleren Computer haben, können Sie vorhersagen, welche Zahlen herauskommen. Echte Zufallszahlen können nicht vorhergesagt werden.

Woher können Sie also akzeptable Zufallszahlen beziehen? Es ist einfach, wenn der Computer über eine Hardware zum Erzeugen von Zufallszahlen verfügt; ist dies nicht der Fall, können Zufallszahlen Peripheriegeräten entnommen werden, die an den Computer angeschlossen sind. Das muß sehr sorgfältig erfolgen, da es leicht überschätzt wird, wie zufällig Informationsquellen wirklich sind. Das Abfragen eines schnell laufenden Taktes ist keine gute Methode zum Ermitteln von Zufallszahlen, da sich üblicherweise zwischen den einzelnen Abtastvorgängen nur wenige Bits ändern.[2]

---

1 HMAC wird zwar wie eine Abkürzung in Großbuchstaben geschrieben, es gibt jedoch im Standard dafür keine offizielle ausführliche Bezeichnung. In dem Dokument, in dem der Algorithmus ursprünglich beschrieben wurde, stand es für »Hash-based Message Authentication Code«.
2 RFC 1750 ist eine ausgezeichnete Informationsquelle über Zufallszahlen für den Einsatz in Sicherheitsanwendungen.

Verschiedene freie Unix-Betriebssysteme, einschließlich Linux, besitzen speziellen Code als Teil der niederen Gerätetreiber, der kontinuierlich zufällige Eingaben aus der Tastatur und anderen Hardware-Geräten sammelt und diese den Anwendungen als Quelle zufälliger Daten zur Verfügung stellt.

Kombinierte Kryptographie

Die Grundbausteine (Verschlüsselung, kryptographische Hashwerte und Zufallszahlen) können zusammengesetzt werden, um größere Systeme zu bilden, deren Einsatzgebiete über das einfache Verbergen von Daten hinausgehen. Dazu gehören digitale Signaturen und Zertifikate.

Digitale Signaturen

Was ist eine *digitale Signatur*? Sie ist das digitale Gegenstück einer Unterschrift, die Sie unter ein Dokument setzen. Wenn Sie ein Papierdokument unterschreiben, weisen Sie dauerhaft etwas zu, was Sie mit einer bestimmten Information verbindet bzw. identifiziert. Es wird angenommen, daß nur Sie Ihre Unterschrift erzeugen können und daß sich Ihre Unterschrift nicht auf ein anderes Dokument übertragen läßt.

Normale Unterschriften lassen sich sehr leicht umgehen. Zum Beispiel könnte jemand Ihre Unterschrift fälschen, sie kopieren und unter ein anderes Dokument setzen oder das Dokument verändern, nachdem Sie es unterschrieben haben. Mit den Jahren wurden eine Reihe von Systemen entwickelt, die solche Angriffe verhindern sollen. Der Erfolg ist dabei ganz unterschiedlich. Dazu gehören Methoden, um Originaldokumente von Kopien zu unterscheiden (vom einfachen Trick, ein Dokument mit einem Stift zu unterschreiben, der nicht schwarz ist[3], zu komplizierten Methoden, Dokumente zu erstellen, die sich nicht gut kopieren lassen), Systeme, bei denen Sie jede Seite unterschreiben und mit dem Datum versehen, damit niemand einfach Seiten austauschen kann, und Möglichkeiten, mehrere Kopien physisch zu schützen, so daß niemand sie alle verändern kann. Keines dieser Systeme ist narrensicher.

Algorithmen für digitale Signaturen versuchen mit unterschiedlichem Erfolg, konsistentere Garantien zu bieten. Die Techniken für digitale Signaturen kombinieren die Kryptographie mit öffentlichem Schlüssel und kryptographische Hashwerte; die Verschlüsselung mit öffentlichem Schlüssel liefert Möglichkeiten, Ihre Identität zu beweisen, und die kryptographischen Hashwerte helfen Ihnen zu garantieren, daß die Informationen, die Sie mit Ihrer Identität versehen haben, nicht verändert wurden.

Die Manipulation wird durch den Einsatz einer kryptographischen Hashfunktion verhindert, mit der ein Hashwert des Dokuments oder der Daten erzeugt wird. Der Hashwert wird dann durch den Algorithmus zum Erstellen einer digitalen Signatur mit dem

---

3 Das gilt nur, weil gute Farbkopierer in Büros nicht sehr weit verbreitet sind.

privaten Schlüssel kombiniert, um etwas zu erzeugen, das nur Sie herstellen können und das an ein bestimmtes Stück Daten gebunden wird.

Wenn Sie etwas unterzeichnen, benutzen Sie Ihren privaten Schlüssel; Empfänger, die die Signatur erhalten, können sie mit Ihrem öffentlichen Schlüssel überprüfen. Das bedeutet, daß Empfänger Zugang zu einer verläßlichen Datenquelle haben müssen, die Ihren öffentlichen Schlüssel enthält. Das verläuft identisch zu den Papierversionen. Organisationen, die es mit Unterschriften ernst meinen (zum Beispiel Banken), bewahren ein Muster Ihrer Unterschrift auf, so daß sie Vergleiche anstellen können. Jeder, der in der Lage ist, das Muster zu ersetzen, kann sich für Sie ausgeben.

Ein privater Schlüssel ist ein wichtiger Authentifikator, wie eine physische Kreditkarte. Wenn Sie die Kontrolle über Ihre Kreditkarte verlieren, besteht die Möglichkeit, daß jemand anderes sie benutzt, und Sie müssen die Kreditkarte sperren lassen. Falls Sie die Kreditkarte versehentlich zerstören, müssen Sie eine neue Karte beschaffen, es besteht aber keine Notwendigkeit, die alte ungültig zu machen.

Die einzige Person, die den Schlüssel besitzen darf, um Signaturen zu erstellen, sind Sie – es sollte keine Kopien des Schlüssels geben. Jemand, der eine Kopie des Schlüssels besitzt, könnte vorgeben, Sie zu sein. Wenn Sie andererseits die Möglichkeit verlieren, Ihren Schlüssel zu benutzen, verhindert das nicht die Überprüfung bereits unterzeichneter Dokumente. Und niemand hindert Sie daran, einen neuen Schlüssel zu erstellen und zu benutzen.

Um erfolgreich zu sein, muß ein System für digitale Signaturen nicht nur einen Algorithmus bereitstellen, der es Ihnen erlaubt, etwas zu unterzeichnen, es muß auch die Infrastruktur bereithalten, damit andere Leute diese Signatur überprüfen können. Diese Infrastruktur muß eine Reihe von Operationen unterstützen. Sie müssen in der Lage sein, einen neuen Schlüssel herzustellen, wenn Sie den alten nicht mehr benutzen können, und Sie müssen die Möglichkeit besitzen, einen Schlüssel ungültig zu machen, falls Sie die Kontrolle über ihn verloren haben. Der Vorgang des Ungültigmachens eines Schlüssels wird *Zurücknahme* (engl. Revocation) genannt und ist einer der schwierigsten Teile beim erfolgreichen Entwurf eines Systems für digitale Signaturen.

Zertifikate

Was ist ein *Zertifikat*? Ein Zertifikat ist ein digital unterzeichnetes Stück Binärdaten, das eine Reihe öffentlicher Schlüssel, einige Attribute und Werte und ein Verfallsdatum enthält. Einige der Werte sind so gestaltet, daß sie von Menschen gelesen werden können, andere sind für die Benutzung durch Programme gedacht. Menschen sind an solchen Dingen wie Namen, der Organisation, in der Sie arbeiten, und Ihrer Telefonnummer interessiert. Programme können sich für solche Dinge wie Ihren öffentlichen Schlüssel, Ihre Personalnummer oder die Kennung Ihres Managers interessieren. Manchmal sind Werte wie eine E-Mail-Adresse sowohl für Menschen als auch für Programme interessant.

Ein Zertifikat besitzt Ähnlichkeiten mit einem Führerschein oder einem Ausweis. Diese physischen Dokumente sind absichtlich so gestaltet, daß normale Menschen sie nicht leicht duplizieren oder verändern können, da sie oft benötigt werden, wenn Sie Ihre Identität beweisen müssen. Die Behörden oder Organisationen, die diese Dokumente herstellen, betreiben üblicherweise einigen Aufwand, um sicherzustellen, daß sie an die richtigen Leute ausgegeben werden. Das liegt daran, daß diese Organisationen eine gemeinsame Vertrauensstelle zwischen Ihnen und denjenigen darstellen, denen Sie die Dokumente zeigen.

Es gibt einen wesentlichen und sehr wichtigen Unterschied zwischen einem digital unterzeichneten Zertifikat und einem physischen Dokument wie einem Führerschein oder Ausweis. Die digitale Signatur auf einem Zertifikat wurde so entworfen, daß sie nicht gefälscht werden kann; es spielt keine Rolle, wie gut Sie sich mit Computern auskennen oder wie gut Sie Zahlen erraten können; Ihre Chancen, jemanden mit einem nachgemachten oder veränderten Zertifikat zu täuschen, sind absolut gering. Es gibt selbstverständlich Möglichkeiten, Leute mit echten Dokumenten hereinzulegen, die gefälschte Informationen enthalten, und wie im echten Leben ist das auch mit digitalen Zertifikaten möglich. Wenn die Kryptographie verläßlich ist, dann liegt das eher an den Leuten oder an den Vorgängen zum Erstellen digitaler Zertifikate und ist kein Fehler im Zertifikat selbst.

Wer unterzeichnet also ein Zertifikat? Wie in der realen Welt ist es günstig, wenn eine gemeinsame vertrauenswürdige Stelle ein Zertifikat digital unterzeichnet. Dies könnte die Organisation sein, für die Sie arbeiten, oder eine extern anerkannte Autorität, je nachdem, mit wem Sie kommunizieren wollen. Damit ein Zertifikat nützlich ist, muß der Empfänger die Möglichkeit besitzen, seine Gültigkeit zu überprüfen.

Um diese Überprüfung durchzuführen, muß der Empfänger eine Verbindung von einem Zertifikat, von dem er weiß, daß es in Ordnung ist, zu dem fraglichen Zertifikat herstellen. Möglicherweise müssen zusätzliche Zertifikate überprüft werden, um von dem Element, dem der Prüfer vertraut, zu dem zu überprüfenden Zertifikat zu gelangen. Die Verbindung zwischen der gemeinsamen Vertrauensstelle und dem überprüften Zertifikat wird *Vertrauenspfad* (engl. Trust Path) genannt, und die Menge aller Zertifikate heißt *Zertifizierungskette* (engl. Certificate Chain). Wenn alle Zertifikate im Vertrauenspfad gültig sind, dann vertraut der Zertifikatsprüfer dem Zertifikat.

Solch einen Vorgang gibt es auch bei physischen Dokumenten, allerdings verläuft er dort viel langsamer, und die Verantwortung liegt vollständig beim Halter des Zertifikats. Falls jemand zum Beispiel in den Vereinigten Staaten in einem Lebensmittelgeschäft einen Scheck ausstellen will, muß er sich ausweisen. Die meisten Geschäfte akzeptieren keine Führerscheine, die nicht in dem jeweiligen Bundesstaat ausgestellt wurden; sie können die Gültigkeit des Ausweises nicht nachprüfen. Falls sich derjenige jedoch einen lokal gültigen Führerschein ausstellen lassen will, akzeptiert die ausstellende Behörde den Führerschein aus dem anderen Bundesstaat und ermöglicht somit den Aufbau einer Zertifizierungskette, die dann eine erfolgreiche Authentifizierung in dem Lebensmittelgeschäft erlaubt.

Wofür kann ein Zertifikat benutzt werden? Mit Hilfe eines Zertifikats können Sie jemandem Informationen über Ihre Identität liefern, mit dem Sie zuvor keine Vereinbarung über den Austausch von Informationen getroffen haben. Zertifikate werden zum Beispiel oft zum Überprüfen öffentlicher Schlüssel eingesetzt. Sie funktionieren aber nur, wenn sich zwischen Ihnen eine gemeinsame Vertrauensstelle befindet; jeder Beteiligte muß einer gemeinsamen *Beglaubigungsinstanz* (engl. Certificate Authority) vertrauen.

Um potentiell ein digitales Zertifikat benutzen zu können, um mit jedermann zu kommunizieren, brauchen Sie einen gemeinsamen Standard und eine globale Infrastruktur, die Zertifikate unterstützt. Gegenwärtig werden zwei Standards für Zertifikate zur Benutzung im Internet vorgeschlagen. Der eine wird *Simple Public Key Infrastructure* (SPKI) und der andere *Public-Key Infrastructure X.509* (PKIX) genannt.

Diese Zertifikatsformate haben einiges gemeinsam. Ein gemeinsamer Wert im Inhalt eines Zertifikats ist ein Verfallsdatum. Ein Verfallsdatum bedeutet, daß ein Zertifikat eine Geltungsdauer hat. Nach dieser Zeit glauben Sie nicht länger, daß der Inhalt des Zertifikats gültig ist. Soll ein Schlüssel auch nach Ablauf der Geltungsdauer benutzt werden, muß das Zertifikat erneut unterzeichnet werden.

Eine andere Gemeinsamkeit in der Gestaltung der beiden Infrastrukturen ist die Art und Weise, wie in der Situation gehandelt wird, wenn ein Zertifikat ungültig wird. Dies ist das gleiche Problem, das wir zuvor bei digitalen Signaturen besprochen haben; es muß eine Methode geben, um ein Zertifikat unbenutzbar zu machen. Zum Beispiel müssen Zertifikate, die öffentliche Schlüssel enthalten, ungültig gemacht werden, wenn Sie Leuten mitteilen wollen, daß sie einen öffentlichen Schlüssel nicht mehr benutzen sollen, entweder weil der private Schlüssel nicht mehr zur Verfügung steht (so daß Nachrichten, die mit dem öffentlichen Schlüssel verschlüsselt werden, nicht mehr lesbar sind) oder weil jemand anderes als der eigentliche Halter Zugriff auf den privaten Schlüssel hat und diesem nicht mehr vertraut werden kann. Eine Beglaubigungsinstanz könnte auch aus anderen Gründen ein Zertifikat loswerden wollen (die Instanz hat herausgefunden, daß der Halter des Zertifikats in bezug auf einige der Informationen im Zertifikat gelogen hat oder daß dessen Scheck geplatzt ist).

In all diesen Situationen soll das Zertifikat nicht mehr als gültig betrachtet werden. Wenn dieser Fall jedoch eintritt, bevor die Geltungsdauer des Zertifikats abläuft, muß es eine Möglichkeit geben, es loszuwerden. Das Zertifikat muß *zurückgenommen* werden. Es reicht nicht, wenn Sie die Kopie des Zertifikats verwerfen, die sich bei der Beglaubigungsinstanz befindet, weil jeder, der eine lokale Kopie besitzt, diese weiterhin benutzt, ohne zu wissen, daß damit etwas nicht stimmt. Normalerweise wird der Schlüssel auf eine spezielle Liste gesetzt. Für PKIX wird diese Liste *Certificate Revocation List* (CRL) genannt. Wenn jemand ein Zertifikat benutzen will, schaut er zuerst nach, ob es auf der CRL steht. Ist dies nicht der Fall, kann das Zertifikat eingesetzt werden. Ein zurückgenommenes Zertifikat muß auf der Liste verbleiben, bis es abgelaufen ist.

Die CRL bringt ein Problem mit sich; wenn Sie einem Zertifikat eine kurze Geltungsdauer geben, müssen Sie die Zertifikate erneuern, ist die Geltungsdauer jedoch zu lang, müssen Sie möglicherweise eine große CRL unterhalten. Die Parameter für diese Dinge hängen völlig vom Einsatz der Zertifikate ab. Wenn Sie eine Universität sind, wollen Sie vermutlich Zertifikate mit einer Geltungsdauer von mehr als einem Jahr herausgeben, damit Sie nicht ständig die Zertifikate unterzeichnen müssen. Andererseits könnten Sie sich dazu entschließen, die Zertifikate jeweils am Ende eines Semesters auslaufen zu lassen, falls Sie annehmen, daß viele Leute ihre Zertifikate verlieren oder sie zurücknehmen müssen. Ein weiteres Problem mit CRLs besteht darin, daß sie zur Verfügung stehen müssen, wenn eine Authentifizierung durchgeführt wird. Dies kann schwierig sein, wenn zum Beispiel Ihr Netzwerk nicht funktioniert und Sie versuchen, die Anweisungen zu seiner Reparatur zu authentifizieren.

Vertrauensmodelle für Zertifikate

Ein Vertrauensmodell definiert eine Methode, mit deren Hilfe Beglaubigungsinstanzen eine Vertrauenskette aufbauen können, so daß zwei weit entfernte Elemente in der Lage sind, eine gemeinsame vertrauenswürdige Stelle zu finden. Es gibt zwei grundlegende Vertrauensmodelle für Zertifikate. Eines ist streng hierarchisch, und das andere ist ein Netz.

Das *hierarchische Modell* ist wie eine Befehlskette und wird häufig als Baum dargestellt (ein Baum, wie er auch bei den Datenstrukturen in der Informatik verwendet wird, d.h. mit der Wurzel oben). Wenn Sie zwei Teile des Baums herausgreifen, ist es durch Aufwärtssteigen in dem Baum immer möglich, eine Stelle zu finden, an der sich die beiden Teile treffen. Es ist ein sehr einfacher Algorithmus, und er funktioniert immer. Dieses Modell wird vom PKIX-Standard verwendet.

Um ein solches Modell global umzusetzen, bräuchten Sie eine sehr umfangreiche Infrastruktur, ganz zu schweigen von den politischen Grabenkämpfen, um festzulegen, wer an der Spitze steht. Aus diesem Grund läßt der PKIX-Standard eine Reihe getrennter Bäume zu, an denen man teilnehmen kann (sogenannte *Cross Certification*). Das bedeutet, daß es mehrere Bäume geben kann. Allerdings wird die Spitze jedes Baums dann zu einem Teil jedes anderen Baums (wodurch sich zwischen den Baumspitzen ein vollständiges Netz ergibt!). Wenn die Bäume also zusammengenommen werden, gibt es immer eine Zertifizierungskette zu einem beliebigen Element, es kann sich allerdings um eine sehr lange Kette handeln.

Das andere Modell ist ein Netz und wird manchmal als *Web of Trust* bezeichnet. In diesem Modell können zwischen zwei Beglaubigungsinstanzen freiwillig Verbindungen hergestellt werden. Werden zwei Teile eines Web of Trust ausgewählt, kann zwischen ihnen eine Verbindung bestehen oder auch nicht. Dieses Modell wird von PGP benutzt. Tatsächlich verwendet PGP normalerweise ein Modell, bei dem Einzelpersonen selbst die Beglaubigungsinstanzen darstellen, die entscheiden, welche anderen Schlüssel sie unterzeichnen und welchen Schlüsseln sie auf der Grundlage dessen vertrauen, wer sie unterzeichnet hat.

Theoretisch ist ein Web of Trust nicht so zuverlässig wie ein hierarchisches Modell. Wenn in der Realität jedoch Zertifikate benutzt werden, um einzelne Personen zu identifizieren, ist das normalerweise kein Problem. In der Regel wollen Leute nicht spontan mit Fremden kommunizieren. Die meisten Interaktionen treten innerhalb einer Gruppe von Bekannten auf. Wenn zwischen diesen Personen bereits ein Netz existiert und eine neue Person hinzukommt, wird es für diese Person eine Möglichkeit geben, mit dem Rest der Gruppe zu kommunizieren.

Schlüsselverteilung und -austausch

Bevor Sie Daten unter Benutzung eines Algorithmus mit symmetrischem Schlüssel austauschen können, müssen Sie sicherstellen, daß alle Teilnehmer den gleichen symmetrischen Schlüssel besitzen. Sie können diesen Schlüssel nicht über den gleichen Weg verschicken, über den Sie auch die verschlüsselten Daten versenden, weil dann jeder, der diesen Kanal beobachtet, den Schlüssel bekommt (und wenn Sie nicht glauben, daß jemand den Kanal beobachtet, müssen Sie die Daten gar nicht erst verschlüsseln). Wenn Sie einen Algorithmus mit öffentlichem Schlüssel verwenden, haben Sie ein anderes Problem; Sie müssen sicherstellen, daß Sie den richtigen öffentlichen Schlüssel desjenigen besitzen, für den Sie etwas verschlüsseln wollen. Diese Arten von Problemen nennt man *Schlüsselverteilungsprobleme*.

Für die Verteilung symmetrischer Schlüssel gibt es drei gebräuchliche Wege. Die erste Methode nennt sich *manuelle Schlüsselverteilung*. Sie bedeutet einfach, daß es keine definierte Methode für die Schlüsselverteilung gibt und irgendjemand das einfach erledigen muß. Es wird davon ausgegangen, daß der Schlüssel mit Hilfe einer ausreichend sicheren Methode übermittelt wird, die nicht mit den gleichen Techniken kompromittiert werden kann, die beim Verschlüsselungssystem selbst zum Einsatz kommen könnten (wenn das Verschlüsselungssystem zum Beispiel für ein Netzwerkprotokoll gedacht ist, wird der Schlüssel per Fax verschickt und nicht über das Netzwerk).

Manuelle Schlüsselverteilung ist bedauerlicherweise in Systemen verbreitet, die langlebige Schlüssel verwenden. Das sind aber auch die einzigen Systeme, in denen man das zulassen sollte; wenn Sie die Schlüssel häufig ändern müssen, dann wird dieser Vorgang durch die Beteiligung von Menschen unnötig langsam und fehleranfällig. Darüber hinaus werden Systeme zum manuellen Schlüsselaustausch von Menschen oft kompromittiert (zum Beispiel indem Schlüssel in unverschlüsselten E-Mails verschickt werden oder indem das Fax mit dem Schlüssel herumliegt, so daß ein Angreifer es finden kann).

Symmetrische Schlüssel können auch mit Hilfe der *Public-Key-Kryptographie* verteilt werden; dadurch verlagert sich das Problem einfach auf die Verteilung des öffentlichen Schlüssels. Damit werden wir uns später befassen. In Systemen, die diese Technik einsetzen, entscheidet sich die eine Partei für einen symmetrischen Schlüssel und verschlüsselt ihn mit dem öffentlichen Schlüssel der anderen Partei. Solange der öffentliche Schlüssel vertrauenswürdig ist, kann nur die bestimmte andere Partei den symmetrischen Schlüssel lesen.

Schließlich können symmetrische Schlüssel auch mit Hilfe eines *Schlüsselaustauschalgorithmus* verteilt werden. Schlüsselaustauschalgorithmen bilden eine spezielle Klasse der Algorithmen mit öffentlichem Schlüssel, die nicht die Daten verschlüsseln, sondern es den zwei Seiten einer Transaktion erlauben, die gleiche nichtvorhersagbare Zahl auszuhandeln. Das Grundprinzip hinter den aktuellen Algorithmen besteht darin, daß jede Seite eine Zufallszahl wählt, damit eine Berechnung ausführt und der anderen Seite das Ergebnis sendet. Beide Seiten führen dann mit dem Ausgangsergebnis der anderen Seite eine weitere Berechnung durch, bei der sie weiterhin die ursprüngliche Zufallszahl benutzen. Beiden Seiten erhalten die gleiche Antwort, die sie dann als geheimen Schlüssel benutzen. Damit das Verfahren sicher ist, muß es für einen Lauscher, der die beiden Zwischenergebnisse besitzt, schwierig sein, das Endergebnis zu berechnen.

Da öffentliche Schlüssel nicht geheim sind, können sie in gewisser Weise leichter verteilt werden als symmetrische Schlüssel; Sie können sie verschicken, ohne versuchen zu müssen, sie zu verbergen. Andererseits brauchen Sie eine Möglichkeit, um nachzuweisen, daß ein öffentlicher Schlüssel auch wirklich der richtige öffentliche Schlüssel desjenigen ist, mit dem Sie kommunizieren wollen. Wenn ein Angreifer Sie überzeugen kann, daß sein öffentlicher Schlüssel einem Ihrer Freunde gehört, werden Sie freudig alle Daten verschlüsseln, die Sie Ihrem Freund schicken wollen, so daß der Angreifer sie lesen kann (Ihr Freund jedoch nicht).

Es gibt zwei gebräuchliche Möglichkeiten, um einen öffentlichen Schlüssel zu überprüfen. Erstens können Sie eine Beglaubigungsinstanz einsetzen (Zertifikate wurden weiter vorn beschrieben). Zweitens können Sie externe Mittel verwenden, um den Schlüssel zu überprüfen. Eine Möglichkeit, die durch PGP verbreitet wurde, besteht darin, den sogenannten *Fingerprint* zu überprüfen. Ein Fingerprint für einen Schlüssel ist üblicherweise eine hexadezimale Repräsentation eines kryptographischen Hashwertes des öffentlichen Schlüssels. Die externe Überprüfung öffentlicher Schlüssel ist wie der manuelle Austausch symmetrischer Schlüssel flexibel, aber auch umständlich. In der Praxis werden Schlüssel, die eine externe Überprüfung erfordern, fast nie überprüft. Es ist außerdem wichtig, einen Fingerprint unabhängig von der Quelle zu überprüfen, von der man den öffentlichen Schlüssel bezogen hat. Wenn zum Beispiel Ihr Software-Hersteller den Fingerprint eines öffentlichen Schlüssels auf die CDs schreibt, die er verschickt, könnte ein halbwegs gewitzter Angreifer ähnliche CDs herstellen, bei denen er einen falschen öffentlichen Schlüssel benutzt und den gefälschten Fingerprint auf die CD schreibt.

Was macht ein Protokoll sicher?

Der Verschlüsselungsalgorithmus ist nicht das einzige, was festlegt, wie sicher eine Transaktion ist. Wenn man weiß, welchen Verschlüsselungsalgorithmus jemand benutzt, ist das ungefähr so, als wüßte man, welche Art von Safe jemand besitzt; es sagt nichts darüber aus, wie sicher die Informationen wirklich sind. Sie können einen völlig diebstahlsicheren Safe besitzen und doch Ihre Dokumente draußen herumliegen lassen, oder Sie legen die Dokumente hinein, schließen den Safe aber nicht ab, oder Sie legen Dokumente hinein und verschließen den Safe mit einer Kombination, die viele Leute kennen oder erraten können.

So wie viele Leute sich teure und sichere Safes kaufen und diese dann falsch benutzen, wählen auch viele gute Verschlüsselungsalgorithmen und bauen sie in unsichere Systeme ein.

Damit ein Client und ein Server eine authentifizierte und sichere private Kommunikation durchführen können, ist folgendes notwendig:

- Der Client und der Server müssen sich darüber einig sein, welche kryptographischen Algorithmen sie benutzen wollen.
- Der Client muß dazu in der Lage sein festzustellen, daß er mit dem richtigen Server spricht, und der Server muß dazu in der Lage sein festzustellen, mit welchem Client er kommuniziert.
- Client und Server müssen ein gemeinsames Geheimnis teilen, das niemand sonst kennen oder unabhängig herausbekommen kann.
- Client und Server müssen in der Lage sein festzustellen, ob jemand irgendwelche Nachrichten verändert hat (vor allem im Anfangsstadium der Kommunikation).
- Am Ende der Sitzung muß das gemeinsame Geheimnis zerstört werden, und es darf keine Möglichkeit geben, es wiederherzustellen.

Einen Algorithmus auswählen

In einer perfekten Welt wäre es möglich, den perfekten Verschlüsselungsalgorithmus für Clients und Server einmal festzulegen. Eine Aushandlung wäre nicht nötig. Das wirkliche Leben funktioniert aber nicht auf diese Weise. Manchmal ist es für einige Clients oder Server notwendig, eine relativ schwache Verschlüsselung zu verwenden (entweder weil ihre Rechenkapazitäten begrenzt sind und eine stärkere Verschlüsselung nicht schnell genug durchgeführt werden kann, oder weil rechtliche Bestimmungen oder Lizenzbeschränkungen festlegen, welche Art von Verschlüsselung sie einsetzen können). In dieser Situation wollen Sie nicht alle Verbindungen auf den kleinsten gemeinsamen Nenner beschränken. Deshalb müssen Sie eine Aushandlung unterstützen.

Selbst wenn diese Art der Verhandlung nicht benötigt wird, unterstützen die meisten Protokolle sie, um es künftigen Implementierungen zu erlauben, den verwendeten Verschlüsselungsalgorithmus zu wechseln. Häufig werden neue Verschlüsselungsalgorithmen entdeckt, ebenso wie neue Probleme mit alten Verschlüsselungsalgorithmen. Sie wollen sicher nicht bei einem Verschlüsselungsalgorithmus bleiben, den jemand entschlüsseln kann oder der nur halb so schnell ist wie der neueste und beste. Auch hier müssen Sie in der Lage sein zu verhandeln.

Eine sichere Verhandlung ist schwierig. Jede Seite der Verbindung sollte die Möglichkeit besitzen festzulegen, welche Algorithmen akzeptabel sind. Wenn die eine Seite die andere überzeugen kann, sich auf geringe oder keine Sicherheit einzulassen, kann ein feindseliger Client oder Server Verbindungen provozieren, die Informationen preisgeben. Und was noch wichtiger ist, es darf einer dritten Partei nicht möglich sein, die Verhandlung zu beeinflussen. Sie wollen nicht, daß ein Angreifer die Verschlüsselung wählen kann, die am leichtesten zu brechen ist!

Ein sicheres Protokoll verwendet eine Aushandlung, die

- es allen Seiten erlaubt, eine geordnete Liste mit Algorithmen anzugeben (von den bevorzugten bis zu den weniger wünschenswerten)
- immer den am meisten gewünschten Algorithmus auswählt
- ganz und gar fehlschlägt, wenn kein Algorithmus für beide Seiten akzeptabel ist
- Maßnahmen zum Schutz der Nachrichtenintegrität einsetzt, um zu verhindern, daß Dritte die Nachrichten manipulieren (siehe die Ausführungen über die Nachrichtenintegrität)

Gegenseitige Authentifizierung

Wenn Leute sich Gedanken über die Authentifizierung machen, dreht es sich im allgemeinen um die Clientauthentifizierung; woher weiß ein Server, daß er seine Dienste dem richtigen Client anbietet? In einem sicheren Protokoll ist es auch für den Client wichtig, sicher zu sein, mit welchem Server er kommuniziert. Der Client muß dem Server Authentifizierungsdaten anbieten. Diese Authentifizierungsdaten sind für einen Angreifer wertvoll, und Sie sollten sie nicht blindlings jedem übergeben, der darum bittet.

Ein sicheres Protokoll ermöglicht aus diesem Grund eine gegenseitige Authentifizierung; der Server authentifiziert sich beim Client, und der Client authentifiziert sich beim Server. Dazu gibt es verschiedene Methoden. Die meisten bauen auf einem Trick auf, bei dem jede Seite beweisen muß, daß sie einen Wert mit einem Geheimnis entschlüsseln kann, das nur der echte Teilnehmer kennen kann. Dieses Geheimnis könnte ein Schlüssel sein, der für einen symmetrischen Algorithmus benutzt wird, oder die private Hälfte eines Paares aus einem öffentlichen und einem privaten Schlüssel; die Konfiguration von Server und Clients unterscheidet sich, die Grundlage der Authentifizierung bleibt jedoch gleich. In jedem Fall sendet jede Seite der anderen einen nichtvorhersagbaren Wert und erhält ihn in einer Form zurück, die beweist, daß die andere Seite ihn entschlüsseln konnte.

Ein Geheimnis teilen

Wie wir bereits erwähnt haben, ist die Verschlüsselung mit öffentlichem Schlüssel langsam. Nur wenige Netzwerkprotokolle können sich beim Schutz von Daten auf die Verschlüsselung mit öffentlichem Schlüssel verlassen, weil sie einfach zu lange dauert. Protokolle brauchen daher ein gemeinsames Geheimnis, das für eine symmetrische Verschlüsselung benutzt werden kann. Das Geheimnis kann beiden Seiten bereits bekannt sein, allerdings gibt es eine Reihe von Gründen, weshalb es für die meisten Transaktionen günstiger ist, einen temporären Schlüssel zu benutzen (manchmal als *Session Key* bezeichnet) und den Schlüssel zu verwerfen, wenn die Transaktion abgeschlossen ist:

- Im allgemeinen ist es für einen Angreifer um so einfacher, den Klartext aufzudecken, je mehr Chiffretext, der einem Angreifer zur Verfügung steht, den gleichen Schlüssel verwendet (das gilt vor allem für eine der schnellsten Klassen von Verschlüsselungsalgorithmen).
- Je länger ein Schlüssel existiert, desto wahrscheinlicher ist es, daß er versehentlich bekanntgemacht wird.

Aus diesen Gründen handeln sichere Protokolle einen Schlüssel für die symmetrische Verschlüsselung nur für eine einzige Transaktion aus. Dieser Schlüssel darf nicht vorhersagbar sein, deshalb werden in diesen Vorgang einige Zufallszahlen einbezogen.

Veränderte Nachrichten identifizieren

Die Verschlüsselung selbst hält die Leute nicht vom Verändern von Daten ab. Ein sicheres Protokoll muß dafür sorgen, daß Daten nicht verändert werden können. Im allgemeinen wird dazu eine Art Prüfsumme hinzugefügt, wie weiter vorn im Abschnitt über den Integritätsschutz ausgeführt.

Das gemeinsame Geheimnis zerstören

Wenn Sie beschlossen haben, ein temporäres gemeinsames Geheimnis zu verwenden, ist es wichtig, das Geheimnis zu zerstören, wenn es nicht mehr benötigt wird. Falls es eine Möglichkeit gibt, das Geheimnis wiederherzustellen, dann könnte jemand, der die Sitzung aufgezeichnet hat, diese entschlüsseln, sobald er die richtigen Informationen besitzt. Wenn es keinen Weg gibt, selbst bei unbeschränktem Zugang zu den Computern auf beiden Seiten der Kommunikation das Geheimnis wiederherzustellen, dann haben Sie eine *perfekte Sicherheit* erreicht.

Perfektion ist normalerweise schwierig oder nur mit großem Aufwand zu erreichen, und perfekte Sicherheit bildet dabei keine Ausnahme. Im allgemeinen werden temporäre Schlüssel mit Hilfe von Informationen erzeugt, die einer oder beiden Seiten der Transaktion zur Verfügung stehen, und es gibt gewöhnlich auch Situationen, bei der die eine oder andere Seite nicht sicher ist, ob eine Transaktion vollständig ist oder nicht. Der Schlüssel muß dann noch aufgehoben werden, bis sich die Lage aufgeklärt hat. Aus praktischen Erwägungen implementieren die meisten Systeme eine *fast perfekte Sicherheit*, bei der es eine Zeitspanne gibt, während der es möglich ist, das gemeinsame Geheimnis wiederherzustellen. Nach dieser Zeitspanne wird alles zurückgesetzt, und das Geheimnis wird zerstört.

Informationen über Algorithmen

In diesem Buch beziehen wir uns häufig auf bestimmte kryptographische Algorithmen. Dieser Abschnitt soll Ihnen einige Informationen über die Algorithmen vermitteln, die oft in Firewalls und Netzwerkprotokollen eingesetzt werden, so daß Sie Vergleiche zwischen ihnen anstellen können. Dies ist auf keinen Fall eine vollständige Liste der kryptographischen Algorithmen oder der interessanten Informationen über die aufgeführten Algorithmen.

Verschlüsselungsalgorithmen

Diese Algorithmen sind für die Verschlüsselung (die umkehrbare Verschleierung von Informationen) gedacht. Wie erwähnt, können Verschlüsselungsalgorithmen auch für andere Zwecke eingesetzt werden. Viele dieser Algorithmen finden auch für digitale Signaturen und/oder für kryptographisches Hashing Verwendung.

Rivest, Shamir und Adleman (RSA)

RSA ist eine Chiffrierung mit öffentlichem Schlüssel, die variierende Schlüssellängen (die theoretisch unbegrenzt sind) verwenden kann. Typische Schlüssellängen sind 512, 768, 1024 und 2048 Bit. Da der Algorithmus aufwendig zu berechnen ist, findet man die kleineren Schlüssellängen oft in Chipkarten und kleineren Geräten. Ein 1024-Bit-Schlüssel wird sowohl für die Erzeugung digitaler Signaturen als auch für den Schlüsselaustausch mit Bulk-Verschlüsselung als ausreichend angesehen. Ein 2048-Bit-Schlüssel wird manchmal benutzt, wenn eine digitale Signatur für einen längeren Zeitraum gesichert werden muß. Eines dieser Einsatzgebiete ist der Schlüssel einer Beglaubigungsinstanz (*Certificate Authority*).

RSA wurde 1978 von Ronald Rivest, Adi Shamir und Leonard Adleman entwickelt. Mathematisch gesehen, ist es unzweifelhaft einer der Algorithmen mit öffentlichem Schlüssel, die am einfachsten zu verstehen und umzusetzen sind. Der RSA-Algorithmus bezieht seine Stärke aus dem Glauben, daß es schwierig sei, große Zahlen zu faktorisieren. Der RSA-Algorithmus ist patentiert, obwohl das letzte Patent, das den Algorithmus schützen sollte, am 20. September 2000 ausgelaufen ist. Wenn er in Software umgesetzt ist, ist RSA mit 1024-Bit-Schlüsseln ungefähr 100mal langsamer als DES und wird viel langsamer, desto größer die Schlüssel werden.

Data Encryption Standard (DES) und Triple DES

DES ist eine symmetrische 64-Bit-Blockchiffrierung, die einen 56-Bit-Schlüssel verwendet. Es wurde demonstriert[4], daß es möglich ist, mit einer geringen Investition eine spezielle Hardware zu bauen, die einen 56-Bit-DES-Schlüssel in ungefähr 24 Stunden brechen kann. Eine Gruppe von Einzelpersonen, die eine große Anzahl

---

4 Siehe das Buch *Cracking DES: Secrets of Encryption Research, Wiretap Politics and Chip Design*, von der Electronic Frontier Foundation (O'Reilly & Associates, 1998).

normaler Computer verwendet, konnte einen 56-Bit-DES-Schlüssel in ungefähr drei Monaten knacken. Schlüssel dieser Größe sind wahrscheinlich zu kurz, um etwas wirklich Wertvolles zu schützen.

Triple DES (3DES) ist eine Methode, bei der drei Anwendungen des einfachen DES mit zwei Schlüsseln kombiniert werden; der resultierende Schlüssel ist 112 Bit lang. Wegen des Anstiegs der Schlüssellänge wird 3DES als viel sicherer angesehen als einfaches DES. 3DES läuft ungefähr dreimal langsamer als einfaches DES.

Der DES-Algorithmus wurde von IBM in den 70er Jahren entwickelt. Er wurde vom US-amerikanischen National Bureau of Standards and Technology standardisiert (die Organsiation heißt jetzt *National Institute of Standards and Technology* oder NIST). Er war zum Verschlüsseln nichtgeheimer Daten gedacht. Ein Teil des Entwicklungsprozesses dieses Algorithmus ist von Mysterien umgeben. Die NSA hatte Einfluß auf den Entwurfsvorgang, der sich in einer Reihe von Veränderungen äußert. Die Tatsache, daß niemand nachweisen konnte, daß DES signifikante Schwächen aufweist, legt den Schluß nahe, daß der Einfluß der NSA die Stärke der Chiffrierung eigentlich sogar noch vergrößert hat. Es ist nicht klar, ob die Entwickler den Algorithmus wirklich veröffentlichen wollten.

RC2 und RC4

RC2 eine 64-Bit-Blockchiffrierung mit Schlüsseln variabler Länge; RC4 ist eine Stromchiffrierung mit Schlüsseln variabler Länge. Die Schlüssellänge beider Algorithmen kann zwischen 1 und 2048 Bit betragen. Üblicherweise werden die Algorithmen mit 40-Bit- und 128-Bit-Schlüsseln verwendet. Ein 40-Bit-Schlüssel ist zu klein, um etwas Wertvolles zu schützen, wird aber wegen der US-amerikanischen Exportbestimmungen häufig eingesetzt. Diese verbieten nämlich den Export von Produkten, die längere Schlüssel verwenden.

Diese Algorithmen wurden von Ronald Rivest entwickelt und sind Firmengeheimnisse von RSA Data Security. Der RC4-Algorithmus wurde 1994 durch ein anonymes Usenet-Posting offengelegt; das gleiche Schicksal traf RC2 im Jahre 1996. Beide Algorithmen scheinen ausreichend stark zu sein. Wenn sie in Software umgesetzt werden, sind sie etwa zehnmal schneller als DES.

Skipjack

Skipjack ist eine symmetrische 64-Bit-Blockchiffrierung. Die Schlüssellänge beträgt 80 Bit. Skipjack wurde ursprünglich als Teil eines Verschlüsselungsstandards der US-Regierung entwickelt, der es Regierungsstellen erleichtern sollte, Daten zu entschlüsseln (dazu muß Skipjack zusammen mit einem Protokoll namens Key Exchange Algorithm oder KEA verwendet werden).

Skipjack gab es anfangs nur in einer Hardware-Implementierung, dem sogenannten Clipper-Chip. Der Algorithmus wurde 1998 offengelegt und kann jetzt in Software implementiert werden (in dieser Form enthält er nicht unbedingt die Vorkehrungen für den Zugriff durch amtliche Stellen). Die Forschungen über die Stärke von Skipjack sind ergebnislos, es ist aber gezeigt worden, daß eine leicht veränderte Version von Skipjack geknackt werden kann, ohne eine vollständige Schlüsselsuche anzuwenden. Skipjack scheint – vermutlich wegen seiner Geschichte – nicht besonders beliebt zu sein, und daher gibt es kaum vergleichende Daten über dessen Geschwindigkeit.

International Data Encryption Algorithm (IDEA)

IDEA ist eine symmetrische 64-Bit-Blockchiffrierung, die einen 128-Bit-Schlüssel verwendet.

IDEA wurde von Xuejia Lai und James Massey erfunden und im Jahre 1992 veröffentlicht. Er wurde einigen aufwendigen Kryptanalysen unterzogen und scheint eine starke Chiffrierung darzustellen. Der IDEA-Algorithmus ist in Europa und den USA patentiert und muß für den kommerziellen Einsatz lizenziert werden. IDEA ist die symmetrische Blockchiffrierung, die in Phil Zimmermans Original-PGP benutzt wird, einem der verbreitetsten Programme für den Austausch beliebiger Daten über das Internet. Es gibt keine Probleme mit der Schlüssellänge. Eine Software-Implementierung von IDEA läuft etwa halb so schnell wie DES, aber anderthalbmal so schnell wie 3DES.

Blowfish

Blowfish ist eine symmetrische 64-Bit-Blockchiffrierung mit einer variablen Schlüssellänge. Der Schlüssel kann zwischen 32 und 448 Bit lang sein.

Blowfish wurde von Bruce Schneier erfunden und 1994 veröffentlicht. Der Algorithmus scheint stark zu sein. Er wurde für den Einsatz auf 32-Bit-Mikroprozessoren mit einfachen mathematischen Operationen entworfen. Er besitzt größere Speicheranforderungen als andere Algorithmen, wodurch er sich für den Einsatz in Chipkarten und anderen kleineren Geräten nur bedingt eignet. Blowfish ist nicht patentiert, und Implementierungen in C sind Public Domain. Eine Software-Implementierung von Blowfish läuft etwa fünfmal schneller als 3DES.

Advanced Encryption Standard (AES)

Der Advanced Encryption Standard wird von der US-Organisation NIST entworfen. Das Ziel ist es, einen »Krypto-Algorithmus für das 21. Jahrhundert« zu wählen. AES soll DES als US-Regierungsstandard ersetzen. Nach den Problemen mit DES hat NIST beschlossen, den Standard in einem öffentlichen Vorgang zu entwickeln und Algorithmen einzubeziehen, die außerhalb der Vereinigten Staaten von Amerika entworfen wurden. Zum Zeitpunkt der Entstehung dieses Buches war der Standard noch nicht fertig, es wurden aber die folgenden fünf Algorithmen in die engere Auswahl gezogen: Mars, RC6, Rijndael, Serpent und Twofish. Vergleichsdaten für alle Algorithmen gibt es beim NIST; es scheinen alles starke Algorithmen zu sein. Um die Anforderungen des Standards zu erfüllen, sind es alles 128-Bit-Blockchiffrierungen, und alle unterstützen 128- und 256-Bit-Schlüssel.

Algorithmen für digitale Signaturen

Algorithmen für digitale Signaturen wurden bereits früher besprochen; sie bieten eine Möglichkeit, Verschlüsselung mit öffentlichem Schlüssel und kryptographische Prüfsummen miteinander zu kombinieren, so daß eine Information mit einer bestimmten Identität versehen wird:

Rivest, Shamir und Adleman (RSA)
   Siehe die Ausführungen im Abschnitt »Verschlüsselungsalgorithmen«.

Digital Signature Algorithm (DSA) und der Digital Signature Standard (DSS)
   DSA ist ein Algorithmus mit öffentlichem Schlüssel, der zum Erzeugen digitaler Signaturen eingesetzt werden kann. Die Schlüssellänge liegt zwischen 512 und 1024 Bit (in 64-Bit-Schritten). Eine Schlüssellänge von 512 Bit ist für die Langzeitsicherheit zu klein, 1024 ist jedoch akzeptabel.

   DSS ist ein US-amerikanischer NIST-Standard, der 1994 erlassen wurde und die Art und Weise standardisiert, wie DSA benutzt wird; in einem offiziellen Sinn sind DSA und DSS getrennte Objekte (das eine ist ein Algorithmus und das andere ein offizielles Dokument der US-Regierung), in der Praxis werden die beiden Begriffe oft vertauscht. DSA ist zwischen 10- und 40mal langsamer bei der Überprüfung von Signaturen als RSA. Manche Elemente des Entwurfs von DSA erschweren seinen Einsatz für die Verschlüsselung, mit einer vollständigen Implementierung des Algorithmus ist es jedoch möglich.

   Die Patentlage in bezug auf Implementierungen, die DSA benutzen, ist unklar; es gibt möglicherweise Teile, die patentiert sind und deshalb nicht eingesetzt werden können, ohne Lizenzgebühren dafür zu bezahlen. Die US-Regierung hat angedeutet, daß sie Firmen entschädigen würde, die von möglichen Inhabern von Patenten verklagt werden, allerdings nur, wenn sie DSS bei der Erfüllung von Regierungsaufträgen einsetzen.

Elliptische Kurve
   Elliptische-Kurven-Algorithmen werden später im Abschnitt über den Schlüsselaustausch besprochen. Sie können auch für digitale Signaturen eingesetzt werden.

Kryptographische Hashwerte und Message-Digests

Kryptographische Hashwerte und Message-Digests wurden bereits vorgestellt; sie sollen ein langes Stück Daten nehmen und daraus auf eine Weise einen kürzeren Wert erzeugen, die es ermöglicht, Veränderungen bei den langen Daten zu entdecken:

MD4
   MD4 ist ein kryptographischer Hash-Algorithmus, der aus einer Eingabe beliebiger Länge eine 128-Bit-Zahl berechnet.

   Dieser Algorithmus wurde von Ronald Rivest entwickelt und 1990 als RFC 1186 veröffentlicht. 1996 wurden einige größere Fehler in MD4 entdeckt. Daher sollte MD4 nicht mehr verwendet werden.

MD5

MD5 ist ein kryptographischer Hash-Algorithmus, der aus einer Eingabe beliebiger Länge eine 128-Bit-Zahl berechnet.

Dieser Algorithmus wurde von Ronald Rivest als Verbesserung zu MD4 entwickelt und 1992 als RFC 1321 veröffentlicht. Untersuchungen an MD5 haben gezeigt, daß eines der Entwurfsziele bei kryptographischen Hashwerten (Kollisionsresistenz) verletzt wurde. Eine allgemeine Methode zum Erzeugen von Kollisionen wurde nicht gefunden, aber die Forschung ist schwierig. Die gegenwärtige kryptographische Lehre rät außerdem bei kryptographischen Hash-Funktionen zu Längen von wenigstens 160, um Geburtstagsangriffen[5] widerstehen zu können. Unter diesen Umständen sollte man von MD5 absehen, wenn digitale Signaturen erforderlich sind, die lange Zeit gelten sollen.

SHA und SHA-1

SHA und SHA-1 sind kryptographische Hash-Algorithmen, die aus Eingaben beliebiger Länge eine 160-Bit-Zahl berechnen.

Der SHA-Algorithmus ist ein US-amerikanischer NIST-Standard und wurde zum ersten Mal 1992 für den Einsatz mit DSA herausgebracht. 1995 veröffentlichte NIST eine technische Neuauflage zu SHA namens SHA-1. Diese Aktualisierung löst die vorhergehende Version ab und soll ein Kollisionsproblem lösen, das ähnlich dem von MD5 ist. SHA-1 soll nun anstelle von SHA eingesetzt werden. Da dieser Algorithmus einen 160-Bit-Wert berechnet, ist er besser zur Verteidigung gegen Geburtstagsangriffe geeignet.

HMAC

HMAC ist eine Methode zum Kombinieren eines kryptographischen Hash-Algorithmus mit einem Schlüssel. Er funktioniert mit jedem kryptographischen Hash, der wenigstens eine Ausgabe von 128 Bit erzeugt. HMAC wird in RFC 2104 beschrieben.

Schlüsselaustausch

Schlüsselaustauschalgorithmen werden verwendet, um es zwei Parteien zu erlauben, sich über ein ungesichertes Netzwerk auf ein gemeinsames Geheimnis zu einigen. Gelegentlich werden sie exakterweise *Key Agreement-Algorithmen* genannt:

Diffie–Hellman

Diffie-Hellman ist ein Schlüsselaustauschalgorithmus, der variierende Schlüssellängen (theoretisch unbegrenzte) verwendet.

---

5   Ein Geburtstagsangriff beruht auf Wahrscheinlichkeiten und befaßt sich mit der Frage: Wie viele Leute müssen sich in einem Raum befinden, damit zwei Leute darunter sind, die am gleichen Tag Geburtstag haben? Die überraschende Antwort lautet, daß die Wahrscheinlichkeit mehr als 50 Prozent beträgt, daß zwei Leute am gleichen Tag Geburtstag haben, wenn mindestens 23 Leute im Raum sind. Für eine Erklärung fehlt hier der Platz, Sie sollten diese Frage jedoch einmal in einem Buch über Wahrscheinlichkeitsrechnung nachschlagen.

Dieser Algorithmus wurde von Whitfield Diffie und Martin Hellman 1976 erfunden. Er verwendet Potenzierung und modulare Arithmetik als Grundlage seiner Berechnungen; das wird als sicher angesehen, verwendet aber große Zahlen und relativ langsame Berechnungen. Eine der wichtigsten Eigenschaften von Diffie-Hellman besteht darin, daß es zur Erzeugung eines Geheimnisses verwendet werden kann, das perfekte Sicherheit bietet. Diffie-Hellman war patentiert, allerdings lief das Patent 1997 aus, der Algorithmus kann jetzt also frei verwendet werden.

Diffie-Hellman ist ein reiner Schlüsselaustauschalgorithmus, mit dem keine Daten verschlüsselt werden können. Leute, die behaupten, Diffie-Hellman zum Verschlüsseln von Daten zu benutzen, haben sicher etwas verwechselt (da Diffie-Hellman häufig für den Schlüsselaustausch mit Bulk-Verschlüsselungsschemata verwendet wird, sind solche Leute leider nicht so selten, wie man hoffen sollte).

Elliptische Kurve

Eine neue Klasse von Algorithmen, die sogenannten elliptische-Kurve-Algorithmen, beruht auf der Berechnung polynomialer Gleichungen. (Ellipsen sind nur sehr indirekt mit elliptische-Kurve-Algorithmen verwandt; elliptische Kurven benutzen die gleichen Arten von Polynomen, die auch verwendet werden, um Faktoren über Ellipsen zu berechnen.) Die Kryptographie mit elliptischen Kurven benutzt sehr einfache Berechnungen und sehr komplexe Mathematik (im Gegensatz zu Diffie-Hellman, das komplizierte Berechnungen und eine elegante Mathematik verwendet), und die resultierenden Schlüssel lassen sich schneller erzeugen und sind kleiner als die Diffie-Hellman-Schlüssel bei etwa der gleichen Sicherheit.

Elliptische-Kurven-Algorithmen sind viel jünger als Diffie-Hellman. Das bringt zwei entscheidende Nachteile mit sich. Erstens sind die mathematischen Grundlagen, einschließlich der kryptographischen Stärken und Schwächen, noch nicht so gut ergründet. Zweitens unterliegen diese Algorithmen noch dem Patentschutz (und es gibt deutliche Hinweise darauf, wem welche Patente gehören). Momentan werden elliptische-Kurve-Algorithmen noch als relativ riskante Wahl angesehen; das kann sich ändern, wenn weitere mathematische Ergebnisse gefunden werden (es fängt langsam an, so auszusehen, als könnten sie eine weithin anerkannte Wahl werden, möglicherweise werden sie aber auch unbenutzbar, falls sich eine allgemeine Lösung für das Problem abzeichnet, das es so schwierig macht, sie zu lösen).

RSA

RSA, der vielseitig verwendbare kryptographische Algorithmus, kann auch für den Schlüsselaustausch eingesetzt werden. Ebenso wie Diffie-Hellman ist er dabei sicher, aber langsam und speicherintensiv.

Schlüssellängen und Stärke

Tabelle C-1 gibt Ihnen Empfehlungen für akzeptable Algorithmentypen und Schlüssellängen. Solche Informationen sind sehr unbeständig; laufend werden in Algorithmen Schwächen entdeckt, neue Algorithmen werden entwickelt, und sowohl die Rechen- als auch die Speicherkapazitäten der Computer erhöhen sich. Dies sind jedoch die akzeptablen Werte zum Zeitpunkt der Veröffentlichung dieses Buches. Wir glauben nicht, daß Sie diese Algorithmen mit kürzeren als den angegebenen Schlüsseln benutzen sollten.

Tabelle 3-1: Akzeptable kryptographische Algorithmen und Schlüssellängen

Zweck	Größe (in Bits)	Akzeptable Algorithmen
Symmetrische Verschlüsselung	128	IDEA Blowfish RC4
	112	3DES
Kryptographische Hashwerte	160	SHA-1
	128	MD5
Schlüsselaustausch	1400	Diffie-Hellman
	1024	RSA
Digitale Signaturen	1024	RSA
		DSS

Andere Algorithmen bewerten

Die Bewertung der Stärke eines kryptographischen Algorithmus kann äußerst schwierig sein. Es ist nicht ungewöhnlich, daß Leute Probleme bei Algorithmen entdecken, die bereits von mehreren professionellen Kryptographen untersucht wurden. Diese Art von Analyse wird jedoch nur für neue kryptographische Algorithmen benötigt. Im allgemeinen kann eine ausreichend ausgebildete und mißtrauische Person herausfinden, ob ein kryptographisches Produkt ausreichend sicher ist, ohne sich in die Einzelheiten des Algorithmus vertiefen zu müssen. Eine gute Hilfe ist die »Snake Oil FAQ«, die regelmäßig in der Newsgroup *sci.crypt* veröffentlicht wird.

Tatsächlich brauchen Sie in den meisten Fällen vor allem ein gesundes Mißtrauen. Kryptographie ist eine schwierige Angelegenheit: Es ist schwer, gute kryptographische Algorithmen zu entwickeln; es gibt Widersprüche zwischen der Geschwindigkeit eines Algorithmus, den Speicheranforderungen eines Algorithmus und der Stärke eines Algorithmus; und kein Algorithmus ist absolut unbezwingbar. Deshalb ist jedes Produkt, das einen magischen neuen Algorithmus anpreist, der auf kleinen Geräten wirklich schnell läuft und niemals gebrochen werden kann, im besten Fall zu optimistisch und im schlimmsten Fall betrügerisch.

Wenn Sie einen Algorithmus bewerten müssen, sollten Sie sich die folgenden Fragen stellen:

- Wurde der Algorithmus veröffentlicht? Falls nicht, wurde er unabhängig von mehreren professionellen Kryptographen bewertet? Unabhängige Bewertungen sind absolut unerläßlich, um sicherzugehen, daß ein Algorithmus stark ist (Algorithmen sind wie Beweise; jeder findet seinen eigenen unangreifbar). Außerdem wird ein starker Algorithmus durch eine Veröffentlichung nicht geschwächt. Sie sollten nichtveröffentlichten Algorithmen mit Mißtrauen begegnen, und Sie sollten Algorithmen nicht akzeptieren, von denen es keine unabhängigen Bewertungen gibt.

- Wird der Algorithmus für seinen vorgesehenen Zweck benutzt? Es ist möglich, Hash-Algorithmen für die Verschlüsselung einzusetzen und umgekehrt, allerdings funktionieren die meisten Algorithmen am besten, wenn sie für das benutzt werden, für das sie entwickelt wurden.

- Wird der Algorithmus genau so verwendet, wie er entworfen wurde? Scheinbar kleine Änderungen an Algorithmen (Optimierungen bei den Berechnungen der Werte, Änderungen der Konstanten, Unterschiede in den Werten, mit denen Blöcke für entsprechende Algorithmen aufgefüllt werden) können große Auswirkungen auf die Sicherheit des Algorithmus haben. All diese Änderungen erfordern eine unabhängige Bewertung.

- Sind die verwendeten Schlüssellängen akzeptabel? Wie wir ausgeführt haben, bedeuten Schlüssellängen für die einzelnen Algorithmen unterschiedliche Dinge. Dadurch ist es schwierig zu entscheiden, welche Schlüssellänge ausreichend ist. Andererseits können Sie oft Fälle erkennen, bei denen ein Schlüssel zu kurz ist. Es ist äußerst unwahrscheinlich, daß ein 40-Bit-Schlüssel oder sogar ein 56-Bit-Schlüssel jemals lang genug ist, um Daten mit einer sinnvollen Lebensdauer von mehr als einem Tag zu schützen. Heutige symmetrische Algorithmen machen maximalen Gebrauch von den verfügbaren Schlüssellängen. Und es gibt keinen Algorithmus, der mit einer Schlüssellänge von 56-Bit oder weniger einem entschlossenen Angreifer länger als einen Tag lang standhält.

- Wie neu ist die Technologie? Es dauert einige Jahre, bis mit neuen Techniken genügend Erfahrungen gesammelt wurden, damit Kryptographen ihnen vertrauen.

Wenn Sie auf diese Fragen gute Antworten bekommen, sind die Algorithmen wahrscheinlich für die meisten Zwecke geeignet. Falls Sie versuchen, sehr wichtige Geheimnisse zu verbergen, sollten Sie vielleicht einen Kryptographen anheuern, der für Sie eine Analyse durchführt.

Inzwischen wünschen wir Ihnen viel Glück mit Ihrer Firewall.

Index

A

AAA-Server 621
Abstürze, System 284
ACK (Bestätigung) -Flag 85
   bei SMTP 454
   TCP-Verbindungen 93
Active Channels 438
Active Directory 57, 615-616
Active Server Pages (ASP) 408
ActiveX 432-434
   Erweiterungssysteme 40
Adreßbasierte Authentifizierung 54
Adressen
   E-Mail (siehe E-Mail)
   Filterung nach 194-196
   vom Router akzeptierte 191-193
AES (Advanced Encryption Standard) -
   Algorithmus 879
AFS (Andrew File System) 50, 852
Aktivitätsprotokollierung (siehe
   Protokollierung)
Algorithmen
   bewerten 883-884
   digitale Signatur 880
      DSA/DSS 880
      Elliptische Kurve 880
   HMAC 881
   MD4/MD5 880
   mit öffentlichem Schlüssel (Public Key) 861
   Schlüsselaustausch 881-882
   SHA/SHA-1 881
   Verschlüsselung 860-863, 877-879
      auswählen 874
Andrew File System (siehe AFS)
Angreifer (siehe Eindringlinge)

Angriffe
   Dritter 339
      Schutz gegen 344
   über den Kommandokanal 338
      Schutz vor 344
   zum Zwecke der Manipulation 42
   (siehe auch Vorfälle)
Angriffsversuche, Reaktion auf 792-793
Anonymous FTP 47, 301, 483-486
   beschreibbare Verzeichnisse 486-487
   Dateien entfernen 489
   über Proxy-Server 240
   wuarchive-Server 490
   (siehe auch FTP)
Anpassen von Diensten 277
   unter Unix 303-305
   unter Windows NT 330-331
APOP (Version von POP) 469
AppleShare 49
Application-Level
   Gateways (siehe Proxy-Dienste)
   Proxy-Server 242
Arbeitsgruppen, in Microsoft-Netzwerken 606
Archive, sich selbst entschlüsselnde 448
Artikel, sicherheitsrelevante 842-844
ASP (Active Server Pages) 408
Aufsetzen von Dateisystemen 278, 309
Aufzeichnen der Aktivitäten (siehe
   Protokollierung)
äußere Router 141-142, 714
   konfigurieren, in überwachtem Teilnetz
      727-732
   mehrere 155-156
   zusammenlegen
      mit Bastion-Host 150
      mit innerem Router 149

Index

Authentifizierung 58, 157-159, 348, 621
    Adreßbasierte 54
    Arten 622-626
    Clients, Netzwerk-Dateisysteme und 49-50
    DNS und 57
    einfache 412
    falsche 339, 345
    von Fernzugriffen 52
    gegenseitige 875
    Microsoft RPC 374
    mittels Analyse des Tippverhaltens 624
    Network Address Translation 125
    in NFS 495-497
    Protokollsicherheit und 358
    SMB 384, 650-651
    von SSH
        Client 527-528
        Server 526-527
    Sun RPC 372-374
    TIS FWTK-Server 636-638
    für Webseiten 412
    Werkzeuge zur 847-849
    Windows NT 651-652
Auth-Protokoll 658-660
Automounting, Dateisysteme 501-502

B

Backup-Browser, in Microsoft-Netzwerken 609
BackWeb-Programm 438
Bandlaufwerke, Bedarf 260
Bastion-Hosts 110, 140, 253-285, 714
    Benutzerzugänge auf 266, 267
    Benutzungsprofile 282
    betreiben 282-283
    Betriebssysteme für 257-258
    Dienste auf 263, 265
    DNS-Clients auf 586
    Dual-Homed-Host ohne Routing 255
    einrichten 268
    E-Mail-Adressen und 455
    Fake-DNS-Server auf 579-583
    Geschwindigkeit von 258
    Grafik auf 260
    interne 256
    auf internen Firewalls 166
    isolieren 138-142
    Linux 287-311
    mehrere 147-148
    im Netzwerk plazieren 261
    physischer Standort von 261
    mit Routern zusammenlegen 150, 151
    Sicherungskopien von 284-285
    Unix 257, 287-311
    Windows 2000 313-331
    Windows NT 257, 313-331
Bäume, DNS 573
Befehlsausführung 51
Beglaubigungsinstanz (Certificate Authority) 870
Benutzer über Vorfälle benachrichtigen 802, 816
Benutzer-Manager für Domänen 652
Benutzerzugänge, auf einem Bastion-Host 266, 267
Benutzungsprofile 282
Berkeley Internet Name Domain (BIND) 568
Betrachter, externe, auf HTTP-Clients 414-416
Betreuung von Firewalls 777-798
Betriebssysteme
    Fehler beheben in 270
    Installation 269
    Linux (siehe Linux)
    mehrere, Proxy-Einsatz und 236
    Proxy-taugliche 239
    Testen des Neuladens der 826
    Unix (siehe Unix)
    wählen 287-289, 314-315
        für Bastion-Host 257-258
    Windows NT (siehe Windows NT)
Bidirektionalität von Protokollen 182
biff-Dienst 462
BIND (Berkeley Internet Name Domain) 568
biometrische Systeme 623
Blowfish-Algorithmus 879
BO2K-Programm 53, 545-546
Boot-Dienste 299, 323
bootp-Protokoll 675
Boot-Protokolle 675-677
Broadcasting 563
Browser (siehe Windows-Browser)
Browser, WWW 38, 39-41
    als FTP-Clients 481
    Protokolle und 405
    Sicherheit und 412-419
Browser-Client, in Microsoft-Netzwerken 610
BSD-»r«-Befehle (siehe »r«-Befehle)
Bücher, über Sicherheit 844-846
BugTraq-Mailingliste 834

Index

C

Cache Array Routing Protocol (CARP) 435
Cache-Proxies 423, 434-437
CARP (Cache Array Routing Protocol) 435
CD-ROM-Laufwerk 260
CERIAS 831, 832
CERT-Advisories-Mailingliste 834
CERT-CC (Computer Emergency Response Team Coordination Center)
    FAQ 836
    Response-Teams 819, 833
        nach einem Vorfall kontaktieren 803
Certificate Revocation List (CRL) 870
CGI-Skripte 408
Challenge-Response-System (Frage-Antwort-System) 625
chargen-Dienst 692-694
Chiffretext 859
Choke-Router (siehe innere Router)
chroot-Mechanismus 288, 484
chrootuid-Programm 854
CIFS (Common Internet File System) 49, 382, 504
    (siehe auch SMB)
Circuit-Level-Proxy-Server 242
Cisco-Router 192
Clients
    Authentifizierung, Netzwerk-Dateisysteme und 49-50
    DNS, konfigurieren 584-586
    falsche Authentifizierung von 339, 345
    HTTP, Sicherheit von 411-419,
    NFS 498
    Portnummern 337
    RPC-basiert 372
    Software
        für den Proxy-Einsatz 238
        zur Benutzung von SOCKS anpassen 247
    SSH, Authentifizierung 527-528
COAST-FTP-Archiv 832
Code, öffentlich zugänglich 360
Common Internet File System (siehe CIFS)
Common Object Request Broker Architecture (siehe CORBA)
Computer Emergency Response Team Coordination Center (siehe CERT-CC)
Computer Security Resource Clearinghouse (CSRC) 837
Computerspiele 710-711
Computerviren 26-27
Cookies 413-414
COPS (Computer Oracle and Password System) 849
    Programm zur Sicherheitsüberprüfung 310
CORBA (Common Object Request Broker Architecture) 386-387
CRC (Cyclic Redundancy Counter) 311
CRL (Certificate Revocation List) 870
cron-Prozeß 297
crypt-Programm 274
CSRC (Computer Security Resource Clearinghouse) 837
Cyclic Redundancy Counter (CRC) 311

D

Dämonen, Werkzeuge für 851-853
Dateien
    entfernen aus dem Anonymous FTP-Bereich 489
    gemeinsam benutzen 46, 48-50, 493-506
        in Microsoft-Netzwerken 504-506
    hochladen nach Vereinbarung 488
    sperren, mit NFS 499-501
    synchronisieren 689-692
    übertragen 46-48, 477-493
        nach Vereinbarung 488
        (siehe auch Drucken)
Dateisynchronisationsprotokolle 689-692
Dateisysteme
    Automounting 501-502
    Netzwerk 48-50
    schreibgeschützt aufsetzen 278, 309
    sichern 822
Daten 4
    Diebstahl von 14
    (siehe auch Informationsdiebstahl)
    DNS 573
        inkonsistente 576
    schützen 865
    vor Sniffern 341
    übertragen 81, 175-234
        Bewerten von Protokollen zum 349-350
        per TCP 92-96
        zulassen/verbieten 178
        (siehe auch E-Mail, Dateien übertragen)
Datenbankprotokolle, Verbindung zu Webservern über 698
Datenbank-Server, Standorte für 695-700
datengesteuerte Angriffe 338

Index

Schutz vor 344
daytime-Dienst 693
DCC (Direct Client Connections) 548
DCOM (Distributed Component Object Model) 378-379
dcomcnfg-Programm 379
deaktivieren
    Dienste 272-276
        unter Unix 294-296, 297-302
        unter Windows NT 324, 326-329
    Routing (siehe Router deaktivieren)
dedizierte Proxy-Server 243
Deep Crack 629
Demilitarized Zone (DMZ) 111
Denial-of-Service-Attacken 8-10, 43, 343-344
    HTTP und 406
    ICMP und 678
    JavaScript und 429
    Schutz vor 345
DependOnGroup-Registry-Schlüssel 320
DependOnService-Registry-Schlüssel 321
DES (Data Encryption Standard) -Algorithmus 877
destination unreachable-Codes (siehe ICMP)
Dfs (Distributed File System) 506
DHCP (Dynamic Host Configuration Protocol) 676-677
Diebstahl von Informationen (siehe Informationsdiebstahl)
Dienste 335-368
    Bewerten der Risiken der 346-353
    biff 462
    Booten, unter Unix 299
    Deaktivieren nicht benötigter 272-276
        unter Unix/Linux 294-296, 297-302
        unter Windows NT 324, 326-329
    Echtzeit-Konferenz- 547-566
    gestartet durch /etc/rc 293
    Informationssuche 616-619
    installieren und anpassen 277
        unter Unix/Linux 303-305
        unter Windows NT 330-331
    LAN-orientierte 264
    Netzwerkverwaltung (siehe Netzwerk, Verwaltungsdienste)
    Provider wegen Vorfällen kontaktieren 803, 819
    Proxy- (siehe Proxy-Dienste)
    »r«-Befehle 299

Registry-Schlüssel für 320-322
    schützen mit TCP Wrapper 303
    Verwaltung der, unter Unix/Linux 292-294
    wählen für Bastion-Host 263
    wichtige
        unter Unix/Linux 297
        unter Windows NT 325-326
    Windows NT 317-323
Diffie-Hellman-Algorithmus 881
digitale Signatur 867-868
    Algorithmen 880
    in ActiveX 433-434
    in OpenPGP 451-452
    in S/MIME 451-452
Direct Client Connections (DCC) 548
discard-Dienst 692-694
DisplayName-Registry-Schlüssel 321
Distributed Component Object Model (DCOM) 378-379
Distributed File System (Dfs) 506
DMZ (Demilitarized Zone) 111
DNS (Domain Name Service) 56-58, 264, 568-592
    Clients 584-586
    Daten 573
    Fake-Server 579-583
    konfigurieren 742
        in überwachtem Teilnetz 722
        ohne Verbergen von Informationen 588-589
        zum Verbergen von Informationen 587
    Preisgeben von Informationen an Angreifer 578
    Server für interne Hosts 583
    Verbergen von Informationen mit 579-587
    Windows 2000 und 590-591
    unter Windows NT 326
DNS Mail Exchange (MX) 455
Dokumentieren
    des Systems nach Vorfall 804, 820
    Plan zum 821
Domain Name Service (siehe DNS)
Domänen, in Microsoft-Netzwerken 606
Domänen-Controller 647-648
    Kommunikation zwischen 652
Domänen-Master-Browser, in Microsoft-Netzwerken 608
Domino-Server 466-468
Double-Reverse-Lookups 576, 582

Drucken 64, 507-511
  Hewlett-Packard-Drucker 510
  PostScript-Drucker 507
  Systeme 50-51
  Windows-basiert 510
DSA (Digital Signature Algorithm) 880
DSS (Digital Signature Standard) -Algorithmus 880
Dual-Homed-Hosts 110
  Architektur 133-135
  als Firewall 275
  nicht-routend 255
  Proxy-Dienste (siehe Proxy-Dienste)
dumpel-Hilfsprogramm 317
dynamische Paketfilterung, FTP und 481

E
echo-Dienst 692-694
Echtzeit-Konferenzdienste 54-56, 547-566
eigene
  Benutzerverfahren für den Proxy-Einsatz 240
  Client-Software für den Proxy-Einsatz 238
  Systeme 806
Einbrüche (siehe Vorfälle)
Eindringlinge
  Arten 12-15
  Beseitigen der Schäden 805
  DNS-Informationen preisgeben an 578
  Gegenstrategien überprüfen 821
  langsamere Maschinen und 259
  verfolgen und fangen 809-812
einfache Authentifizierung 412
einfache TCP/IP-Dienste, deaktivieren 328
Einmal-Paßwörter 630-635
Einrichten von Bastion-Hosts 268
einschränkende Grundhaltung 69, 183
elektronische Post (siehe E-Mail)
elektronische Sabotage (siehe Denial-of-Service-Attacken)
Elliptische-Kurve-Algorithmus 880, 882
E-Mail 42-44, 264, 445-473
  Attachments 449-450
  Mailinglisten, Ressourcen per 833
  Sendmail 43
  Sicherheit von 447-448
  SMTP 43
  Spam 448-449

  überfluten 8-10
  Verschlüsselung und 447
  Viren 449-450
  zum Verfolgen von Eindringlingen 812
entfernte
  Ausführung von Befehlen 517-532
  Computer, Hijacking 340-341
  Terminal-Zugang 51
entfernte Grafikschnittstellen
  Windows-Betriebssysteme 53, 540-546
  X Window-System 533-540
entfernter Terminal-Zugang (siehe Telnet)
Entwurf von Firewalls 29-32
Ereignisanzeige 316
Ereignisprotokollierdienst 315, 316
ErrorControl-Registry-Schlüssel 321
Erweiterungssysteme 39-41
ESMTP (Extended SMTP) 452-453
/etc/hosts.allow-Datei 304
/etc/hosts.deny-Datei 304
/etc/inetd.conf-Datei 304
/etc/rc-Dateien, Dienste starten durch 293
Ethernet-Schicht 83
EventLog-Dienst 325
Explorer (siehe Internet Explorer)
Extended SMTP (ESMTP) 452-453
externe
  Betrachter
    auf HTTP-Clients 414-416
  Programme
    auf HTTP-Servern 407-411
    auf HTTP-Clients 416-417

F
Faktorisierungsangriffe 373
falsche Authentifizierung von Clients 339
  Schutz vor 345
Fälschung
  man-in-the-middle 195
  von Paketen 184
  Quelladresse 194
Fangen von Eindringlingen 809-812
Fehler
  im Betriebssystem 270
  ICMP-Codes für 185-187
  in Paketfiltern 116
Fehlersicherheit 68-71, 735, 751
Fehlersuche im Betriebssystem 270

Index

Fenstersysteme 53
Festplatten, Bedarf an 260
File Replication Service (FRS) 691
File Transfer Protocol (siehe FTP)
Filtern, Pakete (siehe Paketfilterung)
Filter-Router (siehe Überwachungsrouter)
finger-Dienst 300, 616-618
fingerd-Server 300-301
Fingerprint-Authentifizierung 623
Firewalls 22-24
    Architektur 131-166
    auf dem neuesten Stand halten 794-797
    auf einer Maschine 256
    Beispielkonfigurationen 713-753
    Dual-Homed-Host als 275
    entwerfen 167-174
    FAQ für 844
    in Gemeinschaftsnetzwerken 164-166
    interne 159-166
        Bastion-Hosts auf 166
    IP-Multicasting und 565
    IPv6 101
    kaufen oder bauen 29-32
    Mailinglisten über 833
    mehrere Bastion-Hosts 147-148
    mehrere Schichten 65
    NTP und 688
    reagieren auf
        Angriffsversuche 792-793
        Sicherheitsvorfälle 799-828
    Ressourcen für 831-846
    schwächstes Glied 67
    Sicherheitsrichtlinien für 757-775
    sichern 777-778
    SMTP und 455-457
    Technologien 109-129
    testen 214
    völlig erneuern 798
    warten 777-798
    was soll geschützt werden 4-7, 857-859
    Werkzeuge für 847-856
    X Window-System und 533
    zur Inhaltsüberwachung 417-418
    (siehe auch Sicherheit)
FIRST-Response-Teams 836
Flüsse, IPv6 102
forwarders-Anweisung (DNS) 583
Fragmente, Paket 84, 87-91
freizügige Grundhaltung 69-71, 183

FRS (File Replication Service) 691
FTP (File Transfer Protocol) 46-48, 301, 478-492
    Anonymous 483-487
    Anonymous-Bereich
        Dateien entfernen aus 489
    konfigurieren, in überwachtem Teilnetz 720
    lesegeschütztes incoming-Verzeichnis 487
    passiver (oder PASV) Modus 480-481
    Proxy mit TIS FWTK 248
    Ressourcen für 832-835
    Server, Verhindern von Angriffen vom 490
    über Proxy-Server 240
    wuarchive-Dämon 851
    wuarchive-Server 490
    (siehe auch TFTP)
ftpd-Programm 301
ftp-gw-Proxy-Server 721
Funktionen, SOCKS und Standard-Netzwerk 247
fuser-Programm 355
FWALL-Users-Mailingliste 834

G

GateD-Routing-Dämon 300
Gateways, Application-Level (siehe Proxy-Dienste)
gemeinsames Benutzen von Dateien 46, 48-50, 493-506
    in Microsoft-Netzwerken 504-506
Gemeinschaftsnetzwerke 164-166
Generic Security Services API (GSSAPI) 393
generische Proxy-Server 243
geschachteltes IP über IP 99
Geschwindigkeit, Verarbeitung 258
geteilte überwachte Teilnetze, Architektur 143-145
GINA (Graphical Identification and Authorization) 652
Gopher-Dienst 441-444
    Proxy mit TIS FWTK 249
grafische Darstellungen, auf Bastion-Host 260
Graphical Identification and Authorization (GINA) 652
Grenznetze 111, 139
    gemeinsam genutzte 165
Group-Registry-Schlüssel 321
GSSAPI (Generic Security Services API) 393
guter Ruf 6, 42

Index

H

Hardware
    Konfiguration der 259
    Router (siehe Router)
Härten von Maschinen 268-269
Header
    geschachtelte IP- 101
    Paketfilterung 205
Header-Paket 82
Herunterfahren von Systemen 801, 815
Hewlett-Packard-Drucker 510
Hijacking 340-341
    Schutz vor 345
        mit SSH 529
Hilfsprogramme für Firewalls 854-856
HINFO-Datenfelder 578
HMAC 866
    Algorithmus 881
Hochladen von Programmen auf HTTP-Server 411
host unreachable-Codes (siehe ICMP)
Hosts
    Bastion (siehe Bastion-Hosts)
    Dual-Homed- (siehe Dual-Homed-Hosts)
    Geschwindigkeit von 258
    mehrere 265
    Opfer (siehe Opfermaschine)
    Sicherheit von 19
    überwacht (siehe überwachte Hosts)
Hot-Fixes und Service Packs 331
HTML (Hypertext Markup Language) 38
HTTP (Hypertext Transfer Protocol) 38, 405-444
    Client-Sicherheit 411-419
    konfigurieren 739
        in überwachtem Teilnetz 715-717
    mit Datenbanken benutzen 700
    Network Address Translation in 425
    Paketfilterung in 421-423
    Proxy in 423-425
        mit TIS FWTK 249
    Server 420
        Sicherheit der 406-411
    Tunneln 419-420
    (siehe auch HTTPS; Secure HTTP)
http-gw-Proxy 249
HTTPS 425-427
    konfigurieren 739
        in überwachtem Teilnetz 715-717

Hybrid-Proxying (siehe Router, proxy-taugliche)
Hypertext Markup Language (HTML) 38
Hypertext Transfer Protocol (HTTP) 38

I

ICA (Independent Computing Architecture) 53, 542-543
ICMP (Internet Control Message Protocol) 60, 97, 678-685
    echo 679
        (siehe auch ping-Programm)
    Fehlercodes zurückgeben 185-187
    Pakete 683-685
ICMP Router Discovery Protocol (IRDP) 673-674
ICP (Internet Cache Protocol) 434-435
ICQ 550-552
IDEA (International Data Encryption Algorithm) 879
identd 658-660
Igateway-Programm 238
IGMP (Internet Group Management Protocol) 672-673
IIOP (Internet Inter-Orb Protocol) 386-387
ImagePath-Registry-Schlüssel 321
IMAP (Internet Message Access Protocol) 44, 471-473
immutable-Attribut (BSD 4.4-Lite) 310
Independent Computing Architecture (siehe ICA)
inetd-Prozeß 297
    anpassen für Anonymous FTP 484
    Dienste starten durch 294
Informationsdiebstahl 10-12
    Spionage 14
Inhaltsfilterung 417-418
    von E-Mails 450
init-Prozeß 297
innere Router 140, 714
    konfigurieren 723-727
    mehrere 152-155
    zusammenlegen
        mit äußeren Routern 149
        mit Bastion-Host 151
installieren
    Betriebssystem 269
    Dateisysteme schreibgeschützt 278, 309
    Dienste 277

Index

   unter Unix/Linux 303-305
   unter Windows NT 330-331
 Kernel 306-308
 Software auf der Maschine 277, 306-310
intelligente Proxy-Server 243
Interior-Gateway-Protokolle (siehe Routing-Protokolle)
intern
 Bastion-Hosts 256
 Firewalls 159-166
Internet
 Control Message Protocol (siehe ICMP)
 Dienste (siehe Internet-Dienste)
 E-Mail über (siehe E-Mail)
 Firewalls (siehe Firewalls)
 Konferenzdienste, Echtzeit- 54-56
 mehrere Verbindungen ins 155-166
 mehrschichtige Verteidigung 65
 Protokoll (siehe IP)
 Protokollierung der Aktivität im (siehe Protokollierung)
 Relay Chat (siehe IRC)
 Sicherheit, Ressourcen 834
 Verbindungen zu einem unfertigen Bastion-Host 268
Internet Cache Protocol (ICP) 434-435
Internet Explorer 38
 Sicherheitszonen und 418-419
Internet Group Management Protocol (IGMP) 672-673
Internet Inter-Orb Protocol (IIOP) 386-387
Internet Message Access Protocol (siehe IMAP)
Internet Printing Protocol (IPP) 510
Internet Relay Chat (siehe IRC)
Internet-Dienste 35-62, 335-368
 Bewerten der Risiken 346-353
 deaktivieren 272-276
   unter Unix 294-296, 297-302
   unter Windows NT 317-323, 325-326
 einschränkende Grundhaltung 69
 Filterung nach 196-200
 freizügige Grundhaltung 69-71
 installieren und/oder anpassen
   unter Unix 303-306
   unter Windows NT 330-331
 installieren/anpassen 277
Internet-Spiele (siehe Quake; Computerspiele)
inzider-Programm 355, 854
IP (Internet Protocol) 85-91

 Fragmentierung 87-91
 Multicasting 565-566
 Paketrouten zu (siehe traceroute-Programm)
 Paketschicht 84
 Source-Routing-Option 87
 Status- und Kontrollmeldungen 97
 über IP geschachtelt 99
 Version 6 (IPv6) 101
IP Security Protocol (IPsec) 394-398
IP-Adressen
 in Paketfilterregeln 190
 Network Address Translation 125
ipchains-Filtersystem 215-217
 Masquerading und 220-221
 verglichen mit ipfilter 223
ipfilter-Filtersystem 221-223
 verglichen mit ipchains 223
IP-Forwarding, deaktivieren 330
IPP (Internet Printing Protocol) 510
IPsec (IP Security Protocol) 394-398
IPsec Policy Agent 325
IP-Source-Routing-Option 87
IP-Spoofing 104-107
IRC (Internet Relay Chat) 54, 547-550
IRDP (ICMP Router Discovery Protocol) 673-674

J

Java 430-432
Java Database Connectivity (JDBC) 701
JavaScript 428-430
 Erweiterungssysteme 40
JDBC (Java Database Connectivity) 701
Joyrider 12
Junk-Mail 448-449

K

Kapselung 82
KDC (Key Distribution Center) 642
Kennzeichnen des Systems 823
Kerberos-Authentifizierungssystem 50, 640-646, 848
 POP und 469
 in SSH 528
Kerberos-unterstützendes Post Office Protocol (KPOP) 469
Kernel, neukonfigurieren 306-308
Key Distribution Center (KDC) 642
Klartext 859

Index

Kommandozeilenargumente 351
Konferenzdienste, Echtzeit- 54-56, 547-566
Konferenzen, Sicherheits- 840-842
konfigurieren
    äußere Router 727-732
    Beschriftungssystem 823
    DNS 742
        Clients 584-586
        in überwachtem Teilnetz 722
    FTP, in überwachtem Teilnetz 720
    Hardware 259
    HTTP/HTTPS 739
        in überwachtem Teilnetz 715-717
    innere Router 723-727
    Kernel 306-308
    Maschine 277-279
        Unix 306-310
    NIS (Network Information Service) 592
    NNTP 741
        in überwachtem Teilnetz 722
    Paketfilter-Router 182-185
    Produkte für die Sicherheitsüberprüfung 279, 311
    SMTP 740
        mit Firewalls 455-457
        in überwachtem Teilnetz 717-719
    SSH, in überwachtem Teilnetz 719
    Telnet, in überwachtem Teilnetz 719
    Uhren 685-688
KPOP (Kerberos-unterstützendes Post Office Protocol) 469
Kryptographie 857-884
    digitale Signaturen 867-868
    öffentlicher Schlüssel (Public Key) 861, 875
    Secure RPC und 373
    in SSL 390
    in TLS 390
    Zertifikate 868-871
        Vertrauensmodelle für 871
    Zufallszahlen 866-867
    (siehe auch Verschlüsselung)
kryptographische
    Hashwerte 863-865
    Prüfsummen 280-282, 311, 863-865
    Schlüssel
        Länge und Stärke 882
        Verteilung 872-873
    Systeme, Komponenten 859-867

L

L2TP (Layer 2 Transport Protocol) 402-404
Labornetzwerke 160
LanManager 504
LanMan-Format 628
LAN-orientierter Dienst 264
Layer 2 Transport Protocol (L2TP) 402-404
LDAP (Lightweight Directory Access Protocol) 57, 613-615
Leistung, mit mehreren inneren Routern 152
Lightweight Directory Access Protocol (siehe LDAP)
Linux xvii
    Bastion-Host 287-311
    Internet-Dienste unter 292-294, 297
        deaktivieren 294-296, 297-302
        installieren und anpassen 303-305
    ipchains 215-217
        benutzen 220
        verglichen mit ipfilter 223
    ipfilter 221-223
        Beispiel 192
    Maschine
        konfigurieren 306-310
        sichern 289-292
    Masquerading 217-221
    netfilter 223
    syslog-Beispiel 291
    (siehe auch Unix)
Linux Documentation Project 832
Linux Router Project 832
Livingston-Router 192
LMRepl-Dienst 691
lockd 500
Logins
    entfernte 51
    erfolgreiche, von einem unerwarteten Standort 791
lokale Newsgroups 45
Lookups, DNS 570, 576
Lotus Notes 466-468
lp/lpr-Drucksysteme 508-509

M

Mail (siehe E-Mail)
Mail Delivery Agent (MDA) 445
Mail Transfer Agent (MTA) 445
Mail User Agent (MUA) 445

Mailinglisten, mit aktuellen Informationen 794, 833
Mailserver, bewerten 449
man-in-the-middle-Fälschung 195
MAPI (Microsoft Messaging API) 473
Maschine
  absichern 269-272, 367-368
    unter Unix/Linux 289-292
    unter Windows NT 315-317
  Geschwindigkeit 258
  Hardware (siehe Hardware)
  härten 268-269
  konfigurieren 277-279
    unter Unix/Linux 306-310
  Sicherheitsüberprüfung (siehe Überprüfung, Sicherheit)
  Sicherungskopie 822
  Software (siehe Software)
  Standort der 261
  trennen oder herunterfahren 815
  verbinden 282
  wählen 256-260
Masquerading 217-221
Master-Browser, in Microsoft-Netzwerken 608-609
MBONE (Multicast Backbone) 55, 563-566
MD4-Algorithmus 631, 880, 881
MDA (Mail Delivery Agent) 445
mehrschichtige Firewalls 65
mehrschichtige Verteidigung 65-66, 733, 750
Message-Digests 863-865
Metainformationen und Filterung 205
Microsoft DNS-Server, deaktivieren 326
Microsoft Exchange 43, 464-466
Microsoft Internet Explorer (siehe Internet Explorer)
Microsoft Messaging API (MAPI) 473
Microsoft Proxy Server 250
Microsoft RPC 370, 465
  Authentifizierung 374
  (siehe auch RPC)
Microsoft SQL Server (siehe SQL Server)
Microsoft TCP/IP-Druckdienst, deaktivieren 327
Microsoft Terminal Server/Terminal-Dienste 543-544
Microsoft-Netzwerke
  Arbeitsgruppen 606
  Browser-Spielarten 608-610

Domänen 606
Filesharing in 504-506
verbreitete Sicherheitsprobleme 541
MIME (Multimedia Internet Mail Extensions) 451
  Erweiterungen (siehe S/MIME; OpenPGP)
Mobile-Code-Systeme 428-434
Modem-Pools 157-159
Morris-Wurm 349, 352
mountd 298, 495, 502
mrouter 99
MRTG-Programm 283
MTA (Mail Transfer Agent) 445
MUA (Mail User Agent) 445
Multicase Backbone (siehe MBONE)
Multicasting 563-566
Multicast-IP 99
Multimedia Internet Mail Extensions (siehe MIME)
MX-Datensätze 580

N
nach außen gerichtete
  finger-Anfragen 616
  Pakete 183
    Filterregeln für 209-214
    Telnet 196
nach innen gerichtete Pakete 183
  Filterregeln für 209-214
  Telnet 198
named-Programme (DNS) 583
Namensdienste (siehe DNS)
NAT (siehe Network Address Translation)
Net Logon-Dienst 326
Net8 701-705
netacl-Programm 305
NetBEUI 504
NetBIOS 504
  deaktivieren 327
NetBIOS über TCP/IP (siehe NetBT)
NetBIOS-Namen 594, 597-598
NetBT 379-381, 504, 594-605
  deaktivieren 327
  Namensdienst 597-602
Netcaster 438
netcat-Programm 355
netfilter-Filtersystem 223
NetMeeting 561-563
NetSaint-Programm 283

Index

Netscape Navigator 38
netstat-Programm 325, 355
Network Address Translation (NAT) 110, 122-124
   Vorteile/Nachteile 124-126
Network File System (siehe NFS)
Network Information Service (see NIS)
Network News Transfer Protocol (siehe NNTP)
network unreachable-Codes (siehe ICMP)
Netzhaut-Authentifizierung 623
Netzwerk
   Architektur (siehe Firewalls, Architektur)
   automatische Überwachung 283
   Dateisysteme 48-50
   Diagnose 678-685
   Funktionen, SOCKS-Version der 247
   gemeinsames 164-166
   geteilte überwachte, Architektur 143-145
   Grenznetz 111, 139, 714
      Standort für Web- und Datenbank-Server im 696
   Informationen übertragen über ein (siehe Paketfilterung)
   intern schützen 159-166
   internen, Standorte für Web- und Datenbank-Server im 697
   Labor-/Test- 160
   Sicherheit (siehe Sicherheit)
   Standort des Bastion-Host im 261
   Taps 11
   Testen der Verbindungen im Netzwerk (siehe ping-Programm)
   Time Protocol (siehe NTP)
   Trennen vom
      Plan zum 816
      nach Vorfall 801
   unabhängiges überwachtes 145-147
   unsicheres 161
   Verwaltungsdienste 58, 661-694
   virtuelles privates (siehe VPN)
Netzwerk-Monitor 667
Neustarten 284
Newsgroups 44, 473-476
   aktuelle Informationen aus 795
   private 45
   Sicherheitsressourcen aus 835
NFS (Network File System) 49, 370, 493-503
   Client 498
   Datei sperren mit 499-501
   deaktivieren 298

nicht-routende Dual-Homed-Hosts 255, 275
NIS (Network Information Service) 58, 370, 568, 592-593
   deaktivieren 298
NIS+ 593
NISGINA 652
NIST CSRC (Computer Security Resource Clearinghouse) 837
NNTP (Network News Transfer Protocol) 45, 473-476
   konfigurieren 741
      in überwachtem Teilnetz 722
   Proxy-Einsatz 243
NOCOL-Programm 283
normale Computer 203
NT LM Security Support Provider 325
NTBugTraq-Mailingliste 834
NTLM-Domänen 646-653
NTP (Network Time Protocol) 61, 685-688
   Proxy-Einsatz 243

O

ObjectName-Registry-Schlüssel 321
ODBC (Open Database Connectivity) 700-701
on-Programm 52
Open Database Connectivity (ODBC) 700-701
Open Shortest Path First (OSPF) 670-672
OpenPGP 451-452
Opfermaschine 255, 264
Oracle Net8 701-705
Oracle SQL*Net 701-705
Organisationspläne des Systems 823
OSPF (Open Shortest Path First) 670-672
OTP-System 630-633

P

Packet-Sniffing-Angriffe 341-342
   Schutz gegen 345
page-Prozeß 297
Pakete 81, 110
   akzeptierte/abgewiesene, protokollieren 212
   eingehende oder ausgehende 183
   fragmentieren 84, 87-91
   gefälschte 184
   Header der 82
   ICMP 683-685
   Sniffing 107-108, 345
      Programme 341-342
   mit Source-Routing 276

Index

Struktur 81-103
TCP 92-96
UDP 96
verarbeiten (durch Router) 185-187
(siehe auch traceroute-Programm)
Paketfilterung 81-83, 110, 112-117, 175-234
   Administrieren der Systeme 189-191
   nach der Adresse 194-196
   an welcher Stelle 225-227
   mit äußerem Router 142
   Bastion-Hosts, Schutz für 277
   Beispiele 228-234
   nach Diensten 196-200
   dynamische 179-180
   eingehende oder ausgehende 209-214
   Fehler in Programmen 116
   Implementierungen, auf normalen
      Computern 214-225
   mit innerem Router 140
   IP (siehe IP)
   Konventionen für 204
   Paketfilterbereich, Verschlüsselung und 127
   nach dem Quellport 199
   Regeln zur 191-196, 227, 228-234, 742-749
      aktualisieren 190
      erneut laden 189
      Folge von 205-209
      IP-Adressen in 190
      offline bearbeiten 189
      in überwachtem Teilnetz 723-732
   Router
      konfigurieren 182-189
      wählen 200-213
   testen 214
   mit überwachtem Host 136-137
   Werkzeuge zur 850
   unter Windows NT 224-225
   zustandsgesteuerte 179-180
PAM (Pluggable Authentication Modules) 638-639
Passierstellen 66, 733, 751
   Router als 176
passiver (oder PASV) Modus, FTP 480-481
Password-Aging 780
Paßwörter 624-630
   automatisch erzeugte 630
   Einmal- 626, 630-635
   falsche Authentifizierung und 339
   knacken 629

   für Paketfilter 191
   in PostScript-Druckern 507
   in SSH 528
   stehlen mit Netzwerk-Taps 11
   Unix 628
   auf Webseiten 412
   Windows NT 628
   zeitbasierte 640
   (siehe auch Authentifizierung)
Patches 797
pcbind-Dienst 299
PGP-Programm 325
ping-Programm 60, 678-680
PKIX (Public-Key Infrastructure X.509) 870
Plattenplatz (siehe Speicher; Ressourcen)
Plattformen xvii
Playback-Angriffe 339
Plug and Play-Dienst 326
Pluggable Authentication Modules (PAM) 638-639
plug-gw-Proxy 249
Plug-Ins 39, 414
PlugPlayServiceType-Registry-Schlüssel 321
Pointcast-Programm 438
Point-to-Point Protocol (PPP) 399-402
Politik, Sicherheits- (siehe Sicherheit, Richtlinien für)
POP (Post Office Protocol) 44, 468-471
portmap-Dienst 299, 852
portmapper-Server 371, 502
Portnummern
   Client 337
   einstellen 376
   zugewiesene 358
      ermitteln 355
Ports
   Network Address Translation 126
   Quelle, Filtern nach den 199
   scannen 104
Port-Weiterleitung, in SSH 529-531
Postfix-Programm 459
PostScript
   Dateien 415
   Drucker, Angriffe von 507
PPP (Point-to-Point Protocol) 399-402
Prinzip der minimalen Zugriffsrechte 63-65, 733, 750
private Newsgroups 45

896

Programme
   auf HTTP-Server hochladen 411
   Bewerten der Sicherheit 359-366
   Entfernen unwichtiger 308
      unter Windows NT 325
   externe
      auf HTTP-Clients 416-417
      auf HTTP-Servern 407-411
   Sicherheitsüberprüfung, 279-282
   Unix 310-311
   verschlüsseln 274, 325
Programmiersprachen, Web- 427-434
promiscuous mode 261
Protected Storage-Dienst 325
Protokollanpassung 358
Protokolle
   analysieren 353-355
   bewerten 346-353
   Bidirektionalität von 182
   Dateisynchronisation 689-692
   eigene 700
   Implementierung, Bewerten der 350-352
   oberhalb von IP 92-100
   unterhalb von IP 100
   Nicht-IP 103
   von OSI 464
   Routing- 668-675
   Sicherheit der 873-876
      Proxy-Einsatz und 358
   Zeitabhängigkeit der 686
   zugewiesene Portnummern 358
Protokolle für Katastrophen 271
   unter Unix 291
Protokollierung 172, 270-272, 824
   akzeptierter/abgewiesener Pakete 212
   einrichten
      unter Unix 290-292
      unter Windows NT 315-317
   erforderlicher Speicher für 781, 785
   erzeugen mit SOCKS 245
   Network Address Translation 126
   Proxy-Dienste 120
   der Router-Aktionen 185
   Sicherungskopien und 285
   trimlog-Programm zur 856
   unerwartet gelöscht oder verändert 791
   worauf geachtet werden muß 785-789
   (siehe auch syslog-Protokoll)
Protokollprüfung 181

Proxy-Dienste 111, 117-120, 235-252
   Application- und Circuit-Level 242
   generische und dedizierte 243
   intelligente Server 243
   mehrere Betriebssysteme 236
   Microsoft Proxy Server 250
   Protokollsicherheit 358
   Proxy-Einsatz nicht möglich 251
   ohne Proxy-Server 243
   SOCKS-Paket für 244-247
   Software für 237-241
   TIS Internet Firewalls Toolkit für 248-249
   Vorteile/Nachteile 120-122
   Werkzeuge für 850
Proxy-Server 250
Prüfsummen
   sichern 824
   Tripwire für 310
Public-Key Infrastructure X.509 (PKIX) 870
Public-Key-Kryptographie 861, 875
   in SSH 526, 528
   (siehe auch Kryptographie)
Pufferüberlauf, als Grundlage für Angriffe 351, 429
Pull-Technik 437
Punkt- (.) Dateien, Deaktivieren der Erzeugung von 488
Punktejäger 13
Push-Techniken 437-439

Q
Qmail-Programm 460
Quake 711
Quelladresse
   Fälschung 194
   Filterung nach der 194-196
Quellport, Filterung nach dem 199

R
RADIUS (Remote Authentication Dial-in User Service) 654-656
RAS (Remote Access Service) 398-399
   deaktivieren 327
»r«-Befehle 299, 517-521
   NAT-Eigenschaften der 520
   Paketfiltereigenschaften der 519-520
   Proxy-Eigenschaften der 520

897

Index

»r«-Befehlsdienste 299
RC2/RC4-Algorithmen 878
RCMD-Dienst 523-524
RCONSOLE-Dienst 523-524
rcp-Übertragungsprogramm 48
rdist-Programm 689
RDP (Remote Desktop Protocol) 53, 544
RealAudio/RealVideo 439-441
RealNetworks 439-441
RealServer 439
rechtliche Fragen
   Dokumentation von Vorfällen 807
   Eindringlinge verfolgen 812
   Verantwortung für die Sicherheit 766-768
Registry-Schlüssel
   für Dienste 320-322
   unsichere 323
   Zugriffsrechte auf 331
Remote Access Service (siehe RAS)
Remote Authentication Dial-in User Service
   (RADIUS) 654-656
Remote Desktop Protocol (siehe RDP)
Remote Procedure Call (siehe RPC)
REMOTE-Dienst 523-524
Reparatur nach einem Vorfall 805-807
   Plan für 820
Replay-Angriffe 343
   Schutz vor 345
Response-Teams 803, 819, 836-840
   Ressourcen 833
Ressourcen 5
   (siehe auch Speicher)
Reverse-Lookups 576, 581
rex-Dienst 522
rexec-Server 521-522
rhosts-Authentifizierungsmechanismus 527
RIP (Routing Information Protocol) 669-670
RISKS-Mailingliste 835
rlogin-Programm 52
   Proxy-Einsatz mit TIS FWTK 249
root-Rechte, von Sendmail erfordert 457
routed-Server 299
Router 175
   äußere (oder Zugangs-) (siehe äußere
      Router)
   auswählen 200-213
   Behandlung von Paketen 185-187
   deaktivieren 275-276
      unter Unix/Linux 302-303
      unter Windows NT 329-330
   innere (siehe innere Router)
   Multicast 99
   Network Address Translation 110
   als Passierstelle 176
   Protokollieren der Aktionen der 185
   Proxy-taugliche 241
   spezielle oder normale 203
   testen 161
   Überwachung (siehe Überwachungsrouter)
   wo filtern 225-227
   Zurückgeben von ICMP-Fehlercodes
      185-187
   Zusammenlegen der inneren und äußeren
      149
Router Discovery 673-674
Routing-Protokolle 59, 668-675
RPC (Remote Procedure Call) 369-378
   deaktivieren 298
   Dienstnummer 370
   Network Address Translation in 378
   Paketfilterung in 374-377
   portmapper-Server 371
   Proxy-Einsatz in 377
   RPC-Locator-Server 371
   unter Windows NT 325
RPC-Locator-Server 371
RSA-Algorithmus 877, 882
rsh-Programm 52
rsync-Programm 689-690

S

S/Key-Paßwortprogramm 630-633
S/MIME 451-452
Sabotage (siehe Denial-of-Service-Attacken)
SAGE (System Administrators Guild) 839
Samba 505-506
Sandbox-Sicherheitsmodell 430-432
SANS-Institut 840
SATAN (Security Administrator's Tool for
   Analyzing Networks) 310, 850
Scannen von Ports 104
sc-Befehl 320
Schlüsselverteilung, Verschlüsselung 127
Schnappschüsse, System- 804
   Planen der 820
Schnüffeln nach Paßwörtern 632
schreibgeschützte Dateisysteme 278, 309
schwächstes Glied 67, 734, 751

Index

SCM (Service Control Manager) 318
Secure HTTP 425-427
Secure RPC 373
Secure Shell (siehe SSH)
Secure Socket Layer (siehe SSL)
Security-Manager (Java) 431
Sendmail 43, 64, 457-458
   Morris-Wurm 349, 352
   (siehe auch SMTP)
Server
   AAA 621
   Caching 423, 434-437
   Datenbank-, plazieren 695-700
   DNS
      Einrichten eines Fake- 579-583
      für interne Hosts 583
   FTP, Angriffe verhindern vom 490
   HTTP 420
      Sicherheit 406-411
   KDC 642
   Mail, bewerten 449
   Proxy (siehe Proxy-Dienste)
   routed 299
   SMB-, Authentifizierung 650-651
   SMTP
      frei verfügbare 458-460
      kommerzielle 461
      für Windows NT 463
   SSH, Authentifizierung 526-527
   TIS FWTK, Authentifizierung 636-638
   Web 41-42
   Windows-Browser 606-613
   WINS, Kommunikation der 602-603
   wuarchive 490
Server Message Block (SMB) (siehe SMB)
Service Control Manager (siehe SCM)
Service-Packs, Dienste und 331
setgid/setuid-Fähigkeiten 288
SHA/SHA-1-Algorithmen 881
Shell-Skripte 293
sich selbst entschlüsselnde Archive 448
Sicherheit
   ActiveX und 432
   von Backups 284-285
   Bastion-Host-Geschwindigkeit und 259
   Betriebssystemfehler 270
   von BSD-»r«-Befehlen 517
      unter Unix/Linux 517
      unter Windows NT 518
   Bücher über 844-846
   von Computerspielen 710
   von Datenbankprotokollen 695
   von DNS 575-579
   Einfachheit der 74
   einschränkende Grundhaltung 183
   von E-Mails 447-448
   von entfernten Grafikschnittstellen
      unter Windows-Betriebssystemen 540-541
   Fehlersicherheit 735, 751
   freizügige Grundhaltung 183
   von FTP 484
   gegen Systemfehler 68-71
   gestalten für ein Netzwerk 29-32
   Host 19
   von HTTP 406-419
   von ICMP 678
   von IRC 547
   von Java 431
   von JavaScript 429
   von lpr- und lp-Drucksystemen 508
   mangelnde 17
   der Maschine 269-272
      Unix/Linux 290-291
      Windows NT 315-317
   mehrschichtige Verteidigung 733, 750
   minimale Zugriffsrechte 733, 750
   Modelle 17-22
   Modem-Pools 157-159
   von Net8 702
   netacl 305
   des NetBT-Namensdienstes 603
   Netzwerke
      schützen 159-166
      unsichere 161
   von NIS 592
   von NNTP 474
   Passierstellen 733, 751
   von Paßwörtern 627
   von POP 468
   von PostScript-Druckern 507
   von Programmen
      bewerten 359-366
      Indikatoren für die 364-366
   von Protokollen 873-876
      Proxy-Einsatz und 358
   von Prüfsummen 824
   von Push-Techniken 438

von rdist 689
rechtliche Verantwortung 766-768
Ressourcen für 831-846
Richtlinien für 24, 757-775
    überprüfen 762
von Routing-Protokollen 668
Sandbox-Modell 430-432
schwächstes Glied 67, 734, 751
von Sendmail 457-458
von SNMP 663
von SQL*Net 702
von SSH 525-526
Strategien für 63-75
TCP Wrapper 303
Terminal-Server 157-159
Überprüfung 279-282
    unter Unix 310-311
Übungen 827
umfassende Beteiligung 71, 735, 751
von VBScript 430
Vielfalt der Verteidigung 72, 736, 752
Vorfälle (siehe Vorfälle)
wenn das System abstürzt 284
wenn Proxies uneffektiv sind 251
des whois-Dienstes 618
des Windows Browser 612
von WINS 603
des X Window-System 533
Zeitangaben und 686
Zonen, Internet Explorer und 418-419
(siehe auch Firewalls)
Sicherungskopien 64, 173, 822
    von Bastion-Hosts 284-285
    von Firewalls 777
    Protokollierung und 285
    zum Wiederherstellen des Systems 806
Simple Mail Transfer Protocol (siehe SMTP)
Simple Network Management Protocol (siehe SNMP)
Simple Public Key Infrastructure (SPKI) 870
Skipjack-Algorithmus 878
smail-Programm 459
smap/smapd-Programme 460, 461
Smart Card-Dienst 326
SMB (Server Message Block) (siehe auch CIFS) 382-386, 504
    Authentifizierung 384, 650-651
SMS (System Management Server) 666

SMTP (Simple Mail Transfer Protocol) 43, 264, 452-464
    konfigurieren 740
        Firewalls und 455-457
        in überwachtem Teilnetz 717-719
    Proxy-Einsatz 243
    Server
        frei verfügbare 458-460
        kommerzielle 461
        für Windows NT 463
        für Unix (siehe Sendmail)
Sniffer 341-342
    Schutz gegen 345
    (siehe auch Packet-Sniffing-Angriffe)
SNMP (Simple Network Management Protocol) 59, 663-666
    deaktivieren, unter Windows NT 328-329
snuffle-Programm 274
SOCKS-Paket 244-247, 851
    angepaßter finger-Dienst 617
    Funktionen 247
    HTTP-Proxies im, in überwachten Teilnetzen 717
    Proxy-System für ping 680
    Versionen 245
    (siehe auch Proxy-Dienste)
Software
    installieren auf einer Maschine 277-279, 306-310
    Proxy-Einsatz 118, 121, 237-241
        (siehe auch Proxy-Dienste)
    Router (siehe Router)
    Systemüberwachung 283
    Viren 27
Source-Routing 276
    Option, IP 87
Spam 448-449
Speicher 259
    zur Protokollierung 781, 785
    verwalten 780
spell-Befehl, Unix 311
Sperren von Dateien, mit NFS 499-501
spezielle Router 203
Spiele (siehe Computerspiele)
Spionage 14
Spione 14
SPKI (Simple Public Key Infrastructure) 870
Spooler-Dienst 326
SQL Server 708-709

Index

SQL*Net 701-705
SSH (Secure Shell) 524-532
    konfigurieren, in überwachtem Teilnetz 719
    Sicherheit von 525-526
    X Window-System, Unterstützung für 531
SSL (Secure Socket Layer) 389-393
    E-Mail und 453
SSMTP 453
Start-Registry-Schlüssel 322
Start-Skripte 293
STARTTLS 453
statd 499
Stimme, Authentifizierung anhand der 623
Subkeys-Registry-Schlüssel 322
Suchdienste 616-619
Sun RPC 370
    Authentifizierung 372-374
    (siehe auch RPC)
swap-Prozeß 297
Sybase 706-708
syslogd-Prozeß 297
syslog-Protokoll 661-663
    Beispielausgabe aus 786-788
    Dämonen 290-291
System
    Abstürze, sorgfältig beobachten 284
    angepaßtes 806
    auf dem laufenden halten 796
    Betriebs-, Testen des Neuladens des 826
    dokumentieren nach einem Vorfall 804, 820
    erneuern 806
    herunterfahren 801
    kennzeichnen und beschriften 823
    kryptographisches, Komponenten 859-867
    Protokollierung (siehe Protokollierung)
    reparieren nach Vorfall 805-807
        Planen 820
    Überwachung 283, 782-794
    Versagen 68-71
    Verteidigung, Vielfalt der 72
System Management Server (SMS) 666
Systemmonitor 667

T
Tabular Data Stream (TDS) 705-706
TACACS 656-658
Tag-Registry-Schlüssel 322
talk-Konferenzsystem 357, 552-555
Taps 11
    (siehe auch Packet-Sniffing-Angriffe)
TCP (Transmission Control Protocol) 92-96
    Paketfilterung in 356
    Proxy-Einsatz in 356
    RPC und 371
    Sequenznummern 95-96
TCP Wrapper-Paket 303-306, 854
TCP/IP
    NetBIOS über 379-381
    Paket 83-85
    schwache Implementierungen, ausnutzen 104
    unter Windows NT 327, 328
tcpd-Programm 304
TDS (Tabular Data Stream) 705-706
Teilnetz, überwachtes 138-142, 713-737
Telebit NetBlazer 192
Telnet 51, 196-199, 514-517
    konfigurieren, in überwachtem Teilnetz 719
    nach außen gerichtetes 196
    nach innen gerichtetes 198
    Paketfiltereigenschaften von 516
    Proxy-Eigenschaften von 516
    Proxy-Einsatz mit TIS FWTK 249
    vs nach außen gerichtetes 514
Telstra 831
Terminal Server/Dienste 53
Terminal-Server 157-159
Testen
    Firewalls 214
    Neuladen des Betriebssystems 826
    Router 161
Testnetzwerke 160
TFTP (Trivial File Transport Protocol) 48, 492-493
Tiger, Programm zur Sicherheitsüberprüfung 310, 849
TIS Internet Firewalls Toolkit (TIS FWTK) 848
    Authentifizierungs-Server 636-638
    ftp-gw-Proxy-Server 721
    FTP-Proxy-Server 482
    HTTP-Proxy-Einsatz im, in überwachtem Teilnetz 717
    für Proxy-Einsatz 248-249
TLS (Transport Layer Security) 389-392
    E-Mail und 453
ToolTalk 388
traceroute-Programm 60, 680-683

901

Index

tracert (siehe traceroute-Programm)
transparenter Proxy-Einsatz (siehe Router, Proxy-taugliche)
Transparenz 118
    der Client-Veränderungen für den Proxy-Einsatz 239
Transport Layer Security (siehe TLS)
trennen
    Maschine 815
        nach Vorfall 801
        vom Netzwerk 801
        Plan zum 816
trimlog-Programm 856
Triple A-Server 621
Triple DES-Algorithmus 877
Tripwire-Paket 310, 849
Trivial File Transport Protocol (siehe TFTP)
Trojanische Pferde, ICMP und 678
Tunneln
    HTTP 419-420
    Multicast 565-566
    SSH, des X Window-System 535
TXT-Datenfelder 578
Type-Registry-Schlüssel 322

U

Überfluten 8-10
Überprüfen der Sicherheitsrichtlinien 762
Überprüfung, Sicherheit 279-282, 310-311
    Werkzeuge zur 849-850
Übersetzen in Byte-Code 431
Übertragen von Dateien (siehe Dateien, übertragen)
überwachte Hosts
    Architektur 136-137
    überwachte Teilnetze und 156
überwachte Teilnetze
    Architektur 138-142, 713-737
    überwachte Hosts und 156
Überwachung des Systems 782-794
    automatisch 283
Überwachungsrouter 81, 112-117, 132
    akzeptable Adressen für 191-193
    auswählen 200-213
    Einsatzorte 225-227
    konfigurieren 182-183
    Proxy-Systeme 236
    Regeln für 191-234
    (siehe auch Paketfilterung)

UCE (Unsolicited Commercial Email) 448
UDP (User Datagram Protocol) 96
    Packet Relayer 851
    RPC und 371
Uhren
    konfigurieren 685-688
    stellen 61
umfassende Beteiligung 71, 735, 751
unabhängiges überwachtes Teilnetz 145-147
Unfälle 15
Unicasting 563
Unix xvii
    Bastion-Host 257, 287-311
    Betriebssystemversionen 287-289
    Fenstersystem 53
    Internet-Dienste unter 292-294, 297
        deaktivieren 294-296, 297-303
        installieren und anpassen 303-305
        schützen mit TCP Wrapper 303
    ipfilter 221-223
        verglichen mit ipchains 223
    Maschine
        konfigurieren 306-310
        sichern 289-292
    Paßwörter 628
    Prüfsummenprogramme 311
    Software, für Systemüberwachung 283
    Systemprotokolle, einrichten 290-292
unsichere Netzwerke 161
Unsolicited Commercial Email (UCE) 448
Usenet-News 44
Usenet-Newsgroups (siehe Newsgroups)
USENIX Association 838
    Konferenzen 840
User Diagram Protocol (siehe UDP)

V

Validieren von Firewalls 214
Vandalen 12
VBScript 430
    Erweiterungssysteme 40
Verarbeitungsgeschwindigkeit 258
Verbindungen
    ausgehende 124
    durch TCP abbrechen 92
    mehrere Internet- 155-166
    pro Sitzung 356-357
    Überprüfen von Netzwerk- (siehe ping-Programm)

Index

unterbrechen 801, 815
  zwischen Internet und einem unfertigen
    Bastion-Host 268
Verfahren für Proxy-Einsatz, eigene 240
Verfolgen von Eindringlingen 809-812
verschlüsselter Zeitstempel 625
Verschlüsselung 859-863
  Algorithmen 860-863
    Arten 877-879
      auswählen 874
  E-Mail und 447
  Network Address Translation 125
  in OpenPGP 451-452
  Paketfilterbereich 127
  in RDP 544
  in S/MIME 451-452
  Schlüsselverteilung 127
  virtuelle private Netzwerke 128
  von Programmen 274, 325
  (siehe auch Kryptographie)
Verwaltung der Zugänge 778-780
Verwaltungswerkzeuge 58
Verzeichnisreplikation (Windows NT) 691
Vielfalt der Verteidigung 72
Viren 26-27
  E-Mail 449-450
  unter Windows NT 323
Virtual Local Area Network (VLAN) 108
virtuelles privates Netzwerk (VPN) 111, 127
Visual Basic (siehe VBScript)
VLAN (Virtual Local Area Network) 108
Vorfälle 337-345
  Angriffe Dritter 339, 344
  Angriffe über den Kommandokanal 338, 344
  Arten 7-12
  Benachrichtigen über 802, 816
  Bewertung, Plan zur 814
  datengesteuerte Angriffe 338, 344
  Denial-of-Service 343-344, 345
    ICMP und 678
  Dokumentieren des Systems nach 804
    Planen zum 820
  Eindringen 8
  E-Mail-Viren 449-450
  Entdecken, Plan zum 813
  Faktorisierungsangriffe 373
  falsche Authentifizierung von Clients 339, 345

Hijacking 340-341, 345
  SSH-Schutz vor 529
IP-Spoofing 104-107
man-in-the-middle-Fälschung 195
mehrere fehlgeschlagene Anmeldeversuche 791
Packet-Sniffing-Angriffe 107-108, 341-342, 345
Paßwort-Angriffe 632
Playback-Angriffe 339
Port-Scanning 104
Pufferüberlauf 351, 429
Reagieren auf 793, 799-828
Reparatur 805-807
  Planen für 820
Replay-Angriffe 343, 345
schwache TCP/IP-Implementierungen ausnutzen 104
Service-Provider informieren über 819
soziale Manipulation 42
SSH einsetzen 525
Tools und Materialien für 826
Trojanisches Pferd, ICMP und 678
Überprüfung, Strategien zur 821
Übungen zur Vorbereitung auf 827
versehentliche 15
VPN (virtuelles privates Netzwerk) 111, 127

W

WAIS (Wide Area Information Servers) 441-444
Wartungsarbeiten 777-781
WCCP (Web Cache Coordination Protocol) 436-437
Web Cache Coordination Protocol (WCCP) 436-437
Web of Trust 871
Webbrowser 38, 39-41
  als FTP-Clients 481
  Protokolle und 405
  Sicherheit und 412-419
Web-Programmiersprachen 427-434
Webseiten auf Firewalls 831-832
Webserver 41-42
Werkzeuge
  für Firewalls 847-856
  für Sicherheitsvorfälle 826
whois-Dienst 618-619
Wide Area Information Servers (WAIS) 441-444
Windows 2000

Index

Active Directory 615-616
Bastion-Host 313-331
DNS und 57, 590-591
drucken 510
File Replication Service (FRS) 691
Kerberos-Authentifizierungssystem in 640
Paketfilterung unter 224
SMB unter 385
Telnet unter 514
Windows 2000 Server 314
Windows 95, drucken 510
Windows Internet Name Service (siehe WINS)
Windows NT
    Bastion-Host 257, 313-331
    Betriebssystemversionen 314-315
    Dateiberechtigungen 331
    Diagnostizieren von Problemen 667
    Dienste unter 317-323, 325-326
        deaktivieren 324, 326-329
        installieren und anpassen 330-331
    drucken 510
    entfernte Befehlsdienste 522-524
    Filesharing-Protokolle 49
    Maschine, sichern 315-317
    Paketfilterung unter 224-225
    Paßwörter 628
    Proxy-Dienste (siehe Microsoft Proxy Server)
    »r«-Befehle unterstützt von 518
    RPC unter 370, 376
    SMTP-Server für 43, 463
    SNMP-Agenten 59
    Systemprotokolle, einrichten 315-317
    Systemüberwachung für 283
    Telnet unter 514
    Überwachung des Nutzungsverhaltens 667
    Versionen xvii
    Verzeichnisreplikation 691
Windows NT Resource Kit 315
    entfernte Befehlsdienste 522
    »r«-Befehle unterstützt vom 518
Windows NT Server 314
Windows-Betriebssysteme
    Authentifizierung 651-652
    entfernte Grafikschnittstellen für 540-546
    laufende Maschinen, verwalten 666
    Namensauflösung in 595-597

NTLM-Domänen 646
Windows-Browser 606-613
    Sicherheit 612
    Wahlen 611
WINS (Windows Internet Name Service) 57, 594-605
    Server, Kommunikation zwischen 602-603
WINS-Manager 603
WinSock-Proxy 250
World Wide Web (siehe WWW)
Wörterbuchangriffe 632
wuarchive
    Dämon 851
    Server 490
WWW (World Wide Web) 38, 405-444
    (siehe auch Internet)

X
X Window-System 533-540
    unterstützt von SSH 531
X.400-Mail-Protokoll 464
X11-Fenstersystem 53
x-gw-Proxy 249
XTACACS 656-658

Y
YP (Yellow Pages) (siehe NIS)

Z
zeitbasierte Paßwörter 640
Zeitdienst 61
Zeitstempel, verschlüsselter 625
Zonentransfers, DNS 570
Zufallszahlen 866-867
Zugangsrouter (siehe äußere Router)
Zugangsverwaltung 778-780
Zugriff
    entfernter, auf Hosts 513-546
    Fehlersicherheit 68-71
    minimale Zugriffsrechte 63-65
    auf Netzwerke 20
    Protokollierung (siehe Protokollierung)
    Überwachung an der Passierstelle 66
    auf unfertigen Bastion-Host 268
Zugriffsrechte, root- 457
Zusammenlegen innerer und äußerer Router 149

Über die Autoren

Elizabeth D. Zwicky ist Direktorin bei *Counterpane Internet Security*, einer Firma für Sicherheitsdienste. Sie verfügt über 15 Jahre Erfahrung in der Administration großer Unix-Netze und ist Gründungsmitglied der *Systems Administrators Guild* (SAGE) und von *BayLISA* (der Vereinigung der Systemadministratoren in der Gegend um San Francisco). Außerdem ist sie im Vorstand der australischen Systemadministratoren-Vereinigung SAGE-AU. Sie hatte bereits vor dem Morris-Internet-Wurm von 1988 unfreiwillig mit dem Thema Sicherheit im Internet zu tun. Wenn sie die Zeit dafür erübrigen kann, gehört sie zu den wenigen Menschen, die die Zufallsfunktion *rand* in PostScript ausgiebig nutzen. Dabei entstehen bemerkenswerte PostScript-Dokumente, die ihr Erscheinungsbild bei jedem Ausdruck ändern.

Simon Cooper ist ein Computer-Profi, der gegenwärtig im Silicon Valley arbeitet. Er hatte bereits mit den verschiedensten Gebieten der Computertechnik zu tun, angefangen von der Hardware über Betriebssysteme und Gerätetreiber bis hin zu Anwendungssoftware und Systemwartung, sowohl in kommerzieller als auch in universitärer Umgebung. Er interessiert sich für die Aktivitäten der *Internet Engineering Task Force* (IETF) und der USENIX, ist Mitglied der *British Computer Conservation Society* und Gründungsmitglied des *Computer Museum History Centers*. Simon hat selbst einige Open Source-Programme veröffentlicht und Zeit und Code in das XFree86-Projekt investiert. In seiner Freizeit spielt Simon gern Eishockey, löst mathematische Puzzle und bastelt an Linux herum.

D. Brent Chapman arbeitet als Netzwerk- und Sicherheitsspezialist im Silicon Valley. Er hat für eine ganze Reihe von Organisationen Firewall-Systeme mit den unterschiedlichsten Techniken und Technologien konzipiert und eingerichtet. Er hat die Firewalls-Internet-Mailingliste ins Leben gerufen und das *Majordomo Mailing List Management Package* entwickelt. Er ist Gründer, Chef und technischer Leiter der Firma *Great Circle Associates, Inc.*, einer sehr angesehenen Consulting- und Trainingsfirma, die sich auf Vernetzung und Sicherheit im Internet spezialisiert hat. Im Laufe der letzten 15 Jahre hat Brent für eine Vielzahl von Arbeitgebern und Kunden – wie etwa für das *Xerox Palo Alto Research Center* (PARC), für *Silicon Graphics, Inc.* (SGI) und *Covad Communications* – eine große Bandbreite von Consulting-, Technik- und Managementaufträgen auf den unterschiedlichsten Gebieten ausgeführt.

Über die Übersetzer

Kathrin Lichtenberg studierte nach ihrer Ausbildung zur Elektronikfacharbeiterin Informatik an der Technischen Universität Ilmenau. Dort war sie anschließend drei Semester als Wissenschaftliche Mitarbeiterin beschäftigt, bevor sie sich als Übersetzerin und Lektorin technischer Publikationen selbständig machte. In ihrer Freizeit arbeitet sie beim ältesten Studentenradio Deutschlands (*http://www.radio-hsf.de*) und widmet sich dort in einer eigenen Literatursendung ihrem allergrößten Hobby – dem Lesen.

Conny Espig sammelte bereits während seiner Arbeit als studentische Hilfskraft am Rechenzentrum der Technischen Universität Ilmenau Erfahrungen mit der Wartung und Sicherung von Netzwerken. Mit dem druckfrischen Informatik-Diplom in der Tasche widmet er sich jetzt in der eigenen kleinen Firma dem informationstechnischen Allerlei – Systementwurf, Programmierung, Consulting sowie der Aufgabe, unbescholtenen Mitmenschen die Vorzüge von Unix nahezubringen. Außerdem wartet er auf den Tag, an dem sich seine Freundin endlich einen neuen Mac kauft, damit er auf dem alten Linux installieren kann ;-).

Kolophon

Die Illustration auf dem Cover dieses Buches zeigt ein gotisches Portal mit aufgesetzten Zinnen. Die Architekturepoche der Gotik beginnt etwa in der Mitte des 12. Jahrhunderts mit dem Bau der Kirche *Saint Denis* 1144 in Paris. Der Architekt dieser Kirche ist unbekannt. Obwohl sich gotische Architektur hauptsächlich im Bau von Kirchen ausdrückt, ist sie im späten 13. Jahrhundert auch bei säkularen Bauwerken zu finden, z.B. bei Festungen. Die Form der Zinnen (die emporragenden Quader auf dem Portal) in dieser Illustration gibt Hinweise auf Zeit und Ort der Entstehung des Portals. Die geneigten Seiten der Zinnen lassen darauf schließen, daß das Portal im 14. Jahrhundert erbaut wurde, und die schlichte, abfallende Oberseite spricht dafür, daß es aus England oder Frankreich stammt.

Zinnen waren als Deckung für die Verteidiger einer Festung gedacht, die durch die Zwischenräume ihre Feinde beschossen. Die Größe des Eingangs und die relativ niedrigen Zinnen legen nahe, daß es sich um einen Seiteneingang handelt, der von Fußgängern benutzt wurde, für die man nicht extra das Haupttor öffnen wollte.

Edie Freedman hat den Umschlag der amerikanischen Originalausgabe dieses Buches entworfen und dabei einen Stich aus *Heck's Pictorial Archive of Art and Architecture* aus dem 19. Jahrhundert verwendet. Das Titellayout der deutschen Ausgabe wurde von Pam Spremulli und Risa Graziano mit Quark XPress 3.33 unter Verwendung des ITC Garamond-Fonts von Adobe erstellt. Chris Reilley hat die Abbildungen für die erste Auflage dieses Titels angefertigt; Roberto Romano und Rhon Porter haben sie adaptiert und neue Abbildungen für diese zweite Auflage unter Verwendung von Adobe Photoshop 5 und Macromedia Freehand 8 erstellt. Das Kolophon wurde von Clairemarie Fisher O'Leary geschrieben.